KB047999

晴潭 崔松和 教授 喜壽紀念論文集

行政判例와 公益

2018

晴潭 崔松和 教授 喜壽 紀念論文集 刊行委員會

題字: 瀛山 朴秉濠

(서울대학교 명예교수, 대한민국학술원 회원)

刊 行 辭

훌륭하고 따뜻한 성품을 지녀서 언제나 어느 곳에서나 和의 철학을 몸소 보여주신 晴潭 최송화 선생님의 희수를 맞이하여, 선생님의 학문적 여정을 기리고 선생님의 평생의 헌신을 되새기고자 우리 모두의 존경심을 담아서 이 책을 봉정하고자 합니다.

작년 2월 제가 한국행정판례연구회의 회장을 맡으면서, 회장을 지내신 선대 회장님들께서 고희, 희수, 산수, 미수, 백수 등을 맞이하거나, 고인이 된 경우 탄신 100주년을 맞이하는 때에는 이를 축하드리기 위하여 기념논문집을 봉정하는 축하의 마당을 마련하여 드리는 전통을 만들어 나갔으면 좋겠다는 제의를 하였고, 이에 따라 晴潭 최송화 선생님께서 희수를 맞이하게 되어 제일 먼저 기념논문집을 봉정하게 되었으니 경하의 마음이 더욱더 크고 흐뭇하게 생각하는 바입니다. 회원 여러분께 진심으로 감사드립니다.

한국행정판례연구회는 우리나라 행정판례연구의 역사이고, 또한 행정판례를 두고서 선학과 후학이 시공을 초월하여 대화하고 만나는 곳입니다. 晴潭 최송화 선생님은 과거 어려운 시절인 1984년에 목촌 김도창 선생님을 도와 한국행정판례연구회의 창설에 핵심적인 역할을 하셨습니다. 晴潭 최송화 선생님의 이력과 문주반생에 대하여는 박윤흔 교수님의 축하의 글에서 기리고 있기 때문에 더 언급할 필요가 없겠습니다만, 무엇보다도 晴潭 최송화 선생님은 한국행정판례연구회의 회장을 역임하시면서 연구회의 기반을 다지셨고, 우리 연구회의 오늘과 미래를 위한 소중한 다리를 새롭게 만들어 주셨습니다. 특히 晴潭 최송화 선생님이 제8대 회장으로 재임하실 때 2007.8.17. 법원행정처로부터 사단법인 설립허가를 받아 2007.9.14.에 법인설립등기를 마쳐서 한국행정판례연구회가 사단법인으로 재탄생하였습니다. 총 142건의 행정판례를 주제별로 정리하여 행정판례의 흐름을 종합적으로 정리한 대역사인 「행정판례평선」의 발간을 제안하고 주도하시어, 21세기의 행정법학과 행정판례의 발전을 선도하는 계기가 마련되게 하셨습니다. 최근까지도 월례발표회에 직접 참여하시어 후학들을 격려하고 모범을 보이시는 등 한국행정판례연구회의 발전에 크게 기여하고 계십니다.

지금 행정을 비롯한 국가 전체가 과거와는 현저히 다른 환경에 처하여 근본적인 변화를 요구받고 있듯이, 행정판례 및 행정법을 비롯한 공법 역시 시대와 호흡하고 나아가 시대를 견인해야 하는 결코 쉽지 않은 과제를 안고 있습니다. 최근에 젊은 회원님들이 월례발표회에 적극적으로 참여하여 다양한 시각에서 행정판례를 새로이 자리매김하려는 매우 고무적이고 역동적인 분위기가 조성되고 있습니다. 행정상의 분쟁을 정의롭고 타당하게 해결할 책무를 지고 있는 실무가들과 이들의 관계를 때로는 교정하고 때로는 지원해준 이론가분들이 앞으로 공동체 속의 우리의 삶의 모습을 결정할 것이라고 저는 확신합니다. 행정판례에 대한 관심과 열정을 소유하고 있는 분들의 모임인 우리 한국행정판례연구회를 지탱하는 힘은 무엇보다도 회원 여러분들의 상호간의 존경과 우정, 그리고 유대감으로부터 우러나오고 있다고 생각합니다.

晴潭 최송화 선생님의 평생의 학문적 화두인 '公益論'을 계승하기 위해 '행정판례와 공익'을 대주제로 삼아 당대의 지혜를 집성한 이번 기념논문집은 변하고 있는 환경에서 행정판례연구 및 공법 그리고 나아가 법학의 새로운 모색을 강구하기 위한 출발점이 될 것입니다. 아울러 행정판례의 발전을 위한 획기적 전기가 마련될 수 있는 뜻 깊은 계기가 되었으면 합니다. 이번 기념논문집의 발간작업을 통해 확인할 수 있듯이, 우리 한국행정판례연구회가 보여주는 이런 적극성과 역동성이야말로 행정판례 및 행정법을 비롯한 공법이 맞닥치는 쉽지 않은 시대적 과제를 성공적으로 수행하는 원동력이 될 것이라고 확신합니다.

행정판례연구 및 공법학을 위한 위대한 이정표를 만드는 데, 많은 분들이 함께 주셨습니다. 특히 과거 2002년에 간행된 「法治行政과 公益」과 「現代公法學의 課題」에 이어 이번 논문집도 題字를 써주신 朴秉濠 교수님, 그리고 축하의 글을 써 주신 金南辰 교수님, 朴鈗炘 교수님, 權寧卨 교수님, 朴正勳 교수님 그리고 金容燮 교수님께 깊이 감사드립니다. 여러 선생님들의 축하의 글을 통해 晴潭 최송화 선생님의 이력과 활동상을 시공을 넘어 생생하게 느낄 수 있게 되어 기념논문집의 가치가 한층 더 올라갔음을 실감합니다. 특히 독일에서 옥고를 보내주신 슈토버 교수님(Professor Dr. Dr. h. c. mult. Rolf Stober)께 깊이 감사드립니다. 그리고 옥고를 보내주신 학계의 교수님과 실무 법조계 여러분, 아울러 이 책이 계획에 따라 순조롭게 출간될 수 있도록 헌신적으로 노력을 해준 간행위원회 위원 여러분에게도 깊은 감사의 마음을 올립니다.

다시 한 번 晴潭 최송화 선생님의 희수를 진심으로 축하드리고 앞날의 행운과 만수무강을 축원 드립니다.

2018년 7월

간행위원회 위원장 金 東 建

賀 序

晴潭 崔松和 教授님이 건강하신 모습으로 喜壽를 맞이하셨음을 축하드리며, 이를 축하하는 기념논문집에 글을 올리게 되었음을 영광으로 여기는 바입니다.

晴潭 崔松和 教授를 생각하면, 떠오르는 첫인상이 우리 행정법학계에서 누구보다도 순탄하게, 또한 화려하게 학자의 길을 걸어오신 점이라 하겠습니다. 한국 최고의 인재의 산실인 서울대학교 법과대학(현재의 법학전문대학원)에서 학문적 업적을 쌓으며, 수많은 인재를 양성하셨고, 서울대학교 부총장 등 보직을 맡아 대학 및 고등교육의 발전을 이끄셨습니다. 이뿐만 아니라, 大法院 공직자윤리위원회 위원장, 大法院 司法政策研究院 초대 院長, 국무총리 산하 경제·인문사회 연구회 초대 이사장 등 대외적으로도 수많은 활약을 하셨음은 특기할 만한 사실이라 하겠습니다.

晴潭 崔松和 教授를 생각할 때, 우리나라 행정법학의 개척자이며, 토대를 닦으신 牧村 金道昶 博士의 총애를 받으신 愛弟子이신 점 또한 빠트릴 수 없다 하겠습니다. 行政審判法·行政訴訟法 改正案 審議委員會(法務部, 1983－1984) 委員 등, 金道昶 博士가 주도하신 각종 심의회에 동참하셨으며, 전체 세 권(상중하)으로 구성된 한국행정판례집(1976)의 발간에 참여하시는 등 金道昶 博士의 학문 활동의 동반자이셨음도 널리 알려진 사실이라 하겠습니다. 그 당연한 결과로서, 金道昶 博士가 창설하신 韓國行政判例研究會의 회장을 역임하시는 등 지도적 인물로서 활약하셨으며, 金道昶 博士가 작고하신 후에는, 유업인 牧村記念事業會의 창립위원, 목촌법률상 심사위원, 회장 등으로도 활약하고 계십니다.

한국, 일본, 중국 및 대만의 행정법학자로 구성된 東아시아행정법학회가 설립되어 활동하고 있는 가운데, 2012년 6월에 서울에서 개최된 학회에서는 晴潭 崔松和 教授가 이사장을 역임하셨는데, 필자(김남진)에게 기조연설을 행할 기회를 주신 바 있으며, 덕분에 저명한 행정법학자들을 상대로, 미숙하나마 현대행정법학이 지향할 길을 제시한 바 있습니다.

晴潭 崔松和 教授의 업적 가운데, 또한 빠트릴 수 없는 것이 오늘의 "한국행정법학회"의 창설이라 하겠습니다. 2001년을 전후하여, 한국공법학회에서 분립된 "행정법학회"의 설립이 논의되었던바, 설립위원장이며, 초대 회장이신 晴潭 崔松和 教授의 원만하고 탁월한

헌신이 있었기에 “한국행정법학회”의 탄생이 가능했다고 확신합니다.

“행정법”은 오랫동안 “國內公法”으로서 정의되어왔습니다. 행정법은 “국내법”이고 “공법”이기에 國際法이나 私法은 행정법과 무관하다는 뜻을 담고 있었던 것입니다. 그러나 그러한 생각은 government만이 유일한 행정주체이던 시대의 유물이라 하겠으며, 公私協力(민관협력)이 강조되고, 그에 따라 복수의 government가 활약하는 governance의 시대에는 더 이상 통용되지 않는다고 하겠습니다. 오늘날 global化로 인해 국내, 국외의 구분은 거의 의미를 상실하고 있으며, 또한 새로운 유형으로서의 행정법인 行政私法(Verwaltungsprivatrecht), 私行政法(Privatverwaltungsrecht)이 등장하고 있는 사실이 이를 입증한다고 말할 수 있습니다. 이런 변화에도 불구하고 행정법의 목표인 “공익의 실현”은 포기할 수 없는 명제입니다. 이번 논문집이 晴潭 崔松和 教授의 평생의 지향점인 ”公益論“을 바탕으로 ”行政判例와 公益“을 대주제로 삼은 것은, 비할 수 없게 바뀐 행정환경과 사회현실에도 불구하고 여하히 공익실현이라는 행정법의 존재이유를 견지할 것인지에 관한 문제인식이 담겨져 있다고 하겠습니다. 晴潭 崔松和 教授께서 이와 같은 변화한 풍토에서도 계속 우리 행정법학계를 성공적으로 이끌어 가시기를 기대하며, 기원하는 바입니다.

金 南 辰

대한민국학술원 회원, 한국행정법학회 이사장, 전 고려대학교 법과대학 교수

賀 序

晴潭 최송화 교수가 어느덧 희수를 맞이하셨다. 최 교수는 그동안 학문의 길을 꾸준히 걸어오시면서 동시에 그가 전공하는 학문적 지식을 필요로 하는 많은 행정·입법·사법관련 전문기관에서도 커다란 족적을 남기면서 알찬 인생길을 바쁘게 달려오셨다.

최 교수는 우리 학계의 원로이면서 또한 훌륭한 인품을 가지신 우리 사회의 스승이시다. 언제나 온화한 웃음을 띠고 누구와도 친화적이어서 모두로부터 존경을 받아 온 원로이시다. 최 교수는 전공하는 행정법학 연구에 충실하면서도 시야를 넓혀 폭넓은 연구를 하셨으며, 또한 여가를 선용하여 테니스·수영 등 운동이나 바둑 등에서도 거의 프로 수준의 실력을 가진 다양한 인생을 사셨다. 특히 바둑계에서는 최 교수는 아마 5단이라고 하며, 이창호·유창혁 등 프로기사 14명을 초청한 서울대학교 개교 50주년기념 바둑대회에서 바둑황제 조훈현 9단과 대결하여 4점 깔고 6집 승으로 이겨 도하 신문에서 최 부총장이 '기염'을 토했다고 보도했다.

최 교수와 나는 학문적인 동료로서 형제와 같은 친밀한 사이라고 하겠다. 우리는 같은 대학의 선후배로서 다 같이 우리나라 행정법을 개척·발전시키신 목촌 김도창 선생님을 지도교수로 모시고 거의 평생 동안 같은 행정법을 전공하는 학문의 길을 걸어왔다. 우리는 서울대학교 대학원을 함께 다녔으며, 젊은 시절 합숙하면서 목촌 선생님의 저서와 논문의 교정을 보기도 하고, 학회활동 등을 통하여 학문연구를 같이 하였다. 대학원 시절에는 최 교수 등과 함께 일반대학원, 행정대학원, 사법대학원의 전공이 관련된 학생들 30여 명이 UFOI(United Frontiers of Intelligence)라는 학술모임을 구성하여 활기차게 학술활동을 하였다. 그리고 최 교수가 1973년에 교통사고로 다리를 다쳐 깁스생활로 조교수 승진 후 첫 학기인 1974학년도 1학기 강의를 할 수 없게 되어 최 교수 이름의 행정법강의를 서울법대강의는 당시 문교부차관을 지내고 변호사 개업 중인 은사이신 김도창 선생님이 대강을 하시고, 서울상대강의는 내가 대강을 한 일이 있는데, 제자의 강의를 선생님이 대강하신 것은 두터운 제자사랑이라고 하겠다.

최 교수는 1971년에 모교인 서울대학교 법과대학 교수로 임명받은 후 2006년 정년퇴임할 때까지 35여 년 동안을 한결같이 학문의 길을 걸어왔으며 그동안 행정법에 관한 많은 저서와 연구논문을 발표하여 학문발전에 커다란 업적을 남기셨다. 우리 동료 학자 분들은 최 교수의 자당이신 김철안 여사께서 큰 여성정치인으로 이승만 정부시절에 제3대 民議院의 홍일점 의원으로 보건사회분과위원회 위원장을 지낸 분이셨기에 최 교수께서도 언젠가는 학계를 떠나 정치를 하실 것이라는 예상을 깨고 끝끝내 학계를 지키셨다. 최 교수께서는 특히 '법치행정과 공익', '공익론' 등 공법학의 근본문제인 '공익'과 '법치주의'를 話頭로 하여 일관되고 깊이 있는 저서와 연구논문을 발표하였으며, 그 밖에 특히 행정쟁송관련문제와 통일을 대비한 '남북한 법체제의 비교연구' 및 정보공개 등에 관한 많은 연구논문을 발표하셨다. 이들 저서 중 '공익론'은 대한민국학술원으로부터 우수학술도서로 추천되기도 하였다. 그리고 목촌 김도창 선생님과 함께 편저한 8,000여 면에 달하는 '한국행정판례집 Ⅰ·Ⅱ·Ⅲ' 집은 우리나라 행정법 판례연구에 있어 불후의 명저작으로 평가받고 있으며, 또한 최 교수가 집필대표가 되어 편저한 '행정판례평선'은 우리나라 최초의 종합적인 판례평선으로 역시 명저작이라 하겠다.

최 교수는 학자로서만이 아니고 교육행정가로서도 커다란 업적을 남기셨다. 그는 그가 재직한 서울대학교의 부총장직을 거쳐 총장직무대리를 맡으셔서, 서울대학교 개교50주년의 '기념사업위원회 위원장'을 맡아 '민족의 대학, 학문의 대학, 세계의 대학으로'라는 발전목표를 달성하기 위해 서울대법제정 및 법인화추진, 통합전산화달성, 연구문헌HUB대학정착, Super Computer 도입, 6·25 참전 학생에 대한 명예졸업장수여제도 도입 등 많은 사업을 성공적으로 수행하여, 서울대학교발전에 크게 기여하셨다. 또한 최 교수께서는 한국공법학회 회장, 한국행정판례연구회 회장, 한국행정법학회 회장직 등을 맡으셔서 법학계의 발전에 공헌하셨다.

최 교수는 또한 상아탑에만 안주하지 않고 전공한 전문지식을 필요로 하는 국무총리 산하 인문사회연구회(소관 9개 연구원) 이사장, 경제·인문사회 연구회(소관 23개 연구원) 이사장(통합연구회 초대) 직을 맡으셔서 우리나라 인문사회분야 싱크탱크의 개발 육성에 크게 기여하셨다.

당시 우리나라에서는 '인문학의 위기'가 크게 거론되었으며, 이에 최 교수는 김여수 한국철학회 회장을 비롯하여 이인호 박사, 김우창 선생 등 철학, 역사, 문학, 교육 등 인문학 분야의 사회저명인사들로 '인문정책위원회'를 구성하고, 학술대회, 심포지움, 집담회, 연구모임 등을 지속적으로 개최하여 '인문학의 위기의 극복과 대안마련을 위하여 적극적으로 노력을 기우려 큰 성과를 내셨으며, 우리나라 인문학의 발전과 인문학진흥에 커다란 초석을 놓으셨다.

아울러, 국가의 미래의 발전을 위한 정책연구로서, 우선 첫 번째로 유럽연합(EU)을 모델로 장차 유럽연합과 같이 발전하기를 기대하면서 '21세기 동북아문화공동체(Asian Union, AU)의 구상'(2004)(편저)이라는 저서를 발간하였고, '국가의제 2015: 풍요와 평화의 미래한국'(2005)이라는 권위 있는 연구보고서를 내놓으며 정책연구를 미래학으로 발전시켰다.

최 교수는 또한 초대 '대법원사법정책연구원' 원장직을 맡으셔서, 국민을 위한 사법, 열린 사법을 목표로 정하고, 연구를 수행함에 있어서는 법조계 내부 의견뿐만 아니라 외부 전문가와 일반인의 의견을 모두 수렴하도록 하였다. 그리하여 민사법·형사법·공법 등 관계 대형 학회들(9개 학회)과 MOU를 체결하였으며, 비단 법조계·법학계뿐만이 아니라 관련된 인문사회 분야와도 연구에 있어 서로 공동연구 협동연구를 하도록 하여 열린 사법의 길을 다지셨다. 최 교수께서는 또한 대외적으로도 많은 활동을 하셨는바, 한국하버드옌칭학회(The Harvard－ Yenching Visiting Scholars Association, Korea)의 회장을 맡으셔서 하버드옌칭연구소의 후원으로 <21세기 한국 고등교육의 미래와 인문학>이라는 주제로 대규모 학술대회와, <세계화 속의 동아시아: 갈등과 타협>이라는 주제로 한국하버드옌칭학회 창립 50주년 기념학술대회를 개최하기도 하였다.

그리고 東아시아행정법학회(한국·일본·중국·대만) 이사장을 맡으셔서 두 번의 국제학술대회를 한국에서 성공적으로 개최함으로써 국제관계에서의 법률교류를 촉진하셨다.

아울러 2001년 이래로 동남아한국학회(The Korean Studies Association of Southeast Asia)의 한국학연구자문위원회 위원장으로서, 말레시아·베트남·태국·인도네시아·필리핀·라오스·캄보디아·호주 등의 9개 참여대학의 총장 또는 부총장으로 자문위원회를 구성하고, 각 대학의 학장으로 집행위원회를 조직하여 학술대회, 심포지움, 동남아한국학 장학생제도 운영 등 동남아지역의 한국학연구의 발전에 기여하고 있다.

최 교수의 세대가 살아온 시대는 우리나라가 역사상 가장 역동적으로 발전하여 그야말로 도약을 이룩한 시대였다. 최 교수는 이러한 시대를 함께하면서 발전의 주역들을 길러내는 커다란 역할을 담당하여 오셨다. 최 교수께서는 이제는 모든 부담에서 벗어난 자유인으로 돌아가 건강을 챙기면서 자기인생을 찾아 즐기면서 한편 학계와 사회의 원로로서 일선에서 뛰고 있는 오늘의 주역들이 올바른 방향으로 나아가도록 살피는 역할을 하시기를 기대한다.

朴 銃 炘

전 대구대학교 총장, 전 환경부 장관

신사(愼思)하는 신사(紳士) 최송화 교수님

대학의 기원과 그 원형을 어디에서 찾아야 하는가는 단순한 호기심의 수준을 넘어서는 지적 탐구의 대상입니다. 중세의 아시아·아프리카 특히 오늘의 모로코를 드는 경우가 있기는 하나 수긍하는 전문가가 많지 않지요. 협동조합이나 길드조직으로 비롯된 1088년 설립된 볼로냐 대학, 그리고 솔본느 대학, 옥스퍼드 대학으로 뒤이어져 왔다는 설명에 이제 아무도 이의제기를 하지 않습니다.

서양의 대학 아카데미즘은 법학 신학 의학이 중심축을 이루어 발전되어왔고 지금 또한 그에 크게 다름 아니라고 봅니다. 아무튼 이들 서양의 모태대학들 가운데서 이탈리아 볼로냐대학은 법학으로 시작하여 바로 그 법학분야로 명성을 높여왔고, 거의 1,000년이 지난 오늘에도 '대학대헌장(Magna Charta Universitatum)'운동의 발원지로 자리매김하고 있습니다. 그런데 우리 학계의 인식은 이와 사뭇 다릅니다. 이를테면 (사)한국사회과학협의회 조직에 법학은 아예 빠져있으며, (사)한국학술협의회에도 사정이 다르지 않습니다. 일본식민기간을 거친 탓인지 법학을 그저 관학(官學)으로 보는 고정관념, 그리고 관변지향성(官邊志向性)에 매몰된 이를테면 수험학습 분야로 단정하는 경향이 적지 않은 까닭이라고 봅니다.

그래서 그런지 자기 소속 대학이나 법학 관련 학회를 제외하고 국가R&D기관이나 공·사정책 관련 연구조직을 대표하는 자리에 법학교수가 나선적도, 선임된 경우 또한 별로 없었습니다. 왜 이리 도입부분을 장황히 이어가는가 하는 의문은 청담 최송화 교수님의 지나온 발자취를 살펴볼 때 곧 드러나기 마련이지요. 인문과학·사회과학 분야 정부출연 국책연구기관 대표관리인으로 법학자가 선임된 첫 사례이기 때문입니다.

김대중 정부 행정개혁위원장을 거쳐 인문사회연구회 이사장으로 옮겨온, 해외에서 외려 더 알려진, 저명한 지식경영학자 김인수 박사는 재임 1년도 채 못 넘기고 낙상사고로 불귀의 객이 되시고 말았습니다. 이사장 궐위의 이 상황에서 당시 연구회 이사로 있던 필자에게 어김없이 떠올랐던 적격의 그 후임 후보자는 다름 아닌 최송화 교수님이었습니다. 다만 그 시점은 노무현 대통령이 당선자 기간을 벗어나 막 취임한 무렵이라 지원 전에 살펴보고

헤아려 볼 사항이 한 둘이 아닌 실로 예민한 상황이 아닐 수 없었지요. 당시 새 정부의 국책연구기관 컨트롤 타워의 첫 번째 선임이었기 때문입니다.

오랜 기간 알아온 최송화 교수님이 매사 신중하고 심사숙고하는 성품임은 익히 알고 있었기에 놀라울 바 없었지만 여러 날이 지나도 후보자로 나설지에 대한 가·부 간의 결심을 확인할 길이 없었지요. 부단(不斷)은 얼핏 결단을 쉽사리 못 내림으로 풀이들 하나 단절과 파탄을 부르지 않으려는 사려 깊음을 뜻하기도 한다는 점이 여기서도 어김없이 드러납니다. 결과는 쟁쟁한 여러 후보자들의 경합 속에서 너끈하게도 1위를 차지했기 때문입니다. 짐짓 앞에 나서기보다는 뒷줄에서 '신사(愼思)하는 신사(紳士)'의 모습이야말로 그때도 그 후에도 달라짐이 없습니다. 그 으뜸상징(트레이드마크)은 이 분을 평판하고 기리는 데 있어 첫 번째로 꼽게 되는 품성이라고 봅니다.

이 같은 덕망이 어디 하루아침에 길러진 것이겠습니까? 이 나라 의정사에 큰 자리매김을 하신 자당의 남다른 아드님 양육이 맺은 결과라고 할 것입니다. 잠시 얘기를 옮겨가지 않을 수 없군요. 20세기가 막 시작될 때 여성에게 투표권이 주어지고 열린 정치가 허용되었던 국가는 지구상 오직 하나밖에 없었습니다. 뉴질랜드입니다. 100여 년이 훌쩍 지나 지금 이 글을 쓰는 시점에도 법적으로 여성정치를 가로막아 자물쇠를 채운 나라는 사우디아라비아 등 시대반동적인 중동의 몇 개일 뿐입니다. 정부수립 석 달 전 헌법제정을 위한 국회의원선거가 이 땅에 시행되었습니다. 선거권·피선거권을 남·여 구별 없이 보장했던 천지개벽의 이 정치실험에 경향 각지 18명의 여성이 개척정신으로 도전했지만 한 분도 '제헌' 국회에 입성하시지는 못했습니다(임영신의원은 그 이듬해 안동보궐선거에서 당선).

바로 이 당시 국가출범에 앞장 선 여성후보 18분 가운데 한 분이시며, 제3대 국회기 4년의 유일한 여성의원이고, 잇달아 제4대에 재선까지 하신 김철안 의원이 최송화 교수님의 모당이심을 제자나 후학 가운데 모르는 경우가 적지 않습니다. 그러나 그 또한 어느 경우에도 내세우지 않는 조용한 몸가짐의 아드님인 점을 아신다면 쉽게 이해하실 터이니까요.

그렇다고 마냥 얌전하게만 처신하고 뒷전에만 머물러 있는 분이라고 본다면 결코 그 분의 진면목을 못 보신 것 입니다. 10.26으로 대표되는 국가적 혼란과 질풍노도의 학생운동 바로 한 복판에서 서울대학교 학생처 부처장, 그리고 대학 내부의 혼란과 교체기인 1998년 서울대학교 부총장/총장직무대리 시절을 기억하신다면 또 다른 평가를 내릴 수 있기 때문입니다. 뿐만 아니라 노무현 정부 당시 이사장으로 정부출연연구기관의 통폐합을 단행하면서 '인문사회연구회'와 '경제사회연구회' 사이의 조정과 통합을 말끔히 이루어낸 점 또한 기억에도 새롭습니다. 하나만 덧붙인다면 8년 전 한국공법학회와 별도로 한국행정법학회를 창립하시고 초대 회장을 맡으시는 어려움을 도맡으셨지요.

당나라 두보(杜甫)의 곡강시(曲江詩)에는 희귀한 장수의 예시를 칠십(七十)으로 드는데 그쳤지만 청담(晴潭) 최송화 교수님에게는 맞지도 어울리지도 않는 축수(祝壽)일 뿐입니다. 일본식 약자체를 번안한 헌사는 더욱 예가 아닐 것입니다. 부디 오래 건강하시면서 신사하는 신사의 길을 보여 주시길 바랍니다.

權 寧 卨
중앙대학교 법학전문대학원 명예교수, 한국공법학회 고문

感謝의 글
— 일곱 번의 學恩 —

지금으로부터 40년 전 1978년 9월, 서울대 법대 학부 2학년생으로서, 당시 법대 학생담당학장보를 맡고 계셨던 선생님을 처음 뵈었습니다. 법대 교수님들에 대한 저의 선입관을 완전히 무너뜨릴 정도로, 선생님께서는 너무나 인자하시고 미남이시고 젊으신 교수님이셨습니다. 당시 유신독재 하에서 학생들의 마음을 이해하시고 항상 학생의 편에 서서 저희들을 돌보셨고, 1980년 '서울의 봄'에는 서울대 학생부처장으로 학생들을 보호하시다가 고초를 겪기도 하셨습니다. 이것이 첫 번째 學恩이었습니다. 그리고 선생님께서 학교 앞에서, 그리고 선생님 댁에서, 밤늦게 맥주를 사주시면서 학생들과 격의 없이 대화하시는 모습이 너무 좋아서, '법학교수'가 저렇게 멋있구나 라고 생각하였습니다. 그리하여 선생님의 전공인 행정법도 자연스럽게 좋아하였고, 결국 대학원에서 행정법을 전공하게 되었습니다. 이것이 두 번째 學恩입니다. 당시 선생님께서는 1975년 牧村 金道昶 선생님의 『행정판례집(상·중·하)』 간행과 1980년 『판례교재행정법』의 출간에 주도적 역할을 하시고, 1970년대부터 1980년대 초까지 『서울대학교 법학』에 매번 '행정판례회고'를 기고하셨는데, 저는 선생님이 쓰신 행정판례회고를 보면서 행정법에 남다른 흥미를 가졌습니다.

선생님께서 1996년부터 서울대학교 부총장으로 봉직하시면서, 여러 가지로 부족한 저를 전임교수로 받아 주시고, 학자로서의 장래를 격려하고 축복하여 주셨습니다. 이 세 번째, 가장 큰 學恩을 한시도 잊지 않고 있습니다. 그 때부터 저는 선생님을 보다 더 가까운 자리에서 모실 수 있게 되었습니다. 선생님께서 1999년 한국공법학회 회장이실 때, 저를 총무간사로 지명하시어 학회에 봉사할 수 있는 기회를 주셨습니다. 당시 학회를 위해 세심한 부분까지 살피시고 힘쓰시는 선생님의 모습을 뵈었습니다. 그리고 바로 다음 해에 선생님의 추천으로 후임 權寧卨 회장님을 연구이사로 보좌하면서 학회에서 나름의 중요한 역할을 할 수 있게 되었습니다. 이 모두 선생님께서 이끌어 주신, 네 번째 學恩입니다.

선생님께서 1983년 법무부의 「행정쟁송제도개선을 위한 특별분과위원회」에 위원으로 참여하여 행정소송법 전면개정에 참여하신 후, 2002년에 대법원 행정소송법개정위원회의 좌장으로, 2011년 법무부 행정소송법개정위원회 위원장으로 활동하셨는데, 두 번 모두 제가 개정위원으로 참여하였습니다. 선생님께서는 온화한 포용력으로 많은 쟁점들을 지혜롭게 정리하셨고, 특히 저의 졸견을 존중하여 주시고 격려하셨습니다. 그때 아낌없이 보여주신 선생님의 배려에 깊이 감사드립니다. 다섯 번째 學恩으로 가슴깊이 새기고 있습니다.

그리고 선생님께서 동아시아행정법학회 제2대 한국 이사장으로 2004년 제6회 한국 서울 대회를 주최하실 때, 저를 사무총장으로 임명하시어 선생님을 가까이에서 보좌할 수 있었습니다. 선생님의 치밀하고도 온화한 지도력에 저희 제자들은 온 마음으로 몸을 던져 행사를 준비하고 진행하였습니다. 대회를 마치고 큰 성공이라고 하시면서 기뻐하시던 모습이 아직도 생생합니다. 선생님께서는 2012년 제10회 서울 대회도 성공적으로 마치시고 부족한 저를 제3대 한국 이사장으로 지명하셨습니다. 대외적으로 한국 행정법학계를 대표한다는 영광과 함께 무거운 책임감을 느끼고 있습니다. 여섯 번째의 學恩이 아닐 수 없습니다. 함께 이사로 선임된 안철상 대법관, 한견우 교수, 김용섭 교수, 김유환 교수, 김연태 교수와 힘을 합쳐 2014년 제11회 중국 광쩌우 대회와 2016년 제12회 대만 카오슝 대회에 성황리에 참가하였고, 2018년 11월에 제13회 일본 오오사카 대회에 참가할 예정입니다. 2020년 11월 제14회 한국 대회를 제주도 서귀포에서 개최하기로 내정하고 준비하고 있는데, 저의 일생일대의 과업으로 생각하고 면밀한 계획으로 성공적으로 대회를 치르겠습니다.

마지막으로, 선생님께서 2010년 한국행정법학회를 창립하시고 2012년까지 초대 회장으로 활동하실 때, 저는 출판이사로 선생님을 가까이에서 보좌하였습니다. 학회 창립 초기의 어려운 상황 하에서도 선생님의 지휘를 받들어 『행정법학』 창간호에서 제5호까지 나름 충실하게 발간할 수 있었습니다. 특히 학술지의 이름과 표지 디자인을 결정할 때 선생님께서 진지하게 숙고하시던 모습이 생생합니다. 그리고 제가 한국행정법학회의 창립 학술대회에서 「행정법에 있어 판례의 의의와 기능」을 발표하고, 2013년 4월 학술대회에서 「법규명령 형식의 행정규칙과 행정규칙 형식의 법규명령」을 발표할 때, 선생님께서는 저를 별도로 불러 논문을 잘 썼다고 칭찬 하셨습니다. 변변치 않은 저의 이론이 선생님께 인정받았다는 것에 감격하고, 그때부터 더욱 연구와 논문 발표에 힘을 쏟을 수 있었습니다. 일곱 번째 學恩인, 선생님의 칭찬과 격려를 영원히 잊지 않겠습니다. 그 밖에도 선생님께서 2005년부터 2011년까지 한국행정판례연구회 회장으로 활동하실 때, 상임이사로, 그리고 2014년부터 2016년까지 대법원 사법정책연구원 원장으로 봉직하실 때에는, 자문위원으로, 저는 항상 선생님 가까이에 있었습니다.

선생님의 喜壽를 맞이하여 아둔한 제자가 감히 '感謝의 글'로 선생님의 學恩을 기리고자 '일곱 번'이라고 말씀드렸습니다만, 선생님의 크신 學恩이 어찌 일곱 번에 그치겠습니까. 일곱 번에 일곱을 곱해도 모자랄 만큼, 아니 그동안 40년 계속하여 선생님의 존재 자체가

學恩이었습니다. 선생님께서는 온화한 인간미와 세심한 배려, 탁월한 지도력으로 한국 행정법학계와 저희를 이끄신 학계의 큰 기둥이자 산 증인이십니다. 선생님의 모범을 따라 저희도 미력이나마 학계를 위해 봉사하고, 후진양성을 위해 노력하며, 학문연구에 매진하겠습니다. 이것이 선생님의 크신 學恩에 보답하는 길임을 잘 알고 있습니다. 더욱 健康하시고 萬壽無疆하시어 변함없이 저희들을 이끌어 주시고 지켜보아 주십시오. 선생님, 사랑합니다, 존경합니다. 감사합니다!

朴 正 勳
서울대학교 법학전문대학원 교수

賀 詞

1. 머리말

온화한 人品과 따뜻한 가르침, 高潔한 君子의 삶을 살아오시면서 어려움에 봉착해도 미소를 잃지 않으시고 學界에 지대한 영향을 미친 晴潭 최송화 교수님(이하 "晴潭 선생님"이라 한다)께서 77세 喜壽를 맞이하셨다. 우선 晴潭 선생님의 喜壽를 기쁜 마음으로 축하드린다. 인생은 나무처럼 봄날에 새싹이 돋고 여름날 줄기에 잎이 무성하다가 가을날 낙엽이 지고 겨울에 裸木으로 돌아가며 새봄에 다시 새싹이 돋는 자연의 순환법칙에 따른다. 그런 의미에서 삶은 희로애락이 있는 한편의 드라마이다. 어느 때는 苦難과 悔恨의 순간을 맞이하기도 하지만, 어느 때는 歡喜와 成就의 순간을 맞이하기도 한다.

晴潭 선생님은 한국의 공법학계를 견인한 공법학의 巨木인 동시에 훌륭한 제자들을 많이 양성한 교육자이시다. 晴潭 선생님께서 이룩한 成就의 輝光한 삶의 이면에는 주위에 잘 알려지지 않은 苦難의 순간이 함께 하였기에 그동안의 업적이 더욱 큰 빛을 발하게 된다. 晴潭 선생님께서 學問과 德行에 있어 비범하고 출중한 능력을 갖추시고 不動心과 平常心의 경지에서 中庸의 道를 一貫되게 견지하면서 한국공법학회와 한국행정법학회 그리고 한국행정판례연구회 등의 형성과 발전에 크나 큰 貢獻을 하신 업적을 후학이 기려 "晴潭 최송화 교수 喜壽기념 논문집 행정판례와 공익"을 간행하게 된 것을 진심으로 축하드린다. 스승의 學恩을 누구보다 많이 받은 필자(이하 "弟子"라 한다)로서 존경하는 晴潭 선생님의 학문적·실천적 업적을 기리는 喜壽기념 논문집에 賀詞를 쓰게 되어 개인적으로 크나 큰 榮光이 아닐 수 없다.

弟子는 1983년 서울대 대학원에 진학하여 행정법을 전공하면서 晴潭 선생님으로부터 35 星霜 동안 訓導를 받아온 경험을 토대로 賀詞를 쓰려고 하니, 세월이 흐르는 강물처럼 빠르게 지나간 것을 실감할 수 있다. 晴潭 선생님의 어깨 너머로 학문하는 자세나 사람을 만나고 일처리에 있어서 德을 통하여 최선을 다하는 모습을 보고 배우는 시간이 적지 않았다. 至誠無息의 삶을 살아오신 晴潭 선생님께서 많은 부족함이 있는 弟子가 학자로 성장할 수 있도록 변함없는 격려와 지지를 해 주신 스승의 은혜를 생각하니 감사의 마음이 꼬리에 꼬리를 물고 일어나며 지난 날 晴潭 선생님과 함께하였던 소중한 追憶의 시간이 走馬燈처럼 지나가게 된다.

2. 晴潭 선생님의 人生旅程

晴潭 선생님은 해방전인 1941년 6월 27일 경상북도 김천시 황금동 88−7 번지에서 부친 崔義元 공, 모친 金喆安 여사의 1남 3녀 중 장남으로 태어나셨다. 김철안 여사는 자유당 시절에 2선의 국회의원으로 보건사회분과위원회 위원장을 역임한 女流 정치인이었다. 불교신자인 모친께서는 어린 시절에 晴潭 선생님을 김천에 있는 直旨寺에 자주 데리고 다니며, “기본이 튼튼해야 탑이 높이 올라간다”는 말씀을 들려주셨다. 晴潭 선생님은 “전쟁통에 피난갔다 고향인 김천에 다시 올라오니 집이고 뭐고 간에 모두 산산조각이 나서 새로 출발하였다”고 말씀하셨다. 유년시절에 大自然이 있는 고향에서 성장하면서 ‘사람이 되는 것’이 중요하다는 것을 일찍 깨닫고 김천국민학교를 졸업한 후 서울로 올라와 경기중학교와 경기고등학교를 졸업하고 곧바로 서울대 법대에 진학하였다. 경기고등학교 재학시 미술에 대한 관심으로 대학에서 미술을 전공하려고 생각도 하였으나, 사회변화와 국가에 대한 기여 등을 생각하여 법학을 전공하기로 하여 법대를 졸업한 후 본격적으로 학문세계로 진출하기 위하여 서울대 대학원에 진학하였다. 서울대 대학원에서 스승 牧村 김도창 박사를 만나 그의 지도를 받게 되는 그 시기가 晴潭 선생님의 학자적 삶에 있어서 變曲點이라고 할 수 있다.

晴潭 선생님은 1971. 4. 13. 가톨릭 집안인 대구출생의 주민숙 여사와 결혼하여 단란하면서 행복한 가정생활을 해 오셨다. 晴潭 선생님께 내조를 아끼지 아니한 사모님은 숙명여대 미술대학장을 지낸바 있는 교수출신 한국화가로 활동하셨다. 사모님은 건강이 악화되어 2017. 8. 26. 哀惜하게 먼저 돌아가셨다. 晴潭 선생님은 젊은 날 가톨릭 집안의 부인을 맞이하느라 종교를 가톨릭으로 개종까지 하신 점에 비추어 琴瑟이 좋으신 것으로 알려져 있다. 膝下에는 1남 1녀를 두었으며, 사위는 대학병원의 의사로 활동하고 있다.

晴潭 선생님은 2006년 서울대에서 정년퇴임을 하시고 2007년 전북대 법학연구소 주최 초청강연에 오셨을 때 “법과대학 4년간의 시간동안 사색하고 토론하면서 보냈고, 그 당시 목표는 칸트, 헤겔, 켈젠 등의 이론과 종교의 경전처럼 가치와 꿈을 실현할 시기가 있을 것이라고 생각하고, 희망이 있었지만 4년간은 문화적 충격 속에서 성장하였으며, 법학도로서 향후 법이 지배하는 사회를 만들어야 겠다는 꿈을 간직한 시기였다”고 법과대학 시절을 回顧하신 적이 있다.

晴潭 선생님은 각자는 각자의 시기에 생존하면서 자기만의 문제에 부딪히게 되는데, 법학의 가치는 정의, 선, 자유, 평등, 인권 등을 들 수 있는데, 그 중에는 한국적 가치도 있고, 인류보편적 가치도 있다고 말씀하셨다. 아울러 晴潭 선생님은 "지식의 공부는 신체부위 중 머리에 해당하고, 무엇이 옳은 것인가 그른 것인가의 문제는 선과 악의 문제인 정의감의 문제로서 가슴의 문제라고 할 것이다. 따라서 하나의 지식은 정의감으로 뜨거워져야 한다. 이는 비로소 실천을 통하여 가능하게 된다"고 역설하셨다.

晴潭 선생님은 교육자로서 知, 德, 體의 전인교육의 관점에서, '옳지 않은 것을 옳지 않다고 하는 것' 그리고 '이를 실행하는 것'이 바로 제대로 된 법을 공부하는 것이라고 강조하셨다. 晴潭 선생님께서 계속 승승장구의 大路만 걸은 것이 아니다. 교통사고로 인해 生과 死를 넘는 岐路에서 장기간 입원하여 다행히 완치되어 다시 학자생활을 할 수 있는 것을 감사하게 생각한다고 술회하신 것을 들은 적이 있다. 또한 1980년의 봄에 학생처 부처장과 학생처장 직무대리로 활동하는 기간 동안 학생운동을 하던 학생을 잘못 지도·선처하였다는 이유로, 국가정보기관에 임의동행 연행되어 며칠간 조사 받고 풀려나 건강이 악화되어 장기 입원했었고, 보직 및 해외여행이 금지되었던 사정을 언젠가 들려주셨다. 그런가 하면 역설적으로 대학의 정교수 시절 보다는 서울대 법학연구소 전임강사 시절이 東奔西走하면서 역동적으로 보낸 가장 행복한 시간이었다고 술회하시고, 그 당시에는 법학개론뿐만 아니라 법학전반에 대한 강의를 하였으며, 특히 법사상사 과목을 강의하면서 법사상사가 매우 중요하다는 인식을 하였다고 말씀하셨다.

晴潭 선생님은 1959년 서울대 법대에 입학한 이래 2006년 정년퇴임하실 때까지 모교인 법과대학에서 강의와 연구를 통해 탁월한 업적을 쌓아오셨고, 선비의 길인 학자의 외길 인생을 天職으로 여기고 성실히 살아오셨다. 오랜 기간 서울대의 校庭을 지키시며 학문연구와 후진양성 그리고 서울대학교 부총장과 총장직무대리 라는 대학행정의 중책을 맡으셨다. 晴潭 선생님은 대학에서의 停年 이후에는 학계의 지속적인 발전에 큰 貢獻을 하셨고, 국가사회의 부름에 따라 역할이 맡겨진 경우 그 조직을 종전보다 한 단계 格上하고 그 조직을 떠나신 분으로 평가되고 있다.

3. 晴潭 선생님의 學問世界

(1) 公益論의 새로운 體系

大丈夫는 삶을 살아가면서 立德, 立功, 立言의 不朽의 3가지를 남길 필요가 있다는 말이 膾炙된다. 晴潭 선생님은 立德과 立功을 이루었을 뿐만 아니라 2002년 서울대학교 출판부에서 출간한 공익론은 晴潭선생님의 행정법의 학문적 지향점이 압축되어 나타난 저서라고 할 것이다. 이 저서는 立言에 해당하여 한국 공법학계의 오래 오래 기억되는 학술서로 자리매김 한다. 특히 晴潭 선생님의 공익론에 관한 체계적 연구서는 2004년 대한민국 학술원 우수학술도서로 선정되기도 하였다.

이러한 晴潭 선생님의 독보적 이론서는 외국의 이론까지 망라하면서 체계적인 공익론으로 발전하여 한국행정법학의 위상을 높인 名著라고 할 것이다. 晴潭 선생님은 공익론의 연장선상에서 공익의 법문제화, 법에 있어서의 공익이라는 주제로 2006년에 서울대 법학연구소에서 논문을 발표하기도 하였다.

(2) 法治主義의 전개와 시대적 召命

晴潭 선생님은 2002년 화갑기념논문집의 제목을 “법치행정과 공익”으로 할 정도로 법치행정과 공익을 핵심적 개념으로 이해하고 평생의 화두로 삼으셨다. 晴潭 선생님은 한국공법학회 제13회 국제학술대회에서 “한국 법치주의의 역사적 전개”라는 주제로 기조발제를 한 바 있다. 晴潭 선생님은 이 땅의 법치주의의 정착에 심혈을 기울였으며 법치주의를 전개하는 일에 공법학자로서 시대적 소명과 책무를 절감하셨다.

晴潭 선생님은 “우리의 경우에는 해방 후 국민주권의 법으로서 독일이나 일본과는 출발이 근본적으로 다르다. 우리는 짧은 기간에 민주화와 경제성장을 압축경험하였으며, 한 부분의 노력만으로 된 것이 아니라 전체적인 관점에서 법률문화의 소산으로 받아들여져야 한다. 일제시대에 통용되던 특별권력관계와 공정력이론이 아직도 통용되고 있는 현실이 우리의 문제로서 인식되고 있는 것을 극복하여야 한다”고 역설하셨다.

(3) 實事求是的 관점에서 행정판례의 중요성

晴潭 선생님은 1976년 한국행정판례집 (상), (중), (하)를 牧村 김도창 박사 등과 공편으로 발간하였다. 1980년에 김도창 · 서원우 · 김철용 · 최송화 4인 공저 형식의 “판례교재 행정법”을 법문사에서 발간하였다. 1980년에 발간된 4인공저의 판례교재 행정법은 그 당시 행정판례와 이론이 발전하지 않은 단계임에도 그 내용이 풍부하다고 할 것이다.

晴潭 선생님은 2005년부터 2012년까지 한국행정판례연구회의 회장을 2차례 연임하면서 행정판례연구회 월례발표회에서 국내의 판례연구에 그치지 않고 미국, 독일, 프랑스, 일본 등 외국의 판례를 매년 연말에 발표하고 이를 행정판례연구지에 게재하는 전통을 세웠다. 또한 晴潭 선생님께서 역점을 두고 기획하여 95인 공저의 “행정판례평선”을 박영사에서 2011년에 발간한 바 있다. 위 책은 2012년 문화체육관광부 우수학술도서로 지정된 바 있고 2016년 제2판이 출간되었으며, 한국행정판례연구회의 공동작업의 결실이라고 할 것이다.

(4) 世界平和와 人類共榮에 이바지하는 공법학

晴潭 선생님은 미국의 하버드 옌칭연구소(Harvard-Yenching Institute)의 초청으로 동 연구소의 Visiting Scholar 및 Harvard Law School의 Visting Scholar로 연구년 생활을 보내셨다. 미국법에 관심을 가지시고 그동안 한국 하버드옌칭 학회의 회장을 맡아왔으며 현재는 고문으로 활동하고 계시다. 晴潭 선생님은 동아시아행정법학회 한국측 이사장을 南河 서원우 초대 이사장으로부터 물려받아 2차례에 걸치는 국제학술대회를 성공적으로 개최함과 아울러 다른 나라에 어깨를 나란히 하는 국제적 위상을 높이셨다고 생각한다. 또한 晴潭 선생님은 오늘날 국경을 초월하는(boderless) 법적 환경하에서 법해석이 재판에 봉사하는 해석학으로 전락해서는 안 되고, 국제공동체안에서 세계인으로 커나가야 하며, 教學相長의 관점에서 가르치는 사람이나 배우는 사람이나 思考의 폭을 넓혀야 한다고 강조하셨다.

(5) 현안 문제에 대한 실용적 접근과 立法에의 參與

晴潭 선생님은 "북한의 법체제의 비교연구"라는 공저를 1972년에 출간하였고, "남북한 관계변화에 대비한 국내공법조정방안"을 공저로 1973년에 출간하였다. 또한 晴潭 선생님은 북한의 헌법과 통치구조, 북한법제총설, 남북한 행정조직의 비교 등 북한법제에 대한 연구를 통하여 통일에 대비하기 위한 법적인 연구를 수행한 바 있다. 이처럼 晴潭 선생님은 통일문제 뿐만 아니라 "학칙의 법적 성격과 국가감독", "법과대학의 학과체계와 교과과정의 재검토", "서울대학교법 제정에 관한 연구", "교육개혁의 현황과 과제", "부총장의 역할에 관한 국제비교연구" 등 교육법의 문제를 비롯하여 "한국의 입법기구와 입법자", "한국에서의 입법의 기능과 문제점" 등 입법학에 관한 현안문제에 관심을 갖고 연구를 수행하였다. 나아가 "한국행정법학 50년의 성과와 21세기적 과제", "뉴 밀레니엄에 즈음한 한국공법학의 회고와 전망" 등 시대적 변화와 발전방향을 모색하는 과제에 연구를 집중하였다.

그뿐만 아니라 晴潭 선생님은 행정절차법과 행정소송법 분야의 괄목할 만한 연구성과와 입법참여를 한 공적을 들 수 있다. 또한 晴潭 선생님은 1983년에서 1984년까지 법무부의 행정심판법·행정소송법 개정안 심의위원회 위원으로 활동하였고, 1994년에서 1996년까지 총무처 소관 정보공개법안 심의위원회 위원장, 행정절차법안 심의위원회 위원으로 활동하였다. 晴潭 선생님은 무엇보다 2002년 법원행정처 행정소송법 개정위원회 위원, 2011년 법무부 행정소송법 개정위원회 위원장으로 활동하였으며, 특히 법제처 2013년 행정소송법 알기 쉽게 새로 쓰기 자문위원회 위원장을 맡기도 하였다.

이처럼 晴潭 선생님은 행정법이 공리공론이나 탁상공론이 되는 것을 경계함과 아울러,

학문적 연구성과를 국민에게 도움이 되는 방향으로 입법에 반영하는 일에 깊은 관심을 갖고 입법과정에 적극적으로 참여하였다.

4. 晴潭 선생님의 品格과 卓越한 力量

(1) 品格

晴潭 선생님은 대공무사(大公無私)의 정신을 기초로 선비와 군자의 中道적인 삶을 살아오셨다. 晴潭 선생님은 특유의 여유와 지도자의 조건인 風道와 謙讓의 德을 갖추시고 삶의 국면 국면마다 어려움을 극복하면서 미소를 잃지 않으시고 品格을 지키셨다. 晴潭 선생님은 茶山 정약용 선생이 "자기 자신을 스스로 높이려 하는 자는 남이 낮추려 할 것이고, 자기 자신을 스스로 낮추려 하는 자는 남이 높여 줄 것이다"라는 뜻의 "자상자인하지(自上者人下之)요, 자하자 인상지(自下者人上之)"라는 말씀을 가슴 깊이 품고 실천해 오셨다.

晴潭 선생님은 일처리에 있어서 매사 신중하시고 격식을 중시하시면서 하나의 작품을 완성하듯이 가령 외부에 나가는 문장 표현에도 신경을 쓰셔서 하나의 문장이라도 좋은 표현이 나올 때까지 여러 차례에 걸쳐 꼼꼼하게 완벽을 기하시는 철저함이 있으셨다. 晴潭 선생님은 春風大雅하신 風貌와 내면의 세계에서 自己節制를 철저히 하시는 外柔內剛형이시다.

晴潭 선생님은 仁義를 갖추시어, 자신에게 仁이 아닌 다른 사람에게 仁으로, 다른 사람에게 義가 아닌 자신에게 義로 대하신 진정한 君子이시다. 공자가 道에 뜻을 두고, 德을 바탕으로 삼고 仁에 의지하고 禮에 노닐어라 라고 말씀한 것처럼 晴潭 선생님은 道에 큰 뜻을 두셨고, 德을 기본 바탕으로 하여 어짊에 의지하여 禮를 다하는 삶을 지금까지 살아오셨다고 할 수 있다. 이러한 점에서 晴潭 선생님은 제자들과 後學들에게 處世의 妙理와 삶의 지혜를 일깨워 주신 고덕대현(高德大賢)이라 할 것이다.

(2) 卓越한 力量

첫째로, 晴潭 선생님은 행정법에 타의 추종을 불허하는 卓越한 역량을 발휘한 大學者이며 후진 양성과 대외활동에 괄목할 만한 성과를 도출하였다. 서울대 교수로 재직하는 동안 正統派 學者로서의 올곧게 대학에 머물면서 正道를 지향하였다. 晴潭 선생님은 젊은 시절에 건강상의 어려움에도 불구하고 교수 본연의 업무인 학문활동과 후학의 양성 그리고 대외적 봉사활동에 심혈을 기울이셨다.

晴潭 선생님은 한국공법학회 회장, 한국행정법학회 초대회장, 동아시아행정법학회 한국 이사회 이사장 등을 성공적으로 수행하였다. 한국공법학회 회장 재임 당시에 한국공법학회의 사단법인화를 성공적으로 이루어 내셨다. 동아시아행정법학회 제2기 한국측 이사장

으로 재직하면서 2차례에 걸친 동아시아행정법학회의 한국대회를 성공적으로 개최하였고, 다른 나라에서 동아시아행정법학회를 개최할 때 한국측 발표자를 엄선하고, 행정법학자와 실무가를 인솔하여 함께 참석하는 등 한국행정법학의 위상을 높였으며, 동아시아행정법학회 한국, 중국, 대만의 이사의 숫자가 4인이던 것을 일본과 동일하게 6인으로 하는 데 결정적 기여를 하였다.

둘째로, 晴潭 선생님이 回甲을 마치신 후 停年을 앞둔 시점에 국무총리 소속의 인문사회연구회 이사장과 경제·인문사회연구회 통합연구회 초대 이사장으로 재직하면서 국가정책의 싱크탱크 차원에서 국가사회에 크게 공헌하셨다. 晴潭 선생님은 인문사회연구회 이사장으로 재직하면서 2004년 “21세기 동북아 문화공동체의 구상”이란 책을 평생의 우정을 이어가고 있는 권영설 교수님과 함께 공편의 형식으로 출간한 바 있다. 또한 바쁜 공무활동중임에도 주말에 개최되는 행정법이론실무학회에 매번 참석하시어 제자들과 격의 없이 자리를 함께 하여 주셨으며, 학회를 마친 후 커피를 마시거나 뒷풀이의 사적인 자리에서 여러 가지 업무환경에서 처리해야 하는 일에 대해서도 언젠가 누군가 그런 자리를 갈 경우에 대비하여 처신해야 할 규범이나 원칙에 대해서도 제자들에게 자상하게 말씀해 주셨던 것이 기억이 난다.

셋째로, 晴潭 선생님은 2006년부터 2010년까지 대법원 공직자윤리위원장으로 재직하는 동안 이른바 신영철 파동이 대두되어 윤리성을 확보하면서 공익을 위해 활동한 법관을 사장시키지 않고 국가사회에 기여할 수 있도록 배려하여 공직에서 봉사할 수 있도록 지혜를 모으신 것은 높은 경륜에서 우러난 현명한 결정이라고 평가된다.

晴潭 선생님께서 2014년 2월 3일 사법정책연구원장으로 임명되어 그해 3월 10일 사법정책연구원 개원식을 갖고 2016년 2월 1일 퇴임식 까지 근무하셨다. 晴潭 선생님이 사법정책연구원의 재직 중 통일과 법－현재와 미래, 바람직한 법관임용방안, 개원기념 미래사법의 청사진, 개원 1주년 기념 법학의 새로운 지평과 미래사법정책 등 4차례 심포지엄을 성공적으로 개최하였고, 바람직한 사실심 심급 구조의 설계 세미나, 북한 주민의 인권과 사법적 지원 방안 세미나 등 2차례 세미나를 성공적으로 개최하였다. 아울러 사법정책연구원을 사법부의 싱크탱크로서 역량을 키우기 위해 국회입법조사처, 헌법재판연구원과 업무협약식, 한국공법학회, 한국민사법학회, 한국형사법학회, 한국비교사법학회와 업무협약식, 한국규제법학회와 업무협약식, 도산법연구회와 업무협약식을 가졌다. 晴潭 선생님은 건강악화에도 불구하고 2년간 직무를 성공적으로 마치신 후 제2대 원장인 호문혁 서울대 명예교수에게 그 직을 인계하고 日常으로 돌아오셨다.

晴潭 선생님은 최초로 사법정책연구원의 초대 원장으로 취임하여 일산의 사법연수원에서 개최된 역사적인 개원기념식과 취임식은 물론 2년 후에 거행된 퇴임식에서 보여준 모

습이 매우 인상적이다. 晴潭 선생님은 취임식을 맞이하는 처음의 순간이나 퇴임식을 맞이하는 마지막의 순간이 首尾一貫되고 마음의 상태가 得意 冷然, 失意 泰然의 경지에서 봉사와 섬김의 지도자로서 平靜如一한 것을 보여주셨다.

넷째로, 晴潭 선생님은 1982년부터 2000년까지 사법시험, 행정고시, 외무고시, 입법고시 등 각종 국가시험위원으로 활동하였다. 감사원, 법무부 등 정책자문위원을 역임하였으며, 내무부, 법무부, 감사원 등 각종 중앙행정기관의 행정심판위원회의 위원과 국무총리 행정심판위원회의 위원으로 활동하였다. 재단법인 안중근의사기념관 건립위원회 이사, 재단법인 의사안중근장군장학회 이사장, 헌법재판소 공직자윤리위원회 위원, 대한변호사협회 변호사 징계위원회 위원, 대법관 제청자문위원장을 맡았다. 한편, 교육인적자원부 연구윤리확립추진위원회 부위원장, 제2기 교육개혁위원회 제4소위원회 정책분과 위원장, 새교육공동체위원회 대학위원회 위원장 등 교육관련 각종 행정위원회에 참여한 바 있다.

또한 晴潭 선생님은 1993년부터 2002년까지 3기에 걸쳐 9년간 중앙토지수용위원회 위원과 국토이용계획위원회 위원으로 활동하였다. 국무총리 소속 지방자치제도발전위원회 위원과 민주화운동관련자 명예회복 및 보상심의위원회 위원 및 위원장 직무대리를 맡았으며, 서울시정개발연구원 이사, 자연보호중앙협의회 이사, 한국행정연구원 이사, 삼성제일의료재단 이사, NGO 환경보호국민운동 전국총본부 총재, NGO 환경보호국민운동본부 전국환경청소년단 총장, 3·1문화상 심사위원으로 활동하면서 제48회 부위원장, 제49회, 제50회, 제51회 위원장을 역임하였다.

이러한 광범위한 대외활동과 사회봉사의 과정에서 原則에 입각하여 公明正大한 방향으로 결론이 도출되도록 하는 데 크게 기여하셨다. 현재에도 한국법제연구원 연구자문위원, 특별자문 위원, 동남아한국학회 자문위원장, 재단법인 송복은 장학재단 이사 등의 사회활동을 하고 계시다.

5. 晴潭 선생님의 指向點과 價値觀 및 趣味

(1) 牧村 김도창 박사의 愛弟子이면서 繼承者

牧村 김도창 박사가 한국행정법학의 아버지라면 晴潭 선생님은 牧村 김도창 박사께서 생전에 가장 아끼는 愛弟者 중 한 분이다. 牧村 김도창 박사의 학문활동은 공동 작업이 많은데 晴潭 선생님이 함께 하면서 巨人의 어깨 위에서 더 큰 세계를 조감하면서 성장한 것이라고 보여진다. 1970년대 중반 한국행정판례집 상, 중, 하의 발간에 있어 牧村 김도창 박사의 공적이 매우 크지만, 그 활동의 저변에는 晴潭 선생님의 조력과 참여가 결실로 맺고 있음을 알 수 있다.

牧村 김도창 박사의 문하에서 수학한 최광률 전 헌법재판관을 비롯하여 김철용 교수님, 박윤흔 전 환경부장관과의 友誼를 돈독히 하면서 스승인 牧村 김도창 박사의 총애를 받으면서, 여러 가지 협동적인 일에 있어서 스승을 위해 내일처럼 발벗고 나서는 등 열과 성을 다한 것으로 알고 있다.

아울러 牧村 김도창 박사께서는 2002년 작성한 晴潭 최송화 화갑기념논문집의 賀序에서도 "나와의 관계에 있어서는 40년 이상을 두고 학문의 세계에서 고락을 같이 해 왔다. 특히나 행정법관계 저술이나 판례 연구 등에 있어서 나는 그에게 큰 빚을 지고 있는 셈이다"라고 술회하고 있다.

2006년 이래 牧村기념사업회 창립회원, 총무이사, 부회장, 회장, 牧村법률상 심사위원, 부위원장 및 위원장을 역임하면서 제1회부터 제11회까지 牧村법률상의 추진과정에서 김&홍 재단과의 원활한 업무협조를 통해 스승인 牧村 김도창 박사의 학문세계와 가치관을 알리는데 핵심적 역할을 수행하고 있는 점은 친 자식 못지않은 각별한 因緣이 작용한 것이라고 본다.

晴潭 선생님은 牧村 김도창 박사의 장례식에 護喪을 맡았고 작고 후에 追悼辭를 작성하였을 뿐만 아니라 한국공법학회의 요청에 따라 공저 형식으로 제작한 "한국의 공법학자들－생애와 사상－"에 牧村 김도창 박사의 학문세계를 재조명하는 글을 작성하기도 하였다. 서울지방변호사에서 발간된 시민과 변호사 1995년 6월호에 "김도창 교수의 학문과 인생"에 관하여 글을 싣고 있다. 법제처에서 발간하는 법제 2005년 9월호 법제인코너에 晴潭 선생님께서 쓰셨던 "故 牧村 金道昶 박사(前 법제처장)"를 감명깊게 읽은 적이 있다.

晴潭 선생님은 2세대 행정법학자로서 牧村 김도창 박사의 1세대 행정법을 3세대로 연결하는 역할을 충실히 수행하였다. 晴潭 선생님이 대학에서 길러낸 수많은 제자들이 학계 및 법조실무계에서 국가의 동량지재로 맹활약하고 있으며, 그 제자들 중에는 행정법분야 뿐만 아니라 다양한 분야로 진출하여 활약하는 것을 알 수 있다.

晴潭 선생님의 스승인 牧村 김도창 박사께서 1973년 발간한 행정법 교과서 서문에서 "내일을 위하여 다리를 놓는 사람들은 자기 위로에 살아야 한다. 그 다리를 건너 미래로 전진하는 이들이 손을 흔들 것이기 때문이다."라고 기술되어 있다. 晴潭 선생님은 그로부터 20여년이 지난 시점인 1995년 서울대 법학 제36권 제2호에 게재된 "한국행정법학 50년의 성과와 21세기적 과제"라는 글에서 "오늘을 위하여 다리를 놓는 분들에게 그 다리를 건너 미래로 전진하는 이들은 손을 흔들어야 한다."고 회고하였다. 晴潭 선생님께서 스승의 문구에 대응하는 글을 써서 사제지간의 모범적 사례를 만들어 냈다.

晴潭 선생님은 대법원 사법정책연구원장으로 재직 중 식도암의 수술을 받고 투병생활임에도 서울대 우천기념관에서 개최된 牧村 김도창 박사 서거 10주년 기념 공동학술대회

의 폐회사 석상에서, "사과 한 개 속에 씨앗이 몇 개 있는지는 알 수 있지만, 사과씨 하나가 몇 개의 열매를 맺을 지는 아무도 모른다"고 하신 말씀의 울림이 매우 컸던 것으로 기억이 된다.

이처럼 晴潭 선생님은 스승인 牧村 김도창 박사의 가르침을 실천하면서 스승과 先學의 학문적 傳統을 제자들과 後學들에게 잘 전수하여 한국행정법학이 국제적 경쟁력을 갖출 수 있도록 하는데 크게 기여하는 등 大學者로서 뚜렷한 足跡을 남기고 있다.

(2) 제자들의 학문적 成就와 발전에 心血을 기울이심

晴潭 선생님이 서울대 법대 행정법 전임교수로 재직하는 기간 동안 서울대 행정법 교수로 있던 南河 서원우, 中凡 김동희 교수님과의 사이가 매우 좋으셨다. 1989년 행정법이론실무연구회의 창설당시부터 지도교수로 활동하신 이래 행정법이론실무학회로 발전하고, 한국행정법연구소를 발족하는 등 학회가 지금까지 長足의 발전을 이룩하였다. 晴潭 선생님을 비롯한 세 분 선생님의 사이좋은 관계가 제자들이 서로 아끼고 공동으로 연구하는 모임으로 발전하는 계기로 작용하였다. 晴潭 선생님을 비롯한 서울대 행정법 세 분 선생님은 공자가 말한 가르침에 차별이 없다는 "有敎無類"를 터득하시어, 모든 제자들에 대하여 차별 없이 각별한 애정을 갖고 지도를 아끼지 않았다고 생각한다. 晴潭 선생님을 비롯한 세 분 선생님의 個性의 차이에도 불구하고 합심 협력하시고 좋은 관계를 형성하여 매년 정초에 제자들은 선생님께 세배도 올리고, 선생님들께서 제자들에게 德談을 해 주시는 것을 들으면서 제자들이 많은 깨우침을 얻었고 학자로 성장할 수 있었다. 세 분 선생님을 지도교수로 모신 제자들로서는 형제애를 느끼면서 지도교수님을 따로 구분하지 않고 세 분 선생님의 가르침을 따랐다. 제자들은 학회의 모임에서는 학술적으로 치열하면서 서로 격의 없이 그리고 상호 인격적으로 존중하면서 학문적으로 자극을 받으며 발전적으로 성장할 수 있었다.

세 분 선생님께서는 제자들의 의견을 귀담아 들어주시고 좋은 방안에 대하여는 건설적으로 살펴봐주셨던 것으로 기억된다. 특히 晴潭 선생님은 "한 사람보다는 여러 사람의 생각이 더 큰 지혜를 낳는다"는 持論을 갖고 계셨다.

(3) 大局的 觀點에서 새로운 조직의 발전을 도모함

晴潭 선생님은 한국행정법학회의 창립에 깊이 관여하시어 사실상 주춧돌을 놓으시고 초대 학회장을 역임하여 행정법학자가 서로 나누어지는 것을 막으시고 화합적 공동체로서 기능하는 한국행정법학회로 발전시켰다. 한국행정법학회 창립총회에 한국공법학회 회장과 한국헌법학회 회장의 축사를 포함시켜, 3개 학회간의 협력을 통해 한국공법학회의 형해화를 막고 母학회로서의 역할과 위상을 강조하셨다. 한국행정법학회 회장 재직시 공동연합

학술대회를 치르려고 준비하는 과정에서 어느 임원이 학회의 재원이 걱정되므로 새로운 일을 추진하는 것을 걱정하자, 晴潭 선생님께서는 "뜻이 있으면 길은 열리게 마련이다"라고 말씀하시면서 하는 일이 가치가 있는 것인가가 중요하고 그 일이 꼭 추진할 만한 일이라면 재원마련은 얼마든지 만들어 낼 수 있는 것 아니냐고 설득한 후 관철해 내신 逸話가 있다.

晴潭 선생님 회장 재직시인 2011년 18개 학회가 참가한 제1회 행정법분야 연합학술대회의 개최를 필두로 2016년에 17개 학회가 참여하는 제5회 행정법연합학술대회로 발전하였다. 이와 같은 성과는 晴潭 선생님께서 멀리 내다보시고 개별학회 차원을 넘어서서 행정법분야 여러 학회가 함께 학술발표회를 갖는 전통을 수립하였기 때문에 가능한 것이라고 생각한다.

晴潭 선생님께서 최초로 하신 일들이 많으시다. 특히 초대 사법정책연구원의 원장을 맡으시어 無에서 有를 창조한다는 각오로 법원내의 싱크탱크로 東奔西走하면서 기관의 위상을 높였다. 晴潭 선생님께서 연로하시어 弟子로서는 사법정책연구원장의 직무 수행이 약간은 걱정이 되었으나, 晴潭 선생님께서는 새로운 조직을 창설하여 초석을 놓는 데 마지막으로 국가사회에 대한 봉사의 마음으로 흔쾌히 임하였다. 晴潭 선생님은 영문학자이면서 문학평론가인 김우창 대한민국 예술원회원을 사법정책연구원 자문위원회 초대 위원장으로 위촉하는 등 법학을 넘어서서 긴 안목으로 사법정책의 이슈를 바라보셨다.

"접시가장자리 너머를 보라(Über den Tellerrand blicken)"는 독일의 격언처럼 晴潭 선생님께서 당면하고 있는 문제를 넘어서서 큰 시야에서 일을 처리하신 점을 제자들과 후학들은 배워야 할 부분이라고 생각한다.

(4) 價値觀: 和而不同과 君子懷德, 易地思之 및 誠實性과 至誠無息

먼저 晴潭 선생님께서 몸소 실천하신 것이 和而不同과 君子懷德, 易地思之 그리고 誠實性과 至誠無息의 정신이 아닌가 생각한다. 晴潭 선생님은 君子가 표방해야 할 和而不同을 트레이드 마크로 하고 계시고 이름 속에 和가 있다. 서로 다름을 인정하면서도 함께 어울리며 소통하는 것이 바로 和而不同이라고 할 것이다. 아울러 "君子懷德, 小人懷土"라는 孔子의 말이 있듯이 晴潭 선생님은 德을 마음에 품고 계신 君子라는 것을 알 수 있다.

다음으로, 晴潭 선생님은 신중하면서 나와 생각이 다른 상대방에 대하여도 포용하는 경우가 많았다. 이처럼 대인관계에 있어서 易地思之로 대하시면서 다른 사람의 처지를 깊게 생각하시고 상대방의 입장에서 살펴보신 것이 아닌가 생각한다.

나아가 晴潭 선생님은 법학을 전공하는 후학들에게 "지적 정직성과 성실성이 중요하고, 신의성실의 원칙은 민법의 대원칙이면서 법학을 하는 사람의 덕목의 하나이다. 따라서 말하고, 생각하고, 행동하는 것 그것은 법의 일반원칙인 신의성실의 원칙에 따라야 한다"고 역설하신 적이 있다. 晴潭 선생님은 평소 誠實과 正直에 기반하여 盡人事待天命의 자세를 견지하면서 삶의 과정에 예기치 않게 봉착한 어려운 순간을 환경이나 남을 탓하지 아니하고 苦難을 自己鍊磨를 위한 기회로 여기며 精誠을 다하고 쉼 없이 부지런히 최선을 다하는 至誠無息의 삶을 살아오셨다.

(5) 趣味: 上善若水와 流水不爭先을 추구하는 바둑

晴潭 선생님은 특히 아마 5단의 기력을 보유하고 있는 애기가로서 바둑을 두실 때에 布石을 중시하시고, 大勢的 형세판단에 기초하여 물 흐르듯이 유연하게 두시는 견실한 棋風으로, 선생님의 성격의 一面을 드러낸다고 할 것이다. 晴潭 선생님은 서울대 바둑부의 창립당시 부터 지도교수를 맡으셨고, 1977년부터 1996년까지 서울대와 동경대의 바둑교류 20년의 기보를 모아 부총장으로 재직하면서 "烏鷺의 饗宴"이라는 책자를 발간하기도 하였다. 晴潭 선생님은 건강이 악화되기 전까지 매년 개최되는 서울대 동창바둑대회의 심판위원장으로 참석하시었다.

晴潭 선생님은 소동파의 觀棋라는 시에서 나오는 이기는 것도 흐뭇한 일이지만 지는 것 또한 즐거움이라는 뜻의 "勝固欣然, 敗亦可喜"라는 말로 바둑의 妙味를 설명하시고, 승패를 다투지 않으면서 和局을 향해 흐르는 물처럼 오고간 수담을 통해 지성의 대화가 쌓여가고, 그를 통해 평화와 발전의 새시대를 함께 만들어 갈 것을 "烏鷺의 饗宴"에서 밝히고 계신다. 晴潭 선생님은 上善若水의 경지에서 流水不爭先의 자세로 승부를 떠나 道를 추구하는 심정으로 인생의 바둑을 두어 오신 것을 알 수 있다. 晴潭 선생님은 1997년부터 2010년까지 한국아마추어 바둑협회 부회장의 직을 맡았으며, 유창혁 프로기사의 결혼식에서 주례를 서는 등 바둑과 관련하여서는 폭넓은 행보를 보여주셨다.

2012년 바둑모임인 "流水會" 를 결성하여, 晴潭 선생님을 회장으로 모시고 총무를 맡은 弟子는 주기적으로 안철상 대법관, 연기영, 박균성, 오준근, 강현호 교수 등과 함께 서초동에서 手談을 나누고 저녁식사를 하면서 談笑를 나누곤 하였다.

6. 晴潭 선생님과의 작은 因緣

자치통감을 쓴 북송의 정치가이자 학자인 司馬光은 "경사이우(經師易遇) 인사난우(人師難遇)"라고 지식과 기술을 가르치는 경사를 만나기는 쉬워도 인생의 스승을 만나기 어렵다는 말로 표현하였듯이, 晴潭 선생님은 經師이면서도 삶의 지혜를 일깨워 주신 人師라고 할 것이다. 이러한 점에서 晴潭 선생님은 삶의 방향과 목표를 제시하고 올바른 삶이 무엇인가를 몸소 실천해 주셔서 弟子는 많은 인생의 가르침을 터득할 수 있었다.

세상사는 緣起의 법칙에 따라 만나고 헤어지게 되는 會者定離와 去者必返이 반복된다고 할 것이다. 1990년대 초반 弟子가 법제처에 재직시에 晴潭 선생님의 모친인 김철안 여사가 돌아가셨을 때 晴潭 선생님께서 경기고 55회 수첩을 주시면서 訃告를 알리기를 바라셔서 동기분 들에게 일일이 전화 연락을 취했던 적이 있다. 지나간 일이지만, 弟子는 1995년에 독일유학을 마치고 돌아온 후 법제처에서 과장 승진 교육과정을 이수하기 위해 과천에 있는 중앙공무원 교육원에서 晴潭 선생님의 강의를 듣기도 하였고, 그 과정을 이수한 후 법제처 사회문화행정심판담당관으로 승진을 하여 국무총리 행정심판위원회에서 과장으로 재직하기도 하였다.

弟子가 법제처를 떠나 5년간의 경희대 전임 교수 생활을 하는 동안 논문심사를 하러 경희대에 오셨던 적이 있다. 弟子가 경희대 교수생활을 접고 서초동에서 변호사 개업을 하게 되자, 晴潭 선생님께서 직접 전화를 걸어 위로와 용기를 불어넣어 주시기도 하였다. 그리하여 2002년 "晴潭 최송화 교수 화갑기념논문집"에 원고를 제출할 당시 변호사로 활동하는 바쁜 와중에도 법제처의 용역을 받아 수행한 연구주제중의 일부를 흔쾌히 晴潭 선생님의 화갑기념 논문집에 동참하기 위해 "內認可의 법적문제"로 제출하였던 기억이 있다.

晴潭 선생님께서 인문사회연구회 이사장으로 활동하던 2004년에 행정상 분쟁해결제도에 관한 한국법학원 주관의 학술대회가 있었다. 晴潭 선생님을 座長으로 모시고 발제를 하였는데, 弟子가 ADR 분야에 관한 연구활동과 특강 및 한국조정학회의 활동을 지속해 나가는 계기가 되었다.

弟子는 서초동의 법무법인 아람에서 변호사로 활동하는 중 3년간 한국법제연구원의 비상임 감사로 활동하였다. 弟子가 법제처에서 근무한 경험도 있지만, 晴潭 선생님의 激勵와 助言에 힘입은 바 크고, 비상임 감사로 활동하는 동안 晴潭 선생님은 국책 연구기관인 한국법제연구원의 감사의 기능과 위상의 중요성을 강조하셨다. 晴潭 선생님은 弟子가 2005년에 변호사 활동을 잠시 접고, 다시 학계로 옮겨 가게 되자 그 당시 대학으로 이동하게 된 여러 제자들과 함께 여의도 63빌딩의 음식점으로 초대하여 격려와 조언을 해 주시던 기억이 난다.

弟子는 2007년 3월 전북대 법학연구소장이 되자 학계 원로의 특강을 마련하여, 정년퇴임을 하신 晴潭 선생님을 그해 4월에 제일 먼저 특강에 초청하였고, 그 후에 법학계의 명망 있는 원로 교수님들을 순차적으로 초청하여 각 전공영역별 법학의 과거, 현재, 미래에 관하여 소중한 경험을 듣는 기회를 갖기도 하였다. 아울러 2008년 6월에 전북대 법학연구소 주최의 "재판외 분쟁해결제도(ADR)의 법적과제 – 법학전문대학원에서의 ADR 교육의 활성화를 중심으로 –"라는 주제의 학술대회에 초청하였을 때 晴潭 선생님께서 흔쾌히 祝辭를 해 주러 오셨고, 전주에서 일박하신 후 晴潭 선생님을 모시고 진안 마이산의 탑사와 은수사 등 사찰을 둘러보는 작은 여행을 한 추억이 있다.

晴潭 선생님은 2008년에 개최된 동아시아행정법학회의 제8회 대만대회에서 법제처 행정심판업무의 경험과 ADR에 관한 연구를 하고 있는 弟子에게 "행정소송전단계의 권리구제 방법 및 절차"라는 주제로 발표할 기회를 부여해 주었다. 또한 이홍훈 대법관께서 晴潭 선생님의 뒤를 이어 한국행정판례연구회의 회장으로 활동하는 동안 弟子로 하여금 한국행정판례연구회의 연구이사를 맡아서 一助를 할 수 있도록 弟子를 추천해 주셨다.

지나간 일이지만, 2010. 6. 25. 한국행정법학회의 창립 과정에 어려움이 많았고, 晴潭 선생님이 힘들어 하실 때 弟子로서 微力이나마 가까이에서 誠心껏 도와드렸던 기억이 난다. 弟子는 한국행정법학회 초대 기획이사를 맡아 晴潭 선생님께서 꼼꼼하게 일정을 챙기시고 완벽에 완벽을 다하는 자세를 어깨 너머로 배울 수 있었다. 晴潭 선생님은 한국행정법학회가 화합적 학문공동체가 될 수 있도록 여러 각도에서 다양한 의견을 청취하시고 임원 선임은 물론 학회 발표 등에 있어서 특정 학교 출신에 치우치지 않도록 배려하면서 신중한 결정을 내리시곤 하였다. 2017. 8. 晴潭 선생님의 사모님께서 갑자기 돌아가셨을 때 弟子에게 이른 아침에 연락을 주셔서 弟子는 그 사실을 여러 학회에 알리고, 현대아산병원 장례식장에 제일 먼저 달려가기도 하였다.

7. 맺음말

晴潭 선생님의 77세 喜壽를 기념하는 논문집에 축하의 글인 賀詞의 작성을 마치면서, 弟子는 晴潭 선생님께서 사법정책연구원장의 재임시절 건강이 악화되어 서울대병원에 치료를 위해 여러 차례에 걸쳐 입원과 퇴원을 반복하면서 不屈의 투혼으로 病魔를 이겨 내신 과정을 지켜보았기에 感懷가 새롭기만 하다. 晴潭 선생님은 학문의 세계에서 뿐만 아니라 실천의 영역에서 탁월한 역량을 발휘하셔서 學問과 德行에 있어 공히 발전과 창성을 이루어 학덕쌍창(學德雙暢)의 경지에 오르셨고, 지금까지 平生 동안 선비로서 모범적인 學者의 삶을 살아오셨다.

무엇보다 한국행정판례연구회의 회장으로 재직하시면서 牧村 김도창 박사의 뜻을 이어받아 동 학회를 이론과 실무를 架橋하는 학술단체로 우뚝 서게 하신 功勞를 회원의 한사람으로 감사드리고, 한국공법학계와 행정법학계에 기여한 貢獻은 오래 오래 기억될 것이다. 晴潭 선생님께서 최근에 건강이 악화되어 弟子는 안타까운 심정이다. 병원의 재활과정을 통해 쾌유하시어 건강한 가운데 미래세대의 後學들이 학문적으로나 덕성적으로 더욱 발전해 나가는 모습을 지켜보시기를 염원한다. 晴潭 선생님께서 폭넓고 卓越한 力量과 視野를 갖추신 원로 공법학자로서 계속해서 제자들과 後學들에게 그동안 쌓으신 경험에서 우러나오는 지혜와 經綸을 베풀어 주실 것을 懇請드린다.

晴潭 선생님께서 그동안 弟子에게 베풀어 주신 각별한 사랑과 學恩을 秋史 선생이 歲寒圖에 새겨 넣은 "長毋相忘"의 落款처럼 弟子는 오래 오래 잊지 않고 마음속에 기억하게 될 것이다. 끝으로 晴潭 선생님께서 健康과 活力을 다시금 회복하시어, 가끔씩 手談을 나누면서 소소한 행복과 마음의 平穩을 찾으시고, 나아가 萬壽無疆을 간절히 祈願하면서 賀詞를 마치기로 한다.

金 容 燮
전북대학교 법학전문대학원 교수

晴潭 崔松和 教授 年譜·主要著作

出生 및 家族關係

姓　　名: 최 송 화(崔松和, Song－Wha Choi)

生年月日: 1941. 6. 27.　本貫: 和順　雅號: 晴譚, 佳泉

出 生 地: 慶尙北道 金泉市 黃金洞 88－7

本　　籍: 慶尙北道 金泉市 黃金洞 88－7

父 崔義元, 母 金喆安의 1남 3녀 중 장남으로 出生

1971년 4월 13일 父 朱鉼鎭, 母 李斗里의 2남 3녀 중 차녀 朱敏淑과 婚姻(2017년 8월 26일 別世)

장녀 正善　사위 金明準　외손 炫宰, 炫承

장남 成準

學歷과 經歷

1953	金泉國民學校 卒業
1956	京畿中學校 卒業
1959	京畿高等學校 卒業
1959～1963	서울大學校 法科大學 卒業(法學士)
1963～1966	서울大學校 大學院 修了(法學碩士)
1998	大邱大學校 大學院 名譽法學博士

主要經歷

1967～1970	서울大學校 法學研究所 助教
1968～1969	明知大學校 行政學科 講師
1969～1974	서울大學校 商科大學 講師
1971～1972	서울大學校 法學研究所 專任講師
1972～2006	서울大學校 法科大學 專任講師, 助教授, 副教授, 教授

1977～1978	美國 Harvard－Yenching Institute Visiting Scholar
1977～1978	美國 Harvard 法科大學 Visiting Scholar
1987～1991	中央公務員教育院 兼任教授
2001～2002	中國 延邊大學校 客員教授
2003～2005	人文社會硏究會(國務總理傘下) 理事長
2005～2006	經濟·人文社會硏究會(國務總理傘下) 理事長
2006～現在	서울大學校 法科大學/法學專門大學院 名譽教授
2006～2010	嶺南大學校 法科大學/法學專門大學院 碩座教授
2014～2016	大法院 司法政策硏究院 院長

補職

1977	서울大學校法學硏究所 硏究部長
1978	서울大學校 法科大學 學生擔當學長補
1979～1980	서울大學校 學生處 副處長
1980	서울大學校 學生處 學生處長 職務代理
1988～1990	서울大學校 法科大學 教務擔當學長補
1991～1995	서울大學校 法學硏究所 硏修教育部長
1993～1996	서울大學校 法學硏究所 硏究部長
1994～1996	서울大學校 企劃委員會 委員
1996～1998	서울大學校 發展諮問委員會 委員長
1996～1998	서울大學校 副總長
1998	서울大學校 總長職務代理(1998.9.～1998.12)
2002～2003	서울大學校 評議員會 議長

學會活動

1968～現在	韓國公法學會 會員, 理事(1986－92), 總務理事(1992－96), 副會長(1996－97), 次期會長(1998－99), 會長(1999－00), 顧問(2000－現在)
1977～現在	韓國環境法學會 會員, 理事, 常任理事(1986－1999)
1978～現在	韓國經濟法學會 會員
1984～現在	韓國文藝學術著作權協會 會員
1989～現在	韓國行政法理論實務學會 顧問
2000～現在	韓國土地補償法學會 會員, 副會長(2000－2010), 顧問(2010－現在)
2000～2006	韓國不動産法學會 副會長

2002～2013 東아시아行政法學會 韓國學會 理事長
2004～現在 韓國行政判例研究會 會員, 理事(1988－1998), 總務理事(1999－01), 副會長(2002－2005), 會長(2005－2011), 顧問(2011－現在)
2010～現在 韓國行政法學會 會員, 法定理事, 會長(2010－2012), 顧問(2012－現在)

立法參與

1983～1984 行政審判法·行政訴訟法 改正案 審議委員會(法務部) 委員
1994～1996 情報公開法案 審議委員會(總務處) 委員長
1995～1996 行政節次法案 審議委員會(總務處) 委員
2006～2014 알기 쉬운 法令 만들기 委員會(法制處) 委員長
2002～2007 行政訴訟法 改正委員會(法院行政處) 委員
2011～2013 行政訴訟法 改正委員會(法務部) 委員長
2013～2013 行政訴訟法 알기 쉽게 새로 쓰기 諮問委員會(法制處) 委員長

社會活動

1982～2000 司法試驗, 外務考試, 行政考試,立法試驗, 軍法務官試 驗, 辨理士試驗, 公認鑑定士試驗 試驗委員
1983～1994 監査院·法務部·總務處 政策諮問委員
1985～2002 內務部·法務部·外務部·警察廳·體育部·文化體育部·國務總 理·監査院 行政審判委員會 委員
1993～1998 大法院 公職者倫理委員會 委員
1993～2002 中央土地收用委員會 委員
1993～2002 國土利用計劃審議會 委員
1994～2000 韓國行政研究院 理事
1995～1999 自然保護中央協議會 理事
1996～1998 서울市政開發研究院 理事
1996～2001 地方自治制度發展委員會(國務總理) 委員
1996～1998 第2期 敎育改革委員會 第4小委員會(政策分科) 委員長
1997～2003 三省第一醫療財團 理事
1997～2010 韓國아마추어바둑協會 副會長
1998～2000 새敎育共同體委員會 大學委員會 委員長
2000～現在 韓國法制研究院 研究諮問委員, 特別諮問委員
2000～2007 韓國하버드엔칭學會(The Harvard－Yenching Visiting Scholars

	Association, Korea) 會長(現 顧問)
2001～2005	憲法裁判所 公職者倫理委員會 委員
2002～2006	大韓辯護士協會 辯護士懲戒委員會 委員
2002～2005	民主化運動關聯者名譽回復및補償審議委員會 委員 (委員長職務代理 2003.2－3)
2002～現在	財團法人 宋福銀奬學會 理事
2002～2013	NGO 環境保護國民運動 全國總本部 總裁
2002～2013	NGO 環境保護國民運動 全國環境青少年團 總長
2005～2011	財團法人 安重根義士紀念館建立委員會 理事
2006～2010	大法院 公職者倫理委員會 委員長
2006～2007	研究倫理確立推進委員會(教育人的資源部) 副委員長
2006～2009	3·1文化賞 審查委員(第48回 副委員長, 第49回, 第50回, 第51回 委員長)
2006～2016	牧村紀念事業會 創立會員, 總務理事, 副會長, 會長牧村法律賞 審查委員, 副委員長, 委員長
2008	大法官提請諮問委員會 委員長
2010～2014	財團法人 義士安重根將軍奬學會 理事長

主要國外行事 및 學術活動

1988.3	日本政府 招請 韓日民間交流(團長)
1992.	日本法文化 視察
1992.	社會主義國家 公法體系研究 및 調査
1994.	中國經濟規制行政法制 研究 및 調査
1996.	主要大學 學術交流協定 및 教育改革制度 研究
1997.2.	日本國際交流基金 招請日本文化視察
1998.	獨逸 베를린 自由大學 招請 開校50周年 記念行事參加
2000.12.	제4회 東아시아行政法學會 國際學術大會, 臺灣 臺北, 參加 討論
2000～現在	濠洲 뉴사우스웨일스대 韓濠研究所/韓國研究院 諮問 委員會 共同委員長 (Co－Chairman, Advisory Board of Korea－Australasia Research Centre(KAREC)/Korea Research Institute(KRI), University of New South Wales, Australia)
2002.11.	제5회 東아시아行政法學會 國際學術大會, 日本 名古屋, 參加 發表
2002～2004/2011～2013	東아시아行政法學會(日本·韓國·中國·臺灣) 理事長
2003.12.	人文社會研究會(理事長), 平和와 繁榮의 東北亞 文化共同體 形成을 위한 政策研究, 發表

2004.5.1.	제6회 東아시아行政法學會 國際學術大會(理事長), 韓國 서울
2004.10.25.	人文社會研究會 國際學術大會(理事長), 平和와 繁榮의 東北亞 文化共同體 形成을 위한 政策研究
2004~現在	東南亞韓國學會 諮問委員會 委員長(Chairman, Advisory Board of Korean Studies Association in Southeast Asia(KoSASA))(諮問委員會 구성: 말레이지아의 말라야대학, 베트남 호치민시티의 인문사회과학대학과 하노이의 인문사회 과학대학, 태국의 출라롱콘대학, 인도네시아의 인도네시아대학, 필리핀의 필리핀 국립대학, 라오스 국립대학, 캄보디아의 국립대학, 호주 시드니의 뉴사우스웨일스대학의 총장 또는 부총장으로 구성)
2005.10.7.	韓國하버드옌칭學會 創立 50週年 記念 國際學術大會, "世界化 속의 東아시아－葛藤과 妥協(East Asia in Globalization: Conflicts and Compromises)", 서울대 호암교수회관, 개최
2005.11.13.~14.	제2회 國際 Symposium "世界化 過程에서의 東아시아 文明(East Asian Civilization in the Process of Globalization)", 북경대 잉지에 센터, 美國 Harvard－Yenching Institute, 北京大 共同開催, 參加 發表
2005~現在	Honorary Chairman, The Vision Group for Promotion of Korean Studies in Southeast Asia(KoSASA)
2005.9.	제1회 東南亞韓國學會(KoSASA) 國際學術大會, 베트남, 호치민시티, University of Social Sciences and Humanities·參席·基調演說
2006.6.23.	미국 Harvard－Yenching Institute, 中國社會科學院 民族文學研究所, International Symposium on "Seeking Harmonious Society and Multiple Modernities", 中國 北京, 參加 發表
2006.11.10.	제7회 東아시아行政法學會 國際學術大會(理事), 中國 杭州 參加
2007.2.	제2회 東南亞韓國學會(KoSASA) 國際學術大會, 말레이시아, 쿠알라룸푸르, University of Malaya, 參席·基調演說
2008.5.	제8회 東아시아行政法學會 國際學術大會(理事), 臺灣 臺北 參加
2008.10.	제3회 東南亞韓國學會(KoSASA) 國際學術大會, 泰國, 출라롱콘, Chulalongkorn University, 參席·基調演說
2008.12.4.	제9회 東아시아行政法學會 國際學術大會(理事), 日本 東京 參加
2011.1.	제4회 東南亞韓國學會(KoSASA) 國際學術大會, 인도네시아, 자카르타, Universitas Indonesia, Universitas Pelita Harapan, 參席·基調演說
2011.4.	中國法政大學 法治政府研究院, 行政節次立法에 관한 國際 심포지움, 中國 北京 參加 發表

2012.6.8.	제10회 東아시아行政法學會 國際學術大會(理事長),한국 서울參加
2012.9.	제5회 東南亞韓國學會(KoSASA) 國際學術大會, 베트남, 하노이, University of Social Sciences and Humanities· 參席·基調演說
2014.1.	제6회東南亞韓國學會(KoSASA)國際學術大會, 泰國, 출라롱콘, Chulalongkorn University, 參席·基調演說

賞勳

1997	서울大學校勤續30年 表彰 서울大學校 總長
1998	國民勳章 冬栢章 大統領
2004	優秀學術圖書推薦(公益論) 大韓民國學術院

主要研究業績

- ·公法上 契約論 1966
- ·行政法 Ⅰ (共著), 韓國放送通信大學, 1973
- ·行政法 Ⅱ (共著), 韓國放送通信大學, 1973
- ·客觀式 行政法(共著), 靑雲社, 1968－75
- ·法治行政과 公益, 博英社, 2002
- ·公益論, 서울大學校 出版部, 2002(2013 初版4刷) (2004 大韓民國學術院 優秀學術圖書)
- ·우리나라 經濟行政法에 관한 硏究, 1972
- ·우리나라 行政委員會制度에 관한 硏究, 法學(서울대) 特別號 제2권, 1972
- ·우리나라 土地行政法에 관한 硏究, 法學(서울대) 제16권 2호, 1975

- ·韓國行政判例調査硏究(共編), 韓國行政科學硏究所, 1976
- ·韓國行政判例集 (上)·(中)·(下) (共編), 서울文化社, 1976
- ·判例敎材 行政法(共著) 法文社, 1980
- ·행정판례평선(共編著, 執筆代表), 韓國行政判例硏究會, 博英社, 2011(2012 文化體育觀光部 優秀學術圖書)
- ·獨逸經濟行政法 (共譯), 法文社, 1996
- ·21世紀 東北亞 文化共同體의 構想 (共編著), 法文社, 2004
- ·국가의제 2015: 풍요와 평화의 미래한국(미래정책공동연구 발행인), 경제·인문사회연구회, 2005
- ·미래정책연구 자료집 (공저 발행인), 경제·인문사회연구회, 2005
- ·한국 하버드옌칭학회 50년(편집대표), 한국 하버드옌칭학회, 2007

·法的 利益과 反射的 利益, 法學(서울대) 제11권 2호, 1970
·法律上 利益과 反射的 利益－行政訴訟의 訴의 利益의 範圍를 중심으로－, 法學(서울대) 제17권 2호, 1976
·공권과 반사적 이익, 고시계, 제36권 8호, 1991.8
·무효등확인소송에서의 소의이익, 고시계 제38권 1호, 1993.1
·행정법학에 있어서 공사법 구별론의 사상사적 검토, 한국공법의 이론, 1995
·절차상 흠 있는 행정행위의 법적효과－청문을 중심으로－, 고시계 제40권 5호, 1995.5
·행정처분의 이유부기의무, 행정판례연구 Ⅲ, 1996
·행정법상 공익개념의 전개와 의의, 현대헌법학이론, 1991
·公益의 法問題化, 法에 있어서의 公益, 서울大學校 法學研究所, 2006
·判例에 있어서의 公益, 行政判例研究 Ⅵ, 2001. 11
·法과 政策에 관한 研究, 法學(서울대) 제26권 4호, 1985
·自治權의 本質과 限界 範圍, 自治行政 제67호,1993
·行政訴訟制度의 改革, 公法研究 제22집 3호, 1994
·現行 行政訴訟法의 問題點, 고시계 제39권 10호, 1994.10
·行政規制緩和와 裁量權 濫用防止를 위한 法制整備方案, 법제연구 제4호 1995
·公共機關의 情報公開에 관한 法律의 特色과 內容, 고시계 제42권 2호, 1997.2
·行政裁量의 節次的 統制, 法學(서울대) 제39권 2호, 1998. 8
·法科大學의 學科體系와 敎科課程의 再檢討, 法學(서울대) 제33권 1호 1992
·學則의 法的 性格과 國家監督, 法學(서울대) 제37권 1호, 1996
·서울大學校法 制定에 관한 研究(공동연구 책임연구자), 1996
·敎育改革의 現況課 課題, 公法研究 제25집 3호, 1997
·副總長의 역할에 관한 國際比較研究, 2002
·現行 行政訴訟法의 立法經緯, 韓國公法學會 제105회 學術發表會, 2002
·韓國의 立法機構와 立法者, 法學(서울대) 제25권 4호, 1984
·韓國에서의 立法의 機能과 問題點, 國會報 제219호,1985
·合法性監査의 槪念에 관한 몇 가지 考察, 監査, 1984
·지방자치와 감사원의 감사, 감사 제26호, 1991
·監査院 監査의 發展方向(共著), 監査院不正防止對策委員會, 1993
·金道昶 敎授의 學問과 人生,市民과 辯護士,1995.6.
·金道昶 敎授의 生涯와 學問世界, 韓國의 公法學者들, 韓國公法學會編, 2005
·環境紛爭調停制度의 開發에 관한 研究(共著), 環境法研究 제7권, 1986
·韓國에 있어서 民營化 規制緩和와 行政法, 東아시아行政法學會 제5회 學術總會, 2002
·南北韓 法體制의 比較研究(共著), 國土統一院, 1972

· 南北關係變化에 대비한 國內公法調整方案(共著) 1973
· 北韓의 憲法과 統治構造, 北韓槪論, 乙酉文化社, 1990
· 北韓法制의 總說, 北韓法制槪要, 法制處, 1991
· 南北韓 行政組織의 比較, 陶山學術論叢 1집, 陶山아카데미硏究院, 1991
· 美國 行政法의 將來, 法學(서울대) 제21권 1호, 1980
· 美國 行政法의 歷史的 展開, 現代公法의 理論, 學硏社, 1982
· 동북아 지식인 교류와 동북아 문화공동체, 2005
· 韓國行政法學 50년의 成果와 21世紀的 課題, 法學(서울대) 제36권 2호, 1995
· 뉴 밀레니엄에 즈음한 韓國公法學의 回顧와 展望, 公法硏究 제28집 4호 1권, 2000

· 韓國 法治主義의 歷史的 展開, 韓國公法學會 제138회 國際學術大會 基調 發題, 2007
· The Korea Studies in Southeast Asia: A New Dimention of Collaboration beyond a country study. 5th Biennial International Conference Korean Studies Association of Southeast Asia, Keynote Address, 2012.8.28.
· The Development of Rule of Law in Korea
  − Social change/progress and the pursuit of long−term future−oriented judicial policy, 6th Biennial International Conference Korean Studies Association of Southeast Asia, Keynote Address, 2014.9.24.

時論

· 法은 살아있는가, 每日經濟, 1989.7.31.
· 우리는 땅을 所有할 수 있는가, 每日經濟, 1989.9.12.
· 물·흙·공기·나무·물고기의 訴訟, 每日經濟, 1989.10.23.
· 危機인가, 每日經濟, 1989.12.18.
· 欣然과 可喜의 二十年, 烏鷺의 饗宴−서울大·東京大 바둑交流 二十年(서울大바둑部), 1998.

目 次

ISO 19600: Ein Beitrag zur Regelkonformität der öffentlichen Verwaltung

Professor Dr.Dr.h.c.mult. Rolf Stober*

I. Verwaltungsrecht als Forschungsschwerpunkt des Jubilars

Der Autor des nachfolgenden Beitrages ist nicht nur sehr dankbar für fruchtbare wissenschaftliche und persönliche Begegnungen mit dem Jubilar in Südkorea und in Deutschland. Er ist auch sehr dankbar dafür, dass sein herausragender Schüler, Prof. Dr. Won Woo Lee, in Hamburg bei mir promovieren durfte.

Wer sich in Südkorea und darüber hinaus mit Erscheinungsformen des Verwaltungsrechts näher befasst, stößt automatisch auf den Namen Prof. Song-Wha Choi. Der Jubilar ist bekannt dafür, dass er den Wandel und die Dynamik des Verwaltungsrechts mit tiefschürfenden Abhandlungen und Vorträgen bereichert und wichtige Impulse für die Weiterentwicklung dieses zentralen Rechtsgebietes gibt. In diesem zukunftsorientierten Sinne möchte ich meinem Freund und Kollegen Prof. Song-Wha Choi einen Beitrag über ein Thema widmen, das einerseits im Verwaltungsrecht stiefmütterlich behandelt wird, andererseits aber internationale Dimensionen mit rechtskreisübergreifendem Charakter aufweist, weshalb die Problematik auch für das südkoreanische Verwaltungsrecht relevant sein kann. Es handelt sich um die Anwendbarkeit der ISO 19600(Compliance Management System Leitlinien) auf Einrichtungen der Öffentlichen Verwaltung. Denn diese Standardisierungsnorm weist im Gegensatz zu anderen ISO-Normen keine spezielle Technikaffinität auf. Sie will vielmehr, ausweislich der in den Ziffern 1 und 3.01 zum

* em. o. Professor an der Universität Hamburg

Ausdruck kommenden Kernbotschaft, alle Formen von Organisationen erfassen. Das bedeutet, dass sich die ISO 19600 nicht nur oder primär an Privatunternehmen und den sogenannten Dritten Sektor, sondern zugleich an staatliche Institutionen, die Selbstverwaltungskörperschaften und an öffentliche Unternehmen richtet.

II. Forschungslücke und Meinungsstand

Die Anwendung der ISO 19600 auf juristische Personen des öffentlichen Rechts oder auf öffentliche Unternehmen in Privatrechtsform ist bislang sowohl eine Forschungs – als auch eine Praxislücke. Das ist nicht weiter verwunderlich, weil es sich bei der ISO 19600 um einen neuen Standard handelt, der erst im Dezember 2014 publiziert wurde. Eine Vertiefung der damit verbundenen Problematik ist aber auch deshalb angezeigt, weil die Heranziehung dieses Standards prinzipiell umstritten ist und auch schon als geeignetes Regelwerk für die Privatwirtschaft angezweifelt wird. Hinsichtlich der Ausdehnung auf die öffentliche Verwaltung wird darauf hingewiesen, diese Anwendungsmöglichkeit könne man ignorieren, weil dieser Standard etwa bei dem „bayerischen Wasserwirtschaftsamt" keine Wirkung zeigen werde.[1] Vor diesem publizistischen Hintergrund befasst sich die Abhandlung zunächst mit den Einwänden und anschließend mit den Vorteilen, die ein Einsatz der ISO 19600 für die öffentliche Verwaltung haben kann.

Die zentrale Bedeutung der Rechts – und Regelkonformität für eine gute Unternehmensführung, eine positive Außenwirkung und eine langfristige Unternehmensperspektive ist inzwischen unbestritten.[2] Insbesondere die Präventionsfunktion von Compliance ist allgemein anerkannt.[3] Das gilt auch für die öffentliche Verwaltung, die zwar schon aus rechtsstaatlichen und beamtenrechtlichen Grundsätzen das geltende Recht beachten muss. Diese Bindung schließt aber bekanntlich menschliche Verfehlungen nicht aus, weshalb ergänzende Management – Systeme zweckmäßig sein können. Gleichwohl haben sich

---

1) *Hauschka*, CCZ 2015, 1 f.

2) *Stober*, DVBl. 2012, 391 ff., ders., in: Stober/Ohrtmann (Hg.), Compliance – Handbuch für die Öffentliche Verwaltung, 2015, § 1 I.

3) *Stober*, Compliance Praxis 2014, 40 ff.

Compliance – Management – Systeme(CMS) bislang nur partiell durchgesetzt. Sie bezwecken vornehmlich die Organisation von Legalität, wenn sie gesetzlich vorgeschrieben sind. Diesen reduzierten Ansatz will die ISO 19600 vermeiden.[4] Ihr Anliegen ist die weltweite Bereitstellung eines Compliance – Leitfadens. Angesichts dieser großen Herausforderung für Entwickler und Anwender ist es nachvollziehbar, dass dieses ehrgeizige Vorhaben die Compliance – Geister spaltet.

So wird die ISO 19600 einerseits in Stellungnahmen von Verbänden und Compliance – Experten als „harmloses Papier" mit einer „merkwürdigen Entstehungsgeschichte" und als „nicht zielführend" kritisiert,[5] deren „rechtliche Bedeutung wohl gegen Null„ tendiere[6] weshalb„ das··· die Unternehmen in Deutschland und anderswo nicht gebraucht hätten". Gleichzeitig wird der maßlose Geltungsanspruch"[7] und die große Belastung insbesondere für KMUs bemängelt.[8] Ferner wird moniert, die ISO – Norm würde gesetzliche Regelungen, Standards und Institute weder zusammenführen und harmonisieren noch ersetzen.[9] Andererseits wird attestiert, das Papier sei „ganz hilfreich zum Nachschauen und Vergleichen"[10] und grundsätzlich seien „Hilfestellungen zur Einführung und Umsetzung eines effektiven CMS ··· zu begrüßen".[11] Teilweise wird in der ISO 19600 sogar ein „überaus nützliches Hilfsmittel" bzw. ein „wirklich nützliches Nachschlagewerk" gesehen und man spricht von einem „Schatzkästlein mit Erläuterungen zu Umfang und Unternehmensbezogenheit eines individuellen Compliance – Systems ··· und Anregungen zur sinnvollen Ausgestaltung der bei dessen Aufbau zu berücksichtigenden Grundelemente".[12] Nach der Ansicht anderer Experten kann die ISO 19600„ die Basis für ein angemessenes und wirksames CMS im Sinne des IDW PS 980 – Standards bilden" und „Hilfestellung geben, wie die Grundelemente eines CMS nach IDW PS 980 ausgestaltet werden können".[13]

---

4) Siehe dazu www.iso.org.

5) Stellungnahme von DICO, BUJ und BDCO, CCZ 2015, 21.

6) *Hauschka*, CCZ 2015, 1 f.

7) *Hauschka*, CCZ 2015, 1 f.

8) Stellungnahme der oben erwähnten Verbände, CCZ 2015, 21.

9) Stellungnahme der oben erwähnten Verbande, CCZ 2015, 21.

10) *Hauschka*, CCZ 2015, 1 f.; ähnlich *Schmidt/Wermelt/Eibelshäuser*, CCZ 2015, 18 ff.

11) Stellungnahme der oben erwähnten Verbände, CCZ 2015, 21.

12) *Sünner*, CCZ 2015, 3 f.

Ⅲ. Hat die ISO 19600 das Ziel erreicht?

Wie ist dieses Meinungsspektrum zu bewerten? Bedenkt man, dass das Thema Compliance als komplex und kompliziert, als konfus und kostenrelevant wahrgenommen wird, dann leuchtet es ein, dass der neuen ISO 19600 Widerstand entgegengebracht und versucht wird, sich bei der Abarbeitung von Compliance – Problemen auf gesetzliche Vorgaben – wie etwa im Finanzmarktrecht – oder auf eingeführte Standards – wie den IDW PS 980 – zu konzentrieren. Allerdings fällt auf, dass selbst die Skeptiker in dem Urteil übereinstimmen, die ISO 19600 sei hilfreich und nützlich. Mit dieser positiven Umschreibung hat dieser Standard sein Ziel eigentlich schon erfüllt. Aber leider beschränken sich die Aussagen meistens auf diese Hinweise, die nicht näher konkretisiert werden. Das soll Aufgabe der weiteren Ausführungen sein, die das Verständnis für die ISO 19600 fördern und für mehr Akzeptanz werben wollen. Dabei muss man sich darüber im Klaren sein, dass die systematische Erforschung der Querschnittsmaterie Compliance noch am Anfang steht mit der Folge, dass die Unternehmens–, Verwaltungs – und Beratungspraxis nur punktuell auf gesicherte Erkenntnisse zurückgreifen kann. Vor diesem Hintergrund ist es angebracht, die ISO 19600 zu hinterfragen und gleichzeitig gegenüber anderen Ansätzen offen zu sein, um einen möglichst hohen Fortschrittsgewinn für die Handhabung von Compliance – Systemen zu erreichen.

Ⅳ. Zur Entstehungsgeschichte der ISO 19600

In diesem Kontext ist an erster Stelle auf die beanstandete, weil missverstandene Entstehungsgeschichte der ISO 19600 einzugehen. Hierzu ist zu bemerken, dass ISO–Normen generell nicht mit staatlichen oder gemeinschaftsrechtlichen Normen und dem dort einzuhaltenden Legitimationsverfahren gleichgesetzt werden dürfen. Vielmehr liegt die gewollte Besonderheit dieser Regelschöpfung gerade darin, dass es sich um eine private Normorganisation handelt, die bewusst nicht an das enge staatsrechtliche Korsett gebunden sein soll, um überhaupt internationale

---

13) *Schmidt/Wermelt/Eibelshäuser*, CCZ 2015, 18, 20.

Rahmensetzungen zu ermöglichen.[14] Sie sind vielmehr Folge einer neuen Konzeption auf dem Gebiet der Normung im Interesse einer verstärkten Harmonisierung.[15] Deshalb sind auch die Beteiligungsprozesse anders ausgestaltet. Man darf der ISO 19600 nicht vorwerfen, sie sei unter merkwürdigen Umständen entwickelt worden, weil ausweislich des Vorwortes – wie bei allen ISO – Normen üblich – alle Interessierten und Betroffenen über sog. „ISO member bodies“ oder „ISO technical committees“ die Möglichkeit hatten, aktiv an der Gestaltung der Empfehlungen mitzuarbeiten. So waren im zuständigen Projektkomitee 271 Spezialisten aus Australien, VR China, Deutschland, Frankreich, Kanada, Malaysia, Niederlande, Österreich, Singapur, Spanien und der Schweiz vertreten und weitere Nationen wie etwa Großbritannien, Japan und die USA hatten Beobachterstatus. Insofern ähnelt das Vorgehen den DIN – Verfahren, deren formelle Verfahrensweise grundsätzlich nicht bezweifelt wird. Das dort übliche Procedere hat einen wesentlichen Vorteil gegenüber staatlichen Rechtsetzungen, weil es weniger um politische Forderungen oder politische Kompromisse geht, sondern um Fachleute und Sachverständige, die ihre beruflichen Erfahrungen einbringen, wodurch die Normakzeptanz erhöht wird. Diese Doppelspurigkeit kommt auch der öffentlichen Verwaltung zugute, die von der Sachkunde Privater profitieren kann. Allenfalls könnte man kritisieren, dass – soweit ersichtlich – keine Spezialisten der öffentlichen Verwaltung in die Entwicklung der ISO 19600 eingebunden waren. Dieses Defizit ist aber letztlich auf die einzelnen Staaten und ihre Einrichtungen zurückzuführen, die als potentielle Nutznießer Gelegenheit gehabt hätten, sich innerhalb des Verfahrens zu engagieren. Unabhängig davon ist darauf hinzuweisen, dass auch der IDW PS 980 – Standard von einem privaten berufsständischen Institut entworfen wurde, das sich weder auf eine gesetzliche Grundlage noch auf einen staatlichen Auftrag stützen kann und daher auch keinen Vorrang vor anderen Compliance – Management – Systemen genießt.[16]

---

14) *Stober*, Wirtschaftsverwaltungsrecht, 18. Auflage, 2015, § 29 IV 2 c.

15) Siehe auch *Ruffert*, in: Hoffmann – Riem/Schmidt – Aßmann/Voßkuhle(Hg.), Grundlagen des Verwaltungsrechts, 2. Auflage, § 17 A IV 6 b, Rn. 86 ff.

16) Sünner, CCZ 2015, 3.

V. Zum Geltungsanspruch der ISO 19600

Da sich aus der dargestellten Entstehungsgeschichte kein ernsthafter Einwand gegen die Einführung der ISO 19600 ergibt, kann man sich der Vorhaltung zuwenden, diese Leitlinien verfolgten einen „maßlosen Geltungsanspruch". In dieser Wendung sind zwei Vorwürfe enthalten: dass dieser Standard überhaupt Geltung beanspruche und dass die Reichweite der Geltung unverhältnismäßig sei. Hinsichtlich des Geltungsanspruchs kann auf die bisherigen Ausführungen zurückgegriffen werden. Danach ist offensichtlich, dass privat entstandene Regelwerke ohne gesetzliche Anordnung keinerlei verpflichtende Wirkung entfalten.[17] Die ISO 19600 erhebt diesen Anspruch auch gar nicht, weil die publizierten Standards – ebenso wie DIN – Standards – lediglich Empfehlungscharakter besitzen,[18] die als Kodex guter Praxis wirken sollen. Darauf weist die Einführung zur ISO 19600 ausdrücklich hin, wenn es dort heißt: "This International Standard does not state requirements, but provides guidance on compliance management systems." Diese Sichtweise wird noch durch die Formulierung im ISO 19600-Titel unterstützt, wonach es sich um „Guidelines" und um „recommanded practices and not mandatory requirements" handelt. Daraus folgt, dass die ISO 19600 hinsichtlich der Anwendung und Umsetzung eher bescheiden und zurückhaltend ist. Schon deshalb ist nicht ersichtlich, weshalb der Standard angesichts seiner niedrigen Erwartungen an den Adressatenkreis das ihm beigelegte Attribut „maßlos" erfüllen soll. Würde man dieses Kriterium ernst nehmen, dann träfe es auf jede ISO – Norm und jede andere internationale Regelung Privater zu. Diese Ansicht wird aber nicht vertreten. Im Gegenteil.

Die ISO 19600 ist schon deshalb maßvoll, weil sie durchgehend auf dem Grundsatz der Proportionalität beruht(siehe etwa Ziffer 1) und damit eine rechtsstaatlich geprägte Leitlinie übernimmt, die ohnehin das gesamte Compliance – Recht durchzieht und durchgehend für die öffentliche Verwaltung gilt. Insbesondere ist sie im Gegensatz zu begrenzt wirkenden staatlichen oder gemeinschaftsrechtlichen Normierungen ein geeignetes Modell, weil die universale Ausgestaltung es gestattet, Leitlinien zu etablieren, die sonst nicht zustande kämen. Das trifft vor Allem für

17) *Ruffert*, in: Hoffmann-Riem und Andere, a.a.O., § 17 A IV 6 b, Rn. 89 f.

18) BGHZ 139, 16.

unterschiedliche Verwaltungstypen in den einzelnen Staaten zu. Ihr weiterer Verdienst liegt darüber hinaus darin, dass sie auch rechtskreisübergreifend eingesetzt werden kann, weil sie Ansätze aus den beiden großen Rechtsfamilien(anglo–amerikanischer und kontinental–europäischer Rechtskreis) kombiniert. Die ISO 19600 ist ferner erforderlich, weil sie nicht einseitig belastend auf die Adressaten einwirkt, sondern ihnen verschiedene freibleibende Optionen und Wahlmöglichkeiten eröffnet und damit zahlreiche Alternativen zur individuellen Ausgestaltung eines Compliance – Systems anbietet.

VI. Die ISO 19600 im Systemwettbewerb

Die Hervorhebung der Unverbindlichkeit der ISO 19600 darf aber weder unterschätzt noch als Schwäche ausgelegt oder juristisch falsch interpretiert werden. Denn die Publikation und Verbreitung dieser "Guidelines" kann mittelfristig zu einer schleichend wachsenden faktischen Verbindlichkeit der Empfehlungen führen. Diese Wirkung eines faktischen Anwendungszwangs[19)] ist von DIN–Regeln bekannt, die ebenfalls nicht auf einer verpflichtenden Grundlage beruhen, aber gleichwohl wie gültige Normen umgesetzt und praktiziert werden. Erinnert sei ferner an die Empfehlungen nach Ziffer 5. 2 Abs. 2 und 5. 3. 2 DCGK, die von allen börsennotierten Unternehmen befolgt werden.[20)] So verstanden ist die ISO 19600 ein Compliance – System, das im Wettbewerb mit anderen Compliance – Modellen steht, wobei letztlich die Praxis über den Erfolg der Durchsetzung entscheidet. Diese Konkurrenz kann – wie sich aus der Erwähnung von „judical bodies" in der Einführung entnehmen lässt – auch die Spruchpraxis der Judikative beeinflussen, die über die im technischen Sektor gebräuchliche Rechtsfigur des antizipierten Sachverständigengutachtens auf diese Standards zurückgreifen kann.[21)]

---

19) *Stober*, Wirtschaftsverwaltungsrecht, 18. Aufl. 2015, § 29 IV 2 c.

20) *Sünner*, CCZ 2015, 2 ff.

21) *Ruffert*, in: Hoffmann–Riem und Andere, a. a. O., § 17 A IV 5 d, Rn. 27 ff..

VII. Die ISO 19600 als Weiterentwicklung bewährter Management-Systeme

Die Behauptung, die ISO 19600 stelle eine große Belastung für Unternehmen dar und führe zu weiterem Aufwand ist schon deshalb fraglich, weil sich Unternehmen in einem markt – und wettbewerblich organisierten Wirtschafts – und Rechtssystem dem Wettbewerb von Standards nicht entziehen können sondern stellen müssen. Unabhängig davon ist die Belastungsthese kaum haltbar, weil die Leitlinien das Gegenteil anstreben und auf eine Entlastung bei der Einrichtung und Umsetzung von Compliance – Funktionen gerichtet sind. So ist auch an dieser Stelle hervorzuheben, dass die Guidelines mindestens teilweise auf typischen Anforderungen des Qualitätsmanagements beruhen, die heute in den meisten Firmen Bestandteil der Unternehmensstrategie und – philosophie sind. Insoweit berücksichtigt die Kritik zu wenig, dass es sich bei der ISO 19600 um die konsequente Weiterentwicklung mehrerer bewährter internationaler Standardisierungen handelt. Denn letztlich gehört sie zur Familie anderer Management–Systeme wie etwa der ISO 9001 oder der dazu gehörigen Audit–Norm 19011 sowie der ISO 31000(Risk–Management). Auf diesen wichtigen Zusammenhang wird sowohl im zweiten Schaubild der Einführung zur ISO 19600 als auch in der angehängten Bibliographie ausdrücklich hingewiesen. Insofern ist die unternehmerische Einlassung auf die ISO 19600 lediglich ein weiterer konsequenter Schritt auf einem bekannten Terrain. Zusätzlich wird es wegen der Möglichkeit der Übernahme des in dem KAIZEN–Beratungskonzept und dem Deming–Rad[22] angelegten vierphasigen Problemlösungsprozesses PDCA(Plan, Do, Check, Act)–Zyklus oder der sog. Vierschritt–Methode auch KMUs relativ einfach gemacht, ein praktikables und auf individuelle Bedürfnisse zugeschnittenes CMS zu etablieren.[23] Betrachtet man sich im Rahmen der Einführung zur ISO 19600 die visualisierte Darstellung des CMS, dann leuchtet ohne Weiteres ein, dass Organisationen, „who have not adopted … a compliance management framework can easily adopt this International Standard as stand–alone guidance“. Darüber hinaus

---

22) *W. E. Deming*, Out of the Crisis, Massachusetts Institute of Technology, 1982, S. 88; siehe zu einer ähnlichen Darstellung *Faust*, Innovative Verwaltung 2013, 28 f.

23) Siehe auch Stober, in FS für Michael Adams, 2013, 116 f.

entfällt eine zusätzliche Belastungswirkung von Unternehmen, weil die Kernelemente dieser Empfehlungen bereits intra – und interdisziplinär bekannt sind. Man denke nur an die ISO 27001 oder an die ISO 28000, die jeweils Spezifikationen zum Sicherheitsmanagement enthalten, die ferner Gegenstand des BSI – Standards zum Managementsystem für Informationssicherheit wurden. Damit steht fest, dass die ISO 19600 für die Unternehmenspraxis nichts Neues ist, wenn man die einzelnen Wurzeln betrachtet. Vielmehr ist dieser Standard lediglich die modifizierte Ausprägung eines Management – Konzepts, das die qualitative Sicherung normgerechten Verhaltens bezweckt.

VIII. ISO 19600 und IDW PS 980

Mit dieser Feststellung ist noch nicht geklärt, wie sich ISO 19600 und IDW PS 980 zueinander verhalten. Die Beantwortung dieser Frage ist auch für öffentliche Unternehmen elementar, soweit sie von Wirtschaftsprüfungsgesellschaften testiert werden müssen. Hierzu ist zu bemerken, dass der von deutschen Wirtschaftsprüfern favorisierte Standard auf sieben Elementen beruht, die schon hinsichtlich der Reihenfolge der einzelnen Prüfstationen unstrukturiert wirken und den nicht spezialisierten Compliance – Laien verwirren. So gehören Compliance – Kultur und Compliance – Ziele thematisch–inhaltlich zusammen, weil Unternehmensziele ohne Beachtung einer Unternehmenskultur kaum vorstellbar sind. Ferner muss sich das Unternehmen zunächst mit den Compliance – Risiken auseinandersetzen, bevor an die Organisation von Compliance gedacht wird. Denn Art und Umfang der Compliance – Organisation sind abhängig von der Ermittlung der für das jeweilige Unternehmen spezifischen Risiken. Wegen unterschiedlicher Darstellungen im Schrifttum ist ferner unklar, welche Rolle die Compliance – Kultur in der Gesamtkonzeption des IDW PS 980 spielt. Steht die Kultur im Zentrum oder handelt es sich um einen Punkt in einer bestimmten Abfolge? Außerdem ist logisch und sachlich kaum nachvollziehbar, weshalb die Kategorien Überwachung und Verbesserung unter einer Rubrik zusammengefasst werden. Denn im Vordergrund der Überwachung stehen die Instrumente Kontrolle und Sanktionierung, die losgelöst von einer denkbaren Optimierung als Folge der Überwachung zu sehen sind. Nachteilig ist schließlich, dass der Standard keine grenzüberschreitende Dimension aufweist, sondern gegenständlich auf die Wirtschaftsprüfung in Deutschland fixiert ist und sich nur an den Berufsstand der Wirtschaftsprüfer richtet. Demgegenüber weist die ISO 19600 den Vorteil auf, dass sie im Kern nur auf den genannten vier Schritten beruht und eine starke Vereinfachung gegenüber dem Wirtschaftsprüfer – Konzept bedeutet, ohne dass es dabei zu einem Compliance – Substanzverlust kommt. Legt man nämlich beide Standards nebeneinander, dann ergibt sich folgendes Bild: Die Elemente, Kultur, Ziele und Risiken fallen unter die Analysephase. Die Umsetzungsphase erfasst die Punkte Programm, Kommunikation und Organisation, während die Überwachung getrennt von der vierten Phase geprüft werden muss, die Bestandteil des Change – Managements ist. Aus dieser Warte wird schließlich deutlich, dass die ISO 19600 entgegen anders lautender Kritik Compliance – Empfehlungen zusammenführt und in ein überzeugendes System integriert, das wegen seines gewollten Harmonisierungscharakters durchaus in der Lage ist, bisherige Compliance – Systeme zu ersetzen.

IX. ISO 19600 als Motor zur Konkretisierung von Verkehrsfreiheiten

Kann man bei dieser Ausgangslage noch einwenden, die Unternehmen bräuchten die ISO 19600 nicht? Diese Einlassung verkennt das Hauptanliegen dieser Leitlinien, denen gerade für Unternehmen in der Bundesrepublik und in der Europäischen Union zentrale Bedeutung zukommt. Der globalisierte Waren–, Dienstleistungs – und Kapitalverkehr sowie unterschiedliche ökonomisch und ethisch–kulturelle Vorverständnisse führen naturgemäß dazu, dass auf unterschiedlichen Werten basierende Regelwerke bewusst oder unbewusst nicht beachtet werden., Deshalb müssen insbesondere export–und importorientierte Nationen, Wirtschaftsgemeinschaften und international agierende Unternehmen im Interesse der Funktionsfähigkeit von Volkswirtschaften und Einzelmärkten darauf achten, dass bei grenzüberschreitenden Transaktionen bestehende Normvorstellungen eingehalten werden. In dieser Situation sind internationale Standards ein unabdingbares Instrument, um weltweit einheitliche Leitlinien zu setzen und in die jeweiligen Geschäftsprozesse zu integrieren.

X. ISO 19600 zur Verbesserung exekutiver Regelkonformität

Bislang wurde insbesondere herausgearbeitet, dass die ISO 19600 für Privatunternehmen vorteilhaft sein kann. Wie sieht es aber mit dem Mehrwert dieses Standards für die öffentliche Hand aus?[24] Die Antwort hängt von der Erfüllung zweier Bedingungen ab. Zum Einen ist zu untersuchen, ob die privatrechtliche fundierte Standardsetzung eine für die Exekutive relevante Rechtsquelle sein kann. Insoweit wird daran erinnert, dass es sich bei ISO–Regelwerken um einen umstrittenen Rechtsetzungsmodus des Internationalen Verwaltungsrechts handle[25]. In diesem Zusammenhang muss man sich aber vergegenwärtigen, dass diese Standards lediglich Empfehlungscharakter besitzen und damit die Exekutive der einzelnen Staaten nicht zur Anwendung zwingen. Bei einer freiwilligen Übernahme ist aber kein Grund ersichtlich, weshalb die ISO 19600 nicht als ergänzende Regelsetzung begriffen werden kann, die das Potential hat, der Verwaltung neue Impulse für die Exekutivtätigkeit zu geben.[26] Zum Anderen sind die möglichen Auswirkungen auf die Erscheinungsformen der Verwaltung zu prüfen, die man in vier Kategorien einteilen kann:

– Erledigung typischer Verwaltungsaufgaben
– Infrastrukturelle Daseins– und Zukunftsvorsorge
– Öffentliche Auftragsvergabe und
– Erwerbswirtschaftliche Betätigung.

Aus der Compliance–Perspektive ist die zuletzt genannte Rolle der öffentlichen Hand am zweifelhaftesten, weil sie mit Grundrechten der Staatsbürger und

24) Siehe dazu Stober, in ders./Ohrtmann (Hg.), Compliance Handbuch § 1 VII 3.

25) *Ruffert*, a.a.O. § 17 A IV 6 b Rn. 91 m.w.N.

26) *Ruffert*, a.a.O., Rn 93.

Unternehmen, mit dem Prinzip der Abgabenhoheit und mit Kompetenzverteilungen kollidieren kann.27) Hier kann eine Analyse des Geschäftsmodells auf der Basis der ISO 19600 dazu beitragen, dass sich die Einrichtung mehr auf ihren konkreten öffentlichen Auftrag besinnt und nicht in einen privilegierten Wettbewerb mit Privatunternehmen tritt. Der Verwaltungsbereich der Daseinsvorsorge steht in einem engen Zusammenhang mit der öffentlichen Auftragsvergabe, weil in diesem Sektor viele Leistungen eingekauft werden, die von der Exekutive nicht selbst bereitgestellt werden. Es leuchtet ein, dass auf diesem Feld zahlreiche Compliance－Gefahren drohen, weil Unternehmen versuchen, Einfluss auf das Vergabeverfahren zu nehmen.28) Bei der Vergabe kommt es entscheidend darauf an, dass die Voraussetzungen des § 97 Abs. 4 GWB eingehalten werden. In diesem Kontext ist an eine neue Entwicklung zu erinnern, wonach die Vergabestellen in Zweifelsfällen prüfen müssen, ob eine Vergabesperre entfällt oder zeitlich verkürzt werden kann, weil das betroffene Unternehmen sich einem sog. Selbstreinigungsprozess im Sinne von Art. 57 Abs. 6 RL 2014/24/EU unterzogen hat und damit auftragsadäquate Compliance－Voraussetzungen erfüllt.29) Dier öffentliche Auftragsvergabe ist der klassische Anwendungsfall, bei dem die öffentliche Hand und Privatunternehmen miteinander kooperieren, um Staat, Selbstverwaltung und andere Verwaltungsträger mit Gütern und Dienstleistungen zu versorgen. Darüber hinaus ist ein wirksames CMs － System auch für andere Formen der Public － Private － Partnership hilfreich, die im Einzelfass bis zu einer Police － Private － Partnership reichen kann.30) Es leuchtet ein, dass je intensiver eine Zusammenarbeit mit Privaten im schlicht － hoheitlichen und hoheitlichen Bereich stattfindet und je mehr sich die Verwaltungstätigkeit grenzüberschreitend auswirkt, um so mehr darauf geachtet werden muss, dass die Vertragspartner gemeinsam identifizierte und international gebräuchliche Compliance － Regeln einhalten, wie sie mustergültig in der ISO 19600 vorgesehen sind.31) Deshalb liegt es nahe, die dort enthaltenen Empfehlungen und das Vorhandensein

---

27) *Stober*, Wirtschaftsverwaltungsrecht, 18. Auflage, § 24 V.

28) Otto/Fonk, CCZ 2012, 161 ff.; N. Ohrtmann, in: Stober/Ohrtmann (Hg.), Compliance Handbuch, § 16.

29) Grünbuch über die Modernisierung des öffentlichen Auftragswesens, KOM (2011) 15 endg. v. 27. 1. 2011, S. 59; *Prieß/Stein*, Compliance－Berater 2014, 72 ff.

30) *Stober*, in Stober/Olschok/Gundel/Buhl(Hg.), Managementhandbuch Sicherheitswirtschaft, 2012, A Rn. 67.

31) Siehe auch *Ruffert*, a. a. O., Rn. 93.

eines CMS generell als Präqualifikationsvoraussetzung für eine Zusammenarbeit der öffentlichen Hand mit Privaten vorzusehen.

Mit diesen Ausführungen ist nur noch der Sektor der eigentlichen öffentlich-rechtlichen und hoheitlichen Verwaltungstätigkeit zu beleuchten, bei der es um die Anwendung formellen und materiellen Verwaltungsrechts geht. Jenseits spezialgesetzlich vorgeschriebener Konformitätsbestimmungen wie etwa im Befangenheitsregelungen darf auch in diesem Kernbereich die elementare Bedeutung von Compliance-Systemen aus verwaltungsinterner und verwaltungsexterner Perspektive nicht unterschätzt werden.[32)]

Verwaltungsintern ist Ausgangspunkt der Überlegungen die nicht hinweg denkbare und bereits angesprochene Tatsache, dass Amtsträger unbeschadet der ihnen übertragenen Amtspflichten und des bestehenden Amtsethos bei der Wahrnehmung von Verwaltungsaufgaben gelegentlich Vorschriften missachten.[33)] Insoweit richtet sich ein CMS zunächst und primär an die Personalverwaltung und die Personalführung.[34)] Darüber hinaus bestehen erfahrungsgemäß erhöhte Risiken und Gefahrenpotentiale bei spezifischen anderen administrativen Unterstützungsprozessen, bei denen das ordnungsgemäße Verhalten der Bediensteten ebenfalls eine Rolle spielt. Das betrifft vornehmlich die IT-und Datenschutz-Compliance[35)] sowie die Haushalts-und Finanz-Compliance.[36)] Der verwaltungsinterne Vorteil eines funktionierenden CMS als international anerkannter Guideline gewinnt ferner im Rahmen der zunehmenden Verbundverwaltung und der sog. verstärkten Zusammenarbeit mit EU-Organisationen an Gewicht, weil es wegen der dort enthaltenen klar definierten und beschriebenen Vorgaben die Verwaltungskooperation erleichtern und beschleunigen kann. Nichts Anderes gilt für die völkerrechtliche Compliance, die darauf abzielt, dass die Vökerrechtsgemeinschaft auf die Einhaltung eines Mindestmaßes an Rechtsregeln angewiesen ist. Insbesondere universal anwendbare und rechtskreisübergreifend einsetzbare Empfehlungen wie die ISO 19600 können maßgeblich dazu beitragen, dass einschlägige Regeln einheitlich

---

32) Siehe zu dieser Differenzierung *Stober*, in Stober /Ohrtmann(Hg.), Compliance Handbuch, 2015, § 1 IV.

33) *Merten*, in Stober/Ohrtmann, a.a.O., § 3; *Schaupensteiner*, in: von Arnim(Hg.), Korruption, 2003, 178.

34) *Mengel/Köhn*, in: Stober/Ohrtmann, a.a.O., § 17.

35) *J.-P. Ohrtmann*, in: Stober/Ohrtmann, a.a.O., § 18.

36) *Aust*, in: Stober/Ohrtmann, a.a.O., § 19.

verstanden und praktiziert werden. Schließlich besteht die Chance, dass die Einführung eines verwaltungsrechtlichen CMS in Gestalt der erörterten Vierschritt-Methode unter dem Blickwinkel „Act“ eine methodische Hilfestellung zu einer Weiterentwicklung und Optimierung bestehender Verwaltungsabläufe führen kann, indem mit CMS gewonnene Verwaltungserfahrungen in künftige Verwaltungsprozesse einfließen.[37)]

Verwaltungsextern ist die Einrichtung eines CMS nach ISO 19600 zur Aufgabenerfüllung gegenüber Bürgern und Unternehmen zweckmäßig. An erster Stelle sind die Empfehlungen geeignet, einen wirksamen Beitrag zu dem unionsrechtlich verbürgten Recht auf gute Verwaltung im Sinne von Art. 41 EU-Grundrechte-Charta zu leisten. Denn immerhin bezwecken die Guidelines ausweislich der Einführung, Standards für „good corporate governance, best practices, ethics and community expactations“ zu setzen.[38)] Abgesehen von dieser generalistischen Relevanz ist die ISO 19600 in der Lage, Hilfestellung bei der Bewältigung zahlreicher Verwaltungsfachaufgaben zu geben, die nachfolgend nur stichwortartig und exemplarisch aufgeführt werden können. Insofern ist daran zu erinnern, dass partiell in einzelnen Rechtsbereichen öffentlich-rechtlich fundierte Rechtspflichten zur Etablierung eines CMS bestehen. Das gilt vornehmlich für diverse Ausschnitte des Wirtschaftsverwaltungs- und Regulierungsrechts,[39)] weshalb es sich systematisch bei diesen Verwaltungsfeldern um eine konstitutive Compliance handelt. Sie zeichnet sich dadurch aus, dass bestimmte Behörden kraft Gesetzes beauftragt sind, das Geschäftsgebaren von Privaten unter Compliance-Gesichtspunkten zu kontrollieren. Man denke nur an die detailliert normierte Finanz- und Kapitalmarktrechts-Compliance oder an die Umweltrechts-Compliance.[40)] So kann die BaFin unter Heranziehung der ISO 19600 in Verbindung mit den von ihr aufgestellten Verhaltensregeln feststellen, ob Kreditinistituite eine Compliance-Funktion eingeführt und die einzielnen Vorgaben umgesetzit haben, die sichi unter Anderem aus dem Geldwäschegesetzi, dem Wertpapierhandelsgeetz und dem Kapitalanlagengesetizbuichergeben. Ein weieteres, bislang nur rudimentär normiertes

37) Siehe *Stober*, in: Festschrift für Hans-Joachim Koch, 2014, 91 ff.

38) Siehe näher *Thiel*, in: Stober/Ohrtmann, a.a.O., § 4.

39) *Ennuschat*, in: Stober/Ohrtmann, a.a.O., § 20 I.

40) *Meßerschmidt*, in: Stober/Ohrtmann, a.a.O., § 23.

,Feld ist die Überwachung der Einhaltung der aiußenwirtscxhaftlsisch motivierten Exportkontroll – und Zollgesetze, die in Codes of Conduct im Zusammenwirken mit Ausfuhrsverantwortlichen eine Role spielen. Bei dieser Gelegenheit ist daraauf hinzuweisen,

XI. Fazit

Die Ausführungen haben gezeigt, dass die im Text der ISO 19600 mehrfach erwähnten Kernwerte der Guidedelines nur unzureichend wahrgenommen und kaum problematisiert werden. Der eigentliche Fortschritt gegenüber dem IDW PS 980 liegt darin, dass die Einführung und Umsetzung von Compliance nicht nur vereinfacht und erleichtert wird, sondern individuelle Lösungen gestattet.

教育判例에서의 公益*

이경운**

I. 교육판례와 공익

1. 교육판례의 의의

(1) 교육과 법

교육이란 사람의 타고난 저마다의 소질을 계발하여 인격을 완성하게 하고, 자립하여 생활할 수 있는 능력을 증진시킴으로써 그들로 하여금 인간다운 생활을 누리게 하는 것을 목적41)으로 하는 활동이다.

교육이 이루어지는 영역은 인간 활동의 전반에 미친다 할 수 있으나, 법적으로 주된 관심사는 '국가 및 공동체가 적극적·능동적으로 주도하고 관여하는 교육제도'인 '公教育'이다. 다만, 공적 내지 국가적 임무의 확대경향에 따라 학교교육 외에 사교육에까지 국가의 관여 범위가 넓어지고 있다.42)

교육이란 인격의 만남에 의해 이루어지는 작용이므로 법에 친하지 아니한 영역이라는 주장도 있을 수 있다. 그러나 헌법 제31조제6항은 교육제도의 기본적 골격을 법률로 정하도록 규정하여 교육에서도 법치주의를 관철하려 한다. 넓은 의미의 교육법이 성립할 헌법적 기반이 구축되어 있는 것이다. 교육에 관한 주요한 법률로는 좁은 의미의 교육

* 이 글은 2017년 12월 31일 발행된 행정판례연구 제22−2집에 게재된 논문을 전재한 것입니다.

** 전남대학교 명예교수

41) 헌법재판소 1991. 7. 22. 선고 89헌가106 결정 ; 교육기본법제2조의 "교육은 弘益人間의 이념 아래 모든 국민으로 하여금 인격을 도야(陶冶)하고 자주적 생활능력과 민주시민으로서 필요한 자질을 갖추게 함으로써 인간다운 삶을 영위하게 하고 민주국가의 발전과 人類共榮의 理想을 실현하는 데에 이바지하게 함을 목적으로 한다."는 규정도 같은 의미이다.

42) 과외교습금지가 다투어진 헌법재판소 2000. 4. 27. 선고 98헌가16, 98헌마429 결정은, 학교교육은 국가가 독자적인 교육권한을 부여받음으로써 부모의 교육권과 함께 자녀의 교육을 담당하지만, 학교 밖의 교육영역에서는 원칙적으로 부모의 교육권이 우위에 있다고 하였다. 이 사건에 대하여는 통제지향적인 다른 판례들과 달리 자율지향적이라는 점에서 긍정적으로 본 평석이 있다. 양건, "교육관련 헌법판례의 동향과 과제", 「한국교육법연구」 제6·7집 통합호, 2001, 13면 이하.

법[43] 외에도 행정법적 성격이 강한 여러 법률들[44]을 들 수 있다. 물론 이러한 법률들의 제정만으로 법치주의가 완성되는 것이 아니다. 사람의 지배 또는 자의의 지배에 반대되는 개념으로서의 법치주의에서 법의 수범자는 일반 국민에 앞서 국가 혹은 국가기관 (또는 그 담당자)[45]이 되는 것은 교육법 영역에서도 마찬가지이다. 헌법적 가치판단과 합치하도록 법률들이 제정되고 해석·적용되어야 교육에서도 비로소 법치주의가 실현될 수 있을 것이다.

헌법적 가치의 실현양상을 기준으로, 한국 법치주의를 3단계로 구분한 견해[46]에 따르면, 그 제1단계는 정치에 의한 법의 압도로 인해 헌법이념 혹은 헌법적 가치는 제시되어 있으나 그 가치가 실현되지는 못한 시기라고 할 수 있다. 제2단계는 헌법이 비로소 구체적으로 구속력을 발휘하는 '생활규범'으로 기능하게 된 시기이다. 1987년의 6월항쟁과 그에 이은 헌법 개정을 기점으로 국가 전반에 실질적 민주주의가 확장되었다. 제3단계 법치주의는 앞 두 단계를 지양하여 국민의 권리를 보장하면서도 공동체의 공익을 간과하지 않는 법치주의를 실현하는 단계라는 것이다.

다만, 행정활동을 법률의 지배 아래에 둠으로써 국민의 자유와 권리를 보장하려 했던 법률유보를 중핵으로 한 법치주의 이해는 행정의 양적 확대와 질적 변화, 그리고 세계화로 특징지어지는 현대 국가에서의 법과 행정의 관계를 모두 설명하는 데 한계가 있다.[47] 교육처럼 국가의 급부활동을 중심으로 하는 영역에서는 법의 기능이 단순히 억제적인데 그치지 않고 오히려 진흥 내지 촉진적 역할이 더 전면에 나서는 정책법 현상[48]을 볼 수 있기 때문이다. 이러한 점에서 법치주의의 이해에서도 본질성이론(중요사항유보설)에서 보여지듯 민주주의와의 관련성을 더욱 강조하게 된다.[49]

(2) 교육판례

교육법적 쟁점이 문제된 최초의 교육판례는 학교의 법적 성격을 밝힌, 1955.8.4. 선고 民上64(농지반환 및 손해배상)[50]판결이라 할 수 있다.

---

43) 1949. 12. 31. 제정된 '교육법'은 1997. 12. 13. 교육기본법, 초·중등교육법, 고등교육법으로 전면 개편되었고, 이후 평생교육법(1999)과 유아교육법(2005)이 제정되었다.

44) 교육공무원법(1953), 사립학교법(1963), 지방교육자치에 관한 법률(1991) 등.

45) 崔松和, "한국에서의 민주주의와 법치주의의 역사적 전개", 「공법연구」 제36집1호, 2007, 2면.

46) 최송화, 앞의 글, 3면.

47) 서원우, 전환기의 행정법이론, 박영사, 1997, 86면 이하.

48) 서원우, 앞 책, 83면.

49) 서원우, 앞 책, 88-9면.

50) 지방자치단체가 설립 경영하는 학교는 영조물로서 법인이 아님은 물론 구 민사소송법제46조 소정의 사단이나 재단에도 해당하지 아니하므로 당사자능력이 없다."
– 학교의 법적 성격을 밝힌 이 판례는 현재(예컨대, 92도1742판결, 사립학교에 관한 75다1048판결 등)까지 유지되고 있다.

이후, 교육영역에서 행정권력에 의한 권위적 통제 대신에 분쟁의 법적 해결이 크게 늘고[51] 헌법재판소가 교육에 대한 다수의 결정을 하면서 법원을 자극하여 교육판례가 양적·질적으로 달라졌다.

교육판례의 변화를 시대적으로 구분하는 것은 판례의 체계적 이해와 함께 발전방향을 전망할 수도 있을 것인데, 위에서 본 법치주의의 발전단계를 원용한다면, 1980년대 후반 내지 90년대 초반을 하나의 분기점이라 할 수 있을 것이다. 나아가 현 시점이 교육 영역에서 국민의 권리를 보장하면서도 공동체의 공익을 간과하지 않는 법치주의의 완숙기에 과연 진입한 것인지 여부는 구체적 판례를 통하여 확인할 수 있을 것이다.

2. 공익 관점에서의 교육판례

이 글의 목적은 우리 교육판례들에서 보여지는 '공익' 판단의 관점과 문제상황을 평가해 보려는 것이다.[52]

私益과 구별되는 공익이 무엇을 의미하는지는 충분히 논증되어 있다고 말하기는 어렵지만, 법률의 해석과 적용에 있어서 통용되는 공법의 일반원리 중 하나라 할 수 있다.[53] '교육이 國家百年의 大計'란 통속적인 표현은 국가 또는 공동체의 존속 발전을 위한 교육의 공익지향성을 잘 보여준다. 다른 한편, 공익 개념은 초법적인 국가권력의 정당화 근거로 기능하거나, 지배적 정치이념을 포장하는 법적 도구로 이해될 위험도 상존한다. 법적 개념으로서 '공익'의 가장 큰 문제점은 그 추상성이므로 교육법영역과 같은 각 개별영역에서의 공익판단의 법적 해명은 의미가 있다[54]고 할 것이다.

헌법은 '공익' 개념을 직접적으로는 사용하지 않고, '공공복리'(제23조제2항, 제37조2항), '공공필요' 등이 공익과 같은 의미로 이해되는 것이 보통이다.[55] 헌법 제31조 제4항은 교육의 자주성, 전문성, 정치적 중립성 및 대학의 자율성은 법률이 정하는 바에 의하여 보장된다고 하여 교육법의 입법방향 내지 내용적 한계를 규정하고 있지만 이것은 동시에 교육의 특수성에 근거한 것으로 공익의 교육영역에서의 표현이라 이해할 수 있을 것이다.

51) 현재 법원도서관의 IX에서 교육에 관한 수천 건의 행정·민사·형사판결이 검색된다.

52) 이 글은 최송화 선생의 力著 "公益論(서울대학교 출판부, 2002)"을 토대로 공익을 이해하려 시도해 본 것이다.

53) 최송화, 앞 책, 6면.

54) 최송화, 앞 책, 277면.

55) 최송화, 앞 책, 4면, 각주6.

3. 검토범위

여기에서 개별 사건의 구체적 사실관계 등을 모두 검토할 수는 없으므로 개개 판례의 當否를 살피기보다는, 교육 영역에서 공익을 구체화하는 교육의 자주성, 전문성, 중립성 및 대학의 자율성이 주요 교육판례에서 어떻게 판단되고 있는지를 추세적으로 검토하는데 그친다. 정치적 중립성에 관한 판례는 대부분 교원의 집단행동과 관련된 형사사건[56] 또는 징계권 발동[57]이 문제된 사건이나, 그 근거법조의 헌법적합성을 다투는 것[58]들이었으므로 여기에서는 제외한다. 소송요건만이 쟁점이 되거나 다른 영역의 법리가 그대로 적용되는 것들, 예컨대, 교육활동과 관련한 국가배상 및 형사판례, 교원에 대한 징계사건 및 교원노조활동을 둘러싼 노동판례, 국가감독권의 발동과 교육자치권이 충돌하는 사건 등에 관한 판례는 양적으로도 많고 사회적 파장도 큰 것이 적지 않지만 그 다른 영역에서의 논리가 앞서므로 다루지 않는다.

II. 교육의 자주성·전문성·중립성과 공익

1. 교육의 자주성·전문성·중립성

교육의 자주성은 교육 내용과 교육기구가 교육자에 의해 자주적으로 결정되고 행정권력에 의한 교육통제가 배제되는 것을 의미한다.[59] 즉, 교육이 정치권력이나 기타의 간섭 없이 그 전문성과 특수성에 따라 독자적으로 교육 본래의 목적에 기하여 조직·운영·실시되어야 한다는 의미에서의 교육의 자유와 독립[60]이다. 학교조직은 명령·복종을 전제로 한 계층제적인 일반 행정조직과는 다른 자치조직으로 구성되어야 한다. 교원은 물론, 학생, 학부모, 경우에 따라 설립자나 지역주민 등 모든 교육당사자의 참여가 교육의 자주성을 현실에 정착시키는 관건[61]이 될 것이다.

교육활동은 교육영역 고유의 전문적 지식을 필요로 하고, 고도의 자율성과 사회적 책

---

56) 대법원 2012. 04. 19. 선고 2010도6388 전원합의체판결 등.

57) 대법원 2013. 12. 26. 선고 2011추63 판결 등.

58) 헌법재판소 1991. 7. 22. 선고 89헌가106 판결 등

59) 권영성, 헌법학원론, 법문사, 2006, 256면.

60) 헌법재판소 2002. 03. 28. 선고 2000헌마283·778(병합)결정

61) 그러나, 헌법재판소 1999. 3. 25. 선고 97헌마130 결정은 사립학교에 학교운영위원회를 설치할 것인지 여부를 임의적인 사항으로 정한 지방교육자치에 관한 법률 해당 조항을 합헌이라 판시했다.

임성이 아울러 요구된다.62) 교사의 자격제, '교원의 지위 향상 및 교육활동 보장을 위한 특별법'에 의한 교원 우대는 이러한 전문성을 담보하기 위한 제도이며, 교사의 교권(教權)을 뒷받침하는 유력한 근거가 되기도 한다.

교육의 자주성과 전문성은 서로 밀접하게 관련되어 이해된다. 입학시험의 채점, 졸업인정, 교원의 임용과 징계처분, 교육과정의 편성 및 교과서의 검·인정 등 교육적 결정에 재량권을 광범하게 인정하는 것도 그러한 예라 할 수 있다.

교육의 중립성이란, 교육이 교육 본래의 목적에 따라 그 기능을 다하도록 운영되어야 하며, 정치적·파당적 또는 개인적 편견을 전파하기 위한 방편으로 이용되어서는 아니 되며, 국·공립학교에서는 특정한 종교를 위한 종교교육을 하여서는 아니 된다(교육기본법 제6조)는 요구이다.

2. 교육의 특수성과 재량 관련 판례들

(1) 광범한 재량을 인정한 판례

1) 판례는 입학시험 채점에서의 재량을 폭넓게 인정하였다. 그 시험이 사선지택일형 미술문제의 채점에 있어서 당해 교과과정상 어느 것이 진정한 답이라고 가려내기 어렵고 전문가들 간에서도 정답의 평가에 관하여 견해가 갈리는 경우 3가지 중 하나를 가려내지 아니하고 모두 정답이라고 채점하거나, 동점자중 일부만을 선발할 경우 그 중 누구를 선발할 것인가는 학교장의 재량행위에 속한다.63) 지원자가 모집정원에 미달한 경우에도 대학은 수학능력 미달로 인정된 자의 입학을 거부할 수 있다.64)

2) 학교 앞에서 담배를 피우다 적발된 고등학생에 대한 징계권의 발동(퇴학처분) 결정은 학교장의 교육적 자유재량에 속한다.65)

3) 중학교 교장직무대리자가 훈계의 목적으로 교칙위반학생에게 뺨을 몇 차례 때린 정도는 교육상 징계의 방법으로서 사회 관념상 비난의 대상이 될 만큼 사회상규를 벗어난 것으로는 볼 수 없다.66)

4) 교과서 검정, 국정교과서

검정(檢定)불합격 판정이 다투어진 사건에서 대법원은 교과용 도서를 검정하는 심사의 범위를 폭넓게 인정하여, 그 내용이 교육에 적합한 여부까지를 심사할 수 있으므로 법

62) 헌법재판소 1991. 7. 22. 89헌가106 결정
63) 대법원 1968. 7. 16. 선고 68누53,54,55 판결
64) 대법원 1982. 7. 27. 선고 81누398 판결
65) 대법원 1971. 5. 24. 선고 71다510 판결
66) 대법원 1976. 4. 27. 선고 75도115 판결

원은 검정처분이 현저히 부당하다거나 또는 재량권의 남용에 해당된다고 볼 수밖에 없는 특별한 사정이 있는 때가 아니면 동 처분을 취소할 수 없다[67]고 하였다.

헌법재판소도 국정교과서가 교사의 수업의 자유 등을 침해하여 위헌인지 여부에 관하여, 국민의 수학권의 보호라는 차원에서 국가가 이를 검·인정제로 할 것인가 또는 국정제로 할 것인가에 대하여 재량권을 갖는다 고 보고, 중학교 국어교과서의 국정제는 헌법적으로 허용된다[68]고 한다.

(2) 재량한계를 인정한 판례

1) 학위수여

대학원위원회가 논문심사와 구두시험 및 2종의 외국어시험에 합격한 자에 대하여 특별한 사정이 존재함을 지적함이 없이 막연히 박사학위수여 부결의결을 하는 것은 자유재량의 범위를 넘은 위법[69]이라 한다.

2) 입학시험의 채점과 합격자결정

대학원 입학시험에서 "채점이 모두 끝난 시점에서 비로소 대학원위원회가 횟수에 제한 없이 적용하기로 한 트림(trim) 규정을 적용한 결과 사전 입시전형요강에 의하면 합격하게 되어 있는 수험자에 대하여 불합격 처분을 한 것은 입학 사정의 재량권을 현저하게 일탈 내지 남용한 것이다."[70]

3) 징계재량권의 한계

총장실에 난입하여 기물을 파괴하는 등의 행위를 한 총학생회 간부에 대한 제명처분이 "그 관여한 것으로 인정되는 범위의 내용, 정도 등에 비추어 교육적 견지에서 너무 가혹"하다면 징계권을 남용하여 위법[71]이라 하였다.

4) 체벌의 한계

비위가 있는 학생에 대하여 교사가 격한 감정에서 대걸레자루를 높이 치켜들고 때리려고 휘두르다가 머리를 구타하여 후유증이 남을 정도의 상해를 가한 것은 그 체벌의 방법과 정도에 있어 사회관념상 비난받지 아니할 객관적 타당성이 없다.[72]

---

67) 대법원 1988. 11. 8. 선고 86누618 판결
68) 헌법재판소 1992. 11. 12. 선고 89헌마88 결정
69) 대법원 1971. 10. 12. 선고 71누49 판결
70) 대법원 1997. 7. 22. 선고 97다3200 판결
71) 대법원 1992. 2. 25. 선고 89누2219 판결
72) 대법원 1988. 1. 12. 선고 87다카2240 판결

(3) 소결

1) 징계 및 체벌에 대한 사건들에서 법원이 재량권을 넓게 인정한 이유는 교육상 전문적 판단이기 때문이라 할 수 있다. 징계권의 경우는 내부 질서유지를 위한 것이고, 입학시험의 경우에는 영조물이용을 허용하는 수익적 행위라는 점도 재량으로 보는 직접 논거로 보인다. 즉, 넓은 의미의 공익이 징계나 영조물이용의 거부와 같은 국민의 '교육을 받을 권리'를 제한하는 사유로 작동한 것이라 할 수 있다.

교사가 교육의 전문가라 하더라도 교육의 내용이나 방법에 관한 전문재량을 인정하는 것은 별론이고, 학생생활지도와 관련하여 징계처분을 하는 경우에까지 동일한 전문성을 인정할 수 있는지는 의문이다. 교내에서 흡연한 고등학생을 징계하거나 총장실의 기물을 부수고 점거한 대학생을 징계하는데 교육적 견지가 어떻게 작동하는지는 불분명하다. 이 두 경우에 징계권자가 똑같이 퇴학처분을 한 것에 대하여, 판례가 전자는 재량한계를 넘지 않았다 하고 후자는 비례원칙 위반이라 보았는데 일관된 재량심사인지 의문스럽고 형평의 관점에서도 납득하기 어렵다.

2) 교과서검정사건의 원심판결은 교육의 자율성, 전문성을 강조하고 있을 뿐 아니라 문제된 교과가 미술이라는 점에서 예술의 자유와도 연관된 집필자의 권리보호를 중시한 것이었다. 이에 대하여 대법원판결은 교과서란 단순한 학문적 결과물이 아니라 학생의 학습권을 집필자의 편견으로부터 보호해야 한다는 점에서 감독권의 정당화 근거를 찾는다. 그러나 감독권이 전문성 있는 교육적 식견으로 행사되었는지, 그리하여 국가주의적 교육관이라는 파당적 편견에 입각하여 행사된 것인지 여부에 대한 실질적 심사를 회피하고, 전문적 사항이 문제된 사안에서는, 법원의 심사 한계를 들어 사법적 통제를 자제해야 한다는 입장을 보여주고 있다.

유사한 사건에서 헌법재판소는, 제도 선택의 입법재량을 인정함과 함께 관계인의 기본권 충돌로 보고 이익형량을 하였다.

3) 재량권의 한계를 인정한 대표적 판례들이 박사학위 수여거부사건을 제외하고는 모두 80년대 후반 이후의 것들이라는 점은, 앞서 본 법치주의의 시대구분을 뒷받침하는 사례라 할 수 있다.

3. 교육의 특수성과 국민의 권리보장

(1) 평준화와 학교선택권

우리나라 교육문제 중에서도 해결하기 가장 어려운 문제는 과열된 입시경쟁이라 할 수 있다. 중등학교 과열입시경쟁을 완화하기 위하여 도입한 이른바 평준화정책에 따라 입학시험 자체를 없애고 거주지를 중심으로 학교를 배정하였는데, 이 정책은 여러 차례 수정을 거쳤지만 현재까지도 그 골격은 유지되고 있다. 평준화정책의 근거가 된 구 교육법시행령 조항이 학생 및 학부모의 학교선택권을 침해하였다고 주장한 헌법소원사건에서 헌법재판소는 위헌이 아니라고 판시하였다.

과열입시경쟁의 부작용을 완화하여 교육을 정상화시킨다는 목적이 정당할 뿐 아니라, 도시와 농어촌에 있는 중·고등학교의 교육여건의 차이가 심하지 않으며, 획일적인 제도의 운용에 따른 문제점을 해소하기 위한 여러 가지 보완책이 위 시행령에 상당히 마련되어 있어서 그 입법수단도 정당하므로, 위 규정은 학부모의 자녀를 교육시킬 학교선택권의 본질적 내용을 침해하였거나 과도하게 제한한 경우에 해당하지 않는다[73]고 본 것이다.

(2) 종립학교에서의 종교교육의 한계

고등학교 평준화정책에 따라, 특정한 종교 교육을 실시하는 종립학교에 배정된 다른 신앙을 갖는 학생이 있는 경우에는 학생의 종교의 자유와, 학교의 종교 전도의 자유 및 사학의 자유가 충돌하게 된다.

종립학교가 고등학교 평준화정책에 따라 강제 배정된 학생들을 상대로 특정 종교의 교리를 전파하는 종파적인 종교행사와 종교과목 수업을 실시하면서 신앙을 갖지 않거나 학교와 다른 신앙을 가진 학생의 기본권을 고려하지 않고, 종교행사에 참가하지 않거나 이와 관련하여 교직원에게 불손한 언동을 하였다는 이유로 학생에게 퇴학처분을 하였다면, 그 징계는 그 효력이 부정됨에 그치지 아니하고 위법하게 상대방에게 정신적 고통을 가하는 것이 되어 그 학생에 대한 관계에서 불법행위를 구성하게 된다[74]고 보았다.

(3) 교수재임용 거부와 절차적 권리 인정

정년보장으로 인한 대학교수의 무사안일을 타파하고 연구분위기를 제고하는 동시에 대학교육의 질도 향상시킨다는 목적으로 교수재임용제도가 1975년에 도입되었다.

그런데, 교수가 그 재임용을 거부당하였을 경우에 판례는 오랫동안 재판상 구제[75]의 밖에 두고 있었다. 기간을 정하여 임용된 국공립 대학교원은 그 기간이 만료된 때에 당연퇴직 되는 것이므로 임용권자가 교원을 재임용하지 않기로 하는 결정을 하고서 이를 통지하였다고 하더라도 이는 교원에 대하여 임기만료로 당연 퇴직됨을 확인하여 주는데 지나

73) 헌법재판소 1995. 2. 23. 선고 91헌마204 결정

74) 대법원 2010. 4. 22. 선고 2008다38288 전원합의체 판결

75) 교수재임용탈락처분취소, 교원임용절차이행, 교원임용거부처분취소, 교수재임용거부처분취소청구 등의 형태로 소송이 제기되었다.

지 아니하고, 이로 인하여 어떠한 법률효과가 발생하는 것은 아니므로 이를 행정소송의 대상이 되는 행정처분이라고 볼 수 없다[76]하여 그 소를 각하한 것이 대표적이다. 즉, 신청에 따른 행위를 하여 줄 것을 요구할 수 있는 법규상 또는 조리상의 권리가 있어야 하며, 이러한 근거 없이 한 국민의 신청을 받아들이지 아니한 경우에는 그 거부로 인하여 신청인의 권리나 법적 이익에 어떤 영향을 주는 것이 아니므로 이를 항고소송의 대상이 되는 행정처분이라고 할 수 없다[77]는 것이다.

대법원은 사립대학 교수재임용 거부행위(학교법인의 결정 및 통지)도, 교원에 대하여 임기만료로 당연 퇴직됨을 확인하고 알려주는데 지나지 아니하고 이로 인하여 교원과 학교법인 사이에 어떠한 법률효과가 발생하는 것은 아니어서, 교원은 이에 대한 무효확인을 구할 소의 이익이 없다[78]는 이유로 역시 소를 각하하였다.

판례는 2004년에 이르러서야 종전 입장을 변경하여, 임용기간이 만료된 국·공립대학의 조교수는 교원으로서의 능력과 자질에 관하여 합리적인 기준에 의한 공정한 심사를 받아 위 기준에 부합되면 특별한 사정이 없는 한 재임용되리라는 기대를 가지고 재임용 여부에 관하여 합리적인 기준에 의한 공정한 심사를 요구할 법규상 또는 조리상 신청권을 가진다[79]고 인정하고, 재임용을 거부하는 취지로 한 임용기간만료의 통지는 교원의 법률관계에 영향을 주는 것으로서 행정소송의 대상이 되는 처분에 해당한다고 하였다.

헌법재판소도 교수재임용제도의 근거가 되는 관련 법조가 합헌[80]이라 하다가, 대법원의 판례 변경 1년 전에 헌법에 합치하지 않는다고 결정하였다. 여기에서 헌법재판소는 교수의 기간임용제 자체는 위헌이 아니지만, 임면권자의 재임용 거부시의 절차적 보장 및 사후구제절차가 미흡한 것이 헌법이 보장하는 교원지위법정주의의 위배라고 본 것이다.[81] 새로운 판례는 뒤이은 입법[82]의 지침이 되었다.

(4) 공익과 교육당사자간의 권리충돌의 해결

1) 절차하자를 인정한 판례

학생징계에 관한 학칙의 시행세칙으로 학교장이 발령한 선도(善導)규정은, 무기정학

76) 대법원 1997. 6. 27. 선고 96누4305 판결

77) 대법원 1997. 4. 25. 선고 96누3654 판결

78) 1987. 6. 9. 선고 86다카2622 판결. 사립대학 교원이 재임용을 거부당하였을 경우에 민사소송으로 제기할 경우, 교원재임용불허결정무효청구 외에, 교원해임처분무효확인, 교원재임용거부처분무효확인, 교수지위확인 등의 형태로 소송이 이루어졌다.

79) 대법원 2004. 4. 22. 선고 2000두7735 전원합의체판결

80) 1993. 5. 13. 선고 91헌마190결정 ; 1998. 7. 16. 선고 96헌바33·66·68, 97헌바2·34·80, 98헌바39(병합) 결정

81) 2003. 2. 27, 선고 2000헌바26 결정 및 2003. 12. 18. 선고 2002헌바14·32(병합) 결정.

82) 교육공무원법 및 사립학교법이 절차적 권리를 보장하는 방향으로 개정(2005. 1. 27.)되었다.

이상의 중징계에 관하여 그 절차와 사유를 특히 엄격하게 정함으로써 신중과 공정을 기하고 학생의 신분을 보장할 목적으로 마련된 것이고 학생이나 교직원들은 위 절차에 의하여 징계가 이루어질 것으로 신뢰하고 있다 할 것이므로, 징계권자인 학교장도 이 절차에 기속되어 이를 어기고 한 징계처분은 위법하다[83]고 한다.

2) 이익형량

종립학교 판결에서 주목할 점은 퇴학처분의 위법성을 판단하면서, 종립학교가 가지는 종교교육의 자유 및 운영의 자유와 학생들이 가지는 소극적 종교행위의 자유 및 소극적 신앙고백의 자유 사이에 이익형량과 함께 양 기본권 사이의 실제적인 조화를 통하여 충돌을 해결하려 한 점이다. 즉, 기본권 충돌에서의 헌법이론을 원용한 것이다.

3) 절차적 권리의 인정

교수재임용제는 교수의 연구분위기를 진작하고 교육의 질을 향상시킨다는 목적과 교수의 신분보장이 충돌하는 지점이라 하겠다. 교수의 신분보장은 단순히 해당 개인의 직업의 자유라는 권리와 함께 학문 예술의 자유를 비롯한 기본권 보장과 연결되고 학내 민주주의에도 관련된다. 그러므로 단순히 공익과 사익의 대립 문제일 뿐 아니라, 공익 상호간의 충돌 문제이기도 하다. 판례는 처음에 기한에서의 종기 내지 계약이라는 법적 형식으로만 해석하여 처리하다가 절차법에서 돌파구를 찾은 셈이다.

Ⅲ. 대학의 자율성과 공적 논의구조

1. 대학자치 보장의 취지

헌법 제31조 제4항이 신설되기 전에도 헌법학의 통설은 학문의 자유의 한 내용으로 대학의 자치보장이 포함된다고 보고 있었다. 헌법재판소는 대학의 자율성을 보장하는 취지가, "대학에 대한 공권력 등 외부세력의 간섭을 배제하고 대학구성원 자신이 대학을 자주적으로 운영할 수 있도록 함으로써 대학인으로 하여금 연구와 교육을 자유롭게 하여 진리탐구와 지도적 인격의 도야라는 대학의 기능을 충분히 발휘할 수 있도록 하려는 데 있다"[84]고 하였다. 또한, 국립대학의 법적 성격을 법인격 없는 영조물로 보면서도 기본권주체성을 인정[85]함으로써 대학자치 보장을 강화하였다.

83) 대법원 1992. 7. 14. 선고 91누4737 판결

84) 헌법재판소 2006. 4. 27. 선고 2005헌마1047 결정

85) 헌법재판소 2015.12.23. 선고 2014헌마1149결정 ; 헌법재판소 1992. 10. 1. 92 헌마68결정 등

2. 학칙의 자치법규성

고등교육법은 많은 사항을 학칙에서 규율하도록 위임하고 있다. 특히 그 필요적 제정과 제·개정 절차 및 국가의 감독(보고의무 등)을 법률에서 직접 규정(제6조)하고 있다는 점에서 구(舊)교육법과 다른 특징을 보이고 있다. 학교가 이러한 학칙규정을 지키지 않을 경우 감독청은 교육관계법령 또는 그에 의한 명령에 위반한 때와 마찬가지로 시정 또는 변경명령을 할 수 있다. 법령 외에 학교에서 통용되는 규범으로, 명칭상 학칙(또는 교칙) 외에도 규율대상과 효력을 달리하여 존재하는 다양한 형식의 규정들까지 포함하여 학칙이라고 부를 때도 있다(넓은 의미의 학칙). 법적으로 중요한 것은 좁은 의미의 학칙과 그에 의해 위임받은 하위 규정들이다. 판례는, 학칙의 법적 성격을 자치법규로 인정하고,[86] 종교단체가 설립한 사립대학은 종교교육을 받을 것을 졸업요건으로 하는 학칙을 제정할 수 있다[87]고 하여 권리제한의 근거인 법규성을 인정하고 있다.

3. 대학자치의 주체와 의사결정기관

(1) 대학자치의 주체

대법원은, 학문의 자유의 주체인 교원들이 대학자치의 중심이 되는 것이라 하면서도 대학의 구성원인 직원· 학생 등도 대학자치의 주체가 될 수 있다[88]고 보았다. 사립학교법에서 사립대학의 개방이사추천권을 대학평의회에도 인정하고, 평의회의 구성에 직원 및 학생대표를 포함시켰다는 점에 근거를 둔 것이다.

(2) 의결기관으로서의 교수회 인정 여부

헌법재판소는 대학의 의사결정체제는 입법자가 결정할 문제로, 교수회를 의결기구로 구성하는 것은 현행 고등교육법상 학칙제정권 및 교무통할권을 총장에게 부여하는 총장중심의사결정체제에 위반된다[89]고 보았다.

대법원도, 총장선출방식이 구(舊)교육공무원법상 해당 대학의 자율적 선택에 맡겨져 있어, 해당 대학은 총장 후보자 선정방식을 학칙으로 정할 수 있고, 나아가 학칙에 규정되

86) 서울고법 1990. 10. 23. 선고 90나22792판결

87) 대법원 1998. 11. 10. 선고 96다37268 판결

88) 대법원 2015. 7. 23. 선고 2012두19496,19502 판결

89) 헌법재판소 2003. 6. 26, 선고 2002헌마337, 2003헌마7,8 결정. 국립대학이 교수회를 의결기구로 하는 학칙 개정에 대하여 교육부장관이 총장의 教務統轄權을 침해하는 위법한 것이라면서 그 시정을 지시하자, 해당 대학의 교수단체 대표들이 제기한 헌법소원사건이다.

어 있는 기존의 직선제 총장 후보자 선정방식을 학칙의 개정을 통하여 간선제로 변경할 수 있으므로,[90] 그렇게 하여도 대학의 자치를 보장하는 헌법 정신을 훼손하는 것은 아니라고 보았다.

(3) 대학조직과 현행법상 학칙규정의 문제점

대학관리기관을 일반 행정기관처럼 독임제행정청으로 규정하여 교무통할권이 총장에게 전속하며 의결기관을 설치하는 것은 이 권한을 침해한다는 해석을 할 수 밖에 없는 구조의 규정들은 구 교육법에서부터 현행 고등교육법에 이르기까지 동일하다.

자치란 국가의 직접적인 관청조직으로부터 제도적으로 독립하여 특정한 공적 임무가 그것에 관련되는 자들에 의해 자기책임적으로 처리되어지는 것을 그 특징으로 한다. 대학의 자치는 국가에 대한 학문공동체의 자율을 보장하려는 것이기 때문에 전통적으로 교수회를 대학자치의 핵심적 기구로 보아 왔다. 그렇다면, 현행 고등교육법이 대학의 총장에게 일반 행정기관의 독임제 행정청처럼 모든 권한을 집중시키고 있는 것이 자치보장의 취지에 어긋나는 것인지 여부에 대한 판단을 먼저 하는 것이 순서일 것이다.

대법원의 총장선출과 관련한 판단은 그 자체로서는 흠잡을 수 없다고 보인다. 직선제만이 대학자치를 보장한다는 주장은 대학의 역사나 비교법을 참고하더라도 설득력이 없기 때문이다. 원천적 문제는 학칙의 제·개정권을 총장에게 부여하고 있는 고등교육법이다. 고등교육법 제6조는 학칙을 학교의 장이 제정하며, 그 제정 및 개정절차에 대하여 대통령령으로 정하도록 위임하고 있다. 자치입법권은 자치권의 본질적 내용인데, 대학을 자치단체로 보면서 학칙의 제·개정권을 학교의 장(총장 등)에게 부여한 것은 대학의 자율성을 보장하는 헌법상의 취지에 부합하지 않는다. 총장이 이를 기화로 적정한 절차도 거치지 않고 학칙을 개정한 것이 문제였다. 그렇다면 대법원도 학칙개정안이 공론화가 가능하도록 고지되었는지 등, 정당한 절차의 준수 여부를 먼저 판단하고, 나아가 고등교육법 학칙관련규정의 위헌법률제청여부도 고려했어야 할 것이다.

4. 국립대학의 법인화

(1) 국립대학의 법인화란, 종래의'법인격 없는 영조물'이었던 국립대학에 국가의 행정조직으로부터 분리시켜 법인격을 부여하는 것을 의미한다.

국립대학인 서울대학교를 '국립대학법인 서울대학교'로 전환하고, 소속 교직원을 공무원에서 퇴직시키거나 법인 서울대의 교직원으로 임용하는 내용 등을 담고 있는 '구 국립대학

90) 대법원 2015. 6. 24. 선고 2013두26408판결

법인 서울대학교 설립·운영에 관한 법률'에 대한 헌법소원사건에서 헌법재판소는, 법인이사회와 재경위원회에 일정 비율 이상의 외부인사를 포함하는 내용 및 총장의 간접선출을 규정한 위 법률 관련 조항이 대학의 자율을 침해하고, 서울대 교직원의 공무담임권 및 평등권을 침해한다는 주장을 받아들이지 않았다.[91)]

(2) 국립대학의 독립성과 자율성은 그 법적 형식을 법인으로 바꾼다고 하여 자동적으로 주어지는 것은 아니며, 법인화로 국가의 지원책임을 부정하고 실질적인 독립성과 자율성을 해치게 될 우려가 있다는 지적[92)]은 일면 타당하지만 과도한 점도 있다고 하겠다. 왜냐하면, 현재의 국립학교설치령 아래서의 국립대학이야말로 재정지원을 매개로 한 정부의 일사불란한 지휘 아래 놓여있고, 非法人 국립대학에서도 대학경영진은 가시적 성과를 위해 학내 경쟁을 격화시킴으로써 대학자율보장의 궁극적 목적인 학문의 자유를 위축시키고 있기 때문이다. 물론, 법인화에 의해 공무원으로서의 신분에서 벗어난 교수 직원 등의 신분보장은 약화되는 측면이 있다.

(3) 비교법적으로 보더라도 대학의 법적 형태는 다양하다. 일찍이 독일연방헌법재판소는 헌법상 대학의 자율보장으로부터 대학이 특정한 조직형식이어야 한다는 결론은 도출되지 않는다[93)]고 하였다. 대학의 자율성을 보장하는 헌법의 취지에 어긋나지 않게 교수 등 구성원의 참여가 확보된다면, 국립대학을 법인으로 설립하거나 기존 국립대학을 법인으로 전환하는 입법이 가능하다고 할 것이다. 법인격이 부여된 국립대학은 설립 주체인 국가로부터 법률상 독립한 권리·의무의 주체가 되므로 적어도 법적으로는 자율적으로 운영할 수 있는 공간이 넓어지기 때문이다.

5. 공적 논의구조와 그 한계

대학의 자율을 보장하는 취지는 대학의 기능 발휘라는 공익을 달성하는데도 적합하다고 본 지혜의 소산이다. 그런데 법령과 현실에서는 그것이 총장의 자율을 의미하는 것으로 변질되고 있다. 이는 자율적 문화가 성숙되지 못한 것과 함께, 공론화를 가능하게 하는 의사결정 시스템이 없거나 작동하기 어렵게 된 제도의 불비가 그 원인이라 하겠다. 그럼에도 판례는 법이 정한 기구에 의한 결정이면 적법하다는 식으로 자율을 형식적으로 해석하는

---

91) 헌법재판소 2014. 4. 24. 2011 헌마 612 결정

92) 박정훈, "국립대학 법인화의 공법적 문제", 「법학」47권3호(140호), 2006. 427면 이하.

93) BVerfGE 35, 79(116) 참조. 독일 각 주의 현행 대학법들도 마찬가지이다.

데 그치는 경우가 많았다.

대학자치의 구조 속에서 교수회가 그 중추적 역할을 담당하여야 한다는 것은 대학과 교수의 전통 및 그 기능에 비추어 설득력이 있다. 그러나, 경영의 전문적 식견과 함께 신속한 의사결정이 요구되는 경우에는 다수가 성원인 의사결정기구는 비효율적이다. 또한 대부분의 교수는 이러한 학내외문제를 결정하는데 필요한 식견을 갖추고 있다고 보기 어려우며, 만약 모든 교수가 이를 위해 노력한다면 연구와 교육 부문을 상당한 정도 희생하지 않을 수 없을 것이다. 교수회를 의결기구로 설치하지 않으면 대학의 자치라 할 수 없다는 주장은, 현재의 대규모 대학에서는 교수와 교수회의 능력을 초과한 것이라 하겠다. 교수와 학생의 결사체로 여겨진 서양 중세의 대학과는 달리 오늘날의 복잡하고 규모가 큰 대학의 경영은 아마추어의 자치로 해결할 수 없는 단계에 이르렀기 때문이다. 따라서 교수회가 최고 최종의 의사결정기구가 되어야 한다는 주장은 대규모대학의 경우 부적절하다.

IV. 사립학교의 자주성과 공공성

1. 사립학교와 학교법인

(1) 사립학교와 공교육

한국의 학교교육, 특히 중등교육과 고등교육에서 사립학교가 매우 높은 비중을 차지한다는 것은 주지의 사실이다. 오늘날 민간에 의한 공적 임무의 수행에 대한 논의가 있기 전부터 교육에서의 이러한 특징은 사립학교법이라는 독특한 법적 규율을 낳았다. 공익과 사익의 구분은 어떤 이익이 공공성을 가지고 있는가의 여부에 따른다. 사립학교도 공교육인 학교교육을 담당하기 때문에 공공성을 갖는다.[94] 사학(私學)이 국공립학교와의 차별을 받지 않고 재정 등 정부로부터 조성을 받아야 하는[95] 이유도 국민의 '교육을 받을 권리'를 실현시키는데 중요하기 때문이며, 이것이 사학의 공공성을 뒷받침하는 전제가 된다. 공익 개념의 핵심적 요소는 그 공공성(Őffentlichkeit)이라 한다.[96]

---

94) 「국립대학의 회계 설치 및 재정 운영에 관한 법률」도 '국립대학의 공공성과 사회적 책임성을 확립하고 나아가 학문 발전과 인재 양성 및 국가 균형 발전에 이바지함을 목적으로 한다'고 규정한다.

95) 황준성, "사립학교법의 연구성과와 과제", 「교육법학의 연구동향」, 한국학술정보, 2007, 173면. 이에 대하여 교육의 공공성은 국가개입의 근거일 뿐 아니라, 교육내용 결정 등에서 행정개입의 최소화 및 광범위한 사회적 합의 도출의 구조를 갖추어야 한다는 견해도 있다.

96) 최송화, 앞의 책, 56면 이하.

(2) 사립학교와 학교법인의 법적 성격

학교를 그 설립자를 기준으로 국· 공· 사립으로 나눈다(교육기본법 제11조). 사립학교란 학교법인, 공공단체 외의 법인 또는 그 밖의 사인(私人)이 설치하는 학교를 말하고(사립학교법 제2조제1호), "학교법인"이란 사립학교만을 설치 · 경영할 목적으로 이 법에 따라 설립되는 법인을 말한다(동조 제2호).

사립학교는 학교법인의 교육시설에 불과하며 권리의무의 주체가 될 수 없다.[97] 따라서 소송상 당사자능력도 없다.[98] 이러한 사립학교를 설립하고 경영하는 주체로서의 학교법인의 법적 성격에 관하여 판례가 명시적으로 밝힌 것은 찾기 어려우나, 사립학교법 제정 전의 초기판례[99]는 공기업의 일종으로 전제하였고, 설립인가를 재량행위로 보았는데,[100] 이러한 판례의 이해는 오늘날까지도 크게 변화한 것으로 보이지 않는다.[101] 또한, 학교법인의 이사취임승인은 임원선임행위를 보충하여 법률상의 효력을 완성시키는 보충적 행정행위로서 기속행위로 보았다.[102]

2. 私學의 자주성

교육기본법 제11조 제2항은 구체적으로 사립학교의 설립 · 경영에 관한 법인이나 사인의 권리를 규정하고 있다. 이러한 사학의 자유는 교육의 자유에서 그 헌법적 근거를 찾을 수 있다[103]고 한다. 헌법재판소는, 사립학교가 설립자의 이념을 구현하거나 독자적인 교육방침에 따라 개성 있는 교육을 실시할 수 있을 뿐만 아니라 공공이익을 위한 재산출연으로 국가의 공교육 실시를 위한 재정적 투자능력의 한계를 자발적으로 보완해 주는 역할도 하기 때문에 사립학교는 그 물적 · 인적 시설을 운영함에 있어서 어느 정도 자율성을 확보해 주는 것이 상당하고 또 바람직한 것[104]이라 하였다.

---

97) 대법원 1971. 11. 15. 선고 71누126 판결

98) 대법원 1975. 12. 9. 선고 75다1048 판결

99) 대법원 파기환송판결(1962. 5. 31.선고 4292행상137)의 상고이유 요지는, '학교가 공기업의 일종이므로 당해 인가는 학교설립 및 임시운영권을 부여한 특허의 성질을 갖는 것이므로 원고 법인에게 대학을 임시 운영하게 한 인가도 특허행위'라 하였다. 교육부, 대법원 교육판례집, 1993, 68면 이하.

100) 대법원 1968. 6. 18. 선고 68누19 판결

101) 공기업이론이 퇴조한 최근의 행정법학에서는 사립학교의 학위수여를 공무수탁사인(Beliehne)의 일종으로 보는 견해(정하중, 행정법의 이론과 실제, 2012, 박영사, 30면; 박균성, 행정법강의, 박영사, 2016. 60면 등)가 제시되고 있지만, 나머지 법률관계도 이것으로 이해하는 것인지 불분명하다.

102) 대법원 1992. 9. 22. 선고 92누5461 판결

103) 이시우, "헌법상 사학의 자유와 사립학교법", 「헌법의 규범력과 법질서(허영 박사정년기념논문집)」, 박영사, 2002, 342면

3. 사학의 공공성 확보를 위한 규제

(1) 학교법인에 대한 규제

1) 설립자의 지위

학교법인의 설립자 내지 재산출연자의 법적 지위 문제는 사립학교와 관련된 법적 분쟁의 뿌리에 있는 쟁점이라 할 수 있다. 이에 대해 대법원은 일찍이, 학교법인은 설립자와는 별개의 인격체로서 독립된 권리·의무의 주체가 될 뿐만 아니라 법은 원칙적으로 학교법인만을 사립학교 운영의 주체로 허용하고 있으므로 설립자는 학교법인과의 사이에 구체적인 권리 내지 법률관계가 성립될 여지가 없게 된다[105]고 판시한 바 있다. 설립자와 그 친인척 등은 학교장 등과의 겸직이 제한되는 것도, 사립학교 운영에 관하여 투명성과 공공성을 제고하기 위한 관리감독권 행사의 일환[106]이라 한다.

2) 법인재산의 처분권 제한

사립학교법이 학교법인의 재산에 대한 처분을 제한한 것이 재산권 보장의 본질을 침해하여 위헌이라는 주장에 대하여 헌법재판소는, 입법자는 학교법인의 재산이 외부에 유출되거나 교육 외의 목적으로 사용되는 것을 막기 위하여 적절한 규제를 마련함에 있어 상당한 재량을 가진다[107]고 하여 합헌으로 판단하였다.

(2) 대학평의원회와 개방이사제

헌법재판소는 사립대학에 대학평의원회를 의무적으로 설치하도록(사립학교법 제26조의2 ①) 한 것이, 대학평의원회가 대학자치의 범위에 속하는 사항들 중 중요사항에 한하여 심의 또는 자문하는 데 불과해 이사회의 결정권한을 제약하지 않는 점, 학교법인에 정관을 통한 자율적 형성의 여지가 부여되어 있는 점 등을 고려하면, 학교법인의 사학의 자유를 침해한다고 볼 수 없다[108]고 하였다. 개방이사제(같은 법 제14조 ③, ④)도, 사립학교 운영의 투명성과 공정성을 제고하고, 학교구성원에게 학교운영에 참여할 기회를 부여하기 위한 것으로서, 그 비중이나 역할 등을 고려할 때 사학의 자유를 침해하지 않는다고 보았다.

---

104) 헌법재판소 1991. 7. 22 선고 89헌가106 결정

105) 대법원 1989. 2. 14. 선고 88다카4710판결

106) 대법원 2015. 1. 29. 선고 2012두1556 판결

107) 헌법재판소 2009. 4. 30. 선고 2005헌바101 결정

108) 헌법재판소 2013. 11. 28. 선고 2007헌마1189,1190(병합) 결정

4. 사학의 자주성과 공공성의 갈등

(1) 임시이사제도와 법인 정상화

사학의 자주성과 공공성 확보를 위한 규제 사이의 갈등은 임시이사제도와 관련하여 가장 극명하게 드러났다. 관할감독청은 학교법인이 이사의 결원보충을 하지 아니하여 학교법인의 정상적 운영이 어렵다고 판단되거나, 법령위반이나 회계부정 등의 사유에 따라 학교법인의 임원취임 승인을 취소한 때에는 임시이사를 선임하여야 한다(사립학교법 제25조). 이는 궁극적으로 학생의 교육을 받을 권리를 보장하기 위한 제도[109]라 할 수 있다.

이 제도와 관련하여 과거에 법률의 명시적 규정이 없어 크게 다투어졌던 것은, 임시이사가 파견된 학교법인의 정상화문제였다. 이 문제는, ① 이사선임을 다툴 수 있는 원고적격 있는 자는 누구인가 ? ② 누가 정식이사를 선임할 권한이 있는가? 의 두 가지가 큰 쟁점이었다.

1) 원고적격

상지대 사건[110]판결은, 종전이사가 학교법인의 자주성과 정체성을 대변할 지위에 있어 임시이사들이 정식이사를 선임하는 내용의 이사회 결의에 대하여 그 무효 확인을 구할 소의 이익이 있다고 보았다. 이어, 임시이사가 파견된 대학의 종전 (정식)이사들이 자신들에 대한 이사취임승인을 취소한 처분을 다투는 동안 이사 임기가 만료되었다 하더라도 그 처분이 반복될 위험이 있다하여 이를 다툴 소의 이익을 인정[111]하였다.

2) 임시이사의 정식이사 선임권한

상지대판결은, 사립학교법상의 임시이사는 위기관리자로서 민법상의 임시이사와는 달리, 일반적인 학교법인의 운영에 관한 행위에 한하여 정식이사와 동일한 권한을 가지는 것으로 제한적으로 해석하여야 하고 정식이사를 선임할 권한은 없다[112]고 하여 임시이사에 의한 정상화를 부정하였다.

이 판결 이후, 국회는 사립학교법 제25조의2를 신설하여 교육부장관 소속 하에 사학

---

109) 헌법재판소 2009. 4. 30. 선고 2005헌바101 결정

110) 대법원 2007.5.17. 선고 2006다19054 전원합의체 판결. 입시비리 등과 관련하여 취임승인이 취소된 구 이사들(원고)이, 임시이사들로 구성된 이사회의 (정식 이사를 선임한) 결의무효확인을 구한 사건.

111) 대법원 2007. 7. 19. 선고 2006두19297전원합의체판결(경기대교비횡령사건). 소익을 넓게 인정했다는 점에서 위 판결을 높이 평가하는 견해로, 유진식, "학교법인 임원취임승인 취소처분에 대한 소의 이익", 행정판례평선, 박영사, 2016, 81면. 이 경우를 계속확인의 소로 보아야 한다는 주장으로, 정하중, 앞의 책, 572면 이하.

112) 이에 대하여 소수의견은, 학교법인은 기본적으로 민법상 재단법인이어서 사립학교법 소정의 임시이사들 역시 정식이사와 동일한 권한이 있는 것으로 해석하여야 하므로 임시이사들로 구성된 이사회에서 정식이사를 선임한 이사회결의를 무효로 볼 수 없다고 하였다.

분쟁조정위원회를 설치하고, 임시이사의 선임·해임 및 정상화를 위한 정식이사 선임 등에 관한 사항을 심의 의결하도록 하였다.[113]

3) 소결 : 임기가 종료한 종전 이사들에게 원고적격과 소의 이익을 인정한 것은 소송요건에 의한 제약을 줄여 본안에 나아가 심판하려는 행정소송 일반의 흐름과 관련하여 볼 때 수긍할 수 있다.[114] 그러나, 학교법인의 설립 목적의 영속성은 설립자로부터 이어지는 이사의 인적 연속성보다는 객관화된 설립 목적인 정관에서 찾는 것이 사립학교 제도의 취지에 부합할 것이다.[115] 민법상 재단법인의 경우, 임시이사는 정식이사와 동일한 권한을 갖는다는 것이 확립된 판례이다.[116] 그럼에도 학교법인의 경우에는 임시이사의 권한에 내재적 한계가 있다는 다수의견의 바탕에는 사립학교가 법인이라는 외양을 갖추었어도 여전히 개인재산이라는 인식이 있는 것으로 보인다.

(2) 교원소청재결에 대한 학교법인의 제소권 인정 여부

과거에 대법원은, '교원지위 향상을 위한 특별법(교원지위법)'이 불이익처분을 받은 사립학교 교원으로 하여금 국공립학교 교원과 동일하게 교원징계재심위원회(현행법상의 교원소청심사위원회)에 재심청구를 할 수 있게 하고 그 재심위원회의 결정은 처분권자를 기속하며, 이 결정에 대하여는 재심청구를 한 교원만이 행정소송을 제기할 수 있도록 한 것은 사립학교 교원에 대한 신분보장을 강화하기 위한 것으로 재판청구권이나 평등권을 침해하는 것이 아니라[117] 하였다.

헌법재판소도 이와 같은 차별은 사립학교 교원의 신분보장을 위한 것으로서 합리적 이유가 있으므로 평등원칙에 위배된다고 할 수 없다[118]고 보았었으나, 종래의 판례를 변경하여 교원지위법제10조를 학교법인 등의 재판청구권을 불평등하게 제한한 것이라 하여 위

113) 조정위원회는 정식이사 적격 여부를 심의함에 있어서 해당 학교법인의 기본재산액의 3분의 1 이상에 해당하는 재산을 출연하거나 기부한 자, 학교 발전에 기여한 자, 임시이사가 선임되기 전에 적법하게 선임되었다가 퇴임한 종전이사, 해당 학교법인의 임직원 및 학교의 교직원, 그 밖의 이해관계인으로부터 의견을 청취할 수 있다(사립학교법 제25조의3, 시행령 제9조의6 제3항 등).

114) 상지대 교수협의회, 총학생회, 전국대학노조상지대지부가 교육부장관의 (정식)이사선임을 다툰 대법원 2015. 7. 23. 선고 2012두19496,19502 판결에서는 이사취임승인을 다투는 원고적격을 대학구성원 단체에까지 확장하였다. 다만, 고등교육법령이 학생회와 교수회의 성립을 예정하고 있으므로, 교수협의회와 총학생회의 학교운영참여권을 보호하고 있다고 해석되므로, 이들은 이사선임처분을 다툴 법률상 이익을 가진다고 하였으나, 노조지부에 대하여는 부정하였다.

115) 상지대사건 판결의 소수의견 및 헌법재판소 2013. 11. 28. 선고 2011헌바136 결정

116) 사회복지법인의 임시이사는 정식이사와 동일한 권한을 갖는다는 대법원 2013. 6. 13. 선고 2012다40332 판결 등.

117) 대법원 1995. 6. 13. 선고 93누23046 판결

118) 헌법재판소 1998. 7. 16. 선고 95 헌바19 결정

헌으로 결정하고, 이어 '재임용특별법' 제9조제1항을 같은 이유로 위헌이라 판시하였다.[119)]

종래의 견해를 변경한 헌재결정은 사립학교 교원이 제기한 교원소청심사(구법상으로는 징계재심)는, 그 대상이 된 불이익처분이 행정청이 아닌 학교법인에 의해 행해진 사법(私法)상의 행위이기 때문에 이에 대한 소청결정도 행정심판의 재결이 아니라 제1차 행정처분이라는 것이다. 나아가 행정심판의 재결이라면 그 기속력 때문에 피청구인인 처분청이 인용재결을 다툴 수 없지만, 제1차처분인 소청결정을 그 상대방인 학교법인이 다투지 못하게 하는 것은 재판청구권을 침해하는 것이라고 본 것이다.

그러나 이러한 결론은 교원지위법이 정하는 교원소청위의 심사결정을 학교법인이 불이행하는 경우, 실효적 구제수단이 없는 현실에 비추어[120)] 보면, 교원지위법정주의 요구와 이를 구현한 교원지위법 등의 취지에 역행하는 결과를 초래하고 있다.

5. 법인 아닌 학교의 자주성

사립학교를 설립한 학교법인은 독자적인 계획과 방법으로 교육하는 자주성이 인정되어야 할 것이다. 그러나 사립학교 교육도 국민의 교육받을 권리에 대응하는 공교육에 해당하므로, 학생선발·교육과정 편성 등 각종 규제가 불가피하고 그것이 자율권의 한계가 된다. 학교법인의 재산에 대한 처분 제한 등의 규제는 일반 재단법인보다 더 엄격하다. 민법상 재단법인보다 공익성의 정도가 더 높기 때문에 특별법인 사립학교법으로 규제를 강화한 것으로 이해해야 할 것이다. 판례도 그러한 규제에 위반된 재산처분행위를 무효로 보고, 수개의 학교법인을 운영하는 자가 각 학교법인의 금원을 다른 학교법인을 위하여 사용한 경우에 각 학교법인은 별개의 법인격을 가진 소유의 주체라는 이유로 횡령죄의 성립을 인정[121)]하며, 교비회계 자금을 법인회계로 전출하면 업무상횡령죄의 성립을 긍정[122)]한다.

그럼에도 개정 사립학교법령에 따라 구성된 사학분쟁조정위원회는 정상화되는 법인의 이사 과반수를 설립자 내지 그 상속인이 지명하는 자로 선임해야 한다는 것으로 운용하고 있다. 이것은 학교법인이 사유재산의 일종이라는 전제에서만 이해될 수 있다. 이는 개정법의 논리를 제공했던 상지대 사건의 다수의견이 사립학교의 공공성과 자주성 간의 가치형량이라기보다는 공공성과 설립자 등의 재산권 사이의 이익형량을 하였다는 이해를

119) 헌법재판소 2006. 2. 23. 선고 2005헌가7등 결정. 이에 따라 국회는 교원지위법을 개정(2007. 5. 11.)하여 교원소청위의 결정에 대한 학교법인 등의 불복제소권을 규정하였다.

120) 특히 학교법인이 교원의 심사청구를 인용하는 결정에 따르지 않는 경우에는 다시 민사소송을 제기하여 봉급 상당의 손해배상을 청구해야 하는 우회적 수단만 남게 된다. 이에 따라 교원소청제도의 존재이유 자체에 대한 의문이 제기되고 있다.

121) 대법원 2000.12.08. 선고 99도214 판결

122) 대법원 2010.3.11. 선고 2009도6482 판결

가능하게 한다.

사립학교법이 보장하는 사학의 자주성은 앞서 본 교육의 자주성 내지 대학의 자율성과 연계하여 해석하여야 할 것이다. 같은 법은 법인이 학교에 부당하게 간섭하는 것을 금지 내지 제한하는 많은 규정을 두고 있다. 그러므로 사학의 자주성이라 하여도 주된 것은 사립학교의 자주성이라 할 것이고, 법인의 자주성은 학교의 교육을 뒷받침하는데서 조화를 찾아야 할 것이다.

V. 결어

초기 교육판례의 판결이유는 대체로 간략하여 어떠한 논거로 주문을 도출하였는지, 의거하고 있는 가치와 그 서열을 정확히 이해하기 어려운 경우가 많다. 다만, 전후 문맥으로 보아 질서유지 또는 공익 등을 준거로 고려하였고, 이 경우의 공익이 국가적 이익과 미분화된 상태의 그것임을 추측할 수 있다. 그럼에도 불구하고 교육법의 기본 개념과 체계를 정립한 공적을 인정해야 할 것이다.

1987년 헌법 개정 이후 출범한 헌법재판소는 교육의 주요 문제에 대한 헌법적 의미를 천명함으로써 교육법 논의의 많은 분야에서 범주적 기반을 제공하였다. 다만, 다수의 사건에서 입법재량을 과도하게 인정함으로써 헌법이 제시하는 가치지향을 관철하는데 까지는 이르지 못하고 있다. 법원의 교육판례도 90년대 이후, 과거와는 다른 모습을 보여주면서 국민의 교육받을 권리를 구체화하고 법치주의를 교육 영역에 정착시키는데 크게 기여하였다. 1990년대 이후의 교육행정과 교육입법을 상당 부분 판례가 선도하여 온 것은 누구도 부인할 수 없다. 그러나 우리 판례를 전체적으로 볼 때, 개인의 권리를 보장하는 실질적 법치주의와 조화되는 공익으로까지 고양시켰는지에 대하여 여전히 아쉬움이 남는 부분들도 있다.

공익 개념의 핵심적 요소는 공공성이며, 가치관의 다양화에 따라 공공성 논의 또한 그 구조가 변화하고 있다 한다. 언제나 정당한 규준적 의미의 공익 개념이 아니라 공익판단이 요구되는 구체적 상황에서의 적절한 공익결정의 의미로 전화되어 오히려 가변적·동태(動態)적인 개념으로 이해[123]되어야 한다는 것이다. 다양한 이익이 공익으로 경합하게 되면 그 우선순위는 이익간의 비교형량의 방법에 의하게 된다. 그럼에도 불구하고 '오류 없는 공익'내지 '진정한 공익'[124]을 찾아야 하며, 그것은 결국 사법의 과제가 아닐 수 없다.

123) 최송화, 앞의 책, 178면

124) 위의 책, 179면 이하.

이행강제금에 관한 농지법 규정의 위헌 여부*

금태환**

헌법재판소 2016. 12. 29. 선고 2015헌바449 결정을 중심으로

一. 결정의 개요[1)]

1. 사실관계

청구인은 그 소유의 서울 서초구에 있는 농지를 화훼업을 하는 사람에게 임대하였다. 서초구청장은 2012. 7. 16. 청구인이 농지를 농업 경영에 이용하지 않아 처분의무가 발생하였음을 청구인에게 알린 다음, 2013. 11. 1. 농지를 6개월 안에 처분할 것을 명령하였다. 그러나 청구인이 지정 기간이 지나도록 농지를 처분하지 않자, 서초구청장은 2014. 7. 29. 농지법 제62조 제1항 및 농지법 시행령 제75조 제3항을 근거로 농지 처분명령 불이행에 따른 이행강제금을 부과하였다.

2. 결정 요지

(1) 포괄위임금지원칙 위배 여부

농지법 제62조 제1항은 「대통령령으로 정하는 정당한 사유없이 처분명령을 이행하지 아니한 자」에게 이행강제금을 부과하고 있는 데, 농지법 조항의 이행강제금 부과 요건을 구체적으로 어떻게 규정하여 농지 소유자의 농지 처분명령 이행을 확보할 것인지는 가변적 상황에 대응하여 '정당한 사유'의 세부 사항을 유연하게 규율할 수 있는 행정 입법에 그 내용을 위임할 필요성이 인정된다.

---

* 이 글은 2017년 12월 31일 발행된 행정판례연구 제22-2집에 게재된 논문을 전재한 것입니다.

** 영남대학교 법학전문대학원 교수.

1) 헌법재판소 2016. 12. 29.선고 2015헌바449 결정.

이행강제금은 농지 처분명령 위반을 이유로 이루어지는 간접 강제 수단의 성격을 가진다는 점, 하위 법규에 위임할 그 밖의 내용이 무엇인지 어림잡을 수 있는 기준도 제시하고 있고, 제도의 취지 및 관련 조항을 유기적·체계적으로 해석할 경우 대통령령에 위임될 대강의 내용도 예측할 수 있으므로, 농지법조항은 포괄위임금지 원칙에 위배되지 않는다.

(2) 재산권 침해 여부

농지 소유 자격이 없는 사람에 대하여 농지를 처분할 의무를 부과하며 그 의무를 이행하지 않는 경우 이행강제금을 부과하는 것은 농지법 입법목적을 효과적으로 달성하기 위한 적절한 수단이다. 농지법상의 농지 처분의무를 면제하는 규정, 농지 처분명령을 통지받은 농지 소유자의 매수청구권, 정당한 사유가 있는 경우에는 이행강제금을 부과하지 않도록 하는 규정, 이행강제금 부과에 통산횟수의 제한이 없다고 하여도 그것이 이행강제금 부과의 본래 취지를 달성하기 위한 것인 점을 고려하면 최소성 원칙에 반하지 아니한다.

농지를 자유롭게 이용할 수 있는 개인의 권리가 제한되지만, 농지의 효율적 이용과 관리를 통하여 국민의 안정적 식량생산 기반을 유지하고 헌법상 경자유전 원칙을 실현한다는 공적 이익이 훨씬 크므로, 농지법 조항은 법익의 균형성도 충족하고 있다.

따라서 이행강제금 조항은 청구인의 재산권을 침해하지 않는다.

(3) 재판을 받을 권리 침해 여부

이행강제금 부과의 전제가 되는 위반행위 태양은 농지 처분명령 불이행으로 정형화되어 있어 애초에 법관이 재판에서 재량권을 행사할 여지가 거의 없고, 그 위반에 정당한 사유가 있는 경우 이행강제금에 처하지 않는 결정을 할 수도 있기 때문에, 이행강제금 액수를 정함에 있어 법원에 구체적 재량권을 부여하지 않았다 하더라도 그것이 입법 형성권 한계를 벗어나 청구인의 재판을 받을 권리를 침해하였다고 할 수 없다.

(4) 평등 원칙 위배 여부

농지법 조항이 이행강제금 부과 면제 사유를 불합리하게 규정하여 평등원칙에 위배된다 할 수도 없다.

二. 평석

I. 서

대상 결정은 "농업 경영에 이용하지 아니하는 농지의 처분명령을 받고도 정당한 사유 없이 처분명령을 이행하지 아니한 자"에게 "정액(100분의 20)의 이행강제금을 그 처분명령을 이행할 때까지 횟수 제한없이 부과할 수 있게 하는" 농지법 조항을 위헌이 아니라고 판단하고 있다. 이러한 결론은 이미 2010년에 내려진 것인데,[2] 이 결정은 종전의 결론을 그대로 확인하고 있다. 이행강제금의 부과는, 농지를 농업 경영 목적으로만 취득하게 하고, 농업 경영 목적에 이용하지 않는 농지를 처분하게 하며, 그 처분명령을 이행하지 않는 경우 따라 오는 일련의 과정 중의 마지막 단계이다. 따라서 이행강제금 부과의 위헌성 여부는 그 자체뿐만 아니라 농지의 취득과 농지의 처분명령 상호 관계 속에서 판단될 필요가 있고, 농지 소유 전반에 걸친 검토가 필요하다고 할 수 있다.

농지는 식량을 생산하는 유한 자원이며, 농업·농촌을 지탱하는 기본적 토대로서 그 경제적·사회적 의미는 중차대하고 이로 인하여 제헌헌법[3] 이래 계속하여 헌법적 규율의 대상이 되어 왔다. 제헌헌법 당시에는 농지가 농민에게 분배되어야 한다는 경자유전의 원칙이 지배 원리로 작용하였으나, 농업의 비중 감소, 농가 인구의 고령화, 농산물 무역의 개방화·국제화 시대가 도래함에 따라 농지의 효율적 이용과 농업의 경쟁력 제고가 더욱 절실한 문제로 대두하였다. 그리하여 농지 제도는 많은 변화를 거듭하여 왔는데 여기서는 처분명령과 이행강제금 부과의 위헌성을 판단하기 위하여 필요한 범위에서만 이를 검토하기로 한다.

또한 농지 제도는 경자유전의 원칙을 지키면서도 시대의 변화에 대처하여야 한다는 세계적인 공통 명제를 가지고 있으므로[4] 현행 농지 제도의 정확한 위치 파악을 위하여 필

---

2) 헌법재판소 2010. 2. 25. 선고 2010헌바39·40 결정, 2010. 2. 25. 선고 2010헌바80·91 결정, 2010. 2. 25. 선고 2010헌바98·99 결정, 2010. 2. 25. 선고 2010헌바116 결정 참조. 다만 평석 대상 결정은 처분명령을 이행하지 못한 정당한 사유에 관하여 법률이 대통령령에 포괄 위임하였다는 청구이유에 대하여 추가적으로 판단하고 있다.

3) 1948. 7. 17. 시행 헌법 제86조: 농지는 농민에게 분배하며 그 분배의 방법, 소유의 한도, 소유권의 내용과 한계는 법률로써 정한다.

4) 1952년 제정된 일본 농지법도 정책적 요청에 따라 수차례 개정되었는데 그러면서도 일관해서 변하지 않는 것은 "농지가 합리적 이유없이 손실되는 것을 방지하고, 농지의 권리를 취득하는 자를 진실로 농지를 이용하려는 자로 한정"한 것이라고 한다(高木 賢, 農地法, 대성출판사, 2011. p.1). 독일에서는 토지거래법의 기능에 관하여 "농지 거래에 관한 규정은 농업 외부로부터의 투기를 방지하고, 공급과 수요를 정상적인 궤도에 두려고 한다. 토지거래법은 시장을 안정화하고 질서를 유지하는 기능을 한다. 거기에다가 토지거래법은 농업 경영을 가능한 한 넓은 범위에서 독립적이고 소유자로서 경영하는 가족의 손 안에 두고, 집단화되고 새로이 정리된 경지의 분할이나 세분화를 방지하려는 정부의 목적을 따르고 있다"고 한

요한 범위에서 외국의 농지 제도와도 비교하여 보기로 한다.

Ⅱ. 농지의 소유와 이용 강제

1. 농지의 소유

(1) 개설

농지는 자기의 농업 경영에 이용하거나 이용할 자가 아니면 소유하지 못하며(농지법 제6조), 법이 정하는 사유없이 농업 경영에 이용하지 않으면 처분의 대상이 된다(농지법 제10조). 농지를 농민[5]이 농지를 소유해야 한다는 경자유전의 원칙은 헌법 제121조 제1항에서 「국가는 농지에 관하여 경자유전의 원칙이 달성될 수 있도록 노력하여야 하며, 농지의 소작제도는 금지된다」라고 규정되어 있다. 경자유전의 원칙을 그대로 유지할 것인가 그렇지 않은가, 더욱이 헌법에 그대로 존치할 것인가에 대하여 많은 논의가 있지만,[6] 경자유전 그 자체가 관념적인 도그마가 될 수 없으므로 농지의 소유에 관하여 어떻게 시대의 요구를 따라 갈 것인가 하는 점에 논의의 중점이 두어져야 한다.[7] 농지의 소유에 관하여는 많은 규제가 완화되어 왔고, 현재 농지법이 과연 경자유전의 원칙을 지키고 있는지가 의심스러울 정도에 이르게 되었다.[8] 이하에서는 현행 농지법이 농지 소유에 관하여 어떠한 입장을 취하고 있고 그것이 다른 나라와 어떻게 다른지를 분석해 보기로 한다.

(2) 농지 취득 자격 증명

가. 의의

농지를 취득하려는 경우 농지취득자격증명을 발부받아야 한다(농지법 제8조). 농지개혁

다.(José Martinez, Agrarrecht, C.H.Beck, 2016. s.474)

5) 여기서의 농민이란 농업에 종사하는 개인(농업법 제2조 제2호)을 말한다.

6) 경자유전 원칙의 역사적 · 경제적 의미에 관하여는 김욱, 「헌법상 '경자유전'의 과도기적 소유 원칙, 그 발전적 이행을 위하여」, 공법연구 제28집 제3호(2008), 220－235면 참조(김욱 교수는 경자유전의 원칙이 소작제도의 폐해를 방지하기 위한 과도기적 방편이었고, 실효성이 없을 뿐 아니라 자본주의적 생산효율을 떨어뜨린다고 보며, 현재에 이르러서는 '농민이 농지를 소유한다는 데서 나아가 권리자가 농지를 반드시 농지로서 이용해야 한다'는 원칙으로 확대 해석해야 헌법적 충돌을 면할 수 있다고 한다). 정종섭 교수는 '오늘날 산업 구조에서 볼 때, 경자유전은 원칙이 될 수도 없고, 이를 헌법에서 정하는 것은 타당하다고 보기 어렵다'고 한다(정종섭, 헌법학원론(11판), 2016, 235면). 경자유전의 원칙을 유지하고자 하는 입장은 자본주의적 효율이 농업에 침투하는 것을 부정적으로 보며, 특히 경자유전의 원칙이 유지되지 않으면 농지가 투기의 대상이 될 것을 염려한다(사동천, 「농지 소유제도에 관한 비판적 고찰」, 법조(57권11호), 2008, 199－240면. 장상환, 「농지제도의 현황과 발전방향」, 농업기술회보, Vol.39 No.5, 2002.)

7) 1949년 농지개혁법 제정 당시의 농지 소유 원칙이 현재까지 그대로 적용될 수 없다는 것은 분명하다.

8) 박석두 한국농촌경제연구원 연구위원은 경자유전 원칙이 현실에서 와해되었으며, 그럼에도 투기적 농지 소유, 비농민의 농지 소유 때문에 경자유전 원칙을 고수할 수밖에 없다고 한다(박석두, 「농지전용의 원인과 영향에 관한 연구」, 한국농촌경제연구원 연구보고서, 2013. 12.vi.).

법은 「소재지관서의 증명을 얻어 매매할 수 있다」라고 규정하여(제19조 제3호) 소재지관서 증명이 매매의 효력에 영향을 줄 수 있는 듯이 규정하고 있으나, 농지취득자격증명은 취득에 필요한 별개의 요건같이 규정하고 있다. 이로 인하여 양자가 법률적 효력을 달리하지 않느냐 하는 논의가 있으나[9] 양자가 모두 농업인으로 하여금 농지를 취득하게 하려는 취지에서 규정된 만큼 「자격확인을 통한 심사」의 취지를 가지며 사인간의 법률행위의 효력을 완성시켜주는 인가의 성질을 가진다고 본다.[10] 판례는 이와 달리 매매의 유효성과는 다른 독립한 다른 별개의 등기 요건으로 본다.[11] 농지취득자격증명은 농지 취득의 요건으로서 그 운용 여하에 따라 농지 제도의 근본이 좌우된다.

나. 운용

(가) 발급의 실제

농지취득자격증명 발급관청은 농지취득자격증명을 발급받으려 하는 자에게 「대상 농지에서 농업 경영을 하는데 필요한 노동력이나 농업 기계 등의 확보 방안」이 기재된 영농계획서를 제출받아(농지법 제8조 제2항 제1호), 그 내용이 「신청인의 농업 경영 능력 등을 참작할 때 실현가능한지」 등을(농지법 시행령 제7조 제1항 제3호) 확인한다. 농지법은 농업 경영을 하는 자뿐만 아니라 장래에 하려고 할 자도 농지 취득을 가능하게 하고 있기 때문에, 노동력이나 농업 기계의 확보를 요구하는 것이 아니고 확보 방안을 요구하고 있다. 그러다 보니 발급관청의 확인은 사실상 형식적인 서류 심사에 그칠 가능성이 많게 되고 현실도 그러하다. 행정청은 서류로서 확인이 가능한 면적 등을 제외하고는 신청자가 기재하는 영농계획서의 내용대로 진행될 것이라고 추정할 수밖에 없다. 농지법 시행규칙이 「신청자의 연령·직업 또는 거주지 등 영농 여건」(제7조 제3항 제6호), 「신청자의 영농 의지」(제7조 제3항 제7호)를 종합적으로 고려하게 하고 있으나, 농지개혁법 당시의 소재지관서증명 시에 요구되는 거주지 요건이나 통작 거리 요건(1990. 12. 4. 농지임대차관리법 시행규칙 제9－10조)이 폐지된 마당에 거주지나 영농 의지를 어떻게 판단해야 할지 명확한 기준도 없다. 농지 소유 요건의 완화라는 정책적 필요가 농지취득자격증명 제도를 유명무실하게 하고 있다고 할 수 있다.[12] 물론 「거짓이나 그 밖의 부정한 방법으로」 농지취득자격증명을 발부받은 자를 형사 처벌하고(농지법 제59조 제1호), 농지취득자격증명의 신청인에게 농업 경영 능력이나 영농 의사가 없음을 알거나 이를 제대로 알지 못하면서도 농지취득자격증명 통보서를 작성한 경우, 허위공문서작성죄가 성립한다는 판례는 있으나,[13] 이는 사후의 수사로서 밝혀

9) 양형우, 「농지취득자격증명이 없는 소유권이전등기의 효력」, 홍익법학, 16권 2호, 2015.

10) 같은 취지: 송재일, 농지거래법제의 문제점과 개선방안, 民事法學 第49卷 第1號, 2010.6, 29－33면.

11) 대법원 2006.1.27.선고 2005다59871 판결 등.

12) 김수석, 「농지처분명령 운용실태와 개선과제」, 농촌경제연구원 정책보고서, 2011. 12. 9－10면.

13) 대법원 2007. 1. 25. 선고 2006도3996 판결.

진 사실 관계에 기초한 것으로 농지취득자격증명에 관한 현행 법규로써는 사전에 이러한 사실을 확인하기는 어렵고 오히려 실무상으로는 「일단 농지취득자격증명을 발급하여 주는 관행」[14)]이 존재한다고 할 수 있다.

(나) 외국의 입법례

i) 일본

2009년의 개정에 따라 '자작농주의를 폐기하였다'[15)]고 까지 하는 일본 농지법은 농지 소유권 등의 이전에 농지거래위원회의 허가를 얻도록 하고 있다(일본 농지법 제3조 제1항). 그 허가는 소유권 등을 취득하려는 자가 ① 기계 소유의 상황, 농작업에 종사할 사람의 수 등으로 볼 때 농지 취득 후에 농지 전부를 효율적으로 이용해서 경작을 행한다고 인정될 수 없는 경우, ② 농지 취득 후에 경작에 필요한 농작업에 상시 종사할 수 없다고 인정하는 경우, ③ 취득 후의 경작의 내용이나 위치, 규모로 볼 때 주변 농지의 효율적이고 종합적인 이용에 지장을 줄 염려가 있는 때에는 허가를 거부할 수 있게 하고 있다(일본 농지법 제3조 제2항). 또한 법인의 농지 취득에 대한 허가에 관하여는 상세한 규정을 두고 있다(일본 농지법 제2조 제1항 제3호, 농지법 시행령 제2조, 시행규칙 제11조).

농지법과 일본 농지법을 비교해 보면 일본 농지법은 농기계의 확보 방안이 아닌 농기계의 소유를 요구하고, 농기계뿐만 아니라 그것을 포함하여 진정으로 농지를 이용할지 여부가 기준이 되며, 취득자가 농작업에 상시 종사할 것을 요구하고, 이러한 사항을 농지위원회가 심사해서 농지 취득을 허가 한다는 점이다. 경자유전의 원칙이 존재한다는 한국보다 자작농주의를 포기하였다는 일본의 농지 취득 요건이 더 엄격하다.

ii) 독일

독일의 토지거래법[16)]은 농지의 양도에 인가를 요구한다(제2조 제1항). 인가는 ① 양도가 토지의 불건전한 분할을 의미하거나, ② 양도가 공간적으로 또는 채산에 맞게 결합되어 있고 동일한 소유자에게 속한 토지를 채산에 맞지 않는 방법으로 소규모화 혹은 분할하거나, ③ 대가가 토지의 가치와 현저하게 불균형할 때 거부될 수 있다(제9조 제1항). 여기서 「토지의 불건전한 분할」이란 양도가 농업구조개선 조치에 역행하는 경우를 말한다(제9조 제2항). 「농업구조개선 조치에 역행하는 경우」가 법률상 정의되지는 않고 있다. 실무상 「농업구조개선 조치에 역행하는 경우」가 문제되는 것은 비농민과 법인의 경우이다. 비농민의

14) 위 판결의 이유 중 피고인의 변소.

15) 高木 賢, 詳解新農地法, 대성출판사, 2010. 머리말(일본 농지법은 소유보다는 이용에 더 중점을 두고 있다고 한다).

16) 농지의 취득에 관한 사항을 규율한다. 정식명칭은 「Gesetz über Massnahmen zur Verbesserung der Agrarstraktur und zur Sicherung land – und forstwirtschaftliche Betriebe」(약칭하여 Grundstückverkehrgestz – GrdstVG라 한다).

농지 취득을 금지하지 않지만 농업구조개선 조치에 역행하는 경우 인가가 거부된다. 판례는 비농민이 농지를 취득하려 할 때 "다른 농민이 경지 확장을 위해 그 농지가 필요하고, 매매계약에서의 조건을 동일하게 이행할 준비가 되어 있고 가능성이 있을 때 인가가 거부되어야 한다"[17]고 한다. 이러한 판례의 태도는 "토지거래법이 우선적으로 생존가능한 자영농을 목표"로 하고 있다는 전제에 근거하고 있고, 자영농이 농지를 소유해야 하고 그것에 도움이 되도록 해야 한다고 보기 때문이다.[18]

독일 농지거래의 특징은 「농업구조개선 조치에 역행하는 경우」라는 일반조항을 두고 인가로서 이를 규율하고 있다는 점이다. 인가 거부 사유 중의 하나인 「대가가 토지의 가치와 현저하게 불균형할 때」라는 요건은 최근 EU법원에서 자본자유화 원칙과 보조금 지급 금지 원칙에 반한다는 결정을 받았으나,[19] 「농업구조개선 조치에 역행하는 경우」라는 요건은 거주지나 거주 기간 요건을 두지 않고도 농민이나 농업에 종사하는 법인이 우선적으로 농지를 취득할 수 있게 하는 점에서 선도적인 입법으로 自評된다.[20]

독일에서도 장래 농업을 할 목적으로 농지를 취득하는 것을 인정한다. 그러나 농지를 취득하려는 사람이 농업을 한다는 것이 여러 사정으로 보아 확실하여야 한다. 「예상할 수 있는 기간에 농업 활동이 따라야 하고, 농업을 인수하기 위한 준비가 검증되었을 때」,[21] 혹은 「예상할 수 있는 기간 내에 농업 경영을 하는 것이 진지하고도 실제적인 의도라고 판단되는 경우」[22]에 한하여 농지를 취득할 수 있다.

iii) 농지취득자격 증명의 개혁 필요성

이들 입법례가 보여주는 것은 농지의 거래에 관하여 사전에 실질적인 심사가 이루어지고 있다는 점이다. 농지개혁법이나 농지법이 농지거래에 소재지관서 「증명」 혹은 농지취득자격「증명」을 요구하여 행정청이 요건사실에의 해당 여부만을 확인하는 듯한 소극적인 제도만으로서는 농지법의 목적이나 시대적 요청을 따라가기 힘든 것으로 보인다. 시대의 변화에 따라 농지법의 목적을 적극적으로 실행하기 위하여 소재지관서증명으로부터 유래한 농지취득자격증명에서 벗어나 이제는 실질적 심사가 가능한 허가로 바꾸어야 한다. 또한 장래의 농업 경영을 목적으로 하는 농지 취득에 관하여 요건이 강화되어야 하고 독

---

17) BGH 2010. 11. 26.－BLw11/06.

18) Martinez, Agrarrecht, s. 496.

19) EUGH 2015.7. 16. RS C－39/14.

20) Czub, Hans－Joachim, Quo vadis, Grundstücksverkehrsrecht? Frage nach den Entscheidungen des EuGH vom 16. Juli 2015 (RS C－39/14) und des Landwirtschaftssenats des Bundesgerichtshofs vom 29. April 2016, AUR Vol. 46, No. 12(2016), ss. 442－453.

21) BGH 2010. 11. 26. BLw 14/09.

22) BGH 1965. 10. 28. V BLw 16/65. Joachim Netz, Grundstückverkehrgestz－Praxiskommentar, 2015. s. 657 참조.

일이나 일본의 운용은 큰 참고가 될 것이다.

(3) 비농민의 농지 소유

가. 현황

비농민이란 농업 경영에 종사하지 않는 개인을 말한다.[23] 농업 경영을 하거나 할 자만이 농지를 소유하는 것이 원칙이나 농지법은 광범한 예외를 인정하고 있다(제6조 제2항). 비농민의 농지 소유가 어느 정도 인지 정확한 통계는 없으나 농지의 임대차가 전체 농지의 50%에 이르고,[24] 임대인 중에 질병·징집·60세 이상의 농업인 등의 사유로 임대하는 자경 농민이 소수라는 점을 생각하면 임대인의 대부분이 비농민이라 할수 있을 것이다. 이처럼 많은 농지가 비농민의 소유라면 헌법이 규정하는 경자유전의 원칙은 무색해진다 할 것이다.

나. 비농민의 농지 소유가 발생하는 사유

(가) 1996. 1.1. 당시 농지 소유

1996. 1.1. 당시 농지를 소유하고 있던 사람은 그 농지를 자기의 농업 경영에 이용하지 아니하여도 농지를 소유할 있고, 처분명령 · 임대차 제한 등이 규정을 적용하지 아니한다(1996. 1.1. 시행 농지법 부칙 제5조). 이는 농지법 제정 당시 농지를 소유하고 있는 사람에 대하여 농업 경영에 이용하지 아니한다는 이유로 처분의무를 부과하고, 처분명령을 발하는 것이 신뢰이익을 해친다는 이유에서 규정되었다. 그러나 신뢰이익의 보호도 새로운 더 큰 공익상의 사유가 발생하면 양보될 수 있는 것이며, 농지법 시행 후 20년이 지난 현재에까지 이 규정을 유지하는 것은 구태의연하다고 할 수 있다.

(나) 상속·이농

농지는 상속되며 상속인이 비농민이라도 1만제곱미터까지 농지를 소유할 수 있고(농지법 제7조 제1항), 8년이상 농업 경영 후 이농한 자는 이농 당시 소유 농지 중에서 1만제곱미터까지 농지를 소유할 수 있다(농지법 제7조 제2항). 이 경우 1만 제곱미터를 넘는 부분을 한국농어촌공사 등에 위탁하여 임대하거나 사용대하는 경우 그 기간 동안은 그 농지를 소유할 수 있다(농지법 제7조 제4항). 상속 · 이농으로 인한 비농민 농지 소유는 불가피한 측면이 있지만 그러한 농지가 계속 늘어나는 점에서 문제가 있다. 1만제곱미터를 넘는 부분을 한국농어촌공사에 임대 위탁시 계속 소유를 허용하기 때문에 상속인이 전부 비농민이라면 이론상으로는 한세대가 지나는 경우 한국농어촌공사 임대 위탁을 전제로 전체 농지가 비농민의 소유가 될 것이다.

---

23) 농지법상 농업인(제2조 제2호)이 아닌 사람을 말한다.

24) 채광석, 「농지의 효율적 이용을 위한 농지임대차 관리방안」, 한국농촌경제연구원 연구보고서, 2016. 10. 4면.

(다) 농지법 제23조 제1항 제6호의 임대차

농지법 제23조 제1항 제6호는 「제6조 제1항에 따라 개인이 소유하고 있는 농지를 한국농어촌공사 등에게 위탁하여 임대하거나 사용대」할 수 있고, 농지법 제6조 제3항은 「그 기간 중 농지를 계속 소유할 수 있다」고 규정한다. 제6조 제1항은 농업 경영에 이용하거나 이용할 자가 농지를 소유할 수 있다는 규정이다. 제23조 제1항 제6호를 문언대로만 해석하면 현재 농업 경영에 이용하고 있는 농지뿐만 아니라 장래 농업 경영에 이용할 계획으로 농지를 취득하려는 경우에도 한국농어촌공사에 위탁하기만 하면 소유권을 가질 수 있는 것으로 된다. 실무상으로도 농지를 취득해서 바로 한국농어촌공사에 위탁하는 일이 발생하고 있다. 이러한 결과는 비농민에게도 농지 소유를 전면적으로 허용하는 셈이 되고 농지 소유자의 농업 경영 의무나 처분명령 제도가 잠탈될 가능성이 있다. 이 규정의 취지는 농업 경영에 이용되고 있는 토지의 임대차를 용이하게 하려는 데 있다고 보인다. 그러나 위 규정이 현재 농업 경영에 이용되고 있는 농지가 아니라 장래 농업 경영에 이용할 목적으로 취득된 농지까지 포함하는 의미라면 경자유전의 원칙을 정하고 있는 헌법 제121조 제1항에 위반된다. 이 규정은 아무런 합리적 이유도 없이 경자유전의 원칙을 전면적으로 부정하고 있기 때문이다. 이 규정은 현재 농업 경영에 이용하고 있는 농지만을 대상으로 한다고 해석되어야 한다.[25]

(라) 한계농지

평균경사율이 15퍼센트 이상으로서 시장·군수가 영농 여건이 불리하고 생산성이 낮다고 인정하는 농지를 한계농지라고 한다(농지법 제6조 제2항 제9의2호, 농지법 시행령 제5조의2). 한계농지는 비농업인이라도 소유할 수 있다. 농지의 유휴화를 방지하고 한계농지를 개발하기 위한 수단이다.

(4) 법인의 농지 소유

농지개혁법 당시에는 개인만이 농지를 소유할 수 있었고, 법인이 농지를 소유한다는 것은 상상하기 어려웠다. 그러나 농업의 규모화, 기계화, 개방화가 절실해짐에 따라 처음에는 개인의 연합인 영농조합 법인이, 다음에는 개인적 색채를 띠는 합명, 합자, 유한회사가, 마지막으로 자본의 결합체인 주식회사까지 농지를 소유할 수 있게 되었다. 법인 특히 회사의 농지 소유를 인정하면 설립이나 운영에 농업인이 일부라도 참여해야 한다는 의미에서 경자유전의 원칙이 유지되나 비농업인의 참여가 많아지면 경자유전의 원칙은 퇴색된다.[26]

25) 한국농어촌공사도 장래 농업 경영에 이용할 목적으로 취득한(소위 신규 영농) 농지의 임대나 사용대의 위탁을 거부해야 할 것이다.

26) 경자유전의 원칙의 초기 개념은 소농, 영세농, 가족농, 자작농, 생계농을 전제로 하고 있다.

농지법은 회사 법인의 농지 소유에 관해 일본 농지법보다 너그러운 태도를 취하고 있다. 양자 모두 농민의 참여를 요구하지만 농지법의 경우 의결권, 업무집행권, 비농민의 출자 한도에서 일본 농지법보다 농업인의 참여 비중을 낮추고 있다. 농지법상 농지를 소유할 수 있는 농업회사 법인은 1인 이상의 농업인이나 농업인 단체가 참여하여야 하며, 업무 집행권을 가진 자 중 3분의 1이상이 농업인이어야 한다(농지법 제2조 제3호, 농어업경영체 육성 및 지원에 관한 법률 제19조 제2항). 비농업인도 자본금의 10분의 9이상을 출자할 수 있다(농어업경영체 육성 및 지원에 관한 법률 시행령 제18조 제1항). 일본 농지법의 경우 요건이 훨씬 더 까다롭다. 법인이 행하는 농업에 상시 종사하는 개인이나 농지에 관한 권리를 제공한 개인 등이 총의결권의 과반이 되어야 하며(제2조 제3항 제2호), 이사의 과반수가 농업에 상시 종사하여야 하며, 이사 또는 중요한 사용인이 1인 이상 농작업에 종사하여야 한다(제2조 제3항 제3호). 농지법상의 농업회사법인은 일본 농지법과 비교해 볼 때, 비농업인이 수월하게 설립·관리할 수 있으며 회사의 자본금 대다수를 출자할 수 있다는 점에서, 농업인의 회사라기보다는 비농업인의 회사라 할 수 있다. 농업의 경쟁력을 키우고 농업에의 비농업인 자본 투자가 필요하다는 이유에서 농업회사법인 요건이 완화되어 온 결과이다.

독일은 농지 소유적격법인에 관한 규정이 없다. 판례는 법인이 농지를 취득하려는 경우 법인이라는 이유로 인가가 거부되지 않는다고 한다.

「농업이 주로 자영농에 의해 영위되었던 경우라면 경영자로서의 이질적인 단체가 농지를 취득하는 것은 가족농의 존재 기초와 그로 인한 농업구조의 개선에 배치되는 것이었다. 변화된 관계에서 특히 구 동독지역에서 법인의 형태로 운영되는 기업의 농지의 취득이 농업 구조의 개선으로 이해되고 있다. 자영하지 않는 기업의 농지 취득은 소위 경영 분할의 엄격한 전제하에서 농민를 통한 취득에 비견될 수 있다. 그 전제라는 것은 '소유 기업과 경영 기업 간에 인적, 물적 결합이 존재하고 그에 따라 농업적 용도로 사용되는 것이 보장되고, 기업 배후에 있는 농업을 경영하려는 단일화된 의지를 갖고 사람이 있을 때'라는 것이다. 이런 것들이 긍정된다면 소유 기업을 통한 농지 취득도 농업 경영의 확장에 도움이 된다」.[27]

즉 법인이 농지를 취득하려고 하는 경우 한국이나 일본과 달리 농지 소유 적격법인의 형식적 요건을 두지 않고 그 농지가 농업 경영에 이용될 것이 확실한 경우에 그 취득을 허용한다. 한국이나 일본 특히 일본보다 더욱 개방적인 입장이라 할 것이다.

(5) 농지의 임대차

농지 임대차는 농지법 제23조가 허용하는 예외적인 경우에만 허용되고 그 이외의 경우 불법 임대차가 된다. 농지법 상의 임대차는 농지의 적법 소유를 전제로 하고, 농지의

27) BGH, 2010. 11. 26. BLw 14/09.

불법 임대차는 농지의 불법 소유(즉 비농업 경영 목적 소유)에서 유래하는 경우가 많다.[28) 2016년 임차농지 비율은 50.0%이다.[29) 농촌경제연구원에서 3개의 대표 지역의 임대차 사례를 조사한 결과 농지법에서 허용하는 임대차는 조사 대상 임대차 농지의 42%에 불과하다.[30) 즉 불법 임대차가 58%나 되며, 그 소유자는 자신이 농업 경영을 하여야 하는데도 그러하지 아니하고 임대하였으니 적발되는 경우 처분의무 통지의 대상이 된다.[31)

(6) 소결

헌법이 경자유전의 원칙을 천명하고 농지의 임대차는 예외적으로 허용하고 있으나 농지법이 광범하게 비농업인의 소유를 인정하고 농지취득자격증명 운용도 느슨하여 현재 경자유전의 원칙은 거의 실효성을 잃고 있다고 볼 수 있다. 국토계획법도 농지 그 자체에 대한 관점에서 보다 용도지역에 따른 개발 관점에서 농지를 다루고 있다. 이러한 상황에서는 헌법, 농지법과 현실과의 괴리가 커질 뿐이다. 이제 1949년 농지개혁법이 제정되던 시대가 아닌 지금 현재의 여건 하에 누가 농지를 소유할 것인가, 비농업인의 농업 투자를 어느 정도 인정할 것인가에 대한 확고한 입장정립이 필요하다. 특히 도시지역에 있는 농지에 대하여 분명한 정책이 수립되어야 한다. 이에 따라 농지취득자격증명 제도, 1996. 1.1. 이전 농지 소유, 상속 · 이농으로 농지 소유, 한국농어촌공사에 임대 위탁만 하면 농지를 소유하게 하는 제도, 법인의 농지 소유, 농지의 임대차에 대한 제도적 개선이 요구된다.

2. 처분명령

(1) 의의

농업 경영에 이용되지 아니하는 농지는 처분하여야 하며(농지법 제10조), 처분의무 통지를 받고도 처분하지 아니하는 경우 처분명령을 발하게 된다(농지법 제11조). 농업 경영에 이용되고 있지 않은 농지 소유자에 대한 유일하고 강력한 재제 수단이다. 처분명령은 농

---

28) 김수석, 「농지임대차제도 개선방안」, 한국농촌경제연구원, 정책토론회 주제발표자료, 2011. 11. 29. 9면. 이 경우 불법소유라 함은 대부분이 사위 부정한 방법에 의한 농지취득자격증명으로 취득한 농지이다.

29) 통계청, 2016. 농가경제조사.

30) 채광석, 「농지의 효율적 이용을 위한 농지임대차 관리방안」, 한국농촌경제연구원 연구보고서, 2016. 10. 요약 v.

31) 대표지역의 임대차 사례가 전국적으로도 통용될 수 있다면, 전체농지의 26%가 불법 임대되고 있다고 보인다(임대농지 50%×불법임대 52%). 이러한 농지가 대부분 처분 명령 대상이라고 보면 행정청이 행하는 극소수에 대한 처분의무 통지는 극히 자의적인 행정이라고 할 수 있을 것이다. 표본지역의 경우 처분의무 통지의 대상이 된 농지(처분이 되지 않으면 이어 처분명령의 대상이 된다)는 전체농지의 0.3%에거 0.6%가 된다(그것도 불법 임대차와 불법휴경까지 포함한 경우이다). (김수석, 「농지처분명령 운용실태와 개선과제」, 농촌경제연구원 정책보고서, 2011. 12. 36면). 전체농지 26%가 불법임대되고 있는데 전체농지의 0.3%−0.6%만이 처분의무 대상 농지라는 뜻이다.

지 취득시 통작 거리 제한 등 사전적 규제를 완화하여 농지 거래를 쉽게 한 대신 취득한 농지를 자기의 농업 경영 등 취득 목적대로 이용하지 않을 경우 처분하게 함으로써 사후적 규제 수단으로 농지의 투기적 수요를 막아 헌법상의 경자유전의 원칙을 실현하기 위한 것이다.[32)]

농업 경영에 이용되지 않는다고 바로 처분의무 통지를 하고 그 통지에 따르지 않을 경우 처분명령을 하는 입법례는 찾기 어렵다. 일본의 경우 한국 농지법에서 처분의무 통지 사유 중의 하나로 규정하고 있는 「농지를 소유하고 있는 농업회사 법인이 그 농지 소유 요건을 결하게 된」 경우 그 농지를 국가가 매수하게 한다(일본 농지법 제7조 제1항). 농지법상의 처분의무 통지 대상 토지는 주로 불법 임대차와 휴경인데,[33)] 일본 농지법의 경우 유휴농지[34)]에 대하여 이용 상황을 조사한 후 유휴농지가 있는 경우 소유자에게 이용 의향을 조사하고, 중간관리기구와 협의와 농업위원회의 조정을 거치며, 조정이 성립하지 않으면 도도부현지사의 재정으로 중간관리권(주로 임대차)을 설정한다(일본 농지법 제30조－제40조).

「독일의 토지거래법은 농지를 농업 경영에 이용하도록 강제하지는 않는다. 다만 농지를 5년간 경작하지 않으면 그 토지는 초지로 되고 이후 새로이 농업 경영을 할 수 없다. 그런 의미에서 소유자 스스로 손해를 보게 한다」.[35)] 다만 바덴－뷔르템베르크 주는 주 차원에서 농지 매수인이 자경하지 않는 경우 영농정착회사의 재매수권(Wiederkaufrecht)을 인정한다.[36)]

농지법상의 처분명령은 일본이나 독일과 달리 농지 소유자의 농업 경영을 직접적으로 강제하고 농업 경영을 하지 않는 농지 소유자에 대하여는 그 소유 배제를 제1차적 정책수단으로 삼고 있다. 농지 소유에 관한 전반적 제도를 손질하지 않고, 사후적 감독 수단이라 할 수 있는 처분명령에만 의존하여 농지 소유 질서를 바로잡으려는 시도는 도둑을 잡기 위해 앞문은 열어놓고 뒷문만 지키는 오류를 범하게 될 것이다. 농업 경영 의무 위반 즉시 처분의무를 부과하는 것은 주요 국가의 농지 규제 태도와 어긋날 뿐만 아니라 사후 규제 능력을 과신한 것이다.

---

32) 김대명, 「농지의 소유제도 연구」, 法學硏究 第33輯, 2009.2, 17면.

33) 2010년의 농지처분의무 통지사유 중 불법 임대차는 42.5%, 휴경은 55.3%이다(김수석, 농지처분명령 운용실태와 개선과제, 37면).

34) 현재 경작에 제공되고 있지 않거나 주변 지역과 비교하여 열등하게 이용되고 있는 농지를 말한다(일본 농지법 제32조 제1항)

35) 괴팅겐 대학교 농업법연구소(Institut für Landwirtschaftsrecht der Universität Göttingen) 소장 José Martinez 와의 면담(2017. 7.).

36) 상세는 전게 김수석, 농지처분명령 운용실태와 개선과제, 62면. 독일연방은 연방개혁의 일환으로 주도 주법으로 연방법인 토지거래법을 대신하는 규율을 할 수 있도록 위임하였으나 오직 바덴－뷔르템베르크 주만이 주 차원의 법을 만들었다.

(2) 처분명령의 절차

가. 처분의무

농지법 제 제10조 제1항이 정하는 사유가 발생하면 농지 소유자는 농지를 처분하여야 한다. 주된 사유는 정당한 사유없이 자기의 농업 경영에 이용하지 아니하게 되었다고 인정한 경우(제1호), 취득 목적대로 이용하지 아니한 경우(제3호–제5호), 소유 요건을 결한 경우(제2호, 제5호의2호, 제6호) 등이다.[37]

농지법 제10조 제1항 제1호, 제3–4호, 제8호의 경우 행정청이 그 사유를 "인정한 경우"(예를 들어 제1호의 농업 경영에 이용하지 않는다고 "인정한 경우") 처분의무가 발생한다고 규정한다. 그러므로 농업 경영에 이용하지 않는다는 객관적 사실로서 처분의무가 발생하는 것이 아니고 그러한 데에 정당한 사유가 존재하는가 여부에 대한 행정청의 판단으로 처분의무가 발생한다.[38]

소유 요건을 결한 경우 혹은 취득목적대로 이용하지 않은 경우 바로 처분의무가 발생하는 것은 당연하다 할 수 있다. 그런데 자기의 농업 경영에 이용하지 않는 경우 바로 처분의무를 부과하는 것이 타당한가. 자기의 농업 경영에 이용하지 아니하는 경우는 주로 불법 임대차와 휴경이다. 불법 임대차와 휴경의 경우 농지 소유자로서는 나름대로의 사정이 있을 수 있다. 특히 휴경의 경우 농작물의 수입으로 인하여 경작을 해도 수익가능성이 없고, 농업노동력이 부족하여 경작이 용이하지 않고, 기계가 접근할 수 없는 등 지리적 접근 가능성에 따라 휴경이 결정될 수도 있어[39] 농지 소유자만을 탓할 수 없는 사정이 있다. 이러한 사정 때문에 농지법은 유휴농지[40]에 대하여 대리경작자 지정 제도를 두고 있다(제20조). 일본 농지법은 유휴농지에 대하여 이용 촉진 조치를 두고 있을 뿐 처분하게 하게 하지는 않는다. 독일의 토지거래법도 사실상의 이용 촉진 조치를 취할 뿐이다. 농지의 처분명령을 처음으로 도입한 농어촌발전특별조치법(1994. 1.1.)에서 그 대상이 된 것은 상속·이농 등의 경우 소유 상한을 넘는 농지이었다(제43조의 3). 즉 소유 요건을 결한 경우이었다. 그런데 농지법이 제정되면서 농업 경영에 이용되지 않는 등의 사유가 추가되었다. 이러한

37) 거짓이나 부정한 방법으로 농지취득자격증명을 발급받아 소유한 경우(제7호), 농업 경영계획서 내용을 이행하지 아니하였다고 인정하는 경우(제8호)는 자기의 농업 경영에 이용하지 아니하는 경우(제1호)에 사후적으로 판단될 수 있으므로 그 범주에 속한다 할 수 있다.

38) 그러나 이러한 해석은 아무리 농업 경영에 이용하지 않더라도 발견되지 않거나 행정청의 조사 능력이 미달하는 경우에는 처분의무가 발생하지 않는다는 결론에 이르게 되나 "인정"으로부터 처분의무 기간을 계산하는 현행법의 체계로는 어찌할 수 없다. 이러한 점에서 반대설이 있을 수 있다.

39) 2005년 표본지역에서 휴경지·유휴농지의 발생원인은 노동력 부족 38.9%, 영농조건 불량 38.1%, 재배작물의 채산성 저하 8.7%로 나타났으며, 조사 응답 농가의 20.5%가 휴경지·유휴농지를 갖고 있는 것으로 나타났다(박석두, 「휴경농지의 실태와 정책방향」, 한국농촌경제연구원 연구보고서, 2015. 12. 75면).

40) 유휴농지란 사실상 휴경농지와 비슷하다(농지법 시행령 19조 참조).

농지법의 태도는 농업 경영에 이용하지 아니하는 그 자체를 경자유전의 원칙을 저해하는 사회적 비난가능성이 매우 높은 것으로 인식한 결과라 할 수 있고, 불법 임대차와 휴경의 경우 농지 투기와 연결되어 있다는 배경에서 나온 것일 수 있다. 그러나 농지 취득에 거주지 요건과 통작 거리 요건이 삭제되어 농지 투기 여부의 판정이 매우 애매하고, 이른바 부재 지주가 아닌 재촌 지주의 임대차와 휴경이 늘어난 마당에[41] 모든 불법 임대차와 휴경을 투기로만 재단할 수 없으며, 경자유전의 원칙이 시대의 변화와 조화될 수밖에 없다. 토지거래허가 지역에서 허가 목적대로 토지를 이용하지 않는 경우에는 바로 처분의무를 발생시키는 것이 아니라 먼저 토지이용명령을 발하고 불이행시 이행강제금을 부과한다(부동산거래신고등에 관한법률 제18조).[42]

따라서 「자기의 농업 경영에 이용하지 아니하는 경우」 바로 처분의무를 발생시킬 것이 아니라, 사유를 구별하여 그 시정이 가능한 경우에는 시정명령(대리경작명령도 한 방법일 수 있다)이 선행되는 것이 재산권 보호와 적법절차의 원칙에 더욱 합당할 것이다.[43]

나. 처분의무의 통지

행정청은 처분의무가 생긴 농지의 소유자에게 처분의무 기간 등을 구체적으로 밝혀 그 농지를 처분하여야 함을 알려야 한다(농지법 제10조 제2항). 행정청의 처분의무 통지는 행정청의 농지 이용 실태 조사 후에 이루어질 것이다. 농업 경영에 이용되지 않고 정당한 사유가 없다는 것을 확인하면 처분의무를 통지해야 하고 행정청의 재량은 없다. 처분의무 통지는 단순한 관념의 통지가 아니라 처분의무의 발생을 통지하는 것이기 때문에 처분으로서 행정소송의 대상이 된다.[44] 행정절차법에 따른 처분 절차도 필요하다. 처분의무 기간은 처분의무 통지로부터 1년 이내로 정해진다(농지법 제10조 제1항). 처분의무 기간은 통상 처분에 필요한 기간으로 연장될 필요가 있다.[45] 대상 결정의 사실 관계에서 처분의무 기

41) 2010년 농업인간의 농지 임대는 전체 농지의 4.8%수준이며, 농업인이 임차하고 있는 농지 면적의 14.5% 수준이다(채광석, 농지의 효율적 이용을 위한 농지임대차 관리방안, 농촌경제연구원 연구보고서, 2016. 10. 35면). 2008년 표본지역의 재촌 소유자 농지 임대율이 30.2%. 휴경율이 7.9%이고, 부재 소유자 농지는 임대율 65.3%, 휴경율 22.3%이다(김수석, 「농지임대차 제도 개선방안」, 44면).

42) 그러나 부동산거래신고등에 관한 법률 제12조 제1항 다호에 따라 허가 구역에 거주하는 농업인이 그 허가 구역에서 농업·축산업을 경영하기 위하여 허가를 받은 경우 허가 목적대로 이용해야 할 의무를 2년간 부과하고 있는데(법 제17조제1항, 시행령 제14조 제2항 제1호), 이는 농지법과 모순되는 규정이다.

43) 물론 투기라고 판단되는 경우 시정은 불가능할 것이다. 이 경우 농지법 제10조 제1항 제7호(거짓이나 부정한 방법으로 농지를 취득한 경우)에 따라 처분의무 대상 토지가 될 수 있을 것이다.

44) 대법원 2003. 11. 14. 선고 2001두8742 판결(처분의무의 통지는 단순한 관념의 통지가 아니라고 한다). 김치환, 통지의 법적 성질, 토지공법연구, 제43집 제2호, 2009. 2.(「처분의무의 통지」가 처분은 아니지만 권리보호의 필요에서 소송의 대상이 된다고 한다).

45) 처분의무 대상 토지가 실제로 매각되는 데 소요되는 기간에 관한 공무원에 대한 설문조사에서 41.8%가 2년이상, 25.4%가 1년이상 걸린다고 하였다(김수석, 「농지처분명령 운영실태와 개선과제」, 41면).

간은 6개월인데 부당하게 짧다.

(3) 처분명령의 유예

2006. 1. 22. 시행된 농지법은 처분명령의 유예 제도를 신설하였다(당시 농지법 제11조의 2). 처분명령의 유예 제도란 농업 경영 등에 이용하지 않은 농지는 1년 이내에 처분하여야 하는데 그렇지 않은 경우 농지를 「자기의 농업 경영에 이용하거나」 혹은 「한국농어촌공사 등과 매도위탁 계약을 체결한 경우」 처분의무 기간이 지난 날로부터 3년간 직권으로 처분명령을 유예하고 그 사이 처분명령을 받지 아니하면 그 농지의 처분의무가 소멸하는 제도를 말한다(농지법 제12조). 처분명령의 유예 제도는 처분명령의 엄격성을 완화하기 위하여 도입되었다.[46] 실제로 처분의무 통지를 받은 농지 소유자가 다시 농지를 농업 경영에 이용하여 처분의무를 소멸시킬 수가 있게 되었다.[47] 처분명령의 유예는 구조상 처분의무 통지를 받은 자에 대하여 처분의무를 소멸시키는 것이기 때문에 정확하게는 처분의무의 유예이다.

현행 처분명령의 유예 제도는 다음과 같은 문제점이 있다. 첫째 처분명령의 유예 요건으로는 처분의무의 통지를 언급하고 있지 않기 때문에 처분의무의 통지와의 관계가 불명확하다. 입법 취지를 살리려면 처분명령의 유예 요건으로 「처분의무의 통지를 받은 자가 처분 의무 기간 중에 다음 각호의 사유에 해당하는 경우」로 변경하여야 할 것이다. 둘째 처분명령의 유예는 행정청의 직권 결정으로 규정되어 있고 그에 관한 절차가 없다. 행정청의 내부 농지관리규정집에 처분명령 유예 통지서를 교부하게 되어 있을 뿐이다. 농지소유자의 신청권도 없다. 통상적으로 행정청의 농지 이용 실태조사에서 처분명령 유예 사유가 발견될 것이지만 농지 소유자는 행정청의 처분만 기다려야 한다. 행정청은 처분명령 유예 사유가 없다면 처분의무 기간이 끝나면서 어떠한 통고도 없이 바로 처분명령을 할 것이다. 농지 소유자로서는 처분의무 통지를 받을 때 어떻게 해야 처분의무가 소멸되는지에 대하여 알 수 없고, 처분명령 불유예에 대하여 다툴 수도 없다. 이러한 문제점의 근본 원인은 농지법 제10조가 모든 경우에 농지의 처분의무를 인정하고 그에 해당하는 경우 바로 처분의무 통지를 하게 되어 있기 때문이다. 적어도 농업 경영에 이용하지 않는 제1호의 경우 바로 처분의무를 통지할 것이 아니라 농업경영이용 의무를 다하도록 명하는 즉 농업경영이용명령을 발하여야 한다. 언제까지 농업 경영에 이용하여야 하고 그렇지 않으면 처분명령을 한다는 것을 통지하는 것이다. 그 기간 내에 농업경영이용이 이루어지면 처분명령이 이루어 질 필요가 없다. 농지법 상의 법치주의 즉 법적안정성과 예측가능성 측면에서

46) 2006. 1. 22. 시행된 농지법 개정 이유 참조.

47) 2010년에는 2009년도에 처분의무 통지를 받은 자의 89.4%, 처분의무농지의 87.7%에 대해 처분명령유예조치가 있었다(김수석, 「농지처분명령 운영실태와 개선과제」, 82면).

처분 명령의 유예 제도는 매우 미흡하다.

(4) 대리경작명령과의 관계

농지법은 유휴농지에 대하여 소유권자 등을 대신하여 농작물을 경작할 자를 지정할 수 있다고 하면서 유휴농지란 농작물 경작이나 다년생식물 재배에 이용되지 아니하는 농지로서 대통령령으로 정하는 농지를 말한다고 규정한다(제20조 제1항). 대통령령은 유휴농지를 「지력 증진 등의 사유로 휴경하는 농지가 아닌 농지」등으로 소극적으로 규정한다(제19조). 결국 유휴농지란 농작물 경작이나 다년생식물 재배에 이용되지 아니하는 휴경지를 뜻하며, 처분의무가 발생하는 "농업 경영에 이용되지 아니하는 농지"에 포함될 수 있다. 그렇다면 언제 대리경작명령을 하고, 언제 처분의무 통지를 하는가. 행정청의 선택에 맡긴다면 자의의 행정이 될 수 있으므로 입법적 해결이 필요하다.

3. 이행강제금

(1) 의의

처분명령을 받은 후 그 기간 안에 정당한 사유 없이 처분명령을 이행하지 아니하는 경우에는 그 처분명령이 이행될 때까지 100분의 20에 해당하는 이행강제금을 부과하며, 그 이행강제금은 매년 1회 부과 · 징수할 수 있고, 불복하는 자는 이의할 수 있고 이의절차는 비송사건 절차법에 따른 과태료 재판에 준하여 재판을 한다(농지법 제62조 제1항, 제4항, 제6항, 제7항). 이행강제금은 처분의무를 간접적으로 강제하는 집행벌이다. 여기서는 농지법상의 이행강제금의 이해를 위하여 같은 집행벌인 건축법상의 이행강제금과 비교해보기로 한다.

(2) 건축법상의 이행강제금과의 비교

건축법은 위반 건축물에 대하여 시정명령을 발하고(제79조 제1항), 이행강제금을 부과하기 전에 이행강제금을 부과 · 징수한다는 뜻을 미리 문서로써 계고(戒告)하여야 하며(제80조 제3항), 계고에도 불구하고 시정의무를 이행하지 아니하는 경우 이행강제금을 부과한다. 이행강제금은 1년에 2회 이내의 범위에서 해당 지방자치단체의 조례로 정하는 횟수만큼 그 시정명령이 이행될 때까지 반복하여 부과할 수 있다(제80조 제5항). 이행강제금의 부과는 행정소송의 대상이 된다.[48]

48) 박균성, 행정법강의, 박영사, 2016, 388면.

Ⅲ. 헌법재판소 결정에 대한 평가

1. 처분명령과 비례 원칙

(1) 헌법재판소의 견해

헌법재판소는 처분명령이 재산권을 침해한다는 주장에 대하여 「농지법이 소유 농지를 자기의 농업 경영에 이용하지 아니하거나 주말·체험영농에 이용하지 아니하거나 농업경영계획서의 내용을 이행하지 아니한 사유가 자연재해·농지개량·질병 등 대통령령이 정하는 정당한 사유에 해당하는 경우 농지 처분의무를 면하도록 규정하고, 농지 처분명령을 통지받은 농지 소유자에게 당해 토지의 매수를 청구할 수 있는 권리를 부여하여 농지처분 강제로 인한 피해를 최소화하고」[49] 있기 때문에 최소 침해(필요성)의 원칙에 어긋나지 않는다고 판단한다.

(2)처분명령의 대체수단의 존재 여부

가. 처분명령의 문제점

농지법에 따르면 농업 경영에 이용하지 않는 등의 사유가 발생하면 처분의무가 발생하고, 처분의무를 이행하지 않으면(2006. 1. 22. 이후에는 여기에 더하여 처분명령 유예사유가 없으면) 처분명령이 발령되고, 처분명령에 따르지 않으면 이행강제금 부과의 외길 수순으로 진행된다. 행정청이 농업 경영에 이용하지 않은 농지를 발견한 순간 그 농지는 바로 처분대상이고 다시 농업 경영에 이용한다 할지라도 행정청의 직권 조치로서 처분명령의 유예조치가 있을 뿐이다. 농업 경영에 이용되지 않는 수많은 농지 중에 극히 일부만 행정청에 의해 적발된다.[50] 적발되는 순간 일차적 해결책은 처분이다. 농지 소유자가 권리로서 그를 시정할 여지는 없다.

헌법재판소가 지적하는 것과 같이 처분명령은 농업 경영을 하지 않은 점에 대하여 정당한 사유가 없는 경우에 발하여진다. 그런데 정당한 사유가 없는 경우라도 그 사유를 구분할 필요가 있다. 투기라든가, 소유 요건을 결하였다면 바로 처분의무의 대상이 되어야 하겠지만 불법임대, 휴경 등의 사유인 경우 소유자 스스로가 이를 시정할 가능성이 존재한다. 이 경우 농업 경영에 이용되지 않는 농지 소유자의 농지법상 1차 의무는 농업 경영이 되어야 한다. 그럼에도 불구하고 바로 처분의무를 통지하는 것은 재산권에 대한 지나친 제한이라 할 수 있다. 이 경우 처분의무의 통지 대신에 농업경영이용명령을 발할 수도 있다. 또한 농지법이 규정하고 있는 대리경작자 지정이 이루어 질수도 있다. 이러한 단계를

49) 위와 같은 곳.

50) 2010년 농지이용실태조사 대상 농지는 전체 농지 면적의 21.6%이며, 처분의무대상 농지는 총조사 대상 농지의 0.5%에 불과하다(김수석, 「농지처분명령 운영실태와 개선과제」, 36면).

생략하고 모든 경우에 바로 처분의무를 통지하는 것은 재산권에 대한 최소 침해의 원칙에 어긋나기도 할 뿐 아니라 헌법상의 적법절차원칙에도 어긋난다. 처분명령의 유예 제도만으로 이를 보완하기에는 너무 미흡하다. 헌법재판소는 처분명령의 유예 제도가 신설되기 전의 농지법 상의 처분명령 근거 조항도 위헌으로 보지 않고 있으며,[51] 처분명령의 유예 제도가 신설된 후의 대상 결정에서도 이를 유지하고 있다. 그러나 처분명령의 유예 제도로 처분명령의 요건이 완화되기 전까지의 처분명령은 명백하게 기본권 제한에 관한 비례 원칙의 구성 요소인 최소 침해 원칙을 해한다고 보아야 하고, 그 이후에도 처분명령 유예 제도의 불완전함으로 인하여 비례 원칙이 침해된다고 보아야 한다.

나. 매수청구권이 적절한 조절적 보상인지 여부

농지법 제11조가 처분의무 통지를 받은 자에게 한국농어촌공사에의 매수청구권을 인정하고 있기는 하다. 그러나 그 경우 매매가는 공시 지가이다(동조 제3항). 공시 지가가 실거래가에 미치지 못하는 것은 공지의 사실이다. 매수청구권이라는 것은 시가보다 낮은 가액으로 매도를 강요하는 것에 불과하다. 처분 의무 대상 농지는 범죄에 제공되거나 범죄로 인하여 취득된 토지가 아니다. 매도의 경우에는 정당한 대가가 보장되어야 한다. 농지법이 처분의무 대상 토지로 규정하고 있는 「농지를 소유하고 있는 농업회사 법인이 농지 소유 요건에 맞지 아니하게 된 경우」 일본 농지법은 국가가 근처 유사농지 매매 사례 가격에 적정한 보정을 하거나 매매 사례가 없으면 소유자의 매수 가격 혹은 과세 대장을 기준한 가격으로 매수하게 한다(일본 농지법 제9조 제1항 제3호, 농지법 시행령 제18조). 적정한 가격에 대한 보장이 없으면 매수청구권은 무의미하다. 농지법 이전에 시행되던 농어촌발전특별조치법 당시의 농지 매수청구권에 의한 매매가는 합의에 의하되 공시 지가와 인근 거래 실제 가격을 참작하도록 하고 있다(제43조의 3 제4항). 농지법은 매매대금 면에서 더 후퇴하였다고 할 수 있다.

2. 이행강제금과 적법절차

(1) 헌법재판소의 견해

처분명령을 받은 후 정당한 사유가 있는 경우에는 이행강제금이 부과되지 않고 있고, 이행강제금이 수차례 부과되어 농지 자체의 객관적 가치를 넘어서는 경우도 있으나 농업 경영에 이용하게 하는 데 궁극적 목적이 있고, 농업 경영에 이용되지 않는 한 계속하여 이행강제금을 부과할 수밖에 없다. 따라서 입법자의 재량권 한계를 일탈하였다거나 침해의 최소성 원칙에 반하지 아니한다. 이행강제금 부과의 전제가 되어 있는 위반 행위 태양이

---

51) 헌법재판소 2010. 2. 25.선고 2010헌바39 · 40 결정(이 사건에서는 2005. 9.처분명령이 있었다).

정형화되어 있어 재판에서 재량권이 행사될 여지가 거의 없고, 위반에 정당한 사유가 있는 경우 이행강제금에 처하지 않을 수 있다. 따라서 재판을 받을 권리를 침해하였다고 할 수 없다.

(2) 이행강제금의 액수

가. 행정청은 처분명령이 이행될 때까지 매년 1회 토지가액의 100분의 20에 해당하는 이행강제금을 부과할 수 있다(농지법 제62조 제1항, 제4항). 횟수의 제한이 없으므로 5회가 지나면 토지 가액의 전부가 이행강제금으로 충당된다. 이행강제금은 당해 토지의 농업 경영을 강제하는 것이 아니라 처분을 강제한다. 처분명령을 받고 농업 경영을 한다고 할지라도 처분명령이 실효되는 것이 아니다. 실제 농지의 처분이 이루어지지 않는 이유는 처분 기한이나 가격 때문이다. 소유자로서는 처분명령을 받고 처분하는 것이므로 원래 합당한 가격으로 매도하지는 못할 것이나 마지막 방법으로 공시 지가를 기준으로 한국농어촌공사에 매수를 청구할 수밖에 없다. 그러나 그것도 형성권이 아닌 청구권이다. 한국농어촌공사가 매수하지 않으면 방법이 없다. 문제는 소유자가 처분하지 않고 무턱대고 버티는 경우이다. 그렇다고 하더라도 100분의 20이라는 고액을 횟수 무제한으로 부과하는 것은 재산권 제한에 대한 최소 침해의 원칙에 어긋난다. 그 경우 진정으로 처분하려고 해도 처분되지 않는 경우도 있을 수 있기 때문이다.[52]또한 처분하지 못하는 데는 개별적 구체적 사정이 다를 수 있음에도 일률적으로 100분의 20 정액으로만 이행강제금을 부과하게 하는 점은 과잉금지의 원칙이나 평등의 원칙에 어긋날 수 있다.[53] 금액이 하향되고 횟수에 제한이 있어야 한다.[54]

나. 농지법 시행령과 과잉금지의 원칙

처분명령을 받은 자는 지정기간 내에 처분하든가 아니면 한국농어촌공사에 매수를 신청할 수밖에 없다. 농지법 시행령이 이행강제금을 부과하지 않을 정당한 사유로서 ① 한국농어촌공사에 매수를 청구하여 협의 중인 경우, ② 법률 또는 법원의 판결 등에 따라 처분이 제한되는 경우로 제한하고 있기 때문이다(제75조 제3항). 헌법재판소는 대상 결정에서 「농지법이 이행강제금을 부과하지 않을 정당한 사유를 대통령령에 위임할 필요성이나 그 기준을 제시함에 있어 포괄위임금지의 원칙을 위배하지 않았다」고 판단한다. 그러나 시행

52) 표본조사에서 휴경지 유휴농지를 매도하지 못하는 이유의 42.2%가 매수 희망자가 없기 때문이었다(박석두, 휴경농지의 실태와 정책방향, 32면).

53) 헌법재판소 2001. 5. 31.선고 99헌가18 결정은 부동산 실권리자 명의 등기에 관한 법률 상의 과징금에 관하여 100분의 30 정액으로 한 것은 헌법에 합치하지 아니한다고 판단한다.

54) 같은 취지: 이동찬, 「현행법상 이행강제금의 문제점과 개선방안」, 토지공법연구 제50집, 2010. 8. 261면. 건축법 상의 이행강제금에 대한 반대취지의 헌법 재판소 결정: 헌법재판소 2011. 10. 25.선고 2009헌바140결정.

령은 정당한 사유를 규정하면서 지나치게 그 사유를 한정하여 사실상 한국농어촌공사에의 매도를 위한 협의만이 유일한 정당한 사유가 되고 있다. 처분명령의 실효적인 집행을 위해 필요하다 하더라도 처분을 하지 못하는 불가피한 사유가 있을 수 있다.[55] 지나치게 경직된 농지법 시행령 제75조 제3항은 과잉금지의 원칙에 위배될 소지가 있다.

(3) 불복 방법

이행강제금 부과 처분에 불복하는 자는 이의할 수 있고, 이 경우 법원은 「비송사건절차법」에 따른 과태료 재판에 준하여 재판을 한다(농지법 제62조 제6항-7항). 농지법 상의 이행강제금은 그 금액이 클 뿐만 아니라 농지 가액의 전부가 이행강제금으로 부과될 수도 있으므로 통상의 과태료와 성질을 달리할 뿐만 아니라 비송 사건은 사법 절차라기보다는 행정 절차이고,[56]심문 절차만으로는 당사자의 주장 입증이 충분하다 할 수 없다. 불복 절차는 소송 절차가 되어야 할 것이다.[57] 92. 6.1.시행된 건축법은 이행강제금 제도를 도입하고 그 불복 절차는 비송 절차에 따르게 하였으나(제83조 제6항, 제82조 제4항), 2006. 5. 9. 시행된 건축법에서는 이를 개정하여 소송 절차에 따르게 하고 있다.

Ⅳ. 결론

농지법 상의 처분명령은 경자유전 원칙의 실현수단으로 농업인으로 하여금 농지를 소유하게 하고 농지를 농업 경영에 이용하도록 강제하는 기능을 하여왔다. 법률 조항의 위헌 여부는 형식 논리뿐만 아니라 그를 둘러싼 주변 여건과 아울러 농업 현실을 참작하여 판단되어야 할 것이다. 처분의무 통지를 받은 후의 매수청구권 조항이나, 처분명령을 이행하지 않은 경우의 이행강제금 조항이 위헌적인 요소를 포함한다고 할지라도 이로 인하여 처분명령 조항 자체를 위헌으로 만들지는 않을 것이다.[58] 그러나 처분의무 통지 내지 처분명령은 전 농지의 20%가 넘는 처분의무 대상 토지 중에서 적발된 극히 일부만에 대하여 농업 경영을 하지 않는 사유를 불문하고 정당한 사유가 없는 한 농지를 처분해야 하고, 농업경영이용명령이나 대리경작자 지정 등 처분명령을 대신할 다른 수단이 있음에도 이를

55) 예를 들어 농지법 제23조 제1항 제3호가 농지의 임대차를 허용하고 있는 질병, 징집, 교도소 수감 등의 사유이다.

56) 정형탁, 「비송사건의 의의와 그 절차의 특색」, 사법행정, 9집 1권, 1968. 66면.

57) 같은 취지: 전게, 이동찬, 267면, 반대취지: 전극수, 「이행강제금 도입법에 대한 비판과 개선방안」, 公法研究, Vol.37 No.2(2008).

58) 헌법재판소 1989. 12. 22. 선고 88헌가13 결정(매수청구권 조항이 위헌이라고 하여 처분명령을 위헌으로 만들지는 않는다).

제공하지 아니하는 점에서 재산권의 제한에 대한 과잉금지의 원칙에 어긋난다. 아울러 이행강제금은 그와 불가분의 관계에 있는 처분명령이 위헌일 뿐만 아니라[59] 그 금액의 과다, 불복 방법의 부적정으로 인해 과잉금지의 원칙과 적법절차의 원칙에 어긋난다. 다만 입법개선이 이루어질 때까지 위 조항들을 위헌으로 하는 것은 혼란이 발생할 여지가 많기 때문에 평석 대상 결정은 입법 개선을 촉구하는 헌법불합치 결정이 더욱 적절하였을 것이다. 아울러 이들 규정을 포함한 농지의 소유와 이용, 보전 전반에 관하여 시대의 요청과 농업의 현실을 고려한 개선이 요망된다 할 것이다. 그리고 그 개선의 방향은 사전 규제가 세계적 흐름임을 깨달아 사후 규제 내지 처분명령에의 과신을 벗어나는 것이고, 농지법의 실효성을 높이는 방향일 것이다.

59) 농지법 상의 이행강제금 근거 조항이 위헌인지 여부는 그 전제가 되고 불가분의 관계에 있는 처분명령의 근거 조항의 위헌성과 연결되어 있다.

公法人의 處分*

이광윤**

대법원 2008. 1. 31. 선고 2005두8269 판결

I. 판결개요

1. 사실관계

원고는 1983. 3. 7. 한국마사회에서 시행한 제10기 기수후보생 시험에 합격하여 1년간의 기수양성소 과정을 마치고 1984. 4. 6. 기수면허시험에 합격하여 한국마사회장으로부터 기수면허를 취득한 후 한국마사회 소속 기수로서 기수생활을 하여 오면서 1997. 6. 1.에는 조교사면허도 취득하였다. 그러다가 원고가 1999. 12. 2. 전직 기수 ▷☆☆와 공모하여 2차례에 걸쳐 지▷☆ 등 경마 고객에게 경마정보를 제공하고 그 대가로 금품과 향응을 제공받은 혐의(이하 이 사건 혐의사실이라 한다)로 구속되자, 한국마사회장은 원고의 위와 같은 구속과 그에 대한 언론보도로 인하여 기수로서의 품위가 손상됨은 물론, 한국마사회 및 동료 마필 관계자들의 위신을 실추시키고, 공정한 경마구현에 막대한 악영향을 초래함으로써 경마시행규정 제72조 제1항 제4호와 제75조 제1항 제22호 내지 제25호호에서 규정하는 제재사유가 있다는 이유로 재정위원회의 심의를 거쳐 1999. 12. 19. 원고의 기수면허 및 조교사면허를 취소하였다. 원고는 이에 대하여 무효 확인 및 손해배상을 청구하는 소송을 제기하였다.

---

* 이 글은 2017년 12월 31일 발행된 행정판례연구 제22-2집에 게재된 논문을 전재한 것입니다.

** 성균관대학교 법학전문대학원 교수

2. 소송경과

1심 판결:

1심 판결은 하자가 존재한다거나 나아가 그 하자가 중대 · 명백하여 무효사유가 있다고 할 수가 없다는 이유로 기각 및 제재처분에서 준수하여야 할 직무상의 의무를 위반한 것이라고 인정할 수 없다는 이유로 기각 판결을 하였다.

판결요지;

한국마사회가 부여하는 기수 또는 조교사의 면허는 단지 그 수험자의 적격성 유무를 판정하는 작용에 그치는 것이 아니라 한국마사회가 스스로의 책임에 기하여 경주마의 기승과 조교를 행할 수 있는 법적 지위를 부여하는 것을 내용으로 하는 권력적 작용으로서 한국마사회가 법률에 의하여 부여된 우월적 지위를 행사하는 것이어서 행정소송법상의 공권력의 행사로서의 처분에 해당하고, 또 이러한 면허에 대한 제재로서의 취소 처분 역시 같은 성질을 가진다고 할 것이므로, 원고의 기수면허와 조교사면허를 취소한 이 사건 처분이 원고 주장과 같이 무효가 되기 위하여는 그에 하자가 존재하고 또 그것이 중대·명백하여야 할 것이다

원심판결:

원심 판결은 한국마사회와 조교사 또는 기수와의 관계는 공법관계라기보다는 자치단체 내부에서의사법관계라고 봄이 상당하고, 피고 한국마사회가 조교사 또는 기수면허를 취소하는 것은 국가 기타 행정기관으로부터 위탁받은 행정권한을 행사하는 것이라고는 할 수 없고 오히려 일반 사법상의 법률관계에서 이루어지는 단체 내부에서의 징계 내지 제재처분에 지나지 아니한다는 이유로 각하 및 한국마사회에 대하여 이 사건 처분의 무효확인을 구하는 부분은 확인의 이익이 있어 정당하다며 인용하고, 한국마사회에 대한 금원지급청구는 이유 없다며 기각하였다.

판결요지;

한국마사회는 경마의 공정한 시행과 원활한 보급을 통하여 마사의 진흥 및 축산의 발전에 이바지함을 목적으로 한국마사회법에 의하여 설립된 법인으로서(법 제1조, 제18조), 그 업무에 관하여 문화체육부장관(2001.1.29.법률 제6400호 개정으로 농림부장관으로 변경되었다)의 감독을 받고(법 제44조), 경마시행에 관한 사항 등에 관한 규약을 정하거나 변경하고자 할 때에는 문화체육부장관의 인가를 받아야 하며(법 제24조),사업계획과 예산에 대하여 문화체

육부장관의 승인을 얻어야 하지만(법 제37조),이는 경마사업의 중요성과 공공성을 감안하여 국가가 이에 대해 지도·감독할 수 있는 근거규정을 마련한 것에 불과하며, 위와 같은 규정들이 있다고 하여 그것만으로 피고 한국마사회장의 이 사건 처분을 공법적 권력관계로 파악할 수는 없고, 오히려 한국마사회법과 피고 한국마사회의 경마시행규정 및 경마시행규정세칙에 의하더라도 한국마사회가 국가로부터 행정권한을 위임 또는 위탁받는다는 근거규정을 찾아 볼 수 없을 뿐 아니라, 피고 한국마사회가 행한 결정에 대한 불복방법으로 행정심판이나 행정소송에 의한 구제절차를 밟도록 하는 규정이 없는 점(이와 같은 이유로, 피고 한국마사회장은 이 사건 처분에 대한 재심기각결정을 하면서 그에 대한 불복절차 및 불복방법에 대하여 별도로 고지하지 아니하였다), 경주마의 조교 또는 기승을 하고자 하는 자는 피고 한국마사회로부터 조교사 또는 기수의 면허를 받아야 하는데, 그 면허 또는 등록의 요건 및 취소에 관하여 필요한 사항 일체를 피고 한국마사회가 정할 수 있는 점, 재정위원회가 의결한 제재처분은 피고 한국마사회장의 결재를 얻어야 효력이 발생하는 점 등을 종합하여 보면, 피고 한국마사회가 기수 또는 조교사의 면허를 부여하거나 취소하는 것은 경마를 독점적으로 개최할 수 있는 지위에서 우수한 능력을 갖추었다고 인정되는 사람에게 피고 한국마사회가 개최하는 경마에서 일정한 기능과 역할을 수행할 수 있는 자격을 부여하거나 이를 박탈하는 것에 지나지 아니하고, 따라서 피고 한국마사회와 조교사 또는 기수와의 관계는 공법관계라기보다는 자치단체 내부에서의 사법관계라고 봄이 상당하고, 피고 한국마사회가 조교사 또는 기수면허를 취소하는 것은 국가 기타 행정기관으로부터 위탁받은 행정권한을 행사하는 것이라고는 할 수 없고 오히려 일반 사법상의 법률관계에서 이루어지는 단체 내부에서의 징계 내지 제재처분에 지나지 아니한다고 할 것이다.

대법원은 원심판결을 모두 지지하며 상고를 모두 기각하였다.

3. 판결요지

[1] 행정소송의 대상이 되는 행정처분이란 행정청 또는 그 소속기관이나 법령에 의하여 행정권한의 위임 또는 위탁을 받은 공공단체 등이 국민의 권리·의무에 관계되는 사항에 관하여 직접 효력을 미치는 공권력의 발동으로서 하는 공법상의 행위를 말하며, 그것이 상대방의 권리를 제한하는 행위라 하더라도 행정청 또는 그 소속기관이나 권한을 위임받은 공공단체 등의 행위가 아닌 한 이를 행정처분이라고 할 수 없다.

[2] 한국마사회가 조교사 또는 기수의 면허를 부여하거나 취소하는 것은 경마를 독점적으로 개최할 수 있는 지위에서 우수한 능력을 갖추었다고 인정되는 사람에게 경마에서

의 일정한 기능과 역할을 수행할 수 있는 자격을 부여하거나 이를 박탈하는 것에 지나지 아니하므로, 이는 국가 기타 행정기관으로부터 위탁받은 행정권한의 행사가 아니라 일반 사법상의 법률관계에서 이루어지는 단체 내부에서의 징계 내지 제재처분이다.

[3] 취업규칙이나 상벌규정에서 징계사유를 규정하면서 동일한 사유에 대하여 여러 등급의 징계가 가능한 것으로 규정한 경우에 그 중 어떤 징계처분을 선택할 것인지는 징계권자의 재량에 속한다고 할 것이지만, 이러한 재량은 징계권자의 자의적이고 편의적인 재량이 아니며 징계사유와 징계처분 사이에 사회통념상 상당하다고 인정되는 균형의 존재가 요구되므로 경미한 징계사유에 대하여 가혹한 제재를 과하는 것은 징계권 남용으로서 무효라고 하여야 할 것인바, 이와 같은 징계권 남용의 판단 기준은 한국마사회가 그로부터 면허를 받은 조교사 또는 기수에 대하여 면허 취소·정지 등의 제재를 과하는 경우에도 마찬가지로 적용된다.

[4] 사용자의 근로자에 대한 징계의 양정이 결과적으로 재량권을 일탈·남용한 것이라고 인정되어 징계처분이 무효라고 판단된다 하더라도 그것이 법률전문가가 아닌 징계위원들의 징계 경중에 관한 관련 법령의 해석 잘못에 불과한 경우에는 그 징계의 양정을 잘못한 징계위원들에게 불법행위책임을 물을 수 있는 과실이 없으며, 또 근로자에 대한 해고 등 불이익처분을 할 당시의 객관적인 사정이나 근로자의 비위행위 등의 정도, 불이익처분을 하게 된 경위 등에 비추어 사용자가 그 비위행위 등이 취업규칙이나 단체협약에 정한 근로자에 대한 불이익처분 사유에 해당한다고 판단한 것이 무리가 아니었다고 인정되고 아울러 소정의 적법한 절차 등을 거쳐서 당해 불이익처분을 한 것이라면, 사용자로서는 근로자에 대하여 불이익처분을 하면서 기울여야 할 주의의무를 다한 것으로 보아야 하므로, 비록 당해 불이익처분이 사후 법원에 의하여 무효라고 판단되었다 하더라도 거기에 불법행위책임을 물을 만한 고의·과실이 없다. 이러한 법리는 근로자에 대한 해고 등 불이익처분과 그 구조가 유사한 기수 및 조교사 면허 취소가 불법행위에 해당하는지 여부를 판단할 때도 마찬가지이다.

II. 쟁점정리

1. 행정처분의 정의

2. 교사 또는 기수조의 면허 부여 또는 취소의 법적 성질

제재처분의 무효 여부는 쟁점의 부각을 위하여 생략하기로 한다.

Ⅲ. 관련판례

1. 대법원 1992. 11. 27. 선고 92누3618 판결 [단독주택용지공급신청에대한거부처분취소등][공1993.1.15.(936),281]

가. 항고소송은 행정청의 처분 등이나 부작위에 대하여 처분 등을 행한 행정청을 상대로 이를 제기할 수 있고 행정청에는 처분 등을 할 수 있는 권한이 있는 국가 또는 지방자치단체와 같은 행정기관뿐만 아니라 법령에 의하여 행정권한의 위임 또는 위탁을 받은 행정기관, 공공단체 및 그 기관 또는 사인이 포함되는바 특별한 법률에 근거를 두고 행정주체로서의 국가 또는 지방자치단체로부터 독립하여 특수한 존립목적을 부여받은 특수한 행정주체로서 국가의 특별한 감독 하에 그 존립목적인 특정한 공공사무를 행하는 공법인인 특수행정조직 등이 이에 해당한다.

나. 대한주택공사의 설립목적, 취급업무의 성질, 권한과 의무 및 택지개발사업의 성질과 내용 등에 비추어 같은 공사가 관계법령에 따른 사업을 시행하는 경우 법률상 부여받은 행정작용권한을 행사하는 것으로 보아야 할 것이므로 같은 공사가 시행한 택지개발사업 및 이에 따른 이주대책에 관한 처분은 항고소송의 대상이 된다.

다. 공공용지의취득및손실보상에관한특례법 제8조에 의하면 사업시행자는 공공사업의 시행에 필요한 토지 등을 제공함으로 인하여 생활근거를 상실하게 되는 자를 위하여 이주대책을 수립 실시하는바 택지개발촉진법에 따른 사업시행을 위하여 토지 등을 제공한 자에 대한 이주대책을 세우는 경우 위 이주대책은 공공사업에 협력한 자에게 특별공급의 기회를 요구할 수 있는 법적인 이익을 부여하고 있는 것이라고 보아야 할 것이므로 그들에게는 특별공급신청권이 인정되며 따라서 사업시행자가 위 조항에 해당함을 이유로 특별분양을 요구하는 자에게 이를 거부한 행위는 항고소송의 대상이 되는 거부처분이라 할 것이다.

2. 대법원 1999. 11. 26. 자 99부3 결정[집행정지]

가. 행정소송의 대상이 되는 행정처분이라 함은 행정청 또는 그 소속기관이나 법령에 의하여 행정권한의 위임 또는 위탁을 받은 공공단체가 국민의 권리의무에 관계되는 사항에 관하여 직접효력을 미치는 공권력의 발동으로서 하는 공법상의 행위를 말하며, 그것이 상대방의 권리를 제한하는 행위라 하더라도 행정청 또는 그 소속기관이나 권한을 위임받은 공공단체의 행위가 아닌 한 이를 행정처분이라고 할 수는 없다.

나. 한국전력공사는 한국전력공사법의 규정에 의하여 설립된 정부투자법인일 뿐이고 위 공사를 중앙행정기관으로 규정한 법률을 찾아볼 수 없으며, 예산회계법 제11조의 규정에 의하여 정부투자기관의 예산과 회계에 관한 사항을 규정한 구 정부투자기관관리기본법(1997. 8. 28. 법률 제5376호로 개정되기 전의 것)에 구 국가를당사자로하는계약에관한법률(1997. 12. 13. 법률 제5453호로 개정되기 전의 것) 제27조 또는 같은 법 시행령(1997. 12. 31. 대통령령 제15581호로 개정되기 전의 것) 제76조를 준용한다는 규정도 없으므로 위 공사는 위 법령 소정의 '각 중앙관서의 장'에 해당되지 아니함이 명백하고, 위 공사가 입찰참가자격을 제한하는 내용의 부정당업자제재처분의 근거로 삼은 정부투자기관회계규정 제245조가 정부투자기관의 회계처리의 기준과 절차에 관한 사항을 재무부장관이 정하도록 규정한 구 정부투자기관관리기본법 제20조에 의하여 제정된 것임은 분명하나 그 점만으로 위 규정이 구 정부투자기관관리기본법 제20조와 결합하여 대외적인 구속력이 있는 법규명령으로서의 효력을 가진다고 할 수도 없다 할 것이므로, 따라서 위 공사가 행정소송법 소정의 행정청 또는 그 소속기관이거나 이로부터 위 제재처분의 권한을 위임받았다고 볼 만한 아무런 법적 근거가 없다고 할 것이므로 위 공사가 정부투자기관회계규정에 의하여 행한 입찰참가자격을 제한하는 내용의 부정당업자제재처분은 행정소송의 대상이 되는 행정처분이 아니라 단지 상대방을 위 공사가 시행하는 입찰에 참가시키지 않겠다는 뜻의 사법상의 효력을 가지는 통지행위에 불과하다.

3. 대법원 2014. 12. 24. 선고 2010두6700 판결[부정당업자제재처분등]

가. 행정소송의 대상이 되는 행정처분은, 행정청 또는 그 소속기관이나 법령에 의하여 행정권한의 위임 또는 위탁을 받은 공공기관이 국민의 권리의무에 관계되는 사항에 관하여 공권력을 발동하여 행하는 공법상의 행위를 말하며, 그것이 상대방의 권리를 제한하는 행위라 하더라도 행정청 또는 그 소속기관이나 권한을 위임받은 공공기관의 행위가 아닌 한 이를 행정처분이라고 할 수 없다(대법원 1999. 2. 9. 선고 98두14822 판결, 대법원 2010. 11. 26.자 2010무137 결정 등 참조).

나. 원심판결 이유와 기록에 의하면, 피고가 2008. 12. 31. 원고에 대하여 한 공사낙찰적격심사 감점처분(이하 '이 사건 감점조치'라 한다)의 근거로 내세운 규정은 피고의 공사낙찰적격심사세부기준(이하 '이 사건 세부기준'이라 한다) 제4조 제2항인 사실, 이 사건 세부기준은 공공기관의 운영에 관한 법률 제39조 제1항, 제3항, 구 공기업·준정부기관 계약사무규칙(2009. 3. 5. 기획재정부령 제59호로 개정되기 전의 것, 이하 같다) 제12조에 근거하고 있으나, 이

러한 규정은 공공기관이 사인과 사이의 계약관계를 공정하고 합리적·효율적으로 처리할 수 있도록 관계 공무원이 지켜야 할 계약사무처리에 관한 필요한 사항을 규정한 것으로서 공공기관의 내부규정에 불과하여 대외적 구속력이 없는 것임을 알 수 있다.

다. 이러한 사실을 위 법리에 비추어 보면, 피고가 원고에 대하여 한 이 사건 감점조치는 행정청이나 그 소속 기관 또는 그 위임을 받은 공공단체의 공법상의 행위가 아니라 장차 그 대상자인 원고가 피고가 시행하는 입찰에 참가하는 경우에 그 낙찰적격자 심사 등 계약 사무를 처리함에 있어 피고 내부규정인 이 사건 세부기준에 의하여 종합취득점수의 10/100을 감점하게 된다는 뜻의 사법상의 효력을 가지는 통지행위에 불과하다 할 것이고, 또한 피고의 이와 같은 통지행위가 있다고 하여 원고에게 공공기관의 운영에 관한 법률 제39조 제2항, 제3항, 구 공기업·준정부기관 계약사무규칙 제15조에 의한 국가, 지방자치단체 또는 다른 공공기관에서 시행하는 모든 입찰에의 참가자격을 제한하는 효력이 발생한다고 볼 수도 없으므로, 피고의 이 사건 감점조치는 행정소송의 대상이 되는 행정처분이라고 할 수 없다.

그럼에도 원심은 이와 달리 그 판시와 같은 이유만을 들어 이 사건 감점조치가 행정처분에 해당한다고 보고 본안에 대하여 판단하고 말았으니, 이러한 원심판결에는 행정처분에 관한 법리를 오해함으로써 판결에 영향을 미친 위법이 있다.

IV. 판결의 검토

1. 행정처분과 행정청의 정의

(1) 판결의 정의

대법원은 행정처분의 정의에 관하여 "행정처분이란 행정청 또는 그 소속기관이나 법령에 의하여 행정권한의 위임 또는 위탁을 받은 공공단체 등이 국민의 권리·의무에 관계되는 사항에 관하여 직접 효력을 미치는 공권력의 발동으로서 하는 공법상의 행위를 말하며, 그것이 상대방의 권리를 제한하는 행위라 하더라도 행정청 또는 그 소속기관이나 권한을 위임받은 공공단체 등의 행위가 아닌 한 이를 행정처분이라고 할 수 없다."고 한다. 이와 같은 정의는 대법원 1999. 11. 26.자 99부3 결정, 대법원 2004. 3. 4.자 2001무49 결정, 대법원 2014. 12. 24. 선고 2010두6700 판결 등에서 일관적으로 유지되었다.

(2) 실정법의 정의

행정소송법 제2조(정의) ① 1.은 '"처분등"이라 함은 행정청이 행하는 구체적 사실에 관한 법집행으로서의 공권력의 행사 또는 그 거부와 그 밖에 이에 준하는 행정작용(이하 "處分"이라 한다) 및 행정심판에 대한 재결을 말한다.'고 하고 있으므로 처분의 주체는 행정청이어야 한다.

행정심판법 제2조 4.에 의하면 행정청이란 "행정에 관한 의사를 결정하여 표시하는 국가 또는 지방자치단체의 기관, 그 밖에 법령 또는 자치법규에 따라 행정권한을 가지고 있거나 위탁을 받은 공공단체나 그 기관 또는 사인(私人)을 말한다."고 규정하고 있는데 행정소송법 제2조 ②는 "행정청에는 법령에 의하여 행정권한의 위임 또는 위탁을 받은 행정기관, 공공단체 및 그 기관 또는 사인이 포함된다"고 규정하여 행정청에 대한 정의는 없이 행정청의 범위를 보충설명하고 있으므로 행정소송법 제2조 ② 규정은 행정심판법 제2조 4. 규정의 "위탁"을 "위임 또는 위탁"으로 교정하여 상하관계의 법관계를 위임으로 교정하고 있는 외에는 행정심판법 규정을 따르고 있는 것으로 유추 해석할 수 있다.

행정절차법 제2조(정의)는 "이 법에서 사용하는 용어의 뜻은 다음과 같다.

1. "행정청"이란 다음 각 목의 자를 말한다.

가. 행정에 관한 의사를 결정하여 표시하는 국가 또는 지방자치단체의 기관

나. 그 밖에 법령 또는 자치법규(이하 "법령등"이라 한다)에 따라 행정권한을 가지고 있거나 위임 또는 위탁받은 공공단체 또는 그 기관이나 사인(私人)이라고 규정하고 있어 법령 또는 자치법규에 따라 행정권한을 보유하는 경우를 행정청에 포함시키고 있다.

(3) 판례태도와 실정법 규정과의 차이

대법원 1992. 11. 27. 선고 92누3618 판결[단독주택용지공급신청에대한거부처분취소등]은 "행정청에는 처분 등을 할 수 있는 권한이 있는 국가 또는 지방자치단체와 같은 행정기관뿐만 아니라 법령에 의하여 행정권한의 위임 또는 위탁을 받은 행정기관, 공공단체 및 그 기관 또는 사인이 포함되는바 특별한 법률에 근거를 두고 행정주체로서의 국가 또는 지방자치단체로부터 독립하여 특수한 존립목적을 부여받은 특수한 행정주체로서 국가의 특별한 감독 하에 그 존립목적인 특정한 공공사무를 행하는 공법인인 특수행정조직 등이 이에 해당한다."고 해석하고 있어서 시원적 처분권이 있는 행정청은 국가 또는 지방자치단체이고 이를 제외한 공공단체는 법령에 의하여 행정권한의 위임 또는 위탁을 받아야만 행정

청이 되는 것으로 해석하고 있다. 이러한 판례태도는 행정심판법 제2조 4. "법령 또는 자치법규에 따라 행정권한을 가지고 있거나"의 규정에 배치된다. 왜냐하면 행정심판법 제2조 4. "법령 또는 자치법규에 따라 행정권한을 가지고 있거나" 규정의 "법령 또는 자치법규"는 위임이나 위탁규정이 아닌 공공단체의 설립규정으로 해석할 수 있기 때문이다.

이 규정을 설립규정으로 해석한다면 공공단체도 설립 법령 또는 자치법규에 따라 시원적 처분권이 있는 행정청이 될 수 있다. 지방자치단체가 국가의 분권단체로 설립법률에 의해 시원적 처분권을 보유한다면 지방자치단체를 제외한 공공단체 역시 설립 법령 또는 자치법규에 따라 국가 또는 지방자치단체로부터 분권된 단체로서 시원적 처분권을 가질 수 있다.

그러나 대법원은 1999. 11. 26.자 99부3 결정, 대법원 2004. 3. 4.자 2001무49 결정, 대법원 2014. 12. 24. 선고 2010두6700 판결 등에서 일관하여 행정청이 되는 공공단체를 법령에 의하여 행정권한의 위임 또는 위탁을 받은 경우만을 행정청으로 해석하고 있다.

(4) 행정청으로서의 공공단체

공공단체는 협의로는 지방자치단체를 제외한 공공단체를 가리키며 법인격을 취득한 공법인을 말한다. 공법인은 공익을 목적으로 하는 불평등한 법관계로서의 공법에 근거하여 창설되는 법인이다. 따라서 국가와 지방자치단체를 제외한 사무분권 공법인(이하 줄여서 공법인이라고만 부르기로 한다.)은 국가 또는 지방자치단체가 특별한 사무의 수행이라고 하는 공익을 목적으로 공법에 의하여 창설한 인적 자원과 물적 시설의 총합체로서의 법인이다. 이러한 사무분권은 기능적 분권 또는 기술적 분권이라고 불리는데 국공립 대학법인이나 병원법인 같은 특별한 임무의 공법인을 설립하여 자체의사 결정기구를 갖추고 어느 정도의 행정적, 재정적 자치권을 행사 하나 분권을 해준 국가나 지방단체의 후견적 감독을 받는다.[1)]

행정권한의 위임과 이양(분권)은 다르다. 행정권한의 위임은 개별 법령에 의하여 행정권한의 위임을 받게 되나 행정권한의 이양(분권)은 이양(분권)법령 또는 자치법규에 의하여 공공단체가 창설되고 행정적 성격의 공공단체는 행정권한을 분권 받는다.

행정의 시원적 주체는 국가이나, 국가는 국가로부터 분리된 법인격을 향유하는 공법인을 설립하여 국가의 간접행정기관으로 활용하고 있다. 국가의 간접행정기관인 公法人을

1) Vie－publique, "Quels sont les grands principes régissant les collectivités territoriales?", 2016.01.05. http://www.vie－publique.fr/decouverte－institutions/institutions/collectivites－territoriales/principes－collectivites－territoriales/qu－est－ce－que－decentralisation.html (최종접속날짜: 2017.12.08.)

공공단체라고 하며, 공공단체는 국가 및 공무수탁사인과 함께 행정주체가 된다. 공공단체 가운데서 국가의 사무를 지역적으로 분권[2)]한 것이 지방자치단체이며, 국가의 사무를 사무적으로 분권한 것이 지방자치단체를 제외한 공공단체로 공공조합, 공법상의 영조물법인 그리고 공법상의 재단이다. 그런데, 공공조합과 공법상의 영조물법인 그리고 공법상의 재단은 그 기능에 있어 동일하며 이들을 구별하지 말고 營造物法人으로 통칭하여도 무방하다.[3)]

공법인은 모리스 오류의 표현을 빌면 "의인화된 공공서비스"(service public personnalisé)라고 볼 수 있는데 다른 표현으로는 "특별 목적(ad hoc)의 공법인(une personne publique à vocation spéciale)"이라고도 한다. 이를 프랑스 법에서는 영조물(Etablissement public)이라고 부른다. 프랑스에서 영조물(Etablissement public)의 전통적 개념은 공공서비스를 수행하기 위한 국가 또는 지방자치단체를 제외한 공법상의 법인체를 말한다. 이러한 전통적 의미의 영조물은 법인격을 갖춘 공공서비스이기 때문에 공공서비스기관에 법인격과 재정적 자치를 부여하는 사무분권(décentralisation par service)의 도구이다.

프랑스의 영조물은 상공회의소(chambre de commerce)를 제외하고는(C.E.21fer. 1936. Retail) 국가 또는 지방자치단체에 결부되어 있으며 그에 부여된 임무를 수행하기 위하여 전문성의 원칙에 지배되고 있다. 또한 영조물에는 자치의 원칙이 적용되어 고유의 기관을 가지며 자치적 예산과 법률상의 권리·의무의 주체가 된다. 이러한 자치의 반대급부로서 국가 또는 지방자치단체의 후견적 감독("tutelle")을 받게 된다. 또한 영조물은 일정한 공법상의 특수법칙에 지배되어 강제집행이 면제된다.[4)]

영조물은 담당하는 주 업무의 법적 성격에 따라 공법이 주로 적용되는 행정적 영조물과 사법이 주로 적용되는 상업적 영조물로 나뉜다.[5)] 行政的 營造物은 앞서 말한 營造物의 一般的 法的 地位(전문성, 공법의 적용 및 행정법원의 관할, 예산 회계법의 적용, 행정적 후견감독)를 누린다. 그러나 물론 모든 行政廳과 마찬가지로 行政契約이 아닌 私法上의 契約이나 私法上의 人員고용을 할 수 있어, 私法的 운영절차를 채택할 수 도 있다.[6)]

2) 연방주의나 준연방주의(Regionalisme)와 지방분권은 다르다. 지방분권은 단일국가내에서 일어나고, 연방이나 준연방국가에서는 주정부 내부에서 일어난다.

3) 이광윤, 『행정법이론』, 성균관대학교 출판부, 2000, 9쪽

4) 이광윤, 영조물 행위의 법적 성격에 관한 interfrost회사 대 F.I.O.M 사건(프랑스관할쟁의재판소 1984.11.12 판결), 행정판례연구 1집(1992년), 청운사

5) 이광윤, "한국의 공공행정조직의 현황과 문제점", 동아시아행정법학회(06.10. 항주) 발표문

6) 이광윤, 영조물 행위의 법적 성격에 관한 interfrost회사 대 F.I.O.M 사건(프랑스관할쟁의재판소 1984.11.12 판결), 행정판례연구 1집(1992년), 청운사

상업적 영조물은 공법과 사법이 다 같이 적용되나, 사법이 적용되는 부분이 대부분이다. 즉, 상업적 영조물은 일종의 공공상인(commerçants publics)으로 간주되어 사법을 적용시키게 된다. 따라서 회계인으로서의 이사와 경리를 제외한 상업적 영조물의 직원은 원칙적으로 사법상의 직원이 된다. 행정행위에 관하여는 공적 관리(gestion publique) 행위로 분류될 때만 행정행위로 분석된다. 계약도 일반적으로는 사법상의 계약을 체결하게 된다(행정계약도 있음).[7)]

공법이 주로 적용되는 행정적 영조물법인과 사법이 주로 적용되는 상업적 영조물법인의 구별 기준은 다음과 같다 :

- 행정적 공법인은 주권행사 또는 사회복지권 행사를 목적으로 하고 상업적 공법인은 재화와 서비스의 생산과 판매를 목적으로 한다.
- 행정적 공법인은 수수료를 받고, 상업적 공법인은 사용료를 받는다.
- 상업적 공법인은 운영이 기업체와 같다.
- 행정적 공법인의 고용인은 준공무원이 일반적이나 상업적 공법인은 근로계약관계의 근로자이다.[8)]

원칙적으로 설립법령에 의하여 행정청이 되는 것은 행정적 영조물법인이며 상업적 영조물법인은 원칙적으로 행정청이 될 수 없고, 행정권한을 행사할 수 있는 개별 법령에 의하여 행정권한의 위임 또는 위탁을 받은 경우에만 행정청이 될 수 있다. 즉 창설목적은 상업적으로 설립되었으나 구체적인 행위에 대하여 개별 법령에 의하여 행정권한의 위임 또는 위탁을 받은 경우에만 행정청이 된다. 이렇게 되면 상업적 영조물이 사실상 본질적으로 행정적인 활동을 할 수 있게 되는데 이것은 상업적 영조물이 이른바 "뒤집혀진 얼굴의(vigage inversé) 영조물"[9)](즉 행정적 영조물의 모습)로 되는 것을 의미 한다.[10)]

---

7) 상게논문

8) Vie－publique, "Que sont les établissements publics administratif (EPA) et industriel et commercial (EPIC)?", 2013. 07. 18. http://www.vie－publique.fr/decouverte－institutions/institutions/administration/organisation/structures－administratives/que－sont－etablissements－publics－administratif－epa－industriel－commercial－epic.html (최종접속날짜:2017.12.08.)

9) 농산물 시장조직기금(Fonds d'organisation des marchés agricoles), T.C. 24 juillet 1968, Distilleries bretonnes 회사판결 및 프랑스 무역센타(Centre français du Commerce extérieur) C.E. 4 juillet 1986. Berger 판결.

10) 이광윤, 전게서, 79쪽

행정청과의 관계에 있어 시민의 권리에 관한 2000년 4월 12일의 프랑스 법률은 행정청으로 ;

- 국가
- 지방자치단체
- 행정적 영조물법인
- 사회보장기관
- 행정적 공공서비스 기관

을 규정하고 있다.

상업적 공공서비스 기관(공법인 또는 사법인)이 행정행위를 할 수 있는 경우는 ;

－규정에 관계될 때

－공공서비스의 조직에 관계될 때

만 할 수 있고 나머지 경우는 사법상의 행위를 한다.[11)]

(5) 한국마사회의 법적 성격

한국마사회는 한국마사회법에 의해 설립된 공법인으로 "경마의 공정한 시행과 원활한 보급"을 목적으로 한다. 한국마사회 법 제2조 1.에 의하면 "경마"라 함은 기수가 기승한 말의 경주에 승마투표권을 발매하고, 승마 적중자에게 환급금을 교부하는 행위를 말한다. 따라서 한국마사회는 행정적 성격의 영조물법인이 아니고 상업적 성격의 영조물법인이기 때문에 원칙적으로는 행정처분을 할 권한이 없고 개별 법령에 의하여 행정권한의 위임 또는 위탁을 받은 경우에만 행정청이 될 수 있다.

2. 조교사 또는 기수의 면허 부여 또는 취소의 법적 성질

한국마사회법 제14조(조교사·기수의 면허 등) ①은 "경주마의 조교 또는 기승을 하고자 하는 자는 마사회로부터 조교사 또는 기수의 면허를 받아야 한다"고 규정하고 있다. 면허는 공익적 목적에서 우월적 지위에서 행하는 공권력의 행사로서 행정처분의 요소를 갖추고 있는데 한국마사회는 한국마사회법 제14조(조교사·기기수의 면허 등) ①에 의하여 행정권한을 위임받고 있다.

당해 판결은 "한국마사회법과 이에 근거한 피고 한국마사회의 경마시행규정 및 그 시

11) "Actes administratif", Toupictionnaire, 2017,12,08. http://www.toupie.org/Dictionnaire/Acte_administratif.htm

행세칙에 의하더라도 피고 한국마사회가 국가로부터 행정권한을 위임 또는 위탁받는다는 근거규정을 찾아 볼 수 없는 점, 피고 한국마사회가 행한 결정에 대한 불복방법으로 행정심판이나 행정소송에 의한 구제절차를 밟도록 하는 규정이 없는 점, 경주마의 조교 또는 기승을 하고자 하는 자는 피고 한국마사회로부터 조교사 또는 기수의 면허를 받아야 하는데 그 면허의 요건 및 취소에 관하여 필요한 사항 일체를 피고 한국마사회가 정할 수 있는 점 등을 종합하여 보면, 피고 한국마사회가 조교사 또는 기수의 면허를 부여하거나 취소하는 것은 경마를 독점적으로 개최할 수 있는 지위에서 우수한 능력을 갖추었다고 인정되는 사람에게 경마에서의 일정한 기능과 역할을 수행할 수 있는 자격을 부여하거나 이를 박탈하는 것에 지나지 아니하므로, 이는 국가 기타 행정기관으로부터 위탁받은 행정권한의 행사가 아니라 일반 사법상의 법률관계에서 이루어지는 단체 내부에서의 징계 내지 제재처분으로 봄이 상당하다"고 설시하고 있는데, 왜 근거규정이 없다고 하는지 이해할 수 없다.

"면허의 요건 및 취소에 관하여 필요한 사항" 역시 제14조(조교사·기수의 면허 등) ③ "제1항 또는 제2항의 규정에 의한 면허 또는 등록의 요건·취소 등에 관하여 필요한 사항은 마사회가 정한다."는 규정에 의해 행정권한을 위임받고 있는데, 왜 "국가 기타 행정기관으로부터 위탁받은 행정권한의 행사가 아니라 일반 사법상의 법률관계에서 이루어지는 단체 내부에서의 징계 내지 제재처분으로 봄이 상당하다"고 하는지 이해할 수 없다. 참고로 프랑스 관할쟁의 재판소는 Compagnie Air France c/Epoux Barbier 판결[12]에서 에어프랑스 여승무원의 결혼 시 사직을 규정한 에어프랑스 복무규칙의 합법성에 관하여 에어프랑스는 사법인인 주식회사이고, 공무원 신분이 아닌 민간인의 신분에 관한 분쟁으로 민사소송의 대상이지만 복무규칙은 선결문제 심사로서 민간항공부장관 및 재정부장관의 승인을 받는 공공서비스의 조직에 관한 규정이므로 행정법원의 관할사항이라고 하였음을 참고할 필요가 있다. Compagnie Air France c/Epoux Barbier 판결을 참고하면 법률의 위임에 따라 한국마사회가 정한 면허의 요건 및 취소에 관하여 필요한 사항에 대한 합법성의 심사는 행정소송이 되어야 한다. 한편 조교사나 기수는 사법상의 근로계약 관계이기는 하나 조교사·기수의 면허 등은 근로계약관계가 문제가 되는 것이 아니라 자격요건에 해당하므로 경마라고 하는 상업적 공공서비스를 "공정하고 원활하게" 시행하고 보급하기 위하여 신분상의 지위를 일방적으로 정하는 것이기 때문에 공권력의 행사로써 행정처분으로 보아야 할 것이다.[13] 이렇게 보면 오히려 "한국마사회가 부여하는 기수 또는 조교사의 면허는 단지 그 수험자의 적격성 유무를 판정하는 작용에 그치는 것이 아니라 한국마사회가

12) TC 15 janvier. 1968 Compagnie Air France c. Epoux Barbier

13) 같은 취지. 김연태 "韓國馬事會의 調敎師 및 騎手의 免許 附與 또는 取消의 處分性,",『행정판례연구』제15권 제1호 111~148면, 행정판례연구회, 2010.

스스로의 책임에 기하여 경주마의 기승과 조교를 행할 수 있는 법적 지위를 부여하는 것을 내용으로 하는 권력적 작용으로서 한국마사회가 법률에 의하여 부여된 우월적 지위를 행사하는 것이어서 행정소송법상의 공권력의 행사로서의 처분에 해당하고, 또 이러한 면허에 대한 제재로서의 취소 처분 역시 같은 성질을 가진다"고 한 1심 판결[14]이 논리적으로 더 타당하다고 볼 수 있다.

V. 판결의 의미와 전망

이 판결은 1심법원 판결에서 진보적인 견해가 표출되었음에도 불구하고 행정처분을 할 수 있는 행정청에 해당하는 공공단체를 법령 또는 자치법규의 개별적 위임을 받은 경우에 한정하고 있는 기존의 판례태도를 유지하였다. 또 공법인을 활동 성격에 따라 행정적 공법인과 상업적 공법인으로 구분하여 원칙적으로 행정청이 되는 것은 행정적 공법인만으로 한정하지 않고 그 구별을 하지 않는 전통적 태도를 견지하였다. 이렇게 행정적 공법인과 상업적 공법인을 구분하지 않게 되면 모든 공법인을 개별적 법령 또는 자치법규의 위임이 없는 한 모두 사법관계로 보는 오류에 빠지게 된다. 이러한 태도는 판례태도를 넘어 심지어는 국가배상법을 비롯한 다수의 입법태도로 까지 확산되어 국가와 지방자치단체만을 공행정의 주체로 한정하는 문제점을 노출하고 있다. 입법의 경우에는 입법개선 때까지 우선 국가가 설립한 공법인을 국가에 포함시키고, 지방자치단체가 설립한 공법인도 지방자치단체에 포함시키는 것으로 법원이 해석해 준다면 입법적 문제도 해결되리라고 보는데 우선은 법원의 공법인에 대한 올바른 이해가 선행되어야 한다. 공기업의 하나인 상업적 공법인은 개별 법령의 위임이 없는 한 원칙적으로 행정의 주체가 아니며, 행정적 업무를 담당하는 공법인은(ex; 한국연구재단) 구체적인 행위에 대하여 개별법령의 위임 여부에 상관없이 원칙적으로 해당사무에 관하여 설립법령에 의하여 행정청의 지위에 서는 것이 당연한 것이 아닐까.

14) 수원지방법원 2003. 8. 20. 선고 2002구합3332 판결

환경행정판결을 통해 본 공익실현의 명(明)과 암(暗)*

이은기**

I. 처음에

행정 그리고 행정법의 목적은 공익실현이다. 국가 행정의 한 부문인 환경행정은 국토개발과정에서 공익과 사익,[1] 공익과 공익의 충돌이 이루어지는 현장이기도 하다. 환경행정처분도 일반 행정처분과 마찬가지로 기본적으로 일반적 공익의 실현을 목적으로 한다. 나아가 환경영향평가를 거쳐야 하는 환경영향평가대상사업의 경우 그 사업이 환경을 해치지 않는 방법으로 시행되도록 함으로써 당해 사업과 관련된 환경공익을 보호하려는데 그치지 않고 환경영향평가대상지역내 주민의 개별적, 구체적 환경이익(환경사익)도 보호하여야 한다.[2]

개발과정에서는 공공재인 생태계 등 자연환경을 보전하고자하는 환경공익과 인근주민의 환경사익과의 충돌도 있지만 경우에 따라서는 다른 국가적 또는 사회적 공익과의 충돌이 발생하기도 한다. 서울외곽순환도로건설시 사패산 터널 및 경부고속철도의 천성산 터널사례와 같이 도로·철도의 효율화에 필요한 터널축조로 운송시간 단축이라는 교통공익과 환경공익 간의 충돌이 그러한 경우의 대표적 사례이다.[3]

환경소송은 공익소송과 사익소송으로 나눌 수 있다. 환경공익소송은 순수하게 공익을 위하여 공공재로서의 경관, 서식 동식물, 갯벌, 강, 하천과 같이 생태계 등 자연환경의 보

---

* 이 글은 2017년 12월 31일 발행된 행정판례연구 제22-2집에 게재된 논문을 전재한 것입니다.

** 서강대학교 법학전문대학원 교수

1) 환경분쟁에서 공·사익과 사익의 충돌은 민사소송 대상이 되는바, 본 논문에서는 환경공익과 공·사익이 충돌하는 환경행정사건에 대한 판결이 주된 논의의 대상이므로 이를 제외하기로 한다.

2) 대법원 1998.9.22.선고 97누19571판결(발전소사업승인처분취소) 및 대법원 2006. 6. 30.선고 2005두14363판결(국방군사시설사업실시계획승인처분무효확인)의 판결이유 참조.

3) 이를 일반공익과 특수공익 간의 충돌로 볼 수도 있다. 일반공익이 언제나 반드시 특수공익에 우월할 수는 없고, 양 공익간의 형량에서도 비례의 원칙이 적용된다. Wolff/Bachof/Stober, Verwaltungs recht I, a.a.O., S.343. 최송화, 공익론 - 공법적 연구 -, 2002.8.30., 서울대학교출판부, 302면에서 재인용.

호를 목적으로 제기하는 소송(순수형 공익소송)과 개발지역 인근주민들이 자신이 거주하는 지역의 공기, 물, 토양 등 생활환경을 보호하고자 제기하는 환경적 사익보호를 위한 소송(사익보호형 공익소송)이 있다.[4)]

환경공익소송의 청구원인을 살펴보면, 그 근저(根底)에는 갯벌, 강, 하천 및 거기에서 서식하는 동식물, 어패류 등 생태계, 경관 등 자연환경보전이라는 환경공익의 보호와 생명·건강권을 위한 깨끗한 물, 오염되지 않은 토양, 신선한 공기, 소음과 폐기물이 없는 주거환경 등 개발사업 인근주민의 생활환경보전이라는 환경사익 보호와 함께 개인의 재산권보호가 겸유되어 있다.

따라서 환경 분쟁은 '공익과 사익, 공익과 공익이 충돌하는 경우 어느 것을 더 보호할 것인가'에 대한 이익의 비교형량 결과에 따라 공익실현이 달성되거나 좌절됨으로서 공익실현의 관점에서 보면 그 명과 암이 엇갈린다. 시대나 상황에 따라 충돌하는 공익과 사익, 공익 상호 간의 보호법익 중 보다 우월한 법익을 어느 것으로 보느냐에 대한 법관의 선택재량에 따라 판결은 달라질 수 있기 때문이다.

이 논문에서는 시대적으로 환경입법의 변천과정에서 생성된 환경행정사건판결 중 공익과 사익, 공익 상호 간의 충돌이 이루어진 판결을 통해 보호법익 상호간의 비교형량이 어떻게 이루어져 왔는가에 대해 되돌아보고자 한다. 그리고 환경보전과 지속가능한 개발을 조화시키기 위해 향후 환경행정판결의 지향점이 어떠해야 될 것인가에 대한 전망과 과제에 대해서도 살펴보고자 한다.

II. 시대별 주요 환경입법과 환경행정판결의 변천

환경판례를 살펴보면, 환경법의 시대적 발전에 따라 진전되어 왔다. 판결은 그 속성상 당시의 실정법을 기초로 하므로 당연한 결과이기도 하다. 그러한 궤적을 추적하기 위하여 여기서는 개별 환경입법이 제정된 시기를 주요입법을 기준으로 구획하여 시대별로 선고된 주요 환경행정 판결을 중심으로 살펴본다. 즉 공해방지법시대(1960년대 초반~1970년대 중반), 환경보전법 시대(1970년대 후반~1980년대 말), 환경정책기본법 및 개별 환경법 시대(1990년대~2000년), 자연공원법 시대(2000년대~2010년), 저탄소녹색성장기본법시대(2010년~현재)로 나누어 살펴보기로 한다.[5)]

4) 이형석, 환경공익소송과 오르후스(Aarhus)협약 - 영국의 사례를 중심으로 -, 환경법과 정책 제14권(강원대 법학연구소, 2015.2.28.), 238면, 257면.

5) 이 같은 환경법의 발전적 시대구분 방법은 참고했다. 박균성·함태성, 환경법, 박영사, 2012, 31~34면.

1. 공해방지법 시대(1960년대 초반~1970년대 중반)

1962년 시작된 경제개발 5개년계획으로 국토개발이 행해지면서 환경문제가 대두되었다. 1961.12. 오물청소법, 1963년 공해방지법이 제정되었고 이들 법은 환경법의 효시였지만, 위생법적 성격이 강했다.[6] 공해방지법이 1971.1. 대폭 개정되면서 배출허용기준, 배출시설허가제도, 이전명령제도 등이 도입되었고 1963.12. 독물 및 극물에 관한 법이 제정되었다. 이 시기에는 행정사건보다는 공해피해로 인한 손해배상을 구하는 민사판결이 주를 이루었다. 그 중에도 연탄공장사건은 공장소음으로 인한 주거환경침해를 이유로 행정처분의 상대방이 아닌 제3자가 제기한 행정처분취소송에 대해 판단한 최초의 환경행정사건이다.

- 연탄공장사건(대법원 1975.5.13. 선고, 73누96판결, 건축허가 처분취소)

(1) 사실관계 및 소송의 경과

이 사건은 행정처분의 상대방이 아닌 원고 박동순과 원고 남택우가 피고 청주시장이 소외 삼화물산주식회사에 대하여 한 연탄공장 건축허가처분의 취소를 청구한 사건이다.

사실관계를 보면, 도시계획법에 따라 주거지역으로 지정된 청주시 우암동 402의 2 지상에 피고 청주시장이 1972.7.12자로 소외 삼화물산주식회사에 대하여 원동기를 사용하여 연탄 제조를 목적으로 하는 세멘벽돌조 스레트집 공장 1동 건평 100평의 건축을 허가하였다. 이 연탄공장으로부터 70cm 사이에 연접한 같은 주거지역 내인 청주시 우암동 406의 8 소재 원고 박동순 소유가옥(세멘벽돌조 세멘기와집 주택 15.19평)에서는 이 공장에서의 원동기(25마력 3개, 30마력 4대)의 가동으로 인한 소음때문에 “일상 대화에 지장”이 있고 또 원동기의 진동으로 "통상적인 주거의 안녕을 영위하기가 곤란"하고 이로 인하여 같은 원고는 그 소유가옥의 가치가 하락되고 임대가 어려워 재산권의 침해를 받고 있다고 주장하면서 피고를 상대로 건축허가의 취소를 구하는 소를 제기하였다.

원심인 서울고등법원(1973.3.13.선고 72구558－573판결)은 ‘위 사실을 인정하면서도 원고 박동순이 주거지역내에 건물을 소유하고 있고 이러한 주거지역에는 건축법상 건축물의 제한이 있으므로 현실적으로 어떤 이익을 받고 있는 것이 사실이라 하더라도 이는 그 지역 거주의 개개인에게 보호되는 개인적인 이익이 아니고 단지 공공복리를 위한 건축법규의 제약의 결과로서 생기는 반사적 이익에 불과한 것이므로 이러한 이익이 침해된다 하여 이 사건 행정처분의 상대자가 아닌 원고 박동순이 위 삼화물산 주식회사에 대한 행정처분의 취소를 소구할 수는 없는 것이다’라고 판단하여 원고적격이 없다는 이유로 이 사

6) 박균성 · 함태성, 위의 책, 31면.

건 소를 각하하였다.

(2) 대법원의 판단과 평가

대법원은 '도시계획구역 안에서의 주거지역이라는 것은 도시계획법 제17조에 의하여 "거주의 안녕과 건전한 생활환경의 보호를 위하여 필요하다"고 인정되어 지정된 지역이고, 이러한 주거지역 안에서는 도시계획법 제19조 제1항과 개정전 건축법 제32조 제1항에 의하여 공익상부득이 하다고 인정될 경우를 제외하고는 위와 같은 거주의 안녕과 건전한 생활환경의 보호를 해치는 모든 건축이 금지되고 있으며 이와 같이 금지되는 건축물로서 건축법은 "원동기를 사용하는 공장으로서 작업장의 바닥 면적의 합계가 50평방미터를 초과하는 것"을 그 하나로 열거하고 있다(이 사건 공장이 위 제한을 초과하고 있음은 물론이다).

위와 같은 도시계획법과 건축법의 규정 취지에 비추어 볼 때 이 법률들이 주거지역 내에서의 일정한 건축을 금지하고 또는 제한하고 있는 것은 도시계획법과 건축법이 추구하는 공공복리의 증진을 도모하고자 하는데 그 목적이 있는 동시에 한편으로는 주거지역 내에 거주하는 사람의 "주거의 안녕과 생활환경을 보호"하고자 하는데도 그 목적이 있는 것으로 해석이 된다. 그러므로 주거지역 내에 거주하는 사람이 받는 위와 같은 보호이익은 단순한 반사적 이익이나 사실상의 이익이 아니라 바로 법률에 의하여 보호되는 이익이라고 할 것이다. 그리고 행정소송에 있어서는 비록 당해행정처분의 상대자가 아니라 하더라도 그 행정처분으로 말미암아 위와 같은 법률에 의하여 보호되는 이익을 침해받는 사람이면 당해행정처분의 취소를 소구하여 그 당부의 판단을 받을 법률상의 자격이 있는 것이라고 할 것이므로 원심이 이 사건에서 피고의 연탄공장건축허가처분으로 인하여 원고 박동순이 불이익을 받고 있다는 사실을 인정하면서도 그 본안에 들어가서 이 사건 공장건축허가가 공익상 부득이한 것인지의 여부에 관하여 심리판단을 하지 아니하고 바로 원고의 제소행위 자체를 부정하였음은 결국 도시계획법과 건축법의 법리오해가 아니면 행정소송의 제소 이익에 관한 법리를 오해하여 판결에 영향을 미친 것이라고 아니할 수 없다. (중략) 원고 남택우가 피고의 이 사건 행정처분으로 인하여 받는 불이익의 정도는 결코 사회의 협동생활상 용인할 한도를 초과하지는 않는다는 사실을 확정하고 따라서 이 사건 제소이익이 없다고 판시하고 있는바, 기록상 원심의 위 사실인정과정에 소론과 같은 채증법칙의 위배나 심리미진의 위법이 있다고 할 수 없고, 또 원심이 위와 같은 이유로 원고의 소를 각하한 것은 정당하여 이것이 위법이라고도 할 수 없다'고 판시하였다.

이 판결은 주거지역내의 연탄공장건축허가 행정처분으로 인하여 소음·진동의 환경피해를 받은 행정처분의 상대방 아닌 제3자인 이웃거주 주민에게 행정청을 상대로 직접 행정처분의 취소를 구할 법률상의 자격인 원고적격을 인정한 최초의 판결로서 그 의의가 있다.

이전에는 반사적 이익에 불과하다고 보았던 주거환경이익에 대하여 행정처분의 근거 규범인 도시계획법과 건축법상 관련규정의 입법취지에 도시계획행정과 건축행정의 안정성이라는 공익보호목적 외에 원고의 사익보호성도 있다고 판단한 것이다. 하급심 에서는 단순히 '반사적 이익'에 불과하다고 보았던 환경 사익을 '법률상 이익'으로 봄으로써 원고적격을 인정하여 행정처분의 상대방도 아닌 제3자에 불과한 국민의 권리구제 범위를 넓힌 판결로 평가된다.

2. 환경보전법 시대(1970년대 후반~1980년대 말)

우리나라도 경제개발 5개년계획에 따라 1970년대에 산업발전기에 들어섬으로써 환경오염과 환경훼손의 증가로 환경문제가 심각해졌다. 그 결과 공해방지법만으로는 오염물질의 효율적 관리가 어려워지게 되었고, 보다 체계적·통일적인 대체입법의 필요성으로 1977.12. 환경보전법이 제정되면서 환경기준, 환경영향평가제도, 총량규제제도, 특별대책지정 등이 도입되었다.

1977.12. 해양오염방지법,[7] 1979.5. 환경오염방지사업법이 재정되고 1986. 환경보전법이 개정되었으며 1980년 개정헌법에서는 환경권을 국민의 기본권으로 규정하였다. 1986.12. 폐기물관리법(오물청소법은 폐지됨)이 제정되면서 개별대책법의 분화가 시작되었고, 1987.12. 대체에너지개발촉진법(신재생에너지법)이 제정되었다.[8]

- 배출시설설치허가취소사건(대법원 1992.4.14.선고 91누9251 판결, 배출시설설치허가취소처분취소)[9]

(1) 사실관계 및 소송의 경과

이건은 원고 삼성제약공업주식회사가 배출시설 이전기한으로부터 6년 이상이 지나고 피고 서울 성동구청장으로부터 16회 가량의 이전촉구를 받고서도 배출시설을 이전하지 않아 배출시설설치허가를 취소하자 배출시설설치허가취소처분의 취소를 청구한 사건이다.

---

7) 이 법은 2007.1.19. '해양환경관리법'이 제정되면서 폐지되었다(부칙 제2조).

8) 이 법에서 '대체에너지'라 함은 석유·석탄·원자력·천연가스가 아닌 에너지로서 태양에너지, 바이오에너지, 풍력, 소수력, 연료전지, 석탄액화·가스화, 해양에너지, 폐기물에너지, 기타 대통령령이 정하는 에너지를 말한다(제2조). 이 법은 2004. 12. 31. 신에너지및재생에너지개발·이용·보급촉진법(약칭: 신재생에너지법)으로 전부 개정되어 2005.7.1.부터 시행되고 있다.

9) 이 시기에는 자연공원법에 의하여 자연환경지구로 지정된 경주국립공원 내 원고들 사유지에서의 임야벌채 신청에 대해 피고경주시장이 반려한 처분은 재량권을 남용한 위법하다는 원심(대구고법1988.10.5.선고87구25판결)을 파기환송한 대법원 1989.12.26.선고 88누11018 판결(산림관리계획허가신청반려처분취소)등 행정청의 재량권행사에 대해 위법성여부를 판단한 판결들이 다수 있다.

서울고등법원(1991.8.21. 선고 90구17943 판결)은 '원고가 배출시설설치허가를 받아 배출시설을 설치하여 가동하여 오던 중 1982.6.9.자로 1984. 6. 30.까지 배출시설을 서울시 외로 이전하라는 명령을 받고서도 이를 이행하지 아니하여 피고로부터 1990.10.12. 위 이전명령을 불이행하였다는 이유로 구 환경보전법(환경정책기본법 부칙 제1조, 제2조에 의하여 1991.2.2.자로 폐지되기 전의 것)제20조 제1항에 의하여 배출시설설치허가를 취소하는 처분을 받은 사실을 인정한 다음, (중략) 이전기한으로부터 이 사건 처분에 이르기까지 6년 이상이 지나도록 더구나 16회 가량의 이전촉구를 받고서도 배출시설을 이전하지 아니한 점과 한편으로는 공해배출로 인한 위해를 예방하고 적극적으로 환경을 적정하게 관리 보전함으로써 현재와 장래의 모든 국민이 건강하고 쾌적한 환경에서 생활할 수 있게 함을 목적으로 제정된 위 법의 취지와 공익상의 요청 등에 비추어 볼 때 위 이전명령에 위반하였다는 이유로 피고가 이 사건 취소처분에 이른 것은 정당하고 달리 위 처분이 재량권을 남용하였거나 재량권의 범위를 일탈한 것이라고 할 수 없다고 판단하였는바 원심의 판단은 수긍이 되고 거기에 지적하는 바와 같은 법리오해의 위법이 없다'고 원고 패소판결을 하였다.

(2) 대법원의 판단과 평가

대법원은 '행정청의 허가, 면허, 인가, 특허 등과 같이 상대방에게 어떤 이익이 생기게 하는 소위 수익적 행정처분을 취소(철회)하거나 중지시키는 경우에는 이미 부여된 기득권을 침해하는 것이 되므로 비록 취소(철회) 등의 사유가 있다고 하더라도 그 취소권(철회권) 등의 행사는 기득권의 침해를 정당화할 만한 중대한 공익상의 필요 또는 제3자의 이익보호의 필요가 있는 때에 한하여 상대방이 받는 불이익과 비교 교량하여 결정하여야 할 것이다. 배출시설을 이전하기 위하여 다른 곳에다가 공장부지를 매수하고 공장신축에 착수하여 거의 완공된 상태이고 배출시설설치허가가 취소되면 공장을 가동하지 못하게 되어 회사가 도산하게 되며 종업원들이 실직하게 되는 등 사정이 있다 하더라도 이전기한으로부터 6년 이상이 지나도록 더구나 16회 가량의 이전촉구를 받고서도 배출시설을 이전하지 아니한 점과 한편으로는 모든 국민이 건강하고 쾌적한 환경에서 생활할 수 있게 함을 목적으로 제정된 구환경보전법의 취지와 공익상의 요청 등에 비추어 볼 때 위 이전명령에 위반하였다는 이유로 위 취소처분에 이른 것은 정당하고 달리 위 처분이 재량권을 남용하였거나 재량권의 범위를 일탈한 것이라고 할 수 없다'고 원고의 상고를 기각하였다.

이 판결은 배출시설 이전기한으로부터 6년 이상이 지나고 16회의 이전촉구를 받고서도 배출시설을 이전하지 아니 한 원고회사에 대해 인근 주민의 환경권 등 공익상의 요청으로 한 이전명령을 위반하였다는 이유로 배출시설설치허가취소처분을 한 것은 행정청의 재량권의 일탈·남용이 아니라고 판단한 판결로 타당하다고 생각된다. 대기환경보전법, 수

질환경보전법개별법 등 개별법 분화이전의 구 환경보전법에 기한 허가로 설치한 오염물질 배출시설설치의 허가취소사건 판결로서 인근 주민의 환경권을 단순한 사익만으로 보지 않고 공익상의 요청으로도 판단하였다는 점에서 그 의의가 있다.

3. 환경정책기본법 및 개별 환경법 시대(1990년대~2000년)

이 시기에는 환경보전법이 분화되어 1990.8. 환경정책기본법, 대기환경보전법, 수질환경보전법,[10] 소음진동규제법, 유해화학물질관리법 등이 제정되어 1991.2.시행되었다. 1991.12. 자연환경보전법, 1992.12. 자원의 절약과 재활용촉진에 관한 법률, 1995.1. 폐기물처리시설설치촉진 및 주변지역지원 등에 관한 법률과 토양환경보전법이 제정되었고, 1997.8. 환경분쟁조정법이 전부 개정되어 1998.3.시행됨으로써 본격적으로 개별 환경법의 분화시대가 도래하였다. 그리고 환경영향평가법이 환경보전법으로부터 분리, 제정되면서 이를 행정처분의 근거규범으로 본 판결이 생산되었다.

(1) 발전소부지사전승인처분취소사건(대법원 1998.9.4. 선고 97누19588 판결)

1) 사실관계와 소송의 경과

이 건은 원자력발전소 건설예정부지 인근에서 어업에 종사하는 원고들이 피고 과학기술처장관을 상대로 피고보조참가인 한국전력공사가 '원자로등건설사업'(영광원자력발전소 5·6호기 건설사업)을 시행하기 위하여 그 건설허가를 받기에 앞서 1996. 2. 10. 원자력법 제11조 제3항에 의하여 피고로부터 위 토지를 원자로 및 관계 시설의 건설부지로 확정하고 그 곳에 굴착·무근콘크리트공사 등의 사전공사를 할 수 있도록 하는 내용의 이 사건 부지사전승인처분을 받은데 대하여 그 취소를 구하는 소송을 제기하였다.

제1, 2심에서는 원고들에게 원고적격이 없다고 각하판결로 패소하자 원고들이 대법원에 상고하였다. 대법원에서는 원고들에게 원고적격을 인정하였으나, 후행처분인 건축허가처분에 흡수되어 소의 이익이 없고 선행처분인 부지사용승인처분이 위법하지도 않다는 이유로 상고를 기각하였다.

2) 대법원의 판단과 평가

대법원은 '원자력법 제12조 제2호'(발전용 원자로 및 관계 시설의 위치 구조 및 설비가 대통령령이 정하는 기술수준에 적합하여 방사성물질 등에 의한 인체·물체·공공의 재해방지에 지장이 없을 것)의 취지는 '원자로등건설사업'이 방사성물질 및 그에 의하여 오염된 물질에 의한 인

10) 이 법은 2007.5.17.법명이 '수질 및 수생태계보전에 관한 법률'로 개칭되었다가 2017.1.17. 일부개정되면서 '물환경보전법'(약칭: 수질수생태계법)으로 개칭되어 2018.1.18.부터 시행된다.

체 · 물체 · 공공의 재해를 발생시키지 아니하는 방법으로 시행되도록 함으로써 방사성물질 등에 의한 생명 · 건강상의 위해를 받지 아니할 이익을 일반적 공익으로서 보호하려는 데 그치는 것이 아니라 방사성물질에 의하여 보다 직접적이고 중대한 피해를 입으리라고 예상되는 지역 내의 주민들의 위와 같은 이익을 직접적 · 구체적 이익으로서도 보호하려는 데에 있다 할 것이므로, 위와 같은 지역 내의 주민들에게는 방사성물질 등에 의한 생명 · 신체의 안전침해를 이유로 이 사건 부지사전승인처분의 취소를 구할 원고적격이 있다고 할 것이다.

그렇다면 원고들이 방사성물질 등에 의한 생명 · 신체의 안전침해와 온배수로 인한 환경침해를 이유로 이 사건 부지사전승인처분의 취소를 구하고 있는 이 사건에서 원심으로서는 마땅히 원고들이 방사성물질에 의하여 보다 직접적이고 중대한 피해를 입으리라고 예상되는 지역 내의 주민들인지 여부 또는 환경영향평가대상지역 안의 주민들인지 여부를 살펴(기록에 의하면 원고들은 모두 위의 범위 내의 주민들로 보인다) 원고들에게 이 사건 부지사전승인처분의 취소를 구할 원고적격이 있는지 여부를 가렸어야 함에도, 이에 이르지 아니한 채 그 판시와 같은 이유로 원고들에게 원고적격이 없다고 판단하고 말았으니, 거기에는 원고적격에 관한 법리를 오해한 위법이 있다고 할 것이고'라고 판시하였다.

이 판결은 환경보전법에서 분화하여 개별법으로 제정된 환경영향평가법이 적용된 최초의 판결이다. 원자력발전소 건설로 인한 방사능피해의 발생가능성 및 온배수로 인한 어업 및 해양환경 변화가능성을 개인의 개별적·직접적 이익 즉 환경사익으로 봄으로써 제3자인 인근 주민에게 원고적격을 인정했다는 점에서 특히 인인(隣人)소송의 진전된 판결로 평가할 수 있다.[11]

(2) 양수발전소사건(대법원 1998.9.22.선고 97누19571 판결, 발전소건설사업승인처분취소)

1) 사실관계 및 소송의 경과

이 건은 양수발전소 건설지역인 인제군 및 양양군 거주 인근주민과 서울 등지에 사는 산악인, 환경단체인 '우이령보존회' 등 원고들 113인이 피고 통상산업부장관을 상대로 피고보조참가인 한국전력공사가 강원도 인제군 기린면 진동리 방대천 최상류 해발 920m 지점의 상부댐과 강원 양양군 서면 영덕리 남대천 안쪽 지류 후천 135m지점의 하부댐으로 구성되는 양수발전소 1 내지 4호기(발전시설용량 100만kw=25만kw×4기)를 건설하기 위하여 1989.7.18.부터 1990.12.5.까지 사이에 구 환경보전법상의 환경영향평가를 마치고 1994.3.18. 승인신청을 하여 1995.7.6. 피고로부터 구 전원개발에 관한 특례법 제5조의 규정에 의하여

11) 최근 신고리 5·6호기건설을 두고 탈원전정책전환을 위한 공론화과정을 보며 약 20년 전 판결로서는 방사능 피해가능성을 법적으로 인정한 매우 선진적인 판결이다

얻은 전원개발사업실시계획승인의 취소를 청구한 사건이다.

제2심에서는 양수발전소건설사업구역 내에 토지와 주택을 소유한 자들인 원고1. 내지 4.를 제외한 나머지 원고들에 대하여는 그들이 주장하는 환경상 이익이나 재산상 이익 등은 이 사건 승인처분의 근거 법률인 구 전원개발에관한특례법 및 구 환경보전법·구 환경정책기본법·구 환경영향평가법이 이를 그들 개개인의 개별적·구체적·직접적 이익으로서 보호하려는 것이 아니므로 그들에게 이 사건 승인처분의 취소를 구할 원고적격이 없다고 판단하였으나, 대법원에서는 원고적격을 보다 확대한 사건이다.

2) 대법원의 판단 및 평가

대법원은 '환경영향평가법 제8조, 제9조 제1항, 제16조 제1항, 제19조 제1항 등을 종합하여 보면, 위 규정들의 취지는 환경영향평가대상사업에 해당하는 발전소건설사업이 환경을 해치지 아니하는 방법으로 시행되도록 함으로써 당해 사업과 관련된 환경공익을 보호하려는 데 그치는 것이 아니라 당해 사업으로 인하여 직접적이고 중대한 환경피해를 입으리라고 예상되는 환경영향평가대상지역 안의 주민들이 전과 비교하여 수인한도를 넘는 환경침해를 받지 아니하고 쾌적한 환경에서 생활할 수 있는 개별적 이익까지도 이를 보호하려는 데에 있으므로, 주민들이 이 사건 승인처분과 관련하여 갖고 있는 위와 같은 환경상 이익은 단순히 환경공익 보호의 결과로서 국민일반이 공통적으로 갖게 되는 추상적·평균적·일반적 이익에 그치지 아니하고 환경영향평가대상지역 안의 주민 개개인에 대하여 개별적으로 보호되는 직접적·구체적 이익이라고 보아야 하고, 따라서 이 사건 양수발전소건설사업으로 인하여 직접적이고 중대한 환경침해를 받게 되리라고 예상되는 환경영향평가대상지역 안의 주민에게는 이 사건 승인처분의 취소를 구할 원고적격이 있다. 한편 환경영향평가대상지역 밖의 주민·일반국민·산악인·사진가·학자·환경보호단체 등의 환경상 이익이나 전원개발사업구역 밖의 주민 등의 재산상 이익에 대하여는 위 근거 법률에 이를 그들의 개별적·직접적·구체적 이익으로 보호하려는 내용 및 취지를 가지는 규정을 두고 있지 아니하므로, 이들에게는 위와 같은 이익 침해를 이유로 이 사건 승인처분의 취소를 구할 원고적격이 없다.

구 환경보전법하에서 1989. 7. 18.부터 1990. 12. 5.까지 사이에 주민의견수렴 없이 환경영향평가를 마쳤고, 그 후 사업기간을 종전의 1992.3.부터 1998.6.까지에서 1995.8.부터 2003.10.까지로 변경하였을 뿐 사업규모를 변경한 바 없는 이상 그 환경영향평가 및 이 사건 승인처분에 어떠한 위법이 있다고 할 수 없고, 또한 참가인이 시행한 환경영향평가에 있어서 참가인이 자본금의 100%를 출자한 한국전력기술 주식회사가 그 평가대행기관으로 되었고, 녹지자연도의 등급평가와 희귀식물의 서식분포에 관한 조사를 다소 잘못하였다고 하더라도 그 후 환경부장관과의 협의를 거친 이상(이는 그와 같은 환경영향평가의 부실 정도가 환경영향평가제도를 둔 입법취지를 달성할 수 없을 정도이어서 환경영향평가를 하지 아니한 것과 다를 바 없는 정도의 것이 아닌 이상이라는 취지로 이해된다), 그 때문에 이 사건 승인처분이 위법하다고 할 수 없으며, 다시 원고들 주장의 환경권이 이 사건 양수발전소건설사업으로 인하여 침해된다고 하더라도 그 주장의 환경권이 명문의 법률규정이나 관계 법령의 규정 취지 및 조리에 비추어 권리의 주체·대상·내용·행사방법 등이 구체적으로 정립되어 있다고 볼 수 없어 법률상의 권리로 인정될 수 없는 이상, 그 때문에 이 사건 승인처분이 위법하다고 할 수 없고, (중략) 이 사건 승인처분에 재량권을 일탈·남용한 위법이 없다고 판단하였는바, 원심의 위와 같은 판단은 모두 정당하고, 거기에 상고이유로 지적하는 바와 같은 법리오해 등의 위법이 없다'고 판시하였다.

이 판결은 원고적격의 범위를 환경영향평가지역 내에 있는 인근주민들까지는 넓혔으나, 환경영향평가지역 밖에 사는 사람이나, 해당지역에서 활동하지 않는 단체라는 이유로 환경단체(우이령보존회)의 원고적격을 인정하지 않았다. 환경단체에 대한 적격불인정도 아쉽지만,[12] 남대천에서 연어를 채취하는 어민에게도 원고적격을 인정하지 않은 점은 좀 문제가 있다. 또한 환경영향평가의 부실에 대해 이를 하지 않은 것과 다를 바 없는 것이 아닌 이상 재량권의 일탈·남용이 없어 위법하지 않다고 평가함으로서 환경영향평가절차상 하자에 대해 너무 관대한 입장을 취하고 있다는 점에서 문제가 있다.[13]

4. 자연공원법 시대(2000년대~2010년)[14]

2001.3. 자연공원법, 2003.12. 수도권 대기환경개선에 관한 특별법, 2004.2. 악취방지법과 야생 동·식물보호법,[15] 2006.9. 가축분뇨의 관리 및 이용에 관한 법률, 2006.3. 문화유산과 자연환경자산에 관한 국민신탁법이 제정되었다. 이 시기에는 대기, 물, 토양, 일조

12) 이 판결에 대한 비판석 평석은 이은기, 환경단체의 원고적격 - 대법원 1998.9.22.선고 97누19571판결 -, 행정판례평선, 2011.6.30, 박영사, 1289~1291면 참조.

13) 환경영향평가에 대한 관대한 판결들에 대한 비판은 이은기, 하자있는 환경영향평가를 거친 행정처분의 판결이유에 관한 재검토 소고 – 반복된 판박이 대법원 판시이유에 대한 비판 –, 공법연구 제45집 제3호(2017.2), 313~338면 참조.

14) 이 시기에 환경관련판결은 아니지만 종래 사실행위로 보던 지적공부상의 '지목변경'을 행정처분으로 판례 변경한 사례가 있다. 대법원 2004.4.22.선고 2003두9015 전원합의체판결(지목변경신청반려처분취소청구각하취소)에서는 '구 지적법 제20조, 제38조 제2항의 규정은 토지소유자에게 지목변경신청권과 지목정정신청권을 부여한 것이고, 한편 지목은 토지에 대한 공법상의 규제, 개발부담금의 부과대상, 지방세의 과세대상, 공시지가의 산정, 손실보상가액의 산정 등 토지행정의 기초로서 공법상의 법률관계에 영향을 미치고, 토지소유자는 지목을 토대로 토지의 사용·수익·처분에 일정한 제한을 받게 되는 점 등을 고려하면, 지목은 토지소유권을 제대로 행사하기 위한 전제요건으로서 토지소유자의 실체적 권리관계에 밀접하게 관련되어 있으므로 지적공부 소관청의 지목변경신청 반려행위는 국민의 권리관계에 영향을 미치는 것으로서 항고소송의 대상이 되는 행정처분에 해당한다'고 판시하였다. 선정원, 公簿變更 및 그 拒否行爲의 處分性, 行政判例研究 VII, 2002.12.31, 한국행정판례연구회, 박영사, 311면 참조.

15) 이 법은 2004.2.야생생물 보호 및 관리에 관한 법률(약칭 야생생물법)로 개명되었다.

등 생활환경에 대한 권리의식이 고양되어 이에 대한 판결이 다수 생산되었다.

■ 온천조성사업시행허가처분취소(대법원 2001.7.27, 선고, 99두8589판결)

(1) 사실관계 및 소송의 경과

이 건은 속리산 문장대온천사업관광지로부터 약 2km 정도 떨어진 신월천변 지역에 거주하는 주민들인 원고 김용재 외 67인이 피고 상주시장을 상대로 문장대온천조성사업으로 신월천, 달천 등 하천의 수질이 오염됨으로써 인근 주민들의 식수 등도 오염되어 주민들의 환경이익 등이 침해되거나 침해될 우려가 있다는 이유로 온천조성사업시행허가처분의 취소를 청구한 사건이다.

이 건에 대해 대법원(대법원 1998.10.20.선고 97누5503 판결)으로부터 파기, 환송을 받은 대구고등법원은 '이 사건 처분으로 인하여 신월천의 주변지역에 거주하는 원고들이 수인한도를 넘는 정도로 생활환경에 관한 이익을 침해당할 염려가 없다. 따라서 이 사건 처분의 취소를 구하는 원고들의 이 사건 청구는 이유 없다'고 원고들의 청구를 기각하였다. 그러나 대법원은 대구고등법원의 원심판결을 파기하여 다시 환송하였다.

대구고등법원은 '환경부는 1991.5.31. 신월천에서 충주 달천에 이르는 달천 전구역을 상수원수 1급 자연환경보전구역으로 지정·고시하였으며, 원고들은 이 사건 관광지로부터 약 2km 정도 떨어진 신월천변 지역에 거주하는 주민들이고, 교통부장관은 1989. 7. 14. 토지이용계획면적 956,000㎡, 관광시설 128동, 건축연면적 45,194.8㎡인 문장대온천관광지 조성계획을 승인하였고, 교통부장관으로부터 권한위임을 받은 경상북도지사가 1991. 7. 24. 시설규모를 91동, 건축연면적을 58,606.2㎡로 변경하는 내용의 조성계획변경을, 1995. 12. 7. 시설규모를 116동, 건축연면적을 74,764.33㎡로 변경하는 내용의 조성계획변경을 순차 각 승인하였으며, 경상북도지사로부터 권한위임을 받은 피고가 1996. 4. 8. 피고보조참가인 문장대온천관광지개발지주조합에 대하여 관광지에서의 오수처리시설은 토양피복형접촉산화법('산화법') 및 모관침윤트렌치공법('트렌치공법') 등에 의하여 설치하되 오수처리시설이 다른 시설보다 먼저 설치가동되도록 하는 등의 조건을 붙여 위 관광지조성사업시행을 허가하는 내용의 이 사건 처분을 하여 피고보조참가인은 같은 해 8월 20일부터 관광지 조성을 위한 공사를 시행하고 있다. (중략) 그러므로 위 관광지의 개발로 인하여 신월천의 수질이 오염될 우려가 없으며, 현재 오수처리시설 설치를 위한 부지가 확보되지 않았고 실행설계가 없어 계획단계에 불과하다 하더라도 이 사건 처분은 오수처리시설이 다른 시설보다 미리 설치·가동되는 것을 조건으로 하였기 때문에 오수처리시설의 가동 없이 다른 시설이 운영될 수 없으므로, 이 사건 처분으로 인하여 신월천의 주변지역에 거주하는 원고들이 수인한도를 넘는 정도로 생활환경에 관한 이익을 침해당할 염려가 없고, 따라서 이 사건 처분의 취소를 구하는 원고들의 이 사건 청구는 이유 없다'고 하여 원고들의 청구를 배척하였다.

(2) 대법원 판단 및 평가

대법원은 '관광지조성사업의 시행은 국토 및 자연의 유지와 환경의 보전에 영향을 미치는 행위로서 그 허가 여부는 사업장소의 현상과 위치 및 주위의 상황, 사업시행의 시기 및 주체의 적정성, 사업계획에 나타난 사업의 내용, 규모, 방법과 그것이 자연 및 환경에 미치는 영향 등을 종합적으로 고려하여 결정하여야 하는 일종의 재량행위에 속한다고 할 것이고, 위와 같은 재량행위에 대한 법원의 사법심사는 당해 행위가 사실오인, 비례·평등의 원칙 위배, 당해 행위의 목적 위반이나 부정한 동기 등에 근거하여 이루어짐으로써 재량권의 일탈·남용이 있는지 여부만을 심사하게 되는 것이나, 법원의 심사결과 행정청의 재량행위가 사실오인 등에 근거한 것이라고 인정되는 경우에는 이는 재량권을 일탈·남용한 것으로서 위법하여 그 취소를 면치 못한다 할 것이다. 관광지조성사업시행 허가처분에 오수처리시설의 설치 등을 조건으로 하였으나 그 시설이 설치되더라도 효능이 불확실하여 오수가 확실하게 정화 처리될 수 없어 인접 하천 등의 수질이 오염됨으로써 인근 주민들의 식수 등도 오염되어 주민들의 환경이익 등이 침해되거나 침해될 우려가 있고, 그 환경이익의 침해는 관광지의 개발 전과 비교하여 사회통념상 수인한도를 넘는다고 보이며, 주민들의 환경상의 이익은 관광지조성사업시행 허가처분으로 인하여 사업자나 행락객들이 가지는 영업상의 이익 또는 여가생활향유라는 이익보다 훨씬 우월하다는 이유로, 그 환경적 위해 발생을 고려하지 않은 관광지조성사업시행 허가처분은 사실오인 등에 기초하여 재량권을 일탈·남용한 것으로서 위법하다'고 판시하였다.

이 판결은 관광개발지역 인근주민들인 원고들이 향유하는 오염되지 않은 깨끗한 물에 대한 개별적 이익(환경 사익)을 피고보조참가인의 관광사업으로 인한 사업상 이익(사익)이나 환경상 악영향을 초래하지 않는 관광지 온천개발이라는 공익과 비교 형량한 결과 원고들의 환경사익을 우월한 것으로 판단한 판결로서 인인의 환경사익이 공익보다 우월하게 평가되었다는 측면에서 그 의미가 있다고 평가할 수 있다.[16)]

16) 이 판결 이전에 같은 속리산 국립공원 용화온천집단지구개발사업에 대한 대법원 1998.4.24.선고 97누3268 판결에 대한 평석은 김동건, 환경행정소송과 지역주민의 원고적격, 行政判例研究 V, 2000. 10.20, 韓國行政判例硏究會 編, 서울대학교출판부 183~216면 참조. 집필당시 김동건 수원지방법원장은 처분의 근거법령인환경영향평가법령 외에 자연공원법령과 같은 개별법령의 일반적인 환경배려조항에 근거로 막바로 지역주민의 제3자 원고적격을 도출하는 것은 무리라며 경계하고 있다. 위 논문215~216면.

5. 저탄소녹색성장기본법시대(2010년~현재)

이 시기는 지구온난화문제를 해결하기 위해 국제적 공조경향에 따라 기후변화협약이 국내법으로 수용되던 시기였다. 저탄소녹색성장기본법이 2010.1.제정되어 2010.4.부터 시행되었고, 온실가스배출권거래제를 도입하고자 2012.5. 온실가스 배출권의 할당 및 거래에 관한 법률이 제정되어 2012.11.부터 시행되었다.[17] 해양환경보전 및 활용에 관한 법률(약칭: 해양환경보전법)이 2017.3.제정되어 2017.9.부터 시행되었고 2014.12. 환경오염피해 배상책임 및 구제에 관한 법률(약칭: 환경오염피해구제법)이 제정되어 2016.7.부터 시행되었다.

이 시기에는 4대강사업, 제주해군기지건설, 밀양송전선사건, 영주댐 사건 등 대형국책사업에 대한 환경행정판결이 있었고 500여개 기업에 대한 온실가스배출권할당이 있었는 바, 그에 대한 행정소송은 아직 하급심에 계속 중이다.

- 제주해군기지사건(대법원 2012.7.5.선고 2011두19239 전원합의체판결, 국방·군사 시설 사업실시계획승인처분무효확인등)

(1) 사실관계와 소송의 경과

이 건은 제주도 강정마을 인근에 해군기지를 건설하고자 국방 · 군사시설사업실시계획 승인처분을 한 국방부장관을 상대로 원고들이 사전환경성검토협의절차 및 환경영향평가단계에서의 하자를 이유로 승인처분의 무효확인등을 청구한 사건이다.

제2심인 서울고등법원(서울고법 2011.6.16.선고 2010누27273판결)은 '환경영향평가법의 위임에 따라 환경영향평가 대상사업 또는 그 사업계획에 대한 환경영향평가서 제출시기를 규정하고 있는 구 환경영향평가법 시행령 제23조[별표 1] 제16호 (가)목 소정의 '기본설계의 승인 전'(이건 시행령규정)은 그 문언에도 불구하고 구 국방 · 군사시설 사업에 관한 법률 제4조에 따른 '실시계획'의 승인 전을 의미한다고 전제한 다음, 환경영향평가를 거치지 아니한 채 한 피고의 이 사건 실시계획 승인처분은 당연무효이다'고 원고 일부승소판결을 내렸으나, 대법원은 원고 패소취지로 파기, 환송하였다.

(2) 대법원의 판단과 평가

대법원은 '절대보전지역의 지정 및 변경은 도지사의 재량행위라고 판단한 후, 이 사건 절대보전지역변경(축소)결정은 강정마을 내의 절대보전지역 중 이 사건 사업부지에 속한

---

17) 2017.12.20. 국무조정실 온실가스종합정보센터의 발표에 따르면 2015년 GDP가 2.8% 증가한 반면국가 온실가스 배출량이 전년('14년)보다 약 1백만톤(0.2%) 증가한 6억 9,020만톤CO_2eq.(이산화탄소 환산기준)이다. http://www.gir.go.kr (국무조정실 온실가스종합정보센터) 참조.

105,295㎡를 해제하여 절대보전지역의 범위를 축소하는 것이므로 주민의견 청취절차가 필요 없고, 도지사가 관계 법령의 범위 내에서 도의회의 동의를 얻어 정책상의 전문적 · 기술적 판단을 기초로 재량권의 범위 내에서 행한 적법한 처분으로 봄이 상당하고, 거기에 사실오인, 비례 · 평등의 원칙 위반, 당해 행위의 목적 위반이나 동기의 부정 등이 없다. (중략) 비록 사전환경성검토 단계에서 사업입지 관련 대안을 자세히 검토하지 않았고, 계획 적정성에 관한 내용이 누락되었으며, 환경영향평가단계에서 멸종위기종의 존재를 누락하는 등 환경영향평가에 다소 미흡한 부분이 있었다고 하더라도, 그 부실의 정도가 환경영향평가제도를 둔 입법 취지를 달성할 수 없을 만큼 심하여 환경영향평가를 하지 아니한 것과 다를 바 없는 정도라고 볼 수는 없다.

시행령 제23조[별표 1] 제16호 (가)목 소정의 '기본설계의 승인 전'은 문언 그대로 구 건설기술관리법 시행령 제38조의9소정의 '기본설계'의 승인 전을 의미하는 것으로 해석함이 상당하고, 그렇게 보는 것이 법의 위임 범위를 벗어나는 것도 아니다.

이 사건 시행령규정의 '기본설계의 승인 전'은 구 건설기술관리법령상 '기본설계'의 승인 전을 의미하는 것으로 해석하여야지 이를 구 국방사업법상 '실시계획'의 승인 전을 의미하는 것으로 해석할 것은 아니다. 그럼에도 원심은 이 사건 시행령규정의 '기본설계의 승인 전'은 이 사건 국방 · 군사시설사업에 대한 '실시계획의 승인 전'을 의미한다는 전제하에, 사업시행자인 해군참모총장이 이 사건 실시계획 승인처분 전에 피고에게 사전환경성검토서만 제출하였을 뿐 환경영향평가서를 제출하지 않았다는 이유로 이 사건 실시계획 승인처분이 무효라고 판단하였는바, 이는 이 사건 실시계획 승인처분의 본질과 특수성, 국방·군사시설사업에 관한 환경영향평가서 제출시기 등에 관한 법리를 오해하여 판단을 그르친 것이다. 상고이유로 이 점을 지적하는 피고의 주장은 이유 있다'라며 서울고등법원의 판결을 파기, 환송하였다.

이 판결은 국방 · 군사시설인 해군기지 설치를 위한 국가적 공익과 인근 주민의 환경이익이 충돌한 경우에 대한 판결이다. 환경영향평가를 거치지 아니한 채 한 피고의 이 사건 실시계획 승인처분은 당연 무효라는 원고의 주장에 대해 사전환경성검토 단계에서 사업입지 관련 대안을 자세히 검토하지 않았고, 계획 적정성에 관한 내용이 누락되었으며, 환경영향평가단계에서 멸종위기종의 존재를 누락하는 등 환경영향평가에 다소 미흡한 부분이 있었다고 하더라도, 그 부실의 정도가 환경영향평가제도를 둔 입법 취지를 달성할 수 없을 만큼 심하여 환경영향평가를 하지 아니한 것과 다를 바 없는 정도라고 볼 수는 없다며 하자 있는 환경영향평가를 거친 행정처분에 대해 위법성을 인정하지 하지 않고 면죄부를 주어온 기존입장을 되풀이한 판결이라는 점에서도 문제가 있다.[18] 국토방위에 있어 국가기관인

18) 대법원 1998.9.22.선고 97누19571판결(발전소건설사업승인처분취소)이래 대법원은 문구를 약간 달리 하였

사법부의 역할을 이해할 수 있지만, 자연환경법이 적용되는 절대보전지역변경(축소)결정에서 이 사건 사업부지에 속한 강정마을 내의 105,295㎡를 해제하여 절대보전지역의 범위를 축소하는 것이므로 주민의견 수렴절차가 필요 없고 도지사가 관계 법령의 범위 내에서 도의회의 동의를 얻어 재량권의 범위 내에서 행했으므로 적법하다고 본 대법원의 판단은 절차상의 하자를 무효·취소사유로 보아 온 기존 판례들과 비교해 볼 때 문제가 있다.

Ⅲ. 공익 상호간의 충돌사례

환경분쟁에서 공익과 공익이 충돌하는 경우는 그렇게 흔하지는 않다. 국가적 공익인 개발이익과 생태계 등 자연환경보전을 목적으로 하는 환경공익이 충돌한 사건으로 볼 수 있는 사례로는 속칭 도롱뇽사건, 새만금사건, 4대강사건을 들 수 있다. 이들 사건에 대해 살펴보기로 한다.

1. 도롱뇽사건(대법원 2006.6.2.선고, 2004마1148,1149 결정, 공사착공금지가처분)

(1) 사실관계 및 소송의 경과

이 사건은 신청인 도롱뇽, 환경단체인 '도롱뇽의 친구들', 천성산 소재 사찰인 내원사, 미타암 등이 경부고속철도공사를 진행하던 피신청인(건설교통부 산하 경부고속철도공사시행자인) 한국철도시설공단을 상대로 천성산 고층습지에 사는 도롱뇽 등 생태계보전을 위하여 환경권, 자연방위권을 피보전권리로 하여 터널공사금지 가처분 즉 유지청구를 신청한 보전소송이다.

경부고속철도공사 시행자인 피신청인 한국철도시설공단이 물류운송시간 단축에 필요한 천성산을 관통하는 길이 13.5km의 원효터널공사를 진행하고 있었다. 2003년부터 2006년까지 지율스님,[19] 위 환경단체 등은 터널 공사에 대해 환경영향평가나 자연정밀변화보고

을 뿐 "환경영향평가를 거치지 아니하였음에도 승인 등 처분을 하였다면 그 처분은 위법하다. 그렇지만 그러한 절차를 거쳤다면, 비록 그 환경영향평가의 내용이 다소 부실하다 하더라도, 그 부실의 정도가 환경영향평가제도를 둔 입법 취지를 달성할 수 없을 정도이어서 환경영향평가를 하지 아니한 것과 다를 바 없는 정도의 것이 아닌 이상, 그 부실은 해당 승인 등 처분에 재량권 일탈·남용의 위법이 있는지 여부를 판단하는 하나의 요소로 됨에 그칠 뿐, 그 부실로 인하여 당연히 해당 승인 등 처분이 위법하게 되는 것이 아니다"라는 판시이유를 똑같게 반복하고 있다. 이은기, 하자있는 환경영향평가를 거친 행정처분의 판결이유에 관한 재검토 소고 참조.

19) 지율스님은 4회에 걸쳐 241일 동안 단식투쟁 시위를 벌였고, 환경단체 '도롱뇽의 친구들' 등의 공사반대

서의 부실을 지적하며, 터널공사로 인한 지하수 유출과 고층습지 고갈, 생태계 훼손, 터널의 안전성 문제를 제기하였다. 2006년 천성산 대책위와 한국철도시설공단이 공동으로 실시한 원효터널 구간 천성산 환경영향공동조사 결과, 천성산 논란의 핵심이었던 지하수 유출 문제를 비롯하여 고층습지 훼손과 암반 붕락 등 터널안전성에 문제가 있다는 결과가 나오기도 했다.

신청인 도롱뇽 및 '도롱뇽의 친구들'이라는 자연물과 환경단체 그리고 천성산에 소재하고 터널공사 구간 중 토지의 소유권을 보유한 전통사찰인 내원사, 미타암이 도롱뇽이 서식하는 고층습지 등 자연생태환경의 파괴 등 환경적 이익에 대한 침해의 배제 또는 예방을 신청원인으로 하여 터널의 착공금지가처분신청을 울산지방법원에 제기하면서 시작되었다.

제1심(울산지법 2004.4.8.선고 2003카합982판결)과 제2심(부산고법 2004. 11.29.선고 2004라41,42결정)은 '도롱뇽' 및 '도롱뇽의 친구들'의 원고적격을 부인하여 가처분신청을 각하하였고, 나머지 신청인 내원사, 미타암의 신청도 기각하였다.

(2) 대법원의 판단 및 평가

대법원은 '신청인 내원사, 미타암, 도롱뇽의 친구들이 환경권에 관한 헌법 제35조 제1항이나 자연방위권 등 헌법상의 권리에 의하여 직접 피신청인에 대하여 고속철도 중 일부 구간의 공사 금지를 청구할 수는 없고 환경정책기본법 등 관계 법령의 규정 역시 그와 같이 구체적인 청구권원을 발생시키는 것으로 해석할 수는 없으므로, 원심이 같은 취지에서 신청인 내원사, 미타암의 신청 중 환경권이나 자연방위권을 피보전권리로 하는 부분 및 신청인 도롱뇽의 친구들의 신청(위 신청인은 천성산을 비롯한 자연환경과 생태계의 보존운동 등을 목적으로 설립된 법인 아닌 사단으로서 헌법상 환경권 또는 자연방위권만을 이 사건 신청의 피보전권리로서 주장하고 있다)에 대하여는 피보전권리를 인정할 수 없다는 취지로 판단한 것은 정당하고, 환경권 및 그에 기초한 자연방위권의 권리성, 신청인 도롱뇽의 친구들의 당사자적격이나 위 신청인이 보유하는 법률상 보호되어야 할 가치 등에 관한 법리오해 등의 위법이 없다. 신청인 도롱뇽의 당사자능력에 관하여 원심결정 이유를 기록에 비추어 살펴보면, 도롱뇽은 천성산 일원에 서식하고 있는 도롱뇽목 도롱뇽과에 속하는 양서류로서 자연물인 도롱뇽 또는 그를 포함한 자연 그 자체로서는 이 사건을 수행할 당사자능력을 인정할 수 없고… 신청인 내원사, 미타암, 도롱뇽의 친구들이 환경권에 관한 헌법 제35조 제1항이나 자연방위권 등 헌법상의 권리에 의하여 직접 피신청인에 대하여 고속철도 중 일부 구간의 공사금지를 청구할 수는 없고 환경정책기본법 등 관계 법령의 규정 역시 그와 같이 구체적인 청구권원을 발생시키는 것으로 해석할 수는 없다'고 판시하였다.

운동으로 터널공사가 3년간 공사 중단과 재개를 반복하면서 145억원 이상의 공사비가 증가했다는 평가가 있었다. https://www.daum.net

이 판결은 우리나라 최초로 사법적 구제절차를 통해 제기된 '자연의 권리'의 인정여부에 대한 판결로서,[20] 천성산 일원의 생태계 등 자연환경보전을 청구원인으로 하여 국가 공익목적사업의 중지를 구한 소송이다. 피신청인 측의 물류운송시간의 단축이라는 국가적·사회적 공익 즉 교통공익과 신청인 측의 지역사회 생태계보전이라는 환경공익 및 사찰의 환경사익이 충돌한 사건으로 볼 수 있다.

결국 자연물에 대해서는 원고적격 부재를 이유로 각하하고 환경권, 자연방위권에 대한 구체적 근거규정이 없다는 이유로 기각하였는바, 판결이유에는 나타나지 않았지만 교통공익이 환경공익이나 환경사익에 우선한다는 이익비교형량의 결과로 해석할 수 있다. 구체적 근거규정 미비와 이익의 형량판단에는 이의를 제기하기 어려우나, 자연환경보전이라는 환경공익의 관점에서 보면 다소 아쉬움이 남는 판결이다.

2. 새만금사건(대법원 2006.3.16.선고 2006두330 전원합의체판결, 정부조치계획취소등)

(1) 사실관계 및 소송의 경과

이 건은 새만금간척사업시행 인근 전북 군산시, 김제시, 부안군 거주민과 그 외 지역 거주자인 3,539명의 원고들이 피고 농림부장관(피고보조참가인 전라북도지사)을 상대로 정부조치계획 등의 무효 확인을 청구한 사안이다.

1971년부터 1986년 사이에 전북 김제, 부안, 군산 일원 갯벌의 간척사업으로 새만금사업 예정지조사가 진행되었고 1989.11. 새만금개발사업 종합계획이 수립된 후 1991.11.28. 공사가 착공되었다.

1999년 민간공동조사단의 구성 및 공사 중지, 2003년 7월 서울행정법원의 집행정지 결정[21]으로 방조제 공사 중단, 2004년 1월 서울고등법원의 집행정지결정취소로 공사재개, 2005년 2월 서울행정법원의 개발범위와 용도에 대한 사회적 합의가 끝나기 전까지 방조제를 막지 말라는 조정권고안이 내려져 공사 중단과 재개를 거쳐 2006년 3월 대법원의 판결[22]이 내려졌고 2006년 4월 외관방조제공사가 완료되었다.[23] 이 간척사업은 부안군과

20) 자연물의 권리에 관하여 미국의 최초 판결은 Sierra Club v. Morton, 405 U.S. 727(1972)에서 Douglas대법관에 의해 반대의견으로 개진되었고, Christopher D. Stone교수도 Should Trees Have Standing? Toward Legal Rights for Natural Objects라는 책에서 Douglas대법관의 견해에 동조하였다. 김홍균, 환경법, 929면 각주 68)참조.

21) 서울행정법원 2003.7.15.선고 2003아1142판결 참조.

22) 2006.3.16.선고, 2006두330 정부조치계획취소등 전원합의체 판결(원고: 조경훈 외 3538인, 피고: 농림부장관, 피고보조참가인: 전라북도)

23) 최동배, 새만금사업의 향후 법적 과제, 환경법연구 제30권 1호(2008.5.), 39~40면.

군산시를 잇는 33.9km에 달하는 세계 최장의 방조제를 축조함으로써, 토지 28,300ha와 담수호 11,800ha 등 총40,100ha(401㎢)의 땅[24]을 새롭게 조성하는 우리나라 최대의 간척사업이었다.[25]

이 사업에 대해 전국 각지의 국민 3,539인이 자연환경인 갯벌의 보전필요성[26] 등의 이유를 청구원인으로 하여 농림부장관을 상대로 정부조치계획등의 취소를 구하는 행정소송을 서울행정법원에 제기하였다. 서울행정법원에서는 환경이익을 개발이익에 우선하여 원고승소판결을 내렸으나 제2심에서는 개발이익을 우선하여 원고 패소판결을 내렸다.

제1심(서울행정법원 2003.7.15.선고 2003아1142판결)과 제2심(서울고등법원 2005. 12.21.선고 2005누4412 판결)을 거쳐 대법원은 판결이유에서 “새만금사업의 환경영향평가 대상지역은 군산시, 김제시, 전북 부안군 전 지역인데, 원고 조경훈 등 143명의 원고를 제외한 나머지 원고들(원고 144. 내지 3539.)이 거주하는 목포시, 익산시, 전북 완주군, 전주시, 서울 등의 지역은 환경영향평가 대상지역도 아닌데다가 위 원고들이 위 공유수면매립면허처분 등으로 인하여 그 처분 전과 비교하여 수인한도를 넘는 환경피해를 받거나 받을 우려가 있다는 점을 입증하지 못하고 있으며, 위 원고들이 이 사건 각 처분과 관련된 구 공수법상의 공유수면에 관하여 권리를 가진 자 또는 농촌근대화촉진법상의 이해관계인에 해당한다고 인정할 자료가 없다. 그러므로 위 원고들에게는 이 사건 각 처분의 무효확인을 구할 원고적격이 있다고 할 수 없다’고 판시하였다.[27] 또한 원고적격인 인정된 원고들이 청구원인으로 구한 쌀수입 및 소비감소로 인한 농지조성의 불필요성과 해양생태계 파괴로 인한 경제성결여 등 사정변경으로 인한 매립면허처분취소 등에 대하여 이유없다고 상고를 기각하였다.

(2) 대법원의 판단 및 평가

이건의 쟁점은 새만금사업과 같은 대형 국책사업에서의 이익충돌은 환경공익과 개발공익 중 어느 공익을 우선할 것인가가 된다. 환경분쟁 중 공익 상호간의 충돌이 이루어진 대표적인 경우이다. 이러한 사안에서는 개발과 환경보전 중 어디에 중점을 두느냐는 이념

---

24) 이는 여의도면적의 140배, 서울의 2/3, 파리의 4배에 해당하며 2007년 말 기준 방조제사업비로만 2조 3,285억원이 투입되었고 1991년부터 2020년까지 소요될 총사업비는 3조 2570억원이다.

25) http://www.saemangeum.go.kr, 강현호, 새만금사업촉진을 위한 특별법의 환경법적 의의와 과제, 환경법연구 제30권 1호(2008.5.), 5~8면.

26) 갯벌은 지구 생태계 면적의 0.3%를 차지할 뿐이지만, 숲의 10배, 농경지의 100배에 달하는 생태적 가치를 가지고 있다는 주장이 있으며, 우리나라 갯벌의 연간 경제적 가치는 16조에 달한다고 한다. 이투데이 2015.6.24. 독자칼럼(김영석 해수부차관, 생명을 품은 땅, 갯벌의 자원화로 일구는 창조경제),조선일보 2015. 7.24. 독자칼럼(이종구, 갯벌도 살리고 개발도 하는 묘안 찾아야) 참조.

27)이 판결 선고 후 2007년 새만금사업을 위한 새만금종합개발특별법과 연안개발특별법이 제정되었는바, 이에 대해 지역환경단체인 ‘새만금생명평화전북연대’가 반대성명을 내는 등 반대활동을 해오고 있다.

과 가치관에 따라 결론이 달라 질 수밖에 없다.[28] 대법원의 다수의견은 개발이익이 환경이익보다 우위에 있음을 인정하였고, 반대의견은 환경이익이 개발이익보다 우위에 있음을 인정하였고[29] 보충의견은 '친환경적 개발'이라는 절충안을 제시하였다.

---

28) 정남철, 環境訴訟과 隣人保護, 환경법연구 제28권 1호(2006.5.15.), 한국환경법학회, 262~263면.

29) 2015.1.23. KBS뉴스 전재 : 지난 1987년 방조제로 바닷물을 막은 시화호의 초기 모습입니다. 유입된 공단 폐수로 수질은 급격히 나빠지고, 물고기가 집단 폐사하는 등 죽음의 호수로 변했습니다. 철새는 물론, 어부들 역시 생업을 져버리고 이곳을 떠날 수밖에 없었는데요. 하지만 지난 1996년부터 바닷물을 유통시키고 100만 제곱미터에 이르는 갯벌을 복원하면서 사정은 달라졌습니다. 복원한 갯벌이 하루 7만 2천 세제곱미터의 하천 유입수를 정화하면서 시화호는 바깥 바닷물과 같은 수준으로 깨끗해졌고, 해마다 35만 마리의 철새가 날아들고 있습니다. 이처럼 갯벌의 가치가 알려지면서 사라진 갯벌을 복원하는 사업이 전국 곳곳에서 추진되고 있지만 난관에 부딪히고 있습니다.
▼갯벌 되살리기, 전국 곳곳 난항▼ <리포트> 지난 1976년, 100만 제곱미터의 갯벌을 메워 농지로 만든 대흥포 간척지구입니다. 쌀농사 소득이 갈수록 줄자 5년 전 농민들은 역간척 사업을 추진했습니다. 토지를 위탁해 갯벌로 복원하고 관광 등으로 수익을 창출하겠다는 겁니다. 하지만 아예 토지를 사달라는 땅 주인들과 의견이 엇갈리면서 사업은 중단됐습니다. <인터뷰> 김병철(대흥포 역간척사업 추진위원장) : "개인의 재산권을 … 농업이란 걸 포기해야 하기 때문에 그러면 거기에 걸맞은 보상이 있어야죠. 무산이 돼버리니까 많이 안타까운 거죠." 농지매립과 농업용수확보를 위해 지난 2001년 준공된 보령·홍성 방조제. 갯벌이 사라지면서 굴 등 특산물 수확이 많이 줄고 수질까지 크게 나빠지면서 200여 명 주민 가운데 90%가 넘는 주민들은 갯벌 복원을 위해 방조제를 트길 바라고 있습니다.
<인터뷰> 전춘식(복원추진찬성 주민) : "방조제를 막은 곳이 굴이 유명하고 맛있고 잘 나는 곳이었어요. 바지락까지 방조제를 막으면서 그 좋은 굴 밭이 없어지고…" 하지만 농어촌공사가 농업 용수 부족을 이유로 복원에 반대하고 있어 자치단체가 복원하는 데 어려움을 겪고 있습니다. <인터뷰> 남궁영(충청남도 기획관리실장) : "(국토부, 해양수산부, 농림식품부의) 합의를 얻기가 쉽지 않아요. 특히 지방자치단체에서 합의를 이끌어내는 건 불가능에 가깝죠." 주민들이 갯벌 복원을 요구하고 있는 곳은 전국 15개 자치단체, 81곳에 이르지만 지금까지 사업이 착수된 곳은 없습니다.
▼갯벌의 가치는?▼ <기자 멘트>
갯벌을 메워 땅으로 만드는 '간척 사업'은 좁은 국토를 조금이라도 늘리기 위한 것으로 정부는 국토 대개조, 인간 승리의 사례로까지 홍보했습니다. 이에 따라 국내 갯벌 면적은 1987년 3천 2백㎢에서 2005년 2천 5백㎢로 20%가량 줄어들었습니다. 그러나 요즘 들어 환경에 대한 인식이 확 달라졌습니다. 우리 국민 가운데 갯벌 복원을 원한다는 응답이 92.4%에 이를 만큼 변한 건데요. 물론, 실리적인 부분도 있습니다. 20년 전 1제곱킬로미터에 46억 원이던 쌀농사 순수익은 최근 절반으로 감소했지만, 갯벌의 경제적 가치는 51억 원으로 2배가 넘습니다. 그만큼 갯벌의 가치가 높다는 건데 다른 나라들은 어떻게 했을까요? 진정은 기자가 취재했습니다.
▼갯벌 복원의 경제학, 환경 선진국의 교훈▼ <리포트>
네덜란드 북쪽, 바덴해에 있는 한 어촌 마을입니다. 인구 천 명의 작은 마을이지만 철새를 보러 온 생태관광객으로 마을은 항상 북적입니다. 홍수 방지용 제방을 허물고 염전 등으로 활용하던 갯벌을 되살리면서 생긴 변화입니다. 전 국토의 95%가 간척지인 네덜란드가 제방을 터 갯벌을 복원하기 시작한 건 지난 1980년대 초. 제방을 부숴 갯벌 환경을 되살리더라도 홍수예방에 큰 문제가 없다는 판단 아래 네덜란드 정부가 한 해 수백억 원씩 투입하고 있습니다. 그 결과 네덜란드북쪽해안에 자리잡은 작은 섬인 아믈랜드도에 한해 60만 명의 관광객이 갯벌을 찾아오고 있습니다. 특히 인접한 독일, 덴마크도 함께 7,500㎢에 달하는 바덴해 갯벌 보호 국제 협약을 맺고 공동 복원을 진행해오고 있습니다. 도시 확장에 따른 무분별한 매립으로 40%의 갯벌이 사라진 일본은 1980년대 초 지방정부가 예산을 투입해 갯벌 되살리기에 뛰어들었습니다. 갯벌 매립으로 환경오염을 경험한 일본 도쿄와 오사카 시는, 매립과 동시에 인공 갯벌을 조성하도록 지난 2001년 조례도 만들었습니다. <인터뷰> 타케시 야마모토(오사카시 항만국) : "녹지를 만들지 않으면 안 된다는 조례가 있기 때문에 녹지 주변의 물이 오염되지 않도록 갯벌을 만들게 됐습니

대법원은 위 전북 군산시, 김제시, 부안군 3개 시군에 거주하는 원고 143명은 환경영향평가지역내의 주민으로서 원고적격을 인정하였으나, 나머지 3,396명의 원고들은 법률상 이익이 없다는 이유로 원고적격을 인정하지 않았다.

이 소송은 갯벌 생태계 등 자연환경보존의 순수한 공익을 위해 원고들이 국가를 상대로 제기한 순수형 공익소송, 공익시민소송으로서의 성격을 가지고 있다. 그럼에도 법원은 원고적격의 범위를 기존의 판결에서와 같이 환경영향평가 범위내의 인근주민으로 한정하여 인정하고 그 외 국민은 수인한도를 넘는 환경피해를 주장, 입증할 경우 원고적격을 인정할 수 있다고 판시하였다.

이 판결은 미국판례에 의해 확립되었고 자연자원보전의 근거로서 원용되는 공공신탁이론(Public Trust Doctrine)의 도입 필요성을 생각하게 하는 판결이다. 공공신탁이론은 중요한 자연자원에 대하여는 일반국민(truster)의 공적 이익을 위하여 소유권이 그 소유자에게 신탁되어 있다고 보고, 소유자는 공공수탁자(trustee)로서 이를 보전, 보호하여야 할 의무를 부담하는 것으로 이해되고 있다.[30] 예컨대 갯벌이 중대한 생태적 가치가 있다고 인정되면, 소유자인 국가는 갯벌의 공공수탁자로서 일반공중을 위하여 이를 보전, 보호할 의무를 부담한다는 것이다.

공공신탁이론이 위 판결에서 원용되었다면 이건 간척사업지 인근거주민이 아닌 전북 익산시, 완주군, 전주시 거주 원고들은 물론 목포시, 서울에 거주하는 나머지 원고나 일반국민도 이건 간척사업으로 사라질 새만금 갯벌 경관의 감상 등으로 인한 공공적·환경적 이익의 향유를 인정될 여지가 있게 되어 원고적격의 확대에도 기여할 수 있었다. 그리고

다." 환경 선진국들은 갯벌 복원을 통해 자연과 주민 모두 상생의 길을 가고 있어 우리도 눈여겨 봐야 할 것입니다.

▼갯벌정보시스템 네덜란드는 생존을 목적으로 해안매립을 진행해 왔으나 북해의 바덴해를 자연보호지역으로 보존하는 정책도 함께 펼치고 있다. 즉, 현세대의 요구를 충족시키되 미래세대의 요구를 위협하지 않기 위하여 지속 가능한 이용을 보장하는 통합적인 연안관리개념을 바다와 해안관리에 도입하고 있다. 특징적인 것은 해안지역의 규제와 자연보전을 위해 '핵심지역'을 지정하여 독일의 경우와 마찬가지로 엄격하게 이용 규제를 하고, 어떤 새로운 시설의 건설 및 활동도 허가하지 않고 있는 점이다. 네덜란드 측 바덴해 갯벌의 관리정책은 물리적 계획수단, 바덴해 규약(Wadden Sea Memorandum) 및 자연보전법에 근거를 두고 있다. 제1차 바덴해 규약은 1980년도에 발간되었으며, 네덜란드의 물리적 계획문서로 중앙정부나 지방정부의 자연환경분야에 대한 계획·보전 및 관리의 기초가 되며, 바덴해 규약의 목적과 조건은 모든 주, 지역, 지방정부에 대해 구속력을 가진다. 한편 자연보전법에 의해 바덴해의 대부분이 1981~1982에 자연기념물(natural monument)로 지정되었다. 1993년 개정된 바덴해 규약은 갯벌보호를 위한 관련 규정을 담고 있고 이에 근거한 자연보전법(Nature Conservation Act)은 바덴해를 보호하기 위해 이용되며, 이 지역을 파괴시키고 손상시키는 여러 가지 다양한 행위로부터 보호하는 정책수립, 시행의 기초자료로 사용되고 있다. 한편 수렵관리에 관한 정책문서(Policy Document on Shooting Game Management)에 의해 이동성 종의 사냥을 점진적으로 제한하고, 연근해 어업에 관한 정책문서(Policy Document on Sea Coastal Fisheries)에 의해 조개와 홍합의 채취를 금지하는 등의 정책도 펴고 있다. www.daum.net(2017.12.2.방문)

30) 김홍균, 환경법, 홍문사, 2014, 927~928면.

무엇보다도 네덜란드, 독일 등 북유럽국가들이 경제성 및 환경적 측면을 고려하여 과거 국토를 늘리기 위해 간척했던 갯벌을 1980년대부터 복원하고 있는 현실을 볼 때 반대의견이 개진한 갯벌 등 생태계에 대한 환경주의에 귀를 기울이지 않을 수 없다.

3. 4대강사건(대법원 2015.12.10.선고 2011두32515 판결, 하천공사시행계획 취소청구등)[31]

(1) 사실관계 및 소송의 경과

이 사건은 강원도, 대전, 충남, 제주에 거주하는 원고들이 피고 국토교통부장관과 서울지방국토관리청장을 상대로 국토해양부, 환경부, 문화체육관광부, 농림수산식품부가 합동으로 2009.6.8. 발표한 '4대강 살리기 마스터플랜'('이 사건 정부기본계획'이라 함) 및 피고 국토교통부장관이 2009.6.8. 국토해양부 고시 제2009－334호로 한 한강수계 유역종합치수계획고시, 피고 서울지방국토관리청장이 2009.7.2. 서울지방국토관리청 고시 제2009－165호로 한 한강하천기본계획(변경)고시의 취소를 청구한 사건이다. 서울고등법원(2011.11.25. 선고 2011누5775 판결)은 원고패소판결을 내렸고, 원고들이 상고하였다.

(2) 대법원의 판단 및 평가

대법원은 '국토해양부, 환경부, 문화체육관광부, 농림수산식품부가 합동으로 2009. 6. 8. 발표한 '4대강 살리기 마스터플랜'('이 사건 정부기본계획'이라 함)은 한강, 낙동강, 금강, 영산강 등 4대강 정비사업의 목표로서 '기후변화 대비, 자연과 인간의 공생, 국토 재창조, 지역균형발전과 녹색성장기반구축' 등을 제시하고, 그 사업을 4대강 본류에서 시행하는 '본사업', 섬진강과 주요 지류 국가하천에서 시행하는 '직접 연계사업', 수변경관 등을 활용하는 '연계사업'으로 구분하는 한편, 정책방향으로 '기후변화에 능동적인 대처, 수자원확보의 다변화, 신개념 하도 관리 및 지역맞춤형 대책 적용, 하천공간을 자연과 인간이 어우러진 복합공간으로 적극 활용, 수질개선 및 하천생태계 건강성 회복' 등 5가지를 설정함과 아울러, 이에 따른 과제별 추진계획, 소요재원과 연차별 투자계획, 보상·준설토 처리·환경평가·공사 중 환경영향 관리 등 사업시행 방안 등을 밝힌 것이고, 피고 국토교통부장관(종전 명칭: 국토해양부장관) 소속 '4대강 살리기 추진본부'가 2009. 8. 24. 발간 · 배포한 '4대강 살리기 마스터플랜 최종보고서'는 이 사건 정부기본계획과 관련하여 '물 관리의 현황과 정책방향, 과제별 추진계획, 강별 추진계획, 투자계획, 사업시행방안, 향후 계획' 등에 관한 구체

31) 4대강사건판결은 이 한강사업부분 외에도 대법원 2011.4.21. 자 2010무111 전원합의체 결정(집행정지)과 낙동강사업에 관한 대법원 2015.12.10. 선고 2012두6322 판결(하천공사시행계획취소) 등이 있다.

적 설명과 자료를 담은 것으로서, 그 내용이 설계 · 시공 등 과정에서 조정될 수 있는 것임을 알 수 있다.

그렇다면 앞에서 본 법리에 비추어, 이 사건 정부기본계획 등은 4대강 정비사업과 그 주변 지역의 관련 사업을 체계적으로 추진하기 위하여 수립한 종합계획이자 '4대강 살리기 사업'(그 중 한강 부분을 '이 사건 사업'이라 함)의 기본방향을 제시하는 계획으로서, 이는 행정기관 내부에서 사업의 기본방향을 제시하는 것일 뿐, 국민의 권리 · 의무에 직접 영향을 미치는 것은 아니라고 할 것이어서 행정처분에 해당하지 아니한다.

원심이 같은 취지에서, 이 사건 정부기본계획이 항고소송의 대상이 되는 행정처분에 해당하지 아니하다고 판단한 것은 정당하고, 거기에 상고이유 주장과 같이 정부기본계획의 처분성 및 항고소송의 대상적격에 관한 법리를 오해하는 등의 위법이 없다.

행정처분의 직접 상대방이 아닌 사람으로서 그 처분에 의하여 자신의 환경상 이익이 침해받거나 침해받을 우려가 있다는 이유로 취소소송을 제기하는 제3자는, 자신의 환경상 이익이 그 처분의 근거 법규 또는 관련 법규에 의하여 개별적 · 직접적 · 구체적으로 보호되는 이익, 즉 법률상 보호되는 이익임을 증명하여야 원고적격이 인정된다.

원고들은 강원, 대전, 충남, 제주 일원에 거주하는 사람들로서 이 사건 각 처분으로써 이루어지는 행위 등 사업으로 인하여 환경상 침해를 받으리라고 예상되는 영향권 밖에 있다 할 것인데, 위 원고들이 이 사건 각 처분으로 인하여 수인한도를 넘는 환경피해를 받거나 받을 우려가 있음을 인정할 만한 증거가 없고, 구 국가재정법 제100조가 국민에게 인정하고 있는 예산 · 기금의 불법 지출에 대한 증거 제출과 시정 요구권의 침해를 이유로 위 원고들에게 이 사건 각 처분의 취소를 구할 법률상 이익을 인정할 수 없으며, 구 하천법 제1조, 제33조 등에서 보호하는 위 원고들의 생활상의 이익은 공익 보호의 결과로 인하여 국민 일반이 가지는 추상적 · 평균적 · 일반적 이익에 불과하다고 인정하여, 위 원고들은 환경상 이익의 침해를 이유로 이 사건 각 처분의 취소를 구할 법률상 이익이 없다는 취지로 판단하였다. 원심판결 이유를 기록에 비추어 살펴보면, 원심의 위와 같은 판단은 앞에서 본 법리에 기초한 것으로서, 거기에 상고이유 주장과 같이 행정처분의 직접 상대방이 아닌 사람의 원고적격 인정 범위에 관한 법리를 오해하는 등의 위법이 없다.

각종 하천관리위원회의 심의를 거쳐 피고 국토교통부장관이 2009. 6. 8. 국토해양부 고시 제2009－334호로 한강수계 유역종합치수계획을 수립·고시하고, 피고 서울지방국토관리청장이 2009. 7. 2. 서울지방국토관리청 고시 제2009－165호로 한강하천기본계획(변경)을 수립 · 고시하였으며, 구 하천법 제24조 제5항의 문언에 의하면 유역관리협의회의 구성·운영은 재량사항이므로 피고 국토교통부장관이 유역관리협의회를 구성·운영하지 않았다 하더라도 이로써 유역종합치수계획이 위법하다 할 수 없고, 또한 피고 서울지방국토관리

청장이 한강권역 유역관리협의회를 개최하여 자문 및 의견수렴 등의 절차를 거쳤다. (중략)

위와 같은 원심판결 이유를 구 하천법 제8조, 제23조 내지 제25조, 제27조, 제28조, 구 하천법 시행령 제28조 등 원심판시 관계 법령의 규정 내용, 원심판시 관련 법리 및 적법하게 채택된 증거들을 비롯한 기록에 비추어 살펴보면, 원심의 위와 같은 판단에 상고이유 주장과 같이 구 하천법령의 절차를 거치지 아니한 하자 등에 관한 법리를 오해하는 등의 위법이 없다'고 판시하였다.

이 판결에서 '4대강 살리기 마스터플랜'(정부기본계획)은 4대강 정비사업과 그 주변 지역의 관련 사업을 체계적으로 추진하기 위하여 수립한 종합계획이자 '4대강 살리기 사업'(그중 한강 부분)의 기본방향을 제시하는 계획으로서, 이는 행정기관 내부에서 사업의 기본방향을 제시하는 것일 뿐, 국민의 권리·의무에 직접 영향을 미치는 것은 아니라고 할 것이어서 행정처분에 해당하지 아니하므로 처분성이 없어 대상적격이 없고 원고들은 피고 국토교통부장관이 2009.6.8. 국토해양부 고시 제2009-334호로 한 한강수계 유역종합치수계획 고시와 피고 서울지방국토관리청장이 2009.7.2. 서울지방국토관리청 고시 제2009-165호로 한 한강하천기본계획(변경)고시의 취소를 구할 직접적·구체적 이익이 없으므로 원고적격이 없다고 판시하였다.

또한 4대강 살리기 사업' 중 한강 부분에 관한 각 하천공사시행계획 및 각 실시계획승인처분에 보의 설치와 준설 등에 대한 구 국가재정법 제38조 등에서 정한 예비타당성조사를 하지 않은 절차상 하자가 있다는 이유로 각 처분의 취소를 구하였으나, 예산이 각 처분 등으로써 이루어지는 '4대강 살리기 사업' 중 한강 부분을 위한 재정 지출을 내용으로 하고 있고 예산의 편성에 절차상 하자가 있다는 사정만으로 곧바로 각 처분에 취소사유에 이를 정도의 하자가 존재한다고 보기 어렵다고 판시하였다.

이 판결은 새만금판결에서 원고들이 신청한 정부계획취소등 사건에서 정부계획에 의해 행해진(파생된) 공유수면매립면허처분과 사업인가처분취소신청에 대한 거부의 처분성을 인정했던 것과 비교된다. 대법원은 정부의 행정계획인 '4대강 살리기 마스터플랜'[32]에 기한 피고 국토교통부장관의 한강수계 유역종합치수계획고시, 피고 서울지방국토관리청장의 한강하천기본계획(변경)고시는 '4대강 살리기사업'(한강 부분)의 기본방향을 제시하는 계획으로서, 이는 행정기관 내부에서 사업의 기본방향을 제시하는 것일 뿐 국민의 권리·의무에 직접 영향을 미치는 것은 아니라고 할 것이어서 행정처분에 해당하지 않는다고 판단하였다.

그동안 대법원이 도시계획, 도시관리계획 등 행정계획에 처분성을 인정한 판결이 다수 있었다.[33] 고시가 일반적·추상적 성격을 가질 때에는 법규명령 또는 행정규칙에 해당

32) 이 판결에서도 '4대강마스터플랜'을 새만금사건에서와 유사하게 '정부기본계획'으로 약칭하고 있다.

33) 대법원 1988.5.24. 87누388판결(도시계획변경처분)을 비롯하여 대법원 2000.3.23.선고 98두2768 판결

할 것이지만, 다른 집행행위의 매개 없이 그 자체로서 직접 국민의 구체적인 권리의무나 법률관계를 규율하는 성격을 가질 때에는 행정처분에 해당한다고 보고 있고,[34] 고시와 계획결정고시의 처분성을 인정한 판결도 다수 있었다.[35] 그러한 판결들과 비교해 볼 때 피고 국토교통부장관의 한강수계 유역종합치수계획고시와 피고 서울지방국토관리청장의 한강하천기본계획(변경)고시의 내용은 한강개발에 대한 추상적 행정계획이 아니라 실질적으로 한강 수역 인근 주민의 권리·의무에 영향을 끼치는 구체성을 가지고 있는 결정고시로 볼 수 있다. 그럼에도 그 결정고시의 취소를 구하는 이건에서 처분성을 부인하였고,[36] 4대강사업이 시행되는 한강수역 인근에 거주하는 원고들에게조차 구체적, 개별적 환경이익이 없다는 이유로 원고적격을 인정하지 않았다. 그러한 점에서 이 판결은 대상적격과 원고적격을 확대함으로서 국민의 권리구제의 범위를 넓혀오고 있던 판결 경향으로부터 멀어졌다는 점에서 비판에서 자유롭지 못하다.

IV. 평가와 과제

위에서 살펴본 바와 같이 환경행정판결은 환경법과 함께 지속적으로 발전해 왔는바, 이를 종합적으로 평가해 보고 앞으로의 과제에 대해 살펴본다.

1. 평가

(1) 규범 해석에 의한 제3자에 대한 원고적격 인정

환경관련 법과 판례의 발전에 따라 연탄공장사건에서 보는 바와 같이 처분의 근거규범인 건축법 관련규정의 해석을 통하여 단지 반사적 이익에 불과한 것으로 보아 왔던 인

(도시계획결정취소), 대법원 2003.9.23.선고 2001두10936판결(국토이용계획변경승인거부처분취소), 대법원 2014.7.24. 선고 2012두4616 판결(도시관리계획무효확인등) 등 많은 판결이 있다.

34) 대법원 2003.10.9.자 2003무23결정(집행정지)참조.

35) 대법원 2016.10.27.선고 2014두12017 판결(석유수입부과금환급금환수처분취소), 대법원 2006.9.22.선고 2005두2506 판결(보험약가인하처분취소), 대법원 2012.5.10.선고, 2011두31093판결(도시관리계획결정고시처분취소), 대법원 2014.3.13.선고, 2012두1006판결(국방·군사시설사업실시계획승인고시처분무효확인및취소), 대법원 2015.1.29.선고, 20 13두9649판결(도시관리계획결정·고시처분등 취소) 참조.

36) 민사소송에서는(변론주의 원리에 기해)원고가 피고에 대하여 소장이나 준비서면에서 거래행위(매매계약)의 취소나 이행최고를 하면 그에 대한 법적 효과가 발생한다. 법규상·조리상 신청권이 있는 자가 한 신청에 대하여 행정청이 거부하면 그 거부에 처분성을 인정하여 거부처분 취소소송을 제기할 수 있는바, 이와 유사하게, (변론주의와 직권주의의 절충형인) 행정소송에서도 그러한 신청권있는 원고가 소송형태로 제기한 신청에 대하여 행정청인 피고가 이를 거부하면 그 소송상의 거부행위에 대하여 '처분성'부여의 법적 효과를 인정할 필요가 있다. 이는 행정사건의 분쟁해결을 신속화함에 도움이 될 것이다.

인(隣人)의 주거환경상의 이익을 법률상의 이익으로 봄으로서 사익보호성 개념을 해석적으로 추출, 원고적격을 인정하여 행정처분의 상대방이 아닌 제3자에게까지 원고적격의 범위를 크게 확대하여 왔다. 영광원자력발전소부지 사전승인취소사건, 양수발전소사건, 새만금사건 등에서도 인인(隣人)이나 지역주민 등 제3자에게 원고적격을 인정해 오고 있다.

(2) 근거규범의 추가로 인한 위법성 판단 근거의 확충

대법원 1998.9.4. 선고 97누19588 판결(영광원자력발전소 부지사전승인사건)과 대법원 1998.9.22.선고 97누19571 판결(양수발전소건설사업승인사건)에서 보는 바와 같이 원자력법, 전원개발에 관한 특례법 등 직접적인 근거법규 뿐만 아니라 간접적인 환경보전법, 환경정책기본법, 환경영향평가법을 처분의 근거법규로 추가, 확대함으로서 직접적으로 인근주민의 환경사익을 보호하는 방향으로 해석하여 원고적격 뿐만 아니라 위법성판단근거의 외연적·규범적 범위를 확대하여 왔다.

(3) 대상적격의 확대문제

환경사건은 아니지만 대법원 2004.4.22.선고 2003두9015 전원합의체판결(지목변경신청반려처분취소청구각하취소)에서 종래 사실행위로 보던 공부상의 '지목변경'을 행정처분으로 판례 변경한 판결이 있다. 지목은 토지에 대한 공법상의 규제, 개발부담금의 부과대상, 지방세의 과세대상, 공시지가의 산정, 손실보상가액의 산정 등 토지행정의 기초로서 공법상의 법률관계에 영향을 미치고, 토지소유자는 지목을 토대로 토지의 사용·수익·처분에 일정한 제한을 받게 됨에도 처분성을 인정받지 못해오다가, 지목은 토지소유권 행사의 전제요건으로서 실체적 권리관계에 밀접하게 관련되어 있으므로 지적공부 소관청의 지목변경신청 반려행위는 국민의 권리관계에 영향을 미치는 것으로서 행정처분으로 본 것은 실체정합적이고 권리구제를 위해 진일보한 것이다.

4대강 사건판결에서 보듯 '4대강 마스터 플랜'에 기한 계획결정고시는 정부의 4대강 기본계획에 관한 고시로서 처분성이 있다고 볼 수 있는 여지가 있음에도 이를 부인한 것은 행정계획결정고시에 대해 처분성을 인정해 온 다수 판례와 대비된다는 아쉬움을 남긴다.

(4) 환경영향평가의 하자로 인한 처분의 위법성판단에서 소극적 입장견지

양수발전소사건, 새만금사건, 제주해군기지사건 등에서 환경영향평가를 거친 행정처분의 위법성을 판단함에 있어서 '환경영향평가의 부실 정도가 환경영향평가제도를 둔 입법취지를 달성할 수 없을 정도이어서 환경영향평가를 하지 아니한 것과 다를 바 없는 정도의 것이 아닌 이상 그 때문에 이 사건 승인처분이 위법하다고 할 수 없다'고 판시해 오

고 있는바, 위법성판단의 근거규범의 범위를 확대해 놓고도 투입비용의 매몰비용화를 우려하여 위법성 판단에 소극적 자세를 견지하고 있는 점은 매우 아쉽게 생각한다.[37][38]

(5) 공법과 사법의 융화

1990년 환경정책기본법, 1997년 환경분쟁조정법, 2014년 환경오염피해 배상책임 및 구제에 관한 법률이 제정되면서 환경행정법인 공법 내에 사법적 효력을 갖는 규정이 혼재되는 현상이 생겼다. 이 논문에서 환경피해로 인한 민사소송은 제외하였으나, 환경정책기본법 제7조에서 오염원인자책임의 원칙, 제44조(구법 제31조)에서 무과실책임에 대해 규정함으로서 민법 제750조, 제758조 등의 불법행위책임에 대한 특칙을 두었다. 환경분쟁조정법은 환경피해로 인한 민사배상책임에 대한 조정을, 환경오염피해 배상책임 및 구제에 관한 법률에서는 환경오염물질 배출시설로 인한 환경피해책임을 2,000억원 한도로 하고 민법에 의한 청구권과의 경합을 인정함으로서 민사책임에 대해 규정하고 있다.

이와 같은 환경입법에서의 공·사법 융화현상으로 인하여 손해배상청구사건의 판결[39] 등에서도 공법인 환경정책기본법 제44조(구법 제31조)를 효력규정으로 해석하고 있다. 공법인 환경법령에 민사책임에 관한 효력규정을 둠으로써 환경판례에서도 공법과 사법의 융화현상을 가져다주고 있다.

2. 과제

인인(隣人) 등 행정처분의 상대방이 아닌 제3자에 대한 원고적격 인정, 법관의 해석에 의한 처분근거 및 관련규범의 확대, 처분에 대한 위법성 판단 근거의 확충 등에 있어서 환경판결은 많은 진전을 이루어 왔다. 그러나 아직도 법원은 환경영향평가를 거친 처분의 위법성 판단에 있어 소극적이고, 개발과 환경의 가치 사이에서 개발주의에 경도된 비교형량을 하고 있는 판결이 계속되고 있다고 평가할 수 있다.

이제는 환경가치에 대한 과학적 평가를 기반으로 환경우선주의를 채택하여야 할 시대적 요구가 도래하고 있다. 법원은 새만금판결, 4대강판결 등에서 비용－편익분석(cost－benefit analysis)을 참고하였다. 향후 환경행정판결의 이익형량에서, 특히 공익 간 충돌이 이루어질

37) 이은기, 앞의 논문, 334면.

38) 일본에서는 환경영향평가의 절차상 하자와 실체적 측면의 하자를 나누어 공청회의 하자와 같은 평가절차상의 하자는 그것이 결과에 영향을 줄 가능성이 있는 경우에만 처분이 위법하여 취소된다고 보고 있다. 일본 최고재판소, 1975.5.29. 민집29권5호, 662頁. 박균성, 環境影響評價의 瑕疵와 事業計劃承認處分의 效力, 行政判例硏究 VII, 2002.12.31, 한국행정판례연구회, 박영사, 384면에서 재인용.

39) 대법원 2001.2.9.선고, 99다55434 판결(영동고속도로 확장으로 인한 소음으로 양돈업 폐업으로 인한 손해배상) 참조.

때 기존판례에 의해 귀납적으로 정리된 보다 구체적이고 합리적인 비교형량기준이 체계화되어야 한다.[40] 사업시행을 허가하는 행정청의 재량판단 못지않게 법관의 이익형량의 근거를 구체적, 과학적으로 논증하게 함으로서 가치판단에 있어서 판단재량의 범위를 좁힐 필요가 있다고 본다.[41] 행정법의 일반원리인 비례의 원칙에 의해 뒷받침 되지 않고 과학적 기반이 결여된 비교형량은 객관성, 공정성 및 합리성을 충분히 담보할 수 없기 때문이다.

환경정책기본법의 사전환경성검토협의제도가 진일보한 형태로 환경영향평가법상 전략환경영향평가제도로 전환되었다. 정책계획 또는 개발기본계획단계에서 사전적으로 비용－편익분석이 가능하게 되었다. 따라서 법원은 환경영향평가의 하자로 인한 처분의 위법성평가에 있어 투입비용의 매몰비용화를 고려한 현재의 소극적 판단에서 벗어나 적극적 변화가 절실하다. 법관에 의한 행정처분의 사법심사를 위해 이익의 비교형량이 보다 합리적, 객관적으로 행해지도록 체계화하는 등 과학기반적 진화(science －based revolution)가 필요하다.

---

40) 최송화, 판례에서의 공익, 行政判例研究 VI, 한국행정판례연구회, 박영사, 25~26면 참조.

41) 이익형량에 대한 판단에 대해서는 대법원 2011.4.21.자 2010무111 전원합의체 결정[(4대강사건)집행정지]의 대법관 박시환, 대법관 김지형, 대법관 이홍훈, 대법관 전수안의 반대의견을 소개한다.

정당한 이익형량 여부 : 행정주체는 구체적인 행정계획을 입안·결정할 때에 비교적 광범위한 형성의 자유를 갖지만, 행정주체가 가지는 이와 같은 형성의 자유는 무제한적인 것이 아니라 그 행정계획에 관련되는 자들의 이익을 공익과 사익 사이에서는 물론이고 공익 상호간과 사익 상호간에도 정당하게 비교·교량하여야 한다는 제한이 있는 것이고, 따라서 행정주체가 행정계획을 입안·결정할 때에 이익형량을 전혀 행하지 아니하거나 이익형량의 고려대상에 마땅히 포함시켜야 할 사항을 누락한 경우 또는 이익형량을 하였으나 정당성과 객관성이 결여된 경우에 그 행정계획결정은 형량에 흠이 있어 위법하다. (중략) 따라서 행정주체가 사업인정처분을 하려고 할 때에도 그 사업에 공용수용을 할 만한 공익성이 있는지의 여부와 공익성이 있는 경우에도 그 사업의 내용과 방법에 대하여 사업인정처분에 관련된 자들의 이익을 공익과 사익 사이에서는 물론, 공익 상호간 및 사익 상호간에도 정당하게 비교·교량하여야 하며, 그 비교·교량은 비례의 원칙에 적합하도록 하여야 한다.

특히 이 사건 하천공사시행계획 등과 같이 고도의 전문적·기술적인 조사·심의 및 판단에 기초하여 결정된 행정계획 등에 대하여 취소소송이 제기되어 행정청이 공익을 포함한 관련자들의 이익을 정당하게 비교·교량하였는지 여부가 다투어지는 경우에는, 그 이익형량에 관한 자료의 대부분을 행정청 측에서 보유하고 있는 반면 재항고인들로서는 그 자료를 구하기가 대단히 어렵다는 사정을 충분히 고려하여야 한다. 따라서 재항고인 측에서 이익형량에 흠이 있다고 의심할 만한 사유를 구체적으로 주장하면서 이를 뒷받침하는 단서를 제시하고 있는 이상, 행정청 측에서 상당한 근거와 자료를 제시하여 관련자들의 이익이 정당하게 비교·교량되었다는 점을 해명할 필요가 있고, 행정청이 이러한 해명을 다하지 아니할 때에는 이익형량에 흠이 있는 것으로 사실상 추인된다고 보아야 한다. 그런데 이 사건의 경우에는 다음과 같은 점들을 종합하여 보면, 재항고인 측에서 상대방들이 이 사건 하천공사시행계획 등을 입안·결정할 때에 관련자들의 이익을 정당하게 비교·교량하지 아니하였다고 의심할 만한 사유들을 구체적으로 주장하면서 이를 뒷받침하는 단서들을 제시하고 있는 반면, 상대방 측에서는 관련자들의 이익이 정당하게 비교·교량되었다는 점을 충분히 해명하지 못하고 있어, 이 사건 하천공사시행계획 등은 형량에 흠이 있어 위법하다고 볼 여지가 많다고 생각한다.

V. 나가며

시대적으로 발전해 온 환경입법의 제정에 따라 변화해 온 환경행정판결에 대해 살펴보았다. 이를 정리해 보면, 환경사익보호 측면에서는 연탄공장 건축허가취소사건, 원자력발전소부지사전승인취소사건 등에서 이전에는 '반사적 이익'에 불과한 것으로 보았던 환경이익을 '법률상 이익'으로 봄으로서 원고적격을 인정하였고, 양수발전소사건, 새만금사건 등에서 원고들 중 일부에게만 원고적격을 인정하는 등 명암이 교차하면서 환경행정판례는 상당한 진전을 이루어 왔다.

그러나 공익과 공익이 충돌한 사례로 볼 수 있는 경부고속철도 천성산 터널사건판결(속칭 도롱뇽사건), 새만금판결, 4대강 판결 등에서는 이익의 비교형량과정에서 산림, 갯벌, 강, 하천 등 공공재인 생태·자연환경보전이라는 환경 공익이 국가적 개발공익에 밀려 환경공익의 좌절이라는 암(暗)만이 존재했던 것으로 평가할 수 있다. 1980년대 이후 네덜란드, 독일, 덴마크 등 북유럽국가에서 해양생태계 복원은 물론 경제성 측면에서 과거 간척했던 갯벌을 복원하는 역간척 정책으로 전환된 사실로 미루어 볼 때, 우리나라에서도 머지않아 그러한 미래가 다가올 가능성도 없지 않다. 그러한 추세에 힘입어 순수형 환경공익소송이 제기될 날도 그리 멀지 않다고 본다.

우리나라도 이제 경제적으로 선진국 대열에 들어선 만큼 경제개발과 환경보전이라는 두 이념 사이에서 개발주의시대로부터 환경주의시대로 업그레이드되어야 한다.

그러한 관점에서 보면, 법원이 그동안 개발이익을 환경이익에 우선하여 환경영향평가절차상 하자를 다분히 형식적으로 판단해 면죄부를 주어 온 점, 환경영향평가대상지역 주민 위주로 원고적격여부를 판단해 온 점, 국가의 대형개발사업관련 처분에 대한 위법성 판단에서 소극적으로 판단한 점 등에 대한 반성적 고려가 필요하다. 그리고 미래세대를 위한 국토의 효율적 이용·보전을 위해서는 공익과 사익, 공익 상호간 등 보호이익 간 비교형량을 판단함에 있어서 기존 판례에서 귀납적으로 정립된 보다 합리적, 구체적, 객관적인 비교형량기준을 과학적으로 체계화함으로서 법관의 재량판단의 여지도 좁혀 나아가야 한다.

행정판례를 통해 본 공익의 행정법적 함의와 기능*

박균성**

I. 머리말

공익이라는 개념은 행정법의 알파이고 오메가이다. 공익은 행정법의 존재근거이다. 공익실현을 보장하기 위해 행정에 대해 사인간의 관계에서와 다른 특수한 법적 규율을 하는 것이다. 공익은 행정법의 주요 기본개념 및 공법으로서의 행정법의 특수한 법제도의 기초가 되고 있다. 공익은 행정의 정당화사유 및 권익 제한의 근거사유이지만, 행정은 공익상 필요만으로 행해질 수는 없고 법치주의에 합치하여야 한다. 법치주의하에서 공익의 실현은 기본적으로 법을 통해 행해져야 한다. 행정은 공익목적을 추구하여야 한다는 점에서 공익은 행정을 통제하는 원칙이 되기도 한다. 이와 같이 공익은 행정법에서 중요한 의미와 기능을 갖고 있다.

그러므로 행정판례는 공익의 문제를 포함할 수밖에 없고, 공익의 문제는 행정판례에서 중요한 문제가 될 수밖에 없다. 법원이 공익이라는 개념을 어떻게 이해하면서 행정법상 분쟁을 해결하고, 행정재판에서 공익이라는 개념이 어떠한 기능을 수행하는지를 살펴보는 것은 필요한 연구과제이다. 이에 관하여 "행정판례에서의 공익"[1]이라는 논문이 있었지만, 충분한 연구가 이루어졌다고 볼 수는 없다. 그리고, 이 논문은 2001년에 발표된 논문인데 그 후속연구는 거의 없었다고 할 수 있다. 행정판례에 나타난 공익의 문제를 단편적으로 다룬 후속 논문은 있었지만, 전반적으로 다룬 논문은 없었다. 공익에 대한 행정법적 연구도 많지 않았다.

이러한 상황하에서 행정판례에 나타난 공익의 행정법적 함의와 기능을 살펴볼 필요가 있다. 행정판례에서 공익을 어떻게 이해하고 있는지, 공익은 행정의 정당화사유로서 어떻

* 이 글은 2017년 12월 31일 발행된 행정판례연구 제22-2집에 게재된 논문을 전재한 것입니다.

** 경희대학교 법학전문대학원 교수

1) 최송화, 판례에 있어서의 공익, 행정판례연구 VI, 2001.11.

게 작동하고 있는지, 공익은 행정통제의 원칙으로서 어떻게 기능하고 있는지, 공익과 사익은 어떠한 관계를 갖고 있는 것으로 보고 있는지 등을 고찰하면서 행정판례에 나타난 공익의 행정법적 함의와 기능을 귀납적으로 도출해보고, 판례의 발전방향을 제안해보고자 한다.[2)]

II. 행정판례에서의 공익 개념

판례에서 공익을 정의하고 있지는 않다. 판례에서 "공익"이라는 용어를 쓰는 경우가 많지만, "공공 일반의 이익",[3)] "공공의 이익"[4)]이라는 용어를 쓰기도 한다. 판례 중에는 공익을 특정 분야에서의 공익만이 아니라 일반적 의미의 공익을 의미하는 것으로 보고, 공익을 "불특정 다수인의 이익"으로 설명한 경우도 있다.[5)]

공익은 공동체(국가 또는 지방자치단체) 구성원 전체의 이익을 의미한다. 공익은 공동체의 이익이지만, 공동체 자체의 이익만으로는 공익이 될 수 없다. 즉, 국가 또는 지방자치단체의 단순한 재정상 이익은 원칙상 공익이 아니다.[6)]

공익으로서의 공동체의 이익은 각 개인의 이익의 총합이 아니며 개인의 이익을 초월하는 이익이다. 개인의 이익(사익)이 많이 합쳐지면 공익이 될 수도 있다는 공리주의적 공익 개념은 공익과 사익을 준별하는 우리 행정법에서는 타당하지 않다. 다만, 최근 공익과 사익의 구별이 상대화하고, 영미의 공리주의적 공익개념이 확산되고 있는 상황하에서 '불

2) 이러한 점에서 이 논문은 행정재판에 있어서 공익개념이 가지는 법리적 의의를 검토하고, 공익판단에 있어서 우리 판례가 취하여 온 입장을 살펴보고, 바람직한 공익의 법문제화를 위한 재판기관의 역할의 발전방향을 재판기관의 공익판단을 중심으로 검토하는 것을 목적으로 하는 "판례에 있어서의 공익(최송화, 상게논문)"과는 연구의 대상과 목적이 다소 다르다고 할 수 있다. 그렇지만, 이 논문은 본 논문의 연구에 귀중한 참고자료가 되었다는 것은 분명하다.

3) 국가배상사건에서 직무상 의무가 공공 일반의 이익을 위한 것인지를 판단한 사례(대법원 2001. 3. 9. 선고 99다64278 판결 ; 대법원 2001. 10. 23. 선고 99다36280 판결 등).

4) 대법원 1995. 9. 26. 선고 94누14544 판결: 상수원보호구역 설정의 근거가 되는 수도법 제5조 제1항 및 동 시행령 제7조 제1항이 보호하고자 하는 상수원의 확보와 수질보호를 공공의 이익이라고 한 사례 ; 대법원 2014. 2. 21. 선고 2011두29052 판결: 생태·자연도가 보호하는 환경보호를 공공의 이익이라고 한 사례.

5) '구 수산업법 제16조에 의하면 법 제20조 제1항 제1호 내지 제3호에 해당할 때, 즉 수산자원의 증식보호상 필요한 때(제1호), 국방 기타 군사상 필요한 때(제2호), 선박의 항행, 정박, 계류, 수저전선의 부설 기타 공익상 필요한 때(제3호)에는 어업의 면허를 아니 할 수 있도록 규정되어 있는바, 법 제20조 제1항 제3호 소정의 '기타 공익상 필요한 때'라고 하는 경우의 '공익'이라는 것은 예시된 선박의 항행, 정박, 계류, 수저전선의 부설에 관련된 공익만을 가르키는 것이 아니라, 일반적인 의미의 공익(불특정다수인의 이익)을 가르키는 것이라고 해석함이 상당하다.'(대법원 1989. 5. 23. 선고 88누4034 판결).

6) 행정법상의 공익에 관하여 자세한 것은 최송화, 공익론－공법적 탐구, 서울대학교 출판부, 2002. 참조.

특정다수인의 사익'도 공익이 될 수 있는 여지가 없지는 않다. 또한 헌법상 기본권 보장의무에 비추어 행정의 임무는 공익의 보호에 한정되지 않고 사익의 보호도 행정의 부수적인 임무가 되고 있다.

공익개념은 절대적 개념이 아니라 시대의 구체적 상황 속에서 판단되는 상대적 개념이다.[7] 공익은 가치를 포함하는 개념이며 현실을 반영하는 개념이므로 시대적, 공간적 제약을 받는 개념이다.

또한, 공익은 행정의 궁극목표이고 매우 추상적이고 모호한 개념이다. 따라서, 입법시 공익 자체를 처분의 요건으로 규정하는 것은 가급적 피하고 통상 공익이 구체화된 중간공익목적개념을 사용하고 있다. 안전, 공공질서, 환경보호, 문화재보호, 지역개발, 건강의 보호, 교육 등이 그것이다. 이들 구체화된 공익 개념은 국토개발이익과 환경보호이익과 같이 상호 대립되기도 한다. 법령은 공익의 보호만을 목적으로 하는 경우도 있고 공익뿐만 아니라 사익의 보호도 목적으로 하는 경우도 있고, 공익과 사익을 조정하기도 한다.

Ⅲ. 행정권 행사의 정당화사유로서의 공익

공익을 위해 필요하기 때문에 행정권에게 공권력인 행정권이 부여된다는 점에서 공익은 행정권 행사의 정당화사유이다. 그렇지만, 법치행정의 원칙상 행정권 행사에는 원칙상 법률의 근거가 있어야 한다. 그런데, 행정판례를 보면 명시적인 법령의 근거 없이도 행정권 행사가 인정되는 경우가 있다. 거부재량, 철회권의 행사, 공익을 이유로 한 재량준칙의 예외 인정이 이에 해당한다. 그리고 오늘날 공용침해에는 법률의 근거가 있어야 하는데, 공용침해의 정당화사유로서의 공공필요의 개념에 대하여 견해의 대립이 있으므로 이에 대하여도 고찰하기로 한다.

1. 공용침해의 정당화사유로서의 공공필요의 개념

헌법 제23조 제3항에서 규정하고 있는 '공공필요'는 "국민의 재산권을 그 의사에 반하여 강제적으로라도 취득해야 할 공익적 필요성"으로서, '공공필요'의 개념은 '공익성'과 '필요성'이라는 요소로 구성된다고 보는 것이 헌법재판소의 입장이다.[8] '공익성'은 공용수용사업인 공익사업의 공익성이고, '필요성'은 비례원칙에의 합치를 의미한다고 볼 수 있

7) 홍정선, 행정법원론(상), 박영사, 2011, 7면.

8) 헌재 2014. 10. 30. 2011헌바172.

다.[9] 대법원도 이러한 입장이다.[10] 그러나 과거 판결 중 정부방침아래 교통부장관이 워커힐을 토지수용법 제3조 소정의 문화시설에 해당하는 공익사업으로 인정하고 스스로 사업시행자가 되어 토지수용의 재결신청에 의하여 한 수용재결을 적법유효한 것이라고 한 사례는 공익사업에 해당하면 비례성(필요성) 검토없이 공용수용이 적법한 것으로 본 판결로서 공익의 사익에 대한 '절대적' 우월에 입각한 판결로 볼 수도 있다.[11] 그러나, 오늘날 공익은 사익에 절대적으로 우월한 것은 아니고, 공익은 사익과 조정되어야 하고 공익 상호간에도 조정되어야 한다는 것이 일반적 견해이고 판례의 입장이다.

「공익사업을 위한 토지 등의 취득 및 보상에 관한 법률」 제3조는 공용수용을 할 수 있는 공익사업을 한정적으로 열거하고 있는데, 이러한 입법방식이 타당한지는 의문이다. 왜냐하면 수용을 필요로 하는 공공필요라는 것은 매우 다양하고, 수용을 필요로 하는 새로운 사업이 등장할 수 있고, 수용을 필요로 하는 사업이었지만, 상황의 변화에 따라 공익성을 인정하기 어렵게 될 수도 있기 때문이다. 입법론으로는 수용의 포괄적인 근거조항을 두는 입법방식을 취하거나 공익사업을 예시적으로 열거로 하면서도 보충적으로 수용의 포괄적인 근거조항을 두는 것이 타당할 것이다.

공용침해의 허용요건인 공공의 필요를 공익 개념으로 보면서 단순 공익 또는 국가의 이익 이상의 중대한 공익이며, 반드시 특정한 공익사업과 연관되어 특정인의 재산권 침해가 불가피한 고양된 공익개념이라고 보는 견해가 있다.[12] 그러나, 공공필요의 판단에서는 공용침해로 달성할 공익이 있고, 그 공익이 공용침해로 발생하는 불이익 보다 우월하여야 한다는 논리구조가 타당하므로 공용침해의 허용요건인 공공필요는 '공익성'과 '필요성'이라는 요소로 구성된다고 보는 판례의 입장이 타당하다.

사인을 위한 수용에도 공공필요성을 인정하는 것이 판례의 입장이다. 다만, 사인은 경제활동의 근본적인 목적이 이윤을 추구하는 일에 있으므로, 그 사업 시행으로 획득할 수 있

9) '필요성'이 인정되기 위해서는 공용수용을 통하여 달성하려는 공익과 그로 인하여 재산권을 침해당하는 사인의 이익 사이의 형량에서 사인의 재산권침해를 정당화할 정도의 공익의 우월성이 인정되어야 하며, 사업시행자가 사인인 경우에는 그 사업 시행으로 획득할 수 있는 공익이 현저히 해태되지 않도록 보장하는 제도적 규율도 갖추어져 있어야 한다(헌재 2014. 10. 30. 2011헌바172).

10) "사업인정이란 공익사업을 토지 등을 수용 또는 사용할 사업으로 결정하는 것으로서 공익사업의 시행자에게 그 후 일정한 절차를 거칠 것을 조건으로 일정한 내용의 수용권을 설정하여 주는 형성행위이므로, 해당 사업이 외형상 토지 등을 수용 또는 사용할 수 있는 사업에 해당한다고 하더라도 사업인정기관으로서는 그 사업이 공용수용을 할 만한 공익성이 있는지의 여부와 공익성이 있는 경우에도 그 사업의 내용과 방법에 관하여 사업인정에 관련된 자들의 이익을 공익과 사익 사이에서는 물론, 공익 상호간 및 사익 상호간에도 정당하게 비교·교량하여야 하고, 그 비교·교량은 비례의 원칙에 적합하도록 하여야 한다."(대법원 2011. 1. 27. 선고 2009두1051 판결).

11) 대법원 1971. 10. 22. 선고 71다1716 판결.

12) 김성수, 일반행정법 제5판, 홍문사, 2010, 686면.

는 공익이 현저히 해태되지 않도록 보장하는 제도적 규율이 갖추어져 있어야 한다.[13] 헌법재판소는 고급골프장, 고급리조트 등의 사업은 입법목적에 대한 기여도가 낮을 뿐만 아니라, 대중의 이용·접근가능성이 작아 공익성이 낮은 사업이고, 또한 고급골프장 등 사업은 그 특성상 사업 운영 과정에서 발생하는 지방세수 확보와 지역경제 활성화는 부수적인 공익일 뿐이고, 이 정도의 공익이 그 사업으로 인하여 강제수용 당하는 주민들의 기본권침해를 정당화할 정도로 우월하다고 볼 수는 없으므로 공공필요성을 인정하기 어렵다고 보았다.[14] 다만, 공용수용에서의 공익과 공익필요성을 재산권에 대한 존속보장의 관점에서[15] 엄격하게 해석하는 것에 대해서는 재고할 필요가 있다. 공용수용은 재산권에 대한 존속보장을 희생하지만, 정당한 보상을 전제로 행해지므로 재산권의 가치는 보장하는 것이고, 재산권을 일방적으로 제한하는 것은 아니다. 이러한 점에서 국민의 권익을 일방적으로 제한하는 행정권 행사의 정당화사유로서의 공익보다 재산권의 존속보장을 희생하며 재산권의 가치보장을 해주는 공용수용에서의 공익은 보다 널리 인정할 수 있는 것은 아닌지 재고가 필요하다. 그리고 지방세수의 확보나 지역경제의 활성화라는 공익을 일률적으로 과소평가만 하여서는 안 될 것이다. 지역경제가 매우 어려운 상황하에서는 지역경제의 활성화와 일자리 창출은 공용수용을 정당화할 수 있는 공공필요성을 갖는 것으로 판단될 수도 있을 것이다.

대법원은 사업인정처분을 함에 있어서는 “사업인정처분에 관련된 자들의 이익을 공익과 사익 간에서는 물론, 공익 상호간 및 사익 상호간에도 정당하게 비교 · 교량하여야 하고, 그 비교 · 교량은 비례의 원칙에 적합하도록 하여야 한다.”고 하고 있다.[16] 공익과 사익 간에서뿐만 아니라 공익 상호간에도 이익형량을 하여야 하는 것으로 본 것은 타당한데, “사업인정처분에 관련된 자들의 이익”에 한하여 이익형량의 범위에 포함된다고 본 것인지 의문이 들고, 만일 그렇게 보았다면 공익이란 특정인과 무관하게 국민 일반이 갖는 이익인 점에 비추어 이익형량에 포함되는 공익을 제한 것은 아닌지 검토를 요한다. 공익사업의 재정상 비용, 환경의 침해 등 수용을 정당화하는 공익과 비교형량되는 수용으로 인한 불이익인 공익의 목록을 보다 명확히 하여야 할 것이다. 또한, 공익사업의 위치 등 내용도 공공필요성의 판단에서 고려되어야 한다. 공익사업으로 인한 불이익을 줄일 수 있는 다른 대안의 공익사업이 가능한 경우에는 최소침해의 원칙에 비추어 해당 공익사업의 공공필요성이 충족되지 못하는 것으로 보아야 한다.

---

13) 헌재 2009. 9. 24. 2007헌바114 참조.

14) 헌재 2014. 10. 30. 2011헌바172.

15) “오늘날 공익사업의 범위가 확대되는 경향에 대응하여 재산권의 존속보장과의 조화를 위해서는, ‘공공필요’의 요건에 관하여, 공익성은 추상적인 공익 일반 또는 국가의 이익 이상의 중대한 공익을 요구하므로 기본권 일반의 제한사유인 ‘공공복리’보다 좁게 보는 것이 타당하”다는 헌법재판소의 입장은 공익성을 다소 엄격하게 보는 입장으로 평가할 수 있다.

16) 대법원 2005. 4. 29. 선고 2004두14670 판결 ; 대법원 2011. 1. 27. 선고 2009두1051 판결.

2. 거부재량

거부재량이라 함은 신청에 따른 허가 등 처분이 원칙상 기속행위로서 요건이 충족되면 효과를 부여하여야 하지만, 중대한 공익상 필요가 있으면 거부할 수 있는 재량을 말한다.[17]

판례는 원칙적으로 요건을 충족하면 법적 효과를 부여하여야 하는 기속행위이지만 예외적으로 요건을 충족한 신청을 인용하는 처분을 하는 것이 중대한 공익에 배치되는 경우 거부처분을 할 수 있는 행위를 상당히 널리 인정하고 있다. 판례는 구 약사법상 의약품제조업허가사항변경허가,[18] 채광계획인가,[19] 불법전용산림신고지산림형질변경허가처분,[20] 사설납골당설치허가,[21] 주유소등록,[22] 건축허가[23] 등을 거부재량행위로 보았다. 나아가 판례는 납골당설치신고,[24] 숙박업영업신고[25]와 같이 일부 수리를 요하는 신고에서도 거부재량을 인정하고 있다.

---

17) 거부재량은 요건이 충족되면 무조건 효과를 부여야 하는 기속행위와 구별된다. 기속행위에서는 중대한 공익상 필요가 있더라도 효과의 부여를 거부할 수 없다.

18) 대법원 1985.12.10. 선고 85누674 판결: 약사법 제26조 및 동법시행규칙 제53조에 의한 허가사항 변경허가에 있어서 소관행정청은 그 허가신청이 위 법조의 요건에 합치하는 때에는 특별한 사정이 없는 한 이를 허가하여야 하고 공익상 필요가 없음에도 불구하고 허가를 거부할 수 없다는 의미에서 거부재량에 속하는 것이다.

19) 대법원 1997. 6. 13. 선고 96누12269 판결: 주무관청이 광업권자의 채광계획을 불인가하는 경우에는 정당한 사유가 제시되어야 하고 자의적으로 불인가를 하여서는 아니될 것이므로 채광계획인가는 기속재량행위에 속하는 것으로 보아야 하며, 일반적으로 기속재량행위에는 부관을 붙일 수 없고 가사 부관을 붙였다 하더라도 이는 무효이므로, 주무관청이 채광계획의 인가를 함에 있어 '규사광물 이외의 채취금지 및 규사의 목적외 사용금지'를 조건으로 붙인 것은 광업법 등에 의하여 보호되는 광업권자의 광업권을 침해하는 내용으로서 무효이다. ; 대법원 2002.10.11. 선고 2001두151 판결.

20) 대법원 1998.9.25. 선고 97누19564 판결.

21) 대법원 1994.9.13. 선고 94누3544 판결: 재단법인이 아닌 자연인이 불특정다수인을 상대로 사설납골당을 설치하는것을 허용해야 할 것인가 여부는 사설납골당설치허가를 기속재량행위에 속하는 사항이라고 보는 한 이를 금지하는 법령의 규정이 없는 이상 자연인의 사설납골당 설치를 재단법인이 아니라는 이유로 불허할 수는 없고, 더욱이 사설납골당 설치기준을 매장및묘지등에관한법률시행령 제5조 제2항 제3호에서 같은 영 제4조 제3호의 공설납골당 설치기준에 따라 설치하도록 하고 있는 이상, 그 주체가 자연인이든 재단법인이든 관계가 없이 설치기준에 맞으면 비록 자연인이라 할지라도 허용해야 한다. ; 대법원 1995. 12. 22. 선고 95추32 판결: 도지사로부터 묘지 등 허가사무를 위임받은 주체는 지방자치단체인 군이 아니라 도의 하위 행정기관인 군수이고, 매장및묘지등에관한법률이나 도사무위임조례에 특별히 위임받은 기관인 시장·군수가 소속된 시·군의 조례로 사무처리에 관한 규정을 정할 수 있다는 위임근거 규정도 없기 때문에 군의회가 그 사무를 규율하는 조례를 제정할 수 없으므로, 군의회에서 의결된 '묘지등설치허가시주민의견청취에관한조례안' 제3조는 지방자치법 제15조 본문에 위반된다.

22) 대법원 1998.9.25. 선고 98두7503 판결.

23) 대법원 2002.10.25. 선고 2002두7043 판결.

24) 대법원 2010.9.9. 선고 2008두22631 판결.

25) 대법원 2017.5.30. 선고 2017두34087 판결.

그런데, 법률유보의 원칙상 거부재량권은 법률에 근거하여야 하는데, 법률의 명시적 근거없이 공익상의 필요만으로 행정청이 거부하는 것을 인정하는 것이 가능한가하는 문제가 제기된다.

대법원 판례 중 행정법규에 행정처분을 할 수 있는 근거규정만 있고, 이를 거부할 수 있는 근거에 관하여 명문규정이 없더라도 신청된 행정행위의 내용이 중요한 공익을 침해하는 것으로 인정되면 신청된 행정행위를 거부할 수 있다고 하면서 그 근거로 "공익을 실현하여야 하는 행정의 합목적성"을 들고 있는 판례가 있다.[26] 이에 대하여는 법률유보의 원칙상 법률의 근거가 없음에도 공익상 필요만으로 행정권을 행사할 수는 없다는 비판이 있을 수 있다. 그렇지만, 행정청은 공익 실현 임무를 갖고 있는 점에 비추어 신청에 따른 처분을 하는 것이 중대한 공익을 침해하는 것을 알면서도 신청에 따른 처분을 하는 것은 행정청의 공익 실현 임무에 반하는 것이라고 볼 여지도 있다. 또한, 입법현실 및 행정현실을 고려하면 법률의 명시적 근거가 없는 거부재량행위의 인정필요성을 수긍할 수도 있다. 즉 기속행위를 규율하는 법률은 요건규정과 효과규정을 포함하는데, 입법자가 모든 사항을 예측하여 요건규정을 정하는 것이 어려운 경우가 적지 않은 것이 현실이다. 실제로도 현행 법령상 기속행위로 규정된 것으로 볼 수 있지만, 환경 등 중대한 공익의 보호를 위한 법규정이 미비되어 있는 경우가 적지 않다. 이러한 상황하에서 기속행위인 허가의 신청에 대해 요건을 충족한 경우 환경, 위생, 안전 등 중대한 공익이 침해될 우려가 있음에도 무조건 허가를 하여야 한다면 중대한 공익이 침해되게 된다. 이러한 경우 관련법령에 비추어 입법자가 공익상 중대한 필요가 있는 경우에는 허가를 거부할 수 있는 재량권을 묵시적으로 인정한 것으로 해석할 수는 없는 것인가 ?[27] 이와 관련하여 입법자는 환경, 안전 등 공익을 보호하기 위한 규정을 두도록 노력하여야 할 헌법적 책무를 갖고 있다는 점을 고려하여야 한다. 환경권은 헌법상 기본권으로 규정되어 있고, 국가는 환경보전을 위해 노력할 의무를 규정하고 있다.[28] 이러한 상황하에서 판례가 현실적 필요에 의해 거부재량행위라는 개념을 통하여 입법의 취지를 실현하고 중대한 공익을 보호하는 것이 타당한 것은 아닌가? 이러한 거부재량 인정의 논거가 타당한 것은 재량권의 인정에 있어서도 공익 보호의

---

26) "행정법규에 행정처분을 할 수 있는 근거규정만 있고, 이를 거부할 수 있는 근거에 관하여 명문규정이 없더라도 공익을 실현하여야 하는 행정의 합목적성에 비추어 신청된 행정행위의 내용이 중요한 공익을 침해하는 것으로 인정되면 신청된 행정행위를 거부할 수 있는 것이므로 광업권자가 제출한 채광계획안이 광업권설정허가 당시 공익적합성을 고려하여 붙여진 조건내용에 위배되는 것인 이상 이를 인가하지 않은 것은 적법하다."(대법원 1993. 4. 23. 선고 92누7726 판결).

27) 이에 관하여 공익의 보장·실현자로서의 행정은 관계법이 정하는 인·허가 등이 기속행위인 경우에도 이를 인용하는 것이 공익에 중대한 위해를 야기하는 것으로 판단되는 예외적인 경우에는 이를 거부하는 권한이 당해 인·허가에 함축되어 있다고 볼 수 있다고 보고, 중대한 공익상의 필요에 기한 적법한 행정행위의 철회의 법리가 매우 시사적인 면이 있다고 보는 견해가 있다(김동희, 행정법 I, 박영사, 2011, 262면).

28) 헌법 제35조.

필요성이 크다는 것이 법률의 명시적 근거 없는 재량권 인정의 일반적 근거 중의 하나가 되고 있다는 점이다.[29] 물론 거부재량행위를 인정하더라도 법치행정의 원칙 및 행정에 대한 예측가능성의 보장이라는 관점에서 거부재량행위를 최소한으로 한정하는 것이 타당하다. 거부재량의 남용은 법치행정의 원칙에 반하고, 행정에 대한 예측가능성의 훼손을 초래한다. 따라서 입법자는 최대한 거부재량행위를 명문의 규정으로 인정하도록 하고, 판례가 해석에 의해 거부재량을 인정하는 것은 거부재량을 인정하려는 입법자의 의사가 관련법령에 비추어 명백히 합리적으로 추론되는 경우에 한하여야 할 것이다. 공익의 보호 상황이 다양하고 모든 사항을 예측하기 어려워 이들을 모두 허가 등의 요건으로 유형화하여 정하는 것이 어렵고, 거부하지 않으면 중대한 공익이 훼손되는 경우에 한하여 극히 예외적으로 인정하여야 한다. 법령상의 허가요건을 충족하였더라도 허가 등을 거부할 심히 중대한 공익상의 필요가 있어야 하고, 비례의 원칙상 보호하고자 하는 공익의 보호를 위해 거부이외에 다른 방법이 없어야 한다.

3. 철회의 근거

공익상 철회할 필요가 있는 경우에 그것만으로 별도의 법적 근거 없이 철회할 수 있는지가 문제된다.

판례는 공익상 필요가 있는 경우에는 별도의 법적 근거가 없더라도 철회를 할 수 있다는 입장을 일관되게 취하고 있다.[30] 대법원은 "행정행위를 한 처분청은 비록 그 처분 당시에 별다른 하자가 없었고, 또 그 처분 후에 이를 철회할 별도의 법적 근거가 없다 하더라도 원래의 처분을 존속시킬 필요가 없게 된 사정변경이 생겼거나 또는 중대한 공익상의 필요가 발생한 경우에는 그 효력을 상실케 하는 별개의 행정행위로 이를 철회할 수 있다고 할 것"이라고 하였다. 그리고, 수익적 행정처분을 취소 또는 철회하는 경우에는 "이미 부여된 그 국민의 기득권을 침해하는 것이 되므로, 비록 취소 등의 사유가 있다고 하더라

---

29) 구 자동차운수사업법(1997. 12. 13. 법률 제5448호 여객자동차운수사업법으로 전문 개정되기 전의 것) 제4조 제1항, 제3항, 같은법시행규칙(1998. 8. 20. 건설교통부령 제147호 여객자동차운수사업법시행규칙으로 전문 개정되기 전의 것) 제14조의2 등의 관련 규정에 의하면 마을버스운송사업면허의 허용 여부는 사업구역의 교통수요, 노선결정, 운송업체의 수송능력, 공급능력 등에 관하여 기술적·전문적인 판단을 요하는 분야로서 이에 관한 행정처분은 운수행정을 통한 공익실현과 아울러 합목적성을 추구하기 위하여 보다 구체적 타당성에 적합한 기준에 의하여야 할 것이므로 그 범위 내에서는 법령이 특별히 규정한 바가 없으면 행정청의 재량에 속하는 것이라고 보아야 할 것이고, 또한 마을버스 한정면허시 확정되는 마을버스 노선을 정함에 있어서도 기존 일반노선버스의 노선과의 중복 허용 정도에 대한 판단도 행정청의 재량에 속한다(대법원 2001. 1. 19. 선고 99두3812 판결).

30) 대법원 1995. 05. 26. 선고 96누8266 판결 ; 대법원 1984. 11.13. 선고 84누269 판결 ; 2002.11.26. 선고 2001두2874 판결 ; 대법원 2004. 11. 26. 선고 2003두10251,10268 판결.

도 그 취소권 등의 행사는 기득권의 침해를 정당화할 만한 중대한 공익상의 필요 또는 제3자의 이익보호의 필요가 있는 때에 한하여 상대방이 받는 불이익과 비교·교량하여 결정하여야 하고, 그 처분으로 인하여 공익상의 필요보다 상대방이 받게 되는 불이익 등이 막대한 경우에는 재량권의 한계를 일탈한 것으로서 그 자체가 위법하다."고 하였다.[31]

학설은 행정행위의 철회에 법적 근거가 필요한지에 관하여 견해가 나뉘고 있다. 법적 근거불요설의 주된 논거는 다음과 같다: ① 원행정행위의 수권규정은 철회의 근거규정으로 볼 수 있다. ② 행정은 항상 공익을 실현하고 정세변화에 적응하여야 하므로 이를 보장하기 위하여 처분청에게 철회권을 인정할 필요가 있다. 이에 대하여 법적 근거필요설의 주된 논거는 철회는 그 자체가 공익목적을 실현하기 위하여 행하여지는 하나의 새로운 행정행위이므로 법률유보의 원칙상 법률에 근거가 있어야 한다는 것이다.[32] 생각건대, 부담적 행정행위에 있어서는 원행정행위의 수권규정이 철회의 근거가 될 수 있다고 보는 것이 타당하다. 그러나, 수익적 행정행위는 상대방에게 권익을 창설하고 철회는 권익을 제한하는 효과를 가져오므로 법률의 근거를 필요로 한다고 보는 것이 타당하다.[33] 프랑스에서 권리를 창설하지 않는 행위는 공익상 필요가 있으면 언제든지 철회될 수 있지만, 권리를 창설하는 행위의 철회는 법령상 정해진 경우와 요건하에서만 가능하다고 보고 있는 것[34]은 시사하는 바가 크다. 수익적 행정행위의 철회에 대한 법적 근거가 있는 경우도 있지만 없는 경우도 적지 않은 현재 명시적 법적 근거없는 철회는 인정될 수 없다고 하면 공익의 실현이 훼손되는 문제가 있다. 입법자는 수익적 행정행위의 철회사유와 법적 근거를 빠짐없이 규정하도록 입법정비를 해야 할 것이다. 철회사유와 철회근거를 명문화하는 것은 철회에 대한 국민의 예측가능성을 보장하기 위해서도 필요하다.

4. 재량준칙의 예외사유로서의 공익

학설의 일반적 견해는 재량준칙은 평등원칙을 매개로 대외적으로 간접적인 구속력을 갖는다고 본다. 따라서, 특별한 사정이 있으면 재량준칙과 다른 처분을 할 수 있다고 보아야 한다. 여기에서 "특별한 사정"이라 함은 개별 사안의 특별한 사정 또는 공익상의 필요를 말한다. 즉, 개별 사안에 특별한 사정이 있거나 공익상 필요한 경우에는 재량준칙과 다

31) 대법원 2004. 11. 26. 선고 2003두10251,10268 판결.

32) 이 글은 행정판례를 주된 연구대상으로 하고 있으므로 철회의 법적 근거에 대한 자세한 논의는 생략하기로 한다. 철회의 법적 근거에 관한 보다 자세한 논의는 김철용, 『행정법 I』, 박영사, 2009, 305-307면 참조.

33) 수익적 행정행위의 철회가 행정절차법 제22조의 권리를 제한하는 처분이라는 데에는 이견이 없다.

34) Jacqueline MORAND-DEVILLER, DROIT ADMINISTRATIF, Montchrestien, 2007, p.375 ; Jean Rivéro, Jean Waline, Droit administratif, DALLOZ, 2002, p.106.

른 결정을 내릴 수 있다고 보아야 한다. 다만, 이러한 공익을 이유로 한 재량준칙에 대한 예외는 재량준칙에 대한 상대방의 신뢰를 고려하여 엄격히 인정되어야 한다.

대법원 판례는 원칙상 행정규칙에 대해 대외적 구속력을 인정하지 않지만, 설정된 재량기준이 객관적으로 합리적이 아니라거나 타당하지 않다고 볼 만한 다른 특별한 사정이 없는 이상 행정청의 의사는 가능한 한 존중되어야 한다고 본다.[35] 또한 판례는 특별한 사유가 없는 한 재량기준에 따라 처분을 하는 것이 보통이라고 본다.[36] 그러면서 판례는 예외적으로 특별한 사유가 있으면 재량기준과 다른 처분을 할 수 있다고 본다. 우선 특별한 공익상의 필요가 있을 때에는 재량기준을 추가하여 신청에 대한 거부처분을 할 수 있다고 한다. 즉 쌀 시장 개방화에 대비한 경쟁력 강화 등 우월한 공익상 요청에 따라 재량준칙인 지침상의 요건 외에 '시·군별 건조저장시설 개소당 논 면적 1,000ha 이상' 요건을 추가할 만한 특별한 사정을 인정할 수 있고, 그 공익상 요청에 따라 추가된 재량권 행사의 기준을 충족시키지 못하였다는 이유로 한 신규 건조저장시설 사업자인정거부처분을 적법하다고 하였다.[37]

또한, 판례는 공익상 필요한 경우 제재처분의 기준보다 가중된 제재처분을 할 수 있다는 것을 명시적으로 선언하지는 않았지만, 공익상 필요한 경우 제재처분의 기준보다 가중된 제재처분을 할 수 있다는 취지의 판시를 하고 있다. 그렇지만, 공익상 필요에 따른 가중처분의 가능성에 대해서는 다소 소극적인 입장을 취한 것으로 볼 여지도 있다. 이러한 입장은 법규위반에 대한 제재와 관련한 온정주의의 발현은 아닌가 하는 생각이 든다. 즉, 영업허가 이전 1개월 이상 무허가 영업을 하였고 영업시간위반이 2시간 이상인 경우 행정처분기준에 의하면 1월의 영업정지사유에 해당하는데도 2월 15일의 영업정지처분을 한 것을 다툰 사례에서 대법원은 "식품 등의 수급정책 및 국민보건에 중대한 영향을 미치는 특별한 사유가 없는 한 행정청은 당해 위반사항에 대하여 위 처분기준에 따라 행정처분을 함이 보통이라 할 것이므로, 만일 행정청이 이러한 처분기준을 따르지 아니하고 특정한 개인에 대하여만 위 처분기준을 과도하게 초과하는 처분을 한 경우에는 일응 재량권의 한계를 일탈하였다고 볼 만한 여지가 충분하다"고 하면서 재량권일탈 또는 남용에 해당한다고 하였다.[38] 그러나, 사회에 만연한 법규위반을 예방하고, 공동체 전체의 이익인 공익을 보호하기 위해서는 중한 법규위반자에 대해서는 가중된 제재처분의 기준이 없다고 하더라도 재량권의 한계내에서 보다 엄한 제재처분을 할 필요가 있다.

---

35) 대법원 2004. 05. 28. 선고 2004두961 판결 ; 대법원 2013. 11. 14. 선고 2011두28783 판결 ; 대법원 2011. 01. 27. 선고 2010두23033 판결.

36) 대법원 1993.6.29. 선고 93누5635 판결.

37) 대법원 2009.12.24. 선고 2009두7967 판결.

38) 대법원 1993. 6. 29. 선고 93누5635 판결.

5. 소결

공용수용의 정당화사유인 공공필요는 '공익성'과 '필요성'이라는 요소로 구성된다고 보는 판례의 입장은 타당하다. 다만, 공용수용에서의 공익과 공익필요성을 재산권에 대한 존속보장의 관점에서 엄격하게 해석하는 것에 대해서는 재고의 필요가 있다. 공용수용은 재산권에 대한 존속보장을 희생하지만, 정당한 보상을 전제로 행해지므로 재산권의 가치는 보장하는 것이고, 재산권을 일방적으로 제한하는 것은 아니다. 이러한 점에서 국민의 권익을 일방적으로 제한하는 행정권 행사의 정당화사유로서의 공익보다 재산권의 존속보장을 희생하며 재산권의 가치보장을 해주는 공용수용에서의 공익은 보다 널리 인정할 수 있는 것은 아닌지 재고가 필요하다. 그리고 지방세수의 확보나 지역경제의 활성화라는 공익을 일률적으로 과소평가만 하여서는 안 될 것이다. 지역경제가 매우 어려운 상황하에서는 지역경제의 활성화와 일자리 창출은 공용수용을 정당화할 수 있는 공공필요성을 갖는 것으로 판단될 수도 있을 것이다. '필요성'의 판단에 있어서는 공익사업으로 침해되는 공익도 이익형량에 포함시켜야 하는데, 공익사업의 재정상 비용, 환경의 침해 등 수용을 정당화하는 공익과 비교형량되는 수용으로 인한 불이익인 공익의 목록을 보다 명확히 하여야 할 것이다. 또한, 공익사업의 위치 등 내용도 공공필요성의 판단에서 고려되어야 한다. 공익사업으로 인한 불이익을 줄일 수 있는 다른 대안의 공익사업이 가능한 경우에는 최소침해의 원칙에 비추어 해당 공익사업의 공공필요성이 충족되지 못하는 것으로 보아야 한다.

공익은 행정권 행사의 정당화사유가 된다. 그렇지만, 공익의 필요만으로 행정권 행사를 할 수 있는 것은 아니며 법률유보의 원칙상 중요한 행정권의 행사에는 법률의 근거가 있어야 한다. 그런데, 공익상 필요를 모두 예상하여 그에 합당한 행정권 행사의 근거를 빠짐없이 미리 정한다는 것은 현실적으로 매우 어려운 일이며 실제에 있어서도 공익상 필요함에도 행정권 행사의 수권조항(근거조항)[39]이 없는 경우가 적지 않다. 입법자의 양적 질적 능력이 높지 못한 오늘의 현실에서는 이러한 경우가 입법선진국에 비해 더욱 많을 수 밖에 없다.

판례는 원칙상 법률유보의 원칙에 따라 중요한 행정권 행사에는 법률의 근거가 있어야 한다고 보고 있다. 그런데, 전술한 바와 같은 입법의 의도된 또는 의도되지 않은 불비를 고려하여 예외적으로 명시적인 법률의 근거가 없음에도 불구하고 예외적으로 공익의 필요만으로 국민의 권익을 제한하는 행정권 행사를 인정하고 있다. 전술한 바와 같이 거부재량, 공익상 필요에 따른 철회의 경우가 그러하다.

---

39) 입법자가 공익 그 자체를 행정목적 내지 행정권 행사의 근거로 정하는 경우도 없지는 않지만, 안전, 환경의 보호 등 공익을 보다 구체화한 중간공익목적을 행정목적 내지 행정권 행사의 근거로 정하는 경우가 많다.

판례는 거부재량를 상당히 널리 인정하면서도 거부재량의 인정근거에 대하여는 설시하지 않고 있다. 거부재량은 법률유보의 원칙상 문제가 없지 않지만, 입법의 현실 및 중대한 공익의 보호필요성을 고려하여 관련법령의 해석을 통해 제한적으로 인정하는 것은 타당하다고 볼 수도 있다. 규율대상의 다양성에도 불구하고 처분요건을 유형화하여 모두 규정하지 못하고 있는 현실하에서 처분요건이 충족되었으니 신청에 따른 허가 등을 하여야 한다면 중대한 공익이 훼손될 수 있다. 이러한 결과는 공익을 보호해야 할 의무를 지는 입법자가 의도하는 바가 아니다. 입법자는 예상하지 못하는 중대한 공익상의 필요가 있는 경우에는 관련법령의 해석을 통해 거부할 수 있는 재량을 수권한 것으로 보는 것이 국민의 행정에 대한 예측가능성의 보장과 공익의 보장 사이에 조화를 이룰 수 있는 합리적인 법해석일 수 있다. 다만, 거부재량은 법률유보의 원칙 및 국민의 행정에 대한 예측가능성의 보장이라는 측면에서는 매우 이례적인 것이므로 극히 제한적으로만 인정되어야 한다. 이러한 관점에서 볼 때 현재 판례는 거부재량행위를 너무 널리 인정하고 있는 것으로 평가할 수 있다. 특히 신고수리에까지 거부재량을 인정하는 것은 타당하지 않다. 어쩌면 거부재량을 인정하여야 하는 수리를 요하는 신고는 허가제로 하여야 하는 것이 타당한데, 무리하게 신고제로 한 것으로 보아야 할 것이다. 입법자는 공익보호를 위한 요건을 최대한 빠짐없이 규정하고, 거부재량이 필요한 경우도 최대한 명문으로 규정하도록 노력하여야 할 것이다.

판례는 공익상 필요가 있는 경우에는 별도의 법적 근거가 없더라도 철회를 할 수 있다는 입장을 일관되게 취하고 있다. 행정행위의 철회에 법적 근거가 필요한지에 관하여 학설은 심하게 대립하고 있는데, 수익적 행정행위의 철회에는 법률에 근거가 있어야 한다고 보는 것이 타당하다. 그 주된 논거로는 수익적 행정행위는 상대방에게 권익을 창설하고 철회는 권익을 제한하는 효과를 가져오는 새로운 처분이므로 법률의 근거를 필요로 한다고 보는 것이 타당하다는 것을 들 수 있다. 철회의 법적 근거 필요 여부의 문제를 떠나 입법자는 수익적 행정행위의 철회사유와 법적 근거를 빠짐없이 규정하여 철회에 대한 국민의 예측가능성을 보장할 필요가 있다.

재량권 행사의 경우에는 입법자가 법령의 범위 내에서 자유로운 행정권 행사를 인정한 것이므로 법령과 재량권의 범위 내에서 법령의 명시적 근거 없이도 공익상 필요에 의해 거부처분을 내리거나 권익을 제한하는 부관을 붙일 수 있다. 입법자에 의한 재량권의 부여도 입법자의 능력의 한계 또는 입법의 한계를 고려한 것이다. 규율대상이 매우 다양하여 규율대상을 유형화하여 명확한 처분요건을 정하는 것이 어려운 경우에 행정권에 재량권을 주어 행정권이 구체적인 사정을 고려하여 구체적 타당성 있는 행정권을 행사하도록 하는 입법기술인 것이다. 행정청의 재량권에는 처분 상대방의 불이익뿐만 아니라 공익을 고려하여 처분을 하는 권한도 부여된 것으로 보아야 하고, 판례도 이를 부정하지 않는다. 그런데, 판례는 제재처분의 기준인 재량준칙을 적용함에 있어서 공익상 필요에 따른 가중처분의 가능성에 대해서는 다소 소극적인 입장을 취하고 있는 것으로 보인다. 그러나, 사회에 만연한 법규위반을 예방하고, 공동체 전체의 이익인 공익을 보호할 필요가 있음으로 중한 법규위반자에 대해서는 가중된 제재처분의 기준이 없더라도 제재처분의 기준 보다 엄한 제재처분을 하도록 해야 할 것이다.

위와 같이 명문의 법률규정이 없음에도 공익상의 이유로 행정권을 행사할 수 있는 여지를 인정하는 것은 입법의 대상이 되는 행정상황이 매우 다양하기 때문에 이들 행정상황을 유형화하여 입법으로 규율하는 것이 현실적으로 어려운 현실을 고려한 것이기도 하다. 공익은 이 경우 법령의 불비를 보충하는 기능을 수행한다.[40] 법치행정의 원칙상 행정권의 정당화사유인 공익을 가능한 한 구체적으로 규정하고, 법령의 근거없이 공익의 필요에 따라 국민의 권익을 제한하는 처분을 인정하는 것은 행정법리에 맞는 한도내에서 극히 예외적으로 인정하는 것으로 하여야 할 것이다. 또한, 법령의 근거없이 공익의 필요에 따라 행해지는 국민의 권익을 제한하는 처분에 대해서는 비례원칙을 엄격히 적용하여야 할 것이다. 또한, 이러한 문제를 국민의 권익보호의 관점에서만 접근하지 말고, 국민 전체의 이익인 공익을 보장한다는 관점도 보다 강조되어야 한다.

IV. 행정권 행사의 통제사유로서의 공익

1. 공익목적의 원칙

공익목적의 원칙은 행정권 행사는 공익목적을 위해 행사되어야 하고, 행정권이 사적 목적이나 특정 정파의 이익을 위해 행사되어서는 안된다는 원칙이다. 다만, 행정권 행사가 공익을 목적으로 하면서 부수적으로 사익을 고려하는 것은 가능하다.

판례는 주로 공익의 원칙을 징계권 행사의 통제원칙으로 선언·인정하고 있다. 즉, "징계권자가 재량권의 행사로서 한 징계처분이 사회통념상 현저하게 타당성을 잃어 재량권을 남용한 것이라고 인정되는 경우 그 처분은 위법한바, 징계권의 행사가 공익적 목적을 위하여 징계권을 행사하여야 할 공익의 원칙에 반하거나 … 비례의 원칙에 반하거나 … 원칙을 위반한 경우 이러한 징계처분은 재량권의 한계를 벗어난 처분으로서 위법하다."[41]

40) CONSEIL D'ETAT, L'intérêt général, Rapport public 1999, p.365.

41) 대법원 2015. 1. 29. 선고 2014두40616 판결 ; 대법원 2007. 4. 13. 선고 2006두16991 판결 ; 대법원 1999. 11.

그렇지만, 판례가 공익의 원칙을 징계권 행사의 통제법원칙으로만 인정하고 있는 것은 아니다. 판례는 영업정지처분, 면허취소처분 등 제재처분에 관한 재량권의 한계원칙으로도 공익의 원칙을 들고 있다.42)

공익의 실현은 행정의 존재이유이고, 행정법령은 공익목적의 원칙을 전제로 입법되었으므로 공익목적의 원칙은 행정법의 일반원칙으로 인정되어야 한다. 판례는 공익의 원칙을 재량권의 한계원칙으로만 선언할 것이 아니라 모든 행정권 행사에 적용되는 것으로 보아야 하고, 행정법의 일반원칙으로 선언하여야 할 것이다.43)

2. 권한남용금지의 원칙과 공익

권한남용금지의 원칙은 행정권한은 그 권한을 부여한 공익목적이 있으므로 주어진 공익목적을 위해 행사하여야 하며 주어진 공익목적과 다른 부정한 목적으로 행사하면 안 된다는 원칙을 말한다.

최근 대법원은 권한남용의 금지를 일반적으로 선언하고, 권한남용금지의 근거를 법치주의에서 찾는 주목할 만한 판결44)을 내렸다. 대상 판결은 세무조사의 남용에 관한 것인데, "세무조사가 과세자료의 수집 또는 신고내용의 정확성 검증이라는 본연의 목적이 아니라 부정한 목적을 위하여 행하여진 것이라면 이는 세무조사에 중대한 위법사유가 있는 경우에 해당"한다고 설시하였다. 다만, 판례가 권한남용 금지의 원칙을 법적 구속력이 있는 행정법의 일반원칙의 하나로 선언한 것인지에 대해서는 논란의 여지가 있다.45)

위 판결은 세무조사권 남용의 기준으로 "과세자료의 수집 또는 신고내용의 정확성 검증이라는 세무조사의 본연의 목적이 아니라 부정한 목적을 위하여 행하여진 것"을 들고 있다.

행정권한이 사적 목적이나 정치적 목적으로 행해지는 것이 권한남용에 해당하여 위법

---

26. 선고 판결 ; 대법원 1992. 6. 26. 선고 91누11308 판결 ; 대법원 1985. 1. 29. 선고 84누516 판결 ;

42) 대법원 1982. 9. 28. 선고 82누2 판결 ; 대법원 1982. 6. 22. 선고 81누375 판결 ; 대법원 1989. 4. 11. 선고 88누3000 판결.

43) 최송화, 법치행정과 공익, 박영사, 2002, 179－180면.

44) "법치국가원리는 국가권력의 행사가 법의 지배 원칙에 따라 법적으로 구속을 받는 것을 뜻한다. 법치주의는 원래 국가권력의 자의적 행사를 막기 위한 데서 출발한 것이다. 국가권력의 행사가 공동선의 실현을 위하여서가 아니라 특정 개인이나 집단의 이익 또는 정파적 이해관계에 의하여 좌우된다면 권력의 남용과 오용이 발생하고 국민의 자유와 권리는 쉽사리 침해되어 힘에 의한 지배가 되고 만다. 법치주의는 국가권력의 중립성과 공공성 및 윤리성을 확보하기 위한 것이므로, 모든 국가기관과 공무원은 헌법과 법률에 위배되는 행위를 하여서는 아니 됨은 물론 헌법과 법률에 의하여 부여된 권한을 행사할 때에도 그 권한을 남용하여서는 아니 된다."

45) 박균성, 권한남용금지의 원칙과 그 한계, 법조 통권 제723호 별책, 2017.6, 635면.

하다는 것에 대해서는 이견이 있을 수 없다. 문제는 행정권이 수권된 권한을 본래의 목적과 다른 공익목적으로 행사한 것이 권한남용에 해당하는가하는 것이다.

생각건대, 행정권한법정주의의 취지 및 법률유보의 원칙상 행정기관은 소관권한을 법령상 주어진 권한의 목적에 합치하도록 행사하여야 하는 것이 원칙이라고 보아야 하므로 법령상 권한을 본래의 목적과 다른 목적으로 사용하는 것은 원칙상 위법한 것으로 보아야 한다. 그렇지만, 행정기관은 법주체인 국가 또는 지방자치단체의 기관으로서 기관 상호간에 협력하여 국가 또는 지방자치단체의 목적을 달성하도록 협력하여야 할 의무가 있으므로 행정기관의 권한을 주어진 목적과 다른 공익목적으로 행사한 것을 모두 권한남용으로 보는 것은 문제가 없지 않다. 따라서, 권한 남용의 기준은 행정권한법정주의와 행정기관 상호간의 협력의무를 조화시키는 것이어야 한다. 그러므로 행정권한 남용의 기준을 "부정한 목적"이라는 모호한 기준보다는"행정권을 주어진 목적과 실체적 관련이 없는 다른 목적으로 행사하는 것"에서 찾는 것이 일응 타당하다고 본다.[46]

3. 소결

공익은 행정권에 의한 권익 제한의 한계가 되며 행정통제의 기능을 한다. 행정기관은 공익만을 추구할 수 있으며 이를 위반한 경우 공익목적의 원칙에 위반되며 권한을 남용한 것이 된다. 법원은 행정권 행사목적의 공익목적에의 합치여부를 통제하여야 한다.

통상 공익은 입법자가 결정하고, 행정기관은 입법자가 정한 구체적인 공익목적[47]에 따라 행정권을 행사한다. 입법자가 구체적인 공익목적을 명시적으로 정하지 않은 경우에 행정기관은 일반 공익 그 자체에 따라 활동한다.

행정권이 부여된 목적과 실체적 관련이 없는 다른 공익목적을 위하여 당해 행정권을 행사하는 것도 권한남용으로 위법하다고 보아야 한다.

이러한 관점에서 볼 때 판례는 공익의 원칙을 재량권의 한계원칙으로만 선언할 것이 아니라 모든 행정권 행사에 적용되는 것으로 보아야 하고, 행정법의 일반원칙으로 선언하여야 할 것이다.[48] 또한, 권한남용금지의 원칙도 행정법상 법의 일반원칙으로 선언하고, 행정권이 부여된 목적과 실체적 관련이 없는 다른 공익목적을 위하여 당해 행정권을 행사하는 것도 권한남용으로 위법하다는 것을 명확히 하여야 할 것이다.

---

46) 박균성, 상게논문, 639-645면.

47) 입법자가 정한 구체적인 공익목적은 공공의 안녕, 질서유지, 국토의 균형발전, 환경보호, 문화재보호 등 매우 다양하다.

48) 공공복리관련성의 원칙을 행정법의 일반원칙으로 보는 견해(김중권, 행정법 제2판, 법문사, 2016, 67면).

V. 공익과 사익의 관계

1. 공익과 공익, 공익과 사익의 형량

행정권 행사로 달성되는 공익은 그로 인하여 침해되는 공익, 사익 등 불이익과 비례관계를 유지하여야 한다. 이 원칙을 비례원칙의 하나인 상당성의 원칙이라 한다. 판례는 상당성의 원칙을 법의 일반원칙으로 인정하고 있다. 오늘날 공익은 사익과의 사이에서 형량되어야 할 뿐만 아니라 개발의 이익과 환경의 이익 상호간의 형량과 같이 공익 상호간에도 형량되어야 한다.

그런데, 공익과 사익의 형량, 공익과 공익의 형량은 행정권 행사를 통제하는 법리로 사용되기도 하고,[49] 사권을 제한하는 법리로 사용되기도 한다.[50] 사인이 공익실현을 위한 행정권 행사의 위법을 다투는 경우 이익형량의 원칙은 공익의 통제법리로서 작용한다.

음주운전과 관련하여 과거 판례는 원고의 권익구제에 중점을 두며 음주운전을 이유로 한 운전면허취소처분을 상당성 원칙 위반을 이유로 취소하는 경우가 적지 않았지만,[51] 1990년 중반 이후 음주운전사고 방지를 통한 교통안전의 확보라는 공익의 가치를 높이 평가하여 음주운전을 이유로 한 운전면허취소처분을 상당성 원칙 위반을 이유로 취소하는 경우는 거의 없다. 이는 과거의 막연한 공익우선성의 원칙에 기초한 것이 아니라 공익인 교통안전의 가치를 높이 평가·인정하는 것에 기인하는 것이다. 즉, 대법원은 “운전면허를 받은 사람이 음주운전을 하다가 고의 또는 과실로 교통사고를 일으킨 경우에 운전면허의 취소 여부가 행정청의 재량행위라 하여도, 오늘날 자동차가 대중적인 교통수단이고 그에 따라 대량으로 자동차운전면허가 발급되고 있는 상황이나 음주운전으로 인한 교통사고의 증가 및 그 결과의 참혹성 등에 비추어 보면, 음주운전으로 인한 교통사고를 방지할 공익

49) 상당성의 원칙 위반이 처분의 위법사유가 되는 통상의 경우가 이에 해당한다.

50) 이익형량의 원칙이 신뢰보호의 원칙 적용제한법리가 되는 경우, 공용수용에서의 공공필요가 이에 해당한다. 이 경우에도 이익형량의 원칙은 동시에 행정권의 통제법리로서의 기능도 갖는다.

51) 무사고운전경력이 인정되어 개인택시 및 개인택시운송사업면허를 대금 25,500.000원에 양수하여 개인택시운송사업을 하는 원고가 비번날 친구와 함께 소주 2홉들이 1병을 나누어 마시고 여동생의 승용차를 운전중 적발된 경우, 개인택시운송사업이 원고의 유일한 생계수단이며 원고의 운전면허가 취소되면 개인택시운송사업면허까지 취소되게 되어 위 투자금액을 회수할 수 없게 되는 점 등의 여러 사정들을 참작하여 음주운전을 이유로 도로교통법상 가장 무거운 운전면허취소처분을 하는 것은 도로교통법에 의하여 달하려는 공익적 목적의 실현보다는 원고가 입게될 불이익이 너무 커서 이익교량의 원칙에 위배되므로 재량권을 일탈하여 위법하다고 본 사례(대법원 1991. 6. 11. 선고 91누2083 판결) ; 원고가 대학교의 학장으로 근무하면서 퇴근길에 집부근에 있는 생맥주집에서 동료교수들과 평소의 주량에 훨씬 못미친 양의 생맥주 1잔을 마시고 운전하다가 단속경찰관에게 적발되었으나 그 음주운전으로 인하여 어떤 사고도 발생하지 아니한 것이라면 관할관청인 피고가 이 사건 자동차운전면허를 취소한 것은 재량권의 범위를 일탈한 것으로서 위법하다고 한 사례(대법원 1990. 10. 30. 선고 90누4020 판결).

상의 필요는 더욱 강조되어야 하고 운전면허취소에 있어서는 일반의 수익적 행정행위의 취소와는 달리 그 취소로 인하여 입게 될 당사자의 불이익보다는 이를 방지하여야 하는 일반 예방적 측면이 더욱 강조되어야 한다."고 하면서 혈중알코올농도 0.105% 상태로 운전하다가 물적·인적 교통사고를 낸 개인택시 운전사에 대하여 한 운전면허취소처분이 위법하다고 본 원심판결[52]을 파기하였다.[53] 나아가 대법원은 "오늘날 자동차가 급증하고 자동차운전면허도 대량으로 발급되어 교통상황이 날로 혼잡하여 감에 따라 교통법규를 엄격히 지켜야 할 필요성은 더욱 커지고, 음주운전으로 인한 교통사고 역시 빈번하고 그 결과가 참혹한 경우가 많아 음주운전을 엄격하게 단속하여야 할 필요가 절실하다는 점에 비추어 볼 때 자동차운전면허취소처분으로 교통사고를 야기하지 않은 음주운전자가 입게 되는 불이익보다는 공익목적의 실현이라는 필요가 더욱 크다."라고 하면서 서울 근교에서 채소재배업에 종사하면서 주취운전으로 인하여 운전면허가 취소된 전력이 있는 자가 혈중알콜농도 0.109%의 주취상태에서 승용차를 운전한 경우, 자동차운전면허취소처분으로 교통사고를 야기하지 않은 음주운전자가 입게 되는 불이익보다는 공익목적의 실현이라는 필요가 더욱 크다고 보아 면허취소사유에 해당한다고 하여, 이와 달리 당해 처분이 재량권의 일탈·남용이라고 본 원심판결을 파기하였다.[54]

항고소송에서 원고의 권익구제기능을 강조하는 것은 위법한 행정권 행사로부터 국민의 권익을 보호하는 긍정적 기능을 갖지만, 복효적 효력을 갖는 행정행위를 취소하는 것은 제3자의 권익을 침해하는 결과를 가져온다는 사실을 인식하여야 한다. 원고의 권익보호도 중요하지만 제3자의 권익보호도 중요하다. 그리고 복효적 행정행위가 아닌 운전면허취소처분 등 법규위반에 대한 제재처분 등 침해적 행정행위에서의 재량권 행사에 대해 비례성 심사를 함에 있어서 원고의 불이익을 과도하게 평가하여 침해적 행정행위를 취소하는 것은 안전 등 공익을 희생하는 결과를 가져온다. 그런데 공익은 공동체 전체의 이익이므로 제3자인 국민의 이익을 희생하는 결과를 가져온다는 점을 인식하여야 한다. 이러한 점을 고려한다면 항고소송의 기능을 '(원고의) 권익구제기능'에 한정하는 것은 타당하지 않으며 항고소송의 행정통제기능도 항고소송의 중요한 기능으로 보아야 하고, 나아가 항고소송의 공익보호기능 조차도 인정하여야 하는 것은 아닌가 하는 생각이 든다. 행정법의 권익구제법으로서의 성격뿐만 아니라 공익보호법으로서의 성격도 인정해야 하는 것은 아닌가 검토

52) 원심판결은 이 사건 운전면허처분은 그로 인하여 원고가 받는 불이익의 정도가 그로 인하여 유지하고자 하는 공익상의 필요 또는 제3자의 이익보호의 필요에 비하여 현저히 크다 할 것이므로, 위 주취운전 사실만으로 곧바로 운전면허를 취소한 이 사건 처분은 형평에 어긋나는 지나치게 무거운 처분으로서 재량권의 범위를 벗어난 위법한 것이라고 판단하였다(서울고법 1996. 3. 27. 선고 95구34233 판결).

53) 대법원 1996. 7. 26. 선고 96누5988 판결.

54) 대법원 1997. 11. 14. 선고 97누13214 판결.

를 요한다.

재량권 행사시 이익형량이 현저하게 또는 심히 균형을 잃은 경우에 한하여 재량권의 일탈·남용이 있는 것 즉 위법한 것으로 보아야 하고 다소 균형을 잃은 경우에는 부당에 그친다는 견해가 적지 않다.55) 판례는 이익형량이 "현저하게 균형"을 잃은 것을 재량권의 일탈·남용의 기준으로 제시하는 경우도 있고,56) "균형"을 잃을 것을 재량권의 일탈·남용의 기준으로 제시하는 경우57)도 있다. 재량권의 일탈·남용의 기준으로 제시된 "현저하게 균형" 또는 "균형"이라는 문구가 중요한 것은 아니고, 실제로 공익이 얼마나 중시되는가 하는 것이 중요하지만, "현저하게"라는 강한 수식어가 이익형량에서 행정권 행사로 침해되는 불이익 보다 행정권 행사가 추구하는 공익을 과도하게 보호하는 결과를 가져오지는 않을 것인지 검토가 필요하다. 일반적으로 법원은 행정청의 재량권 행사가 합리적이라면 행정청의 판단을 존중해주어야 하므로 이에 추가하여 이익형량이 현저하게 균형을 잃을 것을 재량권 행사의 위법기준으로 제시하는 것은 행정권을 과도하게 보호하는 결과를 낳을 수도 있다. 다른 한편으로 그러한 기준이 이익형량에 따라 재량권의 일탈·남용을 인정한 판결에 대해 행정청이 불만을 가질 이유가 될 수 있고, 원고에게는 법원이 행정권을 과도하게 보호하고 있다는 생각을 갖게 할 수도 있다. 일반 국민의 입장에서는 국민이 받은 불이익이 처분으로 달성하는 공익보다 큼에도 불구하고, 현저히 크지 않다는 이유로 기각판결을 받는 것을 납득하기 어려울 것이다. 또한, 개발이익과 환경이익의 대립과 같이 공익과 공익이 대립하는 경우에는 개발이익을 환경이익보다 중시여기는 결과를 초래할 수도 있다. 그러므로 이익형량에 있어 재량권의 일탈·남용의 기준으로 '현저하게 균형을 잃었을 것'이라는 문구로 설시하지 않고, '균형을 잃었을 것'이라는 문구로 설시하는 것이 판례정책상 타당하다. 그리고 행정청의 판단을 존중하는 문제는 행정청의 전문성과 책임성을 고려하여 개별적인 사안마다 법원이 결정하는 것으로 하는 것이 타당할 것이다. 처분행정청에게 전문성이 있는 경우도 있지만, 그렇지 않은 경우도 적지 않은 점을 고려하여도 그러하다.

판례는 행정계획에서 계획재량을 통제하는 법리로 일반 이익형량의 법리보다 체계화되고 객관화된 형량명령의 법리를 인정하고 있다. "행정주체가 행정계획을 입안·결정함에

55) 김동희, 전게서, 277면.

56) 징계처분이 징계사유로 삼은 비행의 정도에 비하여 현저하게 균형을 잃어 과중하여야 위법하다고 본 판례(대법원 2012. 10. 11. 선고 2012두10895 판결).

57) 독점규제 및 공정거래에 관한 법률(이하 '공정거래법'이라 한다) 제22조에 의한 과징금은 법 위반행위에 따르는 불법적인 경제적 이익을 박탈하기 위한 부당이득환수의 성격과 함께 위법행위에 대한 제재로서의 성격을 가지는 것이고, 공정거래법 제55조의3 제1항은 과징금을 부과하는 경우 위반행위의 내용과 정도, 기간과 입찰담합에 의한 부당한 공동행위에 대하여 부과되는 과징금의 액수는 해당 입찰담합의 구체적 태양 등에 기하여 판단되는 위법성의 정도뿐만 아니라 그로 인한 이득액의 규모와도 상호 균형을 이룰 것이 요구되고, 이러한 균형을 상실할 경우에는 비례의 원칙에 위배되어 재량권의 일탈·남용에 해당할 수 있다(대법원 2017. 4. 27. 선고 2016두33360 판결).

있어서 이익형량을 전혀 행하지 아니하거나 이익형량의 고려 대상에 마땅히 포함시켜야 할 사항을 누락한 경우 또는 이익형량을 하였으나 정당성과 객관성이 결여된 경우에는 그 행정계획결정은 형량에 하자가 있어 위법하게 된다."[58] 또한, 이 판결에서 대법원은 행정계획에 관련되는 자들의 이익을 공익과 사익 사이에서는 물론이고 공익 상호간과 사익 상호간에도 정당하게 비교교량하여야 한다고 하였다. 형량명령은 이익형량에서 관련 공익을 구체적인 공익으로 파악하고,[59] 각 구체적인 공익을 달성되는 정도와 가치, 침해되는 정도와 가치를 세밀하게 판단하여 이익형량할 것을 요구한다. 이러한 계획재량 및 형량명령에서의 공익의 가치 판단방식은 일반 행정재량에 대한 비례원칙의 적용으로서의 이익형량에도 적용되어야 할 것이다.

2. 공익과 반사적 이익

행정법규는 기본적으로 공익의 보호를 목적으로 한다. 그런데, 판례는 행정법규 중에는 공익의 보호만을 목적으로 한 것이 있는 반면에 공익의 보호와 함께 개인적 이익도 보호하는 것이 있다고 본다. 환경보호 등 공공의 이익이 달성됨에 따라 반사적으로 얻는 이익을 반사적 이익으로 보아[60] 원고적격을 부인하는 등 법적 보호의 대상에서 제외하고 있다. 이에 반하여 "당해 처분의 근거 법규 및 관련 법규에 의하여 보호되는 개별적·직접적·구체적 이익"은 법률상 보호되는 이익으로 본다. 또한, "당해 처분의 근거 법규 및 관련 법규에 의하여 보호되는 법률상 이익은 당해 처분의 근거 법규의 명문 규정에 의하여 보호받는 법률상 이익, 당해 처분의 근거 법규에 의하여 보호되지는 아니하나 당해 처분의 행정목적을 달성하기 위한 일련의 단계적인 관련 처분들의 근거 법규에 의하여 명시적으로 보호받는 법률상 이익, 당해 처분의 근거 법규 또는 관련 법규에서 명시적으로 당해 이익을 보호하는 명문의 규정이 없더라도 근거 법규 및 관련 법규의 합리적 해석상 그 법규에서 행정청을 제약하는 이유가 순수한 공익의 보호만이 아닌 개별적·직접적·구체적 이익을 보호하는 취지가 포함되어 있다고 해석되는 경우까지를 말한다."고 하면서 법률상 보호되는 이익의 범위를 확대하고 있다. 또한, 이해관계인의 절차적 권리도 법률상 보호된 이익으로 보고, 절차적 권리를 가진 자에게 원고적격을 인정하고 있다.[61]

58) 대법원 2007. 4. 12. 선고 2005두1893 판결 등.

59) 공익개념의 구체화에 관하여는 최송화, 전게서, 228면 이하 참조.

60) 대법원 1995.9.26. 선고 94누14544 판결 ; 대법원 2014.2.21. 선고 2011두29051 판결.

61) 대법원 2015. 7. 23. 선고 2012두19496,19502 판결. 이 사례에서 갑 대학교 교수협의회와 총학생회에게 학교운영참여권을 근거로 이사선임처분을 다툴 법률상 이익을 인정했지만, 학교직원들로 구성된 전국대학노동조합을 대학교지부의 법률상 이익은 인정하지 않은 사례.

그런데, 처분의 근거법규 또는 관련 법규가 공익의 보호만을 목적으로 하는지 아니면 공익의 보호뿐만 아니라 이해관계인의 개인적 이익도 보호하고 있는지를 판단하는 것이 모호한 경우가 적지 않다. 그것은 안전이나 환경의 이익 등 공익이 인간의 생활에 중요한 이익으로 인식되고 있기 때문이기도 하고, 공익과 사익의 구별이 상대화된 것에 기인하기도 한다. 과거 일조이익, 조망이익 등 환경상 이익은 반사적 이익으로 인식되었지만, 오늘날에는 인간 생활에 중요한 이익이 되었기 때문에 보호필요성이 커지게 되었다. 이에 따라 판례는 환경영향평가 대상지역주민이 누리는 환경상 이익은 환경영향평가법의 보호범위에 들어가는 것으로 보게 된 것이다.[62] 판례는 "상수원보호구역 설정의 근거가 되는 수도법 제5조 제1항 및 동 시행령 제7조 제1항이 보호하고자 하는 것은 상수원의 확보와 수질보전일 뿐이고, 그 상수원에서 급수를 받고 있는 지역주민들이 가지는 상수원의 오염을 막아 양질의 급수를 받을 이익은 직접적이고 구체적으로는 보호하고 있지 않음이 명백하여 위 지역주민들이 가지는 이익은 상수원의 확보와 수질보호라는 공공의 이익이 달성됨에 따라 반사적으로 얻게 되는 이익에 불과하므로 지역주민들에 불과한 원고들에게는 위 상수원보호구역변경처분의 취소를 구할 법률상의 이익이 없다."고 판시하였다.[63] 그러나, 상수원보호구역 설정 및 해제의 근거가 되는 수도법규정이 상수원의 수질보호와 함께 물 이용자의 개인적 이익도 직접 보호하는 것을 목적으로 하고 있다고 볼 수도 있고, 현재 한강수계 상수원수질개선 및 주민지원 등에 관한 법률 및 동법 시행령 제19조에 따라 수도사업자가 물이용부담금을 납부하고, 이 물이용부담금은 수도요금에 전가될 것이며 이 재원으로 상수원보호구역에 재정지원을 하고 있는 점 등을 아울러 고려하면 상수원보호구역을 규율하는 수도법규정으로 인하여 수돗물 이용자가 받는 이익은 법적 이익이라고 보는 것이 타당할 것이다. 이와 관련하여 김해시장이 낙동강에 합류하는 하천수 주변의 토지에 구 산업집적활성화 및 공장설립에 관한 법률 제13조에 따라 공장설립을 승인하는 처분을 한 사안에서, 공장설립으로 수질오염 등이 발생할 우려가 있는 취수장에서 물을 공급받는 부산광역시 또는 양산시에 거주하는 주민들도 위 처분의 근거 법규 및 관련 법규에 의하여 법률상 보호되는 이익이 침해되거나 침해될 우려가 있는 주민으로서 원고적격이 인정된다고 한 사례는 시사하는 바가 크다.[64]

62) 대법원 2006. 3. 16. 선고 2006두330 전원합의체 판결.

63) 대법원 1995. 09. 26. 선고 94누14544 판결.

64) 대법원 2010. 04. 15. 선고 2007두16127 판결.

3. 직무상 의무의 사익보호성

공무원에게 부과된 직무상 의무의 내용이 단순히 공공 일반의 이익을 위한 것이거나 행정기관 내부의 질서를 규율하기 위한 것인 경우에는 국가배상책임이 인정될 수 없고, 공무원에게 부과된 직무상 의무의 내용이 전적으로 또는 부수적으로 사회구성원 개인의 안전과 이익을 보호하기 위하여 설정된 것이어야 공무원이 그와 같은 직무상 의무를 위반함으로 인하여 피해자가 입은 손해에 대하여는 상당인과관계가 인정되는 범위 내에서 국가가 배상책임을 지는 것이라는 것이 대법원 판례의 일관된 입장이다.[65]

그런데, 이러한 판례의 논거는 무엇이며 그러한 판례가 과연 타당한 것인지에 대하여는 논란이 있다. 초기 일부 판례에서는 직무상 의무의 사익보호성을 위법성의 문제로 보았으나[66] 현재 판례는 직무상 의무의 사익보호성을 인과관계의 요소로 보고 있다. 즉, "공무원에게 직무상 의무를 부과한 법령의 보호목적이 사회 구성원 개인의 이익과 안전을 보호하기 위한 것이 아니고 단순히 공공일반의 이익이나 행정기관 내부의 질서를 규율하기 위한 것이라면, 가사 공무원이 그 직무상 의무를 위반한 것을 계기로 하여 제3자가 손해를 입었다 하더라도 공무원이 직무상 의무를 위반한 행위와 제3자가 입은 손해 사이에는 법리상 상당인과관계가 있다고 할 수 없다."고 본다.[67] 직무상 의무의 사익보호성을 국가배상법상 위법이 요소로 보는 견해는 국가배상법상의 위법성을 피해자에 대한 관계에서의 위법으로 보는 상대적 위법성설과 연결될 수는 있지만, 그렇다고 하더라도 법상 의무인 직무상 의무를 위반한 것이 해당 직무상 의무의 사익보호성이 없다는 이유로 위법하지 않은 행위로 본다는 것에 문제가 있다. 그리고, 직무상 의무의 사익보호성을 인과관계의 요소로 보는 견해에 대해서는 국가배상법상의 인과관계가 규범의 문제일 수도 있지만, 기본적으로 사실의 문제인데 직무상 의무의 사익보호성을 인과관계의 요소로 보는 것은 타당하지 않다는 비판이 가능하다. 직무상 의무위반으로 인하여 손해가 발생하였는데, 해당 직무상 의무가 공익의 보호만을 목적으로 한다고 보면서 국가배상책임을 부인하는 것은 공익우선의 관념이나 공익과 사익의 준별론에 근거한 구시대적 이론은 아닌지 의문이 든다.

4. 소결

과거 공익은 사익과 엄격히 구별되고, 공익은 사익 보다 우월한 것으로 인정되었다.

---

65) 대법원 1993. 2. 12. 선고 91다43466 판결.

66) 대법원 2001.3.9. 선고 99다64278 판결.

67) 대법원 2001. 4. 13. 선고 2000다34891 판결.

그러나, 오늘날 공익과 사익의 구별이 상대화하고, 공익과 사익은 조정되어야 하므로[68] 공익의 사익에 대한 절대적 우월성은 포기되었다고 할 수 있다. 판례도 이러한 입장을 취하고 있다. 판례는 공익은 사익과의 사이에서 형량되어야 할 뿐만 아니라 상호 대립하는 공익 상호간에도 형량되어야 한다고 본다.

문제는 이익형량이 가치판단을 전제로 하고, 이익을 측정하고 형량하는 것이 어렵다는 점 등에서 이익형량의 객관성을 담보하지 못하고 있다는 점이다. 이익형량을 체계화하고 객관화하는 방안을 마련하여야 하는데, 가치측정 및 가치형량을 통제하는 것은 쉽지 않은 일이므로 이익형량의 과정을 통제하는 것이 중요하다. 의견수렴절차를 강화하고, 일반 이익형량에서도 관련 이익을 빠뜨리지 않고 전부 포함시키는 것이 보장되어야 한다. 이익형량과정이 형량결정의 이유제시와 함께 기록되고 공개되어야 한다.[69]

판례는 보호규범인 처분의 근거규정 또는 관련규정의 사익보호성을 확대하는 방식으로 원고적격의 요소인 법률상 이익을 확대하여 왔다. 또한, 직무상 의무의 사익보호성을 국가배상책임의 요건으로 요구하고 있다. 이러한 판례는 공법과 사법의 구별, 공익과 사익의 구별을 엄격히 하는 입장에 선 해결책이다. 공법과 사법의 통합적 관계정립의 필요성, 공익과 사익의 구별의 상대화의 경향에 맞추어 행정법상 권리구제에 있어서 보호규범을 사법으로 까지 확대하는 것을 검토할 필요가 있다. 행정권의 행사에 의해 사법상 사권이 침해된 경우에도 항고소송이나 국가배상을 통한 권리구제를 인정하는 방안을 검토할 필요가 있다.

VI. 맺음말

공익은 행정법의 이념적 기초만 되는 것이 아니라 행정권 행사의 정당화사유로서 또는 행정권 행사의 통제사유로서 법적 구속력을 갖는 경우도 있다. 그러므로 공익이라는 개념을 정확히 정의내릴 필요가 있다. 그런데, 판례는 공익을 "공공의 이익" 또는 "불특정 다수인의 이익"으로 설시한 경우도 있지만, 정확한 정의를 내리고 있지 않다.

공익은 행정권 행사의 궁극적 기초가 되지만, 법률유보의 원칙상 행정권은 공익 그 자체가 아니라 수권규정에 근거하여 행사된다. 그런데, 판례는 거부재량과 철회는 명시적인 법령의 근거 없이도 가능하다고 본다. 이러한 판례는 그 논거를 제시하고 있지 않은데,

68) 자세한 것은 최승원, 행정법과 공익 – 이해조절법적 행정법으로, 행정법연구, 2006.5(행정법을 이해조절법으로 볼 필요가 있다는 논문) 참조.

69) 김광수, 글로벌시대의 공익론, 행정법연구, 2007.12, 117면.

입법의 한계와 관련 법령의 합목적적 해석 그리고 현실의 필요성에 기초하고 있는 것으로 보인다. 판례는 거부재량을 널리 인정하고 있는데, 꼭 필요한 경우에 한하여 예외적으로 인정하는 것이 타당하다. 수익적 행정행위의 철회는 법적 근거가 없으면 원칙적으로 인정하지 않고, 법령에서 수익적 행정행위의 철회사유 및 철회근거를 구체적으로 규정하여야 할 것이다.

판례는 공익의 원칙을 징계처분과 제재처분의 통제원칙으로 선언하고 있는데, 공익의 원칙을 모든 행정권 행사에 적용되는 행정법상 법의 일반원칙으로 선언하여야 할 것이다. 또한, 최근 판례는 권한남용금지의 원칙을 선언하였는데, 권한남용금지의 원칙도 행정법의 일반원칙으로 명시적으로 선언하고, 행정기관이 수권법령에 의해 부여된 본래의 목적과 실체적 관련이 없는 다른 공익목적을 위하여 당해 행정권을 행사하는 것도 권한남용이라는 점을 명확히 하여야 할 것이다.

과거 공익은 사익과 엄격히 구별되고, 공익은 사익보다 우월한 것으로 인정되었다. 그러나, 오늘날 공익의 사익에 대한 절대적 우월성은 포기되었고, 공익과 사익은 상호 조정되어야 하는 관계에 있다. 판례도 이러한 입장을 취하고 있다. 판례는 공익은 사익과의 사이에서 형량되어야 할 뿐만 아니라 상호 대립하는 공익 상호간에도 형량되어야 한다고 본다. 이익형량을 체계화하고 객관화하는 방안을 마련하여야 하는데, 가치측정 및 가치형량을 통제하는 것은 쉽지 않은 일이므로 이익형량의 과정을 통제하는 것이 중요하다.

판례는 보호규범인 처분의 근거규정 또는 관련규정의 사익보호성을 확대하는 방식으로 원고적격의 요소인 법률상 이익을 확대하여 왔다. 또한, 판례는 직무상 의무의 사익보호성을 국가배상책임의 요건으로 요구하고 있다. 그러나, 법질서의 통일성을 확보한다는 관점에서 행정권의 행사에 의해 사권이 침해된 경우에도 항고소송이나 국가배상을 통한 권리구제를 인정하는 것이 타당하다.

향후 행정법이 전제하고 있는 공익 개념, 이러한 공익 개념이 행정법문제의 해결에 미치는 영향에 대한 보다 심도있는 연구가 계속되기를 기대한다.

「부담금관리기본법」을 위반하여 설치된 부담금의 효력*

오준근**

대상판결: 대법원 2014. 1. 29. 선고 2013다25927,25934 판결

I. 대상판결 개관

1. 사건의 개요

경기도지사는 2004. 8. 24. 고양시 Y구역 토지 987,940㎡를 도시개발구역으로 지정하고, 2005. 8. 24. 시행자를 소외 고양Y구역 도시개발 사업조합(이하 '도시개발 사업조합'이라 한다)으로, 시행방식을 환지방식으로 하는 내용의 도시개발계획을 수립하였다. 이후 경기도지사는 2006. 5. 4. 위 도시개발구역의 면적이 988,224㎡로 증가하는 등의 변경을 거친 도시개발계획을 인가하였다. 원고는 위 도시개발구역의 토지 소유자이자 도시개발 사업조합의 조합원으로서 위 도시개발 사업에 참여하였고, 2007.경 고양시장으로부터 위 도시개발구역 중 원고의 사업지구에서 시행할 주택건설 사업에 관하여 사업계획승인을 받았다.

도시개발 사업조합과 그 조합원인 원고는 2007. 11. 9. 피고 서울도시가스 주식회사(이하 '피고 도시가스'라 한다)와 사이에 도시가스 간선시설 공급 약정을 체결하였다. 이 약정에 따르면 본 사업지구의 공사비는 피고가 산정하고 원고가 100% 이를 납부하여야 한다. 피고 도시가스는 2008. 11. 7. 도시개발 사업조합에게 위 약정에 따라 배관공사비로 1,315,556,000원을 지급할 것을 청구하였고 원고는 피고에게 2008. 11. 24. 이를 납부하였다. 피고 도시가스는 2010. 7.경 원고에게 원고의 사업지구에 공급되는 취사용 도시가스에 관하여, 경기도 도시가스 공급규정에 따라 일반 시설분담금을 지급할 것을 청구하였다. 이에 원고는 2010. 7. 20.과 2010. 7. 22. 피고 도시가스에게 합계 298,785,230원을 일반

* 이 글은 2017년 12월 31일 발행된 행정판례연구 제22-2집에 게재된 논문을 전재한 것입니다.

** 법학박사(Dr. jur), 경희대학교 법학전문대학원 교수

시설분담금으로 지급하였다. 원고는 피고 한국지역난방공사(이하 '피고 난방공사'라 한다)와 사이에 「집단에너지사업법」 제18조 제1항 및 「열공급규정」 제5장의 규정에 따라 공사비 부담금과 제6장의 규정에 따라 요금, 이자, 연체료, 위약금을 각각 납부하여야 함을 내용으로 하는 열수급계약을 체결하였다. 원고는 이에 따라 피고 난방공사에게 공사비부담금으로 합계 12,901,701,369원을 지급하였다.[1)]

위 사건의 사실관계에서 주목할 것은 이 사건에 4건의 법률이 서로 중복되어 적용되는데 부담금 부과의 근거에 관하여 법률 상호간에 모순 · 충돌이 발생하였다는 점이다. 원고는 2006년 5월 「도시개발법」에 근거하여 도시개발계획의 인가를 받았고, 2007년 「주택법」에 근거하여 주택건설사업계획의 승인을 받았다. 각각의 사업계획의 승인단계에서는 시설부담금 및 공사비 부담금은 공급시설에 대한 설치의무를 지는 공급자가 그 설치비용을 부담하도록 규정되어 있었다. 2007년 「도시가스사업법」이 개정되면서 시설부담금을 사용자에게 수익자부담금의 형태로 분담시키는 규정이 도입되었다. 이 규정에 근거하여 2008년 공사비분담금이, 2010년 시설부담금이 부과되었다. 「부담금관리기본법」은 2001년 제정되었으며, 이 법 제3조는 부담금은 이 법률 「별표」에 열거된 법률에 근거하지 아니하고는 설치할 수 없다고 규정하였지만, 「도시가스사업법」에 의한 수익자부담금은 2007년 개정당시 「부담금관리기본법」 「별표」에 포함되지 아니하였다.

2. 제1심 법원의 판단

(1) 원고의 주장

원고는 위 지역난방 공사비부담금 조항은 「주택법」 제23조 제1항, 제3항 또는 「도시개발법」 제55조 제1항, 제2항의 강행규정(이하 '이 사건 각 강행규정'이라 한다)에 위반되어 무효이므로 피고 난방공사는 원고가 위와 같이 피고 난방공사에게 지급한 공사비부담금을 원고에게 부당이득으로 반환하여야 한다고 주장하여 부당이득 반환청구소송을 제기하였다.[2)]

(2) 판단

제1심 법원은 다음 두 가지를 근거로 하여 원고의 주장을 배척하고 있다.

---

1) 사실관계는 제1심 법원 판결에 나타난 사실관계를 요약 · 정리한 것이다. 제2심 법원과 대법원의 판결은 사실관계는 변경이 없고 주장이 추가된 것이어서 이 사실관계는 모든 심급에 공통된 것이다.

2) 서울남부지방법원 2012. 6. 21. 선고 2011가합17466(본소),2012가합7091(반소) 판결[부당이득금 반환·시설분담금]. 원고의 주장에는 제2주장 즉 "설령 무효가 아니라 하더라도 「집단에너지사업법」에 의하여 공사비부담금을 분담하는 '사용자'는 실제 난방을 사용하는 수분양자이지 시행자인 원고가 아니다"는 주장이 있었으나 이 논문의 논지와 다른 내용이어서 제2주장은 다루지 아니하였다.

첫째, "이 사건 각 강행규정은 사업주체 또는 시행자와 가스 또는 난방을 공급하는 자('공급자')의 관계에서 시설 설치의무 및 비용부담에 관한 사항을 규율하는 것이고, 「집단에너지사업법」 제18조 제1항과 「도시가스사업법」 제19조의2 제1항은 사업자 또는 일반도시가스사업자와 사용자의 관계에서 집단에너지공급시설 또는 가스공급시설의 설치비용 분담에 관한 사항을 규율하는 것으로서 그 입법취지와 적용영역이 서로 다르다"는 것이다.[3]

둘째, "「집단에너지사업법」 제18조 제1항과 「도시가스사업법」 제19조의2 제1항은 집단에너지공급시설이나 가스공급시설의 설치비용 중 전부 또는 일부를 사용자에게 분담시킬 수 있다고 규정하고 있다. 이는 설치비용을 공사비부담금 또는 시설분담금으로 사용자에게 분담시킬 수 있는 근거규정에 해당하고, 위 공사비부담금과 시설분담금은 수익자부담금에 해당 한다"고 한다.[4]

---

3) 제1심 법원은 "「주택법」 제23조의 각 조항과 「도시개발법」 제54조 및 제55조의 각 조항을 종합하면, 주택건설사업 또는 도시개발 사업에 필요한 비용은 시행자가 부담하는 것이 원칙이나, 이 사건 각 강행규정에 의하여 지역난방시설과 가스공급시설의 설치비용은 예외적으로 그 설치의무자인 공급자가 부담하도록 규정하고 있다. 그 입법취지는 주택건설사업 또는 도시개발사업의 시행에는 지역난방시설이나 가스공급시설과 같이 인간의 주거생활에 필수적인 난방, 가스 등 공공재를 공급하기 위한 사회간접자본의 성격을 갖는 대규모 간선시설의 설치가 필수적이므로, 그 설치 및 비용부담을 전부 시행자에게 맡길 경우 그 사업의 수행이 상당히 곤란해질 뿐만 아니라 시설의 설치 및 비용부담의 주체를 명확히 법정하여 이를 둘러싼 분쟁을 사전에 예방함으로써 적기에 난방, 가스 등의 공급을 가능하게 하는 데 있다(헌법재판소 2009. 5. 28. 선고 2006헌바86 결정 참조). 위와 같은 입법취지에 비추어 이 사건 각 강행규정은 지역난방시설이나 가스공급시설에 대한 설치의무와 그 설치비용을 부담하는 자가 시행자인지, 아니면 공급자(또는 이 사건에서 문제되는 것은 아니나 도로·상하수도시설의 경우는 지방자치단체)인지 정하는 것을 그 적용영역으로 한다"고 정리하고 있다.

4) 제1심 법원은 헌법재판소 2003. 5. 15. 선고 2001헌바90 결정을 참조하고 있다. 아울러 위 강행법규의 입법취지를 다음과 같이 정리하고 있다. "① 우선 집단에너지사업이나 도시가스사업이 그 특성상 초기에 대규모의 시설투자가 필요한 도시기반사업으로서 투자재원의 효과적인 조달을 통하여 보다 저렴한 가격으로 원활히 난방이나 가스를 제공하는 것이 가능할 수 있는 토대를 마련해 줄 필요성이 있다는 점(위 헌법재판소 2001헌바90 결정 참조)에 있다. ② 다음으로 집단에너지사업법의 경우, 지역난방방식에 의하면 일반적으로 타 난방 방식에서 필요한 보일러 및 그 부대시설과 같은 자체 난방시설이 불필요하게 되어 이러한 시설의 건설비용은 지역난방 사업으로 인한 사용자의 이익이 되므로 이를 수익자인 사용자에게 부담하도록 하기 위한 점에도 그 입법취지가 있다(위 헌법재판소 2001헌바90 결정 참조). 그리고 「도시가스사업법」의 경우, 난방방식을 「집단에너지사업법」에 따른 지역난방으로 채택할 경우 취사전용 도시가스 공급만으로는 공급자에게 수익성이 확보되지 아니하여 공급자가 취사용 도시가스 공급을 거부하거나 지역난방 열원의 사용연료인 도시가스 공급을 거부하는 사례가 있어 국민의 난방방식 선택권을 제한하고 난방시장에 있어서의 공정한 경쟁을 저해하고 있을 뿐만 아니라, 신규 택지개발지구에 대한 집단에너지 보급추진으로 국가적인 에너지절약 및 환경개선 효과를 거두고자 하는 국가 에너지정책에도 차질을 발생시키고 있으므로, 난방방식에 대한 소비자 선택권을 보호하고 안정적인 에너지 공급을 위하여 일반도시가스사업자에게 가스공급의무를 부과하도록 하는 한편 가스공급시설 설치비용의 전부 또는 일부를 가스사용자로 하여금 분담하게 할 수 있도록 하기 위한 점에도 그 입법취지가 있다(2007. 1. 3. 법률 제8186호로 개정된 「도시가스사업법」 개정이유 참조). 위와 같은 입법취지에 비추어 「집단에너지사업법」 제18조 제1항과 「도시가스사업법」 제19조의2 제1항은 공급시설의 설치비용을 부담한 공급자가 그 비용을 수익자부담금의 형태로 사용자에게 분담시키는 것을 그 적용영역으로 한다."

제1심법원은 위 두 논거를 들어 “이와 같이 공급시설에 대한 설치의무를 지는 공급자가 그 설치비용을 부담하는 것과 그와 같이 부담한 설치비용을 수익자부담금의 형태로 사용자에게 분담시키는 것은 별개의 문제로서, 이 사건 각 강행규정과 「집단에너지사업법」 제18조 제1항 및 「도시가스사업법」 제19조의2 제1항은 입법취지와 적용영역이 다르다. 따라서 위 지역난방 공사비부담금 조항은 집단에너지사업법 제18조 제1항에 근거하여 사용자에게 수익자부담금 성격의 금원을 부과하는 조항이므로 이를 이 사건 각 강행규정에 반한다고 볼 수 없다”고 결론짓고 있다.

3. 원심 법원의 판단

(1) 원고의 주장

원심법원에서 원고는 다음의 주장을 추가하였다. “피고 도시가스가 원고에게 부과한 시설분담금은 「부담금관리기본법」상 그 설치에 관한 법적 근거가 없어 그 성질을 수익자부담금으로 볼 수 없으므로 이는 수수료의 성질을 가진다고 할 것이고, 이에 따라 시설분담금은 당해 가스사용자를 위한 가스공급시설의 설치비용이 발생되는 경우에 한하여 부담한다고 보아야 할 것인데 이 사건의 경우 설치비용이 발생하지 않았으므로 결국 원고는 피고에게 시설분담금을 지급할 이유가 없다는 취지로 주장하면서, 이미 지급한 시설분담금에 대하여 부당이득으로서 그 반환을 구한다.”[5]

(2) 판단

원심법원은 다음과 같은 논거로 원고의 주장을 배척하였다.

첫째, 위 부담금 근거규정의 입법연혁을 정리한 후,[6] “이러한 관점에서 위 도시가스 시설분담금 관련 조항은 공익사업의 원활한 추진에 더하여 변화된 환경에서 도시가스사업자가 시설투자비 일부를 회수할 수 있는 길을 열어줌으로써 국민 생활의 전체적인 향상을 꾀하기 위하여 마련된 것이라는 점에 그 의미가 있다.”고 판단하고 있다.

---

5) 서울고등법원 2013. 1. 11. 선고 2012나55404(본소),2012나55411(반소) 판결[부당이득금 반환·시설분담금]

6) 원심법원은 “위 「도시가스사업법」은 기존의 「가스사업법」이 1983. 12. 31. 명칭 변경된 법률로서 제19조에서 ‘일반도시가스사업자는 정당한 사유 없이 그 허가받은 공급지역 안에 있는 가스수요자에게 가스의 공급을 거절하여서는 아니 되며, 허가받은 공급지역 외의 지역에 가스를 공급하여서는 아니 된다.’라는 공급의무를 규정하고 있었으나, 1999. 2. 8. 위 제19조 조항이 삭제되었다가 2007. 1. 3. 법률 제8186호로 개정되면서 ‘일반도시가스사업자는 정당한 사유 없이 그 허가받은 공급권역 안에 있는 가스사용자에게 가스의 공급을 거절하거나 공급이 중단되게 하여서는 아니 된다.’라는 내용으로 위 공급의무 조항이 부활하는 한편 제19조의 2가 신설되어, 제1심 판결 별지 기재와 같이 일반도시가스사업자가 가스공급시설 설치비용의 전부 또는 일부를 도시가스의 공급 또는 가스공급에 관한 계약의 변경을 요청하는 자에게 분담하게 할 수 있는 근거 규정이 생기게 되었다.

둘째, 「부담금관리기본법」의 입법취지를 정리한 후,[7] "위와 같은 「부담금관리기본법」이 제정된 배경 및 취지, 그 조문 형식 및 개정 경과 등에 비추어 볼 때, 「부담금관리기본법」은 기본적으로 위 법 제정 당시 시행되고 있던 부담금을 별표에 열거하여 그 정당화 근거를 마련하는 한편 향후 기본권 침해적인 부담금을 신설하는 경우 자의적인 행정을 견제하기 위하여 위 법률에 의하여 이를 규율하고자 한 것으로 볼 것이고, 기본권 침해의 소지가 없는 명확한 법적 근거의 존재 유무 또는 공익사업과 관련된 금전지급의무의 명칭이나 그 성격 여하를 불문하고 모든 부담금의 근거를 위 법률에서 구할 수 있다거나 위 별표에 나열되어 있지 않다고 하여 바로 법적 근거가 없어 무효로 판단하여야 한다고는 해석하기 어려운바, 위 법 제정 당시에는 「도시가스사업법」에 의해 시행되던 부담금이 존재하지 않았을 뿐만 아니라 이 사건에서 문제된 「도시가스사업법상」의 시설분담금 근거 규정은 앞서 본 바와 같은 배경 하에 마련된 조항으로서 시설분담금을 지급하는 사용자에게 도시가스 공급과 관련하여 직접적인 이익이나 대가가 없다고 할 수도 없으며, 이러한 관점에서 볼 때 피고 도시가스가 청구한 시설분담금이 「도시가스사업법」 및 관련 하위 법규 규정에 명확한 근거를 두고 있는 이상 그 효력을 부정할 수 없다고 봄이 타당하다"고 판단하고 있다.

4. 대법원의 판단

대법원은[8] "법률이 상호 모순되는지는 각 법률의 입법 목적, 규정 사항 및 적용범위 등을 종합적으로 검토하여 판단해야 할 것이다"고 전제하고 있다.[9] 이어서 "「부담금관리

---

7) 원심법원은 "부담금은 인적 공용부담의 일종으로서 국가 또는 공공단체가 특정한 공익사업과 특별한 관계에 있는 자에 대하여 그 사업에 필요한 경비를 부담시키기 위하여 과하는 금전지급의무라는 점에서 그 성격상 기본권 제한의 여지가 있어 그 개념이나 유형, 허용 요건 등을 어느 정도 명확히 정립할 필요성이 있다는 점에 착안하여, 부담금의 설치·관리 및 운용에 관한 기본적인 사항을 규정함으로써 부담금 운용의 공정성과 투명성의 확보를 통하여 국민의 불편을 최소화하고 기업의 경제활동을 촉진함을 목적으로 2001. 12. 31. 「부담금관리기본법」이 제정되어 그 다음날인 2002. 1. 1.부터 시행되었다. 위 제정 당시 부담금관리 기본법 제3조에서 '부담금설치의 제한'이라는 제목 하에 '부담금은 별표에 규정된 법률의 규정에 의하지 아니하고는 이를 설치할 수 없다.'고 규정하면서, 「별표」에서는 위법에 의하여 설치하는 부담금으로서 각종 법률에 따른 부담금을 열거하고, 위 법 시행 당시 별표에 규정되지 아니한 부담금이 부과되고 있는 경우에는 위원회의 심의를 거쳐 당해 부담금의 폐지 등을 위한 제도개선을 요청할 수 있도록 부칙 규정을 둔 이래, 위 제3조의 규정을 그대로 유지하는 한편 여러 차례 개정을 거치면서 「수도권 대기환경개선에 관한 특별법」 제20조의 규정에 의한 총량초과부과금, 「영화 및 비디오물의 진흥에 관한 법률」 제25조의2의 규정에 따른 부과금 등 새로이 각종 법률에 위법으로 규율할 부담금 규정이 생기는 경우 위 별표에 이를 추가하는 형식을 취하고 있다."

8) 출처 : 대법원 2014. 1. 29. 선고 2013다25927,25934 판결 [부당이득금반환 · 시설분담금] > 종합법률정보 판례.

9) 대법원 2012. 5. 24. 선고 2010두16714 판결 등 참조.

기본법」의 제정 목적, 「부담금관리기본법」 제3조의 조문 형식 및 개정 경과 등에 비추어 볼 때, 「부담금관리기본법」은 법 제정 당시 시행되고 있던 부담금을 「별표」에 열거하여 그 정당화 근거를 마련하는 한편 시행 후 기본권 침해의 소지가 있는 부담금을 신설하는 경우 자의적인 부과를 견제하기 위하여 위 법률에 의하여 이를 규율하고자 한 것이나, 그러한 점만으로 부담금부과에 관한 명확한 법률 규정이 존재하더라도 그 법률 규정과는 별도로 반드시 「부담금관리기본법」 별표에 그 부담금이 포함되어야만 그 부담금 부과가 유효하게 된다고 해석할 수는 없다"고 정리한다.

위와 같은 전제 하에서 "이 사건에 있어 피고(반소원고) 서울도시가스 주식회사(이하 '피고 도시가스'라고 한다)가 청구한 시설분담금이 「도시가스사업법」(2007. 1. 3. 법률 제8186호로 개정된 것, 이하 같다) 제19조의2 및 관련 하위 규정에 명확한 근거를 두고 있고, 「도시가스사업법상」의 시설분담금 근거 규정은 앞서 본 바와 같은 배경 하에 둔 조항으로서 시설분담금을 지급하는 사용자에게 도시가스 공급과 관련하여 직접적인 이익이나 대가가 없다고 할 수도 없다는 점까지 보태어 보면 「도시가스사업법」상의 시설분담금에 관하여 「부담금관리기본법」 「별표」에 규정하고 있지 않다고 하여 위 시설분담금 부과가 무효라고 할 수는 없다. 같은 취지에서 원심이, 피고 도시가스가 원고에게 부과한 시설분담금은 「부담금관리기본법」상 그 설치에 관한 법적 근거가 없어 이를 수익자 부담금으로 볼 수 없다는 전제에서 원고가 피고 도시가스에 시설분담금을 지급할 의무가 없다는 원고의 주장을 배척한 것은 정당하고, 거기에 상고이유 주장과 같이 「부담금관리기본법」 제3조에 관한 법리를 오해한 잘못이 없다"고 판단하고 있다.

II. 문제의 소재

사건의 개요에서 제시한 바와 같이 이 사건은 다수의 법률이 서로 모순 · 충돌되는 상황에서 발생한 것이다. 「법치국가원리」는 대한민국의 모든 행정작용을 지배하는 기본원리이다. 행정기관은 행정작용을 할 경우 법률에 근거하여야 한다. 대한민국의 모든 법률은 국가행정기관, 지방자치단체, 공공단체, 공무수탁사인 등 모든 행정기관이 행정작용을 수행함에 있어, 특히 국민에게 금전적 부과의무를 부과하는 권력적 침해행정 작용을 수행함에 있어 필수적으로 요구되는 명확한 근거를 제시할 수 있어야 한다. 대한민국의 법률은 법률을 직접 적용하는 지방자치단체의 실무 공무원과 그 법률을 적용받는 일반 국민의 입장에서 볼 때 서로 모순이 없어야 하고, 명확하게 받아들여질 수 있어야 한다.[10)]

10) 위와 같은 법치국가원리의 기본적 내용은 자유민주적 법치국가의 공통적 법원리에 해당한다. A.

이 사건은 국민이 시설분담금이라는 부담금의 납부 의무가 존재하지 아니함을 다투는 것이며, 이미 납부한 부담금의 반환을 요구하는 부당이득반환 청구소송이다. 이 사건이 행정사건이 아니라 민사사건으로 분류될 수 있는 이유는 대한민국의 경우 공법상 당사자 소송이 활성화되어 있지 아니하여 행정사건으로 처리되어야 할 사건들이 민사사건으로 처리되고 있는 법 현실에서 이와 같은 판결이 내려졌기 때문이다. 그러나 국가배상청구소송, 공법상 부당이득반환청구소송은 비록 민사소송의 형식으로 제기되더라도 넓은 의미의 행정사건으로 포함시켜 학술적 토론이 이루어져야 한다고 생각한다. 이 논문집은 "행정판례와 공익－21세기 법치주의의 발전방향"을 대주제로 하고 있다. 이 판례를 선택한 것은 법률 상호간의 모순 · 충돌 상황에서 국민에게 금전급부의무를 부과한 부담금 납부의무에 관한 판단이 이루어졌다는 점이 법치국가원리에 위해를 가하는 상황이 드러난 전형적인 사건에 해당한다는 점에서 대한민국의 법치주의의 발전방향에 중요한 시사점을 줄 수 있기 때문이다.

행정기관이 국민에게 금전지급의무를 부과하고자 할 경우 국가 전체의 틀 안에서 공정성과 투명성이 확보되어야 하고, 국민에 대한 부담이 필요·최소한 한도 안에 머무를 수 있도록 제도화되어야 한다.[11)]

대한민국에서 부담금제도는 위와 같은 취지에서 제정된 「부담금관리기본법」에 근거하여 통합적으로 관리되고 있다. 이 논문은 이와 같은 "통합적 관리를 목적으로 제정된 기본법 형식의 법률"의 규정과 부담금을 설치·운용하는 법 현실이 서로 모순될 경우 빚어질 수 있는 문제점을 구체적 상황에서 분석하고자 기획되었다.

2016년 현재 대한민국에서 부과되는 부담금은 공식적인 집계결과에 따를 경우 90개, 징수실적은 19.7조원에 달한다.[12)] "공식적인 집계결과"라는 용어를 사용하는 이유는 부담금은 「부담금관리기본법」에 의하여 관리되도록 법제화되어 있기 때문이다. 이 법률은 "각 개별 법률에 근거하여 설치 · 운영되어온 각종 부담금의 신설을 억제하고, 그 관리·운용의 공정성과 투명성을 제고하기 위하여 부담금의 설치·관리 및 운용에 관한 기본적인 사항을 규정함"을 목적으로 제정되어 2002년부터 시행되고 있다.[13)] 이 법의 주요골자 중 가장 중요한 것은 "이 법의 적용대상이 되는 부담금을 「별표」의 규정에 의한 부담금으로 한정하고, 이 법에 의하지 아니하고는 부담금을 설치할 수 없도록 하는 것"이다. (법 제2조 및 제3

Alfred/M. William, Administrative Law, p. 62; H. Maurer, Allgemeines Verwaltungsrecht, S. 67; F.－J. Peine, Allgemeines Verwaltungsrecht, S. 32 ff., B. Pieroth, Historische Etappen des Rechtsstaats in Deutschland, JURA - Juristische Ausbildung, 01/2011, Volume 33, Issue 10, S. 729 ff. 등 참조.

11) 오준근, 부담금제도에 관한 법적 일고찰 - 투명성 원칙에 터잡은 문제제기를 중심으로, 성균관법학 제10호, 1999, 403쪽 이하 참조.

12) 기획재정부, 2016년도 부담금 운용종합보고서, 2017.5 참조.

13) 법제처, 「부담금관리기본법」 제정이유, 종합법령정보 연혁법률, 2002 자료 참조.

조) 실제로 법 제2조는 부담금의 개념을 명백히 정의하고 법 제3조에 "부담금은 「별표」에 규정된 법률에 따르지 아니하고는 설치할 수 없다"고 규정하고 있다. 법 제3조는 일단 이 법률 제정당시의 부담금을 「별표」에 수록하여 그 정당화 근거를 부여하였지만, 법 제8조에 부담금 운용의 평가에 관한 규정을 두어 그 지속적 필요성을 평가하고 더 이상 필요가 없어진 경우 이를 폐지할 수 있도록 하는 법적 장치를 두고 있다. 아울러 법 제6조는 부담금을 신설하고자 하는 경우 이 법률에 의한 엄격한 심사절차를 두어 심사를 통과한 부담금에 한하여 「별표」에 수록하는 방식으로 그 신설을 허용하는 한편, 지속적 관리의 틀 안에 두도록 하고 있다. 이 법률이 제정 · 시행된 후, 헌법재판소는 부담금의 정의, 특정 부담금의 부담금 해당여부 등의 판단기준을 「부담금관리기본법」에서 찾고 있다.[14)]

그러나 대법원은 "「부담금관리기본법」의 제정 목적, 「부담금관리기본법」 제3조의 조문 형식 및 개정 경과 등에 비추어 볼 때, 「부담금관리기본법」은 법 제정 당시 시행되고 있던 부담금을 별표에 열거하여 정당화 근거를 마련하는 한편 시행 후 기본권 침해의 소지가 있는 부담금을 신설하는 경우 자의적인 부과를 견제하기 위하여 위 법률에 의하여 이를 규율하고자 한 것이나, 그러한 점만으로 부담금부과에 관한 명확한 법률 규정이 존재하더라도 법률 규정과는 별도로 반드시 「부담금관리기본법」 「별표」에 부담금이 포함되어야만 부담금 부과가 유효하게 된다고 해석할 수는 없다"고 판결함으로써 「부담금관리기본법」 제3조를 형해화 내지는 무력화하는 판결을 하고 있다.[15)]

이 논문은 위와 같은 문제 상황을 공법적으로 분석하고자 기획되었다.

이 논문은 입법연혁분석, 판례분석을 연구의 방법으로 한다. 「부담금관리기본법」이 제정되게 된 배경을 연혁적으로 분석하고 이 법률에 의한 부담금의 통합적 관리의 필요성을 파악하며, 헌법재판소의 결정 등을 통한 부담금부과의 정당성 심사기준을 분석한 후 「부담금관리기본법」을 위반하여 설치된 부담금의 효력을 어떻게 판단하여야 할 것인가에 대한 문제를 제기함을 연구의 내용으로 한다.

이 논문을 계기로 입법상호간의 모순·충돌을 최소화함으로써 법치국가원리가 보다 공고히 발전될 수 있기를 기대한다.

---

14) 예컨대 헌법재판소 2004. 7. 15. 2002헌바42결정은 먹는물관리법 제28조 제1항 위헌소원에서 부담금의 개념정의를 위하여 「부담금관리기본법」 제2조를 인용하고 있고, 이 규정을 근거로 「먹는물관리법」에 의한 수질개선부담금을 이 법률에 의한 부담금에 해당한다고 분류하고 있다. 이와 같은 개념정의 및 분류를 기초로 헌법적 정당성 여부에 대한 판단을 하고 있다.

15) 대법원 2014. 1. 29. 선고 2013다25927,25934 판결. 이 판결은 「집단에너지사업법」 제18조에 의한 집단에너지 공급시설 건설비용 부담금에 관한 것이었다. 대법원의 이 판결 이후 「부담금관리기본법」은 2015.12.29. 법률 제13623호로 일부 개정되었고(시행 2016.12.30.) 이에 따라 별표에 포함되었다.

Ⅲ. 부담금 부과의 정당성과 부담금 관리의 필요성

1. 부담금의 개념과 그 종류

헌법재판소는 부담금에 관한 결정에서 지속적으로 부담금의 개념에 관하여 「부담금관리기본법」 제2조의 정의를 인용해오고 있으며, 이 규정에 근거하여 그 법적 성격, 조세와의 관계 등을 정립해 오고 있다.[16)]

「부담금관리기본법」은 부담금을 "중앙행정기관의 장, 지방자치단체의 장, 행정권한을 위탁받은 공공단체 또는 법인의 장 등 법률에 따라 금전적 부담의 부과권한을 부여받은 자(이하 "부과권자"라 한다)가 분담금, 부과금, 기여금, 그 밖의 명칭에도 불구하고 재화 또는 용역의 제공과 관계없이 특정 공익사업과 관련하여 법률에서 정하는 바에 따라 부과하는 조세 외의 금전지급의무(특정한 의무이행을 담보하기 위한 예치금 또는 보증금의 성격을 가진 것은 제외한다)를 말한다"고 정의하고 있다(법 제2조). 이 법률이 규정하는 부담금은 독일법상의 "특별부담금"에 특정하고 있지 아니하다.[17)] 이 법률이 "재화 또는 용역의 제공과 관계없이"라고 규정한 것은 바로 이러한 점을 직시한 것이다. 공적 과제의 수행으로부터 납부의 무자 중 일부 또는 전부가 이익을 얻을 수도 있지만, 부담금의 산정에는 그러한 이익과의 엄밀한 등가관계를 전제로 하고 있지 아니하다. 반대 급부적 성격이 없이 공법상 강제로 부과·징수된다는 점에서는 부담금과 조세는 매우 유사하다. 다만, 조세는 국가 등의 일반적 과제의 수행을 위한 것으로서 담세능력이 있는 일반국민에 대해 부과되지만, 부담금은 특별한 과제의 수행을 위한 것으로서 당해 공익사업과 일정한 관련성이 있는 특정 부류의 사람들에 대해서만 부과되는 점에서 양자는 차이가 있다.

헌법재판소는 부담금을 그 부과목적과 기능에 따라 "① 순수하게 재정조달 목적만 가지는 것(이하 '재정조달목적 부담금'이라 한다)과 ② 재정조달 목적뿐 아니라 부담금의 부과 자

16) 헌법재판소 2003.12.18. 2002헌가2결정(문화예술진흥기금 납입금 결정), 2005.3.31. 2003헌가20, 2008.9.25. 2007헌가9(학교용지부담금 결정), 2007헌마860(영화발전기금 결정), 2004.7.15. 2002헌바42(수질개선부담금 결정) 등 참조.

17) 부담금의 개념과 종류 및 독일의 특별부담금에 관하여는, Jäkel Marcel, Sonderabgaben im System der grundgesetzlichen Finanzverfassung und der Rechtsprechung des BVerfG, JURA – Juristische Ausbildung (2017/06) Vol. 38; no. 6; S. 630 ff.; Friedrich Schoch, ÖR Verfassungsrechtliche Anforderungen an die Erhebung von Sonderabgaben, JURA - Juristische Ausbildung (2010/03) Vol. 32; no. 3; S. 197 ff.; 김성수, 특별부담금의 정당화문제, 공법연구 제31집 제3호, 2003, 217쪽 이하; 임현, 현행 부담금 제도의 법적 쟁점, 토지공법연구 제48집, 2010, 399쪽 이하; 정호경, 소위 특별부담금 개념의 인정여부와 허용요건에 관한 소고 - 헌법재판소 2004. 7. 15. 선고 2002헌바 먹는물관리법 제28조 제1항 위헌소원 사건을 중심으로 –, 행정법연구, 제14호, 2005, 399쪽 이하; 홍완식, 특별부담금에 관한 연구 –헌법재판소 결정례를 중심으로–, 토지공법연구, 제54집, 2011, 167쪽 이하 등 참조.

체로 추구되는 특정한 사회·경제정책 실현 목적을 가지는 것(이하 '정책실현목적 부담금'이라 한다)"으로 크게 구분하고 있다.[18)]

2. 부담금 부과의 정당화 요건

헌법재판소는 위에서 정리한 부담금에 관한 결정에서 지속적으로 부담금제도는 반드시 "정당화 요건"을 충족하여야 그 존립이 가능함을 확인하고 있다. 헌법재판소가 재정조달 목적 부담금의 정당화요건으로 설정한 것은 다음 세 가지 요소이다. "① 부담금은 조세에 대한 관계에서 어디까지나 예외적으로만 인정되어야 하며, 어떤 공적 과제에 관한 재정조달을 조세로 할 것인지 아니면 부담금으로 할 것인지에 관하여 입법자의 자유로운 선택권을 허용하여서는 안 된다. 즉, 국가 등의 일반적 재정수입에 포함시켜 일반적 과제를 수행하는 데 사용할 목적이라면 반드시 조세의 형식으로 해야 하지, 거기에 부담금의 형식을 남용해서는 아니 된다. ② 부담금 납부의무자는 재정조달 대상인 공적 과제에 대하여 일반국민에 비해 '특별히 밀접한 관련성'을 가져야 한다. 당해 과제에 관하여 납부의무자 집단에게 특별한 재정책임이 인정되고 주로 그 부담금 수입이 납부의무자 집단에게 유용하게 사용될 때 위와 같은 관련성이 있다. ③ 부담금의 예외적 성격과 특히 부담금이 재정에 대한 국회의 민주적 통제체계로부터 일탈하는 수단으로 남용될 위험성을 감안할 때, 부담금이 장기적으로 유지되는 경우에 있어서는 그 징수의 타당성이나 적정성이 입법자에 의해 지속적으로 심사될 것이 요구된다."

다만, 헌법재판소는 재정조달 목적 부담금과 정책실현 목적 부담금의 정당화 요건을 차별적으로 보고 있다. 헌법재판소는 정책실현 목적 부담금의 경우에는 재정조달 목적은 오히려 부차적이고 그보다는 부과 자체를 통해 일정한 사회적·경제적 정책을 실현하려는 목적이 더 주된 경우가 많다는 점을 고려하여 재정조달목적 부담금의 헌법적 정당화에 있어서는 중요하게 고려되는 '재정조달 대상 공적 과제에 대한 납부의무자 집단의 특별한 재정책임 여부' 내지 '납부의무자 집단에 대한 부담금의 유용한 사용 여부' 등은 정책실현 목적 부담금의 헌법적 정당화에 있어서는 그다지 결정적인 의미를 가지지 않는다고 판단하

---

18) 헌법재판소는 먹는물관리법 제28조 제1항 위헌소원 2004. 7. 15. 2002헌바42 전원재판부 결정에서 "재정조달목적 부담금의 경우에는 추구되는 공적 과제가 부담금 수입의 지출 단계에서 비로소 실현된다고 한다면, 정책실현목적 부담금의 경우에는 추구되는 공적 과제의 전부 혹은 일부가 부담금의 부과 단계에서 이미 실현된다고 할 것이다. 가령 부담금이라는 경제적 부담을 지우는 것 자체가 국민의 행위를 일정한 정책적 방향으로 유도하는 수단이 되는 경우(유도적 부담금) 또는 특정한 공법적 의무를 이행하지 않은 사람과 그것을 이행한 사람 사이 혹은 공공의 출연(出捐)으로부터 특별한 이익을 얻은 사람과 그 외의 사람 사이에 발생하는 형평성 문제를 조정하는 수단이 되는 경우(조정적 부담금), 그 부담금은 후자의 예에 속한다고 할 수 있다"고 정리하고 있다.

고 있다.

헌법재판소의 결정은 다음과 같이 요약하여 정리할 수 있다.

첫째, 부담금은 지극히 예외적으로만 인정되어야 할 부과행정의 수단이다.

둘째, 따라서 입법자는 부담금 제도를 자유롭게 선택할 수 없다.

셋째, 입법자가 부담금 제도를 도입하고자 할 경우 그 정당화 요건을 충족하여야 한다.

넷째, 헌법재판소를 포함한 사법기관은 부담금 제도가 분쟁의 전제가 된 경우 그 정당화 요건의 충족여부를 심사하여야 한다. 이 경우 재정조달을 목적으로 한 부담금의 경우에는 매우 엄격한 심사기준이, 정책실현을 목적으로 한 부담금의 경우에는 그 보다 완화된 심사기준이 적용될 수 있다. 그러나 정당화 요건은 반드시 충족되어야 한다.[19]

3. 부담금 관리의 필요성

위에서 검토한 바와 같이 헌법재판소는 부담금을 부과할 경우 반드시 법률에 근거하여야 할 뿐만 아니라, 부담금 부과의 법적 근거가 되는 법률의 경우 이를 정당화할 수 있는 요건을 갖추어야 함을 명백히 하고 있다. 헌법재판소가 정당화 요건을 설정하는 이유는 부담금 제도가 가지는 다음과 같은 위험성 때문이다.

첫째, 재정조달을 목적으로 하는 부담금은 국민의 조세저항이나 이중과세의 문제를 회피하기 위한 수단으로 부담금이라는 형식을 남용한다면, 조세를 중심으로 재정을 조달한다는 헌법상의 기본적 재정질서가 교란될 위험이 있을 뿐만 아니라, 조세에 관한 헌법상의 특별한 통제장치가 무력화될 우려가 있다.[20]

둘째, 이미 납세의무를 지고 있는 국민들 중 일부 특정 집단에 대해서만 부담금이라

---

19) 부담금의 정당화 요건에 관하여는 김성수, 전게논문 217쪽 이하; 박상희, 부담금의 법적 성격과 정당화근거, 안암법학 제21호, 2005, 26쪽 이하; 손상식, 부담금의 정당성 심사에 관한 헌법재판소 결정례의 체계적 검토, 헌법학연구 제19권, 2013, 548쪽 이하; 신봉기/전기성, 담배부담금 제도의 법적 문제점– 헌법적 허용한계와 위헌성 검토를 포함하여 –, 토지공법연구 제42집, 2008, 545쪽 이하; 윤성현, 부담금의 위헌심사기준에 관한 헌법이론적 검토, 공법학 연구, 제13권 제1호, 2012, 249쪽 이하; 윤준하, 특별부담금 제도 설정의 허용범위, 중소기업과 법, 제3권 제2호, 2012, 157쪽 이하; 임현, 전게논문, 399쪽 이하; 정호경, 전게논문 399쪽 이하; 홍완식, 전게논문 167쪽 이하 등 참조.

20) 헌법재판소는 그 거듭된 결정에서(각주 14 및 각주 16의 결정 정리) 재정조달 목적 부담금의 정당화 요건 충족의 필요성을 역설하고 있다. 즉 "헌법 제38조는 "모든 국민은 법률이 정하는 바에 의하여 납세의 의무를 진다."라고 함으로써 조세의 납부를 국민의 기본의무로서 규정하고 있다. 한편, 조세는 특정한 반대급부 없이 강제로 국민에게 재산을 출연할 부담을 지우는 것인바, 헌법은 국민의 재산을 보호하고 법적 안정성과 예측가능성을 보장하기 위하여 제59조에서 "조세의 종목과 세율은 법률로 정한다."라고 규정함으로써 행정의 자의적인 조세부과를 엄격히 통제하고 있다. 헌법이 여러 공과금 중 조세에 관하여 위와 같이 특별히 명시적 규정을 두고 있는 것은 국가 또는 지방자치단체의 공적 과제 수행에 필요한 재정의 조달이 일차적으로 조세에 의해 이루어질 것을 예정하였기 때문이라 할 것이다."

는 조세외적 공과금을 추가적으로 부담시킬 경우, 조세평등주의에 의해 추구되는 공과금 부담의 형평성은 자칫 훼손될 위험이 있다.21)

셋째, 대체로 일반회계예산에 편입되는 조세와는 달리, 각종 부담금 수입은 기금이나 특별회계예산에 편입되기 때문에 재정에 대한 국회의 민주적 통제기능을 상대적으로 약화시킬 우려가 있다.22)

정책실현 목적 부담금의 경우에도 궁극적으로 국민에게 금전지급의무를 부과한다는 점에서 위와 같은 부담금제도의 위험성으로부터 결코 자유롭다고 할 수 없다.

부담금이 재정조달을 목적으로 한 것인지 아니면 정책실현을 목적으로 한 것인지에 따라 헌법적 정당화요건이 달라지기는 하지만, 양자에 공통적으로 요구되는 중요한 요소는 부담금이 입법자에 의하여 지속적으로 "관리"되어야 한다는 점이다. 위에서 언급한 바와 같이 헌법재판소는 부담금의 종류를 불문하고, 부담금의 예외적 성격과 특히 부담금이 재정에 대한 국회의 민주적 통제체계로부터 일탈하는 수단으로 남용될 위험성을 감안할 때, 부담금이 장기적으로 유지되는 경우에 있어서는 그 징수의 타당성이나 적정성이 입법자에 의해 지속적으로 심사될 것이 요구된다는 점을 강조하고 있다.

---

21) 헌법재판소는 "헌법은 제11조 제1항에서 모든 국민은 법 앞에 평등하고 누구든지 합리적 이유없이는 생활의 모든 영역에 있어서 차별을 받지 아니한다는 평등의 원칙을 선언하고 있는바, 조세법률관계에 있어서도 과세는 개인의 담세능력에 상응하여 공정하고 평등하게 이루어져야 하고, 합리적인 이유 없이 특정의 납세의무자를 불리하게 차별하거나 우대하는 것은 허용되지 아니한다(헌재 1996. 6. 26. 93헌바2, 판례집 8-1, 525, 535). 그리고 이러한 조세평등주의의 근본취지는 넓게는 국민들 사이에 전체적인 공과금 부담의 형평성을 기하는 데까지 확장된다 할 것이다."는 점을 강조하고 있다.

22) 헌법재판소는 "헌법 제54조 제1항은 "국회는 국가의 예산안을 심의·확정한다."고 하여 국회의 예산심의·확정권을 규정하고 있다. 국회는 예산심의를 통하여 예산의 전체 규모가 적정한지, 예산이 효율적으로 운용되는지, 예산편성이 국민의 담세능력과 형평성에 부합하는지 등을 감시한다. 한편 예산회계법 제18조 제2항 본문은 "세입세출은 모두 예산에 계상하여야 한다."라고 규정하여 예산총계주의원칙을 선언하고 있다. 이는 국가재정의 모든 수지를 예산에 반영함으로써 그 전체를 분명하게 함과 동시에 국회와 국민에 의한 재정상의 감독을 용이하게 하자는 데 그 의의가 있다"고 전제한 후, "정부가 관리·운영하는 각종 기금들은 모두 예산 외로 운용되고 있어서(예산회계법 제7조 제2항 참조) 국회의 예산심의·확정권 행사의 대상에서 벗어나 있을 뿐 아니라(기금관리기본법 제5조 참조), 정부의 모든 재정활동을 빠짐 없이 예산에 포함시키려는 예산총계주의원칙에도 중대한 예외를 이룬다. 한편, 특별회계는 국가에서 특정한 사업을 운영할 때, 특정한 자금을 보유하여 운용할 때, 기타 특정한 세입으로 특정한 세출에 충당함으로써 일반회계와 구분하여 계리할 필요가 있을 때에 법률로 설치하도록 되어 있는바(예산회계법 제9조 제2항), 그 수가 과다할 경우 정부의 재정구조를 복잡하게 만들어 재정운용의 투명성을 떨어뜨릴 수 있다. 무엇보다도, 기금이나 특별회계는 소위 '칸막이식 재정운용'을 통해 국가재정 전체의 관점에서 볼 때 우선순위가 떨어지는 사업이 추진되게 하거나 그 사업 운영이 방만하게 이루어지게 하는 등 재정운용의 비효율성을 초래하고, 그로써 국민에게 꼭 필요한 이상으로 공과금 부담을 지우는 결과를 가져올 염려가 있다."는 점을 지적하고 있다((각주 14 및 각주 16의 헌법재판소 결정 정리).

Ⅳ. 「부담금관리기본법」의 입법 정책적 함의

1. 「부담금관리기본법」의 제정 연혁

「부담금관리기본법」은 부담금을 종합적으로 관리함을 목적으로 제정된 법률이다. 부담금은 국가와 지방자치단체 등의 행정주체가 경제활동을 담당하는 국민과 기업에 대하여 부과하는 금전지급의무의 일종이다. 부담금은 부과행정 분야에 속한다. 부과행정 분야에 대하여는 재정수입의 형태를 중심으로 조세수입과 조세외 수입으로 구분될 수 있다. 부담금은 행정주체가 "조세외 수입"을 얻는 수단이다. 부담금은 기본적으로 기금이나 특별회계로 관리되기 때문에 부과행정청은 부담금을 통해 일반예산에 비해 안정적으로 사업비를 확보할 수 있다. 바로 이러한 점 때문에 행정청은 부담금의 신설 및 증설을 선호한다. 경제활동과 관련하여 행정청에 비용을 납부하여야 하는 국민의 입장에서 볼 때에는 조세와 준조세라 총칭되는 조세외 금전지급의무는 다 같이 경제적 부담에 해당한다. 국가경쟁력의 지표가 되는 "담세율"은 국민입장에서 볼 때에는 행정청에게 납부하는 조세와 준조세를 모두 포괄한 비율이어야 한다.[23] 부과행정은 재정수입을 목적으로 하지만, 국민의 입장에서 볼 때에는 기본적으로 국민의 자유와 권리를 침해하는 "침해행정"에 속하며, 이는 법치국가의 원리에 따라 "필요 · 최소한으로 법률에 근거하여 투명하게" 이루어져야 한다. 「부담금관리기본법」은 "장기적으로 무분별한 부담금의 신설이나 증설을 억제하고 부담금 부과 · 징수와 운영의 투명성을 높이기 위하여" 제정된 것이다.[24]

2. 「부담금관리기본법」의 법적 지위

(1) "기본법"의 분류체계

"기본법"이라는 명칭은 행정법학의 분야에서 법을 제정하는 입법자가 특별한 의도를 가지고 이 명칭을 부여한 경우에 해당한다. 그러나 이 명칭을 부여하고자 하는 목적은 각 입법자와 집행부서의 입장에 따라 매우 다르다. 또 그 목적에 따라 법의 체계와 특징도 상당히 달라지게 된다. 우리나라에는 2017년 10월 현재 72종의 법률이 "기본법"이라는 명칭 아래 시행되고 있다. 기본법의 행정법학상의 위치를 규명하려면 우선적으로 각각의 기본법의 체계화가 필요하다. 기본법을 체계화하는 방법은 기본법을 보는 관점에 따라 매우 상

23) 조세외 금전지급의무의 투명성을 높이기 위한 입법의 필요성에 관하여는 오준근, 부담금관리기본법 제정 및 기부금품모집규제법 개정안 마련, 한국법제연구원, 2000; 오준근, 부담금을 종합적으로 관리하는 법률의 제정방안 연구, 한국법제연구원, 1998 등 참조.

24) 기획재정부, 2016년도 부담금 운용종합보고서, 13쪽 이하 참조.

이할 수 있다. 기본법을 전체적으로 놓고 그 내용적인 특성에 따라 구분할 경우, ① 헌장으로서의 기본법, ② 정책수단의 총괄규범으로서의 기본법, ③ 관리규범으로서의 기본법, ④ 종합법전으로서의 기본법 등으로 구분할 수 있으리라 생각한다.[25)]

(2) "기본법"에 대한 우월적 효력의 부여 가능성을 부인하는 일반적 논의

"기본법"의 명칭으로 제정된 법률의 효력을 다른 법률과 차별적으로 볼 수 있는가, 더 나아가 기본법의 특성에 따라 다른 법률보다 우월적 지위를 부여하여야 하는가에 대하여는 견해가 나뉠 수 있다. 법학의 일반적 원리에 비추어 볼 때 대한민국의 헌법상 모든 법률은 꼭 같은 "법률"이어서 법학일반의 원리인 신법우선의 원칙, 특별법 우선의 원칙 등의 원리를 제외하고는 법률 상호간의 차별적 우월성을 인정하는 것은 곤란하다. 이 논문을 심사한 심사의견은 "그러나 입법과정에서 더 엄격한 심사를 거쳤다거나 더 활발한 의견수렴을 거쳐서 합의의 정도를 고양시켰다는 등의 특별한 이유가 없이 헌재의 견해에 따라 입법의 필요가 있어 제정된 부담금관리기본법이 왜 그 이후 개정된 법률보다 더 우선적인 지위를 부여받아야 하는지에 대해서는 설득력이 부족하다고 생각됩니다. 오히려 부담금관리기본법 이후 동법에 포함되지 않은 부담금이 특정 법령 등에 규정되게 되었다면 그 한도 내에서 부담금관리기본법이 변경되었다고 해석하는 것이 보다 법령해석상 보다 자연스러울 것입니다"는 의견을 제시하고 있다.

(3) "관리규범으로서의 기본법"에 대한 차별적 효력 부여의 필요성

그러나 "기본법"이라는 명칭의 법률이 행정법의 영역 특히 특정 행정 분야에 있어 복잡하게 얽혀있는 다수의 법률 상호간의 체계를 정립하기 위한 분명한 의도를 가지고 제정되었고, 실제로 해당분야의 법률을 총괄하는 기능을 수행하고 있다면 그 차별성을 일방적으로 부인할 것이 아니라 그 우월적 효력의 인정여부에 대한 신중한 검토가 요구된다. 여러 유형의 "기본법" 중 특히 "관리규범으로서의 기본법"으로 분류되는 경우 다른 법률보다

---

25) "헌장으로서의 기본법"은 특정한 정책분야에 대한 기본적인 사항을 선언적인 형태로 정하는 경우이다. 이 범주에 속하는 기본법으로는 교육기본법을 들 수 있다. "정책수단의 총괄규범으로서의 기본법"은 기본법이 헌장으로서의 이념적 선언에 그치는 것이 아니라 헌장을 실현하기 위한 각종 정책 수단, 특히 그 기본법이 해당하는 분야의 정책에 대한 조정수단을 포괄하고 있는 경우이다. 이 경우로는 과학기술기본법을 예로 들 수 있다. "관리규범으로서의 기본법"은 특정한 분야에 대한 우월적 관리수단을 포함하고 있는 경우, 즉 기본법에 명시적으로 우월적인 지위를 부여하고 특정한 제도·행정조직 또는 정책수단에 대한 관리 및 조정기능을 부여하는 경우이다. 이 범주에 속하는 기본법의 예로 국세기본법을 들 수 있다. "특정분야의 종합법전으로서의 기본법"은 특정한 행정분야에 대하여 이념과 총괄적 정책수단과 개별적 행정수단을 모두 망라한 종합법전의 형태를 띠고 있는 경우이다. 대표적인 예로는 건설산업기본법을 들 수 있다. "기본법"에 관하여는, 오준근, "「기본법」의 행정법학상 위치에 관한 법실증적 고찰" 「청담 최송화 교수 화갑기념 현대 공법학의 과제」, (박영사, 2002. 6), 615쪽 이하 참조.

우월적 지위가 인정될 필요성이 있는가에 대한 특별한 논의가 필요하다. 이 유형의 대표적 입법모델인 「국세기본법」을 예로 들어보자. 「대한민국헌법」 제59조는 "조세의 종목과 세율은 법률로 정한다"고 규정한다. 조세의 종목과 세율을 법률로 정함에 있어 「민법」의 경우와 같이 「조세법」을 단일 법전으로 제정하고, 개별소비세, 관세, 법인세, 소득세 등을 장 또는 절로 편성하면 국가 차원에서 조세의 통합적 관리가 가능하다. 그러나 대한민국의 경우 「개별소비세법」, 「관세법」, 「법인세법」, 「소득세법」 등 각각의 조세의 종목마다 서로 다른 법률이 제정 · 시행되고 있다. 이와 같이 개별적 세목으로 분법화 되어 있는 현행 법체계 아래에서는 조세의 통합적 관리는 불가능하다. 국가 차원에서 국민들에게 재정적 부담을 지우는 납세의 의무는 어떠한 형태로든지 통합적으로 관리되어야 한다. 모든 법률을 통합하여 「조세법전」을 제정함이 가장 바람직하지만 행정부의 국 · 과 별로 분점 · 관리되고 있는 대한민국 행정법의 현실을 감안하여 차선책으로 마련한 입법적 해결방안이 「국세기본법」의 제정이었다. 이 법률은 "국세에 관한 기본적이고 공통적인 사항과 납세자의 권리·의무 및 권리구제에 관한 사항을 규정함으로써 국세에 관한 법률관계를 명확하게 함"을 그 목적으로 한다. 이 법률 제2조는 국세의 종목과 세법을 한정적으로 열거하고 있다. 이 법률을 문언 그대로 해석한다면 대한민국 국회는 「국세기본법」을 개정함이 없이 조세의 종목을 창설하거나 다른 명칭의 세법을 신설하여서는 아니 된다. 이와 같이 「국세기본법」을 다른 개별적 세법보다 우위에 놓는다는 의미가 명백한 조항을 도입함에 있어 국회가 그 의미를 간과한 채 법률을 통과시켰다고 판단하여서는 아니 된다. 대한민국 국회와 정부는 오히려 「국세기본법」이 다른 모든 국세에 관한 법률을 총괄적으로 관리하는 법률보다 우월적 효력이 있음을 매우 엄중히 받아들이고 있으며 실제로도 그렇게 운용되고 있다. 다시 말해서 조세의 종목을 신설하거나 새로운 세법을 제정하고자 할 경우 「국세기본법」의 차원에서 총괄적으로 검토하고, 「국세기본법」의 개정과 개별적인 세법의 제정 또는 개정을 함께하는 입법 방식을 취하고 있는 까닭에 「국세기본법」의 관리체계와 전혀 무관하게 국세의 징수를 개별 법률로 제정·시행하고 있는 입법례는 찾아볼 수 없다.

(4) "관리규범"으로서의 「부담금관리기본법」

「부담금관리기본법」의 입법 의도는 조세와는 다른 차원에서 국민들에게 금전지급의무를 부과하는 「부담금」의 "관리규범으로서의 기본법"을 제정하는 것이었다. 즉 「국세기본법」이 국세에 관한 기본적인 사항을 통합적으로 규정하고 관리함과 같이 「부담금관리기본법」은 부담금에 관한 사항을 통합적으로 규정하고 관리함을 그 목적으로 한다. 부담금의 용어를 정의하고 이 법률 별표에 근거하지 아니하고는 개별 법률에 근거하여 부담금을 창설할 수 없음을 명시하는 것은 「국세기본법」이 국세의 종류를 용어의 정의에 열거하고, 세법의 범위를 한정하는 것과 그 궤도를 같이 한다. 이와 같은 의미에서 부담금이 조세와 같이 총괄적으로 관리되고, 지속적으로 정부와 국회의 통제를 받도록 하여야 한다는 당위성에 근거할 때 부담금의 종목과 부과율을 설정한 다른 개별 법률보다 「부담금관리기본법」에 규정된 각종 통합적 관리수단에 우월적 효력이 부여될 수 있어야 한다고 생각한다. 이 논문을 심사한 심사의견이 제시한 내용 즉 "오히려 부담금관리기본법 이후 동법에 포함되지 않은 부담금이 특정 법령 등에 규정되게 되었다면 그 한도 내에서 부담금관리기본법이 변경되었다고 해석하는 것이 보다 법령해석상 보다 자연스러울 것입니다"는 의견은 부담금을 통합적으로 관리할 필요성을 총체적으로 부인하고 있는 것이라 할 수 있는바, 이와 같은 견해는 국민들에 대한 금전지급의무를 부과하는 부담금을 국회의 상임위원회가 아무런 총괄적 개념 없이 그때그때의 필요성에 따라 신설하고 증액할 수 있도록 방치하는 것을 허용함을 뒷받침할 수 있는 논리로 활용될 수 있다는 점에서 선뜻 동의하기 어렵다.

입법현실상 가능하다면 모든 부담금을 모아서 「부담금법」으로 통합하고 부담금을 신설·변경하고자 할 경우 이 법률을 개정하도록 하는 것이 가장 바람직할 것이다. 행정부의 국·과로 분점되어 집행되는 행정법 현실상 통합입법에 어려움이 있어서 적어도 조세나 부담금과 같이 국민에게 금전지급의무를 부과하는 개별적인 법률을 통합적으로 관리함을 목적으로 "관리규범으로서의 기본법"을 제정하였다면 이 법률에 다른 개별법보다 우선적 효력을 부여하여야 한다는 논리는 그 나름의 설득력이 인정될 수 있다고 생각한다. 이 문제에 대한 보다 활발한 토론이 이루어질 수 있기를 기대한다.

3. 「부담금관리기본법」상 부담금의 통합적 관리 수단

「부담금관리기본법」은 "부담금의 설치·관리 및 운용에 관한 기본적인 사항을 규정함으로써 부담금 운용의 공정성 및 투명성을 확보하여 국민의 불편을 최소화하고 기업의 경제활동을 촉진함을 목적으로 한다."(제1조) 이 법률은 모든 부담금을 통합적으로 관리할 수 있는 체계를 정립함으로써 장기적으로 무분별한 부담금의 신설이나 증설을 억제하고 부담금 부과·징수와 운영의 투명성을 높이기 위하여 제정된 것이다.

「부담금관리기본법」이 규정하는 부담금의 통합적 관리수단은 ① 부담금의 통합관리체제의 확립 ② 기존의 부담금에 대한 지속적 평가 및 감시, ③ 새로운 부담금의 설치에 관한 엄격한 심사, ④ 국회에 의한 지속적 정당성 심사장치, ⑤ 부담금제도를 도입하고자 할 경우 적용되어야 할 원칙 등으로 요약할 수 있다.

(1) 부담금의 통합관리체제의 확립

첫째, 가장 우선적인 부담금의 관리 수단은 모든 부담금을 이 법률 「별표」로 통합적으로 규정하여 관리의 틀 안에 두는 것이다. 그 수단으로 이 법률 제3조는 "부담금은 「별표」에 규정된 법률에 따르지 아니하고는 설치할 수 없다"고 규정하고 있다. 이 규정의 입법취지는 비록 부담금이 개별적인 법률에 의하여 설치되고 각 부처가 기금 또는 특별회계의 방식으로 운용하기는 하지만 적어도 재정을 관리하는 중앙행정기관과 정부의 예산·결산을 담당하는 국회의 상임위원회가 통합적인 국가재정의 관점에서 관리할 수 있는 체계를 설정하는 것이다. 제3조가 단정적으로 "설치할 수 없다"고 규정하고 있으므로 국회가 부담금을 설치하는 법률을 제정하고자 할 경우 「부담금관리기본법」 제3조를 함께 개정하여야 한다. 그러하지 아니하는 경우 법률 상호간의 모순이 초래된다.

(2) 기존의 부담금에 대한 지속적 평가 및 감시

둘째, 기존에 설치·운용되고 있는 부담금의 지속적 유지 필요성에 관한 평가의 체계를 마련하는 것이다. 이 법률 제8조는 기획재정부장관에게 부담금을 적정하게 운용하기 위하여 각 부담금의 부과목적, 부과실태, 사용내용의 건전성, 부과절차의 공정성 및 존치 필요성 등을 지속적으로 점검·평가하여야 할 의무를 부과하였다. 「별표」에 부담금이 포함되었다고 하여 그 지속성이 보장되는 것은 아니며, 지속적 평가 과정에서 존치의 필요성을 확인하고 불필요하다고 인정되는 경우 폐지될 수 있는 법적 체계를 설치하고 있다.[26] 이 법률은 특히 부담금의 존속기한을 법령에 명시할 것을 요구하고 있으며, 존속기한을 부담금의 목적을 달성하기 위하여 필요한 최소한의 기간으로 설정하도록 하되, 기간은 10년을 초과할 수 없도록 제한하고 있다(법 제5조의2).

(3) 새로운 부담금의 설치에 관한 엄격한 심사

셋째, 부담금을 신설하고자 할 경우 엄격한 심사를 통과하도록 하는 것이다. 부담금을 설치하는 법률을 제정하고자 할 경우 이 법률 제6조는 특별한 심사절차를 먼저 거칠 것을 요구한다. 즉 중앙행정기관의 장이 소관 사무와 관련하여 부담금을 신설 또는 변경하려는

26) 이 법 제8조는 "기획재정부장관은 부담금의 존치 필요성에 대해서는 3년마다 1회씩 점검·평가하고 그 결과를 제7조제2항에 따른 부담금운용종합보고서에 포함하여 국회에 제출하여야 하며(제1항), 기획재정부장관은 제1항에 따른 평가 결과, 부담금의 운용이 적정하지 아니하였거나 부담금을 존치할 필요성이 없어졌다고 인정하는 경우에는 부담금의 소관 중앙행정기관의 장에게 해당 부담금의 폐지 등을 위한 제도개선을 요청할 수 있도록 하고(제2항) 제2항에 따라 요청을 받은 부담금의 소관 중앙행정기관의 장은 특별한 사유가 없으면 해당 부담금의 폐지 등을 위한 법령의 개정방안, 부담금을 대체할 수 있는 제도의 신설 등의 대책을 마련하여 기획재정부장관과 협의하여야 함"을 규정하고 있다.

경우에는 해당 법령안을 입법예고하거나 해당 중앙행정기관의 장이 정하기 전에 기획재정부장관에게 부담금 신설 또는 변경의 타당성에 관한 심사를 요청하여야 하며 부담금운용심의회의 심사를 통과하여야 한다.[27] 심사기준에 부합하지 아니하는 경우에는 「부담금관리기본법」 별표에 규정된 부담금이 될 수 없다. 이와 같은 정부 내부적 통제기능은 적어도 기획재정부의 통합적 심사기준은 충족시킬 수 있을 정도의 정당성이 인정되는 부담금만이 신설되도록 함으로써 부담금의 남설을 막아서 국민의 부담을 줄인다는데 그 의의가 있으므로 입법기관과 사법기관은 이를 존중할 책무가 있다.

(4) 국회에 의한 지속적 정당성 심사장치

넷째, 모든 부담금의 부과 및 운용에 대한 지속적인 국회의 통제장치를 설치하는 것이다. 부담금의 소관 중앙행정기관의 장은 매년 부담금 운용계획서[28]와 부담금 운용종합보고서를 기획재정부장관에게 제출하여야 하고, 기획재정부장관은 이를 종합하여 국회에 제출하여야 한다(법 제7조). 아울러 기획재정부 장관에게 부담금 운용의 평가의무와 그 결과의 국회제출의무를 부과하였다(법 제8조).

(5) 부담금제도를 도입하고자 할 경우 적용되어야 할 원칙

다섯째, 부담금을 설치·운용하는 법률상 적용되어야 할 부담금 부과의 각종 요건을 설정하고 이를 준수하도록 하는 것이다. 먼저, 법치국가원리 특히 포괄위임금지 원칙에 따라 이 법률 별표에 의하여 설치되는 부담금 부과의 근거가 되는 법률이 부담금의 부과 및 징수주체, 설치목적, 부과요건, 산정기준, 산정방법, 부과요율 등 각종 부과요건을 법률에 직접 구체적이고 명확하게 규정하여야 함을 규정한다. 법률에 규정된 부과요건의 세부적 내용의 경우에 한하여 해당 법률에서 구체적으로 범위를 정하여 위임한 바에 따라 하위법령으로 규정할 수 있도록 하였다(법 제4조). 다음으로 부담금 부과의 원칙을 규정하고 있다.

---

27) 이 경우 중앙행정기관의 장은 제1항에 따른 심사를 요청할 때에는 부담금의 신설 또는 변경에 관한 계획서(이하 "계획서"라 한다)를 제출하여야 하고(제2항) 기획재정부장관은 제1항에 따른 심사를 요청받으면 부담금의 신설 또는 변경이 다음 각 호의 기준에 부합하는지를 제9조에 따른 부담금운용심의위원회로 하여금 심의하게 하여야 한다. 심의 기준은 1. 부담금을 신설 또는 변경할 명확한 목적이 있을 것, 2. 부담금의 부과요건등이 구체적이고 명확하게 규정되어 있을 것, 3. 부담금의 재원 조성의 필요성과 사용목적의 공정성 및 투명성을 각각 갖추었을 것, 4. 기존의 부담금과 중복되지 아니할 것, 5. 부담금의 부과가 조세보다 적절할 것, 6. 부담금의 존속기한이 목적을 달성하기 위하여 필요한 최소한의 기간으로 설정되어 있을 것 등이다. 기획재정부장관은 제3항에 따른 심사 결과 부담금의 신설 또는 변경이 같은 항 각 호의 기준에 부합하지 아니하다고 인정하는 경우에는 계획서를 제출한 중앙행정기관의 장에게 그 계획서의 재검토 또는 수정을 요청할 수 있다.

28) 2017.9. 기획재정부장관이 국회에 제출한 "2018년도 부담금 운용계획서"는 "이 계획서는 부담금관리 기본법 제6조의2에 따라 2018년도 부담금 부과계획 및 사용명세 등 부담금운용에 관한 내용을 국회에 제출하기 위하여 작성되었음"을 명시하고 있다.

부담금은 설치목적을 달성하기 위하여 필요한 최소한의 범위에서 공정성 및 투명성이 확보되도록 부과되어야 하며, 특별한 사유가 없으면 하나의 부과대상에 이중으로 부과되어서는 아니 된다. 부담금 부과권자에게는 부담금을 부과하는 경우에 부담금 부과의 법적 근거, 납부금액, 산출근거, 부담금의 감면 요건 및 방법, 용도, 의견 제출 기관의 명칭과 주소 등 납부의무자에게 알려주어야 하는 사항을 구체적으로 열거하고 있다(법 제5조). 부담금 관련 권리구제절차 즉 납부의무자가 위법하거나 부당한 부담금의 부과·징수로 인하여 권리 또는 이익을 침해받았을 경우에 이의신청을 할 수 있도록 하는 등 적절한 권리구제절차를 해당 법령에서 명확하게 정할 의무를 부과행정청에 부여하고 있다(법 제5조의4).

V. 「부담금관리기본법」을 위반하여 설치된 부담금의 효력

1. 대상 판결의 검토

(1) 법률 상호간의 모순·충돌 상황

이 판결의 쟁점이 된 "도시가스 시설분담금"은 「도시가스사업법」을 2007. 1. 3. 법률 제8186호로 개정하면서 신설한 제19조의2를 근거로 하고 있다.[29] 이 규정은 "일반도시가스사업자는 가스공급시설 설치비용의 전부 또는 일부를 도시가스의 공급 또는 가스공급에 관한 계약의 변경을 요청하는 자에게 분담하게 할 수 있다"고 정하고 있다.

이 규정을 도입할 당시의 입법 상황은 다수의 법률이 서로 모순·충돌되는 상황이었지만, 정부입법이 아닌 의원입법이어서 정부 내의 부처협의 및 각종 심의과정을 거쳐 이를 해소할 기회를 갖지 못하였고 국회의 입법과정에서 법률 상호간의 모순을 전혀 정리하지 아니한 채 본회의를 통과하여 입법이 이루어졌다는 점에서 "파편적 입법"의 전형이었다고 할 수 있다.

법률 상호간의 모순 · 충돌 상황을 구체적으로 살펴보자.

원고가 주장하는 바와 같이 첫째, 이 규정 도입당시의 「주택법」 제23조 제1항은 사업

29) 원심법원은 이 근거규정의 입법연혁을 다음과 같이 정리하고 있다. "위 도시가스사업법은 기존의 가스사업법이 1983. 12. 31. 명칭 변경된 법률로서 제19조에서 '일반도시가스사업자는 정당한 사유없이 그 허가받은 공급지역 안에 있는 가스수요자에게 가스의 공급을 거절하여서는 아니되며, 허가받은 공급지역 외의 지역에 가스를 공급하여서는 아니된다.'라는 공급의무를 규정하고 있었으나, 1999. 2. 8. 위 제19조 조항이 삭제되었다가 2007. 1. 3. 법률 제8186호로 개정되면서 '일반도시가스사업자는 정당한 사유 없이 그 허가받은 공급권역 안에 있는 가스사용자에게 가스의 공급을 거절하거나 공급이 중단되게 하여서는 아니 된다.'라는 내용으로 위 공급의무 조항이 부활하는 한편 제19조의 2가 신설되어, 제1심 판결 별지 기재와 같이 일반도시가스사업자가 가스공급시설 설치비용의 전부 또는 일부를 도시가스의 공급 또는 가스공급에 관한 계약의 변경을 요청하는 자에게 분담하게 할 수 있는 근거 규정이 생기게 되었다".

주체가 대통령령으로 정하는 호수 이상의 주택건설 사업을 시행하는 경우 해당 지역에 전기·통신·가스 또는 난방을 공급하는 자는 전기시설·통신시설·가스시설 또는 지역난방시설"을 설치하여야 함을 명시하고 있다. 제3항은 "제1항에 따른 간선시설의 설치비용은 설치의무자가 부담한다"고 규정하고 있다. 「도시가스사업법」 제19조의2의 규정과 모순·충돌한다.

둘째, 이 규정 도입당시의 「도시개발법」 제55조는 도시개발구역의 시설 설치 및 비용 부담 등에 관하여 규정하면서 제1항 제2호에 "도시개발구역의 전기시설·가스공급시설 또는 지역 난방시설의 설치는 해당 지역에 전기·가스 또는 난방을 공급하는 자"가 하여야 함을 명시하고 있다. 이 규정 역시 「도시가스사업법」 제19조의2의 규정과 모순·충돌한다.

셋째, 위에서 검토한 바와 같이 「도시가스사업법」 제19조의2의 규정에 따른 부담금은 「부담금관리본법」 제6조의 절차를 밟지 않아서 동법 제3조의 별표에 포함되지 않았으므로 이 법률과 정면으로 모순·충돌한다.

위와 같이 「주택법」·「도시개발법」·「도시가스사업법」·「부담금관리본법」 이 서로 모순·충돌되고 있음에도 불구하고 이를 정리하지 아니한 채 입법이 이루어진 상황이었다.[30]

위와 같은 모순·충돌이 발생할 수 있는 이유는 대한민국 행정법의 문제점은 각각의 개별적 법률이 대한민국 전체를 대상으로 집행되는 법률이라기보다는 특정 중앙행정기관의 특정 소관국 소관과의 집행기능을 담보하는 "미시적"·"파편적" 법률인 경우가 많다는 점에서 그 이유를 찾을 수 있다.

이 사례의 근거가 되는 「도시가스사업법」은 산업통상자원부 가스산업과 소관 법률이다. 「주택법」은 국토교통부 주택정책과 및 주택건설공급과 등의 소관 법률이며, 「도시개발법」은 국토교통부 도시경제과 소관 법률이다. 「부담금관리본법」은 기획재정부 재정관리총괄과 소관 법률이다. 정부입법일 경우 각각의 법률의 소관과장이 기안자가 되고 부처 내 협의, 부처 간 협의, 법제처 심의를 거쳐 차관회의와 국무회의의 과정을 거친다. 이 과정에서 상당한 시간이 필요하며 부처 간의 의견 조율이 요구된다. 만약 위 법률이 정부입법의 과정을 거쳤다면 가스산업과장은 주택정책과장 및 주택건설공급과장 및 재정관리총괄과장과 협의를 하여야 한다. 이 과정 및 법제처의 법안 심사과정에서 법률 상호간의 모순·충돌이 발견될 수 있고 그 해소가 가능할 수 있다. 그러나 의원입법의 경우는 다르다. 의원입법의 경우 국회의원 10인 이상이 제안하여 소관 상임위원회와 법제사법위원회를 거쳐 본회의를 통과하면 된다. 이 과정에서 정부입법에서 요구되는 모든 절차를 생략할 수 있다. 이 사례의 근거가 되는 「도시가스사업법」은 산업통상자원중소기업벤처 위원회 소관이

30) 이 사건에서 「집단에너지사업법」도 같이 쟁점이 되었고 모순 상황에 포함되어 있었지만, 「도시가스사업법」과 같은 상황에 놓여 있어서 이에 대한 언급은 생략하였다.

고, 「주택법」과 「도시개발법」은 국토교통위원회 소관이며, 「부담금관리본법」은 기획재정위원회 소관이다. 서로 소관 상임위원회가 다르고 법률 상호간의 모순·충돌을 방지하기 위한 국회 내부의 장치가 없어서 의원 1인이 발의하여 10인 이상의 연명을 받고 입법을 추진할 경우 서로 모순되는 법률을 얼마든지 양산할 수 있는 취약한 입법 구조를 가지고 있다.[31] 정부입법으로 할 경우 요구되는 모든 절차를 회피하기 위하여 악의적으로 의원입법이 이용된다는 비난이 가능한 것은 위와 같은 이유에서이다.

(2) 대법원의 판단에 대한 분석

대법원은 "법률이 상호 모순되는지는 각 법률의 입법 목적, 규정 사항 및 적용범위 등을 종합적으로 검토하여 판단해야 할 것이다"고 전제한 후,[32] 특정한 사안에 대한 위법성을 판단함에 있어 법률 상호간의 모순 여부를 심사하는 것을 스스로 것을 자제하고 있다.

대법원은 이들 법률 상호간에 모순이 있음은 알고 있었으면서, 부담금 부과처분의 직접적 근거가 된 법률의 제정연혁을 강조하여 판결문에 "소개"하고 있을 뿐이다. 다른 법률과의 모순이 있지만 서로 적용영역이 다르고 소관 부처가 다르다는 점에서 이 법률이 우선적으로 적용되어야 함을 강조하고 있다.

그러나 행정기관이 국민들에게 특정 사업과 관련하여 부담금을 부과하고자 할 경우에는 이를 정당화하여야 할 필수적인 근거가 있어야 하며 법치국가원리를 준수하여야 한다. 이 사례를 자세히 보면 부담금 부과의 근거가 된 사업은 2004. 8. 24. 도시개발구역으로 지정되고, 2006. 5. 4. 도시개발계획으로 인가된 「도시개발법」에 의한 도시개발사업이며 「주택법」에 의한 주택건설사업이다. 구역지정 및 인가 당시에는 「도시가스사업법」 제19조의2는 존재하지 아니하였다. 따라서 부담금 제도 도입 이전에 계획되고 인가되어 건설된 주택에 대하여 부담금을 부과하는 것이 소급입법금지원칙에 위배되는 것은 아닌지에 대한 검토가 필요하다. 부담금 부과를 전제로 하지 아니하고 계획된 도시개발사업에 대하여 계획당시 보다 3년이 경과한 후 제정된 법률에 근거하여 부담금을 부과하는 것이 행정상 신뢰보호원칙을 위반한 것은 아닌지에 대한 검토도 필요하다. 도시가스 시설을 설치한 사업

31) 대상 사건의 근거가 된 「도시가스사업법」(법률 제8186호)은 2007.1.3. 일부 개정되어 2007.4.4.부터 시행된 것이다. 국회 의안정보시스템을 검색하면 이 법률의 제정경위를 볼 수 있다. "2007년 3월 12일 이윤성의원 등 10인이 발의한 「도시가스사업법 일부개정법률안」과 2007년 3월 29일 우제항의원 등 12인이 발의한 「도시가스사업법 일부개정법률안」을 제267회 국회(임시회) 제4차 위원회(2007. 4. 16)에서 각각 대체토론을 거쳐 법안심사소위원회에 회부하였으며, 법안심사소위원회(2007. 4. 18)에서는 위 2건의 법률안을 통합하여 위원회 대안을 마련하고 2건의 법률안을 각각 본회의에 부의하지 아니하기로 하였으며, 이를 제267회 국회(임시회) 제5차 위원회(2007. 4. 19)에 보고하여 의결함으로써 위원회 대안을 제안하게 된 것임"이라 기록하여 전형적인 의원입법이었음을 보여주고 있다. http://likms.assembly.go.kr/bill/billDetail.do?billId=038471

32) 대법원 2012. 5. 24. 선고 2010두16714 판결 등 참조.

자의 입장을 고려한 「도시가스사업법」과 도시의 개발 및 주택건설사업을 시행하는 시행자와 건설된 주택에 거주하는 주민의 입장을 고려한 「도시개발법」과 「주택법」 상호간의 비교·교량 작업도 필요하다. 그러나 대법원은 위와 같은 점에 대한 판단을 구체적으로 하지 아니하고 있다.

특히 중요한 의미를 가지는 것은 이 사례에서 문제가 된 것이 "부담금"의 정당성이라는 것이다. 대법원은 부담금 부과의 정당화 요건에 대한 판단을 전혀 하지 아니하였다. 오직, 부담금 부과의 근거가 된 법률인 「도시가스사업법」의 입법 연혁을 보면 입법 이유가 있다는 점만을 강조한 후, 이 법률에 위배되지 아니하였으므로 위법하지 아니하다는 판결을 하고 있다. 이 점은 문제점이라 지적할 수 있다.

2. 부담금 부과의 정당화 요건과 「부담금관리기본법」

위에서 검토한 바와 같이 헌법재판소는 부담금의 종류를 불문하고, 부담금의 예외적 성격과 특히 부담금이 재정에 대한 국회의 민주적 통제체계로부터 일탈하는 수단으로 남용될 위험성을 감안할 때, 부담금이 장기적으로 유지되는 경우에 있어서는 그 징수의 타당성이나 적정성이 입법자에 의해 지속적으로 심사될 것이 요구된다는 점을 강조하고 있다. 국회가 부담금을 설치하거나 변경함을 내용으로 법률을 제정 또는 개정하고자 할 경우 이 부담금이 지속적으로 국회의 "심사체계" 아래에 놓여있는가를 스스로 검토하여야 한다. 현행 대한민국 법률의 체계아래에서 부담금을 통합적으로 관리·심사·통제하는 체계를 설정하고 있는 법률이 「부담금관리기본법」이다. 따라서 부담금 부과의 첫 번째 정당화 요건은 해당 부담금이 「부담금관리기본법」의 통제 체계아래 놓여 있는가 여부라고 할 수 있다. 특정 법률이 국민에 대한 "부담금" 형식의 금전지급의무를 규정하고 있음에도 불구하고 「부담금관리기본법」의 체계를 벗어나 있는 경우 그 징수의 타당성이나 적정성이 입법자에 의해 지속적으로 심사될 가능성을 스스로 배제하고 있다고 할 수 있고, 이 경우 헌법상의 기본적 재정질서를 교란시키고, 공과금 부담의 형평성을 훼손하며, 재정에 대한 국회의 민주적 통제기능을 약화시킬 우려에 스스로 노출되는 결과를 가져오기 때문이다.

따라서 특정 부담금이 「부담금관리기본법」의 체계를 벗어나 있음이 부담금 부과처분의 정당성 여부를 가리는 쟁점이 된 경우 이는 문제 상황이라 할 것이고, 이를 해결하기 위하여 다음과 같은 논의가 필요하다.

첫째, 부과처분이 이루어지는 과정에서 특정 부담금이 「부담금관리기본법」의 체계를 벗어나 있음이 발견된 경우 기획재정부장관은 즉시 「부담금관리기본법」 제6조에 의한 심사를 실시하여 해당 부담금을 법 제3조가 규정한 별표에 편입시킬 것인지의 여부를 판단하여야 하며, 국회는 이와 같은 기획재정부장관의 판단을 참조하여「부담금관리기본법」의 개정 여부를 조속히 심사하여야 한다. 근본적으로「부담금관리기본법」이 제정·시행되고 있음에도 불구하고「부담금관리기본법」의 체계를 벗어나는 법률에 근거하여 부담금이 부과되고 있다는 것은 대한민국의 국회가 입법을 함에 있어 그 심의과정에서 입법적 과오가 있었다고 보아야 할 것이고, 이를 발견하였다면 최대한 신속하게 이를 바로잡을 의무가 있기 때문이다.

둘째,「부담금관리기본법」의 체계를 벗어나서 설치된 법률에 근거하여 부과된 부담금 처분이 재판의 전제가 된 경우 법원은 매우 엄격한 기준으로 그 위법성을 판단하여야 할 것이다. 이와 같은 상황은 법률 상호간에 모순·충돌이 발생하는 상황이다.「부담금관리기본법」 제3조는 "부담금은 별표에 규정된 법률에 따르지 아니하고는 설치할 수 없다"고 규정하고 있다. 따라서 특정 부담금이 이 법률 별표에 규정된 법률에 따르지 않고 설치된 경우 이 법률과 특정 부담금의 근거가 되는 법률은 서로 모순·충돌한다.「기본법」의 법률상의 위치에 대한 헌법적 규정이 없고,「기본법」 자체의 법적 성질에 따라 그 효력이 달라지기는 하지만, 행정법상 관리규범으로서의「기본법」과 다른 법률이 서로 모순·충돌할 경우에는 일반적인 법 일반이론 에서 언급되는 법률 상호간의 관계 즉 특별법 우선의 원칙, 신법 우선의 원칙 등과는 구별되는 특수성이 인정될 수 있어야 한다. 위에서 검토한 바와 같이「국세기본법」,「부담금관리기본법」 등과 같이 부과행정이라는 특정한 분야에서 행정기관에 의한 자의적인 부과의무의 설정을 입법적으로 엄격히 관리·통제함을 목적으로 제정된 법률의 경우에는 그 우선적 지위가 부여되어야 한다. 법률이 해당 기본법 체제에 편입되는 것을 스스로 회피하고 있는 경우라면 부과행정의 정당성을 스스로 부인하고 있는 것이라고 볼 충분한 이유가 있기 때문이다. 법원은 재판과정에서 이 점을 직시하여, 해당 부담금의 위법여부를 판단하여야 한다. 법률 상호간의 모순·충돌만을 이유로 재판의 전제가 된 부담금의 위법성을 판단하기를 꺼려할 경우라면 헌법재판소에 그 위헌성 여부에 대한 판단을 맡겨야 한다. 당사자가 특히 "관리규범으로서의「부담금관리기본법」"을 "부담금 부과처분의 근거 법률"이 위배하고 있음을 명시적으로 지적하였고, 수소 법원이 법률 상호간의 모순·충돌을 인정하였다면 법원은 "「부담금관리기본법」을 위배하여 설치되었음만을 이유로 위법하다고 할 수 없다"는 판단을 내리는 것은 매우 신중하여야 한다.

다시 한 번 강조하지만 수소 법원은「부담금관리기본법」을 위배하여 설치된 부담금 부과처분이 쟁점이 된 경우 그 위험성과 위법성을 인식하여야 한다. 스스로 위법성 여부를 선언하기 어렵다는 입장이라면 헌법재판소의 판단에 맡겨야 한다. 합법성의 선언은 특별히 인정될 만한 예외적인 사유를 발견한 경우에 한하여 매우 신중히 이루어져야 할 것이다.

대상 판결은 4개의 법률이 모순·충돌하는 상황에서 도시개발 사업을 통하여 대규모

주택단지를 건설한 사업자가 사업계획의 승인 당시에는 존재하지 아니하였던 법률 이자 「부담금관리기본법」의 통제장치를 회피하여 제정된 법률에 에 근거하여 설치된 부담금을 근거로 부과되었던 부담금에 대하여 통합적인 판단을 하지 아니하고 단순히 부담금 부과 근거 법률만을 근거로 하여 합법성을 선언하였다.

이 사건이 부당이득반환을 요구하는 민사사건이어서 행정법원과 고등법원 행정부의 판단과정을 거치지 아니하였다는 점, 행정법의 법리에 대한 판단보다는 민사상의 채무의 존재 여부에 대한 관점에 집중된 판결이라는 점 등을 감안하더라도 대법원의 판결은 많은 문제점을 보유하고 있다고 지적할 수 있다. 그 이유는 대한민국의 사법체계가 통합적인 단일 대법원 체계아래에 구성되어 있기 때문이다. 대한민국에 있어 행정대법원과 민사대법원은 분리되어 있지 아니하다. 기반시설의 설치를 둘러싼 부담금의 납부의무의 존재 여부를 판단함에 있어서 단일한 체계로 설치되어 있는 대법원은 행정법의 법리와 민사법의 법리를 통합적으로 동원하여 그 판단의 근거로 삼을 의무가 있다. 다수의 법률이 모순·충돌하고 특히 부담금의 통합적 관리를 목적으로 하는 법률을 회피하여 제정된 법률에 의하여 국민에게 부담금이 부과되는 상황이 문제가 된 경우 헌법상의 법치국가원리, 조세법률주의 등 헌법원칙과 행정법의 기본원리를 종합적으로 동원하여 판단하였어야 한다. 그러나 대법원은 당해 근거 법률만을 근거로 부담금 납부의무가 존재한다는 단편적 판단을 하였다. 이와 같은 점에서 이 사건 대법원 판결은 매우 아쉬운 판결이었다고 지적될 수 있을 것이라 생각한다.

VI. 요약 및 결론

이 논문은 존경하는 최송화 교수님의 희수 논문집에 봉정하기 위하여 작성되었다.

대상판례는 다수의 법률이 서로 모순·충돌되는 상황에서 국민에게 부과된 부담금의 납부의무의 정당성에 관한 분쟁을 전제로 한 것이다. 「법치국가원리」는 대한민국의 모든 행정작용을 지배하는 기본원리이다. 행정기관은 행정작용을 할 경우 법률에 근거하여야 한다. 대한민국의 모든 법률은 국가행정기관, 지방자치단체, 공공단체, 공무수탁사인 등 모든 행정기관이 행정작용을 수행함에 있어, 특히 국민에게 금전적 부과의무를 부과하는 권력적 침해행정 작용을 수행함에 있어 필수적으로 요구되는 명확한 근거를 제시할 수 있어야 한다. 대한민국의 법률은 법률을 직접 적용하는 지방자치단체의 실무 공무원과 그 법률을 적용받는 일반 국민의 입장에서 볼 때 서로 모순이 없어야 하고, 명확하게 받아들여질 수 있어야 한다.

이 사건은 국민이 시설분담금이라는 부담금의 납부 의무가 존재하지 아니함을 다투는 것이며, 이미 납부한 부담금의 반환을 요구하는 부당이득반환 청구소송이다. 이 사건이 행정사건이 아니라 민사사건으로 분류될 수 있는 이유는 대한민국의 경우 공법상 당사자 소송이 활성화되어 있지 아니하여 행정사건으로 처리되어야 할 사건들이 민사사건으로 처리되고 있는 법 현실에서 이와 같은 판결이 내려졌기 때문이다. 그러나 국가배상청구소송, 공법상 부당이득반환청구소송은 비록 민사소송의 형식으로 제기되더라도 넓은 의미의 행정사건으로 포함시켜 학술적 토론이 이루어져야 한다고 생각한다. 이 논문집은 "행정판례와 공익－21세기 법치주의의 발전방향"을 대주제로 하고 있다. 대상 판례를 선택한 것은 법률 상호간의 모순·충돌 상황에서 국민에게 금전급부의무를 부과한 부담금 납부의무에 관한 판단이 이루어졌다는 점이 법치국가원리에 위해를 가하는 상황이 드러난 전형적인 사건에 해당한다는 점에서 대한민국의 법치주의의 발전방향에 중요한 시사점을 줄 수 있기 때문이다.

헌법재판소는 부담금을 부과할 경우 반드시 법률에 근거하여야 할 뿐만 아니라, 부담금 부과의 법적 근거가 되는 법률의 경우 이를 정당화할 수 있는 요건을 갖추어야 함을 명백히 하고 있다. 헌법재판소가 정당화 요건을 설정하는 이유는 부담금 제도가 헌법상의 기본적 재정질서를 교란시키고 조세에 관한 헌법상의 특별한 통제장치를 무력화할 수 있으며 조세평등주의에 의해 추구되는 공과금 부담의 형평성을 훼손하고 재정에 대한 국회의 민주적 통제기능을 상대적으로 약화시킬 우려가 있기 때문이다.

「부담금관리기본법」은 위와 같은 헌법재판소의 우려를 수용하여 부담금을 종합적으로 관리함을 목적으로 제정된 법률이다. 이 법률은 장기적으로 무분별한 부담금의 신설이나 증설을 억제하고 부담금 부과·징수와 운영의 투명성을 높이기 위함을 그 제정 목적으로 한다. 「부담금관리기본법」은 기본법의 분류체계상 「국세기본법」과 같은 "관리규범으로서의 기본법"에 해당한다.

이 판결의 쟁점이 된 "도시가스 시설분담금"은 「도시가스사업법」을 근거로 하고 있다. 이 근거규정의 도입 당시 「주택법」·「도시개발법」·「도시가스사업법」·「부담금관리본법」이 서로 모순·충돌되고 있음에도 불구하고 이를 정리하지 아니한 채 입법이 이루어진 상황이었다. 이 논문은 위와 같은 모순·충돌이 발생할 수 있는 대한민국 행정법의 입법과정의 문제점을 정리하였다.

대법원은 이들 법률 상호간에 모순이 있음은 알고 있었다. 그러나 부담금 부과처분의 직접적 근거가 된 법률의 제정연혁을 강조하여 판결문에 "소개"한 후, 다른 법률과의 모순이 있지만 서로 적용영역이 다르고 소관 부처가 다르다는 점에서 이 법률이 우선적으로 적용되어야 함을 강조한 후, "부담금부과에 관한 명확한 법률 규정이 존재하더라도 그 법률 규정과는 별도로 반드시 「부담금관리기본법」 별표에 그 부담금이 포함되어야만 그 부담금 부과가 유효하게 된다고 해석할 수는 없다"는 판단을 전제로 그 위법성 판단을 부인하고 있다. 이 논문은 대상판결의 문제점을 부담금 부과의 정당성과 부담금 관리의 필요성, 「부담금관리기본법」의 입법 정책적 함의 등의 논리를 근거로 그 구체적 문제점을 지적하였다.

행정기관이 국민들에게 특정 사업과 관련하여 부담금을 부과하고자 할 경우에는 이를 정당화하여야 할 필수적인 근거가 있어야 하며 법치국가원리를 준수하여야 한다. 대상판결은 부담금 부과처분의 정당화 요건의 충족 여부에 관한 판단을 생략하고 있고, 주택건설사업자가 주택건설 사업계획의 승인 당시에 알지 못했던 부담금 제도를 추후에 도입하여 소급적으로 적용하는 문제점을 법치국가 원리에 근거하여 검토하지 아니하였고, 특히 「부담금관리기본법」에 근거한 부담금제도의 통합적 관리의 필요성을 부인하였다. 이 논문은 대상 판결에 드러난 법리 검토의 미진함과 관련된 문제점을 지적하였다. 이 논문을 계기로 부담금 제도의 통합적 관리가 엄중히 이루어지며, 입법과정 뿐만 아니라 부담금 제도를 둘러싼 법원의 사법적 판단 과정에서도 보다 엄격한 심사가 이루어질 수 있기를 기대한다.

取消判決의 反復禁止效*

二重危險禁止, 그리고 旣判力과 羈束力 및 訴訟物

박정훈**

대상판결: 대법원 2016. 3. 24. 선고 2015두48235 판결

[사실관계]

원고 신미운수 주식회사는 이 사건 택시 70대를 포함하여 101대의 택시를, 원고 주호교통 주식회사는 이 사건 택시 23대를 포함하여 101대의 택시를 각각 보유하고 있는데, 원고들은 그 대표이사가 같아 동일한 경영주체들이 경영하고 있는 회사들이며, 직원들도 상호 겸직하고 있다.

피고(서울특별시장)는 2008. 5. 22. 원고들에 대하여, 원고들이 2007. 11. 1.부터 같은 달 30.까지 자신들 소유 택시 중 합계 48대를 도급제 형태로 운영함으로써 「여객자동차운수사업법」 제12조에서 정하는 명의이용금지를 위반하였다는 사유로 동법 제85조 제1항 제13호에 의거하여 위 택시 48대에 관하여 감차명령(이하 '종전 처분')을 하였다. 이에 대하여 원고들이 서울행정법원에 취소소송을 제기하여 2009. 7. 9. 원고들이 명의이용금지에 위배하였다고 보기 어렵다는 이유로 종전 처분을 전부 취소하는 판결이 선고되었고, 이에 피고가 항소하였으나 항소심은 2010. 1. 27. 그 변론을 종결하여 같은 해 2. 10. 항소기각 판결을 선고하였으며, 이에 대한 피고의 상고도 2010. 5. 27. 기각(심리불속행)되어 그 무렵 판결이 확정되었다.

그 후 다시 명의이용금지 위반 혐의로 원고들 대표이사, 소외 1, 소외 2, 소외 3, 소외 4 등이 수사를 받게 된 결과, 검찰에서 위 소외인들이 도급제 방식으로 운영은 하였지만 택시운송사업자를 배제한 채 독립적으로 여객자동차운송사업을 경영하였다고 보기 어렵다는 이유로 불기소 결정되었으나, 피고는 2013. 3. 22. 원고들에 대하여, 원고들이 최초

* 이 글은 2018년 6월 30일 발행된 행정판례연구 제23-1집에 게재된 논문을 전재한 것입니다.

** 서울대학교 법학전문대학원 교수

2006. 7. 3.부터 최종 2010. 9. 30.까지 사이에 — 각 택시마다 일정 기간 동안 — 그 소유 택시 합계 93대를 위 소외인들에게 임대하여 경영하게 함으로써 명의이용금지를 위반하였다는 사유로 위 해당 택시 전부에 관해 감차명령(이하 '이 사건 처분')을 하였고, 원고들은 이를 다투는 이 사건 취소소송을 제기하였다.

[소송의 경과]

(1) 제1심 서울행정법원에서 원고들은 처분사유인 명의이용금지 위반의 부존재 및 과도한 처분으로 인한 재량권남용을 주장하였으나, 동 법원 2014. 11. 20. 선고 2013구합9922 판결은 위 소외인들, 택시운전사 및 회사직원들의 수사기관에서의 진술과 압수된 서류 등을 근거로, 운송사업자인 원고들의 지휘·감독이 배제된 상태에서 위 소외인들이 독립적으로 택시운송사업을 경영한 것이라고 보는 것이 타당하다고 판단하고, 나아가 이 사건 처분을 통하여 택시운송사업의 질서를 확립하여야 할 공익상의 필요가 이 사건 처분으로 인하여 원고가 입게 될 불이익에 비하여 작다고 볼 수 없기 때문에 재량권 일탈·남용을 인정할 수 없다고 하여 원고 전부 패소 판결을 선고하였다.

(2) 원심 서울고등법원에 이르러 원고들은 이 사건 처분 중 종전 처분의 대상이 되었던 차량과 동일한 차량에 대한 부분은 그 취소 확정판결의 효력에 위배되어 위법하다는 주장을 추가하였다. 이에 대하여 동 법원 2015. 6. 30. 선고 2014누71827 판결은 먼저 "관련 법리"라는 제목 하에 다음과 같이 일반론을 설시하였다.

"여객자동차 운송사업자가 법령위반의 영업을 처분사유로 삼는 감차명령 등의 제재처분을 받고 그 취소를 구하는 행정소송을 제기하여 그 처분이 실체적으로 위법하다는 이유로 처분취소의 확정판결을 받은 다음, 제재사유가 될 수 없다고 판결한 사유와 동일한 사유를 내세워 다시 제재처분을 한 것은 위 취소판결의 기속력이나 확정판결의 기판력에 저촉되는 행정처분을 한 것으로서 허용될 수 없다(대법원 1992. 7. 14. 선고 92누2912 판결, 1989. 9. 12. 선고 89누985 판결 등 참조). 이때 소송물이 동일한지 여부는 제재처분의 대상이 된 위반사실의 기본적 사실관계를 기본으로 하되 그 규범적 요소도 아울러 고려하여 판단하여야 할 것이다. 그런데 위반사실이 영업의 방식이나 형태에 관한 것이라면 그 구성요건의 성질상 동종행위의 반복이 당연히 예상되는 위반행위이므로 일정한 기간 동안 운송사업자가 동일한 차량을 관리하면서 계속적으로 반복된 수개의 행위는 특별한 사정이 없는 한 포괄적으로 1개의 위반행위를 구성하는 것으로 확정판결이 가지는 기판력의 시적 범위는 그 행정소송의 사실심 변론종결시로 보아야 할 것이다."

원심은 위와 같은 일반론을 이 사건에 적용하여, 종전 처분의 "위반행위도 명의이용 금지에 위배된 행위로서 이 사건 처분사유와 기본적 사실관계가 동일하므로 이 사건 처분사유 중 위 확정판결의 항소심의 변론종결시인 2010. 1. 27.까지 행하여진 위반사실 중 동일한 차량에 관한 한 위 확정판결의 효력이 이 사건 위반사실에도 미친다고 보아야 한다. 그러나 이 사건 위반사실 중 확정판결의 대상이 된 위반사실에 관련된 차량이 아니거나 2010. 1. 28.부터 2010. 9. 14.까지의 모든 위반사실은 위 확정판결의 효력이 미치지 아니하므로 적법한 처분사유가 된다고 할 것이다."라고 판시하였다.

이와 같이 확정판결의 효력에 위배된다는 이유로 원심에 의해 취소된 차량('중복 차량')은 원고 신미운수의 9대와 원고 주호교통의 7대 합계 16대인데, 그 각 처분사유(위반기간)는 다음과 같다.

[표 1] 원고 신미운수 차량

	차량번호	처분사유(위반행위기간)	유형*
1	서울 33사9028	2007. 5. 1. – 2007. 8. 31.	A
2	서울 33사9046	2007. 9. 1. – 2007. 11. 30.	AO
3	서울 33사9047	2007. 12. 1. – 2007. 12. 31.	B
4	서울 33사9057	2007. 9. 1. – 2008. 1. 31.	AOB
5	서울 33사9062	2007. 10. 1. – 2007. 10. 31. 2007. 12. 1. – 2008. 1. 31.	A B
6	서울 33사9065	2007. 7. 1. – 2007. 9. 30.	A
7	서울 33사9085	2007. 3. 1. – 2007. 11. 30.	AO
8	서울 33사9090	2009. 8. 1. – 2009. 9. 30.	C
9	서울 33사9097	2007. 5. 1. – 2007. 11. 30. 2009. 8. 1. – 2009. 10. 31.	AO C

[표 2] 원고 주호교통 차량

10	서울 34아6901	2006. 10. 6. – 2007. 6. 15.	A
11	서울 34아6902	2007. 12. 6. – 2008. 5. 10.	B
12	서울 34아6907	2007. 6. 14. – 2008. 3. 31.	AOB
13	서울 34아6917	2009. 8. 27. – 2009. 9. 7.	C
14	서울 34아6919	2007. 9. 9. – 2008. 1. 16. 2008. 2. 1. – 2008. 3. 31.	AOB B
15	서울 34아6939	2006. 7. 17. – 2007. 6. 9. 2007. 11. 1. – 2008. 6. 23.	A OB
16	서울 34아6997	2007. 6. 9. – 2008. 6. 23.	AOB

* 이하의 유형은 필자가 서술의 편의를 위해 설정한 것이다. 'A'는 종전 처분의 처분사유(2007. 11.) 이전의 위반행위이고, 'O'는 종전 처분의 처분사유(2007. 11.)와 동일한 기간의 위반행위이며, 'B'는 종전 처분의 처분사유(2007. 11.) 이후 종전 처분(2008. 5. 22.) 이전의 위반행위이고, 'C'는 종전 처분(2008. 5. 22.) 이후 확정판결(사실심변론종결 2010. 1. 27.) 이전의 위반행위이다.

그리고 원심은 차량을 제외한 나머지 차량의 명의이용행위 여부에 관하여, 원고 신미운수의 55대의 차량에 대해 소외 2, 소외 3, 소외 4(이하 '소외 2 등')가 동 회사의 지휘·감독을 배제한 채 독립적으로 사업을 경영하였다고 보기 어렵다고 하면서 이 사건 처분 중 해당 부분을 취소한 반면, 원고 주호교통의 16대의 차량에 대하여는 소외 1의 명의이용행위를 인정하고 나아가 해당 부분에 관한 이 사건 처분의 재량권 일탈·남용을 부정함으로써 항소를 기각하였다.

[대상판결]

원고들은 원심이 명의이용행위를 인정한 소외 1 관련 부분을 다투면서 상고하였고, 피고는 종전 처분의 취소판결의 효력이 이 사건 처분에 미치지 않는다는 것을 상고이유 제1점으로, 원고 신미운수의 소외 2 등에 의한 명의이용행위가 모두 인정되어야 한다는 것을 상고이유 제2점으로 상고하였다.

대상판결은 피고의 상고이유 제1점에 관하여, 먼저 일반론으로 취소판결의 기속력과 기판력의 차이점에 관하여 다음과 같이 설시한다.

"(1) 행정소송법 제30조 제1항은 "처분 등을 취소하는 확정판결은 그 사건에 관하여 당사자인 행정청과 그 밖의 관계행정청을 기속한다."라고 규정하고 있다. 이러한 취소 확정판결의 '기속력'은 취소 청구가 인용된 판결에서 인정되는 것으로서 당사자인 행정청과 그 밖의 관계행정청에게 확정판결의 취지에 따라 행동하여야 할 의무를 지우는 작용을 하는 것이다. 이에 비하여 행정소송법 제8조 제2항에 의하여 행정소송에 준용되는 민사소송법 제216조, 제218조가 규정하고 있는 '기판력'이란 기판력 있는 전소 판결의 소송물과 동일한 후소를 허용하지 않음과 동시에, 후소의 소송물이 전소의 소송물과 동일하지는 않다고 하더라도 전소의 소송물에 관한 판단이 후소의 선결문제가 되거나 모순관계에 있을 때에는 후소에서 전소 판결의 판단과 다른 주장을 하는 것을 허용하지 않는 작용을 하는 것이다(대법원 2013. 11. 28. 선고 2013다19083 판결 등 참조).

다음으로 기속력의 객관적 범위 및 시적 범위에 관하여,

"(2) 취소 확정판결의 기속력은 그 판결의 주문 및 전제가 되는 처분 등의 구체적 위법사유에 관한 판단에도 미치나, 종전 처분이 판결에 의하여 취소되었다 하더라도 종전 처분과 다른 사유를 들어서 새로이 처분을 하는 것은 기속력에 저촉되지 않는다. 여기에서 동일 사유인지 다른 사유인지는 확정판결에서 위법한 것으로 판단된 종전 처분사유와 기본적 사실관계에 있어 동일성이 인정되는지 여부에 따라 판단되어야 하고, 기본적 사실관계의 동일성 유무는 처분사유를 법률적으로 평가하기 이전의 구체적인 사실에 착안하여 그 기초인 사회적 사실관계가 기본적인 점에서 동일한지에 따라 결정된다(대법원 2005. 12. 9. 선고 2003두7705 판결 등 참조). 또한 행정처분의 위법 여부는 행정처분이 행하여진 때의 법령과 사실을 기준으로 판단하므로, 확정판결의 당사자인 처분 행정청은 종전 처분 후에 발생한 새로운 사유를 내세워 다시 처분을 할 수 있음은 물론이고(대법원 2011. 10. 27. 선고 2011두14401 판결 등 참조), 새로운 처분의 처분사유가 종전 처분의 처분사유와 기본적 사실관계에서 동일하지 않은 다른 사유에 해당하는 이상, 해당 처분사유가 종전 처분 당시 이미 존재하고 있었고 당사자가 이를 알고 있었다 하더라도 이를 내세워 새로이 처분을 하는 것은 확정판결의 기속력에 저촉되지 않는다.

그리고 기판력의 객관적 범위에 관하여 다음과 같이 설시한 다음,

"(3) 한편 취소 확정판결의 기판력은 그 판결의 주문에만 미치고, 또한 소송물인 행정처분의 위법성 존부에 관한 판단 그 자체에만 미치는 것이므로 전소와 후소가 그 소송물을 달리하는 경우에는 전소 확정판결의 기판력이 후소에 미치지 아니한다(대법원 1996. 4. 26. 선고 95누5820 판결 등 참조)."

결론적으로 이 사건에 관하여, 원심이 '중복 차량'으로 판단한 것 중 종전 처분의 대상인 2007년 11월의 명의이용행위가 포함된 부분은 종전 처분사유와 그 기본적 사실관계가 동일하여 그 부분에 한하여 이 사건 확정판결의 기속력에 저촉되지만, 이를 제외한 나머지 부분은 "법률적으로 평가하기 이전의 구체적인 사실에 착안하여 볼 때, 종전 처분사유와 그 기간을 달리함으로써 기본적 사실관계에 있어 동일성이 인정되지 않는다고 봄이 타당하므로" 확정판결의 기속력에 저촉되는 것은 아니라고 판단하였다. 그리고 첨언하여 "이 사건 확정판결의 기판력은 그 소송물이었던 종전 처분의 위법성 존부에 관한 판단 그 자체에만 미치는 것이고, 이 사건 처분을 대상으로 하여 그 소송물을 달리하는 이 사건 소에는 미치지 않는다."고 설시하였다.

이와 같이 대상판결은 피고의 상고이유 제1점을 받아들여 이 부분 피고의 패소부분을 파기 환송하였는데, 피고의 상고이유 제2점 및 원고들의 상고이유에 관해서도 이 사건 처분에서 지적된 명의이용행위가 모두 인정된다고 판단하여 원고들의 상고를 모두 기각하고 이 부분 피고의 패소부분을 파기 환송하였다. 요컨대, 원고 전부 패소이다.

I. 序說

(1) 본고의 주제는 대상판결의 쟁점 중 피고의 상고이유 제1점인, 종전 처분을 취소한 확정판결(이하 '이 사건 취소판결')의 효력이 이 사건 처분에 미치는지 여부이다. 이 문제에 관하여 대상판결과 원심판결 모두 철저히 개념론 내지 '槪念演算'(Rechnen durch Begriffe)에 의거한 도그마틱 방법론을 취하고 있다. 따라서 먼저 그 개념들과 (논리)명제들을 분석할 필요가 있다.

(2) 원심판결은 ① 취소(확정)판결의 반복금지효로서 기속력과 기판력을 동시에 제시하고, ② 그 객관적 범위를 '소송물'의 동일성 여부로 판단하며, ③ 그 판단에 있어 기본적 사실관계를 기본으로 하되 그 규범적 요소도 아울러 고려해야 한다는 전제 하에, ④ 이 사건 위반사실은 영업의 방식이나 형태에 관한 것(=영업범)으로, 그 구성요건의 성질상 동종 행위의 반복이 당연히 예상되므로, 포괄하여 1개의 동일한 위반행위를 구성하고, ⑤ 따라서 기판력의 시적 범위 내인 사실심 변론종결시 이전의 위반사실인 위 A, O, B, C 모두 이 사건 취소판결의 반복금지효에 걸린다는 결론에 이른다. 요컨대, '기판력·기속력의 객관적 범위 → 소송물 → 규범적 요소→ 포괄일죄 → 기판력의 차단효'라는 5단계의 (논리)명제들로 구성된 개념연산이다.

여기서 가장 중요한 논거는 (i) 처분의 일자가 달라도 그 처분사유가 동일한 '소송물'에 속하면 종전 처분에 대한 취소판결의 기판력이 후행 처분에 미칠 수 있는데, (ii) 위반사실의 일자가 달라도 영업범으로 포괄하여 1개의 동일한 위반행위가 되어 동일한 소송물에 속한다는 것이다. 위 ①, ②, ④의 명제들은 이 두 가지 핵심 논거와 함께 필자의 견해와 일치한다.[1)] 다만, 필자는 아래에서 보는 바와 같이, 영업범 내지 포괄동일 위반행위의 범위를 처분시 이전으로 한정하고자 한다.

(3) 반면에, 대상판결은 위 원심판결의 ①에서 ⑤까지의 명제들을 모두 부정한다. 즉, ⓐ 처분의 일시가 다르면 소송물이 달라지고, ⓑ 따라서 동일한 소송물을 대상으로 하는 기판력은 논외가 되며 오직 기속력의 문제로 되는데, ⓒ 기속력의 단위인 '처분사유'의 동일성은 법률적 평가 이전의 구체적인 사실에 착안한 기본적 사실관계의 동일성으로 판단되어야 하므로, ⓓ 이 사건 위반사실은 그 행위 시기마다 별개의 처분사유를 이루고, ⓔ

1) 위 ①은 졸저, 행정소송의 구조와 기능, 제10장 취소소송의 소송물 449면 이하, 위 ②는 411면 이하 및 458면 이하, 위 ④는 460면 및 졸저, 행정법의 체계와 방법론, 제8장 협의의 행정벌과 광의의 행정벌, 366면 이하 참조. 이와 같은 취소소송의 소송물과 기판력에 관한 필자의 견해는 졸고, 취소소송의 소송물에 관한 연구: 취소소송의 관통개념으로서 소송물 개념의 모색, 『법조』 2000년 7월호 (통권 526호), 93-126면; 취소판결의 기판력과 기속력: 취소소송의 관통개념으로서 소송물, 『행정판례연구』 제9집, 2004, 135-235면; 취소소송의 소송물, 편집대표 김철용·최광율, 주석 행정소송법, 2004, 181-262면을 통해 발전되었음을 밝힌다.

따라서 종전 처분의 위반사실인 'O'를 제외한 나머지는, 그 중에 이 사건 취소판결 이전의 'C'와 종전 처분 이전의 'B'는 물론, 종전 처분의 위반사실 이전의 'A'조차 모두 취소판결의 기속력이 미치지 않는다는 결론에 이른다. 요컨대, '기판력 배제→처분사유의 동일성→규범적 평가 배제→포괄일죄 부정→기속력 부정'이라는 역시 5단계의 명제들로 구성된 개념연산이다. 원심판결의 위 (i), (ii)의 논거들은 모두 부정된다. 이러한 대상판결은 취소판결의 반복금지효에 관해 기판력과 소송물의 동일성을 논외로 한다는 점과 형사법상 포괄일죄의 법리의 준용을 부정한다는 점에서 필자의 견해와 배치된다.

(4) 따라서 본고에서는 필자의 견해를 정리하면서 이와 상반되는 대상판결의 문제점을 분석하고자 한다. 대상판결과 원심판결의 논리명제들은 행정소송법만이 아니라 한편으로 민사소송법과 다른 한편으로 형법·형사소송법이 동시에 결부된, 말하자면 행정법·민소법·형사법의 '종합 도그마틱'이라고 할 수 있다. 이같이 복잡하고 착종된 '도그마틱' 문제를 제대로 해결하기 위해서는 먼저 그 근저에 깔려 있는 실질적 관점들을 추출하여 '이익형량' 내지 '가치비교'가 선행되어야 한다. 그러나 이익형량에만 그쳐서는 아니 되고, 그 해결방법들이 도그마틱으로 정립되어야 한다. 법학에 있어 도그마틱은 — 우리에게 샘물을 바로 갖다 주지는 못하지만 — 우리가 그 샘물을 찾는 데 필수불가결한 '나침반'이기 때문이다.[2)]

II. 二重危險禁止 vs. 行政制裁의 效率性

1. 廣義의 行政罰과 二重危險禁止

(1) 필자의 견해 및 원심판결의 근거가 되는 실질적 관점은 한 마디로 말해 '이중위험'(double jeopardy)의 금지이다. 행정형벌과 행정질서벌을 협의의 행정벌이라고 한다면, 이 사건 감차명령과 같은 행정제재처분도 — 허가취소·영업정지, 과징금, 공급거부 등과 같이 — 헌법 제12조 후단의 적법절차 조항에서 말하는 '벌'에 해당하기 때문에 '광의의 행정벌'이라고 부를 수 있다. 이 용어는 형벌에 관해 헌법과 형사법에 확립되어 있는 법치주의적 안전장치를 행정제재처분에도 적용하고자 하는 취지를 갖고 있다.[3)]

(2) 이 사건에 형사법적 관점을 적용하면, 이 사건 취소판결은 무죄(확정)판결에, 이 사건 처분은 새로운 공소제기에 각각 상응하는바, 무죄판결의 기판력이 그 기준시인 사실

---

2) 도그마틱의 역할과 한계 및 이익형량·가치비교와의 관계에 관하여 졸저, 행정법의 체계와 방법론, 제1장 행정법의 이론과 실제, 3면 이하 참조.

3) 졸저, 행정법의 체계와 방법론, 제8장 협의의 행정벌과 광의의 행정법 323면 이하 참조.

심 판결선고일 이전의 공소사실에 모두 미치는 것과 마찬가지로, 이 사건 취소판결의 기판력은 그 기준시인 사실심 변론종결일(2010. 1. 27.) 이전에 발생한, 이 사건 처분의 A, O, B, C 처분사유 전부에 미치기 때문에, 이에 대해 면소판결이 내려질 것이다.[4)]

(3) 이 사건 감차명령에 관해서는 공소시효에 상응하는 제척기간이 규정되어 있지 않다. 명의이용금지 위반에 대한 형벌은 2년 이하의 징역 또는 2천만원 이하의 벌금(여객자동차운수사업법 제90조 제3호)으로, 공소시효가 5년이다(형사소송법 제249조 제1항 제5호). 이 사건 처분사유 중 위 8번, 9번의 일부, 13번 차량에 대한 것은 이 사건 처분시에 이미 공소시효가 완료되었다. 이와 같이 아직 거의 대부분 제척기간이 규정되어 있지 않은 행정제재처분에 있어서는 이중위험금지의 필요성이 특히 절실하다. 더욱이 이 사건 처분사유에 대해 모두 명의이용행위를 인정하기 어렵다는 이유로 검사의 불기소처분이 있었기 때문에, 형벌과 행정제재를 동일한 '(행정)벌'로 파악한다면, 형벌에 상응하는 행정제재가 동일한 사실에 대해 다시 이루어진다는 점에서, 이중위험금지의 관점이 보다 더 강조되어야 한다.

2. 行政制裁와 公益上 撤回

(1) 위와 같은 이중위험금지에 대한 반론으로, 이 사건 감차명령은 여객자동차운수사업 면허를 받은 사업자가 그 면허의 일부를 대여함으로써 사업자로서의 신뢰성을 상실함과 동시에 공익상 위험을 초래하였음을 이유로 해당 차량에 관하여 동 면허를 부분적으로 철회하는 것이므로 '제재'라고 볼 수 없고 따라서 이중위험금지의 관점을 적용하기 어렵다는 주장이 가능하다. 다시 말해, 사업자의 의무위반으로 인한 중대한 사정변경으로 공익상 철회의 필요성이 강력하다는 것이다.

(2) 실제로 독일법에서는 전통적으로 사업자의 의무위반에 대한 행정조치가 제재 내지 처벌이라기보다 사업자의 신뢰성 상실이라는 '사정변경'에 대한 대응조치로 파악되어 왔다. 대표적으로 — 각종의 영업행위를 규율하는 일반법인 — 영업법(Gewerbeordnung) 제35조에 의하면, 허가를 요하는 행위이든 신고를 요하는 행위이든, 영업자가 법령상 의무를 위반하면, 모든 영업행위의 요건으로 전제되는 '신뢰성'(Zuverlässigkeit)을 상실하는 것으로 간주하여, 그 영업행위를 전부 또는 일부 중단시키는 '금지명령'(Gewerbeuntersagung)이 내려진다. 당해 영업행위가 허가 또는 등록을 요하는 것인 때에는 그 허가 등이 철회되지만, 의무위반이 경미한 경우에는 일정 기간이 경과한 후 영업자의 신뢰성이 회복되었다는 명분으로 '(영업)재허용결정'(Wiedergestattung)이 내려진다.[5)] 그리하여 독일법에서는 행정법

4) 대법원 2006. 5. 11. 선고 2006도1252 판결(석유사업법위반, 유사석유제품판매) 참조.

5) 이에 관하여 Stober/Eisenmenger, Besonderes Wirtschaftsverwaltungsrecht: Gewerbe– und Regulierungs–

상 '제재'(Sanktion)의 개념이 허가취소·영업금지·영업정지 등 행정조치에는 배제되고 단지 행정형벌과 행정질서벌에 한정되었으나, 최근 행정법의 유럽화 경향에 따라 이들을 포괄하는 '행정제재'(Verwaltungssanktion) 개념이 정착되고 있다.6)

(3) 반면에, 프랑스법에서는 일반적으로 '행정제재'(la sanction administrative)의 개념이 행정행위의 집행과 관련하여 설명되면서, 형벌만이 아니라 허가취소·영업정지, 과징금, 보조금중단 등 다양한 행정조치들을 포괄하는 것으로 파악된다.7) 특히 위험방지를 위한 '경찰조치'(la mesure de police)와의 구별 기준으로 의무위반행위의 성질과 그에 대한 조치 목적이 제시된다. 즉, 법률상 일정한 의무위반에 대해 행정조치가 부과되도록 규정되어 있는 경우, 당해 의무위반행위로 인해 급박한 위험이 발생하고 그 위험을 방지하기 위한 조치인 때에는 경찰조치이지만, 입법취지상 그러한 위험 발생과 그에 대한 방지 목적이 전제되어 있지 아니한 때에는 제재조치가 된다.8) 이와 같이 경찰조치와 구별되는 행정제재에 대해서는 형사법적 법리, 특히 이중위험금지 법리가 적용된다.9)

(4) 위와 같은 독일법의 일반적 경향은 20세기 후반 나치불법국가에 대한 반성으로, 행정법상 의무위반에 대한 제재 내지 처벌을 행정형벌과 행정질서벌에 한정함으로써 법치주의를 강화하겠다는 의도이지만, 허가취소·영업정지 등을 사정변경으로 인한 철회 등 공익상 대응조치로 파악하는 것은 현실성이 결여된 의제적 성격이 강할 뿐만 아니라, 이로써 이중위험금지 등 형사법적 법리가 배제됨으로 말미암아 결과적으로 법치주의 강화에 불리해진다. 오히려 법률상 명시적인 경찰조치를 제외하고는 포괄적으로 행정제재로 파악하는 프랑스법의 태도가 현실적으로 효과적인 해결책이라고 할 것이다. 프랑스법에 따르면, 이 사건 감차명령은 법률상 위험의 발생 및 그 방지 목적이 전제되어 있지 않다는 점에서 행정제재 처분이다. 필자는 이미 선행연구에서 제재철회와 공익상 철회는 상당 부분 서로 겹치는 관계에 있음을 지적하였는데,10) 모든 허가취소·영업정지와 마찬가지로 이 사건 감차

---

recht, Produkt- und Subventionsrecht. 15.Aufl., 2011, S.43-51; 졸저, 행정법의 체계와 방법론, 제8장 협의의 행정벌과 광의의 행정벌, 362면 각주 51 참조. 재허용결정의 경우 신뢰성 회복 기간이 대부분 행정규칙에 의해 정해져 있기 때문에, 사실상으로 우리나라에서와 같이 사전에 일정 기간을 정해 영업정지하는 것과 동일하다.

6) 대표적으로 Wolff/Bachof/Stober/Kluth, Verwaltungsrecht I. 12.Aufl., 2007, §65 Rn.1-32 (S.923 -933) 참조.

7) 대표적으로 René Chapus, Droit administratif général. Tome 1. 15e éd., 2001, n° 1353-1356 (p.1172-1178); Jean Waline, Droit administratif. 25e éd., 2014, n° 422 (p.444-445) 참조.

8) 이에 관하여 Mattias Guyomar, Les sanctions administratives, 2014, p.23-26; Georges Dellis, Droit pénal et droit administratif. L'influence des principes du droit pénal sur le droit administratif répressif, 1997, p.132-144 참조.

9) Mattias Guyomar, précité, p.124-125; Georges Dellis, précité, p.248-254 참조.

10) 졸저, 행정소송의 구조와 기능, 제11장 처분사유의 추가·변경과 행정행위의 전환, 548면 이하, 특히 550면 이하 참조.

명령은 사업자의 신뢰성 상실로 인한 사정변경에 대응하는, 운수사업면허(특허)의 공익상 ― 일부 ― 철회로서의 성격을 부분적으로 갖고 있으나, 근본적으로 의무위반에 대한 제재 철회로서의 성격이 강하다고 할 것이다.

3. 대상판결의 또 다른 문제점

(1) 위중위험금지 내지 형사법적 관점을 떠나 순전히 행정법적 관점에서 보더라도, 이 사건 대상판결에서와 같이 행정법규위반 영업행위에 대해 취소판결의 반복금지효를 전혀 인정하지 않게 되면, 행정의 恣意 또는 懶怠를 조장할 위험이 있다. 즉, 행정청은 이미 알고 있는 위반사실 중 의도적으로 그 일부만을 처분사유로 하거나, 아니면 이미 밝혀진 위반사실에 만족하고 그것만으로 처분을 하고 더 이상 적극적인 행정조사를 하지 않게 될 우려가 있다. 그 처분이 행정소송 또는 행정심판에서 취소되는 경우에도 종전의 동종의 위반사실에 대해 동일한 처분을 반복하는 데 아무런 지장이 없기 때문이다. 이는 '선한 행정'(la bonne administration)에 대한 중대한 위협이 될 수 있다.

(2) 행정상대방의 입장에서 보면, 대상판결에 따르면, 일정한 위반사실이 문제되면 그 전후의 위반사실 전부를 행정청에게 자백하도록 사실상 강요하는 효과가 발생한다. 그렇지 않으면 누락되었던 위반사실에 대해 추가적으로 반복하여 제재처분을 받게 될 우려가 있기 때문이다. 이는 헌법 제12조 제2항에 표현되어 있는 自己負罪 강요의 금지에 반한다.

(3) 이 사건에서 가장 심각한 문제점은 명의이용행위에 해당하느냐 여부가 ― 검사의 불기소처분, 원심의 소외 2 등에 관한 판단, 대상판결의 판단에서 알 수 있다시피, ― 사실 내지 증거 문제만이 아니라, 택시회사의 지휘·감독의 배제 정도 및 수급관리자의 독립성의 정도에 관한 '규범적' 판단에 의해서도 좌우되므로, 그 판단이 판단주체에 따라 달라질 수 있다는 점이다. 따라서 동종의 사실에 대하여 명의이용행위가 아니라는 판단이 내려져 취소판결이 선고·확정되었는데 그 이후에 그와 모순되는 판단에 의해 명의이용행위로 제재처분을 받게 된다는 것은 법적안정성 내지 신뢰보호에 대한 중대한 침해가 아닐 수 없다.[11)]

---

11) 필자의 법학전문대학원 행정절차·행정집행법 강의(선택)에서 본 사례에 관해 의견조사를 한 결과, 3학년생들은 거의 대부분 이상과 같은 관점에서 대상판결을 비판하고 이 사건 A, B, C 처분사유 모두가 취소판결의 반복금지효에 위배된다는 의견이었다. 반면에 2학년생들은 어느 정도 아래 행정제재의 실효성 관점에서 대상판결의 타당성을 어느 정도 인정하면서, 위 A, B 처분사유에 대해서만 반복금지효를 주장하였다. 이러한 차이는 형사법에 대한 이해 정도에 따른 것이 아닌가 라는 추측이 가능하다. 그러나 행정사무관 출신인 박사과정 졸업생 또는 수료생은 대부분 아래 행정제재의 실효성 관점에서 대상판결을 지지하였다.

4. 行政制裁의 效率性

(1) 이상의 관점에 대하여, 대상판결을 지지하거나, 그렇지 않더라도 취소판결의 반복금지효를 부분적으로 축소하여 이 사건 A, B, C 처분사유 중 A 또는 A+B에 대해서만 인정하는 것이 타당하다고 생각할 수 있는 실질적 관점은 행정제재의 효율성이다. 강제수사권이 있는 검사에게는 '일괄기소의무'를 부과하여 무죄 또는 유죄 확정판결의 기판력을 확대할 수 있겠지만, 강제수사권이 없는 행정에게는 '일괄처리의무'를 부과할 수 없다는 주장이다. 이는 근본적으로 (행정)형벌과 행정제재처분의 차이점으로 연결된다. 즉, 행정형벌에 있어 피고인과 피의자에 대한 방어권보장 이념이 절대적이지만, 행정제재처분에 대해서는 공익실현을 위한 탄력성이 확보되어야 한다는 것이다.

(2) 이러한 관점은 이론적으로 행정법상 제재처분을 형사법상 공소제기에, 행정소송의 취소판결을 형사소송의 무죄판결에 각각 대응시키는 논리를 비판하는 것으로 연결될 수 있다. 즉, 행정행위는 법원의 판결을 구하는 공소제기와 달리, 그 자체로 완결된 — 말하자면, '제1법관'으로서의 행정에 의한 판결이라고 할 수 있듯이[12] — 법적 행위이다. 또한 형사소송의 무죄판결은 공소제기에 대한 최종적인 판단인 반면에, 행정소송에서 취소판결은 사법심사, 정확하게 말해 '제2법관'에 의한 '재심사'(re-view)에 불과하고, 행정청은 여전히 재처분 권한을 보유한다. 따라서 행정행위와 그에 대한 취소판결에 대하여 형사법적 논리를 그대로 적용하여서는 아니 되고, 오히려 취소판결의 효력 범위를 제한함으로써 '제1법관'으로서 행정청의 재처분 권한을 확보해 주는 것이 타당하다는 주장이 가능해진다.

(3) 가장 실제적인 반대논거는 취소판결의 반복금지효를 넓게 인정하게 되면 수많은 행정법규 위반행위를 용인하는 결과를 빚는다는 점이다. 위에서 지적한 행정조사의 한계 때문에 형사법과 동일하게 반복금지효를 인정하면 위반행위가 적발된 이후에도 이를 계속 감행하는 '악덕업자'가 法網을 피할 수 있도록 한다는 비판이 가능하다. 이러한 관점에서 형사법 영역에서도 포괄일죄로서의 영업범의 인정을 제한하자는 경향이 강해지고 있다.[13] 행정법적 관점에서도, 오늘날 발전된 우리나라 행정의 수준에서 보면, 행정의 恣意와 懶怠보다는 악덕업자의 폐해가 더욱 크다는 것이다. 따라서 위반사실 일부를 누락한 후 추후에 다시 제재처분을 하는 경우에는 예외적으로 재량권남용으로 행정상대방을 구제할 수 있

---

12) 자세한 내용은 졸고, 한국 행정법학 방법론의 형성·전개·발전, 『공법연구』 제44집 제2호, 2015, 178면; 졸저, 행정법의 체계와 방법론, 96면 이하 참조.

13) 대표적으로, 영업범을 포함한 집합범에 있어 행위자의 생활태도 내지 내심의 의사의 동일성을 근거로 수개의 독립된 행위를 포괄일죄로 인정하는 것은 특수한 범죄에너지를 가진 범죄인에게 부당한 특혜를 주는 것이므로 원칙적으로 경합범으로 보아야 한다는 견해(박상기, 『형법총론』, 487면; 이형국, 『형법총론연구II』, 486면 등)이다.

고, 그렇지 않다 하더라도 과거의 위반사실은 비례원칙에 의거한 재량하자 이론으로써 대응할 수 있다고 한다.

(4) 취소판결의 효력이라는 법리를 통해 모든 행정제재에 대해 획일적으로 해결하는 것보다, 이중위험금지의 필요성에 따라 특정한 행정영역에 대해 법령에 행정의 일괄처리 의무를 명시하는 입법적 해결이 타당하다는 견해도 가능하다.[14)]

5. 小結

사견에 의하면, 원칙적으로 위와 같은 행정제재의 효율성 관점보다 앞에서 강조한 이중위험금지, 행정의 恣意 내지 懶怠의 방지, 自己負罪 강요금지, 법적안정성 내지 신뢰보호의 관점들이 중요하기 때문에, 행정제재의 효율성이 중시되어야 할 특단의 사정이 없는 한, 이중위험금지를 중시해야 한다. 특히 이 사건에서는 그 구체적 경위를 감안하면 위와 같은 이중위험금지 및 법적안정성 관점들이 보다 더 강조되어야 할 것이다.

이상과 같이 이중위험금지와 행정제재의 효율성을 지렛대의 양쪽으로 하여 실질적인 이익형량 내지 가치비교를 통해 대상판결의 문제점을 논의하였는바, 이러한 실질적인 논의들을 배경으로, 이제 도그마틱의 관점에서 기판력과 기속력(Ⅲ.), 소송물의 동일성(Ⅳ.) 문제를 차례로 검토하기로 한다.

Ⅲ. 旣判力과 羈束力

1. 問題의 所在

대상판결의 도그마틱적 문제점은 취소판결의 기판력과 기속력을 엄별하면서 반복금지효 문제에서 기판력을 완전히 배제하는 데에서 출발한다. 앞에서 본 바와 같이, 대상판결에 의하면, 기속력은 행정소송법 규정(제30조 제1항)에 의거한 실체법적 효력으로, 객관적 범위는 처분사유에 의해 결정되고 시적 범위는 처분시인 반면, 기판력은 민사소송법 규정

14) 식품위생법 시행규칙 [별표23] 행정처분 기준 중 Ⅰ. 일반기준의 7.항은 "어떤 위반행위든 해당 위반 사항에 대하여 행정처분이 이루어진 경우에는 해당 처분 이전에 이루어진 같은 위반행위에 대하여도 행정처분이 이루어진 것으로 보아 다시 처분하여서는 아니 된다. 다만, 식품접객업자가 별표 17 제6호 다목, 타목, 하목, 거목 및 버목을 위반하거나 법 제44조 제2항을 위반한 경우는 제외한다."고 규정하고 있다. 위 단서에 의해 제외되는 위반행위는 주로 유흥접객행위, 도박 등 사행행위, 풍기문란행위, 주류판매, 미풍양속 위해행위 등인데, 이들 위반행위가 제외되는 것을 그 위법성의 정도라는 실질적 관점에서는 이해할 수 있으나, 이중위험금지의 관점에서는 일관성이 결여된 것이라고 비판될 수 있을 것이다.

(제218조 등)의 준용에 의한 소송법적 효력에 불과하고, 그 객관적 범위는 소송물에 의해 결정되고 시적 범위는 사실심 변론종결시라는 것이다. 이는 종래 통설의 입장이다.

이에 더하여 취소소송의 소송물이 '특정 일시'의 처분의 위법성 일반으로 파악됨에 따라 소송물을 기준으로 하는 기판력은 그 특정 처분으로 인한 국가배상 청구소송에 대해서만 미치고 동일·유사한 처분의 반복금지효로는 작용하지 못한다는 논리가 추가된다. 물론 기속력의 기준이 되는 '처분사유'를 통해 반복금지효가 충분히 발휘되면 실제적 문제점은 해소되겠지만, 이론적으로는 취소판결의 효력으로 '기판력'을 배제함으로써, 일사부재리 내지 이중위험금지를 위한 형사판결의 기판력과의 연결고리가 끊어진다는 중대한 결점이 있다. 다시 말해, 형사법과 절연된 '기속력'이라는 개념만으로 취소판결의 반복금지효의 범위를 결정함으로써 이중위험금지의 이념을 몰각하게 될 우려가 있다.

2. 행정소송법 제29조 제1항

위와 같은 대상판결 및 통설의 실정법적 문제점은 취소판결의 효력에 관하여 행정소송법 제29조 제1항("처분등을 취소하는 확정판결은 제3자에 대하여도 효력이 있다")을 도외시하는 데 있다. 통설은 이 조항이 단지 취소판결의 형성력을 의미하는 것에 불과하고 기판력과는 무관하다고 한다. 독일에서는 취소소송이 철저한 주관소송이기 때문에 취소판결의 기판력이 명문의 규정(행정재판소법 제121조)에 의해 당사자 및 참가인에게만 한정되는데, 취소판결의 '대세적' 형성력은 명문의 규정 없이, 형성판결에 의한 효력으로서, 당연히 인정된다고 한다.[15)]

통설이 위 행정소송법 제29조 제1항을 이와 같이 독일에서는 명문의 규정도 없이 인정되는 '형성력'으로만 한정하는 이유는 바로 '기판력'의 대세효를 회피함으로써 취소소송의 객관소송적 성격을 부인하고자 하는 데 있다. 즉, 민사소송법(제218조 제1항)에서는 승소판결이든 패소판결이든 기판력은 모두 당사자, 승계인 및 참가인에게만 미치기 때문에, 취소판결의 기판력도 오직 민사소송법의 준용에 의해서만 인정된다고 해야 취소소송의 주관소송적 성격이 유지되는 것이다. 이는 위 조항과 동일한 규정(行政事件訴訟法 제32조)을 갖고 있는 일본에서 여실히 알 수 있다.[16)] 일본에서는 원고의 법률상 이익과 관계없는 위법을 이유로 처분의 취소를 구할 수 없다는 제10조 제1항의 규정 때문에 취소소송의 주관소송적 성격은 실정법상 '주어진 것'이겠으나, 이러한 규정이 없는 우리나라에서는 특히 —

15) 대표적으로 Schoch/Schmidt－Aßmann/Pietzner, Verwaltungsgerichtsordnung Kommentar, §121 Rn.37; Eyermann/Geiger, Verwaltungsgerichtsordnung Kommentar, §121 Rn.17; Friedhelm Hufen, Verwaltungsprozessrecht. 8.Aufl., 2011, §38 Rn.27 등 참조.

16) 條解 行政事件訴訟法 第4版, 2014, 弘文堂, 653면 이하 참조.

기판력의 대세효를 전제로 하는 — 제3자의 재심청구(제31조)[17]를 인정하고 있다는 점에서 취소소송의 객관소송적 성격을 충분히 인정할 수 있다. 그 실정법적 근거의 중심에 있는 것이 바로 위 행정소송법 제29조 제1항이다.[18]

3. 旣判力과 羈束力의 관계

요컨대, 사견에 의하면 취소판결의 기판력은 민사소송법의 준용에 의해서가 아니라 행정소송법(제29조 제1항)에 의해 직접 인정되는 행정소송법 독자적인 효력이다. 계쟁처분에 대한 원고의 탄핵이 성공하여 취소판결이 선고·확정된 이상 계쟁처분의 위법성에 관한 기판력이 대세효를 갖도록 함으로써 행정상 법률관계의 안정성을 확보하기 위한 것이다. 반면에 기각판결의 — 계쟁처분의 적법성에 관한 — 기판력은 민사소송법의 준용에 의해 당사자 사이에서만 인정됨으로써 원고 패소의 파장이 최소화된다.

이러한 관점에서 보면, 행정소송법 제30조 제1항의 '기속력'은 제29조 제1항의 기판력의 한 내용으로서, 특히, 일반시민만이 아니라, '관계행정청'이 '그 사건에 관하여' 기판력을 존중하여 그에 부합하는 조치를 할 의무를 주의적으로 명시한 것이다. 따라서 기속력도 소송법적 효력이다. 다시 말해, 기속력에 반하는 처분이 내려지면 그에 대한 후속 취소소송에서 그 처분은, 제소기간의 제한 없이, 당연무효로 판단되어진다. 독일에서도, 취소소송이 순수한 형성소송으로 파악되는 나머지, 취소판결의 소송법상 효력은 형성력에 한정되고, 행정청의 '결과제거의무'는 소송법상 효력과 별개의 실체법적인 효력으로 보는 반면, '반복금지효'는 재처분을 다투는 後訴에서 — 다만 당연무효가 아닌 단순위법으로 — 소송상 실현되는 것으로 본다. 프랑스의 월권소송에서도 마찬가지이다.[19]

결론적으로, 취소판결의 '반복금지효'는 행정소송법 제29조 제1항의 기판력에 의거한 것으로, 동법 제30조 제1항에서 주의적으로 '기속력'이라는 행정소송법 독자적인 명칭으로 명시되어 있다. 따라서 취소판결의 반복금지효를 '기판력'이라고 지칭해 온 종래의 수많은 판례[20]와 '기판력'과 '기속력'을 병렬적으로 표시하고 있는 최근 판례[21]와 이 사건 원심판결이 타당하다고 할 것이다.

---

17) 일본의 行政事件訴訟法 제34조에도 제3자의 재심청구가 규정되어 있는데, 그 제도의 목적과 기능이 기판력의 대세효를 전제로 하지 않고 설명되고 있다. 전게 條解 行政事件訴訟法 699면 이하 참조.

18) 자세한 내용은 졸저, 행정소송의 구조와 기능, 제10장 취소소송의 소송물, 438면 이하 참조.

19) 독일과 프랑스에 대한 비교법적 고찰은 졸저, 전게서, 440면 이하 참조.

20) 졸저, 전게서, 363면 각주 1), 2)의 대법원 판결 참조.

21) 대법원 2002. 5. 31. 선고 2000두4408 판결; 대법원 2002. 7. 23. 선고 2000두6237 판결 등. 이 두 판결은 졸저, 전게서 제10장 취소소송의 소송물 부분의 연구 계기가 된 것이다.

IV. 訴訟物의 同一性

1. 規律의 同一性

이상과 같이 취소판결의 반복금지효를 '기판력'의 일환으로 파악하게 되면, 이중위험금지를 본질로 하는 형사판결의 기판력과의 연결고리가 복원됨과 동시에 그 객관적 범위의 판단기준으로 '소송물' 개념이 복귀한다. 그리하여 취소판결의 기판력이 반복금지효로 기능하기 위해서는 그 소송물 개념이 과거 특정 일시의 처분만이 아니라 동 처분과 동일한 것으로 평가되는 새로운 처분까지 포괄하는 것이어야 한다. 이러한 처분의 동일성을 판단하는 기준은 '규율의 동일성'이다.[22)]

사견에 의하면, 수익처분 거부처분 취소소송에서는 그 계쟁처분의 규율의 핵심은 원고에 의해 신청된 수익처분의 발급 거부에 있으므로, 그 신청된 수익처분을 기준으로 소송물이 나뉜다. 이는 피고 행정청의 발급의무와 이에 상응하는 원고의 발급청구권을 다룬다는 점에서 민사소송에 준하고, 따라서 민사소송에서 소송상 또는 실체법상 '청구'를 기준으로 소송물을 판단하는 것과 같이, 원고에 의해 신청된 수익처분을 기준으로 소송물을 결정하는 것이 이론적으로 타당하다고 할 수 있다.[23)] 그리고 실제적으로 거부처분 취소소송에서 기판력 내지 반복금지효의 범위 문제는 권리구제 내지 분쟁해결의 효율성이라는 가치와 법원의 심리부담 가중이라는 현실이 충돌하는 것인데, 원칙적으로 전자를 보다 더 중시해야 할 것이다.

반면에, 제재처분 취소소송에서는 그 계쟁처분의 규율의 핵심은 그 처분사유로 된 위반사실에 대한 제재이므로, 처분사유를 기준으로 소송물이 나뉜다.[24)] 이는 법규위반행위에 대한 '벌'이라는 점에서 형사소송에 준하고, 따라서 형사소송에서 '공소사실'의 동일성을 기준으로 소송물을 판단하는 것과 같이, 제재처분 취소소송에서는 '처분사유'의 동일성을 기준으로 소송물이 결정되어야 한다. 통설 및 대상판결에서와 같이 기판력을 배제하고 오직 기속력의 범위로 고찰할 때에도 결국 '처분사유'의 동일성을 기준으로 하게 된다는 점은 마찬가지이지만, 제재처분 취소소송에서는 형사판결의 기판력을 매개로 하여 그 동일성 판단이 — 이중위험금지의 관점에서 — 확대된다는 점을 간과해서는 아니 된다. 바로

22) 이상에 관하여 졸저, 전게서, 434면 이하 참조.

23) 반면에 거부처분의 처분사유(거부사유)들은 동일한 소송물에 속하므로, 그 범위 내에서 처분사유의 추가·변경이 허용되고 취소판결의 효력이 미치기 때문에, 행정청은 다른 거부사유로 다시 거부처분을 내리지 못한다. 이러한 사견은 종래의 판례·실무와 배치되지만, 거부처분 취소소송이 실질적으로 의무이행소송의 기능을 할 수 있기 위해서는 유용하다. 자세한 내용은 졸저, 전게서, 414면 이하 참조.

24) 이에 관해서는 졸저, 전게서, 412면 이하 참조.

이것이 민사소송의 기판력 문제와 다른 것이고, 또한 거부처분 취소소송에서의 기판력 문제와도 다른 것이다.

참고로, 사건과 같이 기판력을 반복금지효의 근거로 삼아 그 객관적 범위를 소송물을 기준으로 하고 시적 범위는 사실심 변론종결시까지로 하게 되면 반복금지효가 대폭 확대되어 행정청의 재처분권한이 부당하게 침해될 이론적 가능성 또는 사실상의 오해가 있기 때문에, '처분'의 동일성, 기판력의 시간적 한계, 판결이유 등 세 가지 관점에서 그 반복금지효를 제한할 필요가 있다는 점을 부언해 둔다.[25)]

2. 營業犯 내지 包括一罪의 문제

결국 이 사건의 쟁점은 명의이용행위라는 행정법규 위반행위를 형사법상 영업범으로서의 포괄일죄에 준하여 일정 기간의 위반행위들을 포괄하여 하나의 동일한 위반행위로 인정할 것인가로 귀결된다. 이 사건 명의이용행위에 대해 (행정)형벌을 부과할 때에는 형사법상 포괄일죄의 법리가 그대로 적용되는데, 제재처분인 감차명령에 대해서는 어떠한가?

형사법상으로 공소제기에 의해서는 포괄일죄의 성립요건인 '고의의 연속성'이 단절되지 않고 확정판결에 의해 사실심 선고일 기준으로 고의가 갱신된다는 전제 하에 그 이전의 행위들은 모두 포괄일죄로 확정판결의 기판력이 미친다. '상습범'에 관하여 각개의 범행 상호간에 보호법익이나 행위의 태양과 방법, 의사의 단일 또는 갱신 여부, 시간적·장소적 근접성 등 일반의 포괄일죄 인정의 기준이 되는 요소들을 전혀 고려함이 없이 오로지 '상습성'이라는 하나의 표지만으로 곧 모든 범행을 포괄일죄로 볼 수 없다는 대법원 2004. 9. 16. 선고 2001도3206 전원합의체 판결을 계기로 포괄일죄의 범위를 제한하자고 하는 판례의 경향은 수긍된다. 그러나 이 사건과 같은 행정법규위반 영업행위는 위에서 열거된 포괄일죄의 성립요건을 모두 충족한다는 것이 문제이다.

마지막으로 지적할 것은 처분사유의 동일성 판단기준이다. 형사사건에서의 공소사실의 동일성에 관해서는 기본적 사실관계의 동일성을 판단함에 있어서는 사회적인 사실관계를 기본으로 하되 규범적 요소도 아울러 고려하여야 한다는 판례가 확립되어 있다.[26)] 형사사건에서는 그와 같이 규범적 요소가 고려되면 — 단순한 '거짓 인적사항 사용'으로 인한 경범죄처벌법 위반행위와 거액의 사기죄와 같이 — 공소사실의 동일성이 제한됨으로써 기판력의 범위가 축소된다. 반면에, 이 사건에서는 거꾸로 대상판결이 규범적 요소의 고려를

25) 상세한 내용은 졸저, 전게서, 458면 이하 참조.

26) 대법원 2010. 6. 24. 선고 2009도9593 판결; 대법원 2004. 7. 22. 선고 2003도8153 판결 대법원 2003. 7. 11. 선고 2002도2642 판결; 대법원 2002. 3. 29. 선고 2002도587 판결 등.

부정함으로써 처분사유의 동일성을 부정하여 결과적으로 반복금지효의 범위를 축소하였는데, 동일한 결과를 지향하는 것이기는 하지만 형사사건과 제재처분 취소소송에서 이토록 정반대의 판단기준이 타당한 것인가 라는 의문이 제기된다. 뿐만 아니라, 행정법규 위반행위의 포괄일죄 요건인 행위의 태양과 방법, 의사의 단일 또는 갱신 여부, 시간적·장소적 근접성 등은 순수한 규범적 요소가 아니라 본질적으로 사실인정의 문제이다.

3. 包括一罪 斷絶點으로서 行政行爲

이상의 점들을 종합하면, 이 사건에서 명의이용행위는 보호법익의 동일성, 행위의 태양 및 방법의 동일성, 시간적·장소적 접근성 등에 의거하여 원칙적으로 포괄일죄에 준하여 동일성이 있는 위반행위로 파악하는 것이 타당하다고 생각한다. 다만, 형사법과는 달리, 새로운 행정행위에 의해 그 포괄일죄는 단절되는 것으로 보아야 한다. 즉, 형사법상 포괄일죄의 한 요건인 '의사의 단일성'은 공소제기에 의해서가 아니라 사실심 판결선고로써 단절되는 것으로 이해된다. 공소제기는 법원에 판결을 구하는 행위로서, 그 자체 완결된 법적 행위가 아니기 때문이다. 따라서 포괄일죄에 대한 기판력도 — 기판력의 일반적인 시적 범위와 동일하게 — 사실심 판결선고일 이전의 행위에 미친다. 반면에, 행정행위로서 제재처분은 법원의 판결에 대비되는 그 자체 완결된 법적 행위이고, 행정소송에서의 취소판결은 그에 대한 사법심사의 결과물에 불과하다.[27] 그리하여 형사법상 포괄일죄의 단절점인 사실심 판결선고에 상응하는 것은 행정행위 발령이라고 보아야 한다. 이러한 점을 감안하면, 포괄일죄에 준하는 동일한 위반행위에 대한 취소판결의 기판력 내지 반복금지효의 시적 범위는 그 취소판결의 대상이 되는 종전 처분시로 보는 것이 타당하다.[28] 그리하여 이 사건 처분 중 A, B, O를 사유로 한 것은 취소판결의 효력(반복금지효)에 위반하여 위법하지만 C를 사유로 한 것은 그렇지 않다는 결론에 이른다.

이러한 결론은 근본적으로 행정제재에 있어 이중위험금지를 위한 반복금지효는 '제재

27) 앞의 Ⅱ.의 4.(2) 각주 12) 본문 부분 참조.

28) 이는 반복금지효를 포함한 기판력 내지 기속력의 일반적인 시적 범위(사실심 변론종결시)에 대한 예외를 이루는 것인데, 이 사건에서와 같이, 포괄일죄에 준하는 동일한 위반행위에 대한 반복금지효에 관해서만, 포괄일죄에 있어 '의사의 동일성'의 단절점이 행정행위가 됨으로 말미암아 발생하는 예외이다. 그 밖에 다른 경우에는 반복금지효의 기준시를 기판력의 그것과 동일하게 사실심 변론종결시로 보아야 한다. 특히 포괄일죄에 준하는 동일성이 인정되는 위반행위가 아닌 경우에, 행정청은 종전 처분 이후 사실심 변론종결시 이전에 발생한 위반행위로, 종전 처분의 취소확정판결에도 불구하고, 동종의 처분을 할 수 있는데, 이는 위법판단 기준시가 처분시이므로 처분 이후에 발생한 사유가 당해 소송에서 계쟁처분의 적법사유로 주장될 수 없기 때문에 '소송외'에서의 새로운 처분이 허용되는 것이지, 반복금지효의 일반적인 기준시가 처분시이기 때문이 아니라는 점을 유의하여야 한다. 이에 관한 상세한 내용은 졸저, 전게서, 462면 이하 참조.

처분' 자체에서 비롯된다는 점으로 연결된다. 이중위험금지의 필요성은 취소판결 확정시에만 국한되는 것은 아니고, 기각판결이 확정되거나 아니면 취소소송이 제기되지 않아 불가쟁력이 발생하거나 처분이 집행완료된 이후에 다시 이전의 처분사유와 동일성 범위 내의 사유를 들어 감차명령 또는 영업정지 등 제재처분을 하는 경우에도 동일한 문제가 발생한다. 따라서 행정처분 자체에 유죄판결의 기판력에 상응하는 '一事不再理效'가 발생하는 것으로 보아야 한다.[29] 이러한 一事不再理效의 기준시는 당연히 처분시이다. 다만, 그 행정처분에 대해 나중에 취소판결이 선고·확정되면 그 처분의 효력은 소멸하고 취소판결의 기판력에 의해 반복금지효가 발생하는데, 그 반복금지효의 기준시는 원칙적으로 사실심 변론종결시이지만, 포괄일죄에 준하는 동일성 판단은 처분시를 기준으로 한다.

V. 結語

대상판결의 判旨에 찬동하는 견해에 의하면, 대상판결은 취소판결의 기판력과 기속력(반복금지효)을 분명히 구별하면서 그 차이점을 명시하고, 명의이용금지 위반 등 행정법규 위반행위에 관하여, 포괄일죄에 준하는 동일성을 부정하여 종전 처분에 대한 취소판결의 반복금지효의 범위를 제한함으로써 행정제재의 효율성을 강조하였다는 점에 그 의의를 찾게 될 것이다. 그러나 사견에 의하면, 대상판결은 행정소송법 제29조 제1항의 명문의 규정에 반하여, 취소소송의 객관소송적 성격을 부인하기 위해, 취소판결의 기판력을 행정소송법의 독자적인 대세적 효력이 아니라 민사소송법의 준용에 의한 상대적 효력에 불과한 것으로 파악한다는 점, 그리하여 취소판결의 기판력을 기속력(반복금지효)에서 배제함으로써 형사소송에서 판결의 기판력이 갖는 이중위험금지 기능과의 연결을 끊어버리고, 나아가 연속된 행정법규 위반행위의 동일성 판단에 있어, 형사법상 포괄일죄의 판단기준과 정반대로, 규범적 요소를 배제한다는 명분으로, 포괄일죄에 준하는 동일성을 부정함으로써 행정소송에서 취소판결이 갖는 이중위험금지 기능을 무력화시켰다는 점에서 비판의 여지가 크다.

29) 졸저, 행정법의 체계와 방법론, 제8장 광의의 행정벌과 협의의 행정벌, 366–368면; 졸고, 취소소송의 소송물에 관한 연구, 法曹 2000.7 (통권 제 526호), 116면 이하 참조.

행정심판제도의 존재이유*

-독일에서의 행정심판제도 폐지 · 축소를 위한 입법과정과 그를 둘러싼 논의를 중심으로-

최정일**

대상결정: 헌재 2002. 10. 31. 2001헌바40 전원재판부

I. 처음에

행정심판은 공법관계에 분쟁이 발생한 경우에 당사자의 발의(심판제기)에 의하여 행정기관이 심리하여 판단하는 행정쟁송절차이다. 다만, 우리 「헌법」 제107조제3항은 행정심판의 절차는 사법(司法)절차가 준용되어야 한다고 규정하고 있으므로 판단기관의 독립성, 대심적 심리구조, 당사자의 절차적 권리보장 등 면에서 사법절차의 본질적 요소를 어느 정도 갖추고 있는 행정심판만이 헌법이 요청하는 행정심판이 된다.[1]

가장 완비된 권리구제수단이라 할 수 있는 행정소송제도가 있음에도 불구하고 왜 그것과 별도로, 그것도 권리구제수단으로서는 미흡한, 행정심판제도가 있어야 하는가의 문제는, 그동안 주로 '행정심판의 존재이유'라는 주제 아래 논의되어 왔다. 논자에 따라 표현의 차이는 있지만, 대체로 '자율적 행정통제'와 '사법(司法)기능의 보완(또는 국민의 권익구제)' 두 가지를 행정심판제도의 존재이유로 보는데 의견이 일치되고 있다.[2] 그러나 과연 행정

---

* 이 글은 2017년 12월 31일 발행된 행정판례연구 제22-2집에 게재된 논문을 전재한 것입니다.

** 동국대학교 법과대학 교수

1) 김철용, 「행정법 I」, 박영사, 2010, 555면.

2) 박정훈 교수는, 「헌법적 정당성근거로서의 심판기관의 독립성과 행정심판의 존재근거로서의 자율적 행정통제 사이에 모순이 생긴다. 심판기관의 독립성이 강화되면 될수록 자율적 행정통제는 후퇴한다. 현재 한국의 행정심판에서는 행정의 자기통제적 기능보다 권리구제적 내지 준사법(準司法)적 기능이 강조되고 있다. 행정심판기관의 독립성만을 강화하는데 치중함으로써 그 결과 행정심판의 존재근거의 하나인 행정의 자기통제적 기능을 상실하는 것은 바람직하지 않다. 행정심판에 있어 행정의 자기통제적 기능과 준사법적 기능은 어느 한 쪽에 편중되어서는 안 되고 양자가 조화를 이루어야 한다」라고 하고 있다[박정훈, 행정심판법의 구조와 기능, 행정법연구(행정법이론실무학회) 제12호, 2004, 247면].

심판이 행정소송의 전심절차에 불과한 것인가?

현재의 행정심판제도를 전제로 하더라도, 적어도 부당한 처분에 대하여는 행정심판을 통한 구제가 종국적이고, 행정심판을 거쳤든 안 거쳤든 행정소송을 통한 구제가 막혀있다는 점에서, 행정심판이 행정소송의 전심절차라고는 할 수 없다. 그러나 보다 중요한 것은, 현재의 법제도가 어떻게 구성되어 있는가의 문제가 아니라 이념적으로 행정심판이 어떠한 모습을 갖추고 어떠한 기능을 가져야 하는가의 문제이다.3)

1980년 제8차 개정헌법 제108조 제3항은 행정심판의 헌법적 근거를 신설하였다. 이 조항이 신설된 취지는, 행정심판의 헌법적 근거를 마련하고자 함이었다. 1987년 제9차 헌법개정에서도 같은 내용이 조문만 달리 하여 규정되었다. 이와 같이 헌법에 행정심판을 재판의 전심절차로 명시하여 규정한 것은 행정심판이 헌법과 법률에 의한 재판을 받을 권리를 침해하는 것으로 위헌이라는 일부견해가 종전에 있었기 때문에 이러한 논쟁의 여지를 없애기 위하여 행정심판에 대한 헌법적 근거를 부여하고, 행정심판제도를 둘 때에는 어디까지나 재판의 전심절차로서만 둘 수 있음을 명시한 것이다. 또한 이 규정은 우리나라가 사법(司法)국가주의를 취하여 행정사건도 사법부 소속의 일반법원에서 재판한다는 것을 전제로 하여 행정기관이 재결기관이 되는 행정심판은 어디까지나 법원이 행하는 재판의 전심절차로만 둘 수 있다는 것을 나타내기 위한 것이며 행정소송을 제기할 때에는 반드시 행정심판을 전치시켜야 한다는 것을 규정한 것으로는 볼 수 없다. 행정심판전치주의를 취할 것인지 행정심판임의주의를 취할 것인지는 입법정책의 문제이다.4)

우리 헌법 제107조제3항은 같은 조 제2항의 내용이 사실상 행정소송을 의미하는 것이라는 입장에서 행정소송과 밀접한 연관성을 지닌 행정심판을 이 조항에서 규율한 것이라고 볼 수 있다.5)

이 논문의 대상결정에서는 행정심판의 존재이유에 관하여 비교적 상세히 판시하고 있다. 이제 이러한 우리의 실정법과 판례의 내용과 의미를 외국 선진국가들의 행정심판에 관한 실정입법태도, 판례 및 학설과 비교 · 분석하는 작업이 필요할 것이다. 주지하다시피 우리나라의 행정심판제도는 1951년 8월 3일 제정된 「소원(訴願)법」의 시행이래, 장족의 발전을 거듭해 왔고, 다른 외국 선진국가들의 경우에 견주어 보더라도, 결코 뒤지지 않을 정

3) 최영규, "공법 · 처분 · 법률상 이익 – 행정심판을 통한 권리구제의 확대를 위한 시론–' 현대공법학의 과제(청담 최송화교수화갑기념), 2002, 452–454면.

4) 황해봉, "행정심판제도와 행정심판기관에 관한 연구, 경희대학교 박사학위논문, 2007, 48–49면.

5) 남복현, 헌법 제107조의 주석(법제처, 「헌법주석서Ⅳ」, 2010), 186–187면 ; 한편 남복현 교수는, 「이 조항이 어떠한 과정을 거쳐 신설되었는지에 대해 그 유래를 아직 찾지 못하였다」라고 말하고 있다[위 '헌법 제107조의 주석'부분, 110면]. ; 또한 남복현 교수는, 「행정소송의 헌법적 근거는 헌법 제101조제1항의 사법권에서 찾음이 타당하다. 그런 시각에서 볼 때, 행정심판의 규율은 재판청구권을 규율하는 조항에서 다루어야 한다」라고 하고 있다[위 '헌법 제107조의 주석'부분, 186–187면].

도의 제도적 틀을 갖추고 있다고 자부할 수도 있다. 특히 1984년 12월 15일 「소원법」을 폐지하고 「행정심판법」을 제정하여 1985년 10월 1일부터 시행하면서부터의 발전은 괄목할 만하고, 그 발전의 근저에 법제처가 그 운영을 맡아왔던 '국무총리행정심판위원회'가 있었다. 이러한 발전가운데서 1994년 7월 27일에 「행정소송법」이 개정되고, 1998년 3월 1일부터 개정된 「행정소송법」이 시행됨에 따라 '행정심판전치주의'가 폐기됨으로써 우리나라의 행정심판제도는 상당한 충격을 받은 것도 사실이다[행정심판임의주의 – 예외적 행정심판전치주의의 채택].

한편, 우리나라의 행정심판제도의 발전에 많은 참고가 되고 있는 독일의 행정심판제도는 최근에[2006년 경부터] '세계화, 관료주의철폐, 작은 정부, 행정의 현대화 및 규제완화'의 격동적인 시대의 물결 속에서 심각한 변동이 진행되고 있다.

이 문제에 대한 선행적인 연구로는 오준근 교수의 논문이 무엇보다도 먼저 지적될 수 있다.[6] 오준근 교수의 논문 중 '독일행정심판제도개혁경과'부분을 일부 발췌인용하면, 다음과 같다.

「독일의 경우 매우 오랫동안 행정심판제도의 개혁을 둘러싼 토론이 진행되었다. 제기된 의견들은 매우 상반된 방향으로 전개되었는바, 이는 다음과 같이 요약될 수 있다. 먼저, 행정심판을 권리구제 지연사유로 보고 그 약화 또는 폐지를 주장하는 입장이다. 이 입장에 의하면 특히 처분청이 재결청이 되는 자치사무나 최고기관의 처분의 경우 행정심판은 실제로 동일한 절차를 무의미하게 반복하도록 하게 만들 뿐이며, 나아가 독일의 경우 행정소송이 제기되면 해당 처분의 집행은 정지됨이 원칙이므로 행정심판 또는 행정소송 기간이 길어지면 길어질수록 처분의 효력이 늦추어질 수밖에 없다고 본다. 따라서 이 입장에서는 행정심판을 생략할 수 있도록 하는 제도개혁을 요구하게 된다. 다음으로 행정심판의 순기능을 강조하고 이를 강화시킬 것을 주장하는 입장이다. 이 입장에 의하면 항고소송과 의무이행소송뿐만 아니라, 독일 '연방행정법원법'에 규정된 모든 행정소송절차에 총체적으로 행정심판절차를 도입할 것을 주장하게 된다. 이 주장에 의하면 특히 연방차원의 연방행정심판위원회를 설치하고 강력한 자기통제기능을 부여함이 필요하다고 한다. 독일에 있어 후자의 주장에 관한 심각한 토론이 있었지만, 자율성 침해로 이어질 수 있다는 반론에 직면하여 제도화를 향한 진전을 이룩하지 못하였다. 한편, 전자의 의견에 따른 행정심판제도의 개혁도 마찬가지다. 특히 직근상급행정청이 가지는 행정심판을 통한 감독기능의 폐지는 행정의 자기통제기능을 스스로 부인하는 것이 된다, 나아가 우리나라와 같은 '행정심판임의주의'로 전환하는 방식은 각 주에서 주법률로 이를 적극적으로 도입함에 대한 토론이

6) 오준근, "영국과 독일의 행정심판제도 개혁경과에 관한 비교법적 연구", 경희법학 제48권 제1호, 2013, 418–420면.

진행중이다. 그러나 '임의적 행정심판'으로 전환할 경우, 행정법원의 부담이 가중될 수 있어서 각 주(州)에서 '행정소송법'의 개정을 통한 제도개혁에 쉽게 나서지 못하고 있다. 결론적으로 독일의 경우 논의는 매우 무성했지만, 결실은 아직 맺지 못하고 있다.」

필자는 이러한 선행연구를 바탕으로 하여, 독일의 최근의 행정심판제도개혁의 실제입법사례들과, 그를 둘러싼 법리적, 법정책적 논의들을 이 논문에서 가능한한 집중적으로 분석·정리해 보고, 우리나라와의 비교 및 우리나라에 대한 시사점을 도출해 보려고 한다.

II. 대상결정의 요지 - 헌재 2002. 10. 31. 2001헌바 40 전원재판부

대상결정의 판시사항은 다음과 같다.

「헌법 제27조 제1항은 "모든 국민은 법률에 의한 재판을 받을 권리를 가진다"고 규정함으로써 '원칙적으로 입법자에 의하여 형성된 현행 소송법의 범주 내에서 권리구제절차를 보장한다'는 것을 밝히고 있다. 그러나 헌법 제27조제1항은 권리구제절차에 관한 구체적 형성을 완전히 입법자의 형성권에 맡기지는 않는다. 입법자가 단지 법원에 제소할 수 있는 형식적인 권리나 이론적인 가능성만을 제공할 뿐 권리구제의 실효성이 보장되지 아니한다면 권리구제절차의 개설은 사실상 무의미할 수 있다.

그러므로 재판청구권은 법적 분쟁의 해결을 가능하게 하는 적어도 한번의 권리구제절차가 개설될 것을 요청할 뿐 아니라 그를 넘어서 소송절차의 형성에 있어서 실효성있는 권리보호를 제공하기 위하여 그에 필요한 절차적 요건을 갖출 것을 요청한다. 비록 재판절차가 국민에게 개설되어 있다 하더라도, 절차적 규정들에 의하여 법원에의 접근이 합리적인 이유로 정당화될 수 없는 방법으로 어렵게 된다면, 재판청구권은 사실상 형해화될 수 있으므로, 바로 여기에 입법형성권의 한계가 있다. 나아가 '행정심판전치주의를 정당화하는 합리적인 이유'를 살펴본다면, 첫째 행정심판절차는 통상의 소송절차에 비하여 간편한 절차를 통하여 시간과 비용을 절약하면서 신속하고 효율적인 권리구제를 꾀할 수 있다는 장점이 있다. 궁극적으로 행정심판은 국민의 이익을 위한 것이고, 사전절차를 통하여 원칙적으로 권리구제가 약화되는 것이 아니라 강화되는 것이다. 둘째, 법원의 입장에서 보더라도, 행정심판전치주의를 취하는 경우에는 행정심판절차에서 심판청구인의 목적이 달성됨으로써 행정소송의 단계에 이르지 아니하는 경우가 많을 뿐 아니라, 그러하지 아니하는 경우에도 행정심판을 거침으로써 사실상·법률상의 쟁점이 많이 정리되기 때문에 행정소송의 심리를 위한 부담이 경감되는 효과가 있다. 한편, 헌법 제107조제3항제2문은 '사법절차가 준용되지 아니하는 행정심판절차는 그 결정의 타당성을 담보할 수 없어, 사전적 구제절차로서의 기능을 제대로 이행할 수 없다'는 것을 밝히면서, 행정심판절차가 불필요하고 형식적인 전심절차가 되지 아니하도록 이를 사법절차에 준하는 절차로서 형성해야 할 의무를 입법자에게 부과하고 있다. 행정심판제도는 재판의 전심절차로서 인정되는 것이지만, 공정성과 객관성 등 사법절차의 본질적인 요소가 배제되는 경우에는 국민들에게 무의미한 권리구제절차를 밟을 것을 강요하는 것이 되어 국민의 권리구제에 있어서 오히려 장애요인으로 작용할 수 있으므로, 헌법 제107조제3항은 사법절차에 준하는 객관성과 공정성을 갖춘 행정심판절차의 보장을 통하여 행정심판제도의 실효성을 어느 정도 확보하고자 하는 것이다. 나아가 입법자는 행정심판을 임의적 또는 필요적 전치절차로 할 것인가에 관하여 행정심판을 통한 권리구제의 실효성, 행정청에 의한 자기시정의 개연성, 문제되는 행정처분의 특수성 등을 고려하여 구체적으로 형성할 수 있다.」

Ⅲ. 독일에서의 행정심판절차의 폐지 · 축소를 위한 입법경과와 행정심판절차의 존재이유의 재음미

1. 개관

독일에서 행정심판절차는 2006년이래 독일의 여러 주[州]들에서 폐지되거나 제한되었다.[7] 그 이유로서는, 무엇보다도 '작은정부'에의 추구, 예산절약, 탈관료주의화 및 국민의 재판청구권의 보장의 충실화를 들고 있다.[8] 그러면서도, 역설적으로, 행정심판의 여러 장점들[예를 들면, 행정소송에 비하여 더 간편하고, 더 비용이 절감되며, 또한 더 '확장된'(이는 특히, '합목적성심사'를 가리킴)권리구제라는 점]을 폐지하면서도, 오히려, 이러한 결정이 국민의 권리구제를 보다 더 확충시킬 수 있다고 주장되기도 하고, 또는 행정심판의 폐지·축소와 동시에 특별한 조정 · 화해절차[Mediation]의 도입을 새로이 주장하기도 한다. 그러나, 행정심판제도야말로, 고전적인, 그리고 이미 정착되어 있는 행정조정 내지 화해의 수단이라고 할 것이다.

독일에서 행정심판의 폐지론자들이 들고 있는 「폐지의 정당화사유를 재검토」해 보면, 다음과 같다.[9]

첫째로, 독일의 각 주[州]들에게 허용된 규율권(입법권)이 행정심판제도 자체의 폐지

7) Friedhelm Hufen, Verwaltungsprozessrecht, C. H. Beck, 10. Aufl[2016], S. 68ff.

8) Rüssel, Zukunft des Widerspruchsverfahrens, NVwZ 2006, 523.

9) F. Hufen, Verwaltungsprozessrecht, C. H, Beck, 10. Aufl[2016], S. 69－70. ; 다만, BayVerfGH, NVwZ 2009, 716 및 BVerwG, DVBI. 2012, 49는 행정심판제도자체의 폐지를 인정하고 있다.

를 그 내용으로 할 정도로 광범한 사정거리를 가지는지가 의심스럽다. 즉 비록 독일의 「연방행정법원법」[VwGO]제68조제1항제2문에 의하면, 법률제정자[주(州)의 법률제정자를 포함하여]는 '해당법률이 그러한 사후심사(행정심판)를 필요로 하지 않는다고 규정할 수는 있다. 그러나, 그렇다고 하여 그것만으로, 연방법률(연방행정법원법)에 의하여 소송의 전제요건으로 규정되어있는 행정심판제도 자체를 한꺼번에 폐지할 권한이 법률제정자에게 주어졌다고 말할 수는 없다.10) 또한, 앞으로도, 연방법률에서 행정심판의 실행을 규정하는 경우11) 또는 EU법에서 행정심판의 실행을 규정하는 경우12)에는, 계속하여 행정심판제도는 실행될 것이다.

둘째로, 행정심판의 실험적 폐지에 관한 최초의 보고에 의하면,13) 행정심판을 폐지한 결과 비용이 절감되는 것은 결코 아니며, 단지 행정쪽에 발생되던 비용이 법원과 국민에게로 이동되었다고 한다. 이 경우 행정심판과정에서 발견되던 행정작용의 하자와 부당에 대한 것을, '발생되는 비용'에 포함시킨다면, 더욱더 그러할 것이다.

셋째로, 행정심판절차는, 적정하게 운영되기만 한다면, 국민의 입장에서는 결코 재판청구에의 장해로 되지 않고, 오히려 행정쪽이 자신의 결정을 스스로 다시 한번 심사숙고하고, 경우에 따라서는 이를 교정할 수 있는 기회가 될 수 있다.

넷째로, 행정심판절차는, 행정의 재량결정 및 판단여지결정의 통제를 위한 유일한 방법이다. 따라서, 만일 행정심판제도가 한꺼번에 모두 폐지된다면, 독일기본법[GG]제19조제4항에 비추어 볼 때, 행정의 재량결정의 여지와 판단여지결정의 여지는 현저히 축소될 것이고, 이에 따라서 법원의 실질적 통제는 지나치게 확대될 것이라는 우려가 제기될 수 있다.14)

다섯째로, 1996년부터 시행된, '행정소송에서의 절차상 하자의 치유'의 가능성에도 불구하고, 이러한 하자의 치유는 너무 늦게 나타난다는 문제점을 들 수 있다. 만일 행정심판제도가 계속 유지된다면, 이러한 '절차상 하자의 치유'는 행정심판절차에서, 종전과 마찬가지로, 비교적 빠른 시간 안에 이루어질 수 있을 것이다. 이것은 헌법상 요청이기도 하다.

여섯째로, 행정심판의 존재이유로서 전통적으로 인정되던 것들[행정의 자기통제, 법원

---

10) 같은 취지로서는 Müller – Grune/J. Grune, Abschaffung des Widerspruchsverfahrens – Ein Bericht zum Modellversuch in Mittelfranken –, BayVB. 2007, 65 ; F. Koehl, Folgen der "Abschaffung" des Widerspruchsverfahrens, JuS 2009, 145 ; C. Steinbeiss – Winkelmann, Abschaffung des Widerspruchsverfahrens – ein Fortschritt?, NVwZ 2009, 686.

11) 예컨대, §6 Ⅱ UIG, §54 Ⅱ 1 BeamtStG, §126 Ⅱ BBG.

12) 예를 들면, '환경정보에의 접근'에 관한 준칙[Richtlinien] 2003/4/EG의 적용영역.

13) Abschlussbericht der vom Bayerischen Staatsministerium des Innern zur Evaluierung eingesetzten Arbeitsgruppe "Widerspruchsverfahren"[2007].

14) 같은 취지로서 Breuer, FS Steiner[2009], 93ff.

의 부담경감 및 권리구제]은[15] 제한없이 계속 존재한다. 물론 이것은, 적어도, 행정심판제도가 종전보다 보다 더 충실하게 운영될 때에 더 용이하게 받아들여질 수 있는 논거이다.[16]

일곱째로, 조정·화해절차와 행정심판절차는 결코 상호양립할 수 없는 것이 아니다. 오히려, 행정심판제도를 개선하여 화해·조정의 현대적 구상과 설계에 따라서, 행정심판제도를 어떻게 하면 보다 더 매력적인 제도로 향상시킬 것인지가 진정한 문제이다.[17]

이상에서 살펴 본 바와 같이, 행정심판제도의 전면적 폐지는 여러 가지 문제들을 발생시킬 것이므로, 독일에서는, 성급하게, 이미 행정심판제도의 폐지정책을 선택하고, 그것을 실행에 옮겨 버린, 주[州]들도 그 결정을 재고해야 한다는 학계의 주장이 강력히 제기되고 있다.[18]

현재 독일에서의 행정심판제도의 폐지·축소의 현황은 다음 표와 같다.[19]

주(州)	폐지	주(州)의 특별규율
바덴-뷔르템베르크	원칙적으로 폐지하지 않음	§15 AGVwGO에 따른 행정심판절차의 폐지는 원칙적으로, ① ‘중간상급행정기관’[Regierungspräsidium], 또는 주[州]의 ‘개인정보보호관’[Landesbeauftragte für den Datenschutz]이 처분청이거나, ② 주(州)「징계법」[LandesdisziplinarG]상의 사무일 경우에 행해짐[다만, 연방법이 행정심판절차를 실행하라고 규정할 때는 제외함]
바이에른	원칙적으로 폐지함	Art. 15 Ⅱ AGVwGO에 따르면, 원칙적으로 행정심판절차는 완전히 폐지됨 ; Art. 15 Ⅰ Nr. 1-6 AGVwGO에 열거된 경우에는 ‘임의적 행정심판절차’가 채택됨[무엇보다도 지방공과금법과 학교법의 경우임].
베를린	원칙적으로 폐지하지 않음	단지 단편적으로만 폐지함[징계법 제42조, §93 LBG Berlin, §4 Ⅱ AGVwGO에 따르면, 외국인법의 경우와 대학법 중 대부분의 경우]
브란덴부르크	폐지하지 않음	
브레멘	원칙적으로 폐지하지 않되, 상당한 예외가 있음	중요한 분야[예컨대, 영업법, 집회법, 자연보호법]에서는 폐지됨 ; 그러나, 일정한 법영역에서는 최상급의 주(州)행정청의 행정처분에 대해서도 행정심판이 인정됨[§8 Ⅰ AGVwGO]
함부르크	원칙적으로 폐지하지 않음	‘일반적 폐지’는 채택되지 않음 ; §6 Ⅱ AGVwGO의 개별적 경우들에서만, 행정심판이 배제됨[특히 주의회와 주지사의 의결 또는 행정처분의 경우].

15) 이것에 관해 상세한 것은 Geis, in : Sodan/Ziekow, VwGO, §68 Rn. 1ff에 있고, 이러한 행정심판의 전통적 존재이유는 특히 라인란트-팔쯔 주(州)와 잘란트[Saarland]주[州]내의 시·군 법무위원회[Stadt - und Kreisrechtsausschüsse]의 성공적 운영에서 충분히 밝혀지고 있다.

16) I. Härtel, Rettungsanker für das Widerspruchsverfahren?, VerwArch. 98[2007], 54, 73 ; G. Vaagt, Der Abbau des Widerspruchsverfahrens im öffentlichen Baurecht, ZRP 2011, 211.

17) H. Biermann, Das Widerspruchsverfahren unter Reformdruck, DÖV 2008, 395 ; Schönenbroicher, Leitziele und Kernpunkte der Reformen des Widerspruchsverfahrens, NVwZ 2009, 1144 ; Vetter, Mediation und Vorverfahren[2004].

18) F. Hufen, Verwaltungsprozessrecht, C. H. Beck, 10. Aufl[2016], S. 70 ; Moench, FS Battis[2014] 449.

19) Dolde/Borsch, in : Schoch/Schneider/Bier, VwGO, §68, Rn. 14.

헤센	원칙적으로 폐지됨	§16a AGVwGO의 부록의 모든 경우에 폐지됨[특히 영업법, 수자원관리법－개별적 조치들의 복잡한 목록들이 있음]. 중간상급관청[Reg·Präs]이 처분청인 경우에는 행정심판절차가 폐지됨
메클렌부르크－포어포머른	원칙적으로 폐지되지 않음	§13a AGGerStrG에 따라서 임의적 행정심판절차가 채택됨 ; 소수의 영역에서만 행정심판이 완전히 폐지됨[§13b AGGerStrG－ 예컨대 국적법, 국경일법, 무기법].
니더작센	원칙적으로 폐지됨	원칙적으로 §8a Ⅰ, Ⅱ, Ⅳ AGVwGO의 경우에는 폐지됨 ; §8a Ⅲ AGVwGO의 목록에 열거된 경우에는 유지됨[특히 학교법, 시험법, 건축법, 환경보호법].
노르트라인－베스트팔렌	원칙적으로 폐지됨	광범한 폐지가 채택됨 ; 단지 소수의 영역에서만 행정심판이 유지됨[특히 학교법, 시험법, 제3자가 제기하는 행정심판의 경우].
라인란트－팔쯔	폐지되지 않음	기존법령대로 행정심판이 유지됨 ; 다만 개별법률상의 예외가 있음[예컨대 §51 KWG, §69 Ⅶ HochSchG]
잘란트	폐지되지 않음	현재 어떠한 변경도 계획되고 있지 않음[예외 : §25 Ⅲ KWG].
작센	폐지되지 않음	지금까지 아무런 변경도 계획되지 않음[예외 : §25 Ⅲ KWG].
작센－안할트	폐지되지 않음	처분청과 재결기관이 동일한 경우에만 폐지됨[공무원법, 학교법 및 시험법의 경우 예외가 인정됨][§8a AGVwGO].
슐레스비히－홀슈타인	폐지되지 않음	현재 아무런 폐지도 계획되지 않고 있음
튀링엔	폐지되지 않음	행정심판은, ① 경찰의 행정처분의 경우[§8a ThürAGVwGO]와, ② 주(州)행정관청의 경우에는 폐지됨[이것에 대한 많은 예외도 있음].

2. 개별주(州) 및 연방의 입법경과(대표적 경우를 중심으로)[20]

(1) 니더작센 주(州)의 경우

니더작센주(州)의 경우 행정심판절차는 2005년 1월1일부터 원칙적으로 주(州)전역에 걸쳐 폐지되었다, 즉 니더작센주(州)에서는 「연방행정법원법」[VwGO]의 원칙을 정반대로 바꾸어 버렸는데, 그것은 “예외가 없는 한, 행정심판은 배제된다”는 것이다.

(2) 메클렌부르크-포어포머른주(州)의 경우

메클렌부르크－포어포머른주(州)의 경우, 2005년 7월 14일이래도, 행정심판절차는 단지 소수의 영역에서만 배제되었고, 일정한 다른 영역들에서는 ‘임의적 행정심판절차’가 채택되었다.[21]

20) Christine Steinbeiss － Winkelmann, Abschaffung des Widespruchsverfahrens － ein Fortschritt?, NVwZ 2009, 686ff ; Beaucamp/Ringermuth, Empfiehlt sich die Beseitigung des Widerspruchsverfahrens?, DVBI 2008, 426ff.

21) Henning Biermann, Das Widerspruchsverfahren unter Reformdruck, DÖV 2008, 395ff.

(3) 바이에른주(州)의 경우

바이에른주(州)의 경우, 2007년 7월 1일 이래로, 행정심판절차는 단지 소수의 영역에서만 '임의적 행정심판절차'로 바뀌어 남아 있고, 나머지 모든 영역에서는 행정심판절차는 완전히 폐지되었다.

즉 바이에른주(州)의회는, 「일정한 법영역에서는 고전적인 행정심판절차를 유지하는 것이 바람직하다」는, '미텔프랑켄지역의 실험적 실시에 대한 평가보고[22]에서의 권고를 따르지 않았다.

(4) 노르트라인-베스트팔렌주(州)의 경우

노르트라인-베스트팔렌주(州)의 경우 행정심판절차는 2007년 11월 1일이래로, 원칙적으로 주(州)의 전지역에 걸쳐 폐지되었고, 이 경우 니더작센 주(州)와 같이, 「연방행정법원법」[VwGO]의 원칙을 정반대로 바꾸어버렸다.

(5) 헤센 주(州)의 경우

헤센 주(州)의 경우 행정심판절차는 2002년 이후에도, 「연방행정법원법」[VwGo]제68조에서의 '원칙과 예외'관계 [즉 "예외가 없는 한, 행정심판절차는 인정된다"]가 계속 유지되고 있다. 그러나, 「연방행정법원법의 헤센 주(州) 시행법」[AGVwGO]제16조의2 제1항에는 56개 분야에 대하여 행정심판절차를 배제하는 목록이 붙어 있고, 또한 '중간상급관청'[Regierungspräsidien]의 모든 결정에 대하여는, '직업관련 시험영역'을 제외하고는, 행정심판절차는 폐지되었다.

(6) 바덴-뷔르템베르크 주(州)와 작센-안할트 주(州)의 경우[23]

바덴-뷔르템베르크 주(州)와 작센-안할트 주(州)의 경우 행정심판절차의 배제는 중간상급관청[Mittelbehörden]의 결정들에 한정되어서만 채택되고 있다.

---

22) Abschlussbericht zum Pilotprojekt "Probeweise Abschaffung des Widerspruchsverfahrens im Regierungsbezirk Mittelfranken"1. 7. 2004-30. 6. 2007].

23) 「작센-안할트 주(州)」의 「연방행정법원법시행법률」[AGVwGO]제8조의2는 「연방행정법원법 제73조 제1항 제2문 제2호 및 제3호의 경우에 있어서는 동법 제68조의 규정에 의한 행정심판절차는, 원칙적으로, 행정처분을 발령하였거나 행정처분의 발급을 거부한 행정청이 또한 행정심판의 재결을 행하는 기관인 경우에는, 배제된다(단서 생략)」라고 규정하고 있다.

(7) 연방의 경우

연방법률의 경우에도 그동안 상당수의 행정심판절차의 배제규율이 최근에 나타나고 있어, 독일 학계[24]와 언론[25]의 주목을 받고 있다.

3. 행정심판절차의 전통적 장점들에 대한 독일에서의 재음미[26]

(1) '행정의 자기통제'의 재음미

행정심판절차의 효율성에 대한 경험적 판단지표들로는 다음 두 가지가 있다. 첫째로, 행정심판이 제기된 경우 처분청이 자체시정을 하는 비율[Abhilfequote]은, 행정심판제도가 실무에 있어 실제로 잘 운영되고 있는지 여부를 판달할 수 있는 단초를 제공해 준다. 만일 이 비율이 너무 낮은 상태에 머물고 있다면, 그것은 행정심판절차가 비효율적으로 운영되고 있음을 암시해 준다. 둘째로, 행정심판청구인의 '만족률' [Befriedungsquote]이다. 이것은, 「얼마나 많은 경우에, 심지어 행정심판에서 각하 또는 기각된 경우에도, 행정심판절차를 거친 후에는, 더 이상 행정소송을 제기하지 않는가」하는 비율을 가리킨다. 만일 이 비율이 상당한 정도라고 한다면, 이것은 행정의 자기통제가 효과적으로 실행되고 있음을 암시해 준다. 한편, 처분청과 재결기관이 동일한 기관인 경우에도, '행정의 자기통제' 기능이 제대로 작동될지가 문제로 된다. 이것은 특히 직근상급관청이 주(州)의 최고상급관청인 경우에 해당한다. 2단계의 행정구조를 가진 주(州)의 경우에는 이것은 항상 발생하지만, 3단계의 행정구조를 가진 주(州)의 경우에는, 행정심판이 중간상급관청의 처분에 대해 제기될 때에만 발생한다. 니더작센 주(州)의 행정심판의 경우가 그 대표적인 예인데, 니더작센 주(州)의 경우 중간상급관청을 폐지하고, 3단계의 행정구조에서 2단계의 행정구조로 전환시켰기 때문이다. 바덴-뷔르템베르크 주(州)와 작센-안할트 주(州)의 경우에는 중간상급관청[Regierungspräsidien]의 처분에 대한 행정심판절차는 원칙적으로 배제되었는데, 그 경우는 처분청과 재결기관이 동일해져서 효율적인 자기통제를 기대하기 어려웠기 때문이다. 한편, 행정심판절차의 자기통제기능이 실무에 있어 잘 작동되는데 있어서는, 주(州)법과 주(州)의 조직만이 영향을 주는 것이 아니라, 연방법의 기본적 틀도 중요한 영향을 미친다. 특히, 행정절차법과 행정소송법의 법개정이 행정심판절차의 자기통제기능에 미치는 영향

24) Guy Beaucamp/Petra Ringermuth, Empfiehlt sich die Beseitigung des Widerspruchsverfahrens?, DVBI 2008, 426ff.

25) FAZ v. 18. 12. 2008 : ZDF-Sendung "Frontal 21" am 1. 7. 2008.

26) Christine Steinbeiss-Winkelmann, Abschaffung des Widerspruchsverfahrens-ein Fortschritt?, NVwZ 2009, S. 686ff.

을 살펴본다. 첫째로 1990년대의 「행정의 신속화」물결이 독일행정을 개혁시키고 있었을 때, 행정처분이 발령된 후 사후의 하자의 치유의 가능성이 현저히 확대되었는데, 1996년에 「연방행정절차법」[VwVfG]제145조 제2항이 개정되고, 이와 관련하여 주(州)법들도 개정되어, 절차상 및 형식상 하자는, 종전과 달리 행정소송절차에 있어서 구두변론종결시까지 치유될 수 있게 되었다. 또한, 「연방행정법원법」[VwGO]제114조 제2문에 의하여, 「행정청은, 구두변론 종결시까지, 재량상 고려사항도 보충할 수 있게 되었다」. 이로 인하여, 행정심판절차는, 하자치유의 마지막 기회로서의 지위를 상당 부분 상실하게 되었다. 또한, 행정청은, 이러한 법률개정이 있은 후부터는, 자신의 결정을 행정심판절차에서 최종적으로 심사숙고해야 하는 압박에서 벗어날 수 있게 된 것이다. 둘째로, 입법자가 집행정지효의 배제를 대폭 받아들인 점이다. 「연방행정법원법」[VwGO]의 제6차개정이후에는 집행정지효의 배제는 연방법뿐만 아니라, 주(州)법에 의해서도 행해질 수 있다. 이러한 규율은, 많은 중요한 법영역들 [건축법, 외국인법, 망명법 등']에 있어서 나타났다. 오늘날 행정심판절차의 집행정지효는 거의 예외로서만 남아 있을 뿐이다.[27] 나아가서, 행정관청들은 이러한 집행정지효의 배제를 이용하여 실무에서는 신속한 집행조치들을 실행에 옮기고 있다. 국민들은 이러한 상황에 직면하게 되자, 이제는 행정소송을 제기하여 「신속절차에서의 잠정적 권리구제」[vorläufiger Rechtsschutz im Eilverfahren]를 청구할 수밖에 없게 되었다. 이러한 현실은, 행정심판절차의 자기통제기능뿐만 아니라, 법원의 부담경감기능까지 약화시키는 결과를 낳고 있다.

(2) '법원의 부담경감'의 재음미

독일의 경우 종전에는 '법원의 부담경감'이 행정심판제도의 장점으로서 실무에서 가장 중요시되었다. 이와 동시에, 「행정심판절차가, 재판을 통하여 권리구제를 원하는 국민에게 얼마나 많은 불이익을 주는 장해물이 되는지」의 문제와 「이에 따라서, 과연 행정심판절차가 독일기본법 제19조 제4항의 '효과적 권리구제'(우리나라의 '재판청구권'에 해당)조항과 합치되는지 여부」가 관심의 대상이 되었다.[28] 그러나 오늘날의 독일에 있어서는 상황이 다르다. 행정소송의 전심절차로서 행정심판제도를 허용하는 것이 독일기본법에 합치된다는 것은 더 이상 의문이 없다.[29] 물론, 독일에서 행정소송이 오랜 기간 동안 그 업무부담이 지나치게 무거웠던 것은 사실이다. 특히 1990년대에는 망명소송이 급증하여 법원의 업무부담이 최고도에 달하였다. 그러나, 그 이후 행정소송의 제기건수는 끊임없이 감소되어 왔다. 그 중요한 이유로서는 ① 망명

27) Kopp/ Schenke, VwGO, 18.Aufl.[2012],§80 Rdnr. 65.

28) BVerfGE 40, 237 [256f.]; Ibler, in: Friauf/ Höfling, BerlKomm zum GG, 2008, Art.19 Rdnr. 332; Presting, Zur Notwendigkeit des Widerspruchsverfahrens, DÖV 1976, 269f.

29) Jarass/ Pieroth, GG, 10.Aufl. [2009], Art.19 Rdnr. 68.

소송의 축소, ② 2004년에 제정된 「소송비용현대화법」[Kostenrechtsmodernisierungsgesetz]에 의하여 소송비용의 선불제도가 도입되면서, 또한 무료의 소취하의 가능성이 제한된 점, ③ 2005년부터 구직자의 기본생활보장사무, 기초생활수급사무[Sozialhilfe], 망명사무의 관할권이 '행정법원'에서 '사회법원'으로, '하르쯔 제4법률'[Harz Ⅳ－Gesetze]에 의하여 넘어간 것 등을 들 수 있다.30) 행정법원의 이러한 상황에 비추어 볼 때, 행정심판제도를 폐지·축소하는 최근의 독일의 움직임은, 그 근본 취지가 사실은, 행정지관의 업무를 간소화하고 관료주의를 철폐하려는데 있다고 보아야 한다. 한편 최근의 니더작센 주(州)의 경험과 바이에른 주(州)에서의 행정심판절차의 실험적 폐지연구의 경험에 의하면, 행정심판절차가 폐지될 경우, 행정소송의 제기가 분명히 상승하게 됨을 알 수 있다.31) 또한, 행정심판절차가 폐지될 경우에는, 행정기관과 법원간의 적정한 업무배분이 이루어질 수 없다는 질적 문제도 제기된다. 니더작센 주(州)의 법원재판실무에 의하면, 판사들이 행정심판절차가 폐지되고 난 후부터는 단순한 사실조사업무에 현저히 매달리게 되었고, 그러한 문제는 일반 행정절차에서 법률전문가가 아닌 일반 행정공무원도 충분히 처리할 수 있는 성격의 업무임이 드러났다. 이러한, 법원과 행정기관간의 적정하지 않은 업무배분을 교정하려면, 물론, 행정심판절차가 폐지된 이상, 이제는 처분청의 행정절차를 더 효율적으로 개선시키는 수밖에 없게 되는데, 그렇게 되면, 결국 '행정기관의 업무간소화'와 '관료주의의 철폐'는 성취될 수 없게 될 것이다. 이와 같이, 행정심판절차가 폐지된다고 하더라도, 결코 행정기관의 업무축소를 가져올 수는 없다. 이것은 바이에른 주(州)에서의 '미텔프랑켄'지역에서의 행정심판절차의 실험적 폐지 후의 최종보고서에서도 잘 나타나고 있다.32)

(3) '권리구제의 개선'의 재음미

오늘날 독일에서, 행정심판절차가 국민들에게 실제로 더 신속하고, 더 비용이 절감되는 권리구제를 가져오고 있는지가 문제로 된다. 연방헌법재판소[BVerfG]는,33) 30년 전에 이렇게 판시한 바 있다; 「직접적 결정권과 지시권을 가지고 있고, 하급관청의 재량결정에

30) Christine Steinbeiss－Winkelmann, Abschaffung des Widerspruchsverfahrens－ein Fortscritt?, NVwZ 2009, 686ff.

31) Guy Beaucamp/ Petra Ringermuth, Empfiehlt sich die Beseitigung des Widerspruchsverfahrens? DVBI 2008, 426ff.; Henning Biermann, Das Widerspruchsverfahren unter Reformdruck, DÖV 2008, 395ff. ; Ulrike Rüssel, Zukunkt des Widerspruchsverfahrens, NVwZ 2006, 523ff.

32) Guy Beaucamp/ Petra Ringermuth, Empfiehlt sich die Beseitigung des Widerspruchsverfahrens? DVBI 2008, 426ff. ; 많은 '게마인데'[Gemeinde]에서는, 행정심판제도가 폐지된 후의 소송의 급증사태를 피하기 위하여, 관계 국민들에게, 소송을 곧바로 제기하는 대신, 미해결된 문제들을 행정관청에 신고하도록 권유함으로써, 비공식적으로 협상하여 처리하였는데, 이는 결국 행정심판절차 대신에 '비정식적인 민원처리절차'가 등장한 모습이 되었음을 의미한다.

33) BVerfGE 40, 237 [257].

대한 내용적 통제권도 가진 상급관청에 의한 행정심판절차를 통하여 국민의 권리구제는 일반적으로 악화되는 것이 아니라, 오히려 강화된다. 특히, 정의의 관점에서 요청되는 , 통일적인 재량권 행사에 대한 통제는 오직 상급관청에 의한 행정심판절차에서만 가능하다.」 이러한 평가가 오늘날의 독일에서도 여전히 가능한지는 논쟁의 대상이 되고 있다.[34] 이 문제에 대한 적정한 평가의 지표는 '행정심판이 제기된 경우의 처분청의 직권시정조치의 비율'과 '행정심판을 제기한 후, 행정소송을 제기하지 않는 비율'이라고 할 수 있다. 이것은 주(州)에 따라서, 그리고 대상영역에 따라서 서로 다르다. 예컨대, 라인란트-팔쯔 주(州)에서는, 행정심판절차가 '행정심판위원회'[Widerspruchsausschüsse]에서 행해지고 있는데, '행정심판을 제기한 후 행정소송을 제기하는 비율'은 5%에 지나지 않지만, 라인란트-팔쯔 주(州)처럼 '행정심판위원회'에 의한 행정심판절차가 실행되고 있는 함부르크 주(州)의 경우에는 '행정심판을 제기한 후 행정소송을 제기하는 비율'이 23퍼센트에 달하며, 바이에른 주(州)의 '미텔프랑켄'지역에서의 행정심판절차의 실험적 폐지 후의 최종보고서에 의하면, '행정심판을 제기한 후 행정소송을 제기하는 비율'이 25퍼센트에 달하고 있다. 이러한 상황에 비추어, 행정심판절차의 폐지가 곧바로 관료주의의 철폐와 행정의 신속화를 가져온다는 결론을 내리기는 어렵게 된다. 이러한 의미는, 「연방행정법원법」제75조가 이미, "행정심판을 제기한 경우 상당한 기간 내에 행정심판의 재결을 내리지 않을 경우, 재결을 거치지 않고 쉽게 행정소송을 제기할 수 있도록 규정"하고 있다는 점에서도 확인된다. 즉, 행정심판절차가 존속한다고 하더라도 국민이 잃을 기간은 많아야 3개월 정도라고 할 수 있다.[35]

(4) 소결

오늘날 독일에서 행정심판절차의 장점을 평가할 때, 국민에 대해서나, 행정에 대해서나, 법원에 대해서나, 반드시 언제나, 그리고, 모든 경우에 있어서 그 장점이 인정된다고 할 수는 없다. 그러나, 그렇다고 하여 행정심판절차의 고전적 장점들이 그 의미를 전부 상실해 버렸다고는 결코 말할 수 없다. 독일의 변호사계에서도 대부분 행정심판절차를 종전대로 유지하거나, 오히려 더 강화해야 한다는 의견을 제시하고 있고, 현재 독일의 각 주(州)에서 행해지고 있는, 행정심판절차의 폐지입법을 비판적으로 바라보고 있다.[36] 독일의

34) 이미 Presting, Zur Notwendigkeit des Widerspruchsverfahrens, DÖV 1976, 269f.에서 이에 대한 의문이 제기된 바 있고, Holzner, Die Abschaffung des Widerspruchsverfahrens-Problemstellung und rechtliche Erwägungen-, DÖV 2008, 217 [218]에서도 지적되고 있다.

35) Guy Beaucamp/ Petra Ringermuth, Empfiehlt sich die Beseitigung des Widerspruchsverfahrens? DVBl 2008, 426 [430].

36) Ewer, in : FAZ v. 18. 12. 2008.

「연방행정법원법」[VwGO]제68조 제1항 제2문은,[37] 해당 규율대상영역과 각각의 주(州)에서의 집행상황과 법원의 상황을 종합하여 세분화된 결정을 주(州)의회들이 내릴 수 있는 여지를 제공해주고 있다.

IV. 독일에서의 행정심판절차의 폐지·축소를 둘러싼 법적 제쟁점

1. 행정심판절차의 폐지의 법적 허용성문제

(1) 입법권위반문제

독일의 현행 「연방행정법원법」[VwGO]제68조 제1항 제2문은 「법률이 이를 규정할 때에는, 행정심판절차는 불필요하다」라고 규정하고 있다. 따라서 이 규정이 주(州)의 입법자(의회)에게 행정심판절차를 완전히 폐지할 수 있는 권한을 수권하였는지 여부가 다투어진다. 「연방행정법원법」의 제6차개정전의 동규정은 「행정심판절차를 폐지하는 법률규정은 단지 "특별한 경우에만"[Für besondere Fälle] 허용된다」라고 규정하고 있었고, 이러한 종전의 규정 하에서 연방헌법재판소는, 「이 경우의 "특별한 경우"란, 행정심판절차가 생략될 수 있는 전형적인 경우들, 특히 '정식의 행정절차를 거친 처분' 또는 '기속적 행정결정', 그리고 '신속한 결정이 요구되는 경우'에 한정된다」라고 판시한 바 있다.[38] 현재 독일의 학설은 행정심판절차의 제한없는 폐지에 관하여 찬반양론이 팽팽하게 맞서고 있다.[39] '제한없는 폐지설'은 무엇보다도, 개정된 현행「연방행정법원법」의 현행문언이 종전의 문언과 다른 점을 강조하고 있다. 그러나, 관련 입법자료들을 살펴보면, 이 논거는 근거가 약함

---

37) 동조동항에서는, 「① 취소소송의 제기 전에 행정행위의 적법성과 합목적성은 행정심판절차(전심절차)에서 먼저 심사되어야 한다. 그러한 심사는, 법률이 이것을 규정하는 때 등(각호생략)에는 필요하지 아니하다.」라고 규정하고 있다. 이 경우의 '법률'에는 '주(州)법률'도 포함된다고 일반적으로 해석된다.

38) BVerGE 35, 65 [76].

39) '제한없는 폐지가 가능하다는 견해'를 취하는 학자로는, Guy Beaucamp/ Petra Ringermuth, Empfiehlt sich die Beseitigung des Widerspruchsverfahrens? DVBI 2008, 426ff. ; Dolde/ Porsch, in : Schoch/ Schmidt－Assmann/Pietzner, VwGO[2008], §68 Rdnr.12 ; Geis, in : Sodan/ Ziekow, VwGO[2006], §68 Rdnr.125를 들 수 있고, '그 폐지는 제한된다는 견해'를 취하는 학자로는, Henning Biermann, Das Widerspruchsverfahren unter Reformdruck, DÖV 2008, 395ff. ; Rennert, in : Eyermann, VwGO[2006], §68 Rdnr.24 ; Müller－Grune/ Janette Grune, Abschaffung des Widerspruchsverfahrens－Ein Bericht zum Modellversuch in Mittelfranken, BayVBI. 2007, 65ff ; I. Härtel, Rettungsanker für das Wiederspruchsverfahren?, VerwArch 98[2007], 54ff. ; Thomas Holzner, Die Abschaffung des Wiederspruchsverfahrens－Problemstellung und rechtliche Erwägungen－, DÖV 2008, 217ff. ; Felix Koehl, Folgen der "Abschaffung" des Widerspruchsverfahrens, JuS 2009, 145ff. ; Kopp/Schenke, VwGO[2007], §68 Rdnr.172; 또한 Entscheidung des BayVerfGH, NVwZ 2009, 716이 있다.

을 알 수 있다.[40] 우선, 「연방행정법원법」제68조 제1항 제1문은 여전히 '행정심판전치주의'의 '원칙'을 규정하고 있으므로, 그 제2문인 개정규정은 '원칙'에 대한 '예외'의 지위를 가진다고 해석된다. 이에 따르면, 결국 개정규정에서도 '일반적'인 폐지에 대한 수권은 없다고 보아야 하고, 단지 '영역별로 특별한 경우의 폐지'에 대한 수권만 주(州)입법자에게 행해졌다고 하게 된다. 또한, 독일 연방의회에서의 법무위원회[Rechtsausschuss]의 '의결권고'에서도, 「이러한 개정으로 인하여 주(州)들은 규율대상영역별로 특별한 경우에는, 그리고 정당한 사유가 있는 경우에는, 행정심판절차를 폐지할 수 있게 되었다」라고 보고되고 있기 때문이다.[41]

(2) '기본권'침해 문제

가. 개관

일반적으로 볼 때, 행정심판절차는 물론 권리구제기능을 가지고 있지만, 그럼에도 불구하고 행정심판절차 자체가 독일 헌법상 보호되고 있거나, 또는 요구되고 있는 것은 아니다.[42] 이것은 행정심판절차가 여전히 행해지고 있는 법영역과 비교하여 행정심판절차가 폐지된 법영역의 경우에도, 설령 권리구제의 기회가 줄어들었다고 하더라도, 마찬가지다.[43] 국민은 행정심판절차의 존치를 구할 수 있는 기본권은 가지고 있지 않다.[44] 또한 일반적으로 말하면, 독일기본법 제19조 제4항 [효과적인 권리구제의 보장]도, '행정관청을 통한 권리구제'를 보장하고 있는 것이 아니라, '법원에 의한, 행정관청의 위법한 처분 또는 부작위 등에 대한 권리구제'를 보장하고 있을 뿐이다.[45]

나. 독일기본법 제19조 제4항의 '권리구제의 보장' 침해 문제

독일기본법 제19조 제4항은, 원칙적으로, 재판의 전심절차로서의, '행정관청에 의한 통제절차' [=행정심판절차]의 필요적 존치를 명령하지는 않는다.[46] 그러나, 재량결정

---

40) BT-Dr 13/5098, S.23.

41) BT-Drs. 13/5098, S. 23 ; Thomas Holzner, Die Abschaffung des Widerspruchsverfahrens – Problemstellung und rechtliche Erwägungen – , DÖV 2008 217ff. ; 이와 같은 취지로서 BVerfGE 35, 65ff. ; 이러한 취지에서 2007년 7월 1일부터 시행되고 있는 바이에른 주(州)의 「연방행정법원법의 시행법률」 제15조 제2항(행정심판절차의 '일반적'폐지를 규정하고 있음)은, 명백히 입법권 없이 제정된 위헌적 법률이라고 할 수 있다.

42) BVerfGE 35, 65 [72].

43) BVerfGE 65, 291.

44) VGH Mannheim, NVwZ 1995, 280. ; 물론 뒤에서 보는 바와 같이, '재량결정'과 '판단여지결정'에 대한 합목적성심사의 경우에는 학자간의 다툼이 있다.

45) Ulrike Rüssel, Zukunft des Widerspruchsverfahrens, NVwz 2006, 523 [524] ; Georg Vaagt, Der Abbau des Widerspruchsverfahrens im öffentlichen Baurecht, ZRP 2011, 211 [213]. ; dl 문제에 대하여도 다툼이 있고, 이는 뒤에서 다시 다루기로 한다.

내지 판단여지결정의 사후심사의 경우에는 견해의 대립이 있다. 우선, '재량결정' 내지 '판단여지결정'의 경우에는, 법원의 통제밀도가 미치지 않는 영역이 있고, 이 경우에는 기본권에 비추어 볼 때 행정심판절차가 요구된다고 보는 견해이다.[47] 이 견해에 의하면 주(州) 입법자들[예를 들면 바이에른 노르트라인-베스트팔렌 및 니더작센 주(州)의 경우]이 이점을 고려하여, 예외적 규정을 두고 있는 것은, 기본권에 합치된 입법이 될 것이다. 그러나, '재량결정' 내지 '판단여지 결정'의 경우에 있어서, 특히 법원의 통제밀도가 미치지 않는 영역에 있어서는, 행정심판절차가 싱핼되는 것이 바람직하기는 하지만, 그것이 곧 기본권에 기하여 요구되는 것으로 보기는 어렵다는, 다음과 같은 견해가 이에 대립되고 있다.[48]

『독일「연방행정법원법」 제114조에 의하면, '행정법원은 재량결정의 경우 그 일탈 또는 남용만을 심사할 수 있다. 즉, 재량결정 또는 판단여지결정의 합목적성심사는, 종전에는, 원칙적으로 행정심판절차에 의하여 수행되어 왔지만, 행정심판절차가 완전히 폐지되고 나면, 이제는 어떠한 사후심사도 받지 않게 된다. 이렇게 되면, 과연 처분청이 그 합목적성에 관한 고려를 신중하게 실행할지가 의문시된다. 즉, 처분청은 이 경우 그 합목적성에 관한 고려를 단지 피상적으로 실행하든지, 아니면 아예 행하지 않을 가능성이 커진다. 이렇게 되면, 국민의 권리구제에 심각한 결함이 발생하게 되고, 이것은 독일기본법 제19조 제4항의 입법취지에 부합하지 않게 되는 문제점이 있게 된다. 물론 독일기본법 제19조 제4항은, 입법자도, 행정관청도 모두 효과적이고, 포괄적인 사법심사에 복종할 것을 요구하는 동시에,[49] 다투어지는 조치에 대한, 법적 및 사실적 견지에서의 완전한 사후심사를 구할 청구권을 보장하고 있다.[50]

그럼에도 불구하고, 독일기본법 제19조 제4항은 원칙적으로 행정심판절차를 구할 기본권을 보장하고 있지는 않다. 즉, 물론 행정심판제도 자체는 독일기본법 제19조 제4항에 반하는 제도는 아니지만, 그렇다고 해서 행정심판제도 자체가 국민의 권리구제를 위하여 헌법상 필수적으로 요구되는 것은 아니다.[51] 이것은, 특히 행정처분이 '정식적 행정절차'를

46) Jarass / Pieroth, GG [2009], Art.19 Rdnr.68 ; BayVerfGH, NVwZ 2009, 716.

47) Christine Steinbeiss – Winkelmann, Abschaffung des Widersprunchsverfahrens – ein Fortschritt? ; NVwZ 2009, 686ff ; 같은 취지로서 BVerfGE 84, 34.

48) Thomas Holzner, Die Abschaffung des Widerspruchsverfahrens – Problemstellung und rechtliche Erwägungen, DÖV 2008, 217ff

49) BVerfGE 8, 274[326] ; 30, 1[25] ; Klaus Stern, Staatsrecht, Bd. 3/1, 1988, §69 V.5.a) ; §75 II . 1. c). ; 이 관점에서는 동규정은 원칙적으로 넓게 해석되어야 할 것이다.

50) BVerfGE 78, 214[226] ; 84, 34[49] ; 101, 106[123] ; 103, 142[156] ; BVerwGE118, 352[357] ; Bruno Schmidt – Bleibtreu / Franz Klein, Kommentar zum Grundgesetz, 10. Aufl 2004, Art.19 RN.16.

51) BVerfGE 35,65[73] ; 60,253[290f] ; 69, 1 [48f].

거쳐 행해진 경우에 그러하다. 왜냐하면, 재량결정에 대한 적법성통제를 넘어선 합목적성 통제는 헌법상 원칙적으로 규정되어 있지 않을 뿐 아니라, 행정심판절차의 실행의무 또한 헌법상 규정되어 있지 않기 때문이다.52) 독일기본법 제19조 제4항은 무엇보다도 '행정관청을 통한 권리구제'가 아니라, '행정관청을 상대방으로 하는 권리구제'를 명령하고 있을 뿐이다. 결국 행정심판절차에 의한 합목적성통제가 폐지되더라도, 국민의 입장에서는 독일 「연방행정법원법」 제114조(재량결정의 사후심사)의 범위 안에서 재량결정의 경우에도 또한, 법원에 의한 권리구제가 보장된다는 점에서는, 행정심판절차의 폐지가 독일기본법 제19조 제4항에 위반된다고 볼 수는 없다.』

2. 행정심판절차의 폐지의 합목적성 문제

(1) 개관

설령 행정심판절차의 폐지가 원칙적으로 법적으로 허용된다고 하더라도, 그 폐지는 합목적적이지 않을 수도 있다. 이것은, 특히 행정심판절차가 더 이상 자신에게 부과된 기능들을 수행할 수 없는 경우와, 행정심판절차의 폐지에 의해 추구되는 개혁목표가 달성될 수 없을 때 나타난다.

(2) 행정심판제도의 기능

행정심판절차의 고전적 세 가지 기능들이 어떠한 서열관계에 서는지는, 학자간에 다툼이 있다.53) 그러나, 행정심판절차의 세 가지 기능은 상호보완적인 관계에 있고, 결국 동등한 지위에 있다고 일반적으로 보고 있다.54)

가. 법원의 부담경감기능

행정심판절차는 재판외에서 분쟁을 해결함으로써 법원의 부담을 경감하는 기능을 가

52) BayVGH, Urt.v. 15.11.2006, BayVBl. 2007, 79[81] ; BVerfGE 35,65[73] ; BVerfGE 60, 253[291] ; 판단여지결정[예컨대, 독일기본법 제12조(직업선택의 자유)에서 도출되는 시험법에 대한 제한된 사법심사]의 경우도 이와 비슷한데, 이 경우 행정관청에 의한 합목적성심사는 행정심판절차에 한정되지 않고, 그 밖의 행정내부절차로도 충분하다고 보고 있다[Redeker/v. Oertzen, VwGO, [14.Aufl.2004, §68 Rn.1a.].

53) v, Mutius, Das Widerspruchsverfahren der VwGO als Verwaltungsverfahren und Prozessvoraussetzung, 1969, S.115ff. 에서는 '법원의 부담경감'을 최고의 우위에 두고 있고, Pietzner / Ronellenfitsch, Das Assessorexamen im öffentlichen Recht, 11.Aufl [2005], §24 I Rdnr.3 에서는 '권리구제기능'을 최고의 우위에 두고 있으며, Schmitt Glaeser / Horn, Verwaltungsprozessrecht, 5. Aufl. [2000], Rdnr.191 에서는 '행정의 자기통제'기능을 최고의 우위에 두고 있다.

54) Gero Vaagt, Der Abbau des Widerspruchsverfahrens im öffentlichen Baurecht, ZRP 2011, 211ff. ; Vetter, Mediation und Vorverfahren, 2004, S. 16.

져야 한다. 바이에른 주(州)의 경우 행정심판절차의 폐지는 건축법의 경우, 법원에의 제소를 85퍼센트 증가시켰다.[55] 이 통계결과는 다른 주(州)에 대해서도 적용되며, 이런 현상은 결국 법원의 재판의 질적 저하를 가져올 수 밖에 없게 만든다. 따라서 행정심판절차는, 특히 건축법의 경우, 법원의 부담경감기능을 충실히 수행하고 있다.

나. 행정의 자기통제기능

행정의 자기통제기능은, 재결기관이 다투어지는 처분을 법적·사실적 토대 위에서 다시 한 번 포괄적으로 심사숙고할 때 달성된다. 그러나, 실제의 경험적 조사에 따르면, 행정관청들 간에는 일종의 "동료적 관료주의"[kameradschaftliche Bürokratie]가 만연하고 있어, 행정의 자기통제기능은 현저히 손상되고 있다고 한다.[56] 다만, 상급행정관청이 행정심판절차를 통하여 중요한 행정정보를 얻게 됨으로써 보다 충실한 감독권 행사가 가능해지는 이점은 인정된다.

다. 권리구제기능

건축법의 경우, 수많은 행정처분이 독일「연방행정법원법」제80조 제2항 제4호에 따른 '즉시집행명령'[Annordnung der sofortigen Vollziehung]과 결합되고 있으며, 또한 제 3자가 제기하는 취소소송의 경우,「연방행정법원법」제80조 제2항 제3호 및「건설법」제212조의 2에 의하여, 행정심판의 집행정지효가 배제되고 있으므로, 결국 국민의 입장에서는, 행정소송을 제기하여 '잠정적 구제절차'[einstweiliges Verfahren]에 의지할 수밖에 없게 된다.

결국 이 경우에는 행정심판은 독자적 권리구제기능을 거의 수행할 수 없게 된다. 그럼에도 불구하고, 행정심판절차는, 일반적으로는 비용이 절감되는 절치이고, 또한 행정관청과 국민간의 화해·조정이 가능하여, 관계국민 대다수가 만족하고 있는 결과를 낳고 있는 것도 사실이다. 나아가서, 국민의 입장으로서는, 심리적으로, 법원에 소송을 제기하는 것을 대부분의 경우 주저하는 것이 현실임도 간과해서는 안 된다. 이러한 점에서는 행정심판절차는 관계국민에게 권리구제기능을 충실히 수행하고 있다.

(3) 개혁목적의 성취여부

행정심판절차의 폐지는 무엇보다도 '절차의 신속화'와 '비용절감'을 그 목표로 두고 있다.[57] 이 목표는 특히 건축법의 경우 달성되고 있지 않다. 왜냐 하면, 건축법의 경우 제기

55) Abschlussbericht des bayerischen Staatsministeriums des Innern vom 15. 9. 2011.

56) Dagmar Oppermann, Die Funktionen des verwaltungsgerichtlichen Vorverfahrens[Widerspruchsverfahrens] in Baurechtssaachen aus rechtlicher und tatsächlicher Sicht, 1997, S. 289. ; Klaus Schönenbroicher, Leitziele und Kernpunkte der Reformen des Widerspruchsverfahrens, NVwZ 2009, 1145.

57) Niedersâchsischer Landtag, LT－Dr 15/1121, S.16, 15/2166, S.4f.; Vetter, Mediation und Vorverfahren, 2004, S.50.

된 행정심판 중 70~75퍼센트가 처리되고, 단지 25~30퍼센트만 소송제기로 갈 뿐이기 때문이다.[58] 따라서, 행정심판절차를 폐지함으로써 절차의 신속화가 이루어질 수는 없다.[59] 또한 '비용의 절감'도 달성되지 않는데, 왜냐하면 행정심판절차의 폐지는 법원의 현저한 추가부담을 초래할 뿐만 아니라, 해당 행정관청의 담당직원들이 수시로 법원에 출입해야 하는 비용도 발생하기 때문이다.[60]

3. 행정심판절차의 완전한 폐지의 대안으로서의 '임의적 행정심판절차'

'임의적' 행정심판절차의 채택은 원칙적으로 헌법상 아무 문제도 없다. 독일 「연방행정법원」 제68조제1항제2문이 주(州)들에게 심지어 행정심판절차의(영역별로 특별한, 정당한 사유가 인정되는) 폐지조차 수권하고 있으므로, 주(州)입법자에게, 동개정규정에 의해 주어진 권한을 단지 그 일부만 사용하게 하는 방법(임의적 행정심판절차)을 채택하는 것은 더욱더 당연히 인정된다고 해석된다.[61] 나아가, '임의적' 행정심판절차는, 동개정규정이 추구하는 입법취지인, '행정심판절차의 보다 더 유연한 형성'에도 적합하다. 또한 '임의적'행정심판절차는, '국민에게 쟁송방법의 선택권을 주는 것'으로서, 국민에게 권리구제수단의 강제적 상실(즉, 행정심판절차의 폐지)을 방지하면서도, 동시에 국민에게 신속하고, 효율적으로, '독립적인 재판에 의한 권리구제'(행정소송)에 이르게 해 준다는 점에서 입법정책적으로도 설득력이 있다. 또한 민주주의원칙에 비추어 보더라도, 국민에게 다양한 권리구제수단의 선택권을 부여하고, 국민 스스로가 구체적 사안에 따라 보다 더 적절한 권리구제수단을 선택하게 한다는 점에서 또한 설득력이 있다. 이러한 '임의적' 행정심판절차의 장점에 비하여, 우려되는 어려움 [예를 들면, 권리구제수단의 '이원성'으로 인한 복잡성, 행정실무상 권리구제수단의 고지시의 보다 더 적합한 권리구제수단을 판단함에 있어서의 어려움][62]은 상대적으로 경미한 것이라고 생각된다. 또한, 이러한 어려움은 행정심판절차를 완전히 폐지하는 경우에도 또한 발생되는 문제들이다.[63]

---

58) Dagmar Oppermann, Die Funktionen des verwaltungsgerichtlichen Vorverfahrens [Widerspruchverfahrens] in Baurechtssachen aus rechtlicher und tatsächlicher Sicht. 1997. S. 324f.

59) Dolde/Porsch, BadWüttVBI 2008, 431ff. 에 따르면, 행정소송절차는 평균 약 1년이 소요되지만, 행정심판절차의 소요기간은 평균 6~8개월이라고 한다.

60) Guy Beaucamp/Petra Ringermuth, Empfiehlt sich die Beseitigung des Widerspruchsverfahrens ?, DVBI2008, 430.

61) Henning Biermann, Das Widerspruchsverfahren unter Reformdruck, DÖV 2008, 403.

62) 예컨대, 바이에른 주(州)에서는, 주(州)내무부가 2007년 8월 13일에 새로 형성된 행정심판절차와 권리구제수단의 고지의 모범례에 관한 광범한 집행상 지침을 제시한 바 있다.

63) Verwaltungsmodernisierung in Niedersachsen – Erster Bericht der vom Niedersächsischen Ministerium für Inneres und Sport beauftragten Gutachtergruppe zur Verwaltungspraxis und den Folgewirkungen der

그러나, 무엇보다도 '임의적' 행정심판절차는, 국민에게 권리구제수단의 선택권을 줌으로써, 입법정책적으로 다투어지는 문제 [즉, 행정심판절차를 존속시킬 것인지, 아니면 폐지시킬 것인지의 문제]에 있어서 국민의 참여를 가능하게 해 주고, 국민이 이 문제를 공동으로 결정할 수 있게 해 준다. 입법부와 행정실무는 이를 통하여, 국민들이 행정심판절차를 얼마나 선호하는지에 관한, 얻기 힘든, 귀중한 정보를 얻을 수 있게 된다. 따라서 바이에른 주(州)에서 최초로 행해졌고, 그 다음으로 메클렌부르크-포어포머른 주(州)에서 2008년 말에 그 실험적 실행이 끝난 '임의적' 행정심판절차는 행정심판절차의 새로운 설계에 있어서 또 하나의 좋은 귀감이 될 것이다.[64]

4. 행정심판절차에서의 '화해·조정' [Mediation]제도

행정심판절차가 효과적인 분쟁해결절차로 발전되는데 있어서, '조정·화해'절차가 독일에서 주목받고 있다.[65] '조정·화해' 제도는, 재판외의 갈등해결절차로서, 갈등의 당사자들이 스스로 결정하여 미래를 지향하는 해결책을 발전시켜 나가는 방법이다. 이 경우 중립적 제3자인 '조정자'[Mediator]가 이를 도와주게 되며 그는 적정한 의사전달기법과 협상기법에 의해 당사자의 상호합의과정을 촉진시키고, 지도한다. '조정자'는 분쟁에 대하여 결정하고 판정하는 것이 아니고, 오직 당사자들이 합의에 도달하도록 도와줄 뿐이다.

모든 '조정·화해'의 근본적 전제요건은, 참가의 절대적 자발성, 조정자의 중립성, 당사자의 자율성 및 신뢰성(친밀성)이다.

'조정·화해'는 커다란 기회를 열어주는 동시에 또한 일정한 정도로 위험(리스크)도 내포하고 있다. 우선 '조정·화해'에 의해 행정문화가 개선되어 행정관청과 국민이 더욱 솔직한 의사소통을 할 수 있게 된다. 국민과 행정관청간의 법적분쟁의 원인은 많은 경우 의사소통이 불충분한 데서 일어난다. 조정·화해는 협력과 합의를 지향하며, 이러한 협력적 협상방식의 경우에 당사자들은 많은 경우 창의적 해결책을 발견할 수도 있다. 조정·화해는 나아가 '행정결정의, 국민으로부터의 수용성'을 높여준다. 이것은 '좋은 행정'의 중요한 요소이기도 하다. 물론 조정·화해는 위협(리스크)도 내포한다. 예를 들면 당사자 간에 강약의 차

Aussetzung der gerichtlichen Vorverfahren auf der kommunalen Ebene.

64) 이 모델은 프랑스에서는 "recour administratif" 제도로서 독일보다 먼저 발전되었고, 독일 행정심판제도의 개혁에 있어서도 모범적 선례로 평가받고 있다 [Christine Steinbeiss-Winkelmann, Abschaffung des Widerspruchsverfahrens ein Fortschritt?, NVwZ 2009, 692.; Innes Härtel Rettungsanker für das Widerspruchsverfahren?, Verw Arch.98 [2007], 54ff.].

65) Geis, in : Sodan / Ziekow [Hrsg.], VwGO, 2.Aufl.[2006], §68 Rdnr.124; Pietzner/Ronellenfitsch, Das Assessorexamen im Öffentlichen Recht, Ⅱ·Aufl.[2005], §31 Rdnr.13; Kopp/Schenke, VwGO, 13Aufl.[2003], §68 Rdnr.16.

가 현저한 경우에도 조정자는 엄격히 중립을 지켜야 한다는 점을 들 수 있다. 또한 조정·화해는 실패할 수도 있고, 이 경우 그동안 들였던 시간과 비용이 낭비되게 될 수도 있다. 그러나, 이것은 조정·화해에 대해 일정한 '실행기한'을 설정함으로써 완화될 수도 있다. 또한, 조정·화해는 성공할 수 있으므로, 조정·화해의 실패로 인한 비용낭비를 지나치게 우려할 필요는 없다.

특히 중요한 것은 '사법(私法)상의 조정·화해'와 '행정상 조정화해'의 차이점이다. 가장 중요한 차이점은 조정·화해절차를 거쳐 도달한 합의결과를 실행에 옮기는 방법이다. 사법상의 조정·화해와 달리, 행정상 조정·화해의 결과는, 법률로 규정된 행정절차를 거쳐 행정처분 또는 행정법상계약으로 됨으로써 법적 효력을 가진다. 나아가서, 민주주의 원칙과 법치주의 원칙에 비추어 행정관청은 원칙적으로 법률과 법에 따른, 책임있는 결정을 할 의무가 있다[독일기본법 제20조제3항]. 행정관청은 원칙적으로 최종결정책임을 지며, 행정상의 절차를 주도할 책임을 진다. 특히, '법률의 우위' 원칙에 비추어, 행정관청이 조정·화해에 임할 수 있는 것은, 법률이 행정청에게 일정한 결정여지를 허용할 경우[예컨대 재량결정과 판단여지결정의 경우]에 한하여 허용된다.[66]

한편, 지금까지의, '행정심판절차에서의 조정·화해의 이용가능성'에 대한 논의는 기존의 행정심판절차의 절차와 가능성에 연결해서만 행해져 왔음에 반하여[67], 슈테판 페터[Stefan Vetter]는, 전혀 다른 방안을 제시하고 있다. 즉, 그는 '조정·화해적인 행정심판절차'[mediatives Vorverfahren]를 제안한다. 이 제안은 독일의 경우, 좀 더 실무에서의 실험을 통해서 검증되어야 하는 것이고, 또한 그 한계도 명백히 존재한다. 즉, 이러한 제도가 전혀 적용되기 어려운 영역도 존재하고 [예컨대 '시험법'의 경우], 또한 '행정의 활동여지'가 인정되는 영역의 경우에 한하여 적용될 수 있다는 점과, 그리고 매우 간단한 사무들의 경우, 이러한 (조정·화해)방법을 사용하는 것은 지나친 낭비로 될 수 있다는 점 등이다.[68]

어쨌든, 조정·화해의 결과를 실행에 옮기는 최종단계에서는, 대부분 '부담부 행정처분' 또는 '공법상 계약'의 형식이 채택되고, 이에 따른 국민과 제3자의 반대급부[예컨대 '제소포기']는 또한 계약으로 합의될 수 있다.

---

66) Innes Härtel, Rettungsanker für das Widerspruchsverfahren ? ; VerwArch. 98[2007], 54ff.

67) Rainald Maass, Mediation in immissionsschutzrechtlichen Widerspruchsverfahren? VerwArch. 88[1997], 701ff.

68) Innes Härtel, Rettungsanker für das Widerspruchsverfahren? VerwArch. 98 [2007], 54ff.

V. 우리나라의 행정심판제도의 발전·개선을 위한 입법론적 고찰

1. 대상결정의 평가

헌법재판소의 이 논문의 대상결정은 재판청구권과 관련하여 여러 가지 측면에서 적절한 판시사항을 제시해 주고 있다.

모든 국민이 재판청구권을 가진다고 할 때 국민이 재판을 받을 때에 행정공무원 등이 최종심판관이 될 수 없도록 해야 하고, '재판'의 개념에 포섭되기 어려운 제도에 의해 법적 분쟁을 종국적으로 해결하도록 방치해서는 우리 헌법의 요구에 부합할 수 없다.[69]

행정심판을 거친 후 불복하는 당사자로 하여금 정식재판(소송상 불복제도)를 두지 않고 행정심판결과가 종국적 결정으로 작용하게 한다면, 이는 헌법에 위반될 것이며, 나아가 행정심판의 절차에서는, 심판관이 독립된 위치에서 공정한 판단을 할 수 있어야 하고, 필요하다면 대석적(對席的)변론을 열어서 서로 공격방어를 하는 구조를 가져야 하며, 처분대상자는 변호인을 선임하여 진술할 기회를 부여받아야 할 것이다. 이러한 본질적 요소들을 전혀 갖추지 못한 경우에는 그 행정심판절차는 우리 헌법 제107조제3항에 규정된 행정심판의 요건으로서의 '준사법절차성'[準司法節次性]을 충족하지 못하는 것이 될 것이다.[70] 또한, 재판의 필요적 전치절차로서 행정심판을 요구하는 것이 위헌인지의 문제가 제기되고 있는데, 해당 분쟁에 관한 일차적 판단권을 전문성이 있는 행정심판기관(재결기관)에서 판단하도록 하는 것은 필요하고 적절한 제도로서 이를 두고 위헌이라고 할 수 없다는 것도 대상결정은 또한 판시하고 있다. 왜냐하면, 우리 헌법 제107조제3항에서 재판의 전심절차로서 행정심판을 할 수 있도록 허용한 취지에는 경우에 따라서는 이를 필요적으로 요구하는 것도 포함된다고 볼 수 있기 때문이다.[71] 나아가 대상결정은 행정심판제도의 존재이유로서 '권리구제의 실효성'과 '행정청에 의한 자기시정의 개연성'을 판시함으로써 행정심판절차의 고전적 존재이유를 거듭 확인하고 있음은 적절하다고 판단되나, 양자간의 우선순위 내지 관계에 대하여는 자세히 언급하고 있지 않음은 아쉬운 부분이다.[72]

---

69) 김승대, 헌법학 강론, 법문사, 2010년, 264면.

70) 김승대, 헌법학 강론, 법문사, 2010년, 266-267면.

71) 헌재 20002. 11. 28. 2002헌바38.

72) 이 문제에 대하여는 우리나라의 경우 학자들의 견해가 나뉘는데, 행정심판제도의 경우, ① '행정의 자기통제'가 최고의 우위를 가진다는 견해(박윤흔, 최신행정법강의(상), 786면) ② '행정의 자기통제'와 '국민의 권리구제'가 동등한 지위를 가진다는 견해(박정훈, "행정심판법의 구조와 기능", 행정법연구 제12권, 행정법이론실무학회, 2004, 247면), 그리고 ③ '행정의 권리구제'가 최고의 우위를 가진다는 견해(김기표, 신행정심판법론, 한국법제연구원, 2003년, 15면)가 있다.

2. 행정심판제도의 헌법적 근거의 재검토

우리 헌법 제107조제3항제1문에서는 "재판의 전심절차로서 행정심판을 할 수 있다." 라고 규정하고 있는데, 이는, 「행정심판은 법관이 아닌 자에 의한 준사법적 절차」이기 때문에 종전에 위헌소지가 있다는 주장이 제기되었으므로, 이를 해결하기 위하여 헌법에 행정심판에 관한 명문의 근거를 둔 것으로 일반적으로 해석하고 있다.[73)]

현재 우리나라에서는 내년 지방선거를 전후하여 헌법을 개정하기 위한 준비작업이 국회와 행정부에 의하여 활발히 진행되고 있다.

그런데, 만일 독일의 각 주(州)들에서의 행정심판절차의 폐지 법제화바람이 '관료주의 철폐'나 '작은정부론' 내지 '행정절차간소화'의 명목으로 우리나라에도 불어 닥친다면, 우리의 현행 헌법 제107조제3항제1문의 규정태도(문언)만으로서 안전하다고 할 수 있을까? 왜냐하면, 우리 현행헌법상의 동 조문은 "행정심판을 할 수 있다"라고만 규정하고 있으므로 [즉 행정심판의 실행여부는 입법자(국회)의 재량사항으로 규정하고 있다고 해석할 수도 있으므로], 이러한 해석에 따른다면, 현행 「행정심판법」만 폐지한다면 [물론 「행정소송법」상의 행정심판관련규정 등 관련규정의 정비도 포함하여], 그것을 곧바로 위헌이라고 할 수는 없을 것이다. 따라서 필자의 생각으로는, 행정심판제도에 대한 헌법상 근거를 보다 명확히 하는 것이 필요하다. 그 방법은, 행정심판제도를 재판청구권과 관련시키는 것이 보다 더 법체계적으로 합당하다고 할 수 있으므로,[74)] 그 조문의 위치를 옮겨 다음과 같이 규정하는 것이 입법론상 적절하다고 판단된다.

현행	개정안
제107조 ①-②(생략) ③재판의 전심절차로서 행정재판을 할 수 있다. 행정심판의 절차는 법률로 정하되, 사법절차가 준용되어야 한다.	제27조 ①-⑤(생략) ⑥모든 국민은 권리구제의 실효성과 행정청에 의한 자기시정의 개연성을 위하여 재판의 전심절차로서 두는 행정심판을 받을 권리를 가진다. ⑦제6항의 규정에 의한 행정심판의 절차는 법률로 정하되, 사법절차가 준용되어야 한다.

'재판청구권'이 「재판이라는 국가적 행위를 청구할 수 있는 적극적 측면(즉 개인적 공권의 측면)」을 가지고 있음에 비추어,[75)] 위 개정안에 의하여 신설되는 '행정심판청구권'은 「

73) 성낙인, 헌법학, 법문사, 제7판[2007년], 646면.

74) 남복현, 헌법주석서Ⅳ[법제처간행], 2010년, 186-187면; 또한, 행정심판제도의 존재이유간의 관계도 보다 적정하게 조화시키기 위한 문구조정도 필요하다고 본다.

75) 헌재 1998.5.28.,96 헌바4; 또한, 헌재 1995.9.15., 94누4455 에서는 「소권은 사인의 국가에 대한 공권이다」라고 판시하고 있다.

행정심판이라는 국가적 행위를 청구할 수 있는 적극적 측면」(즉 개인적 공권의 측면)을 가진다. 또한 「우리 헌법재판소는 재판청구권과 같은 절차적 기본권은 원칙적으로 제도적 보장의 성격이 강하다」고 판시하고 있으므로,76) 위 개정안에 의하여 신설되는 '행정심판청구권' 또한 「절차적 기본권으로서 원칙적으로 제도적 보장의 성격이 강하다」고 할 것이다.

나아가, 행정심판의 제도적 이점으로서 '구제대상의 확대'를 들 수 있다. 왜냐하면, 행정소송에 의하는 경우 법원의 심사는 '처분의 적법성의 문제'에 한정되지만, 행정심판에 의하는 경우에는 행정심판위원회는 '처분의 당·부당의 문제(합목적성심사)'까지도 판단할 수 있기 때문이다.77) 따라서, 특히 '재량결정' 또는 '판단여지결정'의 경우, 국민이 그에 대한 합목적성의 심사를 받으려면 행정심판이, 법적 구속력 있는, 유일한 권리구제수단이 된다는 점에서, 행정심판제도를 계속 유지시키고, 나아가서 「행정심판청구권」이라는 새로운 기본권을 헌법의 명문으로 창설하는 것은 국민의 권리구제와 행정의 자기통제를 위하여 큰 의미가 있다고 본다. 행정심판에서 당 · 부당의 여부까지 판단 할 수 있도록 한 것은 행정심판이 '국민의 권익구제제도'일 뿐만 아니라, '처분청에 대한 재결기관의 지휘 · 감독'이라는 '행정의 자기통제수단'으로서의 의미를 가지는 점에 기인한다. 우리 「행정소송법」 제27조는, 재량문제라도 그 일탈 · 탐용의 경우에는 위법한 처분으로서 행정소송의 대상이 됨을 명시하고 있고, 나아가 재량행위에 있어서는 재량의 일탈 · 남용의 경우 외에는 법원의 심사대상에서 제외된다는 원칙을 간접적으로 명시하고 있다.78)

3. '임의적' 행정심판제도의 재검토

독일의 행정심판절차의 폐지에 관한 입법경위와 논쟁들에서 볼 수 있듯이, '임의적'행정심판제도는, 행정심판전치주의를 원칙적으로 취하는 전통적인 행정심판제도와, '규제완화'와 '행정의 능률화·간소화'를 위하여 행정심판절차의 전면적 폐지를 채택하는 독일의 새로운 입법례간의 사려 깊은 조화적 해결책으로 보여진다. 따라서, 우리나라에서 1994년 개

76) 헌재 2005,5.26, 2003헌가7.

77) 김철용, 행정법 I, 법문사, 2010년, 559면.

78) 김기표, 신행정심판법론, 한국법제연구원, 2003년, 490면－491면 ; 나아가 김기표 전 한국법제연구원장은, 「제재처분과 같은 재량행위의 일부취소(예를 들면, 1년의 영업정지처분 중 6개월을 취소하는 것)의 경우에는 행정심판의 재결과 행정소송의 판결의 범위에 차이가 있다. 행정소송의 경우에는 영업정지처분·과징금부과처분 등 제재처분이 재량권남용으로 인정되는 경우에는 그 처분의 전부취소를 명하는 판결을 할 수 있을 뿐이지만(대판1998.4.10., 98두2270등), 행정심판의 경우에는 재결로써 제재처분과 같은 재량행위의 일부취소를 할 수 있다. 이는 행정심판이 행정권의 자율통제를 위한 제도로서 재량행위의 부당한 처분에 대하여도 심판을 할 수 있는 제도의 특성 때문이다.」라고 하고 있다. [전게서, 492면].

정「행정소송법」이 '행정심판전치주의'를 폐지하고, 행정심판을 '원칙상 임의절차'로 한 것은 타당한 선택이라고 생각된다.

4. '행정심판'과 '조정·화해'제도

독일의 행정심판절차의 폐지에 관한 입법경위와 논쟁들에서 볼 수 있듯이, 행정심판에 있어서 조정·화해제도를 접목시키는 것은 합리적이고 타당한 입법정책이라고 생각된다. 다만, 이것은 '법률우위의 원칙'에 비추어, 행정관청에게 활동의 자유여지가 법률에 기하여 인정되는 재량결정 또는 판단여지결정의 결정 등에 한하여 인정되어야 할 것이다.

우리나라의 경우 「행정심판법」에 행정상 화해제도에 관하여 명문의 규정이 없기 때문에 행정심판에서 행정상 화해제도를 인정할 수 있는지에 대하여 논란이 있다. 또한 「행정심판법」은 「행정소송법」과 달리, 「행정심판법에 규정이 없는 사항에 관하여 민사소송법을 준용한다」는 규정도 두고 있지도 않다. 우리나라의 경우에도 행정심판에 있어 화해제도를 활용하는 것이 법리상 가능하고, 또한 필요한 경우도 있을 수 있으므로, 논란의 여지를 없애기 위하여 「행정심판법」에 명문으로 규정하는 것이 바람직하다는 견해가 제시되고 있다. 나아가, 이 견해에 따르면, 행정심판은 '행정청의 자율통제'를 그 목적의 하나로 하고 있으므로, 행정소송보다 더 탄력적으로 운영할 필요성이 있는 점, 재결기관이 처분청의 직근상급관청인 경우에는 감독권행사차원에서 처분청에게 화해를 통한 분쟁해결을 지시하거나 권고할 권한이 있는 점을 고려할 때 「행정심판법」상 명문규정이 없더라도 행정심판에 있어서 행정상 화해제도를 활용할 수 있다고 본다.[79)]

5. 행정심판기관의 설치와 조직의 문제

우리나라에서는 2008년 이후 행정심판의 관할은 일원화되어 중앙행정심판위원회등 각급 행정심판위원회가 심리와 재결을 모두 담당하고 있다. 한편, 중앙행정심판위원회는 「부패방지 및 국민권익위원회의 설치와 운영에 관한 법률」에 따른 국민권익위원회에 두고 있다. 또한, 중앙행정심판위원회의 위원장은 국민권익위원회의 부위원장 중 1명이 된다. 그런데, 국민권익위원회는 국가청렴위원회, 국민고충처리위원회 및 국무총리행정심판위원

79) 김기표, 신행정심판법론, 한국법제연구원, 2003년, 534면; 김기표 전 한국법제연구원장은, 동 저서에서 화해제도를 활용할 필요가 있는 경우의 예로서, 「특히, 영업정지기간의 단축과 같은 적극적 변경을 내용으로 하는 재결이 있더라도 청구인이 불복할 수 있고, 이런 경우에는 법원에 행정소송을 제기하기에 앞서서 행정심판단계에서 사건의 종국적 해결을 위하여 화해제도를 활용하는 것이 유용하다」라고 하고 있다.

회를 통합하여 이명박정부출범시에 신설된 행정관청이다. 문제는 이들 3개 위원회의 업무의 성격이 각각 달라서, 통합된 조직으로서 존재하는 것이 업무의 '시너지'효과 등에 비추어 행정의 능률성을 제고시키기 어렵고, 이에 따라 국민의 권리구제의 효과적 수행도 기하기 어렵다는 데 있다. 즉, 국가청렴위원회의 업무는 원칙적으로 공직자의 부패방지업무라는 업무로서, 국민의 권리구제업무의 본질을 원래 가지는 것이 아니라는 점, '고충민원'과 '행정심판'은 그 법적 성격, 대상, 제기권자, 제기기간 및 법적 효력 등 많은 점에서 상호구별된다는 점에서 양자의 기능상 '시너지'효과를 발생하기 어렵다는 점을 그 문제점으로 들 수 있다. 특히, 고충민원처리제도는 비구속적인 조정제도이지만, 행정심판업무는 행정기관에 의한 법적 구제제도라는 점에서, 행정부 내의 법률전문기관(특히 행정법과 헌법의 전문기관)이 담당하는 것이 우리나라의 법치주의의 정착·발전을 위하여 필수적이라고 할 것이다. 이러한 점에서 중앙행정심판위원회는 국민권익위원회에서 분리하여, ① '제3의 독립적인 행정재판소'(영미의 행정위원회와 같이)로 설치하고, 영미식 행정위원회와 같은 정도의 독립성을 가지고 있다고 보기는 어려운 특허심판원, 국세심판원, 중앙토지수용위원회 및 소청심사위원회 등을 통합하는 방법, ② 또는 종전처럼, 행정부의 법률·법제전문기관인 법제처에서 그 운영을 다시 담당하도록 하는 방법을 채택해야 할 것으로 본다. 이를 위하여는, ① 새로운 「행정심판소법」을 신규제정하거나, ② 아니면 「행정심판법」을 개정해야 할 것이다. [또한, 두 경우 모두 '부패방지 및 국민권익위원회의 설치와 운영에 관한 법률'의 개정도 필요하게 될 것이다].

VI. 맺는 글

행정심판제도는 보다 더 비용이 절약되고, 보다 더 신속하며, 관료주의적이 아닌 권리구제수단으로서 계속해서 유지·발전되어야 하는 제도이다. 이는 독일 메클렌부르크-포어포머른 주(州)에서 우리나라의 경우와 같이 '임의적' 행정심판제도를 채택해 본 결과, 국민들이 행정심판절차를 훨씬 더 선호한 사실에서도 증명되고 있다. 독일의 몇 개 주(州)들에서 실행된, '행정심판 폐지'의 법제화는 그 목표를 달성하지 못했을 뿐만 아니라, 오히려 국민의 입장에서도 자신의 권리가 구제되기 위해서는 더 비싼 비용을 지불해야만 하는 결과를 가져왔다. 나아가, '행정심판의 폐지'의 법제화로 인하여, 재량결정·판단여지결정에 대한 '합목적성심사'의 길만 없어져 버리는, 의도하지 못한 결과까지 야기 시키고 있다. 물론 독일「연방행정법원법」[VwGO]제68조제1항의 문언에 비추어, 독일의 경우, '행정심판절차의 폐지'가 반드시 위법하다고 할 수는 없다고 하더라도, 많은 영역에 있어서 합목적적이라고는 결코 말할 수 없다.

한편, 특히 독일의 입법경위와 행정심판실무의 경험에 의하면, 행정심판절차에 '조정·화해'적 요소들을 도입하는 것은 매우 바람직하고, 의미 있는 것으로 나타나고 있다.

필자는, 이러한 독일의 경험을 교훈으로 삼아, 우리나라의 행정심판제도를 더욱더 발전시켜 나가야 하는 것은 우리 공법학자들과 행정실무가들의 공동사명이라고 생각한다.

地方議會 再議決에 對한 提訴指示權者와 提訴權者*

배병호**

대법원 2016. 9. 22. 선고 2014추521판결

I. 대상판결의 개요

1. 사실관계

가. 강화군의회(이하 '피고'라 한다)는 2013. 12. 20.「강화군 도서 주민 정주생활지원금 지원 조례안」(이하 '이 사건 조례안'이라 한다)을 의결하여 강화군수에게 이송하였다.

나. 강화군수는 이 사건 조례안에 대한 인천광역시장의 재의요구 지시에 따라 피고에게 이 사건 조례안에 대한 재의를 요구하였고, 피고는 2014. 2. 10. 이 사건 조례안을 원안대로 재의결하였다.[1] 재의 요구이유는 조례안 제3조에 따른 정주생활지원금 지급이 지방

* 이 글은 2017년 12월 31일 발행된 행정판례연구 제22-2집에 게재된 논문을 전재한 것입니다.
** 성균관대학교 법학전문대학원 교수

1) 강화군 도서 주민 정주생활지원금 지원 조례[시행 2014.2.10.] [인천광역시강화군조례 제2161호, 2014.2.10., 제정]
제1조(목적)
이 조례는 강화군 도서의 특수한 지리적 어려움을 감내하고 살아가는 주민들에게 정주의식 고취를 위해 지원하는 정주생활지원금에 관한 사항을 규정함을 목적으로 한다.
제2조(정의)
이 조례에서 사용하는 용어의 뜻은 다음과 같다.
1. "강화군 도서(이하 "도서"라 한다)"란 강화군에 소속된 도서 중 연육교 또는 연도교가 건설되었거나 사업이 확정되어 추진 중인 도서를 제외한 유인 도서(서검도, 미법도, 주문도, 아차도, 볼음도, 말도)를 말한다.
2. "정주생활지원금(이하 "지원금"이라 한다)"이란 정주의식 고취를 위하여 지원요건을 갖춘 도서 주민에게 지급하는 금액을 말한다.
제3조(정주생활지원금 지원)

재정법 제17조 제1항 본문이 원칙적으로 금지하는 지방자치단체의 개인에 대한 공금지출에 해당하고, 같은 항 단서에 따른 예외에도 해당되지 않는 것이므로 위법하다는 것이다. 즉 조례안 제1조의 섬이 「서해5도 지원특별법」 제12조가 규정하는 옹진군 5개 도서에 해당하지 않고, 국고보조재원에 의한 것이 아니고, 용도를 지정한 기부금에 해당하지 않고, 보조금을 지출하지 않으면 사업을 수행할 수 없는 경우에 해당되지 않는다는 것이다.

다. 행정자치부장관(이하 '원고'라 한다)는 2014. 3. 7. 강화군수와 인천광역시장을 수신자로 하는 "법령을 위반한 조례에 대한 대법원제소지시"라는 공문을 보냈다. 그 내용은 지방자치법 제172조제4항에 따라 강화군수는 늦어도 3월16일까지 재의결된 이 사건 조례를 대법원에 제소하고 제소한 사항을 즉시 통보하며, 인천광역시장은 제소절차가 차질 없이 이행되도록 적극 협조해달라는 것이다. 그러나 강화군수가 이에 응하지 아니하자, 원고는 2014. 3. 21. "피고가 2014. 2. 10. 「강화군 도서 주민 정주생활지원금 지원 조례안」에 관하여 한 재의결은 효력이 없다."는 조례안재의결무효확인소송을 대법원에 제기하였다.

라. 원고의 이 사건 제소에 대하여, 피고는 지방자치법 제172조의 체계에 따르면 같은 조 제4항에 따라 강화군수에게 제소를 지시하거나 피고를 상대로 직접 제소할 수 있는 자는 주무부장관인 원고가 아닌 인천광역시장이므로 원고의 소는 부적법하다는 본안전 항변과 함께 본안도 이유 없다는 답변을 하였다.

2. 대법원 판결요지

대법원의 다수의견은 원고의 이 사건 소는 법률상 근거가 없는 소로서 부적법하다고 하면서 소를 각하하였다. 이에 대하여 반대의견은 지방자치법 제172조의 합리적 해석에

강화군수는 도서에 거주하는 주민의 정주의식을 고취하기 위하여 예산의 범위에서 지원금을 지원할 수 있다.

제4조(지급대상 등)

① 「주민등록법」에 따라 6개월 이상 도서에 주소가 등록되어 있고, 주소를 등록한 날부터 실제 거주한 기간이 6개월 이상인 주민으로 한다. 다만, 「공무원수당 등에 관한 규정」,「지방공무원 수당 등에 관한 규정」, 그 밖의 법령에 따라 특수지근무수당을 지급받는 사람에게는 지원금을 지급하지 아니한다.

② 제1항의 본문에 따른 주민등록 및 실제 거주기간 요건을 갖춘 주민이 자녀를 출산한 경우 그 자녀에 대해서는 제1항에도 불구하고 「주민등록법」에 따라 도서에 주소를 등록한 달부터 지원금을 지급한다.

③ 지원금은 그 지급대상자별로 매월 지급한다. 다만, 지원금 지급대상자가 「주민등록법 시행령」제6조에 따른 세대별 주민등록표에 적힌 세대주에게 지원금을 지급하여 줄 것을 신청하는 경우에는 그 세대주에게 지급할 수 있다.

④ 지원금의 신청, 지급절차·방법·시기 등에 관하여는 강화군수가 따로 정한다.

부칙 이 조례는 2014년 1월 1일부터 시행한다.

따라 원고의 이 사건 소는 적법하다는 것이다.

가. 다수의견

지방자치법 제172조 제4항과 제6항의 문언과 입법취지, 제·개정 연혁, 지방자치법령의 체계 등을 종합적으로 고려하여 보면, 피고의 이 사건 조례안 재의결에 대하여는 시·도지사인 인천광역시장이 강화군수에게 제소를 지시하거나 직접 제소할 수 있을 뿐, 주무부장관인 원고가 강화군수에게 제소를 지시하거나 직접 제소할 수는 없다는 것이다.

(1) 지방의회의 재의결에 대한 주무부장관이나 시·도지사의 제소 지시 또는 직접 제소는 지방자치단체의 장의 재의요구에 대하여 지방의회가 전과 같은 내용으로 재의결을 한 경우 비로소 할 수 있으므로, 지방의회의 재의결에 대한 제소 지시 또는 직접 제소 권한(이하 '제소 등 권한'이라고 한다)은 관련 의결에 관하여 지방자치단체의 장을 상대로 재의요구를 지시할 권한이 있는 기관에만 있다고 해석하는 것이 지방자치법 제172조의 체계에 부합한다.

(2) 이와 달리 주무부장관의 경우 재의요구 지시 권한과 상관없이 모든 지방의회의 재의결에 대한 제소 등 권한이 있다고 본다면 시·군 및 자치구의회의 재의결에 관하여는 주무부장관과 시·도지사의 제소 등 권한이 중복됨에도 지방자치법은 상호관계를 규율하는 규정을 두고 있지 아니하다. 이는 주무부장관과 시·도지사의 지도·감독 권한이 중복되는 경우에 관한 지방자치법 제163조 제1항 및 제167조 제1항이 '1차로 시·도지사의, 2차로 행정자치부장관 또는 주무부장관의 지도·감독을 받는다'는 명시적인 규정을 두어 중복되는 권한 사이의 상호관계를 규율하고 있는 입법태도와 명백하게 다르다.

(3) 지방자치법은 1949년 제정된 이래 장관이 시·군·자치구의회의 재의결에 대하여 직접 통제·감독 권한을 행사할 수 있도록 하는 규정을 두고 있지 아니하다가, 1994. 3. 16. 법률 제4741호로 개정되면서 현행 지방자치법 제172조 제4항과 유사한 규정을 제159조 제4항으로 신설하였으나, 개정이유에서 장관의 감독 권한을 시·군·자치구에 대해서까지 확대하는 것인지에 관하여는 전혀 언급이 없는데, 국가와 지방자치단체 사이의 권한 통제라는 중요한 사항에 관하여 입법자가 아무런 설명 없이 권한의 중복관계에 대한 명확한 규정도 두지 아니한 채로 통제 및 감독 권한을 확장하였다고 보기는 어렵다.

(4) 그 밖에 지방자치법은 제16조 제3항 내지 제7항, 제170조 제2항, 제172조 제7항

등에서 주민 감사청구에 따른 감사 절차, 직무이행명령의 대집행, 지방의회 의결에 대한 재의요구 지시의 불이행에 따른 제소 지시 또는 직접 제소에 대하여 '주무부장관이나 시·도지사'의 권한과 후속조치를 규정하고 있는데, 관련 규정의 체계와 형식, 내용에 비추어 보면 위 각 조항들은 각 조의 제1항에 따라 주무부장관은 시·도에 대하여, 시·도지사는 시·군 및 자치구에 대하여 각각 일정한 권한을 가지고 있는 것이 전제되어 있음을 알 수 있다.

(5) 헌법 제107조 제2항은 "명령·규칙 또는 처분이 헌법이나 법률에 위반되는 여부가 재판의 전제가 된 경우에는 대법원은 이를 최종적으로 심사할 권한을 가진다."라고 규정함으로써 명령·규칙에 대한 추상적 규범통제가 아닌 구체적 규범통제를 원칙으로 하고 있으므로, 위법 여부가 문제 되는 조례는 사후적으로도 법원에 의한 심사의 대상이 될 수 있어서, 반드시 주무부장관의 제소 지시 또는 직접 제소 방식에 의하여 조례안에 대한 사전 통제를 해야 할 필요성이 크다고 보기도 어렵다.

나. 대법관 김창석, 대법관 권순일의 반대의견

법치국가의 원리에 비추어 지방자치법 제172조를 합리적으로 해석하여 지방재정법상 위법한 조례에 대한 사후적·구체적 규범통제가 제대로 작동되도록 해야 하므로 원고의 이 사건 소는 적법하다는 것이다.

(1) 법치국가원리는 모든 국가권력의 행사가 법의 지배 원칙에 따라 법적으로 구속을 받는 것을 뜻한다. 국민이 선출하는 대통령과 국회의원을 포함하여 모든 국가기관은 헌법과 법률에 위배되는 행위를 하여서는 아니 된다. 지방자치단체라고 하여 여기에서 예외일 수는 없다. 지방자치단체는 주민의 복리에 관한 사무를 처리하고 재산을 관리하며 법령의 범위 안에서 자치에 관한 규정을 제정할 수 있으나(헌법 제117조 제1항), 그 조례제정권은 어디까지나 '법령의 범위 안에서' 이루어져야 한다(지방자치법 제22조). 그리고 여기에서 말하는 '법령의 범위 안에서'란 '법령에 위반되지 않는 범위 내에서'를 가리키므로 지방자치단체가 제정한 조례가 법령에 위반되는 경우에는 효력이 없다(대법원 2002. 4. 26. 선고 2002추23 판결, 대법원 2007. 2. 9. 선고 2006추45 판결 등 참조).

(2) 지방자치단체의 자주성·자율성은 최대한 존중되어야 하므로 이에 대한 국가의 관여는 가능한 한 배제하는 것이 바람직하다. 그러나 지방자치도 헌법과 법률에 의하여 국가법질서의 테두리 안에서 인정되는 것이고, 지방자치행정도 중앙행정과 마찬가지로 국가행정의 일부이므로, 지방자치단체는 지방자치의 본질을 해하지 아니하는 범위 내에서 어느 정도 국가의 지도·감독을 받지 아니할 수 없다(대법원 1998. 5. 8. 선고 97누15432 판결 참조).

(3) 지방자치법 제172조 제1항은 "지방의회의 의결이 법령에 위반되거나 공익을 현저히 해친다고 판단되면 시 · 도에 대하여는 주무부장관이, 시 · 군 및 자치구에 대하여는 시 · 도지사가 재의를 요구하게 할 수 있고, 재의요구를 받은 지방자치단체의 장은 의결사항을 이송받은 날부터 20일 이내에 지방의회에 이유를 붙여 재의를 요구하여야 한다.", 제2항은 "제1항의 요구에 대하여 재의의 결과 재적의원 과반수의 출석과 출석의원 3분의 2 이상의 찬성으로 전과 같은 의결을 하면 그 의결사항은 확정된다.", 제3항은 "지방자치단체의 장은 제2항에 따라 재의결된 사항이 법령에 위반된다고 판단되면 재의결된 날부터 20일 이내에 대법원에 소를 제기할 수 있다.", 제4항은 "주무부장관이나 시·도지사는 재의결된 사항이 법령에 위반된다고 판단됨에도 불구하고 해당 지방자치단체의 장이 소를 제기하지 아니하면 그 지방자치단체의 장에게 제소를 지시하거나 직접 제소 및 집행정지결정을 신청할 수 있다.", 제8항은 "제1항에 따른 지방의회의 의결이나 제2항에 따라 재의결된 사항이 둘 이상의 부처와 관련되거나 주무부장관이 불분명하면 행정자치부장관이 재의요구 또는 제소를 지시하거나 직접 제소 및 집행정지결정을 신청할 수 있다."라고 각 규정하고 있다.

(4) 이 사건 법률조항의 문언상 지방자치단체의 조례가 법령에 위반된다고 판단됨에도 불구하고 해당 지방자치단체의 장이 소를 제기하지 아니함을 이유로 대법원에 제소를 하는 경우에 그 제소권자를 주무부장관 또는 시 · 도지사로 병렬적으로 규정하고 있는 점, 이 사건 법률조항의 취지가 국가가 지방자치행정의 합법성을 감독하고 국가법질서의 통일성을 유지하려는 데 있다는 점 등에 비추어 보면, 주무부장관은 해당 지방자치단체가 '시 · 도' 또는 '시 · 군 및 자치구'인지 관계없이 그 제소권을 가진다고 보아야 하고, 다수의견과 같이 '시 · 도'에 대하여는 주무부장관에게, '시 · 군 및 자치구'에 대하여는 시 · 도지사에게만 있다고 해석할 것은 아니다. 만약 이와 달리 주무부장관에게 '시 · 군 및 자치구' 의회의 조례안 재의결에 대하여 제소할 권한이 없다고 해석한다면, 주무부장관은 조례안 재의결이 법령에 위반된다고 판단하는 경우에도 시 · 도지사가 제소하지 아니하면 그 위법한 상태를 용인할 수밖에 없게 되고, 그 결과 법령 위반 여부가 문제 되는 동일한 내용의 조례안이 시 · 도지사의 제소 여부에 따라 그 효력을 달리하는 결과가 발생할 우려가 있다.

또한 상위법령에 위반된다고 판단되는 경우에도 형식적 요건만 갖추면 일정한 절차를 거쳐 조례로 제정될 수 있도록 하고, 사후적으로 사법심사를 거쳐 무효화되도록 하는 것은 지방행정의 낭비를 초래하고, 자치입법에 대한 주민의 신뢰를 실추시키는 결과를 야기하며, 회복하기 어려운 법질서의 혼란을 가져올 수 있다는 점 등에 비추어 볼 때, 이 사건 법률조항은 이를 사전에 시정하기 위한 제도적 장치로서 지방자치제도의 본질적 내용을 침해한다고 볼 수 없으므로(헌법재판소 2009. 7. 30. 선고 2007헌바75 전원재판부 결정 참조), 이 점에서도 이 사건 법률조항의 적용 범위를 축소하여 해석할 것은 아니다.

(5) 나아가 위법 여부가 문제 되는 조례가 이 사건과 같이 지방자치단체가 개인 등에 대한 기부·보조 등을 하는 내용의 것이어서 지방재정법 위반 여부가 문제 되는 경우라면 다수의견처럼 사후적·구체적 규범통제가 그 위법성 시정을 위한 적절한 수단이 될 수 있는지도 의문이다. 예를 들어, 지방재정법 제17조 제1항은 지방자치단체의 개인 또는 법인·단체에 대한 기부·보조, 그 밖의 공금 지출을 법률에 규정이 있는 경우 등으로 제한하고 있는데, 만약 이에 위반되는 내용의 조례안이 재의결된 경우에 그로 인하여 수혜를 받은 주민이 그 조례의 효력을 다투어 제소하는 예는 상정하기 어려울 것이다. 당해 시·군 및 자치구 주민 이외의 사람은 조례의 적용대상이 아니므로 그 효력을 다툴 법률상 이익을 인정받기도 어렵다. 이러한 조례는 일단 시행되고 나면 그 효력 여부가 법원의 심사대상이 될 가능성이 크지 아니하다. 지방의회가 위법한 조례를 제정하였다면 법치국가원리상 그 조례의 효력은 부정함이 마땅하다. 그런데 사후적·구체적 규범통제가 이를 위한 적절한 수단이 되지 못한다면 이 사건 법률조항이 그 제소권자를 주무부장관 또는 시·도지사로 병렬적으로 규정한 문언대로 시·군 및 자치구의 조례안에 대하여도 주무부장관이 직접 제소할 수 있다고 보는 것이 옳다.

II. 판례 연구

1. 문제의 제기

지방자치법 제172조는 조례 등 지방의회 의결의 위법성을 통제하기 위한 방법과 절차를 규정하고 있다. 이 사건의 발단은 원고가 지방선거를 앞두고 제정된 이 사건 조례가 법령 위반의 선심성 조례라고 판단한 것에 기인한다. 제172조 제1항에 따른 강화군수의 재의 요구에 대하여 강화군의회가 조례의 재의결을 하자, 원고가 제172조 제4항에 따라 강화군수에게 제소 지시를 하였으나, 강화군수가 따르지 않자 직접 피고를 상대로 이 사건 소를 제기한 것이다. 원고의 제소이유는 이 사건 조례가 지방재정법 제17조를 위반하여 지방재정의 건전성을 침해한다는 것이나, 지방자치법 제172조 제4항과 제6항의 해석 문제에 걸려 원고적격을 인정받지 못하고 각하되었다. 다수 의견은 지방자치법 제172조의 체계와 제163조 제1항 및 제167조 제1항 등의 규정 방식에 따라 강화군수에게 제소를 지시하거나 직접 제소할 수 있는 자는 인천광역시장일 뿐이므로 원고는 할 수 없다는 것이고, 반대의견은 위 법률조항의 취지에 따라 원고가 당연히 지방의회 재의결에 대한 제소지시권자와 제소권자가 되어 지방자치행정의 합법성을 감독하고 국가법질서의 통일성을 유지하여야 한다는 것이다.

이 사건 청구가 각하되면서 원고가 주장한 조례의 위법성은 심리되지 않았으므로 원고적격의 문제에 한정하여 논하고자 한다. 대법원의 의견이 지방자치법 제172조와 관련 조항 등에 관한 해석의 차이로 다수의견과 반대의견이 나누어졌으므로 먼저 지방자치법 제172조의 연혁과 관련 조항 등의 입법취지와 변천과정 등을 검토한 후 법률해석에 관한 학설과 판례의 흐름을 살펴본 후 반대의견을 지지하는 입장을 밝히고자 한다.

2. 지방자치법 제172조의 연혁과 관련 조항의 검토

가. 국가 관련 지방자치법 규정

현행 지방자치법은 총강, 주민, 조례와 규칙, 선거, 지방의회, 집행기관, 재무, 지방자치단체 상호간의 관계, 국가의 지도·감독, 서울특별시 등 대도시와 세종특별자치시 및 제주특별자치도의 행정특례 등 총 10장으로 구성되어 있다. 대상판결과 같이 국가와 관련된 조례 규정은 제3장 조례와 규칙 중 제28조(보고)와 제9장 국가의 지도·감독 중 제166조(지방자치단체의 사무에 대한 지도와 지원)와 제167조(국가사무나 시·도사무 처리의 지도·감독) 및 제172조(지방의회 의결의 재의와 제소)의 규정 등이 있다. 그리고 다수의견이 비교 근거로 제8장 지방자치단체 상호간의 관계 중 제163조(지방자치단체조합의 지도·감독)를 들고 있으므로 이도 함께 살펴보고자 한다.

쟁점이 된 "주무부장관이나 시·도지사는"의 의미를 알아보기 위하여 조례 제정에 대한 보고체계부터 먼저 살펴본 후 제8장, 제9장순으로 검토하고자 한다.

나. 지방자치법 제3장 조례와 규칙 중 제28조(보고)

(1) 제3장 조례와 규칙은 제22조부터 제28조까지 7개 조로 구성되어 있다. 그 중 마지막 조항인 제28조(보고)에서 "조례나 규칙을 제정하거나 개정하거나 폐지할 경우 조례는 지방의회에서 이송된 날부터 5일 이내에, 규칙은 공포예정 15일 전에 시·도지사는 행정자치부장관에게, 시장·군수 및 자치구의 구청장은 시·도지사에게 그 전문(全文)을 첨부하여 각각 보고하여야 하며, 보고를 받은 행정자치부장관[2]은 이를 관계 중앙행정기관의 장에게

2) 정부조직법의 변경에 따라 내무부장관, 행정자치부장관, 행정안전부장관, 안전행정부장관, 행정자치부장관 순으로 변하였다가 2017.7. 다시 행정안전부로 변경되었다.

통보하여야 한다."고 규정하고 있다. 행정자치부장관이 관계 중앙행정기관의 장에게 조례를 통보하는 이유는 정부조직법 제26조 제3항에 따라 각 장관이 소관 사무에 관하여 지방행정기관의 장을 지휘·감독하기 위한 것이다.[3] 행정자치부장관으로부터 조례를 통보받은 관계 중앙행정기관의 장은 제172조의 주무부장관을 의미한다. 여기서 행정자치부장관이 관계 중앙행정기관의 장에게 통보하는 조례의 범위는 시·도지사로부터 보고 받은 시·도 조례에 한정하는 것인가가 문제된다.

(2) 지방자치법 제28조(보고)의 내용을 같은 법 제22조와 제26조(조례와 규칙의 제정 절차 등)와 관련하여 검토하면, 조례의 제정, 개정 또는 폐지의 경우에 시·도지사는 시·도의회로부터 이송 받은 시·도 조례를 행정자치부장관에게, 시장·군수 및 자치구의 구청장은 시·군 및 자치구의회로부터 이송 받은 시·군 및 자치구 조례를 시·도지사에게 그 전문을 첨부하여 각각 보고하여야 하므로, 행정자치부장관은 시·도지사로부터 시·도 조례만 보고받게 되는 것이다. 따라서 보고주체에 치중하여 "각각"을 해석하면 행정자치부장관이 관계 중앙행정기관의 장에게 통보하는 것은 시·도 조례만 해당된다. 그러나 2005.1.27. 법률 제7362호로 일부개정되기 전의 제21조 (보고)는 " 조례나 규칙을 제정 또는 개폐하는 경우 조례에 있어서는 지방의회에서 이송된 날로부터 5일 이내에, 규칙에 있어서는 공포예정 15일전에 시·도지사는 내무부장관에게, 시장·군수 및 자치구의 구청장은 시·도지사에게 그 전문을 첨부하여 각각 보고하여야 하며, 보고를 받은 내무부장관은 이를 관계중앙행정기관의 장에게 통보하여야 한다. <u>다만, 시·도지사는 시장·군수 및 자치구의 구청장으로부터 받은 보고 중 내무부장관이 지정한 사항이 있을 때에는 지체없이 이를 내무부장관에게 보고하여야 한다.</u>"로 단서가 있었다.

개정이유[4]에 위 밑줄 친 단서의 삭제에 대한 언급이 없으나, "주무부장관 또는 시·도지사의 재의요구지시를 받은 지방자치단체의 장이 재의요구를 하지 아니하는 경우 등에는 주무부장관 또는 시·도지사가 대법원에 직접 제소할 수 있도록 하는 등 현행 제도의 운영상 나타난 일부 미비점을 개선·보완하려 한" 부분은 내무부장관이 지정한 사항과 관계없이 전체 조례를 보고받도록 한 것이다.

---

3) 한국지방자치법학회 편, 지방자치법주해, 박영사, 2004. 157면.

4) 법제처 국가법령정보센터상의 개정이유는 주민이 지방자치단체의 위법한 재무회계행위 등을 시정하여 줄 것을 법원에 청구할 수 있는 주민소송제도를 도입함으로써 주민참여를 확대하여 지방행정의 책임성을 높일 수 있도록 하는 한편, 지방의회의 운영의 자율성을 확대하기 위하여 정례회와 임시회의 회기제한규정을 삭제하고, 주무부장관 또는 시·도지사의 재의요구지시를 받은 지방자치단체의 장이 재의요구를 하지 아니하는 경우 등에는 주무부장관 또는 시·도지사가 대법원에 직접 제소할 수 있도록 하는 등 현행 제도의 운영상 나타난 일부 미비점을 개선·보완하려는 것이다.

(3) 2014.11.19. 개정된 정부조직법 제34조(행정자치부)는 제1항에서 "행정자치부장관은 국무회의의 서무, 법령 및 조약의 공포, 정부조직과 정원, 상훈, 정부혁신, 행정능률, 전자정부, 개인정보보호, 정부청사의 관리, 지방자치제도, 지방자치단체의 사무지원·재정·세제, 낙후지역 등 지원, 지방자치단체간 분쟁조정 및 선거·국민투표의 지원에 관한 사무를 관장한다.", 제2항에서 "국가의 행정사무로서 다른 중앙행정기관의 소관에 속하지 아니하는 사무는 행정자치부장관이 이를 처리한다."고 규정하고 있다. 개정되기 전의 안전행정부의 관장사항도 조례 관련 부분은 같다.[5)]

대통령령인 '행정자치부와 그 소속기관 직제'의 제14조(지방행정실) 제3항에서 지방행정실장의 분장사항으로 지방자치단체 자치법규 관련 연구와 재의·제소 지원 등을 규정하고 있을 뿐 따로 시·도 조례와 시·군 및 자치구 조례를 구분하고 있지 않다.[6)] 행정자치부령인 '행정자치부와 그 소속기관 직제시행규칙' 제11조(지방행정실) 제11항의 자치법규과장의 업무분장을 보면 제8호에서도 "「지방자치법」 제28조에 따라 보고된 자치법규의 쟁점 발굴 및 검토"가 규정되어 있을 뿐 따로 시·도 조례와 시·군 및 자치구 조례를 구분하고 있지 않다.[7)]

정부조직법 제34조와 시행령 및 시행규칙을 종합하면 시·군 및 자치구 조례 뿐 아니라 시·도 조례를 포함하는 모든 지방자치단체의 조례의 최종보고를 받는 행정기관은 행정자치부장관이며 각 조례의 재의·제소 지원의 최종 책임자도 행정자치부장관임을 알 수

5) 제34조(안전행정부) ① 안전행정부장관은 안전 및 재난에 관한 정책의 수립·총괄·조정, 비상대비·민방위 제도, <u>국무회의의 서무, 법령 및 조약의 공포, 정부조직과 정원, 공무원의 인사·윤리·복무·연금, 상훈, 정부혁신, 행정능률, 전자정부, 개인정보보호, 정부청사의 관리, 지방자치제도, 지방자치단체의 사무지원·재정·세제, 낙후지역 등 지원, 지방자치단체간 분쟁조정, 선거, 국민투표에 관한 사무를 관장한다.</u>
② 국가의 행정사무로서 다른 중앙행정기관의 소관에 속하지 아니하는 사무는 안 전행정부장관이 이를 처리한다.

6) 제14조 제3항 지방행정실장의 분장사항 중 하나인 39, 39의2, 39호의3 내용은 다음과 같다.
39. 지방자치단체 자치법규제도의 연구·개선
39의2. 지방자치단체 자치법규의 재의·제소 지원
39의3. 지방자치단체 조례·규칙의 운영 지원

7) ⑪ 자치법규과장은 다음 사항을 분장한다. 」신설 2016.12.27., 2017.2.28.>
1. 지방자치단체 자치법규제도의 연구·개선
2. 지방자치단체 자치법규의 재의·제소 지원
3. 지방자치단체 자치법규 현황 관리 및 분석
4. 자치법규 정비 지원 및 관리
5. 자치법규 정비 관련 평가 및 포상
6. 자치법규 관련 상담 및 교육 지원
7. 「지방자치법」 제15조에 따른 조례의 제정과 개폐 청구 제도의 연구·개선 및 운영 지원
8. 「지방자치법」 제28조에 따라 보고된 자치법규의 쟁점 발굴 및 검토
9. 자치법규 관련 중앙과 지방 간 협력체계 구축·운영
10. 그 밖에 자치법규 운영에 필요한 사항

있다. 지방의회의 의결이나 재의결된 사항이 둘 이상의 부처와 관련되거나 주무부장관이 불분명하면 행정자치부장관이 재의요구 또는 제소를 지시하거나 직접 제소 및 집행정지결정을 신청할 수 있다는 지방자치법 제172조 제8항의 취지도 행정자치부장관의 업무를 나타내는 당연한 규정이다.

(4) 소결

헌법 제117조와 정부조직법 제34조 및 관련 법규명령 그리고 지방자치법 제28조를 종합하면 행정자치부장관이 관계 중앙행정기관의 장에게 통보하는 조례의 범위에 시·군 및 자치구 조례가 포함된다.

다. 지방자치법 제8장 지방자치단체 상호간의 관계 중 제163조(지방자치단체조합의 지도·감독)

(1) 제163조 제1항은 "시·도가 구성원인 지방자치단체조합은 행정자치부장관의, 시·군 및 자치구가 구성원인 지방자치단체조합은 1차로 시·도지사의, 2차로 행정자치부장관의 지도·감독을 받는다. 다만, 지방자치단체조합의 구성원인 시·군 및 자치구가 2개 이상의 시·도에 걸치는 지방자치단체조합은 행정자치부장관의 지도·감독을 받는다."고 규정되어 있다. 행정자치부장관의 최종적인 지도·감독을 중첩적으로 규정한 것이다. 제2항도 "행정자치부장관은 공익상 필요하면 지방자치단체조합의 설립이나 해산 또는 규약의 변경을 명할 수 있다."고 규정하고 있는바, 해석상 전혀 문제가 없다.

(2) 제163조와 제172조의 해석에 있어서의 연관성

다수의견은 지방자치단체조합의 규모에 대한 지도·감독기관으로 행정자치부장관과 시·도지사의 구분을 인정하면서, 시·군 및 자치구가 구성원인 지방자치단체조합인 경우 2차로 행정자치부장관의 지도·감독을 받는다고 규정하고 있는 것을 참조하여 당시 제172조 제4항과 제6항을 해석해야 한다고 한다. 그러나 제163조는 국회가 1988.4.16. 법률 제4004호로 지방자치법을 전부 개정할 때부터 제8장 지방자치단체 상호간의 관계에 속한 제153조였던 규정으로 내무부장관만 정부조직법 개정에 따라 수 회 바뀌었을 뿐 다른 내용은 현재까지 변함이 없다. 그러나 제172조는 1988년부터 지금까지 제9장 국가의 지도·감독에 속하여 있으면서 조문의 위치뿐만 아니라 내용이 계속 변하여 왔다. 지방자치단체 상호간의 관계를 규정한 제8장에 속한 제163조(지방자치단체조합의 지도·감독) 규정과 국가의 지도·감독을 규정하고 있는 제9장에 속한 제172조는 입법목적이나 위법성 통제 원리가 다르다고 할 것이다. 거기에다가 제172조는 수차례 개정되면서 일부 조항의 개정과 함께 신설조항이 다수 추가되었으므로 제9장의 분류 취지에 따라 법조문을 해석하여야 한다. 특히 제9장 국가의 지도·감독에 속하는 제166조의 병렬적인 조문 형식이 제172조 제4항과

같은 것을 감안하면 다른 장에 속하는 제163조를 근거로 하는 다수의견은 타당하지 않다고 할 것이다.

(3) 소결

결국 제163조는 제8장 지방자치단체 상호간의 관계 중 지방자치단체조합의 지도·감독에 관한 규정으로 제9장 국가의 지도·감독에 속하는 제172조와 그 대상과 입법원리가 다르다. 뿐만 아니라 비교 대상으로 같은 병렬적인 조문 형식을 취하고 있으며 같은 제9장에 속하는 제166조가 보다 적절하다고 할 것이다. 따라서 다수의견이 내세우고 있는 제163조의 조문형식과의 비교는 적합하지 않다고 할 것이다.

라. 지방자치법 제9장 국가의 지도·감독 중 제166조(지방자치단체의 사무에 대한 지도와 지원)

(1) 제9장의 첫 번째 조문인 제166조의 제1항은 "중앙행정기관의 장이나 시·도지사는 지방자치단체의 사무에 관하여 조언 또는 권고하거나 지도할 수 있으며, 이를 위하여 필요하면 지방자치단체에 자료의 제출을 요구할 수 있다"고 규정하고 있는바, 이는 중앙행정기관의 장이나 시·도지사는 각각 지방자치단체의 사무에 관하여 조언 또는 권고하거나 지도할 수 있다는 것이다. 중앙행정기관의 장이 시·도지사의 조언이나 권고와 무관하게 할 수 있다는 것이고 만약 그 조언이나 권고의 내용이 상충되면 정부조직법 제26조 제3항[8]에 따라 중앙행정기관의 장의 조언이나 권고가 우세할 것이다. 이러한 해석은 제166조 제2항에서도 그대로 유지되어 국가나 시·도는 각각 지방자치단체에 재정지원이나 기술지원을 할 수 있다고 할 것이다. 결국 지방자치단체의 합법적이고 원활한 사무수행에 대한 국가나 광역지방자치단체 장의 보장을 중첩적으로 규정한 것이다.[9]

(2) 법문상 "A(이)나 B는 ~ 할 수 있다."는 구조의 해석

법문상 "A(이)나 B는 ~ 할 수 있다."는 구조는 주어인 A와 B가 "(이)나"를 통하여 각각 할 수 있다는 것을 의미하는 것이다. "(이)나"와 "또는"은 2 개 이상의 사항을 나열할 때 사용하는 선택적 접속사이다.[10] 조(條)나 항(項)의 문장에서 "(이)나"가 두 개의 주어 A와 B 사이에 있다면 A와 B는 각각 문장 내의 행위를 할 수 있다는 것이다.

(3) 하나의 조가 여러 항으로 구성된 경우의 해석

하나의 조문이 여러 항으로 구성된 경우 입법기술상 뒤의 항이 앞에 있는 어느 항을

---

8) 장관은 소관사무에 관하여 지방행정의 장을 지휘·감독한다.

9) 한국지방자치법학회 편, 앞의 책, 694면.

10) 국회법제실, 법제실무, 2011, 580면.

거론할 수 있다. 예를 들면 제5항에서 제1항이나 제2항을 거론하는 것과 같이 다른 항을 특정하여 그 연관성을 규정할 수 있다. 그럴 경우에도 어느 항에서 다른 항을 특정하여 거론하지 않았다면, 그 항은 그 자체 독립적으로 해석하여야 할 것이다. 만약 문장의 기법상 생략된 문장을 전제로 하고 그 전제가 인정되어야 입법취지를 알 수 있고 또 그것을 쉽게 추정할 수 있다면 그렇게 할 수 있을 것이나, 그것은 법문의 명확성 원칙에 반하지 않는 범위 내에서 허용될 것이다. 그러한 해석이 어렵다면 명확하게 해석될 수 있도록 그 조항을 개정하여야 할 것이다.

(4) 소결

법문의 해석에서 문리적 해석이 우선이다. 독립된 문장의 해석으로 입법자의 의사를 알 수 있다면 다른 해석이 필요 없다. 만약 문장의 해석이 상식에 반하거나 오해의 소지가 있다면 입법자의 의도를 추론할 수 있을 것이다. 만약에 독립된 문장 내에서 행위의 대상이 명확하지 않아 흠결된 부분이 있다면 생략된 문장이 있는지를 살펴보아야 할 것이다.

중앙행정기관의 장이나 시·도지사가 지방자치단체의 사무에 관하여 조언 또는 권고하거나 지도할 수 있다는 표현은 중앙행정기관의 장이 시·도지사와 별도로 조언 등을 할 수 있다는 것이다.

마. 지방자치법 제9장 국가의 지도·감독 중 제167조(국가사무나 시·도사무 처리의 지도·감독)

(1) 제167조 제1항은 "지방자치단체나 그 장이 위임받아 처리하는 국가사무에 관하여 시·도에서는 주무부장관의, 시·군 및 자치구에서는 1차로 시·도지사의, 2차로 주무부장관의 지도·감독을 받는다."고 되어 있는바, '시·도'와 '시·군 및 자치구'나 그 장이 국가사무를 위임받아 처리하는 것에 대한 지도·감독의 업무분장을 명확하게 규정하고 있으므로 해석상 의문이 없다. 그 취지는 시·군 및 자치구가 지방자치법 제3조 제2항과 제10조 및 제24조[11] 등에 따라 시·도의 관할 하에서 사무배분과 조례의 제정도 상하관계가 있으므로, 위임받은 국가사무에 관하여 우선적으로 시·도의 지도감독을 받게 한 것이다. 그런 상황을 전제로 시·군 및 자치구나 그 장이 위임받은 국가사무에 대하여 주무부장관의 최종적인 지도·감독을 받는다.

(2) 제2항인 "시·군 및 자치구나 그 장이 위임받아 처리하는 시·도의 사무에 관하여는 시· 도지사의 지도·감독을 받는다."는 규정의 해석에 어려움이 없다.

---

11) 제24조(조례와 규칙의 입법한계) 시·군 및 자치구의 조례나 규칙은 시·도의 조례나 규칙을 위반하여서는 아니 된다.

바. 지방자치법 제9장 국가의 지도·감독 중 제172조(지방의회 의결의 재의와 제소)

지방자치법 제172조의 연혁과 개정사유를 검토하고, 조례제정에 관한 상급기관의 권한에 관한 비교법적 검토를 위하여 일본과 영국의 경우를 살펴보고자 한다.

(1) 지방자치법 제172조의 입법연혁과 개정사유

(가) 1988.4.6. 법률 제4004호로 전부 개정

지방자치법은 1988.4.6. 법률 제4004호로 전부 개정되어 현재까지 그 기본 구조를 유지하고 있으나, 항이 늘어난 것과 조문위치가 당시의 제159조가 현행 제172조로 변하였다. 맨 처음에 제159조가 3항으로만 이루어진 것은 조례 제정의 활성화를 예측하지 못하였을 뿐 아니라 법령에 위반한 조례에 대한 통제의 어려움을 예측하지 못하였기 때문이다. 특색은 시·도지사는 내무부장관의, 시장·군수 및 자치구의 구청장은 시·도지사의 승인을 얻어 재의결된 사항을 법령 위반이나 공익을 현저히 해한다는 이유로 대법원에 소를 제기할 수 있다는 것이다.12)

(나) 1994.3.16. 법률 제4716호로 일부 개정13)

1) 법제처가 제공하는 국가법령센터 상 관련조항의 개정 취지에 의하면 일부개정한

---

12) 제159조 (지방의회 의결의 재의와 제소) ①지방의회의 의결이 법령에 위반되거나 공익을 현저히 해한다고 판단될 때에는 시·도에 대하여는 내무부장관이, 시·군 및 자치구에 대하여는 시·도지사가 재의를 요구하게 할 수 있고, 재의의 요구를 받은 지방자치단체의 장은 지방의회에 이유를 붙여 재의를 요구하여야 한다.

② 제1항의 요구에 대하여 재의의 결과 재적의원과반수의 출석과 출석의원 3분의 2 이상의 찬성으로 전과 같은 의결을 하면 그 의결사항은 확정된다.

③ 제2항의 규정에 의하여 재의결된 사항이 법령에 위반된다고 판단되는 때에는 시·도지사는 내무부장관의, 시장·군수 및 자치구의 구청장은 시·도지사의 승인을 얻어 재의결된 날로부터 15일 이내에 대법원에 소를 제기할 수 있다. 이 경우 의결의 효력은 대법원의 판결이 있을 때까지 정지된다.

13) 제159조 (지방의회 의결의 재의와 제소) ① 지방의회의 의결이 법령에 위반되거나 공익을 현저히 해한다고 판단될 때에는 시·도에 대하여는 내무부장관이, 시·군 및 자치구에 대하여는 시·도지사가 재의를 요구하게 할 수 있고, 재의의 요구를 받은 지방자치단체의 장은 지방의회에 이유를 붙여 재의를 요구하여야 한다.

② 제1항의 요구에 대하여 재의의 결과 재적의원과반수의 출석과 출석의원 3분의 2 이상의 찬성으로 전과 같은 의결을 하면 그 의결사항은 확정된다.

③ 지방자치단체의 장은 제2항의 규정에 의하여 재의결된 사항이 법령에 위반된다고 판단되는 때에는 재의결된 날부터 20일 이내에 대법원에 소를 제기할 수 있다. 이 경우 필요하다고 인정되는 때에는 그 의결의 집행을 정지하게 하는 집행정지결정을 신청할 수 있다. <개정 1994·3·16>

④ 내무부장관 또는 시·도지사는 재의결된 사항이 법령에 위반된다고 판단됨에도 당해지방자치단체의 장이 소를 제기하지 아니하는 때에는 당해지방자치단체의 장에게 제소를 지시하거나 직접 제소 및 집행정지결정을 신청할 수 있다. <신설 1994·3·16>

⑤ 제4항의 규정에 의한 제소의 지시는 제3항의 기간이 경과한 날부터 7일 이내에 하고, 당해지방자치단체의 장은 제소지시를 받은 날부터 7일 이내에 제소하여야 한다. <신설 1994·3·16>

⑥ 내무부장관 또는 시·도지사는 제5항의 기간이 경과한 날부터 7일 이내에 직접 제소할 수 있다. <신설 1994·3·16>

이유는 지방자치제도의 정착·발전을 도모하기 위하여 지방의회 운영의 효율성과 의원의 원활한 의정활동을 제도적으로 보장하고, 도시와 농촌간의 균형적인 발전이 이루어질 수 있도록 하며 기타 지방자치제도의 시행과정에서 제기되었던 제도적 미비점등을 합리적으로 조정 · 보완하는 것이다. 특히 제159조 제3항과 제4항 및 제6항 등의 개정과 신설이유는 "지방자치단체의 장은 지방의회에서 재의결된 사항이 법령에 위반된다고 판단되는 때에는 대법원에 소를 제기할 수 있고, 그 의결의 집행을 정지하게 하는 집행정지결정을 신청할 수 있도록 하는 한편, 당해 지방자치단체의 장이 소를 제기하지 아니하는 때에는 내무부장관 또는 시 · 도지사는 당해 지방자치단체의 장에게 제소를 지시하거나 직접 제소 및 집행정지결정을 신청할 수 있도록 하"는 것이다. 즉, 법령위반의 통제에 대하여 내무부장관 또는 시 · 도지사의 적극적인 역할을 주문한 것이다.

2) 제3항의 적극 규정으로의 개정

"시 · 도지사는 내무부장관의, 시장 · 군수 및 자치구의 구청장은 시·도지사의 승인을 얻어 재의결된 날로부터 15일 이내에 대법원에 소를 제기할 수 있다"는 제3항을 "지방자치단체의 장은 제2항의 규정에 의하여 재의결된 사항이 법령에 위반된다고 판단되는 때에는 재의결된 날부터 20일 이내에 대법원에 소를 제기할 수 있다"고 변경하여 상급기관의 사전승인 없이 대법원에 제소할 수 있게 하였다. 해당 지방자치단체의 장은 지방의회에서 재의결된 사항을 법령위반으로 판단하면 법치주의 확립을 위해 사전승인 절차 없이 대법원에 제소할 수 있다.

3) 제4항, 제5항 및 제6항의 신설이유

신설된 제159조 제4항은 제1항의 절차를 전혀 언급하지 않고 당해 지방자치단체의 장이 제3항에 따른 제소를 하지 않을 경우에, 내무부장관 또는 시 · 도지사는 재의결된 법령 위반 조례에 대하여 소를 제기하지 않는 당해 지방자치단체의 장에게 제소를 지시하거나 직접 제소할 수 있음을 규정하고 있다. 즉 "내무부장관 또는 시 · 도지사는 재의결된 사항이 법령에 위반된다고 판단됨에도 당해지방자치단체의 장이 소를 제기하지 아니하는 때에는 당해지방자치단체의 장에게 제소를 지시하거나 직접 제소 및 집행정지결정을 신청할 수 있다"고 규정하여 법령에 위반한 재의결된 조례를 제거하기 위해 내무부장관은 시 · 도지사이든 시장 · 군수 및 자치구의 구청장이든 제1항의 절차와 관계없이 당해 지방자치단체의 장에게 제소를 지시하거나 직접 제소할 수 있게 한 것이다. 대상판결의 다수의견은 내무부장관은 당해 시·도지사에게만 제소를 지시하거나 직접 제소할 수 있다고 해석하나, 이는 내무부장관의 전체 조례에 대한 관할권을 부인하는 것일 뿐만 아니라 제4항에서 병렬적으로 규정한 조문의 해석원칙에도 반하는 것이다. 제166조는 172조와 같이 주체를 병렬적으로 규정해도 아무런 해석상 문제가 발생하지 않는다. 또한 이 당시 제정 또는 개폐

된 조례의 보고에 관한 제21조(보고)[14]에서, 내무부장관이 관련 조례를 최종적으로 보고받아 관계 중앙행정기관의 장에게 관련 조례를 통보해야 할 의무를 지니고 있다고 규정하고 있다. 이는 내무부장관의 시장·군수 및 자치구의 조례를 전국적으로 파악하고 있다는 것을 전제한 것이다. 결국 제21조와 제166조와 제172조 제4항을 합리적으로 해석하면 반대의견이 타당하다는 것이다. 신설된 제5항과 제6항은 신설된 제4항의 신청의 기간과 방법 등에 관한 절차 규정이다.

4) 소결

지방자치법 제159조의 제4항, 제5항 및 제6항의 신설은 국법질서의 확립을 위하여 법령을 위반한 당해 지방자치단체의 재의결 조례의 효력을 배제하기 위한 것이다. 그렇기 때문에 내무부장관이 시·도지사와 별도로 당해 지방자치단체의 장에게 제소를 지시하거나 직접 제소할 수 있게 한 것이다. 뒤에서 보는 바와 같은 상급기관의 조례 취소권을 규정한 일본의 지방자치법을 참조하여 재의결된 조례에 대한 통제를 강화한 것으로 평가된다. 신설 조항의 목적은 법령에 위반한 조례의 제거를 위한 것이므로 내무부장관이 시·도지사와 별도로 시장·군수 및 자치구의 구청장에게 법령위반 등의 조례에 대한 제소를 지시하거나 직접 제소할 수 있게 한 것이다. 그래서 실제 업무처리도 앞에서 본 사실관계와 같이 주무부장관이 제소지시를 한 것이다.

(다) 1999.8.31. 법률 제6002호 일부개정과 2005.1.27. 법률 제7362호 일부 개정

1) 1999.8.31.법률 제6002호로 일부개정되면서 내무부장관이 행정자치부장관으로 명칭만 변경되었다. 그러다가 2005.1.27. 법률 제7362호로 일부 개정되면서, 주무부장관 개념을 도입하여 행정자치부장관이 하던 위법 조례의 지도·감독을 주무부장관으로 변경하고 행정자치부장관에게 총괄하는 역할을 부여하는 새로운 조항을 신설하였다.[15] 개정이유에

14) 제21조 (보고) 조례나 규칙을 제정 또는 개폐하는 경우 조례에 있어서는 지방의회에서 이송된 날로부터 5일 이내에, 규칙에 있어서는 공포예정 15일전에 시·도지사는 내무부장관에게, 시장·군수 및 자치구의 구청장은 시·도지사에게 그 전문을 첨부하여 각각 보고하여야 하며, 보고를 받은 내무부장관은 이를 관계중앙행정기관의 장에게 통보하여야 한다. 다만, 시·도지사는 시장·군수 및 자치구의 구청장으로부터 받은 보고 중 내무부장관이 지정한 사항이 있을 때에는 지체없이 이를 내무부장관에게 보고하여야 한다.

15) 제159조 (지방의회 의결의 재의와 제소) ① 지방의회의 의결이 법령에 위반되거나 공익을 현저히 해한다고 판단될 때에는 시·도에 대하여는 주무부장관이, 시·군 및 자치구에 대하여는 시·도지사가 재의를 요구하게 할 수 있고, 재의의 요구를 받은 지방자치단체의 장은 의결사항을 이송받은 날부터 20일 이내에 지방의회에 이유를 붙여 재의를 요구하여야 한다. <개정 1999.8.31., 2005.1.27.>

② 제1항의 요구에 대하여 재의의 결과 재적의원 과반수의 출석과 출석의원 3분의 2 이상의 찬성으로 전과 같은 의결을 하면 그 의결사항은 확정된다.

③ 지방자치단체의 장은 제2항의 규정에 의하여 재의결된 사항이 법령에 위반된다고 판단되는 때에는 재의결된 날부터 20일 이내에 대법원에 소를 제기할 수 있다. 이 경우 필요하다고 인정되는 때에는 그 의결의 집행을 정지하게 하는 집행정지결정을 신청할 수 있다. <개정 1994.3.16.>

④ <u>주무부장관</u> 또는 시·도지사는 재의결된 사항이 법령에 위반된다고 판단됨에도 당해 지방자치단체의

의하면 국법질서와 자치법규간의 조화를 도모하기 위하여 주무부장관 또는 시·도지사의 재의요구지시를 받은 지방자치단체의 장이 이를 묵살하여 재의요구를 하지 아니하고 법령 위반의 조례를 그대로 시행한 경우 대법원 제소로 다툴 수 없는 문제점을 제거하기 위하여 주무부장관 또는 시·도지사가 대법원에 직접 제소할 수 있도록 한 것이다. 제159조 제7항을 신설한 이유는 민선 지방자치단체 장이 선거로 인한 책임만 의식하고 주무부장관이나 시·도지사의 재의요구지시를 이행하지 않는 경우에 대비한 것이다. 제8항은 지방의회의 의결사항 또는 재의결사항이 2이상의 부처와 관련되거나 주무부장관이 불분명한 때에 행정자치부장관이 재의요구 또는 제소를 지시하거나 직접 제소 및 집행정지결정을 신청할 수 있게 한 것이다.

2) 제4항과 제6항의 개정 이유

제4항과 제6항에서 내무부장관이 주무부장관으로 바뀐 것은 국가기능의 전문화에 따라 조례도 분화되고 전문화됨에 따라 실질적인 지도와 감독의 강화를 위한 것이다. 중요한 것은 국법질서와 자치법규간의 조화를 도모하기 위하여 주무부장관 또는 시·도지사가 대법원에 직접 제소 및 집행정지결정을 신청할 수 있도록 하면서 제1항과 관련한 내용을 전혀 언급하지 않은 것을 유지한 것이다. 즉 이미 제162조 제1항과 제167조 제1항의 규정을 알면서도 주무부장관과 시·도지사의 관련 조례의 재의 요구를 언급하지 않은 것은 입법자의 의도를 나타내는 것이다.

3) 소결

지방자치법 제159조의 제4항, 제5항 및 제6항을 그대로 유지하면서 내무부장관을 주무부장관으로 변경한 것은 1994.3.16.자 일부개정의 신설 이유에서 밝힌 바와 같이 국법질서의 확립을 위하여 법령을 위반한 당해 지방자치단체의 재의결 조례의 효력을 배제하기 위한 것이다. 그렇기 때문에 주무부장관이 시·도지사와 별도로 재의결된 조례의 법령위반

장이 소를 제기하지 아니하는 때에는 당해 지방자치단체의 장에게 제소를 지시하거나 직접 제소 및 집행정지결정을 신청할 수 있다. <신설 1994.3.16., 1999.8.31., 2005.1.27.>

⑤ 제4항의 규정에 의한 제소의 지시는 제3항의 기간이 경과한 날부터 7일 이내에 하고, 당해 지방자치단체의 장은 제소지시를 받은 날부터 7일 이내에 제소하여야 한다. <신설 1994.3.16.>

⑥ <u>주무부장관</u> 또는 시·도지사는 제5항의 기간이 경과한 날부터 7일 이내에 직접 제소할 수 있다. <신설 1994.3.16., 1999.8.31., 2005.1.27.>

⑦ 제1항의 규정에 의하여 지방의회의 의결이 법령에 위반된다고 판단되어 <u>주무부장관</u> 또는 시·도지사로부터 재의요구지시를 받은 지방자치단체의 장이 재의를 요구하지 아니하는 경우(법령에 위반되는 지방의회의 의결사항이 조례안인 경우로서 재의요구지시를 받기 전에 당해 조례안을 공포한 경우를 포함한다)에는 주무부장관 또는 시·도지사는 제1항의 규정에 의한 기간이 경과한 날부터 7일 이내에 대법원에 직접 제소 및 집행정지결정을 신청할 수 있다. <신설 2005.1.27.>

⑧ 제1항의 규정에 의한 지방의회의 의결 또는 제2항의 규정에 의하여 재의결된 사항이 2 이상의 부처와 관련되거나 <u>주무부장관</u>이 불분명한 때에는 행정자치부장관이 재의요구 또는 제소를 지시하거나 직접 제소 및 집행정지결정을 신청할 수 있다. <신설 2005.1.27.>

에 대하여 소를 제기하지 않는 당해 지방자치단체의 장에게 제소를 지시하거나 직접 제소할 수 있게 한 것이다.

(라) 2007.5.11.,법률 제8423호 전부개정과 2008.2.29., 법률 제8852호 일부 개정 및 정부조직법 개정으로 인한 타법개정[16)]

1) 2007.5.11.,법률 제8423호 전부개정

2007.5.11.,법률 제8423호 전부개정 이유는 법적 간결성·함축성과 조화를 이루는 범위에서 법 문장의 표기를 한글화하고 어려운 용어를 쉬운 우리말로 풀어쓰며 복잡한 문장은 체계를 정리하여 쉽고 간결하게 다듬어 일반 국민이 쉽게 읽고 잘 이해할 수 있도록 하고, 국민의 언어생활에도 맞는 법률이 되도록 하려는 것이다. 제159조가 제172조로 변경되었고, 제4항, 제6항 및 제7항의 "주무부장관 또는 시·도지사" 부분이 "주무부장관이나 시 · 도지사"로, "당해" 가 "해당"으로, "경과한"이 "지난" 등으로 각각 변경되었다.

2) "주무부장관 또는 시 · 도지사"가 "주무부장관이나 시 · 도지사"로 개정되어도 선택적 접속사로서 그 의미의 차이가 없으나, "또는" 보다 "이나"가 더 자연스럽고 이해하기 쉽기 때문에 일부 자구 수정이 있은 것으로 보인다.[17)]

3) 2008.2.29. 일부 개정과 그 후 2차례에 걸친 정부조직법 개정으로 인한 제172조 제8항의 개정이 있었으나, 마지막인 2014.11.19. 이후 다시 행정자치부장관으로 돌아왔다.

4) 소결

1994.3.16. 신설된 제172조 제4항과 제6항의 취지는 법령 위반 조례에 대한 국가의 지도·감독을 위하여 내무부장관이 시·도지사와 병렬적으로 당해 지방자치단체 장에게 제소지시를 하거나 직접 제소할 수 있게 하였다가, 많은 수의 조례 재·개정 및 폐지를 따라갈 수 없어 주무부장관을 등장시켰지만 제172조 제4항과 제6항을 그대로 유지하여 그 신설취지는 그대로 유지되고 있다고 할 것이다.

(2) 조례 제정과 재의 절차에 관한 비교법적 검토

(가) 일본 지방자치법상 재정권

일본 지방자치법 제176조는 "의회의 하자있는 의결 또는 선거에 대한 장의 처치"란 조명으로 8항을 규정하고 있다.[18)] 제1항에서 보통지방공공단체 의회의 의결에 대하여 지

16) 개정 2013.3.23., 2014.11.19.

17) 국회법제실, 법제실무, 2011, 580면.

18) 제1항의 경우 1948년 추가 신설되고, 1951, 1963, 2012년 개정되었는데, 각 조항마다 개정된 이력이 있으며, 제8항은 2004년(평성16년) 추가되었다.

방공공단체장이 이의가 있는 경우 의결일부터 10일 이내에 이유를 제시하여 재의에 부칠 수 있고, 제2,3항에서 의회에서 출석의원 3분의2 이상의 찬성으로 같은 의결이 되면 그 의결은 확정된다는 것을 규정하고 있다. 제4항에서 의회의 의결이 권한을 초과하거나 법령 또는 회의규칙을 위반한다고 인정할 때, 지방공공단체장이 이유를 제시하고 재의에 부칠 수 있다는 것을 규정하고 있다. 이에 대한 의회의 재의결이 역시 권한을 초과하거나 법령 또는 회의규칙에 위반한다고 인정할 때, 도도부현지사는 총무대신에게, 시정촌장은 도도부현지사에게 당해 의결이 있었던 날로부터 21일 이내에 심사청구를 할 수 있다(제5항). 이러한 심사청구가 있으면 총무대신 또는 도도부현지사는 심사 결과 재의결이 그 권한을 넘거나 법령 또는 회의규칙을 위반한다고 인정할 때 당해 재의결 또는 재선거를 취소하는 재정(裁定)을 할 수 있다(제6항), 심사청구의 재정에 불복이 있는 때 지방공공단체의 의회 또는 장은 재정이 있은 날부터 60일 이내에 재판소에 소를 제기할 수 있다(제7항), 의회의 의결 또는 선거의 취소를 구하는 소는 당해 의회를 피고로 제기하여야 하다(제8항).

지방공공단체장의 재의권을 제1,2,3항의 일반거부권과 제4항의 특별거부권으로 분류하기도 한다.[19] 우리와 비교되는 특색은 총무대신 또는 도도부현지사는 위법성 심사 결과 재의결이 그 권한을 넘거나 법령 또는 회의규칙을 위반한다고 인정할 때 당해 재의결을 취소하는 재정(裁定)을 할 수 있고, 이에 불만이 있으면 지방공공단체의 의회 또는 장이 최고재판소가 아닌 재판소에 제소할 수 있는 것이며, 의회의 의결 또는 선거의 취소를 구하는 소송은 당해 의회를 피고로 해야 한다는 것 등이다. 조례의 위법심사제도는 국가와 지방공공단체사이의 입법권한의 충돌을 조정하는 것이나, 사법통제의 절차의 복잡성과 장시간을 요하는 문제를 해결하기 위하여 행정과정에서 제3의 기관이 조례의 적법성과 합목적성을 심사하는 것으로 바람직하다는 견해도 있다[20].

이러한 일본제도에 대하여 중앙정부의 직접취소권은 법령과 상급지방자치단체의 조례의 범위 내에서 의결을 하도록 제한한 것이므로 지나친 것이 아니고 오히려 효율적인 감독권한의 행사를 보장한다는 견해가 있다.[21] 이에 반하여 일본의 직접취소권은 지나치게 강한 감독권한이므로 한국의 재의요구지시제도를 효과적으로 운영하는 것이 지방의회의 자율권을 보장하면서 효율적인 감독권한을 행사할 수 있다는 견해가 있다.[22]

우리의 경우 대법원을 단심 관할법원으로 하여 조례에 관한 분쟁을 조기 확정하는 장점이 있으나 적법성을 다투는 조례가 양산되어 과도한 사건부담을 초래하는 것은 그 취지

19) 한국지방자치단체국제화재단, 현장에서 바라 본 일본의 지방자치, 2001.429~430면.(부록 妹尾克敏, 日本地方自治法 解說)

20) 宇賀克也, 地方自治法概說, 有斐閣, 2011. 186－187면.

21) 김상미, "재의제도의 의의와 절차", 자치행정, 2001.3/4/. 20~22면.

22) 홍준형, 한국지방자치법학회 편, 앞의 책, 770면.

에 반한다고 할 것이다.[23] 조례에 대하여 대법원의 추상적 규범통제를 단심제로 운영하는 것도 의미가 있지만, 조례 양산 체제하에서 일본과 같이 상급기관이 조례를 취소할 수 없다면 관할 고등법원에서 1차로 심리하는 것도 검토해보아야 할 것이다.

(나) 영국의 지방자치와 조례제정권

영국은 지방귀족의 해체 없이 자본주의 발달을 이룩하여 토지와 자본이 소수귀족에게 집중되었다.[24] 그러다가 20세기 들어와서 지방정부에 대한 정당의 지배가 가속화되면서 중앙집권정책을 취하게 되었다. 1972년 지방정부법(The Local Government Act of 1972)은 1974년부터 카운티바러(county bourough)를 폐지하고 잉글랜드와 웨일스의 58개 카운티의회를 47개로 축소하고, 카운티 안에 있던 1,250개의 도시 바러, 도시 및 비도시 디스트릭트는 333개의 디스트릭트 의회(district councils)로 통합되었고,[25] 그 후에도 계속 개정되어 왔다.

지방의회에 조례(by－laws)제정권이 있으나 이는 오로지 국가 법률의 틀 안에서 이루어질 뿐이다. 새로운 지역복지권(well－being power)으로 지방자치단체의 권한이 확대되고 지역공동체의 계획 및 전략과 직접 연결되었으나 그 자체가 무제한적인 권한이 아닐 뿐 아니라 '성문법의 피조물(creatures of statute)'로서 지방자치단체의 헌법적 지위를 변화시킬 수 없었다.[26]

1972년 지방정부법은 디스트릭트와 런던시에 조례제정권을 부여하였으나, 그 대상은 생활 공해의 방지나 억제를 위한 것이다. 다른 법률에서 보건, 주택, 고속도로 등과 같은 특정한 목적을 위한 조례제정권(byelaw－making power)을 부여하기도 하나, 잔여입법권(residuary power)에 불과하다.[27] 1972년 지방정부법 이래 조례는 제정과정에서 국무장관의 승인을 받아야 하고, 다른 법률에 의한 조례는 관할 장관의 승인을 받아야 한다.[28] 승인을 받지 못하면 조례가 성립되지 않으므로 중앙정부의 확고한 통제 하에 있다. 2016년 조례규정에서도 승인을 하는 장관은 지방자치단체가 따를 표준 조례(model byelaws)를 만들어 조례제정에 도움을 주고 있다.

---

23) 함인선, "일본 지방자치법상의 쟁송제도와 시사점", 사법개혁과 세계의 사법제도[Ⅸ], 사법제도비교연구회편, 2015. 435면

24) 이광윤, 행정법이론－비교적 고찰－", 성균관대학교 출판부, 2000. 308면.

25) David Wilson & Chris Game, 임채호 역, 영국의 지방정부, 박영사, 2008. 69면.

26) David Wilson & Chris Game, 임채호 역, 위의 책, 205면.

27) Sir William Wade, Administrative Law, sixth edition, 1988, 131~132면.

28) Local Government Act 1972 235(2), 236(4), The Byelaws(Alternative Procedure) (England) Regulations 2016.

(다) 소결

의원내각제 국가인 일본과 영국은 지방의회의 조례제정에 대하여 장관 등 상급기관이 강력한 통제권을 가지고 있다. 일본은 상급기관이 지방의회 조례의 취소권을 갖고 그 결과에 불만이 있는 지방의회나 지방자치단체 장이 법원에 이의를 제기하는 점에서 우리와 다르다. 그러나 우리의 경우도 앞에서 본 바와 같이 조례제정과정에 있어 지방의회의 자율성을 존중하던 입장에서 조례의 적법성을 강조하는 입장으로 변화되면서 상급기관의 감독권이 강화된 것을 알 수 있다.

(3) 지방자치법 제172조의 제4항과 제6항의 해석

(가) 지방자치법 제172조(구 159조) 제4항과 제6항의 신설 배경

1994.3.16. 법률 제4716호로 일부 개정하면서 당해 지방자치단체의 장이 지방의회의 재의결에도 불구하고 제소를 하지 아니하는 때에 내무부장관 또는 시·도지사가 재의결조례 등의 위법상태를 제거하기 위하여 당해 지방자치단체의 장에게 각각 제소를 지시하거나 직접 제소 및 집행정지결정을 신청할 수 있도록 한 것은 조례의 위법성에 대한 통제의 필요성이 커졌기 때문이다. 지방의회가 구성된 1991년부터 2000년 말까지 재의 요구된 지방자치단체 조례안이 총 564건이고, 제172조 제1항에 의한 재의요구는 346건(61%)이며, 재의결과 부결된 것이 336건(60%)인데, 재의결된 151건 중 대법원에 제소된 것이 80건으로서 그 중 64건(80%)이 무효판결을 받은 사실[29]은 중요한 의미가 있다.

(나) 입법의 미비와 해석

선거를 앞둔 인천광역시장과 강화군수가 관할 섬에 거주하는 주민들에게 정주생활금을 지원해주는 내용의 강화군의회의 재의결 조례에 찬성하여 제소를 할 의사가 없는 경우, 내무부장관 또는 주무부장관이 이에 대한 통제가 필요하다고 판단하는 경우에 이 문제를 제172조로 해결할 수 있는가이다. 1994.3.16.법률 제4716호로 개정하면서 제4항과 제6항에 "내무부장관이나 시·도지사는"이라고 병렬적으로 표기한 것은 제1항과 제3항의 규정으로 해결할 수 없는 상황, 즉 대상판결의 사례와 같이 강화군수에게 제소를 지시하고 인천광역시장에게 협조하라는 공문을 받고도 인천광역시장은 강화군수에게 제소 지시를 하지 않고, 인천광역시장도 제소를 하지 않은 경우에 대비한 것이다. 인천광역시장이 관할 주민들에 대한 지원을 반대할 의사가 없고, 이 사건 조례와 같은 정주생활지원금지급이 지방재정법에 위반된다면 누가 해결을 해야 하는가가 문제된다. 적법성에 대한 최종 책임을 져야 할 자는 주무부(내무부)장관이라고 하여야 할 것이다. 아니면 행정자치부장관이 지방자치

29) 이상규, "재의의 운영실태와 발전방향", 자치행정 2001.3/4, 28~30면, (한국지방자치법학회 편, 앞의 책, 694면.764면에서 전재)

법 제172조에 따라 관여할 수 없는 강화군의회의 재의결 조례에 잘못 나선 것이라고 보아야 하는가이다. 제172조 제4항과 제6항을 규정하면서 제1항의 내용과 달리 시·도 조례와 시·군 및 자치구 조례를 구분하여 규정하지 않은 것은 내무부장관이나 시·도지사가 중복되더라도 빠짐없이 당해 지방자치단체 장에게 제소지시를 하거나 직접 제소할 수 있게 한 것으로 보아야 한다. 법령을 위반하였다는 이유로 제소된 재의결 조례의 효력을 정지시키기 위하여 내무부장관이나 시·도지사가 병렬적으로 제소할 수 있게 규정한 것은 잘못된 것이 아니다. 그러한 2개의 행위 주체를 병렬적으로 규정하는 것은 같은 제9장의 제166조에 있으므로 입법의 미비라고 볼 수 없는 것이다. 그렇기 때문에 1994.7.5. 일부개정된 지방자치법 시행령 제56조(지방의회 의결의 재의 및 제소등의 보고)에서 지방자치단체의 장은 내무부장관에게 재의요구사실과 지방의회의 의결 등을 내무부장관에게 즉시 보고하여야 하고, 이 경우 시장·군수 및 자치구의 구청장은 시·도지사를 거쳐 보고하여야 한다고 규정하였다.[30)]

그러나 이 사건과 같이 인천광역시장이 재의를 요구하지 않을 경우에 다수의견의 경우에는 주무부장관이 나설 방법이나 그 해결책이 없다는 것이다. 현 지방자치법시행령 제114조(지방의회 의결의 재의 및 제소 등의 보고)는 행정자치부장관과 주무부장관에게 보고하도록 되어 있을 뿐이고, 같은 시행령 제115조(주무부장관의 통보)는 주무부장관이 법 제172조 제1항에 따라 시·도지사에게 재의를 요구하게 한 경우, 법제172조 제4항에 따라 시·도지사에게 제소를 지시하거나 직접 제소하거나 집행정지결정을 신청한 경우나 그에 따른 대법원의 판결·결정이 있는 경우, 법 제172조제7항에 따라 주무부장관이 대법원에 직접 제소 및 집행정지결정을 신청한 경우와 그에 따른 대법원의 판결·결정이 있는 경우에 행정자치부장관에게 즉시 그 내용을 통보하여야 한다고 규정하고 있으나, 대상판결과 같은 경우를 규정하고 있지 않다. 위 관련 시행령은 그 부분이 보완되어야 할 것이다.

(다) 소결

결국 1994년 위 조항을 신설한 이유는 지방의회 조례의 법령위반 등을 규제하고 국법

---

30) 제56조 (지방의회 의결의 재의 및 제소등의 보고) 지방자치단체의 장은 다음 각호의 1에 해당하는 경우에는 내무부장관에게 즉시 그 내용을 보고 하여야 한다. 이 경우 시장·군수 및 자치구의 구청장은 시·도지사를 거쳐 보고하여야 한다. [전문개정 1994·7·6]

1. 법 제19조제3항, 법 제98조제1항 또는 법 제99조제1항의 규정에 의하여 당해 지방자치단체의 장이 재의를 요구한 때와 그에 따른 지방의회의 의결이 있는 때
2. 법 제159조제1항 및 제2항의 규정에 의하여 시·도지사가 시·군 및 자치구의 지방의회 의결에 대하여 재의를 요구하게 한 때와 그에 따른 지방의회의 의결이 있는 때
3. 법 제98조제3항 및 법 제159조제3항의 규정에 의하여 지방자치단체의 장이 재의결된 사항에 대하여 대법원에 소를 제기하거나 집행정지결정을 신청한 때와 그에 따른 대법원의 판결 또는 결정이 있는 때
4. 법 제159조제4항의 규정에 의하여 시·도지사가 시장·군수 및 자치구의 구청장에게 제소를 지시한 때와 직접제소하거나 집행정지결정을 신청한 때 및 그에 따른 대법원의 판결 또는 결정이 있는 때

질서 유지와 자치법규와의 조화를 위하여 내무부장관에게 특별한 권한을 부여한 것이다. 실제로 내무부장관이 지방의회 제정 조례 등의 보고를 받았고, 관련 업무도 내무부의 업무에 포함되었던 것이고, 현재도 마찬가지이다. 그러므로 위에서 지적한 문제를 해결하기 위한 최종책임자는 주무부장관이나 행정자치부장관이므로 책임소재를 명백하게 개선하는 것이 바람직할 것이다. 그렇게 되기 전에는 현행법의 문리해석에 맞고 관련조항의 입법취지에 부합하는 반대의견이 타당하다고 할 것이다.

3. 법률해석론과 이에 관한 판례의 고찰

가. 법률해석론 개관

(1) 법해석에 관한 논의

법해석에 관한 많은 논의가 있다. 전통적으로 문리적 해석, 논리적 해석, 역사적 해석, 목적론적 해서, 비교법적 해석 등으로 나눈다.[31] 법해석론을 법규정의 의미를 문언 그 자체에 두는 문언중심적 법해석론, 입법자의 의도를 파악하여 그에 따른 법규정을 해석하고자 하는 의도중심적 법해석론,[32] 법이 실현하고자 하는 목적을 파악하여 법규정을 해석하고자 하는 목적 중심적 법해석론[33]으로 나누기도 한다.[34] 문언중심적 법해석론은 미국 연방대법원의 Anton Scalia 대법관이 주창한 textualism(문맥주의)과 유사하다. 이는 "문언에 중의성이 존재하지 않는다면 의도를 문제 삼는 것은 허용되지 아니한다."는 법언과 논리적 연관성을 가진다. 해석의 정당화 근거에 관한 논의로 11개의 유형을 4개의 언어적 논거,[35] 체계적 논거,[36] 목적론적/평가적 논거,[37] 초범주적－의도적 논거로 구분하는 견해도 있다.[38]

법문언의 해석상 어려움이 없으면 문리적 해석이 우선이고 그것이 순리가 아닐 때에는 역사적 해석, 목적론적 해석을 거쳐 체계적 해석과 헌법합치적 해석을 검토해야 한다.[39] 체계적 해석은 어느 법률규정의 위치, 다른 법규정과의 관계 등을 고려하여 법문언

31) 홍정선, 행정법원론(상), 박영사, 2017. 112면,; 박균성, 행정법론(상), 박영사, 2016.76면.

32) 의도중심적 법해석자로 그로티우스, 푸펜도르프, 존 오스틴 등을 들 수 있다.

33) 고전적인 주창자로 토마스 아퀴나스를 들 수 있고, 현대에서는 로널드 드워킨을 들 수 있다.

34) 최봉철, 대법원의 법해석론, 연세대학교 법학연구 제8권, 1988. 197면.

35) 통상적 의미에 의한 논거, 전문용어적 의미에 의한 논거로 구분된다.

36) 맥락적 합치(contextual－harninization)dp 의한 논거, 선례에 의한 논거, 유추에 의한 논거, 논리적·개념적 논거, 법의 일반원리에 의한 논거, 역사에 의한 논거로 구분된다.

37) 목적에 의한 논거, 실질적 이유에 의한 논거로 구분된다.

38) 닐 맥코믹/로버트 서머즈, 박정훈 역, "해석과 정당화(상)" 법철학연구 제5권제2호, 2002. 189－193면.

39) 최대권, "제정법의 해석", 서울대 법학 제30권 1·2호, 1989. 123면.

을 해석하는 방법이다. 대다수의 법명제가 다른 규범들과 관련을 가지면서 다른 규범들의 의미를 보충하는 목적을 실현하므로 체계적 해석은 목적론적 해석과 분리하기 어렵다.[40] 헌법합치적 해석은 법률문언이 다의적일 때 가능한 해석 중 헌법과 헌법원칙에 가장 잘 조화될 수 있는 해석을 말하는 것으로 법질서의 통일성과 관계된다.

행정법령의 해석은 법문에 사용된 용어의 뜻을 올바로 파악하는 문리적 해석을 하고, 그것이 전체 법질서, 특히 헌법과의 체계적 연관을 갖도록 하는 체계적 해석을 거쳐 입법 당시의 정부의 법령기초안, 국회에서의 심의록 등 입법자료를 참고하는 역사적 해석 순으로 해석을 하되 해석의 결과가 합리적이고도 현실적으로 유용하도록 하는 목적론적 해석을 염두에 두어야 한다는 견해도 있다.[41] 또한 행정법의 해석의 방법은 침익적 영역과 수익적 영역에 따라 구분하여야 한다는 견해도 있다.[42] 즉 전자에서는 엄격한 해석을 위주로 하고 확장해석이나 유추해석은 허용되지 않고, 후자의 경우에는 공법규정의 유추해석이 허용된다는 것이다.

(2) 이 사건의 쟁점

이 사건에서 다수의견은 지방자치법 제172조의 체계에 따라 제172조 제4항을 같은 조 제1항과 제2항과 연관하여 원고인 행정자치부장관은 강화군의회의 재의결에 대하여 강화군수에게 제소를 지시할 수 없고, 제소권도 없다고 해석하였다. 이에 반하여 반대의견은 제4항을 제1,2항의 절차와 구분하여 문언대로 해석하였다. 관련 조항의 변천과정에서 밝혀진 바와 같이 위법 조례에 대한 통제 강화 방향과 강화군수와 인천광역시장이 원고의 제소지시를 불이행해도 달리 제재방법이 달리 없는 것 및 지방선거를 앞두고 제정되는 선심성 조례에 대한 최종 책임자가 주무부장관인 점을 볼 때 반대의견이 타당하다고 아니 할 수 없다.

나. 법률 해석론에 관한 판례 검토

(1) 대법원의 법률해석론

(가) 대법원은 형사사건에 있어서 기본적으로 엄격한 문언적 해석을 바탕으로 한 전체적, 종합적 해석을 하고 있다.

구체적인 사례로 형법 제170조 제2항의 해석[43]을 들 수 있다. 다수의견은 "형법 제170조 제2항에서 말하는 '자기의 소유에 속하는 제166조 또는 제167조에 기재한 물건'이라

---

40) Karl Engisch, 안법영·윤재왕 역, 법학방법론, 세창출판사, 2011.126면.

41) 김남진·김연태, 행정법 I , 법문사, 2008. 70면.

42) 김남진·김연태, 앞의 책, 70면,;홍정선, 앞의 책, 112면.

43) 대법원 1994.12.20. 자94모32 전원합의체 결정(공소기각결정에 대한 재항고)

함은 '자기의 소유에 속하는 제166조에 기재한 물건 또는 자기의 소유에 속하든, 타인의 소유에 속하든 불문하고 제167조에 기재한 물건'을 의미하는 것이라고 해석하여야 하며, 제170조 제1항과 제2항의 관계로 보아서도 제166조에 기재한 물건(일반건조물 등) 중 타인의 소유에 속하는 것에 관하여는 제1항에서 규정하고 있기 때문에 제2항에서는 그중 자기의 소유에 속하는 것에 관하여 규정하고, 제167조에 기재한 물건에 관하여는 소유의 귀속을 불문하고 그 대상으로 삼아 규정하고 있는 것이라고 봄이 관련조문을 전체적, 종합적으로 해석하는 방법일 것이고, 이렇게 해석한다고 하더라도 그것이 법규정의 가능한 의미를 벗어나 법형성이나 법창조행위에 이른 것이라고는 할 수 없어 죄형법정주의의 원칙상 금지되는 유추해석이나 확장해석에 해당한다고 볼 수는 없을 것이다."고 하였다. 이에 대하여 반대의견은 "형법 제170조 제2항은 명백히 '자기의 소유에 속하는 제166조 또는 제167조에 기재한 물건'이라고 되어 있을 뿐 '자기의 소유에 속하는 제166조에 기재한 물건 또는 제167조에 기재한 물건'이라고는 되어 있지 아니하므로, 우리말의 보통의 표현방법으로는 '자기의 소유에 속하는'이라는 말은 '제166조 또는 제167조에 기재한 물건'을 한꺼번에 수식하는 것으로 볼 수밖에 없고, 같은 규정이 '자기의 소유에 속하는 제166조에 기재한 물건 또는, 아무런 제한이 따르지 않는 단순한, 제167조에 기재한 물건'을 뜻하는 것으로 볼 수는 없다."는 것이다.

(나) 대법원은 임대주택법 제15조 제1항의 임차인에 관한 해석에서 객관적 타당성과 구체적 타당성을 강조하면서 원칙적으로 법률에 상용된 문언의 통상적 의미에 충실하여야 한다고 하였다.[44]

즉 "법률의 문언 자체가 비교적 명확한 개념으로 구성되어 있다면 원칙적으로 더 이상 다른 해석방법은 활용할 필요가 없거나 제한될 수밖에 없고, 어떠한 법률의 규정에서 사용된 용어에 관하여 그 법률 및 규정의 입법 취지와 목적을 중시하여 문언의 통상적 의미와 다르게 해석하려 하더라도 당해 법률 내의 다른 규정들 및 다른 법률과의 체계적 관련성 내지 전체 법체계와의 조화를 무시할 수 없으므로, 거기에는 일정한 한계가 있을 수밖에 없다."고 판시하였다.

(다) 대법원은 국·공유 일반재산인 토지를 대부받은 점유자가 점유 개시 후 자기의 비용과 노력으로 가치를 증가시킨 경우, 대부료 산정의 기준이 되는 해당 토지가액의 평가방법과 부당이득에 관한 사건에서 법적 안정성과 구체적 타당성의 조화를 추구하는 법해

44) 대법원 2009.4.23. 선고 2006다81035판결. 이 판결이 종래의 '전체적 종합적 해석론'에서 좀 더 나은 해석론으로 평가하는 견해도 있다. 이계일, "우리 법원의 법률해석/법형성에 대한 반성적 고찰," 연세대학교 법학연구 제25권 제4호, 2015.314면.

석에 관한 일반이론을 제시하였다.

"법해석의 목표는 어디까지나 법적 안정성을 저해하지 않는 범위 내에서 구체적 타당성을 찾는 데 두어야 한다. 나아가 그러기 위해서는 가능한 한 법률에 사용된 문언의 통상적인 의미에 충실하게 해석하는 것을 원칙으로 하면서, 법률의 입법 취지와 목적, 그 제·개정 연혁, 법질서 전체와의 조화, 다른 법령과의 관계 등을 고려하는 체계적·논리적 해석방법을 추가적으로 동원함으로써, 위와 같은 법해석의 요청에 부응하는 타당한 해석을 하여야 한다."고 판시하였다.[45)]

(라) 대법원은 환경영향평가 대상사업 또는 사업계획에 대한 환경영향평가서 제출시기를 규정하고 있는 구 환경영향평가법 시행령 제23조 [별표 1] 제16호 (가)목에서 정한 '기본설계의 승인 전'의 의미 및 위 조항이 환경영향평가법의 위임 범위를 벗어난 것인지 여부에 관하여 다수의견은 "법령의 해석은 어디까지나 법적 안정성을 해치지 않는 범위 내에서 구체적 타당성을 찾는 방향으로 이루어져야 한다. 이를 위해서는 가능한 한 원칙적으로 법령에 사용된 문언의 통상적인 의미에 충실하게 해석하고, 나아가 당해 법령의 입법 취지와 목적, 그 제 · 개정 연혁, 법질서 전체와의 조화, 다른 법령과의 관계 등을 고려하는 체계적·논리적 해석방법을 추가적으로 동원함으로써, 위와 같은 타당성 있는 법령 해석의 요청에 부응하여야 한다."는 것을 전제로 한 후 환경영향평가법의 위임에 따라 환경영향평가 대상사업 또는 사업계획에 대한 환경영향평가서 제출시기를 규정하고 있는 구 환경영향평가법 시행령(2010. 2. 4. 대통령령 제22017호로 개정되기 전의 것, 이하 같다) 제23조 [별표 1] 제16호 (가)목에서 정한 '기본설계의 승인 전'은 문언 그대로 구 건설기술관리법 시행령(2009. 11. 26. 대통령령 제21852호로 개정되기 전의 것) 제38조의9에서 정한 '기본설계'의 승인 전을 의미한다고 해석하는 것이 타당하고, 그렇게 보는 것이 환경영향평가법의 위임 범위를 벗어나는 것도 아니라고 하였다.[46)]

(마) 대법원은 학교용지부담금부과처분취소등청구사건에서 "침익적 행정처분의 근거가 되는 행정법규는 엄격하게 해석·적용하여야 하고, 행정처분의 상대방에게 불리한 방향으로 지나치게 확장해석하거나 유추해석하여서는 아니 되며, 그 행정법규의 입법 취지와 목적 등을 고려한 목적론적 해석이 허용되는 경우에도 그 문언의 통상적인 의미를 벗어나지 아니하여야 한다."고 판시하였다.[47)]

45) 대법원 2013.1.17. 선고 2011다83431 전원합의체 판결

46) 대법원 2012. 7. 5. 선고 2011두19239 전원합의체 판결[국방·군사시설사업실시계획승인처분무효확인등]

47) 대법원 2016.11.24. 선고 2014두47686판결.

(2) 헌법재판소의 법률해석론과 헌법합치적 법률해석[48)]

일반적으로 법률문언의 의미와 내용을 분명히 하는 법률해석에 있어, 법률조항의 문구의 의미가 명확하지 않거나 특정한 상황에 들어맞는 규율을 하고 있는 것인지 애매할 경우에는, 입법목적이나 입법자의 의도를 합리적으로 추정하여 문언의 의미를 보충하여 확정하는 체계적, 합목적적 해석을 하거나, 유사한 사례에 관하여 명확한 법률효과를 부여하고 있는 법률조항으로부터 유추해석을 하여 법의 흠결을 보충하거나, 심지어 법률의 문언 그대로 구체적 사건에 적용할 경우 터무니없는 결론에 도달하게 되고 입법자가 그런 결과를 의도하였을 리가 없다고 합리적으로 판단되는 경우에는 문언을 약간 수정하여 해석하는 경우도 있을 수 있다. 또한 어떤 법률조항에 대한 여러 갈래의 해석이 가능한 경우, 특히 법률조항에 대한 해석이 한편에서는 합헌이라는 해석이, 다른 편에서는 위헌이라는 해석이 다 같이 가능하다면, 원칙적으로 헌법에 합치되는 해석을 선택하여야 한다는 '헌법합치적 법률해석'의 원칙도 존중되어야 한다고 한다.

(3) 소결

학설과 판례가 제시하는 법해석의 일반 기준은 유사하다. 우리 법원은 문리해석을 해석의 기본원리로 설정해두고 있지만, 문리해석에 따른 결과가 논리－체계적 해석 또는 목적론적 해석에 비추어 불합리한 결과에 이른다고 판단할 경우에는 과감하게 문리를 이탈하여 다른 해석방법을 추구하는 경향이 있다.[49)] 해석의 기본원칙을 해당사안에 구체적으로 적용하는 방식을 채택하지 않고 이들 해석원칙을 판결문 전반부에 천명하고 자신의 결론을 지지하는 방식으로 사용하는 경향이 있다.[50)] 대상판결에서도 다수의견은 한 조문이 여러 항으로 된 경우 해당 항의 문리해석이 명확하고 그렇게 해석해도 구체적 타당성이나 법적 안정성을 침해하지 않음에도 불구하고 이전의 항과의 체계 등을 이유로 실질적으로 문언에서 벗어난 해석을 한 것이다.

그러나 이 사건의 경우 제172조 전체의 체계와 입법취지 등을 고려한 목적론적 해석과 문리적 해석은 모순되는 것이 아니라고 평가된다. 특히 지방자치법 제172조 제4항은 실제 사건의 흐름에서 보는 바와 같이 원고의 지방자치단체장에 대한 지방의회에 대한 제소명령이 실행되지 않아도 이를 통제할 방법이 없는 상황에서 원고가 직접 제소할 수 있는 문언적 해석을 거부할 이유가 없다. 제172조 제4항의 취지가 인정되고, 그러한 취지대로 한 해석이 동일한 법률 전체의 체계를 흔드는 것이 아니라면 표기된 문언의 해석을 우

48) 헌재 2012.5.31. 2009헌바123·126(병합) 구 조세감면규제법 부칙 제23조 위헌소원; 헌재 2015. 5. 28. 2012헌마410

49) 김도균, "한국에서의 법령해석", 김도균 엮음, 한국법질서와 법해석론, 세창출판사. 2013. 25면.

50) 이계일, 앞의 글, 319면.

선하여야 할 것이다. 지방자치법 제172조 제4항외에 원고 조직에 관한 관련 조항을 종합적으로 고찰하더라도 법령 위반조례에 대한 통제의 책임은 원고에게 있고, 선거를 앞둔 선심성 조례에 대한 통제를 위한 원고의 강화군수에 대한 제소지시와 인천광역시장에 대한 협조요청은 타당하고, 이를 따르지 않아 최종책임자로서 원고가 제소한 것은 법적 안정성과 구체적 타당성에 부합하고 법률의 문언해석에 합치되는 것이다.

가사 대법원의 다수의견이 지방자치법 제172조 제4항과 관련조항의 해석상 오해를 불식시키기 위한 명확한 입법을 촉구할 의도가 있다고 하더라도 헌법 제107조 제1항에 반하는 것이라고 아니할 수 없다.

4. 대상판결에 대한 평가

다수의견은 지방자치법 제172조 제4항, 제6항의 문언과 입법취지, 제·개정 연혁 및 지방자치법령의 체계 등을 종합적으로 고려하여 이 사건의 경우 주무부장관인 원고가 제소 지시와 직접 제소를 할 수 없다는 것이다. 제163조 제1항 및 제167조 제1항과 같이 명확하게 중복적으로 권한을 행사하게 하지 않은 이상 주무부장관은 시·도지사에 한하여 제소지시를 하거나 직접 제소를 할 수 있다고 해석하였다. 그리고 위법여부가 되는 조례는 사후적으로도 법원에 의한 심사의 대상이 될 수 있으므로 반드시 주무부장관이 제소 지시 또는 직접 제소를 할 필요성이 크지 않다는 것이다.

그러나 지방자치법 제172조 제4항과 제6항의 신설이유는 국법질서와 자치법규인 조례의 조화를 도모하기 위한 것으로 당시 내무부장관이 모든 조례의 최종보고수령자로서 재의 요구에 따른 지방의회의 재의결을 대처하기 위한 것이다. 지방자치를 도입하면서 종래 중앙집권적인 구조에서 당연히 일사분란하게 시행되리라고 생각한 제소지시가 지방의회의 재의결로 거부될 것을 예상하지 못하였고, 또한 지방자치선거로 당선되는 지방의회의원과 지방자치단체 장이 선거를 앞둔 상황에서 이해관계가 일치된다는 것을 충분히 인식하지 못하였던 것이다. 결국 국가와 광역지방자치단체 및 기초지방자치단체의 서열상 단계별 대응이 예외 없이 이루어질 수 있도록 제도적으로 보장되지 않은 상황에서, 재의결된 조례(특히 선심성 조례)에 대하여 당해 지방자치단체의 장이나 광역지방자치단체의 장이 선거를 의식하여 대법원에 조례무효확인소송을 제기하는 것을 꺼리는 것을 방지하고 국법질서의 통일적 수행을 위하여 제4항과 제6항을 신설한 것이다. 특히 일본의 지방자치법과 같이 상급기관이 위법하다고 판단하면 지방의회의 조례안을 취소하는 재정권을 발동하고 이를 다투는 지방의회나 지방자치단체 장이 법원에 제소하는 체계와 영국의 조례제정절차와 같이 중앙행정기관의 장이나 관련 주무부장관의 승인을 받지 않으면 조례의 효력이 발생하지 않는 제도를 감안하면 반대의견도 충분한 타당성이 있다고 할 것이다. 또한 제172조 제4항과 제6항에 대한 문언적 해석을 하더라도 반대의견이 설득력이 있고, 지방자치법상 병렬조항으로 되어 있는 관련 조항의 조문해석과 일치되므로 반대의견이 더 타당하다고 할 것이다. 특히 다수의견이 사후적으로 별문제가 없을 것이라고 하였으나, 이 사건 조례에 대하여 문제를 제기할 사람이 없고 더 이상 원고 등이 조례무효확인소송을 제기할 방법이 없다는 것이다. 따라서 주무부장관이 광역이든 기초이든 지방자치단체의 장을 상대로 재의결된 조례의 제소 지시와 직접 제소를 할 수 있다고 해석하여야 할 것이다.

그러므로 지방자치법 제172조 제4항과 제6항의 신설취지에 부합하고 문언해석에 합치되는 반대의견을 지지한다.

晴潭의 公益論과 公益關聯 行政判例*

김유환**

I. 서론

청담 최송화 교수는 필자의 은사로서 일생동안 행정법을 교육하고 연구하신 분이다. 금년에 희수를 맞이하여 이번에 제자들을 포함하여 행정판례연구회 여러분들의 성의를 모아 희수기념논문집을 봉정하게 되어 감회가 깊다.

청담 선생님의 희수를 기념하기 위하여 본고는 청담 선생님의 학문세계와 그 중심에 있는 공익론의 학문적 의의를 살펴보고 그의 공익론이 공익 개념의 발전에 끼친 영향과 그의 공익론 이전과 이후의 공익 관련 행정판례의 전개와 그 발전방향에 대해 논구하는 것을 기본적인 목적으로 한다.

청담 선생님은 일생동안 행정법 연구와 교육에 헌신하셨지만 청담의 학문세계에서 가장 두드러지는 것은 그의 공익론[1]이라고 할 것이다. 그의 공익론은 주로 그동안의 독일의 공익론[2]의 바탕 위에[3] 동양의 공익사상을 검토하고[4] 그에 근거하여 우리 행정법학

* 이 글은 2018년 6월 30일 발행된 행정판례연구 제23-1집에 게재된 논문을 전재한 것입니다.

** 법학박사, 이화여자대학교 법학전문대학원 교수, 한국공법학회 회장

1) 관련 논문이 있으나 청담 공익론의 집대성은 최송화, 「공익론－공법적 탐구－」, 서울대학교 출판부, 2002, 참조.

2) 청담의 공익론은 주로 다음과 같은 독일의 공익론에 관한 저작들을 검토하는 것으로 시작되었다. 최송화, 앞의 책, 2－3면. N. Achterberg, Strukturen der Geschichte des Verwaltungsrechts und der Verwaltungsrechtswissenschaft, *DÖV* 1979; Brugger, Konkretisierung des Rechts und Auslegung des Rechts, *AöR* 119, 1994; Fach, Begriff und Logik des "öffentlichen Interesses", *ARSP* 1974; Feindt, Zur Gemeinwohlbindung des öffentlichen Dienstes, *DÖD* 1975; P. Häberle, *Öffentliches Interesse als juristisches Problem,* Athenäum Verlag, 1970; P. Häberle, Die Gemeinwohlproblematik in rechtswissenschaftlicher Sicht, *Rechtstheorie* 14, 1983; P. Häberle, Besprechungen－Das Gemeinwohl als Schrankenschranke, *AöR* 1970; W. Leisner, Privatinteressen als öffentliches Interesse, *DöV*, April 1970; Link und Ress, Staatszwecke im Verfassungsstaat, *VVDStRL* 48, 1990; T. Läufer, "Gemeinwohl" und "Öffentliches Interesse" summarische Wertsetzung oder unverzichtbare Rechtsprechungshilfe, *JuS* 1975 Heft 11; Steiger, Zur Entscheidung kollidierender öffentlicher Interessen bei der politischen Planung als rechtlichem Problem, in: *FS Wolff* 1973; R. Stettner, Gemeinwohl und Minimalkonsens, Aus Politik und Zeitgeschichte 28, 1978; R. Stettner, Öffentliches Interesse als juristisches Problem, *VerwArch* 15, 1974; M.

에서 공익 관념이 어떠한 법리적 의미를 가지는가 하는 점을 논의하였다.[5] 그의 공익론은 그동안 우리 학계에서 막연하게만 논의되던 공익 관념에 대한 깊이 있는 성찰을 이루어 낸 것으로서 이후의 한국 행정법학의 공익관념의 발전에 초석이 되었을 뿐만 아니라 향후의 행정판례에서의 공익관념에도 영향을 미쳤다.

청담의 공익론은 청담의 사상과 학문세계를 배경으로 하고 있다. 그리하여 이하에서는 먼저 희수를 맞이하신 청담 선생님의 공익론의 배경을 이루는 청담 최송화 교수의 사상과 학문세계를 먼저 간략히 살펴보고 그 연장선에 있는 청담의 공익론을 검토해보기로 한다. 그 후에 청담선생님의 공익론이 어떻게 오늘의 행정판례에 영향을 미쳤는지를 살펴보고 마지막으로 법적 과제로서의 공익론의 향후의 발전과제에 대한 필자의 소견을 밝히기로 한다.

Stolleis, Öffentliches Interesse als juristisches Problem, *VerwArhiv*, 65 Band Heft 1, 1974; M. Weber,Wirtschaft und Gesellschaft, *Grundriss der verstehenden Soziologie* 2. Halbband, 1956; v. Zezschwitz, *Das Gemeinwohl als Rechtsbegriff*(Dissertation. jur. Marburg), 1969 등 참조.

3) 청담의 공익론의 중심은 독일에서의 공익논의에 기반을 둔 것이 분명하다. 그러나 청담은 영미의 공익에 대한 논의를 게을리하지 않았다. 최송화, 앞의 책, 317면 이하 제9장 보론: 영미공익법운동의 법적 의의 참조.

4) 청담의 공익론에 영향을 준 동양의 공사논변에 관한 문헌으로는, 박병호, “법제사연구에서의 공과 사”. 한국법연구센터 개원기념 학술대회 기조연설, 법학21 연구단 소식,2001; 정긍식, “조선전기 상속에서의 공사논변”, 「인제임정평교수화갑기념 신세기의 민사법문제」, 2001; 이원택, “현종조의 복수의리 논쟁과 공사관념”, 「한국법사에서의 공사논변의 전개」, 서울대학교 법학21 연구단 한국법연구센터, 2001; 조남호, “조선 주자학에서의 공과 사의 문제”, 「한국법사에서의 공사논변의 전개」,서울대학교 법학21 연구단 한국법연구센터, 2001; 溝口雄三, 「公私」, 三省堂, 1996; 溝口雄三, “中國思想史における公と私”, 佐佐木毅/金泰昌, 「公共哲學 I」, 東京大學出版會,2002; 溝口雄三, “中國における公私概念の展開”, 溝口雄三, 「中國の公と私」 研文選書, 1995; 宮崎良夫, “行政法における公益”, 日本公法學會, 「公法研究」 第;54號, 1992;「辭海」 合訂本, 中華書局, 1974. 등이 있다.

5) 청담의 공익개념의 법문제화에 영향을 준 국내 문헌에는 다음과 같은 것들이 있다. 서원우, “행정법에 있어서의 공익개념”, 「행정학의 제문제」, 청계 박문옥 박사 화갑기념논문집, 신천사, 1986; 김남진, “행정에 있어서의 공익”, 「행정법의 기본문제」, 경문사, 1989; 김문현, “우리 헌법상의 토지공개념”, 한국토지개발공사, 「토지개발」 1989. 4; 김상용, “토지공개념과 그 실천”, 한국토지개발공사,「토지개발」 1989. 4; 김철용, “토지의 공개념에 관한 검토”, 「대한변호사협회회지」 1978. 10; 이강혁, “기본권과 공공이익”, 「고시연구」 1978. 5; 이태재, “토지소유권의 특성과 토지공개념”, 한국토지개발공사, 「토지개발」 1989. 4; 조규창, “토지공개념의 모호성”, 「월간고시」 1985. 1; 허재영, “토지공개념의 확대도입방안”, 대한변호사협회, 「인권과 정의」 1989. 7; 허영, “토지공개념유감”, 법률신문 1989. 5. 18 등 참조.

II. 청담 최송화 교수의 사상과 학문세계

1. 청담 최송화 교수의 생애와 사상

(1) 개설

청담 최송화 교수는 1941년생으로서 일생동안 한국전쟁과 4.19 그리고 5.16과 10.26 및 1987년의 민중봉기와 헌법개정에 이르기 까지 우리나라의 주요 공법적 사건을 모두 직접 겪으신 한국공법학의 제1.5세대 내지 제2세대라고 할 수 있다. 청담의 생애 동안 우리나라에서 공익과 공사(公私)의 개념은 현저히 흔들리고 변화되어 왔으며 행정법과 행정판례의 발전은 눈부시게 이루어져 왔다고 할 수 있다. 40년 가까이 청담을 지켜본 제자의 눈으로 볼 때, 그는 행정법학자로서 그리고 교육 및 연구 부문의 탁월한 행정가로서 변혁시대를 살아왔으며 그의 처신과 생활철학으로서의 화이부동(和而不同)이야 말로 그의 삶과 학문세계와 공익론을 꿰뚫는 일관된 관점이 아닌가 한다.

(2) 청담 최송화 교수의 생애

① 개요

청담의 생애는 학자 및 교육자로서의 삶과 행정가로서의 삶으로 엮여져 있다. 그는 1941년 6월 27일에 태어나서 유년기에 해방을 맞이하고 소년기에 6.25를 겪었다. 그는 국회의원을 역임한 김철안 여사의 장남으로 태어나서 유복한 환경에서 성장하였다.

그는 1971년 서울대학교 법과대학 전임교수가 되었고 만 65세로 정년퇴임한 바 있다. 교수직 재임 중 총장 직무대리, 부총장, 법대 학장보, 학생부처장 등 여러 보직을 거치면서 뛰어난 교육행정역량을 발휘하였다.[6] 또한 경제와 인문·사회과학을 망라하는 국책연구기관을 관장하는 경제인문사회연구회 이사장으로서 국가의 연구행정을 담당하기도 하였고 고희가 넘어서 대법원 사법정책연구원 원장을 역임하면서 사법부의 연구행정의 중심이 된 바 있다.

② 학자로서의 청담

청담의 학문세계로의 투신은 1960년 목촌 김도창 박사와의 만남으로부터 시작된다고 할 수 있다.[7] 목촌께서 타계하시기 까지 청담은 목촌 선생의 애제자로서 목촌의 각종 활동과 함께 하였다. 목촌은 특별히 행정판례의 연구에 깊은 관심을 가졌기 때문에 청담은 1976년 목촌 선생이 중심으로 편찬한 4,800여면에 달하는 3권으로 된 행정판례집의

---

6) 최송화, 「법치행정과 공익」, 박영사,2002, iii면 이하 청담 최송화 교수 연보·주요저작 참조.

7) 최송화 「공익론－공법적 탐구－」, 서울대학교 출판부, 2002, vii면.

집필에 참여하였으며 실질적으로 한국행정판례연구회의 산파 역할을 한 몇 분 중의 하나가 되었다.

학자로서의 청담은 한국공법학회 회장, 한국행정판례연구회 회장, 한국행정법학회 회장 등의 역할을 담당하면서 늘 공법학계의 중심에 서있었다.

학자이지만 늘 교육행정 및 연구행정과 분리될 수 없는 관계에 있었던 분이기에 그는 늘 공익이 무엇인지 그리고 공익과 사익을 어떻게 조화시킬 수 있는지를 고민하였다고 본다.

③ 행정가로서의 청담

청담은 비록 일평생 교육과 연구 영역에서 머무셨지만 타고난 행정가의 면모를 가지고 있었다. 그의 행정가로서의 열정과 능력은 서울대학교 학생처 부처장과 학생처장 직무대리 그리고 서울대학교 법과대학 교무학장보를 역임하면서 또 서울대학교 부총장과 총장 직무대리를 감당하고 경제인문사회연구회 이사장 및 사법정책연구원장의 직을 수행하면서 분명히 드러났다. 그의 행정은 그의 빈틈없는 관리자로서의 면모를 빛나게 하였으며 그 열정은 서울대학교에서의 3번의 보직 수행 중 예외 없이 과로 등으로 입원하였던 점에서도 발견할 수 있다. 경제인문사회연구회 이사장직을 수행하면서는 동북아 문화공동체의 구상을 위하여 불철주야 수고 하였으며 학문의 국제교류를 위하여 많은 노력을 기울였다.

(3) 청담 최송화 교수의 사상과 공익론

청담은 카톨릭 신자로서 영세를 받았다. 그러나 그의 사상에는 동양의 고전의 가치관이 뼛속 깊이 흐르고 있다. 그의 좌우명으로 필자가 파악하고 있는 것은 논어에 나오는 화이부동(和而不同)인데 이야 말로 일평생 청담이 실질적으로 추구한 것과 깊은 관계가 있다. 사실 청담은 가능하다면 카톨릭과 동양사상 사이에서도 조화점을 발견하려고 하셨을 것이라 본다. 청담은 충돌을 좋아하지 않고 만사의 조화를 바라는 분이다. 그렇다고 하여 자신의 생각을 쉽게 버리지도 않는다. 화이부동은 청담이 일평생 몸으로 보여준 것이라 생각된다. 이처럼 인화를 중시하는 그의 대인관계 스타일은 늘 조화를 중시하였으므로 공익과 다른 공익, 공익과 사익의 조화는 청담의 필생의 고민거리요 연구대상이었다.

2. 청담 최송화 교수의 학문세계

청담 최송화 교수의 행정법학은 목촌 김도창 박사의 행정법학과 분리될 수 없는 관계에 있다. 목촌의 학문활동 옆에는 늘 청담이 계셨다. 청담은 목촌의 행정법학을 평가하면서 목촌 김도창 선생의 행정법학의 특징으로 ① 학문의 주체성 ② 민주적 행정법학의 모색 ③ 판례이론과의 접맥 ④ 실천학문으로서의 행정법학을 들고 있다[8] 그런데 실상 이러한 특징들은 청담 스스로가 강조하는 것이기도 하였던 것이다. 일본에서 유래한 공정력 개념에 대한 재해석이라든지 경찰행정 대신에 질서행정 개념의 도입, 그리고 행정판례집과 행정법 판례교재의 발간 등은 김도창 박사의 업적이지만 청담이 늘 함께하고 있었다.

그러나 청담의 행정법학에서는 목촌의 행정법학에서 발견되기 어려운 요소들도 있다. 첫 번째로 법과 정책의 연계에 대한 그의 학문적 노력이다. 그의 저작 가운데 '법과 정책에 관한 연구'[9], '행정규제완화와 재량권남용방지를 위한 법제정비방안'[10] 등은 이러한 경향을 여실히 보여주고 있다. 두 번째로, 미국행정법에 대한 연구이다. 이에 대해서는 '미국행정법의 장래'[11], '미국행정법의 역사적 전개'[12] 등의 저작물이 있다. 그러나 청담의 행정법학에서 가장 핵심을 이루는 것은 역시 공익 개념에 대한 천착이라고 할 수 있다. '행정법상 공익개념의 전개와 의의'[13], '공익개념의 법문제화: 행정법적 문제로서의 공익'[14], '판례에 있어서의 공익'[15] 등의 저작과 그를 통합 정리한 저서 '공익론－공법적 탐구－'[16]는 청담 행정법학의 결정체라고 할 수 있다.

Ⅲ. 청담 최송화 교수의 공익론

1. 개설

청담의 공익론은 주로 독일에서의 공익에 대한 여러 학문적 논의에 크게 영향을 받았다. 그러나 공익에 대한 기본적 이해는 철저히 한국의 역사적 상황에 기반하고 있다.[17]

청담은 현대 사회의 변화에 대응한 공익관의 변화와 그에 따른 공익의 본질론을 전개 하면서 전통적인 공익관념을 지양하였다. 청담에게 있어서도 공익은 어떤 선험적 실체

8) 최송화, "김도창－생애와 학문세계－", 「한국의 공법학자들—생애와 사상－」, 한국공법학회, 2003, 146－152면.

9) 서울대학교 「법학」 제26권 제4호, 1985.

10) 한국법제연구원 「법제연구」 제4호, 1995.

11) 서울대학교 「법학」 제21권 제1호, 1980.

12) 「현대공법의 이론」 (목촌 김도창 박사 화갑기념논문집), 1982.

13) 「현대 헌법학이론」 (이명구 박사 화갑기념논문집), 1996.

14) 서울대학교 「법학」 제40권 제2호, 1999.

15) 「행정판례연구」 Ⅳ, 2001.

16) 최송화, 「공익론－공법적 탐구－」, 서울대학교 출판부, 2002.

17) 최송화, 앞의 책, 164－174면.

를 가진 것이 아니라 과정적으로 결정되는 것으로 이해된 것 같다.[18] 요컨대, 청담의 공익관념도 기본적으로는 잠재적 공익관 또는 과정론적 공익관에 입각한 것이라고 사료된다.[19] 그러나 규준적 공익 개념의 존재와 기능을 부정하지는 않는다.

그러나 청담이 공익 개념과 관련하여 가장 중요하게 생각한 것은 공익개념을 법문제로 만드는 일이었다. 행정법학에서 종래 공익판단은 법판단과는 달리 행정청의 재량판단과 관련되는 것으로 인식되었다. 따라서 자유재량은 공익재량과 동의어로 인식되었기 때문에.[20] 공익판단을 그르친 것은 원칙적으로 부당에 그치고 법률문제라고 할 수 없었다. 청담은 이러한 종래의 통념에 의문을 제기하고 공익판단이야말로 중요한 법적 문제임을 주장하였다.[21] 그리하여 입법, 행정, 사법의 전 과정에서 이루어지는 공익판단은 법적 과정으로 재구성할 것임을 주창하고 입법, 행정, 사법이 법문제로서의 공익판단에 적절하게 기능하여야 함을 제시하였다.[22]

2. 청담 공익론에서의 공익의 본질과 공익 개념

(1) 공익 개념의 외연

청담의 공익 용어례는 포괄적이다. 공익 개념에 대한 용어례로 사용되고 있는 공공이익, 공공복리, 공공복지, 공공성 등의 표현에 얽매이지 않는다.[23] 특별히 청담에게 있어서 공익과 공공성은 분리될 수 없는 개념이라고 생각된다. 그러므로 청담이 생각하는 공익은 국익과는 다른 것이다. 공공성의 지평이 넓어지면 곧 공익의 외연도 확장된다.[24] 요컨대, 공공성에는 국가적 차원의 공공성도 있지만 사회적 차원의 공공성도 있다는 점을 고려하면 청담의 공익의 외연을 짐작할 수 있다.

---

18) 최송화, 앞의 책, 172－175면.

19) 규준적 공익관, 잠재적 공익관 이라는 개념은 서원우교수, 김남진 교수 등 우리 학계의 원로교수님들이 소개한 것이다. 서원우교수님은 독일의 공익관을 규준적 공익설, 개인권 확장설, 잠재적 공익설로 나누었고 김남진교수님은 규준적 공익과 잠재적 공익 두가지를 언급하였다. 잠재적 공익관은 공익을 규준적으로 주어지지 않은 것으로 보고 어떤 과정을 통해 확인되거나 결정되어야 할 것으로 이해한다. 서원우, “행정법에 있어서의 공익개념”, 「행정학의 제문제」, (박문옥박사 화갑기념논문집), 1986, 115－117면; 김남진, 「행정법 I」, 2001, 6면 주10 참조.

20) 김도창, 「일반행정법론 (상) 제3전정판」, 청운사,1988, 352－354면

21) 이에 관한 청담의 저작으로 최송화, “공익개념의 법문제화: 행정법적 문제로서의 공익”, 서울대학교 법학 제40권 제2호,1999. 참조.

22) 최송화, 앞의 책, 314－316면.

23) 최송화, 앞의 책, 175－177면.

24) 최송화, 앞의 책, 177－179면, 서원우, “사회국가원리와 공법이론의 새로운 경향 — 이른바 공개념 논의의 전개와 관련하여－”, 「현대 법학의 제문제」(서돈각박사 화갑기념논문집), 1981.(서원우, 「행정법연구」, 1986, 소수), 103－125면 참조.

(2) 규준적 공익과 과정가치로서의 공익

전통적 사회에서 공익은 규준적인 개념으로 인식되었다. 그러나 오늘날과 같은 다원화된 사회에서 공익은 규범적으로 주어진 규준적 개념[25]의 차원을 넘어 잠재적인 것으로 일정한 과정을 거쳐 확인 또는 결정되는 것으로 관념되기도 한다. 오히려 공익이 규준적으로 규정되는 입법과정 조차도 공익을 판단하는 과정이라고 볼 수 있기 때문에 청담은 현대 사회에서의 공익은 규준적으로 주어지는 것이라고만은 할 수 없음을 강조한다.[26] 이런 까닭에 청담의 공익론의 중점은 잠재적 공익론에 있고 공익은 공익판단과정의 가치를 반영하는 것으로 보는 듯하다.

규준적 공익에 관하여 청담의 의견이 반드시 분명히 제시되지는 않았지만, 규준적 공익을 완전히 포기하는 것은 인간 사회에서의 보편적 가치를 부정하는 것이 될 수 있으므로 규준적 공익 개념이 실정법을 넘어 인류사회의 보편 가치를 지키는 역할을 할 수 있도록 할 것을 염두에 둔 것은 아닌가 추측된다.

(3) 진정공익

청담은 오늘의 잠재적 공익관이 가져올 위험성을 누구 보다 깊이 인식하고 있는 듯하다. 과정가치로서의 공익이 강조되면 될수록 공익판단의 과정에 참여할 수 없는 자의 소외는 심각한 문제가 된다. 따라서 과정의 공정성이 왜곡될 수 있음을 감안하면 그러한 과정과 무관한 보편적 공익의 존재 가능성을 부정할 수 없을 것이다. 따라서 청담은 공익결정의 정당성의 심사기준으로서 오류 없는 공익의 개념을 전제하고[27] 이를 진정한 공익이라 한다.[28]

청담에 있어서 진정공익은 법실증주의적 공익판단에 대한 방어기제라고 할 것이다.

(4) 일반공익과 특수공익

청담이 말하는 공익의 외연이 넓기 때문에 구체적으로 공익의 법문제화는 문제되는 공익의 국가적, 사회적 맥락에 따라 상당히 다르게 나타날 수 있다. 그러기에 청담은 일반공익(일반적 공익)과 특수공익의 개념을 도입하여 공익의 타당범위에 따라 공익 개념을 달리 취급하고 있다. 영역을 초월한 보편타당한 공익 개념을 일반공익이라 하고, 특별한

---

25) 규준적 공익은 실정법 규정에 나타난다. Wolff, Bachof & Stober, *Verwaltungsrecht Ⅰ*, 1994, S. 344

26) 최송화, 앞의 책, 199－200면.

27) 이것은 Wolff, Bachof, Stober의 입론에 따른 것으로 보인다. Wolff, Bachof & Stober, 앞의 책. S. 340－341

28) 최송화 앞의 책, 179－180면.

영역, 특수한 맥락에서 통하는 공익 개념을 특수공익이라 한다.[29] 예컨대, 환경보호를 위한 공익은 환경공익이라는 특수공익이지만 환경 문제와 경제적 문제를 통합하여 전반적 관점에서 판단되는 공익은 일반공익이라 지칭할 수 있는 것이다.

일반공익과 특수공익 사이의 관계에 있어서 대체로 보편적 관점에서 논의되던 일반공익이 특수공익 보다 우선적이라고 평가되지만 각 영역의 영역주권이 요구되는 경우에는 특수공익이 일반공익 보다 우선적인 것으로 취급될 필요도 있다고 한다.[30]

3. 공익의 법문제화

(1) 법개념으로서의 공익

청담의 공익론의 지향점은 공익개념을 법문제화 하는 것이다. 공익판단과정을 법과 정화하고 잘못된 공익 판단에 대해서는 법적 심사가 가능하도록 하자고 하는 것이 청담 공익론의 기본적인 문제의식이라고 할 수 있다. 이러한 문제의식은 독일의 공법학자 Peter Häberle가 먼저 주창한 것이다. 그는 공익은 법원리이자 법규이고 법토포스의 성격을 가지는 것이라고 하여[31] 공익의 법문제화의 기반을 조성하였다. 청담은 이러한 Häberle의 입론을 받아들여 우리나라에서도 공익의 원칙이라는 법의 일반원칙이 규범력을 가지도록 하여야 한다고 주장하였다.[32] 요컨대 청담은 공익위반은 부당이라는 전통적인 통념에서 한걸음 나아가 공익위반은 행정법의 일반원칙으로서의 공익의 원칙 위반이 될 수 있어서 이러한 경우에는 위법이 될 수 있고 따라서 공익판단은 법문제라는 점을 분명히 하였다.

(2) 규준적 공익의 법규범화

공익의 원칙을 법규범으로 인정하는 청담은 이미 불문법의 형태로 존재하는 규준적 공익이 있음에도 불구하고 입법을 통하여 규준적 공익의 범규범화가 필요하다는 것을 주장한다.[33] 흔히 공익판단은 행정청의 기능이라고 생각하기 쉽지만 입법부가 공익에 대하여 판단하여야 혼선을 방지할 수 있는 경우가 있다. 즉, 본질적으로 중요한 사항에 대해서는 입법부가 공익판단을 입법적으로 하는 것이 바람직하고 경우에 따라서는 국회입법

---

29) 최송화, 앞의 책, 182－183면.

30) 최송화, 앞의 책, 183면.

31) Peter Häberle, Die Gemeinwohlprobematik in rechtswissenschaftlicher Sicht, *Rechtstheorie* 14, 1983, S.281 참조.

32) 최송화, 앞의 책, 239－241면.

33) 최송화, 앞의 책, 197－199면.

을 보충하는 의미에서 법규명령의 입법을 통하여 공익판단을 분명히 할 필요가 있다는 것이다. 이처럼 성문규범의 형태로 규준적 공익이 형성되는 부분을 부인할 수 없지만 공익의 원칙과 같이 불문규범 형식으로 규준적 공익판단이 존재하는 것도 인정하여야 한다고 한다. 실체적으로 규명되어 있는 공익판단은 사회 통합을 위하여 불가결하기 때문이라고 한다.[34)]

(3) 잠재적 공익의 절차법 구조화

입법이나 불문규범에 의해 규준적 공익이 존재하기는 하나 행정과정의 공익판단은 대부분 미리 정해져 있는 것이 아니라 잠재되어 있는 것을 행정과정을 통하여 발견 내지는 결정해 나가는 것이라고 인식하여야 한다. 따라서 이처럼 잠재적 공익을 결정 또는 인식해 나아가는 차원에서 이루어지는 공익판단은 절차법적으로 공정하게 관리되어야 한다. 따라서 잠재적 공익을 위하여서는 잠재적 공익의 결정 또는 인식과정이 절차법 구조화되는 것이 필요하다고 한다.[35)] 따라서 청담의 이러한 주장에 따르면 규준적 공익이 입법이라는 법적 문제상황에 관련된 것이라면 잠재적 공익은 입법절차 또는 행정절차와 관련되어 있는 것이라 할 수 있을 것이다.

(4) 법적 판단으로서의 공익판단에 대한 재판통제

공익문제의 법문제화의 절정은 공익판단을 재판통제의 대상으로 삼는다는데 있다. 이미 우리 대법원은 행정청에 재량이 주어져 있어서 행정청으로 하여금 공익판단을 하도록 하는 경우에도 그것이 재량권의 일탈이나 남용에 해당되면 위법한 것으로 판단하고 있다.[36)] 그러므로 이미 공익판단에 대한 재판통제가 이루어지고 있는 것이다.

그러나 청담이 주장하는 공익판단에 대한 재판통제는 이러한 좁은 의미의 것이 아니라 훨씬 넓은 의미이다. 그에 의하면 공익판단에 대한 재판통제의 관점은 실체법적 차원에서 그리고 절차법적 차원에서 이루어질 수 있다고 한다[37)].

실체법적 차원에서의 재판통제라 함은 공익판단과 관련된 헌법, 법률, 법규명령 등이 규정하는 규준적 공익이나 그 해석이나 적용과 관련되는 잠재적 공익에 대한 공익판단의 적법성을 검토하는 것이며, 절차적 차원에서의 재판통제란 공익판단과 관련되는 절차법적 요구가 준수되었는가 라는 관점에서 이루어지는 쟁송, 소원 등을 말한다.

34) 최송화, 앞의 책, 197면.

35) 최송화, 앞의 책, 199−200면.

36) 대법원 2007.3.22. 선고 2005추62 전원합의체 판결 참조.

37) 최송화, 앞의 책, 201−202면.

4. 공익판단의 법과정화(法過程化)

(1) 인식의 대상·결정의 대상으로서의 공익

청담의 공익론을 이해하는데 있어서 핵심적인 것은 청담은 공익을 인식의 대상임과 동시에 결정의 대상으로 파악하고 있다는 점이다[38]. 요컨대 인식의 대상이라 함은 성문법이나 불문법 형태로 존재하는 규준적 공익을 지칭하는 것이고 결정의 대상이라 함은 입법, 행정, 사법에 있어서 규준적으로 주어지지 않은 잠재적 공익에 대한 판단을 의미하는 것이다. 오늘날과 같은 다원 사회에서 잠재적 공익과 관련되는 결정의 대상으로서의 공익이 강조되는 것은 사실이지만 보편타당한 객관적 공익의 존재가능성을 부인하기도 어렵다고 한다.[39] 그리고 이러한 객관적 공익 또는 진정공익으로 불리우는 보편타당한 공익 개념의 가치는 공익판단의 부적절성을 지적하는 부정적 기능 내지 거부기능에 있다고 한다.[40]

(2) 행정절차, 입법절차와 공익판단

그러므로 청담의 공익에 대한 이해에 따르면 공익이 결정의 대상이 되는 경우에는 공익판단의 공정성과 합리성을 위하여 그 과정을 절차법 구조화할 것이 요망된다.[41] 그러한 공익 판단이 입법적 형태로 이루어진다면 입법절차가 문제되고 그러한 공익판단이 행정청의 결정에 의하여 이루어진다면 행정절차가 문제된다. 공익판단은 진정공익을 향하는 것이어야 하고 진정공익에 근접한 공익판단을 위해서는 정교하게 구조화된 절차법이 요망된다고 한다.

(3) 사실적 공익과 진정공익

청담은 현실적으로 공익판단에는 공익판단자의 편견이나 왜곡이 어느 정도 가미된 형태로 이루어진다는 점을 인정하고 있다.[42] 그리고 이렇게 순전하지 못한 공익을 Wolff, Bachof, Stober의 용어례에 따라 사실적 공익(tatsächliche öffentliche Gemeininteressen)[43]이라 지칭한다. 그리고 공익판단에 있어서 이러한 사실적 공익이 진정공익에 접근할수록 건전한 공익판단이 이루어진 것이라고 본다. 사실적 공익과 진정공익을 이렇게 대치시킨 것은 Wolff의 공익론과 청담의 공익론의 실질적 지향점을 보여주는 것이라 할 것이다.

---

38) 최송화, 앞의 책, 184－185면.

39) 최송화, 앞의 책, 185면.

40) 최송화, 앞의 책, 180면. 참조.

41) 최송화, 앞의 책, 199－200면

42) 최송화, 앞의 책, 190면.

43) Wolff, Bachof & Stober, 앞의 책, S. 340－341

공익판단의 법과정화의 궁극은 진정공익에 비추어 사실적 공익을 평가할 수 있도록 하는 것이라 볼 수 있다. 결국 재판기관은 진정공익의 잣대로 사실적 공익의 타당성을 평가하여야 하는 것이다.

5. 공익판단에 있어서의 입법, 행정, 사법의 역할

청담의 공익론에서는 진정공익을 획득하기 위하여 입법, 행정, 사법의 역할이 모두 중요하다. 청담이 분명한 어조로 밝히지는 않았지만 그의 공익론을 해석하건대 청담이 구상한 공익판단에서의 입법, 사법, 행정의 역할은 다음과 같은 것이 아니었을까 짐작해 본다.

입법은 진정공익을 획득할 수 있도록 합당한 공익판단의 규준을 제시하여야 하며 그 규준을 제시하는 과정에서 절차적 공정성을 기하여야 한다.

행정은 입법에 의하여 그리고 불문규범으로 주어진 공익판단의 규준에 따라 진정공익을 얻기 위하여 노력하여야 하며 공익판단의 과정에서 절차법적 공정성을 기하여야 한다.

사법은 입법과 불문법에 의하여 주어진 공익판단에 대한 규준과 입법에서의 적법절차, 행정절차규범 등에 비추어 공익판단이 적절하게 이루어진 것인지 심사하여야 한다. 또한 무엇보다도 사법은 공익판단을 법적 논증의 문제로 만들어야 하는 과제를 가지고 있다.[44]

Ⅳ. 공익 관련 판례이론의 전개

1. 청담의 논의: 판례에서의 공익개념의 법문제화

(1) 공익개념의 법문제화의 수준

청담은 그의 논문 '판례에 있어서의 공익'[45]과 그의 저서 '공익론'에서 우리 판례에서의 공익의 법문제화의 수준은 초보적이고 미미한 수준으로 평가하였다.[46] 공익개념의 분석과 공익판단에서의 논증은 거의 이루어지지 않고 많은 판례들은 공익 또는 공익침해에의 해당여부를 논증 없는 종국적 판단대상으로 한다고 분석하고 있다.[47][48] 다만 청담은

---

44) 최송화, 앞의 책, 314−315면.

45) 행정판례연구 Ⅵ, 행정판례연구회, 2001.

46) 예컨대 최송화, 앞의 책, 238면. 그러나 이러한 상황은 독일에서도 큰 차이가 없다고 한다. Peter, Häberle. *Öffentliches Interesse als juristisches Problem*, Athenäum Verlag, 1970, S. 240 ff.

47) 최송화, 앞의 책, 243면.

48) 예컨대, 대법원 1973.12.11. 선고 73누 4 판결 "−−−−함은 심히 공익을 해하는 것으로 해석할 것이다." 라는 식으로 공익판단을 하고 있다. 최송화 앞의 책, 243면.

행정행위의 취소나 철회 등과 관련되는 몇몇 경우에는 공익판단에 대한 재판통제의 관점이 나타난다고 분석하고 있다.[49]

(2) 공익을 보는 판례의 관점

청담은 판례이론에서는 '공익의 파편'개념이 제시되고 있을 뿐이지 보편성 있는 이론적 공익개념이 잘 나타나지 않는다고 분석하면서[50] 우리 판례에서 문제되는 공익판단은 대부분 공익보호의 문제이거나 사권보호의 한계나 사권 침해의 정당화라고 한다.[51]

(3) 공익관념의 범위와 종류

청담은 우리 헌법재판소의 판례를 분석하면서 국가안전보장과 질서유지를 공익의 한 내용으로 본다고 이해하고 있다.[52] 이것은 우리 판례가 공익을 포괄적으로 이해하고 있다는 것을 보여준 한 단면이라고 볼 수 있다.

청담은 또한 우리 대법원 판례는 '건축행정상의 공익'[53]이라는 용어를 사용하고 헌법재판소는 '청소년보호의 공익',[54] '조세우선권의 공익목적'[55] 등의 용어를 사용하는 등 특수공익의 관념을 인정하고 있으며, 대법원 판례 가운데에는 일반공익과 특수공익을 명확히 구분한 사례도 있다고 한다.[56]

(4) 이익형량과 공익

청담은 우리 판례이론은 공익 논증에 소극적이지만 그나마 이익형량 문제에 있어서는 공익과 사익 사이 그리고 하나의 공익과 다른 공익과의 사이에서의 형량을 위하여 논증이 이루어지고 있다는 점을 시사하고 있다.[57] 또한 '더 큰 공익'이라는 표현의 사용을 정형화함으로써[58] 하나의 공익과 다른 공익 사이에 대소우열이 있을 수 있다는 점, 그리

49) 대법원 1995.8.25. 선고 95누269 판결; 대법원 1995.5.26. 선고 94누8266 판결 등. 최송화, 앞의 책, 244면.

50) 최송화, 앞의 책, 244면.

51) 예컨대 대법원 1999.3.9. 선고 98두19070 판결; 대법원 1998.11.13. 선고 98두7343판결; 대법원 1992.2.23. 선고 98두17845 판결 등. 최송화, 앞의 책, 245면.

52) 예컨대, 헌법재판소 1992.4.14. 선고 90헌마82 결정 최송화, 앞의 책, 246면.

53) 대법원 2001.2.9. 선고 98다 52988 판결. 최송화, 앞의 책, 246면.

54) 헌법재판소 2001.8.30. 선고 2000헌가9 결정. 최송화, 앞의 책, 247면.

55) 헌법재판소 2001.7.19. 선고 2000헌바68 결정. 최송화, 앞의 책, 247면.

56) 예컨대 대법원 1989.5.23. 선고 88누 4034 판결. "수산업법 제20조 제1항 제3호 소정의 "공익"은 예시된 선박의 항행, 정박, 계류, 수저전선의 부설에 관련된 공익만이 아니라, 일반적인 의미의 공익(불특정다수인의 이익)을 가리킨다." 최송화, 앞의 책, 246면.

57) 대법원 1998.4.24. 선고 97누1501 판결. 최송화, 앞의 책, 250－251면.

58) 대법원 1992.8.14. 선고 92누3885 판결. 최송화, 앞의 책, 251면.

고 공익과 공익 사이에서도 이익형량이 필요하다는 점을 시사하고 있다고 분석하였다.[59] 또한 이익형량에서는 비례의 원칙이 문제가 된다고 한다.[60]

(5) 처분의 독자적 거부사유로서의 공익침해

청담은 우리 학계에서 거부재량에 대한 논의[61]가 있기 이전에 판례상 이미 공익침해가 허가 등의 처분에 대한 독자적 거부사유로 인정되고 있음을 지적한 바 있다.[62] 즉 중대한 공익의 침해는 법규상 처분의 거부사유로 거론되고 있지 않아도 독자적인 거부사유가 된다는 판례이론이 형성된 바 있다는 것이다. 이는 일정한 위험이 예상되어 중대한 공익이 침해될 가능성이 있는 경우에는 명문규정 없이도 처분을 거부할 수 있다는 거부재량 이론으로 발전하고 있다.

2. 21세기 공익 관련 판례의 발전

(1) 공익 개념의 법문제화

청담의 '공익론'에 관한 저작들이 발표된 지 이미 20년이 가까워지고 있다. 그동안의 판례이론의 변화를 추적해 보면 청담의 공익론이 다소간의 영향을 준 것은 사실이다.

무엇보다도 공익 관념의 구체화가 이루어졌다. 추상적인 일반적 공익을 근거로 하는 판례에서의 논증이 점차 사라지고 공익을 근거로 판결할 때에도 구체적인 공익을 명시적으로 제시하는 경향이 현저히 증가하였다. 예컨대 다수의 판례에서 나타나는 환경공익 그리고 심지어 '지역구 주민의 공익'이라는 표현도 등장한다[63]. 공익의 다양성에 대한 인정은 이제 판례에서는 전혀 새롭지 않은 공지의 사실이 되고 있다. 예컨대, 대법원은 이익형량에서 고려하여야 할 요소로서 "여러가지 공익과 사익 및 관련 지방자치단체의 이익"을 거론하기도 하였다[64]. 대법원이나 헌법재판소에서도[65] 이러한 변화는 감지되지만 아래에서 보듯이 하급법원 판례에서 이러한 변화의 경향이 더 뚜렷한 것 같다.

그리고 청담의 공익론이 제시한 공익에 관한 용어법이 판례에서 등장하고 있다. 일반적 공익,[66] 진정한 공익[67] 등의 용어가 판례에서 등장하고 용어는 다소 다르지만 청담

59) 대법원 1990.6.22. 선고 90누2215 판결. 최송화, 앞의 책, 251-252면.

60) 대법원 1998.4.24. 선고 97누 1501 판결. 최송화, 앞의 책, 253면.

61) 졸저, 현대행정법강의, 법문사, 2018, 110면 참조.

62) 대법원 1999.8.19. 선고 98두1857 판결. 최송화, 앞의 책, 248-249면.

63) 대전고등법원 2007.8.22. 선고 2007노129 판결.

64) 대법원 2013.11.14. 선고 2010추73 판결

65) 헌법재판소 2017.11.30. 선고 2016 헌마503 결정

66) 제주지방법원 2006.6.7. 선고 2005구합 733 판결

의 공익론 관념과 상통하는 일반적·추상적 공익, 구체적 · 개별적 공익[68] 그리고 규범적 의미의 공익,[69] 정당한 공익[70] 등이 판례에서 나타나고 있다.

또한 판결문상 명시적으로 공익판단으로서 궁극적인 법판단의 결론을 낸 사례도 등장하였다[71].

그러나 전체적으로 볼 때 공익개념의 법문제화가 만족할 만큼 진전되고 있지는 않다. 판례이론은 일부 예외적인 판례를 제외하고는 여전히 스스로의 논리에 따르면서 약간씩의 진전을 보이고 있을 뿐이다.

(2) 법토포스로서의 공익

법토포스로서 공익개념을 활용하거나 공익판단을 내세우는 것도 다소간의 진전이 있었다. '공익의 원칙'이라는 표현은 여전히 공무원이나 민간 기업에서의 징계의 경우에 적용되는 법원칙으로 인용되고 있지만[72] 징계사건이 아닌 재임용거부 사건에 대해 공익의 원칙이 적용되고 있어서[73] 그 적용의 외연이 일단 확장된 것으로 평가된다.

또한 앞서 잠시 언급한 바와 같이, 사회적 위험이 수반되는 허가 등의 경우 명시적인 거부처분의 가능성이 법규에 유보되어 있지 않아도 중대한 공익을 근거로 거부할 수 있는 재량을 인정하는 판례이론 역시 공익을 중요한 법토포스로 채택한 사례라고 할 것이다.

(3) 공익논증

공익판단에 있어서의 논증은 청담의 공익론 발표 이후 법원과 헌법재판소 모두에서 좀 더 정치해졌다고 평가된다. 이미 언급한 대법원 2008.5.6. 자 2007무 147 결정에서 대법원은 구체적 · 개별적 공익 개념에 근거한 공익판단이 필요함을 시사하였으며 이외에 공익 자체에 대한 논증에 상당한 비중을 두는 판례들이 등장하였다.[74] 그러나 하급법원 판례 가운데는 청담의 공익론의 직접적 영향을 받은 듯, 더욱 진전된 공익논증이 이루어진

---

67) 대전지방법원 2010.5.14. 선고 2010노618 판결

68) 이는 각각 청담 공익론에서 일반공익, 특수공익에 대응하는 것이라고 볼 수 있다. 대법원 2008.5.6. 자 2007무147 결정

69) 이는 청담의 공익론에서의 규준적 공익과 상통하는 측면이 있다. 대전지방법원 2010.5.14. 선고 2010노618 판결

70) 정당한 공익은 청담의 공익론에서 진정공익에 해당하는 것이라고 생각된다. 대법원 2007.11.22. 선고 2002두8626 전원합의체 판결, 서울고등법원 2008.4.16. 선고 2007누16051 판결.

71) 대전지방법원 2012.6.21. 선고 2011누2031 판결

72) 예컨대 대법원 2015.1.29. 선고 2014두 40616 판결; 대법원 2015.11.27. 선고 2015다34154 판결.

73) 대법원 2010.9.30. 선고 2006다46131 판결; 대법원 2010.9.30. 선고 2008다 58794 판결.

74) 대법원 2015.11.19. 선고 2015두295 전원합의체 판결; 대법원 2012.10.25. 선고 2010두 17281 판결 등.

경우도 있었다.75)

한편 헌법재판소는 비례의 원칙 가운데 법익균형성의 판단에서 공익과 사익 그리고 공익과 다른 공익 사이의 이익형량을 지속적으로 해오는 과정에서 나름대로 헌법과 법률 등 법규범에 화체된 공익에 대한 판단기준을 발전시켜왔다. 청담의 공익론에서 볼 때에는 다소 피상적인 것이지만 이러한 공익에 대한 분석이 이루어진다는 것은 바람직한 것이다. 주목할 것은 헌법재판소는 규준적 공익의 구체화실패를 이유로 구식품위생법 97조 제6호를 포괄위임금지원칙 위반으로 판단하기도 하였다는 점이다.76)

Ⅳ. 결어: 전망과 과제

청담 최송화 교수의 학문세계의 핵심을 이루는 공익론은 지극히 단순한 공익관이 풍미하던 시대에 태어나 다양하고 복잡한 공익관념의 분화와 발전을 경험한 청담의 생애를 반영하는 것 같다. 그러나 그의 삶이 희수를 맞이하였음에도 우리 학계와 판례이론에서 그의 공익론에 근거한 공익의 법문제화는 아직도 시작하는 단계에 있다고 생각된다. 그러나 이미 살펴본 바와 같이 행정판례에서 나타난 공익논증의 구조화와 법토포스로서의 공익 개념의 진전은 공익과 사익만이 아니라 공익과 다른 공익의 충돌 마저 빈번한 우리 사회가 공익에 대한 보다 철저하고 구조적인 이해와 논증을 필요로 하는 쪽으로 방향을 잡아가고 있는 것이라는 확신을 준다.

이처럼 여러 가지 차원의 공익과 다양한 사익이 법적 문제에 얽히어 드는 오늘날, 공익에 대한 더욱 다양하고 구조적인 이해는 행정판례의 발전을 위해 매우 긴요하다고 생각한다. 청담의 공익론이 오늘의 행정판례에 스며든 모습을 보면서 향후의 공익판단의 법문제화를 위하여 다음과 같은 제언을 드리고 싶다.

첫째, 현재 공익과 사익의 충돌만을 전제로 하는 소송제도를 비롯한 각종의 법제도는 공익과 다른 공익의 충돌도 염두에 두는 방향으로의 변화가 이루어져야 한다. 현재 공익과 사익의 대립이라는 전통적인 구도를 그대로 둔 채 부분적으로 공익과 공익의 충돌을 제도적으로 수용하는 경우가 있긴 하다. 국가나 지방자치단체의 취소소송의 원고적격의 인정이 바로 그러한 경우라 할 수 있다77). 현 단계에서는 우선 국가와 지방자치단체 사

75) 서울고등법원 2013.9.26. 선고 2012나101277 판결: 서울고등법원 2006.12.20. 선고 2006누6101 판결; 서울고등법원 2016.3.23. 선고 2015누2101 판결; 서울행정법원 2017.2.16. 선고 2016구합60270 판결; 대전지방법원 2010.5.14. 선고 2010노618 판결 등

76) 헌법재판소 2016.11.14. 선고 2014헌가6 등 결정.

77) 국가나 지방자치단체의 원고적격은 이미 재판실무상 오래 전부터 인정되고 있으며 수년전에는 행정주체

이의 항고소송의 허용범위의 확대 등이 바로 공익과 공익의 충돌을 정면으로 해결할 방안으로 검토되어야 할 것으로 본다. 또한 입법절차와 행정절차를 개인의 이익만을 보호하는 절차로 관념하지 말고 공익과 공익의 충돌에도 적용하여야 하는 절차로 고려할 필요가 있다고 본다. 이러한 관점에서 보면 현행의 입법절차 제도와 행정절차 제도는 크게 변화를 겪어야 것이다.

둘째로, '공익의 원칙'을 행정법의 일반원칙의 하나로서 광범위하게 적용함으로써 법토포스로서의 공익의 활용범위를 넓힐 필요가 있다고 본다. 이미 공익을 현저히 침해하는 재량처분은 위법판단을 받는다. 여기서 한걸음 나아가 일정 수준 이상으로 공익침해가 이루어지는 경우에는 기속행위라 하더라도 위법판단을 할 수 있도록 하는 방안을 검토할 필요가 있다. 공익의 원칙을 공무원법이나 노동법의 영역에 국한 시키지 말고 일반 행정의 영역에도 적용해 나가자는 것이다.

셋째로, 공익의 논증에서 공익에 대한 평가방법론에 대한 개발이 필요하다. 비용－편익분석, 비용－효과분석과 같은 평가방법론이 다양한 입법평가(입법영향분석) 방법론과 함께 개발될 필요가 있다고 생각한다. 이외에도 다양한 평가방법론의 발전은 공익논증의 발전을 가져올 것이라 믿는다. 단순히 법리적 논증에 의한 공익에 대한 평가로는 부족한 많은 측면이 있고 법리적 논증만으로는 부적절한 여러 영역이 있으므로 향후 각 행정영역별로 공익에 대한 평가방법을 발전시키는 것이 필요하다고 본다. 물론 이것은 사법(司法)의 영역에서 주도할 것은 아니고 정책평가, 입법평가 등과 관련하여 발전하는 기법을 사법의 영역에서 채용하여야 한다는 의미이다.

가 아닌 행정기관이 원고가 되도록 인정한 사례도 있다. 이 사례들은 공익과 사익의 대립을 전제로 한 현행 행정소송제도를 유지하면서도 공익과 공익의 충돌을 행정소송으로 가능하게 한 것이라고 할 수 있다. 대법원 2013.7.25. 선고 2011두1214 판결 참조.

公開된 個人情報 處理의 違法性*

함인선**

대법원 2016. 8. 17. 선고 2014다235080 판결

I. 대상판결의 개관

1. 사건의 개요

(1) 원고(X)는 1990년부터 현재까지 A대학교(1994년 3월 공립대학교로 전환되었다가 2013년 1월 국립대학법인으로 전환되었다) 법과대학 법학과 교수로 재직 중이다.

한편, 피고 Y1은 종합적인 법률정보를 제공하는 사이트인 '로앤비'를 운영하는 회사로서, 주식회사 법률신문사로부터 제공받은 법조인 데이터베이스상의 개인정보와 자체적으로 수집하여 데이터베이스로 구축한 국내 법과대학 교수들의 개인정보를 로앤비 내의 '법조인' 항목에서 유료로 제공하는 사업을 영위한다.

피고 Y2(제이티비씨콘텐트허브)는 인물정보를 제공하는 사이트인 '조인스인물정보'를 운영하는 회사이며, 피고 Y3(디지틀조선일보)는 인물정보를 제공하는 사이트인 '피플조선'을 운영하는 회사로서, 국내 인물들의 성명, 직업, 학력, 경력 등의 개인정보를 데이터베이스로 구축·관리하면서 그 개인정보를 유료로 불특정 다수의 제3자에게 제공하는 사업을 영위하였다.

피고 Y4(네이버)는 포털사이트 '네이버'를 운영하는 회사이며, 피고 Y5(에스케이커뮤니케이션즈)는 포털사이트 '엠파스'를 운영하였던 회사로서, 각 인물정보 제공 사이트를 운영하는 회사와 업무제휴를 맺고 그 인물정보 제공 사이트의 인물정보 데이터베이스상의 개인정보에 대한 메타정보(성명, 성별, 직업 등의 기본적인 인물정보와 상세 정보의 유무 등)를 제공받아 이를 각 사이트 내의 '인물검색' 항목에서 불특정 다수의 제3자에게 제공하면서 보다

---

* 이 글은 2017년 12월 31일 발행된 행정판례연구 제22－2집에 게재된 논문을 전재한 것입니다.

** 전남대학교 법학전문대학원 교수

상세한 사항은 제휴사가 이를 유료로 제공하고 있다는 취지를 안내함과 아울러 제휴사 사이트의 링크를 제공하였다.

(2) 피고 Y1은 2010. 12. 17.경 원고 X의 사진, 성명, 성별, 출생연도, 직업, 직장, 학력, 경력 등의 개인정보를 수집하여 로앤비 내의 '법조인' 항목에 올린 다음 이를 유료로 제3자에게 제공하여 오다가, 2012. 6. 18. 이 사건 소장 부본을 송달받자 2012. 7. 30.경 이 사건 사이트 내의 '법조인' 항목에서 이 사건 개인정보를 모두 삭제하였다.

피고 Y2는 2000. 2. 23.경 원고 X의 성명, 성별, 생년월일, 직업, 직장, 이메일 주소, 학력, 경력 등의 개인정보를 수집하여 조인스인물정보 사이트에 올린 다음 이를 유료로 불특정 다수의 제3자에게 제공하여 오다가 X로부터 2008. 12. 22.경 항의를 받고, 2009년 1월에는 개인정보분쟁조정신청까지 당하게 되자 2009. 1. 23. 위 사이트의 인물정보 데이터베이스에서 그 개인정보를 모두 삭제하였는데, 그 이후부터 2012년 12월 말경까지 기술적인 문제 등으로 위 사이트 내에 X의 인물정보에 대한 기본검색 화면(원고의 성명, 박사학위 취득처, 현 소속 대학 및 직위가 게재되어 있다)은 삭제되지 않은 채 그대로 남아 있었다.

피고 Y3은 X의 사진, 성명, 성별, 생년월일, 직업, 직장, 학력, 경력 등의 개인정보를 수집하여 2004년 9월경부터 피플조선 사이트에 올린 다음(다만 원고의 사진은 2005년에 수집하여 올림) 이를 유료로 제3자에게 제공하여 오다가 2008. 12. 22.경 원고로부터 항의를 받고 2008. 12. 24.경 위 사이트 내에서 그 개인정보를 모두 삭제하였다.

피고 Y4는 제휴사인 피고 Y2, Y3로부터 제공받은 X의 성명, 직업, 현 소속 등의 개인정보를 2008. 3. 18.경부터 네이버 사이트 내의 '인물정보' 항목에 올린 다음 이를 불특정 다수의 제3자에게 제공하면서 보다 상세한 사항은 피고 Y2, Y3가 이를 유료로 제공하고 있다는 취지를 안내함과 아울러 이들 사이트의 링크를 제공하다가, 2008. 12. 22.경 X로부터 항의를 받고 2008. 12. 25.경 네이버 사이트 내의 '인물검색' 항목에서 그 개인정보를 모두 삭제하였다.

피고 Y5는 피고 Y2로부터 제공받은 X의 성명, 생년월일, 직업, 현 소속 등의 개인정보를 2004. 3. 24.경부터 엠파스 사이트 내의 '인물검색' 항목에 올린 다음 이를 불특정 다수의 제3자에게 제공하면서 보다 상세한 사항은 피고 Y2가 이를 유료로 제공하고 있다는 취지를 안내함과 아울러 그 사이트의 링크를 제공하다가, 2008. 12. 16.경 X로부터 항의를 받고 2008. 12. 24.경 위 사이트 내의 '인물검색' 항목에서 그 개인정보를 모두 삭제하였다.

(3) 이 사건 X의 개인정보 중 출생연도를 제외한 나머지 정보는 A대학교 법과대학 법학과 홈페이지에 이미 공개되어 있고, 출생연도는 1992학년도 사립대학 교원명부(비매품)와 1999학년도 A대학교 교수요람(비매품)에 이미 게재되어 있으며, 피고 Y1 내지 Y5는 위

와 같이 X의 개인정보를 수집하여 불특정 다수의 제3자에게 제공함에 있어서 정보주체인 X의 동의를 받은 적이 없다.

(4) 이에, 원고 X는 첫째로, 피고 Y1 내지 Y5는 구 정보통신망 이용촉진 및 정보보호 등에 관한 법률(2011. 3. 29. 법률 제10465호로 개정되기 전의 것, 이하 '구 정보통신망법'이라 한다) 제22조, 제23조, 제24조의2의 규정에 위반하여 X의 동의 없이 자기의 개인정보를 수집하여 이를 불특정 다수의 제3자에게 제공한 것은 구 정보통신망법에 위반한 것이며, 둘째로, 설령 피고 Y1 내지 Y5가 구 정보통신망법을 위반하지 아니하였다고 하더라도, 피고 Y1 내지 Y5가 X의 동의 없이 그 개인정보를 수집하여 이를 불특정 다수의 제3자에게 제공한 행위는 X의 성명권, 초상권, 사생활의 비밀과 자유, 개인정보자기결정권을 침해한 것이고, 셋째로, 피고 Y1, Y5는 2011. 9. 30. 개인정보 보호법이 시행된 이후에도 개인정보 보호법에 위반하여 원고의 개인정보를 불특정 다수의 제3자에게 제공하는 불법행위를 저질렀다고 주장하여, X가 입은 정신적 고통에 대한 위자료를 청구하는 소를 제기하였다.

2. 판결의 요지

(1) 원심판결[1]: 서울중앙지법 2014.11.4. 선고 2013나49885 판결【부당이득금반환】

1) 구 정보통신망법 제22조, 제23조, 제24조의2의 규정은 정보통신서비스 제공자가 이용자의 동의 없이 이용자의 개인정보를 수집하여 이를 제3자에게 제공하는 행위를 규제하고 있는바, 피고 Y1 내지 Y5가 정보통신서비스 제공자이기는 하나, X가 피고 Y1 내지 Y5가 제공하는 정보통신서비스의 이용자인 사실을 인정할 만한 증거는 없고, 설령 이용자라 하더라도, 피고 Y1 내지 Y5는 정보주체인 원고 이외로부터 이 사건 개인정보를 수집하였을 뿐, 정보통신서비스 제공자 대 그 이용자의 관계에서 X로부터 이 사건 개인정보를 수집한 것이 아니므로, 피고 Y1 내지 Y5가 이 사건 개인정보를 수집하여 이를 불특정 다수의 제3자에게 제공한 행위와 관련하여서는 위 규정들이 적용되지 아니한다.

2) 정보주체의 동의 없이 공개된 개인정보를 수집하여 이를 제3자에게 제공하는 행위는 그것이 비영리 목적으로 이루어진 경우 특별한 사정이 없는 한 적법하다고 볼 것이며, 영리목적으로 이루진 경우 언론사가 언론 고유의 목적을 달성하기 위하여 이루어진 경우라면 다른 특별한 사정이 없는 한 적법하다고 할 것이지만, 언론 고유의 목적을 달성하기

1) 제1심법원(서울중앙지법 2013. 8. 29 선고 2012가단133614 판결)은 원고의 손해배상청구에 대해 시효로 소멸하였다고 판단하였으며, 원고가 구 정보통신망법에 의한 개인정보분쟁조정신청으로 소멸시효가 중단되었다는 주장에 대해서도 조정신청이 소멸시효 중단사유인 재판상 청구에 해당하지 않는다고 하여, 기각하였다.

위한 것이 아니라 단순히 영리 목적으로 공개된 개인정보를 수집하여 이를 제3자에게 제공하는 행위를 정보주체의 동의 없이 한 경우에는, 설령 정보주체가 공적인 존재라 하더라도 다른 특별한 사정이 없는 한 위법하다고 보아야 할 것이다.[2)][3)]

3) 개인정보 보호법 시행일 이후에 피고 Y1이 원고 X의 동의 없이 그 개인정보를 제3자에게 제공한 행위가 불법행위에 해당하는지 여부와 관련하여, 이 사건 개인정보의 제3자 제공에 대하여 정보주체인 X의 묵시적 동의가 있었다고는 인정하기 어렵고, 따라서 피고 Y1이 2011. 9. 30.부터 2012. 7. 30.경까지 이 사건 개인정보를 영업으로서 제3자에게 유료로 제공한 행위는 개인정보 보호법에 위반된 불법행위에 해당한다.

(2) 상고심판결: 대법원 2016. 8. 17. 선고 2014다235080 판결【부당이득금반환】

1) 개인정보자기결정권이라는 인격적 법익을 침해·제한한다고 주장되는 행위의 내용이 이미 정보주체의 의사에 따라 공개된 개인정보를 그의 별도의 동의 없이 영리 목적으로 수집·제공하였다는 것인 경우에는, 그와 같은 정보처리 행위로 침해될 수 있는 정보주체의 인격적 법익과 그 행위로 보호받을 수 있는 정보처리자 등의 법적 이익이 하나의 법률관계를 둘러싸고 충돌하게 된다. 이때는 정보주체가 공적인 존재인지, 개인정보의 공공성과 공익성, 원래 공개한 대상 범위, 개인정보 처리의 목적 · 절차 · 이용형태의 상당성과 필요성, 개인정보 처리로 침해될 수 있는 이익의 성질과 내용 등 여러 사정을 종합적으로 고려하여, 개인정보에 관한 인격권 보호에 의하여 얻을 수 있는 이익과 정보처리 행위로 얻을 수 있는 이익 즉 정보처리자의 '알 권리'와 이를 기반으로 한 정보수용자의 '알 권리' 및 표현의 자유, 정보처리자의 영업의 자유, 사회 전체의 경제적 효율성 등의 가치를 구체적으로 비교 형량하여 어느 쪽 이익이 더 우월한 것으로 평가할 수 있는지에 따라 정보처리 행위의 최종적인 위법성 여부를 판단하여야 하고, 단지 정보처리자에게 영리 목적이 있었다는 사정만으로 곧바로 정보처리 행위를 위법하다고 할 수는 없다.[4)]

---

2) 원심판결은 그 이유로서, 개인정보자기결정권의 핵심은 개인정보의 처리에 관한 동의 여부, 동의 범위 등을 선택 · 결정할 권리가 해당 정보주체에게 있다는 것인데, 공개된 개인정보라 하더라도 사회통념상 정보주체가 그 개인정보를 영리 목적에 이용하는 것에 대하여까지 동의한 것으로 보기는 어렵다는 점 등을 상세히 들고 있다.

3) 원심판결은, 이 사건에 관하여 보건대, 피고 Y_1 내지 Y_5가 수집하여 제3자에게 제공한 X의 개인정보를 따로 떼어놓고 보면, X의 성명권, 초상권, 사생활의 비밀과 자유의 침해 여부도 문제가 된다고 볼 수 있겠으나, 피고 Y_1 내지 Y_5는 X의 성명, 사진, 직업, 학력, 경력 등을 X의 프로필이라는 개인정보로 수집하여 이를 제3자에게 제공한 것이므로, 피고 Y_1 내지 Y_5의 행위가 불법행위에 해당하는지 여부는 피고들의 행위가 X의 개인정보자기결정권을 부당하게 침해하였는가의 문제로 일원화하여 판단하는 것이 적절하다고 하였다.

4) 대법원판결도 원심판결과 마찬가지로, 원고의 성명권, 초상권, 사생활의 비밀과 자유, 개인정보자기결정권이 침해되었다는 주장 중에서, 개인정보자기결정권으로 일원화하여 검토하고 있다. 이러한 태도에 대해서는 각각의 주장에 대한 개별적인 검토가 필요하다고 하는 주장으로서, 김민중, 공개된 사진, 성명, 성별,

2) 개인정보 보호법은 개인정보처리자의 개인정보 수집·이용(제15조)과 제3자 제공(제17조)에 원칙적으로 정보주체의 동의가 필요하다고 규정하면서도, 대상이 되는 개인정보를 공개된 것과 공개되지 아니한 것으로 나누어 달리 규율하고 있지는 아니하다.

정보주체가 직접 또는 제3자를 통하여 이미 공개한 개인정보는 공개 당시 정보주체가 자신의 개인정보에 대한 수집이나 제3자 제공 등의 처리에 대하여 일정한 범위 내에서 동의를 하였다고 할 것이다.

따라서 이미 공개된 개인정보를 정보주체의 동의가 있었다고 객관적으로 인정되는 범위 내에서 수집·이용·제공 등 처리를 할 때는 정보주체의 별도의 동의는 불필요하다고 보아야 하고, 별도의 동의를 받지 아니하였다고 하여 개인정보 보호법 제15조나 제17조를 위반한 것으로 볼 수 없다.

II. 평석

1. 처음에

대상판결의 사안은 학교 홈페이지 등에 공개된 국립대학 교수인 원고 X의 사진, 성명, 성별, 출생연도, 직업, 직장, 학력, 경력 등의 개인정보를 그의 동의 없이 수집하여 유료로 불특정 다수의 제3자에게 제공한 행위의 위법성 여부가 다투어진 것이다. 이러한 사례는 현대정보사회에서 흔히 발생가능한 것으로서 이 사건과 관련하여 말하자면, 하급심에서 그 판단이 엇갈린 것을 대법원이 개인정보자기결정권의 침해 여부를 판단하는 기준을 제시한 최초의 사례라는 점에서도 그 의미가 적지 않다고 할 수 있다.[5] 대상판결은 정보주체의 개인정보자기결정권이 반드시 개인의 내밀한 영역에 속하는 정보에 국한되지 아니하며 공적 생활에서 형성되었거나 이미 공개된 개인정보까지 포함한다는 입장에 서면서도, 그 침해 여부를 판단함에 있어서는 정보주체의 개인정보에 관한 인격권 보호에 의하여 얻을 수 있는 이익과 정보처리자의 '알 권리'와 이를 기반으로 한 정보수용자의 '알 권리' 및 표현의 자유, 정보처리자의 영업의 자유, 사회 전체의 경제적 효율성 등의 가치를 구체적으로 비교 형량하여 어느 쪽 이익이 더 우월한 것으로 평가할 수 있는지에 따라 정보처리 행위의 최종적인 위법성 여부를 판단하여야 한다고 하였다. 그리고, 이러한 판단기준으

출생연도, 직업, 직장, 학력, 경력 등을 동의 없이 수집·제공한 행위에 대한 책임－대법원 2016. 8. 17. 선고 2014다235080 판결을 중심으로－,동북아법연구 10권 2호(2016.9), 592쪽.

5) 김민중, 전게논문, 592쪽.

로서 "정보주체가 공적인 존재인지, 개인정보의 공공성과 공익성, 원래 공개한 대상 범위, 개인정보 처리의 목적·절차·이용형태의 상당성과 필요성, 개인정보 처리로 침해될 수 있는 이익의 성질과 내용 등 여러 사정을 종합적으로 고려하여"야 한다고 하였다. 이러한 판단기준 자체는 이미 이른바 로마켓사건[6]에서 제시된 바 있지만, 공개된 개인정보를 정보주체의 동의없이 처리한 행위의 위법성판단과 관련하여서는 대상판결이 최초의 사례에 해당한 셈이다.

한편, 대상판결의 평석은 먼저, 대상판결의 사안이 개인정보 보호법의 제정·시행 전후에 걸쳐서 일어난 것과 관련하여 적용법률의 문제를 다루고, 이어서 대상판결이 중점적으로 다루고 있는 개인정보자기결정권에 대해 검토한 다음, 마지막으로 공개된 개인정보를 정보주체의 동의없이 처리한 경우와 관련한 대법원의 판단에 대해 검토하는 순으로 기술하도록 한다.

2. 적용법률의 문제

(1) 원고 X가 주장하는 이 사건 개인정보 침해사실은 개인정보 보호법의 제정·시행 전후에 걸쳐있어서 그 적용법률이 문제된다. 즉, 개인정보 보호법의 제정·시행 전에는 개인정보 보호와 관련한 법적 규제는 크게 공공부문과 민간부문으로 나누어, 전자에 대해서는 「공공기관의 개인정보보호에 관한 법률」을 1994년 1월에 제정하여 1995년 1월부터 시행하여 왔고, 후자에 대해서는 주로 「정보통신망 이용촉진 및 정보보호 등에 관한 법률」을 2001년 전부개정하여[7] 동년 7월부터 시행하였다. 그리고, 2011년 3월 29일에 「개인정보 보호법」이 제정·공포되었고, 동년 9월 30일부터 시행되었기 때문이다.[8]

(2) 이 사건에서 원고 X는 피고들이 구 정보통신망법 제22조, 제23조, 제24조의2에 위반하여 X의 동의 없이 개인정보를 수집하여 이를 불특정 다수의 제3자에게 제공하였다고 주장한다. 이에 대해, 원심은 위 규정들의 적용과 관련하여, 피고들이 정보통신서비스 제공자인 것은 인정하지만, 피고들은 정보주체인 X 이외로부터 이 사건 개인정보를 수집하였을 뿐, 정보통신서비스 제공자 대 그 이용자의 관계에서 X로부터 이 사건 개인정보를 수집한 것이 아니므로, 피고들이 이 사건 개인정보를 수집하여 이를 불특정 다수의 제3자

6) 대법원 2011.9.2. 선고 2008다42430 전원합의체 판결

7) 정보통신망법은 1985년에 제정된 「전산망보급확장과 이용촉진에 관한 법률」이 그 모태이다. 그 후, 1998년에 이 법률을 대체하여 「정보통신망 이용촉진 등에 관한 법률」로 개정되었다가, 2001년에 전면개정되었다.

8) 동법의 시행으로 「공공기관의 개인정보 보호에 관한 법률」은 폐지되었다.

에게 제공한 행위와 관련하여서는 위 규정들의 적용을 부정하였다. 그리고, 대법원은 이러한 원심의 판단에 대해 별다른 판단을 내리지 않고, 일부 피고(Y1)의 개인정보 보호법 시행 이후의 동 법에의 위반 여부만을 판단하고 있다.

(3) 이와 관련하여서는, 우선, 구 정보통신망법상의 해당 규정들이 정보통신서비스 제공자(이 사건 피고들이 이에 해당한다.)가 이용자(원고는 이용자로 추정된다)의 개인정보를 수집·제공과 관련된 것이라는 점을 지적할 수 있다. 동 규정들은 정보통신서비스 제공자들이 정보주체인 이용자로부터 직접 그 개인정보를 수집하였는지 또는 이용자 이외로부터 수집하였는지를 구분함이 없이 규정하고 있으며, 또한, 동 규정들이 "정보통신서비스 제공자는 …"이라고 하여, 정보통신서비스 제공자에 대해 의무를 부과하는 규정방식을 취하고 있음을 고려하여야 한다. 따라서, 이 사건 개인정보의 처리와 관련하여서는 구 정보통신망법의 관련규정들이 적용되어야 한다고 볼 것이다.

다음으로, 개인정보 보호법의 제정 및 시행 이후의 피고 Y1의 행위에 대한 적용법률이 문제된다. Y1은 2010. 12. 17.경 원고 X의 사진, 성명, 성별, 출생연도 등의 개인정보를 수집하여 이를 유료로 제3자에게 제공하여 오다가, 2012. 7. 30.경 이 사건 개인정보를 모두 삭제하였기 때문이다. 2011년 제정 당시의 개인정보 보호법은 "개인정보 보호에 관하여는 「정보통신망 이용촉진 및 정보보호 등에 관한 법률」, 「신용정보의 이용 및 보호에 관한 법률」 등 다른 법률에 특별한 규정이 있는 경우를 제외하고는 이 법에서 정하는 바에 따른다."(제6조)고 하여, 정보통신망법이 특별법으로서의 지위를 가짐을 명시적으로 규정하였다.[9] 따라서, 정보통신서비스 제공자인 피고 Y1의 X의 개인정보의 수집 및 제3자 제공에는 정보통신망법이 우선적으로 적용되고, 그 규정이 흠결되거나 불명확한 경우에 개인정보 보호법이 보완적으로 적용된다고 하여야 할 것이다.

이러한 관점에서 이 사건에서의 적용법조항을 검토하면, 먼저, 원고 X가 주장하는 바와 같이, 정보통신망에서의 정보통신서비스 제공자에 의한 이용자의 개인정보 수집·이용·제공 등에 관한 구 정보통신망법 제22조, 제23조, 제24조의2가 적용되어야 할 것이다. 그런데, 정보주체의 개인정보 수집·이용·제공 등과 관련하여서는 개인정보 보호법도 제15조부터 제20조까지에 걸쳐서 규정하고 있다. 양 법률의 관련규정의 차이를 살펴보면, 구 정보통신망법에서의 개인정보의 수집에는 일정한 사항을 이용자에게 알리고 동의를 받아야 하고(제22조 제1항), 예외적으로 일정한 경우에 동의 없이 개인정보를 수집·이용할 수 있다(동조 제2항)고 규정하고 있는데 대하여, 개인정보 보호법은 정보주체의 동의와 함께 5

9) 동 조는 2014년 3월의 개인정보 보호법의 개정으로 "개인정보 보호에 관하여는 다른 법률에 특별한 규정이 있는 경우를 제외하고는 이 법에서 정하는 바에 따른다."로 변경되었다.

가지의 사항을 열거하여, 그러한 경우에는 개인정보를 수집·이용할 수 있다고 규정하고 있다.[10] 개인정보의 제3자 제공과 관련하여서도 양 법은 유사한 방식으로 규정하고 있다. 그러나, 이러한 차이는 실제 적용에 있어서는 그다지 크지 않을 수 있다. 왜냐하면, 구 정보통신망법[11]상에서도 동의없이 이용자의 개인정보를 수집·이용·제공할 수 있는 경우로서 "이 법 또는 다른 법률에 특별한 규정이 있는 경우"를 들고 있기 때문에 개인정보 보호법의 관련규정이 적용될 수 있기 때문이다. 다만, 양 법률의 관련규정을 비교할 때, 개인정보 보호법은 정보주체 이외로부터 수집한 개인정보의 수집 출처 등 고지에 관한 규정(제20조)을 두고 있는 대하여, 구 정보통신망법은 그와 관련된 규정이 없는 것이 차이점이라고 할 수 있다. 이에 대해서는 구 정보통신망법이 정보주체인 이용자의 개인정보를 이용자로부터 직접 수집하는 경우나 이용자 이외로부터 수집하는 경우를 구별하지 않고 통합적으로 규율하고 있다고 해석할 수도 있고, 입법의 흠결로 해석할 수도 있을 것이다. 후자의 경우에는 개인정보 보호법의 규정이 보완적으로 적용될 여지가 있게 된다.

이처럼 개인정보의 처리와 관련하여, 우리 법제는 일반법으로서의 개인정보 보호법과 특별법의 규정이 유사한 사항에 대하여 각자 중복된 형태로 규율을 하고 있는 혼란상을 보이고 있으며, 이는 궁극적으로 입법의 개선에 의해 해결해야 할 것이다. 이러한 법적용의 곤란은 있으나, 원심이나 대법원이 구 정보통신망법의 관련규정의 적용을 부정하고, 개인정보 보호법의 관련규정만을 다루고 있는 것은 의문이라고 할 것이다.

10) 제15조(개인정보의 수집·이용) ① 개인정보처리자는 다음 각 호의 어느 하나에 해당하는 경우에는 개인정보를 수집할 수 있으며 그 수집 목적의 범위에서 이용할 수 있다.

1. 정보주체의 동의를 받은 경우
2. 법률에 특별한 규정이 있거나 법령상 의무를 준수하기 위하여 불가피한 경우
3. 공공기관이 법령 등에서 정하는 소관 업무의 수행을 위하여 불가피한 경우
4. 정보주체와의 계약의 체결 및 이행을 위하여 불가피하게 필요한 경우
5. 정보주체 또는 그 법정대리인이 의사표시를 할 수 없는 상태에 있거나 주소불명 등으로 사전 동의를 받을 수 없는 경우로서 명백히 정보주체 또는 제3자의 급박한 생명, 신체, 재산의 이익을 위하여 필요하다고 인정되는 경우
6. 개인정보처리자의 정당한 이익을 달성하기 위하여 필요한 경우로서 명백하게 정보주체의 권리보다 우선하는 경우. 이 경우 개인정보처리자의 정당한 이익과 상당한 관련이 있고 합리적인 범위를 초과하지 아니하는 경우에 한한다.

11) 제22조(개인정보의 수집·이용 동의 등) ② 정보통신서비스 제공자는 다음 각 호의 어느 하나에 해당하는 경우에는 제1항에 따른 동의 없이 이용자의 개인정보를 수집·이용할 수 있다.

1. 정보통신서비스의 제공에 관한 계약을 이행하기 위하여 필요한 개인정보로서 경제적·기술적인 사유로 통상적인 동의를 받는 것이 뚜렷하게 곤란한 경우
2. 정보통신서비스의 제공에 따른 요금정산을 위하여 필요한 경우
3. 이 법 또는 다른 법률에 특별한 규정이 있는 경우

3. 개인정보자기결정권의 과부하 문제

(1) 이 사건 원심과 대법원 판결은 개인정보자기결정권을 판단의 주요한 법적 쟁점으로 다루고 있기 때문에, 이에 대해서 검토하여본다. 개인정보자기결정권은 헌법재판소 2005년 결정[12]을 기점으로 하여,[13] 그 개념 및 헌법적 근거 등이 정립된 것이라고 할 수 있다.[14] 동 결정에 의해 정립된 개인정보자기결정권은 이후 개인정보 보호 관련사건에 있어서 중요한 법적 근거로 제시되고 있다고 할 수 있으며, 이 사건 원심 및 대법원판결도 그러하다. 뿐만 아니라, 개인정보자기결정권은 입법에도 중요한 영향을 미쳤다고 할 수 있다. 그러한 단적인 예로서, 개인정보 보호법과 정보통신망법상의 정보주체(이용자)의 개인정보의 수집·이용·제공 등에 대한 동의제도를 들 수 있다. 정보주체(이용자)의 개인정보의 수집·이용·제공에 대한 개인정보자기결정권의 완전한 구현은 그 정보주체(이용자)의 의사에 얽매이게 하는 것이며, 그것의 현행법제상의 제도가 다름 아닌 동의제도라고 할 수 있기 때문이다.[15]

먼저, 개인정보 보호법상의 주요한 동의제도를 살펴보면, ① 개인정보의 처리에 관한 동의 여부, 동의 범위 등을 선택하고 결정할 정보주체의 권리(제4조 제2호), ② 개인정보의 수집·이용에 대한 동의와 고지사항의 변경에 대한 동의(제15조 제1항, 제2항), ③ 개인정보의 제3자 제공에 대한 동의와 고지사항의 변경에 대한 동의(제17조 제1항, 제2항), ④ 개인정보의 국외의 제3자 제공에 대한 동의(제17조 제3항), ⑤ 개인정보의 목적외 이용·제공에 대한 동의(제18조 제2항), ⑥ 개인정보를 제공받은 자의 목적 외 이용·제공에 대한 동의(제19조) 등을 들 수 있다. 다음으로, 정보통신망법상의 주요한 동의제도를 살펴보면, ① 개인정보의 수집·이용에 대한 동의와 고지사항의 변경에 대한 동의(제22조 제1항), ② 이동통신단말장치에의 접근권한에 대한 동의(제22조의2), ③ 개인정보의 제3자 제공에 대한 동의와 고지사항의 변경에 대한 동의(제24조의2 제1항), ④ 개인정보를 제공받은 자의 목적 외 이용·제공에 대한 동의(제24조의2 제2항), ⑤ 개인정보의 국외이전에 대한 동의(제63조 제1항) 등이 있다.

---

12) 헌법재판소 2005. 5. 26. 선고 99헌마513,2004헌마190(병합) 전원재판부【주민등록법제17조의8등위헌확인등】

13) 이후의 헌법재판소의 일련의 결정들에 대해서는, 정한신, 개인정보자기결정권에 관한 헌법재판소 결정의 비판적 검토, 법학연구 56권 4호(2015.11), 2쪽 이하.

14) 2005년의 헌법재판소 결정에 앞서, 관련 개념 등을 다룬 법원의 판결로서는 서울고법 1995. 8. 24. 선고 94구39262 판결【정보공개청구거부처분취소】확정), 서울고법 1996. 8. 20. 선고 95나44148 판결【손해배상(기)】, 대법원 1998. 7. 24. 선고 96다42789 판결【손해배상(기)】(상고심) 등을 들 수 있다. 권건보, 개인정보보호와 자기정보통제권, 경인문화사, 2005, 81쪽 이하.

15) 동의를 통해 정보주체의 자기결정이 표출되기 때문에 개인정보 보호 법제에서 개인정보 자기결정권을 보호하는 핵심적인 수단은 동의제도라고 보는 견해로서, 권영준, 개인정보 자기결정권과 동의제도에 대한 고찰, 법학논총 36권 1호(2016.3), 675쪽.

이처럼, 양 법률은 개인정보의 처리와 관련하여 정보주체(이용자)의 사전동의를 요구하고 있다.[16] 그렇다면, 개인정보 처리와 관련한 동의제도는 정보주체(이용자)의 권리이익을 충분히 보호하고 있는가? 이에 대해서는, 주지하다시피 특히 정보통신망에서의 동의제도의 형식화 또는 기능부전이 지적되고 있다.[17] 또한, 이러한 동의제도는 이용자(소비자)의 프라이버시의 보호를 위한 법정책으로서 다수 이용되고 있으나, 근본적으로 프라이버시 보호책임을 개인에게 전가시킨다는 점이 지적되고 있다.[18] 나아가서, 형식적인 동의의 존재를 이유로 하여 개인정보에 대한 통제권이 사실상 개인정보처리자에게 넘어가게 된다는 사실도 직시할 필요가 있다[19].

생각건대, 개인정보는 '정보'로서의 성격과 '개인'의 인격주체성이 결합된 형태로 존재한다. 전자로서의 개인정보는 이 사건에서 보는 바와 같이 다양한 분야에서 경제행위의 대상, 즉 정보재[20][21]가 되었다.[22] 그러한 의미에서 정보는 원칙적으로 '유통의 자유'를 그 속성으로 한다고 할 수 있다. 그러나, 개인정보는 그 정보주체가 개인이라는 특성으로 인하여 그 밖의 다른 정보와는 달리 취급되어야 한다고 할 수 있다. 개인의 인격과 사생활의 비밀은 헌법이 보장하는 중요한 가치이기 때문이다. 이로 인하여, 개인정보의 처리, 즉, 개인정보의 수집, 이용, 제공 등에 있어서 정보주체인 개인에게 적극적인 참여를 통하여 통제권을 행사하도록 하자는 개인정보자기결정권의 당위성이 나오게 된다. 따라서, 개인정보와 관련하여서는 '정보'로서 원칙적으로 '자유로운 유통'을 전제로 하면서, '개인'의 인격성과 프라이버시가 관계되는 경우에는 그 보호를 위하여 개인정보의 처리과정에 참여하도록 함으로써 '유통(이용)'과 '보호'를 조화하도록 할 것이 요청된다. 그러나, 개인정보 보호와 관련한 일반법으로서의 개인정보 보호법과 특별법인 정보통신망법에서는 개인정보의 '보

---

16) 이러한 사전동의는 다양한 상황에서 발생하는 다종의 개인정보 처리에 대응하기에는 지나치게 경직된 규제방식이며, 경우에 따라서는 정보주체의 권리를 보호하는 적절한 수단이 되지 못하는데도 불구하고, 단지 집행이 용이하다는 이유만으로 제도로서 채택되어서는 곤란하다고 하는 견해로서는, 권헌영 외, 4차산업혁명시대 개인정보권의 법리적 재검토, 저스티스 158-1호(2017.2), 32쪽.

17) 행정자치부·개인정보보호위원회의 개인정보보호 실태조사에 따르면 정보주체의 76.8%가 개인정보 제공시 동의서를 확인하지 않는다고 한다. 행정자치부·개인정보보호위원회, 2016년 개인정보보호 실태조사, 2016.12, 126쪽.

18) Executive Office of the President President's Council of Advisors on Science and Technology, (REPORT TO THE PRESIDENT) BIG DATA AND PRIVACY: A TECHNOLOGICAL PERSPECTIVE, May 2014, p.38.

19) 정찬모, 개인정보보호에 있어 정보주체의 동의, 법학연구 18집 1호(2015.3), 81쪽.

20) 한편, 디지털정보를 기존의 물권이나 채권과는 구별되는 독자적 지위를 가지는 것으로 보는 견해로서, 오병철, 디지털정보계약법, 법문사, 2005, 25쪽 이하.

21) 한편, 개인정보를 활용하여 얻는 재산적 이익이 있다고 하여 개인정보 자체가 재산인지 의문을 제기하는 견해로서, 권영준, 전게논문, 682쪽.

22) 함인선, 개인정보 처리와 관련된 법적 문제-우리나라 「개인정보 보호법」과 EU의 '2012년 규칙안'을 중심으로 하여-, 경제규제와 법 6권 1호(2013.5), 153쪽 이하.

호'에 편중함으로써 개인정보의 정보로서의 '유통'의 측면을 상대적으로 소홀히 하고 있다고 지적된다.[23] 또한, 위에서 지적한 바와 같이, 정보통신망에서의 동의제도가 그 기능을 다하지 못하고 통과의례와 같이 형식화하는 경향을 보이고 있으며, 그러한 동의의 취득을 근거로 하여 개인정보의 남용·오용이 빈번히 이루어지고 그로 인한 책임을 정보주체(이용자)에게 전가하는 상황이 전개되고 있다.

(2) 그렇다면, 이러한 우리 법제의 현안에 대한 해법을 어디에서 구할 수 있을 것인가? 이에 대해서는 세계 개인정보 보호입법을 리드하고 있다고 할 수 있는 유럽, 특히 EU의 입법례에서 그 모델을 구할 수 있다고 생각한다. 즉, EU의 헌법이라고 할 수 있는 유럽연합운영조약(The Treaty on the Functioning of the European Union; TFEU) 제16조 제1항과 유럽연합기본권헌장(The Charter of Fundamental Rights of the EU) 제8조 제1항은 "모든 사람은 자기에 관한 개인정보보호권을 가진다."고 규정하고 있다. 이에 근거하여, 2016년 4월에 제정된 일반정보보호규칙[24](General Data Protection Regulation: GDPR)은 그 입법목적에서 "본 규칙은 자연인의 기본적 권리 및 자유와 특히 개인정보보호권을 보호한다."(제1조 제2항)고 규정하고 있으며, 또한 동 조 제3항에서는 "연합 역내에서의 개인정보의 자유로운 이동은 개인정보의 처리와 관련하여 자연인의 보호와 연결되었다는 이유로 제한되거나 금지되어서는 안 된다."고 규정하고 있다. 이러한 규정으로부터 EU의 2016년 GDPR은 '자연인의 개인정보보호권의 보호'와 '개인정보의 자유로운 이동'을 그 목적으로 하고 있음을 알 수 있다. 이러한 점에서, EU개인정보보호법은 EU에서의 개인정보의 '보호'와 함께 그 '이동', 즉 '유통'도 또 다른 중요한 목적으로 삼고 있다고 할 수 있다.[25] 이상의 개인정보 보호와 관련된 EU법제에서 '개인정보자기결정권'이라는 용어는 사용되지 않고, '개인정보보호권'이라는 용어가 사용되고 있으며, 개인정보의 '보호'와 함께 '이동(유통)'도 동등한 입법목적임을 확인할 수 있다.

(3) 그렇다면, 양자의 개념은 구체적으로 어떠한 법제도상의 차이를 나타내는 것일까? 이와 관련하여서는 개인정보의 제3자 제공, 특히 국외의 제3자 제공 또는 개인정보의 국외이전과 관련한 우리나라와 EU의 법제도를 비교해보자. 먼저, 우리나라 개인정보보호법과

---

23) 한편, 입법론으로서는 개인정보 보호법의 법 명칭에도 보호와 이용이라는 두 가지 목표가 함께 반영되도록 고치는 것이 바람직하다고 하는 견해로서, 권영준, 전게논문 각주 32), 683쪽.

24) REGULATION (EU) 2016/679 OF THE EUROPEAN PARLIAMENT AND OF THE COUNCIL of 27 April 2016 on the protection of natural persons with regard to the processing of personal data and on the free movement of such data, and repealing Directive 95/46/EC (General Data Protection Regulation), OJ L 119, 2016.5.4, p.1.

25) 함인선, EU개인정보보호법, maronie, 2016, 16-17쪽.

정보통신망법은 개인정보의 국외이전과 관련하여, 정보주체(이용자)의 동의에 맡기고 있다. 즉, 개인정보 보호법은 “개인정보처리자가 개인정보를 국외의 제3자에게 제공할 때에는 제2항 각 호에 따른 사항을 정보주체에게 알리고 동의를 받아야 하며, 이 법을 위반하는 내용으로 개인정보의 국외 이전에 관한 계약을 체결하여서는 아니 된다.”(제17조 제3항)고 하는 하나의 조항만을 규정하고 있으며, 정보통신망법도 “정보통신서비스 제공자등은 이용자의 개인정보를 국외에 제공(조회되는 경우를 포함한다) · 처리위탁 · 보관(이하 이 조에서 "이전"이라 한다)하려면 이용자의 동의를 받아야 한다.”고 하고, 다만, 일정한 경우에는 동의절차를 거치지 않도록 규정하고 있다. 이에 대해, EU GDPR은 EU역내의 정보주체의 개인정보의 국외이전에 대해서는 원칙적으로 적합성결정(adequacy decision)에 근거한 이전(제45조), 적절한 안전장치(appropriate safeguards)에 따른 이전(제46조) 및 구속적 기업규칙(binding corporate regulation; BCR)에 따른 이전(제47조)을 채택하고, 이에 대해서는 EU의 집행기관인 유럽위원회(European Commission)가 이를 결정하도록 하고 있다. 그리고, 특별한 상황에서 이들에 대한 예외들을 규정하고 있는 바,[26] 그들 중 하나로서 정보주체의 동의를 들고 있을 뿐이다(제49조 제1항 제a호). 이들 양자의 비교에서 우리나라법제는 개인정보의 국외이전을 정보주체(이용자)의 동의에 전적으로 의존하게 하고 있는 데 대하여, EU는 정보주체의 개인정보 보호를 위한 제도적 장치를 마련하여, 그 집행기관인 유럽위원회의 이에 대한 관여(결정)를 인정하고 있으며, 특별한 예외적인 상황에서 정보주체의 명시적인 동의를 국외이전사유의 하나로 규정하고 있을 뿐이다. 이와 같은 법제도에서 우리나라 법제가 정보주체의 개인정보 보호에 우월한지에 대해서는 주지하다시피 동의제도의 형식화 내지 기능부전으로 인해 의문이라 하지 않을 수 없다.[27] 또한, 외국의 개인정보 보호입법

26) (a) 적합성결정과 적절한 안전장치가 없기 때문에 그러한 이전의 가능한 위험을 통지받은 후에, 정보주체가 제안 받은 이전을 명시적으로 동의한 경우
(b) 정보주체와 관리자 간의 계약의 이행, 또는 정보주체의 요청으로 취해진 계약전 조치의 이행을 위하여 이전이 필요한 경우
(c) 관리자와 다른 자연인이나 법인 간에 정보주체를 위해 체결된 계약의 체결이나 이행을 위해 이전이 필요한 경우
(d) 중대한 공익상의 이유로 이전이 필요한 경우
(e) 법적 청구권의 설정, 행사 또는 방어를 위하여 이전이 필요한 경우
(f) 정보주체가 사실상 또는 법률상 동의할 수 없는 경우에, 정보주체나 타인의 중대한 이익을 보호하기 위하여 이전이 필요한 경우
(g) EU법이나 회원국법에 따라서 일반에게 정보를 제공하도록 예정되어있으며, 일반공중이나 정당한 이익을 입증할 수 있는 사람에 의해 조회하도록 개방되어 있으나, EU법이나 회원국법에서 규정된 조회의 조건이 특정한 경우에 충족된 범위에서만 개방되어 있는 등록부로부터 이전이 이루어진 경우

27) 개인정보 자기결정권은 자유롭게 합리적인 인간상을 전제로 하지만, 현실 속에 존재하는 인간이 늘 이러한 인간상에 부합하는 모습을 지니는 것은 아니기 때문에, 개인정보 자기결정권을 부여하여 개인정보에 대한 자유와 책무를 개인에게만 짊어지우는 것은 현실적이지 않다고 하는 견해에 대해서는, 권영준, 전게논문, 696쪽.

에 대부분 문외한인 정보주체에게 그 책임을 전가함으로써 우리 관련국가기관이 자기의 책임을 방기하였다는 비판도 피할 수 없을 것이다. 나아가서, 개인정보자기결정권이 정보주체(이용자)의 동의를 매개로 그 이후의 상황에서 제 기능을 다하지 못할 우려가 있음에 비하여, 개인정보보호권은 그러하지 않다는 점도 주목할 필요가 있다.[28)]

(4) 이상의 검토에서도 알 수 있듯이, 개인정보보호권의 한 분지인 개인정보자기결정권에 대해 과도한 기능을 담당하게 함으로써 개인정보 보호입법과 적용실제에 있어서 기능부전 또는 기능장애를 초래한 측면이 있음을 부정할 수 없다.[29)] 따라서, 개인정보자기결정권에 대체하여 개인정보보호권을 본래의 위상에 자리매김함으로써 개인정보 보호입법과 적용실제에 있어서 개인정보의 보호와 유통의 조화를 도모할 것이 요청된다고 본다.

4. 공개된 개인정보의 처리 문제

(1) 대법원은 피고 Y1이 원고 X의 개인정보를 그의 동의를 얻지 않고 온라인상에서 제3자에게 제공한 행위의 위법성 판단의 법적 근거로서 헌법상의 개인정보자기결정권과 개인정보 보호법상의 관련규정을 들고 있다. 그런데, 이러한 판단에 있어서 중요한 요소로서 작용하고 있는 것이 X의 개인정보가 공개된 개인정보라는 점이다.

대법원판결에 의하면, 정보주체의 의사에 따라 공개된 개인정보를 그의 별도의 동의 없이 영리 목적으로 수집·제공한 행위가 헌법상의 개인정보자기결정권을 침해하여 위법한지 여부는 그 정보주체가 공적인 존재인지, 개인정보의 공공성과 공익성, 원래 공개한 대상 범위, 개인정보 처리의 목적 · 절차 · 이용형태의 상당성과 필요성, 개인정보 처리로 인하여 침해될 수 있는 이익의 성질과 내용 등 여러 사정을 종합적으로 고려하여, 개인정보에 관한 인격권 보호에 의하여 얻을 수 있는 이익과 그 정보처리 행위로 인하여 얻을 수 있는 이익 즉 정보처리자의 '알 권리'와 이를 기반으로 한 정보수용자의 '알 권리' 및 표현의 자유, 정보처리자의 영업의 자유, 사회 전체의 경제적 효율성 등의 가치를 구체적으로 비교 형량하여 어느 쪽 이익이 더 우월한 것으로 평가할 수 있는지에 따라 그 정보처리 행위의 최종적인 위법성 여부를 판단하여야 한다고 하였다.[30)] 또한, 대법원판결은 피고 Y1의 행

---

28) 한편, 개인정보자기결정권에 대체하여 보다 중립적인 개념인 '개인정보권'을 주장하는 견해로서, 권헌영 외, 전게논문, 22쪽.

29) "개인정보자기결정권을 기계적으로 집행하려고 하다 보면 문명의 존립근거가 되고 있는 정보의 유통이 각종 정보주체들의 요구에 의해서 마비될 수 있다"고 하는 견해로서는, 박경신, "구글 스페인" 유럽사법재판소 판결 평석—개인정보자기결정권의 유래를 중심으로—, 세계헌법연구 20권 3호(2014), 54쪽.

30) 이러한 판단방법은 이미 대법원 2011.9.2. 선고 2008다42430 전원합의체 판결에서 취한 바 있다. 이에 대한 평석으로, 권태상, 개인정보에 관한 인격권과 표현의 자유－대법원 2011.9.2.선고 2008다42430 전원합

위가 개인정보 보호법 제15조 및 제17조 등에 위반하는지 여부와 관련하여, 정보주체가 직접 또는 제3자를 통하여 이미 공개한 개인정보는 그 공개 당시 정보주체가 자신의 개인정보에 대한 수집이나 제3자 제공 등의 처리에 대하여 일정한 범위 내에서 동의를 하였다고 할 것이며, 따라서 이미 공개된 개인정보를 정보주체의 동의가 있었다고 객관적으로 인정되는 범위 내에서 수집·이용·제공 등 처리를 할 때는 정보주체의 별도의 동의는 불필요하다고 보아야 할 것이고, 그러한 별도의 동의를 받지 아니하였다고 하여 개인정보 보호법 제15조나 제17조를 위반한 것으로 볼 수 없다고 하였다.

(2) 이러한 대법원의 판단에 대해서는, 우선, 대법원도 지적한 바와 같이, 공개된 개인정보도 개인정보자기결정권의 보호대상이 되는 개인정보에 포함되며, 따라서 공개된 개인정보를 이유로 정보주체의 동의 없이 그 개인정보를 수집·이용·제공하는 경우에는 개인정보자기결정권의 침해에 해당한다는 견해가 있을 수 있다.[31] 역시, 대법원이 지적한 바와 같이, 개인정보 보호법은 개인정보처리자의 개인정보 수집·이용(제15조)과 제3자 제공(제17조)에 원칙적으로 정보주체의 동의가 필요하다고 규정하면서도, 대상이 되는 개인정보를 공개된 것과 공개되지 아니한 것으로 나누어 달리 규율하고 있지는 아니하다. 따라서, 개인정보자기결정권을 철저히 보장하고, 개인정보 보호법의 관련규정을 엄격히 적용한다면 개인정보의 공개를 이유로 하여 피고 Y1이 정보주체인 X의 동의없이 그 개인정보를 수집하거나 제3자에게 제공하는 행위는 개인정보자기결정권의 침해이며, 개인정보 보호법을 위반하는 불법행위에 해당한다고 하여야 할 것이다.[32] 이러한 관점에 선다면, 피고 Y1이 원고 X의 개인정보를 제3자에게 유료로 제공한 행위는 개인정보보호법에 위반된 불법행위에 해당한다고 한 원심의 판단에도 수긍할 수 있는 측면이 있다고 할 것이다.

그러나, 위에서 살펴본 바와 같이, 개인정보 보호와 관련한 헌법상의 기본권으로서 인정되는 개인정보자기결정권이 개인정보의 보호와 유통의 조화를 이루지 못한 개념으로서 본래의 위상에 어울리지 않는 과도한 기능을 담당함으로써 개인정보 보호입법이나 그 법 적용 실제의 양면에 걸쳐 적지 않은 문제점을 야기하고 있는 점을 고려할 필요가 있다. 즉, 동의제도를 매개로 하여, 과도하게 개인정보 보호에 편중된 현행법제를 그 해석에 의해 완화시킬 것이 요청된다고 본다. 이러한 관점에서, 대법원이 "공개된 개인정보를 객관적으로 보아 정보주체가 동의한 범위 내에서 처리하는 것으로 평가할 수 있는 경우에도

의체 판결−, 법학논집 18권 1호(2013.9), 461쪽 이하.

31) 김민중, 전게논문, 579−580쪽.

32) 개인정보 보호법은 이미 공개된 개인정보의 삭제에 관한 아무런 규정도 두고 있지 않은 관계로 이미 공개된 개인정보로부터 발생하는 개인정보의 침해를 막을 방법이 없는 문제가 있다고 하는 견해로서, 윤영철, '개인정보 보호법'의 문제점과 개선방안에 관한 고찰, 과학기술법연구 18집 2호(2012), 123쪽.

그 동의의 범위가 외부에 표시되지 아니하였다는 이유만으로 또다시 정보주체의 별도의 동의를 받을 것을 요구한다면 이는 정보주체의 공개의사에도 부합하지 아니하거니와 정보주체나 개인정보처리자에게 무의미한 동의절차를 밟기 위한 비용만을 부담시키는 결과가 된다"는 점을 이유로, "정보주체가 직접 또는 제3자를 통하여 이미 공개한 개인정보는 그 공개 당시 정보주체가 자신의 개인정보에 대한 수집이나 제3자 제공 등의 처리에 대하여 일정한 범위 내에서 동의를 하였다"고 해석하여, "이미 공개된 개인정보를 정보주체의 동의가 있었다고 객관적으로 인정되는 범위 내에서 수집·이용·제공 등 처리를 할 때는 정보주체의 별도의 동의는 불필요하다고 보아야 하고, 별도의 동의를 받지 아니하였다고 하여 개인정보 보호법 제15조나 제17조를 위반한 것으로 볼 수 없다"고 한 판단은 적정한 것으로 평가될 수 있다고 본다.

5. 마치며

정보통신서비스 제공자들이 그 이용자의 개인정보를 동의 없이 일반의 제3자에게 제공함으로써 제기된 이 사건은 현대정보사회에서 흔히 발생할 수 있는 사안의 하나라고 할 수 있을 것이다. 개인정보 보호의 필요성이 인식되면서 그를 위한 법적 규율이 이루어지는 과정에서 문제되는 개별영역별 입법을 거쳐 일반법으로서의 개인정보 보호법이 제정·시행되는 시기에 걸쳐서 발생한 이 사건은, 지금까지 살펴본 바와 같이, 여러 가지 중요한 쟁점을 포함하고 있음을 알 수 있었다.

첫째로, 이 사건이 구 정보통신망법과 새로운 개인정보 보호법의 시행이 이루어지는 과정에서 발생함으로써 그 적용법률의 문제가 존재하였다. 당시의 개인정보 보호법이 명문의 규정으로 두었던 것처럼 구 정보통신망법은 그 특별법으로서의 지위를 가지고 있었다. 따라서, 이 사건에 있어서는 우선 구 정보통신망법이 적용되어야 했고, 동 법에 흠결이나 불명확한 부분이 있는 경우에 보완적으로 개인정보 보호법이 적용되어야 했다. 그러나, 위에서도 검토했던 바와 같이, 유사한 사항에 대해 서로 유사한 법적 규제를 함으로써 그 법적용상의 혼란을 초래한 입법상의 불비를 먼저 지적하여야 할 것이며, 따라서, 이 부분에 대해서는 입법적 개선이 요구된다고 할 것이다. 즉, 특별법인 정보통신망법에서 정보통신망에서의 정보통신서비스 제공자가 그 이용자의 개인정보의 보호와 관련된 특별한 사항에 대해서만 규율하고, 개인정보 보호와 관련된 그밖의 사항은 개인정보 보호법에 맡겨서 법규제의 정합성과 법적용의 간명함을 확보하여야 할 것이다.[33)]

33) 함인선, 개인정보 보호법의 법적용관계와 입법적 과제 – 위치정보법과의 관계를 중심으로 하여 –, 인권과정의 419호(2011), 62쪽.

둘째로, 이 사건 대법원판결 등을 포함하여, 개인정보 보호와 관련된 사안에 있어서 금과옥조와 같이 제시되어온 개인정보자기결정권은 위에서 검토한 바와 같이 현대정보사회에서 요청되는 개인정보의 보호와 유통의 조화를 위한 개념으로서는 부적절함을 지적하였다. 개인정보자기결정권에 기반하여 도입된 동의제도는 실질적으로 그 기능을 다하지 못하고, 새로운 정보통신산업의 발전에도 장애가 될 수 있음을 알 수 있었다. 그리고, 이에 대해서는 EU개인정보보호법제로부터 개인정보보호권이 개인정보자기결정권에 대체될 수 있음을 살펴보았다.

셋째로, 이 사건 대법원판결은 개인정보자기결정권에 근거하면서도 원고 X의 개인정보가 공개된 것임을 이유로 충돌하는 법익간의 비교형량에 의하여 피고의 개인정보 처리행위의 최종적인 위법성 여부를 판단하고 있다. 그리고, 이미 공개된 개인정보를 정보주체의 동의가 있었다고 객관적으로 인정되는 범위 내에서 수집·이용·제공 등 처리를 할 때는 정보주체의 별도의 동의는 불필요하다고 보아야 하고, 별도의 동의를 받지 아니하였다고 하여 개인정보 보호법 제15조나 제17조를 위반한 것으로 볼 수 없다고 판단하였다. 이러한 대법원의 판단은 현대정보사회에서 개인정보 보호입법과 그 적용실제 간의 갭을 메우는 유연한 사고로서 적정한 것으로 평가되어야 할 것이다.

정보공개법의 적용범위*

유진식**

대법원 2016. 12. 15. 선고 2013두20882 판결을 소재로 하여

I. 사건의 개요

원고, X는 2007. 1. 10. 대전지방법원에서 중감금죄 등으로 징역 9년의 유죄판결을, 공소사실 중 살인의 점에 대하여는 무죄판결을 선고받았다[2006고합234, 239(병합)]. 이에 대하여 X와 검사가 항소하였고, 대전고등법원은 2007. 11. 23. 살인죄를 유죄로 인정하여 1심판결을 파기하고 X에 대하여 무기징역형을 선고하였다(2007노53). 이에 대하여 X가 상고하였고, 대법원은 2008. 3. 13. 공소사실 중 살인의 점을 유죄 로 인정한 것은 위법하다는 이유로 원심판결을 파기하고 사건을 대전고등법원에 환송하였다(2007도 10754). 파기환송심에서 대전고등법원은 2008. 7. 17. X와 검사의 항소를 모두 기각하는 판결을 선고하였고(2008노146), 대법원이 2008. 10. 9. X와 검사의 상고를 모두 기각하는 판결을 선고함으로써 X에게 징역 9년을 선고한 위 1심판결이 확정되었다(2008도6891).

그 후 X는 2011. 9. 19. 공공기관의 정보공개에 관한 법률(이하 '정보공개법'이라고 한다) 제10조 제1항에 따라 피고(대전○○검찰청 검사장), Y에게 ① 2006고합234 사건의 ㉮ 증거기록 중 녹취서, 수사보고, B에 대한 진술조서, 사진, ㉯ 공판기록 중 증인 C, D, E, F, G, L에 대한 각 증인신문조서, ② 2007노53 사건의 공판기톡 중 증인 I, B에 대한 각 증인신문조서(이하 '이 사건 공개청구정보'라고 한다)를 공개해 달라는 청구를 하였다(이하 '이 사건 정보공개청구'라고 한다).

이에 대하여 Y는 2011. 9. 30. X에 대하여 '형사소송법 및 정보공개법에 의거하여 비공개 결정을 한다'는 취지의 처분을 하였다(이하 '이 사건 처분'이라고 한다).

---

* 이 글은 2017년 12월 31일 발행된 행정판례연구 제22-2집에 게재된 논문을 전재한 것입니다.

** 전북대학교 법학전문대학원 교수

II. 재판의 경과

1. 제1심(대전지방법원 2013. 1. 16. 선고 2012구합1633 판결)

제1심은 이 사건이 정보공개법 제4조 제1항에 해당하는가에 대한 판단을 함이 없이 다음과 같이 판시하여 원고의 청구를 기각하였다.

「…이 법원이 비공개로 열람·심사한 이 사건 공개청구청보의 내용에 변론 전체의 취지를 더하여 인정할 수 있는 다음과 같은 사정, 즉 ① 원고가 관련 형사사건에서 유죄판결을 받은 범죄사실의 요지는 '원고가 ㉮ J과 공동하여 동거녀 K의 언니인 L을 (K와의 동거를 반대한다는 등의 이유로) 납치하여 감금한 후 폭행하였고, ㉯ 그 사건 전후로 K를 협박, 감금, 폭행하였다'는 것인데, 원고는 그 사건에서 자신의 범행을 대체로 부인하였으나, 공동피고인을 비롯한 참고인들의 진술에 의하여 유죄판결이 이루어졌는바, 원고가 자신에게 불리한 진술을 하였던 참고인들에 대하여 보복을 하거나 그 진술을 번복시키려는 시도를 할 가능성이 있는 점, ② 특히 이 사건 공개청구정보 중 증인신문조서의 해당 증인들은 피고인의 면전에 서 충분한 진술을 할 수 없다고 하여 당시 재판장 의 명에 따라 피고인인 원고가 퇴정 한 상태에서 증언을 하였는바, 당시 위 증인들은 원고에 대하여 불리한 진술을 하는 경우 보복을 당할 위험성이 있다고 느끼고 있었던 것으로 보이는 점, ③ 원고가 위 증 인들의 증언내용의 요지를 고지 받아 알고 있을 것으로 보이기는 하나, 원고에게 위 증인신문조서가 공개되어 원고가 그 증언내용을 상세히 알게 될 경우 보복범죄를 감행 할 위험성이 증가할 것으로 판단되는 점, ④ 이 사건 공개청구정보 중 수사보고서는 피해자의 실종 전 행적과 관련한 수사에 관한 것으로 수사의 방법이 포함되어 있어 공개될 경우 그 직무수행을 곤란하게 할 우려가 있다고 보이는 점, ⑤ 뿐만 아니라, 위 수사보고서에는 사건관계인의 휴대전화번호가 기재되어 있어 공개될 경우 개인의 사생활의 비밀 또는 자유를 침해할 우려도 있다고 인정되는 점(정보공개법 제9조 제1항 제 6호 다목에 따르면, 그러한 우려가 있다고 하더라도 그 정보가 원고의 권리구제를 위하여 필요하다고 인정되는 정보에 해당한다면 공개되어야 하나, 위 수사보고서가 원고 의 권리구제를 위하여 필요한 정보에 해당하는 것으로 보이지는 않는다) 등을 종합하여 보면, 이 사건 공개청구정보는 정보공개법 제9조 제1항 단서 제3,4,6호에서 말하는 비공개대상정보에 해당한다고 봄이 상당하다.

따라서 같은 이유로 원고의 이 사건 정보공개청구를 받아들이지 않은 이 사건 처분은 적법하다.」(밑줄은 필자)

다만, 제1심은 위의 밑줄 부분에서 알 수 있듯이 이 사건 공개청구정보가 원고의 권리구제를 위하여 필요하다고 인정되는 정보에 해당하지 않는다는 견해를 보이고 있다.

2. 원심(대전고등법원 2013. 9. 5. 선고 2013누251 판결)

이에 대하여 원심은 이 사건 공개청구정보가 정보공개법 제9조 제1항 제3, 4, 6호에서 정한 비공개대상정보에 해당하지 않는다고 판단하여 원고의 청구를 인용하였다. 그리고 이 사건이 다음과 같은 이유로 정보공개법 제4조 제1항에 해당하지 않는다고 판시하고 있다.

2)형사소송법 제59조의 2 제2항 제3호와 검찰보존사무규칙 제22조의 3, 그리고 사건기록 열람·등사에 관한 업무처리지침 제5조 관련 주장에 대한 판단

형사소송법 제59조 이 2는 국민의 알권리를 보장하고 사법에 대한 국민의 신뢰를 제고하기 위하여 누구든지 권리구제·학술연구 또는 공익적 목적으로 재판이 확정된 사건의 소송기록을 보관하고 있는 검찰청에 그 소송기록 열람 또는 등사를 신청할 수 있도록 하고(제1항),심리가 비공개로 진행된 경우 등 예외적인 경우에 한하여 이를 제한하되, 소송관계인이나 이해관계 있는 제3자가 열람 또는 등사에 정당한 사유가 있다고 인정되는 경우 제한을 허용하지 아니하도록 규정하고 있다(제2항).

한편, 심리가 비공개로 진행된 경우와 같이 소송기록의 열람 또는 등사를 제한하도록 한 형사소송법 제59조의2 제2항 각 호의 규정은, 일반에게 공표되는 것을 금지하여 소송관계인의 명예를 훼손하거나 공서양속을 해하거나 재판에 대한 부당한 영향을 야기하는 것을 방지하려는 취지이지, 피고인이 자신의 소송기록을 열람하는 것을 제한하려는 취지는 아니므로 ,이와 같은 형사소송법 제59조의 2 제2항 의 공개금지 정보공개법 제9조 제1항 제1호의 '다른 법률 또는 법률에 의한 명령에 의하여 비공개사항으로 규정된 경우'해 해당한다고 볼 수 없다. (밑줄은 필자)

3. 상고심(대상판례)

대상판례인 상고심은 아래와 같이 이 사건은 정보공개법 제4조 제1항에서 규정하고 있는 '다른 법률에 특별한 규정이 있는 경우'에 해당되기 때문에 형사소송법 제59조의2의 규정에 따라 공개여부를 결정해야 한다고 하여 원심을 파기, 환송하였다.

1. 구 공공기관의 정보공개에 관한 법률(2013. 8. 6. 법률 제11991호로 개정되기 전의 것, 이하 '정보공개법'이라고 한다) 제4조 제1항은 "정보의 공개에 관하여는 다른 법률에 특별한 규정이 있는 경우를 제외하고는 이 법이 정하는 바에 의한다."라고 규정하고 있다. 여기서 '정보공개에 관하여 다른 법률에 특별한 규정이 있는 경우'에 해당한다고 하여 정보공개법

의 적용을 배제하기 위해서는, 그 특별한 규정이 '법률'이어야 하고, 나아가 그 내용이 정보공개의 대상 및 범위, 정보공개의 절차, 비공개대상정보 등에 관하여 정보공개법과 달리 규정하고 있는 것이어야 한다(대법원 2007. 6. 1. 선고 2007두2555 판결 등 참조).

재판확정기록의 열람·등사와 관련하여 형사소송법 제59조의2는 제1항에서 "누구든지 권리구제·학술연구 또는 공익적 목적으로 재판이 확정된 사건의 소송기록을 보관하고 있는 검찰청에 그 소송기록의 열람 또는 등사를 신청할 수 있다."라고 정하고 있고, 제2항 본문에서 "검사는 다음 각 호의 어느 하나에 해당하는 경우에는 소송기록의 전부 또는 일부의 열람 또는 등사를 제한할 수 있다."라고 정하면서 그 각 호의 사유로 "심리가 비공개로 진행된 경우"(제1호), "소송기록의 공개로 인하여 국가의 안전보장, 선량한 풍속, 공공의 질서유지 또는 공공복리를 현저히 해할 우려가 있는 경우"(제2호), "소송기록의 공개로 인하여 사건관계인의 명예나 사생활의 비밀 또는 생명·신체의 안전이나 생활의 평온을 현저히 해할 우려가 있는 경우"(제3호), "소송기록의 공개로 인하여 공범관계에 있는 자 등의 증거인멸 또는 도주를 용이하게 하거나 관련 사건의 재판에 중대한 영향을 초래할 우려가 있는 경우"(제4호), "소송기록의 공개로 인하여 피고인의 개선이나 갱생에 현저한 지장을 초래할 우려가 있는 경우"(제5호), "소송기록의 공개로 인하여 사건관계인의 영업비밀(부정경쟁방지 및 영업비밀보호에 관한 법률 제2조 제2호의 영업비밀을 말한다)이 현저하게 침해될 우려가 있는 경우"(제6호), "소송기록의 공개에 대하여 당해 소송관계인이 동의하지 아니하는 경우"(제7호)를 규정하고 있으며, 제6항과 제7항에서 검사의 열람·등사 제한에 대하여는 당해 기록을 보관하고 있는 검찰청에 대응한 법원에 그 처분의 취소 또는 불복을 신청할 수 있되 그 불복신청에 대하여 준항고의 절차를 준용하도록 규정하고 있다.

위와 같은 형사소송법 제59조의2의 내용·취지 등을 고려하면, 형사소송법 제59조의2는 형사재판확정기록의 공개 여부나 공개 범위, 불복절차 등에 대하여 정보공개법과 달리 규정하고 있는 것으로 정보공개법 제4조 제1항에서 정한 '정보의 공개에 관하여 다른 법률에 특별한 규정이 있는 경우'에 해당한다고 볼 수 있다. 따라서 형사재판확정기록의 공개에 관하여는 정보공개법에 의한 공개청구가 허용되지 아니한다.

III. 평석

1. 처음에

정보공개법 제4조 제1항에 대한 판결은 아래에서 살펴보는 것처럼 대상판결이 처음이 아니다. 그럼에도 불구하고 위 조항의 해석을 둘러싸고 계속 혼선이 빚어지고 있는 것은 정보공개법의 기본적인 사항에 대한 체계적인 이해의 결여에서 비롯되고 있다고 할 수 있다. 이 사건에서 제1심과 원심이 서로 정반대의 결론을 취하고 있고 특히 대상판례인 상고심은 정보공개법 제4조 제1항에 따라 이 사건은 형사소송법 제59조의 2의 규정에 따라 판단하여야 한다는 입장을 취하고 있다. 같은 사건을 두고 각 재판부가 이처럼 서로 다른 입장을 취하게 된 데에는, 아래에서 살펴보는 것처럼, 정보공개법의 기본적인 내용에 대한 체계적인 이해의 결여에서 온다고 할 수 있다.

이하에서는 위와 같은 점을 염두에 두고 대상판례가 갖는 의미를 검토해 나가기로 한다.

2. 정보공개법 제4조 제1항의 입법취지

정보공개법은 「공공기관이 보유·관리하는 정보에 대한 국민의 공개청구 및 공공기관의 공개의무에 관하여 필요한 사항을 정함으로써 국민의 알권리를 보장하고 국정에 대한 국민의 참여와 국정운영의 투명성을 확보함을 목적」으로 제정되었다(동법 제1조). 그리고 동법이 공개의 대상으로 삼고 있는 '정보'의 정의는 다음과 같다. 즉, 「"정보"란 공공기관이 직무상 작성 또는 취득하여 관리하고 있는 문서(전자문서를 포함한다. 이하 같다) · 도면 · 사진 · 필름 · 테이프 · 슬라이드 및 그 밖에 이에 준하는 매체 등에 기록된 사항」(동법 제2조 제1호)(밑줄은 필자)이다. 이 정의에서 주의해야 할 점은 청구대상이 되는 기관을 '공공기관'이라고 규정하고 있다는 점이다. 이 공공기관에는 국가기관, 지방자치단체는 물론 「공공기관의 운영에 관한 법률」 제2조에 따른 공공기관 그리고 그 밖에 대통령령으로 정하는 기관(동법 제2조 제3호)까지 포함된다. 이것은 다시 말하면 청구대상이 되는 기관을 행정기관에 한정하고 있지 않다는 점이다.

이상에서 알 수 있는 것처럼 한국의 정보공개법은 청구대상이 되는 기관을 행정기관에 한정하지 않고 포괄적으로 규정하고 있다. 즉, 한국의 정보공개법은 객관법적인 입장에서 규정되어 있다고 할 수 있다.[1] 이와 같은 입법태도는 국민이 필요로 하는 정보를 얻을 수 있는 가능성을 폭넓게 열어두고 있다는 점에서는 긍정적으로 평가할 수 있을 것이다. 그러나 이 방식이 늘 바람직한 결과만을 낳는 것은 아니다. 그것은 다름 아닌 정보공개제도가 존재하는 이유에서 유래한다.

정보공개제도가 존재하는 실제적인 이유에는 다음과 같은 두 가지 차원이 있다. 먼저

1) 유진식, 정보공개법상 비공개사유 — 학교폭력대책자치위원회의 회의록의 공개여부(대법원 2010.6.10. 선고 2010두2913 판결) —, 행정판례연구 17-2(2012), 130쪽.

첫 번째로 들 수 있는 것은 공공기관의 활동에 대한 민주적 통제와 시민의 국정참여의 전제조건으로서 시민이 올바른 판단·결정을 하기 위하여 충분한 정보가 필요한 차원이다. 둘째로 시민 각자가 예를 들면 자기의 인격, 생명, 건강, 안전, 재산 등을 지키기 위하여 필요한 정보를 어떻게 손에 넣을까 하는 차원이 바로 그것이다.[2)]

이처럼 공공기관의 정보는 객관적인 측면과 함께 주관적인 측면을 가지고 있기 때문에[3)] 이것을 동일한 평면에서 운용할 경우 많은 문제점을 낳을 수 있다. 즉, 다시 말하면, 원래 정보공개법이 없어도 보호되어야 할 자신의 이해관계와 직접 관련이 있는 정보에 대한 청구권(개별적 정보청구권)이 정보공개법의 제정에 의해서 오히려 청구가 제한이 되는 엉뚱한 경우도 발생할 수 있다.[4)] 이와 같은 결과는 정보공개법의 제정목적에도 어긋날 뿐만 아니라 상대방의 권익을 크게 제한하게 될 것이다. 특히 형사사법과 관련된 정보는 다른 사안과 비교해볼 때 '개별성(=주관성)'이 더욱 두드러지게 되기 때문에 달리 취급되어야 한다.[5)]

위와 같은 문제점을 해결하기 위하여 특수한 분야에 관해서는 개별법에 관련 정보의 공개에 관한 규정을 두는 경우가 있다.[6)] 정보공개법 제4조 제1항은 바로 이러한 개별법의 규정을 염두에 두고 있으며, 대상판례에서 문제가 되고 있는 형사소송법 제59조의 2가 바로 그 예라고 할 수 있다.

3. 정보공개법의 적용배제요건

「공공기관의 정보공개에 관한 법률」(이하, '정보공개법'이라 한다) 제4조 제1항은 「정보의

2) 礒部哲´ 行政保有情報の開示·公表と情報的行政手法´ 礒部力·小早川光郎·芝池義一編´ 行政法の新構想Ⅱ´ 有斐閣(2008)´ 347-348쪽. 한수웅, 헌법상의 알 권리-헌법재판소 주요결정에 대한 판례평석을 겸하여-, 법조 통권551호(51권 8호)(법조협회, 2002), 17-21쪽, 참조.

3) 한국의 정보공개법의 주관법적인 측면에 대한 학설, 판례에 대한 분석에 대해서는, 유진식, 상게논문, 128-131쪽, 참조. 한편, 「정보공개제도는 자기의 주관적 권리이익을 보호하기 위해 해당정보의 공개가 필요하다는 사정의 존재가 필요하지 않는 객관법제도」라는 입장을 취하는 학설도 있다. 정하명, 행정정보공개대상 정보의 적정 범위 : 대법원 2008. 11. 27. 선고 2005두15964판결을 중심으로. 법학연구(부산대) 제51권 제1호(2000. 2.), 51쪽. 김창조, 정보공개법상 정보존부의 확인거부, 법학논고(경북대), 제31호, 370쪽, 참조.

4) 학교폭력대책자치위원회의 회의록의 공개여부에 대한 대법원 2010.6.10. 선고 2010두2913 판결도 이러한 예에 속한다. 이 점에 대해서는, 유진식, 정보공개법상 비공개사유—학교폭력대책자치위원회의 회의록의 공개여부—, 행정판례연구 19-2(2012), 참고.

5) 나영민, (박사학위논문) 형사사법정보의 이용과 보호에 관한 연구, 성균관대(2016), 참조. 이 점에 대해서는 법제처도 같은 입장이다. 「형법」 제126조에 해당하는 정보가 「공공기관의 정보공개에 관한 법률」 제9조제1항제1호에 해당하는지 여부(「공공기관의 정보공개에 관한 법률」 제9조제1항 제1호 등 관련)[법제처 11-0349, 2011.8.4, 행정안전부], 참조.

6) 홍준형, 정보공개청구권과 정보공개법, 법과 사회(1992), 81쪽.

공개에 관하여는 다른 법률에 특별한 규정이 있는 경우를 제외하고는 이 법에서 정하는 바에 따른다.」라고 규정하고 있다. 이것은 동법이 정보공개에 관한 일반법임을 나타내고 있는데[7] 이 법의 적용을 배제하기 위해서는 '다른 법률에 특별한 규정'이 있을 것을 요구하고 있다. 문제는 이 '다른 법률에 특별한 규정'의 내용이 무엇이냐 하는 점이다. 정보공개법 제4조 제1항에 대한 리딩케이스로 소개되고 있는 「아파트 분양원가 정보공개 청구사건」(대법원 2007. 6. 1. 선고 2007두2555 판결)은 그 요건에 대하여 다음과 같이 말하고 있다.

「공공기관의 정보공개에 관한 법률(이하 '정보공개법'이라 한다) 제4조 제1항은 "정보의 공개에 관하여는 다른 법률에 특별한 규정이 있는 경우를 제외하고는 이 법이 정하는 바에 의한다"고 규정하고 있는바, 여기서 '정보공개에 관하여 다른 법률에 특별한 규정이 있는 경우'에 해당한다고 하여서 정보공개법의 적용을 배제하기 위해서는, 그 특별한 규정이 '법률'이어야 하고, 나아가 그 내용이 정보공개의 대상 및 범위, 정보공개의 절차, 비공개대상정보 등에 관하여 정보공개법과 달리 규정하고 있는 것이어야 할 것이다.」

위의 판례에 의하면 일반법으로서의 정보공개법의 적용을 배제하기 위한 요건으로서는 그 특별한 규정의 법형식이 '법률'이어야 하고 또 그 내용(정보공개의 대상 및 범위, 정보공개의 절차, 비공개대상정보 등)이 정보공개법과 달라야 한다는 점을 들고 있다. 즉, 두 가지 요건은 법형식으로서 '법률'과 당해 규정의 '내용'인 것이다. 이하에서 지금까지의 판례를 중심으로 살펴보기로 하자.

1) '법률' 요건

먼저 시민단체에 소속된 시민이 감사원장에 대하여 헬기도입사업에 대한 감사결과보고서의 공개를 청구한 사건에서 서울행정법원은 다음과 같이 군사기밀보호법과 시행령 그리고 보안업무규정에 규정된 정보공개관련 규정이 정보공개법 제4조 제1항 '정보의 공개에 관하여 다른 법률에 특별한 규정이 있는 경우'에 해당한다고 보고 있다.

「살피건대, 정보공개법 제4조 는 정보공개법 적용 범위에 관하여 규정하면서, 정보의 공개에 관하여 다른 법률에 특별한 규정이 있는 경우에는 우선 그 법률을 적용하고, 다른 법률에 특별한 규정이 없는 경우에 한하여 정보공개법이 보충적으로 적용되도록 하고 있는바, 이 사건의 경우, 앞에서 본 바와 같이 피고는 군사기밀보호법 제4조 제2항, 같은 법 시행령 제4조 제2항 제1호, 보안업무규정 제7조 제1항 제3호 규정에 의하여 군사기밀지정권자로서 이 사건 감사결과보고서를 군사 2급 비밀로 지정하였고, 이와 같은 군사기밀의

7) 김동희, 행정법Ⅰ, 박영사(2014), 423쪽.

경우에는 군사기밀보호법 제7조, 제9조, 같은 법 시행령 제7조, 제9조에 별도의 공개절차가 규정되어 있으므로, 이 사건 감사결과보고서의 공개 여부는 우선 군사기밀보호법에서 규정하고 있는 절차에 의하여야 하고, 보충적으로 정보공개법을 적용하여야 할 것이다.」[8)]

한편 대법원은 법률에 근거를 두고 있지 않는 정보공개와 관련한 행정입법은 그것이 설령 부령일지라도 정보공개법 제4조 제1항 '정보의 공개에 관하여 다른 법률에 특별한 규정이 있는 경우'에 해당하지 않는다고 보고 있다. 예를 들면, 불기소사건기록의 열람·등사의 제한을 정하고 있는 「검찰보존사무규칙」 제22조가 정보공개법 제4조 제1항 '정보의 공개에 관하여 다른 법률에 특별한 규정이 있는 경우'에 해당하는지 여부가 다투어진 사건에서 판례는 다음과 같이 말하고 있다.

「검찰보존사무규칙이 검찰청법 제11조 에 기하여 제정된 법무부령이기는 하지만, 그 중 불기소사건기록의 열람·등사의 제한을 정하고 있는 위 규칙 제22조는 법률상의 위임근거가 없는 행정기관 내부의 사무처리준칙으로서 행정규칙에 불과하므로, 위 규칙 제22조에 의한 열람·등사의 제한을 공공기관의 정보공개에 관한 법률(이하 정보공개법이라 한다) 제4조 제1항 의 '정보의 공개에 관하여 다른 법률에 특별한 규정이 있는 경우' …에 해당한다고 볼 수 없다.」(밑줄은 필자)[9)]

위와 같은 입장은 분양가공개를 둘러싸고 다투어진 사건에서 「임대주택법 시행규칙」 제2조의 3[10)]이 정보공개법 제4조 제1항 '정보의 공개에 관하여 다른 법률에 특별한 규정이 있는 경우'에 해당하지 않는다고 한 판례[11)]에서도 확인되고 있다.

---

8) 서울행정법원 2005. 9. 7. 선고 2005구합3127 판결【정보공개거부처분취소】

9) 대법원 2012. 6. 28. 선고 2011두16735 판결【정보공개거부처분취소】

10) 임대주택법 시행규칙 제2조의3 (분양전환가격등의 공고 <개정 2003.6.27.>) 법 제12조제1항제3호 및 영 제9조제1항제1호의 공공건설임대주택의 입주자모집공고를 할 때에는 다음 각 호의 사항을 포함시켜야 한다. 다만, 영 제9조제5항 각 호의 주택의 경우에는 제1호 및 제3호의 사항을 공고하지 아니할 수 있다.
1. 별표 1의 공공건설임대주택 분양전환가격의 산정기준에 의하여 산정한 입주자모집공고 당시의 주택가격(「주택법」 제16조제1항의 규정에 의하여 임대주택으로 사업계획변경승인을 얻은 주택인 경우에는 사업계획변경승인전 최초 입주자모집공고시점을 기준으로 산정한 가격으로 한다)
2. 임대의무기간 및 분양전환시기
3. 분양전환가격의 산정기준
4. 분양전환시의 당해 임대주택에 대한 수선·보수의 범위
5. 「주택임대차보호법」에 의한 보증금의 회수에 관한 사항
6. 영 제9조의2의 규정에 의한 임대보증금에 대한 보증에 가입한 경우에는 보증기관, 보증금액, 보증범위, 보증기간, 보증료 및 보증료 부담주체

11) 행정정보비공개결정처분취소〔서울행법 2007. 10. 9, 선고, 2007구합6342, 판결〕

2) '내용' 요건

정보공개법 제4조 제1항의 적용배제요건으로서 '내용'요건과 관련하여 인정된 사례가 민사소송법 제162조(소송기록의 열람과 증명서의 교부청구)이다. 대법원은 동조(同條)가 「정보공개의 청구인과 정보공개의 대상 및 범위, 정보공개의 절차, 비공개대상정보 등에 관하여 정보공개법과 달리 규정하고 있는 것으로서 정보공개법 제4조 제1항 에서 정한 '정보의 공개에 관하여 다른 법률에 특별한 규정이 있는 경우'에 해당한다」[12]고 판단하였다. 위의 판례에서 언급한 내용을 법조문을 참조해서 살펴보면 다음과 같다.

먼저 정보공개의 청구인은 제1항의 경우 당사자나 이해관계를 소명한 제3자이며 정보공개의 대상 및 범위는 「소송기록의 열람·복사, 재판서·조서의 정본·등본·초본의 교부 또는 소송에 관한 사항의 증명서의 교부」를 법원사무관등에게 신청할 수 있다. 그리고 소송기록을 열람·복사한 사람에게는 열람·복사에 의하여 알게 된 사항을 이용하여 공공의 질서 또는 선량한 풍속을 해하거나 관계인의 명예 또는 생활의 평온을 해하는 행위를 하여서는 안 된다는 의무가 부여된다(동조 제4항).

제2항에서는 권리구제·학술연구 또는 공익적 목적인 경우 누구든지 대법원규칙으로 정하는 바에 따라 법원사무관등에게 재판이 확정된 소송기록의 열람을 신청할 수 있다고 규정하고 있다. 다만, 공개를 금지한 변론에 관련된 소송기록은 열람신청을 할 수 없으며 열람 신청시 당해 소송관계인이 동의하지 아니하는 경우에는 열람이 허용되지 않는다(동조 제2항 단서, 제3항 제1문).

한편 정보공개법 제4조 제1항의 적용배제요건으로서 '내용'요건과 관련하여 이를 배척한 사례는 앞서 언급한 분양가공개를 둘러싸고 다투어진 사건이다. 이 사건에서 판례는 다음과 같이 판단하고 있다.

「임대주택법 시행규칙 제2조의3은 공공건설임대주택의 입주자모집공고를 함에 있어서 공고에 포함시켜야할 사항을 규정한 것으로 공공건설임대주택 분양전환가격의 산정기준에 의하여 산정한 입주자모집공고 당시의 주택가격, 임대의무기간 및 분양전환시기, 분양전환가격의 산정기준, 분양전환시의 당해 임대주택에 대한 수선·보수의 범위, 주택임대차보호법에 의한 보증금의 회수에 관한 사항, 임대보증금에 대한 보증에 가입한 경우에는 보증기관, 보증금액, 보증범위, 보증기간, 보증료 및 보증료 부담주체 등을 그 내용으로 하고 있으며, 이와 같은 사항들은 임대주택의 입주를 희망하는 사람들의 공개청구가 없이도 당해 임대주택에 입주신청을 할 것인지 여부를 결정할 수 있도록 하기 위하여 사전에 공

---

12) 대법원 2014. 4. 10. 선고 2012두17384 판결【정보공개거부처분취소】

개가 요구되는 최소한의 정보를 규정하고 있는 것일 뿐이고, 국민의 정보공개청구시 공공기관이 공개의무를 부담하는 정보의 범위를 한정하여 그 밖의 정보를 비공개대상 또는 비밀유지의 대상으로 규정하고 있는 취지라거나 또는 임대주택의 분양전환과 관한 정보의 공개와 관련하여 정보공개법의 적용을 배제하고 배타적으로 적용되어야 하는 규정이라고 볼 수는 없다.」

4. 대상판례에 대한 검토

이 사건에서 X가 청구하고 있는 정보는 자신이 기소되어 형사재판이 진행되는 과정에서 생산된 ① 증거기록 중 녹취서, 수사보고, 진술조서, 사진, ② 공판기록 중 각 증인에 대한 증인신문조서 등이다. 따라서 이 건은 정보공개제도가 실제로 왜 존재하는가 하는 관점에서 볼 때 자기의 인격, 생명, 건강, 안전, 재산 등을 지키기 위하여 필요한 정보를 어떻게 손에 넣을까 하는 차원에 속하는 사안이다. 이 차원에서의 정보공개에 대한 규율은 공공기관의 활동에 대한 민주적인 통제와 국정참여를 전제로 하는 차원의 그것과는 다르다. 즉, 후자의 경우에는 민주적인 통제와 참여와 관련된 중요한 사항과 연관이 있는 정보는 폭넓게 공개되어야 한다. 그러나 전자의 경우 개인의 권리, 이익의 관련성(이해관계의 존재)을 전제로 하기 때문에[13] 어떠한 주체가, 언제, 무슨 목적으로, 어떠한 내용의 정보를 어디에서, 어떠한 수법 내지 경로로 입수를 원하는가에 대해서는 실로 다양한 형태가 존재한다.[14] 따라서, 앞서 언급했던 것처럼, 이들 문제에 대해서는 개별법에 규정을 두어 규율하는 것이 바람직하다고 할 수 있다. 이 사건의 대상인 형사소송법 제59조의2는 바로 이러한 관점에서 이해할 수 있는 것이다.

그런데 형사소송법 제59조의 2의 규정은 동법이 제정될 당시부터 존재했던 규정이 아니다. 원래 재판확정기록의 열람·등사에 관한 규정은 검찰보존사무규칙에 포함되어 있었다. 그런데 후술하는 것처럼 열람제한 등에 대한 내용이 매우 포괄적이어서 이에 대한 헌법소원이 제기되었고 이것이 인용됨으로써 동사무규칙의 내용을 정비하여 형사소송법에 담게 된 것이다.

이하에서는 위와 같은 점을 염두에 두고 형사소송법 제59조의 2가 제정되기까지의 과정을 살펴봄으로써 개인의 이해관계를 가지는 정보에 대한 규율이 갖는 법적 의미를 살펴보고자 한다.

---

13) 홍준형, 상계논문, 80쪽.

14) 유진식, 상계논문, 129쪽.

1) 재판확정기록의 열람·등사와 정보공개

(1) 「형소법 제59조의 2」의 입법에 이르기까지의 과정

① 헌재결정

재판확정기록의 공개요구에 대한 사법적 판단에서 처음으로 인용된 사례가 「헌법재판소 1991. 5. 13. 자 90헌마133 결정【기록복사신청에 대한 헌법소원】」이다. 사안은 다음과 같았다. 무고죄의 유죄판결이 확정(징역 8월의 실형)된 후 청구인은 1990.7.1. 위 형사소송기록의 보관처인 서울지방검찰청 의정부지청의 민원실 담당공무원에게 청구인이 무고죄로 재판을 받은 형사확정소송기록(서울지방법원 의정부지원 89고단1052, 서울형사지방법원 89노7592, 대법원 90도905)의 일부인 서울지방검찰청 의정부지청 89형제5571.11958호 병합수사기록의 복사를 신청하였다. 이 신청에 대하여 위 담당공무원은 위 형사확정소송기록은 아직 대검찰청에서 의정부지청에 반환되지 아니하며 보관 중에 있지 아니할 뿐만 아니라, 설사 보관하고 있다고 하더라도 확정된 형사소송기록은 열람 및 복사가 허용되지 아니한다는 이유로 청구인의 복사신청서의 접수자체를 거절하여 청구인은 위 신청서마저 접수시키지 못하였다. 그리하여 청구인은 같은 해 8.2. 위 형사확정소송기록이 피청구인(서울지방검찰청 의정부지청장)에게 송부되어 보존이 된 이후인 같은 달 13. 위 담당공무원에게 다시 복사신청을 하였으나 형사확정소송기록의 복사는 허용되지 않는다는 이유로 거절당하였다. 이에 청구인은 피청구인이 청구인의 복사신청을 거절한 행위는 청구인의 알 권리를 침해한 것이므로 위헌이라고 주장하면서 같은 달 17. 헌법재판소에 헌법소원심판을 청구하였다.

이에 대하여 헌재는 다음과 같은 내용으로 청구를 인용하고 있다.

② 청구인이 침해받은 헌법상의 알 권리 및 그 제한

헌법 제21조 는 언론·출판의 자유, 즉 표현의 자유를 규정하고 있는데 이 자유는 전통적으로 사상 또는 의견의 자유로운 표명(발표의 자유)과 그것을 전파할 자유(전달의 자유)를 의미하는 것으로서 사상 또는 의견의 자유로운 표명은 자유로운 의사의 형성을 전제로 한다. 자유로운 의사의 형성은 정보에의 접근이 충분히 보장됨으로써 비로소 가능한 것이며, 그러한 의미에서 정보에의 접근·수집·처리의 자유, 즉 알 권리는 표현의 자유와 표리일체의 관계에 있으며 자유권적 성질과 청구권적 성질을 공유하는 것이다. 자유권적 성질은 일반적으로 정보에 접근하고 수집·처리함에 있어서 국가권력의 방해를 받지 아니한다는 것을 말하며, 청구권적 성질을 의사형성이나 여론 형성에 필요한 정보를 적극적으로 수집하고 수집을 방해하는 방해제거를 청구할 수 있다는 것을 의미하는바, 이는 정보수집권 또는 정보공개청구권으로 나타난다. 나아가 현대 사회가 고도의 정보화사회로 이행해감에 따라 알 권리는 한편으로 생활권적 성질까지도 획득해 나가고 있다. 이러한 알 권리는 표

현의 자유에 당연히 포함되는 것으로 보아야 하며 인권에 관한 세계선언 제19조도 알 권리를 명시적으로 보장하고 있다.

헌법상 입법의 공개(제50조 제1항), 재판의 공개(제109조)와는 달리 행정의 공개에 대하여서는 명문규정을 두고 있지 않지만 알 권리의 생성기반을 살펴볼 때 이 권리의 핵심은 정부가 보유하고 있는 정보에 대한 국민의 알 권리, 즉 국민의 정부에 대한 일반적 정보공개를 구할 권리(청구권적 기본권)라고 할 것이며, 이러한 알 권리의 실현은 법률의 제정이 뒤따라 이를 구체화시키는 것이 충실하고도 바람직하지만, 그러한 법률이 제정되어 있지 않다고 하더라도 불가능한 것은 아니고 헌법 제21조에 의해 직접 보장될 수 있다고 하는 것이 헌법재판소의 확립된 판례인 것이다(위 결정 참조). 이러한 알 권리의 보장의 범위와 한계는 헌법 제21조 제4항, 제37조 제2항 에 의해 제한이 가능하고 장차는 법률에 의하여 그 구체적인 내용이 규정되겠지만, 알 권리에 대한 제한의 정도는 청구인에게 이해관계가 있고 타인의 기본권을 침해하지 않으면서 동시에 공익실현에 장애가 되지 않는다면 가급적 널리 인정하여야 할 것이고 적어도 직접의 이해관계가 있는 자에 대하여는 특단의 사정이 없는 한 의무적으로 공개하여야 한다고 할 것이다(위 결정 참조). 위와 같이 해석하는 것이 헌법 제21조에 규정된 표현의 자유의 한 내용인 국민의 알 권리를 충실히 보호하는 것이라고 할 것이며 이는 국민주권주의(헌법 제1조), 인간의 존엄과 가치(제10조), 인간다운 생활을 할 권리(제34조 제1항)도 아울러 신장시키는 결과가 된다고 할 것이다.

형사확정소송기록에 대하여 이를 국민이나 사건당사자에게 공개할 것인지에 관하여 명문의 법률규정이 없다고 하여 헌법 제21조의 해석상 당연히 도출되어지는 위와 같은 결론을 좌우할 수는 없을 것이다. 일반행정문서의 경우 정부공문서규정 제36조 제2항 이 행정기관은 일반인이 당해 행정기관에서 보관 또는 보존하고 있는 문서를 열람·복사하고자 할 때에는 특별한 사유가 없는 한 이를 허가할 수 있다. 다만, 비밀 또는 대외비로 분류된 문서의 경우에는 허가할 수 없으며 외교문서의 경우에는 외무부령이 정하는 바에 따라 허가하여야 한다고 규정하여 장애사유가 없을 때에는 공문서를 개시할 수 있도록 하고 있는 정신이나 취지를 전향적으로 수용한다면 형사확정소송기록도 일정한 조건하에 공개가 가능하다고 할 것이며, 그러한 기록보관청의 공개에 있어서 실정법령의 제정이 뒤따르지 않고 있다고 하여 불가능한 것은 아니라 할 것이다. (밑줄은 필자)

③ 형사확정소송기록의 열람·복사 및 그 제한

표현의 자유에 포함되는 알 권리의 기본권보장법리에 의할 때 확정된 형사확정소송기록이라 할지라도 이에 대한 열람이나 복사는 원칙적으로 정당한 이익이 있는 국민에게 인정된다고 할 것이고, 따라서 특단의 사정이 없는 한 사건 당사자에 대하여서는 검찰청이 보관하고 있는 형사확정소송기록에 대한 접근의 자유가 보장되어야 할 것이다.

다만, 형사사건이 가지는 특수성에 비추어 볼 때 모든 사건에 대해 누구나 항상 형사확정소송기록을 열람하거나 복사할 수 있다고 한다면 국가안전보장, 질서유지, 공공복리의 보호이익과 충돌되는 경우가 있을 수 있고 또는 사건에 직접·간접으로 관계를 가지고 있는 피의자, 피고인, 고소인이나 참고인, 증인, 감정인 등의 명예나 인격, 사생활의 비밀, 생명·신체의 안전과 평온 등 기본권보호에 충실하지 못하게 되는 경우가 있을 수 있기 때문에 이들 기본권이 다같이 존중될 수 있도록 상호 조화점을 구하지 않으면 안 될 것이다. 그것은 정보에의 자유로운 접근, 수집 및 그 처리가 정보의 횡포를 의미하는 것은 아니기 때문이다. 또한 형사확정소송기록의 공개에 있어서는 위와 같은 사정 외에도 그 재판이 국가적 또는 사회적 법익의 보호를 위하여 비공개로 진행되었던 경우에는 추후에 사정변경이 있는지의 여부가 고려되어야 할 것이며, 당해 사건의 피고인의 반사회성의 교정 및 정상적인 사회인으로 순조롭게 복귀하는 교화갱생의 면에 있어서 장애사유가 되는지의 여부도 검토되지 않으면 안 될 것이다. 이러한 여러 사정은 곧 형사확정소송기록을 열람·복사할 수 있는 사람의 범위와 아울러 열람·복사할 수 있는 기록의 범위 내지 한계를 설정해 주는 지침이 될 수 있을 것이고 열람 또는 복사한 자에게 부과될 수 있는 일정한 의무와 책임을 규정지어 준다고 할 것이다.

형사확정소송기록의 열람·복사에 관한 이러한 헌법적 법리에 비추어 보면, 피고인이었던 자가 자신의 형사피고사건이 확정된 후 그 소송기록에 대하여 열람·복사를 요구하는 것은 특별한 사정이 없는 한, 원칙적으로 허용되어야 한다고 할 수 있을 것이며, 특히 자신의 진술에 기초하여 작성된 문서나 자신이 작성·제출하였던 자료 등의 열람이나 복사는 제한되어야 할 아무런 이유를 찾을 수 없다.

형사확정소송기록의 열람·복사에 따른 기록의 멸실, 손괴, 변조 등 기록보존상의 문제나 열람·복사로 인하여 초래될지도 모를 검찰청 업무의 폭주나 지장 등의 문제는 기술적으로 처리, 해결될 수 있는 성질의 것이어서 이러한 다소간의 현실적 문제점 등이 국민의 기본권을 제한할 수 있는 근거로 될 수는 없다고 할 것이다.(밑줄은 필자)

위의 결정을 보면 헌재도 '개별적 정보청구권'을 명시적으로 언급하고 있지는 않지만 이 점을 충분히 고려하고 있음을 알 수 있다. 또 형사사건의 경우 「사건에 직접·간접으로 관계를 가지고 있는 피의자, 피고인, 고소인이나 참고인, 증인, 감정인 등의 명예나 인격, 사생활의 비밀, 생명·신체의 안전과 평온 등 기본권보호에 충실하지 못하게 되는 경우가 있을 수 있기 때문에 이들 기본권이 다같이 존중될 수 있도록 상호 조화점을 구하지 않으면 안 될 것」이라고 하여 형사재판기록의 공개가 갖는 의미를 잘 보여주고 있다. 정보공개법과 개인정보보호법에 의한 규율로는 부족하고 개별법에 의한 규율이 필요한 까닭이 여기에 있다.

④ 검찰보존사무규칙

위의 헌재결정에 대한 조치로 법무부는 1993년 12월 10일 법무부령인 「검찰보존사무규칙」을 개정하여(1994년 1월 1일, 시행) ① 피고인, ② 형사소송규칙 제26조제1항의 소송관계인 그리고 ③ 청구사유를 소명한 고소인·고발인 또는 피해자에게 재판확정기록의 전부나 일부에 대하여 열람·등사를 청구할 수 있도록 하였다(동규칙 제20조 제1항).[15] 허가여부에 대한 결정권자는 검사로 청구의 전부나 일부를 허가하지 아니하는 경우에는 청구인에게 사건기록열람·등사불허가통지서에 그 이유를 명시하여 통지하도록 규정하였다.

그러나 열람·등사의 제한이 포괄적인 예시 등에 의해 너무나 광범위하게 규정되었다는 비판이 제기되었다.[16] 동 규칙의 제한 사유는 다음과 같았다.

제22조 (열람·등사의 제한) 검사는 다음 각호의 1에 해당하는 경우에는 기록의 열람·등사를 제한할 수 있다.

1. 재판이 비공개로 진행되었던 경우. 다만, 추후에 사정변경이 있는 경우는 예외로 한다.
2. 사건의 확정 또는 결정 후 3년이 경과한 경우. 다만, 특별한 사유가 있는 경우는 예외로 한다.
3. 기록의 공개로 인하여 국가의 안전보장, 선량한 풍속 기타 공공의 질서유지나 공공복리를 해할 우려가 있는 경우
4. 기록의 공개로 인하여 사건관계인의 명예나 사생활의 비밀 또는 생명·신체의 안전이나 생활의 평온을 해할 우려가 있는 경우
5. 기록의 공개로 인하여 공범관계에 있는 자등의 증거인멸 또는 도주를 용이하게 하거나 관련사건의 재판에 중대한 영향을 초래할 우려가 있는 경우
6. 기록의 공개로 인하여 피고인의 개선이나 갱생에 지장을 초래할 우려가 있는 경우
7. 기록의 공개로 인하여 비밀로 보존하여야 할 수사방법상의 기밀이 누설되거나 불필요한 새로운 분쟁이 야기될 우려가 있는 경우
8. 기타 기록을 공개함이 적합하지 아니하다고 인정되는 현저한 사유가 있는 경우

그 후(1988년 4월 4일) 법무부는 동 규칙에 제20조의 2를 신설하여 피의자이었던 자 등

15) 이와는 별도로 학술연구목적의 기록열람 등에 대해서는 검사가 소속검찰청(지청의 경우에는 소속지방검찰청)의 장의 허가를 받아 허가할 수 있도록 하였다(동 규칙 제25조).

16) 신평, 판례를 중심으로 한 수사기록의 열람, 등사권 고찰, 헌법학연구 제1호, 225쪽.

에게 불기소사건기록, 진정·내사 사건기록 등 검사의 처분으로 완결된 사건기록 중 본인의 진술이 기재된 서류에 대하여는 열람을, 본인이 제출한 증거서류에 대하여는 열람·등사를 청구할 수 있도록 하였다. 그리고 피고인이었던 자가 본인의 진술이 기재된 서류나 본인이 제출한 서류에 대하여 열람·등사를 청구하는 경우에는 열람·등사를 제한하지 못하도록 하였다(동 규칙 제22조 단서).

⑤ 형사소송법의 개정

가. 개정배경 및 의의

정부는 2007년 6월 1일 형사소송법을 개정하여 재판확정기록의 열람·등사에 관한 규정을 두게 되었다. 정부는 헌법에 규정된 재판공개의 원칙(헌법 제27조 제3항, 제109조)의 실질적인 구현과 형사사법 영역에서 국민의 알 권리의 충분한 보장을 개정배경으로 들었다.[17] 이 재판확정기록의 열람·등사에 관한 규정(제59조의2)은 「공공기관의 정보공개에 관한 법률」의 특칙에 해당하기 때문에 전자가 우선적으로 적용된다는 것이 형사소송법학계의 통설이다.[18] 이 점과 관련하여 법안 성안 당시 형사소송법에 「공공기관의 정보공개에 관한 법률」의 적용을 배제하는 규정을 신설하는 방안이 논의되었으나 「공공기관의 정보공개에 관한 법률」 제4조 제1항이 동법의 적용배제에 관한 특칙을 두고 있기 때문에 형사소송법에 형사재판 확정기록의 공개규정을 두는 것만으로도 충분하다는 이유에서 채택되지 않았다고 한다.[19]

나. 재판확정기록의 열람·등사

ㄱ. 열람·등사의 허용범위

누구든지 권리구제·학술연구 또는 공익적 목적으로 재판이 확정된 사건의 소송기록을 보관하고 있는 검찰청에 그 소송기록의 열람 또는 등사를 신청할 수 있다(동법 제59조 제1항). 소송관계인의 인적사항, 사생활 관련사항 등 사건의 본질과 관련이 없는 사항은 제외하고 나머지 형사재판 확정기록의 전부 또는 일부에 대한 열람·등사가 허용된다.[20]

ㄴ. 열람·등사의 제한사유

검사는 다음 각 호의 어느 하나에 해당하는 경우에는 소송기록의 전부 또는 일부의 열람 또는 등사를 제한할 수 있다. 다만, 소송관계인이나 이해관계 있는 제3자가 열람 또는 등사에 관하여 정당한 사유가 있다고 인정되는 경우에는 그러하지 아니하다(동법 제59조 제2항).

---

17) 법무부, 개정 형사소송법(2007), 32쪽.

18) 신동운, 형사소송법, 법문사(2014), 720쪽. 이은모, 형사소송법, 박영사(2015), 151쪽.

19) 법무부, 개정 형사소송법(2007), 34쪽.

20) 법무부, 개정 형사소송법(2007), 37쪽.

1. 심리가 비공개로 진행된 경우
2. 소송기록의 공개로 인하여 국가의 안전보장, 선량한 풍속, 공공의 질서유지 또는 공공복리를 현저히 해할 우려가 있는 경우
3. 소송기록의 공개로 인하여 사건관계인의 명예나 사생활의 비밀 또는 생명·신체의 안전이나 생활의 평온을 현저히 해할 우려가 있는 경우
4. 소송기록의 공개로 인하여 공범관계에 있는 자 등의 증거인멸 또는 도주를 용이하게 하거나 관련 사건의 재판에 중대한 영향을 초래할 우려가 있는 경우
5. 소송기록의 공개로 인하여 피고인의 개선이나 갱생에 현저한 지장을 초래할 우려가 있는 경우
6. 소송기록의 공개로 인하여 사건관계인의 영업비밀(「부정경쟁방지 및 영업비밀보호에 관한 법률」 제2조 제2호의 영업비밀을 말한다)이 현저하게 침해될 우려가 있는 경우
7. 소송기록의 공개에 대하여 당해 소송관계인이 동의하지 아니하는 경우

ㄷ. 열람 또는 등사자의 의무 및 불복방법

소송기록을 열람 또는 등사한 자는 열람 또는 등사에 의하여 알게 된 사항을 이용하여 공공의 질서 또는 선량한 풍속을 해하거나 피고인의 개선 및 갱생을 방해하거나 사건관계인의 명예 또는 생활의 평온을 해하는 행위를 하여서는 아니 된다(동법 제59조 제5항).

검사는 소송기록의 열람 또는 등사를 제한하는 경우에는 신청인에게 그 사유를 명시하 여 통지하여야 한다(동법 제59조 제3항). 소송기록의 열람 또는 등사를 신청한 자는 열람 또는 등사에 관한 검사의 처분에 불복 하는 경우에는 당해 기록을 보관하고 있는 검찰청에 대응한 법원에 그 처분의 취소 또는 변경을 신청할 수 있다(동법 제59조 제6항).

2) 대상판결에 대한 논평

정보공개법 제4조 제1항과 관련해서는 이미 대상판결과 유사한 판결[21]이 있고 또 대상판결이 위 조항에 대하여 새로운 해석을 시도한 것도 아니다. 그러나 정보공개법에 대한 기본적인 내용에 대한 체계적인 이해의 결여에서 법원에서의 법적용에 혼선이 여전히 계속되고 있다. 이 사건에서 제1심과 원심 그리고 상고심의 판단이 제 각각이라는 점에서도 드러난다. 대상판결은 정보공개법 제4조 제1항에 대한 적용요건에 대하여 종래의 판결을 이어받아 교통정리를 함으로써 앞으로 위 조항에 대한 적용에서의 혼선을 피할 수 있게 되었다는 점에서 의미 있는 판결이라고 할 수 있다. 이상에서 살펴본 것처럼 형사재판 확

21) 민사소송법 제162조(소송기록의 열람과 증명서의 교부청구)에 관한 대법원 2014. 4. 10. 선고 2012두17384 판결【정보공개거부처분취소】(본고, Ⅲ. 3. 참조)

정기록에 대한 열람·등사의 문제에 대해서는 정보공개법이 아니라 형사소송법 제59조의 2가 적용된다고 한 대상판례의 판단은 정당하다.

IV. 맺음말

한국의 정보공개법은 객관법 중심으로 구성되어 있으나 주관법적인 요소도 함께 하고 있음을 잊어서는 안 된다. 즉, 정보공개제도가 존재하는 이유에는 두 가지 측면이 있는데 첫째는 행정의 민주적 통제와 시민의 국정참여의 전제조건으로서 시민이 올바른 판단·결정을 하기 위하여 충분한 정보가 필요한 차원과 시민 각자가 자기 자신의 권익과 직접 관련된 정보를 어떻게 손에 넣을까 하는 차원이 그것이다. 그럼에도 불구하고 헌재는 정보공개청구권의 헌법적 근거를 알권리라고 하는 매우 불확실한 개념에서 구하고 이에 대한 체계적인 논리를 제시하지 못함으로써 당해 제도에 대한 논의를 매우 복잡한 상황으로 이끌고 말았다. 위의 논점이 중요한 이유는 우리 정보공개법이 대단히 추상적이고 대부분 어떠한 불합리한 일이 발생할 「우려」를 비공개의 요건으로 하고 있기 때문에(정보공개법 제9조 제1항 각호, 참조), 개별적 정보청구권이 정보공개법의 제정으로 제한되는 사례도 발생할 수 있기 때문이다.

위와 같은 관점에서 볼 때, 대상판례에서 다루고 있는 형사재판 확정기록과 같은 경우에는 주관성이 매우 높기 때문에 특별한 취급이 필요하다고 할 것이다. 그렇기 때문에 형사재판 확정기록에 대한 소송관계인의 열람·등사청구권은 헌법상의 재판청구권(헌법 제27조 제1항)에서 구할 수도 있을 것이다. 따라서 이와 관련된 법적 규율은 정보공개법이 아닌 형사소송법에 의해서 행해지는 것은 당연하다고 할 것이다.

韓國行政判例研究會의 判例研究의 歷史的 考察*

김중권**

I. 처음에 - 한국행정판례연구회 33년을 현재적 관점에서 보기

국가활동은 그것이 단지 특별이익에 이바지하는 것이 아니라 전체로서의 공동체의 '좋은' 상태를 목표로 하는 공익에 이바지하여야만 허용되고 정당화된다. 공익관련성의 원칙은 헌법상 자명하게 전제되는데, 또한 민주주의와 공화주의로부터도 당연히 도출된다. 이 점에서 비록 헌법이 명시적으로 언급하지는 않지만, 국가활동의 공익관련성의 원칙 역시 행정법의 핵심적 법원칙에 해당한다.1) 그런데 공공법제가 공익실현의 제 역할을 다하지 못할 때, 행정판례가 실정법제에 못지않게 중요한 역할을 한다.

한국행정판례연구회는 1984년 10월 29일에 설립한 이후 매월 회원들이 모여 주요 행정판례를 대상으로 하여 연구발표회를 갖고 있다. 판례는 사법기관의 재판작용의 축적된 결과물인 동시에, 법학이 실무를 만나는 곳이다. 법학과 같은 실천적 학문은 그 이론이 타락하거나 시대와 불화(不和)하지 않기 위해서는 실무와 계속적인 관계를 가져야 하고, 부단히 상호 건설적인 비판을 통해 교호작용을 해야 한다. 역사가 도전과 응전의 전개과정에서 발전해가듯이, 판례 역시 부단히 건설적이고 합리적인 비판의 세례를 받으면서 오늘보다 나은 모습으로 진화할 수 있다. 판례연구는 이런 교호작용의 근거점이다. 다른 법과는 달리 법전이 없는 행정법학이 실천학문으로서 역할을 다하기 위해선 판례연구가 더욱 강조된다. 일찍이 崔松和 고문님이 "金道昶 행정법학"은 실천적 학문정신의 소산이라 지적하였는데,2) 그 연장에서 한국행정판례연구회는 실천학문으로서의 행정법학이 그 소임을 다하

---

* 이 글은 2017년 12월 31일 발행된 행정판례연구 제22-2집에 게재된 논문을 전재한 것입니다.

** 중앙대학교 법학전문대학원 교수

1) 崔松和, 공익론, 2002, 머리말: 공익은 공법 또는 행정법의 알파요 오메가라고 할 수 있다. 우선 공익은 공법의 목적이며 공법의 존재가치라고 할 수 있다. 그러나 동시에 공익은 공법 또는 행정법의 영역의 진입로이자 관문이기도 하다.

2) 崔松和, 김도창-생애와 학문세계-, 「한국의 공법학자들」, 한국공법학회, 2003, 151면.

기 위해 행정판례 및 그것의 바탕이 된 행정법제를 비판적으로 성찰하는 公論의 장이다. 지난 33년간 행정판례연구의 아고라(Agora)인 셈이다.

역사란 역사가와 사실 사이의 부단한 상호작용의 과정이며, 현재와 과거 사이의 끊임 없는 대화이다(Edward Hallett Carr). 또한 모든 역사는 현대의 역사이다(Benedetto Croce). 현재적 관점에서 역사를 접근해야 하듯이, 판례 역시 마찬가지이다. 왜냐하면 판례는 – 판시하는 시점에서 보면 – 과거에 존재하는 완결된 사안을 지금의 시점에서 판단하고, 이들에 대해 – 사안보다 더 이전에 성립한 – 법률적 규준을 적용하기 때문이다. 따라서 판례와 법원은 과거사를 다루지만, 과거분석과 과거평가로부터 현재는 물론, 미래를 결정하는 국가작용이고, 권력에 해당한다.

지난 33년간 한국행정판례연구회가 수행해 온 판례연구의 역사는 「행정판례연구」의 부록을 통해 생생히 느낄 수 있다. 그런데 역사적 고찰이란 결코 빛바랜 지난 시절의 자료를 정리하여 그것을 단순히 되새겨보는 것을 의미하지는 않는다. 그 참뜻은 현재적 관점에서 나름의 의미를 반영하는 데 있다. 이런 현재적 관점에서 지난 33년간 한국행정판례연구회가 수행해 온 판례연구의 역사를 조망하고, 겸해서 지금까지도 유의미성을 지닌 주요 판결을 대상으로 한 개별 판례연구를 나름대로 분석하고자 한다.[3)]

II. 한국행정판례연구회의 설립 및 판례연구의 약사

1. 한국행정판례연구회의 설립의 역사 및 그 의의

한국행정판례연구회는 지난 1984년 10월 29일에 설립되었다. 그로부터 33년 동안 우리 행정법과 공법의 발전을 견인해 왔다. 牧村 金道昶 선생님을 비롯한 선학의 자취를 되새기고자 지난 역사를 간략히 살펴보고자 한다.

(1) 한국행정판례연구회의 설립의 역사

일찍이 崔光律 고문님이 연구회의 약사를 다음과 같이 기술하였다: 「우리 韓國行政判例硏究會가 처음 설립된 것은 1984년 10월 29일의 일이었다. 그날 오후 서울 종로구 사직동에 있는 한국사회과학도서관 강당에서 21인의 학자와 실무가가 모여 창립모임을 가진 것이 연구회의 시작이었다. 연구회는 일찍이 韓國行政科學硏究所를 설립, 운영하면서 평소

3) 혹시 필자의 부족한 식견과 일천한 경험으로 인해 역사적 고찰이라는 본연의 과제에 미흡할 수 있는데, 이 점은 널리 해량을 빕니다.

韓國行政의 연구에 남다른 집념을 갖고 방대한 判例集의 刊行 등 많은 업적을 쌓아 오신 牧村 金道昶 박사께서 대한변호사협회가 시상하는 제15회(1983년도) 韓國法律文化賞을 受賞하고 받은 賞金의 일부를 연구회의 基金으로 喜捨하면서, 뜻을 같이 하는 몇 분과 함께 행정판례의 연구를 통하여 學界와 實務界의 交流와 協力을 도모하는 硏究團體의 設立을 發起한 것이 그 설립의 契機가 되었다.」[4)]

* 창립발기인

姜哲求, 金南辰, 金道昶, 金東熙, 金英勳, 金伊烈, 金鐵容, 朴秀赫, 朴鈗炘, 徐元宇, 石琮顯, 梁承斗, 芮鍾德, 吳峻根, 俞熙一, 李相敦, 李淳容, 李鴻薰, 崔光律, 崔松和, 韓昌奎(가나다 순)

21인의 학자와 실무가가 모여 시작한 한국행정판례연구회는 지속적으로 학계와 실무계로부터 새로운 신입회원이 입회하여, 1992.11.20. 100명을 돌파하였으며, 2017년 한 해만 32명의 신입회원이 새로이 한국행정판례연구회의 가족이 되는 등 현재 2017년 12월 기준으로 전체 회원이 369명에 달한다.[5)] 그리고 한국행정판례연구회는 제8대 崔松和 회장님 재임시 2007.8.17. 법원행정처로부터 사단법인 설립허가를 받아 2007.9.14.에 법인설립등기를 마치고 사단법인으로 재탄생하였다.

(2) 한국행정판례연구회의 설립의 역사적 의의

일찍부터 체계적인 판례연구가 강구되었는데, 金道昶 선생님의 주도로 1970년대에 「주석 한국판례집 공법 I」(서울대학교 법학연구소, 1970), 「한국행정판례의 조사연구」(한국행정과학연구소, 1975), 「행정판례집」(상)(중)(하)(한국행정과학연구소, 1976)이 출간되었다. 특히 「행정판례집」(상)(중)(하)(편집대표 김도창 박사)는 30년간의 행정관계판례를 총결산한 것이다.[6)] 이런 물적 토대가 행정법 및 행정판례의 후속연구의 바탕이 되었다. 한국행정판례연구회의 설립은 기왕의 판례연구를 바탕으로 변화된 환경에서 실천학문으로서의 행정법의 발전을 강구하기 위한 출발점이기도 하다.

일찍이 1984.12.15.에 행정소송법이 전부개정이 되고, 행정심판법이 제정됨으로써, 행

4) 崔光律, 연구회약사,「행정판례연구」I (1992), 7면.

5) 과거에는 일정 회수 불참한 회원의 경우 휴면회원으로 분류하기도 하였지만 회원의 수가 많아지면서 휴면회원제도는 없어졌다.

6) 특히 주목할 점은 그 이전의 행정판례정리가 선고연월일별 또는 관계법조문별로 행해졌는 데 대해「행정판례집」은 행정관계판례를 행정법의 강학상의 체계에 따라 분류하고 편집하였다. 이런 체제방식은 한국행정판례연구회의 학회지인「행정판례연구」에도 그대로 이어지고 있다.

정법 및 행정판례가 전개되는 기초적 법적 토대가 근본적으로 바뀌게 되었다. 그 이후 행정판례가 다양하게 쏟아져 나온 점에서 1984년 행정소송법의 전부개정 및 행정심판법의 제정은 公法學史的으로 에포크적 의미를 갖는다.[7] 한국행정판례연구회의 설립의 의의 역시 이런 기본적 틀의 변화에 부응하기 위함이라 할 수 있다. 그리하여 당시기준으로 발본적으로 틀을 바꾼 새로운 행정소송법 및 행정심판법의 체제가 제도적으로 안착하는 데 결정적인 이바지를 하였다. 그리고 행정소송의 활성화가 행정의 민주화에 비례한다는 점에서, 한국행정판례연구회의 설립은 판례연구의 차원을 넘어 국가의 민주화의 차원에서 신기원이라 할 수 있다.

종래 판례에 대한 접근이 쉽지 않은 시절에 시작된 판례연구 모임 대부분이 덜 개방적이게 운용되어 온 것과 비교해서, 한국행정판례연구회는 출범부터 다양한 인적 구성으로 출발하였다. 이 점과 관련해서 제2집의 간행사에서 金道昶 명예회장님이 다음과 같이 기술하였다:「나는 생각한다. 그래서 나는 존재한다(Je pense, done je suis!)라고 누군가 말했다. 그런데 혼자 생각하는 것도 값진 일이지만, 여럿이 같이 생각하는 것도 그 이상 고귀할 수 없다. 이제 동학들이 모여서 더불어 생각하면서 1992년과 1993년을 보냈다. 한해 열 분씩 발표하였으니 두해 동안에 꼭 20회의 발표기회를 가졌다. 송년회까지 합쳐서 회수로는 꼭 80회를 모인 것이다. 그 모임들의 하나 하나가 어김없이 學界의 思考와 實務界의 智慧와의 생산적인 和音의 연속이었기에 우리 모두는 더할 나위 없이 흐뭇함을 느끼는 것이다.」[8]

이처럼 처음부터 연구회의 구성과 운영에서 개방성을 추구한 것에는, 국민 일반을 대상으로 한 행정법의 특성에 기인하기도 하지만, 일찍부터 무지개처럼 다양한 생각들이 연구회를 통해 분출되고 그에 관한 건설적인 토론을 통해 다듬어져서 공공법제 및 행정판례의 획기적인 발전을 추동할 것이라는 기대감이 배어 있다고 여겨진다.[9] 한국행정판례연구회가 지금과 같이 판례를 대상으로 하여 학계와 실무계가 광범하게 교류하는 대표적인 그리고 매우 모범적인 판례연구모임이 되는 데는 어려운 시대적 상황에서도 당시는 물론, 미래를 위한 다리를 놓아야 한다는 선학(先學)의 혜안이 있었기에 가능하였다.

7) 상세는 崔松和, 현행 행정소송법의 입법경위,「공법연구」제31집 제3호(2003.3.), 1면 이하.

8) 金道昶, 머리말,「행정판례연구」Ⅱ(1996).

9) 이 점에서 한국행정판례연구회의 많은 회원 분들이 우리 공공법제와 공법판례에 대해 직접적으로 영향을 미치는 중책을 맡은 것은 매우 자연스런 현상이다.

* 역대 회장

金道昶(초대－제4대), 崔光律(제5대－제6대), 金鐵容(제7대), 崔松和(제8대－제9대), 李鴻薰(제10대), 鄭夏重(제11대), 金東建(현 제12대).

2. 행정판례발표의 역사

(1) 발표의 역사 및 현황

한국행정판례연구회는 일찍이 1984.12.11.에 개최된 제1회 연구회에서 金南辰 고문님이 '聽聞을 결한 行政處分의 違法性'을 주제로, 李鴻薰 고문님이 '都市計劃과 行政拒否處分'을 주제로 발표한 것을 시발로 하여 창립한 이후 매월 회원들이 모여 연 10여 차례의 내외의 연구발표회를 갖고 있다. 2017.12.14. 현재 총 334차례 발표회를 가졌다. 제1회 발표회부터 제334회 발표회(2017.12.14.)까지 － 외국 교수가 발표한 것을 포함하여 － 발표한 논문은 총 577편에 이른다.

▌지금까지의 발표현황

연도(회차)	편수	연도(회차)	편수
1984년(제1회)	2편	1985년(제2회－제9회)	16편
1986년(제10회－제17회)	9편	1987년(제18회－제23회)	9편
1988년(제24회－제31회)	10편	1989년(제32회－제41회)	12편
1990년(제42회－제51회)	10편	1991년(제52회－제60회)	11편
1992년(제61회－제70회)	10편	1993년(제71회－제78회)	9편
1994년(제79회－제88회)	10편	1995년(제89회－제97회)	10편
1996년(제98회－제106회)	10편	1997년(제107회－제116회)	10편
1998년(제117회－제126회)	10편	1999년(제127회－제136회)	13편
2000년(제137회－제146회)	19편	2001년(제147회－제156회)	20편
2002년(제157회－제168회)	23편	2003년(제169회－제179회)	21편
2004년(제180회－제191회)	23편	2005년(제192회－제202회)	23편
2006년(제203회－제213회)	25편	2007년(제214회－제224회)	21편
2008년(제225회－제235회)	21편	2009년(제236회－제246회)	21편
2010년(제247회－제257회)	21편	2011년(제258회－제268회)	25편
2012년(제269회－제279회)	25편	2013년(제280회－제290회)	25편
2014년(제291회－제301회)	26편	2015년(제302회－제312회)	25편
2016년(제313회－제323회)	27편	2017년(제324회－제334회)	26편

초창기에는 매월 1편이 발표되어 발표 건수 총 10편 내외였다. 그리고 12월은 연구회가 휴회하였다. 월 1편의 발표방식은 제133회 발표회(1999.8.20. 발표자: 朴正勳)까지였고, 제

134회 발표(1999.9.17.)부터 2편의 발표방식으로 바뀌어 – 특별한 학술대회를 제외하고는 – 지금까지 그 기본 틀로서 유지되고 있다. 발표주제는 기본적으로 국내의 행정판례인데, 초창기에는 종종 외국의 판례 및 제도가 소개되기도 하였다.[10)] 9대 崔松和 회장님이 제안하여 2008년부터는 판례연구의 지평을 확대하기 위하여 미국, 독일, 프랑스 그리고 일본의 최신 행정판례의 동향을 확인하는 프로그램도 함께 12월에 진행하고 있다. 특기할 점은 초창기에는 여러 번 외국인, 특히 대표적인 일본 교수가 연구회에서 발표하였다. 다만 외국교수가 단독으로 발표하는 모임은 발표회의 공식적인 차수에 넣지 않고 별도로(外1, 2, 3) 처리하였다.

* 비회원, 특히 외국인의 발표현황

1986.9.30.(藤田宙靖), 1987.3.21.(鹽野宏/園部逸夫), 1988.4.29.(成田頼明), 1989.12.27.(小早川光朗) 1991.3.29.(南博方/藤田宙靖) 1993.4.16.(J. Anouil). 2016.6.11.(角松生史).

한국행정판례연구회는 월례발표회와 아울러 여러 차례 큰 규모의 학술대회를 개최하였다. 일찍이 2003년 4월에 한국법제연구원과 공동으로 '한·일 행정소송법의 개정과 향후 방향'을 주제로 국제학술회를 개최하였다.[11)] 그리고 金道昶 명예회장님의 1주기 추도행사 및 학술대회를 '공법학의 형성자와 개척자'를 주제로 2006.7.18.에 개최하였다.[12)] 또한 연구회의 차원에서 기왕의 판례연구를 성찰하는 두 번의 큰 행사를 가졌다. 첫 번째로 월례

10) 가령 제4회(1986.4.25.): 趙慶根(美聯邦情報公開法에 대한 약간의 고찰), 제14회(1986.5.30.): 張台柱(西獨에 있어서 隣人保護에 관한 判例의 최근동향), 제21회(1986.9.25.): 崔光律(日本公法學會 總會參觀 등에 관한 보고), 제25회(1988.3.25.): 徐元宇(최근 日本公法學界의 동향), 제35회(1989.4.28.): 金鐵容(독일 行政法學界의 최근동향), 제36회(1989.5.26.): 金善旭(公務員의 스트라이크와 유사한 방법의 團體行動의 違法性), 제40회(1989.10.27.): 韓堅愚(프랑스行政判例上 行政規則(訓令)의 성질), 제43회(1990.2.23.): 李光潤(營造物行爲의 법적 성격에 관한 Interfrost 회사 대 F.I.O.M 사건), 제48회(1990.8.31.): 成樂寅(프랑스憲法委員會 1971年 7月 16日 結社의 自由에 관한 決定), 제54회(1991.4.26.): 吳峻根(遺傳子工學的 施設 設置許可와 法律留保), 제57회(1991.8.30.): 金性洙(主觀的公權과 基本權), 제61회(1992.1.31.): 卞海喆(公物에 대한 强制執行), 제63회(1992.3.27.): 金善旭(公勤務에 관한 女性支援指針과 憲法上의 平等原則), 제65회(1992.5.29.): 崔正一(規範具體化行政規則의 법적성질 및 효력), 제66회(1992.6.26.): 李琦雨(獨逸 Műnster 高等行政裁判所 1964.1.8. 판결), 제70회(1992.11.20.): 洪準亨(結果除去請求權과 行政介入請求權), 제71회(1993.1.15.): 金海龍(環境技術관계 行政決定에 대한 司法的 統制의 범위), 제73회(1993.3.19.): 高永訓(行政規則에 의한 行政府의 立法行爲), 제82회(1994.4.15.): 金善旭(舊東獨判事의 獨逸判事任用에 관한 決定과 그 不服에 대한 管轄權), 제86회(1994.9.30.): 卞在玉(日本 家永教科書檢定 第一次訴訟 上告審 判決의 評釋), 제90회(1995.2.17.): 朴秀赫(獨逸 統一條約과 補償法上의 原狀回復 排除規定의 合憲 여부), 제95회(1995.9.15.): 金敞祚(日本 長良川 安八水害 賠償判決).

11) 발제: 鹽野宏(日本のおける行政訴訟法の改正と今後の方向), 崔松和(韓國의 行政訴訟法 改正과 向後方向).

12) 발제: 朴正勳(獨逸 公法學과 오토 마이어(Otto Mayer), 金鍾鐵(英國 公法學과 알버트 다이시(Albert Dicey)), 李光潤(프랑스 公法學과 모리스 오류(Maurice Hauriou)), 成樂寅(韓國 公法學과 牧村 金道昶). 이들 글은 제11집 특별호(2007.12.30.)에 수록되어 있다.

발표회 200회를 기념하여 2005.11.12.에 제주에서 한국법제연구원과 함께 '행정판례의 발전과 전망'을 주제로 행사를 가졌고,[13] 두 번째로는 연구회 창립 30주년을 맞이하여 2014.10.17.에 서울행정법원에서 '행정판례 30년의 회고와 전망'을 주제로 행사를 가졌다.[14] 그리고 판례연구의 성과를 월례발표회의 차원을 넘어 공유하기 위해 2006.12.8.에 법제처와 공동으로 '法令補充的 性格의 行政規則의 整備方案'을 대주제로 삼아 관학협동 Workshop을 가졌고,[15] 2010.6.4. 법제처와 공동으로 '認·許可 擬制 制度의 效果와 立法의 方向'을 대주제로 공동세미나를 가졌고,[16] 2016.6.11.에 제주대학교 법과정책연구원과 공동학술세미나를 가졌다.[17]

(2) 발표장소, 발표자의 선정 및 진행의 과정 등의 변화

33년간 연구발표가 진행되면서 장소, 발표자의 선정 및 진행의 과정 등에서 많은 변화가 생겼다.

먼저 발표장소와 관련해서 처음에는 서울 중구 을지로 6가의 국립중앙의료원에 위치한 '스칸디나비아 클럽'이었는데, 제5대 崔光律 회장님 재임시 제115회 발표회(1997.10.17.)부터 태평로에 위치한 프레스센터의 '프레스 클럽'에서 진행되었고, 제7대 金鐵容 회장님 시절에 태평로 시대를 접고 그 중심을 서초동으로 옮겨 제167회 발표회(2002.11.15.)부터 처음에는 서울법원종합청사빌딩 세미나실 남관 208호를 이용하다가 서울행정법원의 배려로 서울행정법원 3층 회의실에서 오랫동안 진행하였다. 서울행정법원이 양재동 신청사로 이전한(2012.6.21.) 뒤에는 제10대 李鴻薰 회장님 재임시 제276회 발표회(2012.9.21.)부터 현재까지 양재동 서울행정법원 9층 회의실에서 진행되고 있다.

발표자의 선정과 관련해서는 처음에는 발표자가 자신이 관심을 갖는 판례를 선정하여 신청하여 연구회가 그 의사를 수용하여 연간 발표계획을 수립하여 그것이 2월 정기

---

13) 발제: 鄭夏重(韓國 行政判例의 成果와 課題), 朴正勳(行政判例 半世紀 回顧 — 行政訴訟·國家賠償·損失補償을 중심으로), 尹炯漢(行政裁判制度의 發展과 行政判例 — 特殊行政裁判制度를 中心으로), 朴海植(行政裁判制度의 發展과 行政判例).

14) 발제: 朴均省(行政判例 30年의 回顧와 展望 – 行政法總論 I), 洪準亨(行政判例 30年의 回顧와 展望 – 行政救濟法: 韓國行政判例의 正體性을 찾아서), 金重權(行政判例의 回顧와 展望 – 行政節次, 情報公開, 行政調査, 行政의 實效性確保의 分野).

15) 발제: 朴仁(行政規則의 違法事例 및 對策), 林永浩(判例를 中心으로 본 法令補充的 行政規則의 法的 性質),金重權(民主的 法治國家에서 議會와 行政의 共管的 法定立에 따른 法制處의 役割에 관한 小考), 鄭南哲(法令補充的 性格의 行政規則의 整備方向과 委任事項의 限界).

16) 발제: 鄭準鉉(認·許可 擬制의 法的 效果에 관한 立法現況), 崔正一(判例·解釋例 및 行政審判裁決例에 비추어 본 韓國에서의 認·許可擬制制度와 獨逸에서의 行政計劃決定의 集中效制度에 관한 小稿), 宣正源(윈스탑 서비스제와 認許可擬制의 立法的 改革과 發展方向).

17) 발제: 金重權(公法契約의 解止의 處分性 與否에 관한 小考), 崔瑨修(관리처분계획안에대한총회결의효력정지가처분), 강주영(시설개수명령처분취소), 角松生史(日本行政事件訴訟法2004年改正とその影響).

총회에서 보고되고 그에 따라 1년 한 해 연구회가 진행되었다. 그런데 행정판례가 해마다 급격히 많아지면서 그리고 판례가 종래와 다른 매우 다양한 시각에서 접근하는 경향이 강해지면서 판례연구 역시 좀더 체계적으로 수행될 필요가 있는 것으로 인식되었다. 그리하여 제9대 崔松和 회장님 재임시 처음으로 2006.19.27. 판례선정위원회를 구성하여 발표대상 판례를 여러 번의 회의를 통해 체계적으로 선정하는 시스템을 구축하여 지금까지 시행되고 있다. 즉, 지난 1년간의 행정판례 전체를 대상으로 하여 1월 중에 선정위원회의 회의를 거쳐 주요 평석대상 판결을 선정하여 2월 중에 전체 회원을 상대로 발표신청을 받아서 발표자를 선정하고 이를 2월 정기총회에서 모든 회원에게 보고하고 발표신청을 받는 식으로 운용되고 있다.

발표진행과 관련해서는 처음부터 지금까지 기본 골격인 1인의 사회와 2인의 발표는 변함 없이 유지되어 오고 있는데, 다만 발표에 대한 토론에서 제175회 발표회(2003.8.22.)부터 지정토론자제도를 도입하기도 하였지만, 자칫 토론이 공허해지거나 필요이상의 과도할 수 있다는 점에서 지금은 토론자를 사전에 지명하지 않고 참여자 모두가 편하게 토론에 참여할 수 있도록 발표회가 진행되고 있다. 연구회창립이래로 12월은 월례발표회를 하지 않고 송년 모임을 가져 왔는데, 2002년부터는 12월에도 월례발표회와 함께 송년 모임을 갖는 것으로 바뀌었다. 혹서기와 휴가철을 고려함이 없이 매달 휴회 없이 발표회를 진행하는 것이 무리라고 여겨져서 2005년부터는 7월은 휴회하고 연 11회의 모임을 갖기로 뜻을 모아 지금까지 그렇게 진행되고 있다. 특히 12월의 월례발표회는 연구회 및 회원들의 1년간의 발전과 건안을 축하하는 모임으로 진행되었는데, 그리하여 2007년부터 12월 발표는 우리 연구회를 이끌어 오신 원로 선생님으로부터 고견을 듣는 형식으로 진행되고 있다.

3. 학회지 「행정판례연구」 발간의 역사

학회지인 「행정판례연구」는 1992년에 牧村 金道昶 선생님의 古稀기념호이기도 한 제1집이 발간된 이래로 가장 최근인 2017.6.에 제22집 제1호가 출간되었다. 제1집부터 제22집 제1호까지 수록된 논문은 총 405편에 이른다.[18] 제1집의 간행사에서 徐元宇 고문님이

18) 제1집: 25편, 제2집(1996.4.20.): 25편, 제3집(1996.4.20.): 18편, 제4집(1999.8.30.): 23편, 제5집(2000.10.20.): 21편, 제6집(2001.11.10): 17편, 제7집(2002.12.31): 16편, 제8집(2003.12,31.): 17편, 제9집(2004.6.10.): 10편, 제10집(2005.6.10.): 13편, 제11집(2006.6.10.): 12편, 제11집 특별호(2007.12.30.): 공법학의 형성과 개척자, 제12집(2007.6.30.): 13편, 제13집(2008.6.30.): 14편), 제14집(2009.6.30.): 13편, 제14집 제2호(2009.12.31.): 11편, 제15집 제1호(2010.6.30.): 12편, 제15집 제2호(2010.12.31.: 14편, 제16집 제1호(2011.6.30.): 9편, 제16집 제2호(2011.12.31.): 10편, 제17집 제1호(2012.6.30.): 10편, 제17집 제2호(2012.12.31.): 14편, 제18집 제1호(2013.6.30.): 10편, 제18집 제2호(2013.12.31.): 12편, 제19집 제1호(2014.6.30.): 9편, 제19집 제2호(2014.12.31.): 12편, 제20집 제1호(2015.6.30.): 9편, 제20집 제2호(2015.12.31.): 10편, 제21집 제1호(2016.6.30.): 9편, 제21집 제2호(2016.12.31.): 10편, 제22집 제1호(2017.6.30.): 7편.

다음과 같이 기술하였다:「올해로 行政判例研究會가 발족한지 7년째로 접어든다. 行政法에 관한 判例나 事例의 研究와 討論을 통하여 法曹界 및 行政界의 交流를 꾀하고 行政法學과 法律實務의 발전에 이바지함을 목적으로 하는 本研究會는 그동안 매월 마지막 金曜日에 정기적으로 모여 진지한 研究發表와 열의있는 討論을 거듭하여 왔다. 이제 그 첫 結晶으로 이「行政判例研究」의 제1輯을 출간함에 이르렀다.」[19]

「행정판례연구」는 초창기에는 매년 정례적으로 발간되지 않았다. 제1집부터 제3집까지는 그동안에 발표한 것이 법률신문 등 여러 곳에 게재된 것을 집성하는 차원에서 발간되었다. 가령 1992년에 발간된 제1집은 행정판례연구회가 1984년에 발족한 후 7년간의 발표업적을 정리한 것이고, 1996년에 발간된 제2집과 제3집은 1992년부터 1995년까지의 발표업적을 정리하였고, 1999년에 발간된 제4집은 1996년부터 1998년까지의 발표업적을 정리하였고, 2000년에 발간된 제5집부터 매년 1권이 발간되어 정례화가 만들어졌다. 그리고 출판사는 제1집(1992.1.1.)부터 제6집(2001.11.10)까지 서울대학교 출판부에서 발간되었고, 제7집(2002.12.31)부터 지금까지 박영사에서 간행되고 있다.「행정판례연구」의 이런 정례적 발간은 한국행정판례연구회에 의한 판례연구가 이제 본격적인 정상 궤도에 진입하였음을 여실히 증명한다. 제5집의 발간의 의의와 관련해서, 당시 崔光律 회장님은 간행사에서 "이로써 매년 '연구집회 10회, 발표논문 20편, 논집간행 1권'이라는 우리 회의 사업목표를 드디어 달성하기에 이른 것이다."고 평하였다.

이런 노력의 결과로「행정판례연구」가 한국학술진흥재단(현: 한국연구재단)이 수행하는 학술지평가에서 등재후보지(2004.12.31.)를 거쳐 등재지로(2009.12.25.) 인정을 받아 지금까지 이어지고 있다. 그런데 학술지평가와 관련해서 연 1회 출간이 학회지평가에서 불리하다는 점이 제기되어 2009년 제14집부터 지금까지 1년에 2권이 발간되고 있다.「행정판례연구」에 수록된 논문은 원칙적으로 월례발표회에서 발표된 것이 바탕이 되고, 그에 더해 발표되지 않은 논문도 심사를 통해 수록되고 있다.「행정판례연구」에 수록된 논문은 원칙적으로 행정판례를 대상으로 하는데, 여기서 행정판례는 비단 국가배상사건을 포함한 행정사건만이 아니라, 헌법재판소의 결정도 포함하여 국가행정과 관련한 일체의 판례가 해당된다. 그리고 제14집(2009.6.30.)부터 미국, 독일, 프랑스 그리고 일본의 최신 행정판례의 동향이 수록됨으로써, 행정판례연구의 지평이 국제화되었다.

19) 徐元宇, 간행사,「행정판례연구」I (1992), 5면.

4. 「행정판례평선」의 발간

한국행정판례연구회는 2008.2.15. 2008년도 정기총회에서 '주제별 행정판례연구사업'을 추진하기로 의결하고, 동년 5.20. '주제별 행정판례연구팀'을 구성하여 학계와 실무계의 94인이 참여하여 －대법원판례와 헌법재판소판례를 망라한－ 총 142건의 행정판례를 주제별로 정리하여 「행정판례평선」을 발간하였다. 행정판례의 흐름을 종합적으로 정리한 대역사의 의의와 관련해서 간행위원회 위원장을 맡은 제9대 崔松和 회장님이 다음과 같이 지적하였다: 「이번에 이렇게 학계와 실무계가 하나 된 마음으로 행정판례에 대한 체계적인 연구를 집대성하여 그동안의 판례의 흐름을 조망하고 앞으로의 발전방향을 제시하게 된 것은 1970년대 이후 우리 행정법학계와 실무계의 염원을 실현하는 일이라고 할 수 있다. 그러므로 이번에 발간되는 「행정판례평선」은 우리나리 행정판례연구에 있어 또 하나의 의미 있는 성과물이라고 할 수 있으며 1970년대로부터 시작된 행정판례의 공동체적 연구의 맥을 잇는 귀중한 작업이라 하지 않을 수 없다. 나아가 21세기의 행정법학과 행정판례의 발전을 선도하는 계기가 될 것으로 기대된다.」[20]

「행정판례평선」은 행정법학은 물론, 행정판례의 현주소를 확인하고 새로운 발전의 단초를 제공하였다. 더불어 행정법학계와 실무계간의 상호이해와 협력을 공동된 지향점하에서 공고히 하였다. 특히 주요 행정판례를 객관적으로 정리함으로써, 행정사건 및 행정법제를 다루는 실무가로 하여금 행정판례의 확실한 방향성을 확인할 수 있게 하였으며, 아울러 법학전문대학원이나 법과대학 및 공직자교육기관 등의 법학교육현장에서도 매우 효과적으로 활용되고 있다. 그리하여 「행정판례평선」은 2012년 문화관광부 우수도서로 지정을 받았다. 그리고 제11대 鄭夏重 회장 재임 2016년 9월에 그동안의 판례의 변천과 새로운 판례의 등장에 즈음하여 새롭게 가다듬어 개정판이 발간되었다.

III. 「행정판례연구」상의 판례연구의 현황

「행정판례연구」에 수록된 논문을 아래와 같이 나름의 체계에 의거하여 구분하고 분류할 수 있다.[21] 대상주제와 필자의 면모와 변화를 확인할 수 있다는 점에서 「행정판례연구」상의 수록 논문의 현황은 한국행정판례연구회의 역사에 다름 아니다. 기왕에 논의된 쟁점을 다루는 것을 지나 새롭게 쟁점거리가 다각도로 부각되며, 새로운 신입회원이 입회

20) 崔松和, 간행사,「행정판례평선연구」(2011.6.).

21)「행정판례연구」의 부록의 그것에 따른다.

함에 따라 그들에 의해 부단히 새로운 문제의 제기가 행해지고 있다. 특히 2008년부터 시작된 외국 판례의 연구는 이제 확실한 위치를 잡고 있음을 확인할 수 있다. 양과 질에서 과거에 비할 수 없게 나오는 행정판례에 대응하여, 한국행정판례연구회 역시 나름의 시대적 과제를 수행하는 셈이다. 제1집부터 제22집 제1호까지 수록된 논문은 총 405편에 이르고 전체적으로 행정법총론 특히 행정행위(70편)와 행정쟁송(80편)과 관련한 편수가 많은데, 개별 행정법 분야 역시 전체적으로 다양하면서도 편수 역시 상당하다(85편). 대개 발표자들이 제명과 쟁점을 총론의 차원에서 특히 권리구제의 차원에서 접근하기에 편수만을 갖고서 경향성을 판단할 수는 없다.

* 행정법통론(14편)

行政法의 基本原理: 10편, 個人的 公權: 4편,

* 행정행위(70편)

行政行爲의 概念과 種類: 25편, 行政行爲의 附款: 10편, 行政行爲의 類型: 1편, 行政行爲의 效力: 3편, 行政行爲의 瑕疵: 24편, 行政行爲의 職權取消·撤回: 7편,

* 그 밖의 행정작용 분야(29편): 行政立法: 22편, 行政計劃: 7편,

* 行政節次 및 情報公開: 11편,

* 行政의 實效性確保手段: 8편,

* 행정쟁송법(80편)

行政爭訟一般: 20편, 取消訴訟의 對象: 27편, 行政訴訟에 있어서의 訴의 利益: 10편, 行政訴訟의 審理: 3편, 行政訴訟과 假救濟: 3편, 行政訴訟의 類型: 16편, 行政訴訟判決의 主要動向: 1편,

* 損害塡補: 34편

* 개별행정법(85편)

行政組織法: 1편, 公務員法: 5편, 地方自治法: 20편, 秩序行政法: 3편, 公物·營造物法: 4편, 環境行政法: 7편, 助成行政法: 1편, 經濟行政法: 9편, 租稅行政法: 19편, 建築行政法: 10편, 土地行政法: 2편, 教育行政法: 1편, 文化行政法: 1편, 勞動行政法: 1편.

* 憲法裁判: 9편,

* 外國判例 및 外國法制 研究: 50편,

* 紀念論文: 6편, [特別寄稿] 行政法研究資料: 1편

IV. 한국행정판례연구회의 주요 판례연구의 분석: 2000년 이전의 것을 중심으로

행정판례는 한국행정판례연구회의 출범 이후에 일부에서 변화하였지만 일부에서는 여전히 기존의 입장을 견지하기도 한다. 이하에서는 한국행정판례연구회에서 전개된 개별 판례연구 가운데 1984년에 바뀐 행정소송체제가 출범한 초창기는 물론, 현재에도 여전히 치열하게 논의되고 있는 주제를 중심으로 되돌아보고자 한다. 다만 지면관계상 기본적으로 한국행정판례연구회의 전체 역사 가운데 절반에 해당하는 2000년 「행정판례연구」 제5집 전후로 한정해서 접근하고자 한다.[22]

1. 행정규칙의 법규성을 둘러싼 논의

(1) 법령보충적 규칙의 문제

'법령의 규정이 특정행정기관에게 그 법령내용의 구체적 사항을 정할 수 있는 권한을 부여하면서 그 권한행사의 절차나 방법을 특정하고 있지 아니한 관계로 수임행정기관이 행정규칙의 형식으로 그 법령의 내용이 될 사항을 구체적으로 정한 것'이 문제되었다. 일찍이 대법원 1988.3.22. 선고 86누484판결은 이런 행정규칙에 대해 당해 법령의 위임한계를 벗어나지 아니하는 한 그것들과 결합하여 대외적인 구속력이 있는 법규명령으로서의 효력을 갖는다고 판시하였다. 지금 法令補充的 規則이 판례상으로 공인되었음에도 불구하고, 그것의 법적 성격을 두고서 대부분의 문헌에서 '행정규칙형식의 법규명령'의 문제로 여전히 다투어지고 있다.[23] 위헌론까지 제기될 정도여서 입장차이가 엄청나다. 그런데 金道昶 명예회장님은 法令補充的 規則이 종래의 주류적 판례경향을 이탈한 것이라고 본다면 소정의 판례변경절차를 거쳐야 한다는 지적을 하였다.[24]

(2) 법규명령형식의 재량준칙의 법규성 여부

행정규칙의 법규성의 물음은 여전히 해소되지 않은 채 지금까지도 행정법 문헌에서 항상 논쟁이 되고 있다. 판례는 개별법률이 아닌 행정규칙의 차원에서 규정된 청문절차를

---

22) 혹시 객관적으로 매우 의미있는 주제임에도 불구하고 필자의 부족한 식견에 다루지 못할 가능성이 있는데 이 점은 널리 해량을 빕니다.

23) 그런데 '법규명령형식의 행정규칙', '행정규칙형식의 법규명령'과 같은 용어의 사용이 과연 문제의 본질이나 법규명령과 행정규칙의 근본이해에 부합하는지 숙고할 필요가 있다. 자칫 법규적 효력의 인정이 행정규칙의 법규명령화를 의미한다고 오해할 수 있다. 사실 법규적 효력이 있는 행정규칙을 바로 법규명령이라 불러, 정연한 사고를 방해한다. 상론은 김중권, 행정법, 2016, 386면 참조.

24) 동인, 訓令(行政規則)과 部令의 效力,「행정판례연구」제2집(1996), 82면.

거치지 않은 행정행위에 대해 훈령위반의 효과에 관한 논증을 하지 않은 채 위법이라 판단하였는데(대법원 1984.9.11. 선고 82누166판결), 이와 배치되게 대법원 1987.2.10. 선고 84누350판결은, 구 자동차운수사업법 제31조 등의 규정에 의한 면허취소규칙(부령)의 경우에는 동 규칙의 성질이 행정청 내부의 사무처리준칙을 규정한 것에 불과하여 동 규칙상의 청문을 하지 않았더라도 처분이 이에 위반되는 것이라고 하더라도 위법의 문제는 생기지 않는다고 판시하였다. 이런 모순적 상황에 즈음하여 金南辰 고문님이 대법원 1984.9.11. 선고 82누166판결의 문제점을 강하게 지적하면서, 아울러 대법원 1987.2.10. 선고 84누350 판결에 대해서도 처분사유에 대한 증거가 확실한 경우에는 처분상대방에게 진술 또는 변명의 기회를 줄 필요가 없다고 판시한 것은 이론적, 실정법적 근거가 없다고 강하게 질타하였다.[25] 일찍이 시행규칙형식의 재량준칙의 법규성을 부인한 대법원 1984.2.28. 선고 83누551판결의 판시는[26] 기본적으로 지금까지도 유지되고 있다. 崔世英 변호사님은 동 판결과 관련해서 판례가 법규성의 부인에 그친 것을 비판하면서 모법의 위임 없이 당시 자동차운수사업법 제31조의 처분권한을 기속하는 규정으로 접근하여 무효로 판시했어야 한다고 주장하였다.[27] 당시에 부령의 제정이 모법에 근거가 없다는 점은 수긍할 수 있는데, 그 이후 모법에 시행규칙형식의 재량준칙을 제정할 수 있는 근거가 마련되었음에도 불구하고, 판례는 대통령령의 형식의 경우에는 법규성을 인정하면서도(대법원 1997.12.26. 선고 97누15418판결), 시행규칙과 같은 부령의 형식의 경우에는 여전히 다수 문헌의 입장과는 반대로 기왕의 입장을 고수하고 있다.

2. 입찰참가제한행위의 법적 성질

일찍이 대법원 1983.12.27. 선고 81누366판결은 구 예산회계법에 따라 체결되는 계약을 사법상의 계약으로 보고서, 동법상의 입찰보증금의 국고귀속조치를 사권주체로서 국가

---

25) 동인, 部令이 정한 聽聞을 缺한 處分의 效力,「행정판례연구」제1집(1992), 105면 이하.

26) 자동차운수사업법 제31조 등의 규정에 의한 사업면허의 취소 등의 처분에 관한 규칙(1982.7.31 교통부령 제724호)은 부령의 형식으로 되어 있으나 그 규정의 성질과 내용이 자동차운수사업면허의 취소처분 등에 관한 사무처리기준과 처분절차 등 행정청내의 사무처리준칙을 규정한 것에 불과한 것이므로 이는 교통부장관이 관계 행정기관 및 직원에 대하여 그 직무권한 행사의 지침을 정하여 주기 위하여 발한 행정조직 내부에 있어서의 행정명령의 성질을 가지는 것이라 할 것이다. 따라서 위 규칙은 행정조직 내부에서 관계 행정기관이나 직원을 구속함에 그치고 대외적으로 국민이나 법원을 구속하는 힘은 없는 것이라 할 것이므로 자동차운수사업면허취소 등의 처분이 위 규칙에 위배되는 것이라 하더라도 위법의 문제는 생기지 아니하고 또 위 규칙에서 정한 기준에 적합한 것이라 하여 바로 그 처분이 적법한 것이라고도 할 수 없을 것이다. 그 처분의 적법여부는 위 규칙에 적합한 것인가의 여부에 따라 판단할 것이 아니고 자동차운수사업법의 규정 및 그 취지에 적합한 것인가의 여부에 따라 판단할 것이다.

27) 동인, 行政規則의 法規性 認定與否,「행정판례연구」제1집(1992), 21면.

가 행한 사법적 행위로 판시하면서 조달철장이 공사계약불응을 이유로 동법에 의거하여 행한 입찰참가제한조치를 행정처분으로 접근하였다. 행정청이 행한 입찰참가제한행위를 행정처분으로 보는 것은 판례의 일관된 태도이다(대법원 1999.3.9. 선고 98두18565판결). 이에 대해 李尙圭 선생님은 입찰참가자격은 경쟁계약에서 입찰공고(청약의 유인)에 따라 청약을 할 수 있는 법적 지위를 뜻하므로, 동법상의 입찰참가제한행위란 국가에서 시행하는 모든 경쟁계약에서 입찰 즉, 청약을 할 수 있는 지위를 박탈하는 내용의 의사표시에 해당하고, 따라서 입찰참가제한행위은 국가가 사인과의 사이에 체결하는 예산회계법상의 계약에 관한 현상으로서 사법적 성질의 행위로 보아야 한다고 지적하였다.[28] 이처럼 예산회계법 또는 지방재정법에 따라 지방자치단체가 당사자가 되어 체결하는 계약에 관한 분쟁은 행정소송의 대상이 될 수 없다고 보면(대법원 1996.12.20. 선고 96누14708판결), 국가계약법 등에 따른 행정청의 입찰참가제한조치를 행정처분으로 보는 판례의 입장은 이익이론이나 과거의 구 주체이론을 취하지 않고서는 정당화될 수가 없다. 현행 국가계약법상의 행정청에 의한 참가제한행위를 처분으로 보는 판례의 태도는 再考되어야 한다.[29] 나아가 판례가 종전의 입장을 바꾸어 법인체형 공기업·준정부기관–정부투자기간–이 행한 부정당업자의 제재를 행정처분으로 접근한 것(대법원 2014.11.27. 선고 2013두18964판결) 역시 再考되어야 한다.[30]

3. 건축허가의 재량행위성 문제

한때 농촌지역에 이른바 '러브호텔'이 들어서는 것이 사회적 문제가 되었다. 이런 건축물의 건축허가와 관련해서 대법원은 상반된 판결을 하였다. 대법원 1995.12.12. 선고 95누9051판결은 관계 법규에서 정하는 제한사유 이외의 사유를 들어 거부할 수는 없다고 판시하였지만, 대법원 1999.8.19. 선고 98두1857전원합의체판결은 거부할 수 있다고 판시하였다.[31] 종래의 입장을 바꾸는 것이어서 드물게 다수의견과 반대의견이 첨예하게 나뉘었

28) 동인, 入札參加資格 制限行爲의 法的 性質, 「행정판례연구」 제1집(1992), 130면 이하.

29) 김중권, 행정법, 623면.

30) 대법원 2014.11.27. 선고 2013두18964판결은 동일한 피고인 한국전력공사를 상대로 한 대법원 1999.11.26. 자 99부3결정을 번복한 것인데, 그렇다면 판례변경의 절차를 밟아야 하는데 그런 사정을 확인할 수 없다.

31) [다수의견] 구 건축법(1997.12.13. 법률 제5454호로 개정되기 전의 것) 제8조 제1항, 제3항, 구 국토이용관리법(1997.12.13. 법률 제5454호로 개정되기 전의 것) 제15조 제1항 제4호, 같은법시행령(1997.9.11. 대통령령 제15480호로 개정되기 전의 것) 제14조 제1항의 각 규정에 의하면, 준농림지역 안으로서 지방자치단체의 조례가 정하는 지역에서 식품위생법 소정의 식품접객업, 공중위생법 소정의 숙박업 등을 영위하기 위한 시설 중 지방자치단체의 조례가 정하는 시설의 건축을 제한할 수 있는바, 이러한 관계 법령의 규정을 종합하여 보면, 지방자체단체의 조례의 의하여 준농림지역 내의 건축제한지역이라는 구체적인

다(7인:5인). 대법원 98두1857전원합의체판결에 대해 金東熙 고문님은 다수의견이 법령의 자구에 얽매이지 않고 '합목적적 해석'이라는 다른 해석방법으로 농촌지역에 러브호텔이 난립함에 따른 부정적인 현상을 해결하려고 하였다고 평하면서 그런 해석방법에 대해선 의문이 제시될 수 있다고 지적하였다.[32] 사실 판례는 대법원 1992.12.11. 선고 92누3038판결 이래로 공익과 마찰을 일으킬 수 있는 건축행위에 대해 중대한 공익상의 필요에 따른 거부가능성을 인정하였는데, 이 관점은 – 예외적 승인에 해당할 수 있는 – 산림훼손허가나 산림(토지)형질변경허가의 경우에도 그대로 이어지고 있다.[33] 예외적 승인에 해당하지 않는 경우에까지 법령에서 요구하지 않는 법정외거부사유가 인정되는 것은 아무리 중대한 공익상의 필요를 내세운다 하더라도 자연적 자유의 회복이라는 허가제의 본연에는 어울리지 않는다.[34]

4. 기속행위에서의 부관허용성 문제

대법원 1995.6.13. 선고 94다56883판결이[35] 잘 보여주듯이, – 종래의 통설적 이해에 대한 비판이 지속적으로 제기되어 온 결과,[36] 지금은 정반대의 입장이 문헌상 다수의 입장이 되어 버렸음에도 불구하고, 판례는 기속행위에 대한 부관부가가 절대적으로 불가하다는 입장을 취하고 있다. 이에 대해 金南辰 고문님은 판례의 그런 태도가 부당전제에서 기인한다고 강하게 비판하면서, 대법원 94다56883판결의 사안의 부관을 교섭에 의한 행정작용의 차원에서 교섭·합의에 의한 부관으로 접근할 것을 주장하였다.[37] 판례가 기속행위에서 법률요건충족적 부관의 부가가능성을 원천 봉쇄한 것은 문제이다. 사안에 따라서는

취지의 지정·고시가 행하여지지 아니하였다 하더라도, 조례에서 정하는 기준에 맞는 지역에 해당하는 경우에는 숙박시설의 건축을 제한할 수 있다고 할 것이고, 그러한 기준에 해당함에도 불구하고 무조건 숙박시설 등의 건축허가를 하여야 하는 것은 아니라고 할 것이며, 조례에서 정한 요건에 저촉되지 아니하는 경우에 비로소 건축허가를 할 수 있는 것으로 보아야 할 것이다. 부연하면, 그러한 구체적인 지역의 지정·고시 여부는 숙박시설 등 건축허가 여부를 결정하는 요건이 된다고 볼 수 없다고 할 것이다.

32) 동인, 建築許可處分과 裁量,「행정판례연구」제5집(2000), 29면.

33) 나아가 사설납골시설의 설치신고의 경우(대법원 2008두22631판결)와 폐기물처리사업 적정통보의 경우(대법원 2013두10731판결)에도 그러하다.

34) 이런 재량행사의 상황을 기속재량행위로 설정하는 데서 문제점이 극명하다.

35) 일반적으로 기속행위나 기속적 재량행위에는 부관을 붙일 수 없고 가사 부관을 붙였다 하더라도 무효이다. 건축허가를 하면서 일정 토지를 기부채납하도록 하는 내용의 허가조건은 부관을 붙일 수 없는 기속행위 내지 기속적 재량행위인 건축허가에 붙인 부담이거나 또는 법령상 아무런 근거가 없는 부관이어서 무효이다.

36) 관련 문헌을 거슬러 살펴 본 즉, 특히 金南辰,, 행정행위의 부관의 한계–부관의 가능성을 중심으로–, 한태연 박사 회갑기념논문집, 1977.9., 472면 이하 참조.

37) 동인, 交涉合意에 의한 附款의 效力,「행정판례연구」제2집(1996), 107면 이하.

기속행위임에도 불구하고 부관부가의 필요성이 시인될 수도 있는데, 행위시점에 완전한 요건충족을 요구하는 도식적 입장만을 고집한다면, (추후에 요건을 충족한) 절차의 무익한 반복이 초래될 수밖에 없다. 이는 절차경제적 차원에서 수범자는 물론 행정으로서도 그다지 바람직스럽지 않다. 따라서 대법원 1988.4.27. 선고 87누1106판결에서 처음 등장한, "기속행위에 부가된 부관의 무효 원칙"을 수정하지 않고선, 한 걸음도 나아갈 수 없다. 본래 대법원 87누1106판결이 사안(이사회의 소집승인)을 부관과 친하지 않는 강학상의 인가의 문제로 보아서 인가의 기속행위적 성질에 의거하여 접근하였는데, 후속판례가 이를 오해하여 기속행위와 관련된 부분에 초점을 맞추어 일반화함으로써 지금의 난맥상이 빚어졌다. 과거 일본의 통설이었지만, 지금은 강력한 비판을 받는 田中二郎 교수의 문헌에서[38] 유래한 듯한 판례의 태도가 하루바삐 바뀌어야 한다.[39]

5. 사전결정의 후행처분에 대한 구속력 문제

부분적 행정행위이자 단계적 행정행위에 속하는 것이 사전결정(예비결정)과 부분허가이다.[40] 사전결정제도가 가분적(可分的)인 개개의 허가요건, 가령 전체구상이나 부지선정에 관한 것(예: 폐기물관리법상의 적정(적합)통보제)이다. 여기서 문제는 사전결정과 본처분이나 후행처분과의 관계인데, 전자의 구속력의 문제이기도 하다. 일찍이 대법원 1999.5.25. 선고 99두1052판결은 구 주택사업촉진법상의 주택건설사업계획의 사전결정과 후행처분인 주택건설사업계획승인과의 관계에 대해 전자의 구속력을 부인하는 판시를 하였다.[41] 이에 대해 李京運 고문님은 동법에서 주택건설사업계획승인은 사전결정을 따른다고 규정한 것에 배치되며, 논증과정에서 사전결정의 구속력 문제를 처음부터 신뢰보호의 관점에서 바라본 것은 바람직하지 않다고 지적하였다.[42] 선행 사전결정의 구속력의 문제는 우선 기본적으로 관련 실정법의 구조에 의하되 사전결정제도의 제도적 취지를 고려하여 접근해야 한다.[43] 가령 폐기물처리업허가에서의 적정통보제도는 사전결정이긴 해도 본허가와 요건

---

38) 동인, 행정법총론, 1957, 317-318頁.

39) 김중권, 행정법, 322면.

40) 다단계적 행정행위는 그것의 발급에 있어서 다수의 행정청이 함께 (동의를 포함한)협력하는 경우를 의미하고 이는 전체행위에 해당한다. 따라서 단계적 행정행위와 다단계적 행정행위와는 완전히 구별된다. 이런 사정은 김중권, 행정법, 216면.

41) 구 주택건설촉진법(1999.2.8. 법률 제5914호로 삭제) 제33조 제1항의 규정에 의한 주택건설사업계획의 승인은 상대방에게 권리나 이익을 부여하는 효과를 수반하는 이른바 수익적 행정처분으로서 행정처분의 요건에 관하여 일의적으로 규정되어 있지 아니한 이상, 행정청의 재량행위에 속하고, 그 전 단계인 같은 법 제32조의4 제1항의 규정에 의한 주택건설사업계획의 사전결정이 있다 하여 달리 볼 것은 아니다.

42) 동인, 住宅建設事業計劃 事前決定의 拘束力,「행정판례연구」제6집(2001), 95면.

43) 사전결정과 부분허가의 이중적 성격을 갖는 원자력법상의 부지사전승인제도와 관련해선 鄭夏重, 多段階

이 다르므로 구속력은 인정될 수 없다. 그럼에도 판례는 동 적정통보제도와 관련해서 시종 바람직하지 않게 신뢰보호의 원칙의 관점에서 구속력 문제를 접근하였다(대법원 2003.9.23. 선고 2001두10936판결 등).

6. 취소처분의 취소의 효과

행정행위의 취소나 철회가 독립된 행정행위인 이상, 이들에 대한 취소나 철회의 문제가 자연스럽게 제기된다. 그리하여 취소·철회의 취소나 철회하였을 때 원래의 행정행위가 그대로 소생하는지 아니면 새로이 행정행위가 내려져야 하는지 여부가 문제된다. 판례는 당초 행정행위 및 그것에 의거한 행정법관계가 도로 소생하는 것으로 보거나(대법원 1997.1.21. 선고 96누3401판결), 그렇지 않고 처음의 취소나 철회로 기왕의 행정행위가 소멸된 이상 새로이 행정행위가 발해져야 하는 것으로 보기도 한다(대법원 1995.3.10. 선고 94누7027판결;[44] 1996.9.24. 선고 96다204판결; 2002.5.28. 선고 2001두9653판결). 판례상의 차이점은 사안의 다름에 있다. 전자의 경우 원래의 행정행위가 수익적 행정행위(이사취임승인처분)인 반면. 후자의 경우엔 그것이 부담적 행정행위이다(과세처분, 병역처분). 柳至泰 교수님은 후자의 판례와 관련해서 그것은 초기의 독일 이론 및 판례에 기초한 것으로 보인다고 하면서 그 논거가 유지되기 어렵기에 취소행위의 일반적 법리로 회귀할 필요가 있다고 지적하였다.[45] 행정청은 폐지를 재차 폐지할 수 없다는 이른바 소극설은 불가쟁력적 행정행위는 폐지될 수 없다는 것에 연계되어 주장되었는데, 이는 오늘날에는 수긍될 수 없다. 관건은 선행폐지에 대한 후행취소의 효과의 문제이다. 기왕의 취소를 통해 행정행위의 존재가 없어졌기에, 추가로 새로이 행정행위가 있어야 한다고 보는 것은 지양해야 할 형식논리적 논증이다.[46]

行政節次에 있어서 事前決定과 部分許可의 意味,「행정판례연구」제6집(2000), 135면 이하 참조.

44) 국세기본법 제26조 제1호는 부과의 취소를 국세납부의무 소멸사유의 하나로 들고 있으나, 그 부과의 취소에 하자가 있는 경우의 부과의 취소의 취소에 대하여는 법률이 명문으로 그 취소요건이나 그에 대한 불복절차에 대하여 따로 규정을 둔 바도 없으므로, 설사 부과의 취소에 위법사유가 있다고 하더라도 당연무효가 아닌 한 일단 유효하게 성립하여 부과처분을 확정적으로 상실시키는 것이므로, 과세관청은 부과의 취소를 다시 취소함으로써 원부과처분을 소생시킬 수는 없고 납세의무자에게 종전의 과세대상에 대한 납부의무를 지우려면 다시 법률에서 정한 부과절차에 좇아 동일한 내용의 새로운 처분을 하는 수밖에 없다.

45) 동인, 行政行爲 取消의 取消,「행정판례연구」제9집(2004), 83면. 참고문헌: 김동희, 행정청에 의한 행정행위의 취소의 취소, 판례회고 제8호(1980.12.), 7면 이하; 박해식, 계층적 행정처분의 취소처분에 대한 취소처분의 법리, 행정재판실무편람(2001), 65면 이하.

46) 김중권, 행정법, 774면.

7. 도시계획결정의 처분성 문제

대법원 1982.3.9. 선고 80누105판결을[47] 효시로 하여 판례는 구 도시계획법 제12조상의 도시계획결정의 처분성을 인정하였다. 이 기조는 현행의 도시관리계획에 대해서도 그대로 통용되어 국토계획법 역시 도시관리계획의 처분성을 전제로 하여 그에 대응한 법제를 마련해 놓았다. 현재 대부분의 행정법문헌은 도시계획결정의 처분성에 대해 – 물론 구체적인 성질에서 보통의 대인적 처분과는 달리 물적 처분으로서의 특수성이 있다는 지적이 있긴 하나 – 이의를 제기하기보다는 그것을 그대로 수긍하고 있다. 그런데 대법원 80누105판결에 대해 石琮顯 교수님은 법이론적으로 의문을 제기하면서, 도시계획결정의 인적 범위와 규율사안의 성격에 비추어 – 원심인 서울고등법원 1980.1.29. 선고 79구416판결과 마찬가지로 – 입법행위로서의 성질을 갖는다고 주장하였다.[48] 불필요하고 과도한 수고를 덜기 위해서라도 입법정책의 차원에서 석종현 교수님이 제안한 것처럼 계획확정의 형식을 법률이나 조례 또는 법규명령으로 규정하거나 처분형식의 계획확정절차를 두는 것이 필요하다.

8. 이유제시의무(원칙)

이유제시의 원칙이라는 용어는, 그것이 오늘날에 있어 요식행위의 일반적인 범주라는 점을 여실히 나타내고 있다. 역사적으로 보면, 이유제시의 강제는 司法上의 분쟁에 대하여 법원이 내린 판결에서 먼저 실시되었다. 그런데 행정의 차원에서도 1996년 12월에 행정절차법이 제정되어 이유제시의 의무를 규정하기(동법 제23조) 전에 대법원 1984.7.10. 선고 82누551판결,[49] 대법원 1987.5.26. 선고 86누788판결, 그리고 대법원 1990.9.11. 90누1786판결을 통해 그것이 요구되었다. 특히 대법원 90누1786판결은 드물게도 이유제시의 기능을 부기하였다. 종래 조세법관계에서 명문으로 요구되는 이유제시의 원칙이 통상의 침익적 행정처분에도 그대로 통용된 셈이다. 이런 판례의 태도를, 崔松和 고문님은 판례가 비록 이론적 근거를 밝히지 않았지만, 조리법에 입각하여 일종의 법창조기능을 행사한 것으로 호평하였다.[50] 다만 위에서 지적한 대로 이유제시상의 하자와 관련하여 이들 판례가 대법

47) 도시계획법 제12조 소정의 고시된 도시계획결정은 특정 개인의 권리 내지 법률상의 이익을 개별적이고 구체적으로 규제하는 효과를 가져 오게 하는 행정청의 처분이라 할 것이고, 이는 행정소송의 대상이 된다.

48) 동인, 都市計劃決定의 法的 性質,「행정판례연구」제2집(1996), 167면.

49) 허가의 취소처분에는 그 근거가 되는 법령과 처분을 받은 자가 어떠한 위반사실에 대하여 당해처분이 있었는지를 알 수 있을 정도의 위 법령에 해당하는 사실의 적시를 요한다고 할 것이고 이러한 사실의 적시를 흠결한 하자는 그 처분후 적시되어도 이에 의하여 치유될 수는 없다.

50) 동인, 行政處分의 理由附記義務,「행정판례연구」제3집(1996), 72면.

원 82누420판결의 영향으로 치유의 허용성을 매우 엄격히 설정한 것은 아쉽다.[51)]

9. 하자있는 행정행위의 치유의 허용성

하자있는 행정행위의 치유(治癒)는 하자(위법성)를 제거하여 적법한 행정행위로 만드는 것이다. 하자의 치유(및 전환)의 인정이유로 보통 상대방의 신뢰보호, 행정법관계의 안정성, 불필요한 반복의 배제를 든다. 판례는 대법원 1983.7.26. 선고 82누420판결[52)] 이래로 하자의 치유와 전환이란 원칙적으로 허용될 수 없는 것으로 보며, 설령 인정되더라도 극히 예외적으로만 허용된다고 한다. 李康國 고문님이 지적한[53)] 대로 동판결의 취지가 치유의 폭을 가급적이면 제한하려는 데 있다는 것을 확인할 수 있다. 과거 절차적 사고가 부족할 때 절차적 정의를 강조하여야 하지만, 행정절차법의 시행이후에는 행정의 능률성의 관점을 균형적으로 반영할 필요가 있다. 절차형식상의 하자를 이유로 한 취소판결의 기속력이 그 절차형식상의 하자에만 미친다는 점도 고려해야 한다. 그동안 행정법의 일반이론의 괄목할 발전과 전혀 동떨어져 1980년대 초반의 기조가 아직까지도 견지되는 것은 심각한 문제이다. 이제 새롭게 접근할 필요가 있다.

10. 예방적 금지소송의 허용성 여부

일련의 행정소송법개정논의에서 의무이행소송과 함께 예방적 금지소송을 항고소송의 일종으로 신설하려고 했다. 지난 법무부개정에서도 도입이 강구되었지만,[54)] 부처의견의 수렴과정에서 차후과제로 돌려졌다. 그런데 일찍이 대법원 1987. 3. 24. 선고 86누182 판결은 예방적 금지소송이 허용되지 않는다고 판시하였고,[55)] 이는 지금까지 이어지고 있다(대법원 2006. 5. 25. 선고 2003두11988판결). 이에 대해 일찍이 金鐵容 고문님이 이에 대해 권력

---

51) 사실 이유제시요청과 관련해서 보면, 판례상 처분사유의 추가변경이 비록 기본적 사실관계를 전제로 하나 광범하게 인정되고 있는데, 그것이 과연 엄격한 치유허용성과 어울리는지 의문스럽다.

52) 하자있는 행정행위의 치유나 전환은 행정행위의 성질이나 법치주의의 관점에서 볼 때 원칙적으로 허용될 수 없는 것이지만, 행정행위의 무용한 반복을 피하고 당사자의 법적 안정성을 위해 이를 허용하는 때에도 국민의 권리와 이익을 침해하지 않는 범위에서 구체적 사정에 따라 합목적적으로 인정해야 할 것이다.

53) 동인, 行政行爲의 瑕疵의 治癒,「행정판례연구」제3집(1996), 118면.

54) 2012년 법무부개정시안: 제51조 (원고적격) 예방적 금지소송은 행정청이 장래에 위법한 처분을 할 것이 임박한 경우에 그 처분의 금지를 구할 법적 이익이 있는 자가 사후에 그 처분의 효력을 다투는 방법으로는 회복하기 어려운 중대한 손해가 발생할 것이 명백한 경우에 한하여 제기할 수 있다.

55) 건축건물의 준공처분을 하여서는 아니 된다는 내용의 부작위를 구하는 청구는 행정소송에서 허용되지 아니하는 것이므로 부적법하다.

분립론과 행정청의 제1차적 판단유보원칙을 이유로 불허한 것은 시대에 뒤떨어져 있을 뿐만 아니라, 고정관념에 사로잡힌 안이한 판결이라는 비난을 면할 수 없을 것이라고 강하게 질타하였다.[56] 비록 독일처럼 소송종류의 개괄주의가 행정소송법에 규정되어 있지 않더라도 국민의 권리구제방도가 과거의 입법자의 결정에 좌우되는 것은 바람직하지 않다. 국민의 권리보호를 위해 법원이 단순히 입법의 使者에 머물 수는 없다. 오히려 관건은 현행 집행정지제도의 체계에서 예방적 금지소송의 허용성을 어떻게 설정할 것인지의 물음이다. 한편 예방적 금지소송을 법정화하는 것과 관련해서 유의할 점은, 독일의 경우 집행정지의 원칙을 전제로 하여 여전히 그것이 비법정의 소송으로 최후 보충적 수단으로 강구되고 있다는 것이다.[57]

11. 환경행정소송에서의 원고적격의 물음과 관련한 환경영향평가제도의 의의

환경행정소송에서의 제3자의 원고적격의 물음에서 환경영향평가제도가 어떤 의의를 가지는지에 관해 판례는 적극적인 입장을 전개한다. 즉, 환경과 관련 조치(처분)에 대해 환경영향평가 대상지역안의 주민은 원고적격이 있는 것으로 추정되고, 그 지역 밖의 주민은 환경상 이익에 대한 침해 또는 침해우려가 있다는 것을 입증하여 원고적격을 인정받을 수 있다고 본다.[58] 환경영향평가 대상지역안의 주민의 원고적격을 긍정한 것의 효시는 남대천양수발전소건설사건이다(대법원 1998.9.22. 선고 97누19571판결). 여기서 법원은 전원(전원)개발사업실시계획승인처분과 관련하여 환경영향평가대상지역 안의 주민들이 갖고 있는 환경상의 이익이 주민 개개인에 대하여 개별적으로 보호되는 직접적·구체적인 이익에 해당함을 시인한 다음, 이들 주민의 원고적격을 긍정하였다. 즉, 원고적격 여부를 가늠하는 처분의 근거법령에 – 개발사업의 직접적 근거법령은 물론 – 환경영향평가법령도 처음으로 포함시켰다. 이런 기조는 용화온천판결에도 이어졌다(대법원 2001.7.27. 선고 99두2970판결). 대법원 99두2970판결의 의의에 대해 金東建 회장님은 원고적격에 관한 판례의 중대한 진전이라 평하면서도, 당시의 상황하에서 무비판적으로 각 개별법령의 환경배려조항을 근거로 지역주민의 제3자 원고적격을 인정하여서는 아니 될 것이라고 지적하였다.[59] 그런데 대법원이 '공장설립으로 수질오염 등이 발생할 우려가 있는 물금취수장에서 취수된 물을 공급받는 부산광역시 또는 양산시에 거주하는 주민들'에 대해 법령에 의해 개별적·구체적·직

---

56) 동인, 豫防的 不作爲訴訟의 許容性 與否,「행정판례연구」제2집(1996), 231면.

57) 김중권, 행정법, 627면.

58) 대법원 2006.3.16. 선고 2006두330전원합의체판결 등.

59) 동인, 環境行政訴訟과 地域住民의 原告適格,「행정판례연구」제5집(2000), 216면.

접적으로 보호되는 환경상 이익, 즉 법률상 보호되는 이익이 침해되거나 침해될 우려가 있음을 이유로, 원고적격을 인정함으로써(대법원 2010.4.15. 선고 2007두16127판결), 현재 환경행정소송에서의 원고적격의 물음과 관련해서 이런 조심의 단계를 넘어선 셈이다.

12. 조리상의 계획변경신청권의 인정 여부

처분적 계획에서 계획변경(폐지)을 요구하였는데, 그것에 불응한 경우에 그 거부를 다툴 수 있는지 여부가 문제된다. 일찍이 대법원 1984.10.23. 선고 84누227판결은[60] 거부처분의 인정에서 법규상 조리상 신청권이 있어야 한다는 점을 전제로 하여 일반적인 계획변경신청권을 부정하였다. 그에 따라 계획변경신청의 거부는 거부처분이 되지 않아서 권리구제를 도모할 수 없었다. 동 판결이전에 판례는 거부처분의 인정에서 특별한 공식을 전제로 하지 않았다.[61] 동 판결을 통해 신청권의 존재가 거부처분의 인정공식의 성립요소가 되었다. 나아가 도시계획의 장기성과 종합성에 의거하여 확정된 계획의 변경을 낳을 수 있는 사정변경의 인정가능성을 부정하였다. 이에 대해 李鴻薰 고문님이 행정계획이 장기성과 종합성을 요구한다고 하여 계획확정 이후 특별한 사정변경이 있을 경우까지도 조리상 계획변경청구권을 부정할 이유는 없지 않다고 반론을 제기하였다.[62] 그리고 金海龍 교수님 역시 대법원 1994.1.28. 선고 93누22029판결을 대상으로 행정계획의 일반적 성질인 장기성, 종합성을 거론하며 계획변경청구의 권리를 부정하는 것은 행정계획법리의 그간의 발전을 간과하고 있다고 강하게 비판하였다.[63] 한편 대법원 2003.9.23. 선고 2001두10936판결은 폐기물처리사업계획의 적정통보를 착안점으로 삼아 국토이용계획변경신청권을 예외적으로 인정함으로써, 그 불응에 대해 거부처분취소송의 제기가능성을 인정하였다.[64]

60) 국민의 신청에 대한 행정청의 거부처분이 항고소송의 대상이 되는 행정처분이 되기 위하여는, 국민이 행정청에 대하여 그 신청에 따른 행정행위를 해줄 것을 요구할 수 있는 법규상 또는 조리상의 권리가 있어야 하는 바, 도시계획법상 주민이 도시계획 및 그 변경에 대하여 어떤 신청을 할 수 있음에 관한 규정이 없을 뿐만 아니라, 도시계획과 같이 장기성·종합성이 요구되는 행정계획에 있어서는 그 계획이 일단 확정된 후에 어떤 사정의 변동이 있다고 하여 지역주민에게 일일이 그 계획의 변경을 청구할 권리를 인정해 줄 수도 없는 이치이므로 도시계획시설변경신청을 불허한 행위는 항고소송의 대상이 되는 행정처분이라고 볼 수 없다.

61) 가령 대법원 1982.2.23. 선고 81누7판결: 행정행위는 현재의 법률상태에 변동을 가하고 상대방 기타 이해관계인의 권리의무에 적극적으로 변동을 초래케하는 행위뿐만 아니라 현재의 법률상태에 아무런 변동을 가하지 아니하는 거부처분도 이에 포함된다고 할 것인바 공유수면 점용기간연장에 대한 거부처분은 그 신청인에 대한 현재의 권리상태에는 무슨변동을 초래하는 것은 아니라 할지라도 그 거부행위 자체가 하나의 소극적 행정처분으로 그 처분이 위법하다면 행정소송의 대상이 될 것이다.

62) 동인, 都市計劃과 行政拒否處分,「행정판례연구」제1집(1992), 124면.

63) 동인, 都市計劃變更請求權의 成立要件,「행정판례연구」제4집(1999), 105면 이하.

64) 상론은 김중권, 國土利用計劃變更申請權의 例外的 認定의 問題點에 관한 小考,「행정판례연구」제10집(2005),

조리상의 계획변경신청권이 인정되는데 근 20년이 걸렸다. 한편 洪準亨 교수님은 독일 행정법상 계획보장청구권의 일환으로 계획변경청구권을 인정할 것인가의 문제는 우리 판례상 거부처분의 인정을 위한 전제조건으로서 계획변경신청권을 인정할 것인가의 문제와는 다름을 정당하게 지적하였다.[65]

13. 失效한 行政處分에 대한 취소소송의 소의 이익 문제

비록 명문의 규정은 없지만, 취소소송에 대해서도 협의의 소의 이익(권리보호의 필요성)이 통용된다. 소의 이익이 없는 소송은 부적법하여 각하된다. 행정처분이 시간의 경과 등에 의해 실효된 이후에 행정행위가 실효되거나 취소로 효력이 소멸한 이상, 소송을 통해 그것을 다툴 아무런 실익이 없다. 권리보호의 필요성(협의의 소의 이익)은 당연히 부인된다. 하지만 특별한 경우에는 이례적으로 시인될 수 있다. “처분등의 집행 그 밖의 사유로 인하여 소멸된 뒤에도 그 처분등의 취소로 인하여 회복되는 법률상 이익이 있는 자의 경우에는 또한 같다.”는 행정소송법 제12조 제2문은 이런 예외적 취지를 제도적으로 반영한 것이다. 그런데 판례는 일찍이 행정처분의 근거규정의 법적 성질에 터 잡아 그로 인해 가중된 제재처분의 가능성에 따른 불이익을 법적 불이익이 아니라 사실상의 불이익으로 판단하였다. 즉, 대법원 1995.10.17. 선고 94누14148전원합의체판결의 다수의견은, – 제재처분기준의 비법규성의 논리적 귀결의 차원에서 – 행정명령에 불과한 각종 규칙상의 행정처분 기준에 관한 규정에서 위반 횟수에 따라 가중처분하게 되어 있다 하여 법률상의 이익이 있는 것으로 볼 수는 없다고 판시하였다.[66] 소의 이익을 부인하는 판례의 다수의견에 대해 徐元宇 고문님은 비판적 입장을 견지하면서, 제재적인 가중요건을 규정하는 법형식의 문제가 아니라 그것에 의해 생기는 구체적이며 현실적인 불이익이 직접적·실질적인 것인가 간접적 · 사실적인 것인가가 관건이고 이는 곧 행정소송법 제12조 제2문상의 법률상 이익에 해당할 것인지 여부의 물음이라고 지적하였다.[67] 그리고 金完燮 변호사님은 제재처분기준의 법규성에 바탕을 두고서 대법원 1988.5.24. 선고 87누944판결을 비판하였다.[68]

21면 이하.

65) 동인, 計劃變更請求權과 計劃變更申請權,「행정판례연구」제17집 제1호(2012.6.), 81면.

66) 반면 소수의견은 제재처분기준의 비법규성의 입장을 견지하면서도, "제재기간이 정하여져 있는 제재적 행정처분에 있어서는 그 처분의 전력을 내용으로 한 가중요건이 규칙으로 규정되어 있는 경우에도 제재기간이 지난 후에 그 처분의 취소를 구할 실질적 이익이 있다."고 실질적 접근을 강구하였다. 다수의견에 대해 박정훈 교수님은 그로부터 행정판례가 협의의 소익에 관해 가장 소극적인 태도를 면하지 못하게 한 결정적인 원인으로 평하였다. 동인, 행정판례의 반세기의 회고,「행정판례연구」제9집(2006), 72면.

67) 동인, 制裁的 行政處分의 制裁期間 經過 後의 訴의 利益,「행정판례연구」제4집(1999), 209면 이하.

68) 동인, 運轉免許停止期間 徒過後의 取消訴訟과 訴의 利益,「행정판례연구」제1집(1992), 179면 이하.

한편 대법원 1995.10.17. 선고 94누14148전원합의체판결은 대법원 2006.6.22. 선고 2003두1684전원합의체판결에 의해 변경되었다.[69] 과거 대법원 94누14148전원합의체판결이 근거규정의 성질(비법규성)에 연계하여 후자의 물음(법률상의 이익의 부정)에 접근한 데 대해서, 대법원 2003두1684전원합의체판결의 다수의견은 비록 '제재처분의 기준'에 대해서는 종전과 동일한 입장을 취하면서도, – 대법원 2005.2.17. 선고 2003두14765판결이 처음으로 제시한 대로 – 근거규정의 법적 성질과 유리시켜 법률상 (불)이익의 존부를 논증하여 처분성을 인정하였다.[70]

14. 집행정지결정에 있어서 본안승소가능성 여부의 문제

집행정지의 요건과 관련한 논증에서 문제되는 것이 본안에서의 승소가능성여부이다. 판례는 본안소송에서 처분의 취소가능성이 없음에도 처분의 효력이나 집행의 정지를 인정한다는 것은 제도의 취지에 반한다는 점을 들어, 신청인의 본안청구가 이유 없음이 명백하지 않아야 집행정지가 허용된다는 것을 시종 고수한다(대법원 2008.5.6. 자 2007무147결정). 하지만 판례는 종종 행정처분자체의 위법 여부는 궁극적으로 본안재판에서 심리를 거쳐 판단할 성질의 것이므로 원칙적으로는 판단할 것이 아니고 행정소송법 제23조 제2항에 정해진 요건의 존부만이 판단의 대상이 된다고 판시한다(대법원 2008.8.26. 자 2008무51결정; 1994.10.11. 자 94두35결정 등). 일찍이 대법원 1986.8.11. 자 86두9결정이 후자의 입장을 판시한 데 대해서 崔光律 고문님이 행정처분 자체의 적법여부 내지 본안청구의 이유유무가 집행정지와 전혀 관계가 없는 것으로 새길 염려가 있음을 들어 판례태도를 비판하였다.[71] 구법시대 이래의 태도를 답습한다는 강력한 비판에도 불구하고 이처럼 심각한 논란이 아쉽게도 아직까지도 가시지 않고 있다.

그런데 집행정지의 요건에 본안승소가능성 즉, 본안이유유무를 포함시킬 경우 그것과 기존의 요건(적극적, 소극적 요건)과의 관계가 문제된다. 기본적으로 이단계적 논증구조를 취하여[72] 먼저 본안이유의 유무를 판단한 다음, 적극적 요건에 해당하는 – 회복하기 어려운 손해를 예방하기 위하여 긴급한 필요에 해당하는 – 정지(연기)이익과 소극적 요건에 해당하는 – 공공복리에 중대한 영향을 미칠 우려에 해당하는 – 즉시집행이익간에 형량을 하여야 한다. 한편 행정소송법개정에서 일본과 마찬가지로 본안승소가능성의 물음을 소극적 요건으로 함께 성문화하고자 하는데, 이렇게 함께 규정하면 이익형량에 본

69) 이를 대상으로 제211회(2006.10.20) 월례발표회에서 김해룡 교수님과 석호철 변호사님이 발표하였다.

70) 상론은 김중권, 실효한 행정처분에 대한 권리구제에 관한 소고, 법률신문 제3507호(2006.11.20.).

71) 동인, 執行停止의 要件과 本案理由와의 關係,「행정판례연구」제1집(1992), 195면 이하.

72) 이는 독일의 통설과 판례가 집행정지결정과 관련하여 취하는 논증구조이다.

안에서의 승소가능성여부가 함께 어울려져 자칫 집행정지제도의 활성화를 저해할 우려가 있다.[73)]

15. 국가배상법 제5조의 영조물의 설치·관리의 하자의 성격

국가배상법 제5조의 영조물의 설치·관리상의 하자에 대해서, 판례는 물론 대부분의 문헌은 별다른 이론(異論)없이 '영조물이 그 용도에 따라 통상 갖추어야 할 안전성의 결여'로 이해하지만, 그것의 성격을 두고선 논의가 여전히 치열하다. 즉, 하자유무를 판단함에 있어서 주관적 관점을 가미하여 접근할 것인지 아니면 오로지 객관적(상태책임적) 관점에서 접근할 것인지 여부를 축으로 하여 다양한 논의(주관설, 객관설, 절충설, 관리의무위반설, 위법·무과실책임설)가 전개된다. 집중호우로 국도변 산비탈이 무너져 내려 차량의 통행을 방해함으로써 일어난 교통사고에 대하여 국가의 도로에 대한 설치 또는 관리상의 하자책임을 인정하면서 대법원 1993.6.8. 선고 93다11678판결은 그 이유로 비가 많이 올 때 등에 대비하여 깎아내린 산비탈부분이 무너지지 않도록 배수로를 제대로 설치하고 격자블록 등의 견고한 보호시설을 갖추어야 됨에도 불구하고, 이를 게을리한 잘못이 있다고 지적하였다. 이와 관련해서 金南辰 고문님은 판례가 종래의 객관설에 변화를 주어 절충설의 입장에 선 것으로 평가를 하였지만,[74)] 鄭夏重 고문님은 판례의 변화가 아니라 교통안전의 법적 의무위반에 대한 위법·무과실책임이라는 종래의 입장을 다시 확인한 것에 지나지 않는다고 평가를 하였다.[75)] 판례는 제5조상의 책임을 무과실책임이라고 명시적으로 판시하였지만(대법원 1994.11.22. 선고 94다32924판결), 대법원 1992.9.14. 선고 92다3243판결이래로, 안전확보의무(방호조치의무)를 다하였는지 여부를 기준으로 삼아 영조물의 설치·관리상의 하자를 인정하고 있다. 판례가 행위책임적 기조에서 일종의 의무위반설에 의거하고 있음은 분명하지만, 문헌상의 평가는 분분하다. 더욱이 매향리사격장판결(대법원 2004.3.12. 선고 2002다14242판결)을 계기로 수인한도의 관점이 가미되어 더욱 혼란스럽게 되었다. 이제 열린 마음으로 국가배상법 제5조가 국가배상책임의 체계에서 과연 필요한지 곱씹어 볼 때가 되었다.[76)]

---

73) 촛불집회의 금지처분에 대한 집행정지결정을 기화로 집행정지제도 전반에 대해 새로운 인식이 필요하다. 상론은 김중권, 집회금지처분에 대한 잠정적 권리구제에 관한 소고, 법조 제제725호(2017.10.28.), 541면 이하 참조.

74) 동인, 영조물의 설치·관리하자의 판단기준, 법률신문 2394호.

75) 동인, 國家賠償法 第5條의 營造物의 設置, 管理에 있어서 瑕疵의 意味와 賠償責任의 性格,「행정판례연구」 제3집(1996), 219면.

76) 김중권, 행정법, 774면.

16. 군인과 공동불법행위를 한 민간인의 국가에 대한 구상 문제

민간인이 직무집행중인 군인 등과 공동불법행위로 직무집행중인 다른 군인 등에게 공상을 입힌 다음 피해자에게 자신의 귀책부분을 넘어 손해 전체를 배상한 경우에 공동불법행위자인 군인 등의 부담부분에 대해 국가를 상대로 구상할 수 있는지가 문제된다. 종래 대법원 1994.5.27. 선고 94다6741판결은 국가배상법 제2조 제1항 단서를 근거로 부정하였지만, 헌재 93헌바21은 공동불법행위자인 군인의 부담부분에 관하여 국가에 대하여 구상권을 행사하는 것을 허용하지 아니한다고 해석하는 한, 헌법에 위반된다고 판시하였다. 그런데 대법원 2001.2.25. 선고 96다42420전원합의체판결(다수의견)은 공동불법행위자 등이 부진정연대채무자로서 각자 피해자의 손해 전부를 배상할 의무를 부담하는 공동불법행위의 일반적인 경우와 달리 예외적으로 민간인은 피해 군인에 대하여 손해상의 자신의 부담부분에 한하여 손해배상의무를 부담하고, 만약 손해 전부를 배상하였더라도 국가에 대해 국가의 귀책부분(국민의 부담부분)의 구상을 청구할 수 없다는 식으로 판시하였다. 종래의 대법원 94다6741판결의 기조를 유지하면서도 민간인의 책임한도를 설정하는 식으로 수정한 셈이다. 여기서는 헌법재판소의 한정위헌결정의 기속력차원의 문제가 제기된다. 이와 관련해서 朴銳炘 고문님은 현행 국가배상법 제2조 제1항 단서의 존재로 인해 민간인인 공동불법행위자가 국가귀책부분에 대해 청구와 구상을 하는 것은 허용될 수 없음을 지적하고, 관련 논의의 출발점으로 국가배상법 제2조 제1항 단서의 의의를 강조하였다.[77]

V. 맺으면서 - 판례연구를 통한 法의 持續的인 更新

한국행정판례연구회 33년을 결산하면, 전체회원은 2017년 12월 기준으로 369명이며, 제1차 발표회(1984.12.11.)부터 제334차 발표회(2017.12.14.)까지 발표된 논문은 총 577편이고, 「행정판례연구」의 제1집부터 제22집 제1호까지 수록된 논문은 총 405편이다. 이런 외형적인 수치보다 더 중요한 것은 학계와 실무계가 매 발표회에서 상호존중적인 기초에서 매우 치열하게 토론을 전개하는 연구회의 분위기이다. 지금 눈앞에 있는 것만이 전부라 여기는 것이 자연스러우나, 무릇 판례와 법제도는 나름의 역사성을 지니기에, 그 역사성을 간과하면 치명적인 오해를 자아낸다. 월례발표회는 통해 오랜 시절 행정판례 및 법제도의 흐름을 목도한 원로 선생님들이 젊은 세대에게 과거의 경험과 판례의 변천을 전해주는 세

77) 동인, 國家賠償法 제 2 조 제 1 항 단서에 대한 憲法裁判所의 限定違憲決定 및 그 羈束力을 부인한 大法院 判例에 대한 評釋,「행정판례연구」제7집(2002), 144면.

대간의 소통의 공간이다. 배움이란 세대간의 지혜를 계속적으로 이어가는 것인 점에서, 이런 소통공간으로서의 기능이 지금의 한국행정판례연구회를 만들었다. 33년 전에 한국행정판례연구회와 같은 조직이 만들어지지 않았다면, 행정판례 및 공공법제의 지금과 같은 －보기에 따라서는 미흡하게 여길지 모르지만－ 괄목한 발전은 없었을 것이다. 무릇 오늘이 어제의 내일이듯이, 한국행정판례연구회의 판례연구는 공법과 행정판례의 지속적인 갱신을 가능케 하였다.[78] 한마디로 그것은 행정판례의 어제와 오늘 그리고 내일이라 할 수 있다.

시대적으로 매우 암울한 시절에 좀 더 나은 공동체를 형성하는 데 결정적인 기능을 하는 행정판례연구의 튼튼한 다리를 만들어주신 존경하는 선생님들께 머리 숙여 깊이 감사를 드립니다.

78) 치열한 판례연구를 통한 공법의 지속적인 갱신이 공법학의 과제이다. 法의 持續的인 更新에 관해서는 김중권, 행정소송과 행정법, 자스티스 제146권 제2호(2015.2.), 118면 이하.

청탁금지법상의 몇 가지 주요 쟁점*
- 증정도서 · 외부강의 · 상호접대를 중심으로 -

신봉기**

I. 서언

이른바 '김영란법', 즉 청탁금지법(부정청탁 및 금품등 수수의 금지에 관한 법률)이 제정되어 벌써 2년이 가까워지고 있다. 그동안 이 법률은 그 제정과정에서부터 시행 이후 지금까지 끊임없는 도전을 받아왔다. 이러한 내용은 청탁금지법 1개월을 전후하여 필자가 「법률신문」에 쓴 「청탁금지법 지키기」라는 제하의 글[1]에서 다음과 같이 이 과정을 함축적으로 설시한 바 있다. 『청탁금지법에 문제가 없을 수 없다. 금지사항이 너무 많고 예외사항도 불명확하다며 불만이다. 처음에는 언론과 사립학교를 왜 넣었냐고 반발하더니, 법률 통과 후에는 국회의원 자기들만 쏙 뺐다며 국회를 몰아세웠고, 시행령 제정을 앞두고는 가지각색의 사례를 들고는 "권익위 스스로도 우왕좌왕"한다며 답변의 모호성을 비난했고, 종국에는 국감에서까지 담임교사에게 '캔커피, 카네이션'도 못주게 한다며 권익위를 몰상식하고 비상식적이라고 폄하했다. 청탁금지법은 이처럼 수많은 반발과 비아냥 속에서 출발했다.』 청탁금지법은 이처럼 언론과 일부 집단의 강력한 반발 속에 시작되었다.

하지만 아쉬운 것은 이 법의 출범 이후 보여준 각계의 반응이었다. 이에 대한 입장을 위 글에서 다시 옮긴다. 『하지만 청탁금지법은 살아남아야 한다. 비난이든 지지든 남녀노소 불문하고 국민들 모두가 관심을 가지게 된 것 자체로 이미 절반은 성공했다. 이처럼 전 국민들로부터 주목받은 법률은 우리 입법 역사상 있었던 적이 없다. 국감 때 국회의원들이 2만 5,000원짜리 도시락 먹는 것을 과시하며 사진을 노출하는 것을 보면 격세지감이 느껴진다. 이 와중에 대법원이 권익위의 해석기준을 무시하고 자기 기준을 별도로 정해 시행하

---

* 본고는 경북대학교 법학연구원 간행의 「법학논고」 제61집(2018.4.30.) 61-80면에 게재된 원고를 최근의 법령개정을 반영하여 대폭 수정한 것임을 밝힌다.

** 경북대학교 법학전문대학원 교수

1) https://www.lawtimes.co.kr/Legal-Opinion/Legal-Opinion-View?serial=105199 (법률신문 2016. 10. 27.자).

겠다고 한 것은 반법치, 반권력분립적 행태로서 옳은 태도가 아니었다. 더욱 아쉬운 것은 일부 행정부처까지 가세하여 권익위 해석기준을 거부하고 대법원 기준을 따르겠다고 한 '행정의 자기부정'이었다. 언론도 끊임없이 '권익위의 완장'을 비난하고 있다. 한숨을 쉬며 걱정하던 기업인들도 이젠 받아들이고 있고, 공직자들의 복지부동을 걱정했지만 "제 돈으로 밥먹으면 무탈"이라는 인식이 지배하며 안정을 찾고 있다. 결국 '더치페이'법은 잘 안착할 것으로 생각된다.』

이 법의 시행을 지켜보며 갖게 된 것은 "자유를 맛본 자는 다시 속박 받는 것을 거부한다"는 사실이었다. 그것은 민주주의가 후퇴할 수 없는 이유이기도 하고, 부패를 막을 장치가 만들어진 이상 그것을 다시 없앨 수 없다는 말이기도 하다. 세계 각국에서도 이러한 거대한 흐름을 거부하지 못하고 있다.[2] 다만, 2017년 12월 특히 3－5－10 규정 등을 개정하는 등 농수축산업계와 화훼업계 등 피해집단의 목소리를 반영하는 과정을 거침으로써 2018년 12월 31일까지 재검토 및 개정시한을 정해두었으면서도 그 이전에 서둘러 시행령 별표의 개정[3]에 나선 것은 결과의 당부를 떠나 아쉬움이 있는 일이다.

합법적 및 합리적 해석에도 불구하고 청탁금지법의 문제점이 없을 수가 없다. 특히 강한 반발을 불러일으키는 것이 동법의 적용에 대한 예외규정의 적용 문제이다. 예외규정에 불확정적인 개념들이 많고 그 해석에 따라 형벌이나 과태료의 적용 여부가 달라지기 때문이다. 물론 이에 대한 위헌성 문제는 우리 헌법재판소가 합헌으로 정리한 바 있지만,[4]

2) 김창룡, 청렴한국 아름다운 미래, 한길사, 2006. 등 문헌 참조.

3) 청탁금지법 시행령(대통령령 제28590호, 2018. 1. 17. 개정 및 시행).

4) 청탁금지법의 위헌 여부 사건에 있어서는 많은 조항들이 그 위헌 심판대에 올려진 바 있다. 여기서는 그 판시사항만 소개한다[부정청탁 및 금품등 수수의 금지에 관한 법률 제2조 제1호 마목 등 위헌확인 등(2016. 7. 28. 2015헌마236·412·662·673(병합)].: (1) 자연인을 수범자로 하는 법률조항에 대한 민법상 비영리 사단법인의 심판청구가 기본권 침해의 자기관련성 요건을 갖추었는지 여부(소극), (2) 언론인 및 사립학교 관계자를 공직자등에 포함시켜 이들에 대한 부정청탁을 금지하고, 사회상규에 위배되지 아니하는 것으로 인정되는 행위는 청탁금지법을 적용하지 아니하는 청탁금지법 제5조 제1항 및 제2항 제7호 중 사립학교 관계자와 언론인에 관한 부분(다음부터 '부정청탁금지조항'이라 한다)이 죄형법정주의의 명확성원칙에 위배되는지 여부(소극), (3) 부정청탁금지조항 및 대가성 여부를 불문하고 직무와 관련하여 금품등을 수수하는 것을 금지할 뿐만 아니라, 직무관련성이나 대가성이 없더라도 동일인으로부터 일정 금액을 초과하는 금품등의 수수를 금지하는 청탁금지법 제8조 제1항과 제2항 중 사립학교 관계자와 언론인에 관한 부분(다음부터 '금품수수금지조항'이라 한다)이 과잉금지원칙을 위반하여 언론인과 사립학교 관계자의 일반적 행동자유권을 침해하는지 여부(소극), (4) 언론인 및 사립학교 관계자가 받을 수 있는 외부강의등의 대가와 음식물·경조사비·선물 등의 가액을 대통령령에 위임하도록 하는 청탁금지법 제8조 제3항 제2호, 제10조 제1항 중 사립학교 관계자와 언론인에 관한 부분(다음부터 '위임조항'이라 한다)이 죄형법정주의에 위반되는지 여부(소극), (5) 위임조항이 명확성원칙에 위배되어 언론인과 사립학교 관계자의 일반적 행동자유권을 침해하는지 여부(소극), (6) 위임조항이 포괄위임금지원칙에 위배되어 언론인과 사립학교 관계자의 일반적 행동자유권을 침해하는지 여부(소극), (7) 배우자가 언론인 및 사립학교 관계자의 직무와 관련하여 수수 금지 금품등을 받은 사실을 안 경우 언론인 및 사립학교 관계자에게 신고의무를 부과하는 청탁금지법 제9조 제1항 제2호 중 사립학교 관계자와 언론인에 관한 부분(다음부터 '신고조항'이라 한다)과 미신고시 형벌 또는 과태료의 제재를 하도록 하는 청탁금지법 제22조 제1항 제2호

구체적인 시행에 있어서는 매 사안마다 예외 적용상의 의문이 제기되고 있다. 본고에서는 이러한 쟁점 내지 의문 중 몇 가지를 대상으로 검토해 보고자 한다. 그 첫째는, 출판사가 제공하는 전공도서등을 동법 제8조 제3항 제2호의 '선물'로 볼 수 있는지 및 교재 채택 등의 청탁이 결부되어 있는 경우에 그것이 동법상 허용될 수 있는 것인지의 문제이다. 둘째는, 지방자치단체나 대학 등에서 자문이나 심사 등을 하는 경우 이를 동법 제10조상의 '외부강의등'에 해당하는 것으로 볼 수 있는지의 문제이다. 셋째는, 상호접대 행위 즉, 교차계산 행위는 원칙적으로 금지되지만, 예외적으로 1회로 볼 수 있는 경우에는 허용되는 것으로 보고 있는바, 이제까지는 음식물에 한정하여 허용했던 것을 골프나 선물 등으로까지 확대할 수 있는지의 문제이다. 이는 모두 현재 현장에서 가장 예민한 사안들인바, 이에 대하여 아래에서 순서대로 검토해 보고자 한다.

II. 쟁점 1: 출판사가 대학에 제공하는 도서의 허용 여부

1. 문제 제기 및 관련 법조문

(1) 문제의 제기

출판사가 제공하는 전공도서 등을 청탁금지법 제8조제3항제2호의 '선물'로 볼 수 있는지 여부가 문제된다. 예컨대, 출판사에서 '전공도서 등'을 어느 대학교 '전공학과 등'에 제공할 경우, 위 '선물'로 볼 수 있다면 이는 원활한 직무수행의 목적으로 제공되는 가액범위(5만원) 이하만 허용될 수 있다. 그러나 가액범위 5만원을 초과하여도 청탁금지법상 허용될 수 있는지가 문제될 수 있는 것이다. 즉, 선물로 볼 수 있는지, 또 전공학과에 제공하는 것과 담당 교과목 교수에게 제공하는 것이 다른지, 그리고 만약 그 선물에 교재 채택 등의 청탁이 결부되어 있는 경우 청탁금지법상 허용될 수 있는 것인지, 만약 제2호의 선물이 아니라 제8호의 사회상규상 허용되는 것으로 볼 수는 없는 것인지 등의 논란이 있을 수 있다.

(2) 관련 법조문

이 쟁점에 관하여는 청탁금지법 제8조제3항 제2호 내지 제8호가 관련될 수 있다. 관

본문, 제23조 제5항 제2호 본문 중 사립학교 관계자와 언론인에 관한 부분(다음부터 '제재조항'이라 한다)이 죄형법정주의의 명확성원칙에 위배되어 언론인과 사립학교 관계자의 일반적 행동자유권을 침해하는지 여부(소극), (8) 신고조항과 제재조항이 자기책임의 원리와 연좌제금지원칙에 위반되는지 여부(소극), (9) 신고조항과 제재조항이 과잉금지원칙을 위반하여 언론인과 사립학교 관계자의 일반적 행동자유권을 침해하는지 여부(소극), (10) 부정청탁금지조항과 금품수수금지조항 및 신고조항과 제재조항이 언론인과 사립학교 관계자의 평등권을 침해하는지 여부(소극).

련 조문은 다음과 같다.

○ 제8조(금품등의 수수 금지) ① 공직자등은 직무 관련 여부 및 기부·후원·증여 등 그 명목에 관계없이 동일인으로부터 1회에 100만원 또는 매 회계연도에 300만원을 초과하는 금품등을 받거나 요구 또는 약속해서는 아니 된다.

② 공직자등은 직무와 관련하여 대가성 여부를 불문하고 제1항에서 정한 금액 이하의 금품등을 받거나 요구 또는 약속해서는 아니 된다.

③ 제10조의 외부강의등에 관한 사례금 또는 다음 각 호의 어느 하나에 해당하는 금품등의 경우에는 제1항 또는 제2항에서 수수를 금지하는 금품등에 해당하지 아니한다.

2. 원활한 직무수행 또는 사교·의례 또는 부조의 목적으로 제공되는 음식물·경조사비·선물 등으로서 대통령령으로 정하는 가액 범위 안의 금품등

8. 그 밖에 다른 법령·기준 또는 사회상규에 따라 허용되는 금품등

청탁금지법 시행령 [별표1]

음식물·경조사비·선물 등의 가액 범위(제17조 관련)

구분	가액 범위
3. 선물: 금전 및 제1호에 따른 음식물을 제외한 일체의 물품 또는 유가증권, 그 밖에 이에 준하는 것(단서 생략)	5만원
비고[5] 가. 제1호, 제2호 본문·단서 및 제3호 본문·단서의 각각의 가액 범위는 각각에 해당하는 것을 모두 합산한 금액으로 한다. 나. 제2호 본문의 축의금·조의금과 같은 호 단서의 화환·조화를 함께 받은 경우 또는 제3호 본문의 선물과 같은 호 단서의 농수산물·농수산가공품을 함께 받은 경우에는 각각 그 가액을 합산한다. 이 경우 가액 범위는 10만원으로 하되, 제2호 본문 또는 단서나 제3호 본문 또는 단서의 가액 범위를 각각 초과해서는 안된다. 다. 제1호의 음식물, 제2호의 경조사비 및 제3호의 선물 중 2가지 이상을 함께 받은 경우에는 그 가액을 합산한다. 이 경우 가액 범위는 함께 받은 음식물, 경조사비 및 선물의 가액 범위 중 가장 높은 금액으로 하되, 제1호부터 제3호까지의 규정에 따른 가액 범위를 각각 초과해서는 안 된다.	

5) 개정 전의 [비고]의 내용은 다음과 같다.:

가. 제1호의 음식물, 제2호의 경조사비 및 제3호의 선물의 각각의 가액 범위는 각 호의 구분란에 해당하는 것을 모두 합산한 금액으로 한다.

나. 제1호의 음식물과 제3호의 선물을 함께 수수한 경우에는 그 가액을 합산한다. 이 경우 가액 범위는 5만원으로 하되, 제1호 또는 제3호의 가액 범위를 각각 초과해서는 안된다.

다. 제1호의 음식물과 제2호의 경조사비를 함께 수수한 경우 및 제2호의 경조사비와 제3호의 선물을 함께 수수한 경우에는 각각 그 가액을 합산한다. 이 경우 가액 범위는 10만원으로 하되, 제1호부터 제3호까

2. 검토

(1) 견해의 대립

이에 대하여는 다음과 같은 의견이 있을 수 있다. 먼저, 법 제8조제3항제2호를 적용해야 한다는 입장이 있다(2호적용설). 이 입장에서는 동조항 제2호의 '선물'에 해당하는 것으로 보아 허용 여부를 검토해야 한다는 것이다. 이에 따르면 시행령 별표1에 따른 '선물'의 개념은 '금전 및 음식물을 제외한 일체의 물품 또는 유가증권, 그 밖에 이에 준하는 것'으로 정의되는바 전공도서도 선물에 능히 포함되므로, 비록 전공에 따라 도서가격의 편차가 존재하더라도 5만원 이내의 범위만 허용될 수 있고, 또한 교재채택 등의 청탁이 결부되어 있는 경우에는 '원활한 직무수행의 목적'에서 벗어나므로 허용될 수 없다는 입장이다. 이에 대하여, 법 제8조제3항제8호를 적용해야 한다는 입장이 있다(8호적용설). 즉, 출판사의 전공도서 제공은 '사회상규'라는 것이다. 이에 따르면 출판사 등이 제공하는 전공도서는 정상적 영업행위로서 홍보 또는 판촉 성격이므로 사회상규상 허용되며, 전공에 따라 도서가격의 편차가 발생하는 현실에서 획일적인 상한액 기준은 불합리하고, 교재채택의 청탁이나 필요 이상의 교재 배포 등은 직무수행의 공정성을 의심받는 등의 경우에는 사회상규에 해당될 수 없으므로 규율할 수 있다는 입장이다.

(2) 전공도서 및 전공학과의 개념

먼저 이 사안을 검토함에 있어서는 '전공도서 등'과 '전공학과 등'의 개념을 한정할 필요가 있다. 여기서는 '전공도서 등'은 '전공도서'로 한정하고('등'의 범위를 설정하지 않아 이를 세분화하기는 어렵기 때문임), '전공학과 등'은 전공학과에 대한 제공과 강의 담당 교원(교수·강사)에 대한 제공으로 구분하여 검토할 필요가 있다. 후자의 경우, 특히 특정 교원이 아닌, '전공학과'에 전공서적을 제공하는 것은 소속 학과의 교원이나 학생에게 일반적으로 널리 제공된 것으로서 이는 청탁금지법 제8조제3항제2호 소정의 '원활한 직무수행'적 성격의 선물로서 이를 허용함이 옳을 것으로 보인다. 반면에, 특정 교과목을 담당하는 '교원'에게 직접 전공도서를 제공하는 것은 보다 상세한 검토를 요한다.

(3) '선물'에 해당하는지 여부

출판사에서 특정 교원에게 전공도서를 제공하는 것은 당해 교원의 교재 채택 여부와

지의 규정에 따른 가액 범위를 각각 초과해서는 안 된다.
라. 제1호의 음식물, 제2호의 경조사비 및 제3호의 선물을 함께 수수한 경우에는 그 가액을 합산한다. 이 경우 가액 범위는 10만원으로 하되, 제1호부터 제3호까지의 규정에 따른 가액 범위를 각각 초과해서는 안 된다.

관계없이 청탁금지법 제8조제3항제2호 및 동법시행령 별표1 소정의 '선물'에 해당하는 것으로 봄이 일응 타당하다고 판단된다. 그렇게 본다면 당연히 도서 가격의 편차와 무관하게 '5만원'이라는 상한 규정에 제한을 받고, 예컨대 출판사 관계자가 직접 방문하여 전공도서를 제공한 후 인사차 구내식당에서 5천원 상당의 식사를 함께 제공한 경우에는 음식물비와 합하여 상한액인 5만원의 제한을 받게 된다.

그런데, 이를 '선물'로 보더라도, 거쳐야 할 심사는 곧 '원활한 직무수행의 목적으로 제공되는 선물'인지 여부이다. 그런데 ① 출판사가 당해 전공도서를 교재로 채택해 줄 것을 의도하여 제공하였고 이를 당해 교원이 수령하여 전공교재로 채택한 경우라면 이는 '원활한 직무수행'의 목적에 해당한다고 쉽사리 판단하기 어렵다. 즉, 부정청탁의 성격을 갖는 것으로 볼 필요가 있다. ② 그러나 구체적인 경우에 있어 이에 관한 판단은 쉽지 않을 것으로 보인다. 전공교원의 경우 여러 출판사로부터 전공도서를 증정받고 그 중 하나의 서적을 교재로 채택하는 경우가 일반적이기 때문이다(반면에 교원이 특정 전공도서가 교재로 최적이라고 판단하여 출판사에 요청하여 이를 제공받는 경우도 있음이 현실이다). 하지만 그렇다고 하여 이를 '정상적 영업행위'인 홍보나 판촉이라고 보기에는 다소 무리가 있다고 판단된다.

이론적으로는 위 ①의 경우와 ②의 경우를 구분할 수 있겠지만, 실무에서는 이를 명확히 구분하기 어려운 한계가 있다. 따라서 명백히 ①의 경우에 해당하지 않는 한 ②의 경우에 해당하는 것으로 볼 필요가 있다. 즉, '원활한 직무수행의 목적으로 제공되는 선물'로 보아 5만원의 가액범위 이하에 한정하여 허용되는 것으로 봄이 타당하다고 판단된다.

(4) 청탁 결부시 허용 가능성 존부

교원에 대한 전공교재의 제공은 전공서적 발간을 전문으로 하는 출판사로서는 사활이 걸린 사안이고, 따라서 당해 교재의 채택 여부와 무관하게 청탁이 전적으로 결부되어 있지 않다고 보기는 어렵다. 그렇다면 모든 전공교재의 제공은 청탁금지법의 제한 대상이 되어 이를 허용할 수 없게 된다. 그러나 교재 선물이 항상 청탁이 결부되어 있는지 여부와 관련하여 이를 판단함에 있어, 반드시 청탁을 전제한 것은 아닐 경우도 적지 않다는 것을 간과해서는 안된다. 교재를 선물로 제공하더라도 이를 교재로 채택하여 사용하는 확률은 극히 낮은 것으로 보여진다(개인적 입장임[6]). 따라서 이에 대한 판단을 위해서는 실제상 "발송처와 채택 간의 교재 성사율(채택률)"에 대하여 샘플 또는 전수 조사를 하여 판단을 해야 할

6) 청탁 성격을 부인하지는 못하나, 그 실현가능성은 높지 않다고 본다. 실제로 책을 수령한 후에 그 책을 채택하는 확률은 높지 않은 것으로 알고 있다. 심지어 교원들의 경우 그 책을 받고도 여러 교재를 동시에 강의실에서 소개한 후 특정 교재를 교재로 선택하지 않고 개인의 저술이나 강의안으로 강의를 진행하는 경우도 많은 것이 현실이다.

필요가 있다고 본다. 결론적으로 청탁이 명백히 결부되어 있다고 판단되는 경우에는 이를 허용하지 않는 것으로 보아 이 법 소정의 처벌을 받을 수밖에 없고, 그 밖의 경우에는 이를 '원활한 직무수행'의 범주에 포함되는 것으로 판단함이 옳다고 본다.

그런데 문제는 이것이 우리의 출판 및 전공교재의 현실에 부합하는가 하는 것이다. 결론을 먼저 밝힌다면, 우리에게는 이를 엄격히 적용함에 한계가 있으므로 이 규정은 우리 '전공서적 출판 문화'의 토대를 견고히 한 후에 적용하는 등 다소 유연하게 이를 적용함이 바람직하다고 본다. 여기서 당분간 유연한 적용의 전제인 전공도서 출판여건 조성[7]은 현재의 전공도서 출판사의 경우 폐업할 위기에 처해 있다는 심각한 상황이라는 하소연을 많이 듣고 있기에 엄격한 적용의 유예가 필요하다는 의미이다.

Ⅲ. 쟁점 2: 자문 · 심사 · 평가의 '외부강의등'에의 해당 여부

1. 문제 제기 및 관련 법조문

(1) 문제의 제기

지방자치단체나 대학에서 행하는 자문 · 심사 등은 ① 1:1 서면형태 또는 ② 회의형태로 진행될 수 있는데, 위 각 형태가 청탁금지법 제10조의 '외부강의등'에 해당하는지 여부가 문제된다. 예컨대, A市는 도시계획 수립을 위해 서면으로 자문을 받고 있고, B道는 자문위원을 구성하여 정기회의 형태로 자문을 받고 있으며, C대학에서 논문심사는 서면심사와 함께 회의 형태도 병행하여 진행하고 있다고 할 때, 이를 '외부강의등'에 해당하여 신고하고 경우에 따라 이를 제한할 수 있는지 등이 논란이 될 수 있다.

(2) 관련 법조문

이 쟁점에 관하여는 청탁금지법 제10조 제1항의 '외부강의등'의 개념을 어떻게 이해

---

7) 전공서적 출판 여건과 관련하여, 독일의 경우를 보면, ① 교원이든 학생이든 전공도서와 강의 · 시험 준비도서를 개인적으로 구입하기도 하지만, 대체로 교원에게는 대학도서관에 구입 요청을 하면 이를 구입하여 제공하고 있다. 교재의 내용 중 많은 부분을 복사하는 것이 불법이라는 인식이 교원과 학생들에게 지배적이기 때문에, 도서를 직접 구입하지 못하는 경우에는 심지어 구판을 구입하는 경우도 있는 것이 현실이다. 대학가 서점에서도 구판을 값 싸게 판매하기도 한다. ② 또한 전공 관련 서점이 학교 인근에 많다는 것도 특징이다. ③ 전공도서의 경우 가격의 이원화 정책이 뚜렷하다는 점을 유의할 필요가 있다. 즉, 강의 교재인 경우에는 가격이 저렴한 반면, 특수 분야나 전문도서는 고가로 책정되어 있거나 심지어 출판사에 따라 고가 전공서적을 비닐로 쌓아서 진열함으로써 그 내용을 보기 위해 이를 파손하는 경우에는 이를 구입하도록 부담을 지우는 등의 방법을 취하고 있다(우리나라의 경우도 이렇게 하는 경우도 있지만, 일반 수험도서조차도 이렇게 하고 있어 너무 과도한 수험서 시장의 영업성을 발견하기도 함).

할 것인가가 논란이 된다.

○ 제10조(외부강의등의 사례금 수수 제한) ① 공직자등은 자신의 직무와 관련되거나 그 지위·직책 등에서 유래되는 사실상의 영향력을 통하여 요청받은 교육·홍보·토론회·세미나·공청회 또는 그 밖의 회의 등에서 한 강의·강연·기고 등(이하 "외부강의등"이라 한다)의 대가로서 대통령령으로 정하는 금액[8]을 초과하는 사례금을 받아서는 아니 된다.

② 공직자등은 외부강의등을 할 때에는 대통령령으로 정하는 바에 따라 외부강의등의 요청 명세 등을 소속기관장에게 미리 서면으로 신고하여야 한다. 다만, 외부강의등을 요청한 자가 국가나 지방자치단체인 경우에는 그러하지 아니하다.

③ 공직자등은 제2항 본문에 따라 외부강의등을 미리 신고하는 것이 곤란한 경우에는 그 외부강의등을 마친 날부터 2일 이내에 서면으로 신고하여야 한다.

④ 소속기관장은 제2항에 따라 공직자등이 신고한 외부강의등이 공정한 직무수행을 저해할 수 있다고 판단하는 경우에는 그 외부강의등을 제한할 수 있다.

⑤ 공직자등은 제1항에 따른 금액을 초과하는 사례금을 받은 경우에는 대통령령으로 정하는 바에 따라 소속기관장에게 신고하고, 제공자에게 그 초과금액을 지체 없이 반환하여야 한다.

2. 검토

(1) 견해의 대립

이에 대하여는 긍정설과 부정설로 구분될 수 있다. 먼저, 긍정설은 서면형태의 자문·

8) 외부강의등 사례금 상한액(제25조 관련)에 관한 [별표 2]는 아래와 같다(2018. 1. 17. 개정).:

1. 공직자등별 사례금 상한액
   가. 법 제2조제2호가목 및 나목에 따른 공직자등(같은 호 다목에 따른 각급 학교의 장과 교직원 및 같은 호 라목에 따른 공직자등에도 해당하는 사람은 제외한다): 40만원
   나. 법 제2조제2호다목 및 라목에 따른 공직자등: 100만원
   다. 가목 및 나목에도 불구하고 국제기구, 외국정부, 외국대학, 외국연구기관, 외국학술단체, 그 밖에 이에 준하는 외국기관에서 지급하는 외부강의등의 사례금 상한액은 사례금을 지급하는 자의 지급기준에 따른다.
2. 적용기준
   가. 제1호가목 및 나목의 상한액은 강의 등의 경우 1시간당, 기고의 경우 1건당 상한액으로 한다.
   나. 제1호가목에 따른 공직자등은 1시간을 초과하여 강의 등을 하는 경우에도 사례금 총액은 강의시간에 관계없이 1시간 상한액의 100분의 150에 해당하는 금액을 초과하지 못한다.
   다. 제1호가목 및 나목의 상한액에는 강의료, 원고료, 출연료 등 명목에 관계없이 외부강의등 사례금 제공자가 외부강의등과 관련하여 공직자등에게 제공하는 일체의 사례금을 포함한다.
   라. 다목에도 불구하고 공직자등이 소속기관에서 교통비, 숙박비, 식비 등 여비를 지급받지 못한 경우에는 「공무원 여비 규정」 등 공공기관별로 적용되는 여비 규정의 기준 내에서 실비수준으로 제공되는 교통비, 숙박비 및 식비는 제1호의 사례금에 포함되지 않는다.

심사 · 평가 등은 외부강의등이 아니지만, 회의형태인 경우에는 외부강의등에 해당된다는 입장이다. 우선 회의형태로 이루어지는 자문·심사·평가라 하더라도 이는 명칭상 '자문 · 심사 · 평가'일 뿐, 실질은 다수인을 대상으로 의견을 교환하는 행위이므로 대표적 외부강의등인 강의·강연 등과 달리 볼 이유가 없다는 것이다. 특히 청탁금지법 제10조의 '자신의 직무와 관련되거나 그 지위·직책 등에서 유래되는 사실상의 영향력을 통하여 요청받은 교육 · 홍보 · 토론회 · 세미나 · 공청회 또는 "그 밖의 회의 등에서 한" 강의 · 강연 · 기고 등'을 명시하고 있기 때문에 문언해석 상으로도 회의등 형태에 따라 이에 해당한다고 해석함이 타당하다는 입장이다. 그러나 부정설은 서면 또는 회의형태와 무관히 '자문 · 심사 · 평가' 등은 외부강의등에 포함되지 아니한다는 입장이다. 청탁금지법 제10조에서는 외부강의등의 형태로 '강의 · 강연 · 기고 등'이라 표현하고 있는데, 이는 대중을 상대로 의견을 제시하는 것을 의미한다고 보기 때문이라는 것이다. 즉, 자문 · 심사 · 평가 등은 대중을 상대로 의견을 제시하는 것은 아니고, 특정 사안에 대해 전문적 의견을 제공하는 용역 성격에 가까우므로, 서면 혹은 회의형태 여부와 무관히 외부강의등에 해당하지 아니한다는 입장이다.

(2) "그 밖의 회의 등"의 의미

청탁금지법 제10조 제1항에서는 '외부강의등'을 "강의 · 강연 · 기고 등"을 의미하는 것으로 정하면서, 그러한 '외부강의등'의 전제로 ① 자신의 직무와 관련된 사실상의 영향력이나 자신의 지위 · 직책 등에서 유래되는 사실상의 영향력이 있을 것, ② 앞의 사실상의 영향력을 통하여 요청받았을 것, ③ 요청받은 외부강의등이 교육 · 홍보 · 토론회 · 세미나 · 공청회 "또는 그 밖의 회의 등"에서 하였을 것, ④ 그 대가로서 소정의 사례금을 받았을 것 등을 정하고 있다. 여기서 논의의 쟁점은 ③의 항목에 해당된다고 볼 수 있다.

(3) 자문 · 심사 · 평가의 유형

위 문제제기에서 제시된 자문 등의 유형을 보면, ① 지방자치단체의 도시계획 등 수립과정에서 교수 등 전문가의 '서면 자문', 정기적으로 개최되는 자문위원회에서 각종 안건에 대한 토론의 형식을 빈 '구두 자문', ② 대학의 학위논문 심사에서 피심사자가 제출한 진행중인 피심논문에 대한 '서면 심사'와 심사위원회에서 피심논문에 대한 토론의 형식을 빈 '구두 심사' 등이 쟁점이 된다.

(4) '외부강의등'의 장소 · 대상 · 명칭

먼저, '외부강의등' 행위가 이루어진 장소는 "교육 · 홍보 · 토론회 · 세미나 · 공청회 또는 그 밖의 회의 등"이어야 할 것인바, 이 장소는 그 대상이 다수인이어야 할 뿐 아니라 그 다수는 교육이나 토론회 등에서 참석자의 참석이 강제되지 않는 대중적 성격을 가진 것이어야 한다.

또한, "또는 그 밖의 회의 등"이라 함은 앞의 교육이나 토론회 등과 같이 대중적 성격의 회의로서 "교육 · 홍보 · 토론회 · 세미나 · 공청회" 외의 다양한 명칭을 가진 회의를 의미하는 것으로 보아야 하는 것이지, 단순히 그 '회의'라는 명칭에 집착하여 이를 '모든 유형의 회의'에까지 확대하는 것은 본법의 입법취지에 부합하지 않는다고 판단된다.

그리고, 만약 '모든 유형의 회의'를 의미하는 취지로 입법을 하였다면 위 조항은 "교육 · 홍보 · 토론회 등 각종 회의에서 한"의 방식을 취하는 것이 타당한 입법방식이었을 것으로 보인다. 그러나 본 조항의 표현이 그렇지 않음은 물론이다.

여기서 특히 유의할 것은 '외부강의등'의 개념은 과태료 등 처벌에 연계된 행위의 구성요건적 성질을 가지는 것인바, 행위와 처벌의 관계를 고려할 때 위 개념의 확대는 대단히 신중해야 한다는 것이다. 자칫 해석의 확대로 인해 과태료 남발의 원인이 된다면 이는 "행정질서벌 차원에서의 '죄형법정주의' 위배"의 문제가 제기될 가능성도 있음을 간과해서는 안된다.

따라서, 본 조항에서의 "또는 그 밖의 회의 등"은 "교육 · 홍보 · 토론회 · 세미나 · 공청회"와 유사한 것으로서, 위 명칭을 사용하지는 않았지만 실질에 있어서는 다중을 대상으로 한 강의등을 의미하는 것으로 보는 것이 타당하다고 판단된다.

(5) "강의 · 강연 · 기고 등"과 "자문 · 심사 · 평가"의 구별 필요성

결론적으로 볼 때, 이와 같이 '외부강의등' 개념을 위 (4)의 장소적 개념과 연계한다면, "강의 · 강연 · 기고 등"도 다중을 대상으로 한 것으로 이해해야 할 뿐 아니라, 그것은 각종 위원회나 대면 또는 서면 방식을 통해 진행되는 심사와는 본질적으로 그 성격을 달리한다고 보아야 할 필요가 있다. 이러한 점에서, 지방자치단체의 정책 입안 과정상의 전문가 자문이나 자문위원회에서의 토론을 통한 자문, 대학에서의 서면 또는 대면 형태의 논문 심사나 평가 및 논문심사위원회에서의 토론을 통한 심사와 합격 여부의 판정 등 행위는 모두 위 '외부강의등'에 포함되지 아니한다고 봄이 타당할 것이다.

다만, 이 논의를 함에 있어서 참고할 것은, 대학[9]의 경우 현실적으로 간헐적이지만 대학 외부에서 학위논문의 심사가 진행되기도 하는바, 이는 부정청탁이 이루어질 우려가 있어 이를 방지할 대책의 마련이 필요하다는 점, 대학에서의 학위논문 심사는 교수의 본연의 임무 외의 것임에도 대학에서는 논문심사비의 책정이 현저히 낮은 수준이어서 피심사

9) 특히 사립대학의 경우에 이런 경우가 있음을 듣기도 한다. 국립대학에서는 그런 사례를 들은 바는 없음을 밝힌다.

자의 심사비 납부의 현실화가 필요하다는 점, 특히 지방의 경우 서울 등 수도권이나 타 지방의 심사위원을 위촉해야 하는 것이 절실함에도 여비나 심사비의 현실화가 이루어지지 않는 경우에는 지방에서의 학위논문의 질적 수준이 충분히 담보되기 어려운 상황이 발생할 수도 있다는 점 등을 감안하여, 그 실질적인 대책의 마련이 절실하다는 점을 강조하지 않을 수 없다. 이에 대하여는 교육부 및 권익위 차원의 대책을 마련할 필요가 있다는 점을 첨언한다.

IV. 쟁점 3: 상호접대(교차계산)의 허용 여부 및 그 허용시 공제 범위

1. 문제 제기 및 관련 법조문

(1) 문제의 제기

음식물의 경우에는 상호 공제가 가능하다고 할 수 있으나,[10] 음식물 이외에 골프, 선물 등으로 상호 공제를 확대할 수 있는지 여부가 문제된다. 예컨대, 음식물 이외의 사례로서, ① 공직자 甲은 직무관련자 A와 골프라운딩을 하면서 본인 소유의 무기명회원권으로 A에게 15만원의 할인 혜택을 제공하고 A는 甲에게 캐디피 3만원, 카트비 2만원, 식사비 2만원 총 7만원 상당의 금품등을 제공한 경우, ② 甲과 A가 와인 가게에서 만나 甲은 5만원 상당의 와인을 A에게 제공하고 A는 10만원 상당의 와인을 甲에게 제공한 경우 등이 이러한 경우에 해당한다.

그동안 권익위에서는 공직자등이 수수한 금품등의 가액 산정과 관련하여, 돌아가면서 접대를 하거나 접대받은 액수만큼 다시 접대(이하 '상호접대' 또는 '교차 계산')를 하는 경우 공제는 원칙적으로 금지되나, 예외적으로 상호 접대행위가 '1회'로 볼 수 있는 경우에는 이를 허용하는 것으로 해석을 해온 바 있다. 여기서 '1회'란 상호 접대행위가 시간적·장소적 근접성이 인정되고, 시간적 계속성도 인정되는 경우를 의미한다(실질적으로 같은 장소에서 각자내기를 한 것과 동일한 것으로 평가한다는 것이다).

---

10) 음식물과 관련하여 공제를 허용한 사례(甲=공직자, A=직무관련자): A가 1차 식사비용 총 10만원을 계산하자, 甲이 같은 동네에 있는 주점에서 2차 술값 총 10만원을 계산한 경우, 甲과 A의 상호 접대행위는 시간적·장소적으로 근접해 있으며, 실질적으로 각자내기를 한 것과 같이 평가될 수 있으므로 청탁금지법상 제재대상에 해당하지 않을 수 있음. 다만 만일 甲이 1차로 3만원 상당, A가 2차로 15만원 상당을 제공하였다면 甲은 A로부터 12만원 상당의 금품등을 제공받은 것으로 볼 수 있으므로 청탁금지법상 제재대상에 해당함.

(2) 관련 법조문

○ 제8조(금품등의 수수 금지) ① 공직자등은 직무 관련 여부 및 기부·후원·증여 등 그 명목에 관계없이 동일인으로부터 1회에 100만원 또는 매 회계연도에 300만원을 초과하는 금품등을 받거나 요구 또는 약속해서는 아니 된다.

② 공직자등은 직무와 관련하여 대가성 여부를 불문하고 제1항에서 정한 금액 이하의 금품등을 받거나 요구 또는 약속해서는 아니 된다.

③ 제10조의 외부강의등에 관한 사례금 또는 다음 각 호의 어느 하나에 해당하는 금품등의 경우에는 제1항 또는 제2항에서 수수를 금지하는 금품등에 해당하지 아니한다.

2. 원활한 직무수행 또는 사교·의례 또는 부조의 목적으로 제공되는 음식물·경조사비·선물 등으로서 대통령령으로 정하는 가액 범위 안의 금품등

<table>
<tr><th colspan="2">구분</th><th>가액 범위</th></tr>
<tr><td colspan="2">1. <u>음식물</u>(제공자와 공직자등이 함께 하는 식사, 다과, 주류, 음료, 그 밖에 이에 준하는 것을 말한다)</td><td>3만원</td></tr>
<tr><td rowspan="2">2. 경조사비</td><td>축의금 · 조의금</td><td>5만원</td></tr>
<tr><td>다만, 축의금 · 조의금을 대신하는 화환 · 조화</td><td>10만원</td></tr>
<tr><td rowspan="2">3. 선물</td><td>금전, 유가증권, 제1호의 음식물 및 제2호의 경조사비를 제외한 일체의 물품, 그 밖에 이에 준하는 것</td><td>5만원</td></tr>
<tr><td>다만, 「농수산물 품질관리법」 제2조제1항제1호에 따른 농수산물(이하 "농수산물"이라 한다) 및 같은 항 제13호에 따른 농수산가공품(농수산물을 원료 또는 재료의 50퍼센트를 넘게 사용하여 가공한 제품만 해당하며, 이하 "농수산가공품"이라 한다)</td><td>10만원</td></tr>
</table>

8. 그 밖에 다른 법령·기준 또는 사회상규에 따라 허용되는 금품등

○ 동법상의 '금품등'은 다음의 것을 말한다(동법 제2조 제3호).:

<table>
<tr><td rowspan="3">금품등</td><td>가. 금전, 유가증권, 부동산, 물품, 숙박권, 회원권, 입장권, 할인권, 초대권, 관람권, 부동산 등의 사용권 등 일체의 재산적 이익</td></tr>
<tr><td>나. <u>음식물</u> · 주류 · 골프 등의 접대 · 향응 또는 교통 · 숙박 등의 편의 제공</td></tr>
<tr><td>다. 채무 면제, 취업 제공, 이권(利權) 부여 등 그 밖의 유형 · 무형의 경제적 이익</td></tr>
</table>

2. 검토

(1) 견해의 대립

이에 대하여는 그 허용 여부에 따라 긍정설과 부정설로 구분될 수 있다. 먼저, 긍정설은 음식물뿐 아니라 금품등의 종류를 한정하지 않고 상호접대(교차계산) 행위를 1회(시간적·장소적 근접성, 시간적 계속성)로 볼 수 있는 경우에는 공제를 허용하는 입장이다. 이 입장은 가액 산정과 관련한 1회의 평가를 상호 접대의 경우에도 인정함으로써 각자내기라는 입법취지에 부합하다는 점, 시간적·장소적 근접성, 시간적 계속성 등의 요건에 따라 1회를 평가한다면 공제의 대상이 되는 상호 접대의 범위도 합리적으로 제한이 가능하다는 점, 각자내기의 입법취지를 살린다면 공제의 범위를 음식물뿐만 아니라 골프비용, 선물의 경우에도 확장하여 구체적 타당성을 도모할 수 있다는 점을 논거로 제시하고 있으나, 이 견해는 1회의 평가를 무분별하게 확장할 수 있고, 금품등의 수수를 원칙적으로 금지하는 청탁금지법의 기본구조를 훼손할 우려가 있다는 비판이 있다.

이에 대하여, 부정설은 상호접대(교차계산)의 경우 가액 산정과 관련한 1회의 평가는 음식물에 한정하고 음식물 이외의 금품등의 경우에는 공제를 허용해서는 안 된다는 입장이다. 이 입장은 청탁금지법의 기본구조는 금품등의 수수는 원칙적으로 금지하고 8가지 예외사유가 있는 경우에만 이를 허용하고 있다는 점, 1회의 평가는 우리나라 음식문화의 특수성 및 가액산정의 편의를 고려한 것으로써, 원칙적으로 공직자가 시간적·장소적 근접성 등이 인정되는 범위에서 음식물을 여러 번 제공받은 경우를 우선 상정한 것이므로 상호 접대의 경우에도 음식물로 한정해야 한다는 점, 상호 접대시 1회로 포섭하기보다는 각각의 행위로 보고 개별적·구체적 사안에 따라 법 제8조제3항제8호의 사회상규상 허용되는 행위로 보는 것이 타당하다는 점, 1회 평가와 공제 범위를 확장하면, 반대급부가 있는 경우는 정당한 권원에 의한 예외사유가 아니라 언제나 금품등의 수수가 없는 것으로 보아야 하는 문제가 발생한다는 점, 선물의 경우에 적용하면, 5만원 상당의 선물을 제공하고 10만원 상당의 선물을 수수하여도 되므로 일반국민의 법감정에 반할 우려가 있다는 점 등을 논거로 제시하고 있다. 다만, 부정설은 가액산정과 관련한 1회의 의미와 각자내기의 입법취지를 축소함으로써 구체적 타당성이 결여된다거나, 상호 접대의 경우에 있어 공제 문제와 법 제8조제3항제3호는 논의의 평면을 달리하고, 사회상규는 가액 확정 후 검토되는 예외사유임을 간과하고 있다는 등의 지적도 타당성이 전혀 없는 것은 아니다.

(2) '음식물'과 '음식물 이외의 금품등'의 구분

여기에서 상호접대(교차계산)의 경우 공제범위가 쟁점이나, '음식물'과 '음식물 이외의 금품등'을 구분하는 것이 타당한지 여부에 대하여는 아직 명확한 기준은 설정되어 있지 않은 것으로 보인다. 특히 권익위는 제8조 제1항의 '1회'를 상호 접대행위가 시간적·장소적 근접성 및 시간적 계속성이 충족되는 경우에 예외적으로 이를 인정하면서(실질적인 각자내기), 그 범위를 지금까지 '음식물'에 한정하여 공제를 허용하는 유권해석을 해왔다. 이에 대하여, 음식물 외에, 골프, 선물 등에까지 상호접대(교차계산) 공제를 확대 허용할 것인지를 판단함에는 보다 정밀한 검토를 요한다.

(3) 골프비용의 경우

골프비용은 통상적으로 그린피·캐디피·카트비를 포함하고, 이러한 골프비용은 동법상의 "음식물·주류·골프 등의 접대·향응"으로서의 '금품등'에 속하면서(동법 제2조 제3호 나목), 보다 구체적으로는 그 중 "음식물·주류"는 '음식물'에, '골프'는 '선물'에 해당한다(동법시행령 [별표1] 제1호 및 제3호).

공직자와 직무관련자의 경우, 무기명회원권을 가진 직무관련자는 할인 금액인 그린피로, 동행한 공직자는 비할인 금액으로 비용을 지급하도록 하는 것이 종래의 권익위 유권해석인바, 一面, 양자간의 골프행위를 허용하는 입장에서 본다면, 공직자와 직무관련자간의 이같은 할인·비할인의 구분은 4인 1조로 이루어지는 실제에서는 다소 불합리하므로 상호접대를 허용하는 것이 적절한 것으로 보인다. 그러나 他面, 양자간의 골프행위 자체가 부적절하므로 이를 허용하지 않는 것이 타당하다는 입장에서 본다면, 할인·비할인의 구분의 불합리에도 불구하고 양자간의 상호접대는 불허하는 것이 타당한 것으로 보인다.

청탁금지법의 도입 취지[11]는 공직자의 부패·비리사건 연루의 기회를 봉쇄하고 공정한 직무수행을 목적으로 하고 있으므로, 동법의 입법취지에 비추어 본다면 공직자와 직무관련자의 골프행위 자체를 불허하는 것 뿐 아니라 그 골프비용의 상호접대까지 이를 불허하는 후자의 입장이 타당하다고 할 것이다.

백번 양보하여 이를 허용하더라도, '원활한 직무수행 목적'(동법 제8조 제3항 제2호)의 골프비용이라면 그것은 '음식물·주류'(3만원)가 아닌, '선물'(5만원)에 해당하는 것으로 보아 최대 5만원까지 허용될 수 있는 것으로서 이를 초과하는 상호접대(교차계산)은 허용되지 않는다고 보아야 한다.

---

11) 【제정이유】 최근 지속적으로 발생하고 있는 공직자의 부패·비리사건으로 인하여 공직에 대한 신뢰 및 공직자의 청렴성이 위기 상황에 직면해 있으며, 이는 공정사회 및 선진 일류국가로의 진입을 막는 최대 장애요인으로 작용하고 있으나, 이를 효과적으로 규제하기 위한 제도적 장치가 미비한 상태인바, 이에 공직자등의 공정한 직무수행을 저해하는 부정청탁 관행을 근절하고, 공직자등의 금품등의 수수행위를 직무관련성 또는 대가성이 없는 경우에도 제재가 가능하도록 하여 공직자등의 공정한 직무수행을 보장하고 공공기관에 대한 국민의 신뢰를 확보하려는 것임.

(4) 선물의 경우

선물은 금전 및 제1호에 따른 음식물(제공자와 공직자등이 함께 하는 식사, 다과, 주류, 음료, 그 밖에 이에 준하는 것)을 제외한 일체의 물품 또는 유가증권, 그 밖에 이에 준하는 것을 말한다(동법시행령 [별표1] 제3호). 청탁금지법은 공직자의 부패·비리사건 연루의 기회를 봉쇄하고 공정한 직무수행을 목적으로 하고 있으므로, 동법의 입법취지에 비추어 본다면 "원활한 직무수행 또는 사교·의례 또는 부조의 목적으로 제공되는 (5만원 가액 범위 안의) 금품등"이 아닌 한 선물을 허용하지 않는 것으로 보아야 한다. 특히 동법의 입법취지가 직무관련성이 있으면 대가성이 없더라도 금품등을 근본적으로 불허하기 위한 것인 점에서, 동법 제8조 제3항 제2호의 예외는 제한적으로 엄격히 적용되는 것으로 해석되어야 할 필요가 있다. 따라서, 상호접대(교차계산)의 방식으로 공직자와 직무관련자 간에 선물이 제공되는 것은 근원적으로 차단함이 타당하다고 본다.

(5) '음식물'과 '음식물 이외의 금품등'의 경계

위와 같이 본다면, 음식물은 허용되는 반면, ① (골프행위를 불허하고) 골프비용 할인금액의 교차계산을 부정하는 것 및 ② 선물의 교차계산을 부정하는 것의 경계를 어디에 둘 것인가가 문제된다.

통상적으로 공직자와 직무관련자 간에는 공적인 접촉에 한정해야 함이 바람직하지만, 상황에 따라 원활한 직무수행 등의 목적으로 식당과 같은 사적인 장소에서 접촉하는 것을 배제하지 않고 있고, 또한 동법도 이를 허용하고 있다. 적어도 우리 국민의 일반적 관념은 공직자와 직무관련자의 만남 자체에 대하여 극히 부정적임을 간과해서는 안된다.

그런데 양자간에 만남을 허용하더라도 그 만남은 최대한 원활한 직무수행 등 목적으로 그 허용된 가액 범위 내에서 용인되는 것이지, 이를 과거 부끄러운 전통인 골프접대나 사과박스를 이용한 선물을 통한 교류까지 허용하는 것은 아니라고 보아야 한다. 즉, 골프접대는 이를 허용할 경우 골프비용의 대납이나 할인혜택 수준 이상의 부패로 이어질 여지가 있고 또 선물도 그 선물 제공에 있어 다양한 편법이 발생함으로써 비정상적인 방식의 부패로 발전할 가능성이 있다는 점에서, 이는 식사를 통한 교류와는 차원을 달리 하는 것으로 인식되고 있는 것이 사실이다.

따라서, 음식물과 달리, 골프비용이나 선물에 있어서 '1회'의 의미를 상호접대(교차계산)까지 허용한다면, 부패의 근원적 방지를 목적으로 한 본 법의 존재의의가 몰각될 가능성이 대단히 클 것이라는 점에서 이를 허용해서는 안 된다고 본다.

(6) '1회' 개념과 입법목적(각자내기)의 관계

청탁금지법의 입법목적은 특별한 예외(동법 제8조 제3항)가 아닌 한 '각자내기'로 특징지을 수 있을 것인바, '1회'의 개념을 일정한 요건(시간적·장소적 근접성, 시간적 계속성)의 충족 여부를 기준으로 금품등의 종류와 무관하게 상호접대(교차계산) 행위의 공제를 허용하게 된다면, 공제의 적용 범위는 음식물에 한정하지 않고 골프비용이나 선물 등에게까지 확대되는 결과가 된다.

그러나, 위에 살펴본 바와 같이 음식물과 골프비용·선물 등의 경우에는 청탁금지법의 제정 취지에 비추어 엄밀히 구분되어야 할 필요성이 있음에도 불구하고 이를 구분하지 않고 무한정 확대하는 결과를 초래함으로써 본 법률의 기본구조를 중대하게 훼손할 우려가 있다.

'1회' 개념의 확대는 예외적인 것이어야 하는 것이지 이 개념을 그 요건에 해당하면 무한정 허용함으로써 금품등의 종류를 불문하고 허용하게 되는 것은 이 법률의 제정목적 내지 입법취지와 어긋나는 것이라고 보아야 한다. 자칫 이를 무제한적으로 예외를 허용하게 되면 그 상호접대(교차계산)을 통한 탈법 내지 편법을 통해 '수수금지 금품등'이 부존재하는 결과 즉, 그것을 정한 것이 무의미해지는 결과를 초래할 수도 있는 위험한 해석이 될 우려가 크다. 예컨대, 직무관련자가 공직자에게 100만원의 선물을 하고 공직자가 직무관련자에게 95만원의 선물을 서로 하는 경우에 이를 국민들이 용납할 수 있을지 의문일 뿐 아니라, 나아가 이 경우에 직무관련자가 은밀하게 현금으로 공직자에게 전달한다면 그것은 합법을 빙자한 탈법의 창구로서의 역할을 용인하게 되어 청탁금지법의 존재 의미를 몰각시키는 결과를 가져오게 된다. 더욱 큰 금액의 상호접대가 있는 경우에는 오히려 탈법을 조장하는 상황이 될 수도 있다.

'1회' 개념의 확대와 축소 간의 법익 형량의 관점에서 본다면, '1회' 개념의 확대로써 얻는 긍·부정적 측면과 그 축소로써 얻는 긍·부적적 측면은 상호간에 비교를 할 가치조차 없을 정도가 아닌가 생각된다. 따라서 '1회' 개념은 엄격히 축소하는 방향으로 해석, 적용함이 타당하다고 본다.

V. 결어

청탁금지법은 대단히 어려운 입법과정을 거쳐 제정, 시행되기에 이르렀다. 뿐만 아니라 동법의 시행에 대한 이해관계인들의 반발을 고려하여 시행령 제45조에서는 「규제의 재검토」를 예정하여 2018년 12월 31일까지 제한의 타당성 검토를 통하여 개선 등의 조치를 할 것을 규정한 바 있다. 그러나 이해관계집단의 극렬한 반대 속에서 이낙연 국무총리를 비롯하여 농림부장관과 해양수산부장관 등의 강력한 완화 요구와 2018년 설 이전에 개정하여 선물을 풀어주어야 한다는 정부 및 국회 다수 정당의 요구에 따라 결국 지난 12월 11일 권익위원회 전원회의에서는 농축수산물 및 그 가공품에 대한 금액 한도의 완화 등이 의결되기에 이르렀다. 이로 인해 권익위와 정부에 대한 비판이 적지 않게 제기되기도 했지만, 향후에는 더 이상의 완화 조치가 없을 것이라는 부대의견이 있어 대체로 이 정도에서 극심한 반발은 수그러드는 추세에 있는 것으로 보여진다. 그러나 그럼에도 불구하고 3－5－10 규정의 실질적으로 3－5－10－10 규정으로 바뀌게 된 것[12]이 공직자등에게 선물의 한도가 해제된 것이 아님을 주의해야 한다. 여전히 동법 제8조제1항 및 제2항의 직무관련성－대가성 규정은 적용되기 때문이다. 위 한도 완화는 단순히 동조 제3항의 예외사항으로서의 한도를 상향한 것에 그치기 때문이다. 이런 점에서 여전히 앞에서 본 몇 가지 쟁점은 중요한 의미를 가진다고 할 것이다. 이를 요약하면 다음과 같다. 첫째, 출판사가 대학에 제공하는 도서의 경우에는 청탁금지법 제8조제3항제2호의 '선물'로 보되, 원칙적으로 원활한 직무수행의 목적으로 제공되는 가액범위(5만원) 이하만 허용될 수 있다고 봄이 상당하다. 다만, 그것이 명백히 교재 채택 등의 청탁과 결부되어 있는 경우에는 이를 허용해서는 안 되지만, 이 경우에도 우리나라의 척박한 전공서적 출판문화의 정착이 선행될 필요가 있다. 둘째, 지방자치단체에서의 서면 또는 구두 자문이나 서면심사와 구두심사로 수차례에 걸쳐 진행되는 대학의 논문심사와 같은 자문·심사·평가는 실질에 있어 청탁금지법 제10조의 '외부강의등'에 해당한다고 볼 수 없다고 할 것이다. 셋째, 공직자등과 직무관련자 사이의 상호접대(교차계산)는 '음식물'에 한정하고, 그 밖의 '음식물 이외의 금품등'에 대하여는 공제를 허용하지 않음이 타당하다고 할 것이다.

12) 청탁금지법 시행령(대통령령 제28590호, 2018. 1. 17. 개정 및 시행).

인공지능 규제법 서설*

김광수**

I. 서론

인공지능은 불과 몇 년 사이에 우리 사회의 각 부분에 지대한 영향을 끼치는 변수로 등장하였다. 인공지능에 관련된 기사와 쟁점은 거의 날마다 활자화되어 인터넷에 게재되고 있으며 미래의 변화를 인공지능의 발전과 결부하여 설명하는 일이 일상화되었다. 인공지능에 대한 논의는 사회의 다양한 부문과 연결된다. 국내에서 포괄적인 논의를 진행한 국회입법조사처 인공지능 간담회에서는 저작권, 정보보호, 사회적 영향, 윤리담론, 민사법제, 전자정부, 형사법제, 의료, 소비자법제, 기본소득 그리고 노동법제를 인공지능과 관련지어 토론을 한 바 있다.

이 글은 넓게는 '인공지능과 행정법제'라고 할 수도 있고 좁게는 '인공지능과 규제법제'라고 이름붙일 수 있다. 이 연구는 인공지능 자체보다는 인공지능이 배태되고 발전하고 있는 사회·기술 환경 속에서 규제법이 어떻게 발전할 것인가를 다루고자 한다. 이 글을 통하여 제기하고자 하는 물음은 다음과 같다. 첫째로, 인공지능 논의는 역사의 새로운 단계를 의미하는가? 둘째로, 인공지능의 발전은 법이론과 실무의 변화를 가져 오는가? 셋째로, 인공지능 발전이 규제법에 미치는 영향은 무엇인가? 넷째로, 장기적 관점에서 인류의 미래를 인공지능이 어떻게 변화시킬 것으로 예측되며, 그에 대한 규제법적 대응은 무엇인가?

위의 질문들에 대하여 현시점에서 만족스런 답을 낼 수 없을지 모른다. 그러나 이 글을 통하여 위의 질문들을 진지하게 함께 고민할 시점이 되었음을 설득하려고 하며, 위 질문들에 대하여 대답을 준비할 시기가 되었음을 이야기 하려고 한다. 그리고 이 글을 통하여 위 문제들을 풀어봄으로써 이런 논의를 앞으로 계속하자고 하는 제안의 의미를 가진다. 이하 이 글에서는 서론에 이어 인공지능 시대의 도래와 법학 환경의 변화(Ⅱ), 인공지능 규제

---

* 이 글은 토지공법연구 제81집(2018/2)에 게재되었으며, 학회의 허락을 받고 이번 최송화 교수님 희수 기념논문집에 전재되었음을 밝힙니다.

** 서강대학교 법학전문대학원 교수

의 제측면(Ⅲ), 인공지능의 규제법적 함의(Ⅳ), 인공지능 규제가 행정법 이론에 미치는 영향(Ⅴ), 장기적 과제로 본 인공지능 규제(Ⅵ), 그리고 결론의 순으로 기술하기로 한다.

Ⅱ. 인공지능 시대의 도래와 법학

1. 인공지능과 제4차 산업혁명

현재 인류의 생존 및 생활에 본질적인 영향을 미치고 있는 거대 담론을 들라고 하면, 기후변화, 글로벌화, 소득격차, 난민 등일 것이다. 이 가운데 글로벌화는 이전의 단일 국가 단위 정치 단계와 구별되는 획기적인 변화를 가져왔다. 그런데 사실 각 개인이 느끼는 생활상의 변화는 크지 않다. 오히려 기업활동이 글로벌화에 본질적인 영향을 받았으며, 소비자로서의 시민은 상품선택의 다양성을 체감하는 정도이었다. 그런데 최근 큰 논의를 불러오고 있는 빅데이터, 인공지능 그리고 제4차 산업혁명의 담론은 글로벌화 논의보다 더 본질적이고 획기적인 변화를 가져오는 듯이 보인다. 언론 매체만이 아니라 영화와 출판계에서도 인공지능 분야의 등장은 꾸준하고, 폭넓으며, 날로 세를 확장하고 있다. 현재 동일 주제로 새로운 책들이 봇물처럼 시장에 쏟아져 나오고 있다. 이 책들은 한결같이 인공지능의 발전은 앞으로 급격히 지수적으로(exponentially) 그 속도를 더할 것이며, 그로 인하여 사회의 산업과 교육 조직 등이 변화하고, 지금까지 경험하지 못한 새로운 세상이 전개될 것이라고 예측하고 있다. 그런데 이에 대하여 한편에서는 위의 주장들은 기술과 산업의 발전을 과장하여 묘사하고 있으며, 마치 종교계의 종말론적인 예언들과 같이 현실적으로는 발생하지 않을 사실들을 과장하여 나열하고 있다는 주장도 존재한다.

인공지능(Artificial Intelligence)은 인간의 설계와 가공에 의하여 인간성이나 지성을 갖춘 존재 혹은 지능을 의미한다. 다른 말로는 인조지능, 지능형 로봇 혹은 지능형 에이전트 등으로 불리기도 한다.[1] 이 용어는 미국 다트머스 컨퍼런스에서 존 매커시가 1956년에 처음 사용했다고 알려져 있다. 인공지능을 활용한 기술로는 자율주행차, 로봇 기자, 로봇 변호사 및 의사, 지능형 감시 시스템, 빅데이터를 활용한 마케팅, 지능형 교통제어 시스템 등이 있는데 이들 기술이 새로운 산업을 활성화시킨다는 의미에서 이를 제4차 산업혁명과 연결지어 설명하고 있다. 제4차 산업혁명론은 제1차 산업혁명을 촉발한 증기기관의 발명에 이어 전기로 인한 제2차 산업혁명, 컴퓨터와 인터넷에 의한 제3차 산업혁명으로 혁신을 맞았던 산업이 스마트 공장의 실현으로 완전히 새로운 개념의 산업으로 변화한다는 주장

---

1) 손승우·김윤명, 인공지능 기술 관련 국제적 논의와 법제 대응방안 연구, 한국법제연구원, 2016, 25면 참조.

이다.[2)]

세계에서 출원되고 있는 인공지능 특허 가운데 대부분은 미국이 차지하고 있다. 마이크로소프트, 구글, 아이비엠(IBM), 애플, 제록스가 상위를 점하고 있고, 일본의 리코 사가 그 뒤를 따르고 있다. 한국은 전세계 인공지능 특허의 3%를 점하고 있으며 최근에는 특허 출원 건수에서 중국에도 뒤지고 있다.[3)] 인공지능은 이미 1997년 체스 경기에서 인간을 이겼고, 2011년 아이비엠의 인공지능 왓슨(Watson)은 퀴즈쇼에서 역대 최강자 고수들을 물리쳤다. 왓슨은 당시 2억 페이지에 달하는 문서를 인지하여 활용하는 능력을 가지고 있었으니 사람이 이를 당하기에는 역부족이었을 것이다. 인공지능은 이제 증권, 금융, 방송, 의학, 쇼핑, 엔터테인먼트 분야에서 광범하게 활용되고 있다.

인공지능의 발전은 빅데이터의 형성 및 활용과 깊은 관계가 있다. 최근 정보기술 산업에서 다방면으로 활용되는 빅데이터란 개념이 등장한 것은 대략 21세기 초반의 일이지만 최근에 활용도가 높아지면서 학계에서도 빅데이터가 법학, 특히 개인정보보호에 미치는 영향을 분석하고 있다. 빅데이터는 크기(Volume), 속도(Velocity) 그리고 다양성(Variety)의 측면(3V)에서 종래의 정보통신 데이터에 비해서 질적인 차이를 보인다. 빅데이터를 분석하는 소프트웨어와 이를 처리할 수 있는 기술력이 더해지면서 각종의 산업에 활용되고 있다. 사람들이 발생시키는 다양한 정보는 사회의 흐름을 예측가능하게 하고 부가적인 가치를 창출시킬 수 있는 도구가 된다.

이런 의미에서 빅데이터는 필연적으로 인공지능과 결합한다. 체스나 바둑이 개인으로서는 배우기 어렵고 수가 무궁무진한 듯이 보이지만 경우의 수는 무한이 아니다. 즉, 엄청난 양의 정보를 처리할 수 있는 인공지능에게 바둑 기사가 따라 잡히는 일은 시간문제였다. 프로 바둑기사를 이긴 알파고와 같은 인공지능은 아직 약한 인공지능(weak AI)이라고 불린다. 약한 인공지능은 퀴즈나 장기처럼 특정한 문제를 인간처럼 풀 수 있는 능력이 있다. 여기서 발전하는 강한 인공지능(strong AI) 혹은 범용인공지능(AGI - Artificial General Intelligence)은 스스로 질문을 할 수 있고, 이를 풀 수도 있다. 아직 이 단계까지는 발전하지 않았다. 인공지능에 거대 자본이 큰돈을 쏟아 붓는 이유는 인공지능 기술이 무한한 가능성을 가지고 있기 때문이다. 다시 말하면 특정 분야에서 사람의 일처리 능력을 능가하면 이를 통하여 수익을 얻을 수 있는 기회가 보장된다. 의료, 주식투자, 자동차 운전, 건축설계, 우주항공에서 인공지능을 통하여 처리할 수 있는 영역을 확대하고 있다. 그리고 인공지능과 로봇 분야 연구에서는 선두주자가 모든 것을 차지하기 때문에 글로벌 대기업에서

2) 요시카와 료조 편저 / 한일IT경영협회 지음 / KMAC 옮김, 제4차 산업혁명, 2016, 72면. 재미있게도 이 책은 韓國 등 신흥공업국의 도전에 직면한 일본의 산업이 어떻게 70년대의 세계 최고 생산기지로서의 지위를 회복할 것인가 하는 논의를 담고 있다.

3) 연합뉴스 2016. 12. 19.

는 앞다투어 인공지능 분야에 투자하고 있다. 더구나 과학기술의 발달은 이제까지의 정보와 지식보다 더 많은 정보를 몇 년 내에 생산할 수 있으며, 이로 인하여 우리의 삶의 모습을 완전히 바꿀 가능성이 있다.[4)]

인공지능 기술이 최고도로 발전하여 이제까지의 어떤 조직이나 사람보다도 우월한 계산 및 지각능력을 갖춘 '기계'의 등장을 예상할 수 있는데 이를 초인공지능(Super Intelligence)이라고 한다. 한 연구에 의하면 인간과 동등한 지능을 가진 기계의 발전은 2050년 까지 50% 정도의 가능성이 있으며, 2100년까지는 90% 정도의 가능성이 있다고 한다.[5)] 인공지능이 인간의 지능을 앞서면 그 후의 상황변화는 예측이 어려우며 인간과 공존할 수 있도록 미리 최선의 규제와 대비를 하여야 한다.[6)] 인간의 능력을 뛰어넘는 인공지능의 도래가 인류에게 득이 될지 아니면 해가 될지에 관해서는 두 가지의 상반된 주장이 존재한다. 득이 된다고 보는 입장은 인공지능이 가져올 생산력의 향상과 선한 인간 본성을 그 근거로 한다. 한편, 초인공지능이 가지는 거대한 힘과 이를 통제할만한 안전한 장치가 확보되기 어려우므로 수퍼 인공지능의 출현은 인류에게 비극적 결과를 낳는다는 주장도 존재한다.[7)]

2. 인공지능과 법학의 환경

30년 전 법과대학에서는 가제식 법전총람을 법령찾기에 활용하였다. 총 50권이 넘는 그 법령집을 최신판으로 바꾸기 위하여 기술자가 정기적으로 와서 새로운 입법을 보충하고 폐지된 입법 내용을 제거하는 작업을 하였다. 그것은 자못 엄숙한 일로 국회에서 이루어진 입법의 내용을 일선의 학교 및 관공서에 전달하는 의식과도 같았다. 알다시피 입법의 변화는 관보로 고시되기 때문에 일반인들은 이를 통하여 알 수 있겠지만, 이 가제식의 법령총람을 통하여 국가의 입법 현황을 편리하게 열람할 수 있었다. 행정법 분야의 판례는 관이 아닌 고 목촌 김도창 선생님을 비롯한 학자 및 실무가들에 의해서 5년의 노력 끝에 1976년 집대성되어 일반이 열람할 수 있게 된 바 있다.[8)] 1990년대부터 개인용 컴퓨터가 일상화되고 인터넷이 보급되면서 법원도서관이나 법률전문 출판사에서 제공하는 CD를 통하여 법령의 내용을 검색할 수 있었다. 그 후에 대법원과 법제처에서 각각 법률정보 검색 시스템을 개발하여 편리하게 이용할 수 있게 되었다. 스마트폰 보급 이후에는 입법정보가 법제처에서 관리하는 법령정보 앱(Application)을 통하여 손 안에 들어와 어디서도 검색해

4) Alec Ross, The Industries of the Future, Simon & Schuster Paperbacks, 2016, p. 74.

5) Nick Bostrom, Superintelligence, Oxford, 23면.

6) Murray Shanahan, The Technological Singularity, The MIT Press Essential Knowledge Series, 2015, 162면.

7) Calum Chace, Surviving AI, 3Cs, 2015, 129면 이하.

8) 金道昶 編輯代表, 行政判例集 (上)·(中)·(下), 1976, 머리말 참조.

볼 수 있게 되었다.

교육과 연구분야에도 그간 큰 변화가 있었다. 교과서에 의존하던 수업을 탈피하여 빔 프로젝트와 인터넷에 기반한 소위 공학적 교육여건이 조성되었다. 과거에는 관련 자료를 얻기 위해서 애를 먹었지만 웨스트로(West Law)나 하인온라인(HeinOnline)과 같은 검색프로그램을 통하여 접근이 가능하다. 90년대에 복사업자가 독일의 민사판례, 행정판례, 헌법판례 그리고 독일공법학회잡지(VVDStRL) 등을 제본하여 판매하고 다녔다. 그런데 이제는 검색 프로그램을 통하여 이들 자료를 바로 찾아볼 수 있으니 격세지감을 느낀다. 그리고 국내의 논문은 도서관의 정보검색 프로그램을 통하여 주제별, 저자별, 연도별로 검색이 가능하다.

변호사 업무에 있어서도 입법과 판례에 쉽게 접근할 수 있음으로 해서 준비서면의 작성도 편리해졌다고 짐작한다. 특히 미국에서는 방대한 판례정보를 분석해주는 인공지능 프로그램이 등장하여 비용을 크게 낮추고 있다고 듣고 있다. 컴퓨터 기술의 발전은 정보검색을 쉽게 하여 변호사 업무 효율을 증대시킨다. 기계학습을 적용하여 미국 대법원의 데이터를 분석한 결과 대법관 결정의 70%를 맞출 수 있었다고 한다.[9] 캘리포니아 주에서 도입한 칼파일(Calfile)이라는 프로그램을 활용하면 주정부에서 제공하는 문서로 온라인 상에서 자동으로 세금을 계산하고 신고할 수 있다. 또한 자율주행차에 도로교통법과 지리정보를 탑재하여 자동차가 법규에 맞게 운행하도록 하는 일도 그리 어렵지 않다.[10]

III. 인공지능 규제의 제측면

1. 인공지능 기반 사회의 요소

(1) 규제 알고리즘과 정보기술 아키텍처

알고리즘은 정보와 자료(information and data)를 입력하여 결정계통수(decision tree)에 따라서 가장 최적의 결정(optimal decision)에 도달하도록 하는 구조화된 결정 프로세스(structured decision-making process)를 의미한다. 정보와 자료는 목적에 맞게 결정변수(decision parameters)에 가중치(weights)를 더하여 입력되며, 빅데이터를 가공하는 기계학습(machine learning)의 발전을 통하여 획기적으로 발전하고 있다.[11] 알고리즘을 이용한 의사

9) 제리 카플란 지음, 신동숙 옮김, 인공지능의 미래, 한스미디어, 2016, 172면.

10) 위의 책, 145-175면.

11) Michal S. Gal / Niva Elkin-Koren, Algorithmic Consumers, 30 Harv.J.L&Tech.309, Spring, 2017, 314면.

결정은 컴퓨팅 기술의 발전과 함께 사물인터넷(Internet of Thing), 모바일 기기의 성능개선, 모바일 앱의 확산 등으로 사람들의 일상생활에 깊숙이 파고들고 있다. 특히 전자상거래에서 알고리즘의 효율성은 매우 높다. 알고리즘을 이용한 의사결정은 내용이나 가격 및 품질 등의 본질에 집중하며, 충동적 구매를 줄이고, 습관이나 편견에서 자유로운 합리적인 선택을 가능하게 한다.[12] 또한 알고리즘은 정보를 한곳에 모아서 의사결정에 도움을 주기 때문에 거래비용을 낮추는 효과를 가져온다. 그러나 전자기술의 발전이 긍정적 측면만 있는 것은 아니며, 부정적인 측면도 아울러 존재한다. 로봇과 기술을 보유한 사람들은 새로운 귀족계급이 될 수 있는 반면에 그렇지 못한 사람은 더욱 빈곤해질 가능성이 있다. 특히 알고리즘을 운영하는 시스템은 플랫폼에 의하여 운영되는데, 접속자를 더 모으기 위하여 경쟁이 심화되고 결국 거대 자본가만이 살아남는 결과가 된다. 거대 플랫폼은 풍부한 콘텐츠와 다양한 채널을 제공함으로써 경쟁적 우위를 점하게 되고, 접속자들이 제공하는 다양한 정보는 빅데이터로 재가공되어 매출을 신장시키는 기회를 제공하는데 이를 네트워크 효과(network effects)라고 부른다. 거대 플랫폼이 형성되면 다른 사업자는 시장에 신규참가가 어려워지기 때문에 전자적 독점이 형성되어 시장질서가 교란될 가능성이 커진다. 이밖에도 알고리즘 이용 기업활동에 대해 사이버 보안이나 개인정보보호등의 문제가 증가하게 된다.[13]

아키텍처는 컴퓨터 공학에서 "자료를 입력하여 최적의 문제해결 조건을 찾아내는 논리나 연산"을 의미한다.[14] 전자정부법 제2조 제12호는 정보기술 아키텍처에 관하여 규정하고 있으며, 이를 통하여 정부규제를 할 수 있는 근거를 마련하고 있다. 아키텍처라는 개념은 컴퓨터 공학에서 왔지만 사회심리학 혹은 행동심리학에서도 그와 같은 연구가 진행되고 있다. 이는 제도의 설계를 통하여 은연중에 사람들이 하는 선택을 조정하는 기술을 말하는데, 이와 같이 제도를 설계하는 사람을 '선택 설계자(choice architect)'부른다.[15] 이는 신 시카고 학파가 주창하는 자유주의적 개입주의(libertarian paternalism)과 맥락을 같이 하는 것이며, 정부가 하는 아키텍처의 설계에 따라서 국민은 은연중에 정부가 유도하는 방향으로 행동하게 됨을 의미한다. 정부가 실시하는 각종의 정책의 초기값을 어떻게 둘 것인지에 따라서 사람의 행동은 달라지고, 그에 따르는 효과도 달라지게 된다. 종래 유도행정이라고 하여 각종의 사회정책에 부응하여 하는 행위에 대해서는 인센티브를 주는 등의 촉진책이 있었는데, 아키텍처는 정부의 의도가 잘 드러나지 않으면서도 동일한 효과를 가져오

12) Michal S. Gal / Niva Elkin-Koren, 위의 글, 322면.

13) Michal S. Gal / Niva Elkin-Koren, 위의 글, 340면.

14) 松尾 陽, 「法とアーキテクチャ」研究のインターフェース — 代替性·正當性·正統性という三つの課題, 松尾 陽 編, アーキテクチャと法, 2017, 38면.

15) 리차드 탈러·캐스 선스타인 지음 / 안진환 옮김, 넛지(Nudge), 리더스북, 2009, 16면.

는 특징이 있다.[16)]

(2) 지능형 로봇과 클라우드 컴퓨팅

「지능형 로봇 개발 및 보급 촉진법(지능형로봇법)」에서는 '지능형 로봇'을 "외부환경을 스스로 인식하고 상황을 판단하여 자율적으로 동작하는 기계장치"라고 정의하고 있다(동법 제2조 제1호 정의). 즉 지능형 로봇은 외부환경의 자율적 인지와 판단 그리고 자율적 행동을 특징으로 한다. 인간의 개입은 그러한 기계 장치를 설계하고 작동 조건을 조성하는 데 그치며, 작동 자체에 대해서는 특별한 개입을 하지 않는다. 지능형로봇은 목적 및 용도에 따라서 다양한 방식이 적용되겠지만 외부의 환경과 통신하기 위해서는 그에 합당한 시스템의 구축이 필요하다. 여기에 합당한 방식으로 먼저 '클라우드컴퓨팅(Cloud Computing)'이 있다. 이는 "집적·공유된 정보통신기기, 정보통신설비, 소프트웨어 등 정보통신자원을 이용자의 요구나 수요 변화에 따라 정보통신망을 통하여 신축적으로 이용할 수 있도록 하는 정보처리체계를 말한다."(「클라우드컴퓨팅 발전 및 이용자 보호에 관한 법률」 제2조 제1호) 이법은 클라우드컴퓨팅에 관한 세계 최초의 입법이며, 이 분야에서 우리나라가 앞서 나가고 있음을 보여준다.[17)]

클라우드컴퓨팅이 가능하게 하도록 하는 기반시설로 우선 전기통신설비가 갖추어져야 한다. '전기통신설비'란 "전기통신을 하기 위한 기계·기구·선로 기타 전기통신에 필요한 설비를 말한다."(전기통신기본법 제2조 제2호). 그 다음에 정보통신망이 구축되어야 하는데, 이는 "전기통신설비를 활용하거나 전기통신설비와 컴퓨터 및 컴퓨터 이용기술을 활용하여 정보를 수집·가공·저장·검색·송신 또는 수신하는 정보통신체제를 말한다."(전자정부법 제2조 제10호) 그리고 이를 활용한 '정보시스템' 이란 "정보의 수집·가공·저장·검색·송신·수신 및 그 활용과 관련되는 기기와 소프트웨어의 조직화된 체계를 말한다."(동조 제13호) 우리 법은 '소프트웨어'를 "컴퓨터, 통신, 자동화 등의 장비와 그 주변장치에 대하여 명령·제어·입력·처리·저장·출력·상호작용이 가능하게 하는 지시·명령(음성이나 영상정보 등을 포함한다)의 집합과 이를 작성하기 위하여 사용된 기술서(記述書)나 그 밖의 관련 자료를 말한다."고 정의하고 있다(소프트웨어산업 진흥법 제2조 제1호).

클라우드컴퓨팅은 민간영역과 함께 공공영역에서 활용될 가능성이 높다. 세무행정, 복지행정 및 전자정부에서 클라우드 서비스가 활용된다.[18)] 그리고 클라우드컴퓨팅 서비스는 국경을 초월하여 제공되는데 이런 역외 서비스 제공이 이루어지기 위해서는 전제조건

---

16) 松尾 陽, 위의 글, 40면.

17) 한정미, 미래산업 분야 법제이슈에 관한 연구(Ⅳ)－클라우드컴퓨팅 환경의 이용자 보호에 관한 법제연구－, 한국법제연구원, 글로벌법제전략 연구 16－20, 2016, 13면.

18) 한정미, 위의 글, 23면.

으로 각 국가가 요구하는 기술표준에 맞는 서비스를 제공할 능력이 있어야 한다. 「EU 개인정보 보호수준 적정성 평가」 기준을 충족하면 국내 기업들이 EU 국가와 동일한 조건으로 영업활동이 가능해진다.[19]

2. 인공지능 사회의 촉진

그간 인공지능의 개발을 촉진하는 관련법들이 많이 제정되었다. 대표적으로는 「소프트웨어산업 진흥법」을 들 수 있는데 이 법에서 '소프트웨어'란 "컴퓨터, 통신, 자동화 등의 장비와 그 주변장치에 대하여 명령 · 제어 · 입력 · 처리 · 저장 · 출력 · 상호작용이 가능하게 하는 지시 · 명령(음성이나 영상정보 등을 포함한다)의 집합과 이를 작성하기 위하여 사용된 기술서(記述書)나 그 밖의 관련 자료를 말한다."고 규정한다(동법 제2조 제1항). 그리고 제3조에서 소프트웨어산업의 진흥을 국가 및 지방자치단체의 책무로 규정하고 있다. 이를 위하여 소프트웨어진흥시설의 지정(동법 제5조), 소프트웨어진흥단지의 지정 및 조성(동법 제6조), 소프트웨어사업 창업의 활성화(동법 제8조) 등 진흥책을 강구하고 있다.

그리고 「정보통신 진흥 및 융합 활성화 등에 관한 특별법(정보통신융합법)」에서는 정보통신 진흥 및 융합활성화를 위한 각종의 시책을 강구하도록 규정하고 있다. 이와는 별도로 「정보통신산업진흥법」이 제정되어 있다.

3. 인공지능 활용 및 보호

(1) 인공지능 활용을 통한 규제의 혁신

정부 차원에서도 인공지능 기술을 활용한 규제기법을 발전시키고 있다. 전자정부법 제2조 제12호는 '정보기술 아키텍처'라는 용어를 사용하고 있는데, 이는 "일정한 기준과 절차에 따라 업무, 응용, 데이터, 기술, 보안 등 조직 전체의 구성요소들을 통합적으로 분석한 뒤 이들 간의 관계를 구조적으로 정리한 체제 및 이를 바탕으로 정보화 등을 통하여 구성요소들을 최적화하기 위한 방법을 말한다."[20] 말하자면 정보기술 아키텍처를 통하여 규제에 필요한 요소들을 종합하고 이를 토대로 적정한 규제를 하는 여건을 조성할 수 있다. 동법 제30조의3에서는 "행정안전부장관은 전자적 시스템을 통하여 수집·관리되는 데이

---

19) 위의 글, 41면.

20) '아키텍처(architecture)'는 건축물이나 구조물을 뜻하는 용어인데 컴퓨터 공학적으로는 컴퓨터 프로세스와 전체적인 구조 및 논리적 요소 그리고 컴퓨터와 운영체계, 네트워크 및 기타 개념들 간의 논리적 상호관계 등을 포함하는 다양한 개념들로 사용된다. 컴퓨터 아키텍처는 입출력, 저장, 통신, 제어 및 처리를 포함하고 있다.

터를 공동으로 활용하기 위한 시스템(데이터활용공통기반시스템)을 구축·운영할 수 있다."고 함으로써 이미 빅데이터와 이를 활용한 규제의 법적인 기초는 마련되어 있다.

한편 전자기술을 활용한 행정처리에는 그로 인한 부작용이나 위험도 따르기 마련인데, 이에 대응하여 전자정부법 제4조는 전자정부의 원칙을 규정하고 있다. 여기에는 1. 대민서비스의 전자화 및 국민편익의 증진, 2. 행정업무의 혁신 및 생산성·효율성의 향상, 3. 정보시스템의 안전성·신뢰성의 확보, 4. 개인정보 및 사생활의 보호, 5. 행정정보의 공개 및 공동이용의 확대, 6. 중복투자의 방지 및 상호운용성 증진 등이 포함된다(동조 제1항 각호).

(2) 개인정보보호

민간부문만이 아니라 공공 영역에서도 빅데이터 처리에 따르는 개인정보보호가 문제된다. 이를 위하여 「개인정보 보호법」, 「정보통신망 이용촉진 및 정보보호 등에 관한 법률」이 제정되어 있다. 특히 「공공데이터의 제공 및 이용활성화에 관한 법률」에서는 "공공기관은 누구든지 공공데이터를 편리하게 이용할 수 있도록 노력하여야 하며, 이용권의 보편적 확대를 위하여 필요한 조치를 취하여야 한다."(제3조 제1항)고 규정하여 공공데이터의 이용확대를 원칙으로 하고 있으면서도 공개이용이 가능한 정보의 범위에서 「공공기관의 정보공개에 관한 법률」에 의한 비공개정보와 제3자의 권리를 침해할 가능성이 있는 정보는 배제하고 있다.

우리나라 국민들은 주민번호와 운전면허증에 의하여 개인정보가 관리되고 있고, 휴대폰 가입시에도 가입정보에 의하여 통제되므로 개인정보보호 이슈가 특히 중요하다.

4. 인공지능 윤리문제

(1) 인공지능 알고리즘과 윤리적 선택

알고리즘은 컴퓨터 프로그램에 따라서 인간의 개입 없이 일정한 결정이 이루어지게 한다. 그러니까 인간의 개입은 프로그램의 설계 및 유지 단계에서만 이루어지며 최종결정은 자율적으로 된다. 최근 급속히 발전하고 있는 자율주행차의 경우 인명피해가 불가피한 순간이 있게 되는데 이때 누구를 희생시켜야 하는지 다양한 논의가 있다. 트롤리 딜레마는 달리는 전차가 탑승자를 살리기 위해서 무고한 사람을 희생시킬 수 있는가의 물음으로 잘 알려져 있는데 이런 상황 이외에도 쇼핑카트의 문제, 모터사이클 문제, 고급차의 문제, 터널 문제 및 다리 문제 등 다양한 상황관련 논의가 이루지고 있다.[21] 자율주행차가 보급되

21) Jeffrey K. Gurney, Crashing into the Unknown: An Examination of Crash-Optimization Algorithms Through the Two Lanes Of Ethic and Law, 79 Alb.L.Rew. 183, 196면 이하.

어 운행되면 연 3만 명을 넘는 미국의 연간 교통사고 사망자가 3분의 1로 줄어든다고 알려져 있다.[22] 그런데 자율주행차에 의한 사고와 사람의 운전에 의한 사고는 그 성격이 다르다. 자율주행차는 말 그대로 사전에 어떤 선택을 할 것인지 입력되어 있으므로 그러한 사고 상황이 발생하면 설계된 대로 행동하게 된다. 그러니까 선택만 두고 보면, 사람의 행동으로 보면 과실이 아닌 고의에 의한 선택처럼 비치기 때문에 비난 가능성이 커진다. 사전에 최종 선택에 관한 알고리즘을 설계할 때 사람의 절대적 가치를 존중할 것인지 아니면 공리주의적으로 효율적 선택을 할 것인지가 논의의 초점이 된다. 뿐만이 아니라 빈부차에 의한 선택의 편향성, 알고리즘 제조 및 판매자의 이기심, 사회윤리의 촉진 문제 등 알고리즘의 윤리적 선택의 문제는 복잡한 양상으로 전개된다.

정부는 규제를 원하지만 사전에 모든 대응책을 마련하기는 불가능하다. 제조자는 자신의 영업 이익을 확대하기 위하여 소비자 보호에 최선을 다하게 되고 이는 승객이 아닌 외부 사람의 희생으로 이어진다. 자동차 소유자에게 이러한 모든 문제의 선택을 맡기기에는 상황이 복잡하며, 소비자가 자신의 철학에 맞게 알고리즘을 선택하기도 쉽지 않다. 이런 경우에 정부의 규제는 원칙적인 수준(bright line rule)에 그칠 가능성이 있다. 가령 헌법이 규정하는 차별금지, 인간의 생명의 존엄성과 우위성 그리고 사회내 총량적인 손해의 저감이라는 기본원칙만 정해 놓고 이를 실현하는 구체적인 규칙은 소비자의 경험을 제조사에게 피드백하고, 정부가 이를 재검토함으로써 규칙을 세분화하고 보편화하는 방식이 현실적이다.[23]

(2) 로봇 윤리

로봇 공학의 윤리는 1942년에 아시모프가 제안한 3원칙에서 발전하였다. 이는 1.로봇은 인간에 해를 가하거나, 혹은 행동을 하지 않음으로써 인간에게 해가 가도록 해서는 안된다. 2.로봇은 인간이 내리는 명령들에 복종해야만 하며, 단 이러한 명령들이 첫 번째 법칙에 위배될 때에는 예외로 한다. 3.로봇은 자신의 존재를 보호해야만 하며, 단 그러한 보호가 첫 번째와 두 번째 법칙에 위배될 때에는 예외로 한다. 는 등의 세 원칙으로 구성되어 있다.[24]

우리나라에서는 2007년 당시 산업자원부에서 로봇산업에 대한 적극적 대처 방안으로 로봇윤리규범을 작성하기로 하고 그 초안을 작성한 바 있다. 그 내용은 공동원칙으로서 "인간과 로봇은 상호간 생명의 존엄성을 존중하며, 정해진 권리, 정보윤리 및 공학윤리 등

22) Jeffrey K. Gurney, 위의 글, 193면.

23) Jeffrey K. Gurney, 위의 글, 259면.

24) https://ko.wikipedia.org/wiki/%EB%A1%9C%EB%B4%87%EA%B3%B5%ED%95%99%EC%9D% 98_%EC%82%BC%EC%9B%90%EC%B9%99 (2018년 1월 19일 최종방문).

을 보호하고 지켜야 한다."고 규정한다. 그리고 로봇의 윤리는 "로봇은 사용자인 인간의 친구·도우미·동반자로서 인간의 명령에 항상 순종해야 한다."고 규정되어 있다.[25] 로봇의 윤리는 아직 현실적인 의미를 띨 만큼 로봇 기술이 발전하지는 않았지만 멀지않은 장래에 현실화 될 것이므로 지금부터 깊이 논의하여야 한다.

로봇 기술의 발전에 따라서 로봇이 가지는 유해성과 위험성을 최소화하고 그 통제방향을 확립하기 위한 윤리지침이 도입되었다. 2010년 영국의 '공학 및 물리학 연구 위원회(EPSRC)'는 로봇 연구의 원칙을 발표하였다. 여기에는 1. 로봇은 국가안보 목적 이외에는 인명의 살상용으로 개발되어서는 안 된다. 2. 인간만이 책임있는 주체가 될 수 있으며 로봇은 행위주체가 될 수 없다. 로봇은 현행의 법률을 준수하고 사람의 프라이버시를 포함하는 자유와 기본권을 존중하는 범위 내에서만 설계될 수 있다. 3. 로봇은 제품이다. 로봇은 안전성이 보장되는 공법에 의해서만 제조되어야 한다. 4. 로봇은 인공물이다. 로봇은 사용자들이 알 수 있는 투명성이 보장되는 방법으로만 제조되어야 한다. 5. 로봇에 대하여 법적인 책임을 지는 사람이 특정되어야 한다.[26]

(3) 인공지능의 법주체성

인공지능 혹은 이에 기반한 로봇이 권리주체(legal subject)가 될 수 있는지에 대해서는 이미 많은 논의가 생산되었다.[27] 인공지능이 사람의 생산품인 점을 감안하면 인공지능이 아니라 인공지능이나 로봇을 제조하거나 소유 혹은 점유한 사람이 권리의무의 주체가 되며, 인공지능은 권리주체가 될 수 없다고 판단할 수 있다. 그러나 인공지능 기술이 고도로 발전하여 인공지능 스스로 인공지능을 만들거나 사람의 행위와 구별할 수 없는 판단과 행위가 가능한 시점이 되면 이 논점은 완전히 다른 양상으로 전개된다. 위에서 인공지능 혹은 로봇 윤리라고 할 때에는 이런 상황까지 발전하였다는 가정 아래에서 인공지능에게 요구되는 윤리 혹은 행동지침을 포함하고 있다. 인공지능이 권리주체로 인정되면 민법에 따른 소유권이 인정되며, 법적 효력이 있는 의사표시가 가능하여 진다. 따라서 권리·의무를 형성하는 계약의 주체가 될 수도 있다. 그렇다고 인공지능에게 인간과 동일한 권리의무 및 행위능력을 인정하는 데는 난점이 따르므로 인공지능의 특수성을 감안한 새로운 법적 규율이 필요하다.

---

25) http://www.itnews.or.kr/?p=18007 (2018년 1월 19일 최종방문).

26) www.epsrc.ac.uk/research/ourportfolio/themes/engineering/activities/principlesofrobotics/ (2018년 1월 18일 최종방문).

27) 김윤명, 인공지능과 법적 쟁점, 2016/6, 6면 이하.

5. 인공지능 사회의 부작용에 대한 대응

인공지능이 발달하여 광범하게 사용되는 시점이 오면 살기 편한 세상이 되는 반면에 부작용도 예견된다. 첫째는 광범한 실업자의 증가이다. 가장 가까이는 운전노동자들의 실직이다. 자율주행차가 상용화되면서 벌써 이 문제는 가시화되고 있다. 승용차 운전기사, 택시운전수, 화물차운전수, 버스기사 등이 직업을 잃을 수 있다. 안전을 위하여 사람이 탑승할 수도 있겠지만 그의 주된 업무는 운전이 아니고 안전확보와 비상조치 정도이다.[28] 즉 자율주행차 내의 탑승자는 제대로 된 정규의 임금을 받을 수 있는 직업인이 아니고 임시의 비상근 노동자가 된다. 그리고 지금은 사람의 손으로 하는 단순작업이 모두 기계의 몫이 되어 사람의 할 일이 줄어든다.

둘째는 소득격차이다. 기계를 활용할 줄 알거나 구매하여 활용할 수 있는 능력이 되는 사람과 그렇지 못한 사람 간에는 생산력에 있어서 현저한 차이가 난다. 기계를 활용하지 못하면 단순 노동으로 밀려나고 이 부분은 기계가 대신하는 형편이니 결국은 무직자가 된다. 그러니까 세상은 국가가 주는 실업수당이나 생계보조금에 의존하는 대중과 기계를 활용하거나 정보통신기술을 이용하여 큰 벌이를 하는 소수 정보통신(IT) 귀족계급으로 재편된다.

셋째는 인공지능에 의한 인간의 지배이다. 이런 암울한 세상을 그린 영화는 이미 많이 나와 있다. 단지 그 시기가 언제일까에 관해서는 아직도 논의가 진행되고 있고, 또한 이를 피하기 위한 논의도 활발하기 때문에 그런 세상이 오지 않을 것으로 예측하는 사람도 많다. 인공지능이 직접 인간세상을 지배하지는 못한다고 하더라도 인공지능을 이용한 약자의 착취는 어느 정도 예상이 된다. 기계의 힘을 빌려서 다른 누구보다도 강력한 지배력을 행사할 수 있는 개인 혹은 집단이 형성되면 이를 통하여 다수를 억압하고 자신만의 이익을 극대화 하려고 시도할 것이다.

인공지능의 발달로 사람들의 일자리가 줄어들고 상시적 실업상태가 증가하는 사회에서는 새로운 대응이 필요하다. 인공지능이 기본적으로는 생산성 향상에 기여한다는 점을 생각하면 사회 전체의 부는 증대할 것이며, 기술혁신으로 증가된 부의 분배에 참여하지 못한 사람에 대한 사회적 배려가 문제된다. 다시 말하면 과거의 직업참여에 의한 소득배분은 미래에서는 설득력이 떨어지며, 사회성원의 유지와 재생산이라는 대의 아래에 새로운 분배방법을 강구해야 한다. '기본소득'이라는 새로운 개념도 이런 배경에서 이해하여야 한다.[29]

---

28) 자율주행차의 발달에서 최종적인 단계는 무인자동차이다. 즉, 자율주행차는 궁극적으로 운전을 위하여 어떤 사람도 승탑하지 않는 상태를 목표로 한다.

29) 팀 던럽 지음 / 임성수 옮김, 노동 없는 미래, 비즈니스 맵, 2016, 173면.

Ⅳ. 인공지능의 규제법적 함의

1. 규제주체

알고리즘을 이용한 계산 기술은 이제까지 해결하지 못한 어려운 일을 해결할 수 있거나 종래보다 확실한 효율성을 가지고 있는 반면에 그 부작용으로 기술이 잘못 적용되거나 악의적으로 이용되었을 때의 피해가 매우 크게 나타나는 단점을 가진다. 더욱이 알고리즘이 고도로 발전하면 그 특성이나 운영방식을 파악하기 어렵거나 불가능하게 되는데 이를 블랙박스(Black Box)라고 부르기도 한다.[30] 알고리즘을 규제하기 위한 기관의 유형으로는 정부규제 형태와 자율규제 그리고 사전규제 형태와 사후규제 형태로 나눌 수 있다. 현재는 자율규제와 사후규제의 형태라고 할 수 있다. 알고리즘이 가지는 복잡성, 불명확성 그리고 위험성을 염두에 둔다면 현재보다 강력한 전문규제기관의 설치가 필요하다.[31] 이 전문기관은 알고리즘 규제의 효율성을 높이기 위하여 다음과 같은 특성 혹은 원칙 위에 설립되어야 한다. 인공지능이 가지는 위험성을 사전에 차단하기 위해서는 사전예방적인 규제가 필요하다. 그리고 각 행정기관이 나누어 가지고 있는 규제권한을 종합하여 포괄적인 규제권한을 가지는 행정권한을 행사하여야 한다. 특히 대량적인 피해발생을 사전에 차단할 수 있는 안전성 확보를 위한 절대적인 권한을 부여하여야 한다. 그러나 강력한 규제기관의 설치에 대해서는 다음과 같은 반론도 존재한다. 첫째는 알고리즘 기술의 발전이 아직은 유아기에 있으므로 규제의 필요성이 적거나 너무 이르다. 둘째는 알고리즘 규제가 포괄적인 규제나 감독이 필요할 만큼 독자성을 가진 기술은 아니다. 셋째로 규제로 인하여 알고리즘 산업의 발전이 위축되고 저해될 가능성이 크다.[32]

미래 사회에서는 현재의 주된 가치인 민주주의, 법치주의, 인권, 정의와 같은 추상적인 개념은 사라지고 오로지 효율, 성과, 수입, 이익과 같은 현실적인 가격만이 득세하는 사회가 될 수도 있다. 그렇게 되면 공무원이 지켜야 하는 가치가 따로 있는 것이 아니고, 공무원이 하여야 하는 일은 그런 효율중심 사회의 작동을 방해하는 개인 혹은 세력의 색출과 진압으로 그 임무가 제한될 수 있다. 그러면 공무원의 역할도 현재의 경비업체들이 하는 보안업무 이상일 수 없으며, 정부의 과제도 그 성질과 기능에 따라서 전문 컨설팅 업체나 기업 부서에 위탁하여 처리할 가능성이 크다. 공무원의 능력은 정체되고 효율이 떨어지

---

30) Andrew Tutt, FDA for Algorithms, 69 Admin.L.Rew.83, 108면. 저자는 여기서 알고리즘의 발전단계를 White Box, Grey Box, Black Box, Sentient 및 Singularity로 구분한다. 마지막 단계인 특이점에서는 알고리즘이 스스로 성능을 개선할 수 있는 상태이며, 인간은 그 원리를 전혀 이해하지 못하게 된다.

31) Andrew Tutt, 위의 글, 118면 이하.

32) Andrew Tutt, 위의 글, 119면.

는 반면 기업체는 날로 성장하고 글로벌화 되는 현실을 감안하면 후자가 설득력이 있어 보인다.

2. 알고리즘을 활용한 규제의 가능성과 법적 평가

(1) 알고리즘 활용 규제의 효율성

인공지능에 기반한 행정적 규제의 가능성이 높아지고 현실화되고 있다. 행정기관에 인공지능이 설치되고 이를 기반으로 규제 프로그램이 설계되고 집행될 것이다. 그렇다면 공무원 가운데 규제 소프트웨어를 이해하는 비중이 높아져야 한다. 과학자들이 설계를 대신하겠지만 규제권한을 가진 자가 그 원리를 이해할 수 있어야 필요한 알고리즘을 요구하고 수정할 수 있다. 다만 규제 인공지능의 작동 결과에 대해서는 시민들에 의한 민원이 실시간으로 피드백되기 때문에 감시자가 많아진다. 알고리즘을 활용한 사업의 빠른 증가속도, 알고리즘이 가지는 복잡성과 불투명성 그리고 위험성을 생각하면 이를 규제하는 전문적인 기관이 필수적이다. 수학은 사회문제에 대해서도 이를 분석하고 계산하는 강력한 힘을 가지고 있다. 막연한 직관이나 추측으로 해결할 수 없는 부분을 수학적인 원리로 해결할 수 있다. 가령 우리가 이사할 집을 찾는다거나 식당을 찾을 때 선택한 대상이 최선일 확률은 평균 37% 정도인 것으로 알려져 있다(비서 선택 이론: The Secretary Problem).[33] 그런데 최근에 등장한 집 찾기 앱이나 호텔방 찾기 앱은 그 만족도를 80% 정도까지 높여 준다고 한다. 정부의 규제에 이 원리를 적용하면, 과거에는 적정 규제일 확률이 50%를 하회했다고 할 수 있지만 인공지능에 기반한 규제에는 그 확률을 80% 이상으로 높일 수 있음을 의미한다. 물론 이를 가능하게 하도록 정보의 정상적인 흐름과 이를 수집 분석하는 강력한 알고리즘이 필요하다.

그런데 우리 사회에서 알고리즘의 개발 자체보다는 수학적 해결을 실제 정책으로 채택할 수 있겠는가가 과제이다. 여기서 우리는 이론과 현실의 괴리 현상에 봉착한다. 그간 우리 사회에서 큰 이슈를 불러 온 행정수도 이전, 사드 배치, 철도민영화 등의 문제를 살펴보자. 인공지능이 아니더라도 상식과 양식이 있으면 선택하지 않았을 결정이 다수 있었다. 즉, 규제에 인공지능을 활용할지, 어느 부문에 어떤 방식으로 인공지능을 도입할지의 여부는 전적으로 규제권한을 가진 행정기관의 결정에 좌우된다. 인공지능은 도구에 불과하며, 그 내용을 채우는 일은 공무원에 달려있다. 규제의 집행을 위한 계산에 입력해야할 항목의 선정과 단위도 공무원이 결정해 주어야 한다. 다시 말하면 계산에 넣어야 하는 변수를 어느 항목까지 포함시켜야 하는지의 문제 자체를 먼저 결정하여야 한다. 수도권정비

33) Brian Christian and Tomgriffiths, Algorithms to Live By, PICADOR, 2017, 10면 이하.

계획의 예를 들어보자. 수도권정비계획에는 다음의 항목들이 포함된다(법 제4조 제1항 각호). 1. 수도권 정비의 목표와 기본 방향에 관한 사항, 2. 인구와 산업 등의 배치에 관한 사항, 3. 권역(圈域)의 구분과 권역별 정비에 관한 사항, 4. 인구집중유발시설 및 개발사업의 관리에 관한 사항, 5. 광역적 교통 시설과 상하수도 시설 등의 정비에 관한 사항, 6. 환경보전에 관한 사항, 7. 수도권 정비를 위한 지원 등에 관한 사항, 8. 제1호부터 제7호까지의 사항에 대한 계획의 집행 및 관리에 관한 사항, 9. 그 밖에 대통령령으로 정하는 수도권 정비에 관한 사항 등이 그것이다.

위의 사항 가운데 이를 수치화시켜서 계산기에 입력시킬 수 있는 항목은 많지 않다. 법 제25조에서 "국토교통부장관은 수도권정비계획을 수립 또는 변경하거나 효율적으로 추진하는 데에 필요하면 인구, 산업, 토지 이용, 주요 시설 및 기반 시설 등에 관한 기초조사를 실시하거나 관계 행정기관의 장에게 필요한 자료를 제출하거나 지원하도록 요청할 수 있다."고 규정하고 있다. 인공지능 시대의 규제에서는 사물 인터넷과 빅데이터를 통한 기초조사가 이루어지고, 실시간으로 보정되는 방식을 기초로 하기 때문에 위의 항목에 대한 관리도 그 형태가 변할 것으로 예측된다. 인공지능이 규제 알고리즘을 만들 때 어떤 항목을 유의미한 것으로 포함시켜야 할 것인지는 규제담당자가 결정하여야 한다. 인공지능이 이 부분까지 관여할 수는 없다. 최선의 정책결정을 위한 인공지능이 필요하다고 하자. 여기에는 다음의 몇 가지가 해결되어야 한다. 첫째는 규제 인공지능의 필요성에 관한 합의이다. 둘째로는 규제 인공지능의 적용범위에 관한 결정이다. 정부의 결정을 전략적 결정, 전술적 결정, 집행적 결정으로 나눈다고 할 때 가장 상위에서부터 하위부분까지 전적으로 인공지능에 맡길 것인가 아니면 하위부분만 맡길 것인지 결정되어야 한다. 그리고 각 부분에서도 사람인 공무원이 어느 정도로 조작할 수 있는지 검토되어야 한다. 마지막으로 인공지능이 계산하여야 하는 변수 가운데 어떤 요소가 포함되어야 할지 결정되어야 한다. 그리고 변수 중에서도 어느 요소에 얼마의 가중치를 부여할 것인지, 변수끼리 경합할 때에는 어떤 요소에 우선순위를 부여할 것인지 결정되어야 한다. 그러니까 결론적으로 인공지능에 의한 규제가 가능한 부분은 있어도 중요한 판단사항은 결국 공무원이 결정하여야 한다는 뜻이다. 이것이 또한 민주·법치주의에 부합한다. 다만 위의 사항을 결정함에 있어서 과거에는 생각하지 못했던 다양하고 광범위한 정보와 요소를 포함시켜서 보다 정밀하고 정확한 제품을 만들 수 있는 환경이 조성되고 있다.

(2) 알고리즘 규제의 법적 평가

알고리즘을 활용한 법적 결정이 적지 않게 이루어지고 있지만 그 특성상 직접 법적 판단의 대상이 되지 않는다. 그런데 형법에서는 알고리즘을 이용한 판결에 대한 법적 논의가 있어서 주목을 받고 있다. 미국 위스콘신 주에서 형사 피고인에 대한 유죄판결이 내려지고 징역 6년에 보호감호 5년이 선고되었다. 피고인은 판결시 참고한 선고전 조사보고서(presentencing investigation reports: PSI)가 사용한 알고리즘에 대하여 문제를 제기하였다. 위 보고서는 피고인의 사실적 데이터를 기초로 해서 다른 범죄를 저지를 수 있는 가능성(재범율)을 계산하는 알고리즘을 포함하고 있었다. 이 알고리즘은 콤파스 위험 평가 프로그램(COMPAS risk assessment)인데 당해 회사는 위 재범율의 평가가 이루어지는 계산방법은 영업비밀이기 때문에 공개를 거부하고 있고, 단지 이 프로그램으로 계산한 결과를 보고할 뿐이었다. 피고인은 위 알고리즘에 의한 판결은 자신이 재판에 대해서 보유하는 개별화된 판결 및 정확한 정보에 의거한 판결을 받을 권리를 침해했다고 주장하였다. 다수 의견을 쓴 위스콘신 주 브래들리 대법관은 피고인의 적법절차에 기초한 항변을 받아들이지 않았다. 그에 의하면 당해 사건에서 보고서가 유일한 유죄인정의 기초는 아니었고, 충분히 개별적으로 판단할 자료가 있었다고 하였다. 만일 알고리즘에 의한 위험평가 지수가 범죄자의 구속이나 형량결정의 유일한 요소가 되었다면 그에 기초한 판결은 위법일 수 있지만 그렇지 않고 보조적인 수단으로 사용되었다면 적법절차에 위반한 것은 아니라고 보았다.[34] 에이브람슨 대법관은 별개의견을 내면서 결론에는 동의하지만 법원이 알고리즘에 대한 정확한 이해를 하고 있는지에 대해서는 의문을 표시하면서 법원이 선고를 하기 전에 이와 같은 알고리즘이 가지고 있는 장단점에 관해서 충분히 이해하고 있어야 할 것이라고 하였다.[35]

이상의 형사재판에서의 알고리즘 활용에 관한 논의는 행정부의 알고리즘 이용에 관해 풍부한 시사점을 제공한다. 알고리즘을 활용하여 효율적이고 신속한 판단을 할 수 있지만 그에 관계되는 사람은 자신이 속한 그룹이나 자신이 과거에 한 사소한 부주의로 인하여 지울 수 없는 불이익을 계속 입게 될 가능성이 커진다. 알고리즘을 활용한 처분에는 이런 점을 충분히 고려하고, 불이익을 입은 사람이 적절하게 이의신청을 할 수 있는 통로와 구제절차를 제공하여야 한다. 그리고 영업비밀이 침해되지 않는 범위에서 어떤 데이터와 가중치를 기초로 하여 판단을 하는지 사전·사후적으로 충분히 설명되어야 한다. 행정절차법이 규정하는 처분기준의 설정·공표 제도와 이유제시 제도가 인공지능에 기반한 행정에 있어서도 그대로 적용되어야 한다.

---

34) Recent Cases, Criminal Law – Sentencing Guidelines – Wisconsin Supreme Court Requires Warning Before Use of Algorithmic Risk Assessments in Sentencing. – State v. Loomis, 881 N.W.2d 749 (Wis. 2016), Harvard Law Review Vol.130, March 2017 Number 5, 1531 이하 참조.

35) 위의 글, 1533면.

3. 인공지능과 규제법의 발전단계

규제의 정의는 간단하지 않지만 “행정주체가 공익을 위하여 개인 혹은 사회의 법질서에 영향을 미치는 작용”이라고 광의적으로 생각해 보면 사회의 변화에 의하여 규제가 변화하고 발전하는 것은 당연한 일이다. 특히 국가주도의 산업 모델이 민간주도로 옮겨가면서 규제의 모습도 크게 변화하였다. 그간 민영화 정책으로 교통, 전기, 정보, 통신, 제조업 등이 (공)기업 중심의 활동으로 이전하였다. 정부는 감독을 통하여 당해 활동에 영향을 미친다. 그리고 그간 토지정책, 환경분야 등이 산업의 발전과 함께 사회적 문제로 대두하였는데 이 분야에서도 감정평가사와 같은 전문직업인의 형성, 환경보전을 위한 협약 등 다양한 정책수단을 통하여 대처하여 왔다.

위에서 든 입법, 판례, 연구 및 행정 분야의 정보통신 기술발전은 디지털 화와 인터넷의 보급에 힘입은 바 크다. 현재 급속히 발전하고 있는 과학기술 분야는 음성인식, 뇌과학, 빅데이터의 처리, 사물 인터넷, 로봇 공학 등인데 이 분야에서 혁신이 일어나면 현재 소위 전문가를 대체하는 인공지능 비서가 등장할 가능성이 크다. 다시 말하면 법을 제정하고, 해석하며, 이를 집행하거나 연구하는 사회적 환경이 근본적으로 변화한다. 이상에서 기술한 사회변화에 따른 규제법의 발전단계를 정리하면 밀실, 회의장, 시장 그리고 광장적 규제로 나눌 수 있다. 그 특징은 각각 다음과 같이 나타난다.

(1) 밀실 규제

규제 권한을 가진 사람이 소수의 참모를 불러 놓고 정책을 결정한다. 권한을 가진 사람은 말하고 참모들은 받아 적는다. 구두의 지시가 소통수단이 된다. 결정된 정책은 관보 및 언론을 통하여 외부로 전파되며 한번 결정되면 그에 대한 이견도 토론도 있을 수 없다.

(2) 회의장 규제

권한 있는 기관과 전문가들이 한 자리에 모여서 결정을 한다. 때로는 이해관계인이 참여할 수도 있다. 좌석에는 회의 자료로 인쇄물이 비치된다. 참가자들이 하는 말은 기록이 되어 다시 인쇄물로 생산된다. 이런 방식을 돕는 법장치로는 행정절차법과 개별법에 의한 절차법 규정이 있다. 공청회는 참가자들의 범위를 확대시키는 장점이 있지만 기본적으로는 회의장이라는 구조를 벗어나지 못한다. 회의장에 들어가는 전문가와 관계인은 행정기관에 의하여 결정되는 바 이는 이미 결론이 났거나 혹은 내려고 하는 결론을 도출하기 위한 장치에 불과할 수 있다. 즉 관계되는 이익을 폭넓게 반영하지 못하는 단점을 가지고 있다.

(3) 시장적 규제

시장은 수요와 공급이 만나서 균형을 이루는 곳이다. 사회적 필요를 가장 효율적으로 충족시킬 수 있는 도구이다. 이 시기의 캐치프레이즈는 규제완화로 나타난다. 다시 말하면 정부가 가지고 있던 규제권력을 일부 포기하고 이를 기업 등 시장주체의 활동으로 대신한다는 뜻이다. 시장적 규제를 가능하게 하는 기술은 미디어와 경제분석을 가능하게 하는 수리적 모형이다. 비용효율분석이나 총량규제 등이 시장적 규제의 수단이 된다. 그리고 최근 유행한 보장국가론 또한 시장적 규제의 실패를 막기 위한 정부의 감독수단으로 이해할 수 있다.

(4) 광장적 규제

빅데이터와 모바일 통신 그리고 사물 인터넷에 기반한 규제 체계로 설명할 수 있다. 규제의 효과가 실시간적으로 광범하게 측정되며, 이를 기반으로 규제의 방향과 밀도의 조정이 가능하게된다. 인공지능이 가세하면 정책과 조정 및 변경이 데이터 분석을 통하여 쉽게 이루어진다. 이 단계에서도 공무원의 규제권한은 여전히 유지되며 그 형태가 변화된다. 규제의 권한은 소수에게 맡겨지고, 정책 결정자가 판단할 수 있는 근거와 기준의 도출을 위하여 다수의 전산전문가가 분석 알고리즘을 개발하고 적용한다. 「전자정부법」에서는 정보기술 아키텍처 도입 및 설치 근거를 마련하여 광장적 규제의 기초를 마련하고 있다. 현재 가장 활발한 광장적 규제의 예는 청와대 홈페이지의 국민소통광장이라고 할 수 있다.[36) 여기에는 국민들의 국정참여를 위한 토론, 국민청원 및 제안, 국민신문고 및 인재추천 페이지가 마련되어 있다. 전자적 국민참여의 한 예라고 할 수 있다. 광장적 규제는 이를 포함하여 굳이 국민들이 참여하지 않더라도 빅데이터를 분석하여 공권력이 필요한 곳에 적절히 인원을 실시간으로 배치하여 국민의 편의를 도모하는 기술을 포함한다.

4. 인공지능 규제의 적용 분야

(1) 인공지능 네트워크

로봇이 발전하면 개별적인 작동이 아닌 인터넷과 인공지능으로 연결되는 시스템을 이룬다. 이를 인공지능 네트워크라고 부른다.[37) 여기서는 인공지능을 "추론, 학습, 자기개선

---

36) http://www1.president.go.kr/forums (2018. 2. 7. 최종방문)

37) 福田雅樹, 「AIネットワーク化」およびそのガバナンス, 福田雅樹 / 林 秀弥 / 成原 慧 編著, AIがつなげる社會, 弘文堂, 2017, 5면 이하.

등 통상 인간적인 지능에 관한 기능을 수행하는 데이터 처리 시스템"이라고 정의하고 있다. 인공지능 기술은 그간 수차례의 부침을 겪었는데 최근에는 빅데이터의 처리와 머신러닝 기술에 힘입어 비약적으로 발전하고 있다. 인공지능 네트워크가 발전하면 사물인터넷을 통하여 각 요소들과의 접속이 이루어지고, 알고리즘 간에도 연결이 되기 때문에 그간 해결이 되지 않았던 문제의 해결이 이루어지는 등 매우 편리한 사회가 구축된다. 그런데 한편으로는 인공지능 기술의 발전이 가져오는 위험 또한 간과할 수 없다. 인공지능이 가져올 위험으로는 기계적 위험과 규범적 위험이 있다. 기계적 위험에는 불투명성, 혼선, 제어불능, 해킹사고 등이 있으며, 규범적 위험에는 권리침해, 범죄, 인간존엄성 침해, 소비자주권의 침해, 프라이버시 침해 및 민주주의 원리의 위협 등이 있다.[38] 이러한 위협을 차단하기 위해서는 인공지능 기술이 가지고 있는 위험요소를 사전에 평가하고 이를 방지하여야 한다. 환경법에서 논의되는 '예방원칙'이 인공지능 규제에서도 중요한 역할을 한다. 예방원칙은 현재 과학기술의 수준에서 입증되지 아니한 위험에 관해서도 국민의 생명보호와 기본권 존중의 관점에서 이를 관리하고 그 위험으로부터 국민을 보호하고자 하는 의도를 담고 있다.[39] 인공지능 기술은 그 속도가 빠를 뿐만이 아니라 그로 인한 부작용이 크고 치명적인 것으로 예상되므로 예방원칙에 기하여 사전적인 감독과 통제가 요청된다.

정부는 인공지능의 개발단계에서부터 개발의 원칙을 설정하여 이를 준수하도록 하여야 하는데, 여기에는 표준화, 투명성, 제어가능성, 안전성 확보, 보안성, 프라이버시 보호, 윤리성의 확보, 이용자 지원 및 설득책임(accountability) 등이 포함된다.[40]

(2) 자율주행차

자율주행차는 사회 내 자동차 사고를 큰 폭으로 감소시킬 것이 예측되므로 도입에 대한 압력이 크다. 자율주행차의 상용화는 우리사회를 근본적으로 바꿀 가능성이 있다. 자율자동차가 거리에 다닐 수 있고 이를 호출할 수 있으면 굳이 차고에 차를 둘 필요가 없어지고, 사회 전체의 자동차 대수는 현재의 10%정도로 줄어들 것이라 한다.[41] 자율주행차가 보편화되는 시점은 대략 2015년 전후로 보고 있다. 늦어도 30년 이내라고 보니까 2050년 이내에는 사람이 거리에서 운전하는 모습은 영화 속에서나 나올 수 있다.[42] 자동차와 교통신호기 그리고 중앙처리장치가 연결되면 과속을 하거나 차선위반을 하면 바로 스티커가

38) 위의 글, 16면.

39) 大塚 直, 環境法のおける豫防原則, 渡辺 浩 / 江頭憲治朗 (編集代表), 城山英明 / 西川洋一 (編), 法の再構築 [Ⅲ]科學技術の發展と法, 東京大學出版會, 2007, 126면.

40) 成原 慧, AIの研究開發に關する原則·指針, 福田雅樹 / 林 秀弥 / 成原 慧 編著, 위의 책, 91면.

41) 김대식, 인간 vs 기계, 동아시아, 2017, 240면.

42) 김대식, 위의 책, 266면.

발부되거나 보험회사에 통보되어 보험료에 영향을 줄 것이다.

자율주행차가 보급되면 행정의 역할은 자율주행차의 운행에 최적화된 도로 인프라를 건설하고, 통신설비를 보완하며, 나아가 신재생에너지 차량을 위한 충전장치를 확충하는 등 지금과는 다른 교통행정을 처리하는 데 중점을 두어야 한다. 즉, 정보기술의 발전이 행정의 임무와 서비스의 질적인 차이를 불러온다.

(3) 의료산업과 인공지능

IBM이 개발한 인공지능 왓슨(Watson)은 암을 비롯한 질병 진단에 탁월한 효율성을 드러내고 있다. 로봇팔을 이용한 수술 등도 외과에서 활용되고 있다.43) 인간의 오랜 염원인 무병장수 사회의 실현을 위하여 인공지능이 적용될 수 있는 여지는 매우 많다. 「뇌연구 촉진법」은 "뇌연구 촉진의 기반을 조성하여 뇌연구를 보다 효율적으로 육성·발전시키고 그 개발기술의 산업화를 촉진하여 국민복지의 향상 및 국민경제의 건전한 발전에 이바지함을 목적으로" 제정되었다. 인공지능의 획기적인 발전은 기계학습에 의하여 가능하게 되었는데 기계학습은 뇌의 작동원리에 대한 연구를 바탕으로 하고 있다. 이세돌과 대국한 알파고는 '컨볼루셔널 신경망 기술(convolutional neural network)'을 적용하였는데 그 높이가 두뇌 신경망에 비유하자면 48층이었다고 한다. 그런데 최근 발달한 기계학습은 그 높이가 150층이 넘는다고 한다.44) 그러니까 바둑분야에서는 이제 인간이 기계(알파고)를 이길 확률은 0%가 된 것이다.

(4) 금융 및 주식시장

2017년 말과 2018년 초에 전세계적으로 비트코인이 화제의 중심에 있었다. 가상화폐 혹은 암호화폐(crypto currency)라고 불리지만 이들은 아직 화폐라기보다는 상품권이나 증권의 성격을 가지고 화폐로는 인정받지 못하고 있다. 화폐의 기능은 가치의 척도, 교환의 매개, 보존 및 운반의 안전성이 보장되어야 하는데 아직 암호화폐는 화폐 자격을 입증하지 못하고 있다. 비트코인이 주목을 받은 이유는 오히려 그 가격의 변동폭에 있다. 작년 말 한때 1비트코인이 2천 600만원까지 급등한 적도 있지만 2018년 2월 현재는 900만원에 거래되는등 등락폭이 매우 커서 정부에서는 거래소를 제한하고 실명제 도입을 추진하는 등 규제를 하고 있다. 이는 다른 나라의 경우도 비슷하다. 그리고 해킹에 의하여 상당수의 암호화폐(일본의 NEM)가 도난당하는 등 안전성에 관한 신뢰도 얻지 못하고 있다. 비트코인의 혁신적인 성격은 오히려 정부의 개입이나 보증과 전혀 무관하게 철저히 개인 대 개인(P2P)

---

43) 다빈치(DaVinci Xi) 수술 시스템을 예로 들 수 있다. 平野 晋, ロボット法, 弘文堂, 111면.

44) 김대식, 위의 책, 187면.

간에 거래가 이루어지며, 거래의 내용도 중앙기관에 의하여 관리되지 않고 각 컴퓨터 장부에 분산되어 저장되는 점에 있다. 그렇다면 은행, 정부, 전통적 화폐경제 체제 아래의 중개인 등이 필요 없어지게 된다.[45] 암호화폐는 전통적인 화폐경제 및 그에 기반한 체계에 대한 중대한 위협이 되기 때문에 정부로서는 이를 통제 아래에 두기 위한 조치에 나서게 된다. 가장 중요한 위협은 범죄에 노출되거나 이용되기 쉬운 데 있다. 암호화폐는 블록체인이라는 기술에 바탕을 두고 있는데, '풀기 어렵지만 확인하기 쉬운' 퍼즐을 출제하여 이를 가장 먼저 맞춘 사람에게 그 보상으로 코인을 부여하고 이를 각자의 장부에 기록하는 방식이다.[46] 암호화폐가 인공지능과는 아직 직접적인 관계가 없는 듯이 보인다. 그러나 컴퓨터 기술이 발전했을 때 기존의 제도가 도전받고 세인들의 주목을 끄는 중요한 사례로 흥미롭다.

주식시장에서도 컴퓨터를 활용한 영업이 활용되고 있다. 주식가격 전망은 이미 기계에 의존하는 정도가 크고, 컴퓨터를 활용하여 매도가와 매수가의 차이를 활용한 초단타 매매로 상당한 이익을 얻고 있다. 그런데 이런 방법은 한쪽에서 오류가 나면 전반적 시장의 붕괴로 이어질 수 있으므로 상당한 위험이 수반되고 있다.[47] 기술의 발전에 의한 자유로운 경쟁을 보장하면서도 시장 자체가 지속적으로 유지될 수 있도록 관리하여야 한다.

5. 시민참여 행정의 가능성

영국 국무조정실의 열린 정책결정 팀(Open Policy Making Team)은 공무원들이 시민들의 의견을 청취하여 보다 편의성이 있는 정책을 만들기 위하여 블로그, 소셜 미디어, 크라우드 소싱 등 다양한 온라인 플랫폼을 활용하고 있다. 위키스트랫(Wikistrat)이라고 하는 온라인 네트워크에서는 정치·군사·정부·학계 등 전문분야에서 경력을 쌓은 1,000여 명이 대기하고 있고, 고객이 이들 전문가 가운데에서 대답할 사람을 선정하여 질문을 던지면 이들이 온라인으로 토론을 하고 신청인에게 답변을 준다.[48] 이런 온라인 플랫폼 방식이 시민참여에 기반한 정책결정의 미래 모습이다. 현재 각 부서에서 '온라인 신문고'니 '온라인 옴부즈만'이니 하는 창구를 운영하고 있지만 답변이 한 두 명의 공무원에 의하여 처리되기 때문에 시민참여형 정책수립이나 민원해결 수단으로는 크게 부족하다. 공무원, 전문가 그리고 민원인이 공동적으로 참여하여 지식과 정보에 기반하여 합법적으로 문제를 해결하는 방식이 필요하다. 가령 중한 병에 걸린 환자 본인이나 가족이 온라인 상에 모여서 질환으

45) 마이클 J. 케이시, 폴 비냐 지음 / 유현재, 김지연 옮김, 비트코인 현상, 블록체인 2.0, 미래의 창, 2017, 23면.
46) 돈 탭스콧·알렉스 탭스콧 지음 / 박지훈 옮김, 블록체인혁명, 을유문화사, 2016, 69면.
47) 제리 카플란 지음 / 신동숙 옮김, 인간은 필요 없다, 한스미디어, 2015, 86면.
48) 리처드 서스킨드 / 대니얼 서스킨드 지음(2015), 위대선 옮김, 전문직의 미래, 2016, 117면.

로 인한 고통을 함께 나누고 그 병에는 어떤 의사가 명의인지, 치료에 적합한 약재와 음식은 무엇인지, 운동과 생활방식은 어떻게 변경해야 하는지, 주위 사람들에 대한 대처는 어떻게 하는지, 병세 악화에 따르는 준비는 어떻게 하는지 경험과 의견을 나누는 사이트는 대단히 활성화되어 있다. 그 병을 잘못된 행정(mal-administration)이라고 대치하여 보자. 병리행정에 의하여 고통을 받은 민원인들은 온라인 광장에 모여서 의견을 나누고 권리구제 방법을 생각할 것이다. 그러면 모든 시민이 행정편의 앱 하나를 설치해 두면 행정의 피해로부터 예방 혹은 대처가 가능하다. 정부의 입장에서는 여기에 올라오는 각종의 민원들을 모아 바로 해결할 수 있는 부분은 직접 대응하고, 장기 대책을 요하는 부분은 인공지능 알고리즘을 개발하여 대응해 갈 수 있을 것이다.

정자정부법에서는 제20조에서 "국가는 국민에게 전자정부서비스를 효율적으로 제공하기 위하여 인터넷 기반의 통합정보시스템을 구축·관리하고 활용을 촉진하여야 한다."고 규정하고 있다. 이를 '전자정부 포털'이라고 부른다. 그리고 "행정기관등의 장은 전자정부서비스 이용을 활성화하기 위하여 업무협약 등을 통하여 개인 및 기업, 단체 등이 제공하는 서비스와 결합하여 새로운 서비스를 개발·제공할 수 있다"고 규정하고 있다(동법 제21조 제1항). 청와대 홈페이지의 예는 앞에서 설명한 바 있다.[49]

V. 인공지능 규제가 행정법 이론에 미치는 영향

1. 전통 행정법학과 인공지능 규제법

행정법학을 '행정에 관한 국내 공법'이라고 정의할 때 인공지능의 발전이 전통적인 행정법학에 미치는 영향이 바로 파악되지는 않는다. 행정은 입법이나 사법과 구별되는 개념으로 이는 권력분립에 의한 도구적 성격을 가진다. 그런데 행정법을 "계속적, 구체적으로 공익을 실현하는 작용"이라거나 "사회를 형성하는 작용"이라고 하여 실질적인 측면에 주목할 때에는 달라진다. 인공지능의 발전이 公益을 형성하고 구체화하는 방식을 크게 변화시킬 가능성이 있기 때문이다. 행정의 특징은 개별적이고 구체적으로 행정행위를 통하여 법관계를 형성하는데 인공지능 기술의 도입으로 행정이 내재적으로 입법과 융합할 가능성 혹은 사법과 융합할 가능성이 커진다. 또한 개별적 행위에 의하여 법관계가 형성되기보다 대량적 혹은 계속적 법관계가 형성, 유지될 가능성이 커진다. 이 점에서 인공지능에 기반한 행정법 질서는 종래와 다른 특성을 보일 가능성이 커진다.

---

49) 국민청원 참가자 수가 30일 내에 20만이 넘으면 청원에 대하여 청와대에서 답변하도록 운영하고 있다.

2. 행정법 이론 변화의 가능성과 한계

(1) 공익실현의 구조 변화

행정법이 목표로 하는 사회 내 공익의 실현을 위하여 전통적인 위원회 규제 및 시장적 규제에서는 공익에 대한 사회적 합의가 존재하고 이를 실현하기 위한 회의와 토론, 이를 집행하는 방법으로서의 행정절차 그리고 공익실현을 위한 규제정책의 입안과 개선등이 가시적으로 형성되고 변화한다. 그런데 알고리즘을 활용한 광장적 규제의 단계에서는 위의 요소들이 다음과 같은 점에서 수정을 받게 된다. 첫째는 공익의 계산과 실현이 기계적인 방법으로 이루어지는데 그 구체적인 원리는 관련 시스템 안에 내장되고 일반에 드러나지 않으며, 그 정확한 작동원리도 알려지지 않는다. 둘째는 공익의 실현에 관련이 되는 다양한 요소들이 계산에 투입되기 때문에 각각의 요소들이 공익실현에 영향을 미친다는 것만 알 수 있고, 각 요소들이 얼마나 그리고 어느 부분에서 영향을 미치는지는 알지 못하게 된다. 셋째는 알고리즘에 투입되는 정보의 크기와 종류에 따라서 공익의 판단이 다르게 나타나고 또한 그 변화가 실시간으로 이루어지기 때문에 사람으로서는 그에 대한 대응과 예측이 쉽지 않다. 다시 말하면 공익 실현과 공익적 판단에 있어서 사람의 설계와 계산이 이루어지고, 그 이후의 공익 실현은 기계적 판단에 의존하게 된다.

(2) 행정작용법의 변화

행정법의 가장 중요한 행위형식인 '처분'이 사라지고 그 자리에 지도나 권고 등 비권력적인 형태의 작용으로 대체될 가능성이 크다. 그리고 처분을 하기 전에 경고 등 사실행위에 의하여 사전에 처분을 예고하는 시스템이 도입된다. 처분이 이루어지는 경우에도 처분의 종류 및 내용에 대한 판단은 알고리즘을 활용한 행정시스템에 의하여 결정되고, 행정청이 이를 형식적으로 통보하는 형태가 될 수 있다.

행정처분과 함께 행정계약이 중요한 행정작용의 형식이 된다. 행정청만이 아니라 상대방 또한 충분한 정보와 대체적인 수단을 가지고 있으므로 다양한 행정적 결정의 조건을 서로 비교하고 이를 구체화하기 위해서는 처분보다 유연한 행정계약이 적합하다. 그리고 이 경우에 개인은 정보량이나 교섭 기술면에서 제약이 있기 때문에 법률지식과 정보처리기술을 함께 구비한 대리인들이 등장하여 행정과 사인을 매개하게 된다. 현재 활동하는 다양한 전문직업군, 예를 들면 변호사, 세무사, 노무사, 공인중개사, 변리사 등이 진보된 기술적 형태로 각각 활동할 수 있겠지만 그보다는 대규모의 자본과 법기술을 갖춘 법률 알고리즘 기업에서 통합적 민원서비스를 제공할 가능성이 크다.

(3) 행정입법의 변화

컴퓨팅 기술의 발달은 종래 법규명령과 행정규칙과 같은 일반법(hard law)과 함께 연성법(soft law)의 활성화를 초래한다. 연성법은 가령 환경법과 같이 미래예측에 기반한 인간 행위의 규제에 적용되는 예외적인 의미의 법으로 작용하였다. 가령 지속가능발전이나 배려의 원칙은 아직 일반적인 지침으로서의 성격으로서의 의미가 크고 이로부터 구체적인 행위의 규율이 도출되지는 않았다. 이러한 원칙들이 일반법이 되기 위해서는 정부의 입법이나 국제조약 등에 의하여 그 내용이 구체적으로 확정되어야 한다.

규제 알고리즘이나 정보기술 아키텍처를 제작하는 전과정을 행정법규로 미리 규정하기는 힘든다. 그 이유는 첫째로 이 분야의 기술 발전이 워낙 빠르다보니 일반적인 입법대응이 그 발전을 따라가지 못하는 측면이 있다. 그리고 둘째로 법이 의도하는 규제, 가령 로봇규제의 예를 들자면 로봇의 행동에 관련된 모든 상황을 사전에 예상할 수 없고, 각각의 상황에 대한 대응도 다르므로 이를 미리 규율하기가 어렵다. 그러니까 일반적인 원칙을 가이드라인이나 규제원칙 등의 형태로 제시해 놓고 이를 준수하도록 권고하게 된다. 이러한 연성법에 대한 국민적인 합의가 있게 되면 이를 일반법으로 전환함으로써 강제적인 효력을 부여하게 된다.

(4) 행정절차법의 변화

우리 행정절차법은 행정절차를 처분, 행정상 입법예고, 행정예고, 신고, 행정지도 절차 등으로 나누고, 이에 관해서 기본적인 절차를 규정하고 있다. 그간 행정절차법에 행정계획과 행정계약이 포함되지 않은데 대하여 비판이 있어왔다. 정보통신의 발달과 인공지능 시대의 도래에 부응하여 행정절차법의 전반적인 재검토를 논의할 시점이 되었다. 그리고 알고리즘에 기반한 규제가 본격화되면 이를 위한 별도의 행정절차법이 필요하다. 가령 전자적 행정절차법에 관한 논의가 필요하다.

이미 이러한 변화는 부분적으로 가시화되고 있다. 절차적인 면에서 정보통신망을 통한 의견수렴이 이용되고 있다. 전자정부법 제31조는 "행정기관등의 장은 소관 법령의 제정·개정, 「행정절차법」 제46조제1항에 따른 행정예고를 하여야 하는 사항, 그 밖에 법령에서 공청회·여론조사 등을 하도록 한 사항에 관하여는 정보통신망을 통한 의견수렴 절차를 병행하여야 한다."(제1항)고 규정하고 있다. 이는 복잡한 내용을 포함하고 있는 분야이므로 나중에 별도의 글로 정리하고자 한다.

(5) 행정조직법의 재구성

앞에서 인공지능 발전을 촉진하기 위한 행정청의 설립을 행정조직법적 과제로 제안하였다. 인공지능과 알고리즘은 사회의 각 부분에 지대한 영향을 끼칠 뿐만이 아니라 제4차 산업혁명 논의와 함께 생산력 향상을 주도할 수 있는 기술이므로 이를 종합적으로 관리할 부서가 필요하다. 1980년대에 환경청이 독립하고 환경부로 성장하였듯이 인공지능 관리청도 그 비중에 합당한 행정조직을 만들어야 한다. 이와 함께 각종 위원회 제도의 재검토가 필요하다. 위원회를 소집하기보다 화상회의나 서면회의 혹은 사후 감독적 회의의 형태로 발전시켜 가야 한다.

인공지능의 발달로 정보통신과 자율주행차 상용화 시대를 내다보면서 지방자치법에 새로운 전기가 올 것으로 생각한다. 수도권과 지방간의 정보격차, 기회격차를 인공지능을 활용한 정보혁명이 메울 수 있을 것이다. 그러면 사람들이 굳이 수도권에 살지 않아도 문화혜택을 누릴 수 있는 기회를 가질 수 있다.

사회 각 분야가 그렇듯이 현재 공무원이 하고 있는 일도 인공지능이 대신 수행하는 시기가 올 것이다. 지금도 각종 증명서의 발급사무는 온라인으로 가능하다. 조세행정, 노동행정, 복지행정 등에서 알고리즘을 개발하여 국민이 직접 온라인상으로 해결하는 시대가 오면 공무원의 숫자는 줄어들고, 공무원의 역할에도 상당한 변화가 예상된다. 영화에서는 벌써 수년전에 로보캅이라는 기계가 등장하였는데 똑같은 형태는 아니겠지만 치안의 유지에 관련된 업무도 기계가 대신할 수 있을 것이다.

3. 행정책임 법제의 재검토

로봇과 같은 유체의 물건이 타인에게 피해를 가한 때에는 그 입증이 비교적 쉽기 때문에 누가 책임을 부담할 것인지 문제된다. 「제조물책임법」에서는 소비자의 피해에 대하여 제조자 혹은 유통업자에게 손해배상의 책임을 부과하고 있다. 그런데 소프트웨어와 같은 무형의 산물이 피해를 가한 때에는 그에 대하여 누가 책임을 질 것인지 분명하지 않다. 소프트웨어가 「제조물책임법」에 의한 제조물에 해당하는지에 관해서 찬반의 논의가 있다.[50] 소프트웨어가 제조물에 해당한다면 그 책임은 소프트웨어 개발자, 유통업자 및 판매자 등에게 귀속될 것이다. 그러나 소프트웨어의 손쉬운 변용 가능성을 생각하면 입증책임의 완화등 새로운 책임법리의 개발이 시급하다.[51] 한편 미국 불법행위법 판례 가운데 소

50) 주지홍, 소프트웨어하자로 인한 손해의 제조물책임법리 적용여부, 민사법학 제25호, 2014/3, 439면.

51) 이상수, 임베디드 소프트웨어의 결함과 제조물책임 적용에 관한 고찰, 중앙대학교 法學論文集, vol.39,

프트웨어에 대해서 제조물책임을 직접적으로 인정한 판례는 없지만, 이법에서 말하는 製造物에 해당한다고 주장하는 논문이나 학설은 상당수 존재한다.[52)]

특히 인공지능이 개발하는 소프트웨어의 경우 문제가 복잡해진다. 인공지능의 법주체성이 부인되면 인공지능의 소유자 혹은 관리자에게 책임이 귀속될 것이다. 그러나 소유자나 관리자도 인공지능이 개발하는 소프트웨어에 대한 통제를 할 수 없거나 그 원리를 모르고 있는 경우에는 책임을 묻기 곤란해질 수 있다. 이러한 폐해를 막기 위하여 인공지능의 활용자체를 금지할 수 있겠지만 인공지능의 활용으로 인한 편의를 생각하면 새로운 책임법제의 개발이 필요하게 된다. 나아가 규제가 자동화되면 권리구제의 대응방식도 중요해진다. 일반 시민들은 법규를 알지 못하고 처분의 근거와 기준도 익숙하지 않기 때문에 대응이 곤란할 가능성이 있다. 그러므로 일차적인 불복에 대하여 SNS 등을 통하여 설명하는 방식을 취하고, 청문이나 행정심판 등도 편리하게 제기하는 길을 열어두어야 한다. 이와 관련하여 최근 법률에서 발견되는 책임법리의 새로운 변화를 소개하면 다음과 같다. 「클라우드컴퓨팅 발전 및 이용자 보호에 관한 법률」 제25조는 정보보호를 침해하는 사고가 발생하거나 이용자 정보가 유출되거나 혹은 서비스 중단이 발생하면 이를 해당 이용자에게 알리도록 의무화하고 있다. 그리고 동법 29조는 클라우드컴퓨팅서비스 제공자의 위법행위로 손해를 입은 이용자는 제공자에게 손해배상을 신청할 수 있다고 규정하고 있다. 이 경우 해당 클라우드컴퓨팅서비스 제공자는 고의 또는 과실이 없음을 입증하지 않으면 책임을 면할 수 없다(동조 제2항). 말하자면 서비스 제공자의 책임은 과실책임에 기초하여 있음에도 그 입증책임은 손해배상을 주장하는 이용자가 아닌 서비스 제공자에게 전환되어 있다. 이는 고의과실에 기초한 책임으로부터 위험책임에 근접한 구조로 전환되는 경향을 나타낸다.

인공지능으로 인하여 발생하는 책임문제를 간명하게 해결하는 방법으로 AI를 법적으로 人格을 가진 주체로 인정되는 방안도 주장되고 있다.[53)] 현재 인공지능이나 이를 활용한 로봇은 민법상의 物件에 불과하기 때문에 법적인 주체가 아니다. 물건에 대해서는 소유자나 점유자 혹은 관리자, 경우에 따라서는 제조자나 판매자가 그로 인하여 발생하는 손해배상의 책임을 진다. 그런데 인공지능이 스스로 판단하고 법적으로 유의미한 거래행위를 할 수 있는 단계가 되면 그로 인한 책임도 지우지 못할 이유가 없다. 다만 책임의 경우에 민사책임과 형사책임은 그 구조가 다른데 민사책임에 관해서는 인공지능에 부담지울 수 있는 여지가 크다고 본다. 형사책임과 법인책임에 관련된 논의도 앞으로 중요한 과제이다.[54)]

---

no.2, 2015, 71면 이하.

52) 平野 晋, ロボット法, 弘文堂, 204면.

53) 山本龍彦, AIと「個人の尊重」, 福田雅樹 / 林 秀弥 / 成原 慧 編著, 위의 책, 354면.

54) 가령 로봇이 공개적인 장소에서 실언을 하였을 때 명예훼손죄가 성립하는가가 중요한 쟁점이 된다.

VI. 장기적 과제로 본 인공지능 규제

1. 정의론의 재발견

현재 인공지능의 발달 속도에 비추어 볼 때 멀지 않은 시기에 엄청난 능력을 가질 것이라고 예상할 수 있다. 그러나 많은 사람이 우려하듯 인공지능이 가져올 유해성을 감소시키고 인공지능 기술이 인간의 편의에 도움을 줄 수 있도록 유도하여야 한다. 인공지능은 인간을 더 행복하게 하는 수단이 될 것인가? 아니면 대다수의 사람들을 실직과 비참으로 몰아넣는 근원이 될 것인가?

비용이 많이 드는 인력 대신에 기계를 통해 이윤을 창출하기 위하여 새로운 기술개발에 몰두한다. 그러면 인류는 여기서 딜레마에 빠진다. 인간의 생활을 편리하게 하고 여유를 주기 위한 인공지능이라는 기계를 만들었는데 인간은 다소의 여가가 아닌 영구적인 여가 상태(실직)에 직면하게 되는 문제이다.

인공지능이 사람을 대체하는 시대에 직면하여 다시 묻게된다. 정의사회란 무엇인가? 행복이란 무엇인가? 사회의 모든 문제가 대개 그렇듯이 여기에는 일치된 해답이 나올 수 없다. 다양한 정의관, 무수한 행복관이 서로 경합하게 될 것이다. 여기서 이런 상상을 해본다. 이제까지 나온 모든 저작과 위대한 사상적 자료를 인공지능에게 입력하여 인간의 궁극적인 행복이 무엇인가 하고 물어보자. 그러면 인공지능은 퀴즈쇼에서 인간을 이겼듯이 현인보다 더 정확한 대답을 내놓을 수 있을 것이다. 그런데 우리 인간이 인공지능의 해답을 믿을 수 있을 것인가? 과연 인공지능이 생각하는 정의로운 사회는 무엇일까?

2. 호모 사피엔스의 미래

호모 사피엔스라고 불리는 현생 인류의 종말을 예고하는 진단이 가끔 들린다. 기후변화로 인한 생명종의 멸종이 결국에는 인류의 종말을 초래할 것이라는 주장이 있다.[55] 비슷한 주장은 인공지능의 발달로 인한 인류의 피지배 상태를 예견하는 측에서도 나오고 있다. 뇌과학, 생명공학 그리고 로봇 기술이 발달하면 이를 이용할 수 있는 사람과 그렇지 않은 사람 간의 격차가 벌어지고, 이를 활용하여 증강된 능력을 가지는 사람들은 더 이상 호모 사피엔스가 아니라 새로운 인류라고 불릴 수 있는 '호모 데우스'의 시대가 된다는 주장이다.[56] 호모 사피엔스가 아닌 호모 데우스가 다수의 시민을 이루는 나라는 더 이상 보

55) Elizabeth Kolbert, The Sixth Extinction: An Unnatural History, 2014.

56) Yuval Noah Harari, Homo Deus, 2015.

통국가(nation state)가 아니라 신국(polis deus)이 된다. 당연히 보통국가는 신국에 의하여 지배받는 처지에 있을 터인데 그 지배는 무력에 의한 지배라기보다는 정보, 과학기술 및 문화에 의한 지배일 것이다. 우리나라는 인공지능 분야에서 아직 두각을 나타내지 못하고 있으며 보통국가로 남을 가능성이 크다.

그 전에 우리는 스스로에게 어떤 미래를 원하는지 물어 보는 게 순서일 듯하다. 인공지능이 가져올 큰 변화는 분명한 미래의 예측이긴 하지만 아직 눈앞에 닥친 현실은 아니다. 그런데 그 미래가 몇 백 년 후에야 있을 수 있다고 안심하고 있을 처지도 아니다. 그렇다면 정보통신 과학기술이 가져올 미래에 대하여 어떤 판단을 하고 대처할 것인지 입장을 정리하여야 한다. 인공지능이 물질위주 현대 문명의 소산인 듯하지만 반드시 그렇지는 않다. 인간의 호기심과 지식의 축적에 의하여 만들어지는 자연스런 발전의 결과로서의 측면이 있다. 그러므로 이를 회피한다거나 부정하는 데는 한계가 있고 그 추이를 정확히 분석하고 예측하는 작업이 계속되어야 한다. 이와 함께 부정적인 결과를 최소화하는 일도 함께 하여야 한다. 이는 물론 우리가 독자적으로 해결할 수 있는 사안은 아니고 세계의 규제 움직임에 보조를 맞추어야 할 것이다.

장기적으로 인공지능이 인간을 뛰어넘기 이전에도 인간에 부여된 존엄성이 언제까지 유지될 수 있을 것인지 논의된다. 사람은 이성적으로 사유할 수 있는 자유로운 존재이며, 자신의 자유로운 판단에 대해서는 의무를 부담할 수 있기 때문에 人格的 存在로 인정된다. 그러나 이러한 인간성에 대한 신뢰가 도시의 발전에 의하여 침식당하고 있다. 특히 공업화와 도시화가 진전되면서 존엄한 법적 주체로서의 인간보다는 공권력에 의하여 보호되고 통제당하는 인간의 모습이 부각되고 있다. 포르스트호프가 주창한 '생존배려(Daseinsvorsorge)'란 개념은 행정이 시민들에게 일정한 급부를 제공하여 사회생활을 할 수 있도록 만드는 행정법적인 원리를 제공하였는데, 기술사회의 발달로 인하여 이제는 공권력의 개입이 없이는 존재할 수 없는 인간의 모습이 등장하게 되었고 이와 함께 인간의 존엄성을 갖춘 인격적 존재로서의 인간이라는 개념 자체가 퇴색하고 있다.[57)]

VII. 결어

인공지능의 활용과 그로 인한 사회의 변화에 관한 기사가 연일 쏟아지고 있다. 거대자본이 더욱 발달한 인공지능을 앞다투어 소개하는 소식을 들으며 새로운 정보기술이 교

57) 西川洋一, 科學技術の發展と西洋法の歴史的傳統, 渡辺 浩 / 江頭憲治朗 (編集代表), 城山英明 / 西川洋一 (編), 法の再構築 [Ⅲ]科學技術の發展と法, 東京大學出版會, 2007, 18면.

통, 의료, 법률 서비스, 증시분석 등 우리 사회의 곳곳에서 작동할 날이 멀지 않음을 감지한다. 인공지능 시대의 법과 규제는 과거에 볼 수 없었던 새로운 단계의 원리와 규제방식을 요구한다. 인공지능이 발달한다고 하여도 그 작동을 가능하게 만드는 알고리즘은 과학자와 전문가들에 의하여 만들어지므로 공무원의 역할이 없어지지는 않는다. 다만 그 활동방식과 규제의 장면이 다르게 나타날 뿐이다. 인공지능에 기반한 규제와 그 구체적인 형태는 앞으로 태산 같은 논의와 과정을 거쳐서 구체화된다. 다만 그런 시대가 머지않아 오리라는 데 의견이 상당히 일치하고 있는 정도이다. 인공지능을 활용하는 규제가 보편화되면 종래의 직관적이고 정치적인 판단에 좌우되던 규제가 초래한 비능률과 시행착오를 상당히 축소할 가능성이 있다. 한편으로는 발달된 기술이 잘못 적용되는 경우 그로 인한 피해는 엄청날 뿐 아니라 이를 쉽사리 교정하기 어려운 단점도 있을 것이다. 그러므로 새로운 기술에 대한 작동방식을 면밀히 검토하여 순전히 인간의 복리와 평화에 사용될 수 있는 기술을 만들기 위한 여건을 조성하여야 한다. 인공지능 시대의 규제는 합리적인 계산과 예측을 통해서 발전할 수 있다. 그리고 인공지능 발전이 인류의 복리와 공존하도록 하기 위하여 지금부터 인공지능에 대한 통제 방안도 연구하여야 한다.

도로점용허가와 주민소송*

선정원**

대법원 2016. 5. 27. 선고 2014두8490 판결

I. 주민소송의 발전을 위한 대상판결의 의의

1. 공공시설의 관리에 대한 주민의 관심의 급속한 증가

지방자치단체의 공공시설은 지방자치법 제144조 제1항에 따라 지방자치단체가 "주민의 복지를 증진하기 위하여" 설치한 것으로 주민의 이용에 제공할 목적으로 설치하고 관리한다. 소득수준의 향상과 지방자치의 정착으로 지방자치단체가 관리하는 공공시설에 대한 주민들의 관심과 기대수준이 높아가고 있다. 현실적으로 공원, 도로, 도서관, 구립체육관, 지방의료원 등 지방자치단체의 재산인 공공시설의 합리적 설치·관리 여부는 주민들의 삶의 질에 밀접한 영향을 미치고 있다.

오늘날 산업화되고 도시화된 사회에서 도로의 지하공간 등을 이용해 전화선, 통신선, 가스관, 하수관 등을 설치해 이용하는 경우에 빈번하게 나타나고 있는데, 특히, 전통적인 공공사업이 민영화되면서 도로지하공간의 장기간의 특별이용의 허용여부와 그 이용료를 둘러싼 문제들이 현실적인 법적 분쟁으로 나타나는 경우들이 종종 생기고 있다.

2. 대상판결의 사건개요와 판결의 내용

1) 사건개요와 경과

A교회는 교회 건물 부지에 접한 대로인 서초로 · 반포로의 도로변이 차량출입 금지 구간으로 설정됨에 따라 그 반대편에 위치한 서울특별시 서초구 소유의 국지도로인 참나리

* 이 글은 2017년 12월 31일 발행된 행정판례연구 제22-2집에 게재된 논문을 전재한 것입니다.

** 명지대학교 법과대학 교수

길 지하에 지하주차장 진입 통로를 건설하고, 위 건물 부지 지하공간에 건축되는 예배당 시설의 일부로 사용할 목적으로 피고에게 위 참나리길 지하 부분에 대한 도로점용허가를 신청하였다.

서초구청장은 2010. 4. 6. 신축 교회 건물 중 남측 지하 1층 325㎡를 어린이집으로 기부채납할 것을 내용으로 하는 부관을 붙여 위 참나리길 중 지구단위계획상 A교회가 확장하여 서초구청에게 기부채납하도록 예정되어 있는 너비 4m 부분을 합한 총 너비 12m 가운데 '너비 7m×길이 154m'의 도로 지하 부분을 2010. 4. 9.부터 2019. 12. 31.까지 A교회가 점용할 수 있도록 하는 내용의 도로점용허가처분을 하였다.

서초구 주민 293명은 2011. 12. 7. 서울특별시장에게 지방자치법 제16조 제1항에 따라 감사청구를 하였는데, 이 사건 도로점용허가처분의 위법성과 아울러 건축허가처분의 위법성도 함께 언급하면서 감사결과 위법한 처분이 있었다면 이에 대한 시정조치를 요청한다고 기재하였다.

서울특별시장은 2012. 4. 9. 서울특별시 감사청구심의회의 심의를 거쳐,

① 참가인의 지하예배당은 보통의 시민들이 모두 이용할 수 있는 공공용 시설이 아닐 뿐만 아니라 도로점용허가를 받을 수 있는 공작물·물건, 그 밖의 시설의 종류를 정하고 있는 「도로법 시행령」 제28조 제5항 중 제5호 소정의 '지하실'에 해당하지 않고,

② 기부채납에는 조건을 붙이거나 부당한 특혜를 주어서는 아니 됨에도 이 사건 어린이집 부분을 서초구에 기부채납하는 조건으로 이루어졌다는 이유를 들어,

이 사건 도로점용허가처분이 위법·부당하다고 판단한 다음, 2012. 6. 1. 피고에 대하여 2개월 이내에 이 사건 도로점용허가처분을 시정하고, 이 사건 도로점용허가처분에 관여한 공무원들로서 이미 임기가 만료되었거나 정년퇴직한 자를 제외한 2명에 대하여는 경징계에 처할 사안이나 징계시효가 경과되었으므로 구두로 훈계할 것을 요구하였고, 같은 날 감사청구인들의 대표자인 원고 1에게 위 감사결과 및 조치요구내용을 통지하고 이를 공표하였다.

2) 서울행정법원의 판결내용

서울행정법원은 이 사건에서 다음과 같은 이유로 도로 지하공간에 대한 점용허가가 주민소송의 대상인 재산의 관리행위에 해당되지 않는다고 각하판결을 했다(서울행정법원 2013.7.9., 2012구합28797).

지방자치법 제17조 제1항이 주민소송의 대상으로 정하고 있는 '재산의 관리·처분에 관한 사항'에서 말하는 "'재산'은 지방자치단체가 '보유'하는 '재산적 가치'가 있는 물건과

권리를 의미한다고 할 것이고, 따라서 지방자치단체가 관리하더라도 그 소유가 아닌 재산의 관리·처분에 관한 사항은 원칙적으로 주민소송의 대상이 될 수 없다"는 것이다.

그런데, 도로점용허가권한은 적정한 도로관리를 위하여 도로의 관리청에게 부여된 권한이라 할 것이지 도로부지의 소유권에 기한 권한이라고 할 수 없다. 도로점용의 허가는 도로부지의 소유자가 아니라 도로의 관리청이 신청인의 적격성, 사용목적 및 공익상 영향 등을 참작하여 허가 여부를 결정하는 재량행위이므로, 지방자치단체장의 도로점용허가 또한 지방자치단체장이 도로관리청으로서 도로행정상의 목적으로 행하는 행위일 뿐 지방자치단체 소유의 재산에 대하여 재산적 가치의 유지·보전·실현을 직접적인 목적으로 행하는 행위라고 할 수 없다.

또, 구 도로법」 제41조 제1항에서 "관리청은 제38조에 따라 도로를 점용하는 자로부터 점용료를 징수할 수 있다."고 규정하고 있으므로 도로점용허가 시에 점용료의 징수가 필수적이라고 단정할 수 없다는 이유로 도로점용허가는 재산의 관리행위에 속하지 않는다고 했다.

위와 같은 논리로 지방자치단체장의 도로점용허가권한이 '재산적 가치'가 있는 물건 또는 권리에 해당한다고 볼 수도 없으므로, 도로점용허가처분이 그 법적 성격상 당연히 '재산의 관리·처분에 관한 사항'에 해당한다고 보기는 어렵고, 설령 그 결과 지방자치단체에 재산상 손해를 야기할 우려가 있다 하더라도 '재산의 관리·처분에 관한 사항'에 해당하지 아니한다고 봄이 상당하다고 했다.

3) 대법원의 판결내용

대법원은 이 사건 도로 지하공간에 대한 점용허가가 주민소송의 대상이 되는 재산의 관리·처분에 해당한다고 하면서 원심인 서울행정법원으로 파기환송하였다. 판결이유는 다음과 같았다.

"이 사건 도로점용허가의 대상인 도로 지하 부분은 본래 통행에 제공되는 대상이 아니어서 그에 관한 점용허가는 일반 공중의 통행이라는 도로 본래의 기능 및 목적과 직접적인 관련성이 없다고 보인다. 또한 위 점용허가의 목적은 특정 종교단체인 참가인으로 하여금 그 부분을 지하에 건설되는 종교시설 부지로서 배타적으로 점유·사용할 수 있도록 하는 데 있는 것으로서 그 허가의 목적이나 점용의 용도가 공익적 성격을 갖는 것이라고 볼 수도 없다.

이러한 여러 사정에 비추어 보면, 위 도로점용허가로 인해 형성된 사용관계의 실질은 전체적으로 보아 도로부지의 지하 부분에 대한 사용가치를 실현시켜 그 부분에 대하여 특정한 사인에게 점용료와 대가관계에 있는 사용수익권을 설정하여 주는 것이라고 봄이 상당하다. 그러므로 이 사건 도로점용허가는 실질적으로 위 도로 지하 부분의 사용가치를 제3자로 하여금 활용하도록 하는 임대 유사한 행위로서, 이는 앞서 본 법리에 비추어 볼 때, 지방자치단체의 재산인 도로부지의 재산적 가치에 영향을 미치는 지방자치법 제17조 제1항의 '재산의 관리 · 처분에 관한 사항'에 해당한다고 할 것이다(대법원 2016.5.27, 선고, 2014두8490 판결).

3. 주민소송의 운영에 있어 대상판결의 의의

주민소송은 우리 사회에서 점차 중요성을 획득해가고 있는 공익소송의 일종으로서 지방자치단체의 재무회계행위가 적정하게 운영되도록 하기 위해 주민이 지방자치단체의 위법한 재무회계행위 또는 해태한 사실에 대해서 이를 시정하거나 손해를 회복하기 위해 제기하는 소송이다. 직접적으로는 지방자치법 제17조에 근거를 두고 있는데, 행정소송법 제3조 제3호가 규정한 민중소송에 속하는 것으로 이해되고 있다.

주민 자신의 세금에 의하여 형성된 지방자치단체의 재산의 관리에 있어 신탁을 받은 지방자치단체의 기관이 잘못 처리한 경우에 주민들 중의 일부가 주민들을 대표하여 제기하는 대표소송의 일종이고 주민에 의한 직접적 행정통제의 성격을 가지므로 직접민주주의의 정신을 반영하고 있다.

그동안 우리 판례상 주민소송으로 제기된 사례들은 일본과 비교할 때 매우 적고 더구나 주민들이 승소한 사례는 거의 없었다. 일본과 비교하여 우리나라에서 행정소송사건수가 훨씬 많은 것에 비해 주민소송의 운용실적이 이렇게 저조한 이유는 원고적격, 대상적격, 위법인정범위 등에서 너무 제한적이었던 것에 원인이 있지 않는가 하는 비판이 제기되어 왔다.[1)]

대상판결에서 대법원은 도로 지하공간에 대한 점용허가행위를 주민소송의 대상인 재산의 관리행위에 해당된다고 봄으로써 과거 대상확대에 소극적이었던 판결들에 비해 대상적격을 더 확대 인정하였다는 점에서 그 의의를 인정할 수 있을 것이다.

---

1) 최우용, 주민소송제도의 한·일 비교, 지방자치법연구 제28호, 2010, 92-93면은 주민소송의 활성화를 가로막는 장애물들 중 감사청구전치주의나 일본과 달리 200명 정도의 주민들이 연서해야 하도록 한 것들을 우선적으로 지적하고 있다.

II. 독일과 우리나라에서의 도로점용허가

1. 독일법상 도로의 점용허가

1) 개념

도로점용허가는 도로의 일정 부분에 대해 일반이용을 넘어서 사인에게 특별한 사용수익권을 부여하는 재량행위로서 독일법상 도로의 특별이용(sondernutzung)으로 불리운다. 도로점용허가의 내용상 특징은 공공용물의 일종으로서 공중에게 허용되는 일반이용의 범위를 넘어서 자신의 이익을 위하여 이용하는 것을 허용한다는 점에 있다. 도로의 특별이용의 형태는 점용허가이외에도 특수한 화물을 수송하기 위해 매우 큰 차량으로 도로를 통행해야 할 경우 도로관리청과 경찰서의 허가를 얻어야 하는 것도 있다.

도로의 특별이용은 법령에서 규정한 경우가 아니라면 점용허가이외에도 공법상의 계약, 또는 민법상의 계약 등을 통해 그의 특별이용권의 획득이 가능하다.[2] 지방자치단체는 법률을 구체화하여 도로점용허가의 기준과 절차에 관해 보다 상세한 규정들을 둘 수 있다. 때로는 자치법규로 특정 도로구역에서 전형적인 특별이용에 대해서 허가의무를 면제할 수도 있으나, 일반이용이 방해받지는 않아야 한다.

도로점용허가는 공물로서 도로의 관리권에 의하여 부여하는 것이므로 도로가 사인의 소유물인 경우에도 행정청이 도로관리권을 가지고 있다면 사인의 동의없이 그 허가를 부여할 수 있다.[3] 즉, 도로점용허가는 도로에 대한 물적 지배권에 기초하는 것이기 때문에 사인이 도로의 소유자이지만 행정청이 도로에 대한 물적 지배권을 가지고 있는 경우는 지배권을 갖는 행정청이 도로의 특별이용 여부를 결정한 권한을 갖는다.

2) 재량권행사의 기준과 방법

공물로서 도로의 공용지정목적인 교통이나 통행의 목적과는 다른 특별한 목적, 즉, 건축을 위한 철재나 목재의 일정 기간 동안의 비치를 위하거나 인도위에 간이점포의 설치를 위하여 점용허가를 할 수도 있지만, 빌딩의 건설을 위해 공사차량의 매우 빈번한 통행이 필요한 경우에도 점용허가가 필요할 수 있다. 도로위에 자동판매기나 간이커피판매대를 설치하는 경우 도로점용허가가 필요할 수 있다. 다만, 매우 짧은 기간 이용하고자 할 때에는 점용허가가 필요없다.

---

2) Wolf/Bachof/Stober/Kluth, Verwaltungsrecht Ⅱ, 7.Aufl., 2010, S.198－200.

3) Thomas von Danwitz, Straßen－ und Wegerecht, in ; Schmidt－Aßmann Hg.), Besonderes Verwaltungsrecht, 12.Aufl., 2003, 8.Kap. Rn. 58.

행정청이 허가여부를 판단할 때에는 공중의 일반이용에 부정적 영향을 미치지 않도록 공익과 사익을 형량하여 판단해야 한다. 행정청은 공중의 일반이용에 장애를 초래하거나 도로의 설비에 손상을 가져오는 등 공익상의 필요가 있으면 점용허가를 거부할 수 있다. 예를 들어, 행정청은 도심지에서 건물의 건축허가를 획득한 자가 신청한 점용허가가 지나친 교통혼잡을 야기하는 경우 도로점용허가를 거절할 수도 있다.

점용허가는 부관으로서 철회권을 유보하거나 기간을 단기로 설정하여 도로의 안전에 대한 위험과 혼잡 등으로 통행의 편의에 초래하는 지장을 최소화하여야 한다.[4] 도로점용허가를 하는 경우에도 공익침해를 줄일 수 있는 사유들을 부담으로 구체화하여 그 이행을 명할 수 있다.

3) 일반이용권 및 제3자의 권리와의 관계

허가신청자는 원칙적으로 허가부여의 청구권을 갖지는 못하고 단지 하자없는 재량결정의 청구권만을 갖는다. 다만, 도로에 광고판이나 플래카드 등을 설치하는 경우와 같이 도로의 일반사용에 방해가 미미한 경우 도로점용허가는 얻어야 하지만 영업의 자유나 집회시위의 자유라는 기본권의 최대한 행사를 보장하기 위해 행정청의 재량이 축소되어 도로점용허가의 발급청구권이 발생할 수 있다.[5] 예를 들어, 집회결사의 자유권을 행사하거나 선거기간동안 선거홍보를 위하여 도로위에 플래카드의 설치가 필요한 경우 도로점용허가에 대한 청구권이 발생하고 행정청의 점용허가행위의 법적 성질은 기속행위가 된다.

점용허가를 받은 자에 대해서 제3자는 그의 특별사용의 금지나 배제를 요구할 수 없고 허가받은 자는 그의 특별이용에 대한 제3자의 방해에 대한 방어권을 갖는다. 하지만, 일반 공중은 도로와 같은 공공용물의 일부에 대해 도로점용허가가 부여된 경우에도 그 도로부분에 대하여 일정 범위에서 일반이용권을 갖는다.[6]

4) 도로점용료

도로점용료의 결정에 있어서는 비례원칙의 표현인 등가성원리(äquivalenprinzip)에 따라야 하는데 도로의 이용을 통해 사인이 얻을 이익과 비례하여 점용료가 정해져야 한다.[7] 구체적으로는 도로점용료는 그 도로의 특별한 이용으로 사인이 취할 이익, 점용허가로 초

4) Jürgen Salzwedel, Wege- und Verkehrsrecht, ; Ingo von Münch, Besonderes Verwaltungsrecht, 7.Aufl., 1984, S.638-639.

5) Thomas von Danwitz, a.a.O., Rn. 61.

6) Hans-Jürgen Papier, Recht der öffentlichen Sachen, in ; Erichsen/Ehlers (Hg.), Allgemeines Verwaltungsrecht, 12.Aufl., 2002, §41 Rn. 23.

7) Wolf/Bachof/Stober/Kluth, Verwaltungsrecht Ⅱ, 7.Aufl., 2010, §78 Rn.31.

래된 도로관리청이 지출해야 하는 추가비용 등을 고려하여 결정한다.

2. 우리나라에서의 도로점용허가

1) 개념과 법적 성격

도로점용허가는 도로의 일정 부분에 대해 일반이용을 넘어서 사인에게 특별한 사용수익권을 부여하는 행정행위이다. 판례는 "도로점용은 일반 공중의 교통에 사용되는 도로에 대하여 이러한 일반사용과는 별도로 도로의 특정부분을 유형적·고정적으로 특정한 목적을 위하여 사용하는 이른바 특별사용을 뜻하는 것"이라고 한다(대법원 2008.11.27. 선고 2008두4985).

도로법 제61조 제1항은 "공작물·물건, 그 밖의 시설을 신설·개축·변경 또는 제거하거나 그 밖의 사유로 도로를 점용하려는 자는 도로관리청의 허가를 받아야 한다"고 규정하고 있다. 도로관리청이 도로점용허가를 할 때에는 "고속도로 외의 도로의 경우에는 관할 경찰서장에게 그 내용을 즉시 통보하여야 한다"(도로교통법 제70조 제1항 제1호).

도로점용허가의 법적 성질에 대하여 판례는 "특정인에게 일정한 내용의 공물사용권을 설정하는 설권행위로서 공물관리자가 신청인의 적격성, 사용목적 및 공익상 영향 등을 참작하여 허가 여부를 결정하는 재량행위"라고 한다(대법원 2008.11.27. 선고 2008두4985).

공중의 일반이용권과 허가권자의 특별이용권의 관계가 문제되는데, 도로점용허가는 "도로구조의 안전과 교통에 지장이 없다고 인정"(도로법시행령 제28조 제5항 제10호)하여야 부여되는 것이기 때문에 매우 특유한 법논리가 도출되게 된다. 즉, 도로는 불특정 다수의 일반 공중이 통행에 사용하도록 제공한 것으로서 특정인이 점용허가를 얻었다고 하여 타인의 이용을 배제하고 배타적으로 사용할 수는 없다는 것이다. 대법원판례도 "도로의 특별사용은 반드시 독점적, 배타적인 것이 아니라 그 사용목적에 따라서는 도로의 일반사용과 병존이 가능한 경우도 있고 이러한 경우에는 도로점용부분이 동시에 일반공중의 교통에 공용되고 있다고 하여 도로점용이 아니라고 말할 수 없는 것"이라고 한다(대법원 1991. 4. 9. 선고 90누8855 판결).

2) 도로점용허가의 위법평가

(1) 도로점용허가에 대한 재량행사의 기준

도로점용허가는 재량행위에 속하기 때문에 재량의 범위내에서 판단이 이루어지는 한 위법의 문제는 발생하지 않는다. 하지만, 법령에서 도로를 점용하려는 목적에 공익성이 있는 경우 도로관리청의 재량을 제한하는 경우가 있다. 우선 도로법 제64조는 도로관리청은

“토지를 수용하거나 사용할 수 있는 공익사업을 위한 도로점용허가를 거부할 수 없다”고 규정하고 있다. 또, 도로법 제68조는 공익목적으로 하는 비영리사업이나 국민경제에 중대한 영향을 미치는 공익사업에 대해 점용료를 감면할 수 있다고 규정하고 있다.

법령에서 도로관리청의 재량행사를 제한하는 규정이 없을 때, 재량권의 일탈남용여부는 점용허가 대상행위의 공공성, 그 허용면적과 기간, 그리고 도로이용상황 등을 살펴서 사회통념상 도로통행자들이 입을 손해와 점용의 필요성을 비교형량하여 판단하여야 한다. 점용의 목적이 사익을 위한 것이거나, 도로중 점유하는 비율이 높거나 점용기간이 길거나 도로통행량이 매우 많은 지역인지 여부를 살펴서 그 재량권행사의 위법여부를 판단해야 한다.

(2) 점용기간과 점용면적의 비율

독일에서 도로점용허가제를 운영하면서, 부관으로서 철회권을 유보하거나 기간을 단기로 설정하여 도로의 안전에 대한 위험과 혼잡 등으로 통행의 편의에 초래하는 지장을 최소화하려 노력하는 것은 타당하다고 본다. 우리나라에서도 도로점용허가는 공중의 일반이용권에 대한 침해를 최소화하여야 하기 때문에 기간, 즉, 점용허가가 일시적인 성질의 것인지 아니면 장기적인 것인지 하는 것이 위법판단에 있어 중요한 고려요소가 되어야 할 것이다.

도로법 제64조와 제68조의 입법취지를 고려할 때, 점용허가로 허용되는 행위의 공공성이 낮은 경우(사인의 모텔건물의 건축을 위한 도로점용허가)에는 그 반대의 경우(예, 수도관의 매설)와 비교하여 특정 사인을 위하여 공공시설인 도로에 대한 주민의 이용권을 제한하기 위한 정당성이 부족해 기간이 너무 길다면 위법하게 될 가능성이 높다고 보아야 한다.

특히, 사익성이 두드러진 행위를 위한 도로점용허가를 받은 사업자가 개인 사정(예, 자금부족)을 이유로 수년에 걸쳐 도로를 독점적으로 사용하는 것은 ‘공공시설과 공물의 사유화와 사물화’로서 도로의 공공용물로서의 성격을 근본적으로 침해하므로 위법하다 할 것이다. 이 경우 점용허가기간이 단기인 것처럼 보여도 갱신 등에 의하여 사실상 매우 장기로 허용되고 있는지 살펴야 할 것이다. 하지만, 축제일에 김밥을 판매하도록 간이매점의 설치를 허용하는 도로점용허가는 위법하지 않다 할 것이다.

점용목적이 공익성을 띠는 경우에도 그 점유비율이 공중의 일반이용권의 행사를 방해하지 않을 정도이어야 한다. 예를 들어, 도로부지위에 전신주를 설치하는 것은 가능한 한 도로변으로 옮기거나 불가피한 경우에도 도로통행에 전혀 지장이 없어야 한다.

점용허가로 허용되는 면적이 매우 넓어서 당해 공공시설의 대부분이나 주요부분에 해당되는 경우에도 공중의 일반이용권을 침해하기 때문에 위법하게 될 수 있다. 예를 들어, 공립도서관이나 구민회관에 식당을 임대차해주는 경우 그 공간이 도서관 등의 사용목적에 비추어 부차적이고 작은 공간을 차지하는 경우에는 위법하지 않을 것이지만 그 규모가 너무 크면 당해 공공시설의 본래의 목적을 방해하는 것으로 될 것이다.

(3) 일반이용에 미치는 영향

우리 판례는 도로의 점용허가를 하는 경우에도 공중의 일반이용이 가능하다고 보고 있기 때문에(대법원 1991. 4. 9. 선고 90누8855 판결), 도로관리청은 특정 사인을 위해 도로점용허가를 한할 것인지를 판단할 때, 대체이용가능한 다른 도로가 없고 임시도로의 개설도 어렵다면 점용허가를 하지 말아야 한다. 도로점용허가를 얻은 사업자에게 대체된 임시도로의 설치를 허용할 때에는 주민들의 안전한 도로통행에 필요한 안전시설의 설치 등을 요구하여야 한다.

Ⅲ. 도로점용허가의 주민소송 대상적격과 위법평가

1. 지방자치단체의 재산으로서 도로와 그 지하공간

(1) 도로에 대한 소유권과 관리권의 귀속주체

도로는 도로의 형태를 갖추고 있으면서 일반 공중의 교통을 위해 제공된 것을 말하는데, 고속국도, 일반국도, 특별시도, 광역시도, 지방도, 시도, 군도와 구도가 있고(도로법 제10조), 공도와 사도가 있다.

공도의 경우 국가 또는 지방자치단체가 도로의 부지에 대해 소유 또는 임대 등으로 점유할 권한을 가지고 있다. 우리 도로법은 "도로에 관한 계획, 건설, 관리의 주체가 되는 기관"(도로법 제2조 제5호)을 도로관리청이라 하는데, 도로관리청이 도로를 건설하고 공용지정을 하게 되면 공용폐지가 되기까지 그 도로는 공공용물로서 인정된다. 우리 도로법 제2조 제5호에 따르면 도로의 건설주체가 관리의 주체가 되고 있는데, 사도가 아닌 공도의 경우 특별한 규정이 없으면 도로의 소유권과 관리권은 동일한 기관에게 귀속되는 것을 전제로 규정하고 있는 것으로 보인다.

이 사건의 대상인 도로는 대상판결인 대법원판결에 나타난 바에 따르면 "서울특별시 서초구 소유의 국지도로인 참나리길"이다. 우리 도로법상 참나라길은 "동(洞) 사이를 연결하는 도로 노선"으로서 구도(도로법 제10조 제1호, 제18조)이기 때문에 서초구청장이 "해당 도로 노선을 지정한 행정청"으로서 도로관리청이 된다(도로법 제23조 제1항 제3호) 때문에 대법원도 참나리길을 서초구 소유로서 인정하고 있다. 즉, 서초구청은 해당 도로의 소유주체이면서 동시에 관리주체이기도 하다.

(2) 대상판결에서 문제된 도로와 그 지하공간은 지방자치단체의 재산인가?

1) 도로의 법적 성격

주민소송을 규정한 지방자치법 제17조 제1항에 따를 때 지방자치단체의 "재산의 취득·관리·처분에 관한 사항"은 주민소송의 대상이 될 수 있는데, 우선 문제되는 것이 참나리길이라는 구도가 서초구청의 재산이 되는가이다.

지방자치법 제142조 제3항에서는 ""재산"이란 현금 외의 모든 재산적 가치가 있는 물건과 권리를 말한다"고 하여, 재산 개념에 대해서 현금을 제외할 뿐 특별한 제한을 두고 있지 않으므로 공유재산, 물품, 채권 등이 모두 주민소송의 대상인 재산에 해당된다고 이해할 수 있을 것이다. 또, 공유재산 및 물품 관리법 제5조에 따를 때, 공유재산은 행정재산과 일반재산으로 구분할 수 있는데, 도로는 공공용재산에 속한다.

따라서, 대상도로인 참나리길은 주민소송의 대상인 지방자치단체의 재산에 해당된다 할 것이다.

2) 도로지하공간의 법적 성격

도로는 공용지정행위를 통해 공중의 일반이용에 제공되는 공공용물이다. 우리 도로법은 고속국도와 일반국도 그리고 그 지선에 대해서는 국토교통부장관(도로법 제11조, 제12조, 제13조)에게, 그리고 광역자치단체의 관할구역 내에 있는 주요도로와 간선도로에 대해서는 광역자치단체장에게 공용지정권을 부여하고 있다(도로법 제14조, 제15조). 대상사건에서 다루어진 "서울특별시 서초구 소유의 국지도로인 참나리길"은 "동(洞) 사이를 연결하는 도로"인 구도로서 서초구청장에게 공용지정권이 부여되어 있다(도로법 제18조).

그런데 도로에 대한 공용지정의 효력이 미치는 범위는 도로의 표면에만 미치는 것일까 아니면 도로의 지하공간에까지 미치는 것일까? 도로의 지하공간에 공용지정의 효력이 미치지 않는다면 이 지하공간은 더 이상 공공용물로서 행정재산이라 볼 수 없고 단순한 일반재산으로 보아야 할 것이다.

이 문제와 관련하여 관련 법조문들을 살펴보기로 한다. 첫째, 도로법은 입체적 도로구역제를 도입하고 있다. 즉, 도로법 제28조 제1항은 입체적 도로구역이라는 제목하에 "그 도로가 있는 지역의 토지를 적절하고 합리적으로 이용하기 위하여 필요하다고 인정하면 지상이나 지하 공간 등 도로의 상하의 범위를 정하여 도로구역으로 지정할 수 있다"고 규정하고 있다.

도로법이 공용지정된 도로에 대해 그 "지상이나 지하 공간 등"을 "적절하고 합리적으로 이용"하기 위해서는 "도로의 상하의 범위를 정하여" 도로구역으로 새로이 지정하도록 한 것을 반대로 해석하면 도로의 지상이나 지하 공간은 입체적 도로구역의 지정이 있기 전까지는 해당 도로에 대한 공용지정의 효력이 미치지 않는다고 보아야 할 것이다. 하지만 해당 도로에 대한 공용지정의 효력은 그 자체만으로 그의 "지상이나 지하 공간 등"에 미치는 것이고 입체적 도로구역제를 규정한 도로법 제28조 제1항은 그 효력이 어디까지인가를 명확하게 하기 위해 "도로의 상하의 범위를 정하여" 명시하라는 것을 의미할 뿐이라고 반론을 제기할 수도 있을 것이다.

사견으로는 입법자가 도로법 제28조 제1항에서 새로이 "지정"하라고 한 것으로 볼 때 도로의 지하공간은 별도의 공용지정행위 없는 한 도로에 대한 공용지정의 효력이 미치지 않는다고 본다.

둘째, 공용지정된 도로에 대해 사인이 특별사용하기 위해서는 도로점용허가를 얻어야 한다. 입법자가 도로의 지하공간에 대해 도로점용허가를 얻도록 규정하고 있다면 그 규정은 도로에 대한 공용지정의 효력이 그 지하공간에까지 미친 것으로 해석하는 법적 근거가 될 수 있을 것이다. 그런데, 우리 법에서는 도로의 지하공간에 대한 도로점용허가도 규정해놓고 있는데, 이 규정들은 도로의 지하공간도 공용지정의 효력이 미친다고 해석할 수 있는 입법적 근거가 될 수 있을까?

도로법상 허가를 받아 도로를 점용할 수 있는 공작물, 물건과 시설속에는 지하상가와 지하실도 해당되는데, 이 지하상가와 지하실에는 사무소·공연장·점포·차고·창고와 같은 건축물이 해당된다. 하지만 점용허가대상인 지하실은 지하공간이 도시계획시설부지로 이용되고 있는 지하실이어야 한다(도로법 제61조 제2항, 도로법시행령 제55조 제5호, 건축법 제2조 제1항 제2호). 즉, "지하에 일정한 공간적 범위를 정하여 도시·군계획시설이 결정되어 있고, 그 도시·군계획시설의 설치·이용 및 장래의 확장 가능성에 지장이 없는 범위에서 도시·군계획시설이 아닌 건축물 또는 공작물을 그 도시·군계획시설인 건축물 또는 공작물의 부지에 설치하는 경우"에 도로점용허가를 할 수 있다(국토의 계획 및 이용에 관한 법률 시행령 제61조 제1호). 이 법령들의 내용을 보면 해당 지하공간은 그 표면의 도로에 대한 공용지정행위와는 별개로 도시계획시설부지로 결정되어 있는 공간임을 알 수 있다. 도시계획시설은 도로, 주차장, 수도설비, 체육시설 등 기반시설중 도시계획으로 결정된 시설(국토의 계획 및 이용에 관한 법률 제2조 제6호, 제7호) 등을 말하는데, 도시계획시설로 결정됨은 표면도로와는 별개의 공용지정행위가 있는 것으로 해석할 수 있을 것이다.

때문에 이 법령들에서 도로의 지하공간에 대해 점용허가를 규정하였지만, 대상판례에서 문제된 서초구 "참나리길"의 지하공간에 대한 점용허가에 대해서는 적용할 수 없는 규정들이라고 보여진다. 왜냐하면 이 사건에서 문제된 도로점용허가는 총 너비 12m의 참나리길의 지하부분 중 매우 넓은 부분인 '너비 7m×길이 154m'의 지하 부분을 2010. 4. 9.

부터 2019. 12. 31.까지 점용할 수 있도록 하는 내용의 허가처분인 것으로 볼 때, 참나리길의 지하공간이 도시계획시설부지로 결정된 바가 없었기 때문이다. 따라서, 참나리길의 지하공간은 서초구청의 일반재산으로 보아야 할 것이다.

2. 도로점용허가의 주민소송 대상여부와 위법평가

(1) 일본 주민소송상 도로점용허가의 대상적격

도로점용허가가 주민소송의 대상인 재산의 관리행위에 해당되는가? 이에 대해서는 일본의 최고재판소의 판결례는 없고 하급심판결들은 나뉘어 있는 것으로 보인다.[8)]

오래된 하급심판결중에는 파이프라인의 매설을 위해 필요한 시도에 대해 점용허가를 한 것이 주민소송의 대상인 재산의 관리행위인가에 대하여 도로점용허가는 "도로행정의 관점에서 한 처분으로서 지방자치법 제242조 제1항 소정의 재무회계행위라고 할 수 없으므로 이 처분은 주민소송의 대상인 재산의 관리 또는 처분행위에 해당하지 않는다"는 판결이 있었다(千葉地判 昭和53(1978)년 6월 16일 판결. 판례시보 922호 38면).

하지만, 최근에는 도로에 대한 사인의 불법점유를 지방자치단체가 방치한 행위들이 주민소송의 대상이 되는가에 관한 사건에서 이와 다른 하급심판결도 나왔다. 동경고등법원(東京高裁 平成 15(2003)년 4월 22일 판결. 판례시보 1824호 3면)은, "도로의 불법점유에 의해 도로부지의 재산적 가치가 훼손된 경우에는 도로행정상 관리의 필요 유무에 관계없이 도로를 소유하는 지방자치단체의 장은 그의 명도를 구하여 재산적 가치를 회복할 의무가 있고 명도청구의 해태는 주민소송의 대상이 된다"고 판시했다. 이 판결은 사인의 도로점용에 대한 지방자치단체의 대응행위가 도로경찰작용에 속하므로 주민소송의 대상에서 제외되어야 한다는 당사자의 주장을 부인한 것이었다.

도로는 무료로 개방되어 있어서 사인에 의해 불법점유당한다고 해도 지방자치단체의 수입이 줄어드는 것은 아니라는 반박도 제기될 수 있을 것인데, 이에 대해서 이 판결은 "토지소유권의 완전한 행사가 방해되는가의 여부에 의해 판단할 수 있는 것"이라고 하여, 수입이 있는 것과는 상관없이 토지소유권의 완전한 행사가 방해받았으면 재산적 가치의 훼손이 있는 것이라고 보았다. 도로점용허가의 경우 보통 점용료를 받기 때문에 점용료를 받지 않는 불법점유를 방치하거나 점용료를 받는 경우에도 기간도 장기이고 그 점용료액수도 지나치게 낮은 경우에는 지방자치단체에게 위법하게 손해를 끼친 것으로 보아야 할 것이다.

---

8) 주민소송의 대상에 관한 일본판례들에 대한 개괄적 소개는, 함인선, 주민소송의 대상에 대한 법적 검토, 공법연구 제34집 제4호, 2006, 37-38면 참조.

이 경우 발생한 손해액은 어떤 방법으로 확정할 수 있을까? 도로의 불법점유에 의해 주민이 통행할 수 없다고 해도 통행을 통해 주민이 얻는 이익을 산출하는 데 있어서는 좁거나 약간 불편하더라도 대체가능한 도로가 있는지 여부가 중요한 변수가 될 것이다. 이 판결에서 동경고등법원은 "공유토지의 불법점유에 의한 손해액은 적정한 지대의 액에 의해 산출될 수 있는 것"이라고 하면서 토지의 점용료의 기준으로 제시했다.

(2) 서울행정법원의 판결이유에 대한 분석과 비판

서울행정법원은 도로지하공간에 대한 점용허가가 주민소송의 대상인 재산의 관리행위에 해당되지 않는다고 보았다. 그 이유는 주민소송의 대상인 "'재산'은 지방자치단체가 '보유'하는 '재산적 가치'가 있는 물건과 권리를 의미한다고 할 것이고, 따라서 지방자치단체가 관리하더라도 그 소유가 아닌 재산의 관리·처분에 관한 사항은 원칙적으로 주민소송의 대상이 될 수 없다"는 점, "도로점용허가권한은 적정한 도로관리를 위하여 도로의 관리청에게 부여된 권한이라 할 것이지 도로부지의 소유권에 기한 권한이라고 할 수 없다"는 점, 도로점용허가 시에 점용료의 징수가 필수적이라고 단정할 수 없으므로 재산과리행위가 아니라는 점 등이었다.

하지만 주민소송의 대상으로 문제되는 재산은 소유권에 한정되지 않을 뿐만 아니라, 이 사건에서 문제된 도로에 대해 점용허가권자인 서초구청은 소유권도 갖고 있었다는 점에서 서울행정법원의 판결이유는 잘못되었다고 본다.

첫째, 주민소송의 대상으로 문제되는 재산이 서울행정법원의 판결처럼 반드시 소유권에 한정되는 것으로 보는 것은 입법문언에도 반하고 재산에 관한 법학일반의 일반적 이해에도 반한다고 생각한다.[9] 우선, 주민소송을 도입하고 있는 지방자치법의 제142조의 제3항에서 재산에 대해 "현금 외의 모든 재산적 가치가 있는 물건 및 권리"라고 하고 있으므로 지방자치단체의 재산이 반드시 소유권에 한정되는 것은 아니라고 본다. 또, 헌법의 재산권이나 민법상의 재산적 가치있는 권리 개념에 대한 일반적 이해에 따를 때 재산의 개념에는 소유권은 물론 용익물권이나 채권 등도 당연히 포함될 것이다. 따라서, 법령에서 소유자 아닌 자에게 공공시설의 관리권을 부여하고 있고 그 관리권을 기초로 공공시설의 점용허가권을 행사하면서 점용료를 부과할 수 있는 경우라면 그 관리권도 지방자치단체의

9) 최계영, 주민소송의 대상과 도로점용허가 – 대법원 2016. 5. 27. 선고 2014두8490 판결 –, 법조 제720호, 2016.12, 432–433면도 "적법하게 성립된 공물의 경우 공물의 관리주체는 소유권을 갖거나 적어도 지상권·임차권·사용권과 같은 권리를 보유하는 것이 일반적이다. 지상권·임차권·사용권도 재산적 가치가 있는 권리로서 지방자치단체의 재산에 해당하므로 그 관리에 관한 사항은 주민소송의 대상이 된다. 지방자치단체가 공물에 대한 소유권이나 사용할 권리 없이 공물관리권을 갖게 되는 경우는 ① 소유자의 동의에 의한 경우거나 ② 권원 없이 위법하게 공용을 개시한 경우와 같이 예외적인 사안에 한정된다."고 한다.

재산에 속한다고 보는 것이 지방자치법의 재산규정에 적합한 해석이라 할 것이다.

둘째, 대상 판결에서 문제된 참나리길은 서초구청의 소유라는 점에서 서울행정법원의 견해는 잘못된 것이라고 생각한다. 도로의 경우 사도도 있으므로 서울행정법원이 인용한 대법원 2005. 11. 25. 선고 2003두7194 판결과 같이 도로의 관리권과 도로의 소유권이 나뉠 수도 있으나, 우리 도로법은 "도로에 관한 계획, 건설, 관리의 주체가 되는 기관"(도로법 제2조 제5호)을 도로관리청이라고 하여 원칙적으로 공공기관이 도로를 소유한 경우 도로의 소유권자와 도로의 관리권자를 일치시키고 있을 뿐만 아니라, 이 사건에서 문제된 참나리길은 대법원판결에서도 명백해지듯이 도로관리청인 "서울특별시 서초구 소유의 국지도로인 참나리길"이다. 때문에 서초구청이 소유자로서 도로의 지하공간의 특별이용권을 부여한 행위를 주민소송의 대상인 재산의 관리행위에서 배제하는 것은 타당하지 않다고 본다.

셋째, 도로는 일반공중의 교통에 제공되는 것을 목적으로 하므로 도로에 방치된 낙석을 제거하거나 패인 곳을 복구하거나 교통사고차량을 치우는 등의 행위는 공물경찰작용에 속하는 것이지만, 점용료라는 일정한 금전의 부과행위가 발생하는 도로점용허가는 지방자치단체의 재산관리행위라고 볼 수밖에 없다고 본다.[10] 도로점용료의 부과기준에 대해 도로법 제66조 제4항에서 대통령령이나 조례로 정하도록 하고 있고, 도로법 제68조에서 공익목적에 부합하는 비영리사업이나 국민경제에 중대한 영향을 미치는 공익사업을 위해서 점용료를 감면할 수 있도록 하고 있는 것을 볼 때, 입법자는 아무런 공익적 정당화사유없이 도로관리청이 임의로 점용료를 감면하는 것을 허용하지 않고 있는 것으로 볼 수밖에 없다.

따라서, 서울행정법원이 "점용료의 징수가 필수적"이라고 단정할 수 없다는 것을 이유로 도로점용허가가 재산관리행위에 속하지 않다고 보아 법적 통제에서 배제하려는 것은 공공공재산인 도로를 점용허가하면서 도로관리청이 임의로 정당화사유없이 점용료징수를 받지 않더라도 문제될 것이 없다는 입장인 것으로 그것은 입법자의 의도에 반하는 해석이라 보여진다.

(3) 대법원판결의 내용과 그의 분석

1) 대법원판결의 내용

대상판결에서 대법원은 이 도로의 지하공간에 대한 "점용허가의 목적은 특정 종교단체인 참가인으로 하여금 그 부분을 지하에 건설되는 종교시설 부지로서 배타적으로 점유·사용할 수 있도록 하는 데 있는 것"이라는 점을 인정하고, 또, "위 도로점용허가로 인해 형

10) 최계영, 위의 글, 435면은 도로점용허가와 같은 공물관리행위 내에도 임대유사한 성격을 갖는 것도 있을 수 있으므로, "공물관리행위의 태양과 목적이 다양하다면, 공물관리행위 일반에 대하여 일률적으로 재산의 관리에 해당한다거나 해당하지 않는다고 판단하는 것은 타당하지 않다"고 한다.

성된 사용관계의 실질은 전체적으로 보아 도로부지의 지하 부분에 대한 사용가치를 실현시켜 그 부분에 대하여 특정한 사인에게 점용료와 대가관계에 있는 사용수익권을 설정하여 주는 것이라고 봄이 상당하다. 그러므로 이 사건 도로점용허가는 실질적으로 위 도로지하 부분의 사용가치를 제3자로 하여금 활용하도록 하는 임대 유사한 행위"라고 하여, 도로지하공간에 대한 점용허가가 주민소송의 대상이 된다고 하였다. 판시내용으로 보아 대법원은 서울행정법원이 간과하였던 문제를 깊이 느끼고 있었던 것으로 보인다. 즉, 도로의 지하공간은 공용지정의 효력이 미치지 않아 공공용재산을 포함하는 행정재산이 아니고 일반재산에 불과할 수도 있다는 점을 인식한 것으로 보인다.

이 점에 대해서는 이 사건에 대한 서울특별시의 주민감사청구결과에서도 명확하게 지적되었다. 즉, "참가인의 지하예배당은 보통의 시민들이 모두 이용할 수 있는 공공용 시설이 아닐 뿐만 아니라 도로점용허가를 받을 수 있는 공작물·물건, 그 밖의 시설의 종류를 정하고 있는 「도로법 시행령」 제28조 제5항 중 제5호 소정의 '지하실'에 해당하지 않고"라고 했다. 때문에 이 지하공간은 일반재산일 뿐이므로 공용지정의 효력범위에서 벗어나 점용허가를 할 수 있는 대상이 아니라는 것이다.

2) 도로 지하공간에 대한 특별이용권 부여의 법형식과 그의 위법여부

사인이 도로의 지하공간을 특별이용하기 위해서는 어떤 법형식을 취해야 하는가? 점용허가를 얻어야 하는가 아니면 사법상의 계약 등을 통해 특별이용권을 취득해야 하는가? 여기 검토대상이 되는 도로의 지하공간은 입체적 도로구역의 지정도 별도로 없었고 도시계획시설로 지정되지도 않은 채 지표면에 존재하는 도로에 대한 공용지정만 되어 있었다.

도로의 지하공간은 특별한 별도의 공용지정행위가 없는 한 위에서 살펴보았듯이 일반재산의 성격을 갖는다. 다만, 보다 엄밀히 살펴보면 공용지정의 효력이 미치는 도로의 표면부분과 그의 유지에 필수적인 지하공간까지는 해당 도로에 대한 공용지정의 효력이 미칠 수 있을 것으로 본다. 왜냐하면 도로관리청은 도로의 유지관리의무를 지고 있는데(도로법 제31조 제1항) 도로를 보수하는 등의 필요에 의해 일정한 지하공간까지는 굴착할 필요가 있을 수 있기 때문이다. 하지만, 공용지정의 효력이 미치는 지하공간의 깊이는 매우 제한적일 것이다.

일반재산인 도로의 지하공간에 대한 특별이용의 법형식에 관하여 관계법령들과 행정실무 및 판례들을 살펴본다.

첫째, 공공용물인 도로의 특별이용형식과 관련하여 도로법 제61조 제1항은 "공작물·물건, 그 밖의 시설을 신설·개축·변경 또는 제거하거나 그 밖의 사유로 도로를 점용하려는 자는 도로관리청의 허가를 받아야 한다"고 규정하고 있다. 또, 공유재산 및 물품관리법 제20조 제1항도 "지방자치단체의 장은 행정재산에 대하여 그 목적 또는 용도에 장애가 되

지 아니하는 범위에서 사용 또는 수익을 허가할 수 있다"고 규정하고 있다. 이 규정들을 통해 도로에 대한 특별사용권을 부여하는 법형식은 행정행위로서 허가임을 알 수 있다.

둘째, 공유재산 및 물품관리법 제28조 제1항은 "일반재산은 대부·매각·교환·양여·신탁하거나 사권을 설정할 수 있으며, 법령이나 조례로 정하는 경우에는 현물출자 또는 대물변제를 할 수 있다"고 규정하고 있고, 동 제2항에서는 "일반재산의 사권설정, 현물출자 및 대물변제의 범위와 내용은 대통령령으로 정한다"고 하고 있는데, 공유재산 및 물품 관리법 시행령 제23조에서는 일반재산에 설정가능한 사권에 대해 공익사업을 위해 "공중 또는 지하에 지상권을 설정하는 경우"와 외국인투자기업이 사회간접자본시설을 건설하는 경우 저당권을 설정하는 경우를 규정하고 있다. 이 규정들로부터 일반재산의 처분이나 사용에 대해서 사법상의 법형식을 이용하여야 함을 알 수 있고, 이 사건의 대상인 도로의 지하공간이 일반재산이라면 그의 특별이용을 위해서는 사법상의 대부계약을 하여야 할 사항인 것으로 이해된다.

셋째, 우리 행정실무에서는 도로의 지하공간에 대해 그 공간이 도시계획시설로 지정되어 있지 않거나 입체적 도로구역으로 지정되지 않은 경우에도 구별하지 않고 도로점용허가의 법형식을 통해 특별이용권을 부여하고 있는 것으로 보인다. 다른 대법원판례에서 그러한 상황을 알 수 있는 것이 있다. 즉, 어떤 교회가 도로를 마주하고 교회건물과 그 부속건물을 건설한 다음 교회 건물 지하주차장과 교회 부속건물의 지하를 연결하는 지하연결통로를 건설하고자 한 건축허가변경신청에 대해 처분청이 한 거부처분의 적법여부와 도로 지하부분에 대한 점용허가거부의 적법여부를 논하면서 처분청은 물론 하급심이나 대법원 모두 그것이 허가대상이 아니라 사법상의 계약이라는 점을 전혀 문제삼지 않았다(대법원 2008. 11. 27. 선고 2008두4985 판결).

하지만, 대법원은 또 다른 도로점용료처분에 관한 사건에서 도로 지하공간에 대한 특별이용권의 부여형식으로 점용허가방식의 선택이 위법하다고 판시한 원심판결의 이유와 논리를 전혀 문제삼지 않아 소극적이지만 그 논리를 지지한 것으로 보이는데 이 글과 관련된 부분은 다음과 같다.

"행정재산이라 하더라도 공용폐지가 되면 행정재산으로서의 성질을 상실하여 일반재산이 되므로, 그에 대한 공유재산법상의 제한이 소멸되고, 강학상 특허에 해당하는 행정재산의 사용·수익에 대한 허가는 그 효력이 소멸된다. 따라서 도로 용도를 폐지하고 재건축아파트의 부지 등 일반재산으로 사용하게 되면 구 도로법이 정한 도로로서의 기능을 상실하게 되므로 이에 대한 점용허가는 더 이상 불가능하다. 또한 도로에 대한 점용허가 처분을 하였을 경우에 인정되는 점용료 부과처분과 같은 침익적 행정처분의 근거가 되는 행정법규는 엄격하게 해석·적용되어야 하므로, 일반재산에 관하여 대부계약을 체결하고 그에 기초하여 대부료를 징수하는 절차를 거치는 대신 관리청의 처분에 의하여 일방적으로 점용료를 부과할 수 있다고 해석하는 것은 행정의 법률유보원칙과 행정법관계의 명확성원칙에도 반한다."(대법원 2015. 11. 12. 선고 2014두5903 판결)

대상판결에서 대법원이 이 도로의 지하공간에 대한 특별이용권의 부여형식에 관한 것을 문제삼지 않은 것은 이 쟁점이 본안사항이었던 주민소송의 대상적격에 관한 것이 아니고 위법의 문제에 속한다고 보았기 때문인 것으로 보인다. 하지만, 대법원은 이 판결에서 이미 "이 사건 도로점용허가는 실질적으로 위 도로 지하 부분의 사용가치를 제3자로 하여금 활용하도록 하는 임대 유사한 행위"라고 하여 그 입장을 시사하고 있는 것으로 보인다.

이 사건에서 문제된 도로의 지하공간과 같이 공용지정의 효력이 미치지 않는 부분에 대해 특별이용하고자 하는 사인은 도로관리청이 점용허가권을 갖지 못하기 때문에 도로 지하공간의 소유자로부터 특별이용의 권리를 얻어야 한다. 독일에서도 도로의 관리권이 아니라 소유권이 문제된 사례들에서, 공용지정목적에 따라 도로관리청에게 인정된 도로에 대한 물적 지배권과는 관계가 없기 때문에 도로관리청으로부터 점용허가를 얻을 필요는 없지만, 도로에 대해 소유권과 같은 처분권을 가진 자로부터 사법상의 계약 등을 통해 그 특별이용의 권리를 얻어야 한다고 한다.11)

국가나 지방자치단체가 사인에게 도로의 지하공간에 대해 계약형식에 의해 특별이용권을 부여함에 있어서도 도시지역에 있는 도로의 지하공간은 잠재적으로 지하철의 건설이나 하수도관의 설치 통신선의 이동 등 대중들을 위해 필수적인 공공서비스의 제공을 위해 매우 필요한 공간일 가능성이 높다는 점에서 사람들이 거의 살지 않는 지역의 국유지나 공유지에 대한 것과는 다르게 접근할 필요가 있다고 본다. 도로의 안전을 보호할 시설을 설치하도록 요구하거나 도로표면의 교통하중을 지탱하기 위해 지하공간중 일정 부분 이상에 대해서는 특별이용을 허용하지 않거나 기간을 보다 짧게 설정하거나 공공필요가 있을 때 특별이용권을 부여하는 계약을 취소할 수 있는 권리를 유보해두는 등의 조치가 필요하다고 본다.

3. 항고소송의 보완수단으로서 주민소송의 가치

국민의 권리구제는 사법제도적으로 흠결이 없어야 하므로, 주민소송의 대상 여부는 다른 행정소송제도와의 관계에서 주민소송제도가 갖는 의미를 고려하여 판단하지 않으면 안 된다.12)

---

11) Wolf/Bachof/Stober/Kluth, Verwaltungsrecht Ⅱ, 7.Aufl., 2010, §78 Rn.13.

12) 문상덕, 주민소송의 대상 확장 : 위법성승계론의 당부, 지방자치법연구 제27호, 2010, 320면도 "현행법상

도로이용에 있어 이해관계인은 도로를 통행하는 불특정 다수라 할 수 있으나 그들에게 항고소송에서 말하는 법률상 이익이 인정된다고 볼 수 있는지는 의문이 많다. 도로점용허가는 수익적 처분이기 때문에 처분의 당사자가 처분의 취소를 주장하며 소송을 제기할 가능성도 없고, 이 사건에서와 같이 법률상 이익이 침해된 제3자도 존재하지 않는 경우가 보통일 것이기 때문에 항고소송이 이용되기는 어려울 것이다. 따라서, 주민소송을 허용하지 않는다면 도로점용허가와 같은 행정의 조치가 주민 다수의 도로이용권을 장기간 그리고 광범위하게 제한하는 것과 같이 손해를 야기할 수 있는 상황에서도 행정의 불법적 의무태만이나 권한남용에 대해서도 실효적인 사법적 통제는 가능하지 않을 것이다.

주민소송은 이러한 헌법적 상황에서 항고소송의 미비점을 보완하여 주권자로서 주민의 복리증진에 필수적인 공공시설의 이용권 보장을 위해서 이용가능해야 한다.

일반재산의 장기임대가 당연히 주민소송의 대상이 되고 그 위법여부 및 손해유무의 평가를 받아야 하는 것처럼 행정재산을 장기간 점용허가하는 것과 같은 특별이용권의 부여행위도 주민소송의 대상이 되어 위법여부의 심사를 받아야 할 것이다.

IV. 결어

현대사회에서 지방자치단체가 공공용물로서 제공하고 있는 공원, 도서관, 문화관이나 도로 등은 주민들의 복리와 밀접한 관련이 있다. 때문에 이러한 공공시설물의 관리에 있어 지방자치단체장과 공무원들에게 감사와 같은 내부적 통제장치이외에는 다른 외부적 통제권은 미치지 않는다고 보는 것은 지방자치단체의 물적 기초의 형성을 위하여 세금을 납부하고 주권자로서 헌법적 지위가 부여된 주민의 법적 지위에 비추어 타당하지 않다.

주민감사청구와 주민소송은 지방재정의 건전성을 보호하기 위해 지방자치단체가 입은 손해를 회복시킨다는 목적도 갖지만, 직접민주적 통제장치의 하나로서 공무원의 재량남용과 행정부패의 방지를 위하여 지방자치단체의 재무처리과정을 공개하여 공론장에서 그 시시비비를 검토하게 하는 의미도 갖는다.

대법원은 대상판결에서 주민소송의 이용을 활성화시키려는 의지를 보여주었다. 입법적으로도 주민소송의 활성화를 가로막는 장벽들이 하나씩 하나씩 제거되기를 바란다.

주민소송의 대상은 공금의 지출 등 재무회계행위에 한정되어 있는데 이와 관련하여 주민소송의 대상범위를 실정법의 의미를 벗어나서 지나치게 확대하는 것도 문제겠지만 이를 너무 엄격하게 또는 형식적으로 해석 운용하는 것도 재정관리나 예산집행의 적정 확보라는 주민소송의 본래의 취지를 제대로 살릴 수 없다는 점에서 바람직하지 않을 수 있다"고 한다.

元의 법서 수용과 세종의 법치주의*

정긍식**

I. 머리말

14세기 말 고려에서 조선으로 전환기는 법제사적으로도 중요하다. 조선은 이전과 달리 중국의 형법전인 ≪대명률≫을 전면적으로 수용하였다. 그러나 이 과정은 복층적 과정으로 정치적 상황에 따라 원과 명의 법전이 주목을 받아 수용되었으며, 법제정비와 문제해결에 활용되었다. 이 때 활용된 중요한 원의 대표적인 법서는 ≪至正條格≫과 ≪吏學指南≫을 들 수 있으며, ≪지정조격≫[1]은 이미 소개하였으므로 ≪이학지남≫을 중심으로 검토한다.

≪이학지남≫은 1301년(元 大德 5)에 徐元瑞가 편찬한 漢吏文의 특수어휘사전이다. '한이문'은 행정문서에 사용된 문체로 원대에 등장하여 명청대까지 지속되었다. 중국에서는 漢代에 長安[현 西安] 말을 기초로 한 공통어인 '通語' 또는 '凡通語'가 宋代까지 표준어로서의 지위를 누렸다. 몽골족인 원이 북경을 수도로 정한 후 표준어는 '통어'에서 당시 북경에 거주하는 북방민족이 사용하는 언어인 '漢兒言語'로 바뀌었다. 원대에는 구어인 한아언어에 근거하여 문어로서의 吏文이 발달하였다. 이는 구어에 바탕을 두었기 때문에 몽골어로부터 차용한 언어가, 특히 법률과 제도 분야에 많아서 그 풀이집이 등장하였고, ≪이학지남≫은 그 대표이다.[2] 중국과 교류하기 위해서는 고려는 물론 조선에서도 당송과는

---

* 본고는 여주대학교 세종리더십연구소의 "세종시대 국가 경영 문헌의 체계화 사업(한국학진흥사업단의 토대연구사업)"의 보고서[2016.8]를 수정한 것이다.
본고를 晴潭 崔松和 선생께 삼가 바칩니다. 필자는 선생께 눈에 보이지 않은 큰 은혜를 입었습니다. 은사 瀛山 朴秉濠 선생께서는 한국법제사와 가족법을 담당하셨고, 퇴임에 즈음하여 후임이 논란이 되었습니다. 이때 선생께서는 부총장으로 재직하시면서, 법과대학의 교수직을 증원하여 한국법제사 전임교원을 마련함에 큰 도움을 주셨습니다. 필자는 그 덕분에 지금 이 자리에 있을 수 있습니다. 처음으로 인사를 갔을 때, 선생께서는 환하고 따스한 웃음으로 필자를 맞이해주셨습니다. 그리고 2002년 필자가 논문집 『한국근대법사고』를 선생께 드렸을 때, 선생께서 보시고는 너무나 기뻐하시면서 큰 웃음으로 축하해주신 모습이 지금까지도 눈에 선하여 결코 잊을 수 없습니다. 선생께서 건강하게 장수하시기를 기원하며 이 논문을 바칩니다.

** 서울대학교 법학전문대학원 교수

1) 정긍식, 「지정조격」, 박현모 외, 『세종의 서재』(서해문집, 2016) 참조.

다른 원의 언어인 한아언어의 습득은 필수이었고, 특히 전문용어는 의미조차 이해하기 어려웠다. 그래서 전문용어집인 ≪이학지남≫은 중요하게 인식되어 널리 보급하였다.

≪이학지남≫에 대한 관심은 일찍부터 있어서 1942년 末松保和는 佐伯富가 "이학지남색인"[3)]을 간행한 것을 계기로 조선본 ≪이학지남≫을 간단히 소개하였고,[4)] 岡本敬二는 ≪당률소의≫와 비교하여 연원을 추적하였다.[5)] 국내에서는 서지학[6)]과 국어학[7)]을 중심으로 연구가 진행되었으며, 정광 등은 해제와 원문 등을 함께 간행하였다. 법학에서는 여말선초 형사법원이 대명률로 통일되는 과정을 검토하면서 이를 소개하였으며,[8)] 중국법서 수용의 관점에서도 다루었다.[9)]

본고에서는 앞의 글을 이어 ≪이학지남≫을 소개하고, 조선시대에 수용·보급되고 활용된 면모를 세종대를 중심으로 살피고, 아울러 ≪의형이람≫ 등 원의 다른 법서가 활용된 양상을 밝혀 한국법사에서 세종대가 차지하는 의미를 검토한다.

II. 선초의 법제정비와 ≪이학지남≫

1. ≪이학지남≫의 편찬과 판본

저자 서원서가 붙인 ≪이학지남≫의 서명은 "習吏幼學指南"으로, 그 의미는 "서리의 직무를 익히려는 초보자를 위한 지침서"이다. 원대본에 있는 石林允의 引[10)]에는 "이학지남"이지만, 후대에 활용된 ≪居家必用事類全集≫의 서원서 자서에는 ≪습리유학지남≫인데, 널리 활용되면서 간단히 ≪이학지남≫으로 확정된 듯하다. 서원서는 吳郡(현재 강소성

2) 鄭光·鄭丞惠·梁伍鎭, 「<吏學指南> 解題」, 『吏學指南』(태학사, 2002) 15－17쪽 참조.

3) 佐伯富, 「吏學指南索引」, 『東洋史研究』 6－4(1941) 참조.

4) 末松保和, 「朝鮮覆刻本「吏學指南」について」, 『東洋史研究』 6－6(1942); 『末松保和著作集6: 朝鮮史史料』(吉川弘文館, 1997) 재록.

5) 岡本敬二, 「吏學指南の研究」, 『東京教育大學文學部紀要』 36(1962) 참조.

6) 이강로, 「이학지남의 연구: 書誌學的 考察을 중심으로」, 『論文集』 9(仁川教育大學, 1975) 참조.

7) 정승혜, 「조선시대 漢吏文 학습서 「이학지남」」, 『문헌과 해석』 16(태학사, 2001); 정승혜, 「『이학지남』에 대하여」, 『書誌學報』 25(韓國書誌學會, 2001); 梁伍鎭, 「『이학지남』의 성격과 언어적 특징에 대하여」, 『中國言語研究. 16(학고방, 2003)[양오진, 『한학서연구』(박문사, 2010) 재록] 참조.

8) 박병호, 『세종시대의 법률』(세종대왕기념사업회, 1986), 40－62쪽; 朴秉濠, 「麗末鮮初, 元의 刑事法, 특히 《至正條格》의 影響」, 『학술세미나』(대한민국학술원, 2013); 조지만, 『조선시대의 형사법: 대명률과 국전』(경인문화사, 2007) 참조.

9) 정긍식, 「조선전기 중국법서의 수용과 활용」, 『서울대학교 법학』 50－4(서울대 법학연구소, 2009) 참조.

10) 引: 한문문체의 형식으로 자기 뜻을 부연하여 서술하는 것으로, 서문의 시초로 성격은 '序'와 같지만 길이가 짧은 것이 보통이다.

소주시)의 서리 출신으로 관직을 역임하였으며 유학적 소양을 가진 것[11]으로 추정될 뿐 자세한 내용은 알 수 없다. 석말윤과 穆虎彬(1271~1368) 등도 마찬가지로, 따라서 책의 편찬 과정도 알 수 없다.

서원서는 서문에서 편찬목적을 언급하였다. 잘 다스리려면 법[형]을 분명히 하여 백성들의 자발성을 유도해야 하며, 그러기 위해서는 행정업무를 보좌하는 서리들의 역할이 중요하다. 따라서 그들은 전문적인 용어와 제도를 숙지해야 하는데도, 현실에서는 스무 살에 서리가 되어 이를 제대로 배울 수 없었기 때문에 오히려 폐단이 생김을 경계하였다. 그는 서리의 연혁을 언급하여 그들이 자부심을 가지게 하고 마지막에서는 실제 인물을 들어 역할이 중요함을 강조하였다. 석말윤은 법을 전문으로 하는 서리가 법을 모르면 업무수행이 불가능함을 언급하였다. 그리고 循吏들을 소개하고, 이 책의 가치를 높이 평가하였다 <부록 ≪이학지남≫ "自序" 및 "引" 참조>.

현존하는 ≪이학지남≫은 그 실용적 가치 때문에 원대는 물론 명대 그리고 조선과 일본에서도 간행되었다. 현존하는 판본은 크게 "㉮원대 판본 계통", "㉯명대 판본 계통"과 이들을 바탕으로 한 "㉰현대 간행본"으로 나눌 수 있다.[12]

㉮ 원대 판본 계통: 1301년(大德 5)에 간행된 北京도서관본이 最古本이며,[13] 조선간본으로는 1458년(세조 4)의 경주 목판본[14]과 간행년 미상의 일본 早稲田大學 소장본[15]이 있다.

㉯ 명대 판본 계통: 1568년(隆慶 2)에 간행된 ≪거가필용사류전집≫ 권15 <辛集>에 수록된 南京도서관본[16]과 간행년 미상으로 錢唐·田汝成가 편찬한 ≪거가필용사류전집≫ 권15 <辛集>에 수록된 北京도서관본[17] 그리고 1673년(寬文 13)에 이를 일본 京都에서 재간행한 千松栢堂本이 있다.

---

11) 임동석, 『조선역학고』(아세아문화사, 1983), 392쪽.

12) 鄭光 외, 앞의 책(주2), 59-61쪽. 朴英綠, 「『吏學指南』의 몇 가지 爭點 檢討」, 『大東文化硏究』 100(성균관대학교 대동문화연구원, 2017) 참조.

13) 編纂委員會 編, 『續修四庫全書(873): 史部. 政書類』(上海古籍出版社, 199?) 수록. 원본은 1929년까지 전해졌다는 의견도 있다. 양오진, 『한학서연구』(박문사, 2010), 176쪽. 그런데 양오진은 楊訥이 원간본을 직접 이용·확인하지 못한 사실을 이유로 원간본 현존 여부에 대해 회의를 하고 있다.

14) 후쇄본 서울대학교 규장각한국학연구원 및 국립중앙도서관 소장. 또한 미국 버클리대학교 동아시아도서관에도 소장되어 있다(고려대학교 민족문화연구원[해외권역자료센터] 참조). 서울역사박물관에도 소장되어 있는데, 같은 계통으로 보인다(조계영[서울대학교 규장각한국학연구원 HK연구교수]의 자문).

15) http://www.wul.waseda.ac.jp/kotenseki/html/wa04/wa04_01147/index.html; 1991년 와세대학에서 발간한 목록에 간략히 소개되어 있지만, 조선본으로 구분하지 않았다. 이는 田中俊光 박사가 알려주었으며, 원문은 국내에 최초로 소개된 것이다. 활자는 경자본으로 매우 귀중한 자료이다(옥영정[한국학중앙연구원 교수]의 자문).

16) 編纂委員會 編, 『續修四庫全書(1184): 子部. 雜家類』(上海古籍出版社, 199?) 수록.

17) 編纂委員會 編, 『北京圖書館古籍珍本叢刊(61)』 "子部. 雜家類"(書目文獻出版社, 1988) 수록.

판본은 원대 판본과 명대 판본 계열로 구분할 수 있다. 전자는 독립된 책이지만, 후자는 필자[18] 미상의 ≪거가필용사류전집≫ 권15 ＜신집＞에 수록되어 있다. 이 전집은 天干 10부로 구성된 10권 20책으로, 사대부의 일상생활에 필요한 각종 생활지식을 망라한 가정백과서이며, 원말에 간행된 것으로 추정된다.[19] 그리고 명대 판본에는 원대 판본 卷之八을 없애고 그 대신에 송대 인물인 趙素의 ≪爲政九要≫를 수록하고 있는 점이다.[20] 원대 판본과 명대 판본 계열은 구성에 약간의 차이가 있는데 다음과 같다.

① 원대 판본: 이학지남, 석말윤의 인, 역대 歷代吏師類錄, 목록, 본문.
② 조선 간본: 이학지남, 석말윤의 인, 목록, 역대 이사류록, 본문, 발문.[21]
③ 명대 판본: 이학지남,[22] 자서, 목록, 吏師定律之圖, 본문.

양자의 가장 큰 차이는 원대 판본에는 서원서의 "자서"가 없고 그 대신 석말윤의 "인"이 있고 명대 판본은 그 반대인 점이다. 그리고 모범인 역대 서리를 소개한 같은 내용의 제목이 각각 '이사정률지도'과 '역대 이사류록'인 점이다. 또 본문은 전자는 8권으로 구분하였지만, 후자는 "이학지남"과 "爲政九要"로 되어 있는데, 전자의 권7까지의 내용은 같다. 본문구성의 차이는 ＜표 1＞과 같다.

표 1 본문의 항목 비교

원대판본	명대판본	원대판본	명대판본	원대판본	명대판본
卷之一[19]		⑮三宥/3		⑦十母/10	
①吏稱/15		⑯五戒/5	三赦	⑧老幼疾病/22	
②行止/9		卷之三[16]		⑨五服/10	
③才能/6		①三赦/3	五戒	⑩三殤/3	
④六曹/6		②三典/3		⑪服制/5	
⑤衙門南北之異/2		③三罪/3		⑫親姻/25	
⑥戒石銘/1		④五糾/5		⑬戶婚/20	
⑦郡邑/16		⑤五禁/5		卷之六[6]	
⑧府號/27		⑥八議/8		①獄訟/85	
⑨官品/8		⑦五科/13		②推鞫/38	

18) 저자에 대해 "四庫提要"에서는 미상이라고 하며, 양오진은 錢唐·田汝成으로 보고 있다(정광 등의 책[주2]에는 唐田·汝成인데, 이는 錢唐·田汝成의 오류로 보인다).

19) 안상우, 「고려시대 가정의약 백과전서: 거가필용사류전집①」, 『민족의학신문』 906. 2013. 6. 13.

20) 박영록, 앞의 논문(주12), 271-4쪽 참조.

21) 와세다대학소장본에는 발문이 없다.

22) 명대본에는 서명인 "이학지남" 다음 행에 음각으로 "서 습리유학지남"가 있다.

⑩官稱/17	⑧八例/8		③良賤孳産/26	
⑪吏員/13	⑨較名/20		④勾稽/26	
⑫統屬/14	⑩字類/12		⑤體量/22	→권7
⑬除授/12	⑪十惡/10		⑥禁制/7	→권7
⑭世賞/6	⑫七殺/7		卷之七[7]	
⑮稟給/2	⑬六贓/6		①捕亡/44	
⑯考功/4	⑭六色/6		②詐妄/22	
⑰政事/18	⑮五流/7		③賊盜/51	
⑱五事/5	⑯三度/3		④錢糧造作/60	
⑲戶計/17	卷之四[17]		⑤徵斂差發/56	
卷之二[16]	①贓私/38		⑥諸納/51	
①儀制/9	②首過/10			體量
②旨判/9	③法例/13			禁制
③諸此/8	④條貫/1		⑦雜類/20	
④璽章/4	⑤四罪/4		卷之八[7]	爲政九要
⑤公式/19	⑥歷代[1]五刑 贖銅 附		①諸箴/3	因書一
⑥發端/13	⑦雜刑/23	肉刑	②諸說/2	正心二
⑦結句/7	卷之五[13]		③吏員三尙/1	正內三
⑧狀詞/17	①肉刑/49	雜刑	④律己/12	正婚四
⑨冊籍/28	餘死罪 附		⑤仁恕/17	禁捕五
⑩牓據/12	②獄名/20		⑥慘刻/15	正農六
⑪署事/26	③獄具/25		⑦馬進傳/1	急務七
⑫禮儀/11	④加刑/16			爲政八
⑬詳恕/21	⑤聽訟/9			時利九
⑭救災/10	⑥五父/5		계: 91[1484]/93	

* 항목 앞의 숫자는 일련번호이며, "/"의 다음 숫자는 항목의 표제어 개수이다.
** 본문과 목록이 다르면 본문을 기준으로 하였으며, 원대판본들의 비교 생략
1] 명대판본: '歷代' 생략

양자는 큰 차이가 없지만, 卷2~3의 "⑯오계, ①삼전"이, 卷4~5의 "⑦잡형, ①육형"이 서로 바뀌어져 있고, 卷6의 "⑤체량, ⑥금제"가 卷7의 ⑦, ⑧로 되어 있다. 그리고 卷8은 "위정구요"로 독립되어 완전히 다른 내용이다. ≪이학지남≫의 핵심은 전문용어의 풀이이고, 卷8의 내용은 서리들의 귀감이 될 언행 등을 정리한 것이다. 후대의 ≪거가필용사류전집≫ 찬자는 당시의 관점에서 내용이 더 낫고 또 풍부한 것으로 대체하면서 제목도 "위정구요"로 고친 것이다.

2. ≪이학지남≫의 내용과 보급

위에서 본 것처럼 조선본 ≪이학지남≫은 8권으로 구성되어 있으며, 본문 앞의 "역대 이사류록"에서는 삼황오제부터 송까지 29대 175명의 이름을 나열하였다. 이는 서리들의 역사적 집단적 정체성을 확립하면서 동시에 그들의 자부심을 인물을 통하여 드러내기 위한 것이다.

본문은 8권으로 제목 없이 91개의 항목과 하위 표제어가 나열되어 있으며 또 하위표제어도 있다. 양자 모두 설명하였지만, 때로는 생략하기도 하였는데, 다음과 같이 분류할 수 있다.

① 양자 모두 설명: '吏稱<周曰府史胥徒, 今謂吏胥掾史>', '吏' 說文曰 治人者也 謂吏之治人, 心主於一, 故從一. 風俗通曰 吏者治也, 當先自正, 然後正人, 字寶曰 執法之人也(권1).[23)]

② 표제어만 설명: '郡邑' 文選注曰 天子居千里曰京畿(권1).

③ 무설명: '行止' 孝事父母, 友於兄弟, 勤謹, 廉潔, 謙讓, 循良, 篤實, 愼默, 不犯贓濫(권1).

④ 하위표제어: '五刑'[24)] "黃帝之刑" 鞭扑,[25)] 鑽鑿, 刁鋸, 斧鉞, 甲兵(권4).

내용적으로는 나름의 체계를 갖추고 있다. 서리의 임명에서 성적고과, 의례, 직무, 준수사항, 서리의 종류·덕목, 관청의 종류, 형벌내용 등을 각 항목별로 구분하여 그 유래와 종류를 간략하게 설명하는 형식이다. 이를 6전체제와 비교하면 권1은 이전, 권2는 예전, 권3~권6은 형전, 권7은 호전, 권8은 사례집에 해당한다.[26)] 또한 용어만을 설명한 것이 아니라 "五科"(권3)[27)]에서는 당시의 제도를, "五刑"(권4)에서는 형벌의 연혁에 대해 설명하여 백과사전의 성격을 띠고 있다.

≪이학지남≫이 언제 이 땅에 전래되었는지는 알 수 없다. 우리 사료에 처음 등장한 때는 1423년(세종 5)이다. 외교문서의 작성을 담당한 승문원에서 ≪지정조격≫ 등과 함께 ≪이학지남≫ 15부를 인쇄할 것을 청하자, 세종은 50권의 인쇄를 명하였다.[28)] 하지만, 그 이전에 이미 소개되었을 것이다. ≪이학지남≫이 轉載되어 있는 ≪거가필용사류전집≫의 의학 관련 내용이 1445년(세종 27)의 ≪醫方類聚≫와 1433년(세종 15)의 ≪鄕藥集成方≫에

23) '吏稱'만 항목이며, 나머지는 표제어이다.

24) 이는 "黃帝之刑, 舜刑, 周刑, 漢刑, 魏刑, 晉刑, 梁刑, 北齊刑, 後周刑, 隋唐金宋刑"이다.

25) '鞭扑'은 "杖刑也"로 설명하였다.

26) 서울대학교 규장각한국학연구원(http://e-kyujanggak.snu.ac.kr/) "이학지남" 해제 참조(김경록 작성).

27) "五科"에서는 律令格式勅을 설명하면서 《唐律疏議》 12편의 의미를 설명하였다.

28) ≪世宗實錄≫ 세종 5년 10월 3일(경술): 承文院啓 請印≪至正條格≫十件 ≪吏學指南≫十五件 ≪御製大誥≫十五件. 命各印五十件. 이하 조선왕조실록은 "조선왕조실록(http://sillok.history.go.kr/main/main.jsp)" 참조.

인용된 점에서 이미 고려 말에 알려진 듯하다.[29)]

≪이학지남≫은 원대의 행정·법률용어로 명대에까지 이어졌기 때문에 對明外交의 최전선에서 활동하는 승문원 관원들에게는 필수적인 교재이었다. 그래서 이문습득의 필요성 때문에 1430년(세종 12) 의례상정소에서는 諸學 중 漢吏學의 取才[30)] 과목으로 ≪이학지남≫을 ≪지정조격≫ 등과 함께 정하였고,[31)] ≪경국대전≫에 그대로 수록되었다.

> 奬勸: 승문원 관원에게는 10일마다 제주가 그들이 읽은 책을 講하게 하고 <詩經, 書經, 四書, 魯齋大學, 直解小學, 成齋孝經, 少微通鑑, 前後漢, 吏學指南, 忠義直言, 童子習, 大元通制, 至正條格, 御製大誥, 朴通事, 老乞大, 吏文謄錄> (하략)[32)]

어휘풀이집인 ≪이학지남≫은 그 성격상 개별적인 법문의 해석이나 이를 통한 분쟁의 해결보다는 ≪경국대전≫이나 대명률 등 법전을 이해하기 위한 수단으로 활용되었다. ≪이학지남≫은 1555년(명종 10) ≪經國大典註解(後集)≫을 편찬할 때 많이 이용되었는데, 전체 830개소 중에서 85개소가 직접·간접으로 인용된 것은 <표 2>이다.[33)]

표 2 경국대전주해(후집)의 인용분포

육전(85)	표제어
이전(39)	階, 承襲, 品, 大夫, 府, 尉, 貢賦, 詳讞, 贓汚, 封贈, 賦役, 勸課農桑, 會計, 解由, 巡綽, 律令, 正佐郎, 京都, 鬪毆, 璽寶, 符牌, 供饋, 監, 司, 倉, 祿俸, 署, 和賣, 守令, 府尹, 州牧郡縣, 書吏, 啓本, 牒呈, 闕, 褒貶, 罷職, 錢穀, 私罪
호전(9)	蠲, 職田, 告狀, 殿最, 官吏, 妄冒, 坐賈行商, 貿易, 侵漁
예전(19)	大功·小功, 緦麻, 殤, 聖節, 朔望, 詔勅, 耆老, 考妣, 袒免, 致仕, 鞠躬, 臺, 式, 違礙, 詐冒, 依准, 押, 照驗, 勘合
병전(2)	竊盜, 强盜
형전(16)	淹延, 長官, 佐貳官, 誣告, 反坐, 匿名書, 婚姻, 品官, 侵損, 陳告, 還俗, 容隱, 知情, 元告被論, 區處, 良賤

29) 안상우, 「고려시대 가정의약 백과전서: 居家必用事類全集③」, 『민족의학신문』 908. 2013. 6. 27.

30) 取才: 하급관리를 선발하기 위한 시험.

31) 《世宗實錄》 세종 12년 3월 18일(무오): 詳定所啓諸學取才經書諸藝數目, (중략) 漢吏學 書, 詩, 四書, 魯齋大學, 直解小學, 成齋孝經, 少微通鑑, 前後漢, 吏學指南, 忠義直言, 童子習, 大元通制, 至正條格, 御製大誥, 朴通事, 老乞大, 事大文書謄錄. 製述, 奏本, 啓本, 咨文. 字學, 大篆, 小篆, 八分. (하략).

32) 《經國大典》 <禮典> [奬勸]: 承文院官員每旬提調講所讀書 <詩·書·四書·魯齋大學·直解小學·成齋孝經·少微通鑑·前·後漢, 吏學指南·忠義直言·童子習·大元通制·至正條格·御製大誥·朴通事·老乞大·吏文謄錄> (하략).

33) 鄭肯植 외 譯註, 『역주 經國大典註解』(한국법제연구원, 2009), 색인 참조.

책판은 魚叔權의 ≪故事撮要≫(1554; 명종 9)의 <책판목록>, ≪古書册板有處庫≫(1700경; 숙종 26), ≪三南所藏册板≫(1743년경; 영조 19)에는 18세기까지 경주에 보관되어 있었다.[34] 또 申瀵이 개인적으로 편찬한 ≪大典詞訟類聚≫ <형전>에서는 ≪이학지남≫을 인용하여 "무릇 꾀를 써서 약취하는 것인데, 법을 쓰는 것을 '方', 꾀를 쓰는 것을 '略'이다"[35] 1788년에 초고가 완성된 언어사전인 李義鳳(1733~1801)의 ≪古今釋林≫ <元明吏學>(권39·40)에 ≪이학지남≫의 행정관계용어와 이문이 수록된 점[36]에서 ≪이학지남≫이 조선후기까지도 유통되었으며 그 가치를 알 수 있다.

3. 세종대 ≪이학지남≫의 활용

≪이학지남≫은 형사사건의 처리에서 활용되었는데, 1430년(세종 12) 奇尙廉이 그의 이복형제 奇尙質과 계모 김씨를 결박하고 머리카락을 잘라 고발한 사건과 같은 해 종이 주인을 배반하여 타인의 종이 되어 소송 중인데, 주인이 길에서 그 종을 만나서 붙잡자 종이 주인의 어깨를 쳐서 이빨을 부러뜨린 사건 2건이 보인다.

① 기상렴 사건

1430년(세종 12) 기상렴 사건의 개요는 다음과 같다.

기상렴은 이복동생 상질이 계모 김씨와 간통하였다고 무고하여, 두 사람을 묶고 머리털을 자르고 관에 신고하였다. 김씨의 비 만월은 상렴과 공모하였고, 상질의 노 석이의 처 도다지는 상렴과 만월이 공모한 사실을 알고도 고소하는 것을 막거나 주인에게 신고하지 아니하였으며, 관노 안쇠[內隱金]은 상렴이 그들을 결박하는 것을 도왔다. 김씨는 율[37]에 따라 석방하였다. 만월은 "노비가 주인을 고발한 율"[38]에 따라 교형에, 석이는 "가장이 살해되었는데, 노비와 고공이 사적으로 화해한 율"[39]에 따라 장100 도3년에, 도다지는 "婢夫와 奴妻가 주인을 고소한 율"[40]에 따라 장100 류3천리에, 안쇠는 "위력으로 결박한 율"[41]

34) 양오진, 앞의 책, 179－180쪽.

35) ≪이학지남≫ 권7 <捕亡> [方略]: 設法謂之方, 施謀謂之略. 鄭肯植 외 譯註, 『잊혀진 법학자 신번: 역주 대전사송유취』(민속원, 2012), 49·272쪽 참조.

36) 서울대학교 규장각한국학연구원 "이학지남" 해제 참조.

37) ≪大明律講解≫ <刑律> [訴訟] §360 干名犯義.

38) ≪經國大典≫ <刑典> [告尊長]: 子孫·妻妾·奴婢告父母·家長, 除謀叛·逆反外, 絞.

39) ≪大明律講解≫ <刑律> [人命] §323 尊長爲人殺私和: 凡祖父母父母及夫若家長爲人所殺 而子孫妻妾奴婢雇工人私和者 杖一百徒三年.

40) ≪經國大典≫ <刑典> [告尊長]: 奴妻·婢夫告家長者杖一百流三千里.

41) ≪大明律講解≫ <刑律> [鬪毆] §335 威力制縛人: 凡爭論事理 聽經官陳告. 若以威力制縛人 及於私家拷打監禁者並杖八十.

에 따라 장80에 해당한다. 그리고 상질은 "부모 상중에 근신하지 아니한 율"42)에 따라 장80에 처하였다.

기상렴이 머리털을 자른 행위가 ≪대명률≫의 구타에, 그리고 계모가 친모에 해당하는지 여부가 문제로 되었다. 전자에 대해서는 ≪이학지남≫의 "머리카락을 잡아당기거나 목덜미를 잡아 누르는 것은 구타와 같다"43)와 후자에 대해서는 ≪대명률≫의 "계모는 친모와 같다"44)에 의거하여 "자식이 부모를 구타한 율"45)에 따라 참형에 처하였다.46)

이 사건의 배경에는 爭嫡분쟁이 있다. 적자가 되는 것은 제사를 승계함은 물론 재산상속에서 봉사조의 취득, 가묘가 있는 가사의 단독승계 그리고 음직 등 많은 이익이 있다. 그리고 계모를 구타하는 등의 행위는 유교적 가족질서가 확립된 후기의 관점에서 볼 때 있을 수 없는 일이었다. 그러나 세종은 패륜에 가까운 강상범죄이지만 처벌을 위해 다양한 법원을 동원하여 단순히 윤리나 이념에 입각하지 아니하고 정당한 근거에 바탕을 두어 처리하였다. 이것이 세종의 법치의 고갱이라고 할 수 있다.

② 강마의 노 동량 사건

1430년에 주인 姜麿는 자기를 배반하고 타인의 종이 된 同良을 상대로 소송 중이었다. 강마가 길에서 동량을 우연히 만나 끌고 가려고 하자, 동량은 강마의 팔을 뿌리치다가 강마의 이를 부러뜨렸다. 형조에서는 "노비가 과실로 가장을 상해한 율"을 적용하는 것에 대해 "팔을 뿌리친 행위는 확정적인 고의는 아니지만 과실로 보기 어렵기" 때문에 위 ≪이학지남≫을 근거로 고의로 구타한 행위로 처리하여 참형47)에 처할 것을 주청하였다. 세종

---

42) 《大明律講解》 <禮律> [儀制] §198 匿父母夫喪: 凡聞父母及夫之喪 匿不擧哀者 杖六十徒一年. 若喪制未終 釋服從吉 忘哀作樂及參預筵宴者 杖八十.

43) ≪吏學指南≫ 卷之6 <獄訟> 手足: 謂以手足毆傷人者, 擧手足爲例, 頭擊之類亦是. 若以撮挽鬢髮·擒領·扼喉亦同毆例.

44) 《大明律講解》 <名例律> §40 稱期親祖父母: 其嫡母繼母慈母養母 與親母同.

45) 《大明律講解》 <刑律> [鬪毆] §3342 毆祖父母父母: 凡子孫毆祖父母父母 及妻妾毆夫之祖父母父母者 皆斬 殺者 皆凌遲處死.

46) 《世宗實錄》 세종 12년 3월 5일(을사): 義禁府啓: "奇尙廉誣指異母弟尙質, 奸繼母金氏, 合結兩人, 斷其髮告官, 金則已依律文干名犯義條放之. 今考《吏學指南》云: '撮挽鬢髮, 擒領扼喉, 亦同毆打.' 《大明律》云: '繼母與親母同.' 又云: '毆父母者斬.' 請將尙廉處斬. 婢萬月乃金役使之婢, 而與尙廉同謀致害, 本朝受敎: '奴婢告主者處絞.' 請萬月處絞. 奴石伊, 尙質之奴也. 其妻都多只, 與尙廉·萬月同謀, 知而不禁, 又不告主, 律云: '家長爲人所殺, 而奴婢雇工人私和者, 杖一百·徒三年.' 請杖石伊一百, 贖其徒罪. 又本朝受敎: '婢夫奴妻告主者, 勿受, 杖一百流三千里.' 請杖都多只一百, 贖其流罪. 官奴內隱金助尙廉縛金氏·尙質, 律云: '威力制縛者, 杖八十.' 請杖內隱金八十. 尙質於父喪三年內, 粧女形戲謔, 律云: '喪制未終, 釋服從吉, 忘哀作樂者, 杖八十.' 請杖尙質八十." 從之.

47) 《大明律講解》 <刑律> [鬪毆] §337 奴婢毆家長: 凡奴婢毆家長者 皆斬, 殺者 皆凌遲處死, 過失殺者 絞, 傷者 杖一百流三千里.

은 1등을 감형하였다.[48]

이 논의는 중국과는 다른 조선에서의 主奴의 명분을 확립하기 위한 조처이다. 동량의 행위는 우발적인 행위로 '과실'[49]은 아니며, 폭행의 고의가 있고 상해의 결과가 발생하였으므로 '폭행치상'에 해당한다. 그리고 ≪대명률≫에서는 폭행으로 치아를 손상시킨 행위를 처벌[50]하고 있으므로, 동량의 행위를 폭행에 포섭하기 위해 ≪이학지남≫을 동원하여 정당하게 처리하였다. 하지만 세종은 주노관계가 확정되지 않은 사정을 고려하여 참형이 너무 가중하다고 여겨 하여 1등을 감경하여 장100 류3000리에 처하였다. 여기서 세종의 애민정신을 엿볼 수 있다.

Ⅲ. 기타 법서

1. ≪議刑易覽≫

≪의형이람≫은 현존하지 않아서 내용은 물론 편찬자나 시기를 알 수 없지만,[51] 문어로 되어 있어 번거로워서 난해한 원의 법령을 구어[中國俚語]로 편찬한 것으로 추정된다.[52] 1388년(우왕 14) 典法司의 상소에 새로운 법전을 편찬하면서 대명률과 함께 참조할 것을 건의[53]한 등 여말에 많이 활용되었을 것이다. 그 내용은 서명 그대로 관리들이 재판할 때 유용하게 활용할 수 있도록 형사재판의 요령을 종합한 것이다.[54] 1431년(세종 13) 태조대의 ≪대명률직해≫가 완벽하지 아니하여 다시 번역할 때에 ≪당률소의≫와 함께 참

48) ≪世宗實錄≫ 세종 12년 12월 1일(정묘) "刑曹啓 全州人姜膺 奴同良, 背主投於人, 姜膺訟于官, 道見同良捽之, 同良攘臂觸折 姜膺齒. 按律, 奴婢毆家長條云 '奴婢過失傷家長者, 杖一百流三千里.' 今同良 雖不以手足有意毆打, 然攘臂觸齒而折之, 論以過失, 未便. 吏學指南云 '若搯挽頭髮, 擒領扼喉, 亦同毆例.' 請依毆家長律處斬. 命減一等"

49) 대명률에서 '과실'은 "눈과 귀로 보고 듣지 못하고 생각이 미치지 못한 것(過失: 謂耳目所不及思慮所不到)"이다(≪大明律講解≫ <刑律> [人命] §315 戲殺誤殺過失殺傷人 참조).

50) 《大明律講解》 <刑律> [鬪毆] §325 鬪毆: 凡鬪毆<相爭爲'鬪'相打爲'毆'> 以手足毆人 … 折人一齒及手足一指 … 杖一百.

51) 중국의 정사인 《元史》, 《新元史》와 《明史》 그리고 《四庫全書》에서 검색이 되지 않는다.

52) ≪高麗史≫ <刑法志> 辛禑 14年 九月, 典法司上疏曰, … 前元有天下, 制以條格·通制, 布律中外, 尙懼其煩而未究, 復以中國俚語, 爲律, 而名之曰, 議刑易覽, 欲令天下之爲吏者, 皆得而易曉也. …

53) 《高麗史》 <刑法志> [序]: 有建議雜用元朝 議刑易覽·大明律以行者, 又有兼採至正條格·言行事宜, 成書以進者. 此雖切於救時之弊, 其如大綱之已隳, 國勢之已傾, 何
≪高麗史≫ <刑法志> 辛禑 14年 九月, 典法司上疏曰, … 今大明律, 考之議刑易覽, 斟酌古今, 尤頗詳盡, 況時王之制, 尤當倣行. …

54) 박병호, 앞의 책(주8), 48쪽.

조할 서적으로 거론되었다.[55]

≪의형이람≫이 활용된 사례는 2건이 있는데, 1422년(세종 4)에 절도 삼범의 처벌과 사면의 문제와 1423년(세종 5)의 정신병자의 범죄이다.

① 절도삼범의 처벌과 사면

≪대명률≫에는 "절도를 세 번 지은 자는 교형에 처하고, 이미 刺字를 받은 것으로써 한다"[56]라고만 규정되어 있어서 형조에서는 사면이 있어도 단순히 율문에 따라 절도 삼범도 무조건 교형에 처하였다. 그러나 이는 大赦의 취지에 어긋나기 때문에 의정부에서 ≪의형이람≫의 "절도죄를 처단한 후 다시 절도를 하면 반드시 사면 후의 것만으로 처단한다"에 근거하여 이의 부당성을 지적하였다. 이후로는 자자를 한 날짜와 사정을 명백히 기록하여 형조에 보고하여 시행하도록 하였다.[57] 즉 사면이 있기 전의 절도는 횟수에 포함시키지 아니하여 사면의 취지를 분명히 하였다.[58]

② 정신병자의 범죄

1423년(세종 5)에는 경상도 하동 수군 金德麟의 아내 심방이 광증[癲狂]을 일으켜 그 어미를 물어서 죽게 하였다. ≪의형이람≫의 "정신병으로 어머니를 죽였어도 결국 악역을 범한 것이다"[59]에 따라 사형에 처하였다.[60]

이 사건은 정상인이 아닌 정신병자의 범죄이므로 간단하게 처리할 수는 없었다. 우선 관련규정을 검토하자. 대명률에서는 장애를 '廢疾과 篤疾'로 나누어 장애인의 범죄에 대해 특별히 규정하고 있는데, '폐질인'의 유형 이하의 범죄는 집행을 하지 아니하고 금전으로 대체하는 收贖을, '독질인'의 반역·살인의 범죄는 형을 정한 다음 임금이 결정하도록 하였다.[61] ≪이학지남≫에서는 불구자를 殘疾, 폐질, 독질로 분류하고 있으며, ① '잔질'은 한

55) ≪世宗實錄≫ 세종 13년 6월 22일(갑인): 知申事安崇善·左代言金宗瑞等啓: "大明律文, 語意難曉, 照律之際, 失於輕重, 誠爲未便. 乞以唐律疏義·議刑易覽等書, 參考譯解, 使人易知." 上曰: "然. 錄其可編輯人名以聞."

56) 《大明律講解》 <刑律> [盜賊] §292 竊盜: 凡竊盜已行 … 三犯者絞 以曾經刺字爲坐.

57) ≪世宗實錄≫ 세종 4년 12월 20일(계묘): 議政府啓 大明律 竊盜條云 '凡竊盜三犯者絞, 以曾經刺字者爲坐.' 而不分赦前赦後. 因此, 刑曹以竊盜三犯則赦前刺字, 并計爲坐, 實爲未便. 今按議刑易覽內 '諸盜經斷後, 仍更爲盜, 須據赦後爲坐.' 今後竊盜三犯者, 須據赦後爲坐, 外方竊盜, 刺字後辭緣及日月, 明白置簿, 隨即報刑曹, 罪案施行, 以憑後考. 從之.

58) 《至正條格》 <斷例 目錄> 第十八卷 [盜賊] §598 會赦刺字가 유사하다.

59) ≪元史≫ 志53 <刑法4> [大惡]: 諸子孫弒其祖父母·父母者, 凌遲處死遲處死, 因風狂者 處死; ≪至正條格≫ <斷例 目錄> 第十五卷 [盜賊] §469 心風惡逆이 유사하다.

60) ≪世宗實錄≫ 세종 5년 11월 22일(기해): 刑曹啓 慶尙道 河東 水軍金德麟 妻心方 因病顚狂, 咬吃其母致死. 照律議刑易覽云 '心風殺母, 終犯惡逆.' 擬合處死. 從之.

61) 《大明律講解》 <名例律> §21 老少廢疾收贖: 凡年七十以上十五以下 及廢疾犯流罪以下收贖 八十以上十歲以下 及篤疾 犯反逆 殺人應死者 議擬奏聞 取自上裁 盜及傷人者 亦收贖.

쪽 눈을 실명한 경우, 양쪽 귀가 모두 들리지 않는 경우, 손가락 2개나 발가락 3개가 잘려나간 경우, 손과 발에 엄지가 없는 경우, 피부병으로 머리카락이 없는 경우 등이다. ② '폐질'은 정신박약자, 난장이, 발목이나 허리가 잘려나간 사람, 손발 가운데 한쪽을 쓸 수 없는 자 등이다. ③ '독질'은 나병, 정신분열증, 손발 가운데 두 가지 이상 쓸 수 없는 자, 눈을 모두 실명한 경우 등이다.[62]

이 사건은 광증을 앓은 폐질자인 심방이 어머니를 살해한 행위는 惡逆[63]에, 형벌은 陵遲處死[64]에 해당한다. 사건의 처리는 ≪의형이람≫에 의거하여 악역에 포섭하였고 세종이 최종결정하는 등 절차는 대명률의 규정에 따라 진행하였다. 세종은 법치주의를 확립하기 위해 부모를 죽인 강상범죄이지만 법적 논리에 따라 처리하였다.

2. ≪元史≫ <刑法志>

① 난언의 정립

'亂言'은 임금이나 상급자에 대해 불온한 말을 하는 행위이다. 1422년(세종 4) 세종은 난언자는 모두 反逆으로 엄하게 처벌한 것을 검토하도록 명하였다. 형조에서는 1423년 1월 의견을 제출하였다.[65]

가. ≪당률소의≫: 율문에서는 난언이 정상이 아주 나쁘면 참형에, 그렇지 아니하면 도2년에 처하고, 왕명을 받은 신하인 制使에 대해서는 교형에 처하되, 사적인 일로 싸운 것은 해당하지 아니한다. 소의에서는 정상과 경위가 모두 해로우면 참형에, 제사가 그 사실을 밝혔음에도 불구하고 항거하고 신하를 도리를 지키지 아니하였으면 교형에, 制勅과 관계없

---

62) 《吏學指南》 卷之5 [老幼疾病] ① 殘疾: 謂一目盲, 兩耳聾, 手無二指, 足無三指, 手足無大姆指, 久漏下, 重大瘿腫也; ② 廢疾: 癡·啞·侏溜·腰脊, 折一支疾者; ③ 篤疾: 惡疾·癲狂·二支折, 雙目盲之類. 《唐律疏議》 권21 <鬪訟> 第305條 [毆人折跌支體瞎目] 참조.

63) 《大明律講解》 <名例律> §2 十惡: 四曰惡逆<謂毆及謀殺祖父母·父母·夫之祖父母·父母, 殺伯叔父母·姑·兄·姊·外祖父母及夫者.>

64) ≪大明律講解≫ <刑律> [人命] §307 謀殺祖父母父母: 凡謀殺祖父母·父母及期親尊長·外祖父母·夫·夫之祖父母·父母, 已行者 皆斬, 已殺者 皆凌遲處死.

65) ≪世宗實錄≫ 세종 5년 1월 4일(병술): ○刑曹啓: "永樂二十年閏十二月日王旨: '近來亂言犯法者, 攸司勿論情狀輕重, 竝以反逆照律, 實爲未安. 惟爾刑曹參考歷代刑律, 與政府·諸曹同議以聞.' 敬此. 謹按唐律: '諸指斥乘輿, 情理切害者, 斬; 非切害者, 徒二年; 對捍制使而無人臣之禮者, 絞; 因私事鬪競者, 非.' 疏議云: '指斥謂言議乘輿, 原情及理, 俱有切害者, 斬, 非切害者徒二年. 謂語雖指斥乘輿, 而情理非切害者, 徒二年. 對捍制使而無人臣之禮者, 絞, 謂奉制勑人有所宣告, 對使拒捍, 不依人臣之禮, 旣不承制命, 又出捍拒之言者, 合絞. 因私事鬪競者非, 謂不涉制勑, 別因他事, 私自鬪競, 或雖因公事論競, 不干預制勑者, 竝從毆罵本法.' 又按≪元史≫ 刑法志: '諸亂言犯上者處死, 仍沒其家.' 曹與政府·諸曹據此擬議, 自今亂言干犯於上, 情理切害者, 處斬, 籍沒家産; 非切害者, 杖一百, 流三千里. 凡對敎書使臣而有捍拒, 無人臣之禮者, 處絞, 或因私事鬪競者及雖因公事而不干敎書者, 竝依鬪毆罵詈本律施行." 從之.

이 다투었으면 모두 鬪毆와 罵詈로 처벌한다.[66)]

나. ≪원사≫ <형법지>: 난언으로 윗사람에게 범한 자는 사형에 처하고, 가산은 몰수한다.[67)]

다. 형조 의견: 정상이 아주 나쁘면 참형에 처하고 가산을 몰수하며, 그렇지 아니하면 장100 류3000리로 처벌하며, 교서를 받는 신하에 대해 항거하고 신하의 예를 갖추지 아니하면 교형에 처하고, 사적으로 다툰 자는 비록 公事이어도 모두 투구와 매리로 처벌한다.

난언에 대해서는 ≪당률소의≫와 ≪원사≫ <형법지>의 내용을 종합하여 결정하였으며, 이는 부분적인 수정을 거쳐 ≪경국대전≫에 수록되었다.[68)] 이때 누락된 내용은 ≪대명률≫[69)]에 의거할 수 있기 때문이다.[70)]

② 절도범의 자자 위치

≪대명률≫에는 절도 삼범은 사형에 처하는데, 사면이 있은 경우에는 그 이후의 절도 행위만을 계산하는 것은 위에서 본 대로 1422년에 확정되었다. 그런데 ≪대명률≫에는 "초범은 오른쪽 팔과 어깨 위에, 재범은 왼쪽에 한다"[71)]고만 하여 사면 이후에 대해서는 규정하지 않았다. 1423년(세종 5) 이 문제를 해결하기 위해 ≪원사≫ <형법지>의 "절도 초범은 왼쪽 팔에, 재범은 오른팔에, 삼범은 목에 자자하고, 강도 초범은 목에, 누범이면 좌우의 목과 팔 모두에, 재범은 목 위 빈 곳에 자자하는 예"[72)]에 따라 좌우의 팔꿈치 뒤와

66) ≪唐律疏議≫ <職制> §122 [指斥乘輿]: [律文1] 諸指斥乘輿, 情理切害者, 斬<言議政事乖失而涉乘輿者, 上請, 非切害者, 徒二年.> [疏1]議曰, 指斥, 謂言議乘輿, 原情及理, 俱有切害者, 斬, 注云「言議政事乖失而涉乘輿者, 上請」, 謂論國家法式, 言議是非, 而因涉乘輿者, 與「指斥乘輿」情理稍異, 故律不定刑名, 臨時上請. 「非切害者, 徒二年」, 謂語雖指斥乘輿, 而情理非切害者, 處徒二年.

[律文2] 對捍制使, 而無人臣之禮者, 絞. <因私事鬪競者, 非.> [疏2]議曰, 謂奉制敕使人, 有所宣告, 對使拒捍, 不依人臣之禮, 既不承制命, 又出拒捍之言者, 合絞. 注云「因私事鬪競者, 非」, 謂不涉制敕, 別因他事, 私自鬪競, 或雖因公事論競, 不干預制敕者, 並從「毆詈」本法.

67) 《元史》 志第五十二 <刑法三> [大惡]: 諸亂言犯上者處死, 仍沒其家. 諸指斥乘輿者, 非特恩, 必坐之. 諸妄撰詞曲, 誣人以犯上惡言者, 處死. 諸職官輒指斥詔旨亂言者, 雖會赦, 仍除名不敘.

68) 《經國大典》 <刑典> 推斷: 凡亂言者, 啓聞推覈, 杖一百流三千里, 若干犯於上情理切害者斬, 籍沒家產, 誣告者反坐, 知而不告者各減一等.

69) 《大明律講解》 <刑律> [人命] §306 謀殺制使及本管長官, [鬪毆] §329 毆制使及本管長官, [罵詈] §348 罵制使及本管長官 등 참조.

70) 《經國大典》 반포 후인 1494년(성종 25) 2월 3일(임술)에 이 내용이 다시 반복되었다.

71) 《大明律講解》 <刑律> [盜賊] §292 竊盜: … 初犯並於右小臂膊上 刺竊盜二字, 再犯刺左小臂膊, 三犯者絞. 以曾經刺字爲坐.

72) 《元史》 志第五十二 <刑法三> [盜賊]: 諸竊盜初犯, 刺左臂, 謂已得財者. 再犯刺右臂, 三犯刺項. 強盜初犯刺項, … 諸累犯竊盜, 左右項臂刺遍, 而再犯者, 于項上空處刺之.

목 뒤에 자자하여, 사면 후의 범죄를 상고할 수 있게 하였다.[73)]

행정적인 내용에 불과한 이 규정은 ≪경국대전≫에는 수록되지 않았는데,[74)] 이후 그대로 준수되었을 것이다.

Ⅳ. 맺음말

세종은 재위기간(1417. 8.~1450. 2) 동안 조선이 유교국가로 자리 잡는데 주춧돌을 쌓았다. 32년 동안 형성된 문물제도는 국가운영 전체에 걸쳐 있고, 이는 500년 조선의 기틀이 되었다. 건국 초기에는 전시대의 유제와 새로운 이념에의 지향 등으로 특정 이념이나 법전에만 의존하여서는 유연하고 사회실정에 적합한 제도를 만들기 어렵다. 세종은 유교국가의 확립이라는 뚜렷한 목표는 견지하면서도 개별상황에 맞는 제도를 정비하고 또 구체적 타당성을 갖춘 판단을 하였다.

세종은 유교적 법제의 종합인 당률에 바탕을 둔 대명률을 조선의 일반법으로 인정·수용하면서도 절대적으로 기대지 않고 상대화하여 ≪당률소의≫ 등 다른 법전과 사례를 널리 활용하였다. ≪이학지남≫과 ≪의형이람≫ 그리고 ≪원사≫ ＜형법지＞도 그 하나이었다. 다양한 사례를 포함하는 ≪지정조격≫이 제도보다는 관례가 중시되는 영역과 법의 공백을 보충하는 기능을 하였다. 그러나 ≪이학지남≫은 사례보다는 용어풀이집이기 때문에 대명률 등의 구체적 문구를 해석할 때 활용되었으며, ≪의형이람≫은 요약집에 가깝기 때문에 보충적으로 활용되었다. 또한 ≪원사≫ ＜형법지＞는 구체적인 사건을 해결할 때에 전거로 활용되었다.

세종대에는 태조대의 ≪대명률직해≫의 편찬의 경험과 그 후의 재번역 및 구체적인 사건을 해결하면서 대명률에 대한 이해가 높아진 상태이었고, 형사법원은 대명률로 귀결되어가는 중이었다. 그럼에도 불구하고 여전히 원의 법률이 이용되는 것은 법치주의를 실천하려는 세종의 의지가 반영된 결과이다. 대개 대명률 이외의 다른 법서 등이 활용된 분야는 절차법이 아닌 실체법의 구체적인 해석인데, 이는 특정법의 획일적인 적용이 빚어낼 수 있는 부작용을 최소로 하고 합목적성을 달성하기 위한 방안이며, 비록 결론—형벌—은

73) 《世宗實錄》 세종 5년 1월 9일(신묘): 刑曹啓: “今竊盜三犯者, 須據赦後刺字爲坐, 然律文內只有竊盜初犯右小臂膊上, 再犯左小臂膊上, 而不載赦後仍更爲盜者刺處. 按《元史》 ＜刑法志＞: ‘諸竊盜初犯刺左臂, 再犯刺右臂, 三犯刺項. 强盜初犯刺項, 諸累犯竊盜, 左右項臂刺徧, 而再犯者, 於項上空處刺之.’ 乞依《元史》, 左右臂肘後·項後刺字, 以考赦後更犯.” 從之.

74) 《經國大典》 ＜刑典＞ [贓盜]: 强盜不死者, 依律論罪後, 刺强盜二字, 再犯處絞 ＜… 窩主律不至死者, 論罪後, 刺强窩二字, 全家徙極邊, 三犯處絞, …＞ 凡刺字者, 封署刺處仍囚, 過三日乃放 ＜軍人犯盜者亦刺字＞

같지만, 다양한 규범과 전거를 동원하여 그 결론을 합리화하려는 노력은 조선조 법치주의의 기틀을 닦았다고 평가할 수 있다.

부록*

1. 徐元瑞의 습리유학지남 자서

일찍이 듣건대, 좋은 위정자가 되려면 반드시 다스림을 먼저 해야 하고, 다스리려면 반드시 법에 밝아야 하고, 법에 밝은 후에야 형벌을 살필 수 있고, 형벌이 분명하고 맑아야 백성들이 스스로 복종한다. 관에 있으면 반드시 서리들에게 맡겨야 하는 까닭은 그러지 아니하면 정사가 어그러지기 때문이니, 관에 있는 서리는 실로 작은 도움이 아니다. 아! 서리는 고대의 胥와 史[1]로, 위로는 하늘에 응하므로 '토공[2]의 사자[使星]'라고, 아래로는 史牒을 기록하니, '도필리'[3]라고 부르며 때를 얻어 도를 펼치니 예부터 중시되었다.

진과 한나라 이래 장군과 재상이 되어 중요한 관직을 맡고, 요충지를 지켜서 대대로 그러한 서리가 부족하지 아니하였다. 당말에는 권세를 얻은 것이 너무 심하여 관원들을 '군사원', 서리들을 '사원'이라 부르고 한결같이 과거에 장원급제[首選]하여 모두 '使'로 이름하였고, 관직은 대부에 이르고 훈작을 더한 자도 있었다. 송에서는 그대로 옛 제도를 이었고, 정화 연간(1111－7)에 비로소 감사와 여러 군의 수석서리를 "공목[4]" 또는 "主押"이라고 불렀고, 도병마사·부병마사 등으로 명칭을 바꾸었다. 연로하거나 과거에 합격한 자에게는 助敎나 섭참군[5]을 제수하게 할 뿐이었다. 여러 省 및 院과 御史臺와 刑部가 서로 법[형]을 바르게 하고 관원의 호칭이 떨치니 서리의 권세는 더욱 약해졌다. 천문서적에 "토공이 밝으면 서리의 도가 통하고 어두우면 그러하지 아니하다"고 하니 형편이 그러한 것이다.

아! 원나라가 통일하여 천하가 같은 문자를 쓰고 부역을 담당하는 서리가 관에 들어가니 옛 법에 아주 합치하며 이 관직을 차지하니 중요하지 아니한가? 다만 처음 공부하는 자들은 스무 살이 되기 전에 관에 들어가서 법률서의 요지를 스승에게 배울 겨를이 없어

---

* 번역은 鄭光 등의 책에 실린 정승혜의 번역을 참조하였다.

1) 《吏學指南》 卷之一 [吏稱]: 周曰府史胥徒, 今謂吏胥掾史. 근거는 《周禮註疏》 권3 <天官 宰夫之職> "掌百官府之徵令, 辨其八職. 一曰正, 掌官法以治要. 二曰師, 掌官成以治凡. 三曰司, 掌官法以治目. 四曰旅, 掌官常以治數. 五曰府, 掌官契以治藏[관부의 書契 담당, 문서와 기물 보관]. 六曰史, 掌官書以贊治[관부의 문서 담당, 다스림 보조]. 七曰胥, 掌官敘以治敘[관청 업무의 우선순위 관리, 위계 유지]. 八曰徒, 掌官令以徵令[관청 명령 관장, 명령 수행]"이다.

2) 土公: 별자리로 28수의 벽수(壁宿)에 속하며, 宮室의 營造 등 토목을 관장하였다.

3) 刀筆吏: 옛날에 죽간에 기록하였는데, 잘못하였으면 칼로 깎아서 지웠으므로 '도필리'라고 한다. 한나라의 蕭何, 曹參이 도필리 출신이다(古者, 記事於簡冊, 謬誤者以刀削除, 故曰刀筆吏. 漢蕭·曹起自刀筆吏. 《吏學指南》 卷1).

4) 孔目: 당나라에 처음 설치되었으며, 초기에는 문서를 관리하였다가 점차 중시되었다.

5) 參軍: 동한 말에 처음 생겼으며 당에서는 郡官을 겸직하였으며 청대까지 존속되었다.

서, 거짓과 비방의 풍속에 물들어감이 날로 드러나게 되었다. 율을 읽어야 법리가 통하고 글을 알아야 글의 뜻이 드러나니 임금을 돕고 백성을 은혜롭게 하는 학문은 이보다 큰 것이 없다. 사람을 꾸미고 일을 속이는 습속이 오히려 드러나지 않은 공을 해칠까 두렵지만, 이 때문에 허황하다고 생각하지 않는다. 그래서 현재에 서리들이 사용하는 문자와 옛 법률의 용어[名]를 가려 뽑아서 "역대 서리의 사표"를 첫머리에 두고 계속해서 "仁恕"와 "慘刻"[6]에서 마치기까지 법규와 전범을 유형별로 모아 책을 완성하여 "습리유학지남"이라고 이름을 지었다. 기대하는 것은 깨우치기에 있으니, 감히 여러 뛰어난 자에게 바치지 못하니, 나의 동지들이여 행여 꾸짖지는 말기를.

해는 신축년 1301년(성종) 10월 오군 후학 서원서이 스스로 서를 쓰다.

習吏幼學指南序

嘗聞善爲政者必先于治, 欲治必明乎法, 明法然後審刑, 刑明而清, 民自服矣. 所以居官必任吏, 否則政乖. 吏之于官, 實非小補. 夫吏, 古之胥也, 史也, 上應天文, 曰土公之星, 下書史牒, 曰刀筆之吏, 得時行道, 自古重焉.

秦漢以来, 爲將爲相, 立當路而據要津, 代不乏人. 李唐季年, 得權猶甚, 官曹稱軍事院, 吏稱使院, 一登首選, 皆以使名, 有官大夫加勳者. 趙宋因仍, 沿其舊制, 政和中始以監司諸郡首吏爲孔目·主押之號, 易都副兵馬等使之名. 年勞及格之人, 得授助教, 或攝参軍而已. 省院·臺部, 互有正法, 官稱旣振, 吏權益輕. 星書謂土公明則吏道亨, 暗則否, 數使然也.

欽惟聖朝一統, 天下同文, 繇吏入官, 深合古法, 凡居是職, 可不爰重. 但初學之士, 妙齡而入, 律書要旨, 未暇師承, 巧詆之風, 薰染日著. 夫讀律則法理通, 知書則字義見, 致君澤民之學, 莫大乎此, 雕人欺事之習, 恐反陰功. 是以不揆荒唐. 因摘當今吏用之字及古法之名, 首冠以歷代吏師, 終繼于恕刻, 軌範類成一書, 目曰習吏幼學指南. 期在啓蒙, 不敢呈諸達者. 與我同志, 幸毋誚云.

歲次辛丑大德五年良月, 吳郡後學 徐元瑞 自序.

2. 石林允의 이학지남 인

서리는 법률을 모범[師]으로 하는 사람이니, 법률이 아니면 지킬 바가 없다. 그러나 법률의 용어[名]와 의미[義]는 공부하지 아니하면 알 수 없고, 알 수 없으면 캄캄한 곳에서 가면서 길을 찾는 격이니 어떻게 가능하겠는가?

6) 《吏學指南》 卷8 ①諸箴, ②諸說, ③吏員三尙, ④律己, ⑤仁恕, ⑥慘刻, ⑦馬進傳", ⑤, ⑥ 해당.

우리 湖廣省 德安府의 同知府使 목호빈 공이 서리들이 (법률을) 모르는 것을 염려하여 이에 서원서가 편찬한 ≪이학지남≫을 판각하여 (서리들에게) 보여주었다. 이를 학습하여 그 명과 의를 알 수 있게 하고 법률을 적용하여 정사를 담당하게 하였다. 이는 ≪대학≫의 천하에 밝은 덕을 밝게 하려면 반드시 '격물치지'를 먼저 하여서 자신을 수양하여 집안을 다스리고 한 나라를 다스려 천하를 평화롭게 하려는 것의 근본을 삼으려는 까닭이다. 생각하건대 아름답지 아니한가?

그러나 한나라의 역사서에는 순리[7]를 위한 전[8]은 있지만, 능리[9]는 그러하지 아니하다. 또 ≪서경≫ [홍범]에서 우임금은 "덕을 좋아하면 복이 된다고 하였고, 좋은 재주가 재앙이 된다고는 하지 않았다"[10]라고 하였으니, 이는 또 서리들이 마땅히 주의해야 할 것이다.

또한 우리 동지부사 목호빈 공이 지은 교훈서의 아름다운 뜻은 여기에 진실로 잘 할 수 있으면 아마도 상앙과 이사[11]의 나쁜 형명이 아니라 고요와 직기, 설[12]의 덕화에 저절로 스며들 것이다. 임금을 돕고 백성들을 은혜롭게 함에 이것보다 더할 것이 있겠는가? 이제 이 책을 보니 다만 물고기와 토끼를 잡는 통발과 올가미일 뿐이니 곧 독자들은 깊이 생각하기 바란다.

승사랑 운몽현윤 산후 석말윤 삼가 이를 기려 인을 쓰다.

---

7) 循吏: 위로는 공공의 법을 지키고, 아래로는 인정에 따르는 자로, 한나라의 張釋之와 같은 무리이다(謂上順公法, 下順人情者, 如漢張釋之等也. 《吏學指南》 권1). 사마천은 "법을 받들고 도리를 따르는 서리들은 공로와 능력을 자랑하지 않아 백성은 그들을 칭송을 하지도 행동에 대해 허물도 하지 않는다. 순리열전 제59를 지었다(奉法循理之吏, 不伐功矜能, 百姓無稱, 亦無過行. 作循吏列傳第五十九)".라고 평하였다(《史記》 <列傳>709 [太史公自序]).

8) 司馬遷, 《史記》 <列傳>59 [循吏列傳]; 班固, 《漢書》 <列傳> [循吏傳]59; 《後漢書》 <列傳> [循吏列傳] 66 참조.

9) 能吏: 서한의 대신 곡영이 "공과 직을 안은 자를 능리라고 한다(漢谷永曰, '抱功職', 謂之能吏. 《吏學指南》 권1).

10) 洪範: 《書經》의 편명으로 유가의 천하적 세계관에 입각한 정치철학을 논하였다. 인용문은 《書經》 <周書> [洪範] 13으로, 그대로 인용한 것이 아니라 전체 내용을 참조하여 만든 구절이다.

11) 商鞅(BC 390－338): 원명은 공손앙이다. 秦의 대표적인 법가사상가이다. 진 孝公이 등용하여 변법을 수행하여 진이 부강해졌지만. 법이 너무 가혹하였다.
李斯(BC ??－208): 진의 승상으로 순자의 제자로 법가사상가이다. 시황제에게 통일정책을 건의하였고, 문자와 도량형 등을 통일시켰다. 시황제 사후 호해를 2세 황제로 즉위시켰으나 조고에게 삼족이 주멸되는 극형을 당하였다.

12) 臯陶: 순 임금을 섬긴 전설상의 5명신으로, 형벌을 맡아 다스렸으며 象刑을 창안하였다고 한다.
稷: 순 임금을 섬긴 전설상의 5명신으로, 농사를 담당하였다.
契: 요순 때에 우와 함께 치수를 맡았으며 사도에 임명된 후 백성의 교화에 힘썼다.

吏學指南序

吏人以法律爲師 非法律則以無所守. 然律之名義 不學則不知也, 不知則冥行而索途, 奚可哉! 我本府同知公穆虎彬 慮吏輩之不知也, 乃刻徐氏所編吏學指南 以示之, 俾熟此可以知厥名義, 而進於法律 以爲政焉. 此吾有大學 所以欲明明德于天下, 必先之以致至格物 以爲修齊治平之本, 顧不美歟. 雖然 漢史爲循吏作傳 不爲能吏作傳. 禹範云好德爲福 不言好才爲禍, 此又爲吏者之所當講. 亦我同知公之訓書美意, 誠能乎此, 則庶乎非鞅斯厝之刑名 則駸駸然入於皐陶稷契之德化矣. 致君澤民 孰有加于此者. 斯時也 廻視此書特魚兎之荃蹄 卽讀者 其致思焉.

承事郎 雲夢縣尹 山後石林允敬爲之引.

3. 조선본 발문

대개, 지침서는 배우려는 자에게 도움 됨이 크다. 역대 법률의 아름다움 및 옛날과 지금의 명칭과 제도의 분별을 자세히 알 수 있고 나아가 주해의 정밀함과 글자 연원의 상세함은 더욱 용어[名]와 의미[義]를 쉽게 알 수 있게 한다. 다만 이것뿐만 아니라, 위로는 요임금과 순임금에서 아래로는 당과 송까지 그 사이 여러 나라의 선비들 중에서 서리의 모범을 삼을 자와 참혹하고 각박한 부류들까지 모두 실어서 권면하고 경계함이 절실하니 실로 서리들의 지침서가 될 것이다. 그런데 이 책이 늦게 간행되었고 또 판본이 드물어 배우는 자가 힘들게 여기는 이가 없지 않았으니, 어찌 군자들이 근심할 바가 아니겠는가?

지금 경주부윤 유규가 근무하는 여가에 집에 소장된 한 부를 베껴서 조신손과 함께 의논하여 새기게 하여 몇 달이 지나지 않아 완성되었다. 남과 더불어 걱정하는 마음과 임금을 돕고 백성을 은혜롭게 하려는 뜻을, 아! 어떻게 이루겠는가?

1458년(세조 4) 정월 초4일 중훈대부 경주유학 교수관 월성 후학 이운준 삼가 발문을 쓰다.

각수 대선사 의전 등 18인 / 서사 유학 안부 / 교정 생원 이존인

봉직랑 경주부판관 겸 권농판관 경주도 중익병마절제판관 조신손

가선대부 경주부윤 겸 권농사 경주도 중익병마절제사 류규[13)]

夫指南之書, 所以有利於學者大矣. 歷代法律之美·古今名物之辨, 昭然可考. 而況註解之精·字原之詳, 尤爲名義之易知者乎! 非獨此已, 自上虞舜下至唐宋, 其間列國之士,

13) 柳規(1401[태종 1]~1473[성종 4]): 무과출신으로, 형조참의 등을 거쳤으며, 1457년에 경주부윤으로 재직하였다. 성품이 곧았으며, 집안생활도 엄격하였다.

可爲吏師者與夫慘刻之流, 無不具載, 其爲勸戒深切, 實吏學之指南也. 然此書晩出, 而板刻鮮少, 學者無不病焉, 豈非君子之所可慮者? 今府尹柳相國規, 簿令之暇, 出家藏寫本一部, 與參刺趙候信孫, 擬議俾鋟于梓, 不數月而告訖. 其與人爲盧之心·輔君澤民之意, 夫豈何然成.

皇明戊寅春正月哉生明, 中訓大夫慶州儒學敎授官 月城後學 李云俊 敬跋

刻手 大禪師義全等 十一人

書寫 幼學 安富

校正 生員 李存仁

奉直郎 慶州府判官 兼 勸農判官 慶州道 中翼兵馬節制判官 趙信孫

嘉善大夫 慶州府尹 兼 勸農事 慶州道 中翼兵馬節制使 柳規

判例研究方法論*

이원우**

I. 問題의 提起

오늘날 社會諸問題에 대한 분쟁의 해결이 종국적으로 司法的 解決에 의존하게 되고, 각분야에 걸쳐 상당수의 判決이 集積하게 됨에 따라, 判例의 重要性이 강조되고 있다. 이는 司法實務를 담당하는 法曹人뿐 아니라 法을 學的으로 研究하는 法學者들 그리고 여타의 社會科學의 研究者들에게 있어서도 마찬가지이며, 나아가 社會構成員 모두가 적어도 자신의 業務 내지 生活과 關係되는 한, 判決이 어떠한 결론을 내리는가에 대하여 지대한 關心을 가지게 하고 있다. 이러한 사회적 현상에 대하여 여러 관점에서 다른 분석이 있을 수 있지만, 法治主義的 文化의 確立이라는 觀點에서 일단 바람직한 현상이라 평가할 수 있다고 본다. 社會 諸分野에서의 判例의 重視는 法研究에 있어서의 判例研究의 重視로 연결되며, 근래에 들어 諸般 法領域에 있어서의 判例評釋의 增加는 이러한 社會的 要請에 대한 부응이라 하겠다.

그런데 從來 判例에 대한 接近方式을 보건대, 學界와 實務界 양측 모두에 일정한 限界 내지 問題點이 있다고 판단된다. 종래 學界에서의 判例研究는 주로 概念法學的 判例批評에 머물러 있어, 判例研究의 意義를 상실하고 있다.[1] 단적인 경우에는 判決이 당해사건

---

* 이 글은 필자가 육군사관학교 전임강사로 근무하면서 서울대학교 박사과정을 이수하던 1991년 은사이신 청담 최송화 선생님께서 개설하셨던 수업에서 연구하고 발표했던 내용을 발전시켜『陸士論文集』제41집(1991. 12, pp. 149－200)에 게재하였던 논문을 약간 수정한 것이다. 필자는 이 주제를 연구하는 과정에서 선생님으로부터 많은 영감과 가르침을 받았고, 그 때의 깨우침은 지금까지도 필자의 연구에 중요한 방향목이 되고 있다. 喜壽를 맞으신 선생님께 이 논문을 헌정한다.

** 서울대학교 법학전문대학원 교수

1) 本稿에서 사용하는 '判例研究'와 '判例批評'의 개념은 일찍이 日本에서의 判例研究方法論爭 당시, 長谷川正安 교수가 일본의 판례연구방법의 발전을 역사적으로 검토하면서 사용한 개념으로서, 일본에서는 일반적으로 받아들여지고 있는 개념이다. '判例批評'이란 판례를 연구함에 있어서 판결의 이유 중에 제시된 法律解釋論의 論理的 整合性을 분석하는 것으로서, 이는 개념법학적 법학방법론의 입장에서 판례를 접근하는 것이다. 즉 법률규정을 판결의 대전제로 하여 사실의 인정과 인정한 사실에의 법규적용이라는 일련의 법적용과정에서 판결의 內的 正當化要素를 評價하는 것을 주된 목적으로 하는 입장이다. 이에 대하여 '判例

을 통해 주장하고 있는 法原則을 誤解하여 不適切한 批評을 가하거나, 혹은 판례를 我田引水格으로 解釋하기도 한다. 이러한 判例研究는 법학의 발전에 기여하지 못할 뿐만 아니라, 理論과 實務의 乖離를 가져와 法實務에 있어서 法學의 疏外를 가져오고 마침내 法學의 危機를 초래할 수도 있을 것이다. 한편 종래 實務界(특히 法院)에 있어서 判例에 대한 태도는 거의 物神的이어서, 거기에는 研究는 없고 學習만이 존재하였다고 해도 과언이 아니다. 따라서 판결이 當該法條 및 全體 法秩序 그리고 當該 事實關係에서 어떻게 正當化될 수 있는가라는 문제에는 관심이 적고, 어떠한 사실에 대하여 어떠한 결론이 내려졌는가에 대한 無批判的인 學習에 치중하게 된다. 이러한 태도는, 일단 판결이 내려지면, 그 결정의 당부와 관계없이 동일 사안에 대하여는 동일한 결론이라는 식의 無批判的인 反復이 계속될 것이다. 결국 이는, 先決例에서 제시하고 있는 훌륭한 法原則이 具體的인 事案과 관련하여 보다 具體化되고 體系化되어 발전될 수 있는 가능성을 沮止하여, 判例法의 發展을 停滯시킬 뿐 아니라, 부당한 판결의 반복으로 인한 歪曲된 法秩序의 形成은 물론, 判決의 正當性과 權威를 喪失케 하여 全體 法秩序에 대한 不信을 야기할 수 있다.2)

그러면, 判例를 중심으로 한 學界와 實務界 兩側의 이러한 問題狀況을 극복하여, 判例를 올바로 理解함으로써 判例를 發展시키고 현실에 자리잡은 理論을 發展시키기 위한 방법은 무엇인가. 判例 및 判例에 관한 文獻의 量的 增加에도 불구하고 위와 같은 문제점이 노정된 것은 우리나라 法學에 있어서 方法論的 檢討의 不在에서 기인한다고 본다. 本稿는 이러한 問題意識에 입각하여 判例研究方法論에 대한 一般論的인 檢討를 수행할 것이다. 이를 위하여 判例研究와 관련하여 各國에서 논의된 자료들을 검토할 것이고 필요한 범위에서 法學方法論上의 論議도 간략히 정리하기로 한다. 이러한 검토 위에서 바람직한 判例研究의 方法論을 제시할 것이다.

研究'란 판례에 나타난 法原則을 '研究'하는 것으로서, 이 경우 판례를 어떠한 방식으로 연구할 것인가에 따라 뒤에서 보는 바와 같이 여러 가지 입장이 존재한다.

2) 先判例의 機械的 適用은 '先例에로의 逃避'라고 할 수 있는 判決行態를 낳을 수 있다. 그런데 이러한 태도는 심한 경우 동일성이 없는 사안에 대하여까지 그것을 동일한 것으로 인정하여 선판례를 적용하려는 안일에 빠지게 한다. 이러한 문제는 大法院의 判決理由에서도 지적되고 있는바, "원심이 들고 있는 당원 19XX.X.X선고, XXOXXX판결은 이 사건과는 … 등을 달리 하는 사안에 관한 것이어서 이 사건에 원용하기에는 적절하지 않다"는 식의 판결은 바로 이러한 문제를 단적으로 나타내고 있다고 하겠다.

II. 判例硏究의 前提

1. 判例硏究의 基礎

가. '法'이란 무엇인가

法源이란 무엇인가, 즉 法院에서 판결을 내림에 있어서 法官은 어디에서 法을 發見할 것인가라는 질문[3]은 근원적으로 보면 법이란 무엇인가라는 질문에 뿌리를 두고 있다. 典型的인 法實證主義에 입각한 概念法學者들은 法은 法律이다라고 답한다. 그러나 이러한 法觀은 더 이상 지지될 수 없다. 그런데 꼭 이와 같은 주장을 하지 않더라도, 결국은 이러한 包攝實證主義의 誤謬에 빠지게 되는 주장들이 여전히 대다수의 법률가(특히 법학자)에 의하여 지지되고 있다. 이들의 핵심적 These는 이른바 法의 完全性公準과 法律的 三段論法이다. 이러한 실증주의적 견해에 대하여는 현실을 고려하는 動的인 法的 思惟에 의하여 강한 反論이 제기되었으며, 오늘날에도 다수의 측면으로부터 비판받고 있다.[4] 법관은 法律에만 拘束되는가라는 본래의 질문으로 돌아가 보면, 법을 어떻게 보느냐에 따라 이에 대한 답변도 달라진다.[5] 하나의 입장은 법관은 법률에만 구속된다고 주장한다. 이 주장은 포

3) 法源의 槪念을 어떻게 볼 것인가는 그리 간단한 문제가 아니다. 法源을 法의 存在形式 내지 形象形態로 보는 것이 傳統的 立場이나 法의 認識根據로 보는 견해도 유력하다. 우리도 기본적으로 후자의 입장에 지지하나 여기서는 法槪念論의 연장으로서 法源論이 判例硏究方法論에 가져오는 입장의 차이를 설명하기 위해 그 질문을 단순화하였다.

4) 傳統的인 槪念法學的 法學方法論에 대한 문제제기는, 廣義의 法社會學的 運動으로 볼 수 있는 自由法論과 realism思潮로부터 시작되어, 存在와 當爲, 事實과 規範의 二元論 克服을 위한, 事物의 本性(Natur der Sache)論, 先判斷의 도그마에서 벗어나려는 Topik論, 統合論에 근거를 둔 現實學文定向的 解釋理論, 그리고 이른바 非解釋主義(non−interpretivism)에 이르기까지 다양한 방법론을 통하여 계속되고 있다. 傳統的인 法律解釋의 方法論이 法의 體系的인 解釋適用에 기여하는 바가 지대함은 물론이나, 이러한 해석론이 법이념과의 상호작용을 통하여 현실을 규율하기 위해서는, 전통적인 개념법학적 방법론을 '正(These)'으로 하고, 이에 대한 공격으로 제기된 방법론들을 '反(Anti−These)'으로 하여, 이들의 對立過程을 止揚한 '合(Synn−These)'에로의 방향으로 발전시켜 나가야 할 것이다. 이러한 문제의식에 의거한 문헌으로는, A.Kaufmann/W.Hassemer, *Grundprobleme der Zeitgenösischen Rechtsphilosophie und Rechtstheorie*, 沈憲燮 譯, 現代法哲學과 法理論의 根本問題, 法文社, 1974 ; M.Kriele, *Theorie der Rechtsgewinnung*, Dunker und Humbolt, 1967 ; G.Calebresi, *A Common Law for the Age of Statutes*, Harv. Uni. Press, 1982 ; J.H.Ely, *Democracy and Distrust*, Cambridge, Harv. Uni. Press, 1980 ; 崔松和, "法과 政策에 관한 연구", 서울대학교 法學 제26권 4호, 1985 ; 姜慶善, "헌법해석방법론에 관한 변증적 연구", 서울대학교 석사논문, 1984. 등 참조. 여기서는 본고와 직접적으로 관계있는 法源論(이는 法槪念論의 연장선상에 있다)에 대하여만 간략히 정리하기로 한다.

5) 이 문제는 獨逸의 경우 基本法 제20조 3항 '…司法은 法律과 法에 拘束된다' 및 제97조 1항 '法官은 … 오로지 法律에만 복종한다'의 해석과 관련하여 논의되고 있다. 우리 憲法 제103조는 '法官은 憲法과 法律에 의하여 그 良心에 따라 獨立하여 審判한다'고 규정하고 있다. 이 점에 대한 상세한 논의는, 朴正勳, "行政法의 不文法源으로서의 '法原則'", 서울대 석사논문, 1989 ; 윤재왕, "法官의 法과 法律에의 拘束", 고려대 석사논문, 1989. 참조.

섭실증주의의 입장에서 지지되는 것이다. 다른 입장은 법관의 구속성을 법률 이외의 법에까지 확장시킨다. 물론 이 경우 법률과 다른 법을 어떻게 볼 것인가에 대하여는 다양한 견해가 존재한다. 그러나 법률과 다른 법의 존재를 인정하고 이를 법원으로 받아들이는 경우에는, 법관의 법판단작용을 단순한 기계적 연역논리로 볼 수 없을 것이다. 따라서 이러한 입장에 서는 경우에는 법관의 법판단이 법현실에서 차지하는 중요성을 인정하게 되고, 법관의 법판단과정에 대한 연구가 중요한 과제로 된다.

나. 判例의 拘束性

판례에 구속성을 인정할 것인가, 또 어느 정도의 구속성을 인정할 것인가. 물론 이에 대한 대답도 위에서 살펴본 法觀 혹은 法源觀에 따라 어느 정도 유형적인 차이를 보일 것이다. 게다가 판례에 대한 실정법체계의 태도의 상위로 인하여, 불문법국가와 성문법국가 간에 있어서 차이가 있다. 다만 오늘날에는 成文法主義國家에 있어서도 判例의 事實上의 拘束力을 인정하고 있다. 그 根據로서 판례변경의 곤란성이라는 실정법적 제한규정, 상급심 특히 최종심 판결의 하급심 법관에 대한 사실상의 심리적 강제 등이 거론된다. 뿐만 아니라 판례의 구속성은 法理論的으로도 根據지울 수 있다. 이른바 普遍化可能性의 原理, 形式的 正義의 原理, 慣性의 原理 등[6]에 이르면, 동일한 사례는 동일하게 취급되어야 하기 때문이다.

판례의 구속성인정 여부에 따라 판례연구방법론에 있어서 상이한 태도를 보이게 된다. 판례의 구속성을 인정하는 경우, 판례는 장래 동일한 사안의 경우에 동일한 결정이 내려지게 되므로 선결례의 연구는 법획득에 있어서 결정적인 역할을 하며, 따라서 선결례가 선언하고 있는 법원칙이 무엇인가를 발견하는 것은 법획득에 있어서 결정적인 역할을 하게 된다. 그러나 판례의 구속성을 부인하는 경우에는 판례에 대한 연구는 당해 판결에서 사용하고 있는 법해석이 정당한가만이 중심문제로 되며, 따라서 판례에 대한 연구도 '判例研究'에는 이르지 못하고 이른바 '判例批評'의 수준에 머무르게 된다.

2. 判例研究의 意義

① 法의 正確한 認識作業

법은 그 자체로서 구체적 내용이 일의적으로 확정되어 있지 않다. 개념적으로 일의적으로 확정되는 경우에도 당해 개념에 포섭되는 사실의 범위는 결국 개개의 구체적 판결을 통해서만이 확정된다. 즉 법은 그 자체로서는 하나의 가능성에 불과하며, 구체적 상황에

6) 이들 원리에 대하여는 제6장 판례연구의 방법(3) - 판례의 정당성평가 - 에서 상술할 것이다.

적용되는 경우 그 사태와의 조명 하에서만 이해될 수 있는 것이다.[7] 따라서 법의 구체적 의미·내용을 획득하기 위해서는 判例研究가 필수적이라 하겠다.

② 法判斷의 客觀的 基準確保

i) 司法的 判斷에의 民主性確保

選擧에 의하여 구성되지 않은 司法府가 民主的 正當性을 確保하기 위해서는 '原理에 따른 判決(principled decision making)'制度가 확립되어야 한다.[8] 법을 해석하여 적용하는 사법과정 속에서 法官의 자의의 개입을 저지하고 判斷의 客觀性을 確保하기 위해서는 법판단의 客觀的 基準을 제시하여야 하는바, 이는 先判例의 研究를 통해서만이 가능하며 이는 학자의 임무이다.

ii) 法的安定性

判例研究를 통해 획득되는 法判斷의 客觀的 基準은 法的 生活에 安定性을 부여해 준다. 이를 통해 同一한 事案은 同一하게 取扱한다는 形式的 正義의 原則이 지켜지며, 나아가 일정한 豫見性[9]을 확보해 줌으로써 法秩序 形成에 이바지한다. 물론 이러한 목적의 중요성은 判例의 法源性에 대하여 어떠한 立場을 취하느냐에 따라 차이가 있겠지만, 판례의 구속성을 제도적으로 인정하느냐와 관계없이, 동일한 사안은 동일하게 취급한다는 것은 法의 一般原理라 하겠다.[10]

③ 法政策的 效果達成

모든 法은 그 자체가 目的은 아니며, 法을 통하여 무엇인가를 달성하고자 한다. 法官은 구체적 狀況에서 法을 適用함에 있어서 法이 본래 목적하는 바(法目的 혹은 立法趣旨)[11]를 달성하기 위한 방향으로 해석·적용한다. 특히 同一한 法規에 대하여 多樣한 解釋이 가능할 때, 어느 해석에 따를 것인가를 결정할 경우에는, 法官의 이러한 태도가 현저하게 드러나게 된다. 물론 司法作用은 一次的으로 當該 事件의 解決에 있으며, 政策的 效果의 達成은 立法 혹은 行政作用의 책임이라고 할 것이다. 그러나 동일 법규의 다양한 해석적용의

---

7) 이러한 주장은 傳統的인 槪念法學에서는 인정되기 어려울 것이다. 계속 반복되는 주장이지만 우리는 包攝實證主義에 대한 克服 위에 서 있으며, 따라서 存在와 當爲의 區別이라는 方法二元論을 克服하고 있다. 이에 관하여는 앞의 주(4)를 참조할 것.

8) G.Calebresi, *op. cit.*, p.4.

9) 여기서 말하는 예견성은 뒤에서 川島교수가 말하는 예견성과는 다소 차이가 있다.

10) 判例의 法源性을 否認하는 學者들도 法院組織法 제7조 1항 3호에 의한 判例變更의 困難性, 동법 제8조 當該事件에 대한 拘束力 등을 이유로 判例에 대하여 事實上의 拘束力 내지 準法源性을 인정하고 있다.

11) 여기서 法目的 내지 立法趣旨라 하는 것이 主觀的 法目的을 말하는지 아니면 客觀的 法目的을 말하는지에 대하여 논의가 있으나 법목적 내지 입법취지를 단순히 主觀的·歷史的 意味로만 파악하는 것은 부당하다. 따라서 당해 법규의 目的·趣旨는 憲法合致的 客觀的 解釋을 통하여 결정되어야 한다고 본다.

가능성을 전제로 司法作用이 終局的 法執行機能을 수행하고 있음을 고려한다면, 사법작용의 政策的 性格을 부인할 수 없을 것이다. 그런데 법의 적용은 당해 사건의 해결이라는 하나의 결정에서 끝나지 않는다. 그것은 복잡한 社會構造 속으로 투여되어 社會諸現狀에 直接·間接으로 다양한 影響을 미치게 된다. 따라서 당해 判決이 가지는 이러한 社會的 性格을 무시하고 근시안적으로 내린 결정은, 때에 따라서는 당해 법적용을 통하여 달성하려고 했던 法目的達成을 沮害할 뿐만 아니라, 나아가 逆效果를 낳는 경우도 있게 된다. 그러므로 判例研究를 통하여 判決의 政策的 效果를 分析함으로써 法政策的 效果達成을 위한 判決基準(法原則)을 提示하여야 할 것이다.[12)]

④ 우리의 固有한 法理論의 定立

法的 問題狀況은 社會的 問題狀況이며 物理的·自然的 問題狀況이 아니다. 법적 문제는 인류사회의 보편적 문제상황으로서의 普遍性과 함께 당해 社會의 歷史的 文化的 經濟的 諸條件에 의해 규정된 特殊性을 띠게 마련이다. 이는 同一한 法的 問題가 어느 사회에서나 반드시 同一한 準則에 의하여 해결될 수 있는 것은 아님을 말해 주는 것이며, 나아가 다른 사회에서는 아예 문제로도 되지 아니하는 獨特한 問題狀況이 제기될 수도 있음을 시사하는 것이다. 그러므로 어느 사회에서나 그 사회의 법적 문제해결을 위한 固有한 理論의 정립이 요청된다. 고유한 이론의 정립은 그 前段階로서 固有한 問題狀況의 探究가 요구되는바, 이는 판례를 통해 제기된 구체적 사안들로부터 시작할 수밖에 없을 것이고, 나아가 이러한 問題의 解決準則도 결국은 개개 사건에 대한 判決의 集積을 통해 形成되는 것[13)]이므로, 고유한 법이론의 정립을 위해서는 우리의 판례에 대한 연구가 필수적이다.

⑤ 學界와 實務와의 對話

方法論上 理論이 實際와 무관하게 되면, 법원의 분쟁해결기능에 기여하지 못하며, 실현될 수 없는 이상적인 요구를 하게 되어 법관의 학문에 대한 신뢰를 저하시킨다. 따라서 학계가 실무에 대하여 가지는 특성, 즉 학문은 합리적으로 실수를 예방하고 교정적으로 해석의 발전을 도모하는 데 관심을 가지며 영향을 준다는 본래의 목적을 상실하게 된다. 그러므로 Kriele가 주장한 바와 같이, 앞으로 추구해야 할 이론은 철저히 판결과정을 분석하는 데서 시작하여야 할 것이다.[14)]

---

12) 이러한 判例研究目的을 위해서는 '結果考慮的 評價'가 判例研究方法으로 요구된다. 이에 대하여는 제6장 3절 참조.

13) 여기서 '形成'이라 하는 데 대하여는 여러가지 논의가 있을 수 있다. 法官의 法創造的 機能을 인정하느냐 여부는 결국 위에서 제기한 바 있는 법에 대한 다양한 입장으로 돌아가게 된다. 그러나 法官의 '法創造'를 否認하더라도, 法官의 '法發見'을 認定한다면, 이러한 法官의 法發見行爲에 의하여 法原則이 實質的으로 形成된다고 할 것이다.

14) M.Kriele, *op. cit.*, pp.39－46. 참조. 한편 Kriele는 學界와 實務間의 乖離를 法學에 있어서 중대한 危機로 보

⑥ 客觀的 法秩序의 統制 및 法의 問題解決機能 確保

法의 存在意義는, 일정한 利害衝突의 狀況을 合理的으로 解決함으로써 社會의 安定的 秩序와 統合을 保障하는 데 있다. 法의 執行은 窮極的으로 法院의 判決을 통해 確定的으로 遂行되므로, 이러한 법원의 判決은 關係當事者뿐 아니라 全體 社會構成員이 納得할 수 있고 수용할 수 있는 正當한 것이어야 한다. 法的 紛爭解決은 그 性質上 旣判力에 의해 保障받기 때문에, 判決이 일단 確定되면 그것이 비록 不合理한 것이라 하더라도 維持될 수밖에 없다. 그러나 法的 問題狀況이 여기에서 終止符를 찍는 것은 아니다. 이는 다시 法的 論議過程을 거쳐 正當性을 評價받고 다시 國法秩序體系로 還流(feed back)된다. 따라서 判例研究는 개개의 판결에 대한 분석을 客觀化함으로써, 개개 판결의 의도와 관계없이 형성되는 客觀的 法秩序를 정당한 방향으로 制御하는 데 기여한다. 그리고 이러한 과정을 거쳐 형성된 正當한 法秩序는 개개의 분쟁상황에서 合理的 問題解決의 準據로 받아들여지게 되는 것이다. 어떤 의미에서 위에서 제시한 ①에서 ⑤까지의 제목적은 이 하나의 목적을 위해 有機的으로 聯關되어 있다고 할 수 있다.

3. 法學方法論과 判例研究

法學方法論上의 對立은, 法은 認識인가 實踐인가, 혹은 법은 閉鎖體制인가 開放體制인가라는 질문에 어떻게 대답하느냐에 기인한다. 사법작용을 어떻게 이해할 것인가도 결국 이러한 방법론상의 대립과 궤를 같이 한다고 할 수 있으며, 判例研究方法論上의 對立도 여기에서 연유하는 것이다. 이러한 대립적 입장은 合理主義的 傳統과 非合理主義的 傳統(解釋學에 있어서의 律法主義와 反律法主義)으로 대별할 수 있다. 각각의 방법론적 의의와 한계에 대하여는 判例研究方法論과 관련하여 다음 장 이하에서 상론할 것이다. 따라서 본장에서는 合理主義的 傳統과 非合理主義的 傳統을 양극으로 하고 이들의 방법적 대립을 변증법적으로 해소하기 위한 방법론적 제노력을 제3의 입장으로 대별하여 그 개요를 정리하는 데 그치기로 한다.

가. 法學方法論과 司法作用

1) 合理主義 傳統

合理主義的 傳統은 概念法學的·分析法學的 實證主義를 말하는 것으로서, 이를 司法過程論의 측면에서 보면 이른바 包攝實證主義라 칭해지는 입장을 말한다. 包攝實證主義는

고, 이를 극복하기 위한 方法論定立을 모색하였다. 그에 의하면 法學方法論은 實際判決에 대하여 方法的 正當性과 誤謬性을 검증할 수 있는 基準을 제시하는 데에 목표를 두어야 한다고 한다. *Ibid.*, p.21.

법의 完全性 公準과 法律的 三段論法을 그 핵심주제로 한다. 따라서 합리주의적 전통에 있는 법학자에 의하면 법질서는 개념의 완벽한 논리체계이므로, 법률가는 法的 用語의 分析과 法的 命題의 論理的 關聯을 研究對象 내지 研究目的으로 하며, 法官은 三段論法에 입각하여 연역적으로 도출된 결론을 기계적으로 발음하기만 하면 된다고 하여 法官의 法創造的 機能을 부인한다. 法判斷은 認識作用이며, 法은 閉鎖體系라는 것이다.

2) 非合理主義 傳統

非合理主義的 傳統은 넓은 의미에서의 法社會學的 運動으로 볼 수 있는 法學思潮로서, 大陸의 自由法論과 美國의 Legal Realism 등을 말한다. 이들은 법체계의 완전성이라든가 존재와 당위의 이원론 등을 부인하고, 法의 草案的 性格 내지 欠缺性을 강조하며, 그 논리적 귀결로 裁判過程에 있어서 事實의 要素와 法官의 法創造的 機能을 강조한다. 이들에게 있어서 법은 開放體系이며, 法判斷은 實踐인 것이다.

3) 제3의 입장

法은 認識인가 實踐인가, 혹은 閉鎖體系인가 開放體系인가. 이러한 질문은 양자택일적인 질문인가. 만일 이 문제가 양립불가능한 택일의 문제라면 결국 합리주의와 비합리주의 중의 어느 한 입장에 서야 할 것이다. 양자의 대립을 해소하는 제3의 길은 없는가. 이러한 문제의식에 입각하여 양자택일이 아니라 양입장을 적절히 衡量하려는 法學方法上의 노력이 다양하게 전개되고 있다. 이러한 제3의 입장 가운데 대표적인 방법이 이른바 '論議理論'이다.[15] 法的 論議理論은 법관의 결정을 법률의 순전한 적용으로도 법관의 자의적인

15) 본고에서 취하는 基本的인 立場은 論議理論에 시사받은 바가 크다. 따라서 논의이론의 핵심적 내용을 극히 간략하게나마 설명할 필요가 있다고 본다. 여기서는 가장 대표적인 이론으로서 Kriele의 '理性法的 論議理論'과 Alexy의 '談話理論的 論議理論'을 약술하기로 한다. 이외에도 Habermas의 批判理論에 기초한 '實踐的 談話理論'도 경청할 만한 이론이나 여기서는 생략한다.

① Kriele의 理性法的 論議

包攝實證主義는 국법학의 기본이론인 權力分立理論의 원천으로서, 이것과의 경솔한 결별은 법관의 법률에의 기속성을 완화시킬 염려가 있고, 나아가 法官의 恣意는 물론 제반 정치적 영향력에 문호가 개방되어 민주주의적 원리를 침해당할 우려가 있다고 본다. 따라서 그는 방법론상 보수주의적 개혁을 시도하여, 包攝實證主義에 의한 법의 '적용' 자체는 문제삼지 않고 대전제를 올바로 발견하는 방법을 연구하는 데 치중하였다. 그는 이러한 대전제의 올바른 발견을 위하여 이성법적 사고를 발전시켜, 대전제는 헌법으로부터 도출되어야 하며 해석자 자신의 견해에 의존하여서는 안 된다고 하였다. 즉 이데올로기가 아닌 법이성(Rechtsvernunft)에 입각한, 합리적 토의의 토대 위에서만 방법론이 개선될 수 있다고 한 것이다.

獨逸의 傳統的 法學方法論은 학자들의 전유물에 불과하고 법관을 위한 방법이 전혀 아니었으나, Kriele는 법현실의 해석학, 즉 법관의 법인식의 해석학으로부터 출발하여야 성공적인 방법론이 될 수 있다고 하였다.

② Alexy의 談話理論

법결정이 어떻게 정당화될 수 있는가, 즉 합리적으로 근거지워질 수 있는가. 이 문제에 대한 대답을 위한 그의 이론은, 특수경우 These, 내적·외적 정당화, 법도그마틱, 판례활용의 논리, 일반 실천적 논의의 역할 등으로 구성된다. 이 중 판례활용의 논리란 판결의 정당화에 있어서 선례활용의 문제를 다루고 있다. 동일한 것은 동일하게 취급되어져야 한다는 Perelman의 형식적 정의의 원칙이나 Hare의 보편화가능성원리

행동으로도 파악하지 않으며, 그럼에도 불구하고 합리적으로 근거지워질 수 있는 결정으로 이해하는 제3의 입장이다.

나. 法學方法論과 判例研究方法論

1) 合理主義的 方法論

앞에서 설명한 바와 같이 合理主義的 方法論에서는 法官의 法創造的 機能을 부인하여 法官은 三段論法에 입각하여 演繹的으로 도출된 결론을 발음하기만 하면 된다고 한다. 따라서 판례연구에 있어서는 법관이 이러한 연역논리에 충실하게 法律을 解釋·適用하였는가의 문제가 중심문제로 된다. 즉 판결이유 가운데 나타난 법률해석론의 論理的 整合性이라는 規範의 解釋을 判例研究의 對象으로 하는 것이다. 따라서 합리주의적 전통에 입각한 판례연구는 진정한 의미에서 '判例研究'에 이르지 못하고 '判例批評'의 수준에 머물러 있다고 할 것이다.[16)]

2) 非合理主義的 方法論

非合理主義的 傳統에서는 司法過程에서의 事實의 重要性을 강조하며 法官의 法創造的 機能을 인정한다. 따라서 개개의 判決에 내재하는 規範을 發見하는 것이 법학에 있어서 중요한 문제로 되며 개개의 판결에 숨어 있는 이러한 규범을 발견하기 위해서는 당해 사건의 具體的 事實關係로부터 判例研究가 시작되어야 한다. 즉 중요한 것은 당해 사안에서 문제로 된 법률규정해석론의 논리적 정합성이 아니라, 어떠한 사안에 대하여 어떠한 결론을 내렸으며 이 과정에서 어느 법규정을 어떠한 해석준칙을 통하여 적용하였는가라는 一連의 問題解決過程이다. 이러한 입장에서의 판례연구는 단순한 判決例의 批評에 그치는 것이 아니라 진정한 의미에서의 '判例研究'까지 나아가게 된다.

3) 제3의 方法論

法은 認識인가 實踐인가, 閉鎖體系인가 開放體系인가. 이러한 질문에 대하여, 合理主

는 판례평가에 있어서 기초적인 논리를 구성한다. 그러나 완전히 동일한 사례란 수학의 세계에서나 가능한 것이므로, 동등취급의 요청은 결국 '무엇이 두 사례를 동등하게 하는가'라는 중요성의 차원에서의 평가가 개입될 수밖에 없다. 일반적인 판례활용의 상황은, 1.판례의 원칙적인 준수 2. 이탈의 허용 3. 이탈하려는 자에게 논의부담을 지우는 것으로 구성된다. 따라서 판례평가의 영역에서는 Perelman의 관성의 원리(이유가 없이는 어떠한 것도 변경시켜서는 안 된다는 명령)가 들어맞는다(Alexy의 논의부담규칙).
論議理論에 대하여 보다 상세한 내용을 소개한 국내문헌으로는, 장영민, "法理性論議", 劉基天 博士 古稀記念論文集, 博英社, 1988 ; 李在承, "法的 論議理論에 관한 一考察", 서울대 석사논문, 1990. 참조.

16) 合理主義的 傳統에 있다고 하여 모두가 판례비평만을 하는 것은 아니다. 傳統的 概念法學의 입장에서도 判例의 法源性을 인정하는 경우에는 판례에서 규범명제를 발견하는 것이 중요한 과제로 되고, 따라서 이 경우에는 概念法學的 立場에서도 判例研究로 나아가게 된다. 뒤에서 살피는 바와 같이 이를 특히 法源論的 立場에서의 判例研究라 칭한다. 본고 제3장 2절 참조.

義的 傳統이나 非合理主義的 傳統에서와 같이 이를 양자택일의 二律背反的 命題로 보지 아니하고, 양자의 대립을 辨證法的 止揚을 통해 해소하려는 제3의 입장이 다각적으로 제기되고 있음은 앞에서 설명한 바 있다. 判例의 分析·檢討에 있어서 合理主義가 規範의 解釋을, 그리고 非合理主義가 事實의 側面을 각각 중시한다면, 제3의 입장에서는 規範과 事實을 동시에 고려함으로써 '判例研究'에로 나아가려 한다고 할 수 있다. 그 중 대표적인 방법이 이른바 '論議理論'이다. 앞서 밝힌 바와 같이 본고의 기본적 입장은 論議理論에 시사받은 바가 크다. 그것은 법을 어떻게 볼 것인가라는 法觀의 問題뿐 아니라, 價値多元化라는 現代的 狀況에서 全體 社會構成員이 수긍할 수 있는 合意에 도달하기 위한 正義論으로서는 '節次的 正義論'[17]이 타당하다고 보기 때문이다.

Ⅲ. 從來 判例研究方法論에 대한 批判的 檢討

1. 槪 說

우리나라의 從來 判例研究에 있어서는 方法論에 대한 본격적인 檢討없이 개개의 判決例에 대한 法律解釋論的 觀點에서의 批評이 주류를 이루어 왔다고 할 수 있다. 그러므로 여기서는 歐美諸國 및 日本에서의 判例研究方法論에 관한 제논의를 대상으로 하여 각각의 방법론이 지닌 意義와 限界를 批判的으로 檢討하기로 한다.

2. 槪念法學的 判例研究方法論

槪念法學的 觀點에서 행한 判例研究는 다시 두 가지 부류로 구분된다. 하나는 判決理由 중의 法解釋의 當否를 논하는 것으로서 '判例批評' 또는 '判決例批評'이라 칭할 수 있는 것이고, 다른 하나는 判例 가운데서 規範性을 추출하여 制定法의 抽象性 내지 欠缺을 補完하려고 하는 방법으로서 '法源論的 立場에 의한 判例研究'라고 할 수 있다. 양자는 모두 判決理由 중의 法律論을 對象으로 하여 槪念法學的 觀點에서 法解釋의 論理的 形式的 側面을 중심으로 한다는 점에서 동일하나, 判例의 法源性을 인정하느냐 인정하지 않느냐에 기본적 입장의 차이가 존재한다.[18]

---

17) 節次的 正義論이라 하면 J.Rawls의 純粹節次的 正義論을 생각하지 않을 수 없다. 이러한 의미에서 Alexy의 法的 論議理論과 Rawls의 正義論이 가진 理論的 構造의 類似性에 주목할 필요가 있다. Rawls의 正義論에 관하여는, J.Rawls, *A Theory of Justice*, Harvard Univ. Press, 1971 : 黃璟植 譯, 社會正義論, 서광사, 1985. 참조.

18) 槪念法學的 判例研究方法論을 이와 같이 분류하는 것은, 下山英二교수의 개념구분에 의한 것이다. 下山英

가. 判例批評으로서의 判例研究

判例의 法源性을 否認하는 경우에는 당해판례가 어떠한 내용의 規範을 宣言하고 있느냐보다는 동판결의 이유로 제시된 法律解釋論의 形式的 論理的 整合性의 當否를 검토하는 것이 중심문제로 된다. 여기서 判例는 法의 公正한 解釋의 一基準으로서 意義를 가질 뿐이다. 이러한 방법에 의하는 경우에는 판례를 통해 살아 있는 규범을 발견하려고 하지 않고 마치 判決을 하나의 學說로서 取扱하여 그 論理展開의 當否를 批評하는 데에 만족한다. 이러한 입장에서의 판례연구가 흔히 사용하는 방식은 다음과 같다.

'本件에 있어서의 法律的 爭點은 A로서 이에 대하여 종래 甲, 乙, 丙, 丁 등의 學說이 對立하고 있는바, 甲說의 論旨는 … 이나 … 의 점에 문제가 있고, 乙說의 論旨는 … 이나 … 의 점에 문제가 있고, 丙說의 論旨는 … 이나 … 의 점에 문제가 있고, 丁說의 論旨는 … 이나 … 의 점에 문제가 있다. 그러나 丁說에 대한 問題點은 … 이라는 측면에서 解消될 수 있으므로 私見으로서는 丁說이 妥當하다고 본다. 그런데 同判決은 丙說을 채택하고 있는 것으로 보이며, 따라서 丙說이 가지고 있는 … 등의 문제점을 가지게 된다. 이러한 문제를 극복하기 위해서는 丁說에 따라 … 라고 판결함이 타당하다고 본다.'

이러한 判例批評은 결국 判決을 하나의 學說에 끼워넣고 당해판결이 채택하고 있는 (많은 경우 어떤 학설을 채택하고 있는지 불명확하므로 연구자의 관점에서 볼 때 채택하고 있다고 판단되는) 學說에 대한 批判을 判決에 대한 批判으로 제시한다. 이러한 판례비평의 결과 同一判決을 놓고 학자들간에 或者는 甲說을 채택한 것이라고 하고 或者는 乙說을 채택한 것이라고 하여 대립하기도 한다. 자신의 학설이 판례에 의하여 지지되고 있다고 주장하는 경우 판결의 내용을 我田引水格으로 解釋하는 것은 이러한 判例研究에서 오는 극단적인 경우라 할 것이다. 判例研究를 이러한 방법에 의할 때, 우리는 判例研究의 意義가 어디에 있는가라는 질문을 던지게 된다. 判例를 하나의 旣存學說에 包攝시켜 批評하는 것이라면 이미 學說上의 論爭으로 족하지 않겠는가. 판례가 기존 학설에 없는 입장을 취한 경우라도 그것을 기존학설과 병립하는 하나의 학설로 보아 그러한 견해의 문제점을 추상적 이론적 관점에서만 논한다면 이것 역시 學說上의 論爭의 連續일 뿐이지 判例研究는 아닌 것이다. 요컨대 判例批評은 判例로부터 무엇을 배우려 하기보다는 判例에 대하여 무엇을 가르치기만 하려고 하는 것이다. 判例研究는 기본적으로 判例로부터 배우려는 자세가 있지 않으면 안 된다. 判例研究라는 말 자체가 이미 實務와 學界의 끊임없는 相互作用을 前提하지 않고서는 있을 수 없기 때문이다. 判決例에 대한 學者의 批評이 實務家에 의하여 받아들여지지 않는다면 判例研究는 그 意義를 상실할 것이다. 마찬가지로 判決을 통해 法官이 말하고자 하는

二, "行政判例の法社會學", 日本法社會學會編, 判例の法社會學的研究, 有斐閣, 1965, pp.69－72. 참조.

바를 學者들이 경청하지 않는다면 判例硏究는 그 의의를 상실할 수밖에 없다. 學者와 實務家는 一方的인 關係에 있지 않다. 學者는 判例를 통하여 法官이 말하고자 하는 바를 들어야 한다. 즉 抽象的인 法規가 具體的인 現實 속에서 어떠한 의미를 가지고 살아 숨쉬는가를 발견하고, 무엇이 왜 그러한 解釋을 가능케 하였는가를 밝혀내야 하는 것이다. 判例에 대한 批評이 正當하기 위해서도 당해판결이 무엇을 말하려 하는가를 정확히 파악하는 것은 하나의 前提條件이라 할 것이다. 이를 진정한 의미의 判例硏究라 하지 않고 '判例批評'이라 칭하는 이유가 여기에 있다.

나. 法源論的 立場에서의 判例硏究

判例의 法源性을 認定하는 경우에는 개개의 판례로부터 동판례가 宣言하고 있는 規範의 內容을 밝혀내는 것이 判例硏究의 基本的인 目的이 된다. 그러나 判例의 法源性을 인정하고 판례로부터 規範性을 추출하려고 하는 경우에도 槪念法學的 法學方法論에 의하는 한, 개개의 판례로부터 동판례가 선언하고 있는 규범의 내용을 정확히 파악하고 있는가는 의문이다. 개개의 判例가 宣言하는 法原則의 規範的 意味는 具體的 事實과의 關聯 속에서만 올바로 파악될 수 있기 때문이다. 더욱이 이러한 입장의 判例硏究는 판결에 나타난 法院의 論旨 중에서 制定法을 補完하는 規範을 發見하는 데에 그치게 된다. 즉 判例硏究는 法解釋의 補完的 作業으로서만 意味를 가질 뿐이다.

3. 實用主義的 判例硏究方法論

가. 美國의 實用主義法學[19)]

美國에서는 實用主義(Pragmatism) 哲學思潮의 影響으로 이른바 法現實主義(Legal Realism)에 의거한 法學方法論이 일찍이 형성되어 法學 및 法實務에 지대한 영향을 미친 바 있다. 이들에게 있어서 法이란 判事들이 行動하는 方式을 一般化한 것, 즉 法은 司法的 行爲의 諸態樣 속에 존재한다. 따라서 이들은 裁判過程의 科學的 分析, 특히 재판에 있어

---

19) 判例法國家인 美國에서의 判例硏究方法論은 legal reasoning에 관한 각종문헌에서 다루어지고 있으며, 法學方法論에 관한 대부분의 논의는 判例硏究方法論과 관련되어 논의된다. 實用主義法學의 判例硏究方法論의 意義 및 그 限界에 관하여는, R.A.Black/R.S.Kreider/M.Sullivan, "Critical legal studies, economic realism, and the theory of the firm", *University of Miami Law Review* 43 n2 343-360 Nov, 1988 ; J.B.Crozier, "Legal realism and a science of law", *American Journal of Jurisprudence* 29 151-167 Ann, 1984 ; J.C.Cueto-Rua, *Judicial Methods of Interpretation of the Law*, Louisiana Law, 1981 ; J.Frank, *Law and the Modern Mind*, 1930 ; J.E.Herget/S.Wallace, "The German free law mvement as the source of American legal realism.", *Virginia Law* 73 n2 399-455 March, 1987 ; C.Kaufman, "The scientific method in legal thought: legal realism and the fourteen principles of justice", *St. Mary's Law Journal* 12 n1 770-112 Wntr, 1980 ; J.O.Newman, "Between legal realism and neutral principles: the legitimacy of institutional values.",

서의 法規 以外의 要因을 강조한다. 이들의 理論的·哲學的 背景은 實用主義로서 이에 의하면, 法은 그 起源·目的·適用의 모든 면에서 社會的 現象이라고 본다. 따라서 法이란 具體的 社會的 立場에서 具體的인 社會目的 내지 利益에 奉仕하는 것이어야 하기 때문에 그 목적은 相對的인 것이며, 法을 評價하는 基準은 그 社會的 利益에 비추어 본 法의 機能이라고 한다. 또한 이들은 법관이 재판을 함에 있어서 法官 個人의 社會的 經濟的 및 政治的 背景이나 性向에 어느 정도 좌우된다고 보고, 나아가 특정문제에 대한 개개의 法官의 行動을 豫測할 目的으로 개개의 법관을 연구할 수도 있다고 본다. 이들에 의하면 法的 判斷으로서의 判決도 여타의 一般判斷과 마찬가지로 非論理的·個性的 行爲이기 때문에 판결은 예측할 수 없는 不確實性에 빠지게 된다. 따라서 요즈음의 법현실주의자들은 더 이상 '法的 確實性'을 찾지 않고, '法的 蓋然性'을 찾는 길을 모색하고 있다. 그들은 판결을 예측한다는 것은 장래사건에 대한 명제를 만드는 것이며, 이러한 미래명제는 眞僞判斷의 對象이 될 수 없고 確率判斷의 對象이 된다고 한다. 그리하여 心理學·社會學과의 제휴를 통하여 法院의 判決過程·事案·法官의 態度·法體系의 發展方向 등을 분석하는 방법을 사용함으로써, 판결 결과에 대한 법적 개연성을 높이기 위한 방법을 찾고 있다.

나. 日本의 實用主義法學

日本에서는, 이러한 法現實主義의 영향으로 일찍이 判例硏究의 새로운 방법론이 모색되어 이른바 判例硏究方法論爭이라는 戰後 日本法學의 3大論爭의 하나로 발전하는 데 기폭제가 되었으며, 오늘날에 있어서도 이러한 實用主義的 方法論이 判例硏究方法論의 주류를 형성하는 데 크게 기여하고 있다고 할 수 있다. 여기서는 末弘嚴太郎에 의하여 제안되고 川島武宜에 의하여 발전된 實用主義的 方法論을 檢討해 보기로 한다.

1) 末弘方法論

末弘박사에 의하여 제기된 새로운 判例硏究는 事實을 중시하여야 한다는 것을 핵심으로 한다. 그에 의하면 判例硏究의 목적은 '구체적 법률을 안다는 것'이고,[20] 따라서 '당해

California Law Review 72 n2 200－216 March, 1984 ; R.A.Posner, "Legal formalism, legal realism, and the interpretation of statutes and the Constution.", *Case Western Reserve Law Review* 37 n2 179－217 Wntr, 1987 ; R.A.Posner/ C.Fried/A.Kronman, "Jurisprudential responses to legal realism (The Federalist Society Sixth Annul Symposium on Law and Public Policy: the Crisis in Legal Theory and the Revival of Classical Jurisprudence) (panel discussion)", *Cornell Law Review* 73 n2 326－349 Jan, 1988 ; M.V.Tushnet, "Legal realism, Structural review, and prophecy", *University of Dayton Law Review* 8 n3 809－831 Summ, 1983 ; B.Wardhaugh, "From natural law to legal realism: legal philosophy, legal theory, and the development of American confilict of laws since 1830.", *Maine Law Review* 41 n2 307－360 July, 1989 ; C.N.Yeblon, "Are judges liars? A Wittgensteinian critique of 'Law's Empire'", *Canadian Journal of Law and Jurisprudence* 3 n2 123－138 July 1990.

20) 末弘嚴太郎, "民法判例硏究會の宣言", 法學協會雜誌 39券 9號, 1921, p.15 이하 ; 長谷川正安, "判例硏究の歷史

사건에서 구체적인 문제로 된 事實關係의 實質이 어떠한 것인가를 판결 전체에서 研究 確定할 필요가 있다. … 그리고 연구자는 그 事實關係의 實質을 확정한 후에 법관이 그것을 규율하는 것으로 창조한 법규범이 무엇인가를 판결 전체에서 살펴보아야 한다.'고 한다.[21)]

2) 川島方法論

川島武宜교수는 이러한 末弘方法論으로부터, ① 判例의 法源性(法創造的 機能) ② 裁判過程의 理解方式(이른바 三巴理論) ③ 實用法學의 任務(裁判의 豫見性確保) 등의 관점을 승계하여[22)], 독자적으로 자신의 방법론을 구성하였다. 그에 의하면, '재판이 普遍的 客觀的 基準에 의하기 위해서는 同一한 類型의 社會行動 내지 社會關係에 대하여는 同一한 決定을 내려야 할 것'[23)]이 요청되며, 이러한 점에 비추어 볼 때 재판은 장래재판의 先例 내지 判例가 된다고 한다. 이러한 판례관에 입각한 判例研究는 개별적 구체적 내용이 아니라 그 普遍性을 중시하게 된다. 그런데 川島武宜의 관점에서 볼 때 裁判의 結論은 解釋에 의하여 도출되는 것이 아니며 解釋은 判決에 있어서 正當化의 表現에 불과하다[24)]. 따라서 先例的 要素를 추출함에 있어서 당해판결에서 나타난 법률해석론은 관심의 대상이 되지 않으며, 어떠한 사실에 대하여 어떠한 결론이 내려졌는가에만 관심을 가지게 된다. 이러한 관점에서 구성된 川島의 判例研究方法은 다음의 세 단계로 이루어진다. ① 재판대상인 개별적 구체적 사실로부터 추상이라는 조작을 통하여 정형적 사실의 구성, ② 당해재판의 개별적 구체적 결론으로부터 추상이라는 조작을 통하여 정형적 결정내용의 구성, ③ 정형적 결정내용이라는 결론에 있어서 의미를 가지는 전제로서의 정형적 사실을 선택해 내어 하나의 명제를 구성.[25)]

이상과 같은 川島武宜의 判例研究方法論에 대하여는 여타의 제방법론으로부터 많은 비판이 제기되었으며, 이러한 批判과 再批判을 통하여 이른바 判例研究方法論爭이 활발히 진행되었다.[26)]

川島方法論에 대한 批判은 事實問題와 規範問題의 두 측면에서 제기되었다.[27)] 事實

と理論", 長谷川正安編, 法學の方法, 學陽書房, 1972, p.270에서 再引用.

21) 末弘嚴太郎, "判例の法源性と判例の研究", 民法雜記帳(上), 日本評論社, 1953, p35. 平井宜雄, "判例研究方法論の再檢討"(1), ジュリスト No.956, 1990.6, p.64에서 再引用.

22) 平井宜雄, "判例研究方法論の再檢討"(1), ジュリスト No.956, 1990.6, p.64.

23) 川島武宜, "判例研究の方法", 長谷川正安編, *op. cit.*, p.230.

24) 川島武宜, "判例研究の方法(2)", 法律時報 34券 2號, p.38. 長谷川正安編, *op. cit.*, p.281.에서 再引用.

25) 川島武宜, "判例研究の方法", 長谷川正安編, *op. cit.*, pp.239－249. 참조.

26) 日本에 있어서 判例研究方法論爭은 法社會學論爭 및 法解釋論爭과 더불어 戰後 日本法學의 3大論爭 중 하나로 평가되고 있다. 이들 3大論爭에 대하여 상세한 것은, 長谷川正安, 法學論爭史, 學陽書房, 1976. 참조. 또한, 判例研究方法論爭의 史的展開에 대하여는, 長谷川正安, "判例研究の歷史と理論", 長谷川正安編, *op. cit.*, pp.250－265. 참조.

27) 平井宜雄교수는 判例研究方法論爭의 쟁점을 ① 判例研究의 目的 및 方法, ② 判例研究의 對象으로서의

問題의 측면에서 제기된 批判은 다시 두 가지로 정리된다. 먼저 概念法學的 判例研究方法論에서는, 事實의 不確實性에 근거하여, 事實에서 출발하는 判例研究에 대하여 비판한다. 法社會學的 判例研究方法論에서는 判例研究의 대상으로서의 사실을 實在事實이 아닌 認定事實로 보는 점에 의문을 제기한다. 規範問題의 側面에서 제기된 비판도 입장에 따라 서로 다른 관점에서 제기되었다. 概念法學的 判例研究方法論에서는 법률해석론이 判例研究方法의 핵심으로 하고 있으므로 이러한 관점에서 川島方法論을 비판한다. 川島는 法律解釋論을 判例研究의 對象에서 배제하고 있기 때문이다. 法社會學的 判例研究方法論者 중 법규범에 대한 분석을 중시하는 견해에서도 川島의 事實偏向性을 비판한다. 물론 이들의 비판은 概念法學的 方法論에서와는 다른 관점에서 제기되고 있다.

생각컨대 裁判의 過程에 대하여 實用主義的 判例研究方法論에서 전제하고 있는 三巴理論에 의하면, 事實認定과 法律解釋 및 結論을 내리는 心理的 動機가 세 개의 고리로 되어 상호적으로 결정하고 서로 합해져서 일시에 이루어지게 된다. 川島方法論은 여기서 법률해석론을 단순히 정당화의 수단에 불과하다고 보아 사실인정과 결론의 연계만을 강조하고 그 속에서 명제를 구성하려 한다. 그러나 위의 재판과정론에 의하면, 事實認定도 법률해석론과 마찬가지로 결론의 正當化手段에 불과한 것이 아닌가라는 의문이 제기된다. 즉 法官은 일정한 분쟁사실에 접하여 일정한 법적 판단을 내리고 나서, 이를 정당화하기 위해 법률해석론을 전개할 뿐 아니라, 법률적용의 대상이 되는 사실의 인정과정에서도 자신의 결론의 정당화를 위한 작업을 수행한다. 예컨대 판결을 내림에 있어서 당해사안과 유사한 선례가 있는 경우, 그 선례를 적용할 것인가의 여부는 당해 사안의 사실관계가 선례의 사실관계와 동일성을 가지는가의 여부에 달려 있다. 그런데 선례와의 사실관계의 동일성은 결국 사실의 인정을 어떻게 할 것인가에 좌우되는 것이므로, 법관은 사실인정을 통하여 자신의 법적 판단을 정당화할 수 있다. 그렇다면 法律解釋論뿐만 아니라 事實認定(認定事實)도 판례예측에는 도움을 줄 수 없다는 결론에 이르게 될 것이고, 川島方法論이 추구하는 판례예측을 위해서는 實在事實과 결론의 관련이 핵심적인 연구대상으로 될 것이다. 따라서 實用主義的 判例研究方法論이 취하는 재판과정의 성질론에 의할 때, 判例研究의 대상이 되는 사실은 認定事實이 아닌 實在事實이 되어야 한다. 川島는 실재사실에 대한 불가지론에 근거하여 반론을 제기하지만, 완벽하게 객관적인 실재사실의 발견이 곤란하다는 것은 경험과학 일반의 문제이지 判例研究方法論만의 문제는 아니다.[28] 모든 과학(특히 社會科

'事實'問題로 정리하고 있다. 平井宜雄, "判例研究方法論の再検討(3)", ジュリスト No.962, 1990.9, pp.141－142.참조. 그러나 우리는 判例研究方法論爭의 핵심적 논점을 判例研究의 對象과 관련하여 '事實問題'와 '規範問題'로 보며, 判例研究의 意義·機能·目的·方法 등은 이들 두 문제의 기저를 이루는 다른 차원의 문제라고 본다.

28) 長谷川正安, "判例研究の歴史と理論", 長谷川正安編, *op. cit.*, p.273.

學)은 이러한 認識論的 限界 속에서 수행될 수밖에 없다. 이러한 한계는 방법론상 제약요인이기는 하지만, 이것이 과학의 포기를 의미할 수는 없다.

다음으로 規範의 問題를 살피건대, 實在事實과 결론의 사이를 매개하는 認定事實과 法律解釋論을 단순히 정당화의 수단으로만 볼 수는 없다. 이들은 客觀的으로 存在하는 法規範과 法官의 法意識에 의하여 규정되는 것이므로, 결국 實在事實과 結論의 連繫 즉 일정한 분쟁상황에서 일정한 결론의 도출과정을 科學的으로 分析하기 위해서는 法規範(혹은 客觀的 法秩序)과 法意識에 대한 研究가 관건이 된다고 하겠다.

川島方法論에 대한 비판은 判決의 正當化라는 側面에서도 제기될 수 있다. 川島方法論에 있어서 판결을 정당화하는 것은 무엇인가. 川島는 先判例에 대한 기속에서 正當化의 根據를 찾는다. 그렇지 않으면 恣意에 의한 재판이 되기 때문이다. 그러면 先判例를 正當化하는 것은 무엇인가. 判決이 客觀的 準據에 의하여 정당화되지 않는다면 선례에 대한 구속은 同一事實의 반복에 불과하다. 川島方法論에 의하는 한 法規範은 단지 proof text에 불과하므로 결국 循環論證의 誤謬에 빠지고 말 것이다. 판결이 동일 사실에 대한 동일한 결론이라는 形式的 正義만으로 정당화될 수도 없다. 不正當한 判決이 있었다면, 동일 사실에 대한 동일한 결론이라는 惡循環을 깨뜨리는 것이 정당하지 않겠는가. 그렇다면 判決을 正當化하는 것은 무엇인가. 事實에 대한 正當化는 規範이라는 外部的 要因에서 찾아야 한다.[29] 判決에서 客觀的 準據로 제시되고 있는 法規範의 解釋·適用過程에 대한 分析으로부터 正當性의 評價가 이루어져야 한다고 본다. 川島方法論은 概念法學的 判例研究方法論의 문제를 克服하기 위해 事實의 重視를 강조한 점에 意義가 있으나, 判例研究에 있어서 客觀的 法規範의 要素를 排除함으로써 誤謬를 범하고 있다.

4. 法經濟學的 判例研究方法論

法에 대한 經濟的 分析(Economic Analysis of Law)이 가능하기 위하여는, 法과 經濟 相互間에 일정한 關係가 존재함을 전제한다. 法經濟學의 觀點에서는 모든 인간행위의 이면에 經濟的 論理가 있다고 본다. 法現象은 인간의 행위를 매개로 하므로 법현상의 이면에도 경제적 논리가 있다고 본다. 더욱이 법률관계를 권리의무관계로 볼 때, 법관계란 이해관계의 충돌을 전제한 것이며, 법률문제의 해결이란 누구에게 權利를 부여할 것인가,[30] 또 일단 부여한 권리를 어떻게 보호할 것인가의 문제로 귀결된다고 볼 수 있다는 것이다. 權利·義務를 便益·費用이라는 경제적 개념으로 설명할 수 있다면, 법현상 속에서의 인간의 행위

29) 存在와 當爲의 相互關係에 관하여 우리는 기본적으로 有機的 二元論을 지지한다.

30) 이는 결국 누구에게 費用을 負擔시킬 것인가의 문제이다.

나 제도의 논리를 市場原理(需要·供給의 原理)에 의하여 설명할 수 있을 것이다. 이처럼 경제적 논리가 내재하고 있는 법제도는 效率性이라는 經濟的 價値에 봉사하며, 法制度의 歷史는 效率性 增大의 歷史였다고 한다.[31] 결국 法制度는 效率·衡平 등 일정한 목적을 위한 手段이며 법제도가 그 목적을 달성키 위하여는 인간행위의 경제적 논리를 밝혀내고, 이를 기초로 法論理와 經濟的 論理를 一致시켜야 한다는 것이다. 만일 양자가 불일치하게 되면 受範者들은 법규정이 요구하는 바와는 다른 방향으로의 행위 유인을 갖게 되어 법이 본래 의도한 목적을 달성할 수 없게 되거나 아니면 목적달성을 위하여 지나치게 많은 비용(여러 형태로 나타날 것이다)을 지불하게 될 것이라고 한다. 이러한 관점에서는 判例硏究도 당해 판결이 채택하고 있는 법원칙을 경제학적 방법에 의해 분석하여 그 효과를 예측하고, 나아가 그러한 효과가 가져오는 결과에 대한 규범적 평가를 하게 된다. 法經濟學的 判例硏究方法은 後述하는 바와 같이, 특히 法政策學的 側面에서 중요한 의의를 갖는다. 美國에서의 法經濟學的 方法論은 그 등장과정에서부터 判決의 政策的 效果에 대한 科學的 豫測이라는 점에서 주목받았다.[32]

---

31) R.Posner에 의하면 普通法은 經濟的 效率性을 增大시키는 방향으로 발전되어 왔다고 한다. 이에 관하여는, R.Posner, "The Ethical and Political Basis of the Efficiency Norm in Common Law Adjudication", *Hofstra Law Review* v.8., 1980; Posner, *The Economics of Justice*, Harvard Uni. Press, 1981; Posner, *Economic Analysis of Law*, Little, Brown and Company, 1977. 등 참조. 한편 H.Demsetz는 財産權의 생성 변화는 效率性 提高를 위한 것, 즉 外部費用의 內部化를 위한 수단이라고 주장한다. H.Demsetz, "Wealth Distribution and the Ownership of Rights", *The Journal of Legal Studies*, 1972.

32) 法經濟學의 登場背景·歷史的 意義

法과 經濟의 相互關係에 대한 硏究는 近代社會科學의 초창기에는 당연한 것이었으나, 법학과 경제학의 독자적인 발전이 심화되는 과정에서 양자는 그 연구의 대상이나 방법론에 있어서 차별성만을 강조하고 학제적인 연구를 소홀히 하게 되었다. 물론 경제영역에 대한 법의 직접적 규제를 다루는, 이른바 舊法經濟學(old law and economics)과 같이 근대사회과학의 초기 이래 계속적으로 연구되어 온 분야도 없지 않으나, 그 이외의 경우에는 법과 경제의 상호관계에 대하여 체계적인 연구가 수행되지 않았다. 20C 중반에 이르러 법과 경제의 상호관계에 대한 인식이 중요한 문제로 다시 登場하게 된 背景과 그 意義는 다음과 같다. 自由放任主義時代에 있어서 법률가는 契約規則 등에 관한 보통법 지식으로 微視的 法執行만을 수행하면 그의 역할을 다할 수 있었다. 私的自治의 原理가 지배하던 사회에 있어서는 當事者의 意思解釋이 법률가의 임무였기 때문이다. 그러나 첨예화된 자본주의적 모순을 완화시켜 체제내적인 해결을 시도하고 있는 修正資本主義時代의 能動的 國家 하에서는 傳統的인 法解釋만으로 법현실을 규율할 수 없게 되었다(예컨데 NEW DEAL정책이 전국민적인 지지 속에 수행될 때 연방대법원에서는 이에 대하여 위헌판결을 하였다). 이러한 사회경제적 상황 속에서 法現實主義(legal realism)가 등장한다. 그러나 사회정의를 실현해야 한다는 사회적 분위기 속에서 '狀況感'에 의해 수행된 법현실주의자들의 구체적 법적용은 巨視的으로 反對效果를 가져오는 경우가 발생하게 되었다. 그런데 法現實主義로서는 이러한 문제를 해결할 수 없었다. 따라서 科學的 分析으로 法現實主義를 克服하고 能動國家目的을 실현하고자 法經濟學的 方法論이 주목을 받게 된 것이다. 물론 능동국가목적 자체의 타당성에 대한 논의도 전개되고 있으며, 고전적인 자유주의를 새로운 각도에서 부활시키고자하는 신자유주의의 견지에서 법경제학적 방법론을 사용하는 견해도 유력하다.

5. 法社會學的 判例研究方法論

法學의 研究를 法文의 解釋에서 출발하지 않고 具體的 社會關係에 타당한 '살아있는 법'의 탐구에서 시작하는 것이 法社會學的 法學方法論의 태도라 한다면, 이러한 방법론적 입장에서 判例를 研究함에 있어서는 判決理由에 나타난 法官의 法解釋에서 출발하지 않고 쟁점이 되는 事實關係에서 출발하게 될 것이다. 法社會學的 判例研究方法論은 판례에 있어서 事實을 重視한다는 면에서 實用主義的 方法論과 맥을 같이 한다. 실용주의적 방법론은, 어떠한 의미에서는 법사회학적 방법론의 기초이론을 제공하고 있다고도 할 수 있으며 그 자체가 넓은 의미에 있어서 법사회학의 한 부류로 설명될 수도 있다. 더욱이 개개 학자들의 특수성을 감안한다면 양자의 중간영역에 위치하는 방법론도 복잡하게 존재하는 것이 사실이다. 그러나 위에서 살펴본 川島류의 實用主義的 判例研究方法論과 비교해 볼 때, 법사회학자들이 연구의 대상으로 하는 사실은 認定事實이 아니라 생생한 實在의 事實이라는 점에 차이가 있다. 따라서 法社會學的 方法論者들에 있어서는 判例研究의 對象이 擴大되어, 판결에 나타난 事實關係뿐만이 아니라 당해판결의 下級審判決의 認定事實은 물론 각 심급에 제출된 訴訟資料 및 關係當事者의 主張, 나아가 當時의 慣行 등까지를 모두 포함한다. 한편 판례에 있어서 法規範의 側面을 어떻게 볼 것인가는 학자에 따라 상당한 차이를 보인다. 극단적으로 사실만을 중시하는 입장에서는, 마치 川島流의 實用主義的 判例研究方法論과 같이, 사실과 결론과의 연계만을 강조하여, 일정한 사실에 대하여 어떠한 결론이 내려졌는가만이 연구대상으로 될 것이다. 그러나 대부분의 法社會學者들은 具體的 事實關係 속에서 法規範의 意味를 밝히는 데 노력을 기울이며, 따라서 사실의 중시가 규범의 배제라는 극단적인 형태로 나타나지는 않는다.

다만 이 경우 法規範에 대한 分析이 判例研究에서 가지는 意味는 학자에 따라 매우 다르다. 법규범에 대한 분석도 社會現狀으로서의 法現狀을 밝히는 과정 내지 社會現狀을 정확하게 說明하기 위한 手段으로 보는 견해가 있는가 하면, 法規範이 가지는 獨自的인 意味를 밝히고 法律解釋論에 내재하는 法論理까지 分析하는 견해도 있다.

法社會學的 判例研究方法論에 있어서, 判例研究의 意義 내지 機能을 어떻게 볼 것인가의 문제에 대하여도 다양한 견해가 존재한다. 하나의 입장은 判例研究의 意義를, 社會現狀을 說明하기 위한 手段으로만 인정하는 견해이다.[33] 두 번째 입장은 判例研究의 獨自的

---

33) 下山英二는 이와 관련하여 다음과 같이 서술하고 있다.

"(1) 判例研究는 個別的 具體的 法規範의 發見에 전력하는 것이 아니고, 그때그때에 있어서 社會關係 및 國家權力의 發動形態를 分析하는 '現狀分析'을 위한 研究의 一環으로서만 合理性을 가질 수 있다.

(2) 그러므로 判例研究는 필연적으로 역사 사회의 발전에 관한 사회과학적 지식을 필요로 하고, 또한 判例研究는 (1)을 매개로 하여 사회과학의 이론형성에도 도움을 준다." 下山瑛二, *op. cit.*, p.92.

意義를 認定하는 입장이다. 判例研究의 독자적인 의의란 구체적으로 무엇인가에 대하여는 다시 여러가지 대답이 존재한다. 우선 法效力의 根據를 社會的 事實에서 구하면서 判例研究를 통해 '살아 있는 법'을 발견하려는 입장이 있다. 다음으로 判例研究를 法秩序 全體에 대한 分析의 일환으로 위치지우면서 判例研究를 통하여 法秩序에 대한 規範的 評價를 시도하려는 입장이 있다.[34] 判例研究의 獨自的 意義를 否認하고 법질서에 대한 분석을 사회현상의 설명을 위한 방법의 일환으로 보는 견해는 法學과 餘他의 社會科學과의 學的 差異를 看過하고 있다고 하겠다. 이러한 誤謬는 그들의 社會構造에 대한 견해의 誤謬에서 기인하는 것이다. 법현상이 上部構造로서 社會經濟的 諸要素로부터 규정되는 측면이 있음은 물론이지만, 그것은 機械的 決定이 아니며, 法도 일정한 범위에서 相對的 自律性을 지니고 있다고 보아야 한다. 法效力의 根據를 社會的 事實에서 구하여, '살아 있는 법'의 탐구라는 관점에서 判例를 研究하는 견해는, 判例의 正當性의 根據를 어디에서 찾을 것인가가 문제이다. 만일 判例研究로부터 法을 發見하기만 한다면, 이는 학문으로서 法學이 수행해야 할 批判的 機能을 포기하게 될 것이다. 判例研究는 단지 判例가 제시하는 法原則을 發見하는 데에 그쳐서는 아니되며, 判例에 나타난 法原則의 正當性을 評價하고 妥當한 法原則을 提示할 수 있어야 한다. 判例研究를 통하여 法秩序에 대한 規範的 評價를 시도하는 견해는 일단 그 기본적 입장에서 타당하다고 본다. 그러나 이들 견해는 判例에서 법원칙을 발견해 내는 과정(發見의 過程)에 있어서는 科學的인 分析에 의하고 있지만, 判決의 正當性을 評價하는 過程(正當化의 過程)에서는 具體的인 評價의 基準을 제시하지 못하고 있다.

6. 論議理論的 判例研究方法論

前述한 바와 같이 法的 論議理論은 判決, 즉 法官의 決定을 法律의 機械的 適用으로도 法官의 恣意的 行動으로도 파악하지 않으며, 그럼에도 불구하고 합리적으로 근거지워질 수 있다고 본다. 通常 法理論의 觀點에서 判例를 논할 때에는 判例의 意義·目的·機能·法源性 등이 중심문제로 되지만, 法的 論議理論의 관점에서는 判例에 대한 評價가 중심문제로 된다. 이는 法的 論議理論이, 判決을 認識(Erkenntnis)으로 보는 合理主義的 傳統이나 判決을 實踐으로 보는 非合理主義的 傳統과는 달리, 論議라는 관점에서 法的 判斷의 認識的 要素와 實踐的 要素間의 關係를 合理的으로 檢討하려는 데서 나오는 귀결이다. 요컨대 論

34) 長谷川正安교수는 이 문제와 관련하여, "判例를 法의 解釋으로부터만 끌어내는 것도, 法規範의 存在와 그 解釋을 無視해 버리는 것도, 모두 現實의 裁判에서 유리되는 것이라면, 본고의 서술순서가 보이고 있는 것처럼, 本來의 事實에서 출발하여, 그것에 대한 法官의 事實認定·結論의 이데올로기성을 명확하게 하고, 그 위에 法官의 법이데올로기의 存在形態로서, 認定事實과 結論을 媒介하는 具體的 法規範을 發見하는 방법에 의하여 판례를 연구하는 것이 判例의 現實에 立脚하고, 보다 科學的인 것이 아닌가."라고 한다. 長谷川正安, "判例研究の歷史と理論", 長谷川正安編, *op. cit.*, p.282.

議理論은 '發見의 過程'으로서의 法的 判斷을 해명하기 위한 '正當化의 過程'이라 하겠다.

論議理論的 判例研究方法論도 개개의 학자에 따라 여러 가지의 형태로 나타난다고 할 수 있으나, 여기서는 判例研究方法論爭과 관련하여 나타난 여타의 判例研究方法論과 대비하기 위하여 편의상 日本의 平井宜雄교수의 견해를 중심으로 검토할 것이다.[35)]

平井宜雄교수는 종래 일본의 主流的 判例研究方法論인 實用主義的 判例研究方法論(川島方法論)에 대한 비판으로부터 자신의 判例研究方法論을 제시한다. 그는 川島方法論의 핵심을 '裁判過程의 性質論'과 '豫見的 法律學의 構想'으로 정리하고 이 두 가지 주장 사이에는 딜레마가 존재한다고 한다.[36)] 재판이 현실에서 '재판관의 personality'와 그것을 둘러싼 '환경적 제조건'에 의해서 결정된다는 점을 강조하면 할수록 裁判의 豫見은 더욱 곤란하게 된다는 것이다. 川島方法論은 이러한 모순을 극복하기 위해 '制御를 통한 豫見'이라는 입장을 도입하였으나, 이는 豫見的 法律學 構想의 지주인 '科學으로서의 法律學'과 다시 矛盾을 야기시켜 결국 이 딜레마를 극복하지 못하였다고 한다.[37)] 따라서 이러한 理論的 矛盾은 어떠한 방식으로든지 극복되어야 하는바, 平井은 '法學教育에 있어서의 意義'라는 視覺으로 이 딜레마를 극복하고자 한다. 그러면 法學教育에 있어서 判例研究의 方法은 어떠해야 하는가. 여기서 그는 論議理論的 方法論을 採用한다. 平井에 의하면 法學教育의 役割이란, '論議'에 의한 '問題解決者'를 배출하는 것이다.[38)] 그런데 '論議'라는 言語活動을 위해서는

35) 본고에서 취하는 判例研究方法論의 두 번째 단계인 正當化의 단계는 論議理論的 判例研究方法에 입각한 것이다. 그러나 우리가 사용하는 기본개념들은 Alexy의 談話理論으로부터 빌려온 것이다. 平井의 견해도 論議理論的 方法論을 채용하고 있으나, 아래에서 보는 바와 같이 그 타당성에 대하여는 의문을 제기하지 않을 수 없다. 平井의 判例研究方法論에 대하여는, 平井宜雄, "判例研究方法論の再検討(1)(2)(3)", ジュリスト No.956, 960, 962. 참조.

36) 平井宜雄, "判例研究方法論の再検討"(2), ジュリスト No.960, 1990.7, p.41.

37) 平井宜雄, "判例研究方法論の再検討"(2), ジュリスト No.960, 1990.7, pp.41－43. 이러한 平井의 비판이 일면의 타당성을 지니고 있는 것은 사실이나, 반드시 정확한 비판이라고 보기는 어려운 것 같다. 엄밀하게 말해서, '裁判過程의 性質論'과 '豫見的 法律學의 構想' 사이에 '理論的 矛盾'이 있다고 할 수는 없다. 裁判過程의 性質이 어떠한가라는 事實의 問題와 判例研究의 目的을 어떻게 設定할 것인가라는 價值指向的 問題는 서로 別個 次元의 것으로서 이들이 이론적으로 상충한다는 것은 상상할 수 없다. 문제가 있다면, 그것은 ① '裁判過程의 性質論'이 재판과정을 올바르게 설명하고 있는가, ② 判例研究의 目的을 裁判의 豫見에 두는 것이 바람직한가, ③ 앞의 두 질문에 대한 대답이 긍정적일 때, 裁判過程의 性質을 前提로 裁判의 豫見이라는 判例研究의 目的을 달성하기 위한 具體的인 方法이 정당한가 등에서 찾아야 할 것이다. 그런데 ②는 價值判斷의 問題이므로, 論理的 矛盾이 있을 수 없다. 결국 川島方法論의 문제는 ①과 ③에서 규명되어야 한다. ①과 관련하여서는 다음 장에서 상론할 것이나, 요컨대 川島는 裁判過程의 性質論에 있어서 法規範의 客觀的 規定性을 過小評價하고 있다. ③에 대하여 살펴보면 判例研究의 對象으로서의 事實을 認定事實로 한정한 것에 문제가 있다. 이에 대하여는 이미 본장 제3절에서 상론하였다.
또한 '制御를 통한 豫見'과 '科學으로서의 法律學'이 서로 충돌한다는 비판도 정당하다고 보기 어렵다. 法學에 있어서의 學을, episteme(scientia)가 아닌 phronesis(prudentia)라 한다면, 制御를 통한 豫見이 科學으로서의 法律學과 兩立할 수 있는 여지가 존재한다고 본다.

38) 平井宜雄, "判例研究方法論の再検討"(3), ジュリスト No.962, 1990.9, p.136.

'發見의 프로세스'와 '正當化의 프로세스'를 구별하여야 하며, 이 중 후자만이 의미를 가진다고 본다. 재판과정의 성질론은 발견의 프로세스에 관한 것이며, 따라서 이는 논의에 관한 한 무의미하게 된다. 요컨대 論議에 있어서는 言明의 正當化만이 문제로 되며, 따라서 문제해결을 위해 제출된 言明, 즉 法律論이 論議의 焦點이 되고, 裁判過程의 性質論은 論議의 過程에서 排斥된다. 더욱이 '言明은 言明을 발한 자의 心理的 狀態나 外界의 物理的 *存在*와 獨立한 *存在*'라는 포퍼의 言語哲學的 命題를 받아들여, 판례의 언명인 法律論도 法官의 心理狀態와 別個로 그 자체 독립적인 대상으로서 논의될 수 있다고 한다. 이리하여 재판과정의 성질론을 判例研究方法論에서 제거해 버림으로써 川島方法論에 있어서의 딜레마를 해결하였다고 한다.[39] 그러나 言明이 獨立的 對象으로 논해질 수 있다는 것이, 言明의 主觀的·歷史的 條件과 완전히 絕緣되어 있음을 의미하는 것은 아니다. 물론 언명이 그 主觀的·歷史的 條件으로부터 獨立하여, 意圖하지 않은 效果를 發生하고 獨自的인 發展의 過程을 걷게 된다는 주장 자체는 옳다고 본다.[40] 그러나 一般的抽象的으로 발하여진 법규의 해석에 있어서도, 當該 法規의 客觀的 目的에 앞서 立法者의 主觀的 目的과 當時의 歷史的 諸條件을 고려해야 하는 것은 法의 一般原理이다. 하물며 一般·抽象的 問題의 해결이 아닌 個別的·具體的 問題의 解決을 1차적 목적으로 하고 있는 判決을 解釋함에 있어서는 동판결이 1次的으로 目的하였던 具體的 분쟁상황을 理解하여야 논의의 중심이 되는 언명을 정확히 파악할 수 있다. 즉 判決의 法律論이 論議의 對象으로서 채택되기 위해서는 당해 法律論의 前提가 되는 紛爭事實과의 關係 속에서 그 意味가 밝혀지고 정식화되어야 한다는 것이다. 判決에 대한 正當性 評價는 法律論 자체의 客觀的 意味·內容에 대한 正當化만으로 만족할 수 없다. 判例研究가 여기에 머무는 한, '올바른 法律論'이 '不當한 事實認定'과 결합함으로써 야기되는 '法律的 不正義'를 제어할 수 없게 될 것이기 때문이다.

平井은 종래의 判例研究方法論爭의 쟁점을, ① 判例研究의 目的·方法 ② 判例研究의 對象으로서의 事實로 정리한 후, 여기에 대하여 다음과 같이 평가한다.[41] 우선 ①의 대립은 '발견의 프로세스'에 관한 것이므로 무의미한 것이라 한다. 다음으로 ②의 대립에 대하여는, '법학교육의 의의'라는 다른 차원에서 접근하여, 결과적으로는 川島方法論을 지지한다. 따라서 判例研究의 대상으로서의 사실은 인정사실이라 한다. 더욱이 平井의 경우는 판결에 있어서의 법률론이 주된 관심의 대상으로 되며, 인정사실은 제한적인 범위에서만 고려된다. 또한 長谷川교수의 이데올로기적 분석에 대하여도, 그것이 논의에 의한 문제해결

39) *Ibid.*, pp.136－138.

40) 우리가 判例의 正當性을 評價하는 데 있어서 法政策的 效果分析을 시도하는 것은 이러한 주장을 받아들이는 것을 전제로 해서만 가능하다.

41) 平井宜雄, *op. cit.*, pp.141－142.

과 충돌한다고 하여 이를 부정한다.[42)]

平井은 앞에서 살펴본 바와 같이 종래의 判例硏究方法論에 대하여 비판을 가한 후, 자신의 判例硏究方法論을 전개하는바, 그 要旨는 다음과 같다.[43)] ① 言明의 形態를 갖는 '主張'과 그 근거부여를 명확히 한다. 즉 判決 중의 法律論으로부터 言明을 構成한다. 이때 判決 중의 法律論이 곧 判例로서 規範言明이 되는 것은 아니고, 무엇이 問題인가라는 觀點에서 認定事實도 고려한다. 이렇게 구성된 언명은 결국 判決理由와 동일한 경우가 많을 것이다. 또한 이렇게 구성된 언명뿐 아니라, 그 前提가 되는 言明도 論議의 對象으로 된다.[44)]

② 反論可能性테제에 의하여, 前段階에서 構成된 言明의 有用性을 判斷한다. 이는 當該 判決이 類似한 事案에 대하여 어떠한 영향을 주는가라는 判決의 '射程距離'를 밝히는 작업이다. ③ 判例인 言明規範이 '反論에 견디어 生存하는가'의 與否를 判定한다. 同一한 問題에 대한 過去의 判決을 調査하여 時間的 經過에 따른 判決의 흐름을 硏究하는 것이다. 이를 통하여 얻게 되는 '반론에 견디어 생존한 판례인 규범언명'을 判例의 準則이라 한다. 判例의 準則은 同一한 問題狀況에서 有用한 道具가 된다.[45)]

平井이 제시한 論議理論的 判例硏究方法論은, 發見의 過程에 관한 從來의 論爭을 正當化의 過程이라는 次元으로 끌어올림으로써 判例硏究方法論爭에 있어서 方法論的 觀點의 轉換을 試圖하였으며, 이 점에서 그 意義를 인정받을 수 있다고 본다. 즉 그는 從來 發見의 過程에 대한 判例硏究方法論爭이 具體的인 成果를 통해 法學發展에 기여하지 못했다고 보고 判例硏究方法論이 實際로 貢獻할 수 있는 방향으로 轉換하고자 한 것이다.[46)] 그러나

---

42) 平井의 이러한 탈이데올로기적 주장은 부당하다. 論議에 의한 問題解決은 理性的 討論을 통해 各參與者의 法的 判斷을 辨證的으로 바로잡는 것을 의미한다. 즉 서로 다른 이데올로기에 의하여 대립되는 각참여자의 판단을, 모든 참여자가 승복할 수 있는 正當한 結論으로 導出하기 위한 節次的 保障을 말한다. 論議理論의 진정한 意義는 價値相對主義에 의한 多樣한 이데올로기적 對立의 存在를 前提로 할 때 발견되는 것이다. 各參加者가, 合理的 論議를 통하여, 主觀的일 수밖에 없는 자신의 견해를 克服하고, 나아가 共同의 確信에 도달할 수 있다는 '合理性'의 개념은 이미 그 前段階로서 各自의 이데올로기적 特性을 認定하는 것이다. 문제는 論議를 통하여 이를 克服한다는 것이지, 그러한 이데올로기적 성격이 현실에서 사라져 버리는 것은 아니다. 따라서 이데올로기 分析을 前提하고, 이를 客觀的 規準에 의하여 제어하는 것이 논의를 통한 문제해결에서 중요한 課題이다. Kriele에 의하면, 論議를 통한 合意原則을 手段으로 하더라도 正義나 倫理 그 자체가 충분히 根據지워지지는 않는다고 하고, "人間의 모습을 한 모든 사람은 自由와 尊嚴性에 대한 同等한 權利를 가진다는 사실이 論議의 前提"라고 한다. 즉 論議나 合意의 原則을 실제로 遂行하기 위해서는 倫理的 根本原則의 妥當性이 前提되어야 하고, 또한 이러한 倫理的 根本原則은 政治的 現實에서 法的制度的 基礎 없이는 관철될 수 없기 때문에, 論議는 "憲法的 制度의 틀 속에서만 實現될 수 있다"고 한다. M.Kriele, *Recht und praktische Vernunft*, 1979, p.14. 참조.

43) *Ibid.*, pp.143－145.

44) 이것은 이른바 論議의 重層構造로서, 후술하는 바와 같이 논의에 있어서 外的 正當化의 對象이 된다.

45) 平井은 '判例의 準則'의 有用性을 强調한다. 平井宜雄, *op. cit.*, p.145. 이는 뒤에서 논하는 論議負擔規則과 통하는 것이다. 제6장 3절 참조.

46) 平井宜雄교수는 이를 위해 전술한 바와 같이 法律家의 養成이라는 '法學敎育'의 觀點에서 從來의 判例硏究方法論爭을 再檢討하고 있다. 平井宜雄, "判例研究方法論の再檢討(1)", ジュリスト No.956, pp.61－62. 참조.

그는 發見의 過程을 判例研究에서 완전히 排除시켜 버림으로써, 問題를 解決하기보다는 回避하고 있다.

7. 論爭의 檢討

判例研究方法論爭의 中心問題는 '事實'의 問題와 '規範'의 問題로 압축될 수 있다. 물론 이 두 가지 문제의 背後에는 判例의 意義·目的·機能에 대한 觀點의 差異가 있으며, 그 觀點의 差異란 法이란 무엇이며 어떻게 認識되어야 하는가라는 法學方法論上의 對立에서 오는 것임은 위에서 설명한 바와 같다. 이하에서는 '事實'과 '規範'이라는 두 側面에서 爭點을 整理하기로 한다.

事實의 問題란 判例研究에 있어서 事實을 研究對象으로 할 것인가의 문제와 研究對象으로 하는 경우 대상이 되는 사실이란 어떤 사실인가, 즉 認定事實인가 實在事實인가의 문제를 말한다. 概念法學者들이 事實의 不可知論을 前提로 사실문제를 判例研究의 對象에서 排除하였다면, 川島流의 實用主義的 判例研究方法論은 同一한 前提 위에서 判例研究의 대상이 되는 사실을 認定事實로 制限하였다. 그러나 法社會學的 判例研究方法論에서는 具體的 實在事實의 分析으로부터 출발하고자 한다. 法經濟學者들은 法原則(法判斷)의 客觀的 效果分析에 치중하기 때문에 事實問題를 判例研究의 對象에서 除外시킨다. 論議理論的 判例研究方法論의 경우 判例를 判決 중의 法律論으로 보고 제한된 범위에서 認定事實을 고려할 뿐이다. 생각컨대, 이미 언급한 바와 같이, 規範命題의 內容을 明確히 하는 것은 正當化의 前提이며, 이를 위해 實在事實과의 關係에서 當該 法律論의 意味를 明確히 해야 한다고 본다.

規範의 問題란 判例研究에 있어서 判決에 나타난 法解釋論을 研究對象으로 할 것인가의 문제와 연구대상으로 하는 경우 어떠한 方法으로 分析할 것인가 또 規範과 事實은 어떠한 關係를 가지는가 등의 문제를 말한다. 概念法學的 法律解釋論에 입각한 判例研究方法論에서는 判決理由 중에 나타난 法律解釋論만이 研究의 對象으로 되며, 이 경우 개념법학적 해석방법에 의한 접근을 통하여 당해판결의 形式的·論理的 整合性의 評價(判例批評의 경우) 혹은 당해판결이 채택하고 있는 법률해석으로부터 抽象的 法論理의 導出(法源論에 根據한 判例研究의 경우)을 判例研究方法論으로 채용한다. 이에 반하여 實用主義的 判例研究方法論, 특히 川島方法論에 있어서는 判決의 理由란 당해판결의 결론에 대한 正當化手段에 불과하다고 보고 따라서 先例的 要素의 抽出은 판결이유 중의 법률해석론과는 관계없이 當該判決의 事實關係의 類型化를 통해 이루어져야 한다고 한다. 여기서는 規範의 問題는 研究對象에서 除外되는 것이다. 法社會學的 判例研究方法論의 입장에서는 학자에 따라 다양한 입장이 존재하지만 대체로 川島武宜式의 실용주의 방법론에 비판적이다. 그것은 川島武宜의 방법은 判例研究에 사실의 중시를 강조한 점에 공헌하였으나, 앞에서 본 바와 같이 그 사실이 어떤 사실이냐도 문제거니와 나아가 極端的인 法規範의 輕視로 인하여 判例研究의 대상에서 法律解釋論을 排除시켜 버리는 誤謬를 범하고 있다는 것이다. 法經濟學者들의 경우 판결에서 채용하고 있는 法原則의 效果分析을 判例分析의 주된 과제로 하므로, 判決의 法律論 특히 判決理由가 연구의 中心的 對象으로 되며, 事實의 問題는 制限的으로만 考慮될 것이다. 論議理論的 判例研究方法論은 논의를 통한 문제해결에 있어서는 言明의 正當化過程만이 意味를 가지므로 法律論 특히 判決理由가 判例研究의 대상으로 된다. 생각컨대 法官의 判決은 主觀的 性向에 전적으로 의지하는 것이라 할 수 없고, 客觀的 法秩序의 規定에 制約된 法的 判斷이다. 더욱이 判例研究의 目的이 判例가 宣言하는 法原則의 發見에 그치지 아니하고, 發見된 法原則의 正當性 評價와 이를 통한 客觀的 法秩序의 統制에 있다고 볼 때,[47] 判例研究가 단지 '發見의 過程'에만 머무를 수는 없으며, '正當化의 過程'에까지 나아가야 한다. 따라서 判決의 法律論은 判例研究의 中心的인 對象이 된다고 본다.

IV. 判例研究의 方法 (1) - 判例研究의 對象과 方法概觀 -

이상에서 우리는 각 방법론의 내용과 그 부분적 타당성, 그리고 문제점을 지적하였고, 또한 이를 쟁점별로 정리해 보았다. 그 과정에서 바람직한 判例研究方法論은 어떠해야 하는지에 대한 우리의 입장이 부분적으로 제시되기도 하였다. 그러면 우리는 어떠한 방법에 의할 것인가. 그 구체적인 방법론은 다음 장으로 미루고, 여기서는 前章의 論議를 기초로 하여 하나의 方法論의 體系를 槪括的으로 提示해 보이기로 한다.

1. 本稿의 判決觀 : 判決의 意義와 判例研究方法

判例研究의 意義·機能·目的 등에 대한 立場의 差異에 따라 判例研究의 方法에 있어서 많은 차이가 있을 수 있다. 앞에서 밝힌 바와 같이 判決은 純粹한 認識判斷作用이 아니며 社會的 諸利益의 衝突에 대한 實踐的 解決作用이다. 그러나 또한 단순히 法官의 個人的 價値判斷의 實現過程도 아니고 紛爭當事者間의 事實上의 妥協의 場에 불과한 것도 아니다.

47) 判決은 當該事件에 대하여 終局的인 決定으로서의 性格을 가지지만, 法秩序 全體의 觀點에서 보면, 循環的 構造 속에 있는 것이다. 즉 判決에 대한 正當性 評價는 다시 法的 論議의 過程에 還流(feed back)된다. 그렇지 않다면, 法秩序는 理性的 契機를 상실하게 될 것이다.

이는 抽象的 法規가 具體的 現實 속에서 具體的인 規範的 意味를 附與받는 局面으로서 規範과 現實의 交叉點이며 認識과 實踐이 合一되는 領域이다. 더욱이 하나의 判決은 당해사건에 대한 一回的 解決判斷에 그치지 아니한다. 判例의 法源性이 制度的으로 인정되지 아니하는 경우에 있어서도 그것은 法現實 속에서 强力한 事實上의 拘束力을 가질 뿐 아니라, 形式的 正義의 原理에 의하여 法의 解釋·適用에 일정한 拘束力을 발휘한다. 따라서 判決은 裁判 以外의 法執行과 나아가 立法政策에까지 影響을 미친 게 된다. 이러한 입장에서 우리는 判例를 研究함에 있어서 단순한 判決例批評에 머무를 수는 없으며, 判例研究에까지 나아가야 한다고 생각한다.

2. 判例研究의 對象 : 事實과 規範의 두 要素

判決의 意義를 위와 같이 본다면 判例研究는 어떠해야 하는가. 이는 判例研究의 目的 내지 機能을 어떻게 보는가와 밀접한 관계를 가지고 있다. 이에 대하여는 본고의 서두에서 상론하였으므로 그 要點만을 정리하면, 判例研究는 具體的인 法規의 認識·司法的 判斷에 대한 民主性確保·法的安定性確保·法政策的 目標의 達成·固有한 法理論의 定立·學界와 實務間의 乖離克服·客觀的 法秩序의 統制 및 法의 問題解決機能確保 등을 우리에게 가져다준다. 이러한 제목적을 달성키 위해서는 어떠한 방법론이 요구되는가. 傳統的인 概念法學的 方法論이 행하였던 判例批評과 같이 判決理由 중의 形式的·論理的 整合性만을 연구대상으로 할 수 없음은 분명하다. 따라서 이에 대한 批判論으로 제기된 事實의 重視, 특히 末弘이 주장한 이른바 三巴理論은 확실히 경청할 만한 주장이라 할 것이다. 그러나 판결에 있어서 사실을 중시한다는 것이 規範의 無視를 의미하는 것이어서는 안 될 것이다. 判決이 事物에 대한 判斷 一般과 區別되는 것은, 裁判의 機構와 節次가 法的으로 規制되어 있을 뿐 아니라 法官의 判斷이 旣存의 法規範에 의하여 直接·間接으로 規制되고 있기 때문이다. 法 自體가 規範과 現實의 交叉이며[48] 裁判作用 속에서 양자는 끊임없이 相互作用을 하고 있는 것이라면, 現實의 規範規定性뿐 아니라 規範의 現實規定性도 당연히 分析의 축으로 되어야 한다. 요컨대 判斷의 對象이 되는 事實을 重視하지 않고 法官을 法規의 機械的인 演繹的 解釋機具로 보아 當該事件에 적용된 法規의 論理的 解釋만을 事實로부터 分離하여 취급한 것이 傳統的 概念法學的 判例研究 즉 判例批評의 誤謬였다고 한다면, 法官의 判斷에 대한 法規範의 客觀的 拘束性을 정당하게 평가하지 아니하고 이를 判例研究의 領域에서 除去해 버린 것 역시 또 하나의 誤謬였다고 할 것이다. 그러면 判例研究는 구체

48) 우리는 "法은 當爲와 存在의 一致이다"라는 Kaufmann의 定義에 기본적으로 동의한다. 이에 대한 상세한 설명은, A.Kaufmann, *Rechtsphilosophie im Wandel*, p.287. 및 沈憲燮 譯, 現代法哲學의 根本問題, 博英社, 1980, p.139, pp.152－159. 참조.

적으로 어떠한 방법론에 의하여야 하는가.

3. 本稿의 判例研究方法論槪觀 : 二段階判例研究方法

가. 從來 判例研究方法論爭의 含意

이상에서 判例研究의 對象을 무엇으로 할 것인가에 관하여, 우리는 法社會學的 判例研究方法論에 매우 접근하고 있다. 즉 '發見의 過程'에 있어서 法社會學的 判例研究方法論은 그 方法的 正當性을 認定받을 수 있다고 본다. 그러나 이들은 '正當化의 過程'을 關心領域 밖으로 함으로써, 判例研究가 종국적으로 지향해야 할 것으로 생각되는 法秩序의 統制와 問題解決機能確保에 기여할 수 없게 된다. 判例가 무엇을 말하고 있는가는 正當化의 前段階로서 意味를 가지는 것이지, 그 自體로서 判例研究의 目的을 완수하는 것은 아니다.[49] 그러므로 우리가 지향하는 判例研究方法論은 論議理論的 判例研究方法論에 입각한 正當性評價를 中心으로 하되, 그 前提로서 判決이 宣言하고 있는 法原則의 發見을 위해 法社會學的 判例研究方法論을 받아들인다. 이때에 發見의 過程을 지배하는 法社會學的 判例研究方法論과 正當化의 過程을 지배하는 論議理論的 判例研究方法論을 理論的으로 連結시켜 주는 고리가 필요하게 된다. 그것은 判決過程에 대한 理解方式에서 찾을 수 있다. 本稿의 判例研究方法論을 지탱하는 判決過程의 理解方式(裁判過程의 性質論)에 대한 상세한 논의는 다음 장에서 할 것이므로, 이하에서는 이상의 논의를 기초로 本稿의 判例研究方法論의 構造를 槪觀한다.

나. 本稿의 判例研究方法의 構造

결국 判例研究의 方法은 두 가지의 단계로 이루어져야 한다.

첫째 段階는 研究對象인 判決의 內容을 明確하게 하는 段階이다. 즉 當該判決을 통하여 法院이 수립하려는 法原則은 무엇인가를 밝힘으로써, 論議의 對象이 되는 '言明'을 構成하는 段階로서, '發見의 過程'에 관련된 단계이다. 따라서 이 단계에서의 研究者는 자신의 價値判斷에 의한 당해판결의 當否를 논하는 것이 아니라 당해판결의 法官의 立場에 서서 왜 그러한 판결을 내리게 되었는가를 理解하는 것이 前提되어야 한다. 즉 當該判決의 前提가 된 事實關係를 정확히 把握하고 이러한 問題狀況을 해결하기 위하여 법관이 사용한 法規와 동법규에 대한 解釋準則은 무엇인가, 그리고 궁극적으로 어떠한 結論을 指向하고 있는가 등을, 事件의 發生에서 紛爭의 發展 그리고 裁判過程을 통한 問題의 解決이라는 全體

49) 예컨대 先判例가 동일 사안에 대하여 구속력을 가지는 것도 정당화의 과정을 통해 선판례로서의 의의를 인정받았기 때문이며, 만일 정당성을 인정받지 못한다면 보다 설득력있는 반론에 의하여 그 判決의 拘束力은 부인될 것이다.

文脈(context) 속에서 '理解(Verstehen)'하는 단계이다. 이는 두 번째 단계인 正當化 段階를 위한 前提가 된다. 즉 正當化의 段階가 當該判決에 대한 評價라고 한다면 評價의 對象이 되는 命題가 무엇인지를 명확히 하여야 하기 때문이다. 판결의 내용을 정확히 파악하지 않은 상태에서 정당성 평가의 단계로 들어간다면, 정당화의 전과정은 砂上樓閣에 불과할 것이다. 發見의 過程을 理解하는 것은, 正當化의 段階라는 다음 단계에서 論議의 中心이 되는 問題를 發見하고 이를 정식화하는 단계라 하겠다. 따라서 여기서는 判例研究의 대상으로서 '事實'이 重視된다.

둘째 段階는 첫째 단계의 성과를 기초로 同判決에 대한 正當性을 評價하는 이른바 正當化의 段階이다. 이 단계는 다시 두 개의 단계로 구분될 수 있다. 하나는 當該判決이 前提로 하고 있는 法規範이 解釋·適用되는 內的 論理의 整合性을 評價하는 段階로서 이른바 '內的 正當化(interne Rechtfertigung)'이고, 다른 하나는 當該 決定이 基礎로 하고 있는 前提들의 正當性을 여러 각도에서 평가하는 '外的 正當化(externe Rechtfertigung)'이다.[50)]

V. 判例研究의 方法 (2) - 제1단계 : 判例의 解釋 -

이 단계는 正當性評價라는 다음 단계의 前提가 되는 단계로서 당해판결이 제시하는 法原則을 發見하는 段階, 즉 判例를 '理解'하는, '判例解釋'의 段階라고 할 수 있다. 判例解釋이란 判決에 內在하는 意思를 再構成하는 것을 의미하므로 先例의 意味는 바로 이 제1단계의 작업을 통하여 명확하게 되며,[51)] 따라서 判例理論이 形成되는 段階라고도 하겠다. 川島의 判例研究는 바로 이 단계를 이론화한 것이다. 抽象化를 통해 하나의 法命題를 構成함으로써 先例 내지 判例假說을 제시하려 했던 川島의 시도는 判例解釋이라는 이 단계의 判例研究에 있어서 훌륭한 形式을 제공해 준다. 그러나 앞에서 검토한 바와 같이 抽象化의 對象에 있어서는 問題點이 제기된다. 判例가 意味하는 바를 정확히 포착하려면, 그 判決의 問題狀況 속으로 들어가야 한다. 어떠한 문제상황 속에서, 어떠한 결론을 향하여, 어떠한 언명이 제시되고 있는가를 全體 判決過程 속에서 解釋해 내야 하는 것이다. 이를 判例解釋이라는 觀點에서 설명하면, 川島의 判例解釋은 概念法學的 判例研究가 판결이유 중의 법

50) 일찍이 Wasserstrom은 司法過程을 法規則에서 決定을 導出해 내는 段階와 規則 自體의 合理性을 審査하는 段階로 나누어 二段階 正當化를 주장하였다. Wasserstrom, *The Judicial Decision*, Stanford Uni. Press, 1964. 이러한 二段階 正當化를 法的 推論의 觀點에서 '內的 正當化'와 '外的 正當化'로 정식화한 학자는 Wróblewski이다. J.Wróblewski, "Verification and Justification in the Legal Science", in *Argumentation und Hermeneutik in der Jurisprudenz*, Rechtstheorie Beiheft 1, Dunker & Humbolt, 1983.

51) 따라서 여기서는 裁判過程의 性質을 어떻게 보느냐, 즉 法官의 判決過程을 어떻게 이해할 것이냐에 따라 方法論上 현저한 差異를 가져오게 된다.

해석론을 대상으로 한 것과 달리 認定事實을 對象으로 했다는 점에 차이가 있을 뿐, 判決을 解釋하는 方式에 있어서는 '判決文'만을 對象으로 한다는 점에서는 오히려 傳統的인 律法主義的 解釋方法을 채택하고 있다는 것이다.52) 하나의 法文(legal text)이 具體的 結論으로 導出되는 것은 具體的 法的 狀況(legal context)과의 關聯 속에서 가능한 것처럼, 判決의 解釋도 그 判決이 내려진 具體的 問題狀況 속에서만이 바르게 해석될 수 있다. 判決에는 紛爭狀況이 前提되어 있다. 이러한 분쟁상황은 법관에 의하여 받아들여진 認定事實이 아니라 그 이전의 생생한 實在事實이다. 法官의 事實認定이라는 人爲的 行爲가 媒介하기 以前의 事實이 법관에게 과제로서 주어진 問題狀況인 것이다. 이러한 法的 問題狀況에 대하여 法官은 이에 타당하다고 생각되는 法的 判斷을 하고 그 판단을 正當化하기 위하여 法規에 대한 解釋規則을 選擇한다. 法的 問題狀況은 法的判斷을 먼저 낳고 法條文의 選擇 그리고 解釋規則에 의한 正當化가 이루어진다. 그러므로 法官의 法的判斷이야말로 判例解釋의 核心的 고리가 된다. 그러면 法官의 法的判斷은 어떻게 이루어지는가. 이 질문을 다르게 표현하면, 裁判過程을 어떻게 이해할 것인가라는 질문이 된다. 法現實主義, 즉 實用主義的 見解에 의하면 이는 法官의 主觀的 意思 내지 利害關係에 基礎하여 이루어진다고 한다. 川島武宜가 判例解釋에 있어서 法規範의 解釋過程을 排除한 것은 主觀的 判斷으로부터 벗어나 判例의 普遍性을 確保하고자 하였기 때문이다. 그러나 法官의 法的判斷이 단순히 법관 개인의 主觀的 意思에 따른 '恣意'에 불과한 것인가. 우리는 그렇지 않다고 본다. 法的 問題狀況에 대한 應答으로서 내려진 法官의 法的判斷이 知·情·意가 복합적으로 작용하는 綜合判斷임은 분명하지만, 法官은 자신의 신분과 지위를 보장하고 있는 憲法과 法秩序가 요구하는 客觀的 行爲指示로부터 自由로울 수 없다. 따라서 法的判斷이 때로는 主觀的 感情이나 利害關係에 의하여 편파적으로 이루어질 수도 있으나, 窮極的으로 法的 良心에 根據를 두는 것이며 이러한 良心은 客觀的 法秩序에 의하여 規定지워진 範圍를 넘어설 수 없는 것이다. 요컨대 法的判斷은 事實에 대한 主觀的 恣意的 決定(法規範의 要求로부터 獨立하여 내려진 決定)이 아니다. 그것은 自身의 判斷의 正當化를 위해 사용될 法條 및 그 法條의 根據가 되는 法秩序에 一定 程度 規定되면서 自身의 法意識에 입각하여 事實에 대한 타당한 結論으로 내려진 綜合判斷이다. 法的判斷은 法的 問題狀況과 法官의 前理解 그리고 法規의 相互作用 속에서 이루어지며, 이러한 법적판단은 判決의 背後에서 事實의 認定이나 法의 解釋·適用의 全過程을 支配하고 있는 것이다.

裁判過程을 위와 같이 볼 때, 判例解釋의 具體的인 方法은 어떠한가. 論議의 對象이 되는 法的 言明을 어떻게 構成할 것인가. 우선 當該判決의 前提로 된 事實關係를 明確히

52) 물론 川島는 판결에 나타난 사실과 결론의 추상화작업을 거쳐 법명제를 구성하고 이를 통해 판결의 의미를 밝히고 있으므로, 단순히 판결 자체의 문리적 해석을 시도한 것은 아니다.

하여야 한다. 이를 위해서는 판결문에 나타난 認定事實에 한하지 않고 實在事實을 研究의 對象으로 하여야 함은 이미 논한 바 있다. 특히 實在事實에서 認定事實로의 轉化를 糾明하는 것이 중요하다. 認定事實은 이미 일정한 結論을 指向하고 있으며, 이 과정에서 法官의 法的 判斷이 介入하고 있기 때문이다.53) 여기서 문제되는 것은 實在事實에의 接近方法이다. 주의할 것은 判例研究의 對象으로서의 事實은 自然現象이 아니라 社會現象으로서의 事實이라는 점이다. 따라서 하나의 紛爭狀況은 물체와 물체가 충돌하는 물리적 상황과는 달리, 當事者들의 意識的 行爲를 媒介로 하고 있으며, 한편 단순한 心理的 事實과는 달리 當事者들의 主觀的 意思와는 다른 일정한 결과를 야기하게 된다. 이는 문제된 사실이 普遍性과 特殊性의 계기를 동시에 가진다는 것을 뜻한다. 즉 당사자들은 特殊한 狀況에서 자신들의 意識的 行爲를 표출하지만, 그것은 當時의 一般的 社會意識의 特殊形態로서 普遍的 要素를 가진다는 것이다. 事實關係를 명확히 함에 있어서는 이러한 普遍的 要素와 特殊的 要素를 명확히 하는 것이 중요하다. 普遍과 特秀의 關係를 명백히 함으로써 當該事實의 現實的 現狀形態를 정확히 파악할 수 있으며, 이는 正當性 評價에 있어서 類似事例와의 比較評價라는 점에서 중요한 의미를 가진다. 이러한 점을 고려하면서 事實關係를 把握하기 위한 具體的인 手段으로는, 下級審判決에 나타난 認定事實과 全審級을 통해 주장된 當事者의 主張事實 및 訴訟資料 등의 研究가 제시되며, 이러한 자료를 통해 객관적 사실을 발견함에 있어서 필요한 경우에는 餘他 社會科學의 方法을 이용하는 것도 논의된다.

다음으로는 이러한 事實關係 속에서 法官이 意圖하고 있는 結論을 명확히 하여야 한다. 이때 事實과 結論間의 類型化를 바로 도출해서는 안 된다. 위에서 살핀 바와 같이 사

53) 여기서는 아마도 일본의 唄孝一교수의 方法論이 하나의 모델로 제시될 수 있을 것이다. 唄孝一교수는 事實에는 다음의 여덟 가지가 있다고 한다. 즉,

A 대심원판사가, 그 법적 판단의 대상으로서 머리에 그린 사실
B 대심원판사가, 그 판결이유 중에 표현하고 있는 사실
C 원심이 인정한 사실
D 원심 이외의 하급심이 인정한 사실
E 각 심급에서 당사자가 주장 또는 자백한 사실
F 당사자가 우리에게 말한 사실
G 당해사실에 있어서 본래의 사실
H 당시 당촌의 혼인관행

이 사실유형 가운데 G의 사실을 밝히는 것이 중요함은 말할 필요도 없다. 唄교수는, G→ … A에 이르는 과정에 어떠한 요소가 작용하여, A와 G가 서로 다르게 되었는가, 혹은 그렇게 되지 않았는가를 명확하게 하려 했다. 唄孝一/佐藤良雄, "「婚姻豫約有效判決」の再檢討", 長谷川正安編, *op. cit.*, pp.284－311 ; 唄孝一, "續「婚姻豫約有效判決」の再檢討", 長谷川正安編, *op. cit.*, pp.311－331. 참조.

長谷川교수는 앞서 기술한 것처럼, '재판관의 사실인정·결론의 이데올로기를 명확하게 하고, 그 위에 재판관의 법이데올로기의 하나의 존재형태로서 인정사실과 결론을 매개하는 구체적 법규범을 발견하는 방법'에 의하여 判例研究가 이루어진다고 하여 위의 과정에서 재판관의 법이데올로기와 법규범을 중시하였다. 長谷川, "判例研究の歷史と理論", 長谷川正安編, *op. cit.*, p.282. 참조.

실과 결론 사이의 媒介體로서 主導的 役割을 한 것은 法官의 法的 判斷이므로, 이를 밝혀 냄으로써 事實과 結論의 法的 連繫를 糾明해야 한다. 法的 判斷의 糾明은 法官이 採擇한 法規와 解釋準則을 통해 이루어진다. 물론 이 경우 事實－結論關係 속에서 法條와 解釋準則의 意味를 解明하여야 한다. 일정한 사실관계와 그에 대한 결론 사이에서 法律論의 役割(단순히 正當化의 手段이 아니라, 結論導出의 役割)을 糾明함으로써, 당해판결에서 주장하는 法原則의 意味를 명확히 할 수 있다는 것이다. 이때에 普遍性과 特殊性의 觀點에서 法原則의 意味가 드러나도록 立體的인 照明을 해야 한다. 이러한 입체적 조명을 통해야 當該判決의 現實的인 意味가 명확히 되며, 正當化라는 다음 단계의 작업의 有效性을 確保하게 된다.

VI. 判例研究의 方法 (3) - 제2단계 : 判例의 正當性評價 -

1. 概 說

法的 判斷이 어떻게 正當한 것으로 根據지워질 수 있는가. 오늘날 이에 대하여 폴란드의 법철학자 Wróblewski의 제안에 따라 '內的 正當化'와 '外的 正當化'로 나누어 고찰하는 것이 一般的 傾向이다.[54] 판결에서 주장하는 規範言明의 正當性을 評價함에 있어서 우리는 이러한 두 측면에서의 평가를 시도하여야 한다고 본다. 이하에서 각각의 측면에서 正當性 評價를 함에 있어서 사용되어야 할 준칙과 고려사항을 설명한다.

2. 內的 正當化

判決의 內的 正當化란 判決에서 주장하는 法的 判斷이 그 根據가 된 前提들에서부터 論理的으로 推論되는가를 말한다. 이는 이른바 '法律的 三段論法'[55]으로 나타난다. 따라서 이른바 判例批評에 의한 判例研究方法이 채택될 수 있다.[56]

54) 沈憲燮, "法哲學的 法學方法論", 法學 제24권 1호, 1983, p.2. 참조. 또한 Alexy도 이를 받아들여 法的 判斷의 正當化를 위한 두 가지 측면으로서, '內的 正當化(interne Rechtfertigung)'와 '外的 正當化(externe Rechtfertigung)'를 구별하여 고찰한다.

55) 法律的 三段論法에 관한 상세한 설명은 생략한다. 이에 대하여는, *Ibid.*, pp.2－4. 참조.

56) 여기서 주의할 것은 內的 正當化를 法實證主義의 概念法學的 方法論으로 보아서는 안 된다는 것이다. 法推論의 演繹性과 法律에의 拘束原理는 區別되어야 한다. 內的 正當化가 法律的 三段論法으로 나타난 것은 法的 推論의 演繹性의 要請을 표현하는 것이다. 더욱이 전술한 바와 같이 내적 정당화의 前提로서 發見의 過程인 判例의 理解 내지 判例解釋이 요구되므로, 여기서 말하는 判例批評이 概念法學的 判例研究方法에 의한 判例批評과 동일하지 않음은 명백하다.

內的 正當化의 요구가 중요한 의미를 가지는 것은, 그것이 '普遍化可能性의 原理'와 '形式的 正義의 原理'를 確保한다는 점에서이다. 普遍化可能性 原理란 모든 언명자는 '同一한 狀況에서는 同一한 價値判斷만을 할 수 있다'는 원리이다. 이는 '同一한 것은 同一하게 取扱해야 한다'는 形式的 正義의 原理의 基礎를 이룬다.

3. 外的 正當化

우리가 범하는 誤謬는 前提에서 結論에 이르는 論理的 推論이 아니라 前提 그 自體에 있다.[57] 不當한 前提에서 출발한 경우 法的 推論이 아무리 論理的이라 하더라도 그 結果는 不當할 수밖에 없다. 이 경우 部分的 合理性(sub-rationality)으로 當該決定을 정당화할 수 없다. 따라서 外的 正當化란 內的 正當化의 根據지움이라 할 수 있다. 이하에서는, 외적 정당화의 대상이 되는 언명에는 어떠한 것이 있으며, 그러한 언명은 어떠한 논의형식을 통하여 정당화되는가, 그리고 외적 정당화에서 사용되는 평가기준 내지 논의규칙에는 어떠한 것이 있는가 등의 순서로 설명한다.

가. 外的 正當化의 對象

外的 正當化의 대상은 당해 判決의 前提가 되는 言明들이다. 여기에는 實定法規則, 經驗命題, 그리고 其他의 前提로서 學說과 判例(先例)가 있다. 法律에 따라서 내린 判決이 正當하려면 적용된 法律의 正當化가 先行되어야 한다. 법률의 정당화는 다시 法 그 自體의 存在論的 正當化와 그 效力에 관한 規範的 正當化로 구분된다.[58] 存在論的 正當化란 Fuller의 內的 道德性의 요구와 통하는 것이다. 規範的 正當化는 하나의 법규가 法秩序의 效力規準에 一致하는 것을 의미한다. 이는 適用法規의 憲法適合性 내지 上位法規와의 調和與否 등에 의하여 正當性評價가 이루어져야 한다는 것을 말한다.[59] 대부분의 法的 推論은 經驗命題를 포함하고 있다. 특히 法推論의 小前提인 事實의 確定에는 經驗的 命題의 介入이 必需的이다. 經驗的 命題가 自然科學的 및 社會科學的 法則性인 경우 學際的 硏究의 必要性이 강하게 요청된다. 判例의 拘束性을 어느 정도 인정할 것인가는 制度만의 문제가 아니다. 判例는 앞서 설명한 形式的 正義의 原理의 결과 일정한 拘束力을 가지게 되어 있

57) 法的 推論과 관련하여 이 문제에 답한 학자가 바로 Wasserstrom이다. 그는 司法過程을 法規則에서 결정을 推論하는 단계와 규칙 자체의 合理性을 審査하는 단계로 나누고 두 번째 단계를 結果主義와 관련되는 것으로 이해하고 있다.

58) 이하의 논의에 대하여 상세한 것은, 沈憲燮, "法獲得方法의 基本構造에서 본 法學과 法實務", 法學 제23권 1호, 1982, pp.38-44. 참조.

59) 특히 行政法의 경우 각종의 委任立法의 形式에 의하여 수행되는 경우가 많으므로, 法律의 規範的 正當性評價가 매우 중요한 의미를 가진다.

다. 大陸法系國家에서도 오늘날 判例의 法形成的 機能은 대단한 것이다.[60] 法學은 法律을 解釋하고 體系化하여 그 결과를 法判斷의 根據로 삼게 한다. 물론 學說은 正當化에 있어서 假說 내지 提案에 불과하지만, 法的 判斷에 있어서 安定的 機能, 發展的 機能, 負擔輕減的 機能, 發見的 機能 등의 기능을 수행한다.

나. 論議의 形式

外的 正當化에서 사용되는 典型的인 論議形式은 '規則을 통한 根據지움'이다. 이는 다음 항에서 설명하는 諸規則에 의한 審査를 말한다. 다른 한편에서는 위에서 시사한 바와 같이 結果主義的 考慮에 입각한 정당성 평가가 요청된다. 여기서의 '結果'에는 當該判決의 結果라는 微視的 次元의 結果와 當該判決의 結果가 法秩序體系 속으로 투여되어 當該規範言明의 主觀的 意圖와 관계없이 야기하는 巨視的 結果를 포함한다. 특히 後者에 대한 分析을 위해서는 法經濟學的 判例硏究方法論이 유용한 도구를 제공할 것이다.

다. 論議規則

外的 正當化의 과정에서 사용되는 論議規則은 그 正當化의 對象과 形式에 따라 다르게 된다. 즉 정당화의 對象이 되는 명제가 도그마틱이냐 판례이냐 경험명제이냐 법률이냐에 따라, 그리고 論議形式이 一般實踐的論議이냐 特殊한 法的論議이냐에 따라 그 심사규칙이 다르게 된다는 것이다. 이에 관하여는 해당 부분에서 이미 부분적으로 설명한 바 있다. 여기서는 Alexy가 제시하는 判例活用의 論理와 관련하여서만 상술하기로 한다.[61]

判例活用의 一般的 規則은 ① 判決의 찬성·반대를 위해 先例를 끌어들일 수 있다면, 선례를 끌어들여야 한다. ② 先例로부터 離脫하려는 자는 論議負擔을 진다의 두 가지로 요약된다. 여기서 핵심적인 것은 論議負擔規則이다. 論議負擔規則은 普遍化可能性原理와 形式的 正義의 原理에 기초를 두고 있다. 동일한 것은 동일하게 취급해야 하므로, 다르게 취급하고자 하는 자는 그 근거를 제시하여야 한다. 이를 통해 判例活用의 一般的인 狀況을 다음과 같이 설명할 수 있다. ① 判例의 原則的인 遵守 ② 離脫의 許容 ③ 離脫하려는 자에게 論議負擔을 지움. 이는 Perelman이 말하는 慣性의 法則이 判例評價의 領域에서 타당하다는 것을 의미한다.[62] 예컨대 判例의 離脫에는 論議規則에 의한 根據가 提示되어야 한다.

60) 獨逸에 있어서 判例의 制定法形成에의 役割에 대하여는, Ernst von Caemmerer, "法典編纂과 裁判官法", 韓獨法學 創刊號, 1979, pp.61－71 ; Martin Kriele, "Das Präjudiz im kontinental－europäischen und anglo－amerikanischen Rechtskreis", 韓獨法學 v.5., 1985, pp.33－48. 참조.

61) 合理的인 論議를 保障하는 一般規則으로는, 論理의 規則·談話의 正直性·普遍化可能性原理 등의 根本規則, 參與와 討論의 自由를 前提한 普遍的 正當化規則, 論議負擔規則, 合理的 根據지움을 위한 根據지움의 規則, 移行規則 등이 제시된다. 보다 더 상세한 설명은, 이재승, *op. cit.*, pp.57－98. 참조.

62) 慣性의 原理란 '本質的으로 類似한 存在나 狀況은 同一하게 다루라고 하는 正義의 規則에서 나타나고 … 思

4. 結　語

이상에서 논한 判決의 正當性 評價는 本質的으로 節次的 正義에 관한 문제이다. 즉 判決의 具體的 內容 自體에 대한 評價가 아니라 그러한 결론에 이르기까지 요구되는 일정한 節次的 要請을 遵守하고 있는가라는 節次的 保障에 대한 評價이다. 즉 合意可能한 結論의 導出을 위해 理性的 討論의 場을 만들어 놓고, 論議過程에서 遵守하여야 할 諸規則을 준수하여 얻어진 결론에 대하여 正當性을 부여하는 것이다. 따라서 논의과정에서 준수되어야 할 규칙은 무엇이며, 그 준수여부는 어떻게 판단할 것인가를 설명하였다. 따라서 이러한 諸規則의 違反이 있다면 그러한 판결은 정당성을 획득할 수 없을 것이다.

Ⅶ. 結　論

이상에서 제시한 우리의 判例硏究方法은 '事案을 통한 規範理解와 規範을 통한 事實確定'이라는 解釋學의 핵심테제[63]와 節次를 통한 正當性 獲得이라는 論議理論을 結合한 것이라 할 수 있다. 그러면 이렇게 복잡한 判例硏究가 모든 경우에 요구되는가. 이는 硏究對象 判決의 選定과도 관련된 문제이다. 실제 법원의 결정을 통해 형성되는 판결의 대부분은 '定型的인 事案에 대한 定型的인 決定'으로 행하여질 것인 바, 이러한 판결에 대하여 모두 전술한 바와 같은 엄밀한 의미의 判例硏究가 요구되는 것은 아니며, 이는 또한 學文의 經濟性에 반한다.

法官의 良心과 憲法秩序 및 法律規程이 相互照應할 경우에는 認定事實로부터 法律適用의 全過程에 무리가 없다. 이러한 典型的인 事例의 경우 ① 紛爭事實 ② 法秩序의 理念 ③ 具體的 法規의 三者는 서로 照應關係에 있다. 이때에는 본고에서 제시한 것과 같은 본격적인 判例硏究는 不必要하다. 물론 이러한 경우에도 앞에서 제시한 二段階 方法論의 기본적인 틀은 그대로 유지되어야 한다. 즉 일단 法官의 立場에서 當該判決을 통해 주장되고 있는 法原則을 理解하여야 하며, 그 위에 當該判決의 當否를 評價하여야 한다. 다만 典型的인 事例의 경우에는, 제1단계인 判例理解의 段階에서, 實在事實關係에 대한 本格的인 硏究 없이도 判決의 內容을 明確하게 할 수 있으므로, 硏究의 經濟性이라는 관점에서 實在事

考와 行動의 連續性과 一貫性을 確保해 주는 先例에의 一致를 통해 나타나'며, '…이유가 없이는 어떠한 것도 變更시켜서는 안 된다는 명령'으로 정식화될 수 있다. Perelman, 法과 正義의 哲學, 沈憲燮外 譯, 종로서적, 1986, p.224 이하.

63) 이와 관련하여 Hassemer의 '狀況理解(szenerisches Verstehen)'와 '解釋學的 螺旋形構造(hermeneutische Spirale)'가 중요한 의미를 갖는다. 解釋學的 循環의 螺旋構造에 관하여는, Emerich Coreth, *Grundfrage der Hermeneutik*, Herder, 1969, 신귀현 역, 解釋學, 종로서적, 1985, pp.92－117. 참조.

實과 관련된 硏究를 省略할 수 있다는 것이다. 그러나 만일 이들 相互間에 乖離가 있다면, 法官은 자신의 良心과 法律規定의 乖離를 좁히기 위해 獨特한 法律論을 展開하거나 獨特한 事實認定을 하게 된다. 즉 先例로부터의 離脫을 위해, 事實認定過程에서 당해사실의 特殊性을 부각시키는 전형적 판례이탈의 방식을 취하거나, 나아가 意圖的인(自身의 法意識에 의해 變形된) 事實認定을 통해 事實을 變形시키고, 法律解釋論도 특수한 방식으로 전개한다. 이러한 경우 實在事實에 대한 硏究 없이 행한 判例硏究는 당해판례의 진정한 의의를 밝힐 수 없다. 요컨대 典型的인 事例와 달리 ① 紛爭事實 ② 法秩序의 理念 ③ 具體的 法規의 三者가 서로 조응하지 아니하는 경우, 즉 法律의 形式的 適用이 法官의 良心이나 法理念에 反하는 結論을 도출하게 되는 경우에는, 判決文에 나타난 認定事實과 結論 및 法律解釋論의 關係糾明만으로 當該判決의 眞正한 法原則을 발견할 수 없다. 왜냐하면 이러한 경우에는 法官의 이데올로기에 의한 法律解釋論의 展開(形式論理를 벗어난 目的論的 解釋), 나아가 事實認定에 있어서도 法官의 법이데올로기에 의한 變形이 이루어지며, 이에 따라 本來의 事實은 認定事實과 法律解釋의 論理에 의해 隱蔽되어 있기 때문이다. 따라서 이러한 판결을 연구함에 있어서는 隱蔽된 本來의 事實關係의 問題狀況을 明確히 하고, 當該 法規定이 어떠한 대립되는 이데올로기를 가지고 있으며, 어떠한 법이데올로기가 事實認定과 法律解釋論의 變形을 낳게 하였는가를 分析하여야 한다.

그러므로 判例에 대한 分析이 언제나 전술한 判例硏究方法을 요하는 것은 아니며, 硏究者의 必要와 觀點에 따라서 이른바 判例批評을 비롯한 종래의 제방법론이 유용하게 사용될 수 있다고 본다.64) 判例硏究의 對象選定의 方法論도 하나의 硏究主題가 될 수 있으나, 여기서는 상론하지 않는다.65)

이상에서 從來의 判例硏究方法論을 批判的으로 檢討하고 獨自的인 判例硏究方法論을 제시하였다. 그러나 이 논문는 극히 一般的이고 抽象的인 次元의 論議에 그치고 있다는 데에 根本的인 限界를 가지고 있다. 우선은 개개의 法領域에 따른 方法의 個別化가 있어야 할 것이고, 무엇보다도 法學의 發展에 具體的인 成果를 가져올 수 있기 위해서는, 實際의 具體的인 判例를 위의 방법에 의하여 分析하는 作業이 이루어져야 할 것이다.

---

64) 예컨대 經濟關係 判決의 法政策的 效果分析을 위해 法經濟學的 判例硏究方法論에 입각한 判例硏究를 하는 경우가 있을 수 있다.

65) 判例硏究의 對象으로 가장 중요한 판결은 아마도 從來의 判例를 變更하는 大法院 全員合議體判決일 것이다. 또한 判例變更을 하지 않았으나 具體的인 決定內容이 從來 判決과 다른 경우, 一般的으로 받아들이지 않는 解釋準則을 採用한 경우(法文의 形式論理的 解釋과 明白히 다른 결정을 내린 경우), 適用法規의 欠缺로 類似規定의 類推가 그 根據로 제시되었거나 不文法原理를 適用한 경우, 法條의 解釋에 대하여 學說上 심한 對立이 있는 法條의 解釋適用이 있는 경우 등도 嚴格한 判例硏究를 요하는 경우라 하겠다. 이러한 事案의 選定에 하나의 基準으로서, 우리는 Dworkin의 hard case와 easy case의 구별이 유용할 것이라 생각한다. 이에 대하여 상세한 것은, R. Dworkin, *Taking Rights Seriously*, Harvard Uni. Press, 1977. 참조.

임대아파트의 분양가와 강행법규이론*

김종보**

대법원 2011. 4. 21. 선고 2009다97079 판결(전원합의체)

◎ 사실관계

한국토지주택공사는 2000. 6. 광주 광산구 소재 공공임대아파트(32평형)를 5년간 임대하기 위한 입주자 모집공고를 하였다. 입주자모집공고에서 정한 분양전환가격 등의 내용은 다음과 같았다.

① 분양전환시기 : 최초 입주지정기간 만료일 다음달부터 5년 후,

② 분양전환가격 산정기준 : '임대주택법 시행규칙'에 의거 건설원가와 감정평가가격의 산술평균 가격으로 하고, 다만 이 경우에도 분양전환 당시에 산출한 당해 주택의 분양(예정)가격에서 임대기간 중의 감가상각비를 공제한 금액을 초과할 수 없음,

③ 임대시행 당시의 분양가격(분양전환 가격산정의 기초가 되는 금액, 최초 입주자 모집공고 당시의 건설원가이고, 향후 분양전환가격은 이 금액을 기초로 다시 산정함) : 택지비 18,219,000원, 건축비 65,359,000원, 지하주차장 4,607,000원 합계 88,185,000원

한국토지주택공사는 원고들과 임대차계약을 체결하고 임대의무기간인 5년 동안 임대아파트를 임대하였는데, 그 계약서에서 위 주택은 최초 입주지정기간 종료 후 5년 후 매각하되, 매각가격 산정기준은 입주자모집공고안에서 정한 바에 따른다고 정하고 있다. 공사는 2006. 10. 임대아파트에 관한 분양전환 공고를 내고, 2007. 8. 2인의 감정평가업자를 선정하여 감정을 실시한 후, 분양전환가격을 결정하고, 2007. 9. 임차인들에게 2007. 10. 31.까지 분양전환을 신청하도록 공고했다. 원고들이 분양가격에 이의를 제기하였으나 명도소송을 당하는 등의 사유로 부득이 분양계약을 체결하여 대금을 완납하였으며 그 후 분양대금의 감액과 반납을 청구하는 소를 제기하였다.

---

* 이 글은 2017년 12월 31일 발행된 행정판례연구 제22-2집에 게재된 논문을 전재한 것입니다.

** 서울대학교 법학전문대학원 교수

◎ 대법원의 입장

분양전환가격 산정의 기초가 되는 건축비는 특별한 사정이 없는 한 표준건축비의 범위 내에서 실제로 투입된 건축비를 의미하고 표준건축비를 의미하는 것은 아니다. 건축비 관련 규정들은 강행법규에 해당하므로, 그 규정들에서 정한 산정기준에 의한 금액을 초과한 분양전환가격으로 체결된 분양계약은 초과하는 범위 내에서 무효이다.

I. 서론 - 임대아파트의 공급

현대복지국가에서 서민을 위해 임대아파트를 건설·공급하고 또 유지·관리하는 일은 국가의 고유한 임무로 받아들여지고 있다. 주거복지는 사회안전망의 가장 중요한 요소이고 이를 일반 사회에 공급하고 관리하는 업무야 말로 복지국가의 가장 중요한 과제가 될 것이기 때문이다.[1] 그러나 임대아파트를 어떠한 방식으로 공급하고 관리하는 것이 임대아파트를 공급하는 가장 효율적인 방법인가에 대해서는 국가에 따라 다양한 정책이 있을 수 있다. 한국에서는 임대아파트의 건설과 공급이 분양아파트에 종속되어 있었기 때문에 임대아파트의 공급방식도 분양아파트의 시장상황에 의해 크게 영향을 받았다.

40년 넘게 일반분양 아파트시장을 주도해 온 주택건설촉진법(1973년)과 그를 이은 주택법(2003년)은 주로 민간에 일반아파트의 건설과 공급을 맡겼다. 1970년대 이래 지속적인 경제성장은 주택가격의 상승을 초래했고 이에 대해 정부의 각종 부동산 가격 안정정책들이 발표되었다.[2] 그러나 다른 한편 정부는 지원자로서 분양아파트의 공급을 활성화하기 위해 주택가격의 상승이라는 요소를 적극 활용했다. 민간의 소비자들도 아파트가격이 상승되는 국면에서 새롭게 건설되는 아파트를 적극적으로 매입하는 경향을 보였고 이를 통해 분양아파트는 한국사회의 절박한 주택부족문제를 비교적 단기간에 해소했다.

중산층을 대상으로 하는 분양아파트와 달리 저소득층에 대한 주택공급이라는 측면에서 보면, 국가가 충분한 재정을 투입하여 장기공공임대아파트를 많이 건설하고 공급하는 것이 가장 이상적이다. 그러나 국가의 재원이 한정적이고 민간의 공급역량이 충분할 때 한정적 자원을 어떻게 배분할 것인가 하는 결정은 그리 간단하지 않다. 분양아파트의 성공에 영향을 받은 한국사회에서 임대아파트도 역시 분양아파트와 거의 동일하게 시장원리에 충실하게 공급되고 단기간에 분양전환되어 일반에 매각되어 왔다. 사안에서 임대아파트를 5

1) 하성규, 주택정책론, 박영사, 2004, 305면; 김원, 사회주의 도시계획, 보성각, 1998, 103면 등 참조

2) 임서환, 주택정책 반세기, 대한주택공사, 2002, 89면 이하 참조.

년간 임대하기 위해 입주자모집공고를 했다는 것도 정확하게는 10년의 단기임대기간을 단축해서 5년에 분양전환할 수 있다는 의미이며 법적으로 5년의 임대기간이 설정되는 임대아파트는 아니었다.

한국에서 아파트 가격은 1970년대 이래 꾸준히 상승해왔고 이는 임대아파트의 경우에도 마찬가지이다. 임대아파트인가 분양아파트인가를 불문하고 아파트 가격의 상승은 주택공급에 있어 가장 중요한 기능을 한다. 분양아파트는 가격상승이 바로 시장의 수요로 나타나 공급분이 조기에 소화되므로 가격상승이 주택의 수요와 공급에 직접적인 영향을 준다. 임대아파트에 대해서도 순수한 임대수요 못지않게, 단기간의 분양전환을 예상하고 아파트의 임차인이 되는 수요도 적지 않다. 그러므로 아파트가격 상승은 임대아파트의 건설 및 공급에도 긍정적인 영향을 미친다. 특히 단기임대의 경우 아파트 가격이 상승하면 임차인을 모집하거나 분양전환 대상자를 찾기가 더욱 수월해 진다.

II. 임대아파트의 의의와 가격조항

1. 분양전환부 단기임대아파트

임대아파트는 서민층에게 임대로 제공되는 아파트로서 사회 저소득계층의 주거안정을 위해 중요한 기능을 한다. 그러나 통상 임대아파트로 불리는 아파트들도 단일한 것이 아니라 다시 그 안에 다양한 유형들이 공존하고 있다. 임대기간의 장단에 따라 임대아파트를 구분하면 영구임대나 장기임대아파트와 같이 임대기능을 길게 지속하는 아파트(장기임대)와 5년 내지 10년 이내에 분양아파트로 전환되는 아파트(단기임대)로 나뉜다.[3)]

영구임대아파트처럼 장기간 임대에 제공되는 유형의 아파트가 정책적으로 바람직할 뿐 아니라 실제 저소득계층에 대한 주거대책으로 유용하다. 그러나 이들은 수익성이 없다는 약점이 있어서, 공공부문에게 임대아파트의 건설과 유지관리에 과도한 재정적 부담을 지운다. 따라서 한국처럼 임대아파트를 건설하기 위해 국가나 자치단체의 재원을 확보하기 어려운 나라에서는 장기임대아파트가 충분히 제공되기 어렵다. 민간부문도 지속적으로 손실이 발생하는 장기임대아파트의 건설과 유지관리에 참여할만한 유인을 발견하기 어렵다.

다른 한편 한국사회에서는 분양아파트의 공급량 증가에 비례해서 국가에게 임대아파

3) 임대주택법은 최근 민간임대주택에 관한 특별법(2016년)과 공공주택 특별법(2017년)으로 분화되었지만, 이 글은 구임대주택법에 따른 사안들의 판단을 돕는 데 주된 목적이 있으므로 편의상 종래의 임대주택법을 중심으로 서술한다. 이하 본문에서 구임대주택법 등은 임대주택법으로 표기되기도 한다.

트를 건설하고 공급할 것을 바라는 사회적 요청도 꾸준히 높아졌다. 임대아파트의 공급은 집 없는 서민들에 대한 복지정책으로 중요할 뿐 아니라, 분양아파트와 함께 주택공급이라는 1980, 90년대의 절대적 목표를 달성하기 위한 중요한 수단이기도 했다. 장기임대아파트의 공급을 국가가 전적으로 감당할 수 없게 되자, 국가는 임대아파트의 건설과 공급에 민간이 참여하는 방안을 모색하게 된다.

민간건설업자에 의한 임대아파트의 공급은 이를 통한 적정한 수익이 보장되지 않는 한, 기대하기 어렵다. 민간건설업자의 수익은 임대사업을 통한 수익이거나 또는 분양전환을 통한 수익일 수밖에 없는데, 결국 후자에 의해 수익을 보장하는 방안이 고려될 수밖에 없었다. 민간에게 임대아파트의 건설과 공급의 책임을 분담시키는 과정에서 불가피하게 수익성이 어느 정도 보장될 수 있는 변형된 임대아파트가 생겨나게 되었다. 변형된 임대아파트는 결국 임대기간을 단기로 하고 임대기간이 끝나면 이를 분양하는 분양전환부(分讓轉換附) 단기임대아파트의 형태를 띠게 되었다. 이렇게 도입되기 시작한 단기임대아파트는 공공부문에도 채택되어 국가나 지방자치단체의 부담을 경감하기 위한 방편으로 활용되었다.

단기간에 분양전환이 이루어지는 임대아파트는 임대아파트의 건설과 유지관리에서 발생하는 사업자의 경제적 손실을 완화해준다. 아파트건설에 투입된 비용을 분양전환을 통해 조기에 회수하고 유지관리에서 오는 손실도 줄일 수 있기 때문이다. 이렇게 단기에 분양전환을 허용하는 임대아파트제도는 민간건설사에게도 임대아파트를 건설할 동기를 제공하고, 공공부문에 대해서도 임대아파트의 건설관리로 인한 막대한 손실을 완화해주는 기능을 수행했다. 이것이 바로 5년 만에 분양전환되는 유형의 단기임대아파트가 현재 한국사회에서 폭넓게 건설되고 공급되는 이유이다.

2. 분양전환의 의의

분양전환은 임대기간을 예정하고 있는 임대아파트에 대해 기간의 종료에 따라 임대아파트를 분양아파트로 변환하고 이를 매각하는 행위를 뜻한다. 임대를 목적으로 건설한 아파트의 지위는 특수하게 보호되는 것이어서, 이를 분양목적의 일반아파트로 전환하는 것은 임대사업자의 임의로운 결정만으로 이루어질 수 없고 이에 대한 행정청의 승인이 필요하다(2015년 임대주택법 제21조 제4항). 분양전환신청에 대한 승인을 통해 임대주택은 임대주택으로서의 지위를 잃고 분양주택이 되며, 임대인과 임차인간의 매매계약이 그에 뒤따른다.

임대아파트가 단시일 내에 분양전환되면 결국 시장에 공급된 임대아파트가 감소되므로 다량의 임대아파트를 공급하고 유지한다는 공익은 훼손된다. 그러나 다른 한편 임대아파트는 일정 소득이하의 저소득층만을 임차인으로 모집하고 분양전환할 때에도 기존의 임차인에게 우선 매각하므로(2015년 임대주택법 제21조 제1항 제1호) 공급대상자를 저소득층으로 한정하는 중요한 기능을 한다. 따라서 임대아파트는 비록 단기간내에 분양전환된다 해도 일반에 공급하는 분양아파트에 비해 복지정책에 더 많이 기여한다. 비록 분양전환된 후에는 분양아파트가 된다는 점에서는 동일하지만, 임대아파트는 공급과 분양과정에서 저소득층인 임차인의 소득수준을 반영하기 때문이다.

임대주택의 단기분양전환은 임대아파트의 의무임대기간을 단축하고, 이를 매각함으로써 임대아파트 공급자들의 수익을 보장해 왔다. 그러므로 건설임대사업자의 수익이 전적으로 배제된다는 전제하에 임대아파트의 분양전환제도를 해석하는 것은 과도한 것이다. 다만 임대아파트의 건설에 대해서는 국가적인 차원의 특혜가 주어지므로, 그에 대응해서 아파트 가격 상승으로 인한 이익이 모두 건설업자에게 귀속되는 것을 막을 필요는 있다. 이러한 목적을 달성하기 위해 임대주택법은 분양전환을 행정청의 승인대상으로 정하고, 5년 만에 분양전환되는 임대아파트의 경우에는 분양가격도 분양전환 당시의 시장가격과 입주자모집당시의 아파트가격을 산술평균하도록 정하고 있다.

3. 임대아파트가격의 규제와 적용범위

임대아파트는 임대에 제공되는 초기에 임대보증금, 임대료 등 임대조건을 정하기 위해 주택의 가격을 산정해야 하고, 또 임대기간이 종료되면서 분양전환될 때 분양전환의 가격을 산정해야 한다. 임대주택법은 임대주택의 임대제공을 위한 가격과 분양전환을 위한 가격을 중요한 규율대상으로 보고 이를 상세하게 규율하고 있다.

1994년 제정된 임대주택법과 관련법령도 임대아파트의 공급에서 아파트의 가격과 관련해 두 가지의 규율을 마련하고 있었다. 첫째, 임대아파트의 임대보증금과 임대료를 산정하기 위한 아파트가격에 대해서 임대주택법 시행령은 '공공건설임대주택에 대한 최초의 임대보증금은 당해 임대주택의 건설원가에서 국민주택기금에 의한 융자금을 차감한 금액을 초과할 수 없다'고 정하면서 '건설원가'를 임대보증금 등의 중요한 계산 지표로 사용하고 있었다. 둘째, 당시의 법령은 임대아파트가 분양전환을 예정하고 있는 것이면 분양전환할 때 아파트의 예정가격에 관해 정하고 있었다. 당시 주택공급에 관한 규칙(1994. 11. 2. 시행된 것)은 임대아파트 입주자모집공고의 내용으로 '일정기간이 경과한 후 분양전환되는 임대주택인 경우에는 그 분양전환시기와 분양예정가격의 산출기준 등 분양전환조건에 관한 사항'(동규칙 제9조 제1항 제12호)이 같이 정해지도록 규정되어 있었다.

그러나 그 외에는 분양전환가격에 대한 법령상의 조건은 없으며, 사업자에 의해 작성되고 행정청에 제출되는 임대아파트 매각계획서 서식상 단순히 매각가격이 표시되도록 되어 있을 뿐이었다(1994년 임대주택법 시행규칙 제4조 및 동별지 6호 서식). 그 후 1999년 임대주택법 시행규칙에 처음으로 도입된 분양전환가격 산정에 관한 기준이 별표의 형식으로 정해지면서, 입주자모집공고당시 승인권자가 산정한 주택가격이 건설원가의 기초가 되도록 정해졌다(동 시행규칙 제3조의3과 별표2). 법령상 승인권자가 산정하도록 명시되어 있으므로 승인당시의 주택가격이고 이는 주택 완공전의 추정가격일 수밖에 없다.

임대주택도 분양아파트와 마찬가지로 착공과 동시에 또는 1/2 정도의 골조공사가 끝나면 입주자모집을 하므로(구 주택공급엔 관한 규칙 제7조 제1항 및 제2항, 별표2: 2015. 12. 29. 국토교통부령 제268호로 전부 개정되기 전의 것), 입주자모집 당시의 주택가격은 입주자모집 당시에 확정되고 공고된 금액이다. 다만, 이를 기초로 산정되는 건설원가는 기간의 장단에 따라 이자나 감가상각에 따라 변동될 수 있다.

구 임대주택법 시행규칙 별표1이 2014. 7. 16. 개정되면서, 건축비가 "최초 입주자 모집 공고 당시의 건축비", 즉 입주자 모집 공고 당시의 '추정'건축비라는 점이 확인된 바 있다. 국토교통부는 법령 개정취지를 설명하면서 임대의무기간이 5년인 분양전환가격 산정기준이 불명확하여 발생하는 분쟁을 막기 위해 분양전환가격을 산정할 때에는 공고한 건축비를 그대로 적용하기 위한 개정임을 밝히고 있다. 이는 법령 개정 이전의 구 임대주택법 시행규칙상의 건축비에 대한 조항이 불명확함에도 불구하고 역시 실제 건축비가 아닌 입주자모집 공고 당시의 추정건축비였음을 보여준다.

임대주택법이 분양전환가격을 통제하지만 모든 임대주택에 대해 그런 것은 아니고 통제의 대상은 '공공건설 임대주택'에 한정된다. 공공건설 임대주택은 주로 공공이 건설하는 임대주택으로 국가 또는 자치단체의 재정으로 건설하거나, 주택도시기금의 지원을 받은 주택을 의미한다(2015년 임대주택법 제2조 제2호). 다만 민간이 건설하는 경우에도 공공사업으로 조성된 택지에서 사업승인을 받은 경우라면 공공건설 임대주택이 되고 역시 가격통제의 대상이 된다. 공공사업으로 조성된 택지란 택지개발촉진법 등 공공부문의 재정이 투입된 경우를 의미하는 것이고, 사업승인을 받은 경우란 건축법상 건축허가를 받거나 또는 매입을 통해 임대에 제공하는 것이 아니라 주택법(또는 주택건설촉진법)상 사업승인을 받아 임대아파트로 건설된 아파트를 말한다.

임대주택법이 공공건설임대주택에 대해서만 분양전환가격을 통제하는 이유는 공공재원이 투입되고 수용권 등 고권적 조치가 수반되었다는 점에 있다. 그래서 임대주택법 시행규칙 별표상 분양가격을 산정할 때 건축비와 택지비가 공히 중요한 항목을 구성하는 것이다. 다만 민간이 건설한 임대아파트를 공공건설 임대아파트라 부르고 이를 가격통제의 대상으로 삼는 근거는 공공택지를 저가에 공급받았거나 주택도시기금을 지원받았다는 점을 고려한 것이므로 분양가격의 통제도 그와 관련해서 제한적으로 이루어지는 것이 옳다.

III. 건설원가의 해석

앞서 설명한 바와 같이 한국에서 아파트가격은 지속적으로 상승해왔다. 단기간에 분양전환되는 임대아파트의 경우에는 분양전환당시의 아파트가격이 매우 높게 형성될 것이므로, 이를 완충하기 위한 차원에서 아파트가 아직 완공되기 전에 추정가격을 정하고 그 가격과 분양전환당시의 가격을 산술평균하도록 제도가 설계되었다. 분양전환시까지 지속적으로 상승한 아파트가격을 기준으로 분양가격이 결정되면 서민층인 임차인에게 부담이 되고 또 임대아파트 건설사가 과도한 이익을 누리게 되므로 이를 낮추기 위해 절충적으로 도입된 가격이 바로 '건설원가'이다.

특히 5년의 단기 임대의무기간을 정하고 있는 건설임대주택은 임대주택으로서의 지위보다 분양주택으로서의 기간이 훨씬 길게 예정되어 있고,[4] 시장에서도 이를 분양주택에 가깝게 인식한다. 주택공급에 관한 규칙이 임대주택의 임차인이 된 자를 분양아파트의 당첨자와 동등하게 취급하는 것도 이 때문이다(동규칙 제2조 제13호). 그러므로 임차인은 수분양자에 가깝고, 입주자모집 승인에 포함되어 공시된 주택가격은 임대차당시 보증금의 기준이 될 뿐 아니라 향후 분양전환 가격을 결정하는 매우 중요한 기능을 한다.

이 사건에서 논쟁의 대상이 되고 있는 건설원가라는 개념은 문언해석만으로는 실제건축비인가 또는 공고된 건축비인가가 밝혀지지 않는다. 주택가격과 건설원가는 그 자체만으로 독자적인 기능을 하는 것이 아니라 현재의 시장가격(감정평가액)과의 상관관계에서 의미를 갖는 것이기 때문이다. 단기임대라 해도 10년의 의무임대기간을 채운 임대아파트는 가격상승 여부를 가리지 않고 분양전환 당시의 시장가격으로 분양할 수 있다. 그러므로 이때에는 건설원가와 분양전환가격은 상관관계가 없다. 이와 대조적으로 5년 만에 분양전환하는 아파트의 경우에는 건설원가와 시장가격이 산술평균된다. 분양가를 낮추기 위해 정해지는 건설원가는 가급적 이른 시점을 기준으로 하는 것이 수분양자들에게 유리했으므로 입주자모집공고시를 기준으로 조기에 확정되어야 했다.

임대주택법에 따르면 임대기간이 10년 이상일 때 분양전환에서 가격제한이 거의 없는데, 임대기간이 10년을 넘은 임대아파트에 대해 임대주택법이 요구하는 최소한의 공익적 기능을 수행한 것으로 평가하기 때문이다. 이에 비해 임대기간이 5년인 아파트는 규제가 강화되어 건설원가와 감정평가액의 산술평균이 분양전환 가격의 상한선이 된다(임대주택법 시행규칙 별표1, 1호 가목). 이러한 규제는 임대아파트 건설사업자가 분양수익을 노리고 임대아파트를 건설하는 것을 막을 필요가 있기 때문이다. 그러나 이러한 규제의 필요성은

4) 예를 들어 내용연수가 40년인 아파트(법인세법 시행규칙 제15조 제3항 참조)는 임대기간인 5년간은 임대주택의 지위를 갖지만, 분양전환 이후 35년간 일반주택으로 존속한다.

임대기간이 10년인 임대아파트의 경우에도 역시 존재한다고 보아야 한다. 10년 후 분양전환하는 임대아파트와 5년 후 분양전환하는 임대아파트가 공익에 봉사하는 정도에서 차이를 보일 수 있지만 그 차이가 본질적인 규율의 차이로 나타날 정도라 보기는 어렵다. 그러므로 5년 후 분양전환 제도를 해석할 때 10년 후 분양전환의 규율강도와 적절한 균형이 고려되어야 한다.

임대주택법은 임대의무기간을 설정하고 이를 가급적 연장해서 임대주택을 유지하려는 입장이 아니고, 단기의 임대의무기간과 함께 분양전환을 이미 예정된 것으로 보고 너그럽게 허용하고 있다. 5년 단기의 임대주택 뿐 아니라 사정변경에 의한 사전 분양전환, 합의에 의한 사전 분양전환 등의 경우까지 고려하면 건설임대주택은 이미 분양아파트에 가까운 실질을 갖게 된다. 이런 법제하에서는 임대주택의 입주자모집시에 분양전환과 관련된 대부분의 사항들이 결정되는 구조를 띨 수밖에 없고, 5년 후 분양전환시 아파트 가격산정의 기초가 되는 주택가격도 이 때 확정적으로 정해진다고 해석하는 것이 옳다.

이러한 점에 비추어보면 건설원가는 감정평가된 현재의 시장가격과 대립관계에 있는 것으로 해석해야 그 개념의 취지가 명확해진다. 분양전환가격은 분양전환시의 감정가격과 산술평균되는 가격이어야 하므로 장차 분양전환을 예상하는 주체나 그 상대방이 명확하게 인식할 수 있는 가격이어야 한다. 이는 이미 서류상 확정되어 있는 승인된 주택의 가격이 기준이 되어야 할 또 다른 이유이다.

법적 안정성이라는 점에서도 실제로 투입된 건축비가 주택가격이 되어야 한다는 해석은 받아들이기 어렵다. 만약 입주자모집승인 당시에 정해진 주택가격보다 사업자의 건설비용이 더 많이 투입되었고, 사후에 그 실제 건축비가 입증될 수 있다고 해도 이를 인정해서 분양전환 가격이 높게 산정되는 것은 허용될 수 없다. 분양전환의 상대방에게 예상할 수 없었던 손실을 초래할 수 있기 때문이다. 그러므로 법적 안정성이라는 관점에서도 입주자모집공고에서 정해진 주택가격은 그 당시 추산액이지만 합리적인 근거에 의해 산정된 것이라 보고 이를 분양전환시에도 그대로 사용하는 것이 옳다.

IV. 분양가 상한제가 통제하는 '분양가격'

주택법상 사업승인을 받은 일반 주택은 주택공급에 관한 규칙이 정하는 바에 따라 그 공정에 따라 주택을 선분양할 수 있으며(동규칙 제7조), 임대주택도 그와 동일한 시기와 절차에 의해 임차인에게 공급된다. 다만 이 때 주택이 공급될 수 있는 임차인의 자격은 임대주택법이 아닌 주택공급에 관한 규칙에 의한다(임대주택법 시행령 제19조). 주택의 건설과 공급대상자를 배타적으로 정하고 있는 주택법과 그 하위법령으로서 주택공급에 관한 규칙은 임대주택의 임차인 선정행위를 분양아파트의 분양행위에 준해서 평가한다.

이처럼 분양아파트와 임대아파트는 공급에 대해서는 동일한 법령들의 적용을 받기 때문에 분양가 상한제와 임대아파트 분양전환 가격제한은 아파트의 가격에 대한 규제라는 점에서 거의 동일한 목적과 성질을 공유한다. 아파트가격이 지속적으로 상승하고 사회문제로 인식되었던 한국사회에서 분양아파트에 대한 가격통제문제는 항상 관심의 대상이었다. 그러므로 분양가 상한제, 분양가 원가연동제, 분양가 자율화 등의 조치가 시간적으로 연속하면서 분양아파트에 대한 가격통제가 이루어졌다. 아파트 가격통제라는 면에서 임대아파트의 분양가격통제보다 분양아파트의 가격통제가 가격에 대한 일반적인 규제라고 이해하는 것이 오히려 자연스럽다.

분양가 상한제는 분양가 지역별 차등제, 분양가 연동제 등 다양한 규제연혁을 거쳐 변동되어 왔지만, 현재의 분양가 상한제는 2007년 1월 11일 참여정부의 부동산 정책의 일환으로 발표되고 법령에 도입된 것이다.[5] 현행 주택법 제57조, 주택공급에 관한 규칙 제21조 제3항 제11호, 주택법 제59조(분양가심사위원회) 등은 분양가 상한제의 골간을 이루는 조항들이다.

분양가 상한제는 아파트의 분양가격을 심사해서 국토부장관이 정하여 고시한 기본형 건축비(주택법 제57조 제4항)를 상회하지 못하도록 제한하는 제도이다. 이 제도에 따라 아파트가격이 심사되고 최종적으로 승인되면 입주자모집공고의 내용으로 분양가격이 공고되는데, 이 때 공고되는 분양가는 아파트 건설에 투입된 실제 원가와는 다르다. 입주자모집은 통상 공사에 착수하거나 공사가 일정한 공정에 이르면 가능하기 때문에(주택공급에 관한 규칙 제15조 제1항, 제2항), 입주자모집공고 당시에 공고의 내용으로 정해진 분양가는 그 당시 아파트의 완공을 전제로 추산한 가액일 수밖에 없기 때문이다. 그러므로 임대아파트의 건설원가를 해석할 때 이에 대한 해석의 일반원칙이 실제 투입한 비용을 기준으로 하는 것이라는 주장은 대단히 합리적인 논거나 연혁적 근거를 가지고 있는 것은 아니다.

현재 법원의 태도와 같이 건설원가를 공고된 가격이 아니라 실제 투입된 가격으로 다시 해석해야 한다는 입장이 일반화되면 이 논리는 다시 분양가 상한제로 옮겨갈 수 있다. 분양아파트의 수분양자들이 입주자모집공고 당시의 분양가에 대해 실제 투입비를 의미하는 것으로 주장할 여지가 생기기 때문이다. 분양가 심사위원회의 심사를 거쳐 공고된 분양가를 다시 실제 투입된 가격으로 주장할 수 있다면 현행법에 존재하는 모든 가격에 대해서도 이러한 주장이 분출할 것이다. 물론 법원은 법령의 최종적인 해석기관이므로 이러한 주장을 모두 받아들여 실제가격을 다시 산정하도록 결정할 수 있다. 그러나 이러한 결과는

5) 류해웅, 참여정부의 부동산정책과 제도, 한국부동산연구원, 2007, 86면 참조.

입법자도 일반 국민도 받아들이기 어렵고 정작 법원도 이 모든 소송을 심리할 의도를 가지고 있다고 보이지 않는다.

V. 가격관련조항과 강행법규이론

1. 강행법규이론과 충돌하는 공법사례들

최근 공법에 근거해 소유권의 이전이 이루어지는 주택이나 토지, 시설물 등의 가액을 둘러싸고 공급자와 매수인간의 이견이 빈발하면서 소송으로 이어지고 있다. 주택법, 택지개발촉진법 등 전통적으로 주택이나 토지를 공급하기 위해 제정된 행정법령은 당해 재화의 원활한 공급과 공급대상자의 결정에 주안점을 두고 그 공급과정 전체에 대한 체계정합성을 고려하는 일은 드물었다. 이렇게 허술하게 제정된 공법규정은 특히 주택이나 토지 등의 공급가격 결정에 대한 불분명한 조항을 동반한다. 이 때문에 공급가격을 둘러싼 다량의 동종유형 사건들이 법원에 동시에 계속되는 현상들이 반복되고 있다.

이런 분쟁들은 공법적으로 진행되었던 주택이나 토지의 공급절차들에도 불구하고 계약무효를 주장하는 민사소송으로 제기되며 강행법규 위반여부를 주된 쟁점으로 한다. 이러한 경향의 대표적인 분쟁사례는 2000년대 초반부터 택지개발지역의 피수용자들에게 주어진 특별공급을 둘러싼 것이었다. 이들에게 재산상의 보상 외에 이주대책의 일환으로 아파트나 택지가 공급되는 것을 특별공급이라 한다. 특별공급의 과정에서 공급된 이주자택지나 이주자주택의 공급가격을 둘러싼 이 논쟁은 2011년 두 개의 대법원 전원합의체 판결을 이끌어냈지만,[6] 여전히 하급심에서 계속 중이다.

그 다음으로 이에 해당하는 사건은 재건축, 재개발과정의 정비기반시설의 설치비용에 관한 것이다. 재건축, 재개발사업의 과정에서 폐지되는 도로, 공원 등 정비기반시설은 일정한 범위에서 사업시행자에게 무상으로 양도되므로, 사업시행자는 그 나머지 부분만 대가를 지불하고 매입하면 된다(도시 및 주거환경정비법 제65조 제2항). 그러나 이 조항은 무상양도를 의무화하는 기능만 있을 뿐 무상양도의 범위에 대한 규율이 불명확해서 역시 정비기반시설의 매입비용을 둘러싼 분쟁으로 나타나고 있다.[7]

이 사건들과 같이 임대주택의 공급가격에 대한 소송도 이와 유사한 분쟁유형인데, 임

6) 대법원 2011. 6. 23 선고 2007다63089, 63096 전원합의체 판결 등; 이에 대해 자세히는 김종보, 이주대책의 개념과 특별공급의 적용법조, 행정법연구 28호. 2010. 12. 163－182 참조.

7) 대법원 2009. 6. 11. 선고 2008다20751, 대법원 2009. 6.25. 선고 2006다18174; 이에 대해 자세히는 김종보, 정비기반시설에 대한 유상매입부관의 공정력과 한계, 행정판례연구, 2009. 12. 87－117

대에 제공되었던 건설임대주택이 임대기간의 만료로 분양주택으로 전환될 때 가격을 결정하는 기준에 대한 분쟁이다. 임대주택법상 임차인모집공고시의 주택가격과 분양전환시 감정가액을 평균해서 분양가가 정해지도록 되어 있는데, 이중 전자의 해석에 대해 소송의 쟁점이 집중되고 있다. 이에 대해서도 법원은 강행법규이론을 원용하고 있다.[8]

지금 제시한 세 유형의 분쟁은 다수의 원고가 존재하고 수많은 소송이 계속중이라는 공통점 외에도 두드러진 공통점이 있다. 대체로는 매수인들이 대금의 감액을 요구하면서 강행법규위반과 그에 따른 계약무효를 주장한다는 점이다. 이때 위반된 것으로 원용되는 강행법규는 토지나 주택 등의 가액과 직간접적으로 관련된 한 두 개의 조항인데, 이 조항들은 처음부터 가액 결정의 문제로 생각되지 않았거나 적용범위가 불분명한 것들이었다.[9] 또 이 조항들은 전체 제도를 설계할 때 관심의 대상이 되었던 주된 조문들에 비하면 한정적이고 부수적인 기능만을 담당한다. 당연히 당해 조항의 문구에 충분한 주의가 기울여지기 어려웠으며, 이렇게 만들어진 불분명한 조항은 다양하게 해석될 여지를 남긴다. 따라서 그 조항에만 한정해서 문제를 좁게 보면 법조항의 최종해석권을 가지고 있는 법원의 결정권이 거의 절대적이라 할 수 있다. 그리고 이러한 사건에 대해서 법원은 관련 조항에 대한 자신의 해석기준에 따라 금액을 정하고 이를 넘는 부분에 대해 강행법규위반을 이유로 무효를 선언하고 있다.

2. 강행법규이론의 한계

이러한 유형의 사건에서 법원이 강행법규라 보는 조항은 도박, 사기, 강박 등 사회질서에 반하는가 여부를 쉽게 알 수 있는 단순한 강행법규가 아니다. 오히려 이 조항들은 개별 법령들이 달성하려는 목적과 그를 위해 설계된 복잡한 제도의 일부로서 전체 운영되는 제도들과 유기적인 관련성을 보기 전에는 그 조항의 위반이 무효가 되는지 사전에 예상하기 어렵다. 또 가격관련조항은 그 조항이 소송에서 가격과 관련해 결정적 기준이 될 것이라는 점을 사전에 예측하기 어려운 경우도 있다(특별공급과 생활기본시설 조항). 물론 해석이 복잡하고 어렵다는 이유만으로 그 조항의 강행법규성이 부인되는 것은 아니다. 그러나 가격관련조항이 강행법규라고 인정되어도 다시 그에 따른 금액기준은 개별사건의 정황에 따라 달라질 수 있으며, 심지어는 유사 사건이라도 그에 따른 금액기준이 관할법원마

8) 대법원 2011. 4. 21. 선고 2009다97079 전원합의체 판결.

9) 정비기반시설의 무상양도에 대해서는 의무적으로 무상양도를 할 것인가 여부가 쟁점이었고 무상양도의 범위를 정하는 취지는 조문 어디에도 없다. 특별공급의 가액결정도 공익사업을 위한 토지 등의 취득 및 보상에 관한 법률의 한 구석에 존재하는 생활기본시설의 설치의무 조항을 둘러싼 것으로 다투어지고 있지만, 이 조항도 역시 가액결정을 위한 구체적인 기준을 마련하고 있지 않다.

다 달라지고 또 심급마다 달라질 수 있다. 이러한 경우 가격관련조항이 강행법규라고 선언하는 것만으로는 이 조항에 따라 행위하는 수범자들에게 특별한 예측가능성을 보장하지 못한다.[10)]

건설임대주택의 공급은 길고 복잡한 과정을 거친다. 적용되는 법령도 임대주택법 하나에 그치는 것이 아니고 주택법, 주택공급에 관한 규칙 등 다양한 법령이 종합적으로 작용한다. 임대아파트 가격산정을 위한 두 개념 중 초기에 정해지는 건설원가는 현재 법원에 의해 다양하게 해석될 수 있음이 이미 밝혀졌다. 건설원가는 입주자모집당시 추산된 가격으로 볼 수도 있고, 실제 투입된 가격으로 아파트 건설이후에야 정해지는 가격으로 해석될 수도 있다. 그러나 법원이 이 중 낮은 가격을 정해서 그것이 건설원가에 대한 정당한 해석이고 이를 기초로 계산하여 그 초과부분을 무효라고 선언하는 것은 '강행법규 위반과 무효'법리를 너무 쉽게 그리고 넓게 채택하는 것이 아닌가 하는 우려를 불러온다. 이를 민사소송으로 그리고 부당이득 소송으로 간이하게 처리하는 것이 사법정책상으로 바람직한 것인가에 대한 진지한 고민이 필요한 때이다.

입주자모집공고 당시 모든 임차인에 대해 주택가격이 공고되었으며 이는 건물이 완공되기 훨씬 전의 추정가격이다. 일반 건설사가 공급하는 임대주택인 경우라면 이에 대해 행정청의 승인이 있고 이렇게 승인된 가격을 전제로 다시 5년 후에 분양전환을 하는 절차에서 분양전환 가격이 다시 한 번 행정청의 승인을 받도록 정해져 있다. 주택가격에 대한 행정청의 승인이 두 번 있은 이후에 비로소 임차인과 임대인 사이에 <u>그 가격을 전제로</u> 매매계약이 체결된다. 이런 과정에서 이루어진 행정청의 가격산정과 그 승인은 그 자체로서 공정력이나 이에 준하는 효력을 갖는 것으로 해석될 여지도 있다. 그러나 행정청의 승인에 공정력 정도의 효력을 인정하는 것은 어렵다고 해도 이런 모든 공법상의 해석과 승인과정을 모두 무시한 채 (제소기간의 제한도 없는)민사소송에서 부당이득으로 선언하는 것은 선뜻 받아들이기 어렵다.

행정청의 승인이라는 측면에 국한하면 이러한 논리는 한국토지주택공사가 분양전환한 사건들에 대해서도 역시 마찬가지이다. 한국토지주택공사가 입주자모집공고를 하거나 분양전환을 할 때 승인을 받지 않았다고 해도 민간건설업자와 차이를 보이는 것은 아니다. 한국토지주택공사는 주택법, 택지개발촉진법, 도시 및 주거환경정비법 등에서 행정청에 준해서 규율되므로 행정청의 인허가 등이 대부분 생략되며 스스로 준공하거나 승인하는 것이 일반적이다. 이러한 제도가 합리적인 것인가 또는 합헌적인 것인가는 별론으로 하고 개발사업법제 전반에 한국토지주택공사가 이렇게 규정되어 있기 때문에 임대주택에 대해 입

10) 당사자들이 가격관련조항이 강행법규라는 것을 알게 되었다고 해도, 일정 가격을 넘으면 무효인지를 알 수 있게 되는 것은 당해 분양전환사건에 대해 대법원이 최종적인 결론을 내려주었을 때이다.

주자모집안이나 분양전환 등의 승인이 면제되었다고 해도 행정청에 의해 승인받은 민간건설 임대아파트의 분양전환과 법적 성격에서 차이를 보이는 것은 아니다.

VI. 결론

1. 추정가격인 건축비

임대아파트의 분양전환가격의 구성요소인 주택가격 또는 건설원가는 추정가격이고 사후에 다시 산정되어야 하는 실제 투입된 가격이 아니다. 분양전환시 기준이 되는 건축비는 실제 투입된 건축비라는 대법원의 입장은 옳지 않으며, 입주자모집시 추산해서 공고된 건축비가 분양가산정의 기준이 되어야 한다. 분양아파트에 대한 분양가 상한제도 실제 투입가격이 아니라 추정가격을 통제하는 것을 원칙으로 하고 있다.

2. 단기임대아파트와 수익성

단기임대아파트는 분양전환을 통해 제한적이지만 일정한 수익을 얻을 수 있도록 설계되어 있다. 따라서 그 수익을 가급적 줄이거나 배제하는 것만이 올바른 해석방향인 것은 아니다.

3. 분양전환에서 가격통제의 대상

모든 임대아파트가 분양전환가격의 통제대상이 되는 것은 아니고 공공건설 임대아파트만 통제대상이 되며 이 중에서도 임대기간이 10년이 넘는 것은 감정평가액만으로 분양하므로, 건설원가를 산정할 필요도 없다. 5년 단기 임대아파트의 분양전환에 한정해서 건설원가 관련 조항이 적용되는 것이므로 이 조항은 10년 후 분양전환에 대한 규제와 비교되어야 한다.

4. 가격관련 조항과 강행법규이론

임대아파트의 분양전환 등에서 공법상 가격을 결정하는 데 직간접적으로 관련되는 조항은 제도의 유기적인 구성부분이면서 동시에 매우 불분명한 형태를 띤다. 이러한 조항을 둘러싸고 제기되는 민사소송의 소송물은 임대아파트 공급가격 산정의 위법성이라는 점에서, 제도의 위법성 심사를 본질로 하는 행정소송과 기능상 구별되지 않는다. 또한 이 조항을 다른 조항들과 분리해서 강행법규위반과 무효이론을 적용하는 민사판결은, 법률과 제도가 설계한 전체 취지를 왜곡한다.

公法上 留止請求權 實現의 法治國家的 課題*

김현준**

대법원 2016. 11. 10. 선고 2013다71098 판결

I. 문제의 제기

1. 공법상 유지청구권과 공익론

유지청구(留止請求)란 권리에 대한 침해가 발생하지 않게 하거나, 침해가 이미 발생한 경우 더 이상 침해가 확대되지 않도록 침해행위에 대한 소극적 또는 적극적 조치를 구하는 것이다. 일반적으로 유지청구는 사인 간의 소음피해 등으로 인한 법률관계와 같은 민사관계에서 이루어지고 있지만, 공항에 이·착륙하는 항공기로 인한 소음피해와 같이, 국가 등의 행정주체가 설치·관리하는 공공의 영조물, 즉 강학상 공물(公物)로부터 소음피해를 입고 있는 사인이 행정주체나 행정청에 대하여 소음피해의 방지를 요구하는 경우도 있다. 후자는 공법상 법률관계에서 이루어지는 유지청구이므로 통상적인 민사관계에서 이루어지는 민사상 유지청구와는 구별하여 '공법상 유지청구'라고 파악할 수 있다. 공법상 유지청구는 소음발생원인 공물을 설치·관리하는 국가와의 상린관계를 민법상의 상린관계와 동일하게 보지 않고, 공법적 특수성을 가진 법률관계로 본다는 점에서 민사상 유지청구와는 구분될 것이다.

그런데, 민사상 유지청구와는 달리 '공법상 유지청구(권)'는 흔히 사용되는 용어가 아니고, 이러한 문제점을 지적한 선행연구도 잘 발견할 수 없다. 소송실무에서도, 가령 공항소음사건이나 사격장소음사건에 있어서 국가배상법 제5조를 근거로 하여 손해배상청구만이 문제되지, 소음피해를 방지하기 위한 유지청구가 다투어지는 경우는 잘 볼 수 없다. 그 이유는 여러 가지가 있겠지만, 양자의 구분기준인 '공익'[1]개념을 이해하기 어렵다는 데에도

* 이 글은 2017년 12월 31일 발행된 행정판례연구 제22-2집에 게재된 논문을 전재한 것입니다.

** 영남대학교 법학전문대학원 교수

1) 행정법상 공익개념에 관해서는 최송화, 공익론 - 공법적 탐구 -, 서울대학교 출판부, 2002, 21-64쪽.

크게 기인할 것 같다. 공익개념의 난해성은 독일의 저명한 (법)사회학자 루만(N. Luhmann)이 이를 아이거산(山) 북벽(Eigernordwand) 등반에 비유할[2] 정도가 아니던가!

난공불락처럼 보이는 공익개념 앞에서 그래도 다행스러운 것은 이러한 공익을 이해하기 위하여 의지할 수 있는 선행연구[3]가 있다는 점이다. 아이거 북벽 등반의 어려움을 마다하지 않았을 공익연구는 이론적 탐구에서 그치지 않고, '행정소송법 개정'이라는 또 다른 험산준령 등반으로 이어졌는데,[4] 이론과 실천에 걸친 법치주의 구현을 위한 시도이었음이 틀림없다.

2. 연구의 범위와 목적

대상판례는 항공헬기 소음에 대하여 손해배상청구 및 유지청구를 구한 사건인데, 여기서는 후자에 초점을 맞춘다. 공공의 영조물의 설치·관리의 하자가 문제되는 경우 국가배상법 제5조에 따라 손해배상청구만을 문제 삼았던 종래 판례[5]와는 달리, 대상판례에서는 유지청구까지 함께 판단했다는 점이 특기할 만하다. 그런데, 민사소송으로 제기된 이 사건의 제1심 법원에서 대법원에 이르기까지 이러한 유지청구가 민사법원의 관할인지, 행정법원의 관할인지는 문제삼지 않았다. 그러나 이 쟁점은 '실효성 있고, 빈틈없는 행정소송'(wirksamer und lückenloser Rechtsschutz)의 요청과 직결되는 법치주의 실현이라는 중요한 문제이다. 이러한 문제의식을 바탕으로 본고는 대상판례의 평석을 통하여 공·사법 지경(地境)의 언저리에 있는 법률관계를 행정법 영역으로 확보하고, 이를 행정소송에서 다툴 수 있게 하려는 목적을 가지고 있다.

---

2) Luhmann, Der Staat 1962, 375(Schlacke, Überindividueller Rechtsschutz, Mohr Siebeck, 2008, 9쪽에서 재인용).

3) 최송화, 공익론(2002)은 공익개념을 공법적 문제화의 대상으로 전제한 뒤, 독일, 미국, 영국의 공법상 공익개념에 대한 비교법적 검토를 바탕으로 우리나라 문제상황에서의 공익개념, 입법·사법에서의 공익문제, 나아가 개별공법영역에서의 공익문제까지 다루고 있는 체계적인 공익 연구서이다.

4) 행정소송법 개정시도는 여러 차례 있었지만, 가장 최근의 작업결과로는 법무부의 주도로 2011.11 구성된 행정소송법 개정위원회(위원장: 최송화)의 개정시안이 있다(2012. 5. 24. 법무부 행정소송법 개정 공청회 자료 참조). 동 개정시안은 정부부처 간 협의 등을 거쳐 2013.3.20. 행정소송법 전부개정안으로 제시되었으나, 국회에서 그 입법적 결실을 거두지 못했고, 행정소송법 개정은 동법 개정을 바라는 많은 사람들에게 마치 '아이거 북벽'처럼 인식되어가고 있다.

5) 광주공군비행장 항공기소음사건(대법원 2015. 10. 15. 선고 2013다23914 판결), 대구K2공군기지 항공기소음사건(대법원 2010. 11. 25. 선고 2007다74560 판결), 김포공항 항공기소음사건(대법원 2005. 1. 27. 선고 2003다49566 판결), 매향리사격장사건(대법원 2004. 3. 12. 선고 2002다14242 판결), 웅천사격장사건(대법원 2010. 11. 11. 선고 2008다57975 판결).

II. 대상판결

1. 사안의 개요

피고(대한민국) 소유의 대전 서구 소재 대 2,926㎡ 지상에는 1985. 9. 16. 설치된 충남지방경찰청 항공대가 위치하고 있으며, 위 항공대에는 헬기가 이·착륙하는 헬기장(이하 '이 사건 헬기장'이라고 한다)이 있다.

이 사건 헬기장은 남동쪽 한 면이 대 3,212㎡(이하 '이 사건 토지'라고 한다)에 접하고 있고, 그 반대쪽인 북서쪽 한 면은 자동차정비업소와 접해 있으며, 남서쪽은 2차로 도로에 접해 있고, 그 도로 반대편에는 갑천이 흐르며, 갑천 너머로 넓은 농경지가 있는 반면, 이 사건 헬기장의 북동쪽으로는 명암마을과 도솔산이 있어 그 방면으로는 헬기가 이·착륙을 할 수 없게 되어 있다. 한편 '충남지방경찰청 항공대의 국지비행 절차도'에 기재된 '장주요도'에는, 헬기가 좌선회를 하면서 이 사건 토지의 상공을 거쳐서 이 사건 헬기장에 착륙하고, 이륙 시에는 갑천 방향으로 이륙하도록 주요 항로가 그려져 있다.

충남지방경찰청 항공대는 소형 헬기(7인승) 한 대를 보유하고 있고, 이 사건 헬기장은 응급환자 이송 또는 각종 공공 업무를 위하여 위 헬기뿐만 아니라 다른 경찰청 소속 헬기(15인승, 7인승), 충남·충북소방헬기(14인승) 등의 이·착륙 장소로도 사용되어 왔다. 이 사건 헬기장이 사용된 횟수는 2004년경부터 2008년경까지 충남지방경찰청 소속 헬기가 약 571회, 다른 지방경찰청 및 충남·충북소방헬기가 약 51회(그중 충남소방헬기가 2005. 1. 1.부터 2009. 8. 13.까지 약 27회이다)이고, 이·착륙 당시의 풍향과 지상 및 공중의 장애물을 고려하여 이 사건 토지의 상공을 통과하여 접근하는 방식 또는 갑천 쪽에서 접근하는 방식 등을 선택하여 헬기가 이·착륙하여 왔다.

이 사건 토지는 이 사건 헬기장이 설치되기 전부터 금남교통운수 주식회사의 차고지로 사용되어 왔으며, 이 사건 토지에 있는 건축물(이하 '이 사건 건축물'이라고 한다)은 이 사건 헬기장이 설치되기 약 1년 전인 1984. 7. 10.경부터 위 금남교통운수의 차고지 및 주유소, 정비소로 이용되어 왔다.

원고는 2008. 2. 13. 대전광역시 서구청장에게 이 사건 토지 지상에 10실의 분향소를 갖춘 지상 4층, 지하 1층 건축면적 640.95㎡, 연면적 3,465.91㎡ 규모로 장례식장 건물을 신축하기 위한 건축허가를 신청하였고, 2008. 8. 19. 대전광역시 서구청장으로부터 이 사건 토지에 관하여 장례식장 건축을 목적으로 한 토지거래허가를 받은 다음, 금남교통운수 주식회사로부터 이 사건 토지를 매수하여 2008. 9. 18. 소유권이전등기를 마쳤다.

대전광역시 서구청장은 2008. 10. 31. 원고에게, ① 충남지방경찰청장으로부터 헬기

운항 시 하강풍으로 인하여 장례식장을 이용하는 사람들의 인명 피해 등이 우려되어 건축허가를 제한할 중대한 공익상의 필요가 있다는 의견이 제시되었고, ② 명암마을 주민 107명으로부터 이 사건 토지에 장례식장이 입지할 경우 소음, 악취, 주차난, 교통사고 위험, 지가하락 등으로 주거환경이 저해된다는 이유로 집단민원이 지속적으로 발생되고 있다는 등의 사유로 위 건축을 불허가하는 처분(이하 '건축불허가 처분'이라고 한다)을 하였다.

이에 원고는 2008. 11. 25. 대전광역시 서구청장을 상대로 대전지방법원 2008구합4123호로 건축불허가 처분의 취소를 구하는 소를 제기하였다. 법원은 2009. 9. 30. '이 사건 토지에 장례식장이 입지하게 된다면 이 사건 헬기장에 헬기가 이·착륙하는 경우 발생하는 하강풍으로 인하여 장례식장 이용객들의 인명 피해 우려가 매우 심각할 것으로 판단되고, 이 사건 토지와 민가는 8m 도로를 사이에 두고 있을 뿐이어서 장례식장이 들어설 경우 소음으로 인한 거주환경의 피해가 참을 한도를 넘을 것으로 판단되는 등으로 이 사건 토지에 장례식장의 건축을 제한하여야 할 중대한 공익상 필요가 인정된다'는 이유로 원고의 청구를 기각하는 판결을 선고하였다. 이에 대한 원고의 항소와 상고가 모두 기각되어 그 판결이 그대로 확정되었다.

원고는 2009. 11. 13. 및 같은 달 19일 이 사건 토지에 관하여 소매점, 일반음식점, 사무소 용도로 건축허가(증축) 및 공작물축조 신청을 하였다. 그러나 대전광역시 서구청장은 2009. 12. 1. 원고에게, ① 충남지방경찰청장으로부터 헬기 운항 시 하강풍으로 인하여 장례식장을 이용하는 사람들의 인명 피해 등이 우려되어 건축허가를 제한할 중대한 공익상의 필요가 있다는 의견이 제시되었고, ② 이 사건 토지는 대전광역시장이 명암마을 거주자의 보건·휴양 및 정서생활의 향상을 위하여 국토의 계획 및 이용에 관한 법률 제25조의 규정에 따라 대전 도시관리계획(공원) 결정을 위한 행정절차를 거쳐 2009. 12. 중에 대전 도시관리계획(공원) 결정 및 고시가 예정되어 있는 지역이므로 위 공익사업의 추진을 위하여 건축허가를 제한할 중대한 공익상의 필요가 있다는 이유로 불허가 처분을 하였다. 이에 원고는 2009. 12. 10. 이 사건 토지에 관하여 단독 주택 용도의 건축허가(증축) 신청을 하였는데, 대전광역시 서구청장은 2009. 12. 17. 위와 같은 이유로 다시 불허가 처분을 하였다.

원고는 2010. 4. 7. 대전광역시 서구청장에게 이 사건 건축물을 그대로 둔 채, 이 사건 건축물의 용도를 제2종 근린생활시설(사무소)에서 장례식장으로 변경해 달라는 내용의 허가신청을 하였다. 대전광역시 서구청장은 2010. 4. 13. 충남지방경찰청장으로부터 장례식장을 이용하는 이용객들의 안전을 보호하기 위하여 허가를 제한하여야 할 중대한 공익상의 필요가 있어 부동의한다는 의견이 있다는 등의 이유로 위 건축물용도변경 허가신청을 불허가한다는 내용의 처분(이하 '용도변경 불허가처분'이라고 한다)을 하였다.

이에 원고는 2010. 10. 11. 대전광역시 서구청장을 상대로 대전지방법원 2010구합

4089호로 용도변경 불허가처분의 취소를 구하는 소를 제기하였다. 법원은 2011. 8. 10. '헬기의 하강풍으로 인하여 장례식장에 왕래하는 사람들이나 물건들에 심각한 피해를 입힐 우려가 큰 것으로 보이고, 이는 이 사건 건축물의 용도를 장례식장으로 변경하는 것을 거부할 중대한 공익상의 필요가 있는 경우에 해당된다'는 등의 이유로 원고의 청구를 기각하는 판결을 선고하였다. 이에 대한 원고의 항소와 상고가 모두 기각되어 위 판결이 그대로 확정되었다.

원고는 이 사건 헬기장에 헬기가 이 · 착륙함에 있어서 이 사건 토지의 상공을 통과함에 따른 안전문제로 말미암아 이 사건 토지 지상에 건축물의 신축, 증축, 용도변경이 불허가 되는 등 이 사건 토지의 이용에 심각한 제한이 있다는 이유로, 소유권에 기한 방해배제청구권에 근거하여 피고가 이 사건 헬기장에 헬기가 이 · 착륙함에 있어 이 사건 토지의 상공을 통과하는 것의 금지를 구하며, 또한 피고는 이 사건 헬기장을 설치·관리함에 있어서 이 사건 토지에 손해를 주지 않는 방법을 선택하거나 원고에게 정당한 보상을 하였어야 함에도 불구하고 이를 위반하여 이 사건 토지의 이용에 제한을 가하였으므로 그로 인한 손해배상을 구하는 소를 제기하였다.

2. 판결 중 '상공 통과 금지 청구'에 대한 판단

(1) 대전지방법원 2012. 8. 16. 선고 2010가합7823 판결

피고가 설치한 이 사건 헬기장에 이 · 착륙하는 헬기가 바람의 영향으로 이 사건 토지 방향으로 이 · 착륙하는 경우에는 이 사건 토지의 소유권이 미치는 이 사건 토지의 상부를 통과하게 되지만, 한편 이 사건 헬기장의 남동쪽 한 면(좌측)이 이 사건 토지와 접해 있고, 그 반대쪽인 북서쪽 한 면(우측)은 ㅇㅇ자동차공업사와 접해 있으며, 이 사건 헬기장의 남서쪽 한 면(앞쪽)은 2차로 도로에 접해 있고, 그 도로 반대편에는 갑천이 흐르며, 갑천 너머로 넓은 농경지가 있는 반면, 이 사건 헬기장의 북동쪽으로는 명암마을과 도솔산이 있어 그 방면으로는 헬기가 이·착륙을 할 수 없게 되어 있는 사실, '충남지방경찰청 항공대의 국지비행 절차도'에 기재된 '장주 요도'에 따르면 헬기가 좌선회를 하면서 이 사건 토지를 거쳐 이 사건 헬기장에 착륙하고, 이륙시에는 갑천 방향으로 이륙하도록 주요 항로가 그려져 있는 사실, 충남지방경찰청 항공대는 소형 헬기(7인승) 한 대를 보유하고 있고, 이 사건 헬기장은 응급환자 이송 또는 각종 도정 업무를 위하여 위 헬기뿐만 아니라 타 경찰청 소속 헬기(15인승, 7인승), 충남 · 충북소방헬기(14인승) 등의 이 · 착륙 장소로도 사용되어 왔는데, 2005. 1. 1.부터 2009. 8. 13.까지 이 사건 헬기장이 사용된 횟수는 약 27회이고, 이 · 착륙 당시의 풍향과 지상 및 공중의 장애물을 고려하여 이 사건 토지를 통과하여 접근하는 방식 또는 갑천 쪽에서 접근하는 방식 등을 선택하여 헬기가 이·착륙하여 온 사실, 이 사건 헬기장의 설치에 있어서 관계법령의 위반이 있다고 보기는 어려운 사실 등이 인정되는바, 위 인정사실에 나타난 헬기의 이·착륙 횟수, 이 사건 헬기장을 둘러싼 지형과 지상물의 배치로 인하여 헬기의 이·착륙 당시의 풍향에 따라서 헬기가 이 사건 토지를 통과하는 것이 불가피한 경우가 있는 점, 이 사건 헬기장의 운영을 위한 이 사건 토지의 사용에 관하여 민법상 주위토지통행권이 (유추)적용될 수도 있는 것으로 보이는 점, 이 사건 토지에 관한 이용상의 문제는 헬기의 통과 자체로 인한 것이 아니라 그로 인한 건축허가상의 제한 등으로 인한 것인 점 등에 비추어 보면, 이 사건 헬기장에 헬기가 이·착륙하면서 이 사건 토지의 상공을 통과함으로써 발생하는 방해는 원고의 수인한도 내에 있다고 할 것이므로, 아래에서 보는 바와 같이 원고가 피고에 대하여 이 사건 헬기장의 설치, 운영으로 인한 손해의 배상을 구함은 별론으로 하고, 원고가 피고에 대하여 이 사건 헬기장에서 헬기를 운행함에 있어서 이 사건 토지의 상공을 통과하지 말 것을 청구하는 부분은 받아들이기 어렵다.

(2) 대전고등법원 2013. 8. 27. 선고 2012나4891 판결

피고가 이 사건 토지의 상공 중 헬기의 이·착륙 항로로 사용되는 부분을 사용할 권원이 있다는 점에 관한 주장·증명이 없는 한, 원고는 이 사건 토지의 소유권에 터잡아 피고가 위 부분을 헬기의 이·착륙 항로로 사용하는 행위의 금지를 구할 수 있고, 이는 설령 이 사건 헬기장의 설치에 있어서 관계 법령의 위반이 있다고 볼 수 없다거나 이 사건 헬기장에 헬기가 이·착륙함에 있어서 이 사건 토지의 상공을 통과하는 것이 불가피하며, 이 사건 헬기장이 공익적 목적으로 사용되고 있다는 사정만으로 달리 볼 수 없다(피고로서는 이 사건 토지의 상공 부분을 이용하는 것이 불가피하고 또한 공익상 필요가 있다면 관련 법령에 따른 수용이나 협의취득 등의 절차를 통하여 이 사건 토지 또는 이 사건 토지의 상공 부분의 사용권을 취득함으로써 그 사용권원을 적법하게 확보하는 것이 원칙일 것이다).

(3) 대법원 2016. 11. 10. 선고 2013다71098 판결

원심 판시와 같은 사정만으로는 이 사건 헬기장에 이·착륙하는 헬기가 이 사건 토지의 상공을 비행하여 통과함으로써 원고의 이 사건 토지 상공에 대한 정당한 이익이 '참을 한도'를 넘어 침해되어 원고가 피고를 상대로 그 금지를 청구할 수 있다고 단정하기 어렵다.

따라서 원심으로서는 앞서 본 법리에 따라 위에서 본 사정들뿐만 아니라 헬기가 이 사건 토지를 통과할 때의 비행고도 및 비행빈도 등 비행의 태양, 이 사건 헬기장의 사회적 기능, 이 사건 토지 상공을 통한 비행이 금지될 경우 이 사건 헬기장의 운영에 초래되는

영향, 이 사건 헬기장의 운영으로 원고가 받는 실질적 피해와 권리행사 제한의 구체적 내용, 이 사건 토지의 이용 현황 및 활용 가능한 대안 등 다른 관련 사정을 좀 더 충실하게 심리한 다음, 이 사건 헬기장에서 헬기가 이·착륙할 때 이 사건 토지 상공을 통과하는 것이 금지될 경우 소송당사자뿐 아니라 지역 주민 등 일반 국민이 받게 될 이익과 불이익을 비교·형량하고, 공공업무 수행에 초래되는 지장의 내용과 대체 방안의 존부 등을 함께 고려하여 헬기가 이 사건 토지 상공을 통과하는 것의 금지를 청구할 수 있는지를 판단하였어야 한다.

그럼에도 원심은 위와 같은 점을 충분히 살피지 아니한 채 곧바로 원고가 피고를 상대로 이 사건 토지의 소유권에 터 잡아 헬기가 이 사건 토지 상공을 통과하는 것의 금지를 구할 수 있다고 판단하였다. 이러한 원심의 판단에는 토지 상공의 비행으로 인한 토지소유자의 정당한 이익 침해에서 참을 한도 및 방해의 제거 및 예방 등 방지청구권에 관한 법리를 오해하여 필요한 심리를 다하지 아니함으로써 판결에 영향을 미친 잘못이 있다. 이를 지적하는 취지의 상고이유 주장은 이유 있다.

Ⅲ. 실효성 있고 빈틈없는 행정소송의 헌법적 요청

1. 행정소송의 사각지대

우리나라 행정소송론에 있어서 '실효성 있고 빈틈없는 행정소송제도의 실현'보다 더 중요한 과제가 또 있을까. 행정소송의 원고적격론이 권리침해 및 위법한 행정작용에 대비한 '대문' 설치 정도의 것이라면, 빈틈없는 행정소송의 정비문제는 뚫린 '담벼락'에 비유할 수 있지 않을까. 독일, 프랑스 등에서 수입한 '대문' 중 어느 것이 더 외풍을 촘촘히 막아줄까를 고민하는 것도 중요하지만, 방한 · 방풍의 의미를 아예 무색하게 만드는 담벼락의 휑한 구멍을 보수하는 것은 그 이상의 시급한 문제가 아닐까.

이러한 담벼락 구멍의 예로서 의무이행소송과 예방적 금지소송, 그리고 이와 맞물리는 가구제제도의 흠결을 들 수 있지만, 그게 전부가 아니다. '처분'이 존재하지 않는 공법상 법률관계에서 다툼이 있는 경우에 확인소송, 일반적 이행소송, 예방적 금지소송 등이 이용될 수 있어야 하는데, 그렇지 못한 것이 우리 행정소송의 현실이다. 이는 입법론만이 아니라 해석론의 문제이기도 하다.

본격적인 논의에 앞서 '헌법적 요청'을 언급하는 이유는 '실효성있고 빈틈없는 행정소송'이라는 쟁점을 대상판례에서도 찾아볼 수 있고, 이는 결국 근본적으로 재판받을 권리를 포함한 법치국가원리에 귀착되는 문제이기 때문이다.

2. 실효성있고, 빈틈없는 행정소송의 과제

독일 기본법 제19조 제4항을 근거로 인정되는 실효성있고, 빈틈없는 행정소송의 요청이 이와 같은 조항이 없는 우리 헌법 하에서도 인정될 수 있을지가 문제될 수 있지만, 독일 기본법 제19조 제4항의 '사법심사의 보장'(Rechtsweggarantie) 역시 법치국가원리의 한 부분으로 이해할 수 있다.[6] 또한, 일반적 재판청구권은 공권력작용에 대한 사법심사를 받을 권리까지도 포함한다고 보아야 하므로, 헌법 제27조의 재판청구권에서도 이러한 행정소송 보장까지 포함한다고 해석해야 할 것이다. 이러한 헌법상 요청에 부응하려면, 감추어진 열기주의(verstecktes Enumerationsprinzip)[7]와 같은 이용이 제한된 행정소송이 아니라, 권리보호에 있어서 사각지대가 없는 행정소송이어야 한다.

행정소송이 헌법상 법치국가원리와 재판청구권 보장에 부합하기 위해서는 무엇보다 '소송으로의 접근성'(access to justice)과 '효율적 구제(effective remedies)'라는 2개의 요청이 충족되어야 한다.[8] '소송으로의 접근성', 다른 말로 '사법(司法)접근성'은 주로 원고적격과 관련하여 논의되곤 하지만, 실체적 권리가 있으면 이를 실현할 수 있는 행정소송수단이 보장되어야 한다는, 즉 권리구제의 사각지대가 없어야 한다는 점은 우리나라 현실에서 더 중요한 의미를 가질 것이다.

3. 공법상 유지청구권과 민사소송?

대상판례에서 대법원은 민사소송으로 제기된 이 소를 아무런 의문도 제기하지 않고 받아들여 본안심사를 하였다. 원심(대전고등법원)에서는 소유권에 기한 유지청구권(방지청구권)을 인정했지만, 대상판결은 '참을 한도' 판단에서 참을 한도를 넘어선 것이 아니라고 보고 원심을 파기·환송한 것이다. 이 점에서 대상판례는 후술하는(IV) 일본의 오사카국제공항 항공기소음판례나 아츠키기지 항공기소음사건(제1차~제3차)의 판례에서 이와 유사한 사안을 민사소송에서 다룰 수 없다고 본 것과 다르다. 대상판례에서도 법원의 관할문제와 관련된 피고의 반대항변이 있어 이 점이 판단되었거나, 법원이 직권으로 이 점을 판단했으면 더 좋았을 것이라는 아쉬움이 남는 부분이다.

대상판례에서 원고가 유지청구권을 주장하는 근거는 소유권에 기한 방해제거청구권, 즉 물권적 청구권이었다. 이는 통상적인 민사상 유지청구권에 있어서 종래 법원이 일관되게 유지해 온 입장이기도 하다.[9] 즉 환경권이나 인격권에 기한 유지청구권은 일체 인정하

---

6) 이에 대해서는 특히 Schmidt-Aßmann, "Art. 19 IV GG als Teil des Rechtsstaatsprinzips", NVwZ 1983, 1 ff.

7) 이에 대해서는 Bickenbach, Das Bescheidungsurteil als Ergebnis einer Verpflichtungsklage, 2006, S. 38 참조.

8) 이 점을 강조하는 Schmidt-Aßmann, Verwaltungsrechtliche Dogmatik, 2013, S. 94.

9) 대법원 2007.6.15. 선고 2004다37904,37911 판결; 대법원 1997. 7. 22. 선고 96다56153 판결 등.

지 않았음이 그간 판례의 입장이었고,[10] 또한 인근 건축물의 소유권자인 이 사건 원고의 입장에서는 굳이 다른 권리를 원용할 필요성도 없었을 것이다. 그러나, 공항소음과 같이 다수의 피해자가 발생하는 사안의 경우 피해자 중에서는 그 소음피해지역에서의 소유권 등 물권을 가지고 있지 않는 자도 있기 때문에, 물권적 청구권에 근거해서만 유지청구권을 인정하는 것은 문제가 없지 아니하다. 이는 민사상 유지청구권에서도 지적되는 문제점이지만,[11] 국가나 지방자치단체를 상대로 유지청구를 구하는 공법상 법률관계에서도 마찬가지 문제가 아닐 수 없다.

나아가, 이 사안이 민사법원의 관할이 될 수 없는 행정사건이라고 볼 경우 우선 항고소송의 대상이 되는 '처분'이 존재하는지, 존재하지 않는다면 이를 당사자소송으로 다툴 수 있는지도 밝힐 필요가 있다.

Ⅳ. 일본 및 독일 판례와의 비교

1. 일본 – 아츠키기지 소음소송을 중심으로[12]

(1) 아츠키기지 제1차소송~제3차소송

가나가와(神奈川)현의 아츠키(厚木)기지 인근주민들(원고)은 이 기지에 이·착륙하는 자위대항공기 및 미군항공기의 소음에 의한 신체적·정신적 손해를 이유로 하는 '손해배상'과 항공기소음으로 인한 피해가 발생하지 않도록 소음발생행위의 '금지'(유지)를 구하는 소를 제기했는데, 제1차에서 제3차에 걸친 소송의 결론만 보면 다음과 같다.

제1차 아츠키소송 최고재판소판결[13]은 1995. 12. 26. 민사상 청구로서 자위대기의 이·착륙등의 금지를 구하는 소에 대하여 이러한 청구는 필연적으로 방위청장관에게 위임된 자위대기의 운항에 관한 권한 행사의 취소·변경 내지 그 발동을 구하는 청구를 포함하게

10) 다만, 토지소유권과 함께 환경권을 굴진공사의 중지와 금지를 청구할 권리의 근거로 보는 판례로는 대법원 2008.9.25. 선고 2006다49284 판결.

11) 김홍균, 환경법, 2017, 1022쪽.

12) 아츠키기지소송 이전에 일본에서 공항소음으로 인한 공법상 유지청구의 문제와 관련된 것으로 일찍이 일본의 유명한 환경사건인 오사카(大阪) 국제공항사건에 관한 최고재판소 판례(1981年12月16日民集35巻10号1368頁)가 있다. 이 사건은 1959년 국제공항으로 개설된 이후, 대형제트기가 빈번히 이·착륙하게 되면서 발생하는 소음피해에 대하여 1969년 인근주민들이 공항설치자인 국가를 피고로 하여 일정한 시간(오후 9시~익일 오전 7시) 공항사용을 금지하고, 손해배상을 민사소송으로 제기했던 것인데, 이에 대하여 최고재판소는 이·착륙을 위한 공항사용행위는 공권력의 행사와 일체(一體)이기 때문에 민사상 유지(民事差止)는 허용되지 않는다고 하여 소를 각하했다. 이에 대한 상세는 古城誠, "大阪国際空港事件 – 空港公害と差止請求", 淡路剛久·大塚直·北村喜宣(編), 環境法判例百選, 有斐閣, 84–85頁).

13) 最一小判平5.2.25民集47卷2号643頁.

되므로, 행정소송으로서 요건을 갖추어 어떠한 청구를 할 수 있는가는 별론으로 하더라도 (민사상 소로서는) 부적법하다고 판시했다.

제2차 아츠키소송의 확정판결인 東京高等裁判所 판결[14]은 1999. 7. 23. 미군기 비행 유지청구에 대해서는 각하하고, 자위대기 비행 유지청구에 대해서는 기각했다.

제3차 아츠키소송에서는 손해배상만을 구하고 유지청구를 구하지 않았다.

(2) 아츠키기지 제4차소송[15]

1) 사안의 개요

해상자위대 및 미해군이 사용하는 아츠키해군비행장의 인근에 거주하는 원고들이 자위대 및 미군이 사용하는 항공기가 발생시키는 소음에 의해 정신적·신체적 피해를 입고 있다고 주장하며, 국가를 상대방으로 하여 행정사건소송법에 근거하여, 주위적으로는 아츠키기지에 있어서 매일 오후 8시부터 오전 8시까지의 사이에 운항 등의 금지를 항고소송으로, 예비적으로는 이러한 운항에 의해 일정한 소음을 원고들의 거주지에 도달시키지 않는 것 등을 당사자소송으로 구했던 사안이다.

2) 심리의 경과

가. 제1심

제1심은 자위대기 운항금지청구에 관한 소에 대하여, 법정항고소송으로서의 금지의 소(행소법 제3조7항, 제37조의4)와는 친하지 않지만, 무명항고소송으로서 적법하다고 본 뒤, 상기 청구에 관하여, 방위대신은 본 건 비행장에 있어서 매일 오후 10시부터 오전 6시까지 부득이하다고 인정되는 경우를 제외하고는, 자위대기를 운항시켜서는 안 된다는 일부 인용판결을 했다(예비적 청구에 관한 소에 대해서는 모두 부적법한 것으로 각하함).

또한, 미군기 운항금지청구에 관한 소에 대해서는 본 건 비행장의 사용허가라는 존재하지 않는 행정처분의 금지를 구하는 것으로서 부적법하여 각하를 면치 못한다고 하고, 예비적 청구에 대해서는 이를 기각 또는 소를 각하했다.

나. 원심

제2심은 자위대기 운항금지청구에 관한 소에 대해서 법정항고소송으로서의 예방적 금지(差止)의 소의 소송요건인 '중대한 손해를 발생시킬 우려'가 있다고 인정한 후, 상기 청구에 관하여 방위대신은 2016년 12월 31일까지, 부득이한 사유에 따른 경우를 제외하고,

---

14) 東京高裁昭61.4.9五七(ネ)2768号·3032号.

15) 2016. 12. 8. 제4차 아츠키기지소송의 최고재판소 판결이 내려진 이후에도, 미해군과 해상자위대가 공동 사용하는 아츠키기지(神奈川현 大和, 綾瀬両市)의 항공기소음피해에 대하여 인근 주민 6,063명은 2018. 8. 4. 국가에 대하여 총액 86억엔 여의 손해배상과 야간·조조의 비행금지를 구하는 제5차 아츠키기지소음소송을 요코하마(横浜) 지방법원에 제기했다(毎日新聞, 2017. 8. 4).

본 건 비행장에서 매일 오후 10시부터 오전 6시까지 자위대기를 운항시켜서는 안 된다는 일부인용의 판결을 했다(예비적 청구에 관한 소에 대해서는 모두 부적법한 것으로 각하함).

또한, 미군기에 관한 각 청구에 대해서는 제1심과 거의 같은 취지로 판시했다.

3) 최고재판소 판결(2016.12.8. 선고)[16)]

최고재판소는 다음과 같은 이유를 들어 일본 행소법상의 예방적 금지소송(差止訴訟)의 대상으로 보아, 행정소송에서 유지청구를 판단했다.

“원고는 본건 비행장에 이 · 착륙하는 항공기가 일으키는 소음으로 수면장해, 청취방해 및 정신적 작업의 방해, 불쾌감, 건강피해의 불안 등을 비롯하여 정신적 고통을 반복·계속적으로 받고 있고, 그 정도는 경시하기 어렵다. 이러한 소음은 본건 비행장에서 내외의 정세 등에 따라 배치되어 운항되는 항공기의 이 · 착륙이 행해지는 정도에 따라 발생하고, 이를 반복계속적으로 받게 됨으로써 축적되어 갈 우려도 있기 때문에 이러한 피해는 사후적으로 그 위법성을 다투는 취소소송 등에 의해 구제될 수 없는 성질을 가지고 있다. 이러한 손해는 처분이 행해진 후에 취소소송 등을 제기하는 것 등으로는 용이하게 구제를 받을 수 있는 것이 아니고, 행정사건소송법 제37조의4 제1항[17)]의 ‘중대한 손해를 발생시킬 우려가 있다고 인정된다.”

그러나, 최고재판소는 본안심사에서는 방위대신의 고도의 정책적·전문기술적인 광범위한 재량을 전제로 하여 자위대기 운항의 고도의 공공성, 공익성, 운항의 자주(自主)규제의 실태, 총 1조 440억엔을 넘는 주택방음공사 등의 주변대책사업의 실시를 인정함으로써, 행소법 제37조의4 제5항[18)]의 재량권의 일탈 · 남용을 부정하였다.[19)]

(3) 대상판례와 일본판례의 비교

일찍이 공용관련하자로 인한 유지청구를 민사소송으로 제기할 수 없다는 오사카국제공항 소음사건의 판례가 있었다. 아츠키기지 소음소송에서도 원고는 제1차에서 제3차에

16) 最高裁判所第一小法廷2016 · 12 · 8判決, 平成27年(行ヒ)第512号, 平成27年(行ヒ)第513号.

17) 일본 행정사건소송법 제37조의4 제1항: 差止訴訟는 일정한 처분 또는 재결이 행해짐으로써 중대한 손해가 발생할 우려가 있는 경우에 한하여 제기할 수 있다. 다만, 그 손해를 피할 다른 적당한 방법이 있는 때에는 그러하지 아니하다.

18) 일본 행정사건소송법 제37조의4 제5항: 差止訴訟이 제1항 및 제3항에 규정되어 있는 요건에 해당하는 경우에 있어서, 그 差止訴訟에 관련되는 처분 또는 재결에 관하여, 행정청이 그 처분이나 재결을 하여서는 아니 된다는 것이 당해 처분이나 재결의 근거가 되는 법령의 규정으로부터 명백하다고 인정되거나, 또는 행정청이 그 처분이나 재결을 하는 것이 재량권의 범위를 유월하거나 그 남용으로 인정되는 때에는, 재판소는 행정청이 그 처분 또는 재결을 해서는 아니 된다는 취지를 명하는 판결을 한다.

19) 제4차 아츠키소송 최고재판결에 대해서는 神橋 一彦, “自衛隊機飛行差止めと行政訴訟 : 第4次厚木基地訴訟上告審判決 [最高裁第一小法廷平成28.12.8]”, 法学教室 (438), 2017/03, 135; 人見 剛, “自衛隊機運航処分差止請求を否定した事例 : 第4次厚木基地訴訟最高裁判決 [第一小法廷平成28.12.8]”, 法学セミナー 62(3), 2017/3, 117.

걸친 민사소송의 형태로 유지청구를 구했지만, 일본 법원은 이는 민사소송으로 다툴 수 없는 행정사건으로 보았다. 이에 원고는 제4차 아츠키기지소송에서는 민사소송으로서의 유지청구소송과 함께 행정소송으로서의 유지청구소송을 제기하였던 것이다. 제4차 아츠키기지 소음소송의 원고는 이러한 유지청구권의 근거로서 민사소송으로는 인격권을, 행정소송으로는 예방적 금지소송에 관한 일본 행정사건소송법 제37조의4를 근거로 삼았다.

대상판례의 사안은 헬기장 바로 옆의 개인의 재산권이 문제되었던 것이긴 하지만, 항공기소음이 다수인에게 미칠 수 있어, 다수의 인근주민들도 원고가 될 수 있는 경우이다. 이렇게 볼 때, 일본의 공항기지소음사건의 경우와 본질적으로 다르지 않은 사안이라 할 것이다. 그런데도, 아무런 의문의 제기도 없이 민사법원의 관할로 유지청구사건을 다룬 점은 재검토해야 할 문제라고 생각된다. 최소한 이러한 사안이 행정사건인지, 민사사건인지에 대하여 판단을 했어야 했다.

2. 독일

(1) 행정입법에 대한 행정소송: 확인소송

독일에서의 항공기 소음문제에 관한 소송은 일본이나 우리나라에서와는 다른 양상의 행정소송문제로 나타난다. 항공기의 항로(Flugroute)에 대한 결정이 행정입법(법규명령)으로 정해지기 때문에, 소음을 발생시키는 항공기로써 항로를 이용할 권리가 없다는 확인소송을 행정소송 형태로 제기할 수 있는지가 쟁점이 되고 있다.[20] 독일에서 법규명령을 다투는 행정소송으로서 행정법원법 제47조의 규범통제절차[21]가 마련되어 있지만, 이러한 규범통제절차는 연방의 법규명령에 대해서는 적용되지 않는 등 행정입법에 대한 사법심사로서 한계가 있다. 따라서, 행정입법에 대한 행정소송으로서 부수적 규범통제, 확인소송, 일반적 이행소송 등과 같은 다양한 소송수단이 강구되고 있는 것이 독일의 상황이다.[22]

---

20) 이러한 논의에 대해서는 Ziekow, "Zulässigkeit der Klage eines Bundeslandes gegen die Festlegung von Flugrouten", in: Festschrift für W.-R. Schenke, 2011, S. 1325 ff.; Rubel, "Rechtsschutz gegen Flugrouten", DVBl 2015, 526 ff.

21) 독일 행정법원법 제47조 (1) 고등행정법원은 그 재판권의 틀에서 다음 각 호의 사항의 유효성에 관하여 신청에 따라 판단한다.
1. 건설법전의 규정에 따라 제정된 조례와 건설법전 제246조 제2항에 근거한 법규명령
2. 기타 州법의 하위에 있는 법규정으로서 州법이 이를 규정하고 있는 경우
(2) 법규정이나 그 적용을 통하여 자신의 권리가 침해되었거나 가까운 장래에 침해될 것이라고 주장하는 모든 자연인 또는 법인, 그리고 모든 행정청은 법규정의 공포 후 1년 이내에 규범통제절차를 제기할 수 있다. 규범통제절차는 법규정을 제정한 단체, 영조물 또는 재단을 상대로 제기되어야 한다. 고등행정법원은 법규정에 따라 관할권에 영향을 받은 주와 기타 공법상 법인에게 일정 기간 내에 의견진술의 기회를 부여할 수 있다. 제65조 제1항, 제4항, 제66조는 준용된다.

22) Schenke, "Altes und Neues zum Rechtsschutz gegen untergesetzliche Normen", NVwZ 2016, 720; Rubel,

항로결정 역시 '연방'의 행정입법에 의해 정해지므로 행정법원법 제47조가 적용되지 않는다. 그럼에도 불구하고 포괄적인 권리보호의 요청인 기본법 제19조 제4항에 부응하기 위한 행정소송 수단이 강구되고 있는데, 소송실무상 주로 이용되고 있는 행정소송유형은 (항로결정에 관한) 행정입법 제정권의 부존재 확인을 구하는 소송이다.[23] 이는 항로를 정하는 규범을 통하여, 원고에게 부여된 권리가 침해되었음의 확인을 구하는 소송이다. 다만, 이러한 확인소송을 인정할 경우 일정한 제한 하에서 규범통제절차를 하도록 한 행정법원법 제47조의 입법취지에 맞지 않는 것은 아닌가라는 이유에서 이러한 다툼을 행정분쟁이 아닌 헌법분쟁으로 보고 헌법소원의 방법을 이용해야 한다는 주장도 유력하게 제기되고 있다.[24]

(2) 단순고권 행정작용에 대한 예방적 금지소송

이와 같이 독일에서 항공기소음에 대한 유지청구의 문제는 행정입법에 대한 사법심사의 문제로 귀착되며, 이는 주로 행정입법에 대한 확인소송이 행정법원법 제47조의 규범통제절차가 있음에도 불구하고 허용될 수 있는지의 문제로 나타난다. 이러한 상황은 항로결정이 반드시 법규명령으로 결정되는 것은 아닌 우리의 경우와는 맞지 않는 부분이라 할 수 있다.

이 점을 종합적으로 고려할 때, 공항소음과 관련하여 독일법에서 우리가 주목할 만한 소송유형은 공공시설로부터 발생하는 소음에 대한 유지청구권을 실현하는 예방적 금지소송(Unterlassungsklage)이라고 생각된다. 독일에서는 공법상 유지청구권이 소송으로 실현되는 경우로서 행정행위의 금지를 구하는 행정소송만이 아니라 단순고권작용의 금지를 구하는 행정소송도 인정되고 있다. 가령, 소방싸이렌으로 인한 소음,[25] 공법상 시설의 종소리로 인한 소음,[26] 학교소음,[27] 공공스포츠시설이나 공공 그릴(Grill)시설로부터의 소음[28]에 대한 유지청구소송인 예방적 금지소송이 법원에서 허용되고 있다. 이와 같은 사안들에 대하여 독일 법원이 행정소송으로 다툴 수 있도록 한 것은 공공시설로부터 발생하는 소음의 금지를 구하는 사인의 권리를 공권으로 보았고, 이러한 법률관계를 행정법관계로 보았다는 데에 근본적으로 기인한다. 즉, 행정법원법 제40조 제1항 제1문("연방법률이 명시적으로 그 분쟁을 다른

"Rechtsschutz gegen Flugrouten", DVBl 2015, 526 참조.

23) BVerwG, NJW 2000, 3584; BVerwG, NVwZ 2004, 473; BVerfG, NVwZ 2006, 922 (923); Fellenberg/Karpenstein, NVwZ 2006, 1133; Ziekow in Sodan/Ziekow, Kommentar zum VwGO, § 47 Rn. 24.

24) Schenke, "Altes und Neues zum Rechtsschutz gegen untergesetzliche Normen", NVwZ 2016, 720 (724).

25) BVerwGE 68, 62; BVerwG, NJW 1988, 2396.

26) BVerwG, NJW 1992, 2779.

27) OVG Koblenz, NVwZ 1990, 279.

28) BVerfG, NJW 1997, 2501.

법원의 관할로 한 경우를 제외하고는, 헌법쟁송을 제외한 모든 공법상 분쟁에 대해서는 행정소송을 제기할 수 있다.")에 따른 공법상 분쟁(öffentlich-rechtliche Streitigkeiten nichtverfassungsrechtlicher Art)으로 파악한 것이다. 요컨대, 사인이 발생시키는 소음에 대한 유지청구는 민사소송으로 제기해야 하지만, 공공시설로부터 발생하는 소음에 대한 유지청구는 행정소송으로 제기해야 한다고 보는 것이 독일 판례의 입장이라고 할 수 있다.

(3) 대상판례와 독일 판례의 비교

항공기소음에 대한 유지청구의 다툼이 행정입법에 대한 행정소송문제로 나타나는 것은 독일에서 항로를 행정입법에서 결정하기 때문이다. 이에 관한 독일 판례는 행정입법에 대한 행정소송이라는 별도의 측면에서 우리에게 시사하는 바가 적지 않지만, 본고의 주제인 공법상 유지청구권을 실현하는 소송유형문제는 아니다. 대상판례와의 법비교 차원에서 관심을 가지고 보아야 할 부분은 오히려 단순고권작용의 금지를 구하는 행정소송이 인정되고 있다는 점이다. 굳이 우리나라 식으로 표현하자면, 예방적 금지소송은 항고소송의 유형만이 아니라, 당사자소송 유형으로서도 이용된다는 것이다. 후자의 소송유형은 앞으로 대상판결의 사안과 같은 공법상 유지청구권의 실현을 위한 행정소송유형으로서 검토해야 한다고 생각된다.

따라서, 독일에서의 항로를 정한 행정입법에 대한 행정판례는 우리의 항공기소음 유지청구의 사안과 비교검토하기에 적절하지 않은 면이 있지만, 행정행위가 아닌 행정작용에 대한 예방적 금지소송을 인정하는 독일의 행정판례는 우리에게 시사하는 바가 크다고 할 것이다. 이와 비교하여, 최소한 공법관계인지, 사법관계인지에 대해서 별다른 의문을 제기하지 않고 민사소송으로 받아들인 대상판례는 재검토가 필요하다고 볼 수밖에 없다.

V. 공법상(행정법상) 유지청구권을 실현하는 소송

1. 민법상 유지청구권과 행정법상 유지청구권의 구별

'유지청구권'은 대법원[29]에서 사용했던 용어이긴 하지만, 대상판례에서와 같이 최근 들어 대법원은 '방지청구권'이라는 비교적 알기 쉬운 용어로서 대신하고 있는 점도 간과할 수 없다.[30] 이러한 경향이 계속된다면 앞으로 판례에서 '유지청구권'이라는 용어를 볼 수

29) 대법원 2007. 6. 15. 선고 2004다37904,37911 판결.

30) 가령 대법원 2015. 9. 24. 선고 2011다91784 판결; 2015. 10. 15. 선고 2013다89433,89440,89457 판결. 이러

없을 것이라는 전망도 해 보게 된다. 따라서 새로운 흐름에 따라 '유지청구권'이 아니라, 공법상 '방지청구권'이라는 용어를 사용하는 것도 의미가 있겠지만, 이미 민사법학의 주제로서 '유지청구권'에 대한 연구는 상당부분 이루어져 있고, 공법상 유지청구권을 밝히기 위해서는 이러한 민사상 유지청구권과 비교하지 않을 수 없는데,[31] 그 비교검토의 용이성을 고려하여 여기서는 '유지청구권'이라는 표현을 쓰기로 한다.

민법상 유지청구권과 행정법상 유지청구권의 구별은 공·사법의 구별이라는 근본적인 문제로 거슬러 올라갈 것이다. 법률관계설, 주체설, 이익설 등이 양자의 구별기준으로 논의되고 있지만, 공공시설로부터 발생하는 생활방해(임밋시온)로부터의 방어문제는 사인간의 상린관계문제와 마찬가지로 사법적 규율이 가능하다는 주장도 있을 수 있다. 그러나 소음과 같은 생활방해가 생존배려(Daseinsvorsorge)의 차원에서 이루어지는 공공목적을 달성하기 위한 과정에서 또는 이와 직접적인 기능성 관련성이 있는 경우에서 나타나고 있다는 점을 간과할 수 없다.[32] 따라서, 이는 통상적인 사인간의 상린관계와는 달리 파악하여야 하며, 이때의 유지청구권은 '상린관계에서의 국가'(Staat als Nachbar)에 대한 것이 아니라 공적 생존배려조치에 대한 유지청구권으로 보아야 한다. 그리고 이는 공법상 분쟁으로서 그것이 헌법적 분쟁이 아닌 한 행정소송으로 제기해야 타당할 것이다.[33] 공행정주체가 제3자에게 그 이용을 허용하는 데 그치는 경우라면 이러한 제3자에 대한 개입을 요구할 수 있는 청구권이 발생한다고 할 수 있고, 이는 마찬가지로 공법적 분쟁이 되겠지만, 직접 제3자인 사인에게 유지청구권을 행사할 경우 그것은 민사문제가 될 것이다.[34] 이상과 같은 해석론은 독일 행정법원법의 '헌법분쟁을 제외한 공법분쟁'(öffentlich–rechtliche Streitigkeiten nichtverfassungsrechtlicher Art)에 대한 것이지만, 우리나라의 행정소송과 민사소송의 구분에 있어서도 역시 이러한 공·사법 구분에 바탕을 둔 해석론이 그대로 타당하다고 생각된다.

2. 우리나라에서 공법상 유지청구권을 실현할 소송

우리나라에서 항공기소음피해에 대한 유지청구권을 실현할 수 있는 소송으로 생각할 만한 유형들을 보면서, 그 이용가능성을 살펴본다.

첫째, 항고소송으로서의 예방적 금지소송은 현행 행정소송법상 항고소송의 유형으로

한 판례는 모두 한국도로공사가 설치·보존하는 도로에서 발생하는 소음피해가 문제가 된 것이다.

31) 공·사법상 유지청구권의 비교검토에 대한 일반론으로는 김현준, "환경상 이익 침해에 대한 민·행정법상 유지청구권 – 유지청구와 관련한 공·사법상 청구권의 교차분석 –", 환경법연구 37–2, 2015, 103–139쪽.

32) 포르스트호프(Forsthoff)의 생존배려(생활배려)에 기한 공익개념에 대해서는 최송화, 앞의 책, 71–74쪽.

33) Hufen, Verwaltungsprozessrecht, 2016, Rn. 39.

34) 위와 같음.

규정되어 있지 않고, 이러한 소송유형이 법정외항고소송으로서도 대법원이 부인하고 있는 현실에서[35] 무명항고소송으로서의 예방적 금지소송은 그다지 활용될 여지가 없다. 그러나, 향후 원고들은 예비적 청구의 형태로나마 시도하면서 법원의 입장변화를 기대하는 것도 생각해 볼 수 있다. 그 경우에 항공기운항에 관한 행정청의 권한행사가 처분성을 가지는지가 다투어져야 할 것이다. 일본의 제4차 아츠키기지소송의 제1심판결에서는 통상적인 처분이 아닌 공권력작용으로 보고 이를 법정외 항고소송으로 보아야 한다고 판시했는데,[36] 항공기소음의 사안에 있어서 처분성을 가진 행정작용을 특정하기가 어렵다는 점을 보여주는 부분이기도 하다.

둘째, '처분'의 개념을 넓게 해석하여, 항공기운항에 관한 행정청의 권한행사를 처분으로 보고, 우리나라 행정소송으로서 주로 이용되고 있는 취소소송으로 이를 다투는 것도 생각해볼 수 있다. 권력적 사실행위가 취소소송의 대상이 되고 있는 예[37]를 이와 유사한 상황으로 볼 수 있다. 이러한 항공기 운항으로 인한 소음의 상황은 계속적 성질을 가진다는 점에서 협의의 소이익의 관문도 통과할 여지도 많다. 그러나, 항공기의 이·착륙행위에서 처분개념을 도출하는 것은 쉽지 않을 뿐만 아니라, 처분성 도출에 지나치게 – 또는 무리하게 – 해야만 하는지도 의문스럽다.

셋째, 대상판결과 같이 이러한 유지청구권을 민사소송으로 다투는 것이다. 이 점에 관한 한 같은 상황일 수 있는 국가배상, 손실보상, 공법상 부당이득반환청구 등이 민사소송으로 이루어지고 있음은 주지의 사실이다. 공법관계인 이러한 법관계가 민사소송으로 이루어지는 것이 바람직하지는 않음은 긴말이 필요 없지만, 그렇다고 다른 대안도 없이 민사소송의 관할이 아니라고 하는 것은 국민의 재판받을 권리의 측면에서 더 문제가 될 수도 있다.[38] 따라서, 일본의 오사카국제공항사건에서 공항소음에 대한 민사상 유지청구를 부적법한 것으로 본 판례나, 제1차 아츠키기지 소음사건에서 민사상 유지청구를 부적법한 것으로 보고 '단지' 각하한 판례보다는 민사소송에서 이를 다루도록 한 것은 빈틈없는 권리보호라는 시각에서 상대적으로는 더 나은 판결이었다고도 할 수 있다. 그러나, 공물의 관리행정을 포함한 공행정작용에 대하여, 그것이 공정력을 가진 처분으로까지 인정되지

35) 행정청의 부작위를 구하는 청구는 행정소송에서 허용되지 아니하는 것이므로 부적법하다고 보는 대법원 1987. 3. 24. 선고 86누182 판결.

36) 제4차 아츠키소송 제1심판결에 대해서는 松井章浩, "第4次厚木基地騒音訴訟第一審判決における米軍機離発着差止めの可否[横浜地裁平成26.5.21]," 新 · 判例解説watch: 速報判例解説 17, 2015/10, 331−334.; 神橋 一彦, "受認義務構成のゆくえ一第4次厚木基地訴訟(自衛隊飛行差止請求) 第1審判決について, 立教法学第91号, 2015, 1頁 이하 참조.

37) 가령, 대법원 2014. 2. 13. 선고 2013두20899 판결.

38) 행정소송을 민사소송으로 처리하였더라도 구체적인 위법사유가 없는 한 위법하다고 볼 것은 아니라는 안철상, "행정소송과 민사소송의 관계", 법조 2008/1, 359쪽은 이와 관련해서도 음미해볼 수 있다.

않는 경우라 하더라도, 민사법원에서 이를 다룬 것은 공·사법 구분을 전제로 행정소송제도를 둔 취지에는 맞지 않다고 할 것이다.

넷째, 공법상 법률관계에 관한 소송으로서 당사자소송을 이용하는 방안이다. 현행 행정소송법상 당사자소송의 규정이 지나치게 단순하여,[39] 단지 '공법상 법률관계'라는 포괄적인 요건밖에 없긴 하지만, 빈틈없는 권리보호의 차원에서 처분이 아닌 행정작용을 다툴 수 있는 행정소송으로서 당사자소송을 의지할 수밖에 없는 면이 있다. 이때 당사자소송은 '처분이 아닌 행정작용'에 대한 예방적 금지를 구하는 소송형태가 될 것이다. 이러한 주장에 대하여, 항고소송으로서의 예방적 금지소송을 인정하지 않는 것과 같은 이유에서 당사자소송으로서의 예방적 금지소송도 부정해야 한다는 주장이 나올 수 있다. 그러나 '처분'이 아닌 행정작용에 대한 예방적 금지는 처분의 예방적 금지에 비하여 더 적극적으로 해석할 여지가 많고, 이것이 '공법상 법률관계'에 해당한다는 점에서 당사자소송으로서의 해결방법이 적절한 소송수단이라고 할 것이다. 다만, 이러한 처분이 나타나지 않는, 즉 항고소송의 대상이 아닌 사안에서, 민사소송 사안인지, 당사자소송 사안인지를 어떻게 구분할 것인가가 문제된다.

3. 민사소송과 당사자소송의 구분과 공법상 청구권

공법상 당사자소송과 민사소송을 구분하기 위하여 '행정청의 처분 등을 원인으로 하는 법률관계에 관한 소송 그 밖의 공법상 법률관계에 관한 소송'의 의미를 파악해야 한다. 당사자소송과 민사소송의 구별에 관하여 판례는 소송물을 기준으로 하여 그것이 공법상 권리이면 당사자소송, 사법상 권리이면 민사소송으로 보는 반면에, 학설(통설)은 소송물의 전제가 되는 법률관계를 기준으로 그것이 공법상 법률관계면 당사자소송, 사법상 법률관계이면 민사소송이라고 본다.[40] 그런데, 소송물을 기준으로 공·사법상 법률관계를 구분하면서, 소송물 인식기준에 관한 판례의 입장인 이른바 구 소송물이론을 따를 경우 소송물은 소의 모습과 관계없이 실체법상 권리 또는 법률관계의 주장으로 볼 수 있는데, 이러한 실체법상 권리 또는 법률관계의 법적 성질(Rechtsnatur)을 판단하기 위해서는 해당 청구권의 기초(Anspruchsgrundlage)를 검토하지 않을 수 없다. 이행소송의 경우 청구취지에서는 그에 이르게 된 법적 관점은 표시되지 않아 법률요건이 기재된 청구원인의 보충이 있어야 소송

39) 행정소송법 제3조 제2호의 개념정의규정 이외에 피고적격(제39조), 재판관할(제40조), 제41조(제소기간), 소의 변경(제42조), 제43조(가집행선고의 제한)에서 그 간략한 내용이 규정되어 있고, 제44조(준용규정)을 통하여 취소소송에 관한 다수의 규정을 준용하는 형태로 되어 있다.

40) 이러한 판례에 대한 비판적 검토를 바탕으로 통설의 입장을 지지하는 하명호, "공법상 당사자소송과 민사소송의 구별과 소송상 취급", 인권과 정의 380, 2008/4, 56-62쪽.

물이 특정될 수 있기 때문에[41] 이러한 점이 더욱 뚜렷하겠지만, 확인소송의 경우에도 청구권의 성질 파악을 위하여 청구권의 기초를 검토해야 한다는 점에서는 크게 다르지 않다고 생각된다. 따라서 당사자소송과 민사소송의 구분기준, 즉 공·사법관계의 구분기준에 관하여 소송물을 기준으로 공·사법의 성격을 파악할 때에도 소송물의 전제가 되는 법률관계 등을 검토하지 않을 수 없다고 생각된다. 이와 관련하여 우리 대법원이 손해배상청구권, 부당이득반환청구권 등에 대하여 그 청구권의 기초가 무엇인지를 살피지 않은 채 곧바로 이를 사법상 법률관계로 파악하는[42] 것은 적절하지 않다고 할 것이다. 이러한 실체적 청구권은 사법상 권리에서 출발했고, 법원으로서는 사법상 법률관계로서 일상적으로 다루고 있지만, 그 청구권의 기초가 되는 법률관계 또는 사실관계의 내용을 볼 때 공법상 청구권으로 보아야 하는 것도 있다. 이에 관한 근본적인 검토가 될 공·사법 법률관계의 구분기준에 관한 방대한 논의는 여기서는 다 할 수 없고,[43] 대상판례에서의 유지청구권의 법적 성질만 살펴보면 그것은 '공공의 영조물의 설치·관리의 하자로 인한 권리침해의 발생'에 기초를 두고 있으며, 행정주체의 공물관리가 가지는 법적 성격은 사인간의 상린관계에서 나타나는 민사법적 성격과는 다른 공법적 성질을 가지는 것으로 보아야 할 것이다. 따라서 이는 공법상 법률관계에 관한 소송인 당사자소송으로 다투어야 할 것이다.[44]

4. 공익만을 위한 유지청구권과 행정소송?

약간의 여론(餘論)을 문제제기의 수준에서만 더해 보자.

행정소송을 제기하기 위해서 언제나 '최소한 부수적으로나마 사익(私益)도'라는 사익보호성의 굴레에 얽매여야 하는 것은 아니다. 주관소송을 원칙으로 하는 행정소송 체계에도 '사익보호성', 즉 '개별성'이 소제기요건의 절대적 기준은 될 수 없다. 가령, 필요한 경우 개별법의 형태로 이러한 '사익보호성' 내지 '개별성'을 벗어나는 '공익'만을 위한 행정소송이 인정될 수 있다. 예컨대 생물다양성, 기후보호와 같은 순수한 환경공익침해를 방어하기 위한 유지청구권을 실현할 수 있는 단체소송(공익소송)도 입법론상 검토할 수 있다. 미국법에서는 사

41) 소송물의 특정과 관련된 이행소송과 확인소송의 차이점에 대해서는 하명호, 위의 논문, 55-57쪽 참조.

42) 가령, 부가가치세 환급세액 지급청구가 당사자소송의 대상인지 여부에 관한 대법원 2013. 3. 21. 선고 2011다95564 전원합의체 판결("그 법적 성질은 정의와 공평의 관념에서 수익자와 손실자 사이의 재산상태 조정을 위해 인정되는 부당이득 반환의무가 아니라 부가가치세법령에 의하여 그 존부나 범위가 구체적으로 확정되고 조세 정책적 관점에서 특별히 인정되는 공법상 의무라고 봄이 타당하다.").

43) 이러한 연구로는 박정훈, 公·私法 區別의 方法論的 意義와 限界 — 프랑스와 독일에서의 발전과정을 참고하여 —, 공법연구 37-3, 2009, 83-110쪽 참조. 소송실무상 행정사건과 민사사건의 구분에 관해서는 안철상, 앞의 논문, 336쪽 이하.

44) 당사자소송을 민사소송으로 제기한 경우 발생하는 이송 등의 문제에 관한 상세는 안철상, 위의 논문, 356-362쪽.

적 불법방해만이 아니라, 공적 불법방해(public nuisance)를 근거로 하는 유지청구소송이 법원에서 다투어지고 있고,[45] 보호규범론을 바탕으로 한 철저한 주관소송제도를 가진 독일에서도 최근 유럽법의 영향으로 '행정소송에서의 공익'(Gemeinwohl im Verwaltungsprozess)이 새로운 쟁점으로 부각되고 있는 점은 이와 관련하여 참고할 만하다.[46]

VI. 맺음말

포괄적이고 빈틈없는 행정소송은 처분성이 없어 항고소송의 대상이 못 되지만, 그렇다고 민사상 법률관계로는 볼 수 없는 공법관계에 관한 소송까지 포함하는 것이다. 의무이행소송, 예방적 금지소송의 허용여부 문제와 같은 항고소송 차원에서의 '빈틈'만이 아니라, 비(非)처분인 행정작용이 행해진 경우에 발생하는 권리보호의 '사각지대'도 법치주의와 재판받을 권리를 훼손시킬 수 있음을 잊어선 안 된다. 그리고, 이러한 행정상 법률관계에 관한 분쟁은 민사소송이 아닌 행정소송으로서 당사자소송으로 다투어야 한다. 이러한 점에서 대상판결은 민사소송으로는 공법관계를 효율적으로 판단할 수 없다는 점을 간과했다는 한계를 가진다.

이 문제는 결국 공법상 법률관계와 민사상 법률관계를 구분하는 척도인 공익에 관한 것이어서, 우리는 아이거 북벽을 오르는 노고의 결실인 공익론[47]을 다시 찾지 않을 수 없다. 행정소송법 개정을 통하여 법치주의를 보다 구현하고자 했던 노력 역시 공익론의 연장으로 보아야 할 것인데, 이제 이러한 공익론을 이어가야 할 우리에게는 '실효성 있고 빈틈없는 행정소송제도'의 확립이 과제로서 주어져 있다.

---

45) 최인호, "미국법상 불법방해(Nuisance)와 유지청구", 법학논총 34-2, 2017, 131-137쪽 참조.

46) 여러 관련문헌 가운데에서도 특히 Schmidt-Aßmann, "Gemeinwohl im Verwaltungsprozess", Gedächnisschrift für Winfried Brugger, 2013, S. 411-427.

47) 공익에 관한 법관계가 공법관계이지만(최송화, 공익론, 73쪽), 행정소송법상 항고소송을 제기하려면 사익보호성, 즉 이익의 개별성이 있어야 한다. 이러한 이유로 행정소송에 있어서 '개인권'과 '공익' 간의 관계가 문제될 수 밖에 없다. 이러한 양자의 관계는 세 가지 태도로 접근할 수 있는데, ① 양자를 서로 대립하는 것으로 보고 서로 길항(拮抗)관계로 파악하는 방법, ② 개인의 이익을 공익에 포함시켜 고찰하는 방법, ③ 공익을 개인의 이익에 완전히 융해시켜서 생각하는 방법, 즉 공익은 개개의 시민과는 별도로 존재하는 어떤 것이 아니라 개개인의 이익의 총계라고 보는 방법이 그것이다(최송화, 공익론, 48-49쪽). 그 가운데 공법관계이면서, 주관소송을 제기해야 하는 대상판례의 경우는 ③의 방법으로 개인권과 공익의 관계를 이해해야 하리라 생각된다.

행정청의 행위기준으로서의 재량준칙에 대한 법적 고찰*

강현호**

I. 들어가는 글

과연 법이란 무엇인가라고 할 때, 개인적으로는 법이란 기준(Kriterien)이라고 말하고 싶다. 민사법이란 사인들 상호간의 관계에 있어서 야기되는 여러 문제들에 대해서 적용될 수 있는 기준들이고, 공법이란 국가와 공공기관 상호간 또는 공공부문과 사인들 사이에서 제기되는 여러 문제들에 대해서 마련된 기준들의 집합체라고 할 수 있을 것이다.[1] 공법의 영역에서 많은 기준들이 만들어지고 있는데, 이러한 기준들을 만드는 것과 관련하여 우리 헌법은 제40조에서 "입법권은 국회에 속한다"라고 규율하고 있다. 이 조항으로 인하여 우리 나라에서 설정되는 국민의 권리와 의무에 있어서 중요한 기준들은 국회가 제정하는 것이 원칙이 된다.[2] 다만, 국회가 기준들을 모두 다 정하는 것은 정치적 타협의 문제, 전문적 지식의 문제 또는 시간적 제약의 문제 등의 이유로 어려울 경우가 있으므로, 우리 헌법은 제75조와 제95조에서 "대통령은 법률에서 구체적으로 범위를 정하여 위임받은 사항과 법률을 집행하기 위하여 필요한 사항에 관하여 대통령령을 발할 수 있다." "국무총리 또는 행정각부의 장은 소관사무에 관하여 법률이나 대통령령의 위임 또는 직권으로 총리령 또는 부령을 발할 수 있다."라고 규정하면서 소위 행정부에게도 기준을 마련할 수 있는 권능

* 이 글은 2017년 12월 31일 발행된 행정판례연구 제22-2집에 게재된 논문을 전재한 것입니다.

** 성균관대학교 법학전문대학원 교수.

1) http://biz.chosun.com/site/data/html_dir/2016/07/29/2016072902338.html: 최승필 교수는 조선일보에서 법이란 무엇인가라는 질문에 다음과 같이 말하고 있다: "법이란 사물의 이치와 시민의 합의라고 생각합니다. 사회가 복잡하게 분화되기 이전에는 법은 도덕의 최소한이라는 말이 맞았습니다. 도덕이라는 것이 마땅히 지켜야 할 것이라는 점에서 사물의 이치죠. 그런데 사회가 복잡해지면서 기술적인 법들이 주류를 차지했고, 사람들 사이에서 일어나는 복잡한 이해관계를 어떻게 정리할 것인가가 중요해졌어요. 사람 사이의 그 기준을 합의한 게 법이죠."

2) 한수웅, 헌법학, 법문사, 2013, 1109면.

을 부여하고 있다.[3] 주목할 점은 행정부가 제정하는 기준을 반드시 대통령령이나 부령 등으로 발급할 필요는 없다는 점이며, 행정실무적으로도 이러한 법형식과 독립적으로 수많은 행정부의 규범들이 제정되고 있다.

법률에서 행정부에게 특정한 사항에 대해서 대통령령이나 부령을 발할 수 있도록 하는 경우에, 이들 행정청이 법률의 수권에 기초하여 기준을 설정할 권한을 행사할 수 있을 것인바, 여타의 영역에 있어서는 행정부의 기준설정과 관련하여 커다란 문제가 제기되고 있는 것 같지는 아니한데, 유독 법률에서 행정청에게 행동에 있어서 운신의 폭을 주는 재량권을 부여하는 수권법률에 있어서 행정청이 그러한 수권에 기초하여 기준들을 제정한 경우에 문제가 야기되고 있다. 나아가 행정청이 대통령령이나 부령의 형식을 사용하지 아니하고 자체적으로 사무처리준칙으로서 예를 들면 훈령이나 지침, 통첩(Rundschreiben), 준칙(Richtlinie) 또는 고시(Erlass)나 예규의 형식으로 제정한 기준과도 관련하여서도 함께 문제가 되고 있다.

우리 법원은 그러한 행정입법 즉 재량준칙의 경우에 때로는 행정부 내부의 사무처리준칙에 불과하다고 보기도 하다가는,[4] 때로는 – 예를 들면 대통령령의 형식으로 발급된 경우에는 – 법규명령이라고 하는 등 논리적인 일관성을 상실한 채 혼돈의 늪에 빠져 있다.[5] 또한 대통령령의 형식으로 된 재량준칙을 법규명령으로 보면서도 다시금 그 구속성에 의문을 제기하기도 한다.[6] 학설들 역시 아직까지는 이러한 혼돈의 어두움을 몰아내고

3) 정재황, 헌법입문, 박영사, 2012, 644면 이하; Voßkuhle Andreas/Kaufhold Ann -Katrin, Grundwissen Öffentliches Recht: Verwaltungsvorschriften, JuS 2016, S. 314.

4) 대법원 2014. 11. 27. 선고 2013두18964 판결[부정당업자제재처분취소]: 공공기관의 운영에 관한 법률 제39조 제2항, 제3항에 따라 입찰참가자격 제한기준을 정하고 있는 구 공기업·준정부기관 계약사무규칙(2013. 11. 18. 기획재정부령 제375호로 개정되기 전의 것) 제15조 제2항, 국가를 당사자로 하는 계약에 관한 법률 시행규칙 제76조 제1항 [별표 2], 제3항 등은 비록 부령의 형식으로 되어 있으나 규정의 성질과 내용이 공기업·준정부기관(이하 '행정청'이라 한다)이 행하는 입찰참가자격 제한처분에 관한 행정청 내부의 재량준칙을 정한 것에 지나지 아니하여 대외적으로 국민이나 법원을 기속하는 효력이 없으므로, 입찰참가자격 제한처분이 적법한지 여부는 이러한 규칙에서 정한 기준에 적합한지 여부만에 따라 판단할 것이 아니라 공공기관의 운영에 관한 법률상 입찰참가자격 제한처분에 관한 규정과 그 취지에 적합한지 여부에 따라 판단하여야 한다.

5) 대법원 1997. 12. 26. 선고 97누15418 판결: 당해 처분의 기준이 된 주택건설촉진법시행령 제10조의3 제1항 [별표 1]은 주택건설촉진법 제7조 제2항의 위임규정에 터잡은 규정형식상 大統領令이므로 그 성질이 部令인 시행규칙이나 또는 지방자치단체의 규칙과 같이 통상적으로 行政組織 내부에 있어서의 行政命令에 지나지 않는 것이 아니라 대외적으로 국민이나 법원을 구속하는 힘이 있는 法規命令에 해당한다.

6) 대법원 2001. 3. 9. 선고 99두5207 판결: 구 청소년보호법(1999. 2. 5. 법률 제5817호로 개정되기 전의 것) 제49조 제1항, 제2항에 따른 같은법시행령(1999. 6. 30. 대통령령 제16461호로 개정되기 전의 것) 제40조 [별표 6]의 위반행위의종별에따른과징금처분기준은 법규명령이기는 하나 모법의 위임규정의 내용과 취지 및 헌법상의 과잉금지의 원칙과 평등의 원칙 등에 비추어 같은 유형의 위반행위라 하더라도 그 규모나 기간·사회적 비난 정도·위반행위로 인하여 다른 법률에 의하여 처벌받은 다른 사정·행위자의 개인적 사정 및 위반행위로 얻은 불법이익의 규모 등 여러 요소를 종합적으로 고려하여 사안에 따라 적정한 과

있지는 못하고 있다. 재량준칙의 법적 성질과 관련하여 법형식에 의거하여 판단하여야 한다는 견해로서 대통령령의 형식으로 제정된 경우에는 법규명령으로 보고, 그렇지 아니하면 행정규칙으로 보는 견해와 행정부 내부의 사무처리준칙에 불과하다는 견해 그리고 원칙적으로는 사무처리준칙이지만 평등원칙을 매개로 하여 간접적으로 대외적인 효력을 갖는다는 견해까지 다양한 학설들이 주장되고 있다. 그러나, 이러한 판례의 입장과 학설들은 모두 재량준칙의 법적 성격을 대외적 구속력의 관점에서 법규명령인가 아니면 행정부 내부의 사무처리준칙인가의 구분에 초점을 맞추고 있다. 그런데, 재량준칙의 본질적 내용(Wesensgehalt)을 과연 법규명령이 되기도 하고 행정규칙이 되기도 하는 그러한 것으로만 바라볼 것이 아니라, 하나의 새로운 관점을 제시하고자 최근의 대법원 판결을 매개로 논의하고자 한다.

II. 사건의 개요

1. 사실관계

원고는 식품접객업을 영위하고자 하는 자로서, 2011. 11. 23. 서울특별시 강남구청장에게 「식품위생법」(2013. 5. 22. 법률 제11819호로 개정되어 2013. 11. 23. 시행되기 전의 것. 이하 '법'이라 한다) 제36조, 제37조 제4항의 규정에 따라 'ㅇㅇㅇㅇ'라는 명칭으로 서울 강남구 소재 건물의 지하1층에서 면적은 226.16㎡(이하 '이 사건 영업장'이라 한다)로 하여 식품접객업(일반음식점) 영업신고를 하였다. 이 사건 영업장에는 객실이나 별도의 무대가 설치되어 있지는 않았다. 그렇지만 전체적으로 매우 어둡고 레이저조명 등 특수조명시설이 설치되어 있고, 대형스피커를 통하여 큰 소리의 음악이 제공되었다. 테이블이 10개 정도로 많지 않아 바에서 자리가 나기를 기다리는 손님들이 많고, 농구 이벤트·포켓 볼 토너먼트·링 던지기 등 이벤트가 벌어지는 때에는 대부분의 손님들이 이벤트 게임에 참여하기 위하여 줄을 서서 기다리는데, 위와 같이 자리나 이벤트 참여 순서를 기다리는 손님들은 테이블과 테이블 사이의 빈 공간에 서서 흥겨운 음악에 맞춰 자유롭게 춤을 추곤 하였다.

원고가 일반음식점영업을 하고 있었던바, 강남구청장은 2013. 11. 14. 원고의 영업형태가 무대는 설치되어 있지 아니하지만, 전체적으로 매우 어둡고 레이저조명 등 특수조명시설이 설치되어 있고, 대형스피커를 통하여 큰 소리의 음악이 제공되었으며, 손님들이 테

징금의 액수를 정하여야 할 것이므로 그 수액은 정액이 아니라 최고한도액이다.

이블과 테이블 사이의 빈 공간에 서서 흥겨운 음악에 맞춰 자유롭게 춤을 춘 사실에 기초하여 원고의 음식점에 무도장이 설치되어 있다고 판단하였고 따라서 식품위생법시행규칙 제89조 별표 23의 행정처분 기준 Ⅱ. 개별기준 3. 식품접객업 위반사항으로 8. 라. 1) 유흥주점 외의 영업장에 무도장을 설치한 경우에 근거하여 법 제74조를 적용하여 원고에게 2013. 12. 12.까지로 기간을 정하여 무도장을 개수하도록 시설개수명령을 발급하였다. 이에 원고는 강남구청장의 시설개수명령이 위법하다고 하여 그 취소를 구하는 소송을 서울행정법원에 제기하였다.7)

2. 관련법령

(1) 식품위생법

제36조(시설기준) ① 다음의 영업을 하려는 자는 총리령으로 정하는 시설기준에 맞는 시설을 갖추어야 한다. <개정 2010.1.18., 2013.3.23.>

3. 식품접객업

② 제1항 각 호에 따른 영업의 세부 종류와 그 범위는 대통령령으로 정한다.

제37조(영업허가 등) ① 제36조제1항 각 호에 따른 영업 중 대통령령으로 정하는 영업을 하려는 자는 대통령령으로 정하는 바에 따라 영업 종류별 또는 영업소별로 식품의약품안전처장 또는 특별자치도지사·시장·군수·구청장의 허가를 받아야 한다. 허가받은 사항 중 대통령령으로 정하는 중요한 사항을 변경할 때에도 또한 같다. <개정 2013.3.23.>

④ 제36조제1항 각 호에 따른 영업 중 대통령령으로 정하는 영업을 하려는 자는 대통령령으로 정하는 바에 따라 영업 종류별 또는 영업소별로 식품의약품안전처장 또는 특별자치도지사·시장·군수·구청장에게 신고하여야 한다. 신고한 사항 중 대통령령으로 정하는 중요한 사항을 변경하거나 폐업할 때에도 또한 같다. <개정 2013.3.23.>

제44조(영업자 등의 준수사항) ① 식품접객영업자 등 대통령령으로 정하는 영업자와 그 종업원은 영업의 위생관리와 질서유지, 국민의 보건위생 증진을 위하여 총리령으로 정하는 사항을 지켜야 한다. <개정 2010.1.18., 2013.3.23.>

제74조(시설 개수명령 등) ① 식품의약품안전처장, 시·도지사 또는 시장·군수·구청장

7) 강주영, 행위제한법규의 규정형식과 행정법규의 해석 – 대상판결: 대법원 2015.7.9. 선고 2014두47853 판결, 강원법학 51, 356면 이하에서 인용하였다.
원고에게 시설개수명령 외에도 강남구청장은 식품위생법 제94조 제3호에 의거하여 원고를 고발하였고, 법원은 원고가 2012. 5.경부터 2013. 10. 3.경까지 이 사건 영업장에 유흥시설에 해당하는 무도장을 별도로 설치하지 않았다고 하더라도 영업장의 빈 공간을 이용하여 손님들이 춤을 출 수 있도록 하는 것을 주요한 영업형태로 삼았으므로, 이는 무허가 유흥주점 영업에 해당한다는 것을 이유로 원고에게 벌금 1천만 원의 형을 확정하였다.

은 영업시설이 제36조에 따른 시설기준에 맞지 아니한 경우에는 기간을 정하여 그 영업자에게 시설을 개수(改修)할 것을 명할 수 있다. <개정 2013.3.23.>

제75조(허가취소 등) ① 식품의약품안전처장 또는 특별자치도지사·시장·군수·구청장은 영업자가 다음 각 호의 어느 하나에 해당하는 경우에는 대통령령으로 정하는 바에 따라 영업허가 또는 등록을 취소하거나 6개월 이내의 기간을 정하여 그 영업의 전부 또는 일부를 정지하거나 영업소 폐쇄(제37조제4항에 따라 신고한 영업만 해당한다. 이하 이 조에서 같다)를 명할 수 있다. <개정 2010.2.4., 2011.6.7., 2013.3.23.>

6. 제36조를 위반한 경우

13. 제44조제1항·제2항 및 제4항을 위반한 경우

(2) 식품위생법 시행령

[시행 2013.10.16.][대통령령 제24800호, 2013.10.16., 타법개정]

제21조(영업의 종류) 법 제36조제2항에 따른 영업의 세부 종류와 그 범위는 다음 각 호와 같다. <개정 2010.3.15., 2011.3.30., 2013.3.23.>

8. 식품접객업

나. 일반음식점영업: 음식류를 조리·판매하는 영업으로서 식사와 함께 부수적으로 음주행위가 허용되는 영업

다. 단란주점영업: 주로 주류를 조리·판매하는 영업으로서 손님이 노래를 부르는 행위가 허용되는 영업

라. 유흥주점영업: 주로 주류를 조리·판매하는 영업으로서 유흥종사자를 두거나 유흥시설을 설치할 수 있고 손님이 노래를 부르거나 춤을 추는 행위가 허용되는 영업

제25조(영업신고를 하여야 하는 업종) ① 법 제37조제4항 전단에 따라 특별자치시장·특별자치도지사 또는 시장·군수·구청장에게 신고를 하여야 하는 영업은 다음 각 호와 같다. <개정 2016.7.26.>

8. 제21조제8호가목의 휴게음식점영업, 같은 호 나목의 일반음식점영업, 같은 호 마목의 위탁급식영업 및 같은 호 바목의 제과점영업

(3) 식품위생법 시행규칙[시행 2014.2.19.][총리령 제1066호, 2014.2.19., 타법개정]

제36조(업종별 시설기준) 법 제36조에 따른 업종별 시설기준은 별표 14과 같다.

[별표 14] 〈개정 2013.10.25〉

업종별시설기준(제36조 관련)
8. 식품접객업의 시설기준 가. 공통시설기준 … 나. 업종별시설기준 1) 휴게음식점영업·**일반음식점영업** 및 제과점영업 가) 일반음식점에 객실(투명한 칸막이 또는 투명한 차단벽을 설치하여 내부가 전체적으로 보이는 경우는 제외한다)을 설치하는 경우 객실에는 잠금장치를 설치할 수 없다. … 마) 휴게음식점·일반음식점 또는 제과점의 영업장에는 손님이 이용할 수 있는 자막용 영상장치 또는 자동반주장치를 설치하여서는 아니 된다. 다만, 연회석을 보유한 일반음식점에서 회갑연, 칠순연 등 가정의 의례로서 행하는 경우에는 그러하지 아니하다. 바) 일반음식점의 객실 안에는 무대장치, 음향 및 반주시설, 우주볼 등의 특수조명시설을 설치하여서는 아니 된다. 사) 삭제 <2012.12.17> 2) 단란주점영업 가) 영업장 안에 객실이나 칸막이를 설치하려는 경우에는 다음 기준에 적합하여야 한다. (1) 객실을 설치하는 경우 주된 객장의 중앙에서 객실 내부가 전체적으로 보일 수 있도록 설비하여야 하며, 통로형태 또는 복도형태로 설비하여서는 아니 된다. (2) 객실로 설치할 수 있는 면적은 객석면적의 2분의 1을 초과할 수 없다. (3) 주된 객장 안에서는 높이 1.5미터 미만의 칸막이(이동식 또는 고정식)를 설치할 수 있다. 이 경우 2면 이상을 완전히 차단하지 아니하여야 하고, 다른 객석에서 내부가 서로 보이도록 하여야 한다. … 3) 유흥주점영업 …

제89조(행정처분의 기준) 법 제71조, 법 제72조, 법 제74조부터 법 제76조까지 및 법 제80조에 따른 행정처분의 기준은 별표 23과 같다.

[별표 23] 〈개정 2017. 5. 16.〉

행정처분 기준(제89조 관련)
Ⅰ. 일반기준 … Ⅱ. 개별기준 1. 식품제조·가공업 등 …
3. 식품접객업 영 제21조제8호의 식품접객업을 말한다.

위반사항	근거 법령	행정처분기준		
		1차 위반	2차 위반	3차 위반
8. 법 제36조 또는 법 제37조를 위반한 경우 가. 변경허가를 받지 아니하거나 변경신고를 하지 아니하고 영업소를 이전한 경우	법 제71조, 법 제74조 및 법 75조	영업 허가취소 또는 영업소 폐쇄		
라. 시설기준 위반사항으로 1) 유흥주점 외의 영업장에 무도장을 설치한 경우		시설 개수명령	영업정지 1개월	영업정지 2개월
2) 일반음식점의 객실 안에 무대장치, 음향 및 반주시설, 특수조명시설을 설치한 경우		시설 개수명령	영업정지 1개월	영업정지 2개월
3) 음향 및 반주시설을 설치하는 영업자가 방음장치를 하지 아니한 경우		시설 개수명령	영업정지 15일	영업정지 1개월
마. 법 제37조제2항에 따른 조건을 위반한 경우		영업정지 1개월	영업정지 2개월	영업정지 3개월

3. 하급심

서울행정법원은 시설개수명령이 시설개수명령의 대상을 특정하지 않아서 위법하다는 원고의 주장에 대해서, 처분 전후에 송달된 문서나 기타 사정을 종합하여 특정될 수 있으므로 적법하다고 판시하였다. 서울행정법원에서는 시설개수명령을 발급하는 근거가 되는 기준에 대해서는 다루어지지 아니하였다.

서울고등법원에서는 이 사건 영업장에 일반음식점의 시설기준에 맞지 않는 부분이 존재하지 않음을 확인하고, 음향시설이나 특수조명시설 등의 춤을 추기 위한 시설들은 일반음식점의 시설기준에 어긋나지 않는 한 적법하며, 이들 시설들을 무허가 유흥주점영업에 이용하였을 때 비로소 그 이용이 위법하게 되는 것이므로 시설개수명령으로써 춤을 추기 위한 시설들의 철거를 명할 수 없고, 또한, 「식품위생법 시행규칙」 [별표 17]에 따른 식품접객업영업자 등의 준수사항 위반으로 규제하는 것은 가능하나 같은 별표 7. 타. 2)가 일반음식점 영업자가 손님이 춤을 추도록 허용하는 행위를 금지하는 것을 내용으로 개정되지 않는 한, 이 규정을 근거로 개수명령을 할 수 없다고 하여 현행 규정 아래에서는 강남구청장의 원고에 대한 시설개수명령이 위법하다고 판시하였다.[8)]

8) 서울고법 2014. 12. 5. 선고 2014누52208 판결.

4. 대법원

구 식품위생법 시행규칙(2014. 3. 6. 총리령 제1068호로 개정되기 전의 것, 이하 '시행규칙'이라 한다) 제36조 [별표 14](이하 '시행규칙 조항'이라 한다)에 규정된 업종별 시설기준의 위반은 시설개수명령[식품위생법(이하 '법'이라 한다) 제74조 제1항]이나 영업정지 및 영업소폐쇄 등(법 제75조 제1항 제6호) 행정처분의 대상이 될 뿐만 아니라 곧바로 형사처벌의 대상도 되므로(법 제97조 제4호), 업종별 시설기준은 식품위생법상 각 영업의 종류에 따라 필수적으로 요구되는 시설의 기준을 제한적으로 열거한 것이다. 그리고 시행규칙 조항은 침익적 행정행위의 근거가 되는 행정법규에 해당하므로 엄격하게 해석·적용하여야 하고 행정행위의 상대방에게 불리한 방향으로 지나치게 확장해석하거나 유추해석해서는 안 되며, 입법 취지와 목적 등을 고려한 목적론적 해석이 전적으로 배제되는 것은 아니라고 하더라도 해석이 문언의 통상적인 의미를 벗어나서는 아니 된다.

그런데 시행규칙 조항에는 일반음식점에서 손님들이 춤을 출 수 있도록 하는 시설(이하 '무도장'이라 한다)을 설치해서는 안 된다는 내용이 명시적으로 규정되어 있지 않고, 다만 시행규칙 제89조가 법 제74조에 따른 행정처분의 기준으로 마련한 [별표 23] 제3호 8. 라. 1)에서 위반사항을 '유흥주점 외의 영업장에 무도장을 설치한 경우'로 한 행정처분 기준을 규정하고 있을 뿐이다.

그러나 이러한 행정처분 기준은 행정청 내부의 재량준칙에 불과하므로, 재량준칙에서 위반사항의 하나로 '유흥주점 외의 영업장에 무도장을 설치한 경우'를 들고 있다고 하여 이를 위반의 대상이 된 금지의무의 근거규정이라고 해석할 수는 없다. 또한 업종별 시설기준에 관한 시행규칙 조항의 '8. 식품접객업의 시설기준'의 구체적 내용을 살펴보더라도, 시설기준 위반의 하나로서 '유흥주점 외의 영업장에 무도장을 설치한 경우'를 금지하고 있다고 해석할 만한 규정이 없고, 달리 식품위생법령에 이러한 내용의 시설기준 위반 금지의무를 부과하고 있는 규정을 찾아보기 어렵다.[9]

그리고 법 제37조 제1항, 제4항, 식품위생법 시행령 제21조가 식품접객업의 구체적 종류로 허가 대상인 유흥주점영업과 신고 대상인 일반음식점영업을 구분하고 있지만, 업종 구분에 기반한 영업질서를 해치는 위반행위를 반드시 업종별 시설기준 위반으로 규제해야 하는 것은 아니고, 이를 업태 위반(법 제94조 제1항 제3호)이나 식품접객영업자의 준수사항 위반(법 제44조 제1항, 제75조 제1항 제13호)으로도 규제할 수 있는 것이므로, 이러한 식

---

9) 이러한 문제를 야기하게 된 근본원인은 식품위생법령의 규율방식에서 찾아 볼 수 있을 것이다. 식품위생법령에서 영업의 종류를 나누고 그러한 종류별로 가능한 영업행위를 규율하였더라면 되었을 것인데, 그렇지 아니하고 그러한 종류별로 할 수 없는 행위나 시설들을 규율하였으므로 문제가 된 것이다. 향후 식품위생법령에 대한 근본적인 개정이 요청된다고 사료된다.

품위생법령상 업종 구분만으로 일반음식점에 무도장을 설치하는 것이 업종별 시설기준을 위반한 것이라고 볼 수는 없다.

또한 업종별 시설기준은 각 영업의 종류에 따라 갖추어야 할 최소한의 기준을 정한 것일 뿐이므로, 업종별 시설기준에서 명시적으로 설치를 금지하지 아니한 개개 시설의 이용 형태나 이용 범위를 제한하는 것은 본질적으로 업태 위반이나 식품접객영업자의 준수사항 위반으로 규율해야 할 영역이라고 보인다.

이상과 같은 여러 사정과 식품위생법령의 전반적인 체계 및 내용을 종합하면, 업종별 시설기준에 관한 시행규칙 조항에서 '유흥주점 외의 영업장에 무도장을 설치한 것'을 금지하고 있다고 보기 어려우므로, 일반음식점 내 무도장의 설치·운영행위가 업태 위반으로 형사처벌의 대상이 되는 등은 별론으로 하더라도, 이러한 행위가 시행규칙 조항에 정한 업종별 시설기준 위반에 해당하여 시설개수명령의 대상이 된다고 볼 수는 없다.[10]

III. 쟁점

여기서 쟁점은 여러가지가 있을 수 있겠으나, 본고에서는 대법원의 "다만 시행규칙 제89조가 법 제74조에 따른 행정처분의 기준으로 마련한 [별표 23] 제3호 8. 라. 1)에서 위반사항을 '유흥주점 외의 영업장에 무도장을 설치한 경우'로 한 행정처분 기준을 규정하고 있을 뿐이다. 그러나 이러한 행정처분 기준은 행정청 내부의 재량준칙에 불과하므로, 재량준칙에서 위반사항의 하나로 '유흥주점 외의 영업장에 무도장을 설치한 경우'를 들고 있다고 하여 이를 위반의 대상이 된 금지의무의 근거규정이라고 해석할 수는 없다."라는 판시에 근거하여 과연 행정처분의 기준의 법적 성격을 무엇으로 보아야 하는가 라는 점을 다루고자 한다. 식품위생법시행규칙 제89조에 의거한 [별표23]을 재량준칙으로 보고 있는 바, 이를 계기로 재량준칙의 법적 성질에 대한 보다 근본적인 물음을 던져보고, 그에 대한 견해를 피력하고자 한다.

IV. 재량권 행사에 있어서 기준설정의 이유와 모순

입법부가 행정부에게 활동의 영역과 내용의 대강을 제시하면서 재량을 부여하는 경우에,[11] 재량의 행사와 관련하여 개별적 재량행사와 일반적 재량행사로 구분할 수 있으며,

10) 대법원 2015. 7. 9. 선고 2014두47853 판결 [시설개수명령처분취소].

11) 대법원 2014.06.26. 선고 2012두1815 판결[시정조치등취소청구의소]: 전자상거래법 제32조 제1항, 제2항

후자에 있어서 이러한 임무를 수권 받은 행정부 그 중에서도 사무처리를 담당하는 기관으로서 행정청은 재량행사와 관련된 기준을 설정하게 된다.12) 사실상 행정청은 수권법률에서 부여된 재량권을 행사하여 사무를 처리하면 된다. 다만, 수권법률에서 부여한 재량의 범위가 넓다거나 다루어야 할 사안이 대단히 전문적이어서 재량권 행사에 있어서 다소간의 매개가 필요한 경우에, 행정청은 사무를 처리함에 필요한 기준을 설정하게 되고 이를 재량준칙이라고 할 수 있다.13) 이러한 사무처리를 위한 기준들을 설정하는 것이 수권법률 그 자체에서 또는 시행령 내지 시행규칙에서 예정되어 있는 경우도 있고, 경우에 따라서는 그러한 규정이 없음에도 행정청이 스스로 훈령이나 지침의 형식으로 기준들을 만드는 경우도 있다. 식품위생법시행령 상의 과태료 부과기준을 살펴보면14) 이러한 재량행사의 기준을 설정하는 이유는 어디에 있는가 하는 의문을 던져볼 필요가 있는데, 재량준칙이라는 기준을 정립하는 이유는 첫째, 일선 행정실무자의 행정작용에 있어서 어느 정도의 가이드라인을 부여하여서 소위 자의적이라고 판단될 수 있는 재량권 행사를 미연에 방지하고, 둘째, 재량권의 행사가 행정실무자가 누구인가에 따라서 커다란 편차를 보이는 것을 방지하여 어느 정도 통일성을 유지함과 동시에 행정의 상대방인 국민에 대하여 행정작용의 예측가능성을 보장하며, 셋째, 행정실무자의 재량권 행사에 있어서 행정사무처리의 곤란성을 경감시켜 신속한 행정작용을 할 수 있도록 하기 위함에 있다.15)

제3호에 의하면 공정거래위원회는 전자상거래법을 위반한 사업자에 대하여 시정조치를 받은 사실의 공표를 명할 수 있다. 이러한 규정의 문언과 공표명령 제도의 취지 등에 비추어 보면, 공정거래위원회는 그 공표명령을 할 것인지 여부와 공표를 명할 경우에 어떠한 방법으로 공표하도록 할 것인지 등에 관하여 재량을 가진다고 봄이 타당하다.

12) Maurer, Hartmut, AllgVerwR, 18. Aufl. 2011, Verlag. C.H.Beck, § 7 Rn. 14; Detterbeck, Steffen, Allgemeines Verwaltungsrecht, 11. Aufl., 2013 § 14 Rn. 860 ff.

13) 대법원 2014.06.26. 선고 2012두1815 판결[시정조치등취소청구의소]: 공정거래위원회 예규인 「공정거래위원회로부터 시정명령을 받은 사실의 공표에 관한 운영지침」(이하 '공표지침'이라 한다)은 법 위반행위로 시정명령을 받은 사업자에 대하여 공표를 명할 수 있는 요건과 공표방법 등을 규정하고 있는데, 이는 그 형식 및 내용에 비추어 재량권 행사의 기준에 관한 행정청 내부의 사무처리준칙이라 할 것이고, 그 기준이 객관적으로 보아 합리적이 아니라든가 타당하지 아니하여 재량권을 남용한 것이라고 인정되지 아니하는 이상 행정청의 의사는 가능한 한 존중되어야 한다(대법원 2013. 11. 14. 선고 2011두28783 판결 등 참조).

14) 식품위생법 시행령 제67조(과태료의 부과기준) 법 제101조제1항부터 제3항까지의 규정에 따른 과태료의 부과기준은 별표 2와 같다.

15) 윤영선, 행정소송과 재량준칙, 공법연구 제28집 제1호, 1999, 58면; 강현호, 재량준칙의 법적 성격, 공법연구 제29집 제4호, 283면 이하; 전훈, 행정규칙의 법규성의 이해 - 프랑스 행정법원 판례를 중심으로, 법학논고 제21집(2004/12), 116면 이하. Wolff/Decker, VwGO VwVfG, 2007, C.H.Beck, § 114 Rn. 37 ff; Voßkuhle Andreas/Kaufhold Ann-Katrin, Grundwissen - Öffentliches Recht: Verwaltungsvorschriften, JuS 2016, S. 314.

[별표 2] 과태료의 부과기준(제67조 관련)

1. 일반기준

가. 위반행위의 횟수에 따른 과태료의 부과기준은 최근 2년간 같은 위반행위를 한 경우에 적용한다. 이 경우 위반행위에 대하여 과태료 부과처분을 한 날과 그 처분 후에 다시 같은 위반행위를 하여 적발한 날을 기준으로 위반횟수를 계산한다.

나. 식품의약품안전처장, 시·도지사 또는 시장·군수·구청장은 다음의 어느 하나에 해당하는 경우에는 제2호의 개별기준에 따른 과태료 금액의 2분의 1 범위에서 그 금액을 줄일 수 있다. 다만, 과태료를 체납하고 있는 위반행위자에 대해서는 그러하지 아니하다.

1) 위반행위자가 「질서위반행위규제법 시행령」 제2조의2제1항 각 호의 어느 하나에 해당하는 경우

2) 위반행위자가 위반행위를 바로 정정하거나 시정하여 위반상태를 해소한 경우

다. 식품의약품안전처장, 시·도지사 또는 시장·군수·구청장은 다음의 어느 하나에 해당하는 경우에는 제2호의 개별기준에 따른 과태료 금액의 2분의 1 범위에서 그 금액을 늘릴 수 있다. 다만, 금액을 늘리는 경우에도 법 제101조제1항부터 제3항까지의 규정에 따른 과태료 금액의 상한을 넘을 수 없다.

1) 위반의 내용 및 정도가 중대하여 이로 인한 피해가 크다고 인정되는 경우

2) 법 위반상태의 기간이 6개월 이상인 경우

3) 그 밖에 위반행위의 정도, 동기 및 그 결과 등을 고려하여 과태료를 늘릴 필요가 있다고 인정되는 경우

2. 개별기준

위반행위	근거 법조문	과태료 금액(단위: 만원)		
		1차 위반	2차 위반	3차 이상 위반
가. 법 제3조(법 제88조에서 준용하는 경우를 포함한다)를 위반한 경우	법 제101조제2항 제1호	20만원 이상 200만원 이하의 범위에서 총리령으로 정하는 금액		
나. 법 제11조제2항을 위반하여 영양표시 기준을 준수하지 않은 경우	법 제101조제1항 제1호			
1) 영양표시를 전부 하지 않은 경우		200	400	600
2) 영양성분 표시 시 지방(포화지방 및 트랜스지방), 콜레스테롤, 나트륨 중 1개 이상을 표시하지 않은 경우		100	200	300
3) 영양성분 표시 시 열량, 탄수화물, 당류, 단백질 중 1개 이상을 표시하지 않은 경우		20	40	60
4) 실제측정값이 영양표시량 대비 허용오차범위를 넘은 경우				
가) 실제측정값이 영양표시량 대비 100분의 50 이상을 초과하거나 미달한 경우		50	100	150
나) 실제측정값이 영양표시량 대비 100분의 20 이상 100분의 50 미만의 범위에서 초과하거나 미달한 경우		20	40	60

이러한 의도로 태어난 재량준칙이 행정청의 재량권 행사를 원천적으로 제거하는 경우에는 그 자체로 모순성을 지닐 수밖에 없게 되는데, 왜냐하면 재량준칙이 법률에서 행정청에게 부여한 재량권의 행사를 제한하게 되기 때문이다.[16] 입법부가 행정부에게 또는 상급

16) Maurer, Hartmut, AllgVerwR, 18. Aufl. 2011, Verlag. C.H.Beck, § 7 Rn. 15; 김동희, 프랑스 행정법상의 재량준칙에 관한 고찰, 법학, 1986, 27권 213호, 59면 이하: 참고로 프랑스 꽁세이 데따의 1942년 Piron 판결에서는 행정청의 특정 처분이 재량준칙에 입각하였다는 사실만으로 그것은 행정청에게 부여한 재량을

행정청이 하급행정청에게 법률이나 시행령 또는 시행규칙에서 재량권을 부여한 취지는, 행정청이 그 사안을 처리함에 있어서 구체적인 여러 사정들을 충분히 고려하여 개별적 타당성이 있는 행정작용을 하라는 취지인데,[17] 재량준칙에게 강한 구속력을 긍정하게 되면 이러한 취지가 제한당하는 문제가 발생한다. 특히나 어떤 특정한 행위에 대해서 일대일 대응방식으로 재량권 행사의 기준을 설정하게 되는 경우에 행정실무자들은 이러한 기준에 따라서 기계적으로 행정작용을 수행하는 경우가 통상적이었다. 물론 최근에는 이러한 점을 보다 완화하기 위하여 통상적으로 재량준칙을 제정함에 있어서 일반기준과 개별기준으로 구분하고 있기는 하지만, 그렇다고 하여 이러한 모순이 완전히 해결되는 것은 아니다. 왜냐하면, 이러한 규정으로도 재량을 부여한 취지를 온전히 구현하지 못하는 경우가 발생할 수 있는데, 일반기준에서는 최대한 이분의 일 범위 내에서만 개별기준을 벗어나도록 하고 있으며, 과태료가 체납되고 있는 경우에는 이마저도 제외하고 있고, 행정실무에서는 여전히 개별기준에 따라서 기계적으로 처분이 이루어지는 경우가 많기 때문이다.

V. 재량준칙에 대한 기존의 논의

재량준칙을 접근함에 있어서 기존의 논의와 관련하여, 먼저 우리나라의 학자들과 판례는 재량준칙에 대해서 어떤 입장을 취하고 있는 살펴보기로 한다.

1. 학자들의 입장

우리나라의 행정법학자들은 재량준칙을 일단 행정규칙의 일종으로 설명하면서, 다만 제재적 행정처분의 기준으로 마련된 재량준칙이 수권법률에서 대통령령·총리령 또는 부령의 형식으로 제정하도록 위임규정이 있는 경우에는 이와 결합하여 법규명령의 성질을 지니게 된다고 설명하는 것이 일반적이다.

홍정선 교수는 재량준칙을 행정규칙의 한 종류로 보고 있으면서, 제재적 행정처분의 기준으로 제정된 재량준칙의 경우 그 제정형식에 착안하여 법령의 위임을 받아 대통령령

제한하는 것으로서 법의 착오가 되고 위법사유가 된다고 판결한 점에서 잘 알 수 있다. 그후 꽁세이 데따는 아르노 판결(C.E. 13 juillet 1962)에서 당해 재량준칙이 강행성을 갖지 아니하고, 실정법규에 위배되지 아니하며 또한 행정청이 당해 사건의 특수성을 구체적으로 심사한 경우에 있어서는 재량준칙을 적용한 처분은 위법하지 않다고 판시하였다.

17) Lange, Klaus, Ermessens – und Beurteilungsspielräume als Transformatoren von Innen – und Außenrecht, NJW 1992, S. 1193.

총리령 부령으로 제정되었다면 법규명령으로 그렇지 않고 법령의 위임이 없이 제정되었다면 행정규칙으로 본다. 형식설 또는 수권여부기준설의 입장에 서는 경우에도, 행정처분 기준에 가중 또는 감경 규정을 두게 되면 재량성도 부여하게 되어 법규명령에서의 행정청의 재량권행사에 문제가 없다고 하고 있다.[18]

정하중 교수는 재량준칙을 법규범이 행정에게 재량권을 부여하는 경우에 상급행정기관이 하급행정기관의 재량권을 행사하는 방식에 대하여 정하는 행정규칙을 말한다고 하고, 행정규칙은 헌법상의 평등의 원칙을 매개로 하여 간접적으로 외부적 효력을 갖는다고 설명한다.[19] 재량준칙의 전형적인 예로 들 수 있는 제재적 처분의 기준의 법적 성질에 대해서 정하중 교수는 국민의 기본권 행사와 직접적 관련성을 갖고 있는 점에 비추어 그것이 내용상 행정규칙의 성질을 갖는 것인지도 의문이며, 훈령적 사항이라도 그것이 법률의 수권을 근거로 법규명령의 형식으로 제정된 경우는 법규명령이라고 한다.[20] 정하중 교수는 재량준칙이 법규명령 형식으로 제정되면 법규명령이고 그렇지 아니하면 행정규칙으로 보는 입장이다.

박균성 교수는 재량준칙은 기본적으로 행정부 내부 조치이며, 재량준칙에 대해서 평등원칙을 매개로 하여 재량준칙의 간접적 대외적 구속력을 인정하는 견해가 타당하고 한다.[21]

배영길 교수는 법규명령과 행정규칙의 구별은 강학(학문)상의 구별이며 양자의 구별은 상위법의 수권 유무라는 '형식적 요건'에 의거하여 수권이 있으면 법규명령이고, 그렇지 아니하면 행정규칙으로 보는 것이 타당하다고 한다.[22]

김중권 교수는 위임재량준칙이라는 제목 하에 법률은 허가취소 등을 규정함에 있어서 처분사유와 함께 불이익처분을 세분하여 규정하지 않고 그 사유만을 일반적으로 규정할 뿐이므로 행정으로서는 법집행의 통일을 기하기 위해 처분사유와 그에 따른 불이익처분을 세분화 하는 기준이라고 소개하고 있다. 김중권 교수는 재량준칙이 개별적 수권이 없이 제정된 경우에는 내부적 준칙에 그치는데, 문제는 법령의 위임에 의거하여 법규명령의 형식으로 발해질 때라고 한다. 특히 제재적 행정처분의 기준으로 제정된 재량준칙은 - 그에 의

18) 홍정선, 행정법특강, 박영사, 2013, 139면, 155면; 홍정선, 의료업면허와 그에 대한 행정처분기준의 성질에 관한 판례연구, 한국의료법학회지 제11권 제1호, 2003, 76면.

19) 정하중, 행정법개론, 법문사, 2016, 140면: 정하중 교수는 재량준칙의 예로서 국토교통부장관이 시장·군수·구청장에 대하여 철거대상이 되는 위법건축물의 기준을 정한다든지, 지방자치단체장이 지방공무원 채용에 이어서 면접기준을 정하는 경우를 들고 있으나, 이러한 기준들은 재량준칙이 아니라, 법령해석준칙 내지 구체화준칙에 해당된다고 볼 것이다.

20) 정하중, 행정법개론, 법문사, 2016, 151면.

21) 박균성, 행정법강의, 박영사, 2013, 157면 이하.

22) 배영길, 공법의 규범 체계, 공법연구 제37집 제1호(2008/10), 106면.

하면 법규성을 지니므로 - 법규명령의 성질을 지녀야 하고, 만약 그렇지 아니하면 법률유보의 원칙에 배치된다고 본다. 따라서 부령의 형식으로 제정된 제재적 행정처분의 재량준칙 역시 법규명령으로 보아야 한다고 주장한다.23)

김남철 교수는 재량준칙을 원칙적으로 행정규칙이라고 설명하면서도, 제재적 처분의 기준으로서의 재량준칙과 관련하여서는 그 발령형식에 초점을 두어 판단하고 있다.24)

홍강훈 교수에 의하면, 제재적 처분의 기준으로서 제정되는 재량준칙과 관련되는 논의를 법규명령형식의 행정규칙과 관련된 논의로 보아, 이를 법규명령과 행정규칙의 중간영역에 존재하는 규정에 있어서 본질적 정체성의 관점에서 논의하고 있다.25)

강주영 교수는 "이와 같이 제재기준의 규정형식이 대통령령이냐 부령이냐 아니면 고시 또는 훈령이냐에 따라 법적 성격을 달리하는 것은, 헌법 해석의 차원에서 그리고 수범자인 국민의 입장에서도 혼란을 가중하는 것이다. 또한 제재기준이 국민의 기본권과 관련될 수 있으며 권리의무에 직접적인 영향을 준다고 하여서 고시 또는 훈령에 규정되어 있는 경우에 대해서도 법규명령적인 행정규칙이라고 하기에는 어려움이 있다. 왜냐하면 제재기준은 본원적으로 재량준칙인 행정규칙의 성격을 가지고 있기 때문이다. 따라서 대통령령이라는 규범형식이 가지는 무게에 압도되어 제재적 행정처분기준을 법규명령으로 파악하거나 또는 그 외의 규범형식이 가지는 가벼움으로 인해 쉬이 행정규칙으로 이해하는 이중적 태도보다는, 제재적 행정처분기준이 가지는 재량준칙으로서의 본원적 성격에 집중할 필요가 있다.26)"라고 하여 재량준칙의 법적 성질에 대한 기존의 논의에 문제가 있음을 지적하고 있다.

이러한 우리나라의 대다수 학자들의 견해와는 달리 독일의 Ossenbühl 교수에 의하면 재량준칙은 행정권이 지니는 독자적인 입법권능에 의거하여 제정된 법규이며, 헌법상의 평등의 원칙을 매개로 하지 아니하더라도 법규성을 지닌다고 보는데, 왜냐하면 行政權도 일정한 한도 내에서 고유한 法規制定權이 있기 때문이다. 이러한 법규제정권이 긍정되는 근거는 행정권 역시 입법부와 마찬가지로 민주적 정통성을 지니고 있는 자주적인 국가기관이며, 국가기능 중에서 입법이나 사법은 때때로 휴지 또는 정지 상태에 있더라도 국가의 운영에 커다란 지장을 초래하지 아니한데 비하여, 행정은 잠시도 중단할 수 없는 영속적인 기능을 갖고 있으며, 입법권과 사법권의 범위는 비교적 명확한데 반하여 행정은 다양하고

23) 김중권, 행정법, 법문사, 2013, 343면 이하.

24) 김남철, 행정법강론, 박영사, 2014, 273면 이하.

25) 홍강훈, 법규명령과 행정규칙의 경계설정을 위한 새로운 기준 — 소위 행정규칙형식의 법규명령과 법규명령형식의 행정규칙의 정체성 규명기준, 공법연구 제43집 제1호(2014/10), 362면.

26) 강주영, 행위제한법규의 규정형식과 행정법규의 해석 - 대상판결: 대법원 2015.7.9. 선고 2014두47853 판결, 강원법학 제51권(2017. 6), 374면.

광범한 기능을 수행하게 됨으로 인하여 국가의 보충적 기능을 수행하게 된다는 점 등에서 찾고 있다.[27] 재량준칙의 법적 성질을 논함에 있어서 재량준칙이 대외적 효력을 지니는 것에 준하여 취급하여야 한다는 의미에서 준법규(Quasi-Rechtsverordnung)라는 입장도 제시되고 있는바, 이러한 준법규설에서 명확하게 하여야 할 점은 재량준칙이라는 기준 그 자체가 준법규로 전환되어서 구속력을 지니게 되는 것이 아니라, 재량준칙의 적용이 '거듭됨'으로 인하여 평등의 원칙(Gleichheitsatz) 내지 신뢰보호의 원칙(Vertrauensschutz)의 적용에 따라서 즉 이러한 원칙들의 효력들이 구속력을 발휘하는 것이지, 재량준칙 그 자체가 준법규로서의 효력을 지니게 되는 것은 아니라고 할 것이다.[28]

2. 판례의 입장

먼저 재량준칙과 관련된 판례의 입장은 재량준칙을 행정부 내부의 사무처리 규정으로 보는 입장으로부터 법규명령으로 보는 입장까지 다양하다. 판례의 기본입장은 재량준칙은 원칙적으로 행정부 내부의 사무처리준칙으로 보는 입장이고 설령 그러한 재량준칙이 부령의 형식으로 발급된 경우에도 동일하게 평가한다. 다만, 재량준칙의 발급형식이 대통령령인 경우에는 이를 법규명령으로 보고 있다.

(1) 대법원 1986. 11. 25. 선고 86누533 판결

"자동차운수사업법 제31조 등의 규정에 의한 사업면허의 취소 등의 처분에 관한 규칙(1982.7.31 교통부령 제724호)은 그 규정의 성질과 내용으로 보아 자동차운수사업면허의 취소처분 등에 관한 基準과 처분절차 등 행정청내의 사무처리준칙을 정한 行政命令에 불과한 것이어서 이는 행정조직 내부에서 관계행정기관이나 직원을 구속함에 그치고 대외적으로 국민이나 법원을 구속하는 것은 아니므로 자동차운수사업면허취소 등의 처분의 적법여부는 위 규칙에 적합한 것인가의 여부에 따라 판단할 것이 아니고 어디까지나 자동차운수사업법의 규정 및 그 취지에 적합한 것인가의 여부에 따라 판단하여야 한다."[29]

동 판결에서 재량준칙의 내용을 기능적으로 살펴보니 이는 행정청이 준수하여야 할 기준을 정한 것이어서 행정부 내부의 사무처리준칙으로 판단하였다는 점에서 재량준칙의 적용대상을 행정부 내부로 보았다. 판례의 입장에서는 제재적 행정처분의 기준을 정한 재량준칙에 대하여 종래 훈령으로 정하였던 사항을 부령으로 정하였으므로 그 실질에 변화

27) Ossenbühl, Fritz, Rechtsquellen und Rechtsbindungen der Verwaltung, in Erichsen S. 155 ff. Rn. 41 ff.

28) Ossenbühl, Fritz, Rechtsquellen und Rechtsbindungen der Verwaltung, in Erichsen S. 160f. Rn. 49 f.

29) 同旨: 대법원 1984. 2. 2. 선고 883누551 판결; 대법원 1990. 10. 12. 선고 90누3546 판결.

가 없다는 점에서 이 역시 행정청 내부의 사무처리준칙에 불과한 행정명령이라고 판시하였다.[30)]

(2) 대법원 1991. 3. 8. 선고 90누6545 판결

"공중위생법 제23조 제1항은 처분권자에게 영업자가 법에 위반하는 種類와 정도의 경중에 따라 제반 사정을 참작하여 위 법에 규정된 것 중 적절한 종류를 선택하여 합리적인 범위내의 행정처분을 할 수 있는 재량권을 부여한 것이고, 이를 시행하기 위하여 동 제4항에 의하여 마련된 공중위생법시행규칙 제41조 별표7에서 위 행정처분의 기준을 정하고 있더라도 위 시행규칙은 형식은 부령으로 되어 있으나 그 性質은 행정기관내부의 사무처리 준칙을 규정한 것에 불과한 것으로서 보건사회부장관이 관계 행정기관 및 직원에 대하여 그 직무권한 행사의 指針을 정하여 주기 위하여 발한 行政命令의 성질을 가지는 것이지, 위 법 제23조 제1항에 의하여 보장된 재량권을 기속하거나 대외적으로 국민을 기속하는 것은 아니다."

동판결에서 '위 시행규칙은 형식은 부령으로 되어 있으나'라고 판시하여 판례도 그 형식의 무게를 느끼고는 있으나, 기능을 살펴보니 그 性質은 행정기관내부의 사무처리 준칙을 규정한 것이므로 행정명령이라고 판시하고 있다.

(3) 대법원 1993. 06. 29. 선고 93누5635 판결[대중음식점업영업정지처분취소]

"같은 법 시행규칙 제53조에 따른 별표 15의 행정처분기준은 행정기관 내부의 사무처리준칙을 규정한 것에 불과하기는 하지만 규칙 제53조 단서의 식품 등의 수급정책 및 국민보건에 중대한 영향을 미치는 특별한 사유가 없는 한 행정청은 당해 위반사항에 대하여 위 처분기준에 따라 행정처분을 함이 보통이라 할 것이므로, 행정청이 이러한 처분기준을 따르지 아니하고 특정한 개인에 대하여만 위 처분기준을 과도하게 초과하는 처분을 한 경우에는 재량권의 한계를 일탈하였다고 볼 만한 여지가 충분하다."

동판결에서 재량준칙의 기능적인 측면에 착안하여 살펴보아 재량준칙의 벗어나는 것을 정당화하는 사유가 있는 지 여부도 고려하고 있다.

30) 판례의 입장을 따라가 보자면, 자동차운수사업법 제31조 등의 규정에 의한 사업면허의 취소 등의 처분기준이 처음에 교통부훈령으로 되어 있었던 것을 그 법적 효력을 강화하고자 자동차운수사업법 제31조 등의 규정에 의한 사업면허의 취소등의 처분에 관한 규칙으로 격상시킨데서 연유한다. 판례는 처음에 훈령으로 정해져 있었던 사항을 단지 형식만 바꾸어 부령의 형식으로 제정하였다고 해서 그 법적 성질이나 효력이 달라지지는 않는다고 본 것이다.

(4) 대법원 1998. 3. 27. 선고 96누19772 판결

"주유소배치계획의 기준에 관한 관리규정 제5조의8 제1항 제1호, 제4항의 각 조항(1995. 11. 11. 개정시 신설된 것)은 상급기관인 建設部長官이 法令에 의하여 권한을 수임한 하급기관인 시장·군수에 대하여 통일적이고도 동등한 裁量行使를 확보하기 위하여 그 재량권 행사방법을 정하여 발하고 있는 것으로서 행정기관 내부의 사무처리준칙에 불과할 뿐 대외적인 구속력을 가지는 것은 아니라 할 것이므로, 당해 불허가처분이 위 規則에 위배되는 것이라 하여 違法의 문제는 생기지 아니하고 또한 그 처분의 적법 여부는 위 규칙에 적합한 지의 여부에 의하여 판단할 것이 아니고 관계 법령의 규정 및 취지에 적합한 지의 여부에 따라 個別的·具體的으로 판단하여야 한다."

동판결에서 재량준칙을 적용한 처분의 위법 여부는 결국 모법으로 돌아가서 모법과 구체적 처분 사이에서 재량권의 일탈·남용 여부를 판단하여야 한다고 판시하였는바, 재량준칙은 이처럼 기능적으로 매개하는 역할을 하는 것에 그침을 판시하였다.

(5) 대법원 1998. 3. 27. 선고 97누20236 판결

"도로교통법시행규칙 제53조 제1항이 정한 [별표 16]의 운전면허행정처분기준은 관할 행정청이 운전면허의 취소 및 운전면허의 효력정지 등의 사무처리를 함에 있어서 처리기준과 방법 등의 세부사항을 규정한 행정기관 내부의 처리지침에 불과한 것으로서 대외적으로 국민이나 법원을 기속하는 효력이 없으므로, 자동차운전면허취소처분의 적법 여부는 위 운전면허행정처분기준만에 의하여 판단할 것이 아니라 도로교통법의 규정 내용과 취지에 따라 판단되어야 하며, 위 운전면허행정처분기준의 하나로 삼고 있는 벌점이란 자동차운전면허의 취소·정지처분의 기초자료로 활용하기 위하여 법규 위반 또는 사고야기에 대하여 그 위반의 경중, 피해의 정도 등에 따라 배점되는 점수를 말하는 것으로서, 이러한 벌점의 누산에 따른 처분기준 역시 행정청 내의 사무처리에 관한 裁量準則에 지나지 아니할 뿐 법규적 효력을 가지는 것은 아니다."

동판결은 재량준칙은 기능적으로 매개하는 역할을 함에 그치므로, 재량준칙을 적용한 처분의 위법 여부는 재량준칙으로서 운전면허행정처분기준만에 의하여 판단할 것이 아니라 도로교통법의 규정 내용과 취지에 따라 재량권의 일탈·남용 여부를 판단하여야 한다고 보았다.

(6) 대법원 2013. 07. 11. 선고 2013두1621 판결[토지분할신청불허가처분취소]

"행정청 내부의 사무처리에 관한 재량준칙의 경우 대외적으로 국민이나 법원을 기속

하는 효력 즉 법규적 효력이 없으므로, 이러한 재량준칙에 기한 행정처분의 적법 여부는 그 처분이 재량준칙의 규정에 적합한 것인가의 여부에 따라 판단할 것이 아니고 그 처분이 관련 법률의 규정에 따른 것으로 헌법상 비례·평등의 원칙 위배 등 재량권을 일탈·남용한 위법이 없는지의 여부에 따라 판단하여야 한다."

동판결은 재량준칙은 기능적으로 매개하는 역할을 함에 그치므로, 재량준칙을 적용한 처분의 위법 여부는 모법과 구체적 처분 사이에서 재량권의 일탈·남용 여부를 판단하여야 한다고 판시하였다.

(7) 대법원 1997. 12. 26. 선고 97누15418 판결

"당해 처분의 기준이 된 주택건설촉진법시행령 제10조의3 제1항 [별표 1]은 주택건설촉진법 제7조 제2항의 위임규정에 터잡은 규정형식상 대통령령이므로 그 성질이 部令인 시행규칙이나 또는 지방자치단체의 규칙과 같이 통상적으로 행정조직 내부에 있어서의 행정명령에 지나지 않는 것이 아니라 대외적으로 국민이나 법원을 구속하는 힘이 있는 법규명령에 해당한다."

기존의 판례의 입장이 제재적 행정처분의 기준이 대통령령의 형식의 제정된 경우에는 법규명령에 해당한다고 보았다. 동판결에서 대법원은 그 내용상 재량준칙에 해당되는 처분의 기준을 단지 대통령령의 형식으로 제정되었다고 하여 법규명령으로 보고 있는바, 이러한 입장은 재량준칙이 가지는 기능적 측면을 도외시하고 있는 문제가 있다.

(8) 대법원 2001. 3. 9. 선고 99두5207 판결

"구 청소년보호법(1999. 2. 5. 법률 제5817호로 개정되기 전의 것) 제49조 제1항, 제2항에 따른 같은법시행령(1999. 6. 30. 대통령령 제16461호로 개정되기 전의 것) 제40조 [별표 6]의 위반행위의종별에따른과징금처분기준은 법규명령이기는 하나 모법의 위임규정의 내용과 취지 및 헌법상의 과잉금지의 원칙과 평등의 원칙 등에 비추어 같은 유형의 위반행위라 하더라도 그 규모나 기간·사회적 비난 정도·위반행위로 인하여 다른 법률에 의하여 처벌받은 다른 사정·행위자의 개인적 사정 및 위반행위로 얻은 불법이익의 규모 등 여러 요소를 종합적으로 고려하여 사안에 따라 적정한 과징금의 액수를 정하여야 할 것이므로 그 수액은 정액이 아니라 최고한도액이다."

판례는 대통령령의 형식으로 제정된 처분기준을 법규명령으로 보면서도 과징금의 액수를 정한 기준을 최고한도액으로 보아서, 법규명령으로 보는 것으로부터 파생되는 구속력을 완화하고자 하였다.

3. 소결

판례는 재량준칙의 법적 성격에 대하여 처음에는 '그 규정의 성질과 내용으로 보아 … 행정청 내의 사무처리준칙을 정한 행정명령에 불과한 것이어서'라고 판시하여 규정의 성질과 내용을 기준으로 재량준칙의 법적 성격을 판단하였다. 다음에는 '행정처분의 기준을 정하고 있더라도 위 시행규칙은 형식은 부령으로 되어 있으나 그 성질은 행정기관내부의 사무처리준칙을 규정한 것에 불과한 것으로서'라고 판시하여, 재량준칙의 법적 성격을 판단함에 있어서 부령의 형식보다도 그 성질을 기준으로 하였다.

그러다가 주택건설사업영업정지처분취소판결에서는 '당해 처분의 기준이 된 주택건설촉진법시행령 제10조의3 제1항 [별표 1]은 … 규정형식상 대통령령이므로 … 대외적으로 국민이나 법원을 구속하는 힘이 있는 법규명령에 해당한다'라고 판시하여 재량준칙의 법적 성격을 그 규정형식에 따라서 형식적으로 판단하였다. 이어서 대법원은 과징금부과처분취소판결에서 대통령령 형식의 재량준칙인 위반행위의종별에따른과징금처분기준에 대해서 '법규명령이기는 하지만 … 그 수액은 정액이 아니라 최고한도액이라고 할 것이다'라고 판시하면서 법규명령인 재량준칙에 대하여 신축적인 구속력을 부여하였다. 즉, 판례는 재량준칙의 법적 성격에 대해서 처음에는 그 성질에 따라서 판단하다가 추후에는 그 형식에 따라서 판단하다가 다시금 법규명령이기는 하나 그 수액은 정액이 아니라 최고한도액이라고 판시하였다. 이러한 판례의 변화를 따라가 보면 결국 판례는 재량권 행사의 준칙으로 마련된 기준을 당해 사안에 적용하는 것과 관련하여 어떠한 신축성을 지속적으로 견지하고자 하는 것으로 귀결될 수 있다.[31)]

이와 관련하여 재량준칙으로 마련된 기준은 법형식과 결부될 것이 아니라는 점을 지적할 수 있다. 재량준칙으로 마련된 기준은 법규명령인가 아니면 행정규칙인가와 같이 대외적 구속력의 관점에서 제정된 기준이 아니기 때문이다. 그러므로 우리 판례는 재량준칙의 법적 성격을 판단함에 있어서 이를 법규명령인가 아니면 행정부 내부의 사무처리준칙인가의 구분으로 들어가서 논의를 전개할 필요가 없다. 그러한 구분을 시도하다 보니 재량준칙을 처음에는 행정부 내부의 사무처리준칙으로서 내부적인 효력을 갖는 것으로 보다가, 대통령령으로 제정된 재량준칙에 있어서는 갑자기 법규명령에 해당한다고 판시하였던바, 이러한 판시에 대해서는 학자들의 비판의 십자포화(Kreuzfeuer)가 있었다.[32)] 판례는 재량준칙이라

31) 참고: 김중권, 행정법, 법문사, 2013, 343면.

32) 홍정선, 의료업면허와 그에 대한 행정처분기준의 성질에 관한 판례연구, 한국의료법학회지 제11권 제1호, 2003, 74면; 강현호, 재량준칙의 법적 성격, 28면 이하: 이러한 판례의 입장에 대해서 첫째, 재량권 행사의 기준이라는 실질적인 점에 변화가 없이 대통령령으로 규정이 되었더라도 이를 행정규칙으로 보았어야 논리의 일관성을 유지하는 것은 아닌가, 둘째, 헌법에서 규정하고 있는 총리령이나 부령을 행정청 내

는 기준을 대외적 구속력의 관점에서 접근하다 보니까, 재량준칙이 일대일 대응방식으로 규정되어 있어 이를 적용한 결과가 구체적·개별적인 사정을 반영하지 못하게 되는 결과를 극복하고자 하였다. 이러한 시도의 연장선상에 서서 구체적인 타당성(Einzelfallentscheidung)을 기하고자 부령으로 정한 재량준칙의 법규성을 부인하게 되었다.[33] 그렇지만, 부령으로 제정된 기준을 행정부 내부의 사무처리준칙으로 평가절하하는 것은 기존의 법령체계와 관련하여 중대한 혼란을 야기하게 된다.[34]

판례가 흑암의 동굴로 빠져들어가는 단초는 바로 재량권 행사의 기준으로 마련된 재량준칙을 기왕의 대외적 구속력의 관점에서 세워진 기준인 법규명령 또는 행정규칙의 어느 하나에 편입(Einordnung)시켜 버렸다는 것에 있다. 그렇다면 이러한 재량준칙의 이러한 기준으로의 편입책 외에 다른 어떤 방법이 존재하는가 하는 의문이 제기될 수 있다.

VI. 판례에 대한 평석

1. 재량준칙에 대한 새로운 접근 – 기능적 매개규범으로서의 재량준칙

법규범(Rechtsnorm)이란 일반인들에게 적용되는 규율을 포함하는 모든 고권적 규율이라고 할 수 있다.[35] 이러한 법규범은 계층적으로 구분하여 보면 헌법, 법률, 명령, 규칙 그리고 조례로 순서 지울 수 있다. 법규범은 적용영역과 관련하여 국제법, 국내법, 연방법 그리고 주법, 게마인데법 등으로 구분할 수 있다. 법규범은 또한 수범자들의 행위를 지도하는 방식과 관련하여 의무부과적 규범과 권한부여적 규범으로 구분할 수도 있다. 전자는 사람들에게 특정한 행위를 선택하도록 강제하는 방식으로만 사람들의 행위를 지도하는 규범이고, 후자는 자기 또는 타인의 법적 지위를 변경시킬 수 있는 권한을 부여하는 규범이다.[36] 법규범을 완전한 법규범과 불완전한 법규범으로 구분하고, 후자에는 설명적 법규범,

---

부의 사무처리준칙으로 볼 수 있는가, 즉 부령과 행정규칙 사이에는 그 형식의 무게에 있어서 현저한 차이가 있음에도 이를 동일시하는 것은 사물의 본질에 반하는 것이 아닌가 셋째, 대통령령과 부령 사이에는 발령권자의 차이 그리고 국무회의의 심의를 거치는가 하는 절차상의 차이밖에 나지 않음에도 전자는 법규명령으로 후자는 행정명령으로 평가하는 것은 정의의 본질에 부합된다고 보기 어렵지 아니한가 등의 의문이 제기된다.

33) 윤영선, 행정소송과 재량준칙, 공법연구, 제28집 제1호, 1999, 46면 이하.

34) 김동희, 프랑스 행정법상의 재량준칙에 관한 고찰, 법학, 1986, 27권 213호, 66면; 황도수, 법규명령과 행정규칙의 본질적 구분(상), 판례월보 제355호, 47면.

35) Maurer, Hartmut, AllgVerwR, 18. Aufl. 2011, Verlag. C.H.Beck, § 4 Rn. 4.

36) 권경휘, 법의 규범적 성격에 관한 연구 : 법은 수범자의 행위를 어떠한 방식으로 지도하는가?, 법학논문집 제36집 제1호(2012), 27면.

제한적 법규범 그리고 인용적 법규범으로 분류하기도 한다.[37] 이처럼 법규범은 다양한 방식으로 여러 모습으로 분류될 수 있는 것이다.

행정부가 제정하는 법규범을 구분하여 보자면 다음과 같이 구분할 수 있다. 대외적 구속력을 기준으로 하여 법규범은 법규명령과 행정규칙으로 구분된다. 법규명령이란 행정권이 법령의 수권에 의하여 정립하는 일반적·추상적 규정으로서 법규의 성질을 가지는 행정입법을 말한다. 법규명령은 성질은 입법이지만, 행정의 행위형식의 하나이다. 법규란 국민의 권리와 의무를 규율하는 규범으로서, 법규성을 지닌다는 것은 국민과 행정권을 모두 구속하고 재판에 있어서도 근거규범이 되는 성질을 말한다. 법규명령을 위반하는 경우에 국민은 법규명령에 규정된 제재를 부과받게 되고, 행정권의 행정작용은 위법한 작용이 되어서 행정상 손해배상의 책임을 부담하게 되고 나아가 행정쟁송의 대상이 되며, 법원은 예외적 사정이 없는 한 법규명령을 재판의 근거규범으로 삼아야 하며 이로부터 벗어난 재판은 상소의 사유가 된다. 이에 반하여 행정규칙이란 실무에서는 훈령 · 통첩 · 예규 · 지침 · 고시 등으로 불리면서 행정조직 내부관계 또는 특별권력관계 내부에서 조직·업무처리절차·활동기준 등에 관하여 규율하는 일반 · 추상적 규범으로서, 법규성이 없는 규범이다.[38] 특별권력관계 내부에서는 특별권력관계의 구성원으로서의 사람을 수범자로 하는 점에서 행정조직 내부에서의 조직이나 업무처리절차 등에 관한 규칙과는 속성을 달리한다고 하여 '특별명령'이라고도 한다. 법규명령에 있어서 그 대외적 구속력을 긍정하는 이유는 수권법률에서 구속력을 부여하였기 때문이다. 그러므로 어떠한 기준의 대외적 구속력의 구비여부는 결국 수권법률에서 수권을 함에 있어서 어떠한 구속력을 부여하려고 하였는가 하는 것

37) 허일태, 법규론, 동아법학 제24호(1998/11), 494면 이하.

38) 헌법재판소 2008. 11. 27. 2005헌마161: 헌법재판소는 행정청이 제정하는 기준에 대해서 대외적 구속력을 부여할 수 없는 이유와 관련하여 다음과 같은 결정을 내리고 있다: "일반적 구속력을 갖는 법규명령과 중앙 또는 지방행정기관에 의하여 발령되는 고시 · 훈령 · 통첩 등 행정규칙은 그 생성과정 및 효력에 있어서 매우 다르다. 우리 행정절차법에 의하면, 국민의 권리 · 의무 또는 일상생활과 밀접한 관련이 있는 법령 등을 제정 · 개정 또는 폐지하고자 할 때에는 당해 입법안을 마련한 행정청은 이를 예고하여야 하고(제41조), 누구든지 예고된 입법안에 대하여는 의견을 제출할 수 있으며(제44조), 행정청은 입법안에 관하여 공청회를 개최할 수 있는데 반하여(제45조), 고시나 훈령 등 행정규칙 등을 제정 · 개정 · 폐지함에 관하여는 아무런 규정이 없다. 또한 법규명령은 법제처의 심사를 거치고(대통령령은 국무회의에 상정되어 심의된다) 반드시 공포되어야 효력이 발생되는데 반하여, 행정규칙 등은 법제처의 심사를 거칠 필요도 없고 공포 없이도 효력이 발생된다. 결국 위임입법에 대한 국회의 사전적 통제수단이 전혀 마련되어 있지 아니한 우리나라에서는, 행정규칙 등은 그 성립과정에 있어서 타기관의 심사 · 수정 · 통제 · 감시를 받지 않고 또 국민에 의한 토론 · 수정 · 견제 · 반대 등에 봉착함이 없이 은연중 성립되는 것이 가능하다. 그러다 보니 행정기관으로서는 당연히 규율의 방식으로서 법규명령보다 행정규칙 등을 선호하게 되고, 이는 결국 국민의 자유와 권리를 행정의 편의에 맡겨버리는 위험을 초래할 수밖에 없다."
대법원 2010.12.9. 선고 2010두16349 판결[호봉정정거부처분취소]: 2006년 교육공무원 보수업무 등 편람은 교육인적자원부(현재는 교육과학기술부)에서 관련 행정기관 및 그 직원을 위한 업무처리지침 내지 참고사항을 정리해 둔 것에 불과하고 법규명령의 성질을 가진 것이라고는 볼 수 없다고 본 원심판결은 정당하다.

을 기준으로 판단하여야 할 것이다. 과연 법률이나 시행령 또는 시행규칙에서 재량준칙을 규정하도록 수권하는 것은 법적 함의(Konnotation)는 어디에 있는가를 탐구하는 것이 요청된다. 재량준칙의 제정을 근거 지우는 수권은 구속력의 관점이 아니라 대내적 기능성(innere Funktionalität)의 관점에 그 함의가 있다고 보아야 할 것이다. 이러한 대내적 기능성은 모법 자체의 규율방식으로부터 도출된다. 모법이 행정부의 사무처리와 관련하여 일의적인 처리를 상정하고 있는 경우를 기속규정(verbindliche Regelung)이라고 하고, 행정부에게 처리 자체의 여부 또는 처리의 내용과 관련하여 재량을 부여하는 경우를 재량규정(Ermessensregelung)이라고 할 수 있다. 기속규정과 관련하여 행정부는 그 규정의 요건의 해석 내지 구체화와 관련되는 기준들을 마련할 수 있을 것이고 즉 규범해석규칙[39] 내지 규범구체화규칙[40]들을 제정할 수 있으며, 재량규정과 관련하여서는 행정부는 재량권 행사에

---

39) 대법원 2008. 3. 27. 선고 2006두3742,3759 판결【목욕장영업신고서처리불가처분취소;영업소폐쇄명령처분취소】: 상급행정기관이 하급행정기관에 대하여 업무처리지침이나 법령의 해석적용에 관한 기준을 정하여 발하는 이른바 행정규칙은 일반적으로 행정조직 내부에서만 효력을 가질 뿐 대외적인 구속력을 갖는 것은 아니지만, 법령의 규정이 특정 행정기관에게 그 법령 내용의 구체적 사항을 정할 수 있는 권한을 부여하면서 그 권한행사의 절차나 방법을 특정하고 있지 아니한 관계로 수임행정기관이 행정규칙의 형식으로 그 법령의 내용이 될 사항을 구체적으로 정하고 있다면 그와 같은 행정규칙은 위에서 본 행정규칙이 갖는 일반적 효력으로서가 아니라, 행정기관에 법령의 구체적 내용을 보충할 권한을 부여한 법령 규정의 효력에 의하여 그 내용을 보충하는 기능을 갖게 된다 할 것이고, 따라서 이와 같은 행정규칙은 당해 법령의 위임한계를 벗어나지 아니하는 한 그것들과 결합하여 대외적인 구속력이 있는 법규명령으로서의 효력을 가지는 것이다(대법원 1987. 9. 29. 선고 86누484 판결, 대법원 2003. 9. 26. 선고 2003두2274 판결 등 참조).

대법원 2008. 4. 10. 선고 2007두4841 판결【건축불허가처분취소】: 산지관리법 제18조 제1항 제8호에서 산지전용허가기준의 하나로 "사업계획 및 산지전용면적이 적정하고 산지전용방법이 자연경관 및 산림훼손을 최소화하고 산지전용 후의 복구에 지장을 줄 우려가 없을 것"이라는 추상적 기준을 설정하면서 같은 조 제4항에 의하여 그 세부기준을 대통령령으로 정하도록 위임하고 있고, 같은 법 시행령 제20조 제4항 [별표 4] 7.의 바.항에서 위 세부기준의 하나로 "전용하고자 하는 산지의 표고(표고)가 높거나 설치하고자 하는 시설물이 자연경관을 해치지 아니할 것"이라고 규정하여 전용하고자 하는 산지의 위치에 대한 대강의 제한을 제시하고 있으면서 같은 비고 2.에 의하여 위 기준을 적용하는 데 필요한 세부적인 사항은 산림청장이 정하여 고시하도록 위임하고 있으며, 이에 따라 산림청장이 법령에 따른 구체적인 기준으로서 전용하고자 하는 산지의 높이에 있어서의 한계로서 "산지의 경관을 보전하기 위하여 전용하고자 하는 산지는 당해 산지의 표고(산자락 하단부를 기준으로 한 산정부의 높이로 지반고를 말한다)의 50/100 미만에 위치하여야 한다"고 정한 산지전용허가기준의 세부검토기준에 관한 규정(2003. 11. 20. 산림청 고시 제2003-71호, 이하 '이 사건 고시'라고 한다) 제2조 [별표 3] (바)목 가.의 규정은 위 산지관리법령이 위임한 바에 따라 그 법령의 내용이 될 사항을 구체적으로 정한 것으로서, 당해 법령의 위임 한계를 벗어나지 않으므로, 그와 결합하여 대외적으로 구속력이 있는 법규명령으로서 효력을 가진다고 할 것이다.

40) BVerwGE 72, 300: 독일법상 규범구체화행정규칙이란 고도의 전문성과 기술성이 요구되는 환경이나 보건 등의 행정영역에 있어서 입법기관이 규범내용을 구체화하지 못하고 규범내용을 구체화(具體化)하는 기능을 행정권에 맡긴 경우에 행정기관이 당해 규범을 구체화한 행정규칙으로서, 무엇보다도 법규성을 지닌다는 점에서 다른 행정규칙과는 구별된다. 일정한 경우에는 법령의 명시적인 수권이 없이도 이러한 규범구체화 행정규칙이 제정될 수 있다고 본다. 이러한 규범구체화행정규칙의 관념은 독일 연방행정법원의 Wyhl(빌)판결에서 정립되었으나, 아직까지 완전히 정착된 것은 아니다.

있어서 기준들을 정립할 수 있을 것이다. 전자는 규범의 요건(Tatbestand)과 관련되어 제정되는 기준들이고, 후자는 규범의 효과(Rechtsfolge)와 관련되어 제정되는 규범이라고 할 수 있다. 여기서 재량규정의 경우에 행정부가 마련하는 기준들을 재량준칙이라고 할 수 있는데, 재량준칙은 대외적 구속력의 관점에서 마련되는 것이 아니라 대내적 기능성의 관점에서 제정되는 것이고, 대내적 기능성의 관점에서 마련되는 재량준칙은 대외적 구속력이라는 차원과는 전혀 다른 차원의 규범으로서 기능적 매개규범(funktionale Vermittlungsnorm)으로서 작동을 하게 된다.[41]

입법부가 행정부에게 사무의 처리를 수권하고 그러한 사무처리와 관련하여 어느 정도의 재량을 부여한 경우에, 행정부는 그러한 사무처리를 위하여 재량권 행사의 기준을 제정할 수 있다. 행정부는 수권법률에서 재량을 부여한 사무의 처리에 있어서 수권법률 그 자체만을 가지고 사무를 처리할 수도 있고, 다시 한 번 더 중간적인 기준(Vermittlungsnorm)을 정립한 연후에 처리할 수도 있다. 재량준칙을 제정하는 이유는 앞에서 보았듯이 통일성, 예측가능성, 효율성 등의 관점에서 제정하게 되는데, 재량준칙의 제정여부 역시 원칙적으로는 행정청의 재량에 속한다고 볼 것이지만, 경우에 따라서는 수권법률 그 자체에서 재량준칙의 제정을 규정하고 있는 경우도 있다.[42] 그러나, 이처럼 수권법률에서 재량준칙의 제정을 규정하고 있다고 하여도, 재량준칙은 어디까지나 대외적인 구속력의 관점에서 규율되는 것이 아니라 내부적인 기능성의 관점에서 제정되는 것이라고 할 것이다.

먼저, 이러한 재량권 행사의 기준을 왜 기존의 대외적 구속력의 관점에서 세워진 법규명령 또는 행정부 내부의 사무처리준칙이라는 범주에 포함시키려고 하는가 의문을 제기해 본다. 재량준칙은 행정부 내지 행정담당자에 대하여 그 재량권의 행사와 관련하여 일응 합리적이고 타당성이 있다라고 판단되어지는 기준으로 제시된 것이다. 이러한 기준은 행정담당자가 하나의 가이드라인으로 삼아서 행정작용을 수행하라는 것으로서 법규명령이나 행정규칙과 같은 대외적 구속력의 관점에서 제정된 기준과는 완전히 차원이 다른 기준(ungesicherte dritte Kategorie der Rechtsnorm)이다.[43] 이러한 규범을 일컬어 기능적 매개규범(funktionale Vermittlungsnorm)이라고 할 수 있다. 기능적 매개규범이란 문자 그대로 기능적

41) 참조: 전훈, 행정규칙의 법규성의 이해 - 프랑스 행정법원 판례를 중심으로, 법학논고 제21집(2004/12): 유도적 성격의 재량준칙으로서의 directive라는 제목하에 directive는 행정청이 재량권한을 보유하고 있는 부분에 있어서 행정청이 취할 개별적 행정처분의 진행방향이나 기준을 정한 것이다.

42) 식품위생법 제80조(면허취소 등) ① 식품의약품안전처장 또는 특별자치시장·특별자치도지사·시장·군수·구청장은 조리사가 다음 각 호의 어느 하나에 해당하면 그 면허를 취소하거나 6개월 이내의 기간을 정하여 업무정지를 명할 수 있다. 다만, 조리사가 제1호 또는 제5호에 해당할 경우 면허를 취소하여야 한다. 1. … ② 제1항에 따른 행정처분의 세부기준은 그 위반 행위의 유형과 위반 정도 등을 고려하여 총리령으로 정한다. <개정 2010.1.18., 2013.3.23.>

43) Voßkuhle/Kaufhold: Grundwissen - Öffentliches Recht: Verwaltungsvorschriften JuS 2016, 314.

인 측면에서 접근하여야 하는 규범이어서 구속력의 관점에서 접근하여서는 아니되는 규범이다. 기능적 매개규범이 제정되어 있는 곳에서는 행정의 사무처리자는 그러한 규범을 기능적인 측면에서 바라보고, 당해 사안에 이를 참고자료로 사용하면 되는 것이고, 사안의 처리와 관련한 적법 여부는 재량준칙의 적용 여부가 판단기준이 되는 것이 아니다. 행정의 상대방인 국민도 재량준칙이라는 기준의 적용을 배제할 수 있는 특별한 사정을 진술하여 처분의 발급에 있어서 고려될 수 있도록 주장할 수도 있는 것이다. 행정사무처리자는 사안을 바라보고 이에 어떠한 처분을 발급할 것인지는 원칙적으로 수권법률 그 자체에 근거하여야 하며, 재량준칙은 하나의 권고 내지 유도의 의미를 지니는데 불과한 것으로 보아야 할 것이다. 우리 판례도 "자동차운수사업면허취소 등의 처분의 적법여부는 위 규칙에 적합한 것인가의 여부에 따라 판단할 것이 아니고 어디까지나 자동차운수사업법의 규정 및 그 취지에 적합한 것인가의 여부에 따라 판단하여야 한다."라고 하여 재량준칙의 이러한 의미를 어느 정도는 이해하고 있다.[44)]

사안을 파악하여 재량준칙에 규정된 기준을 고려할 수 있으며 재량준칙을 적용하여 사무를 처리하는 것을 방해하는 다른 사정들이 없다면 재량준칙을 적용하여 사무를 처리할 수 있으며, 그런데 행정사무처리자가 구체적인 사정들을 고려하여 판단함에 있어서 다른 고려변수가 있는 경우에는 그러한 변수를 고려하여 기능적 매개규범과 다른 결정에 도달하여도 무방하다.[45)] 행정사무처리자는 재량이 부여된 처분을 할 경우에 재량준칙을 맹목적으로 적용하여서는 아니되고, 설령 준칙의 내용이 합리적이라 하더라도 개개의 사건의 특수성에 대하여 조사를 하여야만 할 의무를 부담한다.

기능적 매개규범은 하나의 규범이므로 특정의 사안과 관련하여 문제가 된 경우에 법원은 그러한 기능적 매개규범을 적용한 행정작용에 대해서는 먼저 그러한 기능적 매개규범에 대해서 수권법률의 관점에서 정당성을 심사하여야 할 것이다. 이러한 심사는 설령 그러한 재량준칙이 대통령령의 형식으로 제정된 경우라고 하더라도 불가능한 것이 아니라 - 재량준칙은 대외적 구속력의 관점에서 제정된 것이 아니므로 대통령령의 형식으로 제정되었다고 하여 법규명령이어서 심사를 하지 못하거나 하지 아니하여야 할 것이 아니라 - 반드시 심사를 하여야만 하는 것이라고 할 것이다. 이러한 심사에 대해서 하나의 예시로 들 수 있는 것이 – 물론 대통령령의 형식으로 제정된 재량준칙은 아니지만 재량준칙에 대한

44) 대법원 1986. 11. 25. 선고 86누533 판결; 同旨: 대법원 1984. 2. 2. 선고 883누551 판결; 대법원 1990. 10. 12. 선고 90누3546 판결.

45) 김동희, 프랑스 행정법상의 재량준칙에 관한 고찰, 법학, 1986, 27권 213호, 66면; 이광윤, 행정법이론, 성대출판부, 2000, 100면; 대법원 1998. 3. 27. 선고 96누19772 판결: 이러한 다른 결정의 가능성에 대해서도 우리 판례는 "당해 불허가처분이 위 規則에 위배되는 것이라 하여 違法의 문제는 생기지 아니하고 또한 그 처분의 적법 여부는 위 규칙에 적합한 지의 여부에 의하여 판단할 것이 아니고 관계 법령의 규정 및 취지에 적합한 지의 여부에 따라 個別的具體的으로 판단하여야 한다."라고 판시하고 있다.

심사의 예로서 들 수 있는 비교적 최신의 판례로서 – 바로 다음 대법원 판결이다: "관계 법령 및 규정 등의 취지와 피고 시 관내 여건을 종합하여 보면, 피고 시가 관내 개인택시 면허발급의 우선순위를 정함에 있어 1차적으로 버스나 다른 사업용 자동차의 운전경력보다 택시 운전경력을 우대하는 것에 더하여, 동일 순위 내 경합이 있으면 다시 택시운전경력자를 우선하도록 하는 내용의 이 사건 규정을 둔 취지는, 그 면허의 대상이 개인택시운송사업이어서 거기에 종사하게 될 자를 정함에 있어서는 버스나 다른 사업용 자동차의 운전경력에 비해 업무의 유사성이 높은 택시운전경력이 더욱 유용하다는 판단과 아울러, 피고 시의 지역 실정상 택시기사 부족사태의 해결 및 균형적인 여객운송사업의 발전을 도모하기 위해서는 관내 안정적인 영업 기반을 갖춘 택시회사의 영업활동에 대한 지원이 필요하다는 판단이 주로 고려된 것으로 보이고, 여기에다가 이 사건 규정을 신뢰하고 장기간 근무하고 있는 관내 택시회사 운전자들의 신뢰이익을 보호할 필요가 있으며, 그로 말미암아 원고와 같은 택시 이외의 운전경력자가 입는 불이익은 정당한 행정목적 달성을 위한 수익적 행정행위에 따르는 반사적인 것에 불과하다는 점까지 보태어 보면, 이 사건 규정 제4조 제2항은 합목적적인 행정의 수단 내지 기준으로서 나름대로 합리적이고 타당한 것이라 할 것이고"라고 판시하면서, 재량준칙에 대하여 먼저 그 정당성 여부에 대한 심사를 하고 있다.[46)]

판례의 입장을 살펴보면 재량준칙을 실질적으로 기능적 매개규범으로 보고 있으면서

46) 대법원 2009. 7. 9. 선고 2008두11099 판결【개인택시운송사업면허제외처분취소】의 사실관계: 동해시는 2006. 1. 17. 여객자동차 운수사업법 제5조, 같은 법 시행규칙 제17조 및 '동해시 개인택시운송사업면허 사무처리규정'(1996. 3. 11. 동해시 훈령 제156호로 제정되고, 2005. 9. 12. 동해시 훈령 제283호로 최종 개정된 것, 이하 '이 사건 규정'이라고 한다)을 근거로 개인택시운송사업면허대상자 모집공고(동해시 공고 제2006–37호, 이하 '면허계획공고'라고 한다)를 하면서, 면허예정대수 10대를 면허발급 우선순위에 따라서 발급하기로 하되, 업종 간 운전경력의 합산 없이 ① 10년 이상 택시 무사고 운전자와 ② 13년 이상 버스 무사고 운전자로서 각 일정기간 근속요건을 갖춘 자 및 ③ 20년 이상 사업용 자동차 무사고 운전자를 동순위의 우선순위자(제1순위 "가"목)로 정한 사실, 이 사건 규정 제2조 제3항은 개인택시운송사업면허 신규발급의 우선순위는 위 공고내용과 같은 우선순위에 의하도록 하면서 시장이 지역실정을 감안하여 따로 정할 수 있도록 하고, 위 규정 제4조 제2항은 동순위의 운전경력은 동일기준 경력으로 산정하면서, 동일기준 경력자 사이에 경합이 있으면 '택시 장기무사고 운전경력자 → 장관표창 수상자 → 연장자'의 순으로 우선하되, 다만 위 우선순위 "가"목의 경우 거기에 열거한 순서 순으로 우선하여 처분한다는 취지로 규정함으로써, 결국 동일 순위 내에서 차종별로 운전경력에 경합이 있는 경우에는 '택시 무사고 운전경력자 → 버스 무사고 운전경력자 → 사업용 자동차 무사고 운전경력자'의 순으로 우선순위가 정해지게 된 사실, 위 규정들은 피고 시가 1996년경 이를 제정한 이래 변동 없이 계속 적용하여 온 사실, 피고 시 관내 택시회사(법인택시) 운전자들 중 상당수는 위 규정에 따른 신규면허의 우선발급을 기대하고 저임금 등 열악한 근무여건을 감내하면서 택시운전업무에 종사해 온 것으로 보이는 사실, 피고 시는 2004년 말경 정부의 지역별 택시총량제 시행지침에 맞추어 관내 개인택시 적정 공급대수를 2005년부터 2009년까지 향후 5년간 23대로 대폭 축소하기로 확정하였고, 그 결과 택시회사 운전자들의 경우에도 개인택시 면허발급의 가능성이 현저히 낮아져 그에 따른 대량 이직사태 및 구인난으로 2007년 10월경만 해도 관내 2개 택시회사(합계 38대)가 여객자동차 운수사업의 폐지를 신청·수리된 사실 등이 인정된다. 이러한 사정하에서 피고는 원고를 개인택시운송사업면허발급대상자로부터 제외하는 처분을 발급하였다.

도 판례와 학설이 미궁으로 빠져드는 이유는 재량권 행사의 기준으로 정립된 재량준칙을 기능적 매개규범의 관점에서 접근하지 아니하고, 대외적 구속력의 관점에서 세워진 기준의 관점에서 재량준칙을 법규명령이나 행정규칙 중에서 어느 하나로 귀속(Zuordnung)시키려고 하는 것에서 발생된다. 재량준칙을 법규명령이나 행정규칙과는 차원이 다른 기능적 매개규범으로 평가하는 것이 현재의 흑암(Dunkelheit)으로부터 벗어나는 첩경이라고 할 것이다. 매개규범의 특성은 구속력의 관점에서 제정된 것이 아니라, 재량의 적정한 집행이라는 기능적 관점에서 제정된 규범이므로 그 대외적 내지 대내적 구속력에 대해서 일의적으로 판단할 수가 없는 규범이다. 재량의 적정한 집행을 위한 매개규범(Vermittlungsnorm)은 수권법률과 행정청의 재량처분 사이를 신축적이고도 탄력적으로 연결(flexible und elastische Verknüpfung)하는 것을 고려하고 있다. 즉, 매개규범은 모법에서 부여한 재량권에 대한 가이드라인을 제시하는 규범으로서 유도적인 기능을 수행하고 있음에 그치는 것이어서 그 구속력에 대해서 일의적으로 논단할 수는 없다. 매개규범은 매개규범을 준수하지 아니하여도 그 자체로 위법하게 되는 것이 아니라 준수하지 아니하는 것을 정당화하는 사유가 있는지 여부를 살펴보아야 한다.[47] 즉 행정담당자는 재량준칙이 존재하는 경우에도 그에 따르는 것이 수권법률의 재량의 범위 내에 포함될 수 있는지의 관점에서 그러한 재량준칙이 재량권 행사를 하는 기준으로 적합한지 여부와 사안에 있어서 그러한 기준의 적용을 배제하는 사유는 없는 지를 구체적 그리고 개별적으로 살펴보아야 한다. 기능적 매개규범으로서 재량준칙은 재량권의 행사에 있어서 하나의 기준을 제시하는 의미가 있으므로 재량권 행사를 원활하게 한다. 하지만, 재량준칙은 다양한 기준 중에서 하나의 유력한 기준을 제시하는 의미가 있을 뿐이고, 그 자체로 그것을 벗어나는 사유가 있는 경우에는 다르게 결정할 수 있는 것을 예정하고 있다. 그러므로 재량권이 부여되어 있고 재량준칙이 제정되어 있는 영역에서의 처분에 대한 심사는 언제든지 모법 내지 수권법률에 기초하여 심사를 하여야 한다.[48] 처분에 대한 위법여부의 심사를 함에 있어서 법원은 재량권의 일탈·남용 여부에 대해서 심사를 하게 될 것이고, 이 경우에 재량준칙을 적용한 처분에 대해서는 법원은 통상적으로 재량준칙이라는 기준의 정당성 내지 타당성을 먼저 심사하게 될

---

47) 이광윤, 행정법이론, 성대출판부, 2000, 100면: 이광윤 교수 역시 재량준칙의 이러한 점을 "재량준칙은 행정집행자에 대하여 명령하는 것이 아니고 다만 유도하는 것이므로 행정집행자는 처분에 대한 재량권을 보유하고 있으며, 따라서 정당한 이유가 있으면 준칙을 적용하지 않을 수도 있는 것이다."라고 하여 타당하게 적시하고 있다.

48) 대법원 2013.07.11. 선고 2013두1621 판결[토지분할신청불허가처분취소] : 행정청 내부의 사무처리에 관한 재량준칙의 경우 대외적으로 국민이나 법원을 기속하는 효력 즉 법규적 효력이 없으므로, 이러한 재량준칙에 기한 행정처분의 적법 여부는 그 처분이 재량준칙의 규정에 적합한 것인가의 여부에 따라 판단할 것이 아니고 그 처분이 관련 법률의 규정에 따른 것으로 헌법상 비례·평등의 원칙 위배 등 재량권을 일탈·남용한 위법이 없는지의 여부에 따라 판단하여야 한다.

것이고, 다음으로는 재량준칙의 적용을 배제하는 특별한 사유가 있는 지 여부를 심사하게 될 것이다.[49] 재량준칙에서 규정하고 있는 기준을 벗어나는 처분이라 하더라도 그 자체로 재량권의 일탈·남용에 해당되는 것은 아니고, 처분의 위법성을 심사하기 위해서는 재량준칙의 정당성과 재량준칙의 적용의 배제를 정당화하는 사유에 대해서 심사를 하여야 한다.[50] 재량준칙의 정당성에 대해서 법원이 심사를 하게 되는 경우에, 그러한 재량준칙의 제정 역시 크게는 재량권의 행사의 범주에 포함되므로 법규명령에 대한 위법 여부의 판단과 같은 엄격심사를 하여서는 아니되고 재량권 일탈·남용에 대한 심사로서 재량의 유월, 재량의 오용 등 재량의 하자가 존재하는 지 여부에 대해서만 심사를 하여야 할 것이다.[51]

2. 사안에 대한 비판적 고찰

재량준칙의 법적 성질과 관련하여 이를 기능적 관점에서 제정된 기능적 매개규범으로 자리매김을 시킨 후 그러한 관점에서 본 사안을 바라본다면, 다음과 같은 분석을 할 수 있을 것이다.

행정청이 시설개수명령을 발하는 것은 식품위생법 제74조 제1항에 의거하여 법적 요건이 충족되는 경우에 가능하다. 원고가 설치한 영업시설이 법 제36조에 따른 시설기준에 맞지 아니하는 경우에라야 하는데, 법 제36조에서는 총리령으로 위임하고 있으며, 그에 따

49) 대법원 2004. 05. 28. 선고 2004두961.폐기물처리업 허가와 관련된 법령들의 체제 또는 문언을 살펴보면 이들 규정들은 폐기물처리업 허가를 받기 위한 최소한도의 요건을 규정해 두고는 있으나, 사업계획 적정 여부에 대하여는 일률적으로 확정하여 규정하는 형식을 취하지 아니하여 그 사업의 적정 여부에 대하여 재량의 여지를 남겨 두고 있다 할 것이고, 이러한 경우 사업계획 적정 여부 통보를 위하여 필요한 기준을 정하는 것도 역시 행정청의 재량에 속하는 것이므로, 그 설정된 기준이 객관적으로 합리적이 아니라거나 타당하지 않다고 볼 만한 다른 특별한 사정이 없는 이상 행정청의 의사는 가능한 한 존중되어야 할 것이나, 그 설정된 기준이 객관적으로 합리적이 아니라거나 타당하지 않다고 보이는 경우 또는 그러한 기준을 설정하지 않은 채 구체적이고 합리적인 이유의 제시 없이 사업계획의 부적정 통보를 하거나 사업계획서를 반려하는 경우에까지 단지 행정청의 재량에 속하는 사항이라는 이유만으로 그 행정청의 의사를 존중하여야 하는 것은 아니고, 이러한 경우의 처분은 재량권을 남용하거나 그 범위를 일탈한 조치로서 위법하다.

50) 이러한 요청은 현실적으로 행해지는 행정의 실무를 고려할 때, 행정청에게 행정처분을 함에 있어서 고도의 고려의무를 부여하는 것이다. 행정청이 裁量準則에 근거하여 기계적으로 처분을 하여서는 아니되고, 개개의 경우에 있어서 구체적 타당성 및 정당성의 요소들까지 고려의 대상으로 삼아야 할 것을 요청하고 있다.

51) Ossenbühl, Fritz in Erichsen/Ehlers, AllgVerwR, 12. Aufl., 2002, § 6 Rn. 48 f; Voßkuhle/Kaufhold: Grundwissen – Öffentliches Recht: Verwaltungsvorschriften, JuS 2016, S. 315; 대법원 1993.06.29. 선고 93누5635 판결[대중음식점업영업정지처분취소]: 같은 법 시행규칙 제53조에 따른 별표 15의 행정처분기준은 행정기관 내부의 사무처리준칙을 규정한 것에 불과하기는 하지만 규칙 제53조 단서의 식품 등의 수급정책 및 국민보건에 중대한 영향을 미치는 특별한 사유가 없는 한 행정청은 당해 위반사항에 대하여 위 처분기준에 따라 행정처분을 함이 보통이라 할 것이므로, 행정청이 이러한 처분기준을 따르지 아니하고 특정한 개인에 대하여만 위 처분기준을 과도하게 초과하는 처분을 한 경우에는 재량권의 한계를 일탈하였다고 볼 만한 여지가 충분하다.

라서 식품위생법 시행규칙 제36조 [별표 14]가 규정되어 있다. [별표 14] 8. 식품접객업의 시설기준에서 정하고 있는 시설기준을 원고가 위반하지는 아니하였다. 따라서 행정청이 시설개수명령을 발급할 법적 요건이 충족되지 못하였으므로 동 명령은 위법하다고 판단받았다. 문제는 식품위생법 시행규칙 제89조가 법 제74조에 따른 행정처분의 기준으로 마련한 [별표 23] 제3호 8. 라. 1)에서 위반사항을 '유흥주점 외의 영업장에 무도장을 설치한 경우'로 한 행정처분 기준을 규정하고 있다는 점이었다. 판례는 [별표 23]에서 정하고 있는 기준을 행정처분 기준을 규정하고 있을 뿐이고, 이러한 행정처분 기준은 행정청 내부의 재량준칙에 불과하다고 판시하였다. 이러한 판시에 의하면 재량준칙의 법적 성질을 행정부 내부의 사무처리의 기준으로 보고 있는 듯 하다. 물론 동 판례에서 그 법적 성질을 행정규칙이라고 명확하게 하고 있지는 아니하지만, 그러한 판단의 연장선상에 서 있다고 볼 수 있을 것이다.

그러나, 재량준칙으로서 제정된 법규범은 구속력이라는 관점에서 제정된 것이 아니라, 기능적 관점에서 제정된 것이라고 전제되어야 할 것이다. 그렇다면, 이러한 재량준칙은 행정청이나 행정의 상대방을 구속하려는 것이 아니라 유도하려는 것으로서 볼 수 있다. 재량준칙을 적용하여 이루어진 처분에 대해서는 원칙적으로 모법에 근거하여 사법심사가 이루어져야 하는 것이다. 모법에 의거하여 처분을 심사하는 경우에 당연히 선제적으로 당해 사안에 있어서 재량준칙의 정당성 여부, 재량준칙을 당해 사안에 적용할 수 있는 지 여부 그리고 재량준칙의 적용을 배제하는 예외적 사정의 존재 여부를 함께 심사하여야 할 것이다. 여기에서 재량준칙에 대한 심사는 법규에 대한 엄격한 심사가 아니라 재량준칙의 제정 역시 재량행위의 일종으로서 엄격심사가 아니라 재량심사가 이루어져야 할 것이다.

동 사안에서는 재량준칙에서 "라. 시설기준 위반사항으로 1) 유흥주점 외의 영업장에 무도장을 설치한 경우"를 적시하고 있으나, 처분의 위법 여부에 대한 심사는 원칙적으로 식품위생법 제74조에 의거하여 이루어져야 하는 것이고, 여기서는 "영업시설이 제36조에 따른 시설기준에 맞지 아니한 경우"에 해당되지 아니하는 바, 그 법적 요건이 충족되지 아니하여 재량처분으로서 시설개수명령에 대한 재량준칙이 적용될 여지가 없다고 할 것이다.

Ⅶ. 결론

이상에서 재량준칙의 법적 성질에 대해서 고찰하여 보았으며, 재량준칙의 본질을 기능적 매개규범으로 볼 필요가 있음을 논증하였다. 우리의 학설과 판례는 재량준칙의 본질을 외면하고, 법규명령 아니면 행정규칙 양자 중 어느 하나로 귀속시키려고만 보아왔다.

그러나 재량준칙은 대외적 구속력의 관점에서 제정된 법규범이 아니라 대내적인 기능성의 관점에서 제정된 기능적 매개규범으로 자리매김하여야 한다. 수권법률과 구체적 법현실에의 적용 사이에서 매개하는 규범으로서 구속력과는 결부시키기에 곤란하며, 행정의 집행자는 그러한 기준을 하나의 유도적인 내지 권고적인 기준으로 삼아서 행정을 처리할 수 있다. 그렇지만 재량준칙은 행정의 집행자에게 구속을 발하는 것이 아니라 그 자체로 다른 결정의 가능성을 내포하고 있는 기준이다. 행정의 상대방 역시 그러한 기준을 하나의 유력한 기준으로 볼 수 있으나, 즉 특별한 사정이 없는 한은 그러한 기준대로 행정이 수행되리라는 예측을 할 수는 있으나, 다른 고려요소를 통해서 변경될 가능성도 충분히 있다는 기대를 할 수 있다. 법원 역시 재량준칙에 의거한 처분에 대한 위법 심사를 함에 있어서 원칙적으로 모법에 기초하여 재량권의 일탈·남용 여부를 심사하여야 할 것이고, 이러한 과정에서 재량준칙에 대해서 그 정당성의 여부에 대해서 심사를 하게 될 것이다. 그리고 재량준칙의 정당성 여부에 대한 심사에 있어서도 재량준칙의 제정 역시 재량권의 행사의 일종이므로 재량준칙의 정당성에 대해서는 재량심사를 하여야 할 것이다. 재량준칙은 모법대로 재량처분이 이루어졌는가를 판단함에 있어서 하나의 참고자료가 됨에 불과하다. 재량준칙을 적용한 처분의 심사에 있어서는 재량준칙의 정당성에 대한 심사 그리고 재량준칙의 적용 배제를 정당화하는 사유의 존재 여부에 대한 심사가 함께 이루어져야 할 것이다.

미국 연방대법원 판결례에서 본 이중배상금지의 원칙*

정하명**

대상판결: 대법원 2017. 2. 3. 선고 2015두60075 판결

I. 들어가며

우리나라는 지난 몇 년 동안 자살공화국이라는 오명을 쓰고 있어서 어린 초등학생에서부터 노인에 이르기까지 전 세대에 걸쳐 높은 자살률을 보여서 심각한 사회문제로 인식되고 있는 실정이다. 하루에도 몇 건씩 언론지상에 보도되는 자살에 사건에 대해 안타깝지 않는 사연이 없겠지만 그 중에서도 국방의무를 수행하고 있는 젊고 혈기 넘치는 인생의 최고의 황금기를 마음껏 즐겨야하는 군장병이 상관이나 동료의 가혹행위로 인하여 자살했다는 소식은 너무나 안타까운 일이라고 하겠다. 이러한 안타까운 사건이 일어나게 되면 그 유족들은 평생 가슴 속 풀리지 않은 슬픔을 안고 살게 될 것이고 그러한 자살사고로 이어지게 된 경위를 조사하여 관련자들을 처벌하는 등 사후적 조치들이 이루어져 사회이슈가 되곤 하지만 시간이 지나면 곧 기억 속에서 사라지는 일들이 반복적으로 일어나고 있다.

군대복무 중 상관의 가혹행위 등으로 다른 군인이 자살한 경우에 자살한 군인에 대하여 국가유공자로 인정할 것인지, 보훈대상자로 인정할 것인지, 국가배상책임을 인정할 것인지, 국가가배상책임을 인정한다면 어느 정도까지 인정해야할 것인지 등 여러 가지 법적 문제들이 제기될 수 있는 것이 사실이고 이에 대해서 우리나라 대법원에서도 꾸준히 판결을 이어왔고 연구자들에 의한 연구도 많이 이루어지고 있는 것 또한 사실이다.[1)]

특히 우리나라에서는 헌법 제29조 제2항에 의하여 군인 등에 대한 이중배상금지의 원

* 이 글은 2017년 12월 31일 발행된 행정판례연구 제22-2집에 게재된 논문을 전재한 것입니다.

** 경북대학교 법학전문대학교 교수, 법학박사(S.J.D)

1) 대법원 2004. 3. 12. 선고 2003두2205 판결, 대법원 2012. 6. 18. 선고 2010두27363 전원합의체 판결, 대법원 2013. 7. 11. 선고 2013두2402 판결 등

칙이 규정되어 있고[2] 국가배상법에서도 좀 더 구체적 규정을 가지고 있다.[3] 이중배상금지의 원칙의 구체적 적용한계에 대하여 우리 대법원은 2017. 2. 3. 선고 2015두60075 판결을 하였다. 이에 미국 연방대법원에서 판례를 통하여 발전시켜온 Feres 법리(the Feres doctrine)에 대해서 분석해 보고 이를 우리나라 대법원 판례에 적용해보고자 한다.

II. 사례의 분석

1. 사건의 개요

이 사건 원고 甲은 소외인 망인 A의 아버지이다. A는 해군에 입대하여 당직 사관으로 근무하던 중 A의 상관이 A에게 과도한 업무를 부과하고 욕설과 폭언을 일삼자 2007. 4. 9. 새벽에 부대 인근 공원에서 스스로 목을 매 자살하였다. A의 아버지인 甲을 비롯한 A의 유가족들은 2010. 4. 6. 서울중앙지방법원 2010가합34109로 대한민국을 상대로 손해배상을 청구하는 소를 제기하였고, 위 법원은 2010. 10. 13. 원고 일부승소 판결을 선고하여 그 무렵 확정되었으며, 이에 따라 A의 유가족들은 대한민국으로부터 합계 111,015,460원을 수령하였다.

甲은 2012. 7. 2. 피고(국가보훈처장)에게 국가유공자유족 등록신청을 하였고, 피고는 2013. 8. 20. 'A는 국가유공자의 요건에 해당하지는 않으나, 보훈보상대상자의 요건에 해당한다'는 이유로 원고를 보훈보상자법 제2조 제1항 제1호의 재해사망군경의 유족으로 결정하고 甲에게 보훈급여금을 지급하여 왔다.

그런데 피고는 2014. 8. 4. '국가배상법 제2조 제1항에 의하면 국가배상법에 의한 손해배상금과 국가보훈처에서 지급하는 보훈급여금은 중복하여 수령할 수 없음에도 甲에게

2) 헌법 제29조

② 군인·군무원·경찰공무원 기타 법률이 정하는 자가 전투·훈련등 직무집행과 관련하여 받은 손해에 대하여는 법률이 정하는 보상외에 국가 또는 공공단체에 공무원의 직무상 불법행위로 인한 배상은 청구할 수 없다.

3) 국가배상법, 일부개정 2017. 10. 31. [법률 제14964호]

제2조(배상책임)

① 국가나 지방자치단체는 공무원 또는 공무를 위탁받은 사인(이하 "공무원"이라 한다)이 직무를 집행하면서 고의 또는 과실로 법령을 위반하여 타인에게 손해를 입히거나, 「자동차손해배상 보장법」에 따라 손해배상의 책임이 있을 때에는 이 법에 따라 그 손해를 배상하여야 한다. 다만, 군인·군무원·경찰공무원 또는 예비군대원이 전투·훈련 등 직무 집행과 관련하여 전사(戰死)·순직(殉職)하거나 공상(公傷)을 입은 경우에 본인이나 그 유족이 다른 법령에 따라 재해보상금·유족연금·상이연금 등의 보상을 지급받을 수 있을 때에는 이 법 및 「민법」에 따른 손해배상을 청구할 수 없다. <개정 2009.10.21, 2016.5.29>

이를 중복하여 지급하였다'는 이유를 들어 甲에 대한 보훈급여금의 지급을 정지하는 결정(이하 '이 사건 처분')을 하였다.

이에 甲은 이 사건 처분의 취소를 구하는 소송을 제기하였고 원심은 국가배상법에 의한 손해배상금을 먼저 지급받은 경우 보훈보상자법 제68조 제1항 제3호에 따라 환수하거나 환수 대신 그 금액에 해당하는 만큼의 보훈급여금의 지급을 거절할 수 있다는 전제에서, 甲에게 보훈급여금의 지급을 정지한 이 사건 처분이 적법하다고 판단하였다.[4] 이에 甲이 다시 상고하여 본 판결에 이르게 된 것이다.[5]

2. 판례의 요지

[1] 국가배상법 제2조 제1항 단서는 헌법 제29조 제2항에 근거를 둔 규정이고, 보훈보상대상자 지원에 관한 법률(이하 '보훈보상자법'이라 한다)이 정한 보상에 관한 규정은 국가배상법 제2조 제1항 단서가 정한 '다른 법령'에 해당하므로, 보훈보상자법에서 정한 보훈보상대상자 요건에 해당하여 보상금 등 보훈급여금을 지급받을 수 있는 경우는 보훈보상자법에 따라 '보상을 지급받을 수 있을 때'에 해당한다. 따라서 군인·군무원·경찰공무원 또는 향토예비군대원이 전투·훈련 등 직무집행과 관련하여 공상을 입는 등의 이유로 보훈보상자법이 정한 보훈보상대상자 요건에 해당하여 보상금 등 보훈급여금을 지급받을 수 있을 때에는 국가배상법 제2조 제1항 단서에 따라 국가를 상대로 국가배상을 청구할 수 없다.

[2] 전투·훈련 등 직무집행과 관련하여 공상을 입은 군인·군무원·경찰공무원 또는 향토예비군대원이 먼저 국가배상법에 따라 손해배상금을 지급받은 다음 보훈보상대상자 지원에 관한 법률(이하 '보훈보상자법'이라 한다)이 정한 보상금 등 보훈급여금의 지급을 청구하는 경우, 국가배상법 제2조 제1항 단서가 명시적으로 '다른 법령에 따라 보상을 지급받을 수 있을 때에는 국가배상법 등에 따른 손해배상을 청구할 수 없다'고 규정하고 있는 것과 달리 보훈보상자법은 국가배상법에 따른 손해배상금을 지급받은 자를 보상금 등 보훈급여금의 지급대상에서 제외하는 규정을 두고 있지 않은 점, 국가배상법 제2조 제1항 단서의 입법 취지 및 보훈보상자법이 정한 보상과 국가배상법이 정한 손해배상의 목적과 산정방식의 차이 등을 고려하면 국가배상법 제2조 제1항 단서가 보훈보상자법 등에 의한 보상을 받을 수 있는 경우 국가배상법에 따른 손해배상청구를 하지 못한다는 것을 넘어 국가배상법상 손해배상금을 받은 경우 보훈보상자법상 보상금 등 보훈급여금의 지급을 금지하

4) 서울고법 2015. 11. 23. 선고 (춘천)2015누337 판결.

5) 대법원 2017. 2. 3. 선고 2015두60075 판결.

는 것으로 해석하기는 어려운 점 등에 비추어, 국가보훈처장은 국가배상법에 따라 손해배상을 받았다는 사정을 들어 보상금 등 보훈급여금의 지급을 거부할 수 없다.

3. 사례의 쟁점

본 사례에서 자살로 사망한 A가 해군에 복무하는 군인이었고 사망원인이 자살이었으므로 국가유공자에 해당하지 않게 된 경우에 해당한다. A가 국가유공자에는 해당하지 않지만 자살을 하게 된 경위가 A의 상관의 가혹행위 즉 과도한 업무부과, 욕설, 폭언 등에 의한 것으로 밝혀져서 이에 대한 국가배상판결이 있었고 이러한 국가배상판결이 확정되고 난 이후 A의 아버지 甲이 보훈보상자법 등에 의한 보상을 청구한 경우에 헌법과 국가배상법에서 규정하고 있는 군인 등에 대한 이중배상금지의 원칙을 들어 이미 국가배상을 받았음을 근거로 해서 보훈보상자법 등에 의한 보상을 거부할 수 있는가에 있다고 하겠다. 본 사례의 핵심적 쟁점은 우리 헌법과 국가배상법에서의 규정하고 있는 이중배상금지의 원칙을 보훈보상자법 등에 의한 보상의 거부에도 적용할 수 있는가에 해당하는 것으로 이중배상금지의 원칙의 적용의 한계를 어떻게 해석할 것인가에 있다고 하겠다. 이러한 쟁점에 대한 참고자료로 이중배상금지의 원칙을 인정하고 있는 미국 연방대법원의 판결례를 분석해 봄으로써 그 시사점을 알아보고자 한다.

Ⅲ. 평석

1. 미국의 연방정부 국가배상법제

1) 1946년 연방불법행위청구법(The Federal Tort Claims Act 이하 'FTCA')

미국은 "왕은 불법을 저지르지 않는다."("the king can do no wrong")[6]라는 영국법의 전통을 이어받아서 주권면책의 법리(the doctrine of sovereign immunity)를 수용하고 있다.[7] 주권면책의 법리에 의하면 "정부는 자신이 소송에 동의하는 범위 내에서만 소송을 당할 수

---

6) 1 William Blackstone, Commentaries 68. Guy I. Seidman, The Origin Of Accountability: Everything I Know About the Sovereign's Immunity, I learned From King Henry Ⅲ, 49 St. Louis L.J. 393, 477 (2005)에서 재인용.

7) 「주권은 스스로 동의하지 아니하는 한 소추되지 아니한다(the sovereignty can not be sued without its consent)」라는 주권면책원칙에 의하여 연방공무원의 불법행위에 대해 연방정부를 상대로 국가배상을 청구하는 것은 원칙적으로 인정되지 아니하였다. 정하명, 대형허리케인피해와 미국연방정부손해배상책임 관련판결례, 공법학연구 제13권 제4호, 2013, 429면 참조.

있고 정부의 동의는 오직 입법부에 의해서만 행사가 가능하다"는 것이다.[8)]

이러한 주권면책의 법리에 대하여 연방정부의 입법기관이 의회에서 제정한 법률이 바로 1946년 연방불법행위청구법(FTCA)이다.[9)] 연방불법행위청구법(FTCA)에 의해 연방공무원의 불법행위에 의한 연방정부의 손해배상책임은 원칙적으로 불법행위지인 개별 주에서 불법행위(torts)가 인정되는 경우에 연방정부를 상대로 피해자가 연방법원에 손해배상소송을 제기할 수 있는 권리를 가지고 되고 손해배상책임이 인정이 되면 연방기금(Federal treasury)에 의해서 손해배상이 이루어진다고 할 것이다. 미국은 연방국가이므로 개별주의 법률에 따라서 불법행위(Torts)의 인정범위와 그에 따른 손해배상의 범위가 정해진다고 할 것이다. 불법행위법은 불법행위가 발생한 개별주의 법이 적용되는 분야라고 할 것이다. 즉 이 분야는 연방법원이 개별주의 불법행위법을 적용하여 연방공무원의 불법행위로 말미암아 피해가 발생한 경우라고 판단하는 경우에는 불법행위자인 연방공무원이 아닌 연방정부가 손해배상책임을 져야하는 것이다. 연방불법행위청구법률(FTCA)의 적용대상은 연방공무원의 과실에 의한 불법행위 부분이고 연방공무원의 고의로 인한 불법행위(intentional torts)는 예외적인 경우를 제외하고 원칙적으로 그 적용대상에서 제외된다.[10)]

연방불법행위청구소송의 제1심관할은 연방사실심법원(the United States District Courts)의 전속관할이고 피고는 오직 연방정부(the United States)이고 연방행정청(the Federal Agency)이나 연방공무원에게는 피고적격을 인정하지 않고 있다.[11)]

2) 1946년 연방불법행위청구법(FTCA) 이전의 연방정부 손해배상책임

미국에서 연방의회가 1946년 연방불법행위청구법률(FTCA)을 제정하기 이전에도 미국에서 연방공무원의 불법행위로 시민이 피해를 입은 경우에 전혀 국가손해배상을 해주지 않았던 것은 아니다. 미국 연방헌법은 국민의 청원권을 권리장전(the bill of rights)에서 인정하고 있다.[12)] 따라서 연방 공무원의 불법행위로 피해를 입은 미국 시민은 미국 연방의회에 청원권을 행사하여 개인적 법률(Private Law)의 제정을 요구할 수 있었고 이러한 청원을 미국 연방의회가 동의하고 대통령이 거부권을 행사하지 않으면 개인적 법률(Private

8) United States v. U.S. Fid. & Guar. Co., 309 U.S. 506, 514 (1940) ("Consent alone give jurisdiction to adjudge against a sovereign. Absent that consent, the attempted exercise of judicial power is void... . Public policy forbids the suit unless consent is given, as clearly as public policy makes jurisdiction exclusive by declaration of the legislative body.").

9) 28 U.S.C. §2671 (1982).

10) 28 U.S.C. § 2680(h).

11) Gregory C. Sick, Official Wrongdoing and the Civil Liability of Federal Government and Officers, 8 U. St. Thomas L.J. 295, 300 (2011).

12) U.S. Const. Amend. Ⅰ.

Law)에 의하여 연방정부의 손해배상이 이루어지는 경우가 많았다. 하지만 이러한 구제방법은 동일 혹은 유사한 불법행위인 경우에도 손해배상이 이루어지는 경우가 있고 때에 따라서는 이루지지 않는 경우도 있고, 손해배상이 이루어지는 경우에도 그 손해배상의 범위가 각기 다른 점 등 여러 가지 문제점을 내포하고 있었다. 또한 1930년대 대공황 이후 연방정부의 기능이 확대됨에 따라서 연방공무원의 불법행위에 따른 손해배상을 구하는 개인적 법률(Private Law)의 입법청원도 당연히 증가하게 되고 이러한 입법청원으로 인하여 연방의회의 통상적 입법활동에 지장을 초래할 정도가 되었다.13)

연방의회가 1946년 연방불법행위청구법률(FTCA)를 제정하는 배경에는 연방공무원의 불법행위로 인한 피해자 구제의 확대와 개인적 법률(Private Law)의 입법청원으로 인한 연방의회의 부담을 줄이고 연방공무원의 불법행위로 인한 피해에 대하여 연방법원을 통한 사법구제의 길을 열어주려는 입법의도가 있었다.14)

연방대법원도 1946년 연방불법행위청구법률(FTCA)이 제정되기 이전에 입법청원을 통한 개인적 법률(Private Law)에 의한 연방의회에 피해자 구제활동은 매우 비효율적이었다고 평가하였다.15)

미국에서 1946년 연방불법행위청구법률(FTCA)이 제정되어 연방의회가 주권면책을 완전히 포기하여 연방공무원의 모든 불법행위에 대하여 연방정부가 손해배상책임을 진다고 해석할 수 있느냐에 대해서는 여러 가지 논의가 있다. 연방불법행위청구법률(FTCA) 자체에서도 주권면책을 명시적으로 포기하지 않은 부분을 규정하고 있다. 동법 §2680에서 폭넓은 면책규정을 규정하고 있다. a) 법률이나 규칙의 적용여부를 불문하고 연방공무원의 주의의무(duty of care)를 다하여 집행한 경우, 또는 연방행정청이나 그 직원의 재량적 권한의 행사(재량권의 남용여부는 불문)로 인한 손해, b) 우편물의 배달착오, 미전달 등의로 인한 손해, c) 국세·관세의 산정이나 징수, 세무공무원·세관공무원 기타 법집행공무원에 의한 물건의 압류를 이율 하는 손해, d) 미합중국의 검역활동으로 인해 야기된 손해, e) 공무원의 협박·폭행·불법구금·불법체포·악의적 기소·소송절차의 남용·명예훼손·비방·기망·계약상 권리의 방해 등의 행위로 인한 손해(다만 협박·폭행·불법구금·불법체포·악의적 기소·소송절차의

13) 20세기 초반부터 미국에서는 개인적 입법(Private bill)에 연방불법행위에 대한 구제제도의 적합하지 않다는 것이 나타나기 시작하였다. 1920년대 초반에 해당하는 제68대 미국 연방의회에서 2000 여건 이상의 개인적 입법(Private bill)이 입법 청원되었지만 그 중에서 250건만 최종 입법화되었다. 이러한 현상은 1930년대에도 개선되지 않았고 1940년에 초반에 해당하는 제74대 연방의회와 제75대 연방의회에서는 2,300건 이상의 개인적 입법(Private bill)이 청원되었고, 제77대 연방의회에는 1,829건의 개인적 입법(Private bill)의 입법청원, 제78대 연방의회에서는 1,644건의 개인적 입법(Private bill)의 입법청원이 있었다. Paul Figley, In Defense of Feres: An Unfairly Maligned Opinion, 60 Am. U.L. Rev. 393, 398−340 (2010).

14) 이일세, 한·미 국가배상제도의 비교연구, 토지공법연구 제17집, 2003, 89−91면 참조.

15) Dalehite v. U.S., 346 U.S. 24−25 (1953).

남용 등의 행위가 조사나 법집행에 종사하는 공무원에 의하여 행하여진 경우에는 국가의 배상책임이 인정된다), f) 재무부의 재정적 활동이나 통화제도의 규제로 인한 손해, i) 테네시유역 개발공사의 활동으로 인한 손해, j) 파나마운하관리회사의 활동으로 인한 손해, k) 연방토지은행 · 연방신용중개은행 · 협동은행의 활동으로 인한 손해 등은 면책된다.[16] 이 중에서 우편사업으로 인한 손해, 해사사건으로 인한 손해, 세무공무원의 조세징수나 물건압류로 인한 손해, 테네시유역개발공사의 활동으로 인한 손해, 파나마운하관리회사의 활동으로 인한 손해 등에 대해서는 다른 특별법률에 의하여 구제수단이 마련되어 있다.[17]

이렇게 주권면책을 명시적으로 포기하지 않은 부분 중에 본 평석과 특별히 관련이 있는 부분은 군인 등의 전투활동 예외(the combatant activity exception)과 외국에서 일어나는 불법행위(the foreign tort exception)이다.[18] 따라서 미군이 전쟁 중 전투를 수행하다가 동료의 과실행위로 사망하거나 부상을 당하더라도 연방불법행위청구법률(FTCA)의 적용을 받지 않고 우리나라 보훈보상법제와 유사한 보훈법률들에 의한 보상을 받게 된다. 부상자에 대한 연금(pension), 유족연금, 부상자에 대한 무료치료, 유족에 대한 6개월분의 보수지급, 유족보험금지급 등 수 많은 보상이 지급된다. 예비역에 대해서는 공무원우선채용제, 주거혜택, 교육혜택 등 각종 특혜 또한 지급된다.[19]

대상판례에서 문제된 사례와 같이 전쟁 중인 아닌 평시 상황에서 상관의 가혹행위와 같이 비전투행위에 의하여 동료 군인이나 부하가 사망하거나 부상을 입은 경우에는 연방불법행위청구법률(FTCA)상의 전투활동 예외(the combatant activity exception)가 적용될 수 없다. 다음에서 소개하는 Feres의 법리(Feres doctrine)는 이렇게 전투활동 예외(the combatant activity exception)가 적용될 수 없는 경우에 연방대법원의 판례에 의해서 1946년 연방불법행위청구법률(FTCA)의 적용에 대한 예외가 인정된 경우라고 할 것이다.

2. 연방대법원의 Feres의 법리(Feres doctrine)

1) Feres v. United States

이 사건의 발단은 미육군 중위였던 Rudolph Feres가 군대 막사에서 취침 중 정부의

16) 28 U.S.C. § 2580 (2006).

17) 정하명, 대형허리케인피해와 미국연방정부손해배상책임 관련판결례, 공법학연구 제13권 제4호, 2013, 430－433면 참조.

18) 28 U.S.C. §2680(j)(2006) "any claim arising out of the combatant activities of the military or naval forces, or the Coast Guard, during time of war." 28 U.S.C. §2680(k)(2006) "any claim arising in a foreign country."

19) Gregory C. Sick, Official Wrongdoing and the Civil Liability of Federal Government and Officers, 8 U. St. Thomas L.J. 295, 403－5 (2011).

과실에 의한 화재로 사망한 것이었다. 그는 명령에 의해 뉴욕주에 있는 연방군 주둔지였던 파인 캠프(Pine Camp) 막사에서 취침 중이었는데 난방장치의 하자와 부주의에 의한 화재로 사망하였다. 연방사실심법원(the district court)은 사건을 각하하였다.[20]

1949년 11월 4일 연방제2항소심법원(the Second Circuit)은 Augustus Hand 판사의 의견에 다른 판사들이 모두 동의하여 연방사실심법원의 판결을 승인하였다.[21]

이 판결에서 군인(service members)은 군복무관련부상(incident－to－service injuries)과 관련해서 연방정부를 대상으로 소송을 제기할 수 없다는 확립된 법원칙이 있다는 것을 언급하였다.[22] 이 판결에서 Hand 판사는 "만약 연방의회가 군복무 중인 군인들에게 연금제도 이상 어떤 보상체계를 부여하도록 의도하였다면 연방불법행위청구법률(FTCA)의 일반조항에서 그러한 구제제도를 유추하도록 하지 않도록 명시적 규정으로 입법화하였을 것이다."라고 판시하였다.[23]

따라서 전투 중 당한 부상이 아니더라도 군복무관련부상(incident－to－ service injuries)에 해당하는 경우에는 비록 연방불법행위청구법률(FTCA)에 명시적 적용 제외조항은 없다고 하더라도 주권면책의 원칙이 포기된 것이 아니어서 연방정부를 대상으로 하는 손해배상청구소송을 제기할 수 없는 것으로 해석하게 된다. 이러한 해석에 근거하여 연방사실심법원에서 Feres의 청구에 대해 재판관할권이 없다는 것을 근거로 부적법 각하판결을 내린 것은 정당하다는 것이다.

2) Griggs v. United States[24]

이 사건은 Griggs 중령(Lt. Colonel Dudley Griggs)이 일리노이 주에 있는 스콧 공군기지(Scott Air Base)의 군병원에서 수술을 받던 중에 군의관의 의료과실로 사망한 것이었다. Griggs 중령은 현역 복무 중에 명령에 의해서 군병원에 입원한 상태였다. 연방사실심법원(the district court)은 원고 Griggs가 소장에서 연방불법행위청구법률(FTCA)의 어떤 적법한 주장도 명시적으로 언급하지 않았다는 것을 근거로 각하판결을 하였다.[25]

1949년 11월 19일 연방제10항소심법원(the 10th Circuit)은 사실심법원의 판결을 파기하였다.[26] 연방항소심법원에서 이렇게 사실심법원의 판결을 파기한 근거는 Griggs의 손해

---

20) 177 F.2d 536 (1949).

21) 177 F.2d 535 (1949).

22) 177 F.2d 537 (1949).

23) Ibid 137. "If more than the pension system had been contemplated to recompense soldiers engaged in military service we think that Congress would not have left such relief to be implied from the general terms of the Tort Claims Act, but would have specifically provided for it."

24) 178 F.2d 1 (10th Cir. 1949).

25) 178 F.2d 1 (10th Cir. 1949).

26) 178 F.2d 3 (10th Cir. 1949).

배상청구가 연방불법행위청구법률(FTCA)에서 규정한 명시적으로 면책규정에 해당하거나 명시적 면책규정으로부터 명백하게 유추할 수 있는 경우에 해당하지 않는다면 이 법률을 근거로 손해배상청구소송을 제기할 수 있다는 것이다.[27] 연방제10항소심법원(the 10th Circuit)은 연방불법행위청구법률(FTCA)에서 예외규정으로 정하는 있는 것은 전투활동 예외(the combatant activity exception)이고 이 사례에서 문제된 것을 평상시에 일어난 사건이므로 연방사실심법원(the federal district court)의 재판관할권이 있다는 것이다.

3) Jefferson v. United States

1949년 12월 19일에 제4항소심법원(the 4th Circuit)은 Arthur Jefferson의 부상은 그가 군복무 중에 군대 의료진의 의료과실로 그의 몸에 수건을 남겨놓은 것에 기인한 것이지만 연방불법행위청구법률(FTCA)은 이러한 군복무관련부상(incident－to－service injuries)에 대한 법적 구제제도는 허용하고 있지 않다는 것을 근거로 재판관할권을 인정하지 않았던 연방사실법원(the federal district court)의 판결을 승인하였다.[28] 이 판결은 Arthur Jefferson의 부상이 평상시 비전투행위인 미군의 의료과실에 의하여 발생한 것이지만 이것은 군복무관련부상(incident－to－service injuries)에 해당하고 따라서 연방불법행위청구법률(FTCA)상 전투활동 예외(the combatant activity exception)규정을 유추적용하여 연방사실심법원(the federal district court)의 재판관할권을 인정할 수 없다는 것이다.

이렇게 군복무관련부상(incident－to－service injuries)에 대한 연방항소법원들의 견해가 각기 다르게 나타나자 연방대법원에서는 이들 사건들을 병합하여 심리하게 되는데 이것이 1950년에 선고된 Feres v. United States판결[29]이다.

4) 연방대법원 판결

미국의 대법원은 연방불법행위청구법률(FTCA)이 1946년에 입법화 된 것은 연방정부 기능의 확대와 연방정부의 과실로 인하여 야기되는 구제되지 않는 불법행위("remediless wrongs")의 수가 증가했다는 것, 보상을 구하는 개인적 입법(private bills)의 수가 증가했다는 것, 의회청구절차의 부적절성과 가변성 그리고 특정 종류의 입법청원에 대한 연방의회의 선호 등 여러 가지 이유들을 예시하였다.[30] 연방대법원은 "이 법률의 주요목적은 구제수단이 없었던 사람들에게 구제수단을 확대하는 것; 비록 이미 구제수단이 잘 정비되어 있

27) 178 F.2d 2, 3 (10th Cir. 1949). "unless it [fell] within one of the twelve exceptions specifically provided therein; or, unless from the context of the Act it [was] manifestly plain that despite the literal import of the legislative words, Congress intended to exclude from coverage civil actions on claims arising out of a Government－soldier relationship."

28) Jefferson v. United States, 178 F.2d 518, 519－20 (4th Cir. 1949).

29) 340 U.S. 135 (1950).

30) Ibid 139－40.

는 사람들에게 혜택이 우발적으로 주어진다고 하더라도 이것은 의도적이 아닌 것으로 나타났다. 연방의회는 육군과 해군 장병을 대표하는 개인적 법률에 의하여 고통을 받지는 않았는데 이것은 그들과 그들의 유가족들에게는 법률에 의하여 종합적 구제 시스템이 구축되어 있기 때문이다."라고 판시하였다.31)

연방대법원은 연방불법행위청구법률(FTCA)이 연방법원에 연방불법행위청구소송에 대한 재판관할권을 부여했다는 것을 인정하면서도 "어떤 청구가 법에 의하여 인정될 것인가 여부를 결정하기 위하여 이러한 재판관할권을 행사할지여부는 법원에 달려있다."고 하였다.32) 연방불법행위청구법률(FTCA)은 "연방정부는 유사한 상황 하에서 개인에게 불법행위 책임 인정되는 동일한 행위와 범위 내에서만 불법행위 책임이 인정된다고 규정하고 있다." 라고 규정하고 있다.33) 이에 비추어 보면 이 사건 원고의 청구는 사적 개인이 연방정부를 상대로 불법행위책임을 물을 수 있는 것을 들고 있지 않기 때문에 이러한 요건을 갖추지 못한 것으로 평가된다고 연방대법원은 판결하였다.34)

미국 대법원의 어떤 선례도 군장병이 연방정부나 상관을 상대로 과실에 의한 불법행위로 소송을 제기하는 것을 허용하고 있지 않고 어떤 개인도 연방정부가 군장병에게 가지는 것과 유사한 권한을 가지고 있지 않다고 판시하였다.35)

한편 연방불법행위청구법률(FTCA) 1346(b)에서는 불법행위지법요건("law of the place")을 규정하고 있다. 즉 연방공무원의 불법행위가 행하여진 주의 실체법에 의해 과실에 의한 손해배상책임이 인정되는 경우에만 연방정부가 그 책임을 진다는 것이다. 연방대법원은 미군장병과 연방정부의 관계는 명확히 연방적("distinctively federal")이라고 판시하였다.36) 이것은 미국은 연방제 국가이고 국방에 관한 권한은 연방정부가 전속적으로 가지는 권한이기 때문에 미국 장병은 연방정부에 속한다는 것이다. 따라서 미군의 주둔지에 따라서 개별주법이나 외국법이 적용되어 과실에 의한 손해배상의 범위가 서로 달라진다고 한다면 많은 문제점이 야기될 수 있기 때문에 군복무관련부상(incident－to－service injuries)에 대한 연방법원의 재판관할권을 인정할 수 없다는 것이다.37) 군복무 행위에 따른 군장병의

31) Ibid 140. "The primary purpose of the Act was to extend a remedy to those who had been without; if it incidentally benefited those already well provided for, it appears to have been unintentional. Congress was suffering from no plague of private bill on the behalf of military and naval personnel, because a comprehensive system of relief had been authorized for them and their dependents by statute."

32) Ibid 141 "it remained for courts, in exercise of their jurisdiction, to determine whether any claim [was] recognizable in law."

33) 28 U.S.C. § 2674. "The United States shall be liable ... in the same manner and to the same extent as a private individual under like circumstances ..."

34) 340 U.S. 135, 141.(1950).

35) Ibid 142.

36) Ibid 143.

부상 혹은 군복무와 관련된 행위로 인하여 발생하는 군장병의 부상은 연방불법행위청구법률(FTCA)에서 법적 구제를 규정하고 있지 않다고 연방대법원의 대법관 전원의 동의로 판시하였다.[38)]

이렇게 연방대법원이 Feres 법리(the Feres doctrine)을 확립한 배경에는 (1) 미군에서는 피해를 입은 미군장병을 위하여 개별적, 통일적, 종합적 무과실 손실보상체계(a separate, uniform, comprehensive, no-fault compensation scheme)를 확립하고 있고, (2) 미군장병에게 정부나 동료 장병을 상대로 소송을 하는 것을 허용하는 것은 군대의 명령, 훈련 그리고 효율성(military order, discipline, and effectiveness)에 부정적 영향을 미칠 수 있고, (3) 군복무관련 사건을 지방의 불법행위법이 적용되도록 하는 것은 불공정(unfairness)의 문제를 야기할 수 있다는 우려가 있었다고 할 것이다.[39)]

5) Feres 법리를 적용한 연방법원 판결례

1954년 연방대법원은 United States v. Brown 판결[40)]에서 예비역은 이미 군복무를 마쳤기 때문에 Feres 법리를 적용할 수 없다고 판결하였다. 군에서 7년 전에 제대한 예비역인 Brown이 보훈병원에서 부상을 입은 경우에는 그 부상이 군복무와 관련해서 일어난 사건이 아니기 때문에 Feres 법리를 적용할 수 없다는 것이다. 따라서 그는 연방정부를 상대로 국가배상소송을 제기하여 권리구제를 받을 수 있었다.

1983년 연방대법원은 Chappell v. Wallace 판결[41)]에서 전원합의로 군장병이 다른 군장병의 불법행위를 근거로 국가배상소송을 제기할 수 없다고 판시하였다. 이 사건은 5명의 해군병사들이 자신들의 상관 7명이 자신들에게 대하여 인종차별을 하였다는 것을 근거로 국가손해배상소송을 제기한 것이었다. 연방대법원은 Feres 법리를 적용하여 재판관할권을 인정하지 않았다.

1985년 연방대법원은 United States v. Shearer 판결[42)]에서 Feres 법리를 좀 더 확대 적용하였다. 이 사건은 군대 주둔지 밖(the off-base)에서, 비번 중(off-duty)에 일어난 동료 병사에 의한 다른 병사의 살인에 관한 것이었다. 원고는 당국이 과실로 다른 병사로부터 희생자를 보호하는 것에 실패했다고 주장하면서 국가배상소송을 제기하였지만 Feres 법리의 핵심은 병사와 장교의 특별한 관계, 군대 내에서의 사기진작 등에 있기 때문이라고

37) Ibid 144.

38) Ibid 146.

39) Julie Dickerson, A Compensation System for Military Victims of Sexual Assault and Harassment(c), 222 Mil. L. Rev. 211, 219 (2014).

40) 348 U.S. 110 (1954).

41) 462 U.S. 296 (1983).

42) 473 U.S. 52 (1985).

하면서 원고의 주장을 받아들일 수 없다고 판시하였다.

1987년 연방대법원은 United States v. Stanley 판결[43]에서 전직 군인이 자신이 군복무 중에 자신의 의지에 반하여 금지약물시험(LSD drug testing program)에 참가하게 했던 것은 자신의 헌법상 권리의 침해라는 것은 근거로 손해배상소송을 제기하였지만 군장병의 부상이 복무행위 중에 발생하였거나 복무행위와 관련하여 발생한 경우에는 Feres 법리를 적용하여 연방법원의 재판관할권을 인정하지 않았다.

Feres 법리는 2017년에도 연방대법원에서 다루어질 만큼 미국 연방법원에 의해서 여전히 유효한 법리로 받아들여지고 있다.[44] 이 판결에서 다루었던 원심법원 사례 주요내용은 현역인 미 공군 대위가 미군병원에서 임신중절 수술을 받는 중에 간호사의 실수로 약물이 잘못 투여되어 임산부와 태아가 심각한 장애를 앓게 된 사건에 대한 것으로 태아와 아버지이자 임산부의 남편이 미국연방정부를 상대로 손해배상소송을 제기했지만 연방항소심법원은 Feres의 법리를 적용하여 재판관할권을 인정하지 않았다.[45] 이에 원고가 연방대법원에 상고하였지만 연방대법원이 상고를 허가하지 않아서 결국 연방항소심법원의 판결이 확정된 것이다.

Ⅲ. 맺으며

Feres 법리의 핵심적 내용은 미국의 연방불법행위청구법(FTCA)에 의하여 연방공무원의 불법행위에 대하여 일반 국민에게는 국가배상청구권이 인정되기는 하지만 미군등에게는 대해서는 여전히 주권면책조항이 인정되어 군복무관련부상(incident－to－service injuries)에 대해서는 연방정부의 불법행위책임을 인정할 수 없다는 것일 것이다. 따라서 미군은 군복무와 관련한 피해에 대하여 연방정부를 대상으로 불법행위에 의한 국가배상소송을 제기할 수 없다.[46] 물론 피해를 입은 미군이나 유족에게는 통일된 보상체계에 의하여 피해 군인 등이 어디에 거주하는지 혹은 어떤 지역에서 피해를 입었는지 관계없이 여러 가지 혜택이 주어진다.

평화시 미군 등에 대한 이중배상금지의 원칙은 미국의 연방불법행위청구법(FTCA)의 규정에 의하여 명시적으로 인정된 법원칙에 해당하는 것은 아니고 연방국가인 미국에서는 개별 주법에 따라 불법행위(Torts)가 인정되는 경우가 서로 다를 수 있으므로 연방공무원의

43) 483 U.S. 669 (1987).

44) 미국 연방대법원 사건이송명령거부 Ortiz v. United States, 2017 U.S. LEXIS 2189 (U.S. Mar, 30, 2017).

45) Ortiz v. United States, 786 F.3d 817 (2015).

46) Paul Figley, In Defense of Feres: An Unfairly Maligned Opinion, 60 Am. U.L. Rev. 393, 394 (2010).

행위가 개별주법에 의하여 불법행위로 인정되는 경우에 연방정부의 책임을 인정한다고 규정하고 있는데 미군은 미국연방헌법에 의하여 연방정부에만 인정되는 것이므로 개별주법에 따라 불법행위책임과 손해배상이 달라진다는 것을 상정하기 곤란하고 국가유공자 보상법 등에 의해서 종합적이고 통일적인 보상을 해주는 것이 희생자에 대한 보상이나 군인의 사기 진작을 위해서 보다 바람직하다는 정책적 이유 등에 의해 연방대법원의 판례에 의해서 인정되는 법리에 해당한다고 하겠다.

미국 연방대법원의 Feres 법리는 미국에서 군인 등에게는 군복무관련부상(incident-to-service injuries)에 대하여 국가배상청구권을 인정하지 않고 국가유공자 보상법 등에 의한 보상청구권만 인정된다는 것이라고 할 것이다. 이것은 연방대법원이 판례를 통하여 발전시켜온 우리나라의 이중배상금지 원칙과 유사한 제도라고 할 것이다. 우리나라의 이중배상금지의 원칙은 헌법과 국가배상법에 명시적 근거를 가지고 있고 그 적용범위와 한계에 대해서도 논의가 많이 있어왔다. 따라서 미국 연방대법원의 Feres 법리를 우리 대법원의 대상 판례의 사례에 그대로 적용하는 것은 법문화의 차이, 국가형태의 차이, 법적 구제제도의 차이 등으로 인하여 많은 무리가 따를 것이다. 하지만 군인등의 직무관련피해에 대한 이중배상금지의 원칙을 인정하는 법리적 근거는 매우 유사한 측면이 있는 것 또한 사실이다.[47] 미국 연방대법원의 Feres 법리의 핵심은 군인등의 복무관련부상에 대하여 보훈보상법 등에 따른 보상금의 지급과는 별도로 국가를 대상으로 하는 불법행위에 의한 손해배상청구권의 인정하지 않는다는 것이다. Feres 법리는 군인 등에 대하여 국가배상청구권을 인정하지 않는다는 것이고 이에 따라 연방법원은 군복무관련부상(incident-to-service injuries)에 대한 군인 등의 국가배상청구에 대하여 재판관할권을 거부해오고 있다. 미국 연방대법원의 Feres 법리를 대상 대법원 판례의 사례에 적용하였을 때 국가배상청구권을 인정할 수 있는지에 대해서는 별도의 논의가 필요하겠지만 본 평석에 핵심적 내용이 되는 이중배상금지원칙을 적용하여 보훈보상자법 등에 따른 보상금의 지급을 거부할 수 있는가

47) 대법원 2002. 5. 10. 선고 2000다39735 판결
헌법 제29조 제2항 및 이를 근거로 한 국가배상법 제2조 제1항 단서 규정의 입법 취지는, 국가 또는 공공단체가 위험한 직무를 집행하는 군인·군무원·경찰공무원 또는 향토예비군대원에 대한 피해보상제도를 운영하여, 직무집행과 관련하여 피해를 입은 군인 등이 간편한 보상절차에 의하여 자신의 과실 유무나 그 정도와 관계없이 무자력의 위험부담이 없는 확실하고 통일된 피해보상을 받을 수 있도록 보장하는 대신에, 피해 군인 등이 국가 등에 대하여 공무원의 직무상 불법행위로 인한 손해배상을 청구할 수 없게 함으로써, 군인 등의 동일한 피해에 대하여 국가 등의 보상과 배상이 모두 이루어짐으로 인하여 발생할 수 있는 과다한 재정지출과 피해 군인 등 사이의 불균형을 방지하고, 또한 가해자인 군인 등과 피해자인 군인 등의 직무상 잘못을 따지는 쟁송이 가져올 폐해를 예방하려는 데에 있고, 또 군인, 군무원 등 이 법률 규정에 열거된 자가 전투, 훈련 기타 직무집행과 관련하는 등으로 공상을 입은 데 대하여 재해보상금, 유족연금, 상이연금 등 별도의 보상제도가 마련되어 있는 경우에는 이중배상의 금지를 위하여 이들의 국가에 대한 국가배상법 또는 민법상의 손해배상청구권 자체를 절대적으로 배제하는 규정... .

에 대하여는 이중배상금지원칙을 보훈보상자법 등에 따른 보상금의 지급을 거부하는 근거에까지 적용하는 것으로 해석하는 것은 지나친 확대해석에 해당할 여지가 있으며 오히려 대상 대법원 판결례와 같이 보훈보상법 등에 따른 보상금 지급에 대해서는 이중배상금지원칙을 적용할 수 없는 것으로 해석하는 것이 적정한 해석에 해당한다고 할 것이다.

기초 지방의회의 재의결에 대한 제소권자*
- 주무부장관의 제소권 인정 여부를 중심으로 -

문상덕**

대상판결: 대법원 2016. 9. 22. 선고 2014추521 전원합의체 판결[조례안재의결무효확인]

I. 대상판결의 개요

1. 사실관계 : 조례안의 재의결 및 제소 경위

① 이 사건 소송의 원고는 행정자치부장관[1], 피고는 강화군의회인데, 피고는 2013. 12. 20. 「강화군 도서 주민 정주생활지원금 지원 조례안」(이하 '이 사건 조례안'이라 한다)을 의결하여 강화군수에게 이송하였다.

② 강화군수는 이 사건 조례안에 대한 인천광역시장의 재의요구 지시에 따라 이 사건 조례안이 상위법의 근거 없이 제정되어 지방재정법 제17조 제1항에 위반된다는 취지[2]로 피고에게 이 사건 조례안에 대한 재의를 요구하였고, 피고는 2014. 2. 10. 이 사건 조례안을 원안대로 재의결하였다.

---

* 이 글은 2017년 12월 31일 발행된 행정판례연구 제22-2집에 게재된 논문을 전재한 것입니다.

** 서울시립대학교 법학전문대학원 교수, 법학박사

1) 판결 당시의 행정자치부는 이후 정부조직법의 개정으로 현재는 '행정안전부'로 변경되었으나, 본 평석에서는 당시의 판례 및 법령에 입각하여 행정자치부로 사용한다.

2) 당시의 지방재정법(법률 제11900호, 2013.7.16., 일부개정) 제17조(기부·보조 또는 출연의 제한) 제1항은, "지방자치단체는 개인 또는 단체에 대한 기부·보조·출연·그 밖의 공금 지출을 할 수 없다. 다만, 지방자치단체의 소관에 속하는 사무와 관련하여 다음 각 호의 어느 하나에 해당하는 경우와 공공기관에 지출하는 경우에는 그러하지 아니하다."고 규정하고 있는바, 이 사건 조례안 제3조에서 지원하도록 규정한 도서 주민에 대한 정주생활지원금은 위 법 각호에서 예외적으로 공금 지출이 가능한 것으로 규정한 제1호~제4호의 사유에는 해당하지 않는다고 보아, 이 조례안 제3조가 지방재정법 제17조 제1항에 위반된다는 것이다.

③ 원고인 행정자치부장관은 2014. 3. 7. 강화군수에게 재의결된 이 사건 조례안에 대한 제소를 지시하였으나 강화군수가 이에 응하지 아니하자, 2014. 3. 21. 이 사건 소를 직접 제기하였다.

2. 판결의 주요 내용 : 소의 적법 여부

이 판결은 대법원 전원합의체판결로서 대법원의 공식입장이 된 다수의견에 대하여 2인의 대법관의 반대의견이 붙어있다. 그 주요 내용을 각각 정리하면 다음과 같다.

(1) 다수의견의 주요 내용

지방자치법 제172조는 지방의회의 의결이 법령에 위반되거나 공익을 현저히 해친다고 판단되면 시·도에 대하여는 주무부장관이, 시·군 및 자치구에 대하여는 시·도지사가 재의를 요구하게 할 수 있고, 재의요구를 받은 지방자치단체의 장은 의결사항을 이송받은 날부터 20일 이내에 지방의회에 이유를 붙여 재의를 요구하여야 하며(제1항), 주무부장관이나 시·도지사는 제1항의 재의요구에 대하여 지방의회에서 재의한 결과 전과 같이 재의결된 사항이 법령에 위반된다고 판단됨에도 불구하고 해당 지방자치단체의 장이 소를 제기하지 아니하면 그 지방자치단체의 장에게 제소를 지시하거나 직접 제소할 수 있고(제4항), 위의 제소의 지시에도 불구하고 해당 지방자치단체의 장이 법정기한 내에 제소하지 않으면 주무부장관이나 시·도지사는 직접 제소할 수 있다(제6항)고 규정하고 있다,

다수의견은, 이 조항들의 문언과 입법 취지, 제·개정 연혁 및 지방자치법령의 체계 등을 종합적으로 고려하여 보면, 지방의회 재의결에 대하여 제소를 지시하거나 직접 제소할 수 있는 주체로 규정된 '주무부장관이나 시·도지사'는 시·도에 대하여는 주무부장관을, 시·군 및 자치구에 대하여는 시·도지사를 각 의미한다고 해석하는 것이 타당하다고 한다.

다수의견이 이와 같은 결론을 도출한 주요 이유는 다음과 같다.

① 지방의회의 재의결에 대한 주무부장관이나 시·도지사의 제소 지시 또는 직접 제소는 해당 지방자치단체의 장의 재의요구에 대하여 지방의회가 전과 같은 내용으로 재의결을 한 경우 비로소 할 수 있는 것이므로, 지방의회의 재의결에 대한 제소 지시 또는 직접 제소 권한(이하 '제소 등 권한'이라고 한다)은 관련 의결에 관하여 해당 지방자치단체의 장을 상대로 재의요구를 지시할 권한이 있는 기관에게만 있다고 해석하는 것이 지방자치법 제172조의 체계에 부합한다.

② 이와 달리 주무부장관의 경우 재의요구 지시 권한과 상관없이 모든 지방의회의 재의결에 대한 제소권이 있다고 본다면 시 · 군 및 자치구의회의 재의결에 관하여는 주무부장관과 시 · 도지사의 제소권이 중복됨에도 지방자치법은 그 상호관계를 규율하는 규정을 두고 있지 아니하다. 이는 주무부장관과 시 · 도지사의 지도 · 감독 권한이 중복되는 경우에 관한 지방자치법 제163조 제1항 및 제167조 제1항이 '1차로 시 · 도지사의, 2차로 행정자치부장관 또는 주무부장관의 지도·감독을 받는다.'는 명시적인 규정을 두어 중복되는 권한 사이의 상호관계를 규율하고 있는 입법태도와 명백하게 다르다.

③ 지방자치법은 1949년 제정된 이래 장관이 시 · 군 · 자치구의회의 재의결에 대하여 직접 통제 · 감독 권한을 행사할 수 있도록 하는 규정을 두고 있지 아니하다가, 1994. 3. 16. 법률 제4741호로 개정되면서 현행 지방자치법 제172조 제4항과 유사한 규정을 제159조 제4항으로 신설하였으나, 그 개정이유에서 장관의 감독 권한을 시 · 군 · 자치구에 대해서까지 확대하는 것인지에 대하여는 전혀 언급이 없는데, 국가와 지방자치단체 사이의 권한 통제라는 중요한 사항에 관하여 입법자가 아무런 설명 없이 권한의 중복관계에 대한 명확한 규정도 두지 아니한 채로 통제 및 감독 권한을 확장하였다고 보기는 어렵다.

④ 그 밖에 지방자치법은 제16조 제3항 내지 제7항, 제170조 제2항, 제172조 제7항 등에서 주민 감사청구에 따른 감사 절차, 직무이행명령의 대집행, 지방의회 의결에 대한 재의요구 지시의 불이행에 따른 제소 지시 또는 직접 제소에 대하여 '주무부장관이나 시 · 도지사'의 권한과 후속조치를 규정하고 있는데, 관련 규정의 체계와 형식, 내용에 비추어 보면 위 각 조항들은 각 조의 제1항에 따라 주무부장관은 시 · 도에 대하여, 시 · 도지사는 시 · 군 및 자치구에 대하여 각각 일정한 권한을 가지고 있는 것이 전제되어 있음을 알 수 있다.

⑤ 헌법 제107조제2항은 "명령·규칙 또는 처분이 헌법이나 법률에 위반되는 여부가 재판의 전제가 된 경우에는 대법원은 이를 최종적으로 심사할 권한을 가진다."라고 규정함으로써 명령·규칙에 대한 추상적 규범통제가 아닌 구체적 규범통제를 원칙으로 하고 있으므로, 위법 여부가 문제 되는 조례는 사후적으로도 법원에 의한 심사의 대상이 될 수 있다고 할 것이어서, 반드시 주무부장관의 제소 지시 또는 직접 제소 방식에 의하여 조례안에 대한 사전 통제를 해야 할 필요성이 크다고 보기도 어렵다.

요컨대, 대법원(다수의견)은 지방자치법령의 문언과 체계, 제 · 개정 연혁, 지방자치단체의 조례에 대한 사후통제 가능성 등을 종합적으로 고려하여, 피고의 이 사건 조례안 재의결에 대하여는 인천광역시장이 강화군수에게 제소를 지시하거나 직접 제소할 수 있을 뿐, 원고인 행정자치부장관이 강화군수에게 제소를 지시하거나 직접 제소할 수는 없다고 할 것이므로, 이 사건 소는 법률상 근거가 없는 소로서 부적법하고 따라서 이 사건 소를 각하하였다.

(2) 반대의견의 주요 내용

한편 이 판결에 대한 대법관 2인의 반대의견에서는, 다음과 같은 이유에서 행정자치부장관이 이 사건 소를 제기할 수 있다고 보았다.

① 법치국가원리는 모든 국가권력의 행사가 법의 지배 원칙에 따라 법적으로 구속을 받는 것을 뜻한다. 국민이 선출하는 대통령과 국회의원을 포함하여 모든 국가기관은 헌법과 법률에 위배되는 행위를 하여서는 아니 된다. 지방자치단체라고 하여 여기에서 예외일 수는 없다. 지방자치단체는 주민의 복리에 관한 사무를 처리하고 재산을 관리하며 법령의 범위 안에서 자치에 관한 규정을 제정할 수 있으나(헌법 제117조 제1항), 그 조례제정권은 어디까지나 '법령의 범위 안에서' 이루어져야 한다(지방자치법 제22조). 그리고 여기에서 말하는 '법령의 범위 안에서'란 '법령에 위반되지 않는 범위 내에서'를 가리키므로 지방자치단체가 제정한 조례가 법령에 위반되는 경우에는 효력이 없다(대법원 2002. 4. 26. 선고 2002추23 판결, 대법원 2007. 2. 9. 선고 2006추45 판결 등 참조).

지방자치단체의 자주성·자율성은 최대한 존중되어야 하므로 이에 대한 국가의 관여는 가능한 한 배제하는 것이 바람직하다. 그러나 지방자치도 헌법과 법률에 의하여 국가법질서의 테두리 안에서 인정되는 것이고, 지방자치행정도 중앙행정과 마찬가지로 국가행정의 일부이므로, 지방자치단체는 지방자치의 본질을 해하지 아니하는 범위 내에서 어느 정도 국가의 지도 · 감독을 받지 아니할 수 없다(대법원 1998. 5. 8. 선고 97누15432 판결 참조).

② 이 사건 법률조항(지방자치법 제172조)의 문언상 지방자치단체의 조례가 법령에 위반된다고 판단됨에도 불구하고 해당 지방자치단체의 장이 소를 제기하지 아니함을 이유로 대법원에 제소를 하는 경우에 그 제소권자를 주무부장관 또는 시 · 도지사로 병렬적으로 규정하고 있는 점, 이 사건 법률조항의 취지가 국가가 지방자치행정의 합법성을 감독하고 국가법질서의 통일성을 유지하려는 데 있다는 점 등에 비추어 보면, 주무부장관은 해당 지방자치단체가 '시 · 도' 또는 '시 · 군 및 자치구'인지 관계없이 그 제소권을 가진다고 보아야 하고, 다수의견과 같이 '시 · 도'에 대하여는 주무부장관에게, '시 · 군 및 자치구'에 대하여는 시 · 도지사에

게만 있다고 해석할 것은 아니다. 만약 이와 달리 주무부장관에게 '시·군 및 자치구' 의회의 조례안 재의결에 대하여 제소할 권한이 없다고 해석한다면, 주무부장관은 조례안 재의결이 법령에 위반된다고 판단하는 경우에도 시·도지사가 제소하지 아니하면 그 위법한 상태를 용인할 수밖에 없게 되고, 그 결과 법령 위반 여부가 문제 되는 동일한 내용의 조례안이 시·도지사의 제소 여부에 따라 그 효력을 달리하는 결과가 발생할 우려가 있다.

③ 또한 상위법령에 위반됨에도 형식적 요건만 갖추면 일정한 절차를 거쳐 조례로 제정될 수 있도록 하고, 사후적으로 사법심사를 거쳐 무효화되도록 하는 것은 지방행정의 낭비를 초래하고, 자치입법에 대한 주민의 신뢰를 실추시키는 결과를 야기하며, 회복하기 어려운 법질서의 혼란을 가져올 수 있는 점 등에 비추어 볼 때, 이 사건 법률조항은 이를 사전에 시정하기 위한 제도적 장치로서 지방자치제도의 본질적 내용을 침해한다고 볼 수 없으므로(헌법재판소 2009.7.30. 선고 2007헌바75 전원재판부 결정 참조), 이 점에서도 이 사건 법률조항의 적용 범위를 축소하여 해석할 것은 아니다.

④ 나아가 위법 여부가 문제 되는 조례가 이 사건과 같이 지방자치단체가 개인 등에 대한 기부·보조 등을 하는 내용의 것이어서 지방재정법 위반 여부가 문제 되는 경우라면 다수의견처럼 사후적·구체적 규범통제가 그 위법성 시정을 위한 적절한 수단이 될 수 있는지도 의문이다. 예를 들어, 지방재정법 제17조 제1항은 지방자치단체의 개인 또는 법인·단체에 대한 기부·보조, 그 밖의 공금 지출을 법률에 규정이 있는 경우 등으로 제한하고 있는데, 만약 이에 위반되는 내용의 조례안이 재의결된 경우에 그로 인하여 수혜를 받은 주민이 그 조례의 효력을 다투어 제소하는 예는 상정하기 어려울 것이다. 당해 시·군 및 자치구 주민 이외의 사람은 조례의 적용대상이 아니므로 그 효력을 다툴 법률상 이익을 인정받기도 어렵다. 이러한 조례는 일단 시행되고 나면 그 효력 여부가 법원의 심사대상이 될 가능성이 크지 아니하다. 지방의회가 위법한 조례를 제정하였다면 법치국가원리상 그 조례의 효력은 부정함이 마땅하다. 그런데 사후적·구체적 규범통제가 이를 위한 적절한 수단이 되지 못한다면 이 사건 법률조항이 그 제소권자를 주무부장관 또는 시·도지사로 병렬적으로 규정한 문언대로 시·군 및 자치구의 조례안에 대하여도 주무부장관이 직접 제소할 수 있다고 보는 것이 옳다. 이상과 같은 이유로 다수의견에 찬성할 수 없음을 밝힌다.

II. 주요 쟁점의 정리

이 판결은 군의회의 조례안 재의결에 대하여 행정자치부장관의 제소권을 부인하여 소를 각하한 것이다. 따라서 핵심 쟁점은 원고인 행정자치부장관의 제소권 인정 여부라고 할 수 있다.

다수의견은 제소권을 부인하고 있고 반대의견은 제소권을 인정하고 있다. 이렇게 행정자치부장관의 제소권 인정 여부에 대하여 판단이 갈라진 이유는 우선 지방자치법 제172조 등 관련 규정에 대한 해석방법과 그 입법취지, 그리고 조례에 대한 규범통제제도의 의의 등에 대한 이해의 차이에서 비롯된 것으로 보인다.

1. 관련 조문의 체계적 해석

다수의견은 먼저 본 사안의 직접 근거규정인 지방자치법 제172조의 제1항 및 제4항·제6항의 해석과 관련, 동 조 제1항에 의할 때 지방의회 의결에 대하여 "시·도에 대하여는 주무부장관이, 시·군 및 자치구에 대하여는 시·도지사"가 재의를 요구하게 할 수 있고, 이러한 요구 지시에 따른 단체장의 재의 요구에 대하여 지방의회가 재의결할 경우 그 위법성에도 불구하고 해당 단체장이 제소하지 않을 때에는 제4항·제6항에 의하여 "주무부장관이나 시·도지사"가 제소를 지시하거나 직접 제소를 할 수 있는 것인데, 이 제4항·제6항에서 말하는 "주무부장관이나 시·도지사"는 제1항에서와 같이 '시·도에 대하여는 주무부장관, 시·군 및 자치구에 대하여는 시·도지사'의 의미로 새기는 것이 타당하다고 한다. 다수의견의 기본취지는 재의 요구를 지시할 권한이 있는 기관에게만 제소 지시 내지 직접 제소권이 있다고 해석하는 것이 법 제172조의 체계에 부합한다는 것이다.

이 외에도 지방자치법의 다른 조항인 법 제163조 제1항[3] 및 제167조 제1항[4]에서는 주무부장관과 시·도지사의 지도·감독 권한이 중복되는 경우에 '1차로 시·도지사의, 2차로 행정자치부장관 또는 주무부장관의 지도·감독을 받는다.'는 명시적인 규정을 두어 중복되는 권한 사이의 상호관계를 규율하고 있는데 비하여, 법 제172조에는 이러한 규정을 두고

3) 법 제163조(지방자치단체조합의 지도·감독) ① 시·도가 구성원인 지방자치단체조합은 행정자치부장관의, 시·군 및 자치구가 구성원인 지방자치단체조합은 1차로 시·도지사의, 2차로 행정자치부장관의 지도·감독을 받는다. 다만, 지방자치단체조합의 구성원인 시·군 및 자치구가 2개 이상의 시·도에 걸치는 지방자치단체조합은 행정자치부장관의 지도·감독을 받는다.

4) 제167조(국가사무나 시·도사무 처리의 지도·감독) ① 지방자치단체나 그 장이 위임받아 처리하는 국가사무에 관하여 시·도에서는 주무부장관의, 시·군 및 자치구에서는 1차로 시·도지사의, 2차로 주무부장관의 지도·감독을 받는다.

있지 않은바, 이와 같이 국가와 지방자치단체 사이의 권한 통제라는 중요한 사항에 관하여 입법자가 아무런 설명 없이 권한의 중복관계에 대한 명확한 규정도 두지 아니한 채로 통제 및 감독 권한을 확장하여 주무부장관에게도 제소 지시 내지 직접 제소권이 인정되는 것으로 보기는 어렵다는 것이다.

마지막으로 지방자치법은 제16조제3항 내지 제7항에서의 주민 감사청구에 따른 감사절차, 제170조제2항에 의한 직무이행명령의 대집행, 제172조제7항에 의한 지방의회 의결에 대한 단체장의 재의요구 지시의 불이행에 따른 제소 지시 또는 직접 제소에 대하여 '주무부장관이나 시·도지사'의 권한과 후속조치를 규정하고 있는데, 이 역시 관련 규정의 체계와 형식, 내용에 비추어 보면 위 각 조항들은 각 조의 제1항에 따라 주무부장관은 시·도에 대하여, 시·도지사는 시·군 및 자치구에 대하여 각각 일정한 권한을 가지고 있는 것이 전제되어 있다고 한다. 따라서 지방자치법 제172조의 제1항과 제4항·제6항의 관계도 위의 조항들과 같은 규정체계로 이해하여야 한다는 것이다.

한편 반대의견은 다수의견의 이러한 문언 내지 조문 체계적 해석에 대하여, 이 사건 법률조항의 문언상 해당 지방자치단체의 장이 소를 제기하지 아니함을 이유로 대법원에 제소를 하는 경우에 그 제소권자를 '주무부장관 또는 시·도지사'로 '병렬적'으로 규정하고 있는 점 등을 들어, 주무부장관은 해당 지방자치단체가 '시·도' 또는 '시·군 및 자치구'인지 관계없이 그 제소권을 가진다고 보아야 한다고 주장한다.

2. 조례안 재의결 제소제도의 입법 목적 내지 취지

다수의견에서 아쉬운 점은, 지방의회의 조례안 재의결에 대한 위법성 통제의 수단으로서 단체장의 제소가 없을 시에 '주무부장관이나 시·도지사'가 제소 지시를 하거나 직접 제소할 수 있도록 한 사법적 통제방식의 제도적 목적이나 취지에 대하여는 거의 언급하고 있지 않다는 것이다.

반대의견은 오히려 이러한 점에 방점을 두어, 지방자치도 헌법과 법률에 의하여 국가법질서의 테두리 안에서 인정되는 것이고, 지방자치행정도 중앙행정과 마찬가지로 국가행정의 일부이므로, 지방자치단체는 지방자치의 본질을 해하지 아니하는 범위 내에서 어느 정도 국가의 지도·감독을 받지 아니할 수 없으며, 이러한 법치국가원리 하에서 지방자치단체도 위법행위를 해서는 안 되므로, 그 조례제정권도 어디까지나 '법령의 범위 안에서' 즉 '법령에 위반되지 않는 범위 내에서' 행사되어야 한다는 것이고, 이러한 견지에서 이 사건 법률조항의 취지도 국가가 지방자치행정의 합법성을 감독하고 국가법질서의 통일성을 유지하려는 데 있기 때문에, 주무부장관은 해당 지방자치단체가 '시·도' 또는 '시·군 및 자치구'인지 관계없이 그 제소권을 가진다고 보아야 한다는 것이다. 그리고 만약 다수의견과 같이 주무부장관에게 '시 · 군 및 자치구' 의회의 조례안 재의결에 대하여 제소할 권한이 없다고 보면, 주무부장관은 조례안 재의결이 법령에 위반된다고 판단하는 경우에도 시 · 도지사가 제소하지 아니하면 그 위법한 상태를 용인할 수밖에 없게 되고, 그 결과 법령 위반 여부가 문제 되는 동일한 내용의 조례안이 시 · 도지사의 제소 여부에 따라 그 효력을 달리하는 결과가 발생할 우려가 있다고도 주장한다.

3. 조례에 대한 사후적 규범통제제도의 의의

다수의견은 조례에 대한 사후적 법원심사제도(구체적 규범통제제도)가 마련되어 있으므로 반드시 주무부장관의 제소 지시 또는 직접 제소 방식에 의하여 조례안에 대한 사전 통제를 해야 할 필요성이 크다고 보기도 어렵다고 보는데 비하여, 반대의견은 특히 이 사건에서와 같이 지방자치단체가 개인 등에 대한 기부 · 보조 등을 하는 내용의 것이어서 지방재정법 위반 여부가 문제 되는 경우라면 다수의견처럼 사후적 · 구체적 규범통제가 그 위법성 시정을 위한 적절한 수단이 될 수 있는지 의문이라고 본다. 즉 지방재정법 제17조 제1항은 지방자치단체의 개인 또는 법인 · 단체에 대한 기부 · 보조, 그 밖의 공금 지출을 법률에 규정이 있는 경우 등으로 제한하고 있는데, 만약 이에 위반되는 내용의 조례안이 재의결된 경우에 그로 인하여 수혜(사안의 경우 정주생활지원금)를 받은 주민이 그 조례의 효력을 다투어 제소하는 예는 상정하기 어려울 것이고, 따라서 이러한 조례는 일단 시행되고 나면 그 효력 여부가 법원의 심사대상이 될 가능성이 크지 않을 것이다.

지방의회가 국법에 반하는 위법한 조례를 제정하였다면 법치국가원리상 그 조례의 효력은 부정함이 마땅한데도 사후적 · 구체적 규범통제가 이를 위한 적절한 수단이 되지 못한다면 이 사건 법률조항이 그 제소권자를 주무부장관 또는 시 · 도지사로 병렬적으로 규정한 문언대로 시 · 군 · 자치구의 조례안에 대하여도 주무부장관이 직접 제소하여 국가에 의한 종국적 사법적 통제의 가능성을 확보하는 것이 타당하다는 것이다.

Ⅲ. 지방의회 의결에 대한 재의(再議) 및 제소(提訴) 제도

1. 지방자치단체의 장의 재의요구와 제소

(1) 지방자치법의 규정 현황

먼저 지방자치법상 지방의회의 의결에 대한 지방자치단체의 장의 재의요구에 관하여는 몇 개의 조문에서 규정하고 있다.

① 법 제26조제3항은 조례안이 지방의회에서 의결되어 지방자치단체의 장에게 이송된 경우 그 조례안에 대하여 이의가 있으면 단체장은 이유를 붙여 지방의회로 환부(還付)하고, 재의(再議)를 요구할 수 있다고 하고 있다.

② 법 제107조제1항은 지방자치단체의 장은 지방의회의 의결이 월권이거나 법령에 위반되거나 공익을 현저히 해친다고 인정되면 그 의결사항을 이송받은 날부터 20일 이내에 이유를 붙여 재의를 요구할 수 있다고 하고 있다.

③ 법 제108조제1항은 지방자치단체의 장은 지방의회의 의결이 예산상 집행할 수 없는 경비를 포함하고 있다고 인정되면 그 의결사항을 이송받은 날부터 20일 이내에 이유를 붙여 재의를 요구할 수 있다고 하고, 제2항에서도 지방의회가 다음 각 호의 어느 하나에 해당하는 경비를 줄이는 의결을 할 때에도 1항과 같다고 규정하고 있다.

한편 단체장의 위와 같은 재의요구에 대하여 지방의회가 재의한 결과 재적의원 과반수의 출석과 출석의원 3분의 2 이상의 찬성으로 전과 같은 의결(재의결)을 하면 그 의결사항은 확정되는데, 지방자치단체의 장은 이렇게 재의결된 사항이 법령에 위반된다고 판단되면 대법원에 소(訴)를 제기할 수 있다.

(2) 단체장에 의한 재의요구 및 제소제도의 의의

1) 단체장에 의한 재의요구제도

지방의회의 의결에 대한 단체장의 재의요구와 그 재의결에 대한 단체장의 제소제도는, 기본적으로 지방자치단체의 기관구성의 방식과 밀접한 관계가 있다. 즉 우리의 헌법과 지방자치법은 지방자치단체의 기관구성을 기관대립(분립)형으로 설계하고 있는데, 지방자치단체의 의사를 내부적으로 결정하는 최고 의결기관으로 지방의회를, 외부에 대하여 지방자치단체의 대표로서 지방자치단체의 의사를 표명하고 그 사무를 통할하는 집행기관으로 지방자치단체의 장을 두도록 규정하고, 의회는 행정사무의 감사 및 조사권 등을 통하여 지방자치단체의 장의 사무집행을 감시·통제할 수 있게 하고 지방자치단체의 장은 의회의 의결에 대한 재의요구권 등으로 의회의결권 행사에 제동을 가할 수 있게 함으로써 (권력분립적 의미의) 상호 견제와 균형을 유지하도록 하고 있다.[5)]

이러한 재의요구제도는 지방자치법상 지방의회가 의결한 조례안에 이의가 있거나 그 의결이 월권, 법령 위반, 공익의 현저한 침해, 예산상 집행불가능한 경비 포함, 삭감불가사항에 대한 경비 삭감 등에 해당할 경우, 의결 내용을 집행하여야 할 집행기관의 장인 단체

5) (社)지방행정연구소 편저, 「逐條 地方自治法解說(增補版)」, (社)지방행정연구소, 2000, 438－439면.

장으로 하여금 그 의결에 대한 거부의 의사를 표함과 동시에 지방의회에 그에 대한 재고(再考)를 요청할 수 있게 한 것이다.

그런데 법 제172조제1항에 의하면, 위와 같은 단체장의 재의요구 외에도 지방의회의 의결이 법령에 위반되거나 공익을 현저히 해친다고 판단되면 시·도에 대하여는 주무부장관이, 시·군 및 자치구에 대하여는 시·도지사가 재의를 요구하게 할 수 있고, 재의요구를 받은 지방자치단체의 장은 의결사항을 이송받은 날부터 20일 이내에 지방의회에 이유를 붙여 재의를 요구하여야 한다고 하여, 재의 요구 지시에 따른 단체장의 재의요구제도 역시 규정하고 있다.[6] 이러한 재의요구 지시에 의하여 단체장의 재의요구로 이어질 수 있지만,[7] 그것이 단체장의 자발적 의사에 기한 것이 아니라 국가감독기관의 재의요구 지시에 따른 것이라는 점에서, 단체장의 자발적 판단에 기한 재의요구와는 규정의 목적이나 취지, 그 요건과 사유 등을 달리하고 있어 서로 별개의 제도로 해석하여야 할 것이다.[8]

2) 단체장에 의한 제소제도

한편 단체장에 의한 제소제도는, 재의요구된 지방의회의 의결이 가중정족수에 의하여 재의결되어 확정되더라도 그 재의결이 법령에 위반된다고 판단되는 경우에는 지방의회에 대한 견제의 차원에서 단체장이 지방의회를 피고로 하여 대법원에 제소하여 사법적으로 효력을 다툴 수 있게 한 것이다. 따라서 이 소는 행정소송법상의 전형적인 기관소송의 일례로 볼 수 있다.[9]

요컨대 지방의회의 의결에 대한 단체장의 재의요구 및 그 재의결에 대한 제소제도는, 지방자치단체 내부에 있어서의 의결기관에 대한 집행기관의 권력분립적 견제적 수단의 의미를 갖는 것이라고 할 수 있다.

---

6) 박균성, 「행정법강의(제14판)」, 박영사, 2017, 1018－1019면에 의하면, "재의요구 지시의 사유와 관련하여 본 조항이 법령 위반 또는 현저한 공익 저해를 들고 있지만 그것이 자치사무에 관한 의결일 경우에는 재의요구 지시 또한 법령에 위반되는 경우에 한하는 것으로 새기는 것이 자치권 보장의 차원에서 타당할 것"이라고 보고 있다.
역시 동지의 입장에서 조성규, "지방자치단체에 대한 국가감독의 법적 쟁점", 『지방자치와 행정법』(遁石 홍정선교수정년기념논문집, 박영사, 2016. 429면에서도, "자치사무에 관한 의결까지도 감독청이 부당성을 이유로 재의요구명령을 할 수 있는 것으로 규정하고 있는바, 지방의회의 민주적 정당성을 고려할 때 자치권에 대한 본질적 침해의 소지가 있다."고 비판하고 있음을 참조 바란다.

7) 감독기관의 재의요구 지시가 있으면 단체장은 이에 따를 의무가 있기는 하지만 이를 이행하지 않을 경우에도 그것을 강제하거나 감독기관이 대신할 수는 없다. 지방의회의 의결이 법령에 위반된다고 보아 재의요구 지시를 한 경우에는 법 제172조제7항에 의거하여 주무부장관이나 시·도지사가 대법원에 직접 제소할 수 있을 뿐이다.

8) (社)지방행정연구소 편저, 앞의 책, 439면.

9) 동지의 견해로 홍정선, 「新지방자치법(제3판)」, 박영사, 2015, 395면.

2. 감독기관에 의한 제소 지시 및 직접 제소

(1) 지방자치법상의 규정 현황

지방자치법 제172조 제7항에 의하면, 위 제1항에 따라 지방의회의 의결이 법령에 위반된다고 판단되어 주무부장관이나 시·도지사로부터 재의요구 지시를 받은 지방자치단체의 장이 재의를 요구하지 아니하는 경우(법령에 위반되는 지방의회의 의결사항이 조례안인 경우로서 재의요구 지시를 받기 전에 그 조례안을 공포한 경우를 포함한다)에는 주무부장관이나 시·도지사는 제1항에 따른 기간이 지난날부터 7일 이내에 대법원에 직접 제소할 수 있도록 하고 있다. 즉 주무부장관이나 시 · 도지사의 재의요구 지시가 있었음에도 단체장이 재의요구를 하지 않으면, 주무부장관이나 시 · 도지사가 바로 직접 제소할 수 있도록 한 것이다.

그리고 법 제172조제4항은, 재의요구된 지방의회의 의결이 가중정족수에 의하여 재의결되어 확정되었으나 그 재의결이 법령에 위반된다고 판단됨에도 불구하고 해당 단체장이 제소하지 않으면 주무부장관이나 시·도지사가 지방자치단체의 장에게 제소를 지시하거나 직접 제소할 수 있도록 하고 있고, 제소 지시를 받은 단체장이 일정한 기간 내에 제소하지 않는 경우에도 직접 제소할 수 있다(동조 제6항).

(2) 감독기관에 의한 제소 지시 및 직접 제소의 의의

지방의회 의결 또는 재의결에 대한 주무부장관이나 시 · 도지사의 제소 지시 및 직접 제소제도는 앞의 재의요구와는 달리 그 사유가 법령 위반에 한정되는데, 이는 지방의회의 의결의 위법성 여부는 종국적으로 법원만이 판단할 수 있는 것이므로 대법원에의 제소라는 사법적 통제수단을 활용할 수 있도록 한 것이다. 제소 지시 및 제소는 지방자치단체 특히 지방의회의 의결에 대한 법원의 합법성 통제를 가능하게 하기 위하여 감독기관에게 인정된 수단으로서, 그 자체는 지방자치단체에 대한 감독주체인 국가의 사무라고 할 수 있을 것이다.

이처럼 감독기관에 의한 제소 지시 및 직접 제소는, 앞의 단체장에 의한 재의요구 및 제소와는 제도의 목적 내지 취지 등에 있어서 분명한 차이가 있는 것으로서, 후자가 지방자치단체 내부기관 사이에 견제수단으로서 인정된 것이라면, 전자는 지방자치단체에 대한 감독기관의 합법성 통제수단으로서 인정된 것이라고 할 수 있다.

원래 지방자치제도 그 자체도 국법에 의하여 인정된 것이고 지방자치단체의 자치권 역시 천부의 권리나 선국가적 권리라기보다는 헌법과 법률에 의하여 국가로부터 전래된 권리라고 할 것이므로, 지방자치단체의 자치활동도 국법의 틀 내에서 이루어져야 하고 그

것을 통하여 국법질서의 확립과 통일성의 확보가 가능하여야 할 것이다. 이것을 가능하게 하는 것이 국가의 합법성 감독 내지 법적 감독(Rechtsaufsicht)이다.[10] 즉 자치권이 보장되는 지방자치단체의 조직과 운영에도 법치주의는 적용되는 것이며, 그것을 최후적으로 담보하는 장치가 국가의 합법적 감독 내지 통제라는 것이다.[11] 본 논문에서 다루고 있는 지방의회의 재의결 등에 대한 감독기관의 제소 지시 및 직접 제소제도는 바로 이러한 국가감독의 필요성과 취지에 입각하여 지방자치법이 국가감독기관에게 특별히 부여한 합법성 통제수단의 하나라고 할 것이다.

IV. 제소 지시 및 제소권의 주체인 시·도지사의 지위 내지 법적 성격

1. 문제의 제기

지방의회의 의결 내지 재의결에 대한 제소 지시 및 직접 제소권이 지방자치법상 주무부장관이나 시 · 도지사에게 인정된다는 것은 앞서 살펴본 바와 같다. 그런데 제소 지시권 및 직접 제소권의 주체인 주무부장관이나 시 · 도지사는 어떠한 지위 내지 성격의 감독기관이라고 할 수 있는 것인가?

먼저 주무부장관이 중앙정부의 국가행정기관으로 지방자치단체에 대한 감독기관의로서의 지위와 성격을 갖는다는 점에 대해서는 의심의 여지가 없으므로 이에 대하여는 상론의 필요가 없을 것이다.

그러면 감독기관으로서의 시·도지사는 과연 어떠한 지위 내지 성격의 기관이라고 하여야 할 것인가? 즉 주무부장관과 같이 국가행정기관의 지위와 성격을 갖는 것인가, 아니면 시 · 도라는 광역지방자치단체의 대표 및 그 집행기관의 장으로서의 지위 내지 성격을 가지고 기초지방의회의 재의결 등을 감독하는 것인가? 제소 지시 및 제소권의 주체인 시 · 도지사라는 감독기관의 지위 내지 성격을 검토하는 것은, 본 사건의 판결에서 다수의견과 반대의견이 갈린 것처럼, 기초지방의회의 재의결에 대한 주무부장관의 제소권을 부정할 것인지 아니면 인정할 것인지의 문제와도 밀접한 관련이 있는 것으로 보인다.

그리고 이것을 본격적으로 고찰하기에 앞서서 참고로, 시 · 도지사가 국가기관의 지위 내지 성격을 가지고 지도 · 감독사무를 하도록 한 예로, 지방자치법 제167조(국가사무나 시 ·

10) 정남철, "지방자치단체에 대한 국가감독 및 사법적 통제", 『지방자치와 행정법』(遁石홍정선교수정년기념논문집, 박영사, 2016. 405면 참조.

11) 조성규, 앞의 논문, 2016. 433면

도사무 처리의 지도 · 감독) 제1항 및 제163조(지방자치단체조합의 지도 · 감독) 제1항의 경우를 먼저 살펴보고자 한다.

2. 국가위임사무, 지방자치단체조합에 대한 지도·감독과 시·도지사 지위

(1) 국가위임사무에 관한 지도·감독과 시·도지사

먼저 지방자치법 제167조(국가사무나 시 · 도사무 처리의 지도 · 감독) 제1항을 살펴보면, 동 조항은 "지방자치단체나 그 장이 위임받아 처리하는 국가사무에 관하여 시 · 도에서는 주무부장관의, 시 · 군 및 자치구에서는 1차로 시 · 도지사의, 2차로 주무부장관의 지도 · 감독을 받는다."고 규정하고 있는바, 지도 · 감독의 내용이 위임된 국가사무에 관한 것이므로 당연히 중앙행정기관인 주무부장관이 지도 · 감독권을 행사하는 것이고 그러한 지도 · 감독사무 자체도 국가사무라고 할 수 있지만, 지도 · 감독사무 수행상의 편의 등을 고려하여 법률상 시 · 군 및 자치구에서는 1차로는 시 · 도지사에게 지도 · 감독하게 하고 주무부장관은 2차로 최종적인 지도 · 감독을 하게 한 것이다. 따라서 이 경우의 시 · 도지사는 국가사무인 지도 · 감독사무를 수행하는 국가행정기관으로서 주무부장관에 대한 하급행정기관의 지위 내지 성격을 가지는 것으로 보는 것이 타당할 것이다.[12)]

이와는 달리 제167조제2항과 같이 "시 · 군 및 자치구나 그 장이 위임받아 처리하는 시 · 도의 사무에 관하여는 시 · 도지사의 지도 · 감독을 받는" 경우에는, 지도 · 감독의 내용이 위임된 시 · 도사무에 관한 것이므로 당연히 위임 측인 시 · 도지사가 지도·감독권을 갖는 것이고 그러한 지도 · 감독사무 자체도 시 · 도사무라고 할 수 있을 것이며, 이 경우의 시 · 도지사는 시 · 도의 대표로서의 지위와 성격을 갖는다고 보아야 할 것이다.[13)]

(2) 지방자치단체조합에 대한 지도·감독과 시·도지사

그리고 위 제167조제1항과 유사한 예인 제163조에 의한 지방자치단체조합의 지도·감독조항을 살펴보면, 그 제1항은 "시 · 도가 구성원인 지방자치단체조합은 행정자치부장관의, 시 · 군 및 자치구가 구성원인 지방자치단체조합은 1차로 시 · 도지사의, 2차로 행정자치부장관의 지도 · 감독을 받는다."고 규정하고 있다. 지방자치단체조합이란 2개 이상의 지방자치단체가 하나 또는 둘 이상의 사무를 공동으로 처리할 필요가 있을 때 규약을 정하여 그 지방의회의 의결을 거쳐 시 · 도는 행정자치부장관의, 시 · 군 및 자치구는 시·도지사

12) 同旨의 견해로서 예컨대 (社)지방행정연구소 편저, 앞의 책, 439면 ; 박균성, 앞의 책, 2017, 1018－1019면 참조.

13) 同旨의 견해로서 박균성, 앞의 책, 2017, 1019면.

의 승인을 받아 설립할 수 있는 것으로서(법 제159조①), 지방자치단체조합과 그 사무는 지방자치단체의 자치조직에 의한 자치사무의 성격을 가지는 것이라고 할 수 있다. 하지만 이러한 조합 내지 그 사무에 관한 지도·감독은 합법성 통제와 국가법질서 유지의 차원에서 국가의 몫이라고 할 수 있으므로 국가사무라 할 것이고, 다만 지도·감독사무 수행상의 편의 등을 고려하여 법률상 시·군 및 자치구에서는 1차로는 시·도지사에게 지도·감독하게 하고 주무부장관은 2차로 최종적인 지도·감독을 하게 한 것이라고 본다. 따라서 이 경우의 시·도지사 역시 국가사무인 지도·감독사무를 수행하는 국가행정기관으로서 주무부장관에 대한 하급행정기관의 지위 내지 성격을 갖는 것으로 보는 것이 타당할 것이다.

3. 제소 지시 및 제소권의 주체인 시·도지사의 지위

앞서 살펴본 것처럼, 지방의회 재의결 등에 대한 주무부장관이나 시·도지사의 제소 지시 및 직접 제소제도는 지방자치단체에 대한 국가감독적 차원에서 채택된 것으로서, 지방의회의 의정활동의 합법성 통제를 가능하게 하는 수단이다. 지방의회를 포함한 지방자치단체의 활동의 합법성을 감독하고 이를 통하여 국법질서의 통일성을 유지·관리하는 것은 국가의 기본적 역할이자 책무이다. 국가는 지방자치단체의 자치활동에 대한 불법·부당한 간섭을 하여서도 안 되지만, 그 합법성을 확보할 종국적인 책임을 부담하고 있기도 한 것이다.

이러한 관점에서 볼 때, 지방의회의 재의결 등에 대한 합법성 통제는 국법질서의 확립과 그 통일성 유지의 차원에서 국가적 차원에서 전국 통일적으로 관리되고 행사되어야 한다고 본다. 그리고 그러기 위해서는 이러한 합법성 감독의 권한과 책임이 국가의 중앙행정기관에 최종적으로 귀속되어 있어야 할 것이다. 그렇지 않고 대상판결의 다수의견의 결과와 같이 각 시·도 단위로 제각각 합법성 통제를 할 수 있음에 그치게 된다면, 개별 시·도지사의 재량적 판단에 따라 제소 지시 내지 제소권이 제각각 행사되거나 제대로 행사되지 않을 수도 있어, 전국적으로 산재한 기초 지방의회의 재의결 등에 대한 합법성 통제와 통일적 국법질서의 유지라는 국가적 책무가 제대로 수행되지 못할 수도 있게 될 것이다. 예컨대, A도 관할구역 내의 b시와 C도 관할구역 내의 d시의 조례안이 동일한 제명과 내용의 조례안인데 모두 상위 법령 위반의 위법사유를 가진 것들이라고 가정할 때, A도지사와 C도지사의 제소권 행사의 차이로 인하여 b시의 조례는 그대로 발효되어 시행되어 버리고 d시의 조례안은 대법원의 위법무효판결로 시행되지 못하게 되었다면, 이러한 불균형적 자치입법상황을 국가의 합법성 감독과 국법질서의 통일성 유지의 차원에서 어떻게 이해하고 받아들일 수 있겠는가.

이와 같은 문제의식과 관점에서 볼 때, 기초지방의회 재의결 등에 대한 시·도지사의 제소 지시 및 제소권 역시 이러한 국가의 감독권에서 비롯된 것이고 이러한 국가사무인 감독사무를 수행하는 시·도지사는 광역지방자치단체의 대표나 그 집행기관의 장으로서가 아니라 국가행정기관으로서의 지위와 성격을 갖는다고 보아야 할 것이며,[14] 그러한 국가 감독제도의 목적과 취지가 국법질서의 확립 및 그 통일성의 유지에 있으므로 그러한 감독권은 최종적으로 전국적 사무관할권을 가진 주무부장관과 같은 국가행정기관에 귀속, 귀일(歸一)되어 있어야 한다고 본다. 따라서 이 경우의 시·도지사는 국가감독기관인 주무부장관에 대한 하급행정기관의 지위 내지 성격을 갖는 것으로 보는 것이 타당하고, 따라서 만일 시·도지사가 제소 지시 내지 제소권을 행사하지 않는 경우에는 최종적 국가감독책임을 부담하고 있는 주무부장관이 제소 지시 내지 직접 제소할 수 있다고 보아야 할 것이다.

V. 본 판결(다수의견)에 대한 비판적 검토

1. 법령의 문언 내지 체계 해석과 관련한 쟁점 검토

다수의견은 기초지방의회의 의결 내지 재의결에 대한 제소 지시 및 제소의 직접적 근거인 지방자치법 제172조의 제1항, 4항, 6항을 중심으로 하여 이 조항들의 문언과 입법 취지, 제·개정 연혁 및 지방자치법령의 체계 등을 종합적으로 고려한 결과, 지방의회 재의결 등에 대하여 제소를 지시하거나 직접 제소할 수 있는 주체로 규정된 '주무부장관이나 시·도지사'는 시·도에 대하여는 주무부장관을, 시·군 및 자치구에 대하여는 시·도지사를 각 의미한다고 해석함으로써, 시·군 및 자치구에 대하여는 주무부장관의 제소 지시 및 제소권을 부인하고 있다. 그런데 다수의견의 이러한 해석태도는 타당한 것인가?

(1) 재의요구 지시권자와 직접 제소권자의 동일성 여부

먼저 다수의견이 지방의회의 재의결에 대한 주무부장관이나 시·도지사의 제소 지시 또는 직접 제소는 해당 지방자치단체의 장의 재의요구에 대하여 지방의회가 전과 같은 내용으로 재의결을 한 경우 비로소 할 수 있는 것이므로, 지방의회의 재의결에 대한 제소 지시 또는 직접 제소 권한은 관련 의결에 관하여 해당 지방자치단체의 장을 상대로 재의요구를 지시할 권한이 있는 기관에게만 있다고 해석하는 것이 지방자치법 제172조의 체계에

14) 동지의 견해로서, 박균성, 앞의 책, 2017, 1031면. "이 제소지시 및 직접 제소는 지방의회에 대한 국가기관의 통제권이며 동시에 지방자치단체의 장의 제소에 대한 감독권의 성질을 갖는다. 제172조의 권한을 행사함에 있어서 시·도지사는 국가기관의 지위를 갖는다고 보아야 한다."

부합한다고 한 것과 관련해서는, 물론 제소 지시 내지 제소는 재의요구 지시에 따른 재의결에 대하여 이루어지는 것이기는 하나, 제소 지시 및 제소권자가 항상 재의요구 지시권자와 동일해야 하는지는 의문이다.

재의요구 지시는 (제소 지시 및 제소와는 달리) 의회의 의결이 법령에 위반되는 경우뿐 아니라 공익을 현저히 해친다고 판단되는 경우에도 할 수 있다(법 제172조제1항). 즉 재의요구 지시는 지방의회 의결의 합법성 뿐 아니라 합목적성 확보의 목적도 포함되어 있으며, 이것은 감독권 행사의 일환이기는 하나 근본적으로는 지방자치단체의 장으로 하여금 지방의회에 대한 견제권을 행사하도록 촉구하는 의미가 있음에 그치는 것이다.

이에 비하여 제소 지시 및 직접 제소는 내부기관간 견제의 차원을 넘어서서 지방자치단체에 대한 국가감독기관에 의한 합법성 통제수단으로서 국가 법질서의 확립과 그 통일적 유지 · 관리의 필요성에서 — 재의요구 지시를 어느 기관이 하는지와는 별개로 — 국가의 중앙행정기관인 주무부장관의 권한에 해당한다고 보는 것이 맞을 것이다. 따라서 시·군·자치구 의회의 조례안 재의결에 대하여도 그것이 법령에 위반된다고 판단하는 한 비록 그 재의요구를 시 · 도지사가 지시하였다 하더라도 제소 지시 및 직접 제소는 시 · 도지사뿐 아니라 주무부장관 역시 할 수 있다고 보는 것이 타당할 것이다.

(2) 주무부장관의 최종적 감독권으로서의 제소권을 인정하여야 할 이유

한편 다수의견은, 주무부장관의 경우 재의요구 지시 권한과 상관없이 모든 지방의회의 재의결에 대한 제소 등 권한이 있다고 보게 되면 시·군 및 자치구의회의 재의결에 관하여는 주무부장관과 시 · 도지사의 제소 등 권한이 중복되게 되는데, 지방자치법은 그 상호관계를 규율하는 규정을 두고 있지 않을 뿐 아니라, 이는 주무부장관과 시 · 도지사의 지도 · 감독 권한이 중복되는 경우[15]에 명시적인 규정을 두어 중복되는 권한 사이의 상호관계를 규율하고 있는 입법태도와 명백하게 다르기 때문에, 제소 지시 및 제소권과 관련해서는 주무부장관에게 중복적 권한을 인정할 수 없다고 해석하고 있다.

지방자치법이 국가위임사무와 지방자치단체조합의 지도 · 감독과 관련하여 그 대상이 시 · 군 및 자치구일 경우에 장관과 시 · 도지사의 감독권 중복을 피하기 위하여 '1차로 시 · 도지사의, 2차로 행정자치부장관 또는 주무부장관'의 지도 · 감독을 받는다는 식으로 명시적인 규정을 두어 상관관계를 규율하고 있는 것은 바람직하다.

그러나 그렇다고 하여, 다수의견과 같이 제소 지시 내지 제소권에 관하여는 이러한 명시적 규정이 없으므로 주무부장관의 권한을 중복적으로 인정할 수 없다고 단정하는 것

15) 지방자치법 제163조 제1항 및 제167조 제1항이 '1차로 시·도지사의, 2차로 행정자치부장관 또는 주무부장관의 지도 · 감독을 받는다.'고 규정한 경우를 의미.

은 또한 타당한가. 사실 다수의견과 같이 제소 지시 내지 제소권에 관하여도 위와 같이 권한 중복의 관계를 분명히 하는 명시적 규정을 두면 좋았을 것이다. 하지만 제소 지시 내지 제소권 행사와 관련해서 지방자치법이 그 대상에 따라 감독주체를 명시적으로 분리 규정하고 있는 것도 아니다. 즉 반대의견이 지적하고 있는 것처럼, 지방자치법 제172조 제4항, 제6항은 제소 지시 내지 제소권자를 '주무부장관 또는 시·도지사'로 '병렬적'으로 규정하고 있고, 이 조항만을 문리적으로 해석한다면 시·군 및 자치구의회의 재의결에 대하여도 주무부장관의 제소 지시 내지 제소권을 부인하기 어렵다고 본다. 게다가 이 제도의 핵심적 취지가 국가가 지방의회의 재의결 등에 대한 합법성을 확보하고 국법질서의 통일성을 유지·관리하려는 데 있다는 점을 감안한다면, 그러한 국가감독의 최종적 귀속주체로서의 주무부장관의 제소 지시 및 제소권을 부인하여야 할 이유는 없다고 본다. 그리고 오히려 이렇게 보아야만, 220여 이상의 기초 지방의회에서 제각각 이루어지는 재의결 등이 위법함에도 관할 시·도지사가 제소 지시 내지 제소를 하지 않는 경우, 최종적으로 주무부장관이 제소 지시 내지 직접 제소함으로써 합법적이고 통일적인 국가법질서의 유지·관리를 가능하게 할 수 있는 것 아닌가 한다.

주무부장관과 시·도지사의 제소권 중복으로 인한 혼란 내지 충돌문제도 그리 우려할 만한 것이 못된다. 시·도지사가 위법하다고 판단하여 제소 지시 내지 제소하면 주무부장관은 대법원의 판단을 지켜보면 될 일이고 만일 시·도지사가 제소 지시 내지 직접 제소하지 않는 상황이 되면 주무부장관이 직접 제소 지시 내지 제소하여 역시 대법원의 판단을 기다리면 되는 것이다. 따라서 다수의견과 같은 입장에서 관련 법조문의 문언 내지 체계적 해석에 편향되어 지방자치단체에 대한 감독체계의 근간을 무너뜨리는 결과를 초래할 수 있다고 우려[16]하기보다는, 관련 법조문의 문언뿐 아니라 그 제도적 목적 내지 입법취지에 착목하여 보다 합리적이고 바람직한 국가감독체계를 해석해 내는 것이 바람직할 것이다. 법치주의 확립의 관점에서 진짜 우려하여야 할 것은 기초 지방의회의 재의결 등이 위법한데도 아무도 제소권을 행사하지 않음으로써 위법한 의정활동의 결과가 그대로 방치되거나 실행되는 상황일 것이다.

그리고 앞서 언급한 것처럼, 법령상 인정된 시·도지사의 제소 지시 및 직접 제소권 역시 이러한 국가의 감독권에서 비롯된 것이고 이러한 국가감독권을 행사하는 시·도지사는 국가행정기관으로서 주무부장관에 대한 하급행정기관의 지위 내지 성격을 갖는다고 보아야 하며, 이렇게 보는 이상 주무부장관에 의한 최종적인 감독권으로서의 제소 지시 내지 제소권을 부정할 수는 없다고 본다.

---

16) 김길량, "지방자치법 제172조 제4항, 제6항에 따라 군의회를 상대로 조례안재의결무효확인의 소를 제기할 수 있는 원고적격", 대법원판례해설 제110호, 2016, 216면.

2. 다수의견에 의할 때 초래될 수 있는 문제점 비판

(1) 시·도지사의 법령해석능력 부족 및 국법질서 불안정성의 초래

제소 지시 내지 제소의 사유는 국가의 '법령 위반'으로 한정되는데, 그 결과 기초 지방의회의 재의결 등의 법령 위반 여부가 강하게 의심되거나 위법의 확신이 있어야 제소 지시 내지 제소로 이어질 수 있을 것이다. 그런데 이러한 법령 위반 여부의 판단은 사안의 내용이나 관련 법령에 따라 간단치 않을 수 있고 매우 복잡하거나 세밀한 해석이 필요할 수도 있으며 그 해석주체에 따라 다양하거나 상반된 해석이 나올 수도 있는 것이다. 그 결과 다수의견과 같이 주무부장관의 제소 지시 내지 제소권을 부정하고 개별 시·도지사가 제각각 법령 위반 여부를 판단하여 제소 지시 내지 제소권 행사 여부를 종국적으로 결정하게 하면, 국가법질서의 통일적 유지의 차원에서는 매우 부적절하거나 불안정적인 결과가 초래될 수도 있을 것이다. 반대의견이 지적하는 바와 같이 법령 위반 여부가 문제 되는 동일한 내용의 조례안이 전국 여러 기초의회에서 재의결된 경우 관할 시·도지사의 제소 여부에 따라 해당 조례의 성립 내지 효력을 달리하는 차별적 결과가 발생할 우려마저 있다는 것이다.

지방자치단체도 법령의 집행주체로서 관련 법령의 자주적 해석권이 있는 것이지만, 국가 법령에 대한 행정해석은 당해 법령의 소관부처가 있는 중앙정부의 유권해석에 의하는 것이 1차적이다. 당해 법령의 소관부처가 아닌 시·도지사의 법령 해석에 기초하여 당해 지방의회 재의결의 위법 여부를 판단하게 하는 것은 통일적인 국법질서의 유지·관리의 측면에서 적절하지 않을 뿐 아니라 실제 시·도지사의 법령해석능력이나 그를 둘러싼 지역적 정황 등이 다를 수 있다는 점을 감안할 때 바람직하지도 않다고 본다.

(2) 사후적 규범통제수단의 기능부전으로 인한 한계

다수의견이 조례에 대한 사후적 구체적 규범통제의 가능성을 이유로, 반드시 주무부장관의 제소 지시 또는 직접 제소 방식에 의한 사전 통제의 필요성이 크다고 보기도 어렵다고 한 데 대해서도, 조례에 대한 사후적 규범통제의 가능성을 지나치게 확대하고 있다는 점에서 비판가능하다고 본다.

조례에 대한 규범통제는 국법질서의 확립의 관점에서는 가능한 사전통제의 방식에 의한 것이 바람직하다. 그것은 사후적 사법심사를 거쳐 무효화되도록 하는 것은 지방행정의 낭비를 초래하고, 자치입법에 대한 주민의 신뢰를 실추시키는 결과를 야기하며, 회복하기 어려운 법질서의 혼란을 가져올 수 있기 때문이다.[17]

---

17) 헌법재판소 2009. 7. 30. 선고 2007헌바75 전원재판부 결정 참조

사후적 규범통제는 구체적 규범통제제도로서 본안소송이 적법하게 계속된 경우의 선결문제심리로서만 사법심사가 가능한 것이다. 따라서 본안소송이 제기되지 않거나 적법하지 않으면 선결심리로서의 조례에 대한 규범통제는 이루어지기 어렵다. 반대의견의 지적처럼, 특히 이 사건의 조례안은, 지방자치단체가 개인 등에 대한 기부·보조 등을 하는 내용으로 하는 수익적인 성질의 것(정주생활지원금)이어서 그로 인하여 수혜를 받은 주민이 처분취소소송 등의 본안소송을 제기하거나 그 소송 제기 후 그에 적용된 조례의 효력을 다툴 것을 상정하기는 어려울 것으로 보인다. 따라서 이러한 조례는 일단 시행되고 나면 그 효력 여부가 법원의 심사대상이 될 가능성 자체가 크지 않다고 보는 것이 맞다. 따라서 다수의견이 조례에 대한 사후적 법원심사제도(구체적 규범통제제도)가 마련되어 있어 반드시 주무부장관의 제소 지시 또는 직접 제소 방식에 의하여 조례안에 대한 사전 통제를 해야 할 필요성이 크다고 보기도 어렵다고 하는 주장은 수용하기 어렵다고 본다. 오히려 조례에 따라서는 사후적 법원심사제도(구체적 규범통제제도)를 통한 사법통제의 가능성이 매우 낮거나 곤란하기 때문에, 사전적 규범통제의 필요성이 더욱 큰 경우가 많다는 점을 간과하지 말아야 할 것이다.

영업규제에 있어 '혁신'의 공익성 판단을 위한 試論*

이희정**

I. 서: 변화에 대응하는 정부의 임무

최근 '제4차 산업혁명' 이라는 패러다임적 변화를 의미하는 단어가 정부와 언론, 학계 등의 화두가 되고 있다. 과거, 대통령의 임기에 따라 관심의 급격한 등락이 있었던 정책 의제와는 달리 새로 취임한 대통령의 공약에도 이전 정권에 이어 4차 산업혁명에 대한 대응이 포함되어 있다는 점은 최소한 그 변화가 실재하고 그에 대한 국가적 대응이 필요함을 보여준다. 개인에게 이러한 변화는 여러 의미를 갖는다. 자신과 사회의 발전에 기여하는 기회가 될 수도 있고, 잘 적응하지 못하면 본인의 의지나 노력과 상관없이 불행하게 될 수도 있다. 헌법상 국민의 기본권 실현을 규범적 목표로 하고, 민주주의, 법치주의를 기본 원리로 삼아 복지국가, 사회국가의 모델을 추구하는 국가의 정부는 이러한 변화에 대해 어떤 역할을 해야 하는가? 행정법학은 이러한 질문에 함께 답해야하는데, 이에는 이념적·포괄적 차원의 원칙은 물론 개별 영역의 규제 체계 수립과 적용 문제도 포함된다.

과학기술의 혁신에 기반한 새로운 상품이나 서비스에 대해 어떠한 규제적 대응을 해야 할 것인가도 그 중 하나이다. 과학기술 자체의 발전을 지원하고 간섭하지 않는다 하더라도, 그 상용화의 길을 열어주지 않으면 이는 지속가능하기 어렵다. 동시에 새로운 상품이나 서비스에 어떤 위험이 수반된다면, 이를 규제하지 않는 것은 정부의 국민 안전, 인간다운 생활을 할 권리 등에 대한 기본적 임무를 방기하는 것일 뿐 아니라 소비자들의 신뢰부족으로 그 상품이나 서비스 선택을 꺼림으로써 과학기술의 지속가능한 발전에도 장애가 된다. 따라서 과학기술의 혁신과 이를 응용한 새로운 상품이나 서비스의 상용화가 가능하도록 불필요한 규제를 제거하는 동시에 필요한 규제를 정비하고 도입한다는 양면의 과제

---

* 이 글은 2017년 6월 30일 발행된 행정법연구 제49호에 게재된 "커뮤니케이션 기술의 발전과 디지털 플랫폼 규제"의 제목과 내용의 일부를 수정하여 전재한 것입니다.

** 고려대학교 법학전문대학원 교수, 법학박사

를 해결해야 한다.

이러한 대응은 시간을 두고 이루어져야 한다. 현재를 살고 있는 국민들은 기존의 생산소비, 사회적 상호작용의 방식 및 이를 규율하는 규제체계를 기반으로 형성된 사회·경제질서에 의존해왔다. 따라서 이들이 변화에 적응하여 새로운 질서로 이행해 갈 수 있도록 노력하는 시간이 필요하다. 또한 새로운 과학기술 및 이를 기반으로 한 상품 등에 수반되는 위험이 무엇인지 그 심각성은 어느 정도인지를 알기 위해서도 관찰과 분석을 위한 시간이 필요하다. '질서있는 혁신' 또는 '관리된 변화'를 이루기 위해서는 이러한 시간을 고려한 새로운 규제방식이 도입되어야 한다. 우선 합리적 판단의 증거를 충분히 얻을 때까지의 상황을 관리할 수 있는 학습과 과도기적 관리 과정을 법에 내재화하는 것이 필요할 것이다.[1)] 또한 실체적으로는 과학기술과 이를 응용한 상품 또는 서비스에 내재한 변화의 본질과 가치가 무엇인지 숙고하고, 이를 기존 규제체계가 추구해 온 가치와 비교·형량하면서 어떤 규제를 유지하고, 어떤 규제를 폐기, 변경 또는 신설할지 선택해야 한다. 이러한 작업은 구체적인 과학기술별, 상품이나 서비스의 유형별로 개별적 접근이 필요하다.

이 글은 최근 커뮤니케이션과 정보 관련 기술 발전으로 등장한 디지털 플랫폼 사업에 대해 혁신의 본질과 가치를 검토해 보고, 관련 규제의 개선방향을 모색해보고자 한다. 주된 고찰 대상은 디지털플랫폼 중에서도 전통적으로 특별한 공공성 규제가 이루어져온 운송서비스 영역에 진출한 Uber와 같은 운송서비스 중개업체를 대상으로 한다. 최근 가장 뜨거운 과학기술 혁신은 인공지능이지만, 그 이전에 다양한 차원의 커뮤니케이션을 가능케 한 정보통신기술의 혁신이 있었고 지능화 역시 이러한 커뮤니케이션을 통한 대량정보의 수집, 분석 등의 뒷받침을 받지 않으면 이루어질 수 없다.[2)] 글로벌한 영향을 미치는 상업적 디지털플랫폼으로는 E-bay, Amazon과 같은 전자상거래 플랫폼도 있지만, 여객운송서비스와 같이 공공성 규제가 강한 영역은 혁신과 규제의 관계에 대해 잘 들여다 볼 수 있는 예이다. 「여객자동차 운수사업법」상 '구역 여객자동차운송사업'에 속하는 '일반택시운송사업'에 대한 영업규제는 자동차와 시설 등 자본적 생산요소를 소유한 기업이 운수종사자를 근로자로 고용하여 서비스를 제공하는 방식을 전제로 엄격한 면허제(강학상 특허)를 채택하고 있다. 따라서 이러한 사업면허를 받지 않은 자가 Uber와 같은 디지털플랫폼을 통해 운송서비스를 제공하는 것은 금지되며, 동법 제81조는 출퇴근용 카풀 등 극히 제한적

1) 실험조항이라는 입법기술 및 ICT 특별법의 임시허가제의 의의에 대해서는 김태오, 기술발전과 규율공백, 그리고 행정법의 대응에 대한 시론적 고찰 – 정보통신 진흥 및 융합 활성화 등에 관한 특별법 (소위 ICT 특별법) 상 임시허가제도를 중심으로 –. 행정법연구, 제38호, 2014 참조.

2) 이성엽, 공유경제(Sharing economy)에 대한 정부규제의 필요성 – 차량 및 숙박 공유를 중심으로 –, 행정법연구 제44호, 2016. 2. 는 혁신을 대하는 규제의 자세를 (1) 혁신을 거부하는 규제, (2) 혁신에 우호적인 규제, (3) 혁신에 대응하여 기존 규제 재검토하고 일정기간 비규제 영역으로 두면서 지켜보는 경우 등으로 나누고 있다.

인 경우를 제외하고 자가용자동차를 유상 운송용으로 제공, 임대, 알선하는 행위를 금지하여 이를 명확히 하고 있다. 이렇게 기존의 영업규제가 디지털 플랫폼을 이용하여 서비스를 제공하는 새로운 방식에 대해 진입장벽으로 작용하는 경우, 미래지향적 관점에서 적절한 규제 방향이 이 글에서 모색하려는 연구주제이다.

II. 디지털 플랫폼의 의의

1. '커뮤니케이션'의 가치

인간에게 커뮤니케이션은 어떤 의미를 갖는가? 우리는 집단을 이루어 살지만, 집단과 분리된 개별주체의 고유성 또한 인정한다. 평소에는 개인별로 분리된 정신세계를 가지고 있다가 필요할 때에는 다른 구성원들과 소통(communication)하여 협력한다. 커뮤니케이션 기능의 가치는 적극적으로는 개인들간의 공감과 협력을 가능하게 해준다는 점이고, 소극적으로는 개인이 홀로 내면적 자유를 누릴 때와 타인과 공감, 협력할 때를 구분해 준다는 점이다. 커뮤니케이션은 협력을 위한 수단이므로, 공동체를 형성할 수 있다. 격지에 있는 사람들도 인터넷 상으로라도 커뮤니케이션이 되기 시작하면 부분적으로나마 어떤 공동체를 이루게 된다. 협력을 위해 구성된 공동체는 다양한 층위로 존재할 수 있다. 사이버 공간, 가상 공간은 그러한 관념을 표현한 것이다.

또한 커뮤니케이션의 유형과 방식은 협력의 구체적인 방식이나 형태에 영향을 미친다. 경제활동에 관한 커뮤니케이션의 형식은 생산과 유통, 소비를 위해 협력하는 행위에 영향을 미칠 것이다. 예컨대, 교환경제에 기초한 자본주의 경제체제에서는 상품과 서비스에 대한 수요자와 공급자가 서로를 인식하고, 교환 대상에 대한 객관적 가치평가를 위한 정보를 수집, 교환하며, 계약을 체결하여 서로의 의무를 확정하는 등 일련의 과정이 커뮤니케이션을 통해 이루어져야 한다. 커뮤니케이션이 용이하고 오류 없이 이루어지는 것이 교환경제의 원만한 번영을 위해 필수적인 조건이다.

2. 디지털 플랫폼의 등장

인터넷을 통해 커뮤니케이션이 가능한 범위는 지극히 확장되었다. 그리고 다양한 정보가 디지털화되어 전달, 저장, 처리될 수 있는 정보처리기술의 발전은 확장된 커뮤니케이션을 구조화하며, 근본적인 변화를 가져왔다. 인터넷과 디지털화로 공식화된 전통적 매체를 넘어 누구나 매우 저렴한 비용으로 정보를 유통시키고 이용하는 것이 가능해졌다. 종전에는 물리적 장소와 대면 커뮤니케이션을 할 인적 자원이 필수적이었던 재화와 서비스의 유통 역시 온라인상에서 이루어지고 있다. 그러면서 양과 질에 있어서 종전에는 볼 수 없었던 방식의 커뮤니케이션을 매개하는 플랫폼이 혁신적 서비스의 주체로 부상하였다. 인터넷포털, 전자상거래, Uber나 AirBnb와 같은 디지털플랫폼이 최종적으로 제공하는 서비스는 종이신문과 전통적인 오프라인 유통구조, 택시업과 숙박업 등이 제공하는 것과 근본적으로 다르진 않다. 그러나 공간적, 시간적 장벽을 뛰어넘는 새로운 커뮤니케이션과 정보처리를 통해 서비스가 개별화되고, 제공되는 방식이 달라진다. 이를 생산의 관점에서 보면, 그 서비스를 제공하기 위해 자원을 조달하고 결합시키는 방식이 다르다고 할 수 있다.

디지털 플랫폼에서 서비스가 공급되는 모델 중 많은 경우는 수요자와 공급자간의 직접 거래(P2P 서비스)방식을 택한다. P2P방식 거래의 본질은 사인들 간의 개별적인 계약행위이다. 우리는 그간 사회적으로 확보되어야 할 필수적인 서비스들을 유형화하여 (택시운송사업, 숙박업 등) 이를 규제하는 법을 만듦으로써 서비스의 이용자와 공급자들간의 계약을 보완하는 규범을 만들어 적용하였다. 디지털 플랫폼을 통해 궁극적으로 동일한 서비스를 공급하지만, 그러한 영업규제법제의 적용을 피한다면 이용자와 공급자간의 관계는 플랫폼사업자가 구조화한 계약관계로 환원된다. 다시 말해, 기존의 이용자와 공급자간의 질서가 공익에 기반한 영업규제와 이용계약으로 형성되었는데 비해 플랫폼 서비스에 이러한 규제가 적용되지 않는다면 그 질서는 오직 플랫폼사업자가 구조화한 계약과 알고리듬에 의해 형성되도록 맡겨진다.

III. 디지털 플랫폼의 혁신의 가치: 거래비용의 감축과 이전

Munger는 디지털 플랫폼 사업자가 창출하는 가치의 핵심을 '거래비용(transaction cost)의 감축'으로 설명한다.[3] 즉 Uber가 창출하는 가치는 자신이 소유한 것의 일부를 제공하고자 하는 공급자와 이를 이용하고자 하는 수요자가 서로 정보를 얻고 거래할 수 있도록 거래비용을 낮추는 데 있다는 것이다. 그 관점에서는 현재 진행 중인 변화를 "중개인 경제(Middleman Economy)"로 가는 기업 혁명(Entrepreneurial Revolution)이라고 칭하기도 한다. '거래비용' 개념을 활용한 설명은 행정법적 관점에서 비례원칙에 근거한 판단을 위해 혁신의 가치를 객관화하고 구조화하는데 유용한 측면이 있다. 그러나 디지털 플랫폼의 '거래비용의 감축'이라는 가치가 과연 동종 서비스를 제공해온 기존 산업에 대한 규제제도를 변화시켜야 할 만큼 본질적인 것인지, 아니면 거래비용의 진정한 감축이 아니라 다른 주체에게

3) Michael C. Munger, "The Third Entrepreneurial Revolution: A Middleman Economy," 2015

로의 이전에 불과한 것인지 등을 신중히 검토할 필요가 있다.

1. 거래비용의 감축

Munger는 거래비용을 "어떤 목적을 달성하기 위해 소요되는 비용 중 그 목적 달성을 위해 실제로 필요한 자원의 한계기회비용 이외에 모든 비용(all the costs of achieving my object in addition to the marginal opportunity cost of the resources required actually to accomplish this object)"로 정의한다.[4] 한편 법경제학 교재에 따르면, '거래비용'은 시장이란 자발적 교환의 장을 활용하기 위해 드는 일체의 비용으로서, ① 교환의 전제로서 재산권의 확정 및 확정된 재산권 관계의 유지 비용, ② 거래 상대방을 찾아내고 상대방의 거래조건을 상호인지하는데 드는 정보비용, ③ 최종거래조건을 확정하는 과정에서의 교섭비용·계약체결비용, ④ 계약내용을 충실히 이행시키기 위해 드는 집행·감독비용(사법비용 포함) 등이 포함되고, 거래비용의 합이 너무 커서 거래의 이익보다 거래비용이 커지면 시장실패가 발생한다. 재산법과 계약법의 주요 기능의 하나가 이들 거래비용을 낮추기 위함이다. 거래비용이 매우 커서 시장메커니즘을 통한 문제해결을 기대하기 어려우면 정부가 직접 개입하여 규제를 하게 된다.[5]

Uber 서비스는 이러한 거래비용을 감축시킴으로써 결과적으로 택시운송사업과 유사한 서비스를 제공할 수 있다. 첫째는 여객운송서비스의 수요자와 공급자가 서로를 찾는데 드는 거래비용을 감축시켰다. 자가용으로 대가를 받고 운송서비스를 제공하는 것이 불법이라는 리스크를 제외하고라도 외관상 택시가 아닌 자가용을 몰고 나가서 운송서비스를 원하는 사람을 만나 가격을 흥정하고 서비스를 제공하기에는 상당한 어려움이 예상된다. '택시'로 이용되는 자동차의 차체에 각종 표시를 하는 것, 가격을 표준화하여 협상의 필요성을 제거한 것 등은 모두 이러한 거래비용을 줄여 운송서비스계약이 원활하게 이루어지도록 한 것이다. 디지털 플랫폼은 일종의 '市場(market)'의 기능을 한다.

그런데 거래비용은 이에 한하지 않는다. 거래가 실제로 활발히 이루어지기 위해서는 수요자와 공급자가 서로를 인지하는 것만으로는 부족하다. 서로가 의도한 대로 거래가 호혜적으로 종료되기까지는 많은 위험이 수반된다. 상대방이 제안한 가격이 객관적으로 적정한 수준인지, 그 서비스의 질과 양이 공급자가 청약한 내용과 일치하는지, 서비스를 제공하고 나면 이용자로부터 대금은 확실히 받을 수 있는지 등 여러 불확실성이 존재하기 때문이다. 심지어 운송서비스나 숙박서비스에는 공간적 특성 등으로 인해 서비스가 제공

4) Munger, p.3

5) 박세일, 법경제학, 82-3면, 이준구·이창용, 경제학원론 제3판, 법문사, 112-3면

되는 과정에서 범죄를 당할 위험도 존재한다. 따라서 이러한 문제들이 만족할 만한 수준으로 해결되지 않으면 거래가 활발히 이루어지기 어렵다.[6] 여객자동차운수사업법에서 운수종사자의 자격요건을 정하고, 적정한 근무환경 확보를 위한 규제 등을 따로 두는 이유는 위험을 관리하여 신뢰를 확보하기 위한 것이다. 이에 대해 Uber는 기사에 관한 개인정보를 먼저 확인할 수 있고, 이미 이용한 사람들의 평가에 기초하여 기사를 선택할 수 있도록 하고, 위치정보서비스에 의해 위치를 확인할 수 있게 하며, 서비스 기록을 저장하여 범죄의 가능성을 줄인다. 이는 모두 정보를 처리하고 통신하는 디지털 기술의 적용으로 가능해진 것이다. 즉 법에 의한 규제가 해 온 거래비용 감축 기능이 디지털 기술에 의해 대체된다. 이를 어떻게 평가할 것인가?

2. 거래비용과 생산·유통의 조직 방식

한편, 나아가 거래비용의 크기는 생산을 위해 선택하는 조직 유형과 관련된다. 예컨대, '기업'의 경제학적 존재 의의는 다음과 같이 설명된다. "기업의 존재는 사람들이 시장에서의 거래에 의존해야 할 필요성을 줄임으로써 거래비용을 절감시켜 준다. … 만약 컴퓨터를 만들어 파는 기업이 존재하지 않는다면, 그는 부속품과 소프트웨어를 만들어 파는 수많은 사람들을 일일이 찾아가 거래를 해야 한다. 이렇게 수많은 사람들을 만나 가격과 판매조건 등을 협상하는 과정에서 그는 엄청난 거래비용을 지불해야 한다. … 다시 말해 기업의 존재가 거래비용의 획기적인 절감을 가능하게 해준다는 뜻이다."[7] 나아가 자원을 외부의 공급자와 계약하여 조달하는 데 드는 거래비용이 크지 않다면 기업은 시장에 의존하지만, 그 거래비용이 일정수준 이상으로 높아진다면 기업은 그 공급자를 합병하고자 한다. 즉, 수직적 생산 체계에서 거래비용이 높으면 기업은 '거버넌스(governance)'를 선택하고, 거래비용이 낮으면 '시장(market)'을 선택한다고 한다.[8]

디지털플랫폼의 혁신의 본질이 거래비용을 감축하는 데 있다면, 디지털플랫폼은 그러한 거래비용의 감축으로 인해 가능하게 된 기업의 조직방식이라고 할 수 있다. Munger가 산업혁명이라는 용어 대신에 "기업 혁명(entrepreneurial revolution)"이라고 지칭한 것은 디지털 플랫폼이 가져온 혁신의 본질이 기존에 존재하지 않던 상품이나 서비스를 생산해 내는 것이 아니라, 생산을 하는 방식의 변화에 있다고 본 것이다.[9] 다시 말해 디지털 플랫폼

---

6) Virginia Franke Kleist, A Transaction Cost Model of Electronic Trust: Transactional Reform, Incentives for Network Security and Optimal Risk in the Digital Economy, Electronic Commerce Research, 4:41−57 (2004), p.43

7) 이준구·이창용, 경제학 원론 제3판, 113면

8) Virginia Franke Kleist, p.43

의 궁극적 혁신은 서비스를 생산하기 위해 물적·인적 자원을 투하하고 조직하는 방식에 있다.

그렇다면 Uber서비스를 금지하는 여객자동차운수사업법은 운수서비스 제공을 위한 이러한 자원 조직 방식을 금지하고 있는 셈이다. 사회적 관점에서 생산을 위한 자원 조직 방식의 혁신의 가치는 어떻게 평가해야 할 것인가? 이러한 혁신을 가로막는 규제는 더 큰 공익으로 정당화될 수 있는가? 아래에서 이 점에 대해 검토해본다.

3. 거래비용과 규제

거래비용을 중요한 도구개념으로 사용하였던 법경제학자 Ronald Coase는 거래비용이 0이라면 권리의 초기배분이 어떻게 이루어지는가에 상관없이 개인들 간에 더 높은 가치를 부여하는 것에 대한 교환이 이루어져서 최종적으로 사회적 효용이 극대화되는 자원배분상태에 이를 수 있다고 하였다(Coase의 정리). 이 정리에서 도출되는 함의로 더 중요한 것은 현실에서는 거래비용이 0이 아니므로 권리의 초기배분이 최종적인 사회적 자원 배분에 영향을 미치고, 따라서 초기배분이 중요하다는 점이라고 한다.[10)]

이러한 Coase의 정리는 현재 실정법 제도로 구현된 탄소배출권 제도나 전파법상 주파수 경매제와 거래제의 도입, 그리고 아직 도입되지는 않았지만 도입의 논의가 활발하게 이루어져 온 토지이용과 관련된 용적이양제 등의 개념적, 원리적 기초가 되었다. 이들 제도들의 공통점은 종전에는 국가가 법에 근거한 권리·의무의 규제로 해결하던 문제를 시장에서 당사자들 간의 계약적 거래라는 틀로 해결하고자 한 것이다. 환경법에 근거한 배출규제에서 배출권 분배와 당사자들 간의 배출권 거래로 탄소배출을 낮추고자 한 방식, 무선국허가제를 통해 이루어지던 주파수 분배를 경매를 통해 주파수이용권을 분배하고 이를 거래하도록 하는 방식, 토지의 합리적 이용을 위한 용도지역지구제 등 계획제한에서 토지개발권(TDR, Tradable Development Right)의 발급과 거래를 통해 보상과 같은 형평성의 실현이 이루어지도록 한 점 등이다. 이로부터 거래가능한 권리를 설정해 주고 거래비용을 낮추어서 거래가 이루어지도록 하는 것이 규제가 추구하는 공익 목적을 실현할 또다른 방식이 될 수 있음을 알 수 있다.

---

9) Munger는 "기업가 정신 (Entrepreneurship)"을 기업가들은 자신이 가지고 있는 자원들, 노동, 시간, 인간의 주의, 상품 등을 이용하여 타인을 위해 더 많은 가치를 창출하도록 하려면 이 자원들을 어떻게 분배할지를 결정하는 것이라고 본다. 여기에서 "가치를 창출 (create value)" 한다는 것은 인류의 환경을 객관적으로 개선한 것이 아니라 개인의 주관적 가치평가에 달려있다고 본다. 기업가에게 물건을 파는 사람은 이를 달리 사용할 때 얻을 수 있는 것 이상을 받고, 물건을 사는 사람은 다른 활동에서 그 만한 주관적 만족을 얻기 위해 지불하는 비용보다 적게 지불한다는 것이다. Munger, p. 15

10) 박세일, 법경제학, 박영사, 74-80면

이를 원활한 여객자동차운송서비스의 확보라는 국가적 목표에 적용해 보면, 여객자동차운수사업은 기본적으로 서비스의 수요자와 공급자의 계약으로 이루어진다. 「여객자동차운수사업법」은 이러한 계약에 수반될 수 있는 다양한 위험을 규제를 통해 관리하고 있다. 사람들의 공간적 이동을 가능하게 해주는 여객운송서비스는 사람들의 자유를 실현하고 사회적 활동을 원활히 하기 위해 가장 기본적으로 요구되는 서비스이다. 도시인구의 원활한 이동을 위해서는 충분한 교통 서비스의 공급이 확보되어야 한다는 점, 도로교통의 안전을 위해서는 숙달된 운전능력이 요구된다는 점, 빠른 속도로 움직이는 동안 승객이 그 공간을 떠날 자유가 실제적으로 제한되므로 그 공간에서의 안전이 확보되어야 한다는 점 등이 그 계약에 수반되는 위험이다. 계약에 수반되는 이러한 위험을 관리하여 운송계약이 활발하게 이루어지면 이로써 경제와 사회의 원활한 작동에 필요한 이동성이 확보되는 공익이 증진될 것이고, 이것이 곧 운수서비스 규제를 정당화하는 공익이다.

이에 거래비용에 관한 논의를 적용해 보면, 만약 운수서비스의 제공을 둘러싼 위험이 그다지 크지 않다면 국가의 규제 없이 공급자와 수요자간의 계약에 맡겨두어도 될 것이다. 택시운수서비스계약에 수반되는 위험을 관리하는 비용 즉, 거래비용이 높다면 현재와 같이 공급자의 수를 제한하는 특허를 주고, 이에 대해 여러 가지 의무를 부과하는 방식으로 공법적 규제를 하는 방법이 선택될 것이다.[11] 그러나 그 위험관리비용이 매우 높다면, 철도서비스와 같이 국가가 이를 직접 부담하며 서비스를 공급하는 방안을 생각해 볼 수 있다. 계약에 수반되는 위험의 크기에 따라 이를 관리하는 데 필요한 거래비용의 크기가 결정되고, 그에 따라 재화나 서비스를 공급하는데 적절한 제도가 결정된다고 할 수 있다. 그 제도는 생산요소를 결합하는 기업의 방식과 이를 보완하는 정부규제로 구성된다. 그렇다면 어떤 새로운 방식에 의해 그러한 위험을 관리하는 비용이 충분히 감축될 수 있다면, 강학상 특허에 의한 규제방식도 대체되거나 다른 방식과 경쟁하도록 할 수도 있다. 디지털 플랫폼의 운영을 통해 특허에 의한 규제제도를 운영하는데 드는 비용을 감축하고도 운수서비스의 원활한 공급이 이루어질 수 있다면, 사회적으로도 가치있는 혁신이 될 것이고, 이를 위해 규제를 완화하는 것이 정당화될 수 있을 것이다.

4. 거래비용의 이전

그러나 Uber가 감축한 거래비용 중 일부는 소멸된 것이 아니라 다른 주체에게 이전

11) 인·허가와 같은 진입규제는 법원의 권리구제시스템이 잘 작동하지 않는 국가들에서도 재화나 용역에 법적 하자가 없다는 것을 보증하여 거래의 안전을 보장해주는 역할을 수행한다. 또 인·허가는 해당 사업을 시작하는 자가 공익과 사익을 침해하지 않을 것이라는 인식을 줌으로써 그 사업자가 판매하는 상품이나 용역을 주민들이 안심하고 구매할 수 있게 해준다. 선정원, 규제개혁과 정부책임, 대영문화사, 2017,

된 것에 불과하여 진정한 의미의 감축이라 보기는 어려운 부분이 있다. 대부분의 국가에서 택시운송사업은 교통수요에 맞는 공급을 확보하고, 안전한 서비스를 제공하기 위해 강한 공익적 규제를 받고 있다. 또한 2014년 제정된 「택시운송사업의 발전에 관한 법률」상 택시운수종사자들의 권익보호에 관한 규정을 보면, 안전한 교통서비스의 제공을 위해 운수종사자들의 안정된 지위 확보가 중요함을 알 수 있다. 그런데 이러한 규제가 없어도, 디지털플랫폼을 통한 거래만을 통해 운송서비스의 수요에 대응하여 공급을 안정적으로 확보하고, 숙련된 운전기능을 가지고 범죄행위를 할 가능성이 낮은 운수종사자가 서비스를 제공하도록 하는데 충분할까? 여러 국가들에서 택시사업을 규제해 온 것을 보면, 종전에는 이용자와 공급자간 계약만으로는 그러한 상태를 달성하기 어려워 운송계약이 활발히 이루어질 수 있도록 정부가 규제를 통해 거래비용을 감축하는 역할을 해왔다고 할 수 있다. 만약 Uber가 이러한 정부의 규제를 받지 않는다면, 그리고 Uber가 정보통신기술을 통해 이를 진정으로 감축시키거나, 자신의 수익을 할애하여 이를 부담하는 것이 아니라면, 공급부족과 안전에 관련된 거래비용은 단순히 감축되는 것이 아니라 다른 주체들에게로 이전될 가능성이 크다. 그렇다면 이는 Uber가 규제비용을 회피함으로써 기존 택시사업자들과의 경쟁에서 우위에 설 수 있는 기업의 혁신일 뿐, 규제를 재검토해야 할 사회적 가치있는 혁신으로 보긴 어렵다. 다음에서는 그러한 관점에서 기존의 여객자동차운수사업법상 규제와 Uber의 서비스를 비교하여 여기에서 거래비용의 감축이 일어나는지 또는 이전이 일어나는지를 평가해 볼 필요가 있다.

Ⅳ. 소유 기반 영업규제와 디지털 플랫폼의 기능 비교

1. 진입규제: 강학상 특허

「여객자동차운송사업법」상 택시운송사업은 일정 구역내로 영업을 제한하고 수요 예측에 기반하여 그 구역 내 택시의 총량을 통제하는 방식으로 진입규제를 하고 있다.[12] 이

12) 여객자동차운수사업법상 구역 여객자동차운송사업에 대한 면허기준으로 법 제5조 제1항은 1. 사업계획이 해당 노선이나 사업구역의 수송 수요와 수송력 공급에 적합할 것, 2. 최저 면허기준 대수, 보유 차고 면적, 부대시설 등 기준에 적합할 것, 개인택시운송사업의 경우에는 운전 경력, 교통사고 유무, 거주지 등의 기준에 적합할 것을 요구한다. 수송력 공급에 관한 산정기준은 국토교통부 장관이 정하여 시·도지사에게 통보하고, 시·도지사는 수송력 공급계획을 수립·공고한다. 시·도시자는 「택시운송사업의 발전에 관한 법률」 제9조에 따라 사업구역별 택시 총량의 산정 또는 재산정이 있거나 수용 수요의 급격한 변화 등으로 수송력 공급계획을 변경할 필요가 있는 경우에는 국토교통부장관의 승인을 받아 이를 변경할 수 있다.

러한 행정청의 권한은 전형적으로 강학상 '특허'에 해당한다. 강학상 특허는 권리 또는 법적 지위를 창설하는 효력을 갖는다. 그러나 금지된 행위를 예외적으로 허용하는 경우와 달리 특허의 대상이 되는 활동 중에는 국가가 그 행위 내지 산업을 특허제도로 규율하겠다고 결정하기 이전에는 개인의 자유 영역에 해당하여 특별히 그 행위를 하는데 권리나 법적 지위의 설정이 필요없는 것들이 많다. 행정청의 특허에 의해 설정되는 법적 지위는 그 영역의 활동이 정부의 강력한 통제를 필요로 하여 법제도를 도입함으로써 창설되는 것이고, 흔히 시장 진입자의 수를 제한하여 경쟁의 압력을 줄여주는 대신 강도 높은 공익적 의무를 부과하기 위한 것이다. 택시사업자의 경쟁이 치열해져서 상품의 가격이 한계비용까지 끌어내려지면, 이윤을 얻지 못해 서비스의 품질이 나빠지고 점차 시장에서 상품 생산을 중단하게 될 것이므로 결국 해당 상품의 충분한 공급이 이루어지지 않게 될 것이기 때문이라고 한다.[13] 이러한 이유로 경쟁을 인위적으로 제한하는 국가규제가 정당화될 수 있을 것이다. 또한 부수적으로는 공공성이 높아 정부에 대한 시민·소비자의 압력이 큰 서비스일수록 정부가 실효적인 규제를 해야 하는데, 규제의 집행비용이라는 관점에서도 사업자의 수가 제한되는 것은 도움이 될 수 있다. 그렇다면 정부가 수요를 잘 파악하여 공급을 적정수준으로 관리하려는 목표가 성공하였는가? 택시 수급 불균형으로 택시에 관한 감차과정이 많은 예산을 소요하면서 지원되고 있는 것을 보면, 정부가 공급관리에 성공했다고 말할 수 없다.

시장진입규제로서 인·허가제도는 거래비용의 감축 기능을 수행하여 왔다. 즉, 법원의 권리구제시스템이 잘 작동하지 않는 국가들에서도 재화나 용역에 법적 하자가 없다는 것을 보증하여 거래의 안전을 보장해주는 역할을 수행하고, 해당 사업을 시작하는 자가 공익과 사익을 침해하지 않을 것이라는 인식을 줌으로써 그 사업자가 판매하는 상품이나 용역을 주민들이 안심하고 구매할 수 있게 해준다.[14] 그러나 공유자원을 동원하여 서비스를 제공하는 방식은 그 자체로서 거래비용의 획기적인 감축 가능성이 있다. 따라서 이 부분의 혁신은 계속 그 가능성을 발전시킬 수 있는 기회를 부여받아야 한다. 따라서 자본재의 소유를 전제로 한 영업허가제에서 공유자원을 동원하는 형식의 기업에 대한 진입규제를 준비하는 것이 필요하다.

---

13) 진도왕, 차량공유사업(Car-Sharing Business)과 여객자동차운수사업법 제81조, 홍익법학 제17권 제4호(2016), 16면.

14) 선정원, 위의 책, 27-8면

2. 운송서비스의 안전 확보

택시운송서비스의 경우 운전자의 운전능력은 도로교통환경에서 탑승객의 안전과 다른 도로이용자들의 안전에 중요한 영향을 미친다. 또한 빠른 속도로 이동하는 자동차는 승객이 안전하게 하차하기가 어렵다는 점에서 승객의 이동이 자유롭지 못하게 되므로, 범죄가 발생할 위험이 높아진다는 특징이 있다. 여객자동차운수사업법은 운전업무 종사자격에 관해 규정하여 나이, 운전경력, 운전적성에 관한 기준을 둘 뿐만 아니라 지리숙지도등에 관한 시험에 합격한 후 자격을 취득하거나, 교통안전체험에 관한 연구·교육시설에서 교통안전체험·교통사고 대응요령 및 여객자동차 운수사업법령 등에 관하여 실시하는 이론 및 실기교육을 이수하고 자격을 취득할 것을 요구한다(법 제24조). 운수종사자는 이러한 운전업무 종사자격을 증명하는 증표를 발급받아 해당 사업용 자동차 안에 항상 게시하여야 한다(법 제24조의2). 이러한 자격을 취득한 자도 운전업무를 시작하기 전에 여객자동차 운수사업 관계법령 및 도로교통 관계법령, 서비스의 자세 및 운송질서의 확립, 교통안전수칙, 응급처치의 방법, 그 밖에 운전업무에 필요한 사항을 교육받는다. 또한 법 제26조는 운수종사자의 준수 사항을 규정하여, 승차 거부 또는 여객을 중도에서 내리게 하는 행위, 부당한 운임 또는 요금을 받는 행위, 일정한 장소에 오랜 시간 정차하여 여객을 유치하는 행위, 문이 불완전하게 닫힌 상태에서 출발, 운행하는 행위, 흡연행위 등을 금지하고 있다. 또한 국토교통부장관은 운수종사자 현황을 효율적으로 관리하기 위해 운수종사자 관리시스템을 구축, 운영할 수 있다(제22조의2). 이러한 규제의 실효성 확보는 운수사업면허의 취소·정지(제85조) 또는 운수종사자의 자격 취소·정지(제87조)를 통해 이루어진다. 그러나 이러한 규제가 입법을 넘어 집행단계에서 충분한 효과를 거두고 있는가에 대해서는 의문이 제기되고 있다.[15)]

이에 상응하여 Uber는 Uber Driver로 등록하려면 범죄경력회보서, 운전경력증명서, 자동차등록증, 자동차보험증, 운전면허증 등을 제출하도록 하고 있다. 이를 통해 성범죄, 마약범죄 전과자 등을 걸러 낸다. 교통사고 이력이 많아도 기사 등록이 어려울 수 있다고 한다. 그리고 온라인 지원이 끝나면 오프라인 교육을 받는다. 또한 Uber 의 경우 실시간 차량 위치를 확인할 수 있는 디지털 기술과 평판 시스템을 이용해 고객 신뢰 시스템을 구축할 수 있다고 주장한다. 그러나 근로자의 지위를 가진 자에 대해서도 완전한 규제집행이

15) "서울시는 택시의 승차거부 근절을 위한 각종 대책을 마련 중이다. 서울시는 지난달 29일부터 '삼진아웃제'를 도입했다. 삼진아웃제는 2년 내 승차 거부 3회 위반 시 택시 운전자격이 취소된다. 사업자도 승차거부 처분과 동일하게 위반 지수에 따라 최고 180일 사업 일부 정지 처분을 받을 수 있다. 하지만 증거 확보가 어렵고 단속인력이 부족해 삼진아웃제의 실효성에 대해선 의문인 상태다."
http://biz.chosun.com/site/data/html_dir/2015/02/08/2015020801307.html?related_all

어렵다면, 아래에서 보는 바와 같이 근로자의 지위도 인정받지 못하는 운전자에게 Uber 평가시스템이 가할 수 있는 압력은 제한적일 수밖에 없다. 차량보험의 보장범위 등도 사업자용과 개인용이 다를 수 있고, 자동차의 안전성 유지도 차량소유자인 개인에게 맡겨져 있으므로 이에 해당하는 거래비용은 절대적으로 감축된 것이 아니라, 공급자나 이용자 그리고 함께 자동차보험에 가입하고 있는 자들에게 이전 또는 전가된 것이라고 볼 수 있다.

3. 운전자의 노동법적 지위 문제

디지털 플랫폼을 기반으로 한 공유경제(sharing economy) 모델 중에서도 재화(숙박공간 등)가 공유되는 방식보다는 서비스(운전 등)가 공유되는 방식의 경우 노동법적 문제가 흔히 제기된다. 서비스 제공을 위해 사람이 직접 작업을 수행할 때, 이를 실정법상 근로자로 볼 것인지, 어느 범위까지 노동법의 적용을 받을 수 있는지, 사용자 책임의 주체는 누구인지 등의 노동법적 쟁점에 대해 첨예한 관점의 대립이 존재한다. 노동법적 논의는 이 글의 연구대상이 아니지만, 서비스공급자의 노동법적 지위의 문제는 서비스의 거래비용이라는 관점에서도 함의를 가지므로 그 범위에서 논의한다.

Uber, Lift와 같은 플랫폼 사업자는 자신들은 운수업체가 아님을 전제로, 플랫폼을 통해 서비스를 제공하는 자들의 법적 지위를 노동관계법령이 적용되는 근로자가 아니라 독립계약자(independent contractor)라고 주장한다. 우리나라에서도 이와 유사하게 배달앱(application) 기사였던 고등학생이 교통사고를 당하고 근로복지공단에 산재보험수급을 신청한 사건에서 공단은 근로자성을 인정하였으나, 이후 배달앱사는 불복소송을 제기하고 그 근로자성이 인정되지 않는다고 주장하였고, 1, 2심 법원은 이를 받아들인 예가 있다.[16] 반면, 이러한 플랫폼 사업자의 주장을 반박하며 소송을 제기한 서비스 제공자들은 스스로를 근로자라고 주장하며 노동법적 보호를 요청한다.

플랫폼 사업자가 서비스제공자들을 근로자가 아닌 독립계약자로 보는 것은 플랫폼 사업에 내재한 혁신의 본질과 관련된다. 즉 ICT 기술에 힘입은 거래비용의 감소로 서비스 생산에 필요한 자본과 노동을 공유경제방식으로 조달·조직하여 생산하고 유통시키는 것이 혁신의 본질이므로, 플랫폼 사업자로서는 이들이 자신의 지휘를 받는 근로자가 아니라 자신

16) 서울행정법원 2015.9.17 선고 2014구합75629판결 (1심), 서울고등법원 2016.8.12 선고 2015누61216 판결(2심)의 요지는 「A씨가 B씨 업체 배달원으로 배달앱을 통해 배달 업무를 하긴 했지만, 가맹점에서 배달요청이 들어오더라도 이를 수락할 것인지 거절할 것인지는 A씨가 결정할 수 있었다. 특히 B씨 업체의 배달앱에는 위치파악시스템(GPS) 기능이 없어 B씨가 A씨 등 배달원들의 현재 위치와 배송상황 등을 관제할 수 없었을 뿐만 아니라 배송지연 책임을 B씨가 전적으로 부담하는 것도 아니어서 배달 업무 과정에서 A씨가 B씨의 구체적인 지휘·감독을 받았다고 볼 수도 없다. 따라서 A씨는 B씨와 독립해 자신의 계산으로 사업을 영위한 개인사업자로 볼 수 있으므로 근로자임을 전제로 한 공단의 처분은 위법하다.」

이 중개하는 거래의 일방당사자일 뿐이라고 주장할 수 있다. 자기 소유의 자동차를 가지고 자신이 거래를 원하는 시간과 수요자를 선택할 수 있다는 점은 전통적인 그리고 전형적인 의미의 근로자상과는 차이가 있다.

그러나 이들을 독립계약자로 볼 경우 다음과 같은 문제가 제기되고 있다. 첫째, 서비스제공자가 실질적으로 협상력이 약한 경제적 약자라면, 이를 독립계약자로 취급하여 18세기 산업혁명 이후 산업자본주의의 폐단을 극복하기 위해 발전시켜 온 노동법의 보호를 배척하는 경우 이들의 보호 여부 및 방식이 새롭게 문제된다. 둘째, 노동법적 의무 이행을 위해 추가적인 비용을 부담하는 기존 기업들이 플랫폼사업자와 공정하게 경쟁하기 어렵다는 문제가 제기된다. 이 문제를 혁신과 규제라는 관점에서 생각해 보면, 플랫폼사업이 이룬 혁신이 사회적으로도 가치있는 것이라면, 서비스공급자의 지위를 보호하기 위해서 노동법 외에 다른 접근을 고안해내고, 기존 기업들의 경쟁상 불리함에 대해서도 전환기적 배려를 하는 방식으로 대응하면서 궁극적으로는 더 효율적인 기업조직으로 전환될 수 있도록 하는 것이 더 공익적이라 할 것이다. 그러나 플랫폼의 혁신의 본질이 기존 사업자들이 영업법적, 노동법적 규제 하에서 관리를 담당해온 위험을 서비스공급자나 이용자 또는 보험가입자 등에게 효과적으로 전가함으로써 플랫폼 사업자의 비용을 절감하고 효율성을 높이는데 있다면, 이는 사회적으로 가치있는 혁신이라고 보기 어렵다. 플랫폼사업자가 사업의 조직방식을 달리 함으로써 규제를 회피하는 방법을 찾았을 뿐이라고 평가하게 되면, 노동법의 실질적 해석을 통해 근로자성을 인정함이 타당하다고 판단될 것이고, 새로운 조직방식의 장점은 살리기 어려울 것이다.

여객자동차사업법상 일반택시운수종사자는 운송사업자와 근로계약을 체결하는 근로자로서 각종 노동법제의 보호를 받는다. 이에는 최저임금, 초과근로수당, 산업재해보상을 포함한 4대 보험 가입 등이 포함된다. 여객자동차운수사업법에 따르면 일반택시운송사업자는 운수종사자가 이용자에게서 받은 운임이나 요금의 전액을 그 운수종사자에게서 받아야 할 의무가 있다(제21조제1항, 동법 시행령 제12조제1항). 이는 운수종사자가 개인사업자가 아니라 근로자임을 전제로 한다. 뿐만 아니라「택시운송사업의 발전에 관한 법률(택시발전법)」에는 일반택시운송사업자에게 택시운수종사자의 장시간 근로 방지를 위해 노력할 의무를 부과하고, 택시구입비, 유류비, 세차비 등 운송비용을 택시운수종사자에게 전가하는 것을 금지하며(제12조), 택시운송사업자단체로 하여금 택시운수종사자의 근로여건 개선 등을 위하여 택시운수종사자 복지기금을 설치할 있도록 하는 등(제15조) 택시운수종사자를 보호하기 위한 특별한 규정이 있다.

이러한 법적 보호의 취지는 근로자인 운수종사자의 복지 증진뿐만 아니라 택시운송사업의 건전한 발전을 도모하여 국민의 교통편의 제고에 이바지하는데 있다. 그 속도와 공간의 폐쇄성에 수반되는 위험을 관리하고 운송서비스의 공공성을 제고하기 위한 가장 효율적인 방법은 '운수종사자'가 소득을 위해 무리한 운행을 하지 않아도 되도록 양질의 일자리로 만들어 주고 그 일자리에 계속 남아있고 싶은 유인을 만들어 주는 것이다. 현재의 노동법제나 택시발전법도 이를 위해 충분한 해결책이 되고 있지는 못하나, 플랫폼사업자가 이들을 독립적인 자영업자로 보면서 아무런 대안을 제시하지 않는다면, 안정적인 환경에서 위험을 적절히 관리할 운수종사자들이 충분히 확보될 가능성은 더욱 줄어든다.

물론 장래 정규직 근로자가 되지 않고도 사회보장제도와 자유계약에 기반한 다양한 소득활동이 가능한 환경이 조성된다면 플랫폼을 이용하는 운수종사자들이 노동법이 아닌 계약조건을 통해 스스로의 적정한 이익을 보호하는 모델도 상정할 수 있다. 그러나 플랫폼이 갖는 네트워크 효과를 고려해 볼 때 운송계약을 중개하는 플랫폼과 운송서비스제공자 간에는 차후 산업혁명 후 목도된 자본과 노동 간의 불균형에 못지않은 또는 더 심각한 협상력의 구조적 불균형이 발생할 수 있다. 플랫폼은 이를 이용하여 구매하는 자를 더 많이 확보하면 할수록 더 많은 상품, 용역의 제공자를 확보할 수 있고, 이는 다시 더 많은 구매자를 끌어들이게 된다. 또한 플랫폼은 이를 구축하는데 필요한 비용에 비하여 참여자가 증가할 때 필요한 한계비용은 매우 적은 경우가 많아 규모의 경제를 추구하게 되며, 일단 어느 하나의 플랫폼 이용에 고착된 자는 다른 플랫폼으로 변경하는 것이 쉽지 않은 고착(lock-in)효과도 있다.[17] 디지털 플랫폼이 성공적일수록 계약을 중개하는 플랫폼과 계약당사자간의 협상력의 불균형이 심화된다면, 노동법이 적용되지 않는 상황에서 플랫폼사업자가 서비스제공자의 적정 이익을 보장해주거나 배려해 줄 유인이 있을지 의문이다. 따라서 서비스공급자의 안정적 근로자 지위 보장을 통한 안전 운행을 위한 거래비용은 Uber에 의해 진정한 감축이 이루어진다기보다는 서비스공급자와 이용자에게 이전된다고 평가할 수 있다.

4. 여객자동차 운수사업법상 규제의 한계

(1) 운송서비스를 제공하는 자원 동원방식의 고정

여객자동차 운수사업법상 택시영업은 법인택시의 경우는 '기업'의 형태를 취하고 있고, 법인택시와 개인택시 공히 자동차의 소유를 기초로 서비스를 제공하는 것을 전제로 한다. 따라서 사업면허를 발급하기 위한 요건도 그러한 자원 조직 형태를 전제로 소비자에 대한 지속적이고 적정한 품질로 공급될 수 있도록 하기 위한 요건을 설정하고 있다. 만약 이러한 방식이 아니더라도 적정한 운송서비스가 제공될 수 있고, 장차 소유에 기반하지 않

17) 심재한, 인터넷 플랫폼에 대한 공정거래법 적용에 관한 연구, 상사판례연구, 제29집 제4권, 2016, 306면

음으로써 물질적 자원은 물론 환경적 자원을 절약할 수 있다면 이러한 방식을 계속 배척하는 것은 합리적인 결정이 아니다. 따라서 이를 부분적으로라도 도입하여 그에 수반되는 규범체계를 만들면서, 필요하다면 장기적 전환을 준비하는 것이 정부의 바람직한 역할이라 생각된다.

(2) 서비스의 획일성

여객자동차 운수사업법상 택시운송사업은 그간 특정한 목적지까지 여객을 운송한다는 기본적이고 획일적인 서비스를 내용으로 하였다. 운송사업자나 운송종사자에 따라 차량 내부의 관리나 친절성 등 서비스의 세부적 내용이 달라졌지만 이는 서비스의 명시적 내용으로 포함된 것은 아니다. 그러나 실제 운송서비스에 대해서는 다양한 수요가 있다. 장애인, 사업적 수요, 애완동물 등을 위한 차별화된 서비스가 그 예이다. 이러한 수요에 맞추는 개별 서비스를 하기 위해서는 거래비용이 증가된다. Uber와 같은 디지털 플랫폼이 이런 개별화된 서비스의 거래비용을 감소시켜 서비스에 대한 거래가 가능하도록 할 수 있다. 따라서 이러한 서비스가 여객자동차운수사업법에 의해 금지되는 것은 일자리가 줄어든다는 전망 하에 새로운 서비스 시장을 열어야 할 상황에 과도한 규제로 평가될 수 있다.

(3) 민주주의 정부와 Uber의 시민·소비자보호의 유인 비교

민주주의 원리에 의해 운영되는 정부의 규제는 시민의 의사에 반응하는데 비해, Uber는 소비자의 선호에 반응한다. 디지털 플랫폼은 이러한 소비자의 경험적 선호의 커뮤니케이션을 데이터화하는 데 획기적인 능력을 발휘한다. 시민에는 소비자도 포함되지만 생산자도 포함된다. 기존 택시영업을 하거나 택시운전종사자들, 시민단체들도 시민에 포함된다. 따라서 정부의 규제는 이러한 재화나 서비스의 공급을 둘러싼 보다 폭넓은 스펙트럼의 이해관계에 반응하고 이를 반영하려 한다. 이에 비해 소비자의 선호는 그 서비스의 사용자에 한해 품질과 가격, 만족도 등의 표시만 이루어진다. 따라서 생산자나 그 파급효과를 경험하는 사람들의 의견을 수렴하여 반영하는 데는 한계가 있다.

5. 소결

정보통신기술의 결과 거래비용의 감축이 가능해져서 서비스를 제공하기 위해 인적·물적 자원의 조직 방식이 달라지고, 서비스의 개별화가 가능해졌다. 이러한 거래비용의 감축은 사적 생산의 조직에만 영향을 미치는 것이 아니고, 규제에도 영향을 미쳐야 한다. 영업에 필요한 요소와 방식을 규제로 고정한 결과 새로운 자원 조직 방식으로 변환해 갈 수

없다면 4차 산업혁명 앞에서 이는 큰 손실이다. 따라서 새로운 생산방식을 부분적, 점진적으로 허용하면서, 이에 걸맞은 규제방식을 발전시켜야 한다. 따라서 기존 규제는 디지털 플랫폼 사업이 부분적으로라도 허용되도록 완화되어야 한다.

V. 디지털 플랫폼에 대한 규제

1. 디지털 플랫폼 혁신의 본질과 한계

20세기 산업사회에서 "공장", "기업"과 같은 형태의 조직화가 중요한 혁신이었다면, 제4차 산업혁명기에는 플랫폼을 기반으로 계약적 관계를 통한 생산, 유통의 조직화가 중요한 변화일 것이다. 그러한 관점으로 보면, 플랫폼은 '시장'에 가까운 것으로 커뮤니케이션을 돕는 것을 넘어 커뮤니케이션이 일어나는 방식을 지배하고 있으므로 그 영향력의 실질을 평가하여 필요한 경우 이를 통제하기 위한 규제를 설계해 나갈 필요가 있다.

다른 한편, 생산과 유통의 경제활동들이 개별 계약들로 이루어질 수 있는 관계가 거래비용의 감축을 위해 '기업'이라는 조직 형태로 발전해갔다면, 커뮤니케이션 기술, 정보통신기술의 발전으로 거래비용이 감축되자 다시 개별 계약의 방식으로 전환되는 것으로 볼 수 있다. 정부는 개인들의 복지를 위해 주로 '기업'을 대상으로 규제하였는데, 이제 기업이 해체되고 플랫폼에 의해 느슨하게 연결된 개인들간의 관계로 되었을 때 어디를 규제대상으로 삼아야 하는가 하는 어려운 문제에 부딪치게 된다. 이를 단순히 사적 자치로 파악하는 것은 20세기 초에 근로기준법상 근로시간의 제한을 계약자유의 원칙을 침해하는 위헌적인 것으로 파악하는 접근과 같이 현상의 본질을 오해한 접근이 될 수 있다.

결론적으로, 플랫폼은 일부 거래비용은 진정한 의미로 감축시키지만, 다른 유형의 거래비용은 다른 주체에게로 이전하는 방식으로 거래비용을 감축시키고 있다. 전자의 혁신은 사회적 가치가 있는 것으로 보호될 필요가 있지만, 후자의 혁신은 플랫폼사업자에게 효용을 가져다 주는 혁신일 뿐 사회적 가치가 높은 혁신이 아니다. 거래가 이행되지 않을 가능성, 불완전 이행될 가능성 등에 대해 개인으로서의 공급자와 수요자에게로 책임을 이전시키는 후자의 부분에 있어서는 혁신은 특정 플랫폼 사업자에게는 가치있는 혁신이겠으나, 사회적으로는 혁신이라기보다는 책임의 재분배에 불과한 것이 될 수 있다. 따라서 후자에 대해서는 특히 디지털 플랫폼이 상대방들에 대한 불균형한 힘의 우위를 가지고 있는지 점검하여 필요한 경우 규제하는 것이 필요하다.

2. 기존 사업자의 이익의 법적 지위

혁신과 규제를 둘러싸고 이해의 대립은 첨예하다. 특히 행정법에서 영업규제는 피규제자의 권리를 제한하고 의무를 부과하는 불이익한 정부작용이라고 관념된다. 행정규제기본법의 정의도 그에 입각하고 있다. 그러나 이는 행정작용을 미시적 관점에서 행정처분 단위로 잘라서 볼 때만 그러하다. 즉, 영업의 자유를 제한하는 하나의 측면만 보면 이를 불이익처분이라고 볼 수 있다. 그러나 이러한 행정처분 단위를 넘어 이들이 조합하여 이루는 진입규제를 보면, 이는 곧 시장에 대한 진입장벽을 이루면서 기존 영업자를 경쟁으로부터 보호한다. 특히 새로운 기술이나 사업형태로 시장에 진출하고자 할 때 기존의 기술이나 사업형태에 기반한 영업규제는 더욱 더 진입장벽으로 작용하며 혁신의 장애로 작동한다.

법에 기반한 권리는 상대적인 것이다. 기존 사업자는 국가를 상대로 하여 규제법만 준수하면 그 영업을 할 자유를 침해받지 않을 권리를 갖는다. 기존 사업자는 새로운 기술 또는 사업형태에 기반한 신규진입자가 유발하는 경쟁으로부터 자유로울 이익을 법적으로 보호받는가? 이는 *私法*적으로는 보호되지 않는 이익이다. 공법적 차원에서는 행정규제법제를 준수하지 않는 타인의 진입에서 유발되는 경쟁으로부터 자유로울 이익은 그 규제법제의 목적 해석에 따라 법적 보호이익인가 여부가 결정된다. 타인에 대한 영업허가나 특허에 관해 제3자로서 기존 영업자가 갖는 이익이 법률상 이익인가에 대한 논의를 보면, 이를 반사적 이익에 불과하다고 본 판결들에 이어 과당경쟁으로 인한 경영상 불합리를 방지하는 목적이 사익보호성이 인정되어 법률상 이익으로 인정되는 판례들이 증가해 왔다. 영업규제가 특정한 기술이나 사업형태에 기반하여 구성된 경우 같은 기술이나 사업형태에 기반한 신규 사업자의 진입에 의해 과당경쟁 발생으로 초래될 경영상 불합리와 다른 기술이나 사업형태에 기반한 서비스 제공으로 인해 초래되는 경영상 불합리를 규범적으로 같게 평가할 수 있을까? 기술, 사업형태, 사회가 변화한다는 점을 법규범에 반영한다면, 이는 규범적으로 달리 평가되어야 한다.

다만, 기존 사업자는 국가에 대해 이러한 주장이 가능할 것이다. '국가가 영업규제의 내용으로 일정 규모 이상의 자산 소유와 정규직 근로자의 채용을 요구하였으므로, 이제 같은 규모의 투자를 하지 않아도 동종의 서비스를 제공할 수 있도록 허용하면 진입은 물론 이후 영업 활동에 있어서도 경쟁에 있어 "기울어진 운동장"을 허용하는 것이 된다. 따라서 공정한 경쟁환경 유지를 위해서는 계속해서 같은 기술 또는 사업형태의 진입만 허용해야 한다. 그런데 역으로 보면 기존의 규제는 일정 규모 이상의 투자를 할 수 있는 자만 그 산업에 진입할 수 있도록 허용함으로써 투자의 여력이 없는 자들은 진입조차 할 수 없도록 불공정한 상태를 만들어 내왔고, 그간 이러한 진입제한은 거래비용의 크기로 인한 한계로 정당화되어왔으나, 이제 새로운 기술로 거래비용이 줄어든 만큼 더 이상 그러한 소유적 투자를 허가의 요건으로 하는 것은 정당화되기 어렵다는 주장도 가능하다. 새로운 기술과 사업형태의 가능성으로 기존 규제의 정당성이 약화된 것은 인정되어야 할 것이고, 인류의 역사가 변화를 피할 수 없었다는 점을 고려하면 속도조절은 하되 이러한 규제의 변화 역시 반드시 필요하다고 생각된다.

3. 새로운 규제의 필요성

(1) 디지털 플랫폼의 힘

플랫폼의 힘의 원천은 크게 두 가지로 보인다. 하나는 정보통신기술을 통해 수요자와 공급자를 만날 수 있도록 광범한 커뮤니케이션을 가능하게 하고, 나아가 알고리듬을 통해 커뮤니케이션의 구조를 정할 수 있으며, 그 플랫폼에 참여한 자들의 활동에 대한 정보를 수집할 수 있다. 앱 개발자의 의도가 알고리듬을 통해 구현되고 나면, 사람들은 그 알고리듬에 의해 정해진 항목이나 경로를 따라 커뮤니케이션을 하게 되고, 이를 통해 오프라인에서 거래할 때는 전략적 행위 등으로 드러나지 않는 거래에 필요한 정보들이 생성되어 종전에는 이루어지지 못했던 양과 질의 거래가 발생할 수 있다.

다른 하나는 네트워크 효과이다. 망효과는 그 망에 접속한 자가 많을수록 그 망에 접속하는 것이 효과가 커서 자연독점에 이르게 한다는. 흔히 인터넷 비즈니스 중에서 e－bay 같은 곳이 국가를 대신하여 규범을 만들 수 있다는 지적이 있다. e－bay의 이러한 힘은 e－bay가 정한 규율을 따르지 않을 경우 e－bay에 입점을 하지 못하도록 할 수 있다. 그런데 만약 e－bay의 이용자가 많지 않다면 이는 참여자의 행동의 교정에 큰 영향을 미치지 못할 것이다. 그러나 e－bay가 글로벌한 판매의 기회를 열어주는 네트워크 플랫폼이라면 여기에 입점을 금지하는 것은 효과적인 제재가 될 수 있고, 플랫폼의 규제를 실효성 있게 할 것이다.

(2) 거래비용과 공공재

택시운송서비스의 신뢰도 등이 낮아져도 택시서비스의 거래비용에 대한 탄력성이 충분하지 않다면 당사자는 운송서비스를 이용할 수밖에 없다. 즉, 그 서비스가 생활에 필수적이라면 당사자는 거래비용에 따른 합리적 선택을 하기 어렵다. 이것이 애초에 택시서비스에 대한 별도의 규제가 도입되게 된 이유이다. 개인이 합리적 선택을 하기 어려운 경우 개인이 감수하는 위험을 집단적으로 관리하는 것이 필요하게 된다. 그런데 과학기술 기반 플랫폼을 통해 규제를 대체할 수 있는 부분이 있고, 그러나 여전히 규제가 필요한 부분이 있다면, 전체적으로 규제를 재조정할 필요가 있다. 그것이 아래에서 볼 새로운 규제의 방향이다.

4. 새로운 규제의 방향

디지털 플랫폼의 혁신의 핵심은 정보통신기술을 통해 생산과 유통을 위해 필요한 자원을 조직하는 새로운 방식에 있다. 디지털 플랫폼이 거래비용을 진정으로 축소시키는 데서 오는 가능성, 즉 자원을 공유하고 자기주도적인 일자리를 공급할 수 있는 가능성 등은 기업인이 규제를 회피하기 위한 무책임한 편법으로 무시하기 보다는 향후 기존의 '기업' 방식을 보충하거나 어쩌면 이를 대체할 수도 있는 조직의 형태로 계속 지켜보면서 평가해야 할 필요가 있다. 그리고 이는 기술의 큰 흐름에 의해 결정되는 방식이다. 과학기술이 인류의 생산방식을 변화시켜온 영향력을 고려해 보면 이러한 방식은 지속적으로 채택될 가능성이 높다고 생각된다. 따라서 이 부분은 가치있는 혁신이다.

공동체의 미래에 대해서까지 생각하는 정부는 이러한 조직방식의 혁신을 지켜보고 필요하면 전파하며 구성원들이 생산활동의 포트폴리오를 구성할 능력을 키울 테스트베드를 줄 필요도 있다. 이를 위해 첫째, 규제 중에서 서비스를 제공하기 위한 조직의 형태를 고정시키는 효과를 가져오는 부분은 변화가 필요하다. 일정 수준 이상의 물적·인적 요소를 갖춘 기업만을 공급자로 진입할 수 있도록 하는 방식을 변경해야 한다. 처음부터 이를 전면 포기하는 것은 질서있는 관리가 되지 못할 것으로 생각된다. 현재의 유형에 '중개여객자동차운수사업'과 같은 유형을 신설하여 자원의 소유없이도 당해 서비스 공급에 진입할 수 있도록 하는 방안을 생각해 볼 수 있다.

특히 이 점은 행정법상 진입규제 일반에 대해 주는 시사점이 있다. 영업에 대한 특허나 허가의 요건으로 일정 수준의 물적·인적 요소를 요구하지만, 이는 결국 그러한 자원을 갖춘 영업만을 공익 규제의 대상으로 하는 결과를 가져온다. 그리고 새로운 조직 방식을 이용해서 서비스를 제공하는 영업을 그 규제의 틀 밖에 위치시키게 된다. 진입규제에서 물적, 인적 요건의 소유를 최소화하고 실질적 기능을 대상으로 하여야 한다. 즉, 어떤 방식으로든 여객운송서비스를 제공하는 실질을 갖는다면, 여객운송서비스의 이용객에게 보장되어야 하는 안전, 요금수준 등에 대한 공익적 기준을 준수할 것을 요구하여야 한다. 그러나 이를 준수하는 방식에 있어 유연성과 탄력성을 허용해야 한다. 전체적으로는 규제의 경직성을 완화하면서 규제의 최종 목적을 달성할 수 있는 형식의 규범과 집행수단을 확보해야 한다. 목표를 제시하는 방식의 규제, 분쟁해결절차의 구비를 요구하는 규제, 새로운 보험방식 등을 생각해 볼 수 있다.

경찰의 위험인물 계도에 대한 법적 고찰*

김성태**

I. 서론

경찰에 의한 위험방지 활동과 관련하여 이른바 공권력의 행사라는 말을 자주 사용한다. 이는 경찰의 작용이 하명과 같은 명령적 행정행위 또는 경찰강제 등 전형적인 고권적 작용에 의해서 이루어진다는 점에 그 특징이 있기 때문이다. 그러나 실제에 있어 경찰은 매우 다양한 모습으로 공공의 안녕과 질서 유지의 임무를 수행하며 반드시 권력적이거나 권리침해적 수단만을 사용하는 것은 아니다. 상황에 따라 오히려 비정형적이며 비공식적인 행정작용 혹은 행정지도와 같은, 전형적인 공권력의 행사로는 파악되지 않는 수단들을 활용한다.

이와 같은 활동 모습의 하나로서 경찰은 때때로 공공의 안녕과 질서에 어떠한 문제를 야기할 소지가 있는 사람에게 문제를 일으키지 않도록 주의를 환기하거나 경고하는 방식으로 자신의 임무를 수행한다. 상대방이 거부함에도 불구하고 계속 좇아다니고 겁주며 연인관계를 유지하자고 하는 자에 대해서 그와 같은 행위를 하지 않는 것이 좋겠다고 주의를 주거나, 심야에 고속도로에서 자동차로 속도경주를 할 가능성이 있는 이들에게 경주에 참여하지 말라고 종용하는 것 등이 그러한 예에 해당한다. 이와 같은 방식의 경찰활동은 폭력을 행사할 가능성이 농후한 사람이 시위에 참여하려 하거나 과거 스포츠경기장에서 난동을 부린 전력이 있는 폭력적 성향의 팬이 경기를 관람하러 가려할 때 당해 시위나 스포츠행사에서의 안전을 확보하고 위험을 방지하기 위한 일종의 전략적 수단으로서 행해질 수도 있다.

이처럼 위험방지 목적으로 경찰에 의하여 특정 위험인물에 대한 계도(啓導)가 행해짐

---

* 이 논문은 홍익법학 제17권 제4호(2016년 12월)에 게재되었던 것으로서 공법학을 비롯하여 한국의 인문사회 연구 분야를 이끌어주셨던 큰 스승 청담 최송화 선생님의 희수를 기념하고, 대학 학부시절부터 지금의 교수 활동에 이르기까지 베풀어주신 깊은 가르침과 학은에 감사드리기 위해 본 기념논문집에 다시 수록한 것입니다.

** 홍익대학교 법과대학 교수

에도 불구하고 이에 관한 체계적인 규정의 마련이나 법적인 논의는 거의 이루어지지 않고 있다. 이로 인해 위험인물에 대한 계도가 법의 테두리를 벗어나 위법하게 행해지거나 혹은 계도 상대방의 권리가 적절하게 구제받지 못하는 문제가 발생할 가능성이 있다. 따라서 위험인물에 대한 계도의 본질, 근거, 허용범위와 한계, 구제수단 등 법적 문제 전반에 걸쳐 심도 있게 고찰할 필요가 있다.

위험인물에 대한 계도는 법적 본질에 있어 후술하는 바와 같이 대개 사실행위에 가까워 기본적으로 이에 관한 법리로 접근할 수 있다. 그러나 위험인물에 대한 계도로 이해될 수 있는 경찰의 활동이 다양한 내용과 형태로 이루어지기 때문에 이를 일률적으로 동일하게 다룰 것은 아니다. 특히 계도 행위마다 권리침해성에 차이가 있을 수 있고 이에 따른 법적 규율 역시 달리해야 하는 경우가 있게 된다.

이 글에서 검토하는 경찰에 의한 위험인물 계도 활동은 독일의 경찰법학과 재판실무에서는 이른바 '주목사실의 통보(Gefährderansprache)'라는[1] 개념으로 설명되고 있다. 주목사실의 통보는 표준조치는 아니지만 경찰권한의 하나로 분류되기도 한다. 일부 문헌에서는 이를 비교적 새로운 경찰상의 수단이라 평가하기도 하지만,[2] 그것은 법학적 논의 및 고찰의 틀에서 그러한 것으로 보일 뿐 실제로는 경찰 등 행정기관에 의해서 예전부터 행해져오던 작용형태라 할 것이다.

이하에서는 우선 독일에서 논의되고 있는 주목사실 통보의 개념을 일별하고 위험인물에 대한 계도가 행해지는 실제 예들을 살피면서 위험인물에 대한 계도의 의미를 파악한다. 그에 이어 위험인물에 대한 계도의 법적 성질을 규명하며 계도가 권리침해성을 갖는지, 권리침해성을 갖는 경우 어디에서 계도 행위의 법적 근거를 찾을 수 있는지 검토한다. 이와 함께 계도가 적법하게 이루어지기 위하여 특히 주의가 필요한 요건들에 대해서도 고찰한다. 마지막으로 계도의 상대방이 취할 수 있는 구제수단으로서의 행정쟁송, 손해의 전보에 대해 논한다.

---

1) 독일의 문헌이나 판례에서 사용되고 있는 Gefährderansprache라는 용어는 '위험야기자와의 대화 내지 접촉' 정도로 번역할 수도 있겠지만, Gefährderansprache로 이해되는 활동의 모습이 매우 다양하고 법적 성격을 일률적으로 확정하기 어려운 면이 있어 이와 같은 번역은 Gefährderansprache의 의미를 정확하게 전달함에 어려움이 있다. 국내 문헌 가운데 Gefährderansprache를 '주목사실의 통보'로 번역하는 예(서정범/박병욱 역, 쿠겔만의 독일경찰법, 2015, 212면)가 있는바, 이 작용의 특징을 어느 정도 나타내면서 작용이 이루어지는 여러 경우를 아우를 수 있다는 점에서, 그리고 이 글에서 논의하는 위험인물 계도와의 - 내용상의 엄격한 구별이 아닌 - 표현상의 구별을 위해 여기에서도 이 번역 용어를 사용하기로 한다.

2) Rachor, Polizeiliche Einzelmaßnahmen, in: Lisken/Denninger(Hrsg.), Handbuch des Polizeirechts, 4. Aufl., Rdnr. 820.

II. 위험인물에 대한 계도의 의의

1. 독일에서의 주목사실의 통보

주지하는 바와 같이 현행 법령은 위험인물에 대한 계도를 명시적으로 규정하고 있지 않다. 독일의 경우 주목사실의 통보에 대해서 어느 정도 학설상의 논의가 있고 관련 판례가 발견되고 있지만 별도의 입법을 마련하고 있는 것은 아니다. 그러나 독일의 학설과 판례에서 주목사실 통보의 개념 및 내용이 어느 정도 통일적으로 정리되어 있어 이에 대한 고찰은 우리 법제에서의 위험인물에 대한 계도의 의미와 법적 성격을 이해하는 데에 도움이 된다.

주목사실의 통보는 대개 '잠재적인 위험야기자에 대하여 구체적인 경우에 공공의 안녕에 대한 방해를 중단하라는 경고' 정도로 설명되고 있다.[3] 즉 경찰이 상대방의 지금까지의 행위양태에 관하여 충분히 알고 있고 이미 상대방에 대한 경찰상의 반대조치가 준비되어 있다는 사실을 고지할 때 이와 같은 개념이 사용된다. 주목사실의 통보는 구체적인 경우에 잠재적인 위험야기자에게 공공의 안녕에 대한 교란을 행하지 말라고 주의를 주면서, 그가 이미 경찰상 위반행위를 한 적이 있다는 확인을 통해 그와 같은 주의의 근거가 마련되어 있고 만약 교란행위를 하는 경우 단호한 경찰상 조치가 취해질 것이라는 점을 시사하는 것이 전형적인 모습이다.[4]

경찰은 주목사실의 통보에서 잠재적 참여자에게 계획된 활동이 허용될 수 없음에 대하여 주의를 환기하고 이 활동에 대한 의도적인 감시에 관하여 통보하게 되는바, 이는 상대방의 의지 통제에 영향을 미치는 심리적 수단으로서 상대방에 대한 일종의 '겁먹게 함(Abschreckung)'을 그 목표로 하고 있다. 결국 주목사실의 통보에서는 注視(Einsicht)과 심리적 압박(Einschüchterung)이 핵심이 된다.[5]

주의를 요하는 것은 주목사실의 통보를 정의하며 경고(Ermahnung)라는 용어를 사용한다 하여 이것이 반드시 추천 혹은 주의환기 등과 엄격하게 구별되는 의미는 아니라는 점이다. 즉 예컨대 국민에게 미치는 영향의 강도에 따라 당해 행위의 중지를 통하여 시사 받은 경찰개입을 회피하는 것 이외의 다른 가능성이 존재하지 않으면 경고이고, 현실적이며 이성적인 행위의 대안을 갖고 이에 대하여 자유롭게 결정할 수 있는 경우에는 추천이라는 식으로 구별하여[6] 경고라는 용어가 사용되고 있는 것은 아니다.

---

3) 위의 책, Rdnr. 820.

4) Gusy, Polizeirecht, 7. Aufl., Rdnr. 316; Keller/Maser, Der Fall des Christian H., Kriminalistik 2005, S. 120 참조.

5) Rachor, 앞의 책, Rdnr. 820.

독일에서는 주목사실의 통보와 더불어 '주목사실의 서면고지(Gefährderanschreiben)'라는 용어가 사용되기도 한다. 이는 상대방에 대한 통보가 문서로 행해지는 경우를 지칭하는 것이다. 그러나 그 작용의 실제 및 내용에 있어 양자는 차이가 없는 것으로 이해되고 있다.[7] 공공의 안녕에 대한 위해의 중단을 경고함에 있어서는 구두뿐만 아니라 문서로도 통보할 수 있기 때문이다. 따라서 주목사실의 통보와 주목사실의 서면고지를 엄격하게 구분하여 사용하지는 않으며, 주목사실의 통보라는 개념하에서 관련 행위들을 검토하고 있다.

2. 위험인물에 대한 계도의 의미와 그 예

주목사실의 통보에 대한 앞에서와 같은 이해는 우리 경찰법에서 위험인물에 대한 계도를 정의함에 있어서도 거의 그대로 원용될 수 있다. 대략 '구체적인 경우에 위험을 야기할 가능성이 있는 자에 대하여 경찰상 보호법익을 침해하는 행위를 하지 않도록 주의를 환기하거나 경고하는 행위'를 위험인물에 대한 계도로 지칭할 수 있을 것이다.

위험인물에 대한 계도는 여러 상황에서 다양한 모습으로 행해진다. 경찰이 오토바이 폭주로 단속된 전력이 있는 자들에 대하여 특정일에 집단적으로 법규를 위반하는 난폭운전을 하지 않도록 폭주의 위험성, 폭주에 대한 대대적 단속과 추적수사, 오토바이 몰수처분 계획 등을 알리면서 폭주행위의 자제를 당부하는 경우 위험인물 계도의 한 예가 된다.[8]

대규모 스포츠행사나 집회와 관련하여 위험인물에 대한 계도는 위험방지를 위한 '단계적 경찰전략'에서의 한 부분으로 활용된다.[9] 2006년 독일월드컵대회에서 경기들이 있기 전 독일 경찰은 이전에 경기 종료 시 폭력을 행사했었던 자들에 대해서 경찰에 의해 예의주시되고 있고 법률상 요건이 갖추어지는 경우 예방적 조치가 행해질 수 있다고 주의를 환기시킨 사례가 있다.[10] 폭력발생이 예상되는 집회·시위의 경우에는 계도 대상 인물에게 경찰행정청이 당해 집회·시위에 참여하지 말 것을 요청하기도 한다.[11]

---

6) 이와 같은 구별로는 이세정, 환경법상 행정청의 경고와 추천, 환경법연구 제28권 제1호(2006년), 648면 참조.

7) Hebeler, Die Gefährderansprache, NVwZ 2011, S. 1364.

8) 2010년 3.1절에 예상되는 오토바이 폭주에 대비하여 과거 폭주 전력이 있는 폭주족 리더들에게 문자메시지 발송 등을 통하여 폭주 행위를 자제해 줄 것을 요청한 예가 있다. 경찰청공식블로그 http://polinlove.tistory.com/1112 참조.

9) Rachor, 앞의 책, Rdnr. 820.

10) 이에 대한 상세한 검토로는 Breuker, Sicherheitsmaßnahmen für die Fußballweltmeisterschaft 2006-Prävention durch Polizei und Deutschen Fußball Bund, NJW 2006, S. 1236 참조.

11) 그와 같은 예로는 OVG Lüneburg, Urt. v. 22. 9. 2005-11 LC 51/04, NVwZ 2006, 850=NJW 2006, 391; OVG Magdeburg, Urt. v. 21. 3. 2012-3L 341/11, NVwZ 2012, 720; 이른바 집회시위 전단계에서의 이와 같은 방식의 대처에 대한 국내 문헌상의 검토로는 서정범, 집회의 전단계에서의 경찰의 조치, 행정법학 제6호(2014), 129면.

불량청소년집단에서 활동하는 자에 대해서도 일종의 위험인물 계도가 행해질 수 있다. 이러한 계도에는 예컨대 "당신은 문제가 되고 있는 집단의 주도적 구성원으로 알려져 있다. 당신은 과거에 다른 단체 회원들과 함께 수차례 범죄를 행하였고 향후 동종의 범죄를 행할 것으로 예상된다. 그와 같은 결과를 피하기 위하여 집단에서 탈퇴하고 다른 회원들과의 나이트클럽 모임이나 파티에 참석하지 않는 것이 좋겠다."와 같은 내용이 담길 수 있다.[12] 또한 독일의 주목사실 통보 판례 가운데에는 경찰이 정신이상인 어머니에게 아들의 학교에 출입하지 말라고 종용한 사례,[13] 채권추심업 대표에게 법상 허용되지 않으며 처벌대상이 되는 인터넷도박에서와 같은 불법적인 대금에 대한 채권징수의 해악 및 이에 대한 수사가 행해질 수 있음을 통보한 사례도[14] 발견된다.

3. 다른 작용과의 구별

1) 공적 경고와의 구별

위험인물에 대한 계도에는 경고적인 특성(warnender Charakter)이 포함된다. 이는 이른바 '공적 경고(öffentliche Warnungen)'와 공통되는 모습이다. 행정법학에서 강학상 다루어지는 경고는 많은 경우 공적 경고를 지칭하는 것으로서, 이는 다수의 공중(종종 전체 국민 또는 지역주민) 또는 제3자(위험이나 리스크를 야기한 자가 아닌 제3자)에 대하여 특정한 행위 혹은 행위중단의 촉구와 연계된 정보제공의 방식으로 행해진다.[15] 공장의 사고 결과로 인한 환경상의 위험에 대해서 공중 또는 제3자에게 이를 알리는 행위 혹은 특정 식료품 섭취의 문제점을 불특정 다수의 사람에게 안내하는 경우와 같은 예가 이에 해당한다. 공적 경고의 경우 이로 인하여 통상적으로는 공중이나 제3자에게 직접 불이익이 생기는 것은 아니며 경고에 따르는 상대의 행동 결과 때문에 예컨대 경고에서 문제되었던 시설의 운영자 혹은 물건의 제조자 등의 불이익이 간접적으로 발생할 수 있다.[16]

그에 비해 위험인물에 대한 계도는 위험한 행위의 잠재적 참여자가 특정되어 그에 대해서 행해진다. 또한 계도로 인하여 계도의 상대방에게 직접적으로 불이익이나 권리침해가 발생할 수 있다. 이 점에서 위험인물에 대한 계도와 공적 경고는 차이가 있다.

---

12) Hebeler, 앞의 논문, S. 1364; 이에 대한 상세한 검토로는 Meyn, Gefährderansprachen bei Jugendlichen Intensivtätern, Kriminalistik 2008, S. 673.

13) VG Saarlouis, Beschl. v. 06.03.2014 -6 K 1102/13, BeckRS 2014, 57214.

14) VGH Kassel, Beschl. v. 28.11.2011 – 8 A 199/11, NVwZ-RR 2012, 344.

15) Gusy, 앞의 책, Rdnr. 317 참조.

16) 공적 경고의 개념 및 이와 같은 특징에 대해서는 이상천, 공적 경고에 대한 절차적 통제, 공법학연구 제11권 제2호(2010년), 343면; 이세정, 경찰상의 행위수단으로서 '사실행위'의 기본권 제한 여부에 관한 고찰 - 공적 경고를 중심으로-, 법학연구 50권 2호(2009년), 151면 참조.

2) 대화 및 질문, 안내와의 구별

경찰작용으로서 행해지는 단계적 전략에 있어 위험인물에 대한 계도보다 앞쪽에 위치하며, 시간적으로 선행할 수 있는 것으로서 상대방과의 대화 및 질문이 있다. 대화 및 질문은 경찰이 상황을 파악하는 데에 도움이 되며 경찰과 상대방 사이의 신뢰 형성을 가능케 하여 일종의 '평화 상태 유지' 기능을 갖는다. 만약 잠재적인 위험야기자가 그와 접촉하는 경찰공무원과의 대화를 거부하거나 질문에 아무런 정보를 주지 않게 되면 대화 및 질문 단계의 경계를 넘어 위험인물에 대한 계도가 행해지는 것으로 파악될 수 있다.[17]

위험인물에 대한 계도는 호소적인 속성을 갖는 것으로서, 주로 상대방의 요청에 의한 정보제공으로서 행해지는 중립적인 의미의 안내와 구별된다.

III. 위험인물에 대한 계도의 법적 성격

1. 사실행위

위험인물에 대한 계도는 여러 상황에서 다양한 의도로 행해지며 그 내용 역시 각 경우마다 다르긴 하지만, 계도 시 그 상대방과 관련된 내용을 행정청이 알고 있다는 것을 알림으로써 주의를 환기하거나, 특정 행위의 실행이나 중단 여부를 상대방의 판단에 맡기며 추천하기도 하고, 혹은 만약 추천한 바와 달리 행동하면 특정 행정 조치를 취할 것을 알리는 것과 같은 경고적인 모습 등에 그 특징이 있다. 그러나 이 정도의 징표만으로 상대방의 작위, 부작위, 수인 등에 관한 법적인 구속력이 발생한다고 보기는 어렵다. 중립적이지 않은 호소적인 속성을 갖는 계도를 통하여 주의를 준다하여 구속적인 하명이 있는 것은 아니며, 경찰 조치의 집행을 확언한다하여 행정강제의 계고에 해당하는 것도 아니다.[18] 결국 위험인물에 대한 계도는 통상적으로는 법적 효과성 혹은 규율효과성을 갖고 있지 않은 작용으로 파악된다.

독일의 일반적인 견해 역시 주목사실의 통보는 규율내용(Regelungsgehalt)을 갖고 있지 않아 독일 행정절차법상의 행정행위는 아닌 것으로 설명되고 있다. 독일행정절차법 제35조 제1항에서의 규율은 행정청의 조치가 그의 객관적 내용에 따라 구속적인 법적 결과를

---

17) 예컨대 일상에서 모습을 드러내지 않고 여가시간의 행동에 관하여 경찰과 아무런 대화를 하려 하지 않는 훌리건에 대해서 경고가 행해지는 모습을 생각할 수 있다. Rachor, 앞의 책, Rdnr. 821.

18) Hebeler, 앞의 논문, S. 1365; Rachor, 앞의 책, Rdnr. 822 참조.

결정하는 경우에 인정될 수 있다.[19] 그러나 주목사실의 통보는 과거의 사실(상대방이 경찰위반상태를 실현했다는 점), 곧 있게 될 사건, 존재하는 법상태(경찰개입의 요건) 그리고 범죄를 진압하거나 추적하려는 경찰의 의도 등을 상대방에게 알리는 것에 불과하다. 이와 같은 통보는 상대방이 이해하는 바에 따라, 즉 통보를 받아들이는 자의 시각에서 추천이나 충고 혹은 경고나 위협으로 다양하게 이해될 수 있을 뿐이다.[20]

법적 효과성이나 규율성이 결여된 경우 행정작용형식의 일반적 분류에 따르면 행정행위가 아닌 사실행위로 이해된다. 사실행위는 법효과의 발생이 아닌 사실상의 결과만을 의도하는 작용방식으로서[21] 행동작용(Tathandlung), 사실상의 행정작용(tatsächliches Verwaltungshandeln) 혹은 단순행정작용(schlichtes Verwaltungshandeln) 등으로 불린다.[22] 사실행위로서의 위험인물에 대한 계도는 경찰목적상 필요한 사실상의 결과발생만을 의도하는 행위라는 점에서 이른바 경찰상 사실행위에 해당한다.[23] 또한 "행정기관이 그 소관사무의 범위 안에서 일정한 행정목적을 실현하기 위하여 특정인에게 일정한 행위를 하거나 하지 아니하도록 지도·권고·조언 등을 하는 행정작용"인 행정지도(행정절차법 제2조 제3항)로도 분류될 수 있다.

2. 기본권침해성

규율효과가 결여된 행위는 기본권 제한이 의도되고 관련 기본권을 직접 침해하며 법적 효과를 갖는 행위가 명령과 강제에 의하여 관철된다는 고전적 기본권침해개념의 모든 징표들을 충족하지는 않는다. 그러나 사실상 혹은 간접적인 침해까지도 기본권침해성이 인정될 수 있는 오늘날의 개방된 침해 개념에 따를 때,[24] 위험인물에 대한 계도는 그것이 단순히 주의를 환기하는 것에 불과한 것만이 아니라 경고적인 속성을 가질 수 있다는 점에서 상대방의 기본권을 침해하는 것이 될 수도 있다. 물론 계도가 여러 상황에서 다양하게 행해지기 때문에 기본권침해성을 단정적으로 말하기는 어렵고 구체적인 사정에 따라 판단하여야 한다.

---

19) Götz, Allg. Polizei– und Ordnungsrecht, 14. Aufl., §12 Rdnr. 1; Hebeler, 앞의 논문, S. 1365; Rachor, 앞의 책, Rdnr. 822; OVG Lüneburg, NVwZ 2006, 850.

20) Rachor, 앞의 책, Rdnr. 822.

21) 김동희, 행정법I, 제18판, 196면; 정하중, 행정법개론, 제5판, 355면.

22) Maurer, Allgemeines Verwaltungsrecht, 17. Aufl., §15 Rdnr. 1; Rash, Der Realakte insbesondere im Polizeirecht, DVBl 1992, S. 207 이하 참조.

23) 경찰상 사실행위에 대한 상세한 설명은 김성태, 경찰행정의 작용형식, 경찰법연구 제3호(2005년), 5면 이하 참조.

24) Jarass/Pieroth, GG, 5. Aufl., Vorb. vor Art. 1 Rdnr. 25, 26; Dreier, GG, 2. Aufl., Art. 20 Rdnr. 115.

개개의 사안에서 계도가 호소의 강도가 강하여 당사자의 이성적인 판단으로는 경찰의 추천에 응하는 것 외에 더 이상 다른 어떤 결정도 할 수 없는 경우 일반적 행동의 자유에 대한 침해가 있게 된다. 계도 시 일반적으로 법적 상황에 대해서 주의를 환기하는 정도로는 기본권침해에 이르지 않는다고 보지만, 특정한 행사 등의 장소에 특정 시점에 찾아가지 말 것과 같은 구체적인 행위를 추천하거나 종용하는 경우에는 침해성이 문제될 수 있다. 또한 예컨대 스포츠행사를 관람하려는 잠재적인 폭력행위자에게 그가 경찰상 주목받고 있고 법률상 요건이 갖추어지는 경우 예방적 조치나 형사법적인 작용을 발할 수 있음을 일반적으로 시사하는 정도를 넘어 참여를 중단시키기 위한 의도로 이후 행해질 수 있는 구체적인 경찰조치를 통보하는 경우에도 침해성을 인정할 수 있을 것이다.25)

계도가 집회시위 전단계에서의 조치로서 발해지는 경우에도 추천이나 호소의 강도에 따라 집회시위의 자유에 대한 침해가 인정될 수 있다. 예컨대 경찰이 폭력을 행사할 수 있는, 시위참여를 위해 출발하는 자들에게 폭력으로 귀결되어 해산될 시위가 행해질거라고 격렬한 언사로 말하면서 그 시위에의 참여포기를 추천하는 경우 권리침해성이 있다고 볼 것이다.26)

경찰이 계도를 통해 상대방을 잠재적인 범법자로 간주함을 드러내는 경우 인격권의 침해가 문제될 수도 있다. 이와 같은 경찰의 행위는 상대방에 대한 일종의 사회윤리적 반가치성을 판단하는 것에 해당하기 때문이다.27) 특히 제3자(예컨대 직장동료)가 있는 상태에서 계도가 행해지는 경우 혹은 제3자를 통해서 계도를 행하는 경우 계도 상대방의 인격권에 대한 침해가 있게 된다. 당사자는 이들 제3자에게 잠재적인 범법자로 비춰져 위신 또는 명예의 훼손을 당하기 때문이다.28)

위험인물에 대한 계도가 침해성이 있다고 보는 경우에도 통상적으로 경찰상 표준조치(예컨대 경찰관직무집행법 제4조의 보호조치, 제6조의 범죄의 예방과 제지)보다는 침해의 강도는 낮다. 그러나 경찰관직무집행법 제2조의 불심검문에 해당하는 질문 및 대화에서 보다는 – 경고적인 속성이 있다는 점에서 – 침해의 강도가 높다고 볼 수 있다.29)

---

25) Breuker, 앞의 논문, S. 1236.

26) Rachor, 앞의 책, Rdnr. 823; 집회시위에서의 잠재적 위험야기자에 대한 주목사실의 통보에 대하여 침해성을 인정하는 견해로는 서정범, 앞의 논문, 129면.

27) Rachor, 앞의 책, Rdnr. 823.

28) 위의 책, Rdnr. 824.

29) 비슷한 견해로는 위의 책, Rdnr. 821 참조.

3. 행정행위로의 인정 가능성

위험인물에 대한 계도가 단지 경고성 안내에 그치지 않고 작위하명 혹은 부작위하명으로 파악되는 경우에는 행정행위가 된다. 독일의 판례 가운데에는 아래와 같은 사안에서[30] 주목사실 통보의 행정행위성을 인정한 예가 있다.

"원고는 시위의 전 단계에서 행하여진 주목사실의 통보에 대하여 소송을 제기하였는바, 원고는 A시의회의 마르크스레닌당(MLPD) 소속 의원이다. 원고는 집회대표자로서 '용기를 보여주자. D시와 다른 시 어디에도 나치를 위한 자리는 없다.'는 구호를 내세우며 신고한 집회의 주최자이다. 이 집회는 2009년 10월 3일자로 신고된 다른 집회의 반대시위로 계획된 것이다. 원고가 그의 지인과의 통화에서 장애물 및 항의를 통해 우파가 집회장소에 도달하는 것을 저지할 계획임을 밝혔고 이에 10월 3일자로 신고된 집회의 주최자가 10월 2일 경찰에 신고하였다. 두명의 경찰관이 원고에게 10월 2일 저녁 8시경 방문하여 다음날 계획된 시위를 이유로 정해진 양식에 따라 주목사실의 통보를 행하였다. 통보에는 '경찰이 인식하고 있는 바에 의하면 당신은 이전에 공공의 안녕과 질서에 대한 교란으로 체포된 적이 있습니다. 그 사건으로 당신에게 상응한 절차가 행해진 적이 있습니다. 질서행정청과 경찰은 위에서 언급한 이유를 근거로 또한 다가올 사안 때문에 공공의 안녕과 질서에 대한 위해를 방지하기 위하여 예방적인 조치를 지도하였습니다. 이 주목사실의 통보에서 당신에 대하여 추가적인 조치들을 행하지 않도록 공공의 안녕과 질서에 어떠한 위해를 가하거나 그와 같은 행동을 요구하지 말 것을 그리고 이에 참여하지 말 것을 요청합니다. 위에서 언급한 요청은 또한 모든 장래의 사건, 회합 및 역사적으로 의미있는 날에 유효함을 분명하게 강조합니다. 이에 반하는 행동에 대해서는 안전행정청의 조치들이 행해지게 됩니다. 이에는 며칠간의 보호유치도 포함될 수 있습니다.'와 같은 개략적인 설명과 조치의 이유·목적을 담고 있다. 2009년 11월 19일에 제기된 소송에서 원고는 이 주목사실의 통보가 위법이라고 주장하였다."

막데부르크 고등행정법원은 이에 대해 주목사실 통보 문서에 의거 당해 조치의 행정행위성을 인정하며 행정소송법 제42조의 취소소송이 적법한 소송유형이라고 판시하고 있다. 법원에 의하면, "행정청의 조치가 그의 객관적인 내용에 따라 구속적인 법효과를 갖고 당사자의 권리가 직접 설정, 변경, 취소되거나 구속적인 효력을 가지고 확인되거나 혹은 부인되는 경우에는 조치의 규율성이 인정될 수 있다(BVerwGE 111, 246= NVwZ 2001, 436).

30) OVG Magdeburg, NVwZ 2012, 720.

주목사실의 통보는 피고의 견해와는 달리 문서의 내용에 따르면 경고적인 주의환기(warnende Hinweis)에 그치지 않는다. 오히려 특정한 행위방식의 중단을 명하고 있다. 피고는 원고에게 어떠한 교란행위도 행하지 말 것, 그러한 행동을 요구하지 말 것 그리고 교란행위에 참여하지 말 것을 요청하고 있다. 이에는 특히 다음과 같은 행위(......)를 하지 말 것이 포함되어 있다. 그에 이어 예를 든 행위들(금지되지 않은 집회와 관련한 범죄행위의 호소, 다른 사람들에 대한 범죄·모욕·선동 및 폭행을 공중에게 호소하는 것, 헌법위반적인 조직의 표식과 심볼을 사용하는 것, 소유자 혹은 토지 점유자의 명시적인 동의가 없는 타인의 재산이나 플랭카드에 대한 손상과 파괴, 집회를 위한 신고의무의 준수, 공공묘지·주차시설·거리·광장의 이용에 관한 신고의무의 준수)에 관한 설명은 원고에게 다수의 구체적인 작위하명과 부작위하명을 행한 것이다. 원고가 문서의 표현에 따라 공공의 안녕과 질서를 교란하지 말 것, 특히 특정된 별도로 언급된 행동방식들을 중단할 것을 요구받는 것은 합리적인 수범자의 관점에서 보면 상대방으로서는 피고에 의해서 일방적으로 고권적인 특정 작위 혹은 부작위가 부과된 것으로 이해할 수밖에 없는 것이다. 주목사실의 통보가 구두로 행해지고 문서는 그 내용의 단순한 반복으로서 그 자체 행정행위는 아니라는 점이 행정행위의 성질에 합치하지 않는 것은 아니다. 왜냐하면 행정행위는 구두로도 발령될 수 있기 때문이다(행정절차법 제37조 제2항 제1문). 상대방의 관점이 문제되는 것이지 행정청의 의사가 문제되는 것은 아니기 때문에 행정청이 조치를 행정행위로 이해하지 않았고 항소이유에서 행정행위로 이해하지 않는다는 것으로 알리려 하였다는 것도 어떠한 차이를 가져오는 것은 아니다. 행정청은 객관적인 관찰방식에 의하는 경우 규율성격이 부여될 수 있는 조치를 의도적으로 포기한 것이다."[31]

결국 이 사례에서 법원은 행정행위로서의 규율성이 조치의 합리적인 상대방의 관점에서 판단되어야 하며, 이와 같은 기준에 따를 때 주목사실의 통보에서 상세하게 열거된 행동방식에 대한 요청들은 단순한 사실행위가 아닌 법적 구속력을 가진 행정행위에 해당함을 명확히 하고 있다. 이와 같이 행정행위성을 인정한 판례의 논리는 우리의 경우에도 위험인물에 대한 계도가 위 사례에서와 같은 정도의 내용과 형태로 이루어지는 경우 사실행위가 아닌 행정행위로 판단될 수 있음을 시사한다.

31) OVG Magdeburg, NVwZ 2012, 720.

IV. 법적 근거 및 적법 요건

1. 법적 근거

위험인물에 대한 계도를 사실행위 특히 일종의 행정지도로 파악한다면, 행정지도에 대해서는 이를 따를 것인지의 여부가 상대방인 국민의 임의적 결정에 달려 있으므로 원칙적으로 그에 대한 별도의 법률적 근거를 요하지 않는다고 보는 것이 우리 학계의 일반적 견해이다. 다만 규제적 행정지도나 혹은 사실상 강한 강제력을 갖는 경우에는 법률적 근거가 필요한 것으로 설명되고 있다.[32] 그러나 위험인물에 대한 계도는 앞에서 본 바와 같이 일반적인 주의 환기에 그치는 것만이 아니라 추천적 혹은 경고적인 요소를 그 내용으로 할 수 있고, 경우에 따라서는 당사자의 권리 영역에 대한 침해가 되기도 한다. 위험인물에 대한 계도가 권리침해성이 인정되는 경우 법률에 그에 대한 근거규정이 마련되어야 하는바,[33] 경찰법상 임무와 권한의 분리원칙에 따르면 경찰 및 질서행정청의 위험방지 임무를 정한 임무지정규범만으로는 충분치 않고 권한규범에 의한 수권이 필요하다. 예컨대 위험인물에 대하여 시위에 참여하지 말 것을 권유하는 계도가 시위 참여에 대한 당사자의 의사결정의 자유를 침해한다면 이를 수권하는 법률상 근거가 필요하다.[34]

경찰관직무집행법에서 위험인물 계도 행위 전반에 걸친 직접적인 근거 규정은 발견되지 않는다. 다만 제5조 제1항에서 경찰관은 사람의 생명 또는 신체에 위해를 끼치거나 재산에 중대한 손해를 끼칠 우려가 있는 천재, 사변, 인공구조물의 파손이나 붕괴, 교통사고, 위험물의 폭발, 위험한 동물 등의 출현, 극도의 혼잡, 그 밖의 위험한 사태가 있을 때에는 그 장소에 모인 사람, 사물의 관리자, 그 밖의 관계인에게 필요한 경고를 할 수 있음을 규정하고 있고(1호), 제6조에 따라 경찰관은 범죄행위가 목전(目前)에 행하여지려고 하고 있다고 인정될 때에는 이를 예방하기 위하여 관계인에게 필요한 경고를 할 수 있는바, 이와 같은 경고 관련 규정들은 – 주로 급박한 경우에 한정되는 것으로서 – 제한적이긴 하지만 다양한 위험인물 계도 가운데 일부에 대한 법률적 근거가 될 수 있다.

침해성을 갖는 위험인물 계도에 대하여 이들 규정이 직접적인 근거가 되기 어려운 경우에는 결국 경찰법상 일반수권조항을 그 근거로서 고려하게 된다. 별도의 명시적인 수권규정이 없더라도 공공의 안녕과 질서의 유지를 위해 필요한 조치를 발할 수 있게 하는 일

---

32) 박균성, 행정법(상), 제14판, 488면 참조.

33) 단순한 권고 및 정보제공과는 달리 경고와 같이 행정기관의 일방적 형식에 의하고 그 효과에 있어 당사자에게 실질적으로 불이익하게 작용하는 경우 별도의 수권규정이 필요하다고 보는 견해 역시 이와 같은 논리와 궤를 같이 하는 것으로 볼 수 있다. 위의 책, 484면 참조.

34) OVG Lüneburg, NVwZ 2006, 850; Hebeler, 앞의 논문, S. 1366 참조.

반수권조항에 근거하여 침해적 사실행위를[35] 행하는 것도 가능하다고 보기 때문이다.[36] 독일에 있어서도 주목사실의 통보가 경찰법 혹은 질서법상의 개별수권조항들에 포함되어 있지 않기 때문에 단지 일반수권조항만이 그 근거로서 고려될 수 있는 것으로 설명되고 있으며 이와 같은 접근에 특별히 의문을 제기하지 않는다. 이처럼 일반수권조항을 그 근거로 드는 데에 별다른 이견이 없는 것은 아마도 주목사실의 통보에 의하여 유발되는 침해의 강도가 그리 크지 않다는 점에도 그 이유가 있는 듯하다.[37]

위험인물에 대한 계도의 근거규정으로서 일반수권조항을 들게 되면 무엇보다도 우리 경찰법학에서 늘 논란이 되고 있는 일반수권조항의 인정 여부 및 합헌성이 문제된다. 일반수권조항에 대해서는 학설에서 수많은 논의가 있어 왔고, 헌법재판소 결정에서는 그 허용성이나 존부가 논란이 되기도 하였다.[38] 필자 역시 다른 문헌에서 이 문제에 관하여 여러 차례 언급해왔고 기본적으로 일반수권조항이 필요하며 우리 경찰법제의 해석에서도 도출될 수 있다는 입장을 견지하고 있다.[39] 여기에서는 그에 관해서는 더 이상 언급하지 않고, 경찰관직무집행법 제5조 제1항이나 제6조에서 정한 요건 외의 상황에서 침해성을 띠는 위험인물에 대한 계도는 일반수권조항에 근거하여 행해질 수 있다는 정도로 정리하고자 한다.

일반수권조항을 근거로 하는 것은 집회참여와 관련하여 행해지는 위험인물에 대한 계도에 있어서도 마찬가지이다. 왜냐하면 계도 시 이른바 집회의 확장된 전단계에서의 조치가 문제되어 집시법의 규정은 적용되지 않고 따라서 위험방지를 위한 일반법으로서의 경찰관직무집행법의 적용이 차단되지 않기 때문이다. 독일의 경우에도 집회참여와 관련된 주목사실 통보의 근거에 있어 집회법과 경찰법 간의 관계가 이와 동일하게 설명되고 있다.[40]

---

35) 침해적 사실행위와 권력적 사실행위가 개념적으로 구별되는 것이긴 하지만 실제 내용적으로 크게 다른 것은 아니다. 즉, 권력적 사실행위가 국민에 대하여 일방적으로 명령·강제하는 관계에서 이루어지는 경우 그것은 대개 기본권의 제한을 가져오는 것으로서 침해적 사실행위에 해당한다. 물론 예컨대 수집목적과 다른 목적을 위하여 행해진 행정청간의 개인정보의 교부에서와 같이 행정기관간에 이루어져 국민에 대하여 일방적으로 명령·강제하는 속성이 나타나지 않는 것처럼 보이면서도 권리침해성이 인정될 수 있는 경우도 있다.

36) Gusy, 앞의 책, Rdnr. 316.

37) 같은 지적으로는 Rachor, 앞의 책, Rdnr. 825.

38) 경찰에 의한 서울광장 통행저지행위 위헌확인결정(헌법재판소 2011. 6. 30. 선고, 2009헌마406)에서 다수의견은 일반수권조항의 문제를 명시적으로 다루지 않았지만, 재판관 2인의 보충의견은 경찰관직무집행법 제2조와 관련하여 일반수권조항성을 부인하고 반대의견 2인은 이를 인정한 예가 있다.

39) 필자의 인정 논거에 대해서는 김성태, 집회·시위 현장에서의 촬영에 대한 행정법적 근거와 한계, 경찰법연구 제6권 제2호(2008년), 123면 이하 참조.

40) Hebeler, 앞의 논문, S. 1366; Pieroth/Schlink/Kniesel, Polizei– und Ordnungsrecht, 6. Aufl., 2010, §21 Rdnr. 46 참조.

2. 적법 요건

침해성을 띠는 위험인물에 대한 계도가 적법하게 행해지기 위해서는 특히 다음과 같은 요건들의 충족이 문제될 수 있다.

1) 구체적 위험의 존재

위험인물에 대한 계도가 침해성을 갖고 그에 대한 법적 근거로서 일반수권조항을 드는 경우 당해 계도를 행하기 위해서는 경찰상 보호법익에 대한 구체적 위험의 존재를 요한다. 침해적 사실행위 등 일반수권조항에 근거하여 조치를 취하는 것은 비례원칙에 따라 구체적 위험의 경우에만 가능한 것으로 이해되고 있기 때문이다.[41] 구체적 위험은 상대방이 계도와 실제로 관련이 있는 교란 행위를 한다는 충분한 개연성이 있고 따라서 교란자로 예상될 수 있는, 사실에 근거한 우려가 있는 경우에 존재한다.[42] 결국 충분한 개연성을 가지고 계도 상대방으로부터 공공의 안녕에 대한 위험이 발생한다는 것이 추론될 수 있는, 구체적으로 인식되는 사실이 있는 경우에 침해성을 띤 계도가 일반수권조항에 의하여 행해질 수 있다.[43]

구체적 위험이 존재하는지의 여부는 각 개별 사안에서 판단되며, 관련자에 대하여 경찰이 보유하고 있는 정보에 대한 개관 및 평가는 대부분 실무상 필요한 예측을 위한 실제적 근거가 된다. 독일의 판례는 현존하는 사실자료에 대한 신중한 심사를 요구하고 있다.[44]

다만, 이처럼 구체적 위험을 요구하는 논리에 따른다면 위험인물에 대한 계도가 과연 일반수권조항에 근거하여 실제로 적법하게 행해질 수 있는 것인지 의문이 제기될 수 있다. 왜냐하면 위험인물에 대한 계도는 시간적으로 '장래에' 우려되는 특정인의 행동 때문에 행해지는 것으로 보일 수 있고 이 경우 구체적 위험이 존재하지 않는 것처럼 여겨질 수도 있기 때문이다.

'미리' 잠재적인 참여자에게 경고하는 것은 위험을 '방지'하는 법제에서는 확실히 하나의 '異物(Fremdkörper)'에 해당한다. 그러나 일반수권조항에 근거한 위험인물에 대한 계도

41) 일반수권조항과 구체적 위험에 대해서는 김성태, 예방적 경찰작용에서의 추상적 위험·구체적 위험, 행정법연구 제10호(2003년), 266면 이하 참조.

42) 예를 들어 한 축구팬에게 그가 오래전 이미 일회 소란자로서 행동한 적이 있기 때문에 곧 있을 축구경기에 오지 말라고 권유하는 경우 구체적 위험은 존재하지 않는다고 할 것이다. 특히 당사자가 문제되는 목전의 축구경기를 방문하려 한다는 것이 특별히 인식되지 않는 경우에 그러하다. 물론 당사자가 관련 경기의 관람과 그 곳에서의 소란을 예고하는 경우에는 다르게 판단되어야 한다.

43) OVG Lüneburg, NVwZ 2006, 850; OVG Magdeburg, NVwZ 2012, 720; VG Saarlouis, BeckRS 2014, 57214 참조.

44) OVG Lüneburg, NVwZ 2006, 850; Rachor, 앞의 책, Rdnr. 825.

는 전술한 바와 같이 충분한 개연성을 가지고 계도 상대방으로부터 공공의 안녕에 대한 위험이 발생한다는 것이 추론될 수 있는, 구체적으로 인식되는 사실이 있는 경우에 허용되는 것이며, 이 경우의 계도는 바로 '위험이 시작되는 첫단계(Frühstadium von Gefahren)'에서 이루어지는 것이라 할 수 있다.45) 즉 '특정인의 장래에 우려되는 행동에 대해서(einem zukünftig zu besorgenden Verhalten einer bestimmten Person)' 계도가 행해지며, 계도를 통하여 경찰은 위험이 '시작되는 단계' 혹은 '최초의 발현단계'에서 작용하게 된다.46)

주의를 요하는 것은 이른바 위험사전대비(Gefahrenvorsorge)나 위험예방(Gefahrenverhütung)의 관념은 일반수권조항에 근거하여 위험인물 계도가 허용되는 경우로서 검토되어서는 안 된다는 점이다. 위험사전대비는 위험이 있는 경우에 신속하고 효과적인 경찰작용이 가능하도록 하거나 혹은 전문가 등의 조력이 가능케 하기 위한 구체적 위험 앞쪽 단계에서의 활동을, 위험예방은 위험조차도 발생하지 않도록 하기 위한 활동을 의미하는 것으로 설명될 수 있지만 양자는 반드시 엄격하게 구분되지 않고 혼용되기도 한다.47) 어쨌든 그러한 범주에서까지 경찰이 작용할 수 있도록 일반수권조항의 요건과 효과가 이해되는 것은 아니다.48)

---

45) Gusy, 앞의 책, Rdnr. 316 참조.

46) VG Saarlouis, BeckRS 2014, 57214 참조.

47) 경찰임무로서의 위험사전대비와 위험예방에 대해서는 김성태, 독일경찰법 임무규범에서의 새로운 개념에 관한 고찰, 행정법연구 제8호(2003년), 282면; Di Fabio, Gefahr, Vorsorge, Risiko: Die Gefahrenabwehr unter dem Einfluß des Vorsorgeprinzips, Jura 1996, S. 566; Neumann, Vorsorge und Verhältnismäßigkeit, Diss. 1994, S. 88 참조.

48) 앞서 행정행위성을 인정한 사례에서 막데부르크 고등행정법원은 장래에 구체적인 위험상황이 발생할지도 모른다는 우려정도로는 작센안할트경찰법 제13조에 의한 경찰처분의 발령을 위한 요건인, 동법 제3조 제3호의 구체적 위험에 해당하지 않는다고 판시하고 있다. 동 법원은 일반수권조항인 작센안할트경찰법 제13조가 법적 근거가 된다고 하면서도 구체적 위험의 결여로 적법 요건을 갖추고 있지 못하다고 판시하고 있다. 즉 동조에 따라 위험을 방지하기 위하여 필요한 조치를 발할 수 있지만 이 때의 위험은 동법 제3조 제3항 a의 구체적 위험이어야 한다. 구체적 위험은 가까운 시간안에 공공의 안녕과 질서에 대한 충분한 손상발생의 개연성이 개개의 사례들에 존재하는 경우의 사정을 말한다. 공공의 안녕은 법질서, 개인의 주관적 권리와 법익, 국가 및 고권담당자의 존립과 시설 등의 불가침상태를 말한다. 이와 같은 의미에서의 구체적 위험상태는 행정청의 개입상황에서는 존재하지 않고 있다. 사실에 비추어 이 시점에서는 손상발생에 대한 충분한 개연성이 존재하지 않기 때문이다. 개입의 시점에 원고가 범죄를 선동하거나 다른 사람을 모욕하는 것 혹은 사실상 공격하려한다는 점, 헌법위반적인 조직의 표식이나 심볼을 사용한다거나 타인의 재산을 손상하거나 부수려 한다는 점, 공공집회를 위한 신고의무를 준수하지 않거나 공적 시설의 이용을 위한 허가의 의무를 경시한다는 점에 대한 구체적 근거가 있었음이 명백하지 않으며, 피고가 이를 주장하지 않고 있다. 피고는 스스로 가능한 위험 발생 전단계의 위험사전대비가 문제된다고 인정하고 있다. 장래에 구체적 위험사태가 발생할 수 있다는 우려는 중단을 위한 조치를 사전대비적으로 하는 것을 정당화하지 않는다. 나찌의 신고는 위험상황이 존재하는지 혹은 장래에 발생할 것인지의 의문을 검토할 동기가 될 수 있다. 그와 같은 상황은 이른바 위험조사침해를 정당화하지만 단지 '가능할 수도 있다는 정도로 보이는 위험상황(als möglich erscheinende Gefahrenlage)'에 대한 개입을 정당화하지는 않는다. OVG Magdeburg, NVwZ 2012, 720(721).

2) 경찰책임자에 대한 것일 것

계도가 이루어지는 상대방은 경찰책임자(교란자)에 해당되는 자이어야 한다. 경찰상 비책임자의 경우 그에 대한 계도는 고려되지 않는다고 보아야 하는바, 비책임자는 위험인물이 될 수 없고, 계도가 이루어지는 상황과 모습은 이른바 경찰긴급상태의 엄격한 요건을 충족하는 경우가 아니기 때문이다.

또한 계도가 위험인물의 일정한 행위를 차단하기 위해 행해진다는 점에서 여기에서의 경찰책임자는 행위책임자에 한정되며 상태책임자는 이에 포함되지 않는 것으로 이해된다.[49)]

3) 적법한 재량권의 행사와 비례원칙의 충족

위험인물에 대한 계도는 재량권 행사에 하자가 없어야 하며 비례원칙에 합치하는 것이어야 한다. 특히 제3자의 눈에 잠재적인 범죄자로 취급됨으로써 위신 또는 명예의 훼손을 당하게 되는 일종의 비난효과가 있는, 제3자가 같이 있는 상태 혹은 알 수 있는 상태에서의 계도는 합당한 이유없이 행해져서는 안 된다. 경찰 입장에서는 비난효과가 계도의 실효성을 강화하는 방편으로 유용하다고 여겨 의도적으로 이와 같은 방식을 택할 가능성도 있지만, 계도에 재량권이 인정된다 하더라도 그와 같은 방식으로 계도를 행하는 것은 하자 있는 재량권의 행사로서 위법하다. 따라서 경찰은 관련 당사자의 집을 방문하여 계도할 수 있을 때에는 그의 직장 또는 학교와 같이 제3자가 있는 장소에서 계도를 행하여서는 안 된다. 만약 당사자가 자택 방문 시 경찰에 의한 계도를 수용하지 않으려 문을 열어주지 않아 자택에서의 계도가 불가능할 때에는 당사자의 학교 혹은 직장 등으로 방문하기 전에 먼저 당사자에게 문서로서 통지하는 방식을 고려하여야 한다. 결과적으로 자택방문이나 우편을 통한 통보가 계도의 원칙적인 모습이 되며, 이와 다른 계도 방식으로 인하여 분쟁이 발생하는 경우 우선적으로 고려되어야 하는 계도 방식이 왜 성공적이지 않은지에 관하여 경찰행정청이 입증하여야 한다.[50)]

독일의 경우 공공의 질서의 보호법익은 주목사실의 통보와 관련하여서는 고려되지 않는 것으로 보는 견해도 있다.[51)]

---

49) Hebeler, 앞의 논문, S. 1366.

50) Rachor, 앞의 책, Rdnr. 824 참조; Gusy 역시 특별한 설명은 하고 있지 않지만 계도를 설명하면서 이 두가지 방식을 명시하고 있다. Gusy, 앞의 책, Rdnr. 316.

51) Hebeler, 앞의 논문, S. 1366 참조.

V. 법적 구제 수단

1. 취소소송 제기 가능성

위험인물에 대한 계도가 통상 행정행위성이 인정되지 않기 때문에 행정행위로서의 처분에 대한 취소소송은 생각하기 어렵다. 전술한 바와 같이 독일에 있어서도 주목사실의 통보는 행정행위로서의 성격을 갖지 않는다고 보아 독일 행정소송법 제42조 제1항에 의한 취소소송은 허용되지 않으며, 제43조의 확인소송을 쟁송수단으로 고려하고 있다. 확인소송에서는 필요한 법관계의 존재 혹은 부존재가 확인되는바, 여기에서의 법관계라 함은 법규범을 근거로 구체적인 사정에서 발생한, 인의 다른 인과의 혹은 물건과의 법적인 관계를 의미한다.[52] 사실행위의 경우 이와 같은 법관계에 해당하는지 논란이 있을 수 있지만[53] 주목사실의 통보에 대해서는 법관계가 문제된다고 보아 확인소송을 인정하는 것이 일반적이다.[54] 다만 앞서 살핀 바와 같이 예외적으로 통보가 하명과 같은 성격을 띠는 경우 행정행위성을 인정하면서 이에 대한 취소소송을 허용한 판례도 발견된다.

현재 국내 문헌들이 위험인물에 대한 계도를 직접 다루고 있지 않아 계도 행위에 대한 행정쟁송의 가능 여부나 그 방식에 관한 국내의 견해들을 여기에서 바로 언급할 수는 없다. 그러나 대부분의 위험인물에 대한 계도가 사실행위나 행정지도로 파악될 수 있기 때문에 이들에 대한 쟁송과 관련한 논의를 위험인물에 대한 계도에서 참고할 수 있을 것이다. 사실행위는 그 자체로서는 어떠한 법적 효과를 직접 발생시키지 않고 비권력적이며, 행정지도 역시 이에 따를 것인지의 여부를 상대방이 임의로 정할 수 있어 위험인물 계도에 대해서는 취소소송을 제기할 수 없다는 논리가 어느 정도 적용될 수 있을 것이다. 판례에서도 기본적으로 사실행위나 권고 등 행정지도의 처분성을 인정하지 않고 있다.[55] 다만 사실행위라 하더라도 행정기관에 의해서 일방적으로 행해지는 권력적 성격이 강하여 당사

---

52) Bader/Funke−Kaiser/Kuntze/von Albedyll, Verwaltungsgerichtsordnung, 3. Aufl., §43 Rdnr. 7; 이에 대해서 검토하고 있는 국내문헌으로는 정하중, 행정소송에 있어서 확인소송−독일 행정소송법상의 확인소송을 중심으로, 서강법학 제12권 제1호(2010년), 178면 이하.

53) 사실행위에 대해서도 확인소송이 인정될 수 있다고 보는 견해로는 예컨대 Maurer, 앞의 책, §15 Rdnr. 7.

54) Götz, 앞의 책, §12 Rdnr. 1; Schenke, Polizei− und Ordnungsrecht, 6. Aufl., Rdnr. 50; OVG Lüneburg, NVwZ 2006, 850; VG Saarlouis, BeckRS 2014, 57214.

55) 세무당국이 소외 회사에 대하여 원고와의 주류거래를 일정기간 중지하여 줄 것을 요청한 행위는 권고 내지 협조를 요청하는 권고적 성격의 행위로서 소외 회사나 원고의 법률상의 지위에 직접적인 변동을 가져오는 행정처분이라고 볼 수 없는 것이므로 항소소송의 대상이 되지 않는다고 한 판례(대법원 1980. 10. 27, 80누395); 위법 건축물에 대한 단전 및 전화통화 단절조치 요청행위의 처분성을 부인한 판례(대법원 1996. 3. 22, 96누433); 한국연구재단이 대학교 총장에게 대학소속 연구팀장에 대한 대학 자체징계를 요구한 것은 법률상 구속력이 없는 권유 또는 사실상의 통지로서 행정처분에 해당하지 않는다고 본 판례(대법원 2014. 12. 11, 2012두28704) 참조.

자에게 불이익하게 작용하는 경고이거나 혹은 사실상 강제력을 갖고 국민의 권익을 침해하는 행정지도와 같은 것은 예외적으로 행정소송법 혹은 행정심판법상의 "그 밖에 이에 준하는 행정작용"에 해당하는 것으로 보아 처분성을 인정할 수 있다는 논리[56] 역시 위험인물 계도에서 고려될 수 있다고 본다. 즉, 계도가 상대방의 임의적 협력을 구하는 형식을 띠더라도 추천한 내용을 따르지 않을 경우 경찰의 개입과 경찰상의 침해적 조치들이 행해질 수 있음을 강하게 인식시키는 경우와 같이 단순한 행정지도의 성격을 넘어 규제적·구속적 성격을 상당히 강하게 갖는 것이라면 "그 밖에 이에 준하는 행정작용"으로서 처분성을 인정하여 취소소송의 제기가 가능하다고 볼 것이다.[57]

위험인물에 대한 계도가 있었지만 예컨대 계도에서 불참이 종용된 집회가 이미 종료한 경우처럼 취소소송을 통해 당해 계도의 위법상태를 시정하여 원상을 회복하는 것이 별 의미가 없는 것처럼 보이는 경우 처분성이 인정되더라도 소 제기의 이익이 있는 것인지 의문이 들 수 있다. 그러나 계도가 행해진 상대방 입장에서는 또 다시 비슷한 상황에서 향후 같은 계도가 반복될 가능성이 있다는 점에서 소의 이익을 인정하여야 한다.[58] 왜냐하면 계도가 이루어지는 상대방이 행정청의 관점에서는 거의 정해져 있고 따라서 당사자는 동종의 사안마다 새로운 계도가 행해질 것을 우려해야만 하기 때문이다.[59] 또한 개개의 구체적 상황(예컨대 계도가 다수의 사람들에게 알려지는 등 계도에 따른 '낙인효과'가 있는 경우)에 따라서는 명예회복의 이익이 문제될 수도 있다.[60]

만약 처분성이 인정됨에도 불구하고 협의의 소익을 인정하지 않아 취소소송으로 다툴

---

56) 박균성, 앞의 책, 480면, 491면 참조; 같은 취지 이세정, 환경법상 행정청의 경고와 추천, 648면.

57) 헌재는 교육인적자원부장관의 국·공립대학총장들에 대한 학칙시정요구가 헌법소원의 대상이 되는 공권력행사인지 여부와 관련하여 "교육인적자원부장관의 대학총장들에 대한 이 사건 학칙시정요구는 고등교육법 제6조 제2항, 동법시행령 제4조 제3항에 따른 것으로서 그 법적 성격은 대학총장의 임의적인 협력을 통하여 사실상의 효과를 발생시키는 행정지도의 일종이지만, 그에 따르지 않을 경우 일정한 불이익조치를 예정하고 있어 사실상 상대방에게 그에 따를 의무를 부과하는 것과 다를 바 없으므로 단순한 행정지도로서의 한계를 넘어 규제적·구속적 성격을 상당히 강하게 갖는 것으로서 헌법소원의 대상이 되는 공권력의 행사라고 볼 수 있다."(헌재 2003. 6. 26, 2002헌마337)고 판시하고 있다; 일종의 권력적 사실행위로 파악될 수 있는 단수처분(대법원 1979. 12. 28, 79누218), 교도소 재소자의 이송조치(대법원 1992. 8. 7, 92두30)에 대하여 처분성을 인정한 판례가 있다.

58) 위법한 사실행위의 반복가능성에 따른 소익을 인정하는 견해로는 박균성, 앞의 책, 481면; 위법한 처분이 반복될 가능성이 있는 경우 일정한 조건하에 협의의 소익을 인정하는 판례로는 대법원 2007. 7. 19, 2006두19297 참조.

59) Hebeler, 앞의 논문, S. 1365; VG Saarlouis, BeckRS 2014, 57214; 이유가 다르긴 하지만, 앞서 예를 든 독일의 사례에서도 법원은 2009년 10월 3일의 집회가 행해졌다하더라도 소송의 허용성은 인정된다고 하고 있다. 법원은 처분의 규율내용이 집회가 행해졌다하여 소멸하지 않는다고 보고 있는바, 이 사건 계도에서의 하명과 금지는 모든 미래의 사건, 회합, 기념일들에 적용되고 따라서 원고가 여전히 불이익하게 되는 지속적 행정행위(Dauerverwaltungsak)가 문제된다고 보고 있다. OVG Magdeburg, NVwZ 2012, 720.

60) Bader/Funke-Kaiser/Kuntze/von Albedyll, 앞의 책, §43 Rdnr. 21 참조.

수 없다면 보충성원칙에 따라 헌법소원의 대상이 될 수 있다.[61)]

2. 당사자소송의 허용 여부

위험인물에 대한 계도가 처분성이 인정되지 않아 항고소송을 제기할 수 없는 경우 당사자소송의 허용 여부를 살펴보아야 한다. 사실행위에 대한 소극적 이행소송으로서의 중지소송(금지소송)을 당사자소송의 일 내용으로 파악한다면 위험인물 계도에 대해서도 당사자소송이 고려될 수 있을 것이다. 그러나 행정소송법은 당사자소송의 대상을 '처분등을 원인으로 하는 법률관계'나 '그 밖에 공법상의 법률관계'로 한정하고 있고 사실행위에 대해서는 이를 명시하지 않고 있다. 판례에서도 사실행위에 대한 당사자소송의 제기를 인정한 예는 발견되지 않아 위험인물 계도에 대한 당사자소송은 실제로는 허용되기 어려울 것으로 보인다.

독일의 경우 주목사실의 통보가 행해진 경우 전술한 바와 같이 주로 법관계의 존부에 대한 확인소송으로 다투는 것으로 이해하고 있지만, 일부 문헌에서는 중지소송(Unterlassungsklage)의 허용이 검토되어야 한다는 견해도 발견된다. 독일 행정소송법에서 명시적으로 규정하고 있지는 않지만 – 제43조 제2항의 확인소송 제기 요건에서 전제된 – 일반적으로 인정되고 있는 중지소송은 특히 정보활동, 경고, 생활방해 및 그 밖에 사실상의 작용과 같은 단순고권적 행정작용에 대해서 허용되며,[62)] 이와 같은 중지소송이 유용하게 활용될 수 있는 쟁송대상에 주목사실의 통보가 들지 못할 이유가 없다는 것이다. 이 견해는 통보에 대해서 확인소송을 통한 구제만을 언급하는 것은 특히 제43조 제2항 제1문에서 정하고 있는 형성소송 및 이행소송에 대한 확인소송의 보충성을 무력화하는 것임을 강조하고 있다.[63)]

3. 국가배상청구

위험인물에 대한 계도가 국가배상책임의 성립요건을 충족하는 경우 국가배상이 인정될 수 있다.[64)] 계도가 공공의 안녕과 질서를 유지하기 위한 경찰작용으로서 공무원의 직

61) 헌법재판소 2011. 6. 30. 선고, 2009헌마406 참조.

62) Bader/Funke–Kaiser/Kuntze/von Albedyll, 앞의 책, §42 Rdnr. 117 이하; Hufen, Verwaltungsprozessrecht, 8. Aufl., §16 Rdnr. 4.

63) Hebeler, 앞의 논문, S. 1365.

64) 비공식적 행정작용으로서 위법하고 유책한 경고, 권고, 정보제공 등으로 손해를 입은 경우 국가배상을 청구할 수 있다는 견해로는 박균성, 앞의 책, 485면 참조.

무집행 행위에 해당된다는 점에 별다른 의문이 없기 때문이다.

위험인물에 대한 계도가 침해적 성격을 갖는 경우 법률에 이를 수권하는 근거를 갖지 못하거나 혹은 근거가 되는 법률규정에서 정하고 있는 요건을 충족하지 못한다면 계도는 위법하다. 위험인물 계도에 대한 개별적인 근거규정들이 별로 없는 상태에서는 결과적으로 경찰법상 일반수권조항에서 정한 요건의 충족 여부나 조리에의 합치 여부가 위법성 판단에서 주로 문제될 것이다. 특히 앞에서 살펴본 구체적 위험의 존재, 경찰책임자에 해당하는지의 여부, 비례원칙에의 합치 등이 주요 쟁점이 된다. 계도의 내용을 따를 의사가 없는 상대방에게 이를 강요하는 경우에도 계도는 위법하다.[65)]

위험인물 계도에 따른 손해배상책임 성립에 있어 문제될 수 있는 또 다른 요건은 계도 행위와 손해발생 사이의 인과관계이다. 기본적으로 계도는 상대방의 자발적인 협력을 기대하며 행하는 비구속적인 작용으로서 행정지도의 모습에 가까우며 따라서 계도를 따르는 행위로 인하여 손해가 발생하더라도 계도 행위 자체가 손해의 직접적인 원인이 된다고 보기 어려운 측면이 있기 때문이다. 그러나 사실상 계도를 따를 수밖에 없었다고 보아야 할 경우에는 계도 행위와 손해발생 사이의 인과관계를 인정하여야 한다.[66)]

위험인물에 대한 계도를 행하는 것은 일반적으로 경찰의 재량에 속한다고 볼 것이다. 따라서 계도가 행해지지 않았고 위험인물의 행위로 제3자의 피해가 발생한 경우라 하더라도 통상적으로는 부작위에 의한 국가배상책임은 성립되지 않는다. 그러나 예외적으로 재량이 0으로 수축하여 계도 등 경찰의 작용이 행해졌어야만 하는 경우에는 계도를 행하지 않은 것이 위법한 행정작용이 되어 배상책임이 문제될 수 있다. 한편, 경찰이 위험방지를 위한 적절한 수단으로서 금지(부작위하명)와 같은 구속적 처분을 발하여야 함에도 불구하고 적합하지 않은 수단인 비구속적인 계도를 행한다면 제3자와 관련하여 배상책임이 성립할 수 있다.[67)]

4. 손실보상

행정지도의 경우 상대방이 자유로운 의사에 기하여 이를 따른 경우 그로 인한 손실은

65) 판례는 행정지도에 따를 의사가 없는 상대방에게 이를 부당하게 강요하는 것은 행정지도의 한계를 일탈한 위법한 행정지도에 해당한다고 설시하고 있다(대법원 2008. 9. 25, 2006다18228 참조).

66) 문공부 행정기관이 출판업자 및 시중서점에 권력층의 비리를 폭로한 도서를 법령의 근거 없이 판매하지 말 것을 종용하여 출판업자와 저작자가 국가를 상대로 이로 인한 손해배상을 청구한 사례에서 행정지도와 손해 사이의 인과관계를 인정한 예로는 서울민사지법 1989.9. 26, 88가합4039; 같은 취지의 견해로는 박균성, 앞의 책, 494면.

67) Rachor, Ausgleichs- und Ersatzansprüche des Bürgers, in: Lisken/Denninger(Hrsg.), Handbuch des Polizeirechts, 4. Aufl., Rdnr. 28 참조.

상대방이 수인하여야 하는 것으로 이해되고 있다.[68] 이와 같은 논리는 적법하게 행하여진 위험인물 계도의 경우에도 인정될 수 있어 상대방이 자유로운 의사에 의하여 계도의 내용대로 행동하는 경우 원칙적으로 손실보상은 문제되지 않는다 할 것이다. 특히 위험을 야기한 경찰책임자의 경우 그에 대한 경찰조치로 발생한 손해에 대하여 그것이 수인한도 내의 것이라면 손실보상이 인정되지 않는다는 경찰법학의 일반론에 의하더라도 위해를 가할 가능성이 있는 위험인물에 대한 계도에서 손실보상은 인정하기 어렵다. 계도의 상대방이 외견상 책임자인 경우에도 – 그와 같은 외견을 만들어내는 상황을 야기하지 않은 경우는 별론으로 하고 – 마찬가지이다.[69]

예외적으로 상대방이 실제에 있어 계도를 따를 수밖에 없었고 그 결과로서 특별한 희생이 발생한 때에는 손실보상이 이루어져야 할 것이다.[70] 그것이 재산상 손실이라면 경찰관직무집행법 제11조의2 제1항 제2호가 보상의 근거가 될 수 있다.

VI. 결론

행정권과 국민 간의 관계에서 어떠한 사안이 문제될 때 구속적인 효력을 갖는 행정행위를 통한 정형적인 규율로만 귀결되지는 않는다. 오히려 행정행위를 대신하여 행정행위 발령의 전 단계에서 조정·조율하는 것이 문제 해결에 더 효과적일 수 있다. 행정권에 의한 보다 많은 정보의 제공, 국민의 동의와 협력 혹은 참여적인 요소가 중시되는 오늘날의 행정에서 이러한 모습은 자연스러운 현상이다. 경찰행정 영역에서의 위험인물에 대한 계도 역시 같은 맥락에서 이해할 수 있다. 경찰은 곧바로 경찰처분의 형식으로 대처하는 것이 아니라, 우선 정보를 제공하며 추천이나 경고하는 방식을 취하고, 상대방이 경찰의 추천 등에 상응하는 행동을 하지 않을 때에 '뒤쪽 단계'에서 비로소 구속적인 법적 행위를 발하게 된다.

위험인물에 대한 계도 시 그의 적법성 여부는 개개의 구체적인 사안별로 판단되어야 한다. 위험인물에 대한 계도의 적법성이 일률적으로 긍정될 수 있는 것은 아니기 때문에 경찰실무에서 모든 위험방지를 위한 일종의 만능수단으로서 동일하게 도식화하여 계도를

68) 박균성, 앞의 책, 495면.

69) BGH, DVBl 1996, 1312 참조.

70) 독일에서는 어떤 행위를 하거나 중단할 것을 요청(Bitte)하는 것 역시 경찰법상 손해전보의 구성요건에 해당하는 조치로 본다. 그러나 요청과 금지(Verbot)간의 차이를 인정하여 전자에 가까울수록 행정청으로의 전보책임의 귀속이 줄어드는 것으로 설명하고 있다. Rachor, Ausgleichs– und Ersatzansprüche des Bürgers, Rdnr. 26 f. 참조.

행해서는 안 된다. 또한 일반수권조항을 근거로 계도를 행하는 경우 경솔한 추측에 따른 오상위험까지 포함되지 않도록 주의하여야 한다.

위험인물에 대한 계도는 국민들에게 법적 구제와 관련하여 불명확한 상황을 맞게 한다는 문제를 안고 있다. 원칙적으로 계도가 구속적 효력을 갖는 것은 아니지만 경우에 따라서는 침해적 성격을 갖거나 사실상의 구속력을 가질 수도 있기 때문에 상대방은 첫 계도 단계에서부터 자신을 방어할 것인지 아니면 추후 행정행위나 강제의 수단이 행해지는 단계에서 비로소 쟁송을 제기할 것인지 판단하여야만 한다. 계도의 다양한 모습과 내용은 손해배상이나 손실보상의 인정에 있어서는 그 결과를 유동적인 것으로 만들고 있다.

이와 같은 문제에도 불구하고 위험인물에 대한 계도는 경찰이 효과적으로 위험을 방지하기 위한 전략의 전면에서 중요한 위치를 차지하고 있다.[71] 경찰위반상태의 야기를 반복하는 경향이 있는 잠재적 위험야기자에 대한 계도는 경찰과 상대방 간에 심사숙고하며 합리적으로 갈등을 해결하는 수단으로서 법치국가의 이념에도 부합한다.[72] 따라서 적법성과 법적 구제가 담보된다면 위험인물에 대한 계도의 방식을 문제삼을 이유는 없다고 본다. 법률유보, 기본권보호, 비례원칙의 기준에 따라 그 형식과 내용이 정립되는 경우 보다 발전된 경찰작용의 하나로 자리매김할 수 있을 것이다.

---

71) Volkmann, Polizeirecht als Sozialtechnologie, NVwZ 2009, S. 219; Hebeler, 앞의 논문, S. 1366.

72) Kreuter-Kirchhof, Die polizeiliche Gefährderansprache, AöR Vol. 139(2014), S. 257.

지방자치단체에 대한 감독청의 직권취소의 범위와 한계*

조성규**

대상판결 : 대법원 2017. 3. 30. 선고 2016추5087 판결

I. 사안의 개요 및 판결의 요지

1. 사안의 개요

서울특별시제1인사위원회위원장은 2016. 4. 14. 서울특별시 시간선택제임기제공무원(라급 8급 상당, 이하 '이 사건 공무원'이라고 한다) 40명의 채용에 관한 공고(이하 '이 사건 채용공고'라고 한다)를 하였다.

이 사건 채용공고에 의하면, 이 사건 공무원들은 '정책지원요원'으로 임용되어 서울특별시의회 사무처에 소속되어, ① 주요 이슈 등에 대한 사전적인 입법 현안 발굴 및 조사·분석·정책 지원, ② 자치법규 제 · 개정안 마련 지원 및 입법절차 진행 지원, ③ 조례안 제·개정안에 대한 공청회 · 토론회 행사지원 및 전문가·지역주민 의견수렴 지원, ④ 정책연구위원회 및 의원연구단체의 정책개발 및 운영 지원, ⑤ 민원에 대한 현장중심의 의견청취·조사 및 데이터 관리, 지속적인 모니터링 업무지원 등과 같은 상임위원회별 입법지원요원(입법조사관)에 대한 업무지원 업무를 담당하도록 되어 있다.

이에 감독청인 당시 행정자치부장관(현 행정안전부장관)은 2016. 4. 19. 서울특별시장에게 이 사건 채용공고는 '지방의회의원 개인별 유급 보좌 인력'의 도입을 목적으로 하는 것으로 「지방재정법」 제3조 제1항, 제47조 제1항, 제67조 제2항 등 관련 법 규정에 위반된다는 이유를 들어, 2016. 4. 21.까지 이 사건 채용공고를 취소하라는 내용의 이 사건 시정명령을 하였다.

---

* 이 글은 2017년 12월 31일 발행된 행정판례연구 제22-2집에 게재된 논문을 전재한 것입니다.

** 전북대학교 법학전문대학원 교수

그럼에도 서울특별시장이 이 사건 시정명령에 응하지 아니하자, 행정자치부장관은 2016. 4. 21. 이 사건 채용공고를 직권으로 취소하였고(이하 '이 사건 직권취소처분'이라고 한다), 서울특별시장은 행정자치부장관을 피고로 하여 이 사건 직권취소처분의 취소를 구하는 소를 대법원에 제기하였으나, 대법원은 서울특별시장의 청구를 기각하였다.

2. 대법원 판결의 요지

[1] 행정소송법상 항고소송은 행정청이 행하는 구체적 사실에 관한 법집행으로서의 공권력의 행사 또는 거부와 그 밖에 이에 준하는 행정작용을 대상으로 하여 위법상태를 배제함으로써 국민의 권익을 구제함을 목적으로 하는 것과 달리, 지방자치법 제169조 제1항은 지방자치단체의 자치행정 사무처리가 법령 및 공익의 범위 내에서 행해지도록 감독하기 위한 규정이므로 적용대상을 항고소송의 대상이 되는 행정처분으로 제한할 이유가 없다.

[2] 지방의회의원에 대하여 유급 보좌 인력을 두는 것은 지방의회의원의 신분·지위 및 처우에 관한 현행 법령상의 제도에 중대한 변경을 초래하는 것으로서 국회의 법률로 규정하여야 할 입법사항이다.

[3] 지방자치단체 인사위원회위원장이 시간선택제임기제공무원 40명을 '정책지원요원'으로 임용하여 지방의회 사무처에 소속시킨 후 상임위원회별 입법지원요원(입법조사관)에 대한 업무지원 업무를 담당하도록 한다는 내용의 채용공고를 하자, 행정자치부장관이 위 채용공고가 법령에 위반된다며 지방자치단체장에게 채용공고를 취소하라는 내용의 시정명령을 하였으나 이에 응하지 않자 채용공고를 직권으로 취소한 사안에서, 위 공무원의 담당업무, 채용규모, 전문위원을 비롯한 다른 사무직원들과의 업무 관계와 채용공고의 경위 등을 종합하면, 지방의회에 위 공무원을 두어 의정활동을 지원하게 하는 것은 지방의회의원에 대하여 전문위원이 아닌 유급 보좌 인력을 두는 것과 마찬가지로 보아야 하므로, 위 공무원의 임용은 개별 지방의회에서 정할 사항이 아니라 국회의 법률로써 규정하여야 할 입법사항에 해당하는데, 지방자치법은 물론 다른 법령에서도 위 공무원을 지방의회에 둘 수 있는 법적 근거를 찾을 수 없으므로, 위 공무원의 임용을 위한 채용공고는 위법하고, 이에 대한 직권취소처분은 적법하다.

II. 대법원 판결의 쟁점

본 대상판결의 쟁점은 외형상 두 가지로 나타나는바, 하나는 감독청의 직권취소의 대상에 관한 문제로서, 서울특별시의 '채용공고'가 직권취소의 대상에 해당하는 지이며, 다른 하나는 사안의 채용공고의 위법 여부에 관한 문제로서, 행정자치부장관의 직권취소가 적법한지에 관한 쟁점이다. 그 외에 대상판결에서 판단되지는 않았지만, 이 사건 직권취소가 국가감독제도의 본질에 따른 한계를 준수한 적법한 것인지 여부가 문제된다.

첫 번째 쟁점인 직권취소의 대상의 문제와 관련하여서는 구체적으로, 「지방자치법」 제169조가 감독처분의 대상으로 규정하고 있는 '명령 또는 처분'의 의미가 무엇인지, 특히 동 규정상의 '처분' 개념이 항고소송의 대상인 처분개념과 동일한 것인지가 문제된다. 이와 관련하여 대상판결에서는 직접적인 쟁점이 되지는 않았지만, 직권취소의 대상의 문제는 소송요건의 문제인지, 본안의 문제인지가 추가적인 법적 쟁점으로 논의될 필요가 있다. 즉 직권취소의 대상이 아님에도 직권취소가 행해진 경우, 이에 대한 취소소송은 소송요건의 문제로서 각하의 대상인지, 본안판단의 대상인지가 문제된다.

두 번째 쟁점인 직권취소가 적법한지의 문제는 전형적인 본안요건의 문제로서, 이에 있어서는 우선적으로 이 사건 채용공고가 위법한지가 문제되며, 그와 더불어 – 판례가 직접 쟁점으로 다루지는 않았으나 – 직권취소 처분 자체가 법적 한계를 준수한 적법한 처분인지가 문제된다.

채용공고가 위법한지의 문제에 대한 판단을 위해서는 우선적으로 채용공고의 실질[1]에 대한 검토가 필요하다. 즉 채용공고를 단순히 외형상으로만 보면 이는 단지 이전의 채용결정의 추진을 위한 외부적 공고절차에 불과한바, 그렇게 본다면 채용공고는 그 자체로는 독자적인 법적 의미는 없는 것으로 그 위법 여부는 순수히 절차적인 관점에서만 판단되어야 하는데 반해, 채용공고가 채용의결 등 채용에 관한 법적 행위를 포괄하는 행위로 이해된다면, 채용공고의 위법 여부는 채용행위 자체에 대한 위법성 판단의 문제가 될 것이다. 따라서 채용공고가 감독청의 직권취소의 대상으로서 독자적인 법적 의미를 갖는 행위인지에 대한 논의가 필요하다.

채용공고의 취소를 실질적으로 보아 채용행위의 취소로 이해하는 경우에는 결국 – 종래 다수의 판례에서 다루어진 – 지방의원에 대한 유급보좌인력의 채용이 법적으로 허용되는 것인지의 여부가 쟁점이 되는 것으로, 이에 있어서는 지방자치단체의 자치권, 특히 자치조직권의 문제와 더불어, – 판례가 설시하는 바와 같이 – 법률유보원칙과의 관계가

1) 채용공고의 법적 성질에 대한 논의와 관련하여, 채용공고가 처분성을 갖는지에 대한 고찰이 필요하다는 견해도 있으나, 이는 전술한 감독청의 직권취소의 대상의 문제이며, 채용공고의 위법 여부의 판단에 직결되는 문제는 아니다. 이에 대해서는 후술한다.

주된 법적 문제가 된다.

III. 감독청의 직권취소의 대상에 관한 법적 쟁점

1. 감독청의 직권취소의 법적 성격

「지방자치법」 제169조 제1항은 "지방자치단체의 사무에 관한 그 장의 명령이나 처분이 법령에 위반되거나 현저히 부당하여 공익을 해친다고 인정되면 시·도에 대하여는 주무부장관이, 시·군 및 자치구에 대하여는 시·도지사가 기간을 정하여 서면으로 시정할 것을 명하고, 그 기간에 이행하지 아니하면 이를 취소하거나 정지할 수 있다"고 하여, 지방자치단체에 대한 사후적 감독수단으로서 시정명령 및 취소·정지권을 규정하고 있다.

지방자치단체는 법제도적으로 독립된 행정주체로서 국가와 대등한 관계에서 존재한다. 따라서 국가와의 관계에서 본질적인 상하관계나 종속관계가 존재하는 것은 아닌바, 국가에 의한 당연한 감독관계가 인정되는 않는다. 다만 현대적 국가구조 하에서 지방자치권의 본질은 국가로부터 완전히 독립된 고유권으로서의 의미를 가질 수는 없는바, 지방자치 역시 국가법질서 내에서 존재하는 것이며, 따라서 국가법질서의 통일성이라는 관점에서 – 지방자치의 헌법적 보장에도 불구하고 – 국가에 의한 감독은 불가피하다.

다만 그러한 국가감독권은 본질적으로 발생하는 것은 아닌바, 지방자치권에 대한 침해와 제한을 내용으로 하는 국가감독[2]에 대해서는 법률상 근거가 필요하며(국가감독법정주의[3]), 그러한 관점에서 국가에 의한 사후적 감독의 법적 근거로 규정된 것이 「지방자치법」 제169조이다.

따라서 「지방자치법」 제169조에 대한 법적 쟁점의 논의에 있어서는 지방자치법제에 있어 국가감독권의 법제화라는 규범적 본질에 대한 고려가 중요하며, 이는 사후적 감독의 대상으로서 '명령이나 처분'의 의미에 대한 이해에 있어도 마찬가지이다.

한편 지방자치단체에 대한 국가감독은 상하관계에서 비롯되는 본질적인 감독관계가 아니라, 독립된 권리주체로서 외부법관계에 대한 일방적 감독인 점에서 그 법적 근거는 엄

2) 지방자치단체의 종류에 따라 광역지방자치단체는 직접적으로 국가감독의 대상이 되는데 반해, 기초지방자치단체의 경우는 제1차적 감독기관은 시·도지사가 되지만, 후자의 경우도 넓은 의미에서는 국가적 감독의 일종인 동시에 상호 독립된 법주체간의 감독관계라는 점에서 규범적 본질은 동일한바, 본 고에서는 양자를 통합하여 국가감독으로 통칭한다.

3) 우리나라 지방자치법제는 국가감독법정주의를 명시적으로 규정하지는 않고 있지만, 지방자치법원리상 당연한 것으로 보아야 하며, 비교법적으로 일본 지방자치법 제245조의2는 국가 관여의 법정주의를 명시적으로 규정하고 있다.

격하게 이해하는 것이 타당하다. 따라서 국가감독법정주의에 있어 ‘법’의 의미는 엄격하게 판단되어야 할 것으로, 법률에 직접 근거를 두거나 적어도 법률의 직접적인 위임에 의한 법규명령에 근거를 두어야 한다. 그러한 관점에서 본다면 지방자치권의 제한에 관한 법적 근거와 관련하여 ‘법령’의 의미를 광범위하게 이해하고 있는 헌법재판소의 입장[4]은 지방자치의 헌법적 보장이라는 관점에서는 문제의 소지가 있다고 할 것이다.

2. 지방자치법제에 있어 국가감독의 규범적 본질

지방자치단체에 대한 국가감독의 문제는 국가와 지방자치단체 간의 관계를 어떻게 설정할 것인가에 의존하는 것으로, 국가와 지방자치단체의 기본적 관계의 설정은 지방자치제도의 본질적 출발점이자 지방자치권을 법제도적으로 어떻게 이해할 것인지에 대한 기본적 인식의 표현이다.[5]

주지하다시피 지방자치는 직접 헌법의 의해서 보장된 제도로서, 헌법이 보장하는 지방자치의 본질은 국가와는 독립된 법인격을 가진 지방자치단체가 자신의 지역의 사무에 대해 자신의 책임으로써 수행하는 것, 즉 자기책임성의 보장을 내용으로 한다. 여기서 자기책임성이란 다른 고권주체, 특히 국가의 합목적성에 대한 지침으로부터의 자유를 의미하며, 고유한 정책적 구상에 따라 결정할 수 있는 능력을 말하는 것으로, 결국 자기책임성은 사무의 수행 여부, 시기 및 방법 등과 관련하여 지방자치단체의 자유의사에 놓이게 된다는 것이며,[6] 법원리적으로는 재량의 인정이다.[7]

따라서 지방자치단체는 국가와 대등한 관계에서 독립된 법인격을 가지고 존재하는 고권주체이며, 헌법이 보장하는 지방자치권, 특히 자기책임성의 관점에서 보면 지방자치단체에 대한 국가감독은 일견 모순되어 보이며, 그러한 이유에서 지방자치단체에 대한 국가의 감독·통제를 부정하는 입장도 있다.

---

4) 헌법재판소는 지방자치의 외연적 한계로서 ‘법령’의 의미를 소위 법규적 내용의 행정규칙까지 확대하고 있어, 지방자치권에 대한 과도한 침해의 소지가 크다. “헌법 제117조 제1항에서 규정하고 있는 ‘법령’에 법률 이외에 헌법 제75조 및 제95조 등에 의거한 ‘대통령령’, ‘총리령’ 및 ‘부령’과 같은 법규명령이 포함되는 것은 물론이지만, 헌법재판소의 “법령의 직접적인 위임에 따라 수임행정기관이 그 법령을 시행하는데 필요한 구체적 사항을 정한 것이면, 그 제정형식은 비록 법규명령이 아닌 고시, 훈령, 예규 등과 같은 행정규칙이더라도, 그것이 상위법령의 위임한계를 벗어나지 아니하는 한, 상위법령과 결합하여 대외적인 구속력을 갖는 법규명령으로서 기능하게 된다고 보아야 한다”고 판시한 바에 따라, 헌법 제117조 제1항에서 규정하는 '법령'에는 법규명령으로서 기능하는 행정규칙이 포함된다.”(헌법재판소 2002.10.31. 선고 2002헌라2 전원재판부 강남구와행정자치부장관간의권한쟁의).

5) 조성규, “지방자치단체에 대한 국가감독의 법적 쟁점”, 「지방자치법연구」 제16권 제3호(2016.9.), 345면.

6) 홍정선, 「신지방자치법」, 박영사, 2009. 50면.

7) Schmidt−Aßmann, Kommunalrecht, in: ders.(Hrsg.), Besonderes Verwaltungsrecht, 11. Aufl., 1999, S. 20 (Rn. 19).

그러나 오늘날 현대 국가에서 지방자치단체는 국가로부터 완전하게 독립된 고유한 존재가 아니라,[8] 국가와 중첩적으로 존재하며 궁극적으로 국가이익을 도모하는 점에서 국가와의 관련성에서 비롯되는 국가의 감독·통제를 전면적으로 부인하는 것은 설득력이 없으며, 타당하지도 않다. 지방자치권 역시 국가법질서의 한계 내에서 인정되어야 하는 것으로, 국가법질서의 위반에 대한 통제의 필요성은 지방자치권의 보장을 이유로 제한될 문제가 아니라, 지방자치의 본질상 오히려 지방자치의 당연한 이면이라고 할 수 있다.[9] 지방자치단체에 대한 국가의 감독 및 통제의 목적은 법률로 표현되는 국가적인 이익이 지역적인 특수성에 의하여 왜곡되거나 변질되지 아니하도록 보장하는데 있다.[10]

지방자치권이 헌법적으로 보장된다는 것의 법제도적 함의가 국가에 의한 감독과 통제가 금지된다는 것은 아니다. 국가와 지방자치단체의 중첩성에서는 물론, 법치주의의 요청상 지방자치의 헌법적 보장은 국가에 의한 감독과 통제 자체를 불허하는 것이 아니라, 국가의 감독과 통제는 헌법상 보장된 지방자치권을 침해할 수 없다는 본질적 한계의 설정을 내용으로 하는 것이다. 즉 지방자치에 있어 국가의 감독과 통제는 허용성의 문제가 아니라, 그 범위와 정도의 문제가 규범적 본질이라고 할 것이다.[11]

이를 감독처분으로서 직권취소의 문제와 결부시켜 본다면, 지방자치단체에 대한 감독청의 직권취소는 국가법질서의 통일성을 위한 위법성의 통제를 본질로 하는 것으로, 이는 지방자치 전반에 대하여 허용되며, 구체적인 행위의 성격은 중요하지 않다. 다만 헌법상 보장된 지방자치의 이면인 점에서 감독청의 통제는 보충적이어야 하며, 지방자치단체의 자율적인 감독통제가 우선이 되어야 한다는 감독권 행사의 한계가 요구된다.[12]

헌법상 보장된 지방자치의 취지상 국가감독을 제한적으로 이해하여야 한다는 것은 당연한 명제이다. 다만 분명한 것은 국가감독의 제한은 그 대상의 문제가 아니라, 국가감독의 정도와 내용의 문제이다. 국가의 위법성 감독은 지방자치의 보장도 법치주의 내에서 허용된다는 당연한 원리의 제도화이기 때문이다. 지방자치행정 중 국가감독의 대상이 제한된다는 것은 결국 위법하더라도 통제할 수 없는 지방자치의 영역이 인정하는 것과 동일한

8) 법원리적으로도 지방자치권의 법적 성격을 고유권으로 이해하는 입장은 찾아보기 어려우며 국가로부터 전래된 권리로 이해하는 것이 일반적이다. 다만 그 전래의 의미는 국가의 통치권으로부터의 전래가 아니라 직접 헌법에 의해서 전래된 것으로 이해되는바, 전래설의 의미가 국가로부터의 종속관계를 의미하는 것은 아니다.

9) 조성규, 앞의 글, 352면.

10) 김호정, "지방자치단체에 대한 국가의 감독과 통제", 「외법논집」 제33권 제2호(2009.5.), 510면.

11) 조성규, 앞의 글, 346면.

12) 비교법적으로 일본 지방자치법 제245조의3은 국가관여의 기본원칙을 명시적으로 규정하고 있으며, 이에 따르면 국가관여는 목적달성을 위하여 필요한 경우 최소한으로 행해져야 하며, 동시에 지방자치단체의 자주성에 대해 배려를 하여야 하는 것을 기본원칙으로 규정하고 있다.

것으로, 이는 법치주의라는 대명제에서는 물론, 지방자치를 보장하는 기본적 이념과도 배치된다.

3. 국가감독처분으로서 직권취소의 대상

앞서 살펴본 국가감독의 본질 및 국가감독법정주의의 관점에서 볼 때, 국가감독처분으로서 직권취소권의 범위와 한계는 당연히 그 근거법에 따라 판단되어야 한다.

「지방자치법」 제169조 제1항은 국가 등에 의한 사후적 감독의 대상을 '지방자치단체의 사무에 관한 그 장의 명령이나 처분'으로 규정하고 있는데, 동규정의 해석과 관련하여 사후적 감독의 대상인 '지방자치단체의 사무'는 지방자치법제의 체계상 자치사무와 단체위임사무를 말한다고 보는 것이 일반적이다.[13] 다만 동규정이 사후적 감독의 대상으로 규정하고 있는 '명령'과 '처분'의 의미를 어떻게 볼 것인지에 대해서는 논란이 있으며, 특히 '처분'의 의미가 행정쟁송법상 논의되는 '처분'개념과 구별되는 것인지가 문제되는바, 대상판결의 주된 쟁점도 여기에 있다.

전술한 바와 같이 「지방자치법」 제169조는 국가감독의 법제도화이며, 국가감독의 본질상 동규정에 따른 '명령'과 '처분'은 행정법상 논의되는 행정작용의 엄격한 개념구분을 의도한 것이라기보다는 포괄적이고 일반적인 의미의 것으로 이해하는 것이 타당하다고 보인다. 그렇게 본다면 '명령'이란 일반추상적인 법정립행위를, '처분'이란 개별구체적인 행위를 뜻한다.[14]

즉 「지방자치법」은 사후적 감독의 대상과 관련하여, 사무수행에 있어 국가와 지방자치단체의 관계에 대한 고려는 당연히 필요한 점에서 '지방자치단체의 사무'로 그 사무의 성격에 대한 고려를 하고 있는 반면, 자치사무와 단체위임사무인 한 그 행위 유형의 구체적 형태에 대해서는 특별한 제한을 두지 않고, '명령"이나" 처분'이 일반적으로 사후적 감독의 대상이 되는 것으로 규정하고 있다. 즉 일반추상적 작용이나 (개별)구체적 작용에 대한 특별한 구분 없이 일반적으로 사후적 감독의 대상이 되도록 규정하고 있는바, 이는 행위의 구체적 성질이 중요한 것이 아니라, 어떠한 유형의 행위이든 법치행정의 원칙상 위법한 행위를 통제한다는 것이며, 이는 지방자치'행정'에 대한 적법성 통제를 본질로 하는 국

---

13) 이에 대해 기관위임사무도 동규정에 따른 시정명령 등의 대상이 될 수 있다고 보는 입장도 있으나(김동희, 「행정법Ⅱ」, 박영사, 2017, 123면), 지방자치법 체계상으로는 물론 사무의 본질상 특별한 법적 근거 없이도 일반적 감독권이 인정되는 기관위임사무를 포함하는 것은 적절치 않다고 보인다. 동시에 지방자치법 제169조 제2항은 '자치사무'에 관한 감독처분에 대해서만 대법원에 제소를 허용하고 있는바, 단체위임사무는 직권취소의 대상 문제와 감독처분취소소송의 대상 문제에 있어 그 허용성이 상이하게 된다.

14) 홍정선, 앞의 책, 645-646면.

가감독의 본질상 당연하다.

국가감독은 지방자치도 국가 법질서 내에서 존재하는 것으로, 국가 법질서의 통일성이라는 요청에서 비롯되는 것이고,[15] 따라서 국가감독의 대상도 당연히 그에 상응하는 구조로 제도화되어야 한다. 그렇게 본다면 위법의 여지가 있는 지방자치단체의 모든 법적인 행위가 대상이 되어야 하며, 행정작용 중에서 처분성이 있는 것으로만 제한될 이유는 없다. 특히 자치사무의 경우에는 법적 근거 없이는 국가에 의한 권력적 감독이 허용되지 않는바, 동 규정의 '명령'과 '처분'을 좁은 의미로 이해하게 되면 그 이외의 행정작용은 위법한 경우에도 전혀 통제의 방법이 없다는 부당한 결론에 이르게 된다.[16]

물론 「지방자치법」 제169조를 문언적으로만 해석하여 직권취소의 대상은 엄격한 '처분'개념으로 한정되어야 한다고 보는 것이 불가능해 보이지는 않으나, 지방자치법은 지방자치제도를 창설적으로 형성하는 것이 아니라 헌법에 보장된 지방자치를 구체화하는 것이며, 국가감독의 본질이 지방자치'행정'에 대한 위법성의 통제를 목적으로 하는 점에서 문리적 해석을 통해 '처분'개념을 행정쟁송법상의 것과 동일하게 보는 것은 타당하지 않다.

이러한 결론은 법원리적인 것일 뿐만 아니라 현실적으로도 타당성을 갖는바, 「지방자치법」 제169조를 엄격하게 해석하여 직권취소의 대상을 행정쟁송법상 '처분'으로 한정하는 경우, '처분' 이외의 다른 행정작용에 대한 국가의 감독 및 통제의 가능성은 허용되지 않는바, 동조항의 의미가 처분 이외의 다른 행정작용은 위법해도 무방하며, 그에 대해서는 위법성을 통제하지 않겠다는 의미로 이해할 수는 없기 때문이다. 지방자치의 헌법적 보장이 법치행정의 원리에 우선하거나 이를 대체할 수는 없다.

추측컨대 「지방자치법」 제169조의 해석과 관련하여 이를 행정쟁송법상 '처분'개념으로 엄격하게 해석하려는 시도는 아마도 헌법상 보장된 지방자치의 취지를 최대한 고려하여 국가에 의한 감독처분의 대상을 제한함으로써 국가의 통제 범위를 축소하려는 의도가 아닌가 생각된다. 지방자치의 취지상 국가의 감독과 통제를 최소화하여야 한다는 방향성은 당연히 수긍할 수 있으나, 이는 전술하였듯이 국가감독의 대상의 문제가 아니라 국가감독을 통한 통제의 정도와 방법의 문제이다. 즉 국가감독의 대상이 되는지의 여부는 지방자치의 헌법적 보장으로부터 비롯되는 당연한 논리적 귀결이 아니며, 오히려 지방자치의 헌법적 보장에도 불구하고 국가감독은 일반적으로 허용되지만, 다만 국가감독은 헌법상 보장된 지방자치의 본질 및 취지를 과도하게 침해하는 것이어서는 안 된다는 제한의 법리가

15) 홍정선교수도 "감독청의 취소·정지제도는 지방자치단체가 국가의 한 부분이라는 것으로부터 나오는 것"이라고 하여, 지방자치와 국가감독의 본질적 관련성을 인정하고 있다(홍정선, 앞의 책, 647면).

16) 그러한 점에서 동 규정의 '장의 명령'을 장의 규칙으로 해석하는 입장(박균성, 행정법론(하), 박영사, 2016, 205면) 역시 너무 제한적인 것이 아닌지 의문이다.

지방자치의 헌법적 보장으로부터 비롯되는 국가감독 제한법리의 기본틀이다.[17)]

비교법적으로도 보더라도, 우리나라 지방자치제도와 비교적 유사한 일본의 경우에는 우리나라와 달리 국가에 의한 사후적 감독의 내용으로 직접적인 조치인 취소·정지권은 규정하지 않고, 대신 시정의 요구만을 규정하고 있을 뿐이나[18)](일본 지방자치법 제245조의5), 반면 시정요구의 대상은 '해당 자치사무의 처리'로 규정하여, 특정한 행위유형이 아닌 지방자치행정 전반이 국가감독의 대상임을 명시하고 있다.

대법원은 대상판결에서 비로소 직권취소의 대상인 처분 개념이 행정쟁송법상의 것과 구별되는 것임을 명확히 밝히고 있으나, 이미 그 이전부터 대법원은 「지방자치법」 제169조에 의한 시정명령 및 직권취소의 대상과 관련하여 엄격한 처분 개념과의 구별을 전제로 하여 왔던 것으로 보이는바, 승진임용발령[19)]은 전형적 처분개념에 해당하는 것으로 볼 수 있으나, 교육감이 관내 교육지원청과 각급 학교에 보낸 학교생활기록부에의 기재 보류지시[20)]나 교육감의 학교생활기록부 기재요령 안내[21)] 등은 전형적인 처분 개념과는 구별되는 것이라 할 것이다.

4. 감독청의 직권취소의 대상과 「행정소송법」상 항고소송의 대상의 구별

(1) 감독처분취소소송의 법적 성격

「지방자치법」 제169조 제2항은 감독청의 취소·정지처분에 대하여 이의가 있는 지방자치단체의 장은 대법원에 제소를 할 수 있도록 규정하고 있고, 이에 따른 감독처분취소소송의 법적 성격에 대해서는 항고소송으로 보는 입장[22)]과 기관소송으로 보는 입장[23)]의 대

---

17) 만약 「지방자치법」 제169조의 문리적 해석에 치중한다면, 국가에 의한 직권취소의 대상은 '지방자치단체의 장'의 명령과 처분이어야 하며, 본 사안과 같이 지방자치단체 인사위원회위원장의 행위가 대상이 될 수는 없다고 보아야 할 것임에도, 본 사안과 관련하여 주체에 대한 법적 문제가 제기되지는 않고 있는바, 이는 동 규정의 엄격한 문리적 해석의 한계를 보여주는 반증이라 할 수 있다.

18) 일본 지방자치법이 국가의 사후적 감독조치로서 시정명령만을 규정하고 취소·정지권을 규정하지 않은 것 역시 국가감독의 제한 문제는 그 대상의 문제가 아니라 사후적 통제의 정도와 방법의 문제임을 반증하는 것이라 할 것이다.

19) 대법원 2007. 3. 22. 선고 2005추62 전원합의체 판결.

20) 대법원 2014. 2. 27. 선고 2012추183 판결.

21) 대법원 2014. 2. 27. 선고 2012추190 판결.

22) 홍정선, 앞의 책, 648면; 이경운, "현행 지방자치 관련 법제의 문제점과 개선방향 - 지방분권 관련 법제를 중심으로", 「저스티스」 2002. 10., 17면; 박정훈, "지방자치단체의 자치권을 보장하기 위한 행정소송", 「지방자치법연구」 2001.12., 17면; 송영천, "지방자치제 시행과 관련한 각종 쟁송의 제문제", 「저스티스」 통권 제69호, 45면.

23) 백윤기, "권한쟁의심판과 기관소송", 「재판자료」 76집(1997), 390면. 이광윤, "기관소송에 있어서의 쟁점", 「고시계」 1994.8., 107면.

립이 있다.

지방자치단체가 처리하는 사무유형에 따라 논의가 달라질 수 있으나, 적어도 현행법제와 같이 자치사무에 대한 감독처분취소소송을 전제하는 경우에는, 국가와 지방자치단체는 서로 독립된 별개의 행정주체로서 외부법관계에 존재하는 동시에, 감독처분취소소송은 헌법상 보장된 지방자치권에 대한 감독청의 일방적이고 권력적인 침익적 조치에 대한 구제수단으로서 마련되어 있는 것인바, 이는 지방자치권의 보호를 직접적인 목적으로 하는 것으로 항고소송의 성격을 갖는 것으로 보아야 하며,[24] 그러한 입장이 통설적 입장이다.

다만 감독처분취소소송이 항고소송의 본질을 갖는 것은 분명하나, 이는 지방자치권에 대한 권리구제수단인 점에서 – 사인의 권리구제를 본질로 하는 – 「행정소송법」상 항고소송과는 제도적 의미는 구별되어야 한다. 그렇게 본다면 「지방자치법」 제169조 제2항은 「행정소송법」상 항고소송에 대한 특칙으로서, 그에 따른 소송은 항고소송의 한 특수한 유형이라고 보는 것이 일반적이다.[25]

감독처분취소소송의 법적 성격을 항고소송으로 보는 경우, 항고소송의 본질상 소의 대상으로서 처분성의 문제가 제기되며, 「지방자치법」 제169조 제2항 역시 감독처분취소소송의 대상을 감독청의 '취소처분' 또는 '정지처분'으로 규정하고 있다. 다만 이와 관련하여서는 자치사무에 관한 지방자치단체장의 취소·정지 처분만이 소의 대상이 되는지,[26] 아니면 감독청이 처분청으로 하여금 취소·변경을 하도록 명령하는 처분도 소의 대상에 해당하는지에 대하여 논란이 있다.

이에 대해서는 권한분쟁의 효율적 해결을 위해서 형성적 효과를 발생하는 취소·정

24) 지방자치법 제169조의 소송을 항고소송으로 이해하는 입장에 대해서는 동조항이 원고를 지방자치단체장으로 규정하고 있는 것을 근거로 비판이 있기도 하지만, 감독처분의 대상인 지방자치단체장의 명령이나 처분 자체가 단체장 개인의 행위가 아닌 지방자치단체의 대표자로서의 지위에서 행하는 것인바, 실질적으로는 권리주체로서 법인격을 갖는 지방자치단체가 원고이고 단체장은 그 지방자치단체의 대표로서 제소하는 것으로 보아야 할 것이다.

25) 「지방자치법」 제169조 제2항에 따른 소송은 자치사무와 단체위임사무에 대한 감독처분을 대상으로 하는바, 자치사무에 대한 감독처분은 당연히 처분성이 인정되어 감도처분취소소송을 항고소송으로 보는데 법논리적 문제가 없다. 반면 단체위임사무의 경우에는 국가와 지방자치단체는 위임관계에서 존재하는 결과 감독처분에 대해 행정행위성을 인정할 수 없다는 입장도 적지 않다. 그러나 위임관계에 있다고 하여 지방자치단체의 독립된 행정주체로서의 지위가 상실되는 것은 아니며, 감독조치가 권리주체 간에 일방적이고 권력적으로 행해지는 경우라면 처분성의 개념본질을 충족시킨다고 보아야 할 것이다. 특히 최근의 처분성 확대 경향을 통해서 볼 때, 단체위임사무에 대한 국가의 감독처분에 대해서는 적절한 권리구제수단이 인정되기 어려운 점, 동일한 원고와 피고 간의 소송이 사무의 성격 때문에 그 본질이 달라지는 것은 적절하지 않다는 점 등을 고려하면 단체위임사무에 대한 감독처분에 대해서도 처분성 인정이 어려운 것만은 아니라고 보인다. 다만 본 사안은 자치사무의 성격을 갖는다고 보아야 하는 점에서 항고소송의 성격을 인정하는데 문제는 없다고 보인다.

26) 박정훈, 앞의 글, 18면.

지처분 외에 취소·변경을 하도록 명령하는 처분도 「지방자치법」 제169조에 따른 감독처분취소소송의 대상이 된다고 보아야 한다는 입장도 있다.[27] 일면 타당한 논거이나, 그러나 동조의 성격은 독립된 행정주체 간에서 자치권의 '침해'에 대한 특별한 권리구제수단인 점에서는 물론, 국가 감독의 구조상 취소·정지의 명령은 취소·정지에 선행되어야 하는 시정명령과 본질상 동일한 것인 점에서 취소·정지의 명령과 취소·정지 처분은 구별하는 것이 타당하다고 보인다. 다만 현행법제와 같이 취소·정지처분만 제소의 대상이 되며, 시정명령에 대한 제소는 허용되지 않는 상황을 고려한다면,[28] 취소·정지를 명하는 처분을 취소·정지처분과 동일하게 보아 소송의 대상으로 하는 실익이 있을 수 있을 것이다.

(2) 감독처분취소소송의 대상과 감독처분 대상의 구별

감독처분취소소송의 법적 성격을 항고소송으로 이해하는 입장에서 연유하는 것인지는 모르겠지만, 직권취소의 대상으로서 '처분' 개념과 항고소송의 대상으로서 '처분'개념을 동일한 것으로 보아야 한다는 논의가 있다. 이러한 입장에 의하면, 감독처분인 직권취소의 대상으로 「지방자치법」 제169조가 '처분' 개념을 사용하고 있는 것과 관련하여, "실정법상 동일한 개념에 대해 달리 해석할 이유는 없으며, 지방자치법에는 그러한 개념정의에 관한 규정도 없다"는 이유로, 지방자치법 제169조 제1항의 '처분' 개념은 행정절차법 제2조 제2호, 행정심판법 제2조 제1호 및 행정소송법 제2조 제1호 등에 규정된 '처분' 개념과 마찬가지로 쟁송법상 처분개념과 동일한 것으로 이해해야 한다고 주장한다.[29] 그러한 관점에서는 대상판결에 대하여 직권취소의 대상을 항고소송의 대상인 처분 개념과 달리 확대하고 있는 것은 아무런 근거없는 부당한 결론이라고 비판하고 있다.[30]

그러나 - 항고소송설을 전제로 하는 경우 - 감독청의 감독권의 행사 행위가 '처분'이어야 한다는 것과 감독권의 행사 대상이 처분이어야 한다는 것은 전혀 다른 차원의 문제이다. 다음 그림상 전자는 (A)의 문제인데 비해 후자는 (B)의 문제로서, 서로 별개의 차원의 문제를 단지 실정법상 용어의 동일성만으로 동일하게 취급하여야 한다는 비판은 적절하지 않다.

'처분성'개념은 본질적으로 항고소송에서 제기되는 문제로서, 감독처분취소소송이

---

27) 송영천, 앞의 글, 45면.

28) "지방자치법 제169조 제2항은 자치사무에 관한 명령이나 처분의 취소 또는 정지에 대하여서만 소를 제기할 수 있다고 규정하고, 주무부장관이 지방자치법 제169조 제1항에 따라 시·도에 대하여 행한 시정명령에 대하여도 대법원에 소를 제기할 수 있다는 규정을 두고 있지 않으므로, 시정명령의 취소를 구하는 소송은 허용되지 않는다."(대법원 2014. 2. 27. 선고 2012추183 판결).

29) 정남철, "지방자치단체에 대한 감독수단으로서 직권취소의 대상 및 위법성 판단기준", 「법조」 2017. 8. (724권), 501면.

30) 정남철, 위의 글, 500면.

소송형태	소송의 본질	소의 대상 (A)	소의 대상인 '처분'의 대상 (B)
「지방자치법」상 감독처분취소소송	항고소송설이 통설	감독청의 '처분'	지방자치단체장의 명령이나 '처분'(지방자치법 제169조 제1항)
「행정소송법」상 항고소송	항고소송	행정청의 '처분'	제한 없으며, 단지 법적 근거만 필요(법률유보원칙)

항고소송이라는 본질상 제기되는 '처분성'의 문제는 「지방자치법」 제169조 제2항이 규정하는 취소소송의 대상으로서 국가감독에 '처분성'이 인정되어야 한다는 것이지, 국가감독권의 대상이 '처분'이어야 한다는 것과는 전혀 무관하다. 즉 국가감독권의 대상으로서 '처분'개념의 문제는 항고소송의 관점이 아닌, 지방자치법제에 있어 국가감독의 본질이라는 측면에서 접근되어야 하는 문제이다.

그렇게 본다면, 「지방자치법」 제169조가 직권취소의 대상을 '명령'이나 '처분'으로 규정하였음에도 대법원이 대상판결에서 아무런 논거도 없이 항고소송의 대상인 행정처분에 제한되지 아니한다고 보고 있어 문제라는 비판은 적절하지 않다. 직권취소의 대상으로서 '처분'의 문제는 감독처분의 대상, 즉 행정작용의 대상의 문제로서, 소의 대상성과는 전혀 본질을 달리하는 것인 점에서 양자는 당연히 구별되어야 하는 것이며, 오히려 양자를 동일하게 볼 근거가 무엇인지 의문이다.

전술한 바와 같이, 지방자치단체에 대한 위법성 통제를 목적으로 하는 국가감독이 지방자치단체의 행정작용 중 일부로만 그 대상이 제한된다는 것은 법논리적 타당성은 물론 현실적으로 타당한 것은 아니다. 처분이라는 용어에만 치중하여 양자를 동일시하는 것은 - 물론 「지방자치법」 제169조의 규정이 입법기술상 적절한 것이었는지는 별론으로 - 지나친 형식적인 접근이라고 보이며, 오히려 「지방자치법」 제169조의 문리적 해석에 의하더라도, 동 규정은 직권취소의 대상을 지방자치단체 장의 '명령이나 처분'이라고 규정하여 '명령'과 '처분'을 동일한 차원에서 취급하고 있는 점에서 보면, 처분 개념이 항고소송에서의 처분 개념과 다르다는 해석도 충분히 가능하다고 보인다. 즉 소송의 대상이라는 측면에서 일반추상적 작용과 개별구체적 작용은 본질적으로 상이하게 취급됨에도, 「지방자치법」 제169조가 일반추상적 명령과 개별구체적 처분을 직권취소의 대상이라는 측면에서 동일하게 규정하고 있는 것은 적어도 행위의 유형에 대한 구별은 의도하지 않은 것으로, 직권취소의 대상을 포괄적으로 규정한 것으로 보는 것이 타당한다.

따라서 일반추상적 작용부터 개별구체적 작용 모두가 직권취소의 대상이 되는 상황에서 동 규정의 '처분'개념을 엄격하게 항고소송상의 개념으로 제한할 이유는 없다. 물론 동 규정상의 '명령'개념이 다소 불명확한 것이기는 하지만,[31] 행정법 체계상 명령은 통상적으

---

31) 이에 대해 「지방자치법」 제169조가 규정하는 '명령'은 일반추상적 규율로서 명령을 의미하는 것이 아니

로 행정입법에 관련된 개념인 것이 일반적이며,[32] 설령 '명령' 개념을 행정입법 이외의 다른 작용으로 이해하더라도 그것이 동 규정의 '처분'을 엄격한 처분으로 한정하여야 할 논리적 이유가 되는 것은 아니다. 어차피 직권취소의 대상을 처분 이외의 것으로 포괄적으로 규정한 것은 분명하기 때문이다.

결론적으로 직권취소의 대상을 항고소송의 처분 개념과 구별하여 넓게 본 대상판결의 입장은 국가감독의 본질을 고려할 때 타당하다고 보인다.

다만 논점을 다소 달리하여, 감독처분취소소송을 항고소송으로 보는 입장에서는 당연히 소의 대상인 감독행위에는 '처분성'이 인정되어야 하며, 이는 항고소송의 것과 동일한 것으로 이해되어야 하는 것은 물론이다. 그러한 점에서는 소송요건으로서 감독청의 감독행위가 '처분'에 해당하는지는 이론적으로는 논의될 수 있는바, 이와 관련하여 전통적인 처분 개념, 즉 처분 개념을 항고소송의 기능과 결부시켜 '행정청의 구체적 사실에 관한 공권력 행사로서 국민의 권리·의무에 직접적으로 영향을 미치는 행위'라고 이해하는 입장을 엄격하게 적용하면, '국민'에 대한 행위가 아닌 지방자치단체에 대한 감독행위는 처분 개념에 해당하지 않는다고 볼 여지도 있게 된다. 그러나 오늘날 항고소송의 본질적 기능은 '국민'의 권리구제로 국한되는 것이 아니라, 법주체간의 권리 침해에 대해 '권리구제'로 이해되는 점에서 감독행위에 처분성을 인정하는 것은 특별한 문제가 없다고 보인다.[33]

물론 사무의 성격에 따라 논의의 차이는 있지만, 적어도 자치사무 영역에서의 국가감독의 경우, 감독처분의 수명자인 지방자치단체는 국가를 대신하는 감독청과는 외부법관계에 존재하며, 따라서 감독청의 의사표시로서 교정적 감독처분은 지방자치단체의 자치권에 직접적인 영향을 가져오는 것으로 행정행위의 성질을 가지는 것으로 보아야 한다.[34] 즉, 지방자치단체는 독립된 법인격의 주체로서 자치사무와 관련하여 헌법적으로 보호되는 주관적 법적 지위를 가지고 있는 것이기 때문에, 이에 대해 일방적으로 발해지는 감독조치는 지방자치단체의 자치권에 직접적인 영향을 주는 공권력의 행사로서 행정행위에 해당하는 것이다.[35] 자치사무에서의 감독처분을 행정행위로 보는 것은 독일에서의 일반적 입장이기

라, 여기에서 말하는 '명령'은 규칙과 같이 법규범의 성격을 가진 것이 아닌, 개별·구체적인 행정작용으로 해석하는 것이 바람직하고. 여기에는 처분으로 보기 어려운 행정주체 내부의 지시나 직무명령 등이 포함될 수 있다고 보는 입장(정남철, 앞의 글, 501면)도 있으나, 통상적인 입법용례에서는 물론, 항고소송의 성격 및 국가감독의 본질 등 여러 가지 측면에서 적절하지 않다고 보인다.

32) 대법원의 명령·규칙심사권을 규정한 헌법 제107조 제2항의 해석과 관련하여서도 '명령'의 의미는 법규명령으로 이해하는 것이 일반적이다(권영성, 「헌법학원론」, 법문사, 2007, 1081면).

33) 같은 취지로, 송영천, 앞의 글, 51면.

34) 조성규, "지방자치권의 사법적 보장 : 항고소송의 가능성을 중심으로", 「행정법연구」 제14호(2005), 127면.

35) 같은 결론으로, 홍정선, 앞의 책, 648면; 이에 비해, 김남진, 「행정법 I」, 법문사, 1997, 864면에서는 지방자치단체를 수명자로 하는 점에서 일종의 특수한 행정행위로 보고 있다.

도 하다.[36)]

따라서 대상판결의 사안과 같이, 지방자치단체의 자치사무인 경우에는 이에 대한 감독청의 직권취소가 처분에 해당하는지에 대한 별도의 논의는 무의미하다고 볼 것이다.

5. 직권취소의 대상 문제는 소송요건인지, 본안문제인지

대상판결에서 쟁점으로 다루어진 것은 아니지만, 직권취소의 대상이 아님에도 감독청의 직권취소가 있었고 이에 대해 대법원에 제소가 된 경우, 이는 소송요건으로 각하사유인지, 아니면 본안요건으로 인용사유인지가 문제된다. 물론 대상판결의 입장과 같이, 직권취소의 대상을 넓게 이해하는 경우에는 특별한 문제가 되지 않을 것이며, 현실적으로는 주로 사무의 유형과 관련하여 기관위임사무에 대한 시정명령이나 취소·정지가 문제될 수 있을 것으로 보인다.[37)]

이를 일반적으로 접근하면, 직권취소의 대상이 아님에도 직권취소를 한 것은 무권한의 행위로서 이는 위법의 문제가 된다고 보는 것이 타당할 것이다. 물론 비행정행위에 대한 논의와 유사하게, 이를 소의 대상의 문제로 보아 각하사유로 보는 것도 가능하며, 판례도 그러한 입장인 것으로 보인다.[38)] 그러나 소의 대상 문제는 감독청의 감독행위가 '처분'이냐의 문제이지 감독행위의 대상이 적법한지의 문제는 아니다. 항고소송의 대상인 처분개념은 권리침해 행위를 본질로 하는 것인바, 감독의 대상이 아닌 행위에 대해 일방적으로 취소를 하였다면, 이는 자치권을 침해하는 위법한 감독이 되는 것이지, 자치권의 침해가 없어서 처분이 아니라고 보는 것은 적절하지 않다.

특히 지방자치법제에 있어 국가감독은 독립된 법인격체인 지방자치단체에 대해 포괄적인 위법성의 통제를 허용하는 제도인 점에서, 그 이면으로 위법한 국가감독에 대한 사법

---

36) Wolff/ Bachof/ Stober, Verwaltungsrecht Ⅱ, 5. Aufl., 1987, S. 88 (Rn. 187); Seewald, Kommunalrecht, in: Steiner(Hrsg.), Besonderes Verwaltungsrecht, 5. Aufl., 1995, Rn. 367 (S. 146) 등 통설의 입장이며, 독일에서는 적법성감독조치에 대한 항고소송의 가능성에 대해서는 전혀 의심의 여지가 없는 것으로 본다.

37) 기관위임사무에 대한 시정명령이나 취소·정지의 허용성에 대해서는 논란이 있으나, 사무의 본질상 특별한 법적 근거가 없더라도 일반적인 국가감독이 가능하다는 입장에 의하게 되면, 직권취소의 대상문제도 제기되지 않는다.

38) 판례는 기본적으로 직권취소의 대상의 문제를 각하사유로 보고 있는 듯하나, 다만 판례상 사안은 기관위임사무에 대한 것인 점에서 직권취소의 대상 문제 일반으로 확대할 수 있을지는 의문이다. "이 사건 직권취소처분은 기관위임사무에 관하여 행하여진 것이라 할 것이어서, 자치사무에 관한 명령이나 처분을 취소 또는 정지하는 것에 해당하지 아니하므로, 지방자치법 제169조 제2항에 규정된 소를 제기할 수 있는 대상에 해당하지 아니한다. 따라서 이 사건 소는 부적법하다."(대법원 2014. 2. 27. 선고 2012추190 판결). "이 사건 직권취소처분은 기관위임사무에 관하여 행하여진 것이라 할 것이어서, 자치사무에 관한 명령이나 처분을 취소 또는 정지하는 것에 해당하지 아니하므로, 지방자치법 제169조 제2항에 규정된 소를 제기할 수 있는 대상에 해당하지 아니한다."(대법원 2014. 2. 27. 선고 2012추183 판결) 등.

적 구제가능성을 넓게 인정하는 것이 필요하다. 더욱이 현행 법제상 국가의 감독처분에 대해서는 「지방자치법」 제169조 제2항에 따른 대법원에의 제소 이외에는 별다른 권리구제 수단이 없다는 점을 고려하면 동조항에 따른 감독처분취소소송의 허용성을 넓게 인정할 필요성은 더욱 크다.

소의 각하는 결국 위법 판단의 유보인 점에서 위법성 통제를 본질로 하는 국가감독제도에 있어서는 적절하지 않은바, 직권취소의 대상의 문제는 본안문제로 보아 위법성의 판단을 하는 것이 타당하다. 특히 오늘날 항고소송의 본질이 단순히 '국민'의 권리구제 수단이 아닌, 위법한 권리침해에 대한 구제인 점에서 보면, 다른 권리구제수단이 인정되지 않는 지방자치권의 침해에 대해 제기된 소를 각하하는 것은 극단적으로 법치주의 부정과 동일한 의미가 될 수 있다. 통상적인 행정구제제도에 있어서 항고소송의 각하, 즉 처분성의 부정은 곧바로 권리구제의 부정이 아니라 상이한 소송형식의 선택의 문제가 되는데 반해, 이를 지방자치단체에 대해 동일하게 적용하기는 곤란한바, 본안문제로 다루는 것이 타당하다.

다만 현실적으로 사례가 되고 있는 기관위임사무에 대한 시정명령이나 직권취소의 경우는 달리 볼 여지도 있는바, 기관위임사무의 경우에는 사무의 본질상 독립된 행정주체가 아닌, 국가 내부적인 상하관계에서 일반적인 국가감독권이 인정되므로 자치사무와 달리, 처분성의 문제로 볼 수 있는 여지가 있으며, 전술한 판례의 입장은 주로 기관위임사무에 대한 감독처분의 문제이다.

Ⅳ. 이 사건 채용공고의 위법성 여부

1. 직권취소의 대상으로서 채용공고의 본질

국가감독의 본질이 지방자치단체의 위법한 행정에 대한 통제에 있는 점에서, 감독청이 직권취소를 통해 달성하려고 하는 적법성의 본질이 어디에 있는지를 명확하게 하는 것이 필요하며, 이는 직권취소가 적법한지에 대한 본안문제의 핵심이다. 사안에서 감독청은 채용공고에 대해 직권취소를 하였는바, 직권취소의 대상이 된 채용공고가 그 자체로 적법성 회복의 목적인 독자적인 행위인지, 아니면 채용공고를 통해 달성하고자 하는 행정작용이 적법성 회복의 목적인지가 판단되어야 할 것으로, 이를 위해서는 이 사안에 있어 채용공고의 본질적 의미에 대한 고찰이 필요하다.

다만 이와 관련하여, 대상판결이 직권취소의 대상이 된 채용공고가 「행정소송법」상의 처분에 해당하는지 여부를 판단하지 않은 점을 비판하는 입장도 있으나,[39] 전술한 바와 같이, 국가감독의 본질상 감독처분의 대상이 항고소송의 처분과 동일성을 요구하는 것은 아니며, 오히려 보다 본질적인 것은 직권취소가 – 자치권을 침해하지 않고 – 적법하게 행해졌는지의 판단이고, 이를 위해서는 직권취소를 통해 달성하려는 적법성의 내용, 즉 지방자치단체의 위법행위의 본질이 무엇인지가 중요하다.

이렇게 본다면, 채용공고에 대한 감독청의 직권취소가 채용에 대한 공고 그 자체의 위법성 시정을 목적으로 하는 것으로 보기는 어려우며, 채용공고를 통해 추진되는 채용행위 자체의 위법성 시정을 목적으로 하는 것으로 보아야 한다. 즉 채용공고는 지방의원에 대한 유급보좌인력의 도입에 대한 정책적 결정, 인사위원회의 의결 및 이에 따른 후속적 추진절차로서 이루어진 것으로, 내용적으로는 유급보좌인력을 도입하는 행위의 하나의 단계적 절차인바, 국가감독의 측면에서 채용공고의 본질은 채용의결에 대한 대외적 표시라는 사실상의 의미에 불과한 것이 아니라, 인사위원회에 의한 유급보좌인력 채용결정을 대외적으로 대표하는 행위로 이해할 수 있다.

거듭 지적하지만, 「행정소송법」상 항고소송의 대상 문제라면 인사위원회의 의결과 채용공고의 법적 성격을 엄격하게 구분하여야 필요성이 있다고 할 수 있으나, 여기서의 인사위원회의 의결과 채용공고의 구별은 – 소송대상의 문제가 아닌 – 직권취소의 대상의 문제인 점에서 엄격한 처분성의 문제로 접근할 것은 아니다. 소의 적법성 문제는 감독행위의 '처분성'의 문제일 뿐이다. 특히 「지방자치법」 제169조 제2항에 의한 감독처분취소소송은 지방자치권에 대한 국가감독제도의 이면으로, 위법한 국가감독에 대한 사법적 구제제도인바, 그 본질적 의의는 자치권의 위법한 침해 여부에 대해 사법적 판단 기회를 부여하는 데에 있다.

이렇게 본다면 채용의결이나 채용공고나 국가감독의 의미에 있어서는 채용이라는 행위를 포괄하는 것으로 보아야 하며, 이 사안에 있어 감독청이 채용의결이 아닌 채용공고를 직권취소의 대상으로 한 것도 채용공고가 채용의결의 종국적 절차로서 채용절차를 포괄하는 것으로 보았기 때문으로 보이며, 오히려 한편에서는 내부적인 의결보다는 의결의 확정적 추진인 채용공고에 대한 국가감독이 보다 적절하고 효율적일 수도 있을 것이다.[40]

따라서 본 사안에서 채용공고에 대한 직권취소는 실질적으로는 서울특별시 인사위원

---

39) 정남철, 앞의 글, 501면.

40) 대상판결이 직권취소의 대상으로서 '처분'개념을 부당히 확대하였다고 비판하는 입장에서는 자치권의 과도한 침해를 근거로 하고 있으나, 오히려 그 결론적 입장은 채용공고가 처분이 아니라 그 이전의 채용에 관한 인사위원회의 결정을 처분으로 보아야 하고, 이에 대해 직권취소가 행해져야 한다고 주장한다(정남철, 앞의 글, 506면). 그러나 이는 직권취소의 가능성은 동일하게 유지한 채 직권취소의 대상만을 전환한 것으로 자치권 침해의 제한이라는 관점에서 무슨 실익이 있는지는 의문이다.

회에 의한 유급보좌인력 채용 자체에 대한 국가감독권의 행사로서 직권취소를 의미하며, 채용공고의 위법성에 대한 문제는 결국 유급보좌인력 채용의 위법 여부라는 문제로 귀결된다. 즉 본 사안은 실질적으로는 지방의원에 대한 유급보좌인력의 설치에 관한 사안이며, 종래 많은 사안에서 유급보좌인력의 설치 근거로서 조례안재의결의 무효가 다투어진 대신,[41] 유급보좌인력의 채용공고에 대한 국가감독권의 행사로서 직권취소처분에 대한 다툼의 형태로 제기된 것이라는 차이가 있을 뿐이다.

2. 유급보좌인력 채용의 위법 여부

(1) 법률유보원칙의 적용 여부

대상판결을 비롯하여 대법원 판결이 지방의원에 대해 유급보좌인력을 두는 문제에 대해 기본적으로 접근하고 있는 법적 쟁점은 유급보좌인력을 두는 것이 국회가 법률로 정하여야 하는 입법사항에 해당하는지에 관한 것으로서, 법원리적으로 본다면 법률유보원칙의 적용 여부, 즉 법률의 수권이 필요한지의 문제라고 할 것이다.

이와 관련하여 대상판결은 "지방의회의원에 대하여 유급 보좌 인력을 두는 것은 지방의회의원의 신분·지위 및 그 처우에 관한 현행 법령상의 제도에 중대한 변경을 초래하는 것으로서 국회의 법률로 규정하여야 할 입법사항"이라는 그간의 확고한 전제[42]를 반복하면서, 현행 법제에 의할 때, i) 지방의회의원의 신분·지위 및 그 처우에 관하여 지방자치법 제33조는 의정활동비, 공무여비 및 월정수당에 관한 내용을 규정하고, 제34조는 회기 중 직무로 인한 사망·상해 시 등에 보상금을 지급하도록 규정하고 있을 뿐이라는 점, ii) 지방자치법 제90조는 지방의회에 그 사무를 처리하기 위하여 조례로 정하는 바에 따라 사무처(국·과) 및 사무직원을 둘 수 있도록 규정하고 있으나, 이는 지방의회가 의결기관으로서 기능을 수행하는 데에 필요한 의사운영의 보좌 및 그에 수반되는 여러 가지 행정사무의 처리를 위한 것이지 지방의회의원 개개인의 활동에 대한 보좌를 하도록 하는 규정은 아니므로, 위 각 규정이 지방의회의원에 대하여 유급 보좌 인력을 둘 수 있는 근거가 될 수 없다는 점,[43] 그리고 iii) 지방자치법 제56조 제1항은 지방의회는 조례로 정하는 바에 따라 위원회를 둘 수 있다고 규정하고, 제59조는 위원회에는 위원장과 위원의 자치입법활동을 지원하기 위하여 지방의회의원이 아닌 전문지식을 가진 위원(이하 '전문위원')을 두되

41) 대법원 1996.10.15. 선고 95추56 판결; 대법원 1996. 12. 10. 선고 96추121 판결; 대법원 2012.5.24.선고 2011추49 판결; 대법원 2012.12.26.선고 2012추91 판결; 대법원 2013. 2. 14. 선고 2012추60 판결 등.

42) 대법원 2012. 5. 24. 선고 2011추49 판결; 대법원 2013. 1. 16. 선고 2012추84 판결; 대법원 2012. 5. 24. 선고 2011추49 판결 등.

43) 대법원 1996. 12. 10. 선고 96추121 판결도 동일한 취지이다.

(제1항), 위원회에 두는 전문위원의 직급과 정수 등에 관하여 필요한 사항은 대통령령으로 정한다고(제3항) 규정하며, 이에 따라 「지방자치단체의 행정기구와 정원기준 등에 관한 규정」[별표 5]에서 전문위원의 직급과 정수를 규정하고 있으나, 이는 전문지식을 가진 전문위원의 설치에 관한 규정으로 전문위원이 아닌 유급 보좌 인력을 둘 수 있는 근거가 될 수 없다는 점,[44] ⅳ) 지방자치법 제112조는 지방자치단체의 사무를 분장하기 위하여 필요한 행정기구와 지방공무원을 둘 수 있도록 규정하고, 지방공무원 임용령 제21조의3은 임기제공무원의 임용에 관하여 규정하고 있으나, 위 규정은 지방자치단체의 사무를 처리하기 위한 임기제지방공무원을 둘 수 있다는 규정에 불과할 뿐, 지방의회의원에 대하여 유급 보좌 인력을 둘 수 있는 근거가 될 수는 없다는 점 및 ⅴ) 지방자치법 외 다른 법령에서도 지방의회의원에 대해 유급 보좌 인력을 둘 수 있는 법적 근거를 찾을 수 없다는 점 등을 들어 실질적으로 지방의원에 대한 유급 보좌인력을 두는 것은 내용으로 하는 이 사건 채용공고는 위법하다고 보고 있다.

즉 대상판결은 현행 법제상 지방의회의원에 대하여 전문위원이 아닌 유급 보좌 인력을 둘 수 있도록 한 법적 근거가 없으므로 유급보좌인력의 채용은 위법하다는 그간의 대법원의 기본적 입장을 반복하여, 이 사건 채용공고는 실질적으로 유급보좌인력의 채용을 내용으로 하는 것이므로 위법하다는 입장이다.

그러나 대상판결을 비롯하여, 유급보좌인력의 채용과 관련하여 법률유보의 원칙을 엄격하게 적용하는 대법원의 입장은 동의하기 어렵다. 지방자치단체의 독립된 행정주체성을 고려할 때, 지방자치에 있어 법률유보원칙의 적용 여부 자체에 대해서도 논란이 있으나, 이를 차치하고 현대적 법치주의에 있어 법률유보의 본질은 국민의 권리보장, 즉 행정권에 의한 자의적인 침해를 방지하는데 있다. 그러한 점에서 행정법원리상 법률유보의 범위에 대해서는 논란이 있으나, 적어도 행정의 상대방인 국민에게 침익적이거나(침해유보설) 본질적으로 중요한 사항인 경우(본질성설 또는 중요사항유보설)에 대해 요구되는 원리이다. 지방자치에 있어 법률유보의 문제는 특히 조례와 법률과의 관계에서 문제되는바, 이와 관련하여 「지방자치법」 제22조 단서가 명시적으로, "주민의 권리 제한 또는 의무 부과에 관한 사항이나 벌칙을 정할 때에는 법률의 위임이 있어야 한다"고 규정하여, 침해유보설을 취하고 있는 것도 그러한 취지이다.

주지하는 바와 같이, 지방자치의 헌법적 보장은 국가와 대등한 관계에서 독립적 행정주체로서 지방자치단체를 인정하고 있는바, 국가의 입법의사로서 법률과 지방자치단체의 자주적 입법의사로서 조례와의 관계에서 법률유보는 필연적인 법논리적 관계가 아니며, 오히려 법률유보의 적용은 지방자치의 헌법적 보장에 위반된다는 논리도 충분히 가능하

44) 대법원 2012. 12. 26. 선고 2012추91 판결도 동일한 취지이다.

다. 그러한 점에서 「지방자치법」 제22조 단서에 대해서는 위헌론의 논의가 있으나, 현재의 법원 실무의 입장처럼 합헌성을 전제로 하는 경우에도, 지방의회의원에 대해 유급 보좌인력을 두도록 하는 것이 주민의 권리를 제한하거나 의무를 부과하는 침익적 영역인지는 의문이다.[45] 그러한 의문은 규율형식과 관련하여 더욱 큰 바, 유급보좌인력의 도입을 내용으로 하는 조례의 경우라면 법률유보의 문제가 제기될 수 있더라도, 이 사건과 같이 공무원의 채용공고가 문제되는 사안에서조차 아무런 법적 근거 없이 – 조례의 경우와 동일한 내용으로 – 법률유보의 원칙을 끌어들이는 것이 타당한지는 의문이며, 이러한 대법원의 입장이 헌법상 보장된 지방자치에 대한 법리적 고려가 충분히 행해진 결과인지에 대한 의구심 또한 지울 수 없다.

지방의회는 지방자치에 있어 대의제민주주의의 실현수단으로 헌법상 필수기관이며, 지방의회의 입법역량의 제고를 통한 자치입법의 실질적 보장, 집행기관에 대한 적절한 통제를 통한 책임성의 확보는 지방자치의 본질적 부분이다. 지방의회의 입법역량의 미미 및 전문성 부족으로 인해 지방의회가 실질적인 기능부전에 빠져있는 우리나라 지방자치의 현실에서, 현행 보좌제도의 한계를 극복하고 지방의회의 입법역량 및 전문성 강화를 통해 지방의회 본연의 기능에 충실하고자 하는 유급보좌인력의 도입 시도가 과연 판례가 설시하는 바와 같이 "현행 지방의회제도의 중대한 변경을 초래하는 것"인지 의문이다. 법령이 허용하고 있기 때문에 '전문의원'은 가능하고, 법령에 명시적 허용이 없기 때문에 명칭 여하를 불문하고 전문보좌인력을 두는 것은 불가능하다는 것은 지나친 형식 논리이다.

물론 유급보좌인력의 도입을 통해 공무원이 확대되고, 이를 통해 지방자치단체의 재정적 부담이 증대됨으로써 가뜩이나 열악한 지방재정에 대한 우려의 목소리가 큰 것은 사실이다. 그러나 그러한 문제는 제도의 도입에 따른 그 운용의 통제 내지 책임성의 문제이지 도입 자체를 부정할 논거가 되지는 않는다. 사후에 있을지도 모르는 문제점을 우려해 자율적 제도의 도입 자체를 부정한다는 것은 책임성 담보 차원의 문제가 아니라, 이미 지방자치 내지 지역의 자율성을 부정하는 것과 사실상 마찬가지이다.

그럼에도 대법원은 지방의원에 대해 유급보좌인력을 두는 문제가 법률유보의 대상이 되어야 하는 것에 대한 아무런 법적 근거도 제시하지 않은 채, 단지 '지방의회의원의 처분 등에 대한 중대한 변경'이라는 논리만 내세우고 있다. 지방의회의 본연의 기능을 수행하기 위한 제도적 장치가 과연 제도의 중대한 변경인지도 의문이며, 설사 중대한 변경이라고 하더라도 지방자치는 법령상 제도에 대해서는 아무런 중대한 변경을 할 수 없는 것이라면

45) 물론 침익적 행정의 의미를 넓게 보아 유급보좌인력의 도입은 지방자치단체에 대해 상당한 재정상의 부담을 수반하게 되므로, 지방자치법 제22조 단서의 적용가능성을 주장할 수 있는 여지도 있을지 모르나, 일반적인 재정상의 부담까지 포함시켜 이해한다면, 이는 지방자치의 모든 행정이 침익적 행정에 해당하게 되고, 결국은 자치입법으로서 조례를 부정하는 것과 동일한 결론이 되게 된다.

지방자치단체는 국가의 하부행정기관과 무엇이 다른지 의문이다. 대상판결에 있어 법률유보원칙의 적용은 법논리적으로는 물론, 헌법상 보장된 지방자치의 본질에 대한 고려가 미흡한 것이라는 비판을 피하기 어렵다고 보이는바, 유급 보좌인력을 두는 문제에 대한 법치주의적 접근은 엄격한 법적 근거의 문제로 적극적으로 이해할 것은 아니며, 법률우위원칙의 관점에서 법령 위반 여부가 판단되어야 할 문제이다.

(2) 법적 근거의 존부 여부

지방의원에 대해 유급 보좌인력을 두는 것은 법령에 위반되지 않는 한 특별한 법적 근거가 없어도 가능하다고 보아야 하지만, 설령 대상판결의 입장처럼 법률상의 근거가 필요하다고 보는 경우라도, 과연 현행 법제상 지방의회에 유급 보좌 인력을 둘 수 있는 법적 근거가 전혀 없다고 할 것인지에 대해서는 보다 신중한 필요하다.

지방의회의 주민대표성, 조례의 민주적 정당성의 결과, 조례에 대한 법률의 위임은 일반적인 위임법리와 달리, 포괄적인 위임도 가능하다는 것이 판례의 입장이며,[46] 이는 헌법이 보장하는 지방자치의 자율성에서 비롯된 것이므로 반드시 조례에 대한 위임의 경우에만 한정하여 적용될 것은 아니다.

이미 그러한 입장에서 대법원은 조례에 대하여 직접적이고 명시적인 위임근거가 존재하지 않는 경우에도 간접적 근거 및 규정취지 등의 고려를 통하여 조례에 대한 수권을 넓은 범위에서 허용하고 있다.[47]

그러한 관점에서 본다면, 현행 법제상 지방의회의원에 대한 유급 보좌인력의 설치를

---

46) 대법원 2006. 9. 8. 선고 2004두947 판결; 대법원 2014.12.24. 선고 2013추81 판결.

47) 법령의 명시적 위임없이 조례로 풍력발전사업의 허가기간 설정, 재허가절차, 허가취소 등을 규정한 사안에서 대법원은 "전기사업법 제7조 제6항은 '전기사업 허가의 세부기준·절차와 그 밖에 필요한 사항'을 산업통상자원부령으로 정하도록 위임하고 있는데, 특별법 제221조의2 제4항은 '전기사업법 제7조 제6항에 따라 산업통상자원부령으로 정하는 사항 외에 지역적 특색을 고려한 풍력발전사업의 구체적 기준 및 절차'를 도조례에 위임하고 있다. 그 규정 취지는 도조례로 제주특별자치도의 지역적 특색을 고려하여 '전기사업 허가의 세부기준·절차와 그 밖에 필요한 사항'으로서 산업통상자원부령이 정하는 사항에 위배되지 아니한 범위에서 그 외의 '풍력발전사업 허가의 세부기준·절차와 그 밖에 필요한 사항'을 추가적으로 정할 수 있도록 한 것이다. 그런데 이 사건 **조례안 제13조의2에서 정한 풍력발전사업의 허가기간 설정, 재허가절차, 허가취소 등은 모두 위 '풍력발전사업 허가의 세부기준 · 절차와 그 밖에 필요한 사항'에 포함된다**고 할 것이다."(대법원 2014.12.24. 선고 2013추81 판결)라고 판시하였으며, 법령의 명시적 근거없이 자동차 등록요건으로 차고지의 확보를 추가한 조례안에 대하여도 대법원은 "도시교통정비촉진법 제19조의10 제3항에서 **교통수요관리에 관하여 법에 정한 사항을 제외하고는 조례로 정하도록 규정하고 있고, 차고지확보제도는** 차고지를 확보하지 아니한 자동차·건설기계의 보유자로 하여금 그 자동차 · 건설기계를 운행할 수 없도록 하는 것으로서 **결과적으로 자동차 등의 통행량을 감소시키는 교통수요관리(그 중 주차수요관리) 방안의 하나에 해당하므로**, 같은 법 제19조의10 제3항의 규정은 비록 포괄적이고 일반적인 것이기는 하지만 차고지확보제도를 규정한 조례안의 법률적 위임근거가 된다."(대법원 1997.04.25. 선고 96추251 판결)고 판시하고 있다.

명시적으로 허용하거나 조례에 위임한 규정은 없다고 하더라도, 「지방자치법」의 취지 등에 비추어 볼 때, “지방의회는 소속 의원들이 의정활동에 필요한 전문성을 확보하도록 노력하여야 한다“고 규정하고 있는 「지방자치법」 제38조 제2항이나, 지방의원의 자치입법활동을 지원하기 위하여 전문위원을 두도록 한 같은법 제59조, ”위원회에 관하여 이 법에서 정한 것 외에 필요한 사항은 조례로 정한다“고 규정한 제62조, 지방의회에 조례로 정하는 바에 따라 사무직원을 둘 수 있도록 한 제90조 및 제91조 등을 통하여 보좌인력 도입에 대한 포괄적 위임의 근거를 도출하는 것도 전혀 무리한 일은 아니라고 보인다.[48)]

「지방자치법」 이외에도 「지방분권 및 지방행정체제개편에 관한 특별법」 제14조 제3항은 “국가 및 지방자치단체는 지방의회의원의 전문성을 높이고 지방의회 의장의 지방의회 소속 공무원 인사에 관한 독립적인 권한을 강화하도록 하는 방안을 마련하여야 한다”고 규정하고 있는바, 지방의원의 전문성을 제고하는 방안 중 중 가장 기본적인 것이 바로 보좌관제도의 도입이기 때문에 지방자치의 취지를 고려한다면 동법의 규정 역시 지방의원에 대한 유급보좌인력의 도입을 위한 포괄적 법적 근거가 될 수 있다.[49)] 특히 이 사안 채용공고에 있어 유급보좌인력은 시간선택제임기제공무원의 신분인 점에서, 대상판결은 임기제공무원의 임용에 관한 「지방공무원 임용령」제21조의3의 규정은 유급보좌인력의 법적 근거가 될 수 없다고 판시하고 있으나, 일부 시간선택제임기제공무원의 임용시험에 대해 자율성을 규정하고 있는 동조 제3항 및 시간선택제임기제공무원의 근무시간에 대해 자율성을 규정하고 있는 「지방공무원 임용령」제21조의7[50)] 등은 이 사안의 유급보좌인력의 설치를 위한 포괄적인 법적 근거가 될 수 있다고 볼 수 있는 여지도 충분히 있다고 보인다.

결국 조례에 대한 포괄적 위임이 허용되는 현행 법제하에서 포괄적 위임의 근거를 어떻게 도출할 것인지에 있어서는, 법령 해석에 있어 문리적 해석에 치중하기 않고 지방자치의 헌법적 보장의 이념과 취지를 얼마나 충실히 고려할 것인지에 대한 사법부의 태도에 결정적으로 의존하는바, 대상판결을 비롯하여 현재 대법원의 입장은 헌법상 보장된 지방자치의 취지나 이념에 대한 고려보다는 여전히 실정법의 문리적 해석에 치중하고 있다는 인상을 지울 수 없다.

48) 조성규, “조례에 의한 지방의원 유급보좌인력 도입의 허용성”, 「지방자치법연구」 제17권 제4호(2017.12.), 27면.

49) 조성규, 위의 글, 27면.

50) 지방공무원 임용령 제21조의7(시간선택제임기제공무원 및 한시임기제공무원의 복무 등) 지방자치단체의 장은 「지방공무원 복무규정」 제2조에도 불구하고 시간선택제임기제공무원 및 한시임기제공무원의 근무시간을 주당 15시간 이상 35시간 이하의 범위에서 정한다.

(3) 법령위반 여부와 지방자치단체의 자치권

대상판결은 이 사건 채용공고의 위법성, 즉 유급보좌인력을 두는 것이 법령에 위반되는지의 여부에 대해서는 적극적으로 판단하지 않았다.[51] 전술한 바와 같이, 지방의원에 대한 유급보좌인력의 문제는 엄격한 법률유보의 문제라기보다는 소극적 한계로서 법령 위반 여부가 판단되는 것이 타당하다고 보이는바, 현행 법제상 지방의원 개인별 유급보좌인력을 명시적으로 금지하고 있지 않은 이상, 법령 위반의 문제는 헌법상 보장된 지방자치권의 관점에서 접근되어야 한다.

주지하다시피, 지방자치의 헌법적 보장은 지방자치단체에 대하여 지역의 사무에 대한 전권한성의 보장과 자신의 사무를 "자신의 책임"하에서 규율할 수 있도록 보장하는 것을 내용으로 하며, 추상적으로 보장되는 자기책임성의 구체적이고 실질적인 보장을 위해 제도화된 법적 수단이 지방자치단체의 소위 자치고권이다.

특히 지방자치는 행정을 본질로 하며, 행정의 자율성은 행정을 수행하는 조직 및 인사의 자율성과 직결되는바, 지방자치단체의 자치조직권은 지방자치의 자율성 보장에 있어 불가결한 권한이며, 그러한 점에서 지방자치단체의 자치조직권은 자치입법권 등과 마찬가지로 지방자치의 헌법적 보장으로부터 비롯되는 자치고권의 일종으로, 지방자치의 핵심내용이 된다. 지방자치는 사무의 합리적인 배분 및 그에 대한 사무수행의 자율성의 보장을 본질적 내용으로 하는바, 사무수행에 대한 자율성의 보장은 당연한 그 이면으로서 사무수행 기구 및 조직에 대한 자치조직권 및 자치인사권의 보장을 포함하여야 한다. 자치조직권 및 자치인사권이 수반되지 않는 사무배분 및 권한의 이양은 형식적인 자치로서 권한의 분산에 지나지 않기 때문이다.[52]

따라서 헌법상 보장된 지방자치권에 해당하는 자치조직권에 대해 법령상의 명시적 제한이 없다면, 자치조직권에 근거한 지방자치단체의 행위는 원칙적으로 적법하다고 보아야 하는 것이 헌법이 보장하는 지방자치의 본질에 부합하는 해석이다.

특히 자치조직권은 전통적으로 지방자치단체의 자치행정을 위한 수단인 점에서 주로 지방자치단체장의 조직 및 인사권을 중심으로 논의되고 있으나, 이는 지방자치단체의 자치고권에 해당하는바, 자치조직권의 주체에는 지방의회도 당연히 포함된다. 따라서 지방의

---

51) 다만 대법원은 지방의원에 대한 유급보좌인력의 보수를 포함하여 예산안을 의결한 사안에서 「지방재정법」 위반이라고 판시한 바가 있으며(대법원 2013.01.16. 선고 2012추84 판결), 대상판결에서도 감독청인 당시 행정자치부장관은 이 사건 채용공고는 '지방의회의원 개인별 유급 보좌 인력'의 도입을 목적으로 하는 것으로 「지방재정법」 위반임을 이유로 시정명령을 하였으나, 직권취소처분에 대한 취소소송에서는 실제 쟁점으로 다루어지지는 않았다.

52) 조성규, "지방재정과 자치조직권", 「지방자치법연구」 제14권 제4호, 70면.

회의 조직 및 인사와 관련하여서도 당연히 자율성이 인정되는 것으로 보아야 하며, 그 결과 지방의회의 고유한 기능인 입법기능과 집행기관에 대한 견제기능을 위한 보좌인력의 도입에 대한 문제 역시 자치조직권의 관점에서 규범적 자율성이 인정되어야 한다.

그럼에도 불구하고 대상판결은 일반적 법원리로서 법률유보의 문제만 고려할 뿐, 헌법상으로 보장되는 지방자치권에 대한 고려는 전혀 행하고 있지 않다고 보인다. 지방자치는 직접 헌법에 의해서 보장된 제도이며, 따라서 지방자치권에 대한 법적 쟁점에 있어서는 일반 행정법원리 외에 헌법이 보장하는 지방자치권에 대한 고려가 당연히 있어야 하며, 특히 법을 해석하고 선언하는 것이 본질인 사법권에 있어서는 이는 당연한 책무이다. 물론 지방자치제도는 법률에 의한 구체화에 의존하지만, 그렇다고 하여 지방자치가 '법률'에 의해 보장되는 것은 아니며, 법률은 단지 헌법을 구체화하는 기능을 하는 것이지, 지방자치권을 창설적으로 형성할 수는 없다. 현대 법치주의국가에서 헌법은 더 이상 장식적 규범이 아니며, 그 자체로 직접 규범력을 가지는 법규범이다. 그러한 점에서 사법권이 헌법상 보장된 지방자치의 이념을 적극적으로 실현하는 것은 바로 지방자치영역에서의 법치주의의 실현이며, 이는 동시에 사법권의 당연한 책무이기도 하다.

대상판결은 지방의회제도의 중대한 변경이기 때문에 국회가 법률로 정해야 한다는 논리를 펴고 있으나, 지방자치의 중대한 내용을 모두 법률로 정해야 한다면 이는 지방자치의 전국적획일화에 불과하다. 지방자치제도 자체가 국가에 의한 획일적인 제도화 대신에 각 지방의 특유한 상황에 따른 경쟁적 발전을 통하여 전 국가의 균형적 발전을 도모하는 제도라는 점을 기억한다면, 지방자치단체의 조직의 형성에 대해서도 각 지역의 특유한 상황이 고려될 수 있도록 자율성을 부여하여야 한다는 것은 지방자치에 있어 본질적인 요청이라 할 것이다.

V. 직권취소의 적법 여부

직권취소의 대상이 되는 채용공고가 위법하다는 사실만으로 감독처분으로서 직권취소가 당연히 적법한 것으로 되는 것은 아니며, 직권취소가 적법하기 위해서는 다시 직권취소가 국가감독제도의 본질에 따른 한계를 준수하였는지가 판단되어야 한다. 지방자치의 헌법적 보장이 국가감독을 부인하는 논거가 될 수 없는 것은 분명하지만, 그렇다고 하여 국가감독에 무제한의 자유가 인정되는 것은 아니며, 지방자치의 헌법적 보장은 국가감독에 대해 그 자체로 본질적인 한계를 설정하기 때문이다.

국가감독의 본질은 국가법질서의 통일성을 위한 위법성의 통제로서, 법률로 표현되는 국가적 이익과 지방자치의 원활한 수행을 확보하는데 그 목적이 있다.[53] 따라서 합법성감독은 일반적으로 허용된다는 명제 하에서도 국가가 지방자치단체의 모든 위법에 대해서 감독하고 시정하여야 할 책임이 있는 것은 아니라고 할 것이다. 국가감독은 국가와 지방자치단체의 대등한 협력관계를 전제로 국가의 일방적 개입이 불가피한 경우를 제도화한 것으로서, 지방자치단체에 대한 국가감독은 국가 전체의 이익을 위해서 필요한 경우에, 그것도 지방자치단체의 위법한 활동의 방치가 공익상 중대한 영향을 끼칠 우려가 있는 경우에만 행사되어야 한다.[54] 국가와의 중첩성을 본질로 하는 지방자치에 있어 국가이익과의 명확한 구분이 용이하지는 않지만, 이론적으로 말한다면 비록 위법한 사실이 있더라도 국가적 이익에 영향을 미치지 않는다면 국가감독은 허용되지 않으며, 지방자치단체의 모든 위법한 행위를 바로잡고자 개입하는 것 자체가 국가감독의 남용이 된다고 할 것이다.[55] 이를 법원리적으로 본다면, 국가감독에 있어 형량의무 및 비례원칙의 적용이다.

「지방자치법」 제169조는 국가감독의 수단으로서 시정명령 외에 직권취소의 가능성을 규정하고 있으며, 자치사무에까지 직권취소를 허용하는 것에 대해서는 헌법이 부여한 지방자치단체의 자치권을 과도하게 침해하는 것으로서 위헌의 소지가 있다는 지적도 있다.[56] 그러나 본질적인 상하관계이든 법률에 근거한 감독관계이든 감독권의 행사로서 위법 여부를 판단하는 것을 권력분립원리의 위반으로 보기는 곤란하며, 전술한 바와 같이 지방자치의 헌법적 보장이 국가감독의 금지를 내용으로 하는 것은 아닌바, 이를 헌법 위반이라고 보기는 곤란하다. 특히 공법의 기본구조인 권력관계에서는 권리의무에 관한 일방적인 조치는 행정행위법제의 당연한 구조이다. 동시에 감독청의 위법 여부의 판단이 종국적인 것이 아니고, 이에 대해서는 대법원의 제소가 가능하다는 점에서 위법 판단에 대한 사법부의 권한을 침해한 것으로 보기는 어려운바,[57] 합헌이라고 보는 견해가 오늘날 일반적인 입장이다.

다만 직권취소 규정이 합헌이라는 전제 하에서 보더라도, 직권취소가 감독청의 기속행위라고 볼 수는 없으며, 직권취소권의 발동에 있어서는 헌법이 보장하는 지방자치의 취

---

53) 김호정, 위의 글, 519면.

54) 조성규, "지방자치단체에 대한 국가감독의 법적 쟁점", 「지방자치법연구」 제16권 제3호(2016.9.), 354면.

55) 이기우, "지방자치단체에 대한 감사원 감사의 한계", 「지방자치법연구」 제6권 제1호(2008), 117면 참조.

56) 김철용, "지방자치단체에 대한 국가의 관여", 「공법연구」 제18집(1990), 87면 이하; 정세욱, "중앙과 지방간의 관계", 「지방자치연구」 1989.12., 91면; 김기진, 「지방자치법주해」, 박영사, 2004, 716면. 위헌론은 기본적으로 자치사무의 수행에 있어 국가와 지방자치단체는 외부법 관계에 있으므로, 자치사무에 관한 지방자치단체장의 명령·처분의 위법 여부의 판단은 법률상 쟁송이며, 위법 여부의 판단은 사법작용이므로 사법권의 대상이 되어야 함에도 감독청이 위법을 이유로 취소·정지하는 것은 권력분립원칙에 반하는 위헌이라고 주장한다.

57) 같은 취지로, 홍정선, 앞의 책, 647면.

지 및 국가감독의 본질에 합당한 재량의 행사가 요구된다. 즉 이 사건 채용공고가 위법하다는 사실은 시정명령 및 취소·정지권의 발동근거이자 가능성이며, 감독처분의 적법성의 필요충분조건이 아니다.

그럼에도 대상판결에서는 위법성의 쟁점으로, 채용공고가 직권취소의 대상이 되는지, 채용공고가 위법한지에 대해서만 판단하고 있으며, 직권취소 자체의 적법성에 대한 판단 없이 채용공고의 위법성으로부터 바로 직권취소가 적법하다고 결론을 내리고 있는바, 이는 지방자치법제의 관점에서는 다소 아쉽다고 할 것이다.

국가감독의 근거규정은 국가감독권의 수권근거인 동시에 지방자치권의 보호를 위한 한계규범으로서 기능하는바, 국가의 합법성 감독에도 비례원칙의 의한 제한이 존재한다.[58] 따라서 국가감독의 목적인 적법상태의 회복을 위하여 필요한 한도에서 최소한도의 침해를 가져오는 수단을 취하는 것만이 허용된다. 이러한 비례원칙의 고려에 있어서는 특히 자기책임성의 관점에서 자기시정의 기회를 통하여 법위반상태를 제거할 수 있는 기회가 주어져야 한다는 점이 중요하다.

물론 이 사안과 같이 시정명령이 전제되고, 그에 대한 불응을 이유로 한 직권취소는 통상적으로 위법하다고 보기는 어려울 것으로 보이며, 대상판결 역시 그러한 점이 고려된 것이 아닌가 선해할 수 있다. 그러나 시정명령의 불응의 경우에도 현행법상 취소처분 외에 정지처분의 가능성도 고려될 수 있는 한편, 특히 현행 법제상 시정명령 자체에 대해서는 대법원의 제소 등 불복방법이 허용되지 않음을 고려하면, 감독청의 시정명령의 적법성 여부에 대한 사법적 판단 없이, 지방자치단체의 장의 명령이나 처분의 위법성만으로 다시 바로 당해 행위의 효력을 부인하는 직권취소를 허용하는 것이 항상 타당한 것인지에 대해서는 신중한 검토가 필요할 것으로 보인다.

VI. 결론을 대신하여

대상판결이 국가감독의 대상을 「행정소송법」상 처분 개념에 얽매이지 않고 넓게 보고 있는 것은 국가감독의 본질상 기본적으로 타당하다. 혹자는 그러한 대법원의 입장을 자치권에 대한 과도한 침해라고 비판하기도 하나, 지방자치권의 보장 및 보호 역시 법치주의의 한계 내에서 가능한 것이다. 국가감독은 지방자치'행정'에 대한 위법성 통제를 본질로 하는 것으로, 국가감독은 그 자체로 지방자치제도의 일부이며, 국가감독권의 허용이 지방

58) Schmidt−Assmann, a,a.O., Rn.43; Bracker, Theorie und Praxis der Kommunal aufsicht, Festgabe zum 70. Geburtstag von Unruh, 1983. S. 465

자치권의 보장과 모순되거나 배척되는 것은 아니다. 따라서 국가감독은 지방자치'행정' 전반을 대상으로 허용되는 것이며, 행정의 유형이나 속성에 따라 제한되는 것은 아니라고 보아야 하는바, 따라서 국가감독권의 내용으로서 직권취소의 대상을 「행정소송법」상 처분 개념과 구별하여 확대하고 있는 대법원의 입장은 타당하다.

다만 지방자치행정에 대한 국가감독권의 인정이 무제한의 감독을 허용하는 것은 아니며, 그 감독권 행사의 내용과 정도는 헌법이 보장하는 지방자치의 본질에 부합하는 것이어야 한다. 그러한 점에서 채용공고를 직권취소의 대상으로 본 대법원의 입장의 타당성과는 달리, 채용공고가 위법한 것으로 이에 대한 직권취소가 적법하다는 대법원의 결론은 아쉬운 점이 있다.

지방자치는 자신의 사무에 대한 자기책임적 수행을 본질로 하며, 자기책임에 의한 사무수행을 위해서는 필요한 조직과 인력에 대한 자율성의 보장은 당연하다. 헌법이 보장하는 지방자치의 내용에 자치입법권, 자치조직권 등이 당연히 포함된다는 것도 그러한 이유에서이다. 그럼에도 불구하고 대법원의 결론은 채용공고의 위법 여부에 대한 판단에 있어, 유급보좌인력의 도입이 가지는 자치입법권 및 자치조직권의 측면에 대한 고려는 전혀 행해지지 않은 채, 실정법 중심의 법률유보원칙 및 법률우위원칙의 형식적 해석을 통해 위법성을 도출하고 있다.

지방자치는 헌법적 보장에도 불구하고 실질적으로는 법률에 의한 구체화에 의존할 수밖에 없는바, 지방자치를 구체화하는 법률이 헌법적 보장의 취지를 충분히 반영하고 있지 못하거나 모호한 상황이라면, 그러한 법을 해석하고 선언하는 대법원은 실정법에 매몰될 것이 아니라, 헌법이 보장하는 지방자치의 취지나 본질에 대한 법원리적 고려를 보다 충실히 행했어야 하는 것이 아닌가 하는 아쉬움이 남는다. 유급보좌인력의 채용공고가 위법하다는 대법원의 최종적 결론보다 채용공고의 위법성 판단에 있어 지방자치법제의 고유한 법원리에 대한 고려가 전혀 없었다는 판단과정이 더 아쉬운 이유이다.

지방의회가 지방자치의 본질적 부분이고, 지방자치는 헌법적으로 보장되는 제도라는 점에서 유급보좌인력의 도입을 둘러싼 규범적 문제 역시 단순히 실정법 차원의 문제가 아닌, 지방자치의 헌법적 보장이라는 관점을 기본틀로 하여 접근하여야 한다. 지방자치의 헌법적 보장이 일반화되어 있는 현대의 헌법구조상, 지방자치권에 대한 이해는 단순히 이론적인 차원의 것이 될 수는 없으며, 이는 법규범적인 것이 되어야 하며 그 기준과 내용은 헌법이 직접 제공하고 있다고 보아야 한다.

물론 헌법의 최고규범성의 결과, 추상적 헌법규율을 구체화하는 법률이 중요하며, 특히 지방자치제도는 헌법적으로 보장된 제도임에도 제도적 보장의 성격상 실제적으로는 「지방자치법」 등 법률이 지방자치의 기본적 규율을 담당하고 있다. 그러나 「지방자치법」

은 구체화된 헌법이어야 한다. 따라서 「지방자치법」은 지방자치의 내용은 물론 자치권의 보호가능성 및 범위에 관하여 본원적인 결단을 내릴 수는 없으며, 지방자치의 헌법적 보장의 의미를 충실히 구현하여야 하는 것이다. 그러한 요청은 지방자치 관련 법제를 해석하고 선언하는 사법권에도 마찬가지이다.

지방자치권이 헌법적으로 보장되어 있는 이상, 헌법에 의도된 지방자치의 이념과 본질을 실현하는 것은 지방자치영역에서의 법치주의의 실현임을 명확히 인식하여야 할 것이다.

親日殘滓淸算과 追認的 法律*

이현수**

헌법재판소 2013. 7. 25. 2012헌가1 결정

I. 사안의 정리

1. 사건의 개요

(1) 제청신청인의 조부 이○승은 1910. 10. 7. 일제로부터 후작의 작위를 받았는데, '친일반민족행위자 재산의 국가귀속에 관한 특별법'(이하 '친일재산귀속법'이라 한다)에 의하여 설치된 친일반민족행위자재산조사위원회(이하 '재산조사위원회'라 한다)는 2009. 5. 22. 이○승이 '일제강점하 반민족행위 진상규명에 관한 특별법'(이하 '진상규명법'이라 한다) 제2조 제7호의 행위(한일합병의 공으로 작위를 받거나 이를 계승한 행위)를 한 친일반민족행위자에 해당하고, 포천시 ○○동 산 38 임야 1,855,336㎡(이하 '이 사건 토지'라 한다)는 이○승이 1910. 9. 6.부터 1932. 3. 3.까지 사이에 일본제국주의에 협력한 대가로 취득한 재산으로서 친일재산에 해당한다는 이유로, 위 임야 중 이○승의 상속인인 제청신청인이 제3자에게 매도한 지분을 제외한 나머지 지분(45,858/1,855,336)을 국가에 귀속시키는 결정을 하였다. 대한민국은 2009. 7. 23. 위 지분에 관하여 1921. 6. 10. 국가귀속을 원인으로 한 대한민국 명의의 지분 소유권이전등기를 마쳤다.

(2) 이에 제청신청인은 2010. 5. 31. 대한민국을 상대로 위와 같이 대한민국 명의로 마쳐진 등기는 원인무효라고 주장하며 소유권이전등기의 말소를 구하는 소를 제기하였다(서울중앙지방법원 2010가단207337). 법원은 2011. 2. 18. 이○승이 일제로부터 후작의 작위를 받은 사실은 인정되나, 그와 같은 작위를 '한일합병의 공으로' 받았다고 보기 어려우므로, 대한민국이 위 토지 지분에 관하여 친일재산귀속법상의 친일재산에 해당함을 전제로 소유권

---

* 이 글은 2017년 12월 31일 발행된 행정판례연구 제22-2집에 게재된 논문을 전재한 것입니다.

** 건국대학교 법학전문대학원 교수

이전등기를 마친 것은 원인무효라는 판결을 선고하였으며, 피고 대한민국은 항소하였다.

(3) 한편, 위 판결에 대한 항소심(서울중앙지방법원 2011나14939, 당해 사건이다)이 계속 중이던 2011. 5. 19. 법률 제10646호로 친일재산귀속법이 개정되었는데, 개정된 친일재산귀속법 제2조 제1호는 '재산이 국가에 귀속되는 대상인 친일반민족행위자'를 정함에 있어, 종전의 친일재산귀속법 제2조 제1호 가목에서 규정하였던 '진상규명법 제2조 제7호의 행위(한일합병의 공으로 작위를 받거나 이를 계승한 행위)를 한 자' 부분을 삭제하고, 제2조 제1호 나목 본문에 '친일반민족행위자진상규명위원회가 결정한 친일반민족행위자 중 일제로부터 작위를 받거나 이를 계승한 자'를 새로 규정하였다. 나아가 개정된 친일재산귀속법 부칙 제2항 본문은 '위원회가 종전의 제2조 제1호에 따라 친일반민족행위자로 결정한 경우에는 제2조 제1호의 개정규정에 따라 결정한 것으로 본다.'고 규정하였다.

(4) 이에 제청신청인은 제청법원에 개정된 친일재산귀속법 제2조 제1호 나목 본문(이하 법률조항이라 한다)과 부칙 제2항 본문(이하 부칙조항이라 한다)에 관하여 위헌법률심판제청을 신청하였고(서울중앙지방법원 2011카기4395), 제청법원은 2011. 12. 22. 위 조항들이 위헌이라고 볼 만한 상당한 이유가 있다며, 위 조항들에 대한 위헌법률심판을 제청하였다.[1)]

(5) 심판대상조문에 대하여, 제청법원은 위헌법률심판 제청이유로서 다음과 같이 주장하고 있다. 첫째, 이 사건 심판대상조항들이 위헌이 되면, 제청신청인의 조부는 그 재산이 국가에 귀속되는 대상이 되는 친일반민족행위자의 범위에 포함되지 않게 될 것이므로 이 사건 심판대상조항들의 위헌 여부는 당해 사건 소송의 결과를 좌우하는 것으로서 재판의 전제가 된다(재판의 전제성). 둘째, 일제로부터 작위를 받은 자에 대하여 그 이유만으로 그 친일행위의 경중에 관계 없이 취득 재산이 국가에 귀속되는 친일반민족행위자에 포함시키고 있는 이 사건 법률조항은 침해최소성의 원칙 및 법익균형성의 원칙에 반하여 재산권을 침해한다(비례원칙위반, 재산권 침해). 셋째, 이 사건 법률조항은 일제로부터 작위를 받은 사람의 재산이면 소급하여 모두 국가에 귀속될 수 있도록 하는 것으로서 진정소급입법에 해

---

1) 대상조문의 내용은 다음과 같다.
친일재산귀속법 (2011. 5. 19. 법률 제10646호로 개정된 것) 제2조(정의) 이 법에서 사용하는 용어의 정의는 다음과 같다.
1. "재산이 국가에 귀속되는 대상인 친일반민족행위자(이하 "친일반민족행위자"라 한다)"라 함은 다음 각 목의 어느 하나에 해당하는 자를 말한다.
가. 생략
나.「일제강점하 반민족행위 진상규명에 관한 특별법」제3조에 따른 친일반민족행위진상규명위원회가 결정한 친일반민족행위자 중 일제로부터 작위(爵位)를 받거나 이를 계승한 자. (단서 생략)
다. 생략
2. 생략
친일재산귀속법(2011. 5. 19. 법률 제10646호) 부칙 ① 생략
② (친일반민족행위자에 관한 적용례) 위원회가 종전의 제2조 제1호에 따라 친일반민족행위자로 결정한 경우에는 제2조 제1호의 개정규정에 따라 결정한 것으로 본다. (단서 생략)

당한다. 그런데 한일합병의 공으로 작위를 받은 것이 아니라 왕실의 종친이거나 고관임을 이유로 작위를 받은 사람들의 경우 그들이 취득한 재산에 대하여 가지고 있었던 신뢰의 보호가치가 매우 적다고 할 수 없으므로 진정소급입법이 정당화되지 아니한다(소급입법금지원칙 위반). 넷째, 이 사건 부칙조항은 재산조사위원회의 종전 결정이 부당한 것이었다고 하더라도, 이 사건 법률조항에 의한 친일반민족행위자에 해당되도록 하는 것으로서 신뢰보호원칙에 위반된다(신뢰보호원칙). 다섯째, 이 사건 법률조항 및 부칙조항은 개별인 또는 개별사건 법률에 해당할 뿐만 아니라, 이○승은 한일합병의 공으로 작위를 받은 것이 아님에도 불구하고 한일합병의 공으로 작위를 받은 사람과 같이 취급하는 것으로서 합리적 이유가 없어 평등원칙에 위배된다(처분적 법률, 평등원칙위반).

2. 결정요지

(1) 법정의견

가. 친일재산귀속법에 정한 친일재산은 그 취득·증여 등 원인행위 시에 소급하여 당연히 국가의 소유로 되므로 제청법원은 당해 사건인 소유권이전등기말소 사건의 본안판단에 있어서 재산조사위원회의 국가귀속결정의 효력 유무를 먼저 판단할 필요는 없다. 한편 재산조사위원회의 결정이 당연무효라고 보기 어렵고, 제소기간 도과로 취소될 여지도 없는 이상 이 사건 부칙조항이 존재하지 아니한다고 하더라도 제청법원이 위 결정의 효력을 부인할 수 없는바, 이 사건 부칙조항의 위헌 여부가 당해 사건 재판의 전제가 된다고 할 수 없다.

나. 헌법재판소는 2008헌바141결정에서 친일재산의 소급적 국가귀속이 소급입법금지원칙에 위반되지 않는다고 판단한 바 있고, 이 사건 법률조항이 정한 '일제로부터 작위를 받거나 계승한 자'의 경우, 친일세력의 상징적 존재로서 그 지위 자체로 친일세력의 형성·확대에 기여하고, 일제강점 체제의 유지·강화에 협력함으로써 당시 조선사회에 심대한 영향력을 미쳤다고 볼 수 있는바, 그 밖의 친일반민족행위자와 질적으로 다르다고 할 수 없으므로, 이 사건 법률조항에 대하여 위 합헌결정과 달리 판단할 사정이 존재하지 아니한다.

다. 일제로부터 작위를 받았다고 하더라도 '한일합병의 공으로' 작위를 받지 아니한 자는 종전의 친일재산귀속법에 의하여 그 재산이 국가 귀속의 대상이 되지 아니할 것이라고 믿은 제청신청인의 신뢰는 친일재산귀속법의 제정경위 및 입법목적 등에 비추어 확고한 것이라거나 보호가치가 크다고 할 수 없는 반면, 이 사건 법률조항에 의하여 달성되는 공익은 매우 중대하므로 이 사건 법률조항은 신뢰보호원칙에 위반되지 아니한다.

라. 이 사건 법률조항이 정한 '일제로부터 작위를 받거나 계승한 자'의 경우, 일본제국주의의 식민통치에 협력하고 우리 민족을 탄압하는 행위를 하였다고 볼 수 있고, 작위를 거부·반납하거나 후에 독립운동에 적극 참여한 자와 같이 친일 정도가 상대적으로 경미한 자는 제외되는 점에서 친일 정도가 중대한 경우에 한정되고 있으며, 이 사건 법률조항은 정의를 구현하고 민족의 정기를 바로 세우며 일본제국주의에 저항한 3·1운동의 헌법이념을 구현하기 위한 것인 점 등을 고려할 때, 이 사건 법률조항이 과잉금지원칙에 위반하여 제청신청인의 재산권을 침해한다고 할 수 없다.

(2) 반대의견

이 사건 부칙조항은 이 사건 법률조항이 재판 중인 사건에 적용되는지를 밝히는 것으로 재판의 전제성이 인정된다. 또한 부칙조항이 위헌이라면 재산조사위원회의 국가귀속결정은 위법하게 되는바, 위법한 국가귀속결정이 취소소송의 대상인지, 아니면 당해 민사소송의 선결문제로 심사를 할 수 있는 것인지 여부는 제청법원이 판단할 것이므로, 이에 관한 제청법원의 판단을 존중하는 것이 상당하다. 나아가 이 사건 부칙조항은 종전 법에 따른 친일반민족행위자 결정의 하자를 소급적으로 치유하자는 것으로서 적법절차의 원칙에 위배되어 헌법에 위반된다.

II. 평석

1. 쟁점의 정리

(1) 개관

제청법원은 심판대상조문에 대하여 일단 재판의 전제성이 긍정됨을 전제로 하여 여러가지 위헌소지를 지적하고 있다. 법률조항에 대해서는 비례원칙위반, 재산권 침해, 소급입법금지원칙위배, 평등원칙위반, 처분적 법률성을 주장하고 있으며 부칙조항에 대해서는 신뢰보호원칙위반, 처분적 법률성, 평등원칙위반을 주장하고 있다. 이에 대해 헌법재판소 법정의견에서는 부칙조항의 재판의 전제성을 부정한 반면, 법률조항의 재판의 전제성은 긍정한 후, 합헌의견을 취하였다. 한편 반대의견에서는 부칙조항의 재판의 전제성을 긍정한 후, 적법절차원칙 위반으로서 위헌이라고 판단하였다. 즉, 이 사건의 쟁점은 위헌법률심판사건에서 갖추어야 하는 재판의 전제성 여부 및 각 대상조문의 헌법원칙 위반, 기본권 침해 여부이며 문제되는 헌법원칙도 비례원칙, 소급입법금지원칙, 신뢰보호원칙, 평등원칙 등으로 다양하다. 그런데, 제한된 지면하에서 이 모든 쟁점들을 세심히 고찰하기에는 어려움이 있으므로 이하에서는 특히 반대의견이 법정의견과 견해를 달리하고 있는 부분에 초점을 두고 살펴보기로 한다. 견해가 갈라지는 부분은 부칙조항의 재판의 전제성 및 적법절차원칙 위반 여부인데, 재판의 전제성 논점 역시 상당한 분량을 할애하여 고찰하여야 하는 주제이므로 이하에서는 재판의 전제성 논점을 제외하고 부칙조항의 헌법적, 행정법적 쟁점들을 살펴보기로 한다.

(2) 부칙조항의 헌법적 쟁점

부칙조항의 취지는 구법상의 결정을 개정법상의 결정으로 본다는 데 있는데, 이러한 문언이 정확히 무엇을 의미하는지를 즉각 파악하기는 어렵다. 다만, 법률개정을 둘러싼 여러 정황을 살펴보건대, 국회는 구법하에서 이루어진 친일반민족행위결정이 위법함을 주장하며 취소를 구하는 소가 제기되자 당해 소가 궁극적으로 인용되는 것을 저지하고자 대상조문들을 만들었다고 짐작할 수 있다. 즉, 한일합병의 공으로 작위를 받은 행위를 친일행위로 개념정의하고 있던 구 진상규명법에 따르면 사안에서 문제되고 있는 제청신청인의 조부의 행위, 즉 왕의 종친임을 이유로 작위를 받았던 행위를 친일행위로 결정하는 것은 법문에 어긋나는 결정으로서 법원의 취소를 면할 수 없게 된다. 이를 알게 된 국회는 진상규명법 관련규정에서 '한일합병의 공' 부분을 삭제하는 법률개정을 통하여 일제로부터 작위를 받은 경우는 모두 친일행위로 결정할 수 있는 근거를 만듦과 동시에 친일재산귀속법에도 문제의 법률조항과 부칙조항을 둠으로써 구법하에서 내려진 (위법한) 결정을, 이제 개정법에 따른 결정으로 보도록 의도한 것이다.

우리의 입법실무에서 흔히 보기 어려운 이러한 규정방식으로 말미암아, 부칙조항에 대해서는 여러 가지 헌법적, 행정법적 의문이 제기된다. 먼저 헌법 차원에서는 ① 자신의 조부에 대한 구 진상규명법 제2조 제7호상 반민족행위결정에 대하여 제청신청인이 취소소송을 제기하였고 1심 법원이 계쟁 처분을 위법하다고 취소한 이후에 친일재산귀속법 부칙조항이 제정되었다는 점에서 국회가 1심의 재판결과를 번복하고자 하는 의도로 개입하였음을 짐작할 수 있는데, 이는 입법권력이 재판권력의 고유영역에 개입하는 것으로서, 권력분립원칙 위반은 아닌지라는 의혹이 제기될 수 있다(권력분립원칙 위반). ② 또한 이미 종료된 구법상의 결정을 신법상의 결정으로 본다는 것은 행정청이나 법원의 의사작용을 매개하지 않고 입법자가 법률규정 자체로써 과거의 법상태를 소급적으로 변경하겠다는 뜻으로 볼 수 있는데, 과연 이와 같은 소급효가 헌법상 허용된다고 할 수 있겠는가라는 의문도 제기될 수 있다(소급효금지원칙 위반 내지 신뢰보호의 원칙). ③ 더 나아가 이하의 행정법적 쟁점에서 자세히 살펴보는 바와 같이, 구법상 결정을 내릴 때에는 실제로 소관 위원회가 구성되어 여러 가지 절차를 거쳐 행정의 의사가 결정되었는데 신법상 결정과 관련하여서는 그러한 절차를 거친 적이 없음은 물론, 아예 그러한 결정을 내릴 위원회조차 사라지고 없는 상황인데, 구법상 결정의 자리를, 실체도 모호한 신법상 결정이 대신 차지하는 것은 적법절차원칙 위반은 아닌가라는 의문이 제기될 수 있다(적법절차원칙 위반). 그 밖에도 대상 조문이 제청신청인의 조부라는 특정인에 대한 친일결정 및 당해 결정을 취소하는 1심 판결이 계기가 되어 만들어졌다고 한다면, 이는 헌법이 금하고 있는 처분적 법률이 아니냐라는 의문도 제기될 수 있다. 이상이 객관적 헌법원칙 위반의 문제라면 주관적인 기본권 침해의 의혹도 제기될 수 있다. 즉, ④ 법개정 전에는 취소소송을 통해 자신의 조상에 대한 위법한 친일행위결정 및 재산귀속결정을 다툴 방도가 열려 있었고 실제 친일행위결정을 다투는 취소소송의 1심에서는 승소도 하였는데, 갑작스레 입법자가 법률개정을 통하여 과거의 위법한 결정을 적법한 것으로 둔갑시켜버리면, 제청신청인과 같은 후손들은 취소소송을 제기한들 소송에서 원하는 결과를 얻을 가능성은 이제 사라지게 된 것이나 마찬가지이므로 이는 국민의 재판청구권 침해라고 보아야 하는 것은 아닌지라는 의문이 제기된다(재판청구권 침해).

(3) 부칙조항의 행정법적 쟁점

일단 부칙조항의 헌법적 허용성을 둘러싼 의문이 해소된다 하더라도 행정법적 차원의 의문들은 여전히 남아 있다. 무엇보다도 부칙조항으로 인하여 구법상 결정의 법적 운명이 어떻게 된다는 것인지가 아리송한데, 물론 법문을 얼핏 보는 것만으로는 일의적인 해답을 구하기에 어려움이 있다. 즉 부칙조항의 취지가, ① 구법상 결정의 하자가 치유된다는 데 있는 것인지(이를 가칭 하자치유설이라고 부르기로 한다), 아니면 ② 구법상 결정이 동일성을 유지하면서 여전히 존속하되, 다만 해당조문으로 인하여 그 위법판단의 기준시가 처분시가 아닌 판결시가 된다는 데 있는 것인지(이를 가칭 위법성판단기준시설이라고 부르기로 한다), 아니면 ③ 부칙조항에 의해 구법상 결정은 소급적으로 폐지되어 처음부터 존재하지 않았던 것으로 되고 신법에 의한 결정이 소급적으로 그 자리를 대체한다는 데 있는 것인지(이를 가칭 폐지·대체설이라고 부르기로 한다)가 애매하기만 하다. 그런데 일반적으로 법률의 위헌성 여부를 심사함에 있어서는 심판대상 조문이 무엇인지, 해당 조문의 의미와 취지는 무엇인지를 확정한 연후에라야 비로소 대상 조문의 위헌성 심사의 단계로 나아갈 수 있으므로 이하에서는 심판대상 조문의 행정법적 쟁점 해결을 먼저 도모한 후에 헌법적 쟁점들에 관하여 살펴보기로 한다.

한편, 눈을 들어 나라 바깥을 살펴보면 이처럼 어떠한 행정결정이 그 위법성으로 말미암아 법원에 의해 이미 취소되었거나 또는 장래 취소될 우려가 있을 때, 국회가 개입하여 위법한 행정결정을 적법·유효하다고 선언하는 예는 영국, 미국, 프랑스 등의 입법실무에서 이미 오래전부터 드물지 않게 발견할 수 있다. 프랑스의 공법학계에서는 이를 la loi de validation, la validation législative 또는 la loi confirmative 등의 이름으로 부르고 있고, 영미법계에서는 curative legislation 또는 legislative ratification, validating act 등의 이름으로 부르고 있다. 이러한 외국의 용어를 추인적 법률, 유효화 법률 등으로 부를 수 있을 것인데, 확립된 번역례를 발견하기 어려우므로 이하에서는 잠정적으로 추인적 법률이라고 부르기로 한다. 즉, 이들 나라에서는 추인적 법률의 공법적 쟁점에 관하여 이미 어느 정도의 도그마틱적 윤곽이 형성되어 있으므로 이하에서는 특히 프랑스의 논의를 중점적으로 살펴본 후, 부칙조항의 공법적 쟁점에 대한 생각을 전개하기로 한다.

2. 추인적 법률에 관한 프랑스의 논의

(1) 개관

추인적 법률의 헌법적 한계는 당연히 위헌법률심사제를 갖추고 있는 법질서들 하에서 논의되게 마련이다. 따라서 전통적으로 위헌법률심사제도를 갖추고 있지 않았던 나라, 예컨대 영국에서는 오래 전부터 국회가 추인적 법률을 제정한 다수의 사례가 있어 그 개념을 알고는 있으나[2] 위헌법률심사제도 자체를 모르다보니, 추인적 법률의 위헌성에 관한 결정례나 학문적 논의를 찾아보기는 어렵다. 물론 영국도 유럽통합과정에서 EU법이 국내법보다 우위에 있는 사안에서는 의회법률의 EU법 위반여부를 법원이 심사할 수 있게 되었다는 점에서 과거의 의회주권 개념은 더 이상 유효하지 않다고 주장할 수도 있겠으나, 영국의 EU 탈퇴가 기정사실화되면서 상황이 유동적으로 되고 있다. 반면 추인적 법률에 대한 학계와 실무계의 논의가 활발하게 이루어졌던 대표적인 나라로 프랑스와 미국을 들 수 있는데, 전체적인 흐름을 소개한다면 프랑스에서는 추인적 법률의 헌법적 허용성에 관한 논의가 1900년대 후반부터 시작되어 최근에는 유럽법의 영향하에서 합헌성 기준이 보다 엄격해지고 있는 경향인 것으로 보인다. 미국의 경우에는 이미 1800년대 후반의 판례들에

---

2) 영국의 문헌에서는 추인적 법률을 validating act라고 부르고 있다. 법적 근거가 없었거나 그 밖의 사유로 위법하였던 과거의 행위를 소급적으로 적법·유효화하는 영국의 법률의 예로는 *Statutory Instruments (Production and Sale) Act 1996, The Scotland Act 2012, The Wireless Telegraphy (Validation of Charges) Act 1954, Job–Seekers (Back to Work Schemes)* Act 2013 등을 들 수 있다. 특히 맨 마지막 법률의 제정 경과와 그 공법적 쟁점들 및 의회에서의 논의를 상세하게 소개하고 자료로는 http://researchbriefings.files.parliament.uk/documents/SN06587/SN06587.pdf 참조. 한편 추인적 법률은 아니지만 영국에서는 과거의 행위에 대하여 소급적으로 형사책임을 부과하는 법률도 드물게나마 제정된 바 있는데, 최근의 예로는 *War Crimes Act 1991*을 들 수 있다. 동법은 제2차 대전 중에 독일이나 독일점령지에서 자행되었던 학살 등, 과거의 행위에 대하여 소급적으로 형사책임을 부과하는 내용이다.

서 추인적 법률의 헌법적 허용성 판단기준들에 관한 활발한 논의가 이루어졌음을 확인할 수 있으며 그리하여 어느 정도 판례를 통한 허용성의 윤곽이 형성되고 난 후인 1900년 대 후반 이후로는 추인적 법률에 대한 학문적 논의는 거의 이루어지지 않고 있는 것으로 보인다.[3)]

(2) 개념

프랑스의 입법실무에서, 입법자가 법상태를 소급적으로 변경하는 문언을 만듦으로써 행정소송이나 민사소송에서 다투어졌거나 다투어질 여지가 있는 법적 행위, 특히 행정행위(l'act administratif[4)])를 적법·유효한 것으로 여기게끔 개입하는 경우는 결코 드물지 않다. 추인적 법률은 주로 위법한 행정행위를 겨냥하여 만들어지지만 반드시 이에 국한하는 것은 아니며 계약 등, 사인의 민사적 행위를 겨냥하여 제정되기도 한다.[5)] 또한 추인적 법률의 대상이 되는 행정작용은 반드시 일방적이고 개별적인 행위에 국한되지 않으며 위법한 행정입법을 추인하거나, 위법한 행정계약을 추인하는 데에도 미치고 있다.

프랑스의 문헌과 판례상으로는 이미 오래전부터 추인적 법률의 합헌성 문제가 매우 정교하게 다루어지고 있다.[6)] 프랑스의 학계에서는 추인적 법률 개념을 넓게 보기도 하는데, 엄격한 의미의 추인적 법률, 즉 법률규정을 통해 개별·구체적인 처분이나 행정입법을 추인하는 경우뿐 아니라 예컨대 법률상 위임의 근거 없이 제정되었다는 이유로 위법으로

3) 미국에서 추인적 법률을 뒷받침하기 위하여 때로 활용되던 논거 중의 하나가 민법상의 무권대리의 추인에의 비유라고 한다. David Slowson, “Constitutional and Legislative Considerations in Retroactive Lawmaking”, 『California Law Review』 Vol. 48, No. 2 (May, 1960), p. 240 ; 한편, 판결확정 후 추인적 법률(curative legislation)이 제정된다면 이는 입법자가 위헌적으로 재판권한을 행사한 것으로서 허용되지 않는다는 다수의 판례를 지적하고 있는 문헌으로는 Constitutional Law. Separation of Powers. Curative Legislation after Judicial Determination, 『Harvard Law Review』, Vol. 35, No. 7 (May, 1922), p. 882 ; 추인적 법률은 기득권(vested rights)을 박탈하거나, 무권한(jurisdictional defects)을 추인하거나 계약상 의무를 위반하는 내용이거나, 재판권한에 간섭함으로써 적법절차원칙을 위배하여서는 아니된다는 다수의 판례를 언급하고 있는 문헌으로는 F. Horak and C. Dutton, “Statutory Validation of Public Bonds”, 『University of Chicago Law Review』 Vol. 7, No. 2 (Feb., 1940), pp. 281－296.

4) 단, 프랑스의 l'act administratif 개념은 우리의 처분, 행정입법 뿐 아니라 행정계약을 포괄하는 매우 광범위한 개념이다.

5) 그러한 예로는 은행의 대출거래를 합법화한 l'art. 87, I. de la L. n° 96－314 du 12 avr. 1996 ; 은행의 대출 재협상을 합법화한 l'art. 115 de la L. n° 99－532 du 25 juin 1999 가 있다. J. Massot, “Validation législative”, 『Répertoire de Contentieux administratifs』, Paris: Dalloz, 2001, p. 2.

6) 대표적으로 J. P. Camby, “Coups d'arrêts aux validations législatives”, 『RDP』, 1996. ; F. Lucahaire, “Le Conseil constitutionnel et les lois de validation”, 『RDP』, 1998. ; B. Mathieu, “La constitutionnalité des validations législatives : certitudes et incertitudes”, 『RFDA』 1989. ; B. Mathieu, "Les validations législatives devant le juge constitutionnel. Bilan d'une jurisprudence récente”, 『RFDA』 1995,. ; ; D. Perrot, “Validation législative et actes administratifs unilatéraux”, 『RDP』 1983. ; X. Prétot, “Les validations législatives de la Constitution à la Convention européenne des droits de l'homme”, 『RDP』 1998.

판정된 행정입법의 내용을 법률로 승격시켜 다시 등장하게 하는 경우도 넓은 의미에서는 추인적 법률의 범주에 넣고 있다.7)8)

(3) 헌법위원회의 판례

추인적 법률의 헌법적 허용성에 관한 프랑스 판례의 입장은, 과거에는 아주 느슨한 잣대로 위헌 여부를 판단하였으나 유럽법의 영향하에 점차 엄격한 입장을 취하는 쪽으로 변모하고 있다라고 요약할 수 있다. 과거에는 추인적 법률의 합헌성 심사를 헌법위원회가 독점적으로 담당하였고 추인적 법률의 허용성 여부에 대한 헌법적 얼개도 대개는 헌법위원회의 결정들에 의하여 짜여져 왔었다. 그러나 점차 국내법의 유럽인권협약 합치성에 대한 판단권한을 최고행정법원(꽁세유 데따)이나 최고 민·형사법원, 더 나아가 유럽인권법원도 행사할 수 있게 되면서, 이들 법원들의 판결들을 통하여 추인적 법률의 헌법적 한계가 더욱 정밀해지고 있다고 한다. 이하에서는 먼저 헌법위원회가 전개한 추인적 법률의 합헌성 심사기준을 살펴보고, 뒤이어 최고행정법원이 추인적 법률에 관하여 전개한 세부기준들을 살펴보기로 한다.

가. 권력분립원칙을 존중하여야 한다

과거 오랫동안 프랑스 국회는 추인적 법률제정에 있어서 거의 전적인 자유를 누리다시피 하였는데, 이러한 엄청난 입법재량에 일정한 헌법적 한계가 있음을 헌법위원회가 선언하는 계기가 된 것이 1980년의 결정이었다.9) 동 결정에 따르면 국회가 추인적 법률을 제

---

7) J. Massot, op.cit., p. 2. 관련 헌법위원회 결정례로는 Décision n° 85－140 L. du 24 juill. 1985.

8) 이처럼 국가의 규범적 행위의 위계질서 내에서, 하위의 위법한 법적 행위를 상위의 법적 행위를 동원하여 추인하는 것이 추인적 법규범의 요체라고 한다면, 우리의 헌법 경험상으로도 추인적 법규범의 예를 발견할 수 있다. 즉, 과거 구 국가배상법상 이중배상금지에 관한 법률규정이 대법원에 의해 위헌으로 선언되자, 동일한 내용의 규정을 헌법에 명문으로 규정한 예가 바로 그것이다. 따라서 현행 헌법 제29조 단서는 추인적 '헌법규정'이라고도 부를 수 있을 것이다.

9) n° 80－119 DC de 22 juillet 1980. 당해 사안의 사실관계는 다음과 같다. 1977년 당시 프랑스의 대학관련 주무부처는 대학교원의 지위에 관한 전문위원회를 설치하고자 하였는데, (국가에 대한 자문기관으로서의) 꽁세유 데따는 대학교원의 지위에 관한 규정을 만들 때에는 이 전문위원회의 심의를 거쳐야 한다는 의견을 제시하였다. 꽁세유 데따의 전원위가 이러한 의견을 제시한 이후에 문제의 전문위원회를 창설하는 데끄레가 제정되었고(décrets n° 679 du 29 juin 1977), 이후 동 위원회는 자신에게 주어진 권한을 행사하여 대학 교원의 지위와 관련한 수많은 제개정 규정들에 대해 의견을 표명하였다. 그러나 노동조합들이 동 위원회의 설치근거인 1977년 데끄레에 대해 취소소송을 제기하였고, (법원으로서의) 꽁세유 데따는 1980년 4월 18일 동 데끄레를 취소하는 판결을 내렸다. 그러자 동 위원회가 만들어진 후부터 동 데끄레가 취소될 때까지인 1977, 1978, 1979년의 기간동안 동 위원회의 개입하에 제정 또는 개정되었던 규정들은 물론이거니와 이들 규정에 토대하여 발급되었던 개별적인 또는 일반적인 결정들 모두가 위법하게 되어버릴 위험에 처하게 되었다. 그러자 두 명의 국회의원이 이러한 사태를 막고자 추인적 법률안을 제안하였고 1980년 6월 28일 양원에서 제1독회가 이루어졌는데 이 법률안에는 다음과 같은 독특한 규정이 포함되어 있었다. "1977년 6월 29일 제679호 데끄레에 의해 설립된 전문위원회의 심의를 거쳐 마련된 데끄레들 및 이 데끄레들에 토대하여 이루어진 규율적 행위들과 비규율적 행위들은 적법·유효하게 된다

정하는 것 자체는 권력분립원칙에 위배되는 것은 아니나, 다음의 세 가지 요건을 중첩적으로 충족하여야 합헌성 심사를 통과할 수 있다. 첫째 국회는 추인적 법률로써 사법권 행사에 개입해서는 안되며, 최소한 확정판결은 존중하여야 하고(기판력 존중), 둘째 형사적 사안에서는 소급효 금지원칙을 존중해야 하며(행정제재의 추인금지) 셋째 위법한 행정작용의 추인을 뒷받침할 공익이 존재해야 한다(공익성). 이 세 개의 합헌성 기준은 후속 판결들을 통해 보다 섬세하게 가다듬어지게 되었는데, 특히 공익성 요건에 대해서 헌법위원회는 '충분한 공익(l'intérêt général suffisant)'이라는 기준을 제시하는 반면, 최고행정법원는 '긴절한 공익상 이유(impérieux motifs d'intérêt général)'라는 보다 엄격한 기준을 제시하고 있다. 최근에는 추인의 범위가 한정되어야 한다는 점(구체성)도 추가적인 합헌성 기준으로 등장하게 되었다.[10] 이하에서는 이들 세 요건을 좀 더 자세히 살펴보기로 한다.

1) 추인적 법률 자체가 권력분립원칙 위반은 아니다

추인적 법률은 대개의 경우, 위법한 행정행위를 행정법관이 취소하지 못하도록 할 의도로 만들어진다는 점에서 권력분립원칙 위반의 혐의가 있게 된다. 물론 국회가 추인적 법률을 제정할 때에도 권력분립원칙은 지켜져야 한다는 점을 헌법위원회는 강조하고 있다. 그러나 취소소송이 계류 중인 사건에 입법자가 추인적 법률로써 개입하였다는 것만으로 문제의 법률이 위헌이 되는 것은 아니라는 것이 헌법위원회의 견해이기도 하다. 즉 헌법위원회는 앞서 소개한 1980년 7월 22일의 결정에서 추인적 법률이 권력분립원칙이나 재판의 독립성을 침해한다는 주장이 있을 수 있지만 권력분립 원칙이나 재판의 독립성 원칙 때문에 국회입법자가 자신의 권한 범위 내에서 그리고 필요에 응하여, 소송계류 중인 사안에서 소급효 있는 추인적 법률을 제정하는 것이 금지되는 것은 아니라고 판시하였다. 물론 그렇다고 하여 입법자가 모든 영역에서 추인적 법률을 제정할 수 있다는 의미는 아니다. 헌법위원회는 국회가 추인적 법률을 만들어서는 안되는 예외 영역이 있음을 명시적으로 밝히고 있는데, 그것은 바로 형사적 영역이다. 1980년 7월 22일 결정의 주요 이유 부분을 옮겨보면 다음과 같다.

"... 5. 심판청구인들은 심판의 대상이 된 법률규정이 입법자가 법관의 기능에 간섭하

(Sont validés les décrets pris après consultation du comité technique paritaire... institué par le décrets n° 679 du 29 juin 1977 ainsi que les actes réglementaires et non réglementaires pris sur la base de ces décrets)." 그러자 상원 내 사회주의자들과 하원 내 공산주의자들이 이 법률안에 대해서 헌법위원회에 사전적 위헌심사를 청구하였다. 청구인들의 기본 주장은 이 법률안이 권력분립원칙을 위반하였다는 것이었고 사회주의자들은 이 법률규정이 국회의 입법권한과 행정부의 행정입법권한 간의 배분을 위반하였다고 주장하였다. 그러나 헌법위원회는 1980년 7월 22일 심판청구를 기각하였으며 동 법률안은 1980년 7월 25일 공포되었다.

10) L. Favoreu, [et als.], 『Droit constitutionnel』, Paris:Dalloz, 2016, p.662 ; J. Massot, op.cit., p. 6.

려는 것으로서, 권력분립이라는 헌법원칙에 위반된다고 주장하는바, 이러한 심판청구인들의 주장을 고려할 때 ; 실상 심판대상 법률규정은 실제 계류되어 있는 행정소송에서 소가 각하되는 결과를 초래할 것이라는 점을 고려할 때;

6. 사법권에 관한 헌법 제64조 및 1872년 5월 24일 법률에 따르면, 행정재판과 관련하여 공화국 법률들이 승인한 근본원칙인 행정재판의 독립성은 보장되며 행정재판기능의 고유한 성격은 입법자에 의해서도 행정부에 의해서도 침해될 수 없음을 고려할 때 ; 국회도 행정부도 법원의 판결을 비난하면서 법원에 명령을 할 수는 없으며 법원의 권한인 재판에서의 판단에서 법원의 역할을 대신할 수 없다는 점을 고려할 때;

7. 그러나 입법자가 자신의 권한 내에서 그리고 필요에 응하여, 형벌 영역 이외의 영역에서 소급적인 규정을 통하여 법관이 적용하여야 할 법규범을 변경하는 것이 헌법적 가치를 가진 위 원칙들을 위반하는 것은 아니라는 점을 고려할 때 ; 그리하여 심판대상 법률이 실제 계류되어 있는 소송의 사안에 개입하고 있다는 사실이 대상법률을 헌법위반으로 만드는 것은 아니(라는 점을 고려할 때)... (밑줄 필자)."

2) 다만, 기판력은 존중하여야 한다

권력분립위반이라는 관점에서는 어떠한 행정결정에 대하여 이미 법원이 위법함을 확인하고 취소하였음에도 불구하고 국회입법자가 이 행정결정을 노골적으로 대놓고 되살리고자 하는 경우(사후적 추인: validation a posteriori)와, 아직 법원에 의해 취소되지는 않았지만 향후 취소될 것을 염려하여 적법화하는 경우(예방적 추인 : validation préventive)가 구별되어야 한다. 헌법위원회가 내린 1980년 결정의 심판대상이었던 추인적 법률도 최고행정법원에 의하여 취소된 데끄레 자체를 다시 살려내는 내용은 아니었으며 당해 데끄레의 위법성으로 말미암아 향후 위법성 여부가 논란이 될 다른 데끄레들 및 그에 토대한 결정들을 추인하는 내용이었다.[11] 그런데 심급제하에서 어떠한 행정결정의 위법함을 선언하는 판결이 최종적으로 확정되었음에도 불구하고 추인적 법률이 제정된 경우만을 '위헌적인' 사후적 추인이라고 할 것인지, 아니면 하급심차원에서라도 취소판결이 있은 이후에 추인적 법률이 만들어졌다면 이를 '위헌적인' 추인적 법률이라고 볼 것인지의 문제가 있다. 전자가 후자보다 추인적

11) 그리하여 1980년 헌법위원회 결정에 대한 한 평석에서는 행정법원에 의해 취소된 결정을 다시 살려내는 추인적 법률은 권력분립원칙의 위반으로서 위헌인 반면, 어떠한 행위가 아직 법관에 의하여 취소되지 아니하였을 경우에는 1980년 결정에서는 헌법위원회가 제시한 다음과 같은 조건하에서 추인적 법률이 허용된다는 견해도 나타나고 있다. 첫째, 추인대상 행위는 추인 당시 유효하여야 하고 둘째, 대개의 경우 그러한 것처럼, 추인이 소급효를 가진 경우에는 추인의 대상인 행위가 징벌 아닌 영역의 것이어야 하며(즉 형사제재나 행정제재가 아닐 것), 추인의 목적은 "공역무의 계속적 기능을 유지하기 위함" 및 "공직자의 경력의 정상적인 전개(즉 공직자에 관한 조치의 추인이어야 한다는 점)"에 두어야 하며 넷째로는 추인대상 행위가 규율적 성질(réglementaire)이어야 한다는 것이다. L. Favoreu et L. Philip, 『Les grandes décisions du Conseil constitutionnel』, 15e éd., Paris: Dalloz, 2009, p. 334.

법률의 헌법적 허용성의 폭을 넓히는 데 기여하리라는 점은 명약관화하다.

이 문제와 관련하여 헌법위원회는 1980년 결정 이후 권력분립원리 관점에서의 추인적 법률의 헌법적 허용성 기준을 조금 더 정교하게 가다듬어 제시하였는데, 그 핵심은 기판력의 존중에 있다. 즉, 1986년 12월 29일 결정(Décis. n°86-223 DC du 29 décembre 1986)에서 최초로 추인적 법률이라 해도 기판력은 존중해야 한다는 헌법적 한계를 명시한 이후로 추인적 법률은 기판력 있는 판결에 의하여 관련 사인에게 인정된 권리를 침해하여서는 아니된다거나(Décis. n°88-250 DC, 29 déc 1988) 또는 추인적 법률은 법원의 판결로써 확정된 사인의 지위는 절대 건드리지 말아야 한다(Décis. n°93-332 DC, 13 janv. 1994) 라는 결정이 연이어 나타나게 되었다.[12] 이처럼 기판력 있는 판결은 건드리지 않아야 한다는, 추인적 법률의 헌법적 한계로부터 위법한 행정작용을 추인하는 법률은 필히 당해 행정작용을 취소하는 판결이 확정되기 이전에 제정되어야 한다는, 즉 예방적 추인이어야 한다는 결론이 도출된다. 더 나아가 이러한 결론으로부터 추인적 법률 제정 이전에 기판력 있는 판결을 얻은 자와 그렇지 못한 자가 차별취급을 당하는 결과가 초래되는데, 헌법위원회는 이러한 차별이 평등원칙 위반이 아니라는 점도 분명히 하였다(Décis. n° 86-223 DC du 29 déc 1986 ; Décis. n° 87-228 DC 26 juin 1987 ; Décis. n° 88-250 DC du 29 déc 1988).[13]

나. 형벌 불소급원칙을 존중하여야 한다

추인적 법률은 과거에 발급된 위법한 행정결정을 처음부터 적법·유효하였던 것으로 만들기 위해 제정되기 때문에 당연히 소급입법의 헌법적 허용성이라는 문제가 따라 붙는다. 1789년 인간과 시민의 권리선언 제8조에서는 "아무도 범죄행위 이전에 성립하고 공포되었으며 적법하게 적용된 법률에 의하지 아니하고는 처벌받지 아니한다(… nul ne peut être puni qu'en vertu d'une Loi établie et promulguée antérieurement au délit, et légalement appliquée). "라고 규정하고 있다. 이 조항에 따르면 헌법적으로 금지되는 것은 형사 영역의

12) Favoreu, [et als.], 『Droit constitutionnel』, Paris:Dalloz, 2016, p.662 ; René Chapus, 『Droit du contentieux administratif』, 11e éd., Paris: Montchrestien, 2004, p. 1083.

13) 그 밖에도 헌법위원회가 기판력을 존중하지 않는 추인적 법률은 위헌이라고 선언한 사례로는 법관임명처분이 최고행정법원에 의하여 취소된 후 그러한 임명을 추인하는 법률을 의회가 제정하자 헌법위원회가 이러한 법률을 위헌으로 선언한 사례(26 juin 1987, n°87-228 DC, cons. 8), 유럽인권법원 판결의 효력을 박탈하는 내용의 법률은 DDH 제16조 위반이라고 선언한 사례(29 déc. 2005, n° 2005-531 DC, cons. 6)를 들 수 있다. 동일한 취지에서 조세법상의 소급적 규정으로써 기판력 있는 판결에 의하여 인정된 납세자의 권리를 침해하거나 법률 발효일 당시 합법적으로 시효의 이익을 얻은 납세자를 불이익하게 하여서는 아니된다고 선언한 사례(24 juillet 1991, n°91-298 DC, cons. 23)가 있으며 반대로 소급적 법률이 판결의 귀결을 "수정"하는 데 그치고 판결 주문을 훼손하지는 않는다면 대상법률은 데끄레 취소를 선언한 최고행정법원의 판결을 뒤집은 것으로 여겨져서는 안된다고 본 사례(14 déc 2006, n°2006-544 DC, cons. 20)도 기판력 존중과 관련하여 의미있는 판결례이다. Massot, op.cit., p.5, 6 ; D. Rousseau, 『Droit du contentieux constitutionnel』, 10e édition, Paris: LGDJ, 2013, p. 301.

소급입법일 따름이므로[14], 1980년 헌법위원회 결정에서도 '형사적 사안만 빼고는(sauf en matière pénale)' 국회가 소급적인 추인적 법률규정을 만들 수 있다고 판시하였다.[15] 따라서 추인적 법률의 위헌성을 다투는 분쟁 사안들에서는 해당 추인적 법률규정이 형사적 성질의 것인지에 화력이 집중되게 된다.

이러한 맥락에서 중요한 의미가 있는 개념이 바로 행정제재(sanctions administratives)이다. 행정제재는 그 부과권한이 형사법관이 아닌 행정에게 부여되어 있고 부과 절차 역시 재판절차가 아닌 행정절차로서의 성질을 가진다는 차이점만 있을 뿐, 사인의 의무위반 내지 의무불이행에 대하여 국가권력이 회고적으로 불이익을 부과하는 작용이라는 점에서는 형사벌과 본질적인 차이가 없기 때문이다. 그 귀결로서 헌법위원회는 행정제재 사안에서도 추인적 법률은 허용되지 않는다라고 선언하였다(Déc. n° 82-155 DC du 30 déc 1982 등).[16]

다. 충분한 또는 긴절한 공익 목적이 있어야 한다

앞서 살펴본 1980년 7월 22일의 헌법위원회 결정에서는 추인적 법률이 합헌적이기 위해서 갖추어야 할 요건들 가운데 하나로 공익(intérêt général)을 언급한 바 있으며 당해 결정에서 문제된 법률의 맥락에서는 공역무의 지속성 보장과 공직 수행자들의 경력의 정상적 진행이라는 공익목적이 고려되었다. 이후 헌법위원회는 수많은 결정들에서, 간략한 경우도 있고 상세한 경우도 있지만, 어쨌거나 문제의 추인적 법률들이 공익 목적에 부응한다는 점을 설시하면서 그 합헌성을 인정해오고 있다. 그런데 오히려 최고행정법원은 재판기능이 아닌 조언자 기능을 수행하는 맥락에서, 특정 추인적 법률안이 공익목적에 부합하지 않는다는 의견을 제시한 바 있다. 본래 헌법위원회는 추인적 법률의 공익 목적성 여부를 판단함에 있어서도 국회입법자의 공익성 판단에 명백한 하자(l'erreur manifeste d'appréciation de l'intérêt général)가 있는지를 통제하는 데까지만 나아가겠다는 소극적 입장이었다. 헌법위원회는 국회입법자와 동일한 정도의 공익성 판단권한과 결정권한을 가지고 있지 않다는 게

14) 법률의 소급효 금지원칙은 형사적 사안에서만 헌법적 차원의 원칙일 뿐, 기타의 영역에서는 헌법적 위상의 원칙이 아니라는 것이 헌법위원회의 입장이기도 하다. Olivier Dutheillet de Lamothe, "La sécurité juridique -Le point de vue du juge constitutionnel", 2005. 9. 20. http://www.conseil-constitutionnel.fr/conseil-constitutionnel/root/bank_mm/pdf/Conseil/securitejuridique.pdf (2017. 12. 12.방문)

15) Favoreu, [et als.], op.cit., p.662.

16) Chapus, op.cit., p. 1083. 이처럼 형벌불소급의 원칙 뿐 아니라 자기책임의 원칙 등, 형사벌 영역에서 먼저 발전된 법리들이 행정제재 영역에도 적용된다고 보는 판례가 축적되면서 프랑스 공법학계와 실무계에서는 불이익부과처분의 성질을 구분하여 장래지향적이고 공동체주의적인 경찰행정작용(polices administratives)과 과거회고적이고 개인주의적인 행정제재작용(sanctions administratives)을 명료히 구분하고자 꾸준히 노력하고는 있으나 그 개념적 윤곽은 아직 적지 않은 부분이 불분명한 채로 남아 있다. 행정제재에 대한 프랑스 문헌은 매우 많아 다 거명하기 어려우나 비교적 최근의 것을 든다면 Mattias Guyomar, 『Les Sanctions administratives』, Paris: LGDJ, 2014.

그 논거였다(n° 96-375 DC du 9 avril 1996). 그러나 국회입법자가 과도하게 추인적 법률에 의지하려 한다는 우려가 제기되면서 헌법위원회가 처음으로 추인적 법률의 공익 목적성을 부인하는 결정이 1995년에 나오게 되었다.[17] 이 결정에서 헌법위원회는 민간항공사에의 보조금 지급예산이 재정상 균형에 미칠 영향만으로는 충분한 공익상 이유(intérêt général suffisante)에 해당하지 않는다고 판시하였다(n° 95-369 DC du 28 décembre 1995).[18] 또한 헌법위원회는 2004년의 사회보장재정법 영역에서의 추인적 법률을 위헌이라고 설시하였는데 관련된 액수를 보건데, 사회보장재정의 균형에 필요한 일반적 조건들이 추인적 법률이 없는 경우, 심각하게 영향을 받는다고는 볼 수 없다는 점을 논거로 삼았다(n° 2003-486 DC du 11 décembre 2003).

한편 추인적 법률의 공익목적성과 관련하여 유럽인권법원이 프랑스 헌법위원회와 의견을 달리하는 사건이 1999년에 이르러 벌어지게 되었다. 이 사건에서 유럽인권법원은 프랑스의 특정 추인적 법률이 유럽인권협약 제6조 제1항[19]에 반한다고 판시하였는데,[20] 공교롭게도 문제된 추인적 법률에 대해 프랑스 헌법위원회는 앞서 합헌이라고 판시한 바 있었다(n° 93-332 DC du 13. janvier 1994, Validation de déc. de caisses de sécurité sociale).[21] 유럽인권법원은 재판절차와 비교하였을 때 추인적 법률제정절차가 지연되었다는 점, 신청인에게 유리한 다수의 판례들을 방해하고자 하는 의도가 있었다는 점, 신청인이 선의였다는 점, 추인화 조치를 예상할 수 없었던 점, 서로 충돌하는 판례들은 최고민형사법원에 의하여 교정될 수 있음에도 불구하고 법규정으로써 이를 규율하는 것은 정당화되지 않는다는 점, 및 재정적 이유만으로는 충분한 공익이 되지 않는다는 점 등을 논거로 들었다.[22]

한편, 유럽인권법원의 1999년 결정 이후 최고행정법원은 추인적 법률의 공익관련성을 더욱 높은 기준으로 요구하고 있는데, 헌법위원회가 요구하는 정도의 충분한 공익(intérêt général suffisante)으로는 부족하고 긴절한 공익(impérieux motifs d'intérêt général)이어야 한다는 것이 최고행정법원의 요구이다(CE, 7 juillet 2004, Fédération des syndicats des autonomes PTT Midi-Pyrénées).[23]

---

17) D. Rousseau, 『Droit du contentieux constitutionnel』, 10e édition, Paris: LGDJ, 2013, p. 302.

18) Massot, op.cit., p. 7.

19) 해당 조문은 공정한 재판을 받을 권리에 관하여 규정하고 있다.

20) CEDH, Zielinski, Pradal, Gonzales et autres, 28 octobre 1999 (L. Favoreau [et. als.], 『Droit constitutionnel』, p. 663에서 재인용).

21) L. Favoreau [et. als.], 『Droit constitutionnel』, p. 662.

22) 그리하여 프랑스 헌법위원회는 1999년 12월 21일 결정(n° 99-422)에서 당해 추인적 법률이 권리의 보장과 권력분립에 대하여 언급하고 있는 1789년 인간과 시민의 권리선언 제16조에 위반된다고 결정하기에 이르렀다. D. Rousseau, 『Droit du contentieux constitutionnel』, 10e édition, Paris: LGDJ, 2013, p. 302-303.

23) 이상의 내용은 프랑스 상원 홈페이지에 소개되어 있는 추인적 법률 관련 게시물에서 확인할 수 있다.

라. 추인대상 행위가 다른 점에서 위헌적이지 않아야 한다

헌법위원회는 1997년 결정에서 추인대상 행위가 다른 점에서 위헌적 요소가 있어서는 안 된다는 점을 추인적 법률의 합헌성 판단기준으로 제시하였다.[24] 즉, 헌법위원회는 "특히, 추인대상 행위는 헌법적 가치를 가진 원칙이나 규정에 위반되어서는 아니되며 다만 추인으로써 달성하고자 하는 공익 목적 그 자체가 헌법적 가치가 있는 것일 때에는 그러하지 아니하다 ; 문제되고 있는 상이한 헌법적 요청들을 조화시키는 것은 경우에 따라서는 헌법위원회의 통제하에, 입법자에게 속한다. "라고 판시하였다.[25]

마. 추인의 범위가 한정되어야 한다

오랫동안 헌법위원회는 추인대상 행위의 어떤 위법 요소가 추인되는 것인지를 상세히 규정하려는 노력을 전혀 하지 않는 추인, 즉 전면적 추인(validation totales)도 인정해 왔다. 그런데 이러한 헌법위원회의 입장은 1999년 12월 21일의 결정을 계기로 변화하기 시작하였다.[26] 이 결정에서 헌법위원회는 다투어지고 있는 행위들 가운데 정화하고자 하는 요소가 무엇인지를 입법자는 상세히 규정하여야 한다고 판시하였다.

(4) 최고행정법원의 판례

가. 묵시적 추인의 인정 여부

위법한 행위를 취소하는 판결이 확정된 이후에는 입법자가 해당 행위를 추인하는 것은 헌법상 허용되지 않는다라는 입장을 취하기 이미 오래전부터 최고행정법원은 법률에서 한 범주의 행위들을 일괄 추인한다는 취지의 명시적 규정을 발견할 수 없다면 이미 재판을 통해 취소된 다른 행위들도 추인적 법률의 등장으로 인하여 추인되는 것으로 볼 수는 없다는 견해를 취하였고 다수의 판례에서 이를 견지하고 있었다.[27] 더 나아가 최고행정법원은 관련 법문에서 추인을 명시적으로 언급하고 있지 않다면 취소소송의 계쟁 행정작용이 추인될 수는 없다, 즉 묵시적 추인은 인정할 수 없다는 입장을 취하였다.[28] 그러나 이것이 법문에서 반드시 'valid'라는 형용사나 'valider'라는 동사가 사용되어야 한다는 의미는 아니다. 법문에서 이런 단어들이 사용되고 있지 않더라도 문제의 행정작용을 소급적으로 추인하는 것이 입법자의 의도임이 의심의 여지가 없을 정도로 확실할 때에는 추인효가 긍정된다는

---

https://www.senat.fr/ej/ej_validation/ej_validation0.html (2017. 12. 12. 최종 방문)

24) n° 97-390 du 19 novembre 1997 ; Massot, op.cit., p. 7 ; Chapus, op.cit., p. 1084.

25) Rousseau, op.cit., p. 302 ; Chapus, op.cit, p. 1083.

26) n° 99-422 DC du 21 décembre 1999 ; Massot, op.cit., p. 8.

27) CE 21 mai 1965, Joulia ; Chapus, op.cit, p. 1087.

28) CE 21 mai 1967 ; CE 8 octobre 1965.

것 역시 최고행정법원의 판례인데,[29] 이를 두고 최고행정법원이 묵시적 추인을 허용하였다고 해석하는 견해도 있다.[30]

나. 추인적 법률에 의해 과거의 위법한 처분은 폐지되므로 이를 대상으로 하는 취소의 소는 각하되어야 한다

추인적 법률규정이 만들어지면 추인의 대상인 과거의 위법한 행정결정들의 운명은 어떻게 되는 것일까? 이에 대해 프랑스의 학설에서는 문제의 위법한 행정결정은 소멸된다고 보고 있다. 즉, 위법한 행정결정들의 취소를 구하는 소가 제기되어 소송 계속 중인데 입법자가 당해 행위를 추인하는 법률규정을 만들었다면 소송 계속 중 소의 대상이 소멸되어(sans object) 소가 부적법하게 되고 더 나아가 추인법률이 공포되고 난 이후에 제기된 소도 마찬가지로 부적법하게 된다는 것이다. 최고행정법원도 이러한 입장에 서 있으나 (CE 20 déc. 1985, Valéry, Rec. CE, table, p. 448) 위와 같은 상황에서 소를 법률에 의한 대상소멸을 이유로 각하(이를 학문적 용어로 non-lieu législatif라고 한다)해야 하는지 아니면 문제의 위법한 결정이 소급적으로 적법하게 되었다고 보아 소를 기각(rejets au fond)하여야 하는지에 대해 여전히 몇몇 판결들에서는 혼란스러워 하는 상태에 머물러 있는 것도 사실이다.[31] 프랑스의 입법실무에서 소제기가 있은 후에 법률이 끼어들어서 소를 대상 없음으로 만들어 각하대상이 되게끔 하는 경우가 아주 빈번하다고 한다. 이처럼 입법자가 소의 대상을 소멸케 함으로써 소 각하를 유도하는 기법은 그 역사가 아주 오래되었고(CE 6 févr. 1935, Synd. du commerce des vins de liquer, Rec. CE, p. 159 ; sect., 9 mars 1951, Guiolet, ibid.,p. 146) 모든 면에서 입법자가 일정 범주의 행위들을 적법화하겠다는 의지가 법문상 의심의 여지가 없는 경우에는 꾸준히 활용되어 왔다.

다. 추인적 법률의 효력은 제한적이다

추인적 법률 가운데에서도 처분 자체를 추인하는 법률과 처분의 취소사유들 가운데 하나를 제거하는 데 그치는 법률은 구별되어야 한다. 후자의 경우라면 문제의 위법한 처분 자체가 추인되는 것은 아니며 그 위법사유들 가운데 하나가 사라질 뿐이므로 다른 위법사유들이 여전히 버티고 있다면 대상처분은 취소될 수밖에 없다. 따라서 추인적 법률의 의도가 처분 자체를 향하고 있는지 아니면 처분 사유만을 향하고 있는지는 세심히 분별되어야 하고 또 후자의 취지인 법률들이 점점 증가하고 있는 것도 사실이다.[32]1999년 12월 21일의

---

29) CE 28 mai 1989, Chambre syndicale des industries métallurgiques mécaniqes et connexes de la Charente-Maritime, Rec. CE, table, p. 858.

30) René Chapus, 『Droit du contentieux administratif』 Droit du contentieux administratif, 11e éd., Paris: Montchrestien, 2004, p. 901.

31) Chapus, op.cit., p. 900.

32) Massot, op.cit., p. 5.

헌법위원회 결정에서도 입법자가 중간에 끼어든 목적이 소의 대상인 행위를 직접 적법화하자는 데 있는 경우와, 당해 행위의 취소사유들 가운데 하나를 무력화시키자는 데 있는 경우는 구별해야 함을 지적한 바 있다. 입법의도가 후자에 있다면 추인적 법률이 계쟁 행위를 모든 소송으로부터 막아주는 방어막이 되어주는 것은 절대 아니라는 것이 최고행정법원의 일관된 판례이기도 하다. 따라서 문제된 법률이 취소사유들 가운데 하나를 무력화시키는 것에 불과하다면 위법한 행위의 취소를 구하는 소에서는 그 밖의 다른 어떤 취소사유도 실효적으로 제시되지 않아야만 본안의 이유 없음이라는 판결을 내릴 수 있게 된다(CE 21 oct. 1953, Ginestet, Rec. CE, p. 444 ; 4 déc. 1985, Min. de l'Intérieur et de la Décentralisation, ibid., p. 51 등등). 역으로, 만약 다른 취소사유가 인정된다면 계쟁 행위는 당연히 취소될 수도 있다(CE 25 mai 1979, Secr. d'Etat aux Université c/Mme Toledano－Abitbol, préc. ; 4 déc. 1981, Min.de l'Intérieur et autre c/Kühn, Rec. CE, p. 458. 등등).

라. 손해전보를 구할 권리는 제한된다

추인적 법률로 말미암아 위법한 행정행위의 취소를 구하는 소가 각하된다 하더라도, 보통은 입법자로서의 국가의 무과실 책임의 적용 여지가 구제책으로서 남아 있게 된다. 최고행정법원은 국가의 전보책임을 인정하지 않겠다는 입법자의 의사가 없다면 공적 부담 앞의 평등원칙에 기하여 추인으로 인하여 피해를 본 자는 국가를 상대로 피해의 전보를 구할 수 있다고 판시한 바 있다.[33] 그러나 1967년 12월 1일의 판결에서 입법자로서의 국가가 지는 책임은 피해의 변칙성(anormalité), 특수성(spécialité), 및 물질성(matérialité)이라는 요건이 충족되어야 한다고 판시한 이후로[34] 이러한 책임이 인정된 예는 오늘날까지 발견하기 어렵다.[35] 추인적 법률들 중 일부에서는 국가의 전보책임면제조항을 두기도 하나, 반대로 추인으로 인해 피해를 입은 자들에게 보상을 구할 권리를 인정하는 조항을 두는 입법례도 발견할 수 있다.[36]

3. 행정법적 쟁점의 분석

(1) 신법에 따른 결정의 법적 성격

앞서 부칙조항의 행정법적 쟁점으로서, 부칙조항의 취지가 ① 구법상 결정의 하자치유에 있는지, ② 구법상 결정의 위법판단기준시 지정에 있는지, 아니면 ③ 구법상 결정을 폐

33) CE 20 déc 1961, Lacombe ; Chapus, op.cit., p. 1087.

34) Massot, op.cit., p. 5.

35) 입법자로서의 국가의 무과실책임에 대해서는 M. Olivier Gohin, “La responsabilité de l'Etat en tant que législateur”, 『RIDC』 Vol. 50 N° 2, Avril－juin 1998, p. 595－610.

36) Massot, op.cit., p. 5.

지하고 그 자리를 신법상 결정으로 대체하는 데 있는지를 언급하였다. 그런데 ③ 폐지·대체설과 관련하여서는 신법상 결정의 법적 성격에 대하여 보다 심도 있는 고찰이 필요하다. 구법상의 결정이, 소정의 위원회가 구성되어 여러 절차를 거쳐 내려진 실존적 결정인 것과는 대조적으로 개정법상 결정은 관념적 차원의 세계에서 개정법에 따라 이루어진 것으로 상정될 따름인 결정을 의미한다고 보아야 한다. 즉, 입법기술의 측면에서 신법상 결정은 관념적 존재에 불과하다고 할 것인데, 물론 우리의 법질서상으로 이러한 관념적 존재인 처분 내지 결정이 전혀 생소한 것은 아니다. 예를 들어 건축법제, 국토계획법제, 개발사업법제 등의 영역에서 흔히 발견되는 인허가의제규정들을 살펴보면, 실존적 처분이 관념적 처분의 법효과를 동반하는 현상을 목도할 수 있다. 요컨대 부칙조항상의 개정법상 결정은 인허가의제에서 의제되는 인허가와 유사한 법적 의제 내지 허구(legal fiction ; juristische Fiktion ; fiction juridique)[37]로서의 성질을 가진다. 물론 통상적인 인허가의제규정과 부칙조항에는 차이점도 있는데, 예컨대 건축법 제11조 제5항이 그러하듯, 건축허가를 받으면 국토계획법상 개발행위허가를 받은 것으로 본다는 규정은 행정에 의한 실존적 결정(건축허가)이 있으면 그와 더불어 관념적 결정(개발행위허가)이 있었던 것으로 보아 개발행위허가의 법적 효과도 발생하는 것으로 법상태를 만들겠다는 데에서 입법자의 의도를 발견할 수 있다. 반면 부칙조항에서는 행정에 의한 실존적 결정(구법상 결정)을 폐지하고 입법자가 관념적 결정(신법상 결정)을 창설하여 소급적으로 실존적 결정을 대체하게끔 하려는 데 입법자의 의도가 있다고 볼 수 있다. 이처럼 통상적인 인허가의제조항이나 이 사안에서의 부칙조항이나 모두 입법기술로서의 '허구'를 활용하고 있다는 점에서는 공통적이지만 입법자와 행정 간의 역할수행 순서나 처분상대방에 대한 효과의 측면에서는 상이한 점을 보이고 있다. 즉, 통상적인 인허가의제의 맥락에서는, 입법자는 미리 인허가의제규정을 마련했어야 하고, 행정은 뒤이어 건축허가를 하였어야 하며 입법자의 법률규정과 행정청의 건축허가가 협력하여 관념적 존재인 개발행위허가의 법률효과가 탄생하게 된다. 반면 부칙조항에서는 행정에 의한 구법상 결정이 있은 후, 입법자가 행정의 손을 빌지 않고 스스로 구법상 결정을 폐지함과 더불어 허구적 존재 내지 관념적 존재인 신법상 결정이 처음부터 있었던 것으로 법상태를 만들어 내기 때문에 국가권력들의 역할수행의 순서가 통상적인 인허가의제와는 다르며, 관념적 존재의 탄생에 행정의 협력이 필요하지 않다는 점도 통상적인 인허가의제와 다르다. 또한 상대방에 대한 효과에 있어서도 통상적인 인허가의제조항은 수익적인 효과를 미치는 반면, 부칙조항은 기존 규정에 따르면 재산이 국가귀속 대상이 아니었던 자도 국가귀속대상으로 만든다는 점에서 침익적이라고 할 수 있다.

37) 물론 법적 허구(legal fiction)라는 주제는 모든 법영역을 아우르는 방대한 법철학적 주제이며 인허가의제는 그 하나의 예에 불과하다.

(2) 부칙조항의 해석

앞서 부칙조항의 취지에 대한 다양한 이해를 시도해 보았는데, 이 가운데 타당한 해석은 ③ 폐지·대체설이라고 생각된다. 그 이유는 다음과 같다.

일단 입법자가 구법하에서 발급되었던 위법한 처분을 추인하기로 마음먹은 이상, 그 앞에 놓인 법문의 선택지는 다양했을 것이다. 예컨대 '구법상 결정의 하자는 개정법에 의하여 소급적으로 치유된 것으로 본다'거나 '구법상 결정의 위법판단은 판결시의 법률상태를 기준으로 한다'거나 아니면 프랑스나 영미의 예에서 발견되는 것처럼 노골적이고 직설적으로 '구법상 결정은 추인되었다'라거나 '구법상 결정은 유효했고 유효한 결정이다'라는 법문을 만들자는 제안이 고려되었을 수도 있다. 그러나 입법자는 이러한 선택지를 모두 버리고 우회적이고 에두르는 표현인 '위원회가 종전의 제2조 제1호에 따라 친일반민족행위자로 결정한 경우에는 제2조 제1호의 개정규정에 따라 결정한 것으로 본다'라는 문구를 채택하였는데, 이를 통해 입법자는 구법상 결정과 개정법상 결정을 분별하여 의식하고 있었다는 점이 뚜렷이 드러난다. 즉, 입법자는 구법상 결정과 신법상 결정이라는 두 개의 결정이 존재함을 전제로 하고 있는데, 부칙조항의 행정법적 쟁점과 관련하여 두 개의 결정을 동원하여 답을 마련하고 있는 견해는 ③ 폐지·대체설이다. 즉 폐지·대체설에 따르면 개정법에 의해 구법상 결정은 폐지되고 엄밀히 말하자면 법적 허구인 개정법상 결정이 그 자리를 대신 차지한다는 이해가 가능하다.

반면 대상 조문의 취지가 ① 결정의 하자치유 또는 ② 결정의 위법판단기준시 지정에 있다고 보는 관점을 취한다면 법문에서 굳이 개정법상의 결정까지 언급한 이유를 설명하기가 곤란하다. 즉 입법자가, 종래 행정청이 위법한 처분을 구명하는 데 쓰던 기술인 하자치유나, 법관이 처분의 법적 운명을 뒤바꾸기 위해 쓰던 기술인 위법판단의 기준시 변경이라는 기술을 써서 위법한 처분을 스스로 구해주기로 결심한 것이라고 본다면 구법상 결정의 하자는 치유되었다거나 구법상 결정의 위법판단기준시는 판결시에 의한다라고 선언하는 것만으로 족하다.

(3) 의견

요약하자면 첫째, 대상 조문의 행정법적 쟁점을 해결하기 위한 전제로서 무엇이 입법자의 합리적인 의사인지를 판단함에 있어서는 법률의 문언 자체가 가장 중요한 준거점이 되어야 한다는 점을 고려하고 둘째, 입법자는 대상 조문의 문언을 통하여 주인공으로 등장하는 결정이 두 개라는 점을 분명히 하였다는 점을 고려하고 셋째, 하자치유설이나 위법판단기준시 지정설이 하나의 결정을 전제로 하는 것과는 달리 폐지·대체설은 두 개의 결정을 전제로 한다는 점을 고려한다면 입법자의 의사에 가장 부합하는 견해는 ③ 폐지·대체설이라고 보아야 할 것이다.

4. 헌법적 쟁점의 분석

(1) 가능한 주장들

가. 위헌으로 보는 견해

추인적 법률이 헌법위반이라고 보는 견해는 앞서 살펴본 헌법적 쟁점들에 대하여 다음과 같은 논거를 제시하고 있다. 추인적 법률은 법원에 의하여 위법하다고 선언되었거나 선언될 운명인 행정작용을 국회가 법률로써 부활시키는 수단으로 활용된다는 점에서 특히 법원에 의해 이미 위법하다고 선언된 행정작용을 국회가 그 후 개입하여 추인하는 경우에는 입법권력이 재판권력을 무력화하는 것이어서 권력분립이라는 헌법원칙을 위반한다는 주장이 가능하다. 앞서 살펴본 프랑스의 공법학계과 판례들에서는 권력분립원칙 위반의 혐의를 추인적 법률의 가장 중요한 헌법적 쟁점 가운데 하나로 보고 있으며 이는 본 논문에서는 지면관계상 자세한 소개를 생략하고 있는, 미국의 판례도 마찬가지이다. 무엇보다도 추인적 법률은 행정작용의 위법성에 대한 사인의 신뢰를 소급적으로 저버리기 때문에 주관적으로는 개개 국민의 신뢰침해 문제를, 객관적으로는 법치국가원리의 하위원리인 법적 안정성의 침해 문제를 낳게 되며 더 나아가 위법한 행정작용에 대하여 재판을 통해 구제받을 기회를 국민들로부터 빼앗아 버린다는 점에서 재판청구권의 본질적 내용을 침해한다는 주장도 가능하다.

나. 합헌이라고 보는 견해

추인적 법률이 등장하는 맥락은 다양한데, 공통적인 것은 개인이 과거에 저지른 잘못을 되도록이면 바로 잡고 싶어하는 것과 마찬가지로 국가도 과거의 오류를 바로잡고 싶어하며, 그러한 동기에서 추인적 법률이 등장한다는 점이다. 전형적인 맥락으로는 ① 첫째, 선행 법률이 입법과정에서의 불찰 등으로 말미암아 국회의 진정한 의사를 반영하지 못하는 모습으로 만들어지게 되었고 그리하여 국회의 의도와 법률문언 간에 간극이 생기는 경우를 상정해 볼 수 있다. 이러한 상황에서 오히려 대상법률을 집행하는 처분청에서는 이러한 간극을 메꾸기 위하여 국회의 진정한 의사에 부합하는 처분을 하기도 하는데, 그 결과 당해 처분이 위법한 처분이 되어 버리고 마는 경우에, 국회가 뒤이어 위법한 그러나 진정한 의사에는 부합하는 대상처분을 구제하고자 추인적 법률을 만들기도 한다. 이러한 맥락에서의 추인적 법률은 과거의 입법상 오류를 바로 잡고 국회의 진정한 의사를 반영하게 한다는 점에서 민주주의라는 헌법원리를 충실하게 실천하는 수단으로서의 의의를 가진다. 무엇이 법인지를 결정할 권한을 가진 국회는 당연히 그 광범위한 입법재량의 범위안에 추인적 법률을 만들 권한도 누리게 마련이라는 것이다. ② 둘째, 어떠한 처분이 내용적으로는 적법·타당하나, 형식·절차적인 측면에서 하자가 있고, 특히 그러한 처분이 일상적이고 대량적으로 발하여지는 처분이어서 그 많은 처분들에 대하여 취소소송이 제기된다면 법원으로서도 감당하기 힘들 것으로 예상되는 경우가 있다. 물론 절차적 측면의 법치주의를 충실히 관철하려면 이러한 사안에서도 직권 또는 재판상 취소를 통한 구제가 베풀어져야 함이 원칙이지만, 재판상 또는 직권에 의한 (절차하자를 이유로 한) 취소를 거쳐 다시 절차·형식상의 하자 없는, 그러나 내용적으로는 선행처분과 동일한 처분을 반복한다는 것이 재판권력과 행정권력 모두의 차원에서 자원을 낭비하게 하는 결과를 가져온다는 우려가 제기될 수 있다. 이러한 맥락에서 국회가 나서서 추인적 법률을 만듦으로써 위법한 수익적 처분들을 일괄적으로 적법화한다면, 절차에 소요될 뻔한 국가적 자원이 절약되는 긍정적 결과를 가져올 수 있다. ③ 또한, 추인적 법률이 법적용대상인 국민들에게 반드시 불리하게 작용하는 것만은 아니다. 특히 사회보장급부 등 수익적 행정영역에서, 과거의 위법한 급부결정을 소급적으로 합법화하는 추인적 법률은 급부결정이 취소되었을 때 초래될 수 있는 법관계의 혼란을 방지하면서 국민의 법적 지위를 보다 두텁게 하는 수단이 될 수 있다는 점도 간과할 수 없다. ④ 그 밖에도 공무원의 임명이나 합의제 행정기관의 구성과 관련하여 나중에 위법이 발견되었을 때, 대상공무원 또는 행정기관이 관여한 모든 공법적 행위가 무권한자의 행위로 전락하는 것을 막기 위하여 대상임명행위나 기관구성의 근거가 된 위법한 행정입법 등을 추인하는 법률이 동원되기도 하는데, 이러한 경우에는 추인적 법률이 오히려 법적 안정성에 기여하기도 한다.

다. 종합적 관점

이처럼 추인적 법률은 권력분립을 위협하고 법적 안정성과 신뢰를 해치며 재판청구권을 제약하는 반 법치적 입법이라는 헌법적 의심의 대상이면서 동시에 민주주의, 국가적 자원배분의 효율성 제고, 법적 안정성의 확보 등에 봉사하는 수단으로서의 긍정적 측면도 가지고 있으므로, 추인적 법률의 헌법적 허용성은 일도양단의 관점에서 접근할 것이 아니라 권력분립, 법치주의, 민주주의 등 제반 헌법원리들간의 형량이 작동하여야 하는 영역으로서 사안의 특성에 따른 세심한 원리 상호간 조율의 관점에서 접근하여야 할 것이다. 이하에서는 대상조문의 헌법적 쟁점들을 살펴보기는 하는데, 이 역시 지면의 제약이 있는만큼 앞서 언급한 여러 쟁점들 가운데 일부만을 살펴보기로 한다.

(2) 의견

가. 권력분립원칙 위반 여부

입법자가 형사적 영역에서 추인적 법률을 만들거나 또는 형사적 영역이 아니더라도 판결의 기판력을 훼손하는 취지일 때에는 헌법상 허용되지 아니한다고 보는 프랑스의 판례·학설은 부칙조항의 헌법 위반여부를 살펴보는 데 있어서도 좋은 참조가 될 수 있다. 즉, 국회입법자가 부칙조항을 통해 추인하고자 하였던 친일반민족행위자결정이 개인의 형사책임이나 행정제재의 영역에서 이루어진 것은 아니라는 점, 친일재산귀속법 부칙 제2항 단서는 기판력 있는 결정을 본문의 적용대상으로부터 배제하고 있는 점 등을 감안하면 부칙조항을 통하여 기판력이 발생한 위법한 결정까지 추인되는 것은 아니라는 점에서 대상 조문은 헌법상 권력분립원칙 위반은 아니라고 본다.

나. 소급효금지원칙 위반 여부

대상 조문은 구법에 따른 결정을 처음부터 없었던 것으로 만들고 개정법에 따른 결정이 구법상 결정시점부터 있었던 것으로 의제한다는 점에서 그 규율 내용으로 실증적 처분의 소급적 폐지와 관념적 처분의 소급적 발급의제가 합체되어 있다. 이는 과거의 이미 종료된 법상태를 법률규정을 통해 변경하는 것으로서, 진정소급효 있는 법률로 보아야 할 것이지만, 진정소급효가 헌법상 항상 금지되는 것은 아니며 예외적으로 중대한 공익이 인정된다면 헌법적으로도 허용될 수 있다. 부칙조항은 미진하였던 친일과거사청산을 반성하고 진작에 문제삼았어야 할 여러 인사들의 과거행적에 대한 법적 평가를 뒤늦게나마 도모하고자 하는 취지이며 이는 대한민국 헌법 전문에서 3·1운동을 가장 먼저 언급하고 있는 데에서 알 수 있듯이, 대한민국의 정체성과 관련되는 문제라는 점에서 중대한 공익이 인정되므로 헌법상 허용되는 진정소급입법이라고 본다.

다. 적법절차원칙 위반 여부

부칙조항의 취지를, 입법자가 직접 구법상 결정을 폐지하고 개정법상 결정이 소급적으로 존재하는 것으로 의제하기로 한 데 있다고 해석하는 이상, 의제되는 개정법상 결정은 실존적 결정이 아니라 관념적인 결정, 즉 fiction으로서의 결정이라는 점에서 인허가의제시 의제되는 인허가와 본질적으로 다르지 않음은 앞서 논증한 바 있다. 그런데, 인허가 관련 법적 의제 내지 허구의 본래 기능은, 실제 결정절차를 거치지 아니하면서 그 법적 효과를 향수하자는 데 있으며 그러한 관점에서 부칙조항은 법적 의제 본연의 기능을 충실히 이행하고 있을 따름이라고 보아야 한다. 따라서 입법자가 행정으로 하여금 다시 절차를 거쳐 결정을 내리게 하는 방안을 고려할 수 있음에도 불구하고 그러한 방도를 취하지 아니한 채, 개정법상 결정이 있었던 것으로 의제하는 규정을 마련한 것이 적법절차원칙 위반의 혐의가 있다고 보는 것은 적절치 않다.

즉, 입법기술로서의 의제제도의 본질이 적어도 행정처분과 관련하여서는 절차생략에 있다는 점을 감안하면, 부칙조항에 따른 신법상 결정의 의제에 있어서도 절차생략은 당연한 귀결이라고 보아야 한다. 물론 건축법제, 국토계획법제상의 인허가의제는 상대방에게 수익적인 효과를 미치는 반면 부칙조항상의 의제는 상대방에게 침익적인 효과를 미친다는 점에서 동일선상에 두고 볼 수 없다는 반론도 제기될 수 있을 것이나, 의제라는 법적 도구의 주된 효용이 절차생략에 있음을 감안한다면, 부칙조항이 입법재량을 벗어났다고는 볼 수 없을 것이다.

라. 기타

그 밖에도 부칙조항이 처분적 법률이라는 주장도 제기되고 있다. 물론 앞서 살펴보았듯이 부칙조항은 제청신청인 조부와 관련한 친일반민족행위결정이 1심 법원에 의하여 취소된 이후 만들어지기는 하였으나, 이는 어디까지나 입법의 계기라고 하는 사실의 영역에 속할 뿐이다. 오히려 부칙조항에서 객관적으로 드러나는 법문은 신법상 결정에 의해 폐기·대체되는 구법상 결정이 누구를 상대방으로 하는 결정인지를 특정하고 있지 아니하다. 즉 부칙조항은 제청신청인의 조부와 관련한 결정만을 규율대상으로 하고 있는 것이 아니라 재산이 귀속될 친일반민족행위자가 누구인지를 묻지 아니하고 일반·추상적으로 구법에 따라 이루어진 모든 결정을, 개정법에 따른 결정으로 보고 있다는 점에서 부칙조항이 처분으로서의 성질을 가진다고는 볼 수 없다. 또한, 부칙조항에 의하여 위법하였던 구법상 결정은 이제 신법에 따른 적법한 결정으로 대체되었고 그 결과 청구인이 취소소송에서 승소할 기회가 사라지게 되었으나, 이는 본안승소요건의 문제일 뿐, 제청신청인의 항고소송의 원고적격과 대상적격을 제약하거나 법관에 의한 재판을 부인하는 취지는 아니므로 부칙조항이 제청신청인의 재판청구권이라는 절차적 기본권을 침해하는 것으로는 볼 수 없다. 재판청구권은 어디까지나 국민의 절차법상 지위의 문제일 뿐이며 본안의 승소 여부는 실체법의 문제이기 때문이다.[38)]

38) 헌재 2006. 2. 23. 2005헌가7 –"헌법 제27조 제1항은 "모든 국민은 …… 법률에 의한 재판을 받을 권리를 가진다."라고 규정하여 법원이 법률에 기속된다는 당연한 법치국가적 원칙을 확인하고, '법률에 의한 재판, 즉 절차법이 정한 절차에 따라 실체법이 정한 내용대로 재판을 받을 권리'를 보장하고 있다. 그런데 이러한 재판청구권의 실현은 재판권을 행사하는 법원의 조직과 소송절차에 관한 입법에 의존하고 있기 때문에 입법자에 의한 재판청구권의 구체적 형성은 불가피하며, 따라서 입법자는 소송요건과 관련하여 소송의 주체·방식·절차·시기·비용 등에 관하여 규율할 수 있다. 그러나 헌법 제27조 제1항은 권리구제절차에 관한 구체적 형성을 완전히 입법자의 형성권에 맡기지는 않는다." ; 헌재 2005. 11. 24. 2004헌가17 – "헌법 제27조 제1항의 재판청구권은 사법절차에의 접근뿐만 아니라 공정한 재판을 받을 권리를 포함하므로, 재판의 공정성과 재판의 독립성은 재판청구권을 보장한 헌법규정에 의하여서도 요청된다."

Ⅲ. 맺음말

앞서 살펴본 바와 같이 부칙조항에서 언급하고 있는 '종전의 제2조 제1호에 따(른).. 결정'과 '개정규정에 따(른) 결정'의 법적 성질을 각각 실존적 결정과 관념적 결정으로 이해하고 관념적 결정으로서의 법적 의제는 대개 절차생략이 수반한다는 점을 고려하면, 부칙조항에게 적법절차원칙위반의 혐의를 묻는 것은 적절치 않다. 우리의 공법질서하에서 행정권력과 재판권력은 모두 위법한 행정처분을 존속시킬 도구들을 쥐고 있다. 법관은 사정판결제도를 통해 위법한 처분을 존속시킬 수 있고 행정청도 위법한 처분의 하자를 치유하여 적법한 처분으로 존속시킬 권한을 누린다. 이처럼 법관이나 행정에게 인정되는 힘이 국회에게는 인정되지 않는다는 주장을 뒷받침할 논거는 매우 희박하다. 더구나 국회는 법관에게 위법행위를

존속시킬 권한을 행정소송법을 통하여 부여한 당사자이기도 하다. 즉, 국회가 추인적 법률을 통하여 위법한 행정처분을 폐지하면서도 그 법효과는 사실상 여전히 보다 강력한 힘을 가지고 있다는 점은 헌법이 전제로 하는 헌법기관들 사이의 위상을 감안할 때 부인하기 어렵다. 다만, 추인적 법률도 권력분립원칙, 법치국가에서 파생되는 소급효금지원칙 등 제반 헌법적 위상의 법원칙들 및 국민의 기본권과 조화되는 한도 내에서 허용된다는, 모든 법률에 일반적으로 가해지는 제약만이 존재할 따름인데, 부칙조항은 이러한 헌법적 한계 내에 있다고 보아야 할 것이다.

命令·規則 등의 不眞正行政立法不作爲에 대한 法院의 規範統制*

-특히 獨逸의 規範補充訴訟을 中心으로-

정남철**

I. 序 論

규범은 불특정다수인을 규율대상으로 하고 있다는 점에서 일응 '공익'에 기여하는 것이 보통이지만, 개인의 주관적 공권에 대한 법적 근거를 제공한다는 점도 간과해서는 아니 된다. 근래에 위법한 법률하위규범의 사법적 통제에 관한 문제가 늘어나고 있다. 위법한 법규명령이나 조례에 대한 권리구제를 행정소송의 방식으로 실현할 수 있는지가 논의되고 있다. 위법한 법률하위규범에 대한 사법적 통제의 방식은 規範統制制度이다. 우리 헌법 제107조 제2항에는 "명령·규칙 또는 처분이 재판의 전제가 된 경우"에 대법원이 최종적인 심사권을 가진다고 규정함으로써, 부수적 규범통제만 허용된다고 보는 것이 통설·판례의 입장이다.[1] 법규명령은 원칙적으로 항고소송의 대상이 될 수 없고, 법규명령의 위헌·위법성은 재판의 전제성이 인정된 경우에 한하여 심사할 수 있다. 대법원은 소위 '처분적 조례'에 대해 예외적으로 항고쟁송의 대상을 인정한 사례가 있지만,[2] 위법한 조례는 대부분 기관소송의 형식으로 다투어지고 있다. 다만, 이러한 소송은 부분적으로 추상적 규범통제의 의미도 가진다.

한편, 헌법재판소는 법무사법시행규칙(대법원규칙)에 대한 헌법소원이 "명령·규칙 그 자체에 의하여 직접 기본권이 침해되었음을 이유로 하여 헌법소원심판을 청구하는 경우에" 허용된다고 결정하고 있다.[3] 그 이후에도 헌법재판소는 법규명령에 대한 헌법소원을

* 이 글은 2017년 12월 31일 발행된 행정판례연구 제22-2집에 게재된 논문을 전재한 것입니다.

** 숙명여자대학교 법과대학 교수

1) 대법원 1994. 4. 26. 자 93부32 결정.

2) "조례(경기도 두밀분교통폐합에 관한 조례)가 집행행위의 개입 없이 그 자체로서 국민의 권리의무나 법적 이익에 영향을 미치는 등의 법률상의 효과를 발생하는 경우 그 조례는 항고소송의 대상이 되는 행정처분에 해당한다."(대법원 1996. 9. 20. 선고 95누8003 판결)

인정하고 있다.[4] 또한 헌법재판소는 조례에 대해서도 헌법소원의 대상을 인정하고 있을 뿐만 아니라, 원칙적으로 행정조직 내부에서만 효력을 가지는 행정규칙에 대해서도 일정한 경우에 헌법소원의 대상을 인정하고 있다.[5] 행정규칙에 대해 헌법소원을 인정하는 것은 외국의 입법례에 비추어 매우 異例的이지만, 헌법재판소가 이를 인정하는 論據에 있어서는 법리적으로 문제가 있다. 행정규칙이 헌법소원의 대상이 되는 경우는 "법령의 구체적 내용을 보충할 권한을 부여한 경우", "재량권 행사의 준칙인 규칙이 그 정한 바에 따라 되풀이 시행되어 행정관행이 성립되면 평등의 원칙이나 신뢰보호의 원칙에 따라 행정기관이 그 상대방에 대한 관계에서 자기구속을 당하는 경우"이다.[6] 후자의 경우에는 '行政의 自己拘束의 法理'에 관한 내용이다. 이는 행정규칙의 비법규성을 전제로 발전된 이론임에도 불구하고 이를 매개로 행정규칙에 대해 헌법소원을 인정하는 것은 그 자체로 모순이다. 전자에 해당하는 법령보충적 행정규칙의 경우에도 '위임'의 법리를 확대하여 적용하는 것은 문제가 있다. 이러한 현상은 헌법재판소가 헌법소원의 대상을 확대함에 있어서 행정법의 법리를 무리하게 적용한 결과이다.

이와 같이 위헌·위법인 법규명령에 대한 사법적 통제는 매우 미흡하고 불완전하다. 행정입법에 대한 추상적 규범통제제도가 도입되지 못한 것이 결정적 원인의 하나이다. 법률하위규범에 대한 사법적 통제를 효율적으로 운영하기 위해서는 추상적 규범통제제도를 도입하는 것이 선행되어야 한다. 그러나 보다 중요한 것은 규범통제권의 기능적 배분이다. 예컨대 독일에서는 연방법이나 주(란트)법에 대한 추상적 규범통제의 권한을 헌법재판소에 부여하는 반면(기본법 제93조 제1항 제2호 및 독일 연방헌법재판소법 제13조 제6호, 제76조 이하),[7] 도시계획조례에 해당하는 都市建設計劃(Bebauungsplan)이나 일부 법규명령에 대한 규범통제는 고등행정법원의 관할로 하고 있다(독일 행정법원법 제47조 제1항 제1호).

한편, 적극적인 법규명령이나 조례에 대한 사법적 통제 외에 이러한 법률하위규범의 제정을 구하는 소송이 논의되고 있다. 이러한 경우는 주로 행정입법부작위에 대한 사법적 통제의 문제로서 시행령이나 시행규칙의 흠결이나 보충 등이 쟁점이다. 이와 관련하여 대법원은 행정입법부작위의 위법확인을 구하는 사건에서, 추상적인 법령의 제정 여부 등은 항고소송의 대상이 되지 아니한다고 판시한 바 있다.[8] 이 사건은 특정다목적댐법 제41조

3) 헌재 1990. 10. 15. 89헌마178, 판례집 2, 365.

4) 헌재 1997. 6. 26. 94헌마52, 판례집 9-1, 659.

5) 헌법재판소는 원칙적으로 행정규칙에 대한 헌법소원의 대상성을 부인하고 있다(헌재 1991. 7. 8. 91헌마42, 판례집 3, 380; 헌재 2013. 8. 29. 2012헌마767, 공보 제203호, 1207).

6) 헌재 1990. 9. 3. 90헌마13, 판례집 2, 298, 303; 헌재 2007. 8. 30. 2004헌마670, 판례집 19-2, 297.

7) 이러한 연방법이나 주(란트)법에는 법규명령이나 자치법규(조례)도 포함된다(Schlaich/Korioth, Das Bundesverfassungsgericht, 9. Aufl., Rn. 128).

8) 대법원 1992. 5. 8. 선고 91누11261 판결.

에서 다목적댐 건설로 인한 손실보상 의무가 국가에 있다고 규정하고, 또한 같은 법 제42조에서 손실보상의 절차와 그 방법 등 필요한 사항을 대통령령에 위임하고 있음에도 불구하고 이를 제정하지 않아 부작위위법확인소송을 제기한 것이다. 그러나 헌법재판소는 행정입법부작위에 대해서도 헌법소원을 인정하고 있다.[9] 행정입법의 제정의무가 있음에도 불구하고 이를 제정하지 아니하는 경우는 헌법쟁송의 문제가 아니라 행정소송의 문제라고 보는 것이 독일의 지배적 견해이다.[10] 따라서 행정입법부작위에 대한 사법적 통제를 행정소송의 방식으로 관철할 수 있는지가 검토되어야 한다. 특히 법률이 위임한 시행령이나 시행규칙, 또는 조례를 제정하지 않아 일정한 범주의 이해관계인이 권리나 이익을 침해받는 경우가 생길 수 있다. 이러한 경우에 행정소송을 통해, 그리고 어떠한 소송형식의 방식으로 권리구제를 받을 수 있는지를 검토할 필요가 있다. 또한 법률의 위임에 따라 시행령이나 시행규칙 등을 제정하였으나 그 내용이나 범위 등이 불충분하거나 불완전한 경우 그 규범의 보충 내지 보완을 요구하는 소송을 제기할 수 있는지가 문제된다. 의료법이나 사회보장법 등에서 이러한 불완전한 입법에 의해 의료보험이나 사회보장수급 등을 받지 못하는 경우가 발생할 수 있다. 이러한 문제와 관련하여 독일에서는 規範制定要求訴訟(Normerlassklage)을 인정하고 있다. 특히 법률하위규범의 내용이 불완전하거나 불충분한 경우에 規範補充訴訟(Normergänzungsklage)을 인정하고 있다. 이 경우에는 평등의 원칙을 위반하였는지 여부가 문제되고 있다. 이하에서는 위법한 법률하위규범에 대한 공법상 권리구제(Ⅱ), 독일의 규범보충소송(Ⅲ), 그리고 위법성 판단기준으로서 평등원칙(Ⅳ) 등을 중심으로 고찰하기로 한다.

Ⅱ. 違法한 法律下位規範에 대한 權利救濟

1. 違法한 法規命令에 대한 司法的 統制

(1) 법규명령과 조례는 법규범이다. 이러한 법률하위규범에 대한 사법적 통제는 '규범통제'의 방식으로 해야 한다. 규범통제의 방식에는 추상적 규범통제와 구체적 규범통제가 있다. 추상적 규범통제는 특정한 헌법기관이 규범에 대한 사법적 통제를 요구하는 경우에 사법기관이 직접 규범의 위헌·위법을 심사하는 것이다. 이를 독일에서는 '主位的 規範統制(prinzipale Normenkontrolle)'라고도 한다.[11] 이에 반하여 구체적 규범통제는 사법기관이

9) 헌재 1998. 7. 16. 96헌마246, 판례집 10-2, 283, 305.

10) Schmitt Glaeser/Horn, Verwaltungsprozeßrecht, 15. Aufl., Rn. 332; Thomas Würtenberger, Verwaltungsprozessrecht, 3. Aufl., §39 Rn. 701; Hufen, Verwaltungsprozessrecht, 7. Aufl., §20 Rn. 4; Schübel-Pfister, Aktuelles Verwaltungsprozessrecht, JuS 2014, S. 415 f.

구체적 사건을 전제로 하여 해당 수권규범의 효력 여부를 심사하는 것이다. 추상적 규범통제에서는 신청인의 자기관련성이 현존할 필요가 없다.[12] 우리 헌법 제107조 제2항에서는 구체적 규범통제를 규정하여, 위법한 법규명령이나 조례에 대해서는 부수적 규범통제의 방식으로 이루어질 수밖에 없다. 이러한 규범통제의 방식 외에 헌법소원의 방식으로 규범의 심사가 이루어지는 경우도 있다. 독일의 경우에도 예외적으로 직접 법률에 대해 헌법소원을 제기하는 경우가 있다(독일기본법 제93조 제1항 제4a호 참조). 이를 法規訴願 내지 法令訴願(Rechtssatzverfassungsbeschwerde)으로 부르며, 신청인의 기본권 관련성이나 권리보호필요가 법률의 심사범위를 정한다.[13] 그러나 독일에서도 이러한 법령소원은 규범통제의 소송유형에 포함시키지 아니한다.[14] 우리 헌법에는 추상적 규범통제제도가 도입되어 있지 않다. 위헌법률심판도 구체적 사건을 전제로 법원의 제청에 의해 헌법재판소가 심판한다는 점에서 구체적 규범통제의 제도를 채택하고 있다.[15] 그러한 이유에서 헌법재판소는 헌법소원 사건을 통해 – 일정한 경우에는 보충성의 요건을 완화하여 – 행정입법에 대한 규범통제권을 우회적으로 행사하고 있다. 헌법소원은 최후의 수단으로서 청구인이 자신의 기본권을 직접 그리고 현재 침해받아야 하며, 보충성의 요건을 충족해야 한다. 규범통제제도와 헌법소원제도는 서로 구별될 필요가 있다.

한편, 대법원도 헌법소원과 규범통제를 혼동한 사례가 있다. 대법원은 X군 甲군수의 가축사육제한과 관련된 건축불허가처분의 취소를 구하는 사건에서 주민의 권리제한 또는 의무부과에 관한 사항을 법률로부터 위임을 받아 제정된 조례가 지방자치단체의 장이 정하는 규칙이나 고시 등에 다시 위임을 하는 것을 허용하고 있다.[16] 이 사건에서 고시를 법령보충적 행정규칙으로 판단하면서 이에 대해 포괄위임금지의 원칙을 위반하였는지 여부를 심사하고 있다. 이 사건에서 '고시'를 법규명령으로 보는 견해에 의하면, 법률에서 조례에 위임하고 조례에서 다시 '법규명령'(!)에 위임하는 결과를 초래한다. 고시에 재위임을 허용하는 것은 규범체계의 통일성을 깨뜨리는 모순에 이를 수 있다. 이러한 고시에 재위임을 허용하고, 고시에 의해 기본권 제한을 허용하는 것은 신중할 필요가 있다. 대법원은 이 사건 고시 조항이 상위법령의 위임한계를 벗어나거나 과잉금지원칙에 위배되어 법규적 효력을 인정할 수 없다고 판시하고 있다. 그러나 여기에서 언급된 과잉금지의 원칙은 헌법소원에서 공권력 행사에 의한 기본권의 침해 여부를 심사하는 경우에 사용되며, 규범통제와

11) Würtenberger, a.a.O., § 26 Rn. 433.

12) 이에 대해서는 Schlaich/Korioth, a.a.O., Rn. 121.

13) Schlaich/Korioth, a.a.O., Rn. 121.

14) Schlaich/Korioth, a.a.O., Rn. 121.

15) 한수웅, 헌법학, 제7판, 249면; 허영, 헌법소송법론, 제2판, 79면.

16) 대법원 2015. 1. 15. 선고 2013두14238 판결.

는 무관하다는 점을 유의할 필요가 있다.

(2) 헌법소송과 행정소송의 관할권은 서로 구별되어야 한다. 행정입법에 대한 사법적 통제에 있어서 헌법재판소와 대법원은 관할권을 두고 긴장관계에 서 있는 것이 사실이다. 헌법재판소가 행정규칙에 대해 헌법소원의 대상을 인정하는 것뿐만 아니라, 대법원이 소위 '處分的 條例'나 '處分的 命令' 등을 인정하여 법률하위규범에 대해 항고소송의 대상을 인정하는 것도 그러한 점을 반영하고 있다. 그러나 당해 사건은 대법원이 경상남도 거제군의 위치에 관한 대통령령에 대해 원칙적으로 행정소송법상 처분이라고 볼 수 없다고 판시하면서, 예외적으로 처분이 인정될 수 있는 경우를 인정하고 있다. 즉 "법령의 효력을 가진 명령이라도 그 효력이 다른 행정행위를 기다릴 것 없이 직접적으로 또 현실히 그 자체로서 국민의 권리훼손 기타 이익침해의 효과를 발생케 하는 성질의 것이라면 행정소송법상 처분이라고 보아야 할 것이(다)"라고 판시하고 있다.[17] 이러한 성질의 법규명령을 소위 '처분적 명령'이라고 부르고 있다. 또한 대법원은 전술한 바와 같이 경기도 두밀분교통폐합에 관한 조례에 관한 사건에서도 "조례가 집행행위의 개입 없이도 그 자체로서 직접 국민의 구체적인 권리의무나 법적 이익에 영향을 미치는 등의 법률상 효과를 발생하는 경우"에 처분성을 인정하고 있다(대법원 1996. 9. 20. 선고 95누8003 판결).

이와 관련하여 독일에서는 개별적인 집행행위를 통해 집행이 가능한 執行可能規範(vollziehbare Normen)과 이러한 개별적인 집행행위의 매개 없이 직접 주관적 권리의 형성이나 폐지를 하는 執行規範(Vollzugsnormen)으로 구분하고 있다.[18] 이러한 집행가능규범에 대해서는 원칙적으로 부수적 규범통제의 방식으로 사법적 통제를 할 수 있다. 집행행위를 대상으로 취소소송을 제기하면서 권리구제를 보장할 수 있다. 그러나 '집행규범'에는 집행행위가 없기 때문에 이에 대해서는 취소소송이 아니라 거의 '확인소송'을 제기하고 있다.[19] 이러한 확인소송을 통해 권리의 존재를 주장하거나, 선결문제(Vorfrage)의 방식으로 그 수권규범의 효력에 대해 판단하게 된다.[20] 그 구체적 사례로는 법률에서 직업적 활동을 금지하여 직업의 자유를 제한하는 경우에 이러한 활동의 권한이 있는지 여부에 대해 확인소송을 제기할 수 있다는 것이다.[21] 이 견해는 이러한 권한이 독일 행정법원법 제43조의 "법률관계"에 해당한다고 보고 있다.[22]

---

17) 대법원 1954. 8. 19. 선고 4286행상37 판결.

18) Schenke, Rechtsschutz bei normativem Unrecht, NJW 2017, S. 1062. 특히 후자의 경우는 법규범 스스로 직접 집행한다는 의미에서 自己執行規範(self-executing- Normen)이라고 부르기도 한다.

19) Schenke, NJW 2017, S. 1062.

20) Schenke, NJW 2017, S. 1062.

21) Schenke, Altes und Neues zum Rechtsschutz gegen untergesetzliche Normen, NVwZ 2016, S. 720 f.

22) Schenke, NVwZ 2016, S. 721.

이러한 부수적 규범통제의 방식 외에 예외적으로 주위적 규범통제를 하는 경우도 있다. 이러한 주위적 규범통제에서는 규범이 일반적으로 적용이 불가능하다는 것을 선언함으로써 규범의 위법을 '주위적'으로 확인하는 것이다.[23] 일부학설은 처분적 법규명령과 집행적 법규명령을 구별하고 있다. 이 견해는 처분적 법규명령은 "개별·구체적 규율로서 실질적으로 행정행위의 성격"을 가지는 반면, 집행적 법규명령은 "집행행위의 매개 없이 직접 수범자의 권리와 의무를 규율하는 규범"에 해당한다고 설명한다.[24] 그러나 이러한 구별은 명확하지 않을 뿐만 아니라, 집행적 법규명령에 관한 내용은 판례에서 설시한 소위 처분적 명령의 내용과 다르지 않다. 특히 처분적 법규명령을 행정행위로 파악하고 있으나, 법규명령이 행정행위의 성질을 가진다는 논증은 쉽게 납득하기 어렵다.[25] 독일에서 거론되는 집행규범은 우리 판례에서 인정하는 처분적 명령이나 처분적 조례와 대단히 유사하다. 그럼에도 불구하고 이에 대해 취소소송을 제기할 수 있다고 해석하는 것은 재고할 필요가 있다.

(3) 한편, 고시의 법적 성질도 논란이 되고 있다. 소위 '약가고시'[26] 사건에 대해서도 처분성이 있는 '법규명령의 효력이 있는 행정규칙', 즉 처분의 성질을 가지는 법령보충적 행정규칙으로 파악하는 견해가 있다.[27] 이러한 견해에 의하면, 해당 고시는 "행정규칙→법령보충적 행정규칙(법규명령)→처분적 명령"이라는 圖式이 성립된다. 그러나 이러한 해석은 타당하지 않으며, 판례에서도 이러한 도식을 전제하고 있지 않다. 이러한 해석은 "행정규칙(고시)은 예외적으로 법규적 성질을 가지는 경우에 행정처분이다"라는 잘못된 결론에 이르게 된다. 당해 사건에서 약가고시는 그 자체로 '처분'의 성질을 가질 뿐이다. 그럼에도 불구하고 대법원 판례에서 오해의 원인을 제공한 점도 없지 않다. 즉 "어떠한 고시가 일반적·추상적 성격을 가질 때에는 법규명령 또는 행정규칙에 해당할 것이지만, 다른 집행행위의 매개 없이 그 자체로서 직접 국민의 구체적인 권리의무나 법률관계를 규율하는 성격을 가질 때에는 행정처분에 해당한다"고 판시하고 있다. 그러나 이 사건의 고시는 판례가 적절히 적시한 바와 같이 "약제급여·비급여목록 및 급여상한금액표(보건복지부 고시 제2002-46호로 개정된 것)는 특정 제약회사의 특정 약제에 대하여 국민건강보험가입자 또는 국민건강보험공단이 지급하여야 하거나 요양기관이 상환받을 수 있는 약제비용의 구체적 한도액을 특정하여 설정하고" 있는 것이다. 물론 고시는 행정규칙 외에 일반처분 등의 성

23) 이에 대해서는 Schenke, NJW 2017, S. 1062 참조.

24) 정하중, 행정법개론, 제11판, 136면.

25) 한편, 집행적 법규명령에 대해서는 상위법령의 집행을 위한 모든 법규명령이라고 이해하는 견해도 있다(홍정선, 행정법원론(상), 제23판, 220면).

26) 대법원 2006. 9. 22. 선고 2005두2506 판결.

27) 박균성, 행정법론(상), 제15판, 1121면.

격을 가지는 경우도 적지 않으며, 또한 일정한 요건을 충족하는 경우에는 법령보충적 행정규칙의 성질도 가진다. 그러나 고시가 처음부터 법규명령에 해당한다는 판례의 전제는 그 자체가 타당하지 않으며, 법령보충적 행정규칙의 법적 성질에 대해서도 학설이 첨예하게 대립하고 있다.

법규명령에 대해서도 항고소송(취소소송)의 대상으로 삼아야 한다는 견해가 있다.[28] 또한 법규명령에 대한 취소소송을 인정하는 프랑스의 입법례도 있다. 프랑스의 월권소송은 객관소송에 기초하고 있지만, 이러한 객관소송을 근거로 하는 입법례는 매우 드문 경우이다. 오히려 주관소송에 근거한 입법례(예: 독일, 오스트리아, 이탈리아 등), 절충적인 형태의 소송형식을 취하는 입법례(예: 영국, 네덜란드, 덴마크 등)가 대부분이다.[29] 주관소송을 근거로 하는 독일에서도 단체소송을 도입하여 객관적 행정통제를 보완하고 있음은 주지의 사실이다. 또한 행정소송을 담당하는 최고기관인 프랑스의 국사원(Conseil d'État)은 행정부 소속이다. 이러한 특수한 상황을 우리 현실에 그대로 반영하기는 어렵다. 행정입법을 항고소송의 대상으로 삼는 것은 현행 행정소송법은 물론이고, 개정 논의에서도 행정작용의 체계를 형해화시킬 수 있다는 이유로 상당한 반대에 직면하였다. 이러한 방식으로 항고소송의 대상을 확대하는 것이 立法政策的으로나 司法政策的으로 바람직한지에 대해서는 신중한 판단을 요한다. 법규명령은 법규범에 해당하므로 규범통제의 방식으로 사법적 통제를 하는 것이 바람직하다. 국회를 중심으로 개헌 논의가 진행 중인데, 규범통제의 기능적 분배는 매우 중요한 현안이 아닐 수 없다. 적어도 일부 법규명령(예컨대 총리령·부령)이나 조례에 대해서는 법원에 규범통제권을 인정하고 이를 2심제로 운영하는 방안을 고려할 수 있다. 또한 행정소송법의 개정을 통해 이러한 규범통제방식을 명문으로 규정해야 한다.

부수적 규범통제에 있어서는 위헌·위법으로 판정된 시행령이나 시행규칙 등의 효력이 문제된다. 위헌·위법으로 판정된 법규명령이 당해 사건 외에는 폐지 전까지 유효한지, 아니면 일반적으로 무효로 판단해야 하는지가 문제된다. 이에 대해 판결주문에서 법규명령이 무효라는 것을 선언하지 아니한다는 점을 논거로 당해 사건에 대해서만 적용을 배제해야 한다는 견해가 유력하다.[30] 이 경우 위헌·위법으로 판단된 법규명령은 여전히 효력을 유지한다고 보고 있다. 대법원 판례는 이유 부분에서 법규명령의 위법·무효를 판단할 뿐, 해당 법규명령의 폐지를 주문에서 선언한 사례는 없다. 또한 대법원은 "당해 사건에 대한 적용 여부의 판단을 구할 수 있을 뿐"이라고 표현하여, 위법한 행정입법의 적용배제

28) 박균성, 전게서(상), 216-217면.

29) 정남철, "행정법학의 구조변화와 행정판례의 과제", 저스티스 통권 제154호(2016. 6), 176면 이하.

30) 김남진/김연태, 행정법 I, 제20판, 172면; 김동희, 행정법 I, 제21판, 153면; 박균성, 전게서(상), 213면; 홍정선, 전게서(상), 240-241면.

에 그치고 있다.[31] 부수적 규범통제라는 점에서 위법이 인정된 명령·규칙 등에 대해서는 일반적으로 무효라고 선언할 수 없고, 당해 사건에 한하여 적용을 배제한다고 해석하는 것이 타당하다. 다만, 이러한 경우 비록 위법이 인정된 명령·규칙이 여전히 유효하다고 하더라도 선결적 효력을 가지는 것으로 해석해야 한다. 또한 해당 법규명령의 위법이 인정되더라도 기판력이 인정되기 어렵다. 기판력은 당사자 및 당사자와 동일시할 수 있는 자에게만 미치고, 객관적 범위에 있어서도 확정판결의 주문에 포함된 것에 한하여 인정되기 때문이다. 행정소송상 소송물은 처분의 위법성 일반으로 보는 것이 판례의 입장이다.[32] 독일에서도 附隨的 規範統制(inzidente Normenkontrolle)를 함에 있어서 행정행위의 수권근거인 법규명령의 위법·무효가 인정된 경우에도 그 결정은 그 구체적 사건에 대해서만 중요한 의미를 가진다. 이 경우 이후의 다른 사건에서 다른 법원뿐만 아니라 동일한 법원이 법규명령이 적법하다고 판단할 수 있지만, 상급법원의 경우에는 이러한 부수적 결정이 先決的 效力(Präjudizwirkung)을 가진다고 보고 있다.[33]

2. 違法한 條例에 대한 行政訴訟

처분적 조례를 제외하고 조례는 항고소송의 대상이 되지 아니한다. 따라서 부수적 규범통제의 방식으로 조례의 위법·무효를 심사할 뿐이다. 이 경우 일반적으로 구속력을 가지는 무효선언을 할 수 없다는 점은 법규명령의 경우와 동일하다.[34] 위법한 조례는 대부분 조례제정권과 입법형성권이 충돌하는 경우이며, 조례제정이 상위법령을 위반하거나 지방자치단체의 장의 권한을 침해하는 경우가 대부분이다. 지방자치단체의 장은 지방의회의 의결에 대하여 재의를 요구할 수 있고, 지방자치법 제107조 제2항에 의해 재의결된 사항이 법령에 위반된다고 판단되는 경우에는 지방자치단체의 장이 대법원에 조례안재의결무효확인의 소를 제기하게 된다(지방자치법 제107조 제3항 및 같은 법 제172조 제3항). 이러한 소송은 '기관소송'으로 보는 것이 통설이지만, 부분적으로 추상적 규범통제의 의미도 가진다고 보는 견해가 유력하다.[35]

---

31) 대법원 1994. 4. 26. 자 93부32 결정.

32) 대법원 1996. 4. 26. 선고 95누5820 판결. 그러나 이러한 소송물이론은 매우 낡은 이론이며, 오늘날 독일의 학설 중에는 이를 지지하는 견해를 찾아보기 어렵다. 오히려 계쟁 행정행위가 위법하고, 이러한 위법한 행정행위에 의해 자신의 권리가 침해되었다는 원고의 '법적 주장'을 소송물로 보는 견해가 지배적이다. 소송물이론의 문제점에 대해서는 정남철, 국가배상소송과 선결문제, 저스티스 통권 제116호(2010. 4), 114-117면.

33) Maurer, Allgemeines Verwaltungsrecht, 18. Aufl., §13 Rn. 19.

34) Burgi, Kommunalrecht, 5. Aufl., § 15 Rn. 47.

35) 홍정선, 新지방자치법, 박영사, 2009, 345면.

기관소송은 일정한 한계가 있다. 기관소송 법정주의에 의해 지방자치단체의 장만 조례안재의결무효확인소송을 제기할 수 있을 뿐이다. 주민들은 지방자치법 제15조에 의해 조례의 제정·개폐를 청구할 수 있지만, 조례에 의해 직접 자신의 권리나 이익을 침해받거나 예견가능한 시기에 침해받을 수 있는 경우 조례의 무효를 주장하는 소를 제기할 수는 없다. 다만, 주민들은 부수적 규범통제의 방식에 의해 처분에 대한 항고소송을 제기하면서, 그 근거규범인 조례의 위법을 다툴 수 있을 뿐이다. 따라서 조례에 대한 실질적인 사법적 통제를 위해서는 이에 대한 주위적 규범통제제도를 도입해야 한다. 독일 행정법원법 제47조 제1항 제1호에서 도시계획조례에 대해 규범통제를 규정하고 있음은 전술한 바와 같다.

3. 違法한 行政立法不作爲에 대한 司法的 統制

헌법소송의 대상이 아닌 사안을 헌법소원의 방식으로 접근하는 것은 이론적으로 타당하지 않다. 행정입법의 부작위는 행정의 産物이며, 헌법소송의 대상이 아니다. 즉 시행령이나 시행규칙의 제정이나 보충은 행정부의 과제이다. 이에 반해 입법부작위는 헌법쟁송의 문제이다. 헌법재판소는 '입법부작위'에 대해 헌법소원을 인정하고 있다. 헌법재판소는 입법부작위를 진정입법부작위와 부진정입법부작위로 구별하고 있다. 즉 전자는 헌법상 입법의무가 있음에도 불구하고 입법행위의 흠결이 있는 입법권의 불행사에 해당하는 경우를 말한다. 이에 반해 후자는 입법의 내용·범위·절차 등이 불완전하거나 불충분하게 규율된 경우에 해당한다.[36] 헌법재판소는 소위 '조선철도주식사건'에서 군정법령 제75호에 근거한 수용에 대해 보상규정을 규정하지 아니한 사례에서 위헌을 결정한 바 있다.[37]

헌법재판소는 치과전문의 자격시험 불실시에 대한 위헌확인사건[38]에서 치과전문의제도의 실시를 법률 및 시행령이 위임하고 있음에도 불구하고 시행규칙에서 이를 정비하지 않아 청구인들의 기본권(직업의 자유, 행복추구권 등)을 침해하였다고 결정한 바 있다. 이 결정에 주목되는 부분은 행정입법부작위의 성립요건을 판단하고 있다는 점이다. 이에 의하면, 행정명령의 제정 또는 개정의 지체가 위법으로 되어 그에 대한 법적 통제가 가능하기 위해서는 아래와 같은 요건을 충족하여야 한다. 첫째, 행정청에게 시행명령을 제정(개정)할 법적 의무가 있어야 하고 둘째, 상당한 기간이 경과하여야 하고, 마지막으로 명령제정(개정)권이 행사되지 않아야 한다고 해석하고 있다. 다만, 헌법재판소는 이러한 행정입법의 제정의무를 헌법적 의무로 파악하고 있다. 즉 "보건복지부장관의 작위의무는 의료법 및 위

---

36) 헌재 1996. 10. 31. 94헌마108, 판례집 8-2, 480, 489.

37) 헌재 1994. 12. 29. 89헌마2, 판례집 6-2, 395, 409.

38) 헌재 1998. 7. 16. 96헌마246.

규정에 의한 위임에 의하여 부여된 것이고 헌법의 명문규정에 의하여 부여된 것은 아니다. 그러나 삼권분립의 원칙, 법치행정의 원칙을 당연한 전제로 하고 있는 우리 헌법하에서 행정권의 행정입법 등 법집행의무는 헌법적 의무라고 보아야 한다"고 보고 있다. 그러나 이러한 문제는 헌법적 사안이 아니며, 이에 근거한 공법상 법률관계의 문제이다. 또한 헌법재판소도 적절히 지적하고 있는 바와 같이 헌법의 명문규정에 의해 도출될 수도 없고, 법률이나 시행령의 위임에 따른 행정입법이 제정되지 않거나 불완전한 것이므로 '행정쟁송'의 문제로 다루는 것이 타당하다. 그 밖에 이 사건은 不眞正行政立法不作爲의 문제로 접근할 여지가 있는 바, 이에 대해서는 후술하기로 한다.

한편, 행정입법부작위에 대한 행정소송과 관련하여 '항고소송설'과 '당사자소송설'이 대립되어 있다. 항고소송을 주장하는 견해는 "시행명령제정신청에 대한 부작위로 직접 구체적으로 권익침해를 당한 경우"에 부작위위법확인소송의 대상이 된다고 보고 있다.[39] 나아가 이 견해는 처분적 명령이 항고소송의 대상이므로 처분성이 있는 행정입법의 부작위도 부작위위법확인소송의 대상이 된다고 보고 있다.[40] 그러나 처분적 명령의 그 자체의 문제에 대해서는 전술한 바와 같이 법규명령이 처분과 동일하다고 보기 어렵고, 여기에서는 규범 그 자체에 대한 행정소송의 가능성을 논하고 있음을 간과할 수 없다. 또 다른 견해는 행정입법의 제정의무도 행정소송법 제2조 제1항 제2호의 '부작위'에 해당한다고 보아 행정입법의 처분성을 주장한다.[41] 부작위는 '처분'의 부작위에 해당하여야 하며, 규범의 부작위가 아니다. 또한 현행 행정소송법의 해석상 행정입법은 처분에 포함할 수 없다고 보는 견해가 지배적이다. 이에 반해 당사자소송설은 행정입법의 제정의무와 이에 상응하는 주관적 공권은 공법상의 법률관계를 확인하는 소송을 제기할 수 있다고 보고 있다.[42] 또한 이 견해는 후술하는 바와 같이 독일의 입법례에서는 규범제정요구소송을 확인소송으로 제기하는 견해와 이행소송으로 제기할 수 있다는 견해가 유력하므로, 확인소송과 이행소송의 성질을 모두 포함하는 '당사자소송'으로 다툴 수 있다고 보고 있다. 독일행정소송법에 있어서 확인소송이나 일반이행소송은 1960년 1월 21일 행정법원법이 제정되면서 當事者訴訟(Parteistreitigkeit)을 폐지하고 도입된 것이다.[43]

당사자소송설에 대해 "규범제정과 같은 권력적 행위는 당사자소송의 대상이 아니다"

39) 박균성, 전게서(상), 제15판, 226면.

40) 박균성, 전게서(상), 226면.

41) 朴正勳, "행정입법부작위에 대한 행정소송: 독일법과 우리법의 비교, 특히 처분 개념을 중심으로", 판례실무연구 VI, 2003. 8, 192-193면.

42) 정남철, "행정입법부작위에 대한 사법적 통제: 당사자소송에 의한 규범제정요구소송의 실현가능성을 중심으로", 저스티스 통권 제110호(2009. 4), 194면 이하.

43) 이에 대해서는 정남철, "공법상 당사자소송의 발전과 과제", 행정판례연구 제19집 제1호(2014. 6), 280-283면.

라는 비판이 제기되고 있다.[44] 그러나 당사자소송설은 규범제정을 대상으로 하는 것이 아니라, 법규명령의 제정을 요구할 공권과 이에 상응하는 법규명령의 제정의무를 확인하는 것을 내용으로 하고 있음을 주장하고 있다. 독일에서도 규범제정요구소송의 대상은 원고와 피고의 법률관계에 관한 것으로 보고 있다.[45] 또한 당사자소송에 의할 경우 피고가 규범을 제정한 행정청이 아니라 행정주체가 국가가 되며, 주위적 규범통제가 된다는 점을 비판하는 견해도 있다.[46] 그러나 독일에서는 이러한 확인소송의 피고는 대체로 란트(주), 군 등 행정주체이다. 또한 당사자소송에 의한다고 하여 주위적 규범통제가 발생한다는 비판은 수용하기 어렵다. 당사자소송에 의해서는 행정입법의 제정의무와 이러한 행정입법의 제정에 대해 이해관계를 가지는 일정한 범주의 인적 그룹이 가지는 주관적 공권을 확인할 뿐이다. 독일의 경우에서 보는 바와 같이 이러한 행정법원법 제43조의 확인소송은 주관적 규범통제와 무관하다.

독일에서는 規範制定要求訴訟(Normerlassklage) 그 자체를 명시하고 있지 않지만, 이에 대해 학설은 다른 소송유형의 방식으로 제기할 수 있다고 보고 있다. 즉 一般履行訴訟으로 제기할 수 있다는 견해,[47] 確認訴訟으로 제기할 수 있다는 견해,[48] 독일 행정법원법 제47조의 유추적용에 의한 獨自的인(sui generis) 訴訟類型으로 보는 견해[49] 등이 대립하고 있다.[50] 그러나 오늘날에는 진정규범제정요구소송을 행정법원법 제47조에 따라 규범통제소송으로 제기할 수 없다는 점에 대해서는 견해의 일치를 이루고 있다고 한다.[51] 규범통제소송은 현존하는 규범의 효력 유무를 심사하고 무효를 선언하므로 규범제정권자의 절대적 부작위에 대해서는 적합한 소송형식이 아니라는 것이다. 연방행정법원의 판례는 확인소송설을 따르고 있다.[52] 일반이행소송을 주장하는 견해는 확인소송의 보충성을 이유로 확인소송설을 비판하고 있지만[53], 독일 연방행정법원은 확인소송이 일반이행소송에 대해 반드

44) 박균성, 전게서(상), 227면.

45) Schmitt Glaeser/Horn, Verwaltungsprozeßrecht, 15. Aufl., Rn. 333.

46) 서보국, "행정입법부작위에 대한 행정소송", 충남대학교 법학연구 제25권 제2호(2014. 9), 108면.

47) Hufen, a.a.O., §20 Rn. 8; Kopp/Schenke, VwGO, 18. Aufl., Vorb § 40 Rn. 8a; Axer, Normenkontrolle und Normerlaßklage in der Sozialgerichtsbarkeit, NZS 1997, S. 16; Duken, Normerlaßklage und fortgesetzte Normerlaßklage, NVwZ 1993, S. 548; Pietzcker, in: Schoch/Schmidt-Aßmann/Pietzner, VwGO, § 42 Abs. 1 Rn. 160.

48) Schmitt Glaeser/Horn, a.a.O., Rn. 332; Sodan, Der Anspruch auf Rechtsetzung und seine prozessuale Durchsetzbarkeit, NVwZ 2000, S. 609; Würtenberger, a.a.O., Rn. 705.

49) VGH München, BayVBl. 1980, 209 (211).

50) 이에 대해서는 졸저, 행정구제의 기본원리, 제1전정판, 488-490면.

51) Schoch, in: Hoffmann-Riem/Schmidt-Aßmann/Voßkuhle (Hg.), Grundlagen des Verwaltungsrechts, Bd. III, § 50 Rn. 224.

52) BVerwG, NVwZ 2002, 1506; BVerwGE 80, 355; 111, 276 (278 f.); 115, 81 (92 ff.).

53) Kopp/Schenke, VwGO, § 47 Rn. 13; Köller/Haller, Prozessuale Durchsetzbarkeit eines Anspruchs auf

시 '보충적'인 것은 아니라고 보고 있다.[54] 하급심 중에는 규범제정요구소송 및 규범보충소송에 대해 일반이행소송이 허용된다고 본 경우도 있다.[55] 일반이행소송에 대해서는 법규범을 대상으로 할 수 없다는 비판이 제기되었지만, 유력설은 일반이행소송의 대상은 개별 사례의 사실행위뿐만 아니라 모든 형식의 행정작용을 포함하는 포괄적 소송이라고 반박하고 있다.[56]

III. 獨逸의 立法例 - 소위 規範補充訴訟

1. 規範補充訴訟의 特徵 및 機能

규범보충소송은 규율이 필요한 생활영역에서 평등원칙에 위배되거나 규범의 제정의무를 위반하여 특정한 실제 영역의 요소를 규율하지 않은 경우에 인정된다.[57] 이와 같이 규범보충소송은 제정되어 있는 규범의 보충을 요구하는 것을 목적으로 하며, 규범이 평등원칙을 위반하여 불완전한 경우에 허용된다.[58] 규범보충소송은 부진정규범제정요구소송에 해당하며, 규범제정요구소송의 하위유형으로 보고 있다.[59] 규범에 의해 보장되는 수익(예컨대 사회보장)을 향유하지 못하는 경우에 고려된다. 이러한 경우에 법원은 생활관계의 본질에서 나오는 합리적 이유가 있는지 여부를 심사한다. 이러한 합리적 이유나 근거가 없으면 평등원칙을 위반한 '부작위'가 존재한다고 보게 된다.[60] 규범에서 보장하는 수익에서 배제된 인적 그룹을 포함시켜 평등원칙의 위반을 제기할 경우에 연방헌법재판소는 그 배제된 인적 그룹까지 법률상 규정을 확대해서 제정(보충)할 것을 요구하고 있다.[61] 이러한 규범보충소송의 중요한 기능은 법제정의 부작위 내지 규범의 부작위에 대해 권리구제를 보장하는 것에 있다.[62] 독일 기본법 제19조 제4항에서는 공권력 행사에 의해

Rechtsetzung, JuS 2004, S. 191; Ehlers, in: Ehlers/Pünder (Hg.), Allgemeines Verwaltungsrecht, 15. Aufl., §2 Rn. 140.

54) BVerwGE 80, 355 (361).

55) BayVGH, BayVBl. 1981, 499 (503); VGH Mannheim, NVwZ－RR 2000, 701.

56) Hufen, a.a.O., § 20 Rn. 8.

57) Schoch, in: Hoffmann－Riem/Schmidt－Aßmann/Voßkuhle(Hg.), Grundlagen des Verwaltungsrechts, Bd. III, § 50 Rn. 226.

58) Würtenberger, a.a.O., § 39 Rn. 698.

59) Würtenberger, a.a.O., § 39 Rn. 690.

60) Würtenberger, a.a.O., § 39 Rn. 698.

61) BVerfGE 55, 100 (113); 62, 256 (288 f.).

62) Würtenberger, a.a.O., § 39 Rn. 691.

침해된 권리를 소송상 다툴 수 있도록 보장하는 포괄적 권리구제를 규정하고 있다.[63] 이와 관련하여 규범보충소송은 법률하위규범의 부작위에 대한 권리구제를 보장하고 있는 것이다.[64] 또한 독일 행정법원법에는 규범보충소송에 관한 명문의 규정은 없지만, 동법 제40조 제1항에는 특히 "非憲法的 性質의 公法上 爭訟(öffentlich－rechtliche Streitigkeiten nichtverfassungsrechtlicher Art)"을 행정소송의 대상으로 규정하고 있다. 여기에서 修正된 主體說 내지 歸屬說(Zuordnungstheorie)[65]에 근거하여 규범보충소송은 '공법적' 성질을 가지는 것으로 보고 있다.[66] 규범보충소송이 헌법적 성질을 가지는지가 문제되고 있다. 의회가 제정한 형식적 의미의 법률의 부작위에 대한 소송은 그러한 법률에 필요한 민주적 정당성이나 자유롭고 민주적인 의사형성의 헌법구속 과정 등의 문제로 보아 헌법소송으로 파악되고 있다. 이에 반해 법률하위규범의 제정이나 보충을 요구하는 소송은 '행정쟁송'으로 이해되고 있다.[67] 이러한 입장이 독일의 통설 및 판례이다.

2. 規範補充訴訟의 適合한 訴訟形式

독일 연방행정법원은 행정소송으로 법규명령이나 조례의 보충을 구하는 소를 허용하고 있다.[68] 규범보충소송의 적법한 소송형식이 무엇인지에 대해 학설은 '규범통제소송'을 제기할 수 있다는 견해와 '일반이행소송'이나 '확인소송'을 제기할 수 있다는 견해가 서로 대립하고 있다. 우선 규범보충소송은 不眞正規範制定要求訴訟(unechte Normerlassklage)으로서 규범제정권자의 상대적 부작위를 대상으로 하고 있다는 점에서 진정규범제정요구소송과 구별된다.[69] 규범보충소송의 적합한 소송형식으로 행정법원법 제47조에 따라 규범통

63) 한편, 독일에서 포괄적 권리구제에 관한 독일 기본법 제19조 제4항의 규정을 의회가 제정한 형식적 의미의 법률에까지 확대하여 적용할 수 있는지에 대해 논란이 있다. 즉 이러한 형식적 의미의 법률도 공권력의 행사에 속하는지가 다투어지고 있다. 이에 대해 연방헌법재판소는 오래 전에 부정적인 입장을 밝힌 바 있다(BVerfGE 24, 33 (49.); 25, 352 (365)). 그러나 근래에는 포괄적 권리구제에 관한 조항은 의회의 법률뿐만 아니라 법률하위규범에 대해서도 모두 적용된다고 보는 견해가 유력하다(Schenke, NJW 2017, S. 1068; Schmdit－Aßmann, in Maunz/Dürig, GG, Art. 19 IV, Rn. 93 ff.).

64) Pietzcker, in: Schoch/Schmidt－Aßmann/Pietzner(Hg.), VwGO, § 42 Abs. 1 Rn. 160; Würtenberger, a.a.O., §39 Rn. 693; Schmtt Glaeser/Horn, a.a.O. Rn 332.

65) 종래의 주체설 내지 종속설에 따르면 귀속주체가 국가인 모든 법규에 대해 체계적인 분석 없이 모두 공법에 포함시켰다 그러나 오늘날 통설인 歸屬說 내지 수정된 주체설(新主體說)에 따르면 우선 法規를 통해 권리·의무 있는 주체가 단지 高權力의 主體(Hoheitsträger)인 경우만을 목적으로 한다(Wolff/Bachof/Stober, Verwaltungsrecht I, 10. Aufl., §22 Rdn. 27; Maurer, a.a.O.,§ 3 Rdn. 18). 귀속설의 창안자는 볼프(Hans J. Wolff) 교수이다. 특히 행정법에 있어서 공법과 사법의 구별은 行政訴訟의 對象과 관련하여 논의되어야 한다(Battis, Allgemeines Verwaltungsrecht, 3. Aufl., S. 48 f.).

66) Würtenberger, a.a.O., § 39 Rn. 699.

67) 이에 대해서는 Würtenberger, a.a.O., § 39 Rn. 693.

68) BVerwG, NJW 1997, 956 (957 f.).

제소송을 제기할 수 있다는 견해가 있다. 이 견해는 부진정규범제정요구소송은 신청인이 위법한 규범제정의 부작위로 인해 수익을 받지 못한 것을 이유로 그 규범의 위법성을 주장하는 것이므로 행정법원법 제47조의 規範統制訴訟(Normenkontrollverfahren)과 다르지 않다고 보고 있다.[70] 또한 도시계획조례에 해당하는 都市建設計劃(Bebauungsplan)에 포함되지 않은 자신의 토지에 대해 다투고자 하는 경우 토지소유자가 불평등한 내용의 규범을 제거하는 것을 목적으로 하므로 통상의 규범통제에 해당한다고 주장한다. 그리고 부당하게 특정한 규율이 누락 내지 흠결된 경우에 해당하여 규범의 하자를 다투는 소송이라는 점에서 부분적으로 규범통제소송을 제기할 수 있다는 견해도 동일한 입장이다.[71] 특히 이 견해는 법률하위규범의 부작위에 대한 소송은 주위적 규범통제의 대상이라고 보고 있다.[72] 그 밖에 규범통제절차에서 확인신청을 할 수 있다는 견해도 있다. 즉 규범보충소송은 규범통제소송의 사례이지만, 문제가 되는 규정의 효력이 없다고 선언할 수 없고, 불완전하여 위법한 규범을 단지 잠정적으로 적용할 수 없다고 '확인'할 수밖에 없다고 보는 견해가 그러하다.[73] 부수적 규범통제에 수반하여 규범의 효력 유무에 관한 확인을 구하는 소를 제기할 특별한 가능성은 열려져 있다. 즉 규범에서 도출되는 원고의 권리에 관한 존재 여부에 대해 확인을 구하는 소를 제기할 수 있다는 것이다.[74]

이에 대해 一般履行訴訟이나 확인소송으로 제기해야 한다는 주장이 있다. 즉 대체로 소송형식을 열어 두고 (일반)이행소송이나 확인소송으로 다툴 수 있다고 보고 있다.[75] 규범보충소송은 현존하는 규범의 보충을 목적으로 하지만, 규범통제소송은 규범의 효력이 없음을 확정해야 하는 소송이므로 허용될 수 없다고 보는 견해가 유력하다.[76] 이 견해는 행정법원법 제45조에 따라 제1심 행정법원에 관할이 있는 경우 확인소송이나 일반이행소송의 형식으로 다투어야 한다고 보고 있다.[77] 또한 확인소송은 보충성의 원칙에 따라 일

69) Schoch, in: Hoffmann-Riem/Schmidt-Aßmann/Voßkuhle(Hg.), Grundlagen des Verwaltungsrechts, Bd. III, § 50 Rn. 226.

70) Hufen, a.a.O., §20 Rn. 1.

71) Kopp/Schenke, VwGO § 47 Rn. 14.

72) Schenke, Rechtsschutz bei normativem Unrecht, NJW 2017, S. 1064.

73) Schoch, in: Hoffmann-Riem/Schmidt-Aßmann/Voßkuhle(Hg.), Grundlagen des Verwaltungsrechts, Bd. III, § 50 Rn. 224. 규범제정요구소송은 대체로 확인소송이 적합한 소송형태이지만, 규범보충소송은 규범통제소송을 제기하면서 확인신청을 해야 한다고 보는 견해도 있다(Sodan, a.a.O., S. 608).

74) Schenke, NJW 2017, S. 1062.

75) Ule, Verwaltungsprozeßrecht, 9. Aufl., § 31 Rn. 7: Happ, in: Eyermann(Hg.), VwGO, 14. Aufl., §42 Rn. 63, 그리고 § 43 Rn. 9c 참조.

76) Würtenberger, a.a.O., § 39 Rn. 703.

77) Würtenberger, a.a.O., § 39 Rn. 705. 한편, 규범보충소송은 규범통제소송이 아니므로 고등행정법원은 이에 대해 관할권을 가지지 못한다고 보고 있다(행정법원법 제47조 제1항 참조).

반이행소송이 허용되지 않는 경우에 인정되며, 일반이행소송은 규범제정권자에 형성여지가 부여되어 있어 구체적인 규범의 제정의무를 선언할 수 없기 때문에 예외적인 경우에 허용된다는 견해도 있다.78) 이러한 예외적인 경우는 대체로 평등원칙의 위반이 문제되는 경우이다.79) 그 밖에 권력분립원칙에 근거한 비판과 관련하여 행정청의 재량이 인정되는 경우에 허용되는 재결정명령소송이나 適正裁量決定訴訟(Bescheidungsklage)80)이 법제정기관의 결정의 자유가 인정되는 경우에 규범제정요구소송이나 규범보충소송에 대해서도 적용될 수 있다고 보는 견해가 있다. 이러한 견해는 재결정명령소송이나 적정재량결정소송을 일반이행소송과 관련된 것으로 보고 있다.81) 그러나 다수설은 이러한 소송을 의무이행소송(Verpflichtungsklage)의 하나로 파악하고 있다(행정법원법 제113조 제5항 제2문 참조). 이러한 소송은 행정청에 재량이나 판단여지 등이 부여되어 있고 사건이 성숙하지 않은 경우에 인정되며, 행정청에 특정한 결정을 요구하는 것이 아니라 하자 없는 결정을 구하는 경우에 제기된다. 재결정명령소송 내지 적정재량결정소송은 행정법원법 제42조 제1항에는 이를 규정하고 있지 않지만, 독일의 통설 및 학설은 이를 의무이행소송의 범주 내의 독자적인 제도로서 인정하고 있는 것이다.82) 실제 독일의 의무이행소송에 있어서 사건의 '성숙성'은 본안에서 원고가 희망하는 행정처분의 발급의무를 행정청에게 부과할 수 있는지 여부를 판단하는 중요한 기준이 되고 있다. 즉 사안이 성숙성 요건을 충족한 경우에는 특정한 행정행위의 발급의 이행을 구하는 소를 제기할 수 있지만, 이러한 성숙성 요건을 충족하지 못한 경우에는 법원의 법해석을 존중하여 사안에 적합한 행정청의 결정 이행을 구하는 소를 제기할 수 있다.83) 이와 같이 구체적 사안에 있어서 행정청에게 재량이 부여되어 있으나 아직 '성숙성'의 요건을 구비하지 못한 경우, 법원은 행정청에 대하여 법원의 판단을 존중하여 적정한 재량결정을 하도록 이행명령을 내릴 수 있다(독일 행정법원법 제113조 제5항 제2문).

---

78) Würtenberger, a.a.O., § 39 Rn. 704.

79) Kopp/Schenke, VwGO § 43 Rn. 8j.

80) 2013. 3. 20. 입법예고된 법무부 행정소송법 개정안 제44조 제2호에는 이러한 소송유형을 규정하고 있으나, 용어의 통일적 사용이 고려되어야 한다. 즉 "행정청이 처분을 하지 않는 것이 재량권의 한계를 넘거나 그 남용이 있다고 인정하는 경우에는 행정청에게 판결의 취지를 존중하여 처분을 이행하도록 선고" 할 수 있다는 내용이 그러하다. 이러한 소송유형에 대해 "지령소송", "재량행위요구소송", "재결정명령" 등의 용어를 사용하고 있다. 그러나 이러한 소송은 법원의 판결취지에 따라 재량행사를 적정하게 해 줄 것을 요구하는 것이라는 점을 감안할 필요가 있다. 대부분의 취소소송에서도 취소판결의 취지에 따라 '재처분' 내지 '재결정'을 해야 하며, 이러한 소송이 재량행위를 요구하는 것은 아니라는 점에 주의해야 한다. 지령소송이라는 용어는 일본의 문헌에서 유래한 것이며, 이러한 소송의 내용에 부합하지 않는다. 이에 대해서는 졸저, 행정구제의 기본원리, 412－413면(각주 31) 참조.

81) Duken, a.a.O., S. 547; Kopp/Schenke, VwGO, § 42 Rn. 9.

82) Pietzcker, in: Schoch/Schmidt－Aßmann/Pietzner(Hg.), VwGO, § 42 Abs. 1 Rn. 101.

83) 정남철, "부작위위법확인소송의 위법판단 및 제소기간", 행정판례연구 제17집 제1호(2012. 6), 229면 이하.

한편, 確認訴訟을 주장하는 견해는 규범보충소송의 문제가 공법상 법률관계의 존부에 관한 것이며, 법률관계의 존재를 위해서는 법적으로 규율된 생활관계가 있어야 한다고 보고 있다.[84] 또한 이러한 생활관계의 법질서는 지배적인 판례의 입장에 의하면 규범제정의무를 정하고 있는 법규정에서 도출되며, 이 경우 기본법상의 보호의무나 평등한 취급의무가 중요한 역할을 한다고 보고 있다.[85] 연방행정법원도 권력분립원칙에 비추어 이행소송이 허용될 수 없다고 보고 있다. 즉 연방행정법원은 "개인의 권리보호를 위해 불가피한 범위에서만 법제정기관의 결정에 司法的으로 영향을 미친다"는 사고에 기초하고 있는 것이다.[86] 이 때문에 연방행정법원은 대체로 규범제정요구소송뿐만 아니라 규범요구소송에 대해 행정법원법 제43조 제1항에 의한 '확인소송'을 제기할 수 있다고 보고 있다.[87] 나아가 최근 연방행정법원은 게마인데연합(Gemeindeverwaltungsverband)이 조례로서 제정된 지역계획(Regionalplan)에 대한 규범통제소송을 제기한 사건에서, 법률하위규범의 효력 유무가 아니라, 그 보충필요성의 확인을 구하는, 행정법원법 제47조 제1항 제2호에 의한 규범통제의 신청은 허용되지 아니한다고 판시하고 있다.[88]

3. 規範補充訴訟의 原告適格

규범보충소송의 원고적격이 문제된다. 규범제정을 요구하는 주관적 공권이 허용되는지가 문제되었지만, 오늘날에는 대체로 이를 긍정하고 있다.[89] 독일 행정법원법 제42조 제2항의 소권 내지 원고적격에 관한 규정은 원칙적으로 일반확인소송에 그대로 적용하기는 어렵지만, 남소를 방지하기 위해 유추적용될 수 있다는 견해가 유력하다.[90] 따라서 규범제정요구소송이나 규범보충소송의 경우에도 개별 법률에 근거하여 주관적 공권이 요구된다고 보고 있다. 규범은 불특정다수인에 대해 적용되고 일반적으로 공익에 기여하지만, 행정소송상 주관적 공권은 기본권이나 개별 법률에서 도출될 수 있어야 한다.[91] 예컨대 직업공무원제를 규정한 기본법 제33조 제5항과 관련하여, 舊 聯邦給與法(BBesG) 제49조 제3항의 규정이 그러한 사례로 거론되고 있다.[92] 독일 연방헌법재판소는 상당한 생계의

84) Würtenberger, a.a.O., § 39 Rn. 705.

85) Würtenberger, a.a.O., § 39 Rn. 705.

86) BVerwG, NVwZ 1990, 162.

87) BVerwGE 80, 355(363); BVerwG, NVwZ 2008, 423 ff.

88) BVerwG, NVwZ 2015, 984.

89) Köller/Haller, a.a.O., S. 191.

90) Axer, NZS 1997, 10 (16); Würtenberger, a.a.O., § 39 Rn. 706.

91) Happ, in: Eyermann(Hg.), VwGO, § 42 Rn. 150.

92) Köller/Haller, a.a.O., S. 191.

최소요건을 준수하는 급여변경을 하지 않아 독일 기본법 제33조 제4항에서 규정한 공무원의 권리를 침해한다고 판단하고, 입법자에게 헌법적으로 이에 상응하는 작용을 하도록 결정한 바 있다.[93] 하지만 규범에서 사익보호성을 도출할 수 없는 경우에는 주관적 공권이 성립할 수 없지만, 기본권을 국가의 보호의무나 평등취급의무 등에서 도출하는 경우에는 규범제정요구소송이나 규범보충소송을 제기할 수 있다.[94]

규범보충소송을 제기하기 위해서는 원고가 규범의 보충을 요구할 청구권이 있어야 한다. 규범제정요구소송과 관련하여, 유력설은 법률하위규범의 제정요구청구권이 개별 법률, 평등 취급에 관한 청구권 및 다른 기본권이나 헌법원칙 등에서 도출된다고 보고 있다.[95] 또 다른 견해는 기본권의 보호의무, 일반적 평등원칙 및 개별 법률 등에서 찾고 있다.[96] 규범제정요구소송이나 규범보충소송에는 규범제정권자, 즉 명령제정권자나 조례제정권자가 규범적 형성여지를 하자 없이 행사하였는지 여부를 심사한다.[97] 규범보충소송에서 청구권의 근거는 대체로 평등원칙이 중요한 의미를 가진다. 사안에 적합한 규범보충이란 평등원칙의 위반을 제거하여 규범에서 배제된 그룹이 규정에 편입될 수 있어야 하며, 규범적 수익을 폐지하거나 모두 포함될 수 있는 새로운 규범의 제정을 통해 실현될 수 있다.[98]

4. 獨逸 聯邦行政法院의 判例

독일에서도 종전에는 개인이 규범제정을 요구할 주관적 공권이 보장되지 않았다. 독일 연방헌법재판소는 개인이 입법행위를 사법적으로 요구할 청구권을 가질 수 없다고 결정한 바 있다.[99] 또한 연방행정법원도 이미 1958년에 “법규명령의 제정을 구하는 청구권은 없다”[100]고 판시한 바 있다.[101] 그러나 뷔르텐베르거(Würtenberger) 교수의 논문이 1980년에 발표된 이후에 규범제정을 구하는 청구권이 허용되는지 여부가 본격적으로 논의되기 시작하였다.[102] 그 후 연방헌법재판소는 이와 달리 긍정적으로 판단하였고,[103] 연방

93) BVerfGE 8, 1; Sodan, a.a.O., S. 606.

94) Hufen, a.a.O., §20 Rn. 10; Würtenberger, a.a.O., § 39 Rn. 706.

95) Pietzcker, in: Schoch/Schmidt-Aßmann/Pietzner(Hg.), VwGO, § 42 Abs. 1 Rn. 160.

96) Sodan, a.a.O., S. 609.

97) Würtenberger, a.a.O., § 39 Rn. 709.

98) Würtenberger, a.a.O., § 39 Rn. 710.

99) BVerfGE 1, 97 (100f.).

100) BVerwGE 7, 188.

101) 이러한 독일 판례의 변천에 대한 내용은 Sodan, a.a.O., S. 601 f. 참조.

102) Würtenberger, Die Normerlaßklage als funktionsgerechte Fortbildung verwaltungsprozessualen Rechtsschutzes, AöR 105 (1980), S. 370 ff.

행정법원의 판례 중에도 이를 긍정하기 시작하였다. 연방행정법원은 임금협약에 있어서 一般拘束宣言(Allgemeinverbindlichkeitserklärung)의 제정을 요구하는 확인소송을 제기할 수 있다는 점을 인정하였다.[104] 또한 바이에른 주 郡議會의 여성의원이 평등원칙을 위반함을 이유로 군의회가 제정한 소위 보상조례(Entschädigungsgsatzung)의 보충을 구하는 소송을 인용하고 있다.[105] 이 사건에서는 화장품영업점의 점주인 해당 여성의원이 의정활동으로 인한 逸失된 임금의 보상에 관한 규정을 근로자로서 독립적으로 활동하는 군의원에까지 확대 적용해야 한다고 주장하였고, 이에 대해 연방행정법원은 헌법합치적 해석을 통해 해당 규정을 보충해야 한다고 판시한 것이다.

한편, 연방의 법규명령은 이러한 확인소송에서 배제된다는 견해도 있다.[106] 그러나 연방행정법원은 연방의 법규명령에 대해서도 이러한 확인소송을 허용하고 있다. 우편서비스업무의 강제적 근로조건에 관한 연방 노동사회부의 법규명령에 의한 임금협약의 효력 연장에 대해 확인을 구하는 소를 인용하였다.[107] 이와 같이 연방행정법원은 행정법원법 제43조에 의한 확인소송을 통해 독자적인 법규범의 성격을 가지는 일반구속선언, 지방자치단체의 자치법규인 조례, 그리고 법규명령 등 법률하위규범의 제정요구에 대한 소송을 인정하고 있다. 확인소송을 행정법원법 제43조에 의한 규범의 존부에 관한 확인으로 오해하는 경우도 있으나, 법률관계의 존부에 관한 확인이라는 점을 간과해서는 아니된다. 나아가 확인소송을 부수적 규범통제로만 이해하는 견해도 있다.[108] 독일 기본법 제100조에는 구체적 규범통제에 대해서도 규정하고 있다. 즉 재판의 전제가 된 법률이 위헌이라고 판단되는 경우에 법원은 재판을 정지하고, 주(란트)의 법률이 州憲法에 위반되는 경우에는 州 헌법재판소에, 그리고 연방법률이나 주의 법률이 기본법을 위반하는 경우나 주의 법률이 연방법률에 일치하지 않는 경우 등에는 연방헌법재판소에 위헌 여부의 심판을 제청한다.[109] 그러나 부수적 규범통제의 방식으로 제기되는 확인소송은 원고에게만 규범의 무효선언을 하는 특수한 확인소송으로서 비전형적인 것이며, 행정법원법 제43조에 규정된 행정법원에 의한 통상의 일반확인소송과 구별된다.[110] 그러한 점에

---

103) BVerfGE 77, 170; 79, 174; BVerfG, NJW 1988, 2961.

104) BVerwGE 80, 355; BVerwG, NJW 1990, S. 1495 ff. 한편, 연방헌법재판소는 일반구속선언을 독자적인 법규범(Rechtsnorm sui generis)으로 이해하고 있다(BVerfGE 44, 322). 그러나 일반구속선언은 법률보다 하위에 있는 법규범으로 이해된다(BVerwGE 80, 355 (357 f.)).

105) BVerwG, NVwZ 1990, S. 162 ff.

106) 서보국, 전게논문, 103-104면.

107) BVerwG, NVwZ 2010, 1300.

108) 서보국, 전게논문, 105면.

109) Jarass, in: Jarass/Pieroth, GG, 10. Aufl., Art. 100 Rn. 4.

110) Schenke, Verwaltungsprozessrecht, 12. Aufl., § 26 Rn. 1073.

서 권리의 존부에 관한 확인소송을 제기하면서 선결문제로서 규범의 효력을 확인하는 소송은 부수적 규범통제의 방식이며, 행정법원법 제47조의 주위적 규범통제와 일치하지 않는다.[111)]

5. 小結

독일에서는 명령·규칙 등에 관한 부진정행정입법부작위에 대한 소송을 헌법소송이 아니라 행정소송으로 파악하고 있다. 또한 이에 대해 독일 행정법원법에 명문의 규정이 없음에도 불구하고 소위 규범보충소송이 인정되고 있지만, 그 소송형식을 둘러싸고 견해대립이 있다. 대체로 규범통제의 방식으로 해결해야 한다는 견해와 일반이행소송 내지 확인소송이 적합한 소송형식이라는 견해가 첨예하게 대립하고 있다. 규범통제소송설을 주장하는 견해가 있지만, 주위적 규범통제는 제정된 규범의 효력 유무를 판단하는 소송이라는 점에서 설득력이 약하다. 일반이행소송은 규범의 보충이라는 목적을 효과적으로 달성할 수 있지만, 명령제정권자의 결정여지가 인정되는 법규범의 특성에 비추어 일정한 한계가 있다. 그러한 이유에서 적정재량결정소송을 주장하는 견해가 등장하고 있는 것으로 판단된다. 대체로 '확인소송'이 설득력을 가진다. 독일에서는 확인소송의 보충성이 인정되고 있지만, 일반이행소송이 매우 예외적인 경우에만 허용될 수 있다는 점에서도 확인소송을 제기할 이유는 충분하다. 연방행정법원의 판례도 일관되게 확인소송설의 입장이며, 학설의 비판에도 불구하고 확인소송의 보충성에 크게 구애받고 있지 않다. 부수적 규범통제에 있어서도 '확인소송'이 특별한 의미를 가지는 경우가 있다. 그러나 이러한 확인소송은 원고에게만 규범의 무효를 선언하는 특수한 확인소송으로서 비전형적인 것이라는 점에서, 행정법원법 제43조에 규정된 행정법원에 의한 통상의 확인소송과 구별된다.[112)] 다만, 부수적 규범통제에서 확인신청을 통해 선결문제로서 평등원칙을 위반한 법률하위규범의 위법을 인정하는 방식은 오히려 구체적 규범통제 내지 부수적 규범통제의 방식을 취하는 우리 행정소송법에 있어서 활용될 여지가 있다.

111) Schenke, Verwaltungsprozessrecht, § 26 Rn. 1073; Schenke, NJW 2017, S. 1062.

112) Schenke, Verwaltungsprozessrecht, § 26 Rn. 1073.

Ⅳ. 違法性 判斷基準으로서 平等原則

1. 問題의 所在

독일에서는 부진정행정입법부작위에 대해 평등원칙에 위배되었는지 여부를 기준으로 판단하고 있다. 대체로 사회보장의 영역에서 규범이 보장하는 수익을 향유하지 못하거나 규정에서 배제되어 수급권을 청구할 수 없는 경우가 여기에 속한다. 진정행정입법부작위의 경우에는 제정의무와 이에 상응하는 규범제정요구권을 도출하는 것이 문제된다. 여기에서는 기본권의 보호의무, 개별 법률 등에서 이러한 규범제정요구권을 도출할 수 있다. 그러나 규범보충소송에서는 평등원칙이 중요한 기준이 되며, 해당 규정을 배제한 것에 합리적 이유나 근거가 있는지 여부를 기준으로 평등원칙 위반 여부를 심사한다. 이러한 평등원칙을 위반한 경우에 위법한 행정입법부작위가 있다고 판단하고, 배제된 인적 그룹을 포함하는 소송을 제기한다.

부진정행정입법부작위 경우에도 제정된 행정입법이 존재하므로 수범자의 예측가능성이나 기대가능성을 기준으로 포괄위임금지의 원칙 내지 명확성원칙에 의해 행정입법의 위법성을 검토할 수 있다.[113] 법률에서 기본적인 정의 규정만 두고, 그 구체적인 수혜나 급부 등에 대해서는 포괄적 위임을 하는 경우도 적지 않다. 예컨대 법률에 규율의 대상에 관한 정의규정만 두고, 그 구체적인 '종류'와 '기준'을 시행령이나 시행규칙 등에 위임하는 경우가 그러하다. 법적 안정성과 예측가능성 등 법치국가원리의 요청에 비추어 법률에서 기본권의 실현과 관련된 본질적인 사항을 직접 규정하고, 수권의 목적이나 기준, 범위 등이 명확하게 확정되어야 한다. 그러한 의미에서 법률유보의 원칙(특히 본질사항유보설)은 위임의 한계로서 작동하고 있는 것이다. 다만, 부진정행정입법부작위가 문제되는 경우는 대부분 사회보장과 관련된 급부행정에 해당하는 사례가 적지 않다. 포괄위임금지의 원칙과 관련하여 그 구체성과 명확성에 대한 심사강도는 규제의 영역이나 대상에 따라 다르다.[114] 기본권의 실현에 있어서 본질적인 사항일수록 규율밀도나 심사강도는 높아져야 한다. 그러나 이러한 급부행정이나 수익적 내용을 포함한 위임입법에는 상대적으로 명확성심사의 강도가 완화되고 있다.[115] 그러한 이유에서 부진정행정입법부작위에 대한 포괄위임금지의

113) 최근 대법원은 기존의 질병이 원인이 되거나 악화된 경우를 국가유공자에서 제외한다고 규정한 「국가유공자 등 예우 및 지원에 관한 법률 시행령」 제3조 [별표 1] 제2호의 2-8이 모법의 위임범위를 일탈한 것이 무효인지 여부에 대해 부정적으로 판시한 바 있다(대법원 2017. 3. 9. 선고 2016두55933 판결).

114) 헌재 1997. 12. 24. 95헌마390; 대법원 2000. 10. 19. 선고 98누6265 판결.

115) 정남철, "명확성원칙의 판단기준과 사법심사의 한계", 법조 통권 제624호(2008. 9), 108-134면.

원칙은 상대적으로 어려운 점이 있다. 따라서 부진정행정입법부작위에 대해서는 평등원칙을 통해 그 위법성을 판단해야 한다.

2. 平等原則의 違反 與否에 대한 判斷

(1) 平等原則의 審査方法

심사기준으로서 평등원칙은 실제 매우 광범위하게 적용되고 있지만, 개별적 사안에서 평등원칙의 위반 여부를 판단하는 것은 쉽지 않다. 오늘날 절대적 평등을 상정하는 것은 비현실적이며, 합리적인 차별의 이유가 있는 경우에는 차별이 허용되는 상대적 평등의 의미로 이해되고 있다.[116] 또한 법적용의 평등을 의미하는 형식적 평등에 국한되지 아니하며, 법의 내용에 있어서 평등을 위해 법제정의 평등, 즉 실질적 평등이 중요한 의미를 가진다.[117] 그러나 이러한 실질적 평등의 실현은 법적 평등을 규정한 헌법 제11조의 문제가 아니라 사회국가원리와 관련된 것으로 보는 견해가 유력하다.[118] 이러한 평등원칙은 입법자에 대해서도 적용된다는 것이 통설이다. 그 밖에 이러한 평등원칙은 인간의 존엄권과 밀접한 관련을 가지고 있으며, 단순히 방어권뿐만 아니라 사인에 대해서도 국가의 기본권 보호의무가 문제된다.[119]

특히 급부청구권의 보장과 관련하여, 이러한 실질적 평등이 중요하다. 평등은 "정의의 요청(Gebot der Gerechtigkeit)"이자 "정의의 정신(Seele der Gerechtigkeit)"이다.[120] 독일에서는 평등원칙을 "헌법국가의 중심 원리이자 전체 법질서의 지도원리"[121]로 이해하고 있고, 독일의 정치시스템과 사회질서에 이러한 지도원칙이 투영되어 있다.[122] 또한 독일 연방헌법재판소는 일찍이 "본질적으로 동등한 것은 법적으로 동등하게 취급하고, 본질적으로 동등하지 않은 것은 생활관계의 종류에 따라 달리 취급해야 한다"는 원칙을 확립한 바 있다.[123] 여기에서 "본질적으로 동등한 것(wesentlich Gleichem)"이 무엇인지가 쟁점이다. 이러한 기준은 사안이나 개인, 인적 그룹 등과 관련하여 동등한 기본권적 자유나 국가의 동등한 급부청구권이 문제되는 경우에 본질적으로 동등한 것인지가 문제되며, 그 판단을

116) 계희열, 헌법학(중), 신정판, 229면.

117) 계희열, 전게서(중), 232-233면.

118) 한수웅, 전게서, 577면.

119) Zippelius/Würtenberger, Deutsches Staatsrecht, 32. Aufl., § 23 Rn. 51.

120) BVerfGE 54, 277 (296).

121) BVerfGE 1, 208 (233); 23, 98 (99).

122) Zippelius/Würtenberger, a.a.O., § 23 Rn. 1.

123) BVerfGE 1, 14 (52); 98, 365 (385); 103, 310 (318); 116, 164 (180).

위해서는 비교대상이 필요하다.[124] 독일 기본법 제3조 제1항에는 "모든 인간은 법률 앞에 평등하다"라고 규정하고 있으며, 입법자도 그 이행의 수범자이다.[125] 급부의 부작위에 관한 문제는 '사회국가원리'와 밀접한 관련을 가지며, 일반적 평등원칙을 규정한 독일 기본법 제3조 제1항에서 시원적인 급부청구권을 도출할 수 없다고 보고 있다.[126] 사회보장법의 영역에서는 입법자에게 비교적 넓은 형성여지가 보장되어 있다.[127]

개별 사례에서 동등한 비교대상을 동등하게 취급하지 않는 것은 평등원칙에 위배되며, 비교대상인 사안의 동등성 여부를 판단함에 있어서 본질성 여부는 매우 중요한 기준이다. 이러한 경우에 유력설은 본질적인 부분의 판단은 비교에 설정된 '관점'이 중요하다고 보고 있다. '사람'이라는 기준이 본질적인 경우에는 국적 여부는 중요하지 않으며 외국인도 내국인과 동등하게 대우해야 한다는 것이다.[128] 이러한 평등원칙의 위반 여부를 판단함에 있어서는 보다 구체적인 판단기준이 요구된다. 독일의 학설 및 판례는 "객관적으로 명백한 근거 없이 차별"하는 것을 금지하는 소위 恣意禁止(Willkürverbot)의 원칙이 오랫동안 지배하였다. 따라서 민주적 정당성을 부여받은 입법자는 최소한의 불평등한 차별을 함에 있어서 비교적 넓은 형성적 자유를 가지고 있지만, 明白性審査(Evidenzkontrolle)를 통해 불평등한 법제정에 있어서 사항적으로 명백한 차별의 이유가 없는 경우는 자의금지원칙을 위반하게 된다.[129] 그러나 이러한 원칙만 가지고 입법자를 구속하기 쉽지 않아 비례원칙 내지 과잉금지의 원칙을 도입하여 엄격한 심사를 하는 소위 '새로운 公式(neue Formel)'이 적용되고 있다.[130]

새로운 공식은 심사기준을 구별하여 사안이나 행태와 관련된 경우에는 종래의 자의금지원칙을 적용하지만, 인적 평등과 관련된 경우에는 비례의 원칙을 적용하고 있다.[131] 이러한 새로운 공식에 따라 비례성심사가 적용될 경우에는 이러한 불평등한 취급을 하는 규범의 목적이 정당해야 하고, 적합하고 필요한 수단이어야 하며, 또한 그 불평등한 취급의 종류나 정도가 상당한 비례관계에 있어야 한다.[132] 그러나 인적 평등과 사항적·행태적 평등의 구별이 현실적으로 쉽지 않아 새로운 공식은 수정을 경험하게 되고, 사항이나 행태와

124) Zippelius/Würtenberger, a.a.O., § 23 Rn. 9.

125) Jarass, in: Jarass/Pieroth, GG, 10. Aufl., Art. 3 Rn. 1a.

126) Jarass, in: Jarass/Pieroth, GG, Art. 3 Rn. 12.

127) BVerfGE 113, 167 (215).

128) Konrad Hesse, Grundzüge des Verfassungsrechts der Bundesrepublik Deutschland, 20. Aufl., § 12 Rn. 432.

129) Zippelius/Würtenberger, a.a.O., § 23 Rn. 16.

130) 계희열, 전게서(중), 238면 참조.

131) Britz, Der allgemeine Gleichheitssatz in der Rechtsprechung des BVerfG, NJW 2014, S. 346.

132) 이에 대해서는 Zippelius/Würtenberger, a.a.O., § 2 3 Rn. 20 ff.

관련된 불평등취급에 대해서도 엄격한 심사기준을 확대하는 소위 수정된 새로운 이론이 등장하게 된다.[133)]

특히 독일 연방헌법재판소는 1993년 성전환자 결정(Transsexuellen– Entscheidung)에서 이러한 이원화된 심사기준을 수정하였다.[134)] 이 결정에서 사안의 불평등한 취급이 인적 그룹의 불평등한 취급에 '간접적'으로 영향을 줄 수 있다는 점이 인정되었다.[135)] 그 후 2010년 10월 12일 독일 연방헌법재판소의 제1부 결정[136)]에서 여러 가지 측면에서 변경된 수정된 새로운 공식이 등장하게 되었다. 여기에서는 사안이나 행태와 관련된 불평등에 대해서도 인적 평등처럼 엄격한 심사를 적용하고 있다.[137)] 나아가 연방헌법재판소 제1부는 이러한 양 기준을 '통합'하려는 시도를 하고 있다. 즉 "일반적 평등원칙에서 규율대상이나 차별의 표지에 따라 입법자에 대한 서로 다른 한계가 나오고, 이러한 한계는 단순한 자의금지의 원칙에서 비례성의 요청에 대한 강한 구속까지 충족해야 한다"고 결정한 바 있다.[138)] 미연방대법원의 판결에서도 평등보호에 관한 위헌심사기준으로 합리성심사(rationality review), 엄격심사(strict scutiny), 그리고 중간심사(intermediate scrutiny) 등이 적용하고 있다.[139)]

한편, 우리 헌법재판소의 결정 중에서 평등원칙과 관련하여 엄격한 심사를 한 대표적 사례는 '제대군인 가산점' 사건이다.[140)] 먼저 제1차 국가유공자 가산점 사건에서는 비례심사를 하되 완화된 기준을 적용하여 평등권을 침해한 것이 아니라고 결정한 바 있다.[141)] 그

133) 소위 '새로운 공식'에 관한 독일 연방헌법재판소 판례의 변화와 발전에 대해서는 Britz, a.a.O., S. 346 ff.

134) BVerGE 88, 87 = NJW 1993, 1517. 이 사건에서는 성전환자의 경우에 이름을 변경하는 연령을 25세 미만으로 제한한 것이 문제되었고, 연방헌법재판소는 이러한 규정이 기본법 제3조 제1항에 위반된다고 결정하였다.

135) BVerfGE 88, 87 (96)

136) 제1부 결정에서 문제가 된 사건에서는 이혼한 부모 중 자녀와 함께 생활을 하지 않는 일방이 법적으로 가능한 범주 내에서 자녀에 대한 사실상 책임을 지고, 교섭을 통해 정기적으로 체류하면서 밤을 지내는 경우에 동거하는 경우와 동일한 방식으로 함께 생활하지 않는 이혼한 부모의 일방과 자녀 사이에도 거주공동체가 발생한다는 것이 주된 쟁점이었다.

137) BVerfGE 127, 263 = NJW 1993, 1793.

138) BVerfGE 88, 87 (96); 89, 15 (22); 105, 73 (110).

139) 이에 대해서는 김현철, "미국연방대법원의 평등보호에 관한 판례와 위헌심사기준", 헌법논총 제11집(2000), 353면 참조.

140) "평등위반 여부를 심사함에 있어 엄격한 심사척도에 의할 것인지, 완화된 심사척도에 의할 것인지는 입법자에게 인정되는 입법형성권의 정도에 따라 달라지게 될 것이나, 헌법에서 특별히 평등을 요구하고 있는 경우와 차별적 취급으로 인하여 관련 기본권에 대한 중대한 제한을 초래하게 된다면 입법형성권은 축소되어 보다 엄격한 심사척도가 적용되어야 할 것인바, 가산점제도는 헌법 제32조 제4항이 특별히 남녀평등을 요구하고 있는 '근로' 내지 '고용'의 영역에서 남성과 여성을 달리 취급하는 제도이고, 또한 헌법 제25조에 의하여 보장된 공무담임권이라는 기본권의 행사에 중대한 제약을 초래하는 것이기 때문에 엄격한 심사척도가 적용된다."(헌재 1999. 12. 23. 98헌마363)

141) "차별적 취급으로 인하여 관련 기본권에 대한 중대한 제한을 초래하게 되는 경우에 해당하여 원칙적으로 비례심사를 하여야 할 것이나, 구체적인 비례심사의 과정에서는 헌법 제32조 제6항이 근로의

후 제2차 국가유공자 가산점 사건에서는 이 결정을 변경하여, 헌법불합치를 결정하면서 국가유공자 가족들에 대해 비례의 원칙을 통해 엄격한 심사를 하고 있다.142) 평등심사와 관련하여 어떠한 경우에 비례의 원칙 내지 과잉금지의 원칙을 적용할 것인지, 또한 비례의 심사에 있어서도 어떠한 경우에 완화된 기준을 적용할 것인지 등이 문제된다.143) 헌법재판소는 평등원칙뿐만 아니라 비례의 원칙을 심사함에 있어서도 다시 엄격한 심사와 완화된 심사를 구별하여 적용하고 있다. 이러한 입장은 어떠한 경우에 엄격한 심사를 해야 하는지, 평등원칙과 비례의 원칙 사이의 관계가 무엇인지에 대한 의문을 제기하게 된다. 이와 관련하여 좁은 의미의 비례의 원칙과 평등원칙 사이에는 구조적인 동일성이 있다는 견해도 있다.144)

최근에는 이러한 비례성심사를 도입하는 것과 관련하여, 학계에서 비판이나 문제점이 제기되고 있다. 즉 자유권과 관련될수록 불평등한 취급의 최소한도가 더 적어지게 되어 입법자의 형성여지를 헌법이나 헌법재판에서 제한할 리스크가 있다는 지적이 있다.145) 이러한 새로운 공식이 도입되었다고 하더라도 자의금지의 원칙이 완전히 배제되는 것은 아니다. 오히려 새로운 공식은 자의금지의 원칙을 보완하는 것으로 이해하는 견해가 유력하다.146) 여전히 어려운 점은 어떠한 경우에 자의금지의 원칙을 적용할 것인지, 아니면 비례의 원칙을 적용할 것인지를 결정해야 하는지 여부이다. 그리고 평등원칙과 자유권의 제한에 관한 비례의 원칙을 서로 구별하려는 견해도 부각되고 있다.147) 국내학설 중에도 양자의 차이와 관련하여 자의금지원칙은 단지 차별의 정당화를 위한 합리적 사유의 유무에 대해서만 검토하지만, 비례의 원칙은 그 외에 차별대우 사이의 상관관계가 타당한지 여부에 대해서도 심사한다고 보는 견해가 있다.148) 또한 이 견해는 구조적으로 비례의 원칙은 법익의 충돌을 전제로 목적과 수단의 상호관계를 통해 수단이 적절한지 여부를 판단하는 것이지만, 평등의 원칙은 법익의 충돌이 아니라 대상이 되는 둘 이상의 기본권 주체의 법적

기회에 있어서 국가유공자 등을 우대할 것을 명령하고 있는 점을 고려하여 보다 완화된 기준을 적용하여야 할 것이다."(헌재 2001. 2. 22. 2000헌마25)

142) 헌재 2006. 2. 23. 2004헌마675 등, 판례집 18-1상, 269.

143) 제대군인 가산점 사건에서 헌법재판소가 엄격한 심사기준을 일관되게 적용하지 못하였음을 비판하는 견해도 있다(한수웅, 전게서, 597면).

144) 이준일, "헌법재판의 법적 성격", 헌법학연구 제12권 제2호(2006. 6), 335-336면.

145) Britz, a.a.O., S. 351.

146) Osterloh, in: Sachs (Hg.), GG, Art. 3 Rn. 25.

147) 독일 연방헌법재판소 제2부는 양자를 구별하는 입장에 서 있고, 과잉금지의 원칙을 명확히 사용하지 않고 사항이나 규율영역에서 특별한 형량의 문제로 접근하고 있다(BVerfGE 90, 145 (195 f.)). 이에 대해서는 Osterloh, in: Sachs (Hg.), GG, Art. 3 Rn. 35.

148) 한수웅, 전게서, 588-589면.

지위를 서로 비교하는 것이라는 점에서 차이가 있다고 지적한다.149) 다만, 이 견해는 입법의 목적과 관련하여 차별의 적합성을 판단하는 단계에서는 양자의 차이가 크지 않지만, 법익균형성 내지 상당성의 단계에서 헌법재판소가 주관적인 법익형량을 함으로써 입법자의 판단을 배척할 수 있다고 지적한다.150) 나아가 이 견해는 과잉금지의 원칙을 적용하여 평등심사를 할 경우 위헌심사의 기준으로서 평등권의 고유한 기능이 상실될 수 있으며, 자유권 제한의 문제가 적은 급부작용에 대해서는 입법자의 형성적 자유를 인정하기 위해 자의금지의 원칙이 적용되어야 한다고 보고 있다.151) 이러한 비판적 견해는 긍정할 수 있는 점이 적지 않다. 다만, 규범의 제정권자에 형성적 자유가 보장된 경우에 자의금지의 원칙만으로 평등심사를 할 수 없는 어려운 측면이 있고, 기본권 침해와 관련된 경우에는 엄격한 심사가 요구된다.

(2) 平等原則이 適用된 具體的 事例의 檢討

(가) 憲法裁判所 判例의 立場

이하에서는 행정입법부작위와 관련하여 평등원칙이 적용된 사례를 검토하기로 한다. 전술한 바와 같이 헌법재판소는 진정행정입법부작위뿐만 아니라 부진정행정입법부작위에 대한 헌법소원을 인정하고 있다. 대표적 사례는 치과전문의 자격시험 불실시에 대한 위헌확인사건이다.152) 헌법재판소는 이 사건을 '진정입법부작위'라고 파악하고 있지만, 행정입법부작위에 관한 사건이다. 또한 이 사건은 엄밀한 의미에서 진정행정입법부작위가 아니라 '부진정행정입법부작위'에 가깝다.153) 치과의사로서 전문의가 되고자 하는 자는 대통령령이 정하는 수련을 거쳐 보건복지부장관의 자격인정을 받아야 하고(의료법 제55조 제1항) 전문의의 자격인정 및 전문과목에 관하여 필요한 사항은 대통령령으로 정하고 있다(동조 제3항). 이에 따라 「전문의의수련및자격인정등에관한규정(이하 '규정'이라 한다)」 제2조의2 제2호(개정 1995. 1. 28)는 치과전문의의 전문과목을 "구강악안면외과 · 치과보철과 · 치과교정과 · 소아치과 · 치주과 · 치과보존과 · 구강내과 · 구강악안면방사선과 · 구강병리과 및 예방치과"로 정하고 있다. 또한 규정 제17조(개정 1994. 12. 23)에서는 전문의자격의 인정에 관하여 "일정한 수련과정을 이수한 자로서 전문의자격시험에 합격"할 것을 요구하고 있고, 전문의자격시험

149) 한수웅, 전게서, 603면.

150) 한수웅, 전게서, 589면.

151) 한수웅, 전게서, 605면.

152) 헌재 1998. 7. 16. 96헌마246, 판례집 10-2, 283.

153) 한편, 2003. 6. 30. 대통령령 제18040호로「치과의사전문의의수련및자격인정등에관한규정」이, 그리고 2003. 9. 18. 보건복지부령 제258로 「치과의사전문의의수련및자격인정등에관한규정시행규칙」이 별도로 제정되었다.

의 방법·응시절차 기타 필요한 사항을 보건복지부령에 위임하고 있다(제1항 및 제3항). 헌법재판소는 그 위임에 따라 제정된 「전문의의수련및자격인정등에관한규정시행규칙(이하 '시행규칙'이라 한다)」이 개정입법 및 새로운 입법을 하지 않은 것은 진정입법부작위에 해당하고, 이러한 입법부작위가 청구인들의 직업의 자유와 행복추구권을 침해하여 전공의 수련과정을 거치지 않은 일반 치과의사나 전문의시험이 실시되는 다른 의료분야의 전문의에 비하여 불합리한 차별을 받고 있다고 결정하였다. 이 사건은 시행규칙이 전혀 제정되지 않은 것이 아니라, 피청구인 대한치과의사협회의 의견에서 나타난 바와 같이 "치과전공의의 수련기간, 수련병원 및 수련기관의 지정기준, 수련과목 및 기타 치과전문의자격시험의 실시에 필요한 사항 등을 불완전하게 규정한" 경우에 해당한다. 따라서 이 사건은 시행규칙의 내용을 보완하는 개정을 하지 않은 것이 쟁점이라는 점에서 '부진정행정입법부작위'에 해당한다. 특히 "다른 의료분야의 전문의에 비하여 불합리한 차별을 받고 있다"고 결정한 부분에서 비교집단과의 관계에서 평등원칙을 위반하여 기본권을 침해하고 있다고 보고 있다. 이러한 비교집단에는 전공의수련과정을 거치지 않은 일반 치과의사나 전문의시험이 실시되는 다른 의료분야의 전문의를 설시하고 있다. 이러한 심사는 명확하지는 않지만, 비교집단과의 "불합리한 차별"을 검토하고 있다는 점에서 일종의 '자의금지의 원칙'이 적용된 것이다. 그러나 이러한 행정입법부작위는 치과전문의라고 하는 인적 범위와 관련된 자유권의 제한에 관한 사안이지만, 비례의 원칙 내지 과잉금지의 원칙은 고려되어 있지 않다.

한편, 헌법재판소는 건축사법시행령 제4조 제1항에서 새로이 건축사면허를 취득하고자 하는 사람들만을 대상으로 할 뿐, 건축사면허를 취소당한 사람들에 관하여는 규정을 두고 있지 않은 것은 '부진정(행정)입법부작위'라고 보고 각하결정을 내린 바 있다.154) 이 사건은 청구인이 건축사법시행령에 건축사면허취소기간이 경과한 후 다시 면허를 신청하려는 자에 대한 건축사면허증재교부 등의 절차규정을 두지 아니한 행정입법부작위로 기본권 침해를 받았음을 이유로 헌법소원을 청구한 것이다. 이 사건에서 헌법재판소가 행정입법부작위에 관한 사건을 '입법부작위'로 본 것은 잘못이지만, '진정행정입법부작위'와 '부진정행정입법부작위'를 구별하고 있음을 알 수 있다. 진정행정입법부작위와 부진정행정입법부작위의 구별은 실제 어려운 경우가 적지 않고, 상대적인 측면이 있는 것이 사실이다. 그러나 헌법소원에 있어서 청구기간의 적용 여부에 차이가 있다는 점에서 주의를 요한다. 즉 헌법재판소는 진정 (행정)입법부작위에 대한 헌법소원 심판청구에 대해서는 청구기간의 제한을 받지 않는다고 보지만, 부진정(행정)입법부작위에 대해서는 헌법소원 청구기간의 제한을 받는다고 보고 있다.155) 즉 불완전입법에 대하여 재판상 다툴 경우에는 그 입법규정

154) 헌재 1998. 11. 26. 97헌마310, 판례집 10-2, 564, 571.

155) 헌재 1998. 7. 16. 96헌마246.

이 헌법위반이라는 적극적인 헌법소원을 제기하여야 할 것이고, 이때에는 헌법재판소법 제69조 제1항 소정의 청구기간의 적용을 받는다고 결정하고 있다.[156)]

헌법재판소는 공무원보수규정 제5조 등 위헌확인사건에서, "군법무관의 봉급을 군인의 봉급표에 의하도록 하면서 수당의 신설 등을 통하여 전체 보수를 일반공무원에 비하여 우대하는 수준으로 정하고 있는 공무원보수규정 제5조 [별표 13] 등 조항들이 모법의 위임에 따른 대통령령 제정의무를 제대로 이행하지 아니한 불완전한 입법으로서 청구인들의 재산권을 침해한다고 볼 수 없다"고 결정하고 있다. 이 결정에서 헌법재판소가 평등원칙을 충분히 심사하였는지는 명확하지 않지만, 판사와 검사, 그리고 일반공무원의 봉급기준표를 비교하고 있다. 이를 토대로 헌법재판소는 공무원보수규정 제5조에서 일반 군인의 봉급표에 의하도록 하는 대신 '공무원수당 등에 관한 규정' 제14조의3 및 '군인 등의 특수근무수당에 관한 규칙' 제4조로 군법무관수당을 신설함으로써 전체 보수를 일반공무원에 비하여 우대하면서 법관 등의 예에 준하는 상당한 수준으로 정하고 있다고 판단하고 있다. 또한 헌법재판소는 명령제정권자의 넓은 형성적 자유를 고려하고 있다. 즉 헌법재판소는 "행정부는 군법무관에 대한 보수를 시행령으로 정함에 있어 군법무관을 일반공무원에 비하여 우대함으로써 법관 등의 보수와 엇비슷한 수준으로 하는 한도 내에서는 군법무관의 업무의 성격, 군 조직의 특성 및 다른 군인들과의 형평성 등을 두루 참작하여 구체적인 보수액은 물론 이를 봉급과 수당에 어떻게 배분할 것인지를 적절하게 정할 수 있는 재량권을 가진다"고 판단하고 있다.[157)]

헌법재판소는 구 대기환경보전법 시행규칙 제78조 [별표 21]에서 자동차에 대한 운행차배출허용기준에 '이륜자동차'에 대한 운행차배출허용기준을 규정하지 않은 것을 부진정행정입법부작위로 판단하고 있다. 대기환경보전법 시행규칙 제62조 [별표 17]과 제78조 [별표 21]에는 각각 제작차 배출가스 허용기준과 운행차 배출가스 허용기준을 규정하면서 이륜자동차에 대한 기준을 정하지 않고 있다. 이 사건에서 청구인은 이러한 행정입법부작위로 인하여 이륜자동차에 대한 배출가스 규제가 이루어지지 않아 청구인의 환경권을 침해한다고 주장하면서 헌법소원을 제기한 것이다. 헌법재판소는 이 부분 청구가 헌법재판소법 제69조 제1항 소정의 청구기간의 적용을 받으며, 이 부분 청구 또한 위 [별표 21]이

156) "침구술무면허자의 침구술 시술행위를 처벌하는 것이 신체의 자유를 침해한 것이라는 주장에 대하여 살피건대, 청구인은 처벌의 근거법규인 의료법을 문제삼아 헌법소원의 대상으로 하고 있는 취지로 이해되는 바, 기록상 청구인은 과거에 무면허침술행위를 이유로 의료법위반으로 1971. 5. 13. 처벌을 받은 일이 있는 것으로 되어 있는데, 그 시경에 이미 처벌된다는 것을 알았다고 볼 것이므로 1989.4.27.에 제기한 이 사건 청구는 헌법재판소법 제69조 제1항 소정의 청구기간 도과 후의 부적법한 청구임을 면할 수 없을 것이다."(헌재 1993. 3. 11. 89헌마79, 판례집 5-1, 92)

157) 헌재 2008. 5. 29. 2006헌마170. 이와 관련하여 반대의견(재판관 김종대, 재판관 목영준)은 대통령령 제정의무를 제대로 이행치 아니한 위헌성을 가진 규정에 해당한다고 보고 있다.

시행된 2010. 7. 1.부터 1년이 경과하여 제기되었으므로 청구기간을 도과하여 부적법하다고 결정하였다.

그 밖에 사회보장의 영역에서 부진정(행정)입법부작위를 인정하면서도 입법부작위위헌확인심판의 대상이 되지 아니한다고 결정한 사례도 있다.[158] 특히 심장 장애 등급을 규정하면서 선천성 심장질환에 의한 합병증의 위험 때문에 정상적인 사회생활을 할 수 없는 자를 심장장애인로 인정하는 입법을 하지 아니 하는 부작위는 부진정입법부작위에 해당하므로 입법을 하지 아니하는 부작위, 즉 진정입법부작위로 인한 헌법소원의 심판대상이 되지 않는다고 결정하였다.[159] 이 사건에서 문제가 된 것은 선천성 심장질환에 의한 합병증의 위험 때문에 정상적인 사회생활을 할 수 없는 자를 심장장애인으로 규정하지 않은 것이다. 그러나 헌법재판소는 장애인복지법시행규칙 제2조 제1항 별표1 제10호에서 심장장애의 경우를 1등급에서 3등급까지 나누어 규정하고 있으므로 진정입법부작위로 볼 수 없고, 이러한 규정은 심장장애인을 보호하기 위한 기본규정으로서 심장장애에 관한 규정이 전혀 없는 경우에 해당하지 않는다고 판단하였다.

㈏ 大法院判例의 立場

대법원은 행정입법부작위에 대한 항고소송(부작위위법확인소송)을 부인하고 있다.[160] 대법원 91누11261 판결에서는 특정다목적댐법 제41조에서 다목적댐 건설로 인한 손실보상 의무를 국가에 있다고 규정하고, 같은 법 제42조에서 손실보상의 절차와 그 방법 등 필요한 사항을 대통령령에 위임하고 있음에도 불구하고 이를 제정하지 않은 것이 소송의 대상이며, 이는 진정행정입법부작위에 해당한다고 보았다. 보상규정을 시행령에 제정하지 않은 것이 처분의 부작위에 해당한다고 보기는 어렵다. 다만, 법률의 위임에도 불구하고 시행령에 보상규정을 규정하지 않으면, 이에 대해 이해관계를 가지는 인적 그룹은 보상을 청구할 수 없게 된다. 헌법재판소가 설시하고 있는 바와 같이 행정입법부작위가 성립하기 위해서는 기본권 보호의무나 법률의 위임에 의해 제정의무를 도출할 수 있어야 하고, 이에 상당한 기간이 경과하였음에도 불구하고 시행령이 제정되지 않아 권리나 이익이 침해되어야 한다. 이러한 집행부에 행정입법의 제정의무가 인정되면, 이에 상응하는 규범제정요구권이 인정될 수 있어야 한다. 이러한 공법상의 법률관계는 행정소송의 영역이며, 이를 확인소송과 이행소송의 성질을 가지는 당사자소송을 통해 적어도 행정입법부작위가 '위법'하다는 확인해야 한다. 이러한 판결에 의해 시행령이 제정되지 않은 것이 위법하다는 점이 인정되어야 한다.

---

158) 헌재 1996. 11. 28. 93헌마258, 판례집 8-2, 636, 644

159) 헌재 2000. 4. 11. 2000헌마206, 공보 제45호, 412.

160) 대법원 1992. 5. 8. 선고 91누11261 판결.

대법원 판례 중에는 위 사건을 제외하고 행정입법부작위가 문제된 사건은 거의 없다.[161] 또한 부진정행정입법부작위가 문제된 사례는 근래에 하급심 판결에서 일부 발견될 뿐이다. 바로 군무원지위확인청구의 소에서 부진정행정입법부작위의 문제가 쟁점이 된 바 있다. 즉 별정군무원들의 정년이 일반군무원들에 비해 근무상한연령을 짧게 규정한 군무원인사법 시행령과 예비전력관리 업무담당자 인사관리 훈령으로 인해 군무원들의 평등권의 침해와 과잉금지원칙에 반하여 헌법상 보장된 원고들의 공무담임권이 침해받았다는 것 등이 주된 쟁점이었다. 그러나 서울행정법원은 공무원 정년제도는 입법정책의 문제로서 입법자에 형성적 자유가 보장된 것으로서 매년 정년연령을 단계적으로 조정한 것은 합리적인 차별이며, 별정군무원들의 청구인들을 차별취급한다고 보기 어렵다고 판단하였다. 특히 입법적 배경이나 이유, 합리적 차별의 근거 등 차별의 정당한 사유를 검토하고 있는 점이 주목된다. 이 사건에서 사울행정법원은 자의금지의 법리에 의한 평등권 위반 여부를 통해 부진정행정입법부작위의 문제를 다루고 있지만, 과잉금지의 원칙을 검토하지 않았다.

그 밖에 하급심 판결 중에는 보상금 가격에서 토지의 사용으로 인한 잔여지 가격의 하락에 대한 보상이 제외되어 있는 것이 부진정입법부작위에 해당한다는 이유로 소가 제기된 사건이 있다. 즉 「공익사업을 위한 토지 등의 취득 및 보상에 관한 법률」 제73조 제1항에서 일단의 토지의 일부가 '사용'됨으로 인하여 잔여지의 가격이 감소하는 경우를 보상하도록 되어 있으나, 같은 법 시행규칙 제32조에서는 이러한 경우를 제외하고 있다. 그러나 서울행정법원은 이러한 원고의 주장을 정면으로 다루지 않고, 이와 관련된 전기사업법의 규정에서 토지의 지상 공간에 송전선로의 설치와 관련된 손실보상에 관한 규정이 있고 보정률을 통해 정당한 보상이 이루어지고 있다고 판시하고 있다.[162] 그러나 이러한 사건은 헌법 제23조 제3항의 보상법률주의와 불가분조항(Junktimklausel)과 관련된 것이며, 행정입법부작위의 사안으로 다루는 것은 타당하지 않다.

한편, 대법원은 조세분야에서 평등원칙을 적용한 판례가 적지 않다. 다만, 연금이나 퇴직수당 등 사회보장의 영역과 관련하여 주목할 판결은 퇴직법관의 명예퇴직수당지급거부의 취소를 구하는 사건이다. 대법원은 퇴직법관의 명예퇴직수당지급거부처분취소소송[163]에서 평등원칙을 심사하고 있는데, "자의적으로 차별"하였는지 여부를 기준으로 판

---

161) 다만, 대법원은 사법시행령과 관련하여 행정입법부작위으로 인한 위헌 또는 위법을 판단하고 있을 뿐이다. 즉 "사법시험령 제15조 제8항이 행정자치부장관에게 제2차시험 성적을 포함하는 종합성적의 세부산출방법 기타 최종합격에 필요한 사항을 정하는 것을 위임하고 있을지라도 행정자치부장관에게 그와 같은 규정을 제정할 작위의무가 있다고 보기 어렵고, 행정자치부장관이 이를 정하지 아니하고 원고에게 불합격처분을 하였다 하더라도, 그 처분이 행정입법부작위로 인하여 위헌 또는 위법하다고 할 수 없다"고 판시하고 있다(대법원 2007. 1. 11. 선고 2004두10432 판결).

162) 서울행정법원 2016. 7. 12. 선고 2015구합1923 판결. 同旨判例: 서울행정법원 2016. 12. 13. 선고 2014구합63404 판결.

163) 대법원 2016. 5. 24. 선고 2013두14863 판결.

단하고 있다는 점에서 자의금지의 원칙을 적용하고 있다. 즉 대법원은 "명예퇴직수당 수급권의 형성에 관한 폭넓은 재량에 기초하여 구 법관 및 법원공무원 명예퇴직수당 등 지급규칙(2011. 1. 31. 대법원규칙 제2320호로 개정되기 전의 것) 제3조 제5항 본문에서 법관의 명예퇴직수당액에 대하여 정년 잔여기간만을 기준으로 하지 아니하고 임기 잔여기간을 함께 반영하여 산정하도록 한 것이 합리적인 이유 없이 동시에 퇴직하는 법관들을 자의적으로 차별하는 것으로서 평등원칙에 위배된다고 볼 수 없다"고 판시하고 있다.

3. 檢討 및 評價

부진정행정입법부작위가 문제되는 사안에서, 헌법재판소는 본안에서 평등원칙 위반 여부를 정면으로 다룬 사례는 거의 없으며, 대부분 진정행정입법부작위와의 차이를 이유로 각하한 사례가 대부분이다. 헌법재판소는 공무원보수규정 제5조 등 위헌확인결정(2000헌마206)에서 당해 사건이 부진정행정입법부작위에 해당함에도 진정(행정)입법부작위로 제기한 것을 각하하였다. 그러나 진정행정부작위와 부진정행정입법부작위의 구별은 쉽지 않은 경우도 있다. 예컨대 법률의 위임에도 불구하고 현존하는 시행령의 해당 조항에 입법을 전혀 하지 않은 것으로 볼 경우에는 진정행정입법부작위에 해당하지만, 기존의 현존하는 관련 시행령에 해당 규정이 흠결된 경우에는 부진정행정입법부작위에 해당하기 때문이다. 전술한 헌법재판소 97헌마310 결정의 별개의견(재판관 조승형)은 이러한 2분법적 구별의 문제점을 제기하고 있다. 여기에서 입법여부만으로 진정입법부작위와 부진정입법부작위로 구별하는 것은 모호하며 국민의 기본권 보호에 실효성이 없다고 지적하고 있다. 각 입법사항을 모두 규율하고 있지만 질적·상대적으로 불완전하거나 불충한 경우를 부진정입법부작위로 보고, 일부의 입법사항에 대해 규율하면서 나머지 일부의 입법사항에 대해 전혀 규율하지 않는 경우, 즉 양적·절대적으로 규율하고 있지 아니한 경우에는 진정입법부작위로 보아야 한다고 한다. 그러나 대부분의 부진정행정입법부작위는 일부의 입법사항에 대해 규율하면서 나머지 일부의 입법사항에 대해 전혀 규율하지 않는 경우가 적지 않고, 양적·질적인 구별도 판단도 상대적이다. 진정입법부작위는 시행령이나 시행규칙 등에 명백히 위임하였음에도 불구하고 전혀 제정하지 않은 경우로 이해해야 한다. 실제 이러한 경우는 매우 제한적이다. 독일에서도 그러한 이유에서 대부분 부진정행정입법부작위가 문제되고 있다.

헌법재판소나 대법원은 헌법문제인 입법부작위와 행정쟁송의 문제인 행정입법부작위를 서로 구별해야 한다. 헌법재판소는 이러한 문제를 입법부작위의 문제로 접근하여 헌법적 사안으로 다루는 경향에 있다. 하급심 판결 중에는 행정입법부작위를 입법부작위로 판단한 사례가 있다. 부진정행정입법부작위의 문제가 아직 법원에서 충분히 다루어지지 않고 있고, 하급심의 사례에서 보는 바와 같이 주로 부수적 규범통제의 방식으로 이루어지고 있다. 오늘날 진정행정입법부작위의 문제는 거의 발생하지 않으며, 대부분 부진정행정입법부작위가 쟁점이 되고 있다. 헌법재판소는 일부의 입법사항에 대해 규율하면서 나머지 일부의 입법사항에 대해 전혀 규율하지 않는 경우를 부진정입법부작위의 문제로 접근해야 한다. 또한 이와 관련된 사안을 진정입법부작위의 문제로 헌법소원을 제기한 경우에 각하결정을 내리는 것은 신중할 필요가 있다. 독일에서는 부진정행정입법부작위와 관련된 규범보충소송을 규범제정요구소송의 하위 유형으로 다루고 있다는 점을 고려할 필요가 있다.

헌법재판소는 행정입법부작위와 관련하여, 평등원칙을 심사기준으로 적용한 사례도 치과전문의 자격시험 불실시에 대한 위헌확인사건(96헌마246)이다. 여기에서는 명확하지 않지만, 차별금지의 원칙이 적용되었을 뿐 비례의 원칙이 특별히 고려되지 않았다. 법원의 판결 중에는 행정입법부작위가 정면으로 문제된 사건이 많지 않다. 다만, 대법원은 평등원칙의 심사에 있어서 대체로 자의금지의 원칙에 따라 판단하고 있다. 부진정행정입법부작위의 문제에 있어서는 '평등원칙'이 중요한 심사기준이다. 이러한 평등원칙의 심사와 관련하여, 자의금지의 원칙이 적용되고 있다. 이 경우 비교기준을 선택하여 본질적으로 동등한 것에 대해 법적으로 동등하게 취급하고 있는지 여부를 판단하는 것이 중요하다. 비교기준의 선정은 비교의 대상 및 범위를 가늠하는 것이므로 평등원칙의 위반에 있어서 결정적이다. 사회보장수급권이나 급부청구권 등이 문제되는 경우에는 그 비교대상이 되는 사안, 개인이나 인적 그룹이 동등한 것으로 판단할 수 있는지가 중요하다. 또한 평등원칙의 심사에 있어서는 차별금지의 원칙이 기본이 되어야 한다. 또한 차별금지의 원칙을 심사함에 있어서 불평등한 취급이 있는 경우에 차별을 정당화할 수 있는 명백한 사유가 있는지 여부를 심사하는 것이 중요하다. 그러나 인적인 차별에 있어서는 비례의 원칙을 고려한 엄격한 심사가 보완적으로 적용되어야 한다. 자유권의 제한과 관련된 경우에는 보완적으로 비례의 원칙을 적용할 필요성이 제기되지만, 급부행정이나 사회보장 등과 관련된 경우에는 입법자에 폭넓은 형성적 자유가 인정된다.

V. 結 論

이상의 고찰에서 행정입법부작위의 문제는 헌법소송이 아니라 행정소송의 문제라는 인식을 할 필요가 있다. 부진정행정입법부작위는 행정입법이 전혀 제정되지 않은 것이 아니라, 불완전하거나 불충분하게 규정된 것이다. 법률의 위임에도 불구하고 시행령이나 시행규칙 등을 전혀 제정하지 않은 경우는 매우 적다. 대부분 입법사항에 대해 규율하면서 입법사항의 일부를 규율하지 않거나 불완전하게 규율하는 경우가 대부분이다. 규범보충을 구하는 소를 항고소송(부작위위법확인소송)으로 제기할 수는 없다. 독일의 사례에 비추어, 우리나라에서도 부진정행정입법부작위에 대한 적합한 행정소송의 형식으로 두 가지 가능성이 고려된다.

우리 행정소송법에는 독일 행정법원법 제47조에 의한 규범통제의 방식이 규정되어 있지 않아 부진정행정입법부작위에 대해 주위적 규범통제소송을 제기할 수는 없다. 다만, 헌법 제107조 제2항에는 원칙적으로 구체적 규범통제제도를 채택하고 있다. 따라서 취소소송이 제기될 경우 부수적 규범통제의 방식에 의해 그 수권근거인 명령·규칙 등의 위법 확인을 구하는 방식이 가능하다. 독일에서는 이러한 부수적 규범통제에 있어서 법원의 제청에 의해 헌법재판소가 직접 하지만, 우리나라에서는 명령·규칙 등에 대해서는 법원이 직접 심사해야 한다. 예컨대 시행령이나 시행규칙 등에 해당 규정이 없어 수익신청이 거부되는 경우에 이에 대한 취소소송을 제기하면서 수권규범인 시행령이나 시행규칙 등의 위법성을 판단하는 것이다. 이 경우 위법이 인정된 시행령이나 시행규칙 등은 당해 사건에 한하여 적용이 배제될 뿐이다. 그러나 이러한 소송에 있어서는 처분의 위법성 일반이 소송물이며, 수권규범인 법규명령의 효력을 일반적으로 무효로 할 수는 없다.

이와 관련하여 고려할 수 있는 또 다른 방안은 독일의 일반이행소송이나 확인소송에 상응하는 '당사자소송'을 제기하는 것이다. 행정입법은 처분 개념에 포섭할 수 없어 진정행정입법부작위뿐만 아니라 부진정행정입법부작위에 대해서도 부작위위법확인소송을 제기할 수는 없다. 이러한 확인소송이나 일반이행소송은 당사자소송에서 연원하고 있다. 당사자소송을 통해 규범의 보충을 요구할 원고의 주관적 공권과 이에 상응하는 규범의 보충의무를 확인하도록 판시할 수 있다. 이러한 원고는 해당 법률의 규정에서 배제된 인적 그룹에 속하여야 하고, 그러한 규정에서 법률상 이익을 도출할 수 있어야 한다. 우리나라에서 당사자소송은 이행소송과 확인소송의 성격을 모두 가지고 있으며, 확인소송의 보충성에 관한 제한규정도 없다는 점에서 독일과 같은 소송상 문제점도 적은 편이다. 그러나 규범제정권자의 형성적 자유가 부여되어 있으므로 일반이행소송을 제기하는 것은 권력분립원칙에 비추어 문제가 있고, 의무이행소송이 도입되지 않은 상황에서 이행소송을 규범제정에까지 확대하는 것은 무리한 해석이 될 수 있다. 따라서 이러한 당사자소송을 통해 적어도 규범의 보충을 구할 원고의 권리와 이에 상응하는 명령제정권자의 제정의무(규범보충의무)의 존부 확인을 구하는 소를 제기할 수 있다. 규범보충소송에 있어서 명령제정권자의 형성적 자유가 인정되는 경우가 적지 않아, 이행소송을 인정하기 어려운 점이 있다. 이 소송에서는 법률관계의 근거가 되는 규범(법규명령이나 조례 등)의 보충을 주된 대상으로 하여 그 위법을 확인한다는 점에서 차이가 있다.

독일의 규범보충소송에서 보는 바와 같이, 이러한 부진정행정입법부작위는 대부분 평등원칙을 위반하여 규범이 불완전하게 규율된 경우이다. 따라서 해당 명령·규칙 등에 대해 '평등원칙'을 위반하였는지 여부를 심사하는 것이 관건이다. 평등원칙에 관한 판단은 원칙적으로 '자의금지의 원칙'을 적용하되, 자유권의 제한과 관련된 경우에는 비례의 원칙 내지 과잉금지의 원칙을 보완적으로 검토하여야 한다. 그러나 급부작용과 관련된 부진정행정입법부작위의 경우에는 엄격한 심사를 요하지 아니한다. 자의금지의 원칙과 관련하여 가장 중요한 것은 비교의 '기준'이나 '척도'를 확정하는 것이다. 본질적으로 같은 대상에 속하는지 여부를 판단해야 한다. 또한 사회보장이나 급부행정의 영역에서는 명령제정권자에 형성여지가 부여되어 있고 국가재정이 관련되어 명확성의 강도가 완화되는 경우가 적지 않다. 이러한 경우에 불평등한 취급이 있더라도 그 차별을 정당화할 수 있는 명백한 사유가 있는지 여부를 심사하는 것이 필요하다. 그러나 명령제정권을 충분히 행사하지 않아서 시행령이나 시행규칙 등에서 장애인의 종류 및 기준을 면밀히 세분화하여 규정하지 않거나, 다른 장애인의 유형보다 큰 장애를 가지고 있음에도 불구하고 합리적 이유 없이 이러한 장애인의 범주에서 제외하여 차별하는 것은 평등원칙을 위반하게 되는 것이다. 또한 동일한 장애의 경우에도 장애의 정도를 구별하지 않고 일률적으로 배제하는 경우도 있다. 이러한 경우에도 장애의 경중을 구분하여, 다른 장애와 비교하여 합리적 차별의 이유가 있는지를 면밀히 검토할 필요가 있다. 이러한 차별이 정당화되기 위해서는 합리적이고 명백한 사유가 제시되어야 한다.

헌법이나 법률에 의한 법규명령의 제정의무는 행정부의 임무이며, 헌법소송이 아닌 행정소송의 문제로 접근해야 한다. 부수적 규범통제의 방식에 의해 규범의 제정이나 보충을 요구하는 것은 일정한 한계를 露呈할 수밖에 없다. 왜냐하면 규범의 흠결이나 불완전이 인정되더라도 명령제정권자의 형성적 자유가 인정되고 있을 뿐만 아니라 권력분립원칙으로 인하여 사법부가 규범의 제정을 요구하기는 쉽지 않기 때문이다. 규범의 부작위에 대한 위법확인을 통해 행정부가 법규명령의 위법성을 인식하고 스스로 이를 정비하도록 유도해야 한다. 규범의 보충을 구하는 소송과 관련하여, 부수적 규범통제의 방식으로 처분의 위법성을 판단하는 것은 권리구제를 충분히 보장할 수 없다. 설사 처분의 위법성이 인정되어 취소판결이 나더라도 그 근거규정을 마련하지 않는 한 행정청은 상대방이 처음에 신청한 수익처분을 발급할 수 없다. 따라서 취소판결의 주문이나 이유에서 헌법상 '평등원칙'을 매개로 이러한 규범의 불완전성에 대한 위법 '확인'을 명시하는 것이 바람직하다. 이 경우 행정청은 취소판결의 기속력에 의해 사실상 구속을 받게 되고, 이러한 판결의 취지에 따라 법규명령이나 조례 등을 개정하도록 노력해야 한다.

실무에 있어서 주문 작성의 어려움이 있는 것이 사실이지만, 柔軟한 입장이 요구된다. 행정소송법의 제한된 소송형식으로 인해 국민의 권리구제는 실질적으로 어려움에 처해 있음을 깊이 인식할 필요가 있다. 최근에 부각되고 있는 행정입법의 '부작위'는 행정소송에 있어서 새로운 도전이며, 이러한 難題에 대해 사법부의 轉向的인 접근이 요구된다. 현대 행정법학의 과제는 公益의 實現과 불가분의 관계에 서 있다. 부진정행정입법부작위에 대한 사법적 통제의 문제는 대부분 급부행정과 밀접한 관련을 가지며, 당해 사건의 일회적 분쟁해결에 만족하여서는 아니 된다. 사법부는 권력분립의 원칙을 준수하면서 행정부로 하여금 행정입법의 제정과 보충을 통해 국민의 권익구제에 기여하도록 노력해야 한다.

行政訴訟에서 假處分 規定의 準用*

하명호**

대상결정: 대법원 1980. 12. 22.자 80두5 결정,
대법원 2015. 8. 21.자 2015무26 결정

I. 대상결정과 그 쟁점

1. 대법원 1980. 12. 22.자 80두5 결정의 요지

행정소송법이 정한 소송 중 행정처분의 취소 또는 변경을 구하는 이른바 항고소송에 있어서는 (구) 행정소송법 제14조의 규정에 불구하고 민사소송법의 규정중 가처분에 관한 규정은 준용되지 않는다고 할 것이므로 행정처분의 집행정지 결정신청을 기각하는 결정이나 집행정지 결정을 취소하는 결정에 대하여서는 불복신청을 못하는 것이라고 할 것이나 이에 대하여도 민사소송법 제420조 제1항에 규정하는 특별항고는 할 수 있다.

2. 대법원 2015. 8. 21.자 2015무26 결정의 요지

(1) 사건의 개요

피신청인의 조합원들 중 일부인 신청인들이 2014. 10. 14. 도시 및 주거환경정비법(도시정비법)상의 주택재건축정비사업조합인 피신청인을 상대로 피신청인의 2014. 8. 10.자 관리처분계획변경안에 대한 총회결의의 무효확인을 구하는 소송을 제기하였다. 그 보전처분으로써, 위 총회결의의 효력을 본안소송 판결확정시까지 정지하는 결정을 구하는 신청을 하였다. 그러자 인천지방법원은 2015. 2. 5. 이 사건 총회결의의 효력을 위 무효확인소송의 판결선고시까지 정지한다는 취지의 가처분결정을 하였다. 이에 대하여 피신청인의 보조참

---

* 이 글은 2017년 12월 31일 발행된 행정판례연구 제22-2집에 게재된 논문을 전재한 것입니다.

** 고려대학교 법학전문대학원 교수.

가인이 불복하여 즉시항고장을 제출하자, 인천지방법원은 이를 즉시항고로 보아 원심법원에 기록을 송부하였고, 원심법원은 항고심으로서 이 사건을 심리하여 항고기각결정을 하였다.

(2) 결정 요지

[1] 도시정비법상 행정주체인 주택재건축정비사업조합을 상대로 관리처분계획안에 대한 조합 총회결의의 효력을 다투는 소송은 행정처분에 이르는 절차적 요건의 존부나 효력 유무에 관한 소송으로서 소송결과에 따라 행정처분의 위법 여부에 직접 영향을 미치는 공법상 법률관계에 관한 것이므로, 이는 행정소송법상 당사자소송에 해당한다. 그리고 이러한 당사자소송에 대하여는 행정소송법 제23조 제2항의 집행정지에 관한 규정이 준용되지 아니하므로(행정소송법 제44조 제1항 참조), 이를 본안으로 하는 가처분에 대하여는 행정소송법 제8조 제2항에 따라 민사집행법상 가처분에 관한 규정이 준용되어야 한다.

[2] 가처분신청을 인용한 결정에 대하여는 민사집행법 제283조, 제301조에 의하여 가처분결정을 한 법원에 이의를 신청할 수 있을 뿐 이에 대하여 민사소송법 또는 민사집행법에 의한 즉시항고로는 다툴 수 없다. 이와 같이 가처분결정에 대한 불복으로 채무자의 즉시항고가 허용되지 아니하고 이의신청만 허용되는 경우 채무자가 가처분결정에 불복하면서 제출한 서면의 제목이 '즉시항고장'이고 끝부분에 항고법원명이 기재되어 있더라도 이를 이의신청으로 보아 처리하여야 한다.

3. 이 글에서 논의의 범위

대상결정들의 주된 쟁점은 행정소송에서 민사집행법상 가처분 규정을 준용할 수 있는지 여부에 있다. 물론 대상결정들 중 대법원 2015. 8. 21.자 2015무26 결정은 도시정비법상 주택재건축정비사업조합을 상대로 관리처분계획안에 대한 조합총회결의의 효력을 다투는 소송과 관련된 것으로, 주택재건축조합의 행정주체성 여부, 행정주체성을 부여한 지방자치단체장의 처분의 성격, 관리처분계획결정의 처분성 여부, 그 결정에 이르게 된 조합총회결의의 의미와 분쟁해결방법, 이 경우의 소의 이익 등도 쟁점으로 삼아 논의할 수 있다. 특히 관리처분계획안에 대한 조합 총회결의를 다투는 소송이 민사소송이 아니라 당사자소송에 해당한다는 점은 매우 중요한 쟁점이다. 그러나 이 쟁점은 대법원 2009. 9. 17. 선고 2007다2428 전원합의체 판결에서 다루어진 것이고, 나머지 쟁점도 이미 한번쯤은 다루어졌던 것들이다.

따라서 이 글에서는 행정소송에서 민사집행법상 가처분 규정을 준용할 수 있는지 여부에 대하여 집중적으로 논의할 것이다. 아울러 가구제체계에 대한 행정소송법상의 규정과 그에 대한 판례는 일본의 가구제제도와 그 해석론에 강하게 영향을 받았을 것이라고 추정되므로, 현행 행정소송법상의 가구제제도의 체계가 형성되기까지의 역사적 고찰도 함께 행할 것이다.

II. 행정소송에서 가구제제도의 체계

1. 행정소송에서 가구제의 필요성

행정소송에서도 다른 소송분야와 마찬가지로 엄격한 소송절차를 거쳐 권리구제가 실현되므로, 필연적으로 많은 시일이 소요될 수밖에 없다. 그런데 당사자가 행정소송에서 승소하더라도 그 사이에 분쟁의 대상이 되고 있는 법률관계의 내용이 실현된다거나 처분의 공정력과 집행력으로 인하여 판결을 받기도 전에 집행이 종료되어버린다면, 당사자는 많은 시일과 비용을 들였을 뿐 실질적인 권리구제가 이루어지지 않게 된다. 따라서 판결에 이르기 전이라도 잠정적인 조치로서 임시적인 구제제도가 필요하게 된다.[1)]

2. 민사집행법에서 보전처분의 체계

민사집행에서 보전처분은 "민사소송의 대상이 되고 있는 권리 또는 법률관계에 대한 쟁송이 있을 것을 전제로 그 확정판결의 집행을 용이하게 하거나 그 확정판결이 있을 때까지의 손해발생을 방지하고자 하는 목적에서, 그 보전된 권리 또는 법률관계에 대한 본안소송과는 별도의 독립된 절차에 의하여 잠정적인 처분을 하고 그 집행을 통하여 현상을 동결하거나 임시의 법률관계를 형성하는 제도"를 말하고,[2)] 통상 가압류와 가처분을 합친 것이다.

그 중 가처분은 금전채권 이외의 권리 또는 법률관계에 관한 확정판결의 강제집행을 보전하기 위한 집행보전제도로서, 다툼의 대상(계쟁물)에 관한 가처분과 임시의 지위를 정하기 위한 가처분의 두 가지로 나뉜다.[3)]

다툼의 대상에 관한 가처분은 "채권자가 금전 이외의 물건이나 권리를 대상으로 하

---

1) 김남진·김연태, 행정법 I, 제21판, 법문사, 2017., 853면.

2) 법원실무제요 민사집행[Ⅳ]－보전처분－, 법원행정처, 2003., 2면.

3) 이하의 설명은 법원실무제요 민사집행[Ⅳ], 7－9면 참조. 양자는 개념상으로는 명확하게 구분되나 실제에서의 구별이 쉬운 것은 아니다(이시윤, 신민사집행법, 제7개정판, 박영사, 2016., 637면).

는 청구권을 가지고 있을 때 그 강제집행시까지 다툼의 대상(계쟁물)이 처분·멸실되는 등 법률적·사실적 변경이 생기는 것을 방지하고자 계쟁물의 현상을 동결시키는 보전처분"으로서, 그 피보전권리는 특정물에 대한 이행청구권이다. 한편, 임시의 지위를 정하기 위한 가처분은 "당사자 사이에 현재 다툼이 있는 권리 또는 법률관계가 존재하고 그에 대한 확정판결이 있기까지 현상의 진행을 그대로 방치한다면 권리자가 현저한 손해를 입거나 급박한 위험에 처하는 등 소송의 목적을 달성하기 어려운 경우에 그로 인한 위험을 방지하기 위하여 잠정적으로 권리 또는 법률관계에 관하여 임시의 지위를 정하는 보전처분"으로서 통상 다툼이 있는 현존하는 권리관계가 확정되기 전에 임시의 권리자인 지위를 신청인에게 주는 것을 말한다. 이때의 가처분의 내용은 매우 다양하므로 일률적으로 말할 수 없으나 금지를 명하는 것뿐만 아니라 이행을 명하는 것도 가능하고, 이 경우 본안판결 전임에도 불구하고 신청인에게 만족을 줄 수도 있다(단행적 가처분 또는 만족적 가처분).

3. 행정소송법상 가구제에 관한 규정

현행 행정소송법은 가구제로서 집행정지제도만 규정하고 있다. 항고소송이 제기된 경우 처분의 효력을 정지시킬 것인지의 여부는 입법정책의 문제이다.[4] 우리나라는 취소소송과 같은 항고소송의 제기로 처분 등의 효력이나 그 집행 또는 절차의 속행에 영향을 주지 않도록 하는 집행부정지의 원칙을 채택하고 있다(행정소송법 제23조 제1항). 다만 취소소송이 제기된 경우 처분 등이나 그 집행 또는 절차의 속행으로 인하여 생길 회복하기 어려운 손해를 예방하기 위하여 긴급한 필요가 있다고 인정할 때에는 법원은 당사자의 신청이나 직권에 의하여 집행정지결정을 할 수 있다(같은 조 제2항).

이러한 집행정지에 관한 행정소송법 제23조의 규정은 같은 법 제38조 제1항에 의하여 무효등확인소송에 준용되나, 같은 법 제38조 제2항과 제44조 제1항은 부작위위법확인소송과 당사자소송에서 위 집행정지에 관한 규정의 준용을 배제하고 있다.

한편, 같은 법 제8조 제2항에서 "행정소송에 관하여 이 법에 특별한 규정이 없는 사항에 대하여는 법원조직법과 민사소송법 및 민사집행법의 규정을 준용한다."라고 규정하고 있다.

---

4) 독일과 같이 항고소송이 제기되면 원칙적으로 그 처분의 효력이 정지되고 예외적으로 특별한 성질의 처분에 대해서만 처분청 등의 명령으로 집행이 정지되지 않도록 하는 입법례(집행정지의 원칙)가 있는 반면 프랑스나 일본과 같이 집행부정지의 원칙을 채택하는 나라도 있다. 집행부정지의 원칙을 취할 것인지 집행정지의 원칙을 취할 것인지 여부는 입법정책상 행정의 신속성·실효성을 우선시할 것인지 국민의 권리보호를 우선시할 것인지에 의하여 결정된다.

4. 문제가 되는 영역

행정소송법상의 집행정지는 침익적 행정행위가 이미 이루어진 것을 전제로 그 처분의 효력 등을 잠정적으로 정지시키는 것을 내용으로 하는 침익적 행정행위에 대한 현상유지적 효력금지가처분이라고 할 수 있다.[5] 집행정지는 통상의 민사소송이 아니라 취소소송과 같은 항고소송을 본안으로 하고 그 본안소송의 계속을 요건으로 하고 있다는 점에서 민사집행법상의 보전처분과 다르다.[6] 민사집행법학에서는 민사집행법상의 가압류와 가처분을 합한 것을 좁은 의미의 보전처분이라고 하고 그 밖의 보전처분을 특수보전처분으로 나누기도 한다. 그러한 분류방법에 의한다면, 집행정지는 특수보전처분에 해당한다.[7]

그런데 이러한 집행정지제도만 가지고서는 수익적 행정행위의 신청에 대한 부작위나 거부에 대한 잠정적인 허가 또는 급부 등을 명하여 적극적으로 잠정적인 법률상태를 정하는 조치를 행할 수는 없다. 그리고 장래에 위법한 처분이 행해질 것이 임박하였을 경우 다툼이 대상에 관한 현상을 유지시킬 수도 없다. 그리하여 민사집행법 제300조 제2항의 임시지위를 정하는 가처분에 관한 규정 등을 행정소송에도 준용하여 집행정지제도가 갖는 한계를 보완할 수 있는지가 논의되어 온 것이다.

그런데, 판례는 항고소송에 대해서는 행정소송법 제23조 제2항의 집행정지에 관한 규정이 있으므로 민사집행법상의 가처분에 관한 규정이 준용되지 않고(대법원 1980. 12. 22.자 80두5 결정), 당사자소송에 대해서는 집행정지에 관한 규정이 준용되지 않으므로 행정소송법 제8조 제2항에 따라 민사집행법상의 가처분에 관한 규정이 준용된다(대법원 2015. 8. 21.자 2015무26 결정)는 입장에 있다. 집행정지 규정이 있고 없음에 따라 행정소송법 제8조 제2항을 달리 해석하여 항고소송에는 민사집행법상의 가처분 규정이 준용되지 않고 당사자소송에는 준용된다는 것이다.

따라서 논의의 초점은 당사자소송이 아니라 항고소송에서 민사집행법상 가처분에 관한 규정이 준용되는지 여부이다. 그중에서도 집행정지로서 임시적인 권리구제가 이루어질 수 없는 경우에 논의의 실익이 있으므로, 이행을 명하는 것과 같은 적극적 가처분을 허용할 수 있는지가 주로 문제가 된다.

---

5) 하명호, 행정쟁송법, 제3판, 박영사, 2017., 288면.

6) 김상수, 민사소송에서 본 행정소송－행정소송법개정시안을 중심으로－, 법조 제613권, 법조협회(2007. 10), 237면.

7) 이시윤, 위의 책, 568면.

Ⅲ. 우리나라와 일본에서 가구제제도의 형성과 발전

1. 일본에서 가구제제도의 연혁

(1) 메이지헌법(明治憲法)과 행정재판법 시대

일본의 메이지(明治)정부는 메이지유신(明治維新)에 성공한 후 근대국가의 형성에 착수하면서 행정소송제도를 체계화하기 시작하였다. 1889년 대일본제국헌법(明治憲法)을 제정하였고, 그 다음해인 1890. 6. 30. 행정재판법을 제정하여 같은 해 10. 1.부터 시행하였다. 明治憲法 제61조에서는 "행정청의 위법한 처분에 의한 권리침해에 관한 소송으로서, 별도로 법률로 정하여 행정재판소의 재판에 속하게 한 것은 사법재판소에서 수리할 수 없다."라고 규정하여, 행정재판과 사법재판을 제도적으로 구분하였다. 그리고 사법재판소에서 행정사건을 심리할 수 없고, 행정재판은 행정부 소속의 행정재판소가 관할하게 하였다.[8)]

제국일본은 법치주의를 행정권에 대한 법적 통제라는 관점에서 이해하지 않고, 거꾸로 행정권의 명령에 복종하는 것이 법치주의라고 인식하였다. 이러한 행정우위의 발상 하에서 행정재판제도를 설계하였기 때문에, 행정재판은 권리침해를 요건으로 하면서도 열기주의를 채택하여 행정소송의 대상을 협소하게 한정하였을 뿐만 아니라 상소 및 재심도 금지하였다.

이 시기 행정소송제도의 특징은 행정권을 사법권의 통제 밖에 두고 행정의 자유로운 활동을 보장하려는 의도에서 구축되었다는 점,[9)] 행정재판제도는 공권력 행사의 법률적합성에 관한 사법심사를 배제하려는 것에서 더 나아가 국민의 출소기회를 가능한 한 좁게 설정하려고 의도하였다는 점,[10)] 행정주체를 행정객체에 비하여 특별하게 보호하고 그 우월성을 인정하려고 하였다는 점[11)] 등에 있다.

이러한 기조 하에서 행정행위는 재판결과 그것이 위법하다고 결정될 때까지는 적법한 것으로 추정되므로, 소가 제기되었더라도 그 집행을 정지하는 것은 부당하게 행정의 진행을 막을 염려가 있고 남소로 이끌 우려가 있다는 사고방식에 입각하여,[12)] 행정재판법 제23조 본문에서 "법률칙령에 특별한 규정이 있는 것을 제외하고는 행정청의 처분 또는 재

8) 행정재판소는 1890. 10. 1. 동경에만 설치되었고 단심이었다. 다만 행정재판소는 사법재판소와 유사한 행정조직이었으며 사법재판소와 같이 직무상 독립된 행정재판관에 의하여 재판이 이루어졌다.

9) "사법권의 독립이 요구되는 것과 같이 행정권도 사법권에 대해서 동등하게 독립이 요구된다."라는 왜곡된 권력분립론에 입각하여 明治시대의 행정재판제도가 정당화되었다(高柳信一, 行政国家制より司法国家制へ, 公法の理論: 田中二郎先生古稀記念 下 2, 有斐閣, 1977., 2,226頁 참조).

10) 高柳信一, 前揭論文(각주 9), 2,227頁.

11) 高柳信一, 前揭論文(각주 9), 2,228頁.

12) 美濃部達吉, 行政裁判法, 千倉書房, 1929., 232頁 참조.

결의 집행은 정지되지 않는다."라고 규정하여 집행부정지의 원칙을 채택하였다.

다만 행정소송이 제기된 것과 관계없이 그 처분을 집행한다면, 원고가 승소하더라도 권리를 회복하는 것이 사실상 불가능하게 되고 행정소송이 어떠한 실효도 없게 될 수 있으므로, 행정재판법 제23조 단서에서는 "행정청 및 행정재판소는 그 직권에 의하거나 원고가 원하는 바에 따라 필요하다고 인정하는 경우에는 그 처분 또는 재결집행을 정지할 수 있다."라는 예외를 인정하였다.[13] 여기에서 주목하여야 할 점은 행정재판이 사법작용이 아니라 행정의 자기통제작용에 불과하다고 인식하였으므로,[14] 집행정지도 당연히 행정작용이라고 인식하였을 것이라는 점이다. 그리고 집행정지의 요건도 구체적으로 제시하지 않고 있었다. 그리하여 학설은 당시의 민사소송법 제755조를 원용하면서 가처분과 같이 만일 계쟁처분을 집행할 때에는 당사자의 "권리의 실행이 가능하지 않거나 이를 행사하는 것이 현저하게 곤란하게 할 위험이 있는 경우"에 집행정지가 가능하다고 설명하고 있을 뿐이었다.[15]

(2) 사법국가제로의 전환과 행정사건특례법의 제정

1) 행정국가에서 사법국가로의 전환

전후 일본은 明治憲法 하에서의 행정재판제도를 폐지하고, 미국식의 일원적인 사법재판소제도를 채택하였다. 전후의 일본국헌법은 사법권이 최고재판소 및 그 계통에 속한 하급재판소에 전속한다는 취지를 밝히고(제76조 제1항), "특별재판소는 설치할 수 없다. 행정기관은 종심으로서 재판을 행할 수 없다."라고 규정하면서(제76조 제2항), "누구도 재판소에서 재판을 받을 권리를 빼앗을 수 없다."라고 규정하였다(제32조).

이 규정들의 취지는 행정사건의 재판을 최종적으로 행할 수 있는 특별한 행정재판소를 설치할 수 없고, 행정사건에 관한 소송의 최종심을 사법재판소에 유보하여 법의 통일성을 기하려고 하였던 것에 있다.[16] 그 결과 일본국헌법 하에서는 민사사건인지 행정사건인지를 묻지 않고 법률상의 쟁송에 해당하는 한 사법재판소에서 심리되어야 하고, 明治憲法 아래에서 사법권으로부터 완전한 독립성을 가지고 있었던 행정권은 법률상의 쟁송에 관한 한 사법적인 통제에 따르게 되었다.

이와 같은 개혁을 한마디로 요약하면, '행정국가에서 사법국가로의 전환'이라고 부를 수 있다. 이러한 사법국가로의 전환은 연합국군총사령부(GHQ)가 주도하고 민주화의 요구에 따라 '사법의 우위'를 강화하는 방향으로 진행되던 사법개혁의 일환이었다.

13) 美濃部達吉, 前掲書, 232－233頁 참조.

14) 당시 일본에서는 행정재판과 소원은 실질적인 차이가 있는 것이 아니라 심리절차나 심리기관 등에서 나타나는 형식적인 차이가 있는 정도라고 인식하였던 것으로 보인다(美濃部達吉, 前掲書, 46頁 참조).

15) 美濃部達吉, 前掲書, 233頁.

16) 南博方·高橋滋, 条解 行政事件訴訟法 第3版補正版, 弘文堂, 2009., 5頁.

2) 민사소송법의 응급적 조치에 관한 법률의 시행

위와 같은 신헌법 하에서 사법제도의 개혁을 위하여 임시법제조사위원회 및 사법법제 심의회가 구성되었고 위 위원회에서는 행정소송법제에 관해서도 논의를 하였다. 그리하여 임시법제조사위원회는 1946. 10. 22.과 23. 개최된 제3회 총회에서 행정소송에 관한 특칙 요강을 의결하였다. 그에 따라 사법성 민사국은 법제국의 심사를 거쳐 1946. 2. 19. 행정사건소송특례법안을 작성하기에 이른다.[17] 위 법안 제12조 제1항에서는 집행부정지의 원칙을 채택하되, "다만 재판소는 필요하다고 인정하는 때에는 언제라도 신청에 의하거나 직권으로 결정으로 처분의 집행정지 그 밖에 필요한 조치를 명하거나 그 명령을 취소하거나 변경할 수 있다."라고만 규정되어 있었다.

위 행정사건소송특례법안은 GHQ의 승인을 받지 못하고 입법이 좌절되었다. GHQ의 승인을 받지 못했던 이유는 최종안의 단계에서 제외되기는 하였지만 하급심 단계에서 행정재판소나 행정부를 설치하거나 행정관의 경력을 가진 자를 재판관으로 임명할 수 있도록 하는 것[18] 등 행정국가적인 잔재를 남겨놓았다는 의심을 받았고, GHQ가 소원전치주의를 시사하였음에도 불구하고 이를 채택하지 않았기 때문일 것이라고 추측된다.[19]

그런데, 일본국헌법 시행에 의하여 전전의 행정재판법은 폐지되어야 하므로, 임시적인 특례법이 필요하였다. 그 과정에서 '행정국가에서 사법국가로 전환'됨에 따라 행정사건에 대한 특별한 소송절차법을 제정하지 않더라도 일반소송법에 의하여 충분히 처리될 수 있다는 사고방식이 채택되었다. 그에 따라 1947. 5. 3. 헌법의 시행과 아울러 법률 제75호 「일본국헌법의 시행에 따른 민사소송법의 응급적 조치에 관한 법률」(日本国憲法の施行に伴う民事訴訟法の応急的措置に関する法律)이 제정되었고, 위 법률에서는 위법한 행정처분의 취소·변경을 구하는 소송에 대하여 출소기간의 제한만 규정하였을 뿐 아무런 규정을 두지 않았다.[20]

3) 헤이노(平野)사건의 발생과 그 영향

이렇게 일본국헌법 하에서 행정소송은 민사소송법에 따라 심리되는 형태로 시작하

---

17) 위 법안의 전문은 高柳信一, 行政訴訟法制の改革, 戦後改革4·司法改革, 東大社研編, 1975., 324-325頁에 수록되어 있다.

18) 행정관으로서 전력을 자격요건의 하나로 하는 특별재판관을 마련하는 내용의 재판소법안은 1947. 3. 5. GHQ의 심사과정에서 명확하게 거부되었다(高柳信一, 前揭論文(각주 17), 329頁).

19) 高柳信一, 前揭論文(각주 17), 331頁, 高地茂世·納谷廣美·中村義幸·芳賀雅顯, 戦後の司法制度改革, 成文堂, 2007., 159頁.

20) 위 법률 제8조에서는 "행정청의 위법한 처분의 취소 또는 변경을 구하는 소는 다른 법률(昭和22년 3월 1일 전에 제정된 것을 제외한다)에 특별히 정한 것을 제외하고, 당사자가 그 처분이 있었다는 것을 안 날로부터 6개월 이내에 이를 제기하여야 한다. 다만, 처분을 한 날로부터 3년을 경과한 때에는 소를 제기할 수 없다."라고 규정하고 있었을 뿐이다.

였으나, 이는 임시적 조치에 불과한 것이었고 1947. 12. 말에 실효되는 것이었다. 따라서 일본정부는 그 이후를 대비하여 행정소송법제의 기초작업을 재개하였다. 그런데, 갑자기 발생한 이른바 平野사건은 행정사건소송특례법의 방향을 바꿀 정도로 중대한 영향을 미쳤다.

사회당 우파에 속하고 있었던 平野力三 중의원의원은 중앙공직적부심사위원회의 1948. 1. 13.자 심사결과에 기하여 같은 달 14. 내각총리대신으로부터 공직추방의 각서해당자로 지정되었다. 그리하여 같은 달 27. 내각총리대신을 상대로 위 지정처분에 대한 효력정지가처분을 신청하자, 동경지방재판소는 같은 해 2. 2. 위 지정처분에 대하여 본안판결확정시까지 효력을 정지하는 가처분을 발령하였다. 지방재판소가 내린 하나의 민사사건에 불과한 가처분결정은 사법국가제 하에서 사법권과 행정권의 관계에 대한 중대한 문제를 제기하였다.[21)]

이 가처분결정에 의하여 큰 충격을 받은 GHQ는 같은 해 2. 5. 최고재판소에 위 가처분결정을 취소하라는 최고사령관의 구두지령을 전달하였고, 이러한 초헌법적인 지령에 따라 동경지방재판소는 같은 날 "가처분결정을 취소하고, 이 사건 가처분신청을 각하한다."라는 결정을 하였다.

GHQ는 행정사건도 일반 민사소송법에 의하여 처리하는 것을 원칙으로 하고 있었지만, 이 사건을 계기로 행정사건의 특수성을 강하게 의식하게 되었고 행정사건이 어느 정도는 일반 민사소송법과 다른 원칙에 의하여 처리되어야 한다고 방침을 변경하게 되었다.[22)] 그 이후 소원전치주의와 집행정지에 관하여 집중적으로 문제를 제기하게 된다.

특히 민사소송법상 가처분제도는 사실관계와 법률관계를 본안이 확정될 때까지 잠정적으로 동결하는 것을 넘어서 적극적으로 임시의 지위를 형성하는 것도 가능하여, 행정소송에서의 집행정지보다 구제의 폭이 넓고, 재판소가 가처분사건을 심리할 때 주로 신청인의 이익보전의 필요성을 고려하고 행정청이 추구하는 공익에 대한 고려가 소홀해질 수 있다고 인식하게 되었다. 그 결과 GHQ가 보기에는 포츠담선언에 기한 일본점령관리정책의 가장 중요한 사항 중의 하나인 '일본국민을 기만하고 이로써 정복으로 나아간 과오를 범한 자의 권력 및 세력'의 영구제거라는 점을 사법부가 전혀 고려하지 않고 가처분을 결정하였다는 것이다.

4) 행정사건소송특례법의 제정과 가구제에 관한 규정

GHQ는 平野사건에 관한 가처분 결정일의 다음날인 1948. 2. 3. 사법성 민사국의 행

21) 이 사건의 쟁점과 그 결정에 관한 자세한 사항은 高柳信一, 前揭論文(각주 17), 337-338頁, 高地茂世 外 3人, 前揭書, 162-163頁 등 참조.

22) 高柳信一, 前揭論文(각주 17), 339頁.

정사건소송특례법안 기초담당자 등을 불러 그때까지 작성되었던 행정사건소송특례법안 중 집행정지조항을 수정하라고 지시하였다. 그렇게 수정된 행정사건소송특례법안은 1948. 6. 25. 제정되고 같은 해 7. 1. 공포되어 같은 달 15.부터 시행되었다.

행정사건소송특례법은 행정사건에 대한 민사소송법의 특례를 정하는 것을 그 취지로 하였다. 위 법 제10조에서는 행정사건소송의 제기에 의하여 행정처분의 집행을 정지하지 않는 것을 원칙으로 하고, 행정처분에는 가처분에 관한 민사소송법의 규정을 적용하지 않되, 집행정지제도를 마련하여 재판소가 특별한 사유가 있는 경우에만 집행정지를 명할 수 있는 것으로 하면서, 집행정지결정에 대한 내각총리대신의 이의제도를 인정하였다.

행정사건소송특례법의 제정과정에서 GHQ는 平野사건을 계기로 내각총리대신과 같은 상급 행정청의 처분에 대해서는 집행을 정지할 수 없도록 하는 정도의 입장을 가지고 있었고, 이에 대하여 일본 정부는 집행정지의 요건을 엄격하게 하는 것으로 대응하였다. 그 과정에서 뜻하지 않게 모든 처분에 대한 집행정지의 요건도 강화되고 내각총리대신의 이의제도도 생겨서 행정의 판단권이 재판소의 결정보다 우위에 서게 되는 결과가 되어버렸다. 그리하여 내각총리대신은 집행정지대상이 되었던 처분의 발급자인 당사자 내지 행정권의 수장의 지위에서 마치 행정권과 사법권의 관계를 조정하는 국가의 수장인 것과 같은 지위로 격상하게 되었고, 그에 따라 중대한 국익에 관련된 처분에 대하여 사법부의 집행정지권한을 제약하는 절대적인 권능을 부여받게 되었다.[23)]

5) 행정사건소송법의 제정과 그 이후의 경과

행정사건소송특례법은 제정되고 얼마 되지도 않아 권리구제에 충실하지 않았다는 비판받았고 해석과 운용상의 문제점도 제기되었다. 그리하여 행정사건소송법이 1962. 5. 7. 제정되어 같은 달 16. 공포되고 같은 해 10. 1.부터 시행되었고, 그와 동시에 구 행정사건소송특례법이 폐지되었다.

행정사건소송법은 가구제에 관해서는 행정사건소송특례법과 취지를 달리하지는 않았다. 다만 행정사건소송특례법은 집행정지명령과 내각총리대신의 이의를 제10조에 규정하였지만, 행정사건소송법은 제25조와 제26조에서 집행정지결정 및 그 취소를, 제27조에서 내각총리대신의 이의를 나누어서 규정하였다. 이는 내각총리대신의 이의를 중시한 것도 있고, 집행정지의 규정을 완비한 결과이기도 하다.[24)] 한편, 가처분배제에 관한 규정도 위치를 변경하여 행정사건소송법은 제5장 보칙 제44조에 별도로 규정하였다. 가처분은 취소

---

23) 高柳信一, 前揭論文(각주 17), 351頁. 내각총리대신이 이의를 제기하여 집행정지를 할 수 없게 되면 기성사실이 완성된 상태가 되고, 그 결과 처분의 취소 또는 변경이 공공복지에 적합하지 않은 상태에 이르러 판결단계에서 사정판결에 의하여 청구가 기각된다면, 궁극적으로 행정우위의 소송제도가 완성되게 된다(高地茂世 外 3人, 前揭書, 170頁).

24) 高橋貞三, 行政事件訴訟法案の成立, 民商法雑誌 第46巻 第6号, 有斐閣(1962. 9), 18頁.

소송을 본안소송으로 하는 경우에만 배제되는 것처럼 해석될 염려가 있고, 특히 명문규정이 없는 무효확인소송 등에서 적용의 가부에 대하여 해석이 나뉘었으므로, 이러한 의문을 해소하기 위한 것이었다.25)

(3) 2004년 행정사건소송법의 개정

일본은 1999년 이래 계속되어온 사법개혁의 일환으로 '국민의 권리이익을 보다 실효적으로 구제'하기 위하여 절차를 정비한다는 것을 기본으로 하여, 행정사건소송법의 개정을 추진하였다. 그리하여 「행정사건소송법의 일부를 개정하는 법률안」이 2004. 6. 2. 제정되어 2004. 6. 9. 공포되고 2005. 4. 1.부터 시행되고 있다. 2004년 개정내용 중 가구제에 관한 것은 다음과 같다.

첫째, 집행정지의 요건을 정비하였다. 행정사건소송법 제25조 제2항 본문이 정한 집행정지의 요건을 판단할 때, 손해의 회복 곤란성만 고려하는 것이 아니라 손해의 정도나 처분의 내용 및 성질도 고려할 수 있도록 '회복이 곤란한 손해'라는 문언을 '중대한 손해'라는 문언으로 개정하였다.

둘째, '가의무이행' 및 '가금지'제도를 새롭게 신설하였다. 의무이행소송과 금지소송이 신설됨에 따라 그 본안판결을 기다리고 있는 것으로는 보상할 수 없는 손해가 생길 우려가 있는 경우에 신속하고 실효적인 권리구제를 할 수 있도록 하기 위하여, 재판소는 신청에 의하여 결정으로 일정한 요건 아래에서 임시로 의무이행을 명하거나 처분을 하는 것을 금지하는 새로운 가구제제도를 규정하였다. 그 요건으로서, ① 보상할 수 없는 손해를 피하기 위하여 긴급한 필요가 있는 때(가구제의 필요성), ② 본안에 대하여 이유가 있다고 볼 수 있는 때(본안의 승소가능성), ③ 공공의 복지에 중대한 영향을 미칠 우려가 없을 것 등을 갖추어야 한다. 가의무이행·가금지는 중대한 손해가 아니라 보상할 수 없는 손해라는 보다 강한 요건이 필요하고, 본안의 승소가능성이라는 요건이 적극적으로 규정되어 있다는 점26)에서 집행정지보다 요건이 엄격하게 설정되었다.

2. 우리나라에서 가구제제도의 연혁

(1) 헌법의 제정과 사법국가제의 채택

제국일본은 아직 법치주의가 완전히 시행되지 않고 있다는 명분하에, 식민지 조선에

25) 室井力·芝池義一·浜川淸, 行政事件訴訟法·國家賠償法, 第2版, 日本評論社, 2006., 461頁.

26) 이렇게 규정되면, 집행정지와는 달리 신청인이 본안의 승소가능성에 관한 소명책임을 부담한다고 해석될 수 있다{北村和生, 行政訴訟における仮の救濟, ジュリスト, 1263号, 有斐閣(2004. 3), 72頁}.

서 사법(司法)제도가 형식적으로 시행된 것과 달리 행정쟁송제도는 아예 시행하지 않았다.[27] 다만 처분청 및 상급청에 대한 이의신청제도와 한두 개 항목에 대한 소원이 허용되고 있었으므로, 그 범위에서는 집행정지에 관한 규정이 적용되었을 것이다.

해방 후 제헌헌법은 대법원이 행정소송도 담당하는 사법국가제를 채택함과 아울러 행정소송에서 개괄주의를 취하였다. 그 이유는 전전의 일제가 행정국가제와 행정소송에서 열기주의를 채택하여 국민들이 행정소송을 제기할 기회를 원천적으로 봉쇄하였던 점을 감안하여, 행정권의 처분에 관한 소송을 행정권 자신에게 맡기는 것은 국민의 자유와 권리를 보장하는 의미에 있어서 적당치 않다고 보았기 때문이다.[28]

(2) 행정소송법의 제정

제헌헌법은 제76조 제1항에서 "사법권은 법관으로써 조직된 법원이 행한다."라고 규정하고, 제81조에서 "대법원은 법률의 정하는 바에 의하여 명령, 규칙과 처분이 헌법과 법률에 위반되는 여부를 최종적으로 심사할 권한이 있다."라고 규정하고 있었을 뿐이었다. 따라서 행정재판의 최종심은 반드시 대법원에서 행해져야 한다는 원칙만 지켜진다면 나머지 사항은 입법정책의 문제가 된다.

그리하여 행정소송체계에 관한 구체화 작업은 행정소송법 제정과정으로 넘어가게 되는데, 우리나라 행정소송법은 헌법이 제정된 이후 약 3년이라는 상당한 시간이 경과한 1951. 8. 24.에야 비로소 법률 제213호로 제정되어 1951. 9. 14.부터 시행되었다. 행정소송법은 그 제정시점이 한국전쟁이 한창이었던 때이었기 때문에 새로운 조국에서 시행될 행정소송제도의 바람직한 방향에 대하여 충분한 논의와 연구가 미비한 상태에서, 단지 일제강점기 하에서의 행정쟁송제도의 현황을 극복하고 그 당시 일본에서 시행중이던 행정사건소송특례법을 참조하여 급하게 제정되었을 것이라고 강하게 추정된다.[29]

(3) 행정소송법 제정과정에서 가구제에 관한 논의

행정소송법안은 1951. 7. 19. 제2대국회 제11회 제29차 국회본회의와 그 다음날인 20.

---

27) 하명호, 행정심판의 개념과 범위－역사적 전개를 중심으로 한 해석론－, 인권과 정의 제445호, 대한변호사협회(2014. 11), 13면.

28) 유진오의 1948. 6. 23. 국회본회의에서 대한민국헌법 제안이유 설명 참조. 그 전문은 헌법제정회의록(제헌의회), 국회도서관, 1967., 102－111면에 수록되어 있다.

29) 전문위원 한문수는 1969. 4. 26, 제7대국회 제69회 제4차 법제사법위원회에서 부작위위법확인소송과 무효확인소송 도입의 필요성을 설명하면서, "한두 가지 참고로 말씀드릴 것은 현행 행정소송법은 일본의 구법인 행정사건소송특례법을 그대로 번역한데 불과한 것입니다. 일본에서는 1962년에 행정사건소송특례법을 폐지해가지고 새로 행정사건소송법을 제정해 가지고……"라고 발언하고 있다{국회사무처 회의록, 제7대국회 제69회 제4차 법제사법위원회(1969. 4. 26.), 5면}.

제30차 국회본회의 제1독회에서 법무부장관 조진만의 제안설명과 대체토론이 이루어졌다. 여기에서 가장 큰 쟁점은 행정소송의 전속관할을 고등법원으로 할 것인지 지방법원으로 할 것인지였다.

그런데, 일본의 행정사건소송특례법을 제정할 당시 가구제제도를 어떻게 설계할 것인지에 관하여 논란이 매우 많았던 것과 달리, 우리나라의 행정소송법 제정과정에서는 이에 대하여 별다른 논란 없이 제10조에서 집행부정지의 원칙 하에서 법원의 직권 또는 당사자의 신청에 의하여 법원의 결정에 의하여 집행이 정지되는 구조를 취하고,[30] 그 밖의 가구제에 대해서는 아무런 규정을 두지 않으면서 제14조에서 "본법에 특별한 규정이 없는 사항은 법원조직법과 민사소송법의 정하는 바에 의한다."라고 규정하였다.

다만 제정과정에서 김의준 의원은 민사소송법상의 가처분과 관계 등에 대하여 설명을 구하였고, 법무부장관은 우리나라 행정소송법은 민사소송법상의 가처분 규정의 적용배제 조항을 두고 있지 않으므로 필요에 따라 가처분도 가능하다는 취지로 다음과 같이 답변하였다.[31]

『다른 나라의 입법례에 있어서는 집행정지 이외의 가처분은 허가하지 않는 규정이 있습니다. 그러나 우리 행정소송법에 있어서는 이러한 규정이 없으니까 따라서 제14조의 민사소송법 규정에 의해서 일반적 가처분할 필요가 있으면 허용될 줄로 해석합니다.』

(4) 1984년 행정소송법의 전부개정

1980년대에 들어서면 우리나라는 이미 고도 산업사회로 진입하여 행정수요가 양적·질적으로 팽창하고 행정작용도 그 영역이 확대되면서 행위행식이 다양화되고 있었다. 그럼에도 불구하고 행정소송법은 1951년 제정된 이래 30여 년간 주요내용의 개정이 이루어지지 않았다. 그리하여 법무부는 행정소송법 개정법률안을 마련하고, 그 법안은 1984. 11. 29. 제11대 국회 제123회 제13차 국회본회의에 상정되어 가결되었고, 1985. 10. 1.부터 행정심판법과 함께 시행되기에 이른다. 1984년에 개정된 행정소송법은 종래의 제정 행정소송법을 전문개정한 것이나, 그 개정의 규모나 성격 등에 비추어 본다면 사실상 새로운 법률의 제정이라고 하더라도 무방할 정도라고 평가할 수 있다.[32]

그러나 가구제에 관해서만큼은 종전과 같이 집행부정지 원칙을 채택하고 별다른 개정

30) 제정 행정소송법 제10조에서는 "처분의 집행으로 인하여 회복할 수 없는 손해가 생할 우려가 있고 또 긴급한 사유가 있다고 인정한 때에는 법원은 직권 또는 당사자의 신청에 의하여 처분의 집행정지결정을 할 수 있다. 전항의 집행정지가 공공의 복리에 중대한 영향을 미치게 할 우려가 있는 때에는 법원은 직권 또는 당사자의 신청에 의하여 언제든지 정지처분결정을 취소할 수 있다."라고 규정하였다.

31) 국회사무처 회의록, 제2대국회 제11회 제29차 국회본회의(1951. 7. 19.), 16면의 김의준 의원의 질의내용과 법무부장관 조진만의 답변내용 참조.

32) 이상규, 신행정쟁송법의 특색과 문제점, 사법행정 제26권 제1호, 한국사법행정학회(1985. 1), 40면 참조.

사항이 없었다. 다만 그 적극적 요건으로 "처분 등이나 그 집행 또는 절차의 속행으로 인하여 생길 회복하기 어려운 손해를 예방하기 위하여 긴급한 필요가 있다고 인정할 때"와 소극적 요건으로 "공공복리에 중대한 영향을 미칠 우려가 있을 때"라고 규정하는 등 집행정지의 요건과 집행정지의 취소절차를 정비하는 수준이었다.[33]

3. 우리나라와 일본의 비교

明治維新을 통한 일본의 근대화는 서구열강과 동등한 부강한 국가건설을 지향하는 것이었다.[34] 부국강병을 위해서는 천황을 중심으로 관민일체가 될 필요가 있었고 그러기 위해서는 국회개설을 포함한 입헌정체의 수립이 필수적이라고 생각하였다.[35] 그러나 그 입헌제는 군권주의를 건드리지 않는 한도 내에서 헌법을 성립시키기 위한 최소한도로 첨가된 것에 불과하였다. 이러한 행정우위의 발상 하에서 행정권을 사법권의 통제 밖에 두고 행정의 자유로운 활동을 보장하려는 의도에서 행정재판제도가 구축되었던 것이다.

전후 GHQ에 의하여 주도된 사법개혁의 일환으로 행정소송제도는 '행정국가에서 사법국가로' 전환되었다. 그러나 平野사건을 계기로 행정사건의 특수성을 강하게 의식하고, 일본정부에게 행정권의 우월성을 확보하도록 하는 행정사건소송특례법의 제정을 촉구하였고, 특히 점령관리정책에 걸림돌이 되는 행정소송법상의 가구제에 대한 억제를 요구하였다. 그리하여, 행정사건소송특례법상의 가구제는 원래 행정작용이지만, 집행정지결정의 권한은 법률에 의하여 특별히 재판소에 위임된 것이고, 따라서 처분 또는 공권력의 행사와 관련된 가처분을 배제하는 것은 당연한 것을 규정한 것에 불과하다는 사고방식에 입각하여 형성되었다.[36] 이렇게 형성된 가구제제도의 근간은 오늘날의 행정사건소송법에도 온존하게 되었다.

우리나라에서 일제강점기에 일본의 근대법학을 배우고 일본의 경찰조직과 검찰, 법원을 통하여 근대적 실무를 익힌 법학자와 실무가들이 해방 후 이승만정권에서 일본의 군국

33) 1984년 행정소송법 개정을 위하여 설치된 행정쟁송제도개선을 위한 특별분과위원회(공법연구특별분과위원회)의 개정시안에서는 무효등확인소송에서 가처분이 허용되도록 규정하였으나{최송화, 현행 행정소송법의 입법경위, 공법연구 제31집 제3호, 한국공법학회(2003), 8면}, 이는 행정소송법안에 반영되지 않았다.

34) 방광석, 근대일본의 국가체제 확립과정, 혜안, 2008., 30면 참조.

35) 김창록, 근대일본헌법사상의 형성, 법사학연구 제12호, 한국법사학회(1991), 229면. 의회의 설립마저도 정부와 국민이 일체화되어야 국가가 강성해진다는 인식하에서 그 필요성이 있다고 생각하였다(방광석, 위의 책, 47면 참조).

36) 室井力·芝池義一·浜川清, 前掲書, 462頁. 아울러 그렇기 때문에 공공성의 요건에 대한 위임받은 재판소의 판단보다 행정부의 수장인 내각총리대신의 판단이 우월하므로, 내각총리대신의 이의신청제도도 아무런 문제가 없다고 한다(田中二郎, 行政争訟の法理, 有斐閣, 1954., 200頁 참조).

주의적 법문화와 법학을 계승·발전시켰다는 것[37]은 부인할 수 없는 사실이고 불가피한 측면마저 있다. 이러한 사정은 행정소송분야에서도 마찬가지이어서, 우리나라 행정소송법은 일본의 행정사건소송특례법을 참조하여 제정되어 오늘날에 이르고, 전전부터 형성된 행정소송의 특수성과 '사법권의 한계'를 강조하는 사고방식은 오늘날까지 계승되어 일본의 행정소송법학이나 실무에 내재되어 있을 뿐만 아니라 우리나라에도 지대한 영향을 미쳤다.[38]

다만 가구제제도 만큼은 일본의 입법의도와 달랐다. 물론 집행부정지의 원칙 하에서 법원의 직권 또는 당사자의 신청에 의하여 법원의 결정에 의하여 집행이 정지되는 구조를 취한 것은 일본과 마찬가지이다. 그러나 우리나라 행정소송법의 입법자는 민사소송법상의 가처분 규정의 적용배제조항을 두지 않음으로써, 집행정지로 커버되지 않는 행정소송에서의 가구제제도의 공백을 민사집행법상의 가처분을 준용하여 보완하려고 의도하였거나 적어도 그에 대하여 개방적인 태도를 가지고 있었다. 그리고 행정부의 일방적인 조치로 사법부가 행한 집행정지를 저지하는 '내각총리대신의 이의' 같은 제도도 도입하지 않았다. 따라서 이러한 상황을 무시하고 일본의 해석론을 그대로 따르는 것은 우리나라와 일본에서의 가구제제도의 체계와 형성과정에서의 입법의도와 규정상의 차이를 간과한 것이라고 생각된다.

IV. 항고소송에서 가처분의 허용 여부

1. 판례의 논거

앞에서 본 바와 같이 판례는 집행정지 규정의 존재여부에 따라 행정소송법 제8조 제2항을 달리 해석하여, 당사자소송에서는 민사집행법상의 가처분 규정이 준용된다고 한 반면, 항고소송에 대해서는 소극적이다. 그런데 그 논거에 대해서는 별다른 설명을 하지 않고 있기 때문에 그것을 소극설을 취하는 학설을 통하여 추측할 수밖에 없다.

먼저 생각할 수 있는 판례의 논거로는 행정소송법 제8조 제2항에서 민사집행법을 준용하겠다는 것은 성질상 허용되는 경우에 한하는 것이고, 권력분립의 원칙 등의 이유로 항

37) 김성돈·이정훈·다키이 가즈히로·류부곤·박성민, 한국사법의 근대성과 근대화를 생각한다: 신화와 우상을 넘어선 성찰적 법의 역사를 위하여, 세창출판사, 2013., 75−76면 참조.

38) 이렇게 해방직후 행정소송법의 제정과정과 그 이후의 해석론의 전개에서 일본의 행정법학에 의존했던 것은 사실이나, 그것은 우리가 극복해야 할 그 시대의 한계일 뿐 그들의 업적을 폄훼할 이유가 될 수는 없다고 생각한다. 이후 2세대 행정법학자들은 독일을 비롯한 프랑스, 영미 등의 이론들을 무분별한 수입법학의 범람이나 홍수를 걱정할 정도로 행정법 전반에 걸쳐 소개하였다. 그러한 1세대와 2세대 행정법학자의 노력이 자양분이 되어, 오늘날 어느 정도 합의된 형태의 한국 행정법체계가 성립되기에 이르렀다 {하명호, 목촌 김도창 박사의 복리행정법, 공법연구 제44집 제1호, 한국공법학회(2015. 10), 285면 참조}.

고소송에서 가처분 규정을 준용하는 것은 성질상 허용되지 않는 경우에 해당한다는 것이다. 처분의 적법여부를 판단하는 것은 사법권의 범위 내에 있으나 그 전단계에 해당하는 가처분은 그 테두리를 벗어난 것이라는 논리이다.[39)]

다음으로 행정소송법상 집행정지제도에 관한 규정이 일반법인 민사집행법상 가처분제도에 대한 특별규정이라는 점을 논거로 한 듯하다. 따라서 집행정지 이외의 나머지에 관해서는 가처분을 허용할 수 없다는 것이다.[40)]

2. 판례에 대한 비판

(1) 가처분 준용여부에 대한 개방적 규율

행정소송법상 집행정지제도에 관한 규정이 민사집행법상 가처분제도에 대한 특별규정이라는 점을 인정하더라도 하더라도, 그것이 항고소송에서 민사집행법상의 수많은 규정 중에서 유독 가처분 규정만 준용이 배제되어야 하는 논거로 부족하다.

우리 행정소송법은 일본에서와는 달리 명문으로 가처분의 배제규정을 두지 않고 있으므로, 행정소송법 제8조 제2항에서 정한 것처럼 민사집행법상의 가처분 규정을 준용하는 것이 오히려 문리에 맞거나 적어도 그에 대하여 개방적이다.

(2) 헌법합치적 법률해석의 관점

행정소송에서 가구제제도는 법치국가의 원리, 헌법 제10조의 국가의 기본권 보호의무와도 헌법적인 관련이 있겠지만, 헌법 제27조에서 보장하는 재판청구권에서 그 직접적이고 구체적인 근거를 찾을 수 있다. 재판청구권은 단순히 재판을 받을 권리를 의미하는 것이 아니라 신속하고 공정한 재판을 통하여 자신의 정당한 권리를 구제받을 수 있는 권리를 말한다.[41)] 그리고 신속하고 공정한 재판을 통한 효율적인 권리보호의 요청은 재판청구권에 내재된 본질적인 요소가 되고,[42)] 이러한 요청으로부터 본안절차에서 권리보호가 무의미하게 되지 않도록 민사집행법상의 보전처분과 같은 예방적·사전적 권리보호를 제공할 것이 요구된다.[43)] 결국 효율적인 권리보호의 요청은 민사집행법상의 보전처분이나 행정소송에서 가구제제도의 헌법적 근거로 작동한다고 볼 수 있다.[44)]

---

39) 김철용, 행정법Ⅰ, 제11판, 박영사, 2008., 709면에서 소극설에 대한 설명 참조. 김철용 교수님은 적극설을 취하고 있다.

40) 강구철, 항고소송에 있어서의 가구제도의 문제점, 법학논총 제12호, 국민대학교 법학연구소(2000. 2), 167면.

41) 장영수, 헌법학 제10판, 홍문사, 2017., 882면.

42) 한수웅, 헌법학, 제5판, 법문사, 2015., 913면 참조.

43) 한수웅, 위의 책, 913면.

독일의 경우에도 기본법 제19조 제4항에서는 "누구든지 공권력에 의하여 자신의 권리가 침해된 때에는 소송을 제기할 수 있다."라고 규정하고 있는데, 여기에서 적시의 권리보호라는 요청이 도출되고,[45] 행정소송에서의 가구제와 같은 잠정적인 권리보호는 여기에서 유래하는 것으로 해석하고 있다.[46]

그런데, 일본의 경우에는 행정소송법상의 가구제가 권리를 실효적으로 보장하기 위한 임시의 권리구제제도이므로 사법작용에 속한다는 우리나라와 독일에서의 상식과는 달리, 행정작용설에 입각하여 행정사건소송특례법이 제정되었다. 집행정지에서 행정부의 판단이 사법부의 판단에 우위를 두는 내각총리대신의 이의제도, 공권력의 행사를 저해하는 가처분을 배제하기 위한 가처분의 배제조항 등이 헌법에 어긋나지 않도록 해석되기 위해서는 행정소송에서의 가구제가 사법작용이 아니라 행정작용이라는 전제가 필요했을 것이다. 그리하여 본안소송은 사법작용이나 그에 대한 임시구제는 행정작용이라는 납득하기 어려운 논리는 행정사건소송특례법이 폐지되면서 행정사건소송법이 제정되고 2004년의 개혁이 있었음에도 불구하고 오늘날까지 온존하고 있고, 놀랍게도 지금도 다수설의 지위를 차지하고 있다.[47]

앞에서 본 것처럼 우리나라의 경우에는 행정소송법이 제정될 때 '내각총리대신의 이의' 같은 제도도 도입하지 않았고, 행정소송에서의 가구제의 공백을 민사집행법상의 가처분을 준용하여 메우는 것에 대하여 개방적인 태도를 취하였다. 그럼에도 불구하고 판례가 GHQ의 점령정책을 차질 없이 수행하려는 의도와 행정권 우위의 왜곡된 권력분립적 사고방식에 영향을 받은 일본의 행정소송제도의 입안자들의 인식을 따르는 것은 헌법 제27조의 재판청구권에서 도출되는 효율적인 권리보호의 요청을 저버리는 해석이라고 생각한다.

(3) 가구제제도의 공백과 효율적 권리구제의 요청

독일 행정법원법상 가구제는 집행정지와 가명령의 이원적 체계로 되어 있다. 집행정지는 침익적 행정행위의 취소소송에 적용되는 것이고, 가명령은 수익적 행정행위에 대한 임시적인 권리보호로서 집행정지가 적용되지 않는 의무이행소송, 일반이행소송, 부작위소송, 확인소송, 기관쟁송 등의 소송유형에 적용된다.[48] 따라서 독일에서는 공백 없는 가구제제

44) 정영철, 권리보호의 효율성명령에 근거한 거부처분에 대한 행정소송법상 가구제, 법학논총 제29집 제4호, 한양대학교 법학연구소(2012), 610면 참조.

45) 김현준, 독일 행정소송상 가구제, 공법연구 제45집 제4호, 한국공법학회(2017. 6), 156면.

46) 정영철, 위의 논문, 604면.

47) 南博方·高橋滋, 前揭書, 482頁.

48) 강구철, 위의 논문, 145면, 김현준, 위의 논문, 158면 참조.

도가 형성되어 있고, 그 안에서 침익적 행정행위인지 수익적 행정행위인지에 따라 집행정지냐 가명령이냐의 선택문제만 있을 뿐이다.

일본에서는 행정사건소송법 제25조에서 집행정지를 규정하고, 제44조에서 행정청의 처분 및 그 밖의 공권력의 행사에 해당하는 행위에 대한 가처분의 배제를 규정하고 있었다. 따라서 가처분 배제조항이 적용되는 범위에 관하여, 여기에서 말하는 공권력의 행사가 무엇을 의미하고 항고소송에서의 처분 개념과 같은 것인지, 공권력의 행사를 저해할 수 있는 가처분은 무엇인지 등에 관한 관점에 따라 복잡하게 견해가 나뉘었다.[49] 그런데, 2004년의 행정사건소송법이 개정됨으로써 가의무이행·가금지제도가 도입되어, 위와 같은 문제는 입법적으로 상당부분 해소되었다. 그리하여 오늘날 일본에서는 공권력의 행사에 해당하는 행위는 집행정지냐 가명령이냐의 선택문제이고, 그 외의 행위에 대해서는 민사상 가처분이 적용되는지의 문제가 된다. 그런데, 토지수용의 재결 무효를 전제로 토지소유권의 확인의 구하는 민사소송이나 공무원의 면직처분의 무효를 전제로 그 지위확인을 구하는 당사자소송에서는 여전히 문제가 남아 있다. 행정사건소송법 제44조에 의하여 소송유형을 불문하고 처분 그 밖의 공권력의 행사에 해당하는 행위에 대한 가처분은 배제되고, 위와 같은 소송은 항고소송이 아니어서 집행정지나 가의무이행·가금지의 대상도 아니기 때문이다.[50]

그런데 우리나라는 판례대로라면 당사자소송에서는 민사집행법상 가처분의 적용문제가 되고, 항고소송에서는 집행정지가 적용되느냐 가구제를 포기하느냐의 문제가 된다. 그러나 헌법 제27조에서 도출되는 효율적인 권리보호의 요청을 염두에 두면 가구제가 포기되는 법률해석은 가급적 피하여야 한다는 것은 앞에서 본 것과 같다.

사실 가구제는 본안소송의 발전과 밀접하게 관련되어 있다. 우리나라의 현행 행정소송법에서는 예방적 금지소송이나 의무이행소송을 명시하고 있지 않다. 이를 기화로 우리나라에서는 가명령의 본안소송에 해당할 수 있는 행정소송의 유형이 없으니, 논리필연적으로 그에 관한 임시적 구제수단도 허용될 수 없으므로, 항고소송에서 민사집행법상의 가처분 규정은 준용될 수 없다는 견해가 있다.[51]

그러나 우리나라의 경우에도 원고가 수익적 행정행위를 신청하였는데 거부되거나 방치된 경우 그 거부처분에 대한 항고소송(취소소송·무효확인소송·부작위위법확인소송)을 제기

49) 이에 관한 자세한 설명은 室井力·芝池義一·浜川清, 前揭書, 462-471頁, 강구철, 위의 논문, 155-161면 참조.

50) 최우용, 일본 개정 행정사건소송법의 가구제에 관한 연구, 공법학연구 제9권 제1호, 한국비교공법학회(2008. 2), 38면 참조. 2004년 행정사건소송법을 개정하면서 이러한 문제를 입법적으로 해결하지 않고 남겨둔 것에 대해서는 개정의 준비과정에서 이미 비판하는 견해가 있었다(北村和生, 前揭論文, 73頁).

51) 강구철, 위의 논문, 170면 참조. 정영철, 위의 논문, 618면도 같은 견해이나 다만 거부처분의 침익적 성격을 강조하고 집행정지로 해결하자고 주장한다.

한 결과 그 위법성이 판명되어 승소판결을 받아 확정되면 행정청은 취소판결의 기속력 중 판결의 취지에 따른 재처분의무가 발생한다. 그러므로 비록 행정소송법의 소송유형 중에서 의무이행소송이 명시되어 있지는 않지만 수익적 행정행위의 발령을 구하는 우회적인 권리구제수단이 존재하는 것이다. 따라서 그에 따른 가구제제도가 필요하다.

판례는 각종 신청에 대한 거부처분에 대하여 효력을 정지하더라도 단지 거부처분이 없는 상태(신청 당시의 상태)로 돌아가는 것에 불과하여, 집행정지가 되더라도 당사자가 허가를 받은 것과 같은 상태가 되는 것은 아니기 때문에 거부처분에 대한 집행정지결정은 신청의 이익이 흠결되어 부적법하다는 입장에 있다.[52] 그리하여 대법원은 국립학교 불합격처분,[53] 투전기업소허가 갱신불허처분,[54] 교도소장의 접견허가 거부처분,[55] 사단법인 한국컴퓨터게임산업중앙회의 점검필증교수거부처분[56] 등에 대한 집행정지신청을 모두 부적법하다고 판시하였다.

서울행정법원의 결정례 중에서는 한약사시험 응시원서 접수 거부처분의 경우 집행정지가 있으면 일단 시험을 볼 수 있다는 사고 하에서 집행정지를 허용한 것이 있다.[57] 일본의 하급심 재판례 중에서도 체류기간갱신불허가처분의 효력정지로 인하여 허가 없이 체류하는 권리를 취득하는 것은 아니지만, 신청인이 체류기간이 경과한 후에도 불법체류자로서 당장 추방되지는 않게 되므로 집행정지의 요건을 충족한다고 판시한 것도 있다.[58]

위 하급심 결정들이 취한 논리는 거부처분이 없는 상태를 유지하는 것만으로도 신청의 이익이 있다면 거부처분의 집행정지를 부적법하다고 볼 수는 없다는 것이다. 그러나 한약사시험 응시원서의 접수에 대한 거부처분이 잠정적으로 그 효력이 정지된다고 하더라도 한약사시험의 응시원서를 제출하였던 상태로 돌아갈 뿐이고 한약사시험을 응시할 자격이 형성되는 것은 아니다. 왜냐하면, 집행정지의 결정에는 행정소송법 제23조 제6항에 의하여 제30조 제1항이 준용되어 반복금지효 같은 기속력은 인정되지만, 같은 조 제2항에 의하여 인정되는 거부처분 취소판결에서의 재처분의무와 같은 효력은 부여되어 있지 않기 때문이다. 한편, 체류기간갱신불허가처분의 효력정지결정도 행정청에게 위와 같은 재처분의무가

52) 가령 대법원 1995. 6. 21.자 95두26 결정.

53) 대법원 1963. 6. 29.자 62두9 결정.

54) 대법원 1992. 2. 13.자 91두47 결정, 대법원 1993. 2. 10.자 92두72 결정.

55) 대법원 1991. 5. 2.자 91두15 결정.

56) 대법원 1995. 6. 21.자 95두26 결정.

57) 서울행정법원 2000. 2. 18자 2000아120 결정. 그밖에도 국립대학교 입학시험에서 1차 전형불합격처분의 효력정지결정(서울행정법원 2003. 1. 14.자 2003아95 결정), 대구광역시 폐기물시설 민간투자사업 사전자격심사 탈락처분 집행정지결정(대구지방법원 2010. 4. 16.자 2010아89 결정)의 사례도 문헌에서 소개되고 있다.

58) 東京地方裁判所, 1970. 9. 14. 決定.

부과되어 있지 않기는 마찬가지이어서 그 결정으로 체류자격이 형성되는 것이 아니다. 아마도 위 효력정지결정은 체류기간갱신불허가처분의 후속절차인 퇴거명령 등에 대한 속행을 정지하고자 하는 의도였을 것이라고 추측된다.

한편, 거부처분이 침익적 행정행위의 성질을 가지고 있으므로 집행정지가 가능하다는 식으로 논거는 다르지만 위와 같은 하급심 결정례와 결론을 같이 하는 견해가 있다.59) 그러나 거부처분은 신청을 받아들이지 않아서 궁극적으로 자유권적 기본권이나 사회권적 기본권을 침해하는 결과를 낳을 수는 있지만, 그 자체로는 침익적이지도 수익적이지도 않는 것에 불과하므로, 위와 같은 논거도 받아들이기 힘들다.

결국 위와 같은 하급심 결정이 의도한 것은 집행정지결정의 형식을 빌리기는 하였지만 잠정적으로 한약사시험을 응시할 수 있는 자격을 부여한 적극적 가처분을 행한 것과 같은 결과를 내기 위한 것이다. 이러한 점을 감안하면 현행법체제 하에서도 거부처분에 대한 항고소송을 본안으로 성질상 위와 같은 가처분이 허용된다고 보아야 한다. 그래야만 공백 없는 신속한 권리보호가 도모될 수 있는 것이다.

3. 구체적인 적용

항고소송에서 가처분이 허용된다면 빈번한 임시적인 규율로 인하여 법원이 행정에 지나치게 개입하게 됨으로써, 행정권한이 침해되는 결과가 생길 수 있거나 법원의 부담이 가중될 수 있다는 우려가 있다. 그러나 가구제는 본질상 소송물에 대한 종국적인 효력을 가지는 판단을 행할 수는 없고, 본안판단을 원칙적으로 선취할 수 없다. 다만 신청인이 본안판단을 기다려서는 수인할 수 없는 불이익을 입을 것이라고 우려되는 경우, 특히 본안판단이 늦어질 것이라는 고도의 개연성이 있을 경우 임시적인 본안선취가 예외적으로 허용될 뿐이다.60) 따라서 가처분 신청은 엄격한 요건 해석 및 이익형량을 거치게 될 것이므로 위에서 우려하는 정도로 인용되는 경우는 그리 많지 않을 것이고, 오히려 원고의 지위를 임시적으로 보호해 줌으로써 의무이행소송의 제도적 취지를 극대화함으로 인한 순기능이 클 것으로 예상된다.

민사집행법상 가처분의 내용은 매우 다양하고, 그 중에서는 본안판결 전임에도 불구하고 신청인에게 만족을 줄 수도 있다. 이러한 만족적 가처분은 그 신청을 받아들이는데 매우 신중해질 것이다. 예컨대, 본안 판단에 앞서 정보공개처분을 할 것을 가처분으로서 명하는 것은 쉽지 않을 것이다. 반면에 근로자가 산업재해를 당하여 요양승인을 신청하였

---

59) 정영철, 위의 논문, 616면.

60) 김현준, 위의 논문, 178면 참조.

으나 위법하게 거부당한 경우에는 근로자 본인의 자력 부족으로 인하여 즉각적인 보호가 주어지지 않는다면 근로자 본인에게 돌이킬 수 없는 피해가 발생할 수 있게 되는데, 이러한 경우에는 가처분을 통한 임시적인 규율로써 당해 근로자가 신속하게 사실상의 요양을 받을 수 있도록 할 수 있을 것이다.

항고소송에서 가처분 규정이 준용된다고 해석하더라도 민사집행법에서와 같이 본안소송의 계속을 전제로 하지 않아도 되는 것인지는 어려운 문제이다. 행정소송법 제23조 제2항에서는 본안소송의 계속을 집행정지의 요건으로 규정하고 있는데, 그 취지는 집행정지 결정만 받아놓고 본안소송을 제기하지 않을 경우 행정법관계의 안정성을 해칠 우려가 있기 때문에 이를 방지하기 위한 것이다. 같은 이유에서 항고소송의 제기 없이 민사상의 가처분의 형식을 빌려 행정청에게 일정한 처분을 명하거나 금하는 가처분을 구하는 것은 현행법의 해석론으로는 허용되기 어렵다고 생각한다. 또한, 항고소송에서의 가처분이 권리구제와 직접적인 관련성이 없다면 사법권의 한계를 넘어서 권력분립의 원칙에 반할 염려도 있다. 예컨대, 각종 허가영업을 양수한 자들이 허가명의자를 상대로 허가명의변경절차이행청구권을 피보전권리로 하여 허가명의변경금지를 구하는 민사상 가처분신청을 하면서, 그 실효성의 확보를 위하여 그 허가를 담당하는 행정청이나 국가를 제3채무자로 하여 허가명의를 변경하여 주지 말 것을 구하는 경우, 행정청을 제3채무자로 한 위와 같은 가처분은 허용될 수 없을 것이다.[61]

아울러 장래에 위법한 처분이 행해질 것이 임박하였을 경우 그 처분의 금지를 구하는 소송유형(예방적 금지소송)은 현행법상 명시되어 있지 않다는 것을 빌미로 판례가 이를 허용하지 않으므로,[62] 그것을 본안으로 할 것을 예정하고 현상을 유지하는 것을 목적으로 하는 가처분에 대한 논의도 그다지 현실적이지 않다.

V. 입법적 노력

만일 의무이행소송이나 예방적 금지소송이 도입된다면 민사집행법상 가처분 규정이 준용되거나 행정소송법상 가처분제도가 입법화되어야 할 것이다. 그런데, 우리나라는

61) 대법원 1973. 6. 29. 선고 73다23 판결, 대법원 1992. 7. 6. 자 92마54 결정, 대법원 2000. 4. 25. 선고 98두7923 판결.

62) 판례는 행정소송법상 행정청이 일정한 처분을 하지 못하도록 그 부작위를 구하는 청구는 허용되지 않는 부적법한 소송이라고 한다(대법원 2006. 5. 25. 선고 2003두11988 판결). 따라서 신축건물의 준공처분을 해서는 안 된다는 내용의 부작위를 구하는 청구는 행정소송에서 허용되지 않는다(대법원 1987. 3. 24. 선고 86누182 판결).

2000년대 들어서서 행정소송의 실효성 확보나 현대형 행정에 대한 권리구제의 실질화를 기하기 위하여 행정소송법을 개정하려는 시도를 하였다.

대법원은 2002. 4. 행정소송법 전면개정의견을 마련하여 2006. 9. 8. 국회에 제출하기도 하였고(2006년 대법원안), 법무부도 2006. 4. 26. 행정소송법 개정안을 마련한 다음 2007. 11.경 국회에 제출하였지만(2007년 법무부안), 위 시도들은 17대 국회가 임기만료로 해산하면서 자동으로 폐기되었다. 최근에도 법무부는 2012. 5. 24. 「행정소송법 개정 공청회」를 개최한 다음 거기에서 채택된 행정소송법 개정시안(2012년 개정시안)을 기초로 행정소송법 전부개정법률안을 만들어 2013. 3. 20.부터 같은 해 4. 30.까지 입법예고까지 거쳤으나, 국회에 제출도 못해보고 19대 국회가 임기만료로 해산되었다.

우리나라의 개정안들은 집행정지의 요건을 완화하여 권리구제의 적시성과 실효성을 확보하려고 하였다. 다만 그 요건을 완화하는 구체적인 방법에서는 다소간의 차이가 있다. 2006년 대법원안에서는 현행법에서 인정하고 있는 집행정지사유인 “회복하기 어려운 손해를 예방하기 위하여 긴급한 필요가 있다고 인정할 때” 이외에 “처분 등이 위법하다는 현저한 의심이 있을 때”를 집행정지사유의 하나로 추가하려고 시도하였다. 이에 대하여 2007년 법무부안과 2012년 개정시안은 일본의 행정사건소송법과 마찬가지로 “회복하기 어려운 손해”를 “중대한 손해”로 변경하여 완화하고자 하였다. 다만 2012년 개정시안에서는 집행정지의 소극적 요건인 “본안 청구가 이유 없음이 명백한 경우”를 명문화하였다. 그리고 2006년 대법원안과 2012년 개정시안에서는 이른바 담보제공부 집행정지제도를 도입하기로 하였으나, 2007년 법무부안에서는 이를 도입하지 않았다.

한편, 우리나라의 개정안들은 모두 본안의 관할법원은 다툼의 대상에 관한 가처분과 임시의 지위를 정하는 가처분을 할 수 있도록 하되, 집행정지로써 목적을 달성할 수 없는 경우에 한하여 허용되는 것으로 보충적으로 규정하였다. 다만 그 요건에 관하여, 2006년 대법원안은 “처분 등이 위법하다는 상당한 의심이 있는 경우로서 …… 필요가 있는 경우”라고 규정하였는데, 2007년 법무부안은 이를 보다 강화하여 “긴급한 필요가 있는 경우”로 하였고, 여기에다가 2012년 개정시안은 위 양안이 요건으로 한 “처분 등이나 부작위가 위법하다는 상당한 의심이 있는 경우”를 더욱 강화하여 “현저한 의심이 있는 경우”로 하고, “공공복리에 중대한 영향을 미칠 우려가 있거나 신청인의 본안 청구가 이유 없음이 명백한 경우”라는 집행정지의 소극적 요건을 마찬가지로 규정하였다. 참고로 2012년 개정시안 제26조는 다음과 같다.

2012년 개정시안 제26조(가처분) ① 본안이 계속된 법원은 처분등이 위법하다는 현저한 의심이 있는 경우로서 다음 각 호의 어느 하나에 해당하는 경우에는 당사자의 신청에 의하여 결정으로 가처분을 할 수 있다. 1. 다툼의 대상에 관하여 현상이 바뀌면 당사자가 권리를 실행하지 못하거나 그 권리를 실행하는 것이 매우 곤란할 우려가 있어 다툼의 대상에 관한 현상을 유지할 긴급한 필요가 있는 경우 2. 다툼이 있는 법률관계에 관하여 당사자의 중대한 손해를 피하거나 급박한 위험을 피하기 위하여 임시의 지위를 정하여야 할 긴급한 필요가 있는 경우 ② 법원은 제1항에 따른 가처분 결정을 하는 경우 소송의 대상이 된 처분등의 당사자인 행정청 및 이해관계자에게 재산상 손해가 생길 우려가 있는 때에는 가처분을 신청한 자로 하여금 권리자를 지정하여 그 손해에 대한 담보를 제공하게 할 수 있다. 이 경우 권리자로 지정된 자는 그 담보물에 대해서 질권자와 동일한 권리를 가진다. ③ 제2항에 따른 담보에 관하여는 「민사소송법」 제120조 제1항, 제122조 및 제124조부터 제126조까지의 규정을 준용한다. ④ 제1항 제2호에 따른 가처분의 재판에는 변론기일이나 당사자가 참석할 수 있는 심문기일을 열어야 한다. 다만, 그 기일을 열어 심리하면 가처분의 목적을 달성할 수 없는 사정이 있는 경우에는 그러하지 아니하다. ⑤ 제1항에 따른 가처분은 제24조 제2항에 따른 집행정지로 목적을 달성할 수 있는 경우에는 허용되지 아니한다. ⑥ 제1항에 따른 가처분에 대해서는 제24조 제3항·제4항·제7항, 제25조, 제31조 및 제32조 제1항을 준용한다.

위와 같이 우리나라의 개정안들은 모두 의무이행소송과 예방적 금지소송을 도입하고 그에 따른 가구제제도를 마련하려고 한 것에서는 일치한다. 이러한 입법적 시도들은 헌법 제27조에서 요청하는 효율적인 권리보호를 실현하기 위하여 바람직하다. 행정소송의 실효성 확보나 현대형 행정에 대한 권리구제의 실질화를 이룰 수 있도록 하루바삐 행정소송법이 개정되기를 바라마지 않는다.

그러나 입법이 미비한 것을 빌미로 국민의 권리구제에 부합하는 해석론의 전개를 주저하는 판례의 태도는 바람직하지 않다. 이와 관련한 최송화 교수님의 다음과 같은 언급은 중요한 시사점을 제시하므로,[63] 결론을 대신하여 기술한다.

---

63) 최송화, 한국의 행정소송법 개정과 향후방향, 행정판례연구 Ⅷ, 박영사(2003), 438면.

새로운 소송유형의 인정여부나 소송요건에 대한 인정여부를 입법에 지나치게 의존하는 것은 매우 바람직하지 않다. 이러한 분야는 법원에 의한 법발전이 가장 요구되는 분야인 만큼 법원이 새로운 문제에 대해 새로운 판결례를 선보여서 문제를 해결하고 그러한 구체적인 사례해결에서의 검증을 거쳐 추후에 보다 완결된 방식으로 입법으로 수용하는 것이 자연스러운 발전의 과정이라고 사료된다.

合議制行政機關의 設置와 條例制定權*

장경원**

대법원 2014. 11. 13. 선고 2013추111 판결

I. 사안의 개요

부산광역시 기장군은 군민의 알 권리를 증진하고 효율적인 군보발행을 위해 기장군보 발행 등에 필요한 사항을 조례로 규정하고 있다. 2013. 7. 5. 기장군의회는 기존 조례에 따라 내부 인사만으로 구성된 군보발행 편집회의를 폐지하고, 군의회 의원 2명과 외부위원을 포함하여 13명 이내로 구성하는 편집위원회를 신설하는 내용의 조례개정안(이하 '이 사건 조례안'이라 함)을 의결하여 원고에게 이송하였다. 2013. 7. 25. 기장군수는 이 사건 조례안이 법령에 위반된다는 이유로 피고에게 그 재의를 요구하였고 2013. 8. 9. 기장군의회는 이 사건 조례안을 그대로 재의결하였다.

이에 기장군수는 지방자치단체의 집행기관에 속하는 행정기관을 설치할 고유권한은 지방자치단체의 장에 있고 이런 집행기관의 설치에 관한 조례안의 발의도 지방자치단체의 장에게 있으므로 자신의 본질적인 권한을 침해하여 위법하다며 대법원에 이 사건 조례안 재의결에 대한 무효확인을 구하는 소를 제기한 것이다.

〈이 사건 조례안의 내용〉

【제1조】 군정홍보 강화로 군민의 알 권리를 증진시키고 효율적인 군보발행을 위하여 부산광역시 기장군보 발행 등에 필요한 사항을 규정함을 목적으로 한다.

【제6조】 군보발행 업무를 효율적으로 운영하기 위하여 종전에 원고의 내부인사만으로 운영되던 편집회의를 폐지하고 편집위원회(이하 '이 사건 편집위원회'라 함)를 둔다.

---

* 이 글은 2017년 12월 31일 발행된 행정판례연구 제22-2집에 게재된 논문을 전재한 것입니다.

** 서울시립대학교 법학전문대학원 교수

【제7조】 위원회가 군보의 종합기획, 게재내용의 검토 및 배열 등 군보발행 전반에 관한 업무를 담당한다.

【제8조】 ① 위원회는 위원장 및 부위원장 각 1명을 포함한 13명 이내의 위원으로 구성하되 위원장은 부군수로 하고 부위원장은 위원회에서 추천한다.

② 제2항 위원은 군 소속 5급 공무원과 군의회 의원 2명 및 군보발행에 관한 학식과 경험이 풍부한 사람 중에서 군수가 임명 또는 위촉한다.

II. 문제의 제기

오늘날 우리나라의 지방자치는 건국 이래 헌법상 지방자치제도의 보장을 천명하여 왔으나, 실질적인 의미에서 지방자치의 발전은 1988년의 지방자치법 개정을 토대로 1995년 주민이 직접 지방자치단체의 장을 직접 선거로 선출하면서부터라고 할 수 있다. 이러한 의미에서 우리나라의 지방자치는 이미 성숙한 단계로 접어드는 성년을 넘어섰다고 할 수 있다. 그러나 다른 정치적 · 재정적인 이유로 우리의 지방자치제도는 정착되지 못하고 있는 것이 현실이다. 한편 자치입법으로서의 조례는 지방자치제도를 지속적으로 유지·발전시키는 근간이라 할 수 있으며 지방자치단체가 자기책임으로 임무를 수행하기 위한 매우 중요한 도구가 된다[1]는 점에서 이에 대한 올바른 이해와 실현이 중요하다. 따라서 지방의회의 조례제정권과 관련하여 지방자치 실현의 양축이라 할 수 있는 집행기관과 의결기관 사이에서 발생하는 갈등과 조정은 지방자치를 성숙하게 만드는 불가피한 과정으로 볼 수 있을 것이다. 이러한 과정에서 자치입법으로서 조례를 제대로 이해하기 위해서는 지방자치단체 내 권력관계의 현실을 살펴볼 필요가 있다.

2016년 말 기준 행정안전부 통계에 따르면 우리나라의 자치법규는 총 95,002건으로 조례 71,220건, 규칙 23,782건으로 2015년과 비교하여 3,759건이 증가하였다. 2016년 한해에만 총 27,934건의 자치법규가 제정되거나 개정, 폐지된 것이다. 이는 지방자치단체가 행하는 사무의 증대와 더불어 이의 실행을 위한 자치입법의 활동이 매우 활발하게 진행되고 있음을 보여준다. 반면 조례제정에 대한 다툼은 2013년까지는 증가하다가 최근 3년간은 감소하는 경향을 보이고 있다.[2] 재의요구된 조례안 중 의원발의안은 18건(86%)으로, 2015년(21건, 91%)에 비해 재의건수와 재의요구 비율이 모두 감소한 것으로 나타났다. 재의요구

1) 홍정선, 「행정법특강」, 박영사, 2016, 933면.

2) 행정안전부 통계에 의한 년도별 재의건수 : 36건('10년) − 50건('11년) − 27건('12년) − 42건('13년) − 27건('14년) − 23건('15년) − 21건('16년)이다(2016 지방자치단체 조례 · 규칙 현황, 행정자치부 자치법규과).

결과는 재의결 5건, 부결 4건, 계류 12건이며, 재의결한 조례 중 법령위반을 이유로 대법원에 제소된 조례는 2건에 이르고 있다. 1995년 이후 '16년까지 대법원제 제소된 건수는 총 161건이며 연평균 7건 내외로 무효 85건(52%), 유효 43건(27%), 기타 33건(21%)에 이른다.3) 이는 조례제정권의 범위와 한계에 관한 판례의 축적으로 다툼이 되는 조례의 위법여부에 대한 판단이 어느 정도 예측 가능한 정도에 이르렀다는 것을 반증한다.

현행 지방자치법은 지방의회와 지방자치단체의 장에게 각자의 임무와 권한을 부여하여 견제와 균형을 이루도록 하고 있다. 따라서 법률에 특별한 규정이 없는 한 조례로써 견제의 범위를 넘어 상대방의 고유한 권한을 침해하는 규정을 제정할 수 없는 것이 원칙이다.4) 이에 따라 판례도 기본적으로 법률의 특별한 규정이 없는 한 지방의회는 지방자치단체장의 고유한 권한을 침해하는 내용의 조례를 제정할 수 없으며,5) 지방자치단체장의 사무집행에 관한 의회의 감시·통제기능을 박탈하는 내용의 조례도 허용되지 않는다고 본다.6)

대상판례에서는 합의제행정기관의 설치가 지방자치단체장의 고유한 권한인지 여부와 지방의회가 조례로 합의제행정기관을 설치하거나 그 내용을 변경하는 경우 법령에 위반되는지가 문제된다. 이러한 문제를 검토하기 위해 본고에서는 합의제행정기관의 설치에 관하여 법령의 위임이 필요한지, 합의제행정기관 설치를 지방의회가 조례로써 제안하는 경우 법령에 위반되는지의 여부에 관한 기존 판례의 입장과 비교하여 오늘날 지방분권의 시대에서 자치입법권이 나아갈 방향에 대한 의견을 제시하고자 한다.

---

3) 연도별 제소 결과('95~'16)

제소 결과	계	'95~'07	'08	'09	'10	'11	'12	'13	'14	'15	'16
계	161	88	5	22	6	9	8	10	10	1	2
무효	85	68	3	2	–	5	6	1	–		
유효	43	9	–	20	3	2	1	4	–		
기타*	33	11	2	–	3	2	1	5	10	1	2

* 취하, 각하, 계류 * 제소자별 : 주무장관 11. 시도지사 64, 시군구청장 86

[자료] 2016 지방자치단체 조례·규칙 현황, 행정자치부 자치법규과 (http://www.mois.go.kr/frt/bbs/type001/commonSelectBoardArticle.do?bbsId=BBSMSTR_000000000056&nttId=57488. 접속일 2017. 11. 28.)

4) 박균성, 「행정법강의」, 박영사, 2015, 992면.

5) 대법원 2001. 11. 27 선고, 2001추57 판결.

6) 대법원 1997. 4. 11 선고, 96추38 판결.

Ⅲ. 합의제행정기관의 설치와 권한배분

1. 지방자치단체 내의 권력분립과 견제와 균형

지방자치단체의 조직형태를 권력구조의 측면에서 보면, 기관통합형과 기관대립형으로 분류해 볼 수 있다. 기관통합형이란 의결기능과 집행기능이 하나의 기관에 집중되어 있는 형태를 말하고, 기관대립형이란 지방자치단체 내의 의사결정권과 집행권을 분리하여 의사결정권은 지방의회에, 집행기능은 지방자치단체장에게 부여하여 상호 견제와 균형에 의해 자치사무를 처리하는 형태를 말한다.[7] 우리나라의 지방자치제도는 기관대립형에 속하는 것으로 볼 수 있으며, 의결기관인 지방의회와 집행기관인 지방자치단체장을 주민이 직접 선출하도록 하고, 양 기관을 서로 대립시킴으로써 각자의 권한을 분담하여 상호간의 견제와 균형을 도모하고 있다.[8] 대법원도 우리 지방자치제도는 후자의 기관대립형에 속하는 것으로 보고 있다.[9] 하지만 우리는 이러한 기관대립형을 취하면서도 현실적으로는 지방자치단체장에게 폭넓은 집행권을 부여함으로써 지방정부의 집행권한을 지방의회의 권한보다 강하게 인정하는 양상을 보이고 있다. 이러한 상황에서 본 대상판례는 지방자치단체장의 합의제행정기관의 설치를 고유한 집행권의 영역으로 보아 지방의회에 의한 통제의 대상에서 배제함으로써 이러한 현실을 확인해 주고 있다. 하지만 지방자치단체의 자치입법으로서 조례는 의회가 사용할 수 있는 가장 기본적이고 핵심적 요소로서,[10] 지방자치단체장의 집행권을 통제하는 중요한 수단이 된다.

헌법 제117조 제1항은 "지방자치단체는 … 법령의 범위 안에서 자치에 관한 규정을 제정할 수 있다"고 하여 지방자치단체의 자치입법권을 헌법상 보장하고 있다. '법령의 범위 안에서'라는 규정은 조례를 제정하기 위해서는 법령에서 명문으로 위임하여야 할 것을 요구하는 것은 아니며, 상위 법령의 입법취지와 모순·저촉되지 않는 범위 안에서 제정할 수 있다는 것을 말한다.[11] 이를 토대로 지방자치법 제22조는 "지방자치단체는 법령의 범위 안에서 그 사무에 관하여 조례를 제정할 수 있다."고 다시 한 번 확인하고 있다. 이러한 점에서 지방의회는 지방자치단체의 대의기관으로서의 지위를 가짐과 동시에 독자적으로 입법 및 의결기관으로서의 지위뿐만 아니라 집행권에 대한 행정감시기관으로서의 지위를 가지고 있다.

---

7) 홍정선, 「신지방자치법」, 박영사, 2013, 210면.
8) 정하중, 「행정법개론」, 법문사, 2017, 975면.
9) 대법원 2011. 4. 28 선고, 2011추18 판결.
10) 강인태, "지방자치단체의 자치입법권의 범위와 한계", 「서강법률논총」 제1권, 2012, 94면.
11) 이주희, 「지방자치법 이론과 운영」, 서장출판사, 2010, 218면.

나아가 지방자치법 제30조, 제39조제1항제1호 및 제66조제1항을 종합해 보면 원칙적으로 지방의회는 지방자치단체의 최상위의 의결기관으로서 모든 자치사무에 관한 의사결정권한을 가지며 조례의 제정 및 개폐에 대한 의결권을 가진다. 이는 지방의회가 지방자치단체의 최고 의사형성기관임을 의미한다.[12)]

대법원은 대상판결에서 기존의 판결[13)]을 인용하며 아래와 같이 기장군의회가 법령에 위반하여 기장군수의 고유권한을 침해하였다고 판시하였다. 그러나 합의제행정기관이 가지는 성격을 고려할 때 이의 설치에 관한 기존 판례들의 검토를 토대로 대상판결의 결론이 타당한지 면밀한 검토가 필요하다.

"지방자치법 제101조, 제103조, 제112조, 제127조, 지방자치단체의 행정기구와 정원기준 등에 관한 규정(이하 '행정기구규정'이라 한다) 제5조, 제7조, 제36조 제2항의 각 규정을 종합하면, 지방자치법령은 지방자치단체의 장으로 하여금 지방자치단체의 대표자로서 당해 지방자치단체의 사무와 법령에 의하여 위임된 사무를 관리·집행하는 데 필요한 행정기구를 설치할 고유권한과 이를 위한 조례안의 제안권을 가지도록 하는 반면 지방의회로 하여금 지방자치단체장의 행정기구 설치권한을 견제하도록 하기 위하여 지방자치단체의 장이 조례안으로써 제안한 행정기구를 축소·통폐합할 권한을 가지도록 하고 있다."

2. 합의제행정기관의 설치와 조례제안권

1) 합의제행정기관의 의의

일반적으로 행정기관이라 함은 권한분배단위로서의 행정기관과 사무분배단위로서의 행정기관으로 구분된다. 권한분배단위로서의 행정기관은 행정주체의 행정사무를 담당하는 지위를 말하고, 사무분배단위로서의 행정기관은 일정한 행정사무를 분담하는 조직을 의미한다.[14)] 반면 의사결정의 구조를 기준으로 보면, 독임제행정기관과 합의제행정기관으로 구별할 수 있다. 독임제행정기관은 행정기관의 의사가 결정자 1인의 책임과 결정에 의해 이루어지는 반면, 합의제행정기관은 행정기관의 의사가 다수의 위원에 의해 집단적으로 결정된다는 점에서 차이가 있다. 독임제행정기관은 책임소재가 명확하고 신속한 조치를 취할 수 있는 장점이 있지만, 신중하고 공정한 판단을 하지 못할 우려가 있다는 단점이 있다. 반면에 합의제행정기관은 의사결정을 신중하게 하고, 각종 이해관계를 반영하고 조

12) 홍정선, 전게서, 225면.
13) 대법원 2005. 8. 19 선고, 2005추48 판결.
14) 김동희, 「행정법 II」, 박영사, 2016, 8-9면.

정할 수 있다는 장점이 있지만, 사무처리를 신속하게 하지 못하고 최종 책임을 귀속시키기 어려운 단점을 가지고 있다.[15] 독임제행정기관과 달리 합의제행정기관의 유형이나 설립기준 등에 대한 구체적인 규정은 마련되어 있지 않으나,[16] 합의제행정기관은 그 구성적인 측면에서 볼 때 민주적 의사결정을 지향하고, 신중한 결정을 내리기 위한 집행기관의 역할을 하거나, 경우에 따라서는 행정에 관한 의사결정자가 최종적인 판단을 내리기 위한 자문기관의 역할을 하기도 한다.

2) 합의제행정기관 설치의 법적 근거

지방자치단체에서 합의제행정기관을 설치하기 위하여 법령의 근거를 요하는지가 문제된다. 이와 관련하여 대법원은 "지방자치단체는 그 소관 사무의 범위 내에서 필요한 경우에는 심의 등을 목적으로 자문기관을 조례로 설치할 수 있는 외에, 그 소관 사무의 일부를 독립하여 수행할 필요가 있을 경우에는 합의제행정기관을 조례가 정하는바에 의하여 설치할 수 있는바,[17] 이와 같은 지방자치법 제107조제1항(현행 제116조제1항)의 규정에 따라 당해 지방자치단체의 조례로 정하면 되는 것이지 헌법이나 다른 법령상으로 별도의 설치근거가 있어야 하는 것은 아니라 할 것이다."[18]라고 판시하여 법령의 위임이 없이도 설치 할 수 있다는 입장이다.

한편 지방자치단체의 합의제행정기관의 법적 근거는 지방자치법 제6장 집행기관 제3절 소속 행정기관에서 찾아 볼 수 있다. 지방자치단체는 그 소관사무의 일부를 독립하여 수행할 필요가 있으면 법령이나 그 지방자치단체의 조례로 정하는 바에 따라 합의제행정기관을 설치할 수 있고, 그 설치·운영에 관하여 필요한 사항은 대통령령이나 그 지방자치단체의 조례로 정한다(지방자치법 제116조제1항 및 제2항). 지방자치법 시행령 제79조는 '그 소관사무를 독립하여 수행할 필요'를 구체적으로 i) 고도의 전문지식이나 기술이 요청되는 경우, ii) 중립적이고 공정한 집행이 필요한 경우, iii) 주민의사의 반영과 이해관계의 조정이 필요한 경우로 규정하고 있다.

3) 합의제행정기관 설치에 관한 기존의 판례

합의제행정기관의 설치와 관련한 조례를 지방의회가 제안하여 의결하는 경우에 대하여 지금까지 판례의 입장은 대체로 법령의 특별한 규정이 없는 한 합의제행정기관의 설치는 다른 집행기관과 마찬가지로 지방자치단체장의 고유한 권한이며 이에 대하여 지방의회

15) 김철용, 「행정법」 제6판, 고시계사, 2017, 658면.

16) 박석희/정진우, "합의제행정기관 현황분석과 유형분류에 관한 연구", 「행정논총」(제42권 제4호), 2004, 164면.

17) 대법원 2000. 11. 10 선고, 2000추36 판결. [인천광역시동구주민자치센터설치 및 운영 조례안]

18) 대법원 1997. 4. 11 선고, 96추138 판결. [충청북도청소리옴부즈만조례안]

가 간여할 수 없다는 입장으로 보인다.

먼저, 청주시행정정보공개조례 사건[19]을 살펴보면, 지방의회의원이 발의하여 청주시행정정보공개심의회를 두는 조례를 제정하고자 한 바 있다. 해당 조례안에는 제12조에서 '집행기관의 자문에 응하고 제11조제1항의 규정에 의하여 접수된 이의신청의 공개거부를 심의·의결하기 위하여 청주시행정정보공개심의회를 둔다'고 규정하고, 제13조에서는 '위원회는 시장이 위촉한 9인 이내의 위원으로 하되 집행기관의 공무원 3인과 시의회의원 3인 및 학계 등 전문성을 가진 3인 이내로 구성한다'는 내용이다. 이에 관한 조례안재의결무효확인소송에서 대법원은 지방자치단체장의 조직편성권을 침해였는지에 대하여는 판시하지 않았으나, 조례로써 행정정보공개심의위원회에 시의회의원이 위 동수의 비율로 참여하는 것은 법령에 위반하지 않는다고 판시한 바 있다.

반면 대법원은 광주광역시 북구 행정기구 설치조례 일부개정조례안에 대한 수정재의결무효확인청구사건[20]에서, 지방자치단체의 행정기구설치를 위한 조례를 제안하는 권한은 지방자치단체장에게 있다고 판시한 바 있다. 이 사건은 광주광역시 북구 구청장이 조례로 주민자치과를 자치정책과로 변경하는 내용을 제안하였고, 북구 의회가 주민자치과를 폐지하고, 가정복지과를 신설하는 내용으로 수정발의하여 의결한다는 것이었다. 이에 대해 대법원은 "지방자치단체의 장이 사무를 관리·집행하는데 필요한 행정기구를 설치할 고유권한과 이를 위한 조례안의 제안권을 가지고, 반면 지방의회로 하여금 지방자치단체장의 행정기구 설치권한을 견제하도록 하기 위하여 지방자치단체의 장이 조례안으로써 제안한 행정기구를 축소·통폐합할 권한을 가지므로… 지방의회가 지방자치단체의 장이 조례안으로 제안한 행정기구를 다른 행정기구로 전환하여 수정의결하는 것은 위법하다."라고 판시하였다.

또한 제주특별자치도의회의 의원 10인이 제안한 '제주특별자치도 연구위원회의 설치 및 운영에 관한 조례안'에 대한 무효확인소송[21]에서 대법원은 위 판례[22]를 그대로 인용한 후에 "…지방자치단체의 장은 합의제행정기관을 설치할 고유의 권한을 가지며 이러한 고유권한에는 그 설치를 위한 조례안의 제안권이 포함된다고 봄이 상당하므로, 지방의회가 합의제행정기관의 설치에 관한 조례안을 발의하여 이를 그대로 의결, 재의결하는 것은 지방자치단체장의 고유권한에 속하는 사항의 행사에 관하여 지방의회가 사전에 적극적으로 개입하는 것으로서 관련 법령에 위반되어 허용되지 않는다."고 판시하였다.

19) 대법원 1992. 6. 23 선고, 92추17 판결.
20) 대법원 2005. 8. 19 선고, 2005추48 판결.
21) 대법원 2009. 9. 24 선고, 2009추53 판결.
22) 대법원 2005. 8. 19 선고, 2005추48 판결.

위와 같은 관련 유사판례들을 비교해 보면 대법원의 기본적인 입장은 지방자치단체의 장은 자치사무를 관리·집행하는 데 필요한 행정기구를 설치할 고유권한과 이를 위한 조례안을 제안할 권한을 가지고 있고, 지방의회는 소극적·사후적으로 지방자치단체의 장이 제안한 행정기구를 축소·통폐합할 권한만 있다는 것으로 해석할 수 있다.

Ⅳ. 지방자치단체장의 인사권과 지방의회의 인사추천권

그러나 대상판결의 사안에서 문제된 이 사건 조례안은 '위원회의 위원은 군 소속 5급 공무원과 군의회 의원 2명 및 군보발행에 관한 학식과 경험이 풍부한 사람 중에서 군수가 임명 또는 위촉한다'는 내용이 포함되어 있는바, 이는 지방자치단체장의 인사권과 지방의회의 인사추천권과도 관련된다. 따라서 위 조례의 내용이 지방자치단체장의 인사권을 침해하는지에 대한 검토가 필요하다.

1. 지방자치단체장의 인사권

지방공무원법 제6조제1항은, "지방자치단체의 장(특별시·광역시·도 또는 특별자치도의 교육감을 포함한다. 이하 같다)은 이 법에서 정하는 바에 따라 그 소속 공무원의 임명·휴직·면직과 징계를 하는 권한(이하 "임용권"이라 함)을 가진다"고 규정하고 있다. 이 규정에 따르면, 지방자치단체장은 소속 공무원에 대한 신규임명과 전보 등에 대한 권한을 가지고 있다. 이처럼 지방자치단체장은 법령과 조례·규칙으로 정하는 바에 따라 그 임면·교육훈련·복무·징계 등에 관한 사항을 처리하는 인사권을 가진다. 그러나 이는 집행기관의 인사권에 대하여 지방의회가 간여할 수 없다는 의미는 아니며, 집행기관의 인사권을 본질적으로 제한하는 적극적인 개입이 제한될 뿐이다.23)

2. 지방의회의 인사추천권과 이에 대한 조례제정권의 한계

대법원은 법령이 지방자치단체장에게 전속적인 인사권을 정하고 있는 경우에는 당해 법령에서 달리 정함이 없는 한, 하위 법규인 조례로는 위 지방자치단체장의 전속적인 인사권을 제한 할 수 없다는 점을 아래와 같이 명확히 하고 있다.

---

23) 홍전선, 「신지방자치법」, 박영사, 2013, 380면.

"단체장의 기관구성원 임명 · 위촉권한이 조례에 의하여 비로소 부여되는 경우는 조례에 의하여 단체장의 임명권한에 견제나 제한을 가하는 규정을 둘 수 있다고 할 것이나, 상위법령에서 단체장에게 기관구성원 임명 · 위촉권한을 부여하면서도 그 임명·위촉권의 행사에 대한 의회의 동의를 받도록 하는 등의 견제나 제약을 규정하고 있거나 그러한 제약을 조례 등에서 할 수 있다고 규정하고 있지 아니하는 한, 당해 법령에 의하여 그 임명 · 위촉권은 단체장에게 전속적으로 부여된 것이라고 보아야 할 것이어서 하위법규인 조례로써는 위 단체장의 임명 · 위촉권을 제약할 수 없다 할 것이고 의회의 지방자치단체 사무에 대한 비판, 감시, 통제를 위한 행정사무감사 및 조사권의 행사의 일환으로 위와 같은 제약을 규정하는 조례를 제정할 수도 없다고 할 것이다."[24)]

대법원은 합의제행정기구 위원의 위촉, 해촉에 지방의회의 동의를 받도록 하는 것은 사후에 소극적으로 개입하는 것으로서 지방의회의 집행기관에 대한 견제권의 범위에 속하는 적법한 규정이라고 하면서, 기본적으로 지방의회는 인사권에 있어서도 사후적 · 소극적인 견제에 그쳐야 한다는 입장이다.

3. 관련 판례의 검토

그러나 앞서 본 관련 유사판례와 같이 대법원은 합의제행정기관의 구성에 있어서 조례로써 정보공개심의위원회를 집행기관의 공무원 3인과 시의회의원 3인 및 학계 등 전문성을 가진 3인 등 시장이 위촉한 9인 이내의 위원으로 구성하도록 한 것에 대하여 법령에 위반된다고 볼 수 없다고 판시[25)]하여 합의제행정기관의 구성에 주민을 대표하는 지방의회의원이 지방의회의 의견을 반영할 수 있는 정도의 비율로 참여하도록 한 것은 기본적으로 허용된다고 본다. 하지만 또 다른 사안에서는 "조례로써 합의제행정기구의 위원 12명 중 9명을 시의원으로 구성하고 그 위원이 될 시의원을 의장이 추천하여 시장이 위촉하도록 한 것은, 위와 같은 정도를 넘어서 사실상 집행기관의 인사권을 독자적으로 행사하거나 동등한 지위에서 합의하여 행사하는 정도로 인사추천권을 행사하는 것은 집행기관의 인사권에 사전에 적극적으로 개입하는 것으로 허용될 수 없다"[26)]고 보았다. 또한 "합의제행정기관의 구성에 있어서 지방자치단체장이 3명을, 지방의회 의장이 2명을 위촉하게 한 것은 위에서 보다 더 나아간 것으로 지방의회가 지방자치단체장의 인사권에 대하여 더욱 적극적

---

24) 대법원 1993. 2. 9 선고, 92추93 판결. [대구직할시 도시계획위원회조례중개정조례(안)무효확인]
위 사안에서는 대구시의회가 대구시장의 전속적 권한인 위 위원회의 임명·위촉권의 행사에 미리 시의회의 동의를 얻도록 조례를 개정하였고 판례는 이에 대하여 위법한 것으로 판단하였다.

25) 대법원 1992. 6. 23 선고, 92추1 판결7.

26) 대법원 1993. 2. 9 선고, 92추93 판결.

으로 개입하는 것으로 허용되지 않는다"[27]는 입장이다.

위와 같은 기존 판례의 입장을 살펴보면, 대법원은 지방자치단체장의 인사권에 대하여 의결기관과 집행기관 사이의 권한의 분리 및 배분의 취지를 들면서 지방의회가 조금이라도 사전적·적극적으로 관여하는 것을 엄격하게 해석하여 법령위반으로 보고, 지방의회가 행사할 수 있는 견제권의 범위를 굉장히 협소하게 해석하고 있는 것으로 보인다.[28] 즉, 판례는 인사권이 가진 특수성에 비추어 앞서 본 합의제행정기관 설치권에 대하여 지방자치단체장의 고유한 권한을 인정하여 지방의회의 견제와 통제권의 범위를 보다 제한적으로 해석하는 것으로 보인다.

V. 대상판례의 검토

1. 합의제행정기관 설치의 필요성

본 대상판례에서 문제된 행정기관은 합의제행정기구로서 편집위원회이다. 이 편집위원회는 부산광역시 기장군보 발행업무를 효율적으로 운영하기 위하여 '이 사건 조례안'[29]에 의하여 그 설치가 제안되었는바, 우선 위 합의제행정기구를 설치할 필요성이 인정되는지 여부가 문제된다.

지방자치법 제116조 제1항, 제2항에서는 '지방자치단체는 그 소관사무의 일부를 독립하여 수행할 필요가 있으면 법령이나 그 지방자치단체의 조례로 정하는 바에 따라 합의제행정기관을 설치할 수 있고, 그 설치·운영에 관하여 필요한 사항은 대통령령이나 그 지방자치단체의 조례로 정한다고 규정하고 있고, 지방자치법 시행령 제79조는 '그 소관사무를 독립하여 수행할 필요'를 구체적으로 ① 고도의 전문지식이나 기술이 요청되는 경우, ② 중립적이고 공정한 집행이 필요한 경우, ③ 주민의사의 반영과 이해관계의 조정이 필요한 경우로 규정하고 있다.

본 사안의 경우, 기장군보발행은 지방자치단체가 군정홍보강화의 목적으로 군민의 알

27) 대법원 1994. 4. 26 선고, 93추175 판결.

28) 김수진, "합의제행정기관의 설치에 관한 조례 제정의 허용 여부", 「행정판례연구」 제15-2집, 2010, 19면.

29) 문제된 이 사건 조례안의 내용:

【제1조】 군정홍보 강화로 군민의 알 권리를 증진시키고 효율적인 군보발행을 위하여 부산광역시 기장군보 발행 등에 필요한 사항을 규정함을 목적으로 한다.

【제6조】 군보발행 업무를 효율적으로 운영하기 위하여 종전에 원고의 내부인사만으로 운영되던 편집회의를 폐지하고 편집위원회(이하'이 사건 편집위원회'라 한다)를 둔다.

권리를 증진시켜 지방자치단체의 업무에 주민의사를 반영하고 이에 따른 이해관계를 조정하기 위한 목적으로 시행되는 업무라 할 수 있다. 이는 지방자치법 시행령 제79조제3항에 해당한다. 나아가 기장군보발행에 있어 중립적이고 공정한 집행이 필요한 점도 인정된다. 따라서 동조 제2항의 필요사유에도 해당한다고 볼 수 있다.

또한 지방자치단체의 행정기구와 정원기준 등에 관한 규정 제5조(기구의 설치시 고려사항)에 비추어 볼 때 이 사건 편집위원회의 설치는 i) 기구의 목적과 기능의 명확성·독자성·계속성 ii) 기구가 수행하여야 할 사무 또는 사업의 성질과 양에 따른 규모의 적정성 iii) 주민편의, 행정능률 등을 고려한 효율성 iv) 통솔범위, 기능의 중복유무 등 기구의 능률성 등의 기준을 충족하고 사무의 위탁가능성은 없는 것으로 볼 수 있다.

결국 기장군보의 발행을 위하여 지방자치법 제116조에 의하여 합의제행정기관인 편집위원회를 설치할 필요성은 인정된다고 본다.

2. 합의제행정기관의 설치 제안권

대상판결에서는 광주광역시 북구 행정기구 설치조례 일부개정조례안 사건[30]을 인용하면서 이 사건 조례안이 법령에 위반된다고 판시하였다. 그러나 광주광역시 북구 행정기구 설치조례 일부개정조례안 사건은 일부개정조례안으로써 과(科)를 변경하는 사안으로, 대상판결과 제주특별자치도 연구위원회 설치 및 운영에 관한 조례안 사건에서 문제되는 합의제행정기구를 설치하는 사안과는 다르게 취급되어야 한다.

인용된 사안의 내용은, 지방의회가 지방자치단체장이 제안한 조직편성의 과(科)를 변경하는 것은 조직편성권자의 의사를 왜곡하는 것으로, 만약 의회가 이를 의결해 줄 수 없다면 이를 수정할 기회 또한 조직편성권자가 가져야 한다는 것이다. 따라서 지방자치단체장이 편성한 행정기구를 의회가 다른 기관으로 수정의결하는 것은 지방자치단체장의 조직편성권을 침해하는 것으로 볼 수 있다. 그러나 대상판결과 제주특별자치도 연구위원회 설치 및 운영에 관한 조례안 사건[31]은 집행부 조직 중 방송통신위원회 등과 같이 공정하고 중립적인 결정을 내리기 위한 합의제기구가 필요하여 조직·편성한 경우이다. 청주시 행정정보공개조례사건[32]은 이와 동일한 측면에서 이해할 수 있는데, 이 사건에서는 대법원이 조례가 위법하지 않다고 판단하여 지방의회의 조례제정권 범위 내라는 점이 확인된다. 예컨대, 지방의회가 어떤 사무의 성질상 중립적이고 공정한 집행이 필요하여 합의제

30) 대법원 2005. 8. 19 선고, 2005추48 판결.

31) 대법원 2009. 9. 24 선고, 2009추53 판결.

32) 대법원 1992. 6. 23 선고, 92추17 판결.

행정기구를 설치하는 정치적인 결정을 하였다면, 집행기관으로서는 이를 존중하여야 하는 것이다. 이와 같은 합의제행정기구를 지방자치단체의 장이 스스로 제안하지 않았기 때문에 조직편성권을 침해하였다고 판단한 것은 위에서 비교한 바와 같이 조직편성권이 침해되는 다른 국면에서 인용된 법리와 혼동한 것이다. 이는 결과적으로 지방자치단체의 최고의 의사형성기관으로서 지방의회의 권한을 크게 축소한 것으로 평가할 수 있다. 결론적으로 대상판결에서의 조례안은 조직편성권자가 제안한 조직을 수정의결하여 조직편성권자의 의사를 왜곡하는 것으로 보기 어렵고, 지방자치단체의 최고의 의사형성기관으로서 지방의회가 집행권을 견제하기 위한 적법한 권한행사의 범위에 속하는 것으로 해석할 필요가 있다.

또한 대법원은 지방자치법 제101조, 제103조, 제112조, 행정기구규정 제5조, 제7조, 제36조제2항의 각 규정을 종합하여 지방자치법은 지방자치단체의 장으로 하여금 지방자치단체의 사무와 법령에 의하여 위임된 사무를 관리·집행하는 데 필요한 행정기구를 설치할 고유권한과 이를 위한 조례안의 제안권을 가진다고 판시하였다. 그러나 행정기구규정은 그 수범자로 지방자치단체의 장을 규정하고 있는 것이지, 이로부터 지방의회의 권한이 축소된다는 결론이 필연적으로 도출되는 것은 아니다. 오히려 지방자치법 제39조, 제66조, 제116조를 종합하면, 합의제행정기구는 '조례'로 설치할 수 있으며, 조례의 제정권자가 지방의회라는 점은 명확하다. 따라서 지방자치법과 행정기구규정으로부터 합의제행정기구의 설치제안권이 지방자치단체의 장에게만 전속하는 것으로 해석하기 어렵다.

3. 지방자치단체장의 인사권 침해여부

이 사건 조례안에는 군의회 의원 2명을 편집위원회의 구성에 참여하도록 하는 내용이 포함되어 있는바, 이러한 조례안의 내용이 지방자치단체장의 인사권을 침해하는 것으로서 위법한 것인지가 문제된다.

이 사건 조례안의 내용을 보면, 기장군보의 발행을 위한 편집위원회를 설치함에 있어서 편집위원회의 구성원 13명 중 2명만을 군의회 의원으로 구성하도록 하고 있다. 이러한 구성비율은 위원회의 의사결정에 군의회의 의견을 반영할 수 있는 정도에 불과한 것으로 평가할 수 있다.

또한 대법원은 합의제행정기관의 구성에 있어서 조례로써 정보공개심의위원회를 집행기관의 공무원 3인과 시의회의원 3인 및 학계 등 전문성을 가진 3인 등 시장이 위촉한 9인 이내의 위원으로 구성하도록 한 것에 대하여 법령에 위반된다고 볼 수 없다고 판시[33]하여 합의제행정기관의 구성에 주민을 대표하는 지방의회의원이 지방의회의 의견을 반영할 수 있는 정도의 비율로 참여하도록 한 것을 기본적으로 허용한 바 있다.

따라서 앞서 논의한 바와 같이 조례로 지방자치단체장의 인사권을 침해하는 것을 매우 제한적으로 허용하는 판례의 입장에 비추어보더라도 이 사건 조례안의 내용은 단순히 합의제행정기관인 편집위원회의 구성에 주민을 대표하는 지방의회 위원이 지방의회의 의견을 반영할 수 있는 정도의 비율로 참여하게 하는 것이고 또한 군수가 위 위원회의 위원을 임명 또는 위촉하도록 규정하고 있으므로 합의제행정기관이 아닌 다른 집행기관을 설치하는 경우와 동일하게 보아 일률적으로 위법한 것으로 평가해서는 안 될 것이다.

VI. 맺음말

지방자치단체에서의 합의제행정기관은 다른 집행기관과 달리 민주적이고 신중한 의사결정이 필요하다는 이유에서 설치하는 것이다. 즉 의사결정권자의 독단적이고 자의적인 결정을 방지하는데 목적이 있다. 이는 지방자치행정의 민주화를 도모하는 데 기여한다고 볼 수 있다. 그렇다면, 지방의회가 조례로 합의제행정기관을 설치하거나 그 구성위원의 일부를 추천하는 내용을 담고 있다고 해서 일률적으로 지방자치단체장의 권한침해로 보아서는 안 될 것이다. 본 대상판례에서는 조례로 설치하려는 기관이 합의제행정기관이라는 점에 주목할 필요가 있다. 이에 대해 의회의 지방자치단체장에 대한 견제권한을 봉쇄할 경우 공정하고 민주적인 의사결정을 지향하는 합의제기관을 설치하려는 본연의 의미를 상실하게 될 우려가 있다.

대상판결의 사안은 지방자치단체의 의사형성기관으로서 지방의회의 적법한 권한행사로 판단되는 사안임에도 불구하고, 조직편성권자가 제안한 내용을 수정의결을 통해 과(科)를 변경하여 조직편성권자의 의사를 왜곡하는 사안과 동일시하여 이를 인용하는 오류를 범하고 있다. 이는 결국 지방자치단체 내 권력에 대한 견제와 균형을 이루지 못하는 결과를 가져온다.

오늘날 지방자치단체장은 우월한 권한과 집행부의 전문성을 바탕으로 자신의 권한을 확대하고 있는 실정이다. 이에 대하여 지방의회는 이러한 자치단체장의 권한 확대를 억제하고 견제하기 위하여 조례를 제정함으로써 자신의 역할을 다하고 있는 것이다. 지방의회는 집행기관에 대한 감시와 견제를 통하여 지방자치단체장과 어느 정도의 긴장관계를 유

33) 대법원 1992. 6. 23 선고, 92추17 판결.

지하며 균형을 이루어야 하고,[34] 이를 통해 지방자치제도의 발전과 주민 복지의 향상을 이루어야 한다.

이러한 점을 고려하면, 대법원은 지방자치법상 지방자치단체장과 지방의회의 권한 배분에 관한 최종적 해석권을 가지고 있는 기관으로서 지방의회가 지방자치단체장의 집행권에 대한 견제기능을 제대로 수행할 수 있도록 지방의회의 조례제정권의 범위를 새로운 시각에서 바라볼 필요가 있다.

34) 장경원, "조례제정권의 범위와 한계", 「행정판례연구」 제16-1집, 2011, 326면.

공공조달계약과 공익*
– 계약변경의 한계에 관한 우리나라와 독일법제의 비교를 중심으로 –

김대인**

I. 개관

국가나 지방자치단체가 필요로 하는 물품, 용역, 공사 등을 조달하는 과정에서 체결하는 '공공조달계약'은 행정임무의 수행에 필요한 기반을 마련하는 기초가 되고, 대규모의 국가재정이 사용되는 수단이 된다는 점에서 공법적 규율의 필요성이 큰 분야라고 할 수 있다. 우리나라에서는 「국가를 당사자로 하는 계약에 관한 법률」(이하 국가계약법), 「지방자치단체를 당사자로 하는 계약에 관한 법률」(이하 지방계약법) 등에서 이에 관해서 규율하고 있다.

이러한 공공조달법제에서는 공공조달계약의 공익성을 확보할 수 있는 다양한 규정들을 두고 있는데, 입찰 및 낙찰에 관한 규정들이 가장 대표적인 것으로 볼 수 있다. 즉, 일반경쟁입찰, 제한경쟁입찰 등과 같은 입찰관련제도들, 종합심사낙찰제도나 적격심사제도와 같은 낙찰관련제도들은 공공조달의 투명성과 공정성 등과 같은 '공익'을 확보하기 위한 제도들로 이해해볼 수 있다.[1)]

그런데 최근 이러한 공공조달법제와 밀접한 관련이 있는 「사회기반시설에 대한 민간투자법」(이하 민간투자법)상 실시협약의 변경한계가 주요한 쟁점으로 대두되고 있다. 즉, 민간투자법상 장기간으로 체결되는 실시협약의 중간에 재정상의 이유 등 다양한 이유로 실시협약의 변경이 필요한 경우들이 발생하고 있는데, 이 경우 새로운 사업자선정절차를 거치지 않고 기존 실시협약의 변경만으로 충분한지가 문제되고 있다.[2)]

---

* 이 글은 2017년 12월 31일 발행된 행정판례연구 제22-2집에 게재된 논문을 전재한 것입니다.

** 이화여자대학교 법학전문대학원 교수

1) 공익의 개념에 대해서 상세히는 최송화, 『공익론 - 공법적 탐구 -』, 서울대학교출판부, 2002 참조.

2) 이에 관한 선행연구로 황창용, "민간투자사업에 있어서 법령변경에 따른 위험과 그 배분", 원광법학 제26권 제4호, 2010; 문수영, 민간투자법상 실시협약에 대한 연구: 영국법제를 중심으로, 이화여대 법학박사

위 문제는 여러 가지 쟁점과 연결되어 있다. 첫째, 국가계약법과 민간투자법의 관계를 어떻게 볼 것인가 하는 점이다. 민간투자법상 실시협약의 체결주체가 국가가 되는 경우에는 국가계약법도 함께 적용될 수 있다고 볼 여지가 있는데, 이 경우 국가계약법상의 계약변경의 한계에 관한 규정이 적용된다고 볼 가능성이 있기 때문이다. 그러나 만약 민간투자법을 국가계약법의 특별법으로 이해할 경우에는 계약변경의 한계에 관해서도 다르게 볼 가능성이 열리게 된다.

둘째, 민간투자법상 실시협약의 법적 성질을 어떻게 볼 것인가의 문제이다. 현재 판례는 민간투자법상의 실시협약은 공법상 계약으로,[3] 국가계약법상의 공공조달계약은 사법상 계약으로 보는 태도를 취하고 있다.[4] 이와 같이 양자의 법적 성질을 달리 보는 것이 과연 타당한지, 그리고 이에 따라 계약변경의 한계를 달리 보는 것이 타당한지 등이 논의될 필요가 있다.

이와 같은 쟁점들을 다루기 위해서는 외국의 법제를 참고로 삼아볼 필요가 있다. 이 글에서는 이를 위해서 독일의 공공조달 및 민간투자에 관한 법령과 판례를 집중적으로 살펴보고자 한다. 독일의 법제를 살펴보고자 하는 이유는 첫째, 독일의 법제는 유럽연합의 영향을 받으면서 다양한 판례를 낳고 있는 점에서 참고의 가치가 크고, 둘째, 독일의 법제는 경쟁제한방지법이라는 단일의 법에서 공공조달과 민간투자에 대해서 통일적인 규율을 시도하고 있다는 점에서도 연구의 의미가 있고, 셋째, 독일도 우리나라와 마찬가지로 공사법의 구별을 엄격하게 인정하는 체계를 취하고 있다는 점에서 우리나라에 주는 시사점이 크고, 넷째, 공공조달계약 또는 실시협약의 변경한계에 관해서는 아직 국내에서 선행연구를 찾아보기 힘들기 때문이다.

이하에서는 우선 독일의 법령에서 공공조달계약과 민간투자계약에서 재입찰을 거쳐야 하는 경우와 기존 계약의 변경으로 가능한 경우를 어떻게 구분하고 있는지를 살펴보고(II), 이어서 독일의 판례에서 이 문제를 어떻게 다루고 있는지를 상세하게 검토한다(III). 다음으로 우리나라의 법제를 독일의 법제와 비교하여 검토하고, 독일의 법제가 주는 시사점을 제시한다(IV). 마지막으로 일정한 결론을 제시하도록 한다(V).

학위논문, 2013; 김대인, "민간투자법상 실시협약의 효력 - 변경 및 해지가능성과 보상가능성을 중심으로 -", 유럽헌법연구 제17호, 2015; 장용근, "민간투자사업 이익공유제(통행료인하명령)에 대한 재정법적 고찰", 가천법학 제8권 제3호, 2015 등 참조.

3) 서울고등법원 2004. 6. 24. 선고 2003누6483 판결.

4) 대법원 2001. 12. 11. 선고 2001다33604 판결.

II. 공공조달계약의 변경과 관련한 독일의 법령

1. 개관

독일에서 공공조달계약과 민간투자사업을 규율하는 주된 법령은 경쟁제한방지법(Gesetz gegen Wettwerbsbeschränkungen: GWB), 조달규칙(Vergabeverordnung: VgV), 특허규칙(Konzessionsvergabeverordnung: KonzVgV) 등이다. 특허(Konzession)[5]에 적용되는 규정은 기본적으로는 조달계약에 적용되는 규정과 동일하며, 다만 발주청에게 좀 더 넓은 재량권이 인정된다는 점에서 차이점이 있다. 예를 들어서 낙찰기준과 관련해서 특허계약의 경우 조달계약보다는 좀 더 발주청의 재량이 인정된다.[6]

독일의 연방행정절차법(Verwaltungsverfahrensgesezt) 제54조 내지 제62조에서는 공법상 계약에 관한 규정을 두고 있다. 이러한 연방행정절차법과 경쟁제한방지법을 중심으로 한 조달법제의 관계에 대해서는 학설의 대립이 있다. 공공조달계약도 원칙적으로 공법상 계약으로서의 성격을 인정해야 한다고 보는 견해[7]에 의하면 공공조달계약에는 연방행정절차법과 경쟁제한방지법의 규정이 중첩적으로 적용된다고 볼 수 있다. 그러나 공공조달계약 중에서 공법상 계약의 성격을 갖는 경우와 사법상 계약의 성격을 갖는 경우가 나누어진다는 견해에 의하면,[8] 전자의 경우(공법상 계약의 성격을 갖는 경우)에는 연방행정절차법과 경쟁제한방지법이 중첩적으로 적용된다고 볼 수 있으나, 후자의 경우(사법상 계약의 성격을 갖는 경우)에는 경쟁제한방지법만이 적용된다고 볼 수 있다.

그러나 위와 같은 학설의 대립은 '계약의 변경'만 놓고 보면 논의의 실익이 크다고 보기는 힘들다. 왜냐하면 연방행정절차법 제60조 제1항에서 특별한 사정이 있는 경우 계약의 변경에 관한 규정을 두고 있기는 하지만[9] 그 내용이 매우 간략하여 실제적으로는 경쟁제한방지법의 규정 및 이에 따른 해석에 좌우되기 때문이다.

---

5) 민간투자에 의해서 도로를 건설하고 사업자에게 통행료를 징수할 수 있는 권한을 주는 경우가 특허의 전형적인 예에 해당한다. 즉 우리나라의 수익형 민간투자사업(Build-Transfer-Operate)와 유사한 방식이다. Ziekow/Windoffer, Public Private Partnership - Struktur und Erfolgsbedingungen von Kooperationsarenen, Baden-Baden, 2008, S. 23 참조.

6) Burgi, Martin, Vergaberecht – Systematische Darstellung für Praxis und Ausbildung, München, 2016, S. 264.

7) Schlette, Volker, Die Verwaltung als Vertragspartner, Tübingen, 2000, S. 148 참조.

8) Burgi, Martin, Der Verwaltungsvertrag im Vergaberecht, NZBau 2002, S. 58 참조.

9) 독일 연방행정절차법 제60조(특별한 사정이 있는 경우의 변경과 해지) ① 계약내용의 확정에 기준이 된 사정이 계약체결 이후 계약당사자에 대하여 원래 계약의 규정을 이행하여 줄 것을 기대할 수 없도록 중대하게 변경된 경우에는 다른 계약당사자는 변경된 사정에 맞추어 계약내용을 변경할 것을 요청하거나, 변경이 불가능하거나 이를 계약당사자에게 기대하는 것이 불가능한 경우에는 계약을 해지할 수 있다. 행정청은 공익의 중대한 침해를 피하거나 제거하기 위해 이를 해지할 수 있다.

유럽법원은 2008년 Pressetext 판결[10]에서 공공조달계약의 내용에 '본질적인 변경'이 이루어질 경우에는 입찰공고를 새롭게 거칠 의무가 있다는 점을 밝힌 바 있다. 그런데 Pressetext 판결에서 제시한 기준들을 적용하는 데에 있어서 현저한 법적 불안정성이 존재한다고 판단하여 이를 구체화한 내용이 2014년 EU 개정공공조달지침(2014/24/EU) 제72조에 규정되었다. 독일에서는 이 내용을 2016년 4월 18일에 개정된 경쟁제한방지법(GWB) 제132조에 반영하였다. 이러한 경쟁제한방지법 제132조는 다수공급자계약(Rahmenvereinbarungen)[11]과 특허계약의 경우에도 원칙적으로 준용된다(동법 제103조 제2항, 제154조 제3항)[12]

독일 경쟁제한방지법 제132조의 모태가 된 Pressetext 판결을 좀 더 살펴보면 다음과 같다. 유럽법원은 Pressetext 판결에서는 계약기간 중에 공공조달계약의 내용이 변경될 경우, 다음의 어느 하나에 해당되는 경우에는 그 내용이 본질적으로 변경된 것으로 보았다. 즉, 1) 변경사항이 원래의 낙찰절차에 포함되어 있었다면, 원래 낙찰된 자 이외의 입찰자가 선정되거나 원래 낙찰된 입찰과 다른 내용의 입찰에 대하여 낙찰이 이루어졌을 가능성이 있는 경우, 2) 원래 포함되지 않은 서비스를 포함할 정도로 계약의 범위를 상당한 정도로 확대하는 경우, 3) 변경으로 인해 원래의 계약에서 예정하지 아니한 방식으로 계약상대방에게 유리한 방향으로 계약의 경제적 수지가 변동되는 경우 중의 어느 하나에 해당하면 그 내용이 본질적으로 변경된 것으로 보아 새로운 입찰절차를 거쳐야 한다.[13]

이외에도 사업자를 교체하는 경우에 이것이 단순히 내부적으로 새로운 조직변경으로 보기 힘든 경우에는 본질적인 변경에 해당한다고 본다. 이러한 본질성척도(Wesentlichkeitsmaßstab)는 현존하는 계약기간 중에 계약내용을 조정하는 경우에도 적용되지만, 법원의 화해절차에서 계약내용 조정을 통해 장래에 발생가능한 분쟁을 해결하는 경우에도 적용된다.[14]

독일 경쟁제한방지법 제132조는 유럽법원의 Pressetext 판결을 기초로 한 2014년 EU 개정공공조달지침의 내용을 반영하면서도 다음과 같은 점에서 차이점을 보이고 있다. EU 공공조달지침 제72조에서는 우선적으로 새로운 입찰이 필요 없는 경우를 열거를 한 다음에 동조 제5항에서는 위와 같은 경우에 해당하지 않는 경우에는 새로운 입찰이 필요하다고 규정하고 있다. 반면에 독일 경쟁제한방지법 제132조 제1항에서는 원칙적으로 계약내

10) EuGH 19.6.2008 - C-454/06, NZBau 2008,518 - Pressetext.

11) 직역을 하면 '기본협정'이 될 것이나 우리나라 국가계약법 시행령에서 규정하고 있는 다수공급자계약제도와 유사한 제도이기 때문에 이렇게 번역하도록 한다.

12) Burgi/Dreher, Beck'scher Vergaberechtskommentar Band 1, München, 2017, Rn. 31-33.

13) EuGH 19.6.2008 - C-454/06, NZBau 2008,518 - Pressetext.

14) Hübner, Alexander, Anmerkung - Vergaberecht: Wesentliche Auftragänderung durch Vergleich, EuZW 2016, S. 871.

용의 본질적인 변경은 새로운 입찰절차를 필요로 한다고 규정하고 난 다음에, 이어서 새로운 입찰절차가 필요 없는 경우들을 열거하는 방식을 채택하고 있다. 이처럼 독일법에서는 새로운 입찰절차를 거칠 의무를 EU법에 비해서 상대적으로 강조하는 입법태도를 보이고 있다.[15] 이하에서 보다 상세히 살펴보도록 한다.

2. 입찰절차를 새롭게 거쳐야 하는 경우

입찰절차를 새롭게 거쳐야 하는 경우에 대해서는 경쟁제한방지법 제132조 제1항[16]에서 규정을 두고 있다. 이 규정에 의하면 계약기간 중에 공공조달내용의 '본질적인 변경'이 이루어지는 경우에는 새로운 조달절차를 거쳐야 하는데, 공공조달내용이 원래의 공공조달내용과 현저하게 다른 경우에는 본질적인 변경이 이루어진 것으로 본다. 본질적인 변경은 특별히 다음의 경우 중 하나에 해당하는 경우에 존재하는 것으로 본다.

첫째, 변경사항이 원래의 조달절차에 포함되어 있었다면, 1) 원래 낙찰된 자 이외의 입찰자가 선정되었을 경우이거나, 2) 원래 낙찰된 입찰과 다른 내용의 입찰에 대하여 낙찰이 이루어졌을 가능성이 있는 경우이거나, 3) 기타 참여자들의 이익이 조달절차에서 문제되었을 경우인 경우, 둘째, 변경으로 인해 원래의 계약에서 예정하지 아니한 방식으로 당사자에게 유리한 방향으로 조달내용의 경제적 수지가 변동되는 경우, 셋째, 변경으로 인해 공공조달내용의 범위가 상당한 정도로 확대된 경우, 넷째, 경쟁제한방지법 제132조 제2항 제1문 제4호 이외의 경우로서 새로운 사업자가 조달을 하게 된 경우이다(제132조 제1항).

정해진 계약기간을 연장하는 것은 원칙적으로 본질적인 계약변경에 해당한다.[17] 반면에 계약의 초기에 자동적인 계약갱신기간이 정해져 있었고, 이러한 계약갱신을 거부할

15) Hausmann, Friedrich Ludwig & Queisner, Georg, Auftragsänderungen während der Vertragslaufzeit, NZBau 2016, S. 620 참조.

16) 독일 경쟁제한방지법 제132조(계약기간 중 조달내용변경)
① 계약기간 중에 공공조달내용의 본질적인 변경이 이루어지는 경우에는 새로운 조달절차를 절쳐야 한다. 공공조달내용이 원래의 공공조달내용과 현저하게 다른 경우에는 본질적인 변경이 이루어진 것으로 본다. 본질적인 변경은 특별히 다음의 경우에 존재하는 것으로 본다.
1. 변경사항이 원래의 조달절차에 포함되어 있었다면,
a) 원래 낙찰된 자 이외의 입찰자가 선정되었을 경우,
b) 원래 낙찰된 입찰과 다른 내용의 입찰에 대하여 낙찰이 이루어졌을 가능성이 있는 경우, 또는
c) 기타 참여자들의 이익이 조달절차에서 문제되었을 경우
2. 변경으로 인해 원래의 계약에서 예정하지 아니한 방식으로 당사자에게 유리한 방향으로 조달내용의 경제적 수지가 변동되는 경우
3. 변경으로 인해 공공조달내용의 범위가 상당한 정도로 확대된 경우
4. 제2항 제1문 제4호 이외의 경우로서 새로운 사업자가 조달을 하게 된 경우

17) OLG Düsseldorf, Beschl. v. 21. 7. 2010 - VII-Verg 19/10, NZBau 2010, 582.

수 있는 기간을 경과한 경우는 본질적인 계약변경에 해당하지 않는다.[18)]

3. 입찰절차를 새롭게 거치지 않아도 되는 경우

(1) 원래 계약에 계약변경사유의 명시

경쟁제한방지법 제132조 제2항[19)] 제1문 제1호에 의하면 원래의 계약서류에 '검토조항'(Überprüfungklausel) 또는 '대안'(Option)의 형식으로 계약내용의 변경에 대한 사항이 정해져있는 경우에는 새로운 입찰이 필요하지 않다. '검토조항'은 급부대상, 보상, 계약조건의 사후적인(보통 의사합치에 의한) 변경을 허용하는 모든 조항들을 말한다. 다음으로는 '대안'으로는 계약의 일방당사자의 의사표시로 계약을 체결하거나 계약내용을 변경하는 권리를 두는 경우를 들 수 있다. 이러한 일방적인 의사표시는 발주청에 의해서 이루어진다.[20)]

위 조항에 따른 검토조항 또는 대안으로 인정되기 위해서는 원래의 계약서류에 가능한 계약변경의 방식, 범위, 요건 등의 내용이 분명하고, 구체적이며, 명확하게 규정되어야 한다. 검토조항과 관련해서는, 일반적인 규율 또는 포괄유보가 이루어진 경우, 즉 이를 근거로 하여 계약의 일방당사자의 자의에 의해서 급부의 범위를 무제한적으로 확장할 수 있도록 한다든지, 기타 방식으로 조정하는 것이 가능하도록 하는 경우에는 위 조항에 따른

---

18) Hausmann & Queisner, 위의 글, S. 620 참조.

19) 경쟁제한방지법 제132조(계약기간 중 조달내용변경)

② 제1항에도 불구하고 공공조달내용의 변경이 있더라도 다음 각 호 중 어느 하나에 해당하는 경우에는 새로운 조달절차를 거치지 않는 것이 허용된다.

1. 변경에 관한 사항이 원래의 계약서류에 분명하고, 구체적이며, 명확하게 구성된 검토조항 또는 대안으로 규정된 경우. 위 조항은 가능한 계약내용변경의 방식, 범위, 요건을 포함하며, 계약내용의 전체적인 성격을 변경시켜서는 안 된다.

2. 원래의 당사자에 의한 추가적인 물품, 공사, 서비스공급이 필요하게 된 경우로서 원래의 계약에 그러한 내용이 포함되어 있지 않고 원래의 계약상대방을 변경하는 것이,

 a) 경제적 또는 기술적 이유로 불가능한 경우이고,

 b) 발주청에게 심각한 불편함을 초래하거나 현저한 추가비용을 발생시킬 경우

3. 성실한 발주청으로서도 예견할 수 없었던 상황이 발생하여 변경할 필요가 있고, 계약의 변경이 조달내용의 전체적인 성격을 변경하지 않는 경우

4. 새로운 계약상대방이 원래 낙찰자로 선정했던 계약상대방을 다음 중 어느 하나의 사유로 대체하는 경우

 a) 제1항에 의한 검토조항에 따른 경우

 b) 기업의 조직변경, 즉 영업양도, 합병, 인수 또는 도산 등에 따라 원래의 당사자의 지위를 포괄적으로 또는 부분적으로 승계한 경우로서 원래 정했던 질적인 선택기준을 충족하는 경우. 단, 이러한 조직변경이 제1항에 따른 본질적인 변경을 포함하지 않아야 한다.

 c) 발주청 스스로 주된 계약상대방의 하도급업자에 대한 의무를 승계한 경우.

 제2호와 제3호의 경우에는 그 가격이 원래 계약가치의 50%를 넘어서는 안 된다. 복수의 계약변경사유가 문제될 경우에는 이러한 제한은 각 개별 계약변경사유에 적용된다. 다만 이러한 변경이 규정을 회피할 목적으로 이루어져서는 안 된다.

20) Hausmann & Queisner, 위의 글, S. 621 참조.

경쟁입찰면제의 요건을 충족하는 것으로 볼 수 없다.[21)]

또한 위와 같은 검토조항 또는 대안에 의해서 계약내용의 전체적인 성격이 변경되어서는 안 된다. 이처럼 계약내용의 전체적인 성격이 변하는 경우로는 원래의 물품, 공사, 서비스계약에 대해서 이들 급부의 종류 사이의 대체가 이루어짐으로써(예컨대 공사가 물품으로 대체된 경우를 들 수 있다) 조달의 종류가 근본적으로 변경된 경우를 들 수 있다. 또한 특허가 단순조달로 변경된 경우도 계약내용의 전체적인 성격이 변하는 예로 볼 수 있다.[22)]

경쟁제한방지법 제132조 제2항 제1문 제1호는 제2호, 제3호와는 달리 원래의 계약가치 대비 변경되는 계약가치의 제한에 대한 규정을 두지 않고 있다. 그러나 판례는 조달법의 투명성이라는 관점에서 제2호(경제적 또는 기술적으로 불가피한 사유가 존재할 경우)와 마찬가지 제한을 인정하고 있다.[23)]

(2) 경제적 또는 기술적 사유

경쟁제한방지법 제132조 제2항 제1문 제2호에 따르면 원래의 계약상대방을 변경하는 것이 경제적 또는 기술적 이유로 불가능한 경우이고, 발주청에게 심각한 불편함을 초래하거나 현저한 추가비용을 발생시킬 경우에 입찰절차를 다시 거칠 필요가 없다. 이러한 규정의 내용은 유럽연합지침의 내용을 반영하면서 기존의 독일 조달규칙의 내용을 반영한 것이다.

조달규칙(Vergabeverordnung: VgV) 제14조 제4항 제5호에서는 물품공급의 확대에 대해서 이와 유사한 규정을 두고 있다.[24)] 조달규칙 제14조 제4항 제5호에서는 협상에 의한 계약절차에서 물품공급을 추가적으로 확대하는 경우에 원래 계약상대방에게 이를 요청하는 것이 다음과 같은 경우에 허용된다. 즉, 다른 계약상대방을 선택하는 것이 기술적인 사유로 불가능하거나 비례원칙에 부합하지 않는 경우이고 계약의 기간이 3년을 넘지 않는 경우에 허용된다.

경쟁제한방지법 제132조 제2항 제1문 제2호에 따르면 두 가지 요건, 즉, 1) 경제적 또는 기술적 이유로 불가능한 경우이어야 한다는 요건과 2) 발주청에게 심각한 불편함을 초래하거나 현저한 추가비용을 발생시킬 경우이어야 한다는 요건을 모두 충족시켜야 한다. 그런데 이 두 가지 요건은 명확하게 구분되는 것으로 보이지는 않는다는 견해가 제시되고 있다. '추가적인 비용을 발생시킨다'는 것과 '경제적으로 불가능한 경우'는 같은 의미로 보아야 한다는 것이다.[25)]

---

21) Burgi/Dreher, Beck'scher Vergaberechtskommentar Band 1, Rn. 46.

22) Hausmann & Queisner, 위의 글, S. 621 참조.

23) OLG Düsseldorf, Beschl. v. 28. 7. 2011 - VII－Verg 20/11, NZBau 2012, 50.

24) 참고로 조달규칙에서는 공사 또는 서비스계약에 대해서는 이와 관련된 규정을 두지 않고 있다.

25) Burgi/Dreher, Beck'scher Vergaberechtskommentar Band 1, Rn. 49; Hausmann & Queisner, 위의 글, S.

위 규정에 따라서 입찰절차를 새롭게 거칠 필요가 없는 경우는 크게 두 가지 사례군으로 나누어서 볼 수 있다. 첫째, 계약상대방을 변경하는 것이 절대적으로 불가능한 경우이다. 기술적인 사유로 교체가 불가능한 경우의 예로는 현재까지 계약상대방에 의해서 제공된 제품과 새로운 계약상대방이 제공할 제품 상호간에 연동성이 존재하지 않는 경우이다. 소프트웨어에서 이러한 경우가 주로 발생한다.[26)]

둘째, 계약상대방을 변경하는 것이 상대적으로 불가능한 경우이다. 새로운 제품을 사용할 경우에 비례원칙에 부합하지 않는 경제적 효과를 가져오는 경우를 들 수 있다. 예를 들어 새로운 제품을 사용하기 위해서 사용인력에 대한 훈련에 비용이 과다하게 발생하는 경우, 새로운 제품의 유지보수비용이 과다하게 발생하는 경우를 들 수 있다.[27)]

경쟁제한방지법 제132조 제2항 제1문 제2호는 원래 계약가치 대비 변경되는 계약가치의 제한이 존재한다. 즉 원래 계약가치의 50%를 넘어서는 안 된다. 다만 특허계약의 경우에는 이러한 제한을 받지 않는다(경쟁제한방지법 제154조 제3항). 복수의 계약변경사유가 문제될 경우에는 이러한 제한은 각 개별 계약변경사유에 적용된다(동법 제132조 제2항 제3문). 따라서 변경되는 계약가치가 원래 계약가치 대비 제한비율을 넘어서는 경우라고 하더라도 이러한 변경내용이 개별적인 계약변경사유별로 제한비율의 범위내인지를 다시 검토하는 것이 필요하다.[28)]

(3) 예견불가능성

경쟁제한방지법 제132조 제2항 제1문 제3호에 따르면 성실한 발주청으로서도 예견할 수 없었던 상황이 발생하여 변경할 필요가 있는 경우에 새로운 입찰절차를 거칠 필요가 없다. '예견이 불가능한 상황'의 의미는 다음과 같이 설명되고 있다. 즉, 발주청이 주의의무를 다하여 원래의 낙찰결정을 합리적인 재량범위내에서 준비함에 있어서, 특정 프로젝트의 사용가능한 수단, 종류, 기준, 증명된 실무와 필요성을 고려하였고, 기존자원에 따른 낙찰결정 준비와 예견가능한 사용간의 적절한 관계를 보장하였음에도 불구하고, 예견이 불가능했던 상황을 말한다.[29)]

위 내용을 보다 쉽게 해석하자면 발주청은 어떠한 변경을 고려해야 하는지를 미리 검토해야 한다는 것이다. 발주청은 이러한 검토를 함에 있어서 그가 사용가능한 모든 자원을 활용해야 한다. 예를 들어 전문적인 구매 노하우, 경험 등을 활용해야 하는데, 이러한 예로

---

622 참조.

26) Hausmann & Queisner, 위의 글, S. 622 참조.

27) Hausmann & Queisner, 위의 글, S. 622 참조.

28) Hausmann & Queisner, 위의 글, S. 622 참조.

29) Burgi/Dreher, Beck'scher Vergaberechtskommentar Band 1, Rn. 46.

는 예상하지 못한 사태로 인해서 현저한 가격의 변동이 발생한 경우를 들 수 있다. 또한 조달내용의 전체적인 성격을 변경하지 않는 경우이어야 한다. 제2호와 마찬가지로 계약가치의 변경비율에 제한이 있다.[30)]

(4) 계약상대방의 비본질적인 변경

경쟁제한방지법 제132조 제2항 제1문 제4호에 따르면 원래 낙찰자로 선정되었던 계약상대방이 다음 중 하나의 사유로 새로운 계약상대방으로 대체되는 경우에도 새로운 입찰절차를 거칠 필요가 없다. 1) 계약에 이미 이러한 교체가 예정되어 있는 경우, 2) 기업에 단순히 조직변경이 이루어진 경우(즉 영업양도, 합병, 인수 또는 도산 등), 3) 발주청이 주된 사업자의 하도급업자에 대한 의무를 승계한 경우가 그것이다.

위와 같은 세 가지 경우 중에서도 특히 두 번째 경우가 많이 발생하고 있다. 장기계약의 경우에는 기업의 조직변경이 이루어지는 경우가 종종 발생하기 때문이다. 유럽법 및 독일법의 입법자는 기존의 판례에 비해서 조직변경(Umstrukturierung)을 매우 넓게 인정하는 태도를 취하고 있다. 기존에는 내부적인 구조변경을 매우 좁은 범위 내에서만 적법한 것으로 인정했다. 예를 들어서 계약업무를 100% 지분을 가지고 있는 자회사에게 양도하고, 이들 간에 영업양수도 계약이 체결되며, 이들이 계약업무를 공동으로 책임진 경우에는 계약내용의 본질적인 변경이 없는 것으로 보았다. 그러나 입법자는 영업양도, 합병, 인수, 도산 등 다양한 예를 언급함으로써 위와 같은 좁은 해석을 취하지 않았다.[31)]

발주청이 주된 계약상대방의 하도급업자에 대한 의무를 승계한 경우는 자주 발생하는 경우는 아니다. 이러한 예로는 주된 계약상대방이 하도급업자에 대한 대금지급의무를 발주청이 승계하는 경우를 들 수 있다. 주된 계약상대방이 도산한 경우에 하도급업자가 계약상 의무를 이행해줄 것을 요구할 때 이러한 의무승계가 발생할 수 있다.[32)]

주된 계약상대방이 하도급업자를 변경한 경우에 대해서는 경쟁제한방지법 제132조 제2항에서 규정을 두지 않고 있다. 원칙적으로 원래의 계약상대방은 하도급업자를 자유롭게 선정하고 변경하는 것이 가능하다. 다만 예외적으로 하도급업자의 선정이 계약체결의 중요한 요소였다면 이러한 하도급업자의 변경은 계약내용의 본질적인 변경에 해당한다.[33)]

---

30) Hausmann & Queisner, 위의 글, S. 623 참조.

31) Burgi/Dreher, Beck'scher Vergaberechtskommentar Band 1, Rn. 62; Hausmann & Queisner, 위의 글, S. 623 참조.

32) Hausmann & Queisner, 위의 글, S. 623 참조.

33) Hausmann & Queisner, 위의 글, S. 623 참조.

(5) 기타

경쟁제한방지법 제132조 제3항에 의하면 1) 유럽연합지침이 적용되는 하한선 미만이고, 물품과 서비스 조달계약의 경우에는 변경되는 물품과 서비스의 가치가 원래 계약가치의 10%를 넘지 않고, 공사조달계약의 경우에는 변경되는 공사의 가치가 원래 계약가치의 15%를 넘지 않는 경우에 계약의 변경이 허용된다. 사회 및 기타 영역의 서비스 조달의 경우에는 20%가 적용되며, 특허계약의 경우에는 변경되는 서비스와 공사의 가치가 원래 계약가치의 10%를 넘지 않는 범위 내에서 계약내용을 변경하는 것이 허용된다(경쟁제한법 제154조 제3항). 뤼네부르크(Lüneburg) 조달심판소(Vergabekammer)에서는 이러한 규정에 따라 새로운 입찰절차가 필요가 없다고 인정한 바 있다.[34]

위 규정은 중요한 제한조건이 존재한다. 복수의 변경사유가 존재할 때 변경된 가치를 모두 합친 가치를 기준으로 판단이 이루어진다는 점이다. 경쟁제한방지법 제132조 제2항에서 복수의 계약변경사유가 문제될 경우에는 각 개별 계약변경사유에 적용된다고 보고 있는 것과 대비된다고 할 수 있다.[35]

III. 공공조달계약의 변경과 관련한 독일의 판례

1. 첼레(Celle) 고등법원 2001년 5월 4일자 판결[36]

(1) 판결의 요지

1) 조달절차가 낙찰(Zuschlag)과 유효한 위탁(Beauftragung)으로 완료된 경우에는 이의신청절차(Nachprüfungsverfahren)는 더 이상 허용되지 않는다.

2) 발주처가 조달을 위해 새로운 입찰절차를 거칠지 여부는 원칙적으로 발주처의 재량이며, 예외적으로 민사법원에 의한 심사를 받을 수 있다.

3) 조달심판소(Vergabekammer) 및 고등법원(Oberlandesgericht) 조달심판부(Vergabesenat)에서 이루어지는 이의신청절차는 민사소송절차가 아니다. 따라서 민사법원으로의 이송은 허용되지 않는다.

---

34) VK Lüneburg, Beschl. v. 5. 10. 2015 - VgK-37/15, BeckRS 2015, 19322.

35) Hausmann & Queisner, 위의 글, S. 624 참조.

36) OLG Celle, Beschl. v. 4. 5. 2001 - 13 Verg 5/00, NZBau 2002, 53.

(2) 사실관계

신청인은 여객운송법에 따라 학생들을 위한 자유정차운송(Freistellungsverkehr)[37]을 할 수 있는 권한을 가지고 있는 버스여객운송사업자이다. 니더작센학교법 제114조에 따라 학생운송에 대한 권한을 가지고 있는 A행정청은 1997년 2월 11일에 해당지자체(Kreis)에서 학생들을 위한 자유정차운송과 관련한 모든 업무를 B사(社)에게 위탁하였다. 과거에 B사는 A행정청의 고유기업(Eigenbetrieb)이었으나, 현재는 A행정청은 B사의 일반적인 지분권만을 가지고 있는 상태이다.

신청인은 2000년 3월 30일에 A행정청에게 1997년 2월 11일자 B사에 대한 위탁을 취소하여줄 것을 요청하였고, 학생들을 위한 자유정차운송에 대해서 2000년 12월 31일까지 새롭게 입찰절차를 거쳐줄 것을 요청하였다. 또한 신청인은 2000년 5월 30일에 B사에 대해서 특정의 학생자유정차운송과 추가적인 노선운송에 대해서 여객운송법에 따라 입찰절차를 거쳐줄 것을 요청하였다. 그러나 이러한 신청인의 요청들은 모두 거부되었다.

신청인은 2000년 7월 11일에 조달심판소에 이의신청을 하면서, 학생자유정차운송과 관련된 모든 업무를 B사에게 위탁한 것은 적법하지 않다고 주장했다. 이러한 위탁은 경쟁제한방지법에 따른 카르텔금지를 위반한 것일 뿐만 아니라 국내 및 유럽연합의 조달법을 위반하였다는 것이다. B사는 A행정청으로부터 위법하게 보조금을 부여받은 셈이 되기 때문에 A행정청은 B사에 대한 위탁을 취소할 의무가 있다는 것이다. 조달심판소는 2000년 12월 12일 결정을 통해서 이의신청이 부적법하다고 판단했다. 신청인은 고등법원에 즉시항고(sofortige Beschwerde) 신청을 하였으나 고등법원은 이를 받아들이지 않았다.

(3) 판결이유

A행정청을 상대로 한 이의신청은 부적법하다. B기업에 대한 위탁이 조달법에 따른 심사대상이 될 수 있는지 검토의 여지가 있는 것은 사실이다. 왜냐하면 B사는 A행정청의 고유기업이었다가 A행정청이 100% 지분을 가지고 있는 사법상의 법인이 되었는데, 이러한 B사에 대한 A행정청의 위탁이 '내부거래'(In-House-Geschäft)에 해당하는지가 문제될 수 있기 때문이다.[38]

그러나 가사 A행정청의 B사에 대한 위탁이 조달법의 적용을 받는다고 하더라도, 이

37) 대중교통수단이 도달하기 힘든 학생들이 대중교통수단을 쉽게 사용할 수 있도록 정거장이 아닌 곳에서 정차가 가능하도록 하는 것을 말한다.

38) 공공주체 내부간의 거래에 해당하는 경우에는 조달법의 적용을 받지 않는다. 이에 관해서는 Schröder, Holger, Das so genannte Wesentlichkeitskriterium beim In-House-Geschäft, NVwZ 2011, S. 776-780 참조.

사건 이의신청은 적법하지 않다. 왜냐하면 신청인이 위법하다고 주장하다고 주장하는 조달은 이미 1997년에 신청인과의 합의에 의해서 이루어졌기 때문이다. 이 조달은 유효하며, 조달절차를 다시 거쳐야 하는 것은 아니다. 이러한 조달이 발주청과 계약상대방의 유효한 법적 관계로 이어진 경우[39]에는, 조달이 위법하고 따라서 이를 수정해달라는 요청을 이의신청절차를 통해서 할 수는 없다. 왜냐하면 이의신청절차는 어디까지나 입찰참가자가 진행 중인, 또는 진행전의 조달절차에 대해서 신속하게 권리구제를 받는 절차이기 때문이다. 조달절차가 낙찰과 유효한 위탁을 통해서 종료된 경우에는 이의신청절차는 더 이상 허용되지 않는다.

B사를 상대로 한 이의신청도 부적법하다. 1997년부터 B사와 버스회사들은 1년 단위로 자유정차운송계약을 체결해왔으며, 합의에 의해서 매년 연장되어왔다. 신청인의 주장에 의하면 이러한 연장계약은 새로운 조달절차를 거치지 않았으므로 위법하며, 이러한 계약은 사실상의 조달에 불과하다는 의미가 되는데 이러한 주장은 받아들이기 힘들다. 이는 두 당사자의 의사합치에 의한 계약이 지속적으로 유지되는 것에 불과하며 새로운 계약이 체결되는 것으로 이해하는 것은 곤란하다.

A행정청은 2001년 1월 1일부터 새로운 입찰절차를 거쳐야 할 의무를 지는 것이 아니고, 2002년 1월 1일부터 이러한 의무를 진다. 왜냐하면 경쟁제한방지법 제97조 이하에 따른 조달절차는 진행 중인 조달절차에 대한 심사에만 적용되기 때문이다. 발주처가 급부를 새롭게 입찰절차에 부칠지의 여부는 기본적으로 재량에 속한다. 예외적으로 조달절차를 거쳐야 하는 경우가 있는데 이는 이의신청절차에 속하지 않고, 민사법원에서 심사가 이루어지게 된다.

신청인은 이 사건 신청이 부적법하다고 판단할 경우에는 사건을 관할법원으로 이송해 줄 것을 요청하는 한, 본 이의신청과 부합하지 않는다. 신청인의 조달에 대한 이의신청이 부적법한 경우라고 하더라도, 조달심판소와 고등법원의 조달심판부는 이의신청절차에서 이러한 관할이송신청에 대해서 판단하는 것이 가능하다. 그 외에도 이의신청은 민사소송절차가 아니다. 조달심판소는 행정행위를 통해 결정하며, 조달심판소는 법원조직법 제17조에 따른 법원에 해당하지 않다. 따라서 민사소송절차로의 이송은 허용되지 않는다.

(4) 판결의 의미

조달계약이 이미 유효하게 체결된 경우에는 조달과 관련하여 입찰절차를 거쳐야 함에도 불구하고 이를 거치지 않은 경우의 심사는 '이의신청절차'에서 이루어질 수 없다는 판결이다. 이는 조달법에 따른 이의신청은 어디까지나 계약체결 전까지 가능하도록 되어 있기

39) 입찰절차를 거쳐서 조달계약이 유효하게 체결된 경우를 말한다.

때문이다. 다만 이러한 심사가 민사법원에서 이루어질 수는 있다고 보고 있다. 이 판결은 조달과 관련하여 입찰절차를 거쳐야 함에도 불구하고 이를 거치지 않은 경우의 공법상 또는 사법상의 권리구제수단이 시점에 따라서 달라질 수 있음을 보여준다는 점에서 의미가 있는 판결이라고 할 수 있다.

2. 로스톡(Rostock) 고등법원 2003년 2월 5일자 판결[40)]

(1) 판결의 요지

발주청이 특정한 범위에서 사후적으로 요청할 수 있는 계약변경이 있는 경우에 항상 새로운 계약이 되어서 별도의 조달절차를 거쳐야 하는 것은 아니다. 계약내용이 현저하게 변경된 경우에만 조달절차를 새롭게 거쳐야 한다. 계약관계에서 주된 급부의무가 변경된 경우 예를 들어 가격이나 계약전형적인 급부의무가 변경된 경우에만 새로운 계약으로 볼 수 있다.

(2) 사실관계

A행정청은 연방과 주의 협의체인 '독일 연구선 협회'(Deutsche Forschungsflotte: BLAG)의 위탁에 따라 연구선(Forschungsschiff)의 건조 및 인도에 대해서 2001년 11월 19일에 유럽연합 내에서 일반경쟁입찰을 실시하였다. 입찰공고내용에 따르면 요구되는 급부내용 전체에 대해서만 입찰을 하는 것이 가능하도록 되어 있었다. 특히 심해에서도 작동가능한 '수중음파시설'을 갖추는 것이 중요한 내용으로 포함되어 있었다. 규격 이외의 기타 시설들은 사업자들이 선택에 따라 제공하는 것이 가능하도록 되어 있었다. 이에 대해서 2개 회사가 입찰에 참가하였고 K사의 입찰이 경제적으로 가장 유리한 것으로 평가되었다. K사는 입찰당시에는 L사와 S사로부터 시스템을 공급받는 것을 선택했다. 그러나 2002년 5월 3일에 K사는 입찰내용을 보다 명확하게 하는 과정에서 서면에 의해서 입찰내용을 다음과 같이 수정했다. "B부분에 대한 다중음파시설은 새로운 상황이기 때문에 K사는 L사와 S사로부터 R사로부터 공급받을 받는 것으로 변경하도록 한다. 가격변동은 없는 것으로 한다." 이처럼 변경된 입찰내용에 따라 2002년 7월 29일에 행정청과 K사는 계약을 체결했다.

2002년 9월 24일에 '독일 연구선 협회'(BLAG)와 K사간의 회의가 개최되었다. 이 회의의 주된 의제는 R사에게도 전달되었는데, 그 내용은 다음과 같다. "1) 수중음파시스템에 관한 학문기술전문분과위원회의 권고에 따라 K사는 L사 및 R사로부터 공급을 받아야 하

40) OLG Rostock, Beschl. v. 5. 2. 2003 - 17 Verg 14/02, NZBau 2003, 457.

며, S사와의 협의는 중단해야 한다. 2) K사는 현재까지 발생한 200,000유로의 피해액을 발주청에게 배상해야 한다. 3) L사 및 R사와의 협상과정에서는 현재까지 연구선의 전체 발주금액의 범위 내에서 수중음파 시스템비용이 산정되도록 해야 한다."

2002년 10월 1일에 신청인(K사)은 위와 같은 주문내용의 변경이 부적법한 '사실상 입찰공고'(De-Facto Ausschreibung)에 해당한다는 이유로 이의신청을 제기하였다. 조달심판소에서는 신청인에게 신청인적격이 흠결되었다는 이유로 이를 각하하였다. 이에 대한 즉시항고에 대해서 로스톡 고등법원은 다음과 같은 이유로 이의신청을 받아들이지 않았다.

(3) 판결이유

기존계약의 변경 또는 기간연장은, 그것이 단지 원래계약상 예정되어 있던 선택사항 중의 하나를 비독립적으로 실현하는 데에 불과하다면, 조달법적으로 중립적이다. 이러한 경우에는 조달법적인 심사는 단지 기본계약(Rahmenvertrag) 또는 옵션계약(Optionvertrag)의 체결과 관련해서만 이루어지며 이의 실현과 관련해서는 이루어지지는 않는다. 그러나 쌍방의 의사표시를 통해서만 계약을 연장하거나 계약내용을 변경하는 것이 가능한 경우에는 새로운 조달절차를 거치는 것이 문제될 수 있다. 원칙적으로 쌍방당사자의 합의가 필요한 경우는 계약기간의 연장이 단지 기존계약의 사소한 연장에 불과한 것이 아니라 경제적으로 새로운 계약을 체결하는 것과 다름없는 경우이다. 협의된 본질적인 내용의 변경이 이루어진 경우에도 마찬가지이다. 예를 들어 조달된 대상이나 서비스의 범위가 현저하게 변경된 경우 등을 들 수 있다.

발주청이 특정한 범위에서 사후적으로 요청할 수 있는 계약변경이 있는 경우에 항상 새로운 계약이 되어서 별도의 조달절차를 거쳐야 하는 것은 아니다. 계약내용이 현저하게 변경된 경우에만 조달절차를 새롭게 거쳐야 한다. 계약관계에서 주된 급부의무가 변경된 경우 예를 들어 가격이나 계약전형적인 급부의무가 변경된 경우에만 새로운 계약으로 볼 수 있다.

이러한 기준에서 볼 때 이번 사건에서는 새로운 계약으로 볼 정도로 현저한 계약변경이 있었던 것으로 볼 수 없다. 이 사건에서 발주청은 단지 조달법에서 허용된 범위 내에서 사후적으로 계약을 변경한 것에 불과하다. 또한 문제가 된 시설은 전체 계약가치의 5%에 불과하다. 가격의 변동이 있는지 여부는 현재 시점에서는 불분명하지만, 독일 연구선 협의체에서는 가격변동을 피할 것이 요청되어 있음을 볼 수 있다. 수중음파시설이 연구목적에 핵심적이라는 점을 고려하면, 이 사건 변경계약은 원래 계약의 범위 내에서 이루어진 것이며 입찰절차를 새롭게 거쳐야 하는 새로운 계약으로 볼 수는 없다.

(4) 판결의 의미

위 판결에서는 새로운 입찰절차를 거칠 필요가 있는지 여부를 판단함에 있어서 '계약내용의 현저한 변경'이 있는지 여부를 기준으로 하고 있다는 점이 특징이다. 이를 판단함에 있어서는 주된 급부의무의 변경이 있는지, 변경되는 계약의 가치가 계약금액전체에서 어느 정도 비중을 차지하는지 등이 중요한 기준이 되고 있음을 볼 수 있다.

3. 연방민사법원 2011년 7월 28일자 판결[41]

(1) 판결의 요지

1) 철도운송회사가 공공경제적인 급부(gemeinwirtschaftlicher Leistung) 를 제공하는 것은 경쟁제한방지법 제4장의 조달규정의 적용이 배제되지 않는다.

2) 서비스특허(Dienstleistungskonzession)의 특성인 사업리스크의 본질적 부분의 부담이 존재하는지 여부는, 계약대상에 척도가 되는 시장조건과 계약의 협정내용 전체를 포함하여 개별사안에 대한 모든 상황을 전체적으로 고려하여 판단한다. 사용권(Nutzungsrecht) 이외에 추가비용지급(Zuzahlung)이 예정되어 있는 경우에, 이러한 추가비용지급이 단지 보조금으로서의 성격을 갖는 것인지, 아니면 추가적인 반대급부가 없는 상태에서 일반적인 비용지급으로서, 사용권으로부터 도출되는 보수에 해당하는지 여부에 따라 서비스특허에 해당되는지 여부가 달라진다.

(2) 사실관계

노르트베스트팔렌주의 철도여객운송(Schienenpersonennahverkehrs: SPNV) 관련 행정청인 A행정청(VRR)은 2004년 7월 12일에 지방철도(S－Bahn) 협력노선 1번과 9번에 대한 운영을 2018년까지 담당하는 계약을 B사(DB Ragio AG)와 체결하였다. 2009년 11월 24일 양 당사자는 이 계약을 2023년까지 연장하는 내용의 화해계약(Vergleichsvertrag)을 체결했다. 이러한 화해계약을 체결하는 과정에서 입찰공고는 이루어지지 않았다. 이에 따른 경쟁회사인 C사는 뮌스터 조달심판소에 이의신청을 하였고, 이것이 받아들여지지 않자 뒤셀도르프 고등법원에 즉시항고를 하였다. 뒤셀도로프 고등법원은 이 사건에 대해서 기존의 고등법원 판례와 견해가 다르다는 점을 밝히면서 연방민사법원(BGH)에 판단을 요청하였다.[42]

---

41) BGH, Beschl. v. 8. 2. 2011 – X ZB 4/10, BeckRS 2011, 03845.

42) OLG Düsseldorf, Beschl. v. 21. 7. 2010 – VII Verg 19/01, NZBau 2010, 582.

(3) 판결이유[43]

경쟁제한방지법에서 규율하고 있는 일반조달법과 일반철도법(Allgemeines Eisenbahngesetz: AEG)의 관계를 검토할 필요가 있다. 기존의 브란덴부르크 고등법원 판결[44]에서는 철도여객운송 발주청은 일반철도법 제15조 제2항에 따라서 경쟁입찰을 부칠 것인지, 아니면 수의계약을 체결할 것인지에 대해서 선택할 수 있는 재량권이 있다고 보았다. 그러나 이는 타당하다고 보기 힘들다. 즉, 일반철도법 제15조 제2항은 일반조달법과의 관계에서 특별법으로 이해하는 것이 곤란하다. 일반철도법 제15조 제2항은 1994년의 철도개혁과정에서 들어온 규정이고, 그 이후인 조달개정법이 1998년에 실시되었다. 만약 입법자가 조달개정법을 시행하는 과정에서 일반철도법의 규정이 영향을 받지 않기를 원했다면 조달개정법 내에 예외규정을 두었을 것이다. 경쟁제한방지법 제100조 제2항에서는 조달법의 적용배제에 관한 규정을 두고 있으나 일반철도법 제15조 제2항과 관련한 어떠한 규정도 두고 있지 않다. 따라서 철도여객운송에 대해서 일반조달법의 적용을 배제하려고 했다고 볼 수 있는 입법자의 의사는 발견되지 않는다.

다음으로 서비스조달(Dienstleistungsauftrag)과 서비스특허(Dienstleistungskonzession) 의 구별이 문제된다. 서비스조달에 해당될 경우에는 일반조달법이 적용되어 입찰공고의무를 부담하게 되지만, 서비스특허에 해당될 경우에는 일반조달법이 적용되지 않기 때문에 입찰공고의무를 부담하게 되지 않는다.[45] 서비스특허의 개념은 독일에서는 상세하게 정의된 바가 없다. 유럽연합 공공조달지침에서는 이 개념이 발견되는데, 이에 따르면 서비스특허는 서비스제공에 따른 대가로 사용권을 가지거나, 부가적으로 대가를 지급한다는 점에서 서비스조달과 차이가 있다고 본다. 유럽법원은 이러한 정의에 따라 계약이행에 수반되는 경제적인 리스크의 상당부분이 사업자에게 주어지는 것으로 보았다. 이러한 조건이 충족되는지 여부는 개별사안별로 평가를 해야만 한다.

이 사건에서 B사(DB Ragio AG)는 서비스를 제공하고 사용할 수 있는 권리를 가지는 동시에 추가비용지급을 발주청으로부터 받고 있다. 그런데 이처럼 사용권(Nutzungsrecht) 이외에 추가비용지급(Zuzahlung)이 예정되어 있는 경우에, 이러한 추가비용지급이 1) 단지 보조금(Zuschuss) 성격을 갖는 것인지, 2) 아니면 추가적인 반대급부가 없는 상태에서 일반적인 비용지급으로서, 사용권으로부터 도출되는 보수에 해당하는지 여부에 따라 서비스특허

43) Nieman, Jörg, Ausschreibungspflicht von SPNV−Verträgen, Rödl & Patner, 2011: http://www.roedl.de/themen/verkehr−wandel/2011/ausschreibungspflicht−von−spnv−vertraegen (2017년 12월 26일 방문).

44) OLG Brandenburg, Beschl, v. 2. 9. 2003 − Verg W 3/03 und Verg W 5/03, NZBau 2003, 688.

45) 2016년 경쟁제한방지법의 개정으로 서비스특허의 경우에도 조달법의 적용을 받게 되었지만, 이 판결이 나오던 당시에는 서비스특허가 조달법의 적용을 받지 않던 상황이었다.

에 해당되는지 여부가 달라진다. B사에게 이루어지는 추가비용지급은 전자로서의 성격을 갖는 것으로 보아야 한다. 따라서 이 사건에서 체결된 화해계약은 서비스특허가 아닌 서비스조달에 해당하고 따라서 조달법에 따른 입찰공고의무가 존재한다.

(4) 판결의 의미

위 판결은 서비스조달과 서비스특허의 구별기준을 제시하는 동시에, 서비스조달의 경우에는 경쟁제한방지법상의 조달법제(입찰공고의무규정)가 적용되지만 서비스특허의 경우에는 이것이 적용되지 않는다고 보았다는 점이 특징이다. 독일의 특허(Konzession)계약은 우리나라 민간투자법제상의 실시협약, 특히 수익형 민간투자사업(Build−Transfer−Operate: BOT)과 매우 유사하다. 독일에서 조달과 특허를 구분해서 본 것은 우리나라에서 공공조달계약과 민간투자계약의 관계를 볼 때 일정한 시사점을 제공한다고 할 수 있다.

그러나 유의할 점은 위 판결은 어디까지나 서비스특허에는 경쟁제한방지법의 입찰공고의무규정의 적용이 되지 않던 시절의 조달법제에 따른 것이라는 점이다. 2014년 EU 특허지침 이후에 개정된 경쟁제한방지법에 의하면 서비스특허의 경우에도 입찰공고의무규정이 적용되기 때문에 위와 같은 판례는 더 이상 유지되기 힘든 상황이 되었다. 이와 같은 상황은 조달법제와 민간투자법제간의 유사성이 높아지고 있는 추세를 잘 보여준다고 할 수 있다.

IV. 우리나라 법제와의 비교 및 시사점

1. 우리나라 법령과의 비교

우리나라 행정절차법에서는 독일의 연방행정절차법과는 달리 공법상 계약에 관한 규정을 두지 않고 있다. 따라서 공법상 계약의 법리는 개별법령의 규정과 해석에 달려있다고 볼 수 있다. 공공조달계약 및 실시협약의 변경과 관련된 법령의 내용을 좀 더 상세히 보면 다음과 같다.

우선 공공조달계약에 적용되는 국가계약법을 보면, 동법 제19조에서 "각 중앙관서의 장 또는 계약담당공무원은 공사계약·제조계약·용역계약 또는 그 밖에 국고의 부담이 되는 계약을 체결한 다음 물가변동, 설계변경, 그 밖에 계약내용의 변경으로 인하여 계약금액을 조정할 필요가 있을 때에는 대통령령으로 정하는 바에 따라 그 계약금액을 조정한다."라고 규정하여 물가변동, 설계변경 등에 따른 계약내용(계약금액)의 변경을 인정하고 있다.

이 외에는 계약변경의 한계에 관해서 특별한 규정을 국가계약법에서 두지 않고 있는데, 판례가 국가계약법에 따른 공공조달계약을 사법상 계약으로 보고 있다는 점을 고려하면 위 규정 이외에는 민법상의 계약법리의 적용을 받는다고 할 수 있다. 현재 민법상으로 사정변경의 원칙이 일반적으로 인정되고 있지는 않기 때문에,[46] 공공조달계약의 변경에도 이러한 점에서는 일정한 한계가 존재하는 것으로 볼 수 있다.[47]

다만 당사자의 합의가 있을 경우에는 계약의 변경에 특별한 한계가 존재하지 않는다고 볼 여지가 있으나, 대법원 판례는 공공조달계약과 관련한 기획재정부 등의 일반계약조건에도 「약관의 규제에 관한 법률」이 적용된다고 보고 있기 때문에[48] 계약상대방에게 지나치게 불리한 내용으로 계약변경이 가능토록 하는 내용이 계약일반조건은 무효가 인정될 가능성이 존재한다.

민간투자법 및 동법 시행령, 민간투자사업기본계획(이하 '기본계획')에서도 실시협약 변경의 한계를 명문화하고 있지는 않다. 총사업비가 30% 이상 증가, 수요가 20% 이상 감소하는 등 사업의 주요 내용이 변경되는 경우에는 적격성 재조사를 통해 민자적격성 확보를 검증하도록 하고(기본계획 제58조), 일정한 경우 협약 변경 시 민간투자사업심의위원회를 거치도록 하고 있으나(기본계획 제60조), 협약변경의 한계나 절차에 관한 규정을 두고 있지는 않다. 그리고 기본계획 제33조의 3에서는 사업시행조건의 조정을 위해서 실시협약변경이 가능하다는 점을 밝히고 있다.

민간투자기본계획 제33조의3(사업 시행조건 조정)

① 수익형 민간투자사업이 다음 각 호에 해당하는 경우 주무관청과 사업시행자는 상호 합의를 통하여 해당 사업의 위험 분담방식, 사용료 결정방법 변경 등 사업 시행조건을 조정할 수 있다. 다만, 항만사업은 취급화물 변경을 포함할 수 있다.

1. 최소운영수입보장 약정 또는 사용료 미인상분 보전 등으로 인해 과도한 정부재정 부담이 발생하는 경우

2. 시설물의 정상적인 건설 또는 운영이 어려워 실시협약 해지로 인한 일시적 정부재

46) 다만 약관 등에 사정변경법리에 관한 조항이 별도로 있는 경우에는 이에 따른 계약변경이 가능하다. 대법원 2002. 6. 14. 선고 2000두4187 판결 참조.

47) 대법원은 "'국가를 당사자로 하는 계약에 관한 법률'(이하 '국가계약법'이라 한다) 제19조, 같은 법 시행령 제66조 제1항, 같은 법 시행규칙 제74조의3 제1항 본문 등의 내용을 종합하면, '기타 계약 내용의 변경'에 의한 계약금액조정은 '공사기간·운반거리와 같은 계약의 구체적인 내용이 변경되고, 계약 내용의 변경이 계약의 이행 전에 당사자 간에 합의될 것'을 요건으로 한다고 해석된다. 그렇다면 '기타 계약 내용의 변경'에 의한 계약금액조정에 관한 국가계약법 제19조, 같은 법 시행령 제66조는 이를 신의칙 또는 사정변경의 원칙에 의한 계약금액조정을 일반화한 규정이라고 할 수 없다."고 판시하고 있다.(대법원 2014. 11. 13. 선고 2009다91811 판결)

48) 대법원 2002. 4. 23. 선고 2000다56976 판결.

정 투입(해지시 지급금 등)이 우려되는 경우

3. 법 제46조 및 제47조의 처분 또는 제49조의 조치에 수반하여 사업시행조건의 조정이 필요한 경우

다음으로 현행 BTO 표준협약안에서는 협약 변경의 사유를 '본 협약 체결 후 제반 사정의 변경'으로 포괄적으로 정하고 있다.

BTO 표준실시협약 78조(협약의 변경)

① 본 협약은 협약당사자가 서명(또는 기명날인)한 서면 약정에 의하여만 변경되거나 보완될 수 있다.

② 제1항에 불구하고 본 협약상 본 협약 체결 이후에 확정하도록 되어 있는 항목들에 관하여는 본 협약에 따라 동 항목들에 관한 수치가 결정되고 협약당사자가 이를 확인하는 경우 별도의 변경협약을 체결하지 않더라도 그 합의된 수치에 따라 본 협약이 변경된 것으로 본다.

③ 협약당사자는 본 협약 체결 후 제반 사정의 변경으로 인하여 본 협약을 변경할 필요가 있다고 판단하는 경우 상대방에게 본 협약의 변경을 제안할 수 있고, 이 경우 협약당사자는 본 협약의 변경여부에 관하여 성실하게 협의하여야 한다.

④ 협약당사자는 협약의 변경여부와 변경할 내용을 결정함에 있어, 본 협약 체결 후 제반 사정의 변경으로 인하여 민간투자법의 취지와 사업시행자에게 본 협약에 따른 본 사업을 통하여 사업수익성이 확보되는지의 여부 및 본 협약에 규정된 협약당사자간의 위험배분의 원칙이 유지될 수 있게 되었는가의 여부를 고려하여야 한다.

⑤ 본 사업기간 중에 민간투자법 및 민간투자법시행령 등 사회기반시설에 대한 민간투자 관련 법령 및 제도가 개정되어 그 개정내용이 본 사업의 원활한 운영 또는 수익성 제고 등을 위하여 필요한 경우 협의에 의해 본 협약을 조정, 변경할 수 있다.

위와 같은 우리나라 법제의 내용을 정리해보도록 하자. 우선 공공조달계약과 관련해서는 국가계약법에서 계약금액의 조정의 한계에 대한 규정을 두고 있는 이외에 계약내용의 변경과 관련해서는 특별한 규정을 두고 않고 있다. 다음으로 민간투자법상 실시협약과 관련해서는 민간투자기본계획에 의해서 사업시행조건의 조정이 필요할 경우에 실시협약의 변경이 가능토록 함으로써 계약변경을 폭넓게 인정하고 있음을 볼 수 있다.

이러한 우리나라의 법제는, 공공조달계약과 특허계약 모두 '계약내용의 현저한(본질적인) 변경'이 있는지 여부를 기준으로 하여 계약변경의 한계여부를 판단하고 있는 독일의

법제에 비해서 계약변경의 범위를 보다 광범위하게 인정하고 있음을 알 수 있다.

2. 우리나라 판례와의 비교

최근 공사기간 연장으로 인한 추가 공사대금(간접비)을 청구하는 사례가 늘어나고 있는데 이 중의 상당수가 설계·시공 일괄입찰공사[49]로써 기타 계약내용 변경으로 인한 계약금액조정을 근거로 한 것이다. 이에 대해서 발주처는 설계·시공일괄 입찰방식은 정액계약의 성격을 가지므로 계약금액의 조정이 불가하다는 입장을 취하는 경우가 많아 이와 관련한 분쟁이 자주 발생하고 있다.[50]

대법원은 계약을 설계·시공 일괄입찰방식에 의한 도급계약의 형태로 체결하였으나, 실질적인 계약의 내용에 관하여는 설계요소의 변경뿐만 아니라 공사기간의 변경, 운반거리 변경 등 계약내용에 변경이 있을 경우 계약금액을 조정할 수 있다는 공사대금에 관한 조정 유보 규정을 둔 경우에는 계약금액의 조정이 가능하다고 판시한 바 있다(대법원 2002. 8. 23. 선고 99다52879 판결). 이는 계약의 '형식'이 설계·시공 일괄입찰방식이라고 하더라도 계약의 '실질'적인 내용상 공사대금의 조정이 가능할 경우에는 계약변경이 가능하다는 판례로 볼 수 있다.

위의 판례는 재입찰여부가 문제된 사례라기보다는 계약변경사유에 해당하는지가 문제된 사례이기 때문에 앞서 본 독일의 사례들에 정확하게 대비되는 사례로 보기는 힘들다. 그러나 계약의 형식에 얽매이지 않고 계약의 실질을 따져서 계약변경사유를 인정하였다는 점, (발주처가 아닌) 계약상대방에 의한 계약변경을 인정하였다는 점에서 의미가 있는 사례라고 할 수 있다.

다음으로 대법원에서는 공용화물터미널조성사업에서 구 화물유통촉진법에 의하여 면허를 받은 화물터미널 사업을 민자유치사업으로 인정받아 시행할 경우 사업 양도 및 사업시행자 지위 이전이 가능한지 여부에 대해서 다음과 같이 판시한 바 있다.

"구 화물유통촉진법(1999. 2. 5. 법률 제5801호로 개정되기 전의 것) 제38조, 제18조는 화물터미널사업자의 사업 양도 및 사업자 지위 승계를 인정하고 있는바, 구 사회간접자본시설에 대한 민간자본유치촉진법(1998. 12. 31. 법률 제5624호 '사회간접자본시설에 대한 민간투자법'으로 전부 개정되기 전의 것)이 사업시행자의 사업 양도를 금지하는 명문 규정을 두고 있지

49) 통상적으로 '턴키계약'으로 부르고 있다.

50) 이러한 문제는 민간투자사업에서 공사기간 연장에 따른 간접비 지급문제로 유사하게 발생하고 있다. 이에 관해 상세히는 정원·정유철·이강만, 공공계약 판례여행, 건설경제, 2017, 196-199면 참조.

아니한 점 등에 비추어 볼 때, 구 화물유통촉진법에 의하여 면허를 얻은 화물터미널 사업을 구 사회간접자본시설에 대한 민간자본유치촉진법에 의한 민자유치사업으로 인정받아 이를 시행하는 경우에도 그 사업 양도 및 사업시행자 지위 이전이 가능하다고 봄이 상당하다…

구 사회간접자본시설에 대한 민간투자법(2005. 1. 27. 법률 제7386호 '사회기반시설에 대한 민간투자법'으로 개정되기 전의 것) 제13조 제5항, 같은 법 시행령(2005. 3. 8. 대통령령 제18736호 '사회기반시설에 대한 민간투자법 시행령'으로 개정되기 전의 것) 제15조는 '사업시행자로 지정받은 자는 지정받은 날부터 1년 이내에 실시계획의 승인을 신청하여야 하며, 이 기간 내에 실시계획의 승인을 신청하지 아니한 때에는 사업시행자 지정의 효력을 상실한다'고 규정하고 있을 뿐, 나아가 사업시행자가 사업기간 내에 수용재결신청을 하지 않아 실시계획 승인 처분이 실효되는 경우 사업시행자 지정의 효력도 함께 상실되는지에 관하여는 아무런 규정을 두고 있지 아니하다. 또한, 같은 법 제46조 제3호는 사업시행자가 실시계획에서 정한 사업기간 내에 정당한 사유 없이 공사를 착수하지 아니하거나 공사착수 후 사업시행을 지연 또는 기피하여 사업의 계속시행이 불가능하다고 인정되는 경우 주무관청이 일정한 절차를 거쳐 사업시행자 지정을 취소할 수 있는 제도를 별도로 두고 있다. 이러한 점들에 비추어 볼 때, 사업시행자가 사업기간 내에 사업구역에 포함된 토지를 매수하거나 이에 대하여 수용재결신청을 하지 않아 실시계획 승인 처분이 실효될 경우 사업시행자 지정 효력도 당연히 상실되는지에 관하여는 해석상 다툼의 여지가 있다고 할 것이다. 그렇다면 행정청이 새로운 사업시행자 지정절차를 거치지 않은 채 종전의 사업시행자를 사업시행자로 하여 새로이 실시계획 승인 등을 한 처분에 중대하고 명백한 흠이 있다고 할 수 없으므로 이를 무효로 보기는 어렵다."(대법원 2010. 2. 25. 선고 2009두102 판결)

이러한 우리나라 판례는 실시협약 체결 이후에 실시협약을 변경하는 것과 관련된 사안은 아니고 면허사업이 민자사업으로 전환된 사안과 관련된 것이기는 하지만, 면허사업과 민자사업의 사업자가 동일하다는 점에서 새로운 입찰절차를 거치지 않아도 보았다는 점에서는 사업자의 실질적인 동일성을 기준으로 협약변경가능여부를 판단하고 있는 독일 법제와 유사한 점이 있다. 그러나 독일의 경우에는 조달에서 특허로 방식이 바뀐 경우에는 현저한 변경으로 보고 있는데, 우리나라 판례 사안의 경우에도 이러한 독일의 법제관점에서 보면 사업방식이 민간투자방식으로 변경된 것이므로 새로운 입찰절차를 거쳐야 하는 경우에 해당한다고 볼 수 있다.

3. 우리나라 법제에 주는 시사점

우리나라와 독일법제의 비교로부터 다음과 같은 시사점을 얻을 수 있다. 첫째, 우리나라 판례는 공공조달계약은 사법상 계약으로, 민간투자법상 실시협약은 공법상 계약으로 보고 있다. 독일의 경우는 1) 양자를 모두 공법상 계약으로 보아야 한다는 견해와, 2) 경우에 따라 사법상 계약으로 보아야 하는 경우와 공법상 계약으로 보아야 하는 경우를 나누어야 한다는 견해가 나누어지고 있다. 독일의 경우 공공조달계약 중에 공법상 계약에 해당하는 경우와 사법상 계약에 해당하는 경우를 나누는 것이 매우 어렵다는 점이 지적되고 있고 이로 인해 연방행정절차법과 경쟁제한방지법의 관계 설정에 어려움이 나타나고 있다는 점을 고려하면, 우리나라의 경우에는 공공조달계약 및 민간투자법상 실시협약을 모두 공법상 계약으로 이해하고 이에 따라 일관된 법리를 적용하여 보는 것이 바람직할 것으로 보인다. 이는 권리구제수단의 복잡성을 줄일 수 있다는 점에서도 그러하다.

둘째, 2011년 독일의 민사법원에서는 서비스특허와 서비스조달을 엄격하게 구분하고 서비스특허에는 일반조달법의 입찰공고에 대한 의무가 적용되지 않는다고 판시하였으나, 2016년 경쟁제한방지법상의 일반조달법의 개정으로 인해 서비스특허의 경우에도 서비스조달에 대한 규정이 적용되게 되었다. 이는 독일에서 공공조달법제와 민간투자법제의 유사성이 높아진 것으로 이해해 볼 수 있다. 우리나라의 경우 국가계약법과 민간투자법이 2원적으로 운영되고 있는 측면이 있으나 양자의 차이점을 지나치게 강조하는 것은 독일의 사례를 볼 때 바람직하다고 보기 힘들다. 특히 계약의 변경에 있어서 양자의 차이점을 강조할 이유는 없는 것으로 보아야 한다. 따라서 현재 민간투자법을 국가계약법의 특별법으로 볼 수 있는 것은 사실이나, 계약의 변경과 관련해서는 국가계약법에 보다 포괄적인 규정을 두고 민간투자법에도 이것이 준용되는 형태를 취하는 것이 바람직할 것으로 보인다.[51]

셋째, 독일의 경우 공공조달계약의 변경시 재입찰절차를 거쳐야 하는지와 관련해서는 기본적으로 유럽연합판례의 영향을 받아서 '본질적 계약변경'에 해당하는지 여부를 중시하고 있음을 볼 수 있다. 우리나라의 경우 본질적 계약변경에 해당하는지 여부를 기준으로 입찰공고여부를 판단해야 하는 법령상의 근거는 존재하지 않지만, 투명성과 공정성의 원칙상 독일과 마찬가지로 '본질적 계약변경'이 있는지 여부를 일응 중요한 판단기준으로 삼아볼 수 있다고 하겠다.[52] 다만 이를 구체적으로 판단함에 있어서는 독일에 비해서는 보다 유연한 판단이 이루어지는 것이 필요하다. 왜냐하면 독일에서 본질적 계약변경을 기준

51) 법률도 아닌 행정규칙형식인 민간투자사업기본계획에서 국가계약법과 다른 규정을 두는 현행 규정방식은 바람직한 것으로 보기 힘들다.

52) 이는 어디까지나 입법론이며, 국가계약법이나 민간투자법에 이에 관한 근거규정을 두는 것이 바람직하다고 하겠다.

으로 하여 계약변경의 한계를 두고 있는 것은 EU법의 영향으로 국내기업과 외국기업간의 무차별원칙을 관철하는 것이 주요한 동기인데 우리나라의 경우 이를 그대로 받아들일 필요는 없기 때문이다.

넷째, 독일의 경우 계약변경에 관한 조항의 내용이 명확할 것을 요구하고 있다는 점, 원래 계약가치대비 변경되는 계약가치에 대한 제한을 두고 있다는 점 등 투명성을 높이기 위한 규정들을 두고 있다는 점도 특징이다. 우리나라의 경우에도 계약금액변경과 관련해서는 변경할 수 있는 가치의 한계를 두고는 있으나, 계약변경에 관한 조항의 내용이 불명확한 내용으로 되어 있는 등 계약변경의 한계에 관한 투명성이 전반적으로 독일에 비해 떨어지는 것으로 보인다. 본질적 계약변경에 해당되는지 여부에 대한 판단이 개별적으로 쉽지 않다는 점을 고려하면 최대한 계약변경의 사유를 최초 계약시에 명확하게 규정하도록 노력하는 등 계약변경의 투명성을 높이기 위한 노력을 기울이는 것도 필요할 것으로 보인다.

V. 결론

공공조달계약의 변경을 어떤 범위 내에서 허용할 것인지, 새롭게 입찰절차를 거쳐야 하는 경우와 어떻게 구분할 것인지 하는 점은 공공조달계약의 투명성, 공정성, 경쟁성과 같은 공익적인 가치를 추구함에 있어서 매우 중요하다고 할 수 있다. 이 글에서는 독일의 법령과 판례를 우리나라의 법제와 비교함으로써 이에 대한 시사점을 도출해보고자 하였다.

공공조달계약의 변경, 특히 실시협약의 내용변경과 관련해서 명시적인 제한을 두지 않고 있는 우리나라의 법제는 공공조달계약이 추구해야 하는 공익의 관점에서 개선의 필요성이 큰 것으로 볼 수 있다. 독일의 경우 EU법제의 영향으로 역내시장개방이라는 필요성을 반영하기 위해서 계약변경의 한계를 엄격하게 보는 경향이 있고, 이를 우리나라가 그대로 따르기는 쉽지 않은 측면이 있지만 그럼에도 불구하고 계약의 공정성, 투명성, 경쟁성이라는 핵심가치의 측면에서는 여전히 독일의 법령과 판례가 우리나라에 주는 시사점이 큰 것으로 보아야 할 것이다.

公益訴訟과 行政訴訟*

김태호**

I. 公益訴訟에서 公益

일반적으로 '공익'은 "사회의 모든 구성원들이 필요로 하는 어떤 것을 충족시키는 이익"[1]이라고 하고 '공공에 혜택을 주는 모든 종류의 이익'[2]이라고도 한다. 이것은 공익을 공공성(公共性)을 갖는 이익, 사회 구성원 전체에 두루 관련된 이익을 뜻하는 것으로 보는 일반적인 이해에 따른 것이다. 이를 법적인 차원에서 말하자면, 공익은 법질서가 지향하거나 보호하거나 조장하는[3] 사회 구성원 전체와 관련한 이익을 의미한다. 이러한 의미의 공익은 법질서의 객관적 가치를 형성한다는 점에서 개인의 주관적 권리로 실현되는 사익과 대비되는 개념으로 사용되기도 한다.

'공익소송'은 司法 과정에서 '공익'의 실현을 추구하는 소송이다. 공익소송은 법원에 공익목적 실현에 대한 판단을 구한다. 원고 측의 공익 추구적 동기는 공익소송의 동력이다. 공익소송이 추구하는 '공익'의 내용이 무엇인지 명확히 정의하기는 어렵지만, 공익 개념의 사용례를 좀 더 들여다보면[4] 그 여러 용례의 각각은 공익소송의 의미와 기능에 대한 이해를 도와줄 수 있는 것으로 보인다.

첫째, 공익소송에서 공익 개념은 많은 경우 분산된 사회적 이익(diffused interest)으로 이해된다. 분산된 이익은 종래 '권리'로 인정되기 못했던 경우가 많지만 권리로 인정될 수 있다 하더라도 법적으로 그것이 관철되기 어려운 경우를 포함한다. 즉 분산된 이익이 권리

---

* 이 글은 2017년 12월 31일 발행된 행정판례연구 제22-2집에 게재된 논문을 전재한 것입니다.
** 서울시립대학교 법학전문대학원 강사

1) 최송화, 공익론 - 공법적 탐구(이하 '공익론'), 2002, 319면 참조.
2) 이석태·한인섭 대표편집, 한국의 공익인권소송, 2010, 20면.
3) 최송화, 공익론, 181면.
4) 크게 공익을 사익과 별도로 존재하는 이익이라고 보는 접근과 사익의 총합 또는 사익 간 타협의 산물이라고 보는 접근으로 나눌 수 있을 것이다. 이에 대해 합의적 견해를 도출하려는 것은 지난한 과정일 뿐만 아니라 실익도 크지 않아 보인다. 결과적으로 중요한 것은 행정활동에서 공익 개념은 행정작용의 정당화 기초라는 점이다.

와 대립쌍을 이루는 의미는 아니다. 법체계에서 권리로 인정되지만 권리의 효용에 비해 관철하는 비용이 과다한 등의 이유로 권리를 실현하기 어려운 경우를 포함한다. 이런 경우 공익소송은 "사회적으로 아주 중요한 권리임에도 불구하고 잘게 쪼개져서 사회 구성원 개개인에게 흩어져 있기 때문에 법적으로 제대로 보호받지 못하는 이익에 대해 법적 대표성이 부여될 수 있도록 법원에 제기하는 소송"[5]을 일컫는다.

둘째, 공익소송은 人權 또는 正義 관련성을 갖는다. 공익은 "개인이 사회구성원으로서 가지는 이익으로서, 그것이 박탈될 때 다른 사회구성원들이 이를 회복하도록 도와 줄 의무를 가지는 이익"[6]으로 부를 수 있다. 여기서 공익은 사회적 약자 · 소수자의 권리를 보호하는 인권의 보편적 의미와 연대의 가치를 반영한다. 이에 공익소송은 "약자 및 소수자의 권익보호, 국가권력으로부터 침해된 시민의 권리구제 등을 통하여 불합리한 사회제도를 개선하고, 국가권력의 남용을 억제하는 데 도움이 되는 소송"[7]이라고도 불린다. 이 경우 공익소송은 공익인권소송을 포함[8]하며, 개별 소송이 반드시 집단적 성격을 가질 필요가 없다. 이러한 공익소송에서의 공익관은 전통적으로 '공익'이 개인의 이익과 대비되는 국가 또는 공동체의 이익 차원에서 논의되어 왔던 것과 대비된다.

셋째, 공익소송이 추구하는 공익은 政策 관련성을 갖는다. 공익소송을 제기하는 주체[9]는 '능동적 사법'[10]의 역할을 기대하는바, 법원에 의해 사회 구성원의 다양한 이익이 균형적으로 반영되어 공익이 실현될 것을 기대한다. 따라서 법원에 의해 공익을 실현한다는 것은 직접적으로든 간접적으로든 정책, 즉 사회적 문제해결의 방침을 제시하는 의미를 갖는다.

이 글에서 필자는 이상과 같은 특징을 갖는 공익소송을 행정소송법학의 관점에서 분석해 보고자 한다. 공익의 의미는 입법단계와 집행단계에서도 접근할 수 있는 것이지만, 역순으로 '공익소송'이라는 특별한 제도와 그 적용에서 문제되는 '공익'의 의미를 드러내 봄으로써 다시 한 번 행정이 지향하는 가치로서 공익실현의 의미를 되짚어 볼 수 있다고

---

5) 황승흠, "한국 공익법운동의 개념요소와 전망", 연세 공공거버넌스와 법 5-1호, 2014, 7-8면 참조.

6) A. J. Milne, "The Public Interest, Political Controversy, and the Judges", in: Law and the Public Interest (ARSP Beiheft 55), 1983, 41면(최송화, 위의 책 318면의 번역을 인용).

7) 사법개혁위원회, 국민과 함께하는 사법개혁, 사법개혁위원회 자료집(Ⅶ), 2005, 236면.

8) 同旨, 오시영, "다수당사자소송의 발전과 전망 - 이른바 공익소송을 중심으로", 민사소송 제16권 2호, 2012, 265면; 황승흠, 위의 글, 2014, 7-8면.

9) 공익소송을 제기하는 주체에 관한 논의는 공익소송론의 또 다른 주요한 주제이다. 수동적인 재판의 장으로 사회적 의제를 제기하고 법적인 자원을 동원하는 사회운동의 주체가 동력이 되기 때문이다. 여기서 이른바 '공익변호사'로 불리우는 전문가 집단의 형성과 적극적인 개입이 요구된다. 종종 공익소송이 당위성을 포함하는 관점에서 정의되는 것은 사회변화를 촉발하고자 하는 소송주체의 목적이 공익소송의 정의에서 중요한 의미를 갖는다고 보기 때문이다.

10) 이상돈, 공익소송론, 2006, 11-12면.

생각한다. 이에 필자는 먼저 공법학의 관점에서 공익소송을 연구하고 제도화하기 위한 개념으로서 '공익행정소송'을 공익소송의 유형으로서 범주화하여 정의하고 유사 제도와 비교해 보기로 한다(이하 Ⅱ. 참조). 그리고 공익행정소송이 본안 판단으로 나간 경우 공익은 실제 얼마나 충분히 고려되는가를 살펴봄으로써 공익행정소송의 쓰임새를 다시 생각해 보고자 한다(이하 Ⅲ. 참조). 이를 통해 공익행정소송이 어떤 발전방향을 모색해야 할 것인지 몇 가지 제언이 도출될 수 있을 것이다(이하 Ⅳ. 참조).

Ⅱ. 公益行政訴訟 制度

1. 공익행정소송과 공익민사소송

공익소송으로 일컬어지는 소송의 상당수는 민사소송으로 이루어진다. 공익소송으로서의 행정소송과 대비하여 이를 '공익민사소송'이라고 부를 수 있을 것이다. 대표적으로 소비자보호 영역에서의 민사소송들이 그러하다. 개인정보 유출에 관한 집단소송이나 증권 관련 집단소송에 대해서도 공익소송이라는 표현을 사용하곤 하는데 이것은 공익민사소송의 일종으로 분류할 수 있다. 이들 민사소송은 소액·다수인 또는 불특정 다수인의 피해를 일괄 구제하는 소송들인데,[11] 이들의 사익 추구가 우리 사회 다수 구성원의 분산된 이익이 합해진 공익으로서의 의미를 가질 수 있는 점, 피해구제가 사회적 피해의 발생을 예방하는 공익적 성격을 가진다는 점에서 공익소송으로 부를 수 있다. 가령 개인정보 침해 소송에서 정보유출로 인해 입은 개인의 피해를 충분히 전보할 수 있도록 하는 것은 다수(분산된 이익의 주체로서 이익실현을 제도적으로 보장받기 힘들다는 점에서는 소수자이다)의 분산된 이익에 대한 구제를 도모한다는 점과 손해배상을 인정함으로써 향후 개인정보보호에 충실한 사회시스템이 구축될 것을 기대할 수 있다는 점에서 공익소송으로 분류할 수 있다.

공익민사소송은 이하에서 보게 될 공법소송으로서의 공익소송과 몇 가지 특징적인 차이점을 가진다. 근본적으로 공익민사소송은 그것이 궁극적으로 공익목적 실현을 추구한다고 하더라도 사적 주체 간의 법적 분쟁을 대상으로 한다. 그리고 이들 사적 주체의 법적 이익은 사익관련성이 인정되고 법체계에서 권리로서 자리매김될 수도 있지만 구제가 곤란한 사정들이 집단적인 형태로 표출되는 성격이 있다. 현재 공익소송이라는 이름하에 법제도가 도입되었거나 관련 입법을 추진중인 사례는 대부분 이러한 공익민사소송

11) 이시윤, 민사소송법, 박영사, 770－771면.

제도에 관한 것이다.[12] 이미 제정된 증권관련 집단소송이나 소비자단체소송·개인정보보호단체소송뿐만 아니라, 집단소송법 제정안도 공익민사소송을 대상으로 한다. 이들 제도안은 집단이익을 용이하게 보호하기 위한 소송절차적 편의, 소송비용으로 인한 재판청구권 행사의 제약 해소와 같은 소송의 편의성과 다수당사자 간의 이해관계 조절에 초점을 맞추고 있다.

반면 이하에서 볼 공법상의 공익소송,[13] 특히 공익소송으로서의 행정소송은 보호하는 이익의 성격, 소송절차의 특징, 행정과 사법 간 권력분립적 문제에서 공익민사소송과 차이가 있다. 이 차이는 근본적으로 민사소송과 행정소송의 차이에서 기인하는 것이기도 하다. 행정소송은 특히 그 목적에 행정통제와 법치행정의 관철이라는 공익적 목적이 포함되어 있는 점이 강조된다. 이 때문에 공익행정소송은 '기능적 권력분립'의 차원에서 행정부의 역할에 대한 적극적 견제의 의미를 갖는다.[14] 또한 공익행정소송은 공법질서 하에서 헌법상 기본권 구속성이 직접 미치는 점, 정책적 관련성으로 인해 소송의 파급효과가 공익에 미치는 영향이 큰 점[15] 등에서 공익민사소송과 차이가 있다. 이하 공익행정소송을 광의의 공익행정소송과 협의의 공익행정소송으로 나누면서 제도의 내용과 특징을 좀 더 살펴보기로 하자.

2. (광의의) '공익행정소송'

가. 공익소송으로서의 일반 행정소송

행정소송은 그 자체 공익추구를 목적으로 하는 행정활동에 관한 소송이라는 점에서 본질적으로는 공익소송이라고 부를 수도 있을 것이다. 공적인 의사결정과정의 연속선상에서 행정의 공익판단에 개입하는 행정소송은, 대규모 국책사업에 관한 국가정책적 결정에 대한 행정소송 사건에서는 물론이고, 개인의 권리구제에 초점이 맞춰진 행정소송에서도 해당 사건의 해결에 그치는 것이 아니라 행정실무 전반에 영향을 미친다.

여기서 행정소송이 갖는 공익소송적 측면은 집단과 관련한 분쟁일 것을 반드시 요구하지 않는다. 해당 행정분쟁의 집단성은 공공적인 판단에 관계된 이해관계자가 다수라는

---

12) 자세히는 김태호·김정환, 공익소송 제도의 현황과 개선방안, 사법정책연구원 연구총서 2016-20, 2016, 285-357면을 참조.

13) 여기에는 공익행정소송 외에 공익헌법소송이 중요한 비중을 차지할 것이다.

14) 박균성, "사법의 기능과 행정판례", 행정판례연구 제22권 제1호, 2017. 6. 12면.

15) 사실 법원의 해석을 통해 정책결정에 영향을 미치게 된다는 것은 판단의 결과적인 측면으로서 이를 사법의 적극적 태도와 소극적 태도와 같이 의지적인 측면에서 구분하는 것은 상대적인 의미에 그치는 것이다. 작은 개별구체적 사건에 대한 해결도 그것이 보편화 가능성을 염두에 둔 법리에 관련한 것이라면 정책관련성이 없을 수 없다.

점을 드러낼 수 있지만 공익소송이 되기 위한 필요조건은 아니다. 공익행정소송을 위해 판결의 효력에 대한 특칙을 둘 필요성이 공익민사소송에서와 같이 크지 아니 하다. 한 개인에 대한 행정결정을 취소하는 것도 행정관행의 수정과 관련된 것이라면 행정의 공적 결정을 사실상 변경할 수 있다. 난민재판에서 신청자가 '박해를 받을 수 있다고 인정할 충분한 근거'가 있는지에 대한 개별구체적인 판단은 신청자에 한정되는 것이지만, 위 문언에 대한 대법원의 해석 기준 제시는 행정관행을 변화시켜 난민 신청집단 전체에 영향을 미치는 공익적 효과가 발생한다.

공익행정소송은 개별·구체적인 처분을 대상으로 할 수도 있고 일반·추상적인 규범 또는 정책을 실질적인 대상으로 삼을 수도 있다. 행정소송을 계기로 행정입법에 대한 규범통제를 하거나 헌법재판소에 위헌법률심판 제청·위헌법률심판형 헌법소원을 제기하는 경우는 물론이고, 행정입법과 무관한 처분 자체를 다투는 경우에도 그 결과가 정책변경에 사실상 영향을 미칠 수 있다. 65세의 개인이 노령수당지급대상자 선정에서 제외된 처분을 행정소송으로 다투었던 공익소송의 예를 떠올려 보자.[16] 이 사건에서 원고에 대한 노령수당 선정제외처분은 노인복지사업지침이 선정대상 범위를 70세 이상으로 정한 데 따른 것이었던바, 대법원은 65세 이상이라면 노령수당을 줄 수 있도록 하고 있는 것으로 해석되는 노인복지법령에 반하는 노인복지사업지침은 상위법에 반하므로 선정제외처분을 취소하여야 한다고 판단하였다. 이 판결 이후 행정부는 판결의 효력과 상관없이 65세 이상의 노인을 모두 노령수당의 지급대상이 되도록 지침을 변경하였다. 행정판결의 사실상 영향력은 공공의사결정의 반응에 영향을 미치므로 행정소송의 직접 대상에 포함되지 않더라도 행정소송의 결과는 행정의 정책적 결정에 영향을 미친다.

따라서 공익행정소송은 원고가 하는 공익침해의 위법 주장을 법원이 판단하고 그에 따라 내려진 법원의 판결이 공공의 정책결정, 행정행태에 영향을 미칠 가능성을 가지는 소송을 통칭하는 것으로 이해할 수 있다. 다만 그러한 공익행정소송 중에 자신의 권리 또는 이익 관련성을 계기로 공익실현을 추구하는 행정소송(항고소송·국가배상소송 등[17])을 포함한 광의의 공익행정소송과 자신의 이익과 무관하게 객관적인 법질서의 유지라는 공익 자체를 추구하는 협의의 공익행정소송을 나누어 볼 수 있을 것이다. 후자의 경우 원고에 대한 소송 적법요건 판단에서 원고의 권리 또는 이익관련성을 요구하지 않고 일정한 조건이 갖춰지면 객관적 법질서의 위반으로서 처분의 위법성만을 심사할 수 있도록 하여 사익의 보호를 매개로 하지 않는 공익소송이라는 점에서 협의의 공익행정소송이라 부를 수 있다.

---

16) 대법원 1996. 4. 12. 선고 95누7727 판결.

17) 실무상 국가배상소송은 민사소송으로 이루어지지만 그 본질은 공법소송으로서의 행정소송이다.

나. 광의의 공익행정소송

행정소송은 본디 개인의 주관적 권리 보호와 함께 위법한 공권력 작용의 교정과 같은 객관적인 공익 보호가 행정소송의 목적을 이룰 수 있다. 그 중에서도 당사자의 권리 구제 외에 적법성 보장이라는 객관적 공익 보장이 소 제기의 주된 목적이거나 소송의 결과가 객관적 공익 보장에 큰 영향을 미치는 행정소송을 광의의 공익행정소송이라 부를 수 있을 것이다. 여기서 행정결정이 공익에 반하여 위법하다는 것은 공익위반에 위법성을 인정할 수 있는 경우이다. "공익합치적 활동이 행정의 의무라고 할 때 그 의무의 준수여부는 공법의 중요한 관심사항이 되며 나아가 그와 같은 행정의 의무를 이행하지 못함으로 인하여 자신의 권익을 침해받은 자는 자신의 권익을 지키고 회복하기 위하여 공익위반을 이유로 하는 쟁송을 제기할 수 있는 것"이다.[18] 소송의 목적에 대한 우선 순위의 차이는 있겠지만, 여기서 광의의 공익행정소송이 공익보호의 기능을 주된 소송의 목적으로 하는 데 대한 이른바 객관소송론과 주관소송론 간의 인식 차이는 상대적이다. 객관소송론의 경우에도 느슨하기는 하지만 민중소송과 달리 원고의 주관적 사정과 관련한 원고적격의 제한을 인정하고, 주관소송론의 경우에도 행정의 적법성 확보를 부차적인 목적으로는 인정한다. 주관소송론이 다수설인 우리나라에서도 판례[19]는 대상처분의 객관적 위법성 외에 위법성에 대한 원고의 권리침해견련성을 별도로 요구하지는 않는다.[20] 광의의 공익행정소송은 원고에게 일정한 '사익관련성'을 요구한다는 점에서 협의의 공익행정소송과 차이를 가질 따름이다. 경계가 명확한 것은 아니지만,[21] 만약 누구나, 또는 거의 모든 사람이 원고적격을 가지는 이유가 모두가 각각 자신의 권리를 갖기 때문이라면 이는 엄격한 의미에서 민중소송, 즉 협의의 공익행정소송은 아니다. 가령 정보공개법상의 일반적 정보공개청구권과 같

---

18) 최송화, 공익론, 6면.

19) 가령 예산편성의 절차상 위법 여부도 그것이 해당 처분의 이익형량의 하자에 해당하는 것으로 인정할 수 있을 때에는 처분의 위법성을 인정할 수 있다고 한다. 대법원 2015. 12. 10. 선고 2012두6322 판결 참조.

20) 同旨, 최계영, "항고소송에서 본안판단의 범위", 2015, 125면 각주 85 참조.

21) 일반적으로 '소비자'에게 행정소송 상의 원고적격을 부여할 것인가도 비슷한 문제가 있다. 현대사회에서 소비자에게 소비자의 권리에 터 잡아 원고적격을 인정한다는 것은, 사실상 모든, 또는 '거의' 모든 사람에게 원고적격을 인정하여 사실상 민중소송을 창설하는 효과를 낳을 수 있다. 헌법소원의 예로 미국산 쇠고기 제품 수입위생 조건 위헌확인을 구한 사건을 생각해 보자. 이 경우 일반소비자에게 청구인적격을 인정한 것은 사실상 채식주의자가 아닌 모든 국민에게 청구인적격을 인정하여 헌법재판소에서 정책적 판단을 받을 수 있는 계기를 인정한다는 것을 의미한다. 실제로 이러한 사건에서 쇠고기 섭취의 가능성이 있는지와 같은 자기관련성을 수많은 청구인들에 확인하지 않는 것이 보통이다. 사실상 이러한 사건에서 청구인적격은 한 사람에게서 확실히 인정되면 본안판단으로 나아가는 데 문제가 없기 때문이다. 이러한 성격의 헌법소원에서는 소비자에게 청구인적격을 인정하기 위해서 해당 사건의 특별한 사정 등에 의한 제한을 두는 것이 바람직하다. 同旨, 헌법재판소 2008. 12. 26. 2008헌마419 등 결정에서 김종대 재판관의 기각의견.

이 누구나 법률로서 권리를 갖는 경우 정보공개를 청구한 후 거부된 사람은 누구나 소권을 갖게 되지만 그 경우 정보공개청구 소송은 자신에 대한 권리침해 구제의 성격을 가지므로 광의의 공익행정소송이 될 수 있다. 반면, 주민소송이나 이하에서 살펴볼 환경단체소송 등은 '자신의 이익'과 소권의 부여 간에 직접적 상관관계가 없다.

3. 협의의 '공익행정소송'

가. 민중소송의 허용성

한편, 행정소송법에서 국가 등이 법률에 위반되는 행위를 한 때에 '직접 자기의 법률상 이익과 관계없이 그 시정을 구하기 위하여 제기하는 소송'으로 정의(법 제3조 제3호)되고 있는 '민중소송'은 협의의 공익행정소송이다.[22] 민중소송은 자신의 이익과 무관하게 객관적인 법질서의 유지라는 '공익' 자체를 추구하는 행정소송이다. 행정소송법은 민중소송을 별도의 법률이 정한 경우에 그 법률에서 정한 자에 한하여 제기할 수 있다고 하고 있는데(법 제45조), 그에 해당하는 별도의 법률은 선거소송을 제외하면 지방자치법의 주민소송 제도가 현재 유일하다.

행정결정에 대해 일체의 자기관련성 없이 모든 시민이 소를 제기할 수 있도록 하는 것이 타당한가는 남소 등으로 인한 사법작용의 낭비와 같은 문제점 외에도 권력분립의 차원에서 의문이 제기될 수 있다. 민중소송에 관한 입법 증가는 행정이 준수해야 하는 일반적 공익을 모든 개인이 자신의 권리로서 주장할 수 있도록 하여 의회가 행정부의 헌법상 의무를 법원의 의무로 이전하게 하는 결과를 초래한다고 비판할 수도 있을 것이다.[23] 그러나 우리나라의 행정소송법과 미국을 포함한 여러 비교법적 입법례는 민중소송의 가능성을 일반적으로 배제하고 있지 않고, 별도의 입법으로 협의의 공익행정소송 제도를 도입하는 것은 입법정책의 영역으로 받아들인다.[24] 이러한 형태의 민중소송에 대해 정당성이 인정되는 것은 위법한 행정결정을 일반시민 또는 관련사안에 관심이 있는 단체에게 직접 다투도록 하는 것이 행정참가·행정통제에 필요하고, 이를 부정하면 행정의 위법을 사법적으

22) 법무부의 2013년 행정소송법 개정안 제3조는 아예 '민중소송'을 '공익소송'으로 개칭하고 있다. 공익소송이 객관소송과 동일한 제도는 아니므로 이러한 개정이 바로 객관소송은 공익소송이고 그에 대비되는 항고소송은 주관소송임을 분명히 한 것이라는 의도는 아니다. 다른 견해로, 김중권, "취소소송에서 계쟁처분의 위법성의 권리침해견련성에 관한 소고", 행정판례연구 제20권 제2호, 2015. 12, 104면.

23) Lujan v. Defenders of Wildlife, 504 U.S. 555, 562-563 (1992)에서 멸종위기생물종보호법상 시민소송에 대해 언급한 스칼리아 대법관의 법정의견.

24) 독일의 경우에도 행정소송법 제42조 제2항 전단은 "법률에서 달리 정한 바가 없는 한" 주관적 권리침해 여부를 기준으로 원고적격이 정해진다고 하고 있으므로, 별도 법률이 달리 규정하는 것은 허용된다. 그 대표적인 예가 이하에서 보게 될 이타적 단체소송 제도이다.

로 교정할 기회 자체가 인정되기 어렵다는 규율영역의 특수성이 있기 때문이다.

나. 주민소송의 경험

주민소송은 주민감사청구를 거친 지방자치단체의 주민이라면 누구나 지방자치단체의 재무회계에 관한 사항의 위법을 대상으로 소를 제기할 수 있도록 한 제도이다. 행정에 대한 재정통제기능을 주된 목적으로 한다는 점에서 대표적인 공익소송제도의 하나인 납세자소송과 제도의 취지를 같이 한다. 주민소송제도가 현재 유일한 협의의 공익행정소송이라는 점에서 이 제도가 실제 공익소송으로서 어떤 기능을 하고 있는지를 검토해 보는 것은 의미가 있을 것이다. 공익행정소송이 늘어날 경우 법원의 부담이 얼마나 늘어나는지, 행정의 공익적 통제가 향상되는지에 대한 시험적 평가가 이루어질 수 있을 것이기 때문이다.

눈에 띄는 것은 현재까지 주민소송의 활용도가 상당히 저조하다는 점이다. 주민소송은 제도가 도입된 2005년 이후 현재까지 총 33건의 소 제기가 있었음에 불과하다. 그 중에서도 14건은 지방의회 의원의 의정비 인상에 관한 조례를 다툰 사건에 편중되어 있다. 게다가 33건의 사건 중에서 원고가 실질적으로 승소한 사건은 최근 도로점용허가의 위법을 확인한 사례가 유일하다.[25] 물론 주민소송 제도의 존재 자체로 지방자치단체 재무회계사항에 대한 위법행위에 대한 억제(deterrence) 효과가 있기는 하겠지만, 직접 주민소송을 통해 위법한 재무회계행위를 고친 실제 사례는 없는 셈이다.

다. 새로운 공익행정소송제도로서 환경법상 단체소송제도의 도입 가능성

환경행정법상의 단체소송제도는 일정한 자격을 갖춘 단체에게 환경법규의 위법을 법원에서 다툴 수 있는 자격을 부여하는 제도이다. '이타적' 단체소송제도라고 불리는 명칭에서도 드러나는 바와 같이 이 제도는 '사익 관련성'을 요구하지 않는 협의의 행정공익소송으로서, 일반적으로 환경법 집행을 강제하기에 적합한 단체에 한정하여 소권을 인정한다는 점에서 일반적인 의미에서의 만인소송은 아니다.

단체에 소권을 인정하는 방식은 법원을 통해 소송허가를 받는 방식도 있고, 사전에 미리 단체소송제도에서 원고적격을 갖는 단체로 승인절차를 두는 방식도 있다.[26] 독일 환경단체소송의 경우에는 후자의 방식, 즉 연방 또는 주 환경부가 ① 정관을 통해 판단할 때, 자연보호 및 경관보호를 그 목표로서 주로 추구하며 그것이 일시적인 경우가 아닐 것(환경권리구제법 제3조 제1항 제2문 제1호), ② 승인의 시기에 최소한 3년 이상 존속하면서 승

---

25) 대법원 2016. 5. 27. 선고 2014두8490 판결.

26) 우리나라의 경우 법원의 절차는 아니지만 환경분쟁조정위원회의 분쟁조정에서 일정한 요건을 갖춘 환경단체가 위원회의 허가를 받아 분쟁조정을 신청할 수 있도록 하고 있다. 법 제26조 참조.

인 시점에 활동을 하고 있을 것(제2호), ③ 해당 단체의 정당한 임무수행이 보장될 것(제3호) 등을 사전에 심사하는 승인절차를 거치도록 한다.[27]

독일의 경우 단체소송의 도입 논의가 시작된 70년대에는 정치적으로 경제적 이해관계자들의 반발이 컸고 이론적으로 권력분립 위배 여부가 논의되었으나, 단체소송의 목적이 법원으로 하여금 환경보호에 대한 행정의 공익판단을 대체하게 하는 것이 아니라 환경관련 법률의 집행과 관련한 위법 여부를 판단하는 계기를 마련하는 데 있다는 점이 널리 받아들여져 도입이 되게 되었다.[28] 독일의 입법사를 보면, 최초 주 단위의 자연보호법에서 규정이 마련되기 시작하였다가, 다음으로 2002년 연방자연보호법 제63·64조에서 단체소송제도가 수용되기에 이르렀으며, 환경단체에 대해 정보접근권, 절차참여권, 소송참가권을 포괄적으로 부여하는 국제조약인 이른바 오르후스협약에 유럽연합과 독일이 가입한 이후에는 동 협약에 따른 유럽연합지침을 전환한 독일의 환경권리구제법이 다양한 환경법규 위반을 다투는 소송에서 환경단체의 원고적격을 인정하게 되었다.[29] 연방자연보호법에 따른 환경단체의 원고적격은 자연보호에 관한 법규 위반을 다투는 데 한정되었던 반면, 환경권리구제법은 환경영향평가를 의무적으로 실시해야 하는 결정을 비롯해 연방공해방지법(BImSchG), 물관리법, 폐기물관리법, 환경손해법에 따른 행정처분의 위법을 행정소송의 대상목록으로 인정함으로써(동법 제1조 참조) 환경단체의 원고적격이 광범위한 환경법 규정 위반에서 인정되게 되었다. 흥미롭게도, 환경권리구제법의 제정 당시에 독일은 주관적 권리구제를 중심에 놓는 행정소송체계의 전통에 따라 '권리침해'의 요건을 환경단체의 원고적격 요건에 포함시켜 입법하였는데, 유럽재판소는 그와 같은 입법이 유럽지침을 불충분하게 전환한 것이라고 하여 무효 결정[30]을 하였고, 그 결과 독일 환경권리구제법도 환경단체가 주관적 권리침해를 주장할 필요 없이 환경관련 법령의 위반을 주장하면 충분한 공익행정소송임을 분명히 하는 것으로 개정이 이뤄진 바도 있었다.

이상의 제도는 미국에서 다수의 환경관련 법률에서 인정되는 시민소송(civil suit) 제도와도 제도의 취지를 같이 하는 것이다. 시민소송 제도 역시 환경행정이 갖는 특수성을 바탕으로 하는데, 환경 관련 법률의 경우 법률의 집행에 문제가 있더라도 이를 소송의 형태로 바로잡기 어려운 경우가 많다는 점, 해당 법률이 널리 '공익'으로 통칭될 수 있는 자연의 이익이나 동물의 이익을 위한 보호적 조치를 두고 있을 때 그것을 인간의 권리 또는 이

27) 김태호·김정환, 위의 연구총서(각주 12), 2016, 139－140면.

28) 김태호·김정환, 위의 연구총서(각주 12), 2016, 138면.

29) 현재는 더 나아가 다수 주에서는 동물보호를 위해 동물보호법 등의 위법을 다투는 동물보호단체의 단체소송을 인정하고 있다. 이에 관한 입법상황 등에 대해서 자세히는, 송동수·한민지, "독일법상 동물보호를 위한 단체소송", 환경법연구 제39권 제1호, 2017. 4, 181－207면.

30) 유럽재판소(ECJ), 2011. 5. 12. 결정 - C－115/09 (Trianel).

익 침해로 환원할 것으로 요구하여서는 통상의 행정소송에서 원고적격을 인정받기 어렵다는 점을 고려한 것이다. 이와 같이 환경행정법 영역에서 환경단체소송은 법원을 통한 환경공익을 담보하는 적절한 수단으로 여러 비교법적 사례에서 인정되고 있다.

라. 행정이 원고가 되는 공익소송의 인정(parens patriae action)?

'공익'행정소송이라고 한다면, 국가 등 공공기관이 원고적격을 가질 수는 없는 것인가를 상정해 볼 수 있을 것이다. 국가·지방자치단체가 사법과정을 통해 적극적으로 공익을 실현할 수는 없는가 하는 것이다. 현행법상 법인격이 다른 경우에 지방자치단체와 국가가 각각 국가 또는 지방자치단체를 상대로 법률상 이익이 인정되면 행정처분에 대한 항고소송의 원고적격, 당사자소송의 당사자적격을 인정받을 수 있는 가능성은 열려 있다.[31] 그럼에도 조직 간의 권한 분쟁에 관한 기관소송을 입법화하는 것을 별론으로 할 때, 공익행정소송에서 공공기관이 공공기관을 상대로 '공익 추구'를 다투는 행정소송을 제기하는 것은 현행법상 불가능하고 적절한 것도 아니다.

반면 공익민사소송의 일환으로서 공공기관이 공익을 보호하기 위하여 소를 제기할 수 있는 제도를 두는 것은 상정가능하고 미국에서는 실제 입법례도 있다. 父權訴訟이라고도 번역되는 미국법상의 파렌스 파트리에(parens patriae) 소송 법리는 일반소송의 절차에서 연방주 등이 시민을 대리하여 공익목적의 소송을 제기할 수 있다고 한다.[32] 이에 따라 미국의 판례 법리는 연방주 정부가 이른바 준국가적 이익(quasi-sovereign interest)을 위해 직접 소를 제기할 수 있는 자격을 인정하고 있다. 여기서 준국가적 이익이란 고권의 행사와 같은 국가적 이익과 대비되어 주민 상당수가 입게 되는 건강, 복지상의 피해와 관련한 이익을 가리키는 것이다.[33] 예를 들면 환경오염 사건에서 피해자를 대신하여 주 정부가 나서서 주민들의 손해배상청구를 하는 것이다. 이와 같은 소송을 인정하게 되면 주민의 분산된 이익을 국가기관이 대리하여 소송을 효과적으로 수행할 수 있는 이점이 있어 불공정거래행위 등에 대한 억제력을 높일 수 있다고 한다.[34]

이러한 소송형태는 공익민사소송의 형식을 띠지만 규제에 대한 보완적 성격을 갖는다는 점에서 공법적 차원에서 관심의 대상이 된다. 우리나라에서도 파렌스 파트리에 소송 법리가 소비자 피해구제나 불공정거래 규제 분야에서 직접규제를 대신하는 대안으로서 검토

31) 자세히는 박정훈, 행정소송의 구조와 기능 중 "지방자치단체의 자치권을 보장하기 위한 행정소송"(제9장)을 참조.

32) 현재는 미국 독점금지집행법(Hart-Scott-Rodino Antitrust Improvements Act of 1976) 제3장에 규율되어 있는 내용이다. 간략한 소개로는 김태호·김정환, 위의 연구총서(각주 12), 2016, 100-103면 참조.

33) 이규호, 위의 논문, 154면 이하; 이정수, "증권불공정거래 규제영역에서의 공익소송 연구", 증권법연구 제14권 제3호, 2013, 136-137면 각주 35 참조.

34) 이정수, 위의 논문, 130-136면 참조.

된 바 있다. 이 제도가 인정되면 당사자적격이나 소익이 없는 국가에게 별도의 소권을 부여하게 되고, 이는 소구가능성을 높여서 독점금지법 규정의 준수 동기를 강화하는 효과를 갖는다.

이 제도에 대한 상세의 내용은 본고의 논의 범위를 벗어나는 것이어서 상술하기는 어려우나, 행정이 원고가 되어 사법제도를 적극적으로 활용하는 방법으로 공익 목적을 달성하도록 하는 것은 신중한 접근이 필요하다고 생각한다. 가령 우리의 경우 이미 공정거래법상 시정명령, 과징금 등의 행정처분을 우선 활용할 수 있기 때문에 피해자가 직접 가해자에게 책임을 묻도록 하는 법의 '사적 집행'(private enforcement)도 소극적으로 활용되고 있다. 그런데 이를 넘어 국가기관이 피해자를 대신해 소를 제기할 수 있게 하는 것은 손해배상의 용이성은 있을지 모르나 제도 도입의 실익이 있을지는 의문이다. 국가기관이 자신의 권한을 행사하지 않고 소송을 이용하도록 한다는 비판에 노출되지 않을 수 없기 때문이다.

4. 소결

공익행정소송의 허용 여부와 관련하여 소송요건 단계에서 문제되어 온 행정소송법 제12조 전문의 '법률상 이익' 해석에 관한 논란은 법원이 이를 '법률상 보호되는 이익'으로 파악하면서도 처분을 다투는 제3자의 원고적격 인정 법리를 확장해 옴으로써 상당 부분 해소된 것으로 평가할 수 있다.[35] 물론 '법률상 이익'을 '법질서 전체에 의해 보호할 가치가 있는 이익을 가리키는 것'으로 새긴다면[36] 현행법 해석만으로 공익행정소송의 원고적격 문제에서 공백을 제거하는 것이 상당 부분 가능하지만,[37] 현재 법원의 법리를 수용하면서도 실무적으로는 광의의 공익행정소송에서, 특히 인인소송으로서의 환경행정소송에서 원고적격이 인정되는 지역 주민을 원고로 내세우는 등의 방법으로 원고적격의 문제를 해소하고 있기도 하다. 여전히 원고적격이 부정되는 경우로는 해당 처분과 관련하여 인근 주민이 존재하지 않거나 인근 주민의 관련성을 법령에서 도출하기 어려운 경우,[38] 자연경관

35) 가령 대법원 2006. 3. 16. 선고 2006두330 전원합의체 판결

36) 가령 박정훈, 행정소송의 구조와 기능, 281－284면 참조.

37) 이원우, "시민과 NGO에 의한 행정통제 강화와 행정소송: 항고소송의 원고적격 문제를 중심으로", 법과사회 제23호, 2002., 191면.

38) 대법원 2012. 7. 5. 선고 2011두13187,13194 판결. 이 사안에서는 주민이 절대보전지역의 해제처분을 다투었다. 대법원은 그 처분이 "① 소유권에 가한 제한을 해제하는 처분에 해당하는 것으로 그 자체로 인근 주민의 생활환경에 영향을 주는 사업의 시행이나 시설의 설치를 내포하고 있는 것이 아닌 점, ② (…) 절대보전지역으로 지정되어 보호되는 대상은 인근 주민의 주거 및 생활환경 등이 아니라 제주의 지하수·생태계·경관 그 자체인 점, ③ 조례 제3조 제1항은 절대보전지역의 지정 및 변경에는 주민들의 의견을 듣도록 하고 있으나 보전지역을 축소하는 경우에는 예외로 한다고 규정함으로써 그 절차에서도 절대보전지역 지정으로 인하여 환경상 혜택을 받는 주민들이 아니라 권리의 제한을 받게 되는 주민들을 주된 보호

을 누릴 이익 침해 주장과 같이 이른바 '사실상의 손해' 주장을 하는 경우, 법인이 환경상 이익 침해를 주장하는 경우[39] 정도가 있다.

제도적으로 볼 때 광의의 공익행정소송에 대한 원고적격 확대 논의는 행정소송법 개정과 고착된 사법실무 법리의 변화 문제로서 별론으로 하더라도, 협의의 공익행정소송 제도는 법률적 뒷받침 속에 부분적으로 확대될 필요가 있다. '부분적'이라 함은 공익행정소송 제도를 공익민사소송 제도와 합쳐 하나의 단일법제에서 입법화하려 하거나, 공익행정소송에 관한 일반 단일법제를 입법화하는 것은 바람직하지 않다는 의미이다. 광의의 공익행정소송은 문제색출적 개념에 가까워서 이를 일반 행정소송법제와 구분하여 법제화하기 쉽지 않고, 협의의 공익행정소송은 각 영역별로 상이한 '공익'의 문제상황이 있어 이를 포괄하기가 여의치 않을 것이라 보기 때문이다. 개별적인 유형으로서는 대표적으로 앞서 살핀 바와 같이 원고적격이 부정되는 유형에 대해 환경법 집행상의 위법 여부를 법원에서 심사할 수 있도록 하는 환경단체 행정소송을 먼저 입법화하는 것이 바람직하다.

그 밖에 공익행정소송의 제도화와 관련하여서 본안과 관련해서는 다음과 같은 쟁점이 있을 것이다. 먼저 본안의 위법성 판단에서 원고의 권리침해와 관련이 있는 부분만을 판단할 것인가와 같은 쟁점도 제기될 수 있는데 우리 행정소송법이 현재 그와 같은 제한 규정을 별도로 두고 있지 않고 향후에도 그와 같은 제한을 두는 것이 바람직하지 않다[40]고 생각한다. 다음 심리방법과 관련하여 현재 행정소송법 제26조의 직권심리에 관한 규정이 일반적으로 변론주의를 보충하는 것으로 제한 해석되고 있기는 하지만 직권주의를 확대할 수 있는 해석의 여지는 열려 있고, 행정판결이 있으면 법적인 판결의 효력이 아니라고 하더라도 사실상 행행정실무에 영향을 미치고 있으므로 반드시 추가적인 규정이 필요한 것은 아니다. 공익행정소송의 본안 판단 문제는 입법화의 문제라기보다 법리 변화에 대한 논의로서 접근될 필요가 있다. 다만 특히 협의의 공익행정소송이 행정소송법 개정 등을 통해 별도의 범주로 편입된다면 그 성질에 부합하는 별도의 규정을 두면 될 것인데, 그 경우에는 가령 다음과 같은 제도적인 착안점들을 생각해 볼 수 있다.

첫째, 공익행정소송의 경우 본안심리에서 직권주의적 요소를 강화하여 사실인정이 공론화 절차로서 기능할 가능성을 분명히 하는 것을 생각해 볼 수 있다.[41] 사회적 논란이 되

의 대상으로 하고 있는 점"을 들어 주민이 누리는 생활환경상 이익은 법률상 이익에 해당하지 않는다고 보았다.

39) 대법원 2012. 6. 28. 선고 2010두2005 판결

40) 최계영, "항고소송에서 본안판단의 범위"(2015), 127면은 그와 같은 제한을 두게 될 경우 제반 공·사익에 대한 종합적인 형량을 통해 처분의 위법 여부를 판단할 수 없게 되는 문제가 있음을 지적한다.

41) 이미 1960년대에 이러한 인식이 있었음에 주목할 필요가 있다. 일찍이 부동산경락허가결정에 대한 대법원 1966. 3. 8. 자 66사2 전원합의체 결정에서 대법원판사 한성수의 반대의견 참조.
"농지개혁법에 따른 농지분배처분에 대한 소송은 행정소송법의 적용을 받아야 하므로 행정소송법의 유

는 공익소송에서의 사실인정 절차는 종종 공신력 있는 전문가의 판단과 비용이 소요되는 사회적 쟁점을 법원의 장으로 가져오는 경우가 많은데, 이 때 사실인정은 실질적인 의미에서 '사실평가'와 유사하므로[42] 이 과정에서 법원이 공론의 장에서 공신력 있는 판단의 토대를 제기한다는 의미가 있다. 가령 인도의 공익소송은 특별히 중요한 공익소송 사건에서 '사실인정 위원회'(fact-finding commissions)를 두고 쟁점에 대해서 사실조사를 하여 보고하도록 공익소송을 운용하고 있다고 한다.[43]

둘째, 일정한 요건 하에 공익행정소송의 소송비용 보전이 제도화될 필요가 있다. 공익행정소송의 제기 주체가 소송의 동인을 상실하지 않도록 보장하는 것은 공익 차원에서 정당화될 수 있다. 헌법소송의 경우를 참고하여 인지대의 경우는 물론, 원고 패소 시 공익추구 목적이 분명하고 주장의 내용이 다퉈봄직한 것으로 인정되는 경우 소송비용의 일부를 보전해 주는 방안을 입법화함직하다. 주민소송에서는 주민이 승소한 경우 지방자치 재정의 보전에 기여한 부분에 대한 일정한 포상제도를 도입할 수도 있을 것이다.

추적용을 받아야 할 것이며, 통상적 민사소송에 있어서와 마찬가지로 변론주의나 당사자처분권 주의의 적용만으로 처리되어야 할 것으로는 볼 수 없는 것이다. (…) 같은 민사소송의 형태를 취하면서도 그것이 공익에 관련되는 소송의 범주에 속하는 경우에 있어서는 그저 그것이 민사에 관한 소송이라는 일반적 관념에만 사로잡혀 덮어놓고 민사에 관한 소송의 일반적 원리원칙에 불과한 변론주의와 당사자처분권주의만을 내세워서 형식적으로 이를 처리할 것이 못되는 것이다. (…) 법원이 변론주의나 당사자 처분권주의의 구속을 받게 됨으로써 본의 아니게도 당사자 개인의 자백 등 사사로운 처사에 기속을 받아야 하고 부당한 당사자가 농지 분배에 있어 승리를 거두게 되어야 한다는 해석을 취한다면 농지 개혁에 관한 민사소송은 공익에 관계되는 소송임에도 불구하고 결국 석명권행사를 요하지 않을 정도로 명백한 당사자의 자의적인 처사에 기속됨으로써 법원이 실질적 정의에 어긋나는 재판을 강요당하는 결과가 되고 말 것이다. 이와 같은 견해는 명백히 불합리한 해석인 것이다. 따라서 우리는 농지개혁법에 의한 농지분배의 위법 처분에 관한 소송은 그 성질상 공익소송의 범주에 속함에 착안하여 이 소송에 행정소송법 제9조를 준용함으로써 법원은 필요한 경우에 직권으로 당사자가 주장하지 않은 사실에 관하여도 판단할 수가 있다고 보아 일종의 직권탐지주의가 적용된다고 봄이 옳을 것이며, 또 같은법 제12조를 준용함으로써 원고의 청구가 이유 있는 경우라도 처분을 취소하거나 변경함이 현저히 공공의 복리에 적합하지 아니하다고 인정하는 때에는 법원은 청구를 기각할 수도 있고, 또 이런 경우에는 재해시설, 손해배상 그 밖의 적당한 방법을 명할 수 있다고 봄이 옳을 것이며, 또 같은 법 제13조를 준용함으로써 그 소송에서의 확정판결은 당해사건에 관하여 원, 피고 당사자뿐만 아니라 관계행정기관과 그 소속기관까지도 기속한다고 봄이 옳을 것으로 믿는 바이다."

42) 서원우, "공공소송에 관한 연구(Ⅱ)", 1985, 52면.

43) Sheela Barse v. Union of India (1993) 4 SCC 204. 사건의 처리가 대표적이다. 안현주 · 정채연, 인도 공익소송 및 국내 도입방안 연구, 화우공익재단 연구보고서, 2017, 30면 참조.

Ⅲ. 公益行政訴訟 本案에서 法院의 公益判斷

1. 공익행정소송에서 공익 판단 과정

공익행정소송에서의 본안 판단의 핵심은 '공익'의 구체화와 이익형량이다. 그런데 앞서 본 바와 같이 공익행정소송에서의 공익 추구는 행정작용의 정당성을 주장하는 의미가 아니라 행정작용에 대한 교정의 필요성이 있다고 주장하는 의미이다. 이 경우 공익의 고려 주장은 기본권 보호를 위해 제3자의 기본권을 제한하는 국가적 개입을 요구하는 근거가 될 수도 있다.[44] "구체적 사회문제로서의 사법적 부정의의 시정과 사법적 수단을 통한 공익 실현[45]을 주장하는 것이 '공익'행정소송에서 공익 판단이다.

이에 공익행정소송의 본안 판단은 입법권에 의해 규정되고 사법권에 의해 최종적으로 해석되는 법규범으로서의 공익이 문제된다.[46] 그리고 여기서 공익은 그 내용을 정함에 있어서부터 제반 공·사익과의 관련성을 가진다. 따라서 공익행정소송에서 어려운 공익 판단은 많은 경우 행정의 공익에 대한 판단을 담은 재량권 행사에 대해 그 이익형량의 타당성을 검토하는 것이다. 원고는 행정의 공익 판단이 공익에 위배된다고 하거나, 행정이 생각하는 공익이 원고와 관련인들의 이익을 과도하게 침해한다는 주장을 한다. 광의의 공익행정소송에서 원고는 대체로 자신의 권리 또는 이익에 관한 주장이 공익을 관철하는 의미가 있음을 주장하는 셈이다. 이에 대해 법원은 행정의 이익형량에 따른 당해 결정이 공익적으로 정당화될 수 있는가를 심사하게 된다.

공익을 탐색하는 과정으로서 공익행정소송에서의 본안 판단을 운용하는 데 있어 공·사익 형량의 내실화와 관련해서는 다음과 같은 점이 강조될 필요가 있다. 무엇보다 공·사익 형량의 과정에서 공익 발견의 과정은 '잠재적 공익'[47]의 발견이라는 인식을 강화할 필요가 있다. 법원은 공익판단과정의 합리성, 논거의 명확성을 심사하려고 애써야 하며,[48] 판결 역시 그 판단의 합리성과 명확성을 검증받을 수 있도록 실질적 판단 이유를 숨기는 '가장적 근거부여'[49]를 해서는 아니 된다. 법원은 행정의 공익 판단을 법관의 공익 판단으로 대체하는 것이 아니라, 행정의 공익 판단 과정을 투명하게 드러내고 소송참여자들을 통

44) 이원우, "경제규제와 공익", 서울대학교 법학 제47권 제3호, 2006, 97면.

45) 김유환, "영미에서의 공익개념과 공익의 법문제화", 서울대학교 법학 제47권 제3호, 68면.

46) 최송화, "공익의 법문제화", 서울대학교 법학 제47권 제3호, 2006. 8. 15면.

47) 과정론적 공익 개념이라고도 한다. 최송화, 위의 책, 173－174면. 이는 규준적 공익, 또는 척도부여적 공익 개념(최송화, 공익론, 105면)과 대비된다.

48) 최송화, 공익론, 13면.

49) 박정훈, 위의 책, 58면.

해 투영된 공동체의 공익에 대한 인식을 규명하도록 애쓸 필요가 있다. 이를 통해 공익행정소송은 '공동체의 의사결정 메커니즘'[50]의 일부 기능을 나눠질 수 있고, 행정소송이 사회적 의사결정을 '심의'하고 '숙고'하는 참여의 장이 될 수 있다. 적어도 주요한 사회적 사건에서 이러한 과정이 만족스럽게 이루어질 때 공익행정소송에서 재판의 승패가 전부가 아닌 것이 될 수 있다. 사회적으로는 공익행정소송의 제기와 그 과정 자체가 공동체적 가치를 논의하는 장으로서의 의미가 있을 수 있기 때문이다. 이렇게 되면 공익소송은 '이타적'인 그 의도로 인해 "타인의 문제를 우리의 문제로 여기는 시민적 의식을 낳는"[51] 기회를 제공할 수 있다.

이상과 같은 형량 과정의 내실화가 사법심사 강도의 강화, 즉 이른바 정치의 사법화 강화 또는 사법적극주의와 같은 경향성만을 의미하는 것은 아니라고 생각한다. 무엇보다 공익행정소송 본안 판단의 심화는 공·사익 형량의 형평성 강화에 기여한다. 공익행정소송의 강화는 반드시 심사강도를 강화하는 것이 아니라 행정결정에서 제3자의 이익과 공동체의 이익이 공평하게 반영될 기회를 부여하는 의미를 갖는다. 이 점을 아래 도로점용허가에 관한 두 판례에의 예에서 다시 살펴보기로 할 것이다.

그리고 광의의 공익행정소송에서 원고의 주장은 많은 경우 '법적 권리'에 관한 주장을 담고 있다. 따라서 특히 광의의 공익행정소송에서 원고들이 주장하는 바는 분산되어 있는 자신들의 제대로 대접받지 못한 권리[52]를 고려하지 않은 행정의 결정을 바로잡는 것이 공공적인 의미도 갖는다는 주장인 셈이다. 법원이 고려할 것을 요구하는 분산된 이익은 권리성을 획득하지 못한 이익의 고려라기보다 권리로서 인정되고 청구되어 마땅한 이익[53]이라는 주장이다. 행정이 내세운 공익에 대해 소수자·약자의 권리[54]를 보장하려는 공익행정소송은 더욱 그러하다. 그런 점에서 공익행정소송의 보장은 한편으로 사법절차에 대한 접근권 보장이라는 의미를 갖는다.[55]

---

50) 이원우, "시민과 NGO에 의한 행정통제 강화와 행정소송", 법과사회 제23호, 2002, 164면.

51) 이황희, "헌법재판과 공적 참여", 저스티스 통권 제159호, 2017. 4., 26면.

52) 법원의 환경권의 효력에 대한 취급은 시사적이다. 환경권은 헌법상의 기본적 '권리'로 천명되어 있는데 실질적으로 '권리가 되지 못한 이익'으로 취급되곤 한다. 김태호, "환경권과 헌법 개정 - 입법론적 접근", 환경법연구 제39권 제2호, 2017, 7-10면 참조.

53) 이 때의 권리는 사회적으로 인정받지 못한 개인의 이기적인 요구를 관철하는 힘을 의미하는 것이 아니라, 이른바 '정당한 자기 몫'을 제도화하는 '타당한 요구로서의 권리'이다. 이러한 권리 개념은 파인버그의 이론에 따른 것으로 김도균, 법적 권리에 대한 연구(I), 215-219, 220-221면의 논의를 참조하였다.

54) 여기서의 권리는, 공동체의 정책이나 목표를 이유로 그 제약을 정당화하려는 시도에 맞서는, 드워킨(R. Dworkin)의 표현을 빌리자면 법관이 발견해야 할 으뜸패(trump)로서의 권리라고도 말할 수 있을 것이다.

55) 재판청구권의 사법접근권적 접근에 대해서는, 김현준, "환경사법액세스권과 환경단체소송", 환경법연구 제32권 제2호, 2010. 8을 참조.

2. 주민소송에서의 공익 판단의 예 – 도로점용허가 사건

협의의 공익행정소송으로는 주민소송이 유일하므로 주민소송의 사례를 분석하는 것은 공익행정소송의 법리 전개에 중요한 의미를 가질 것이다. 그러나 현재까지 지방자치단체 공무원의 재무회계행위가 위법한지 여부에 대해 공익 차원의 판단이 구체적으로 문제된 예가 많지 않아 분석이 용이하지 않다. 그럼에도 주민소송과 관련해 현재까지 유일한 원고 승소 사례라 할 대법원 2016. 5. 27. 선고 2014두8490 판결을 보면 위법한 재무회계행위의 방지 또는 시정이라는 공익소송의 기능과 관련하여 시사하는 바가 있다.[56)]

이 사건에서 핵심적 법리적 쟁점은 우선 도로점용허가라는 행위가 재무회계사항으로서 주민소송의 대상이 될 수 있는 성격을 지니는가에 있었다. 이에 대해 대법원은 도로점용허가라 하더라도 그것이 실질적으로는 도로 부분의 '사용가치를 실현·활용하기 위한' '임대 유사한 행위에 해당하는 것'이라면 주민소송의 대상이 된다고 보았다. 이 점에서 대법원은 재무회계행위를 통제하는 공익소송으로서의 주민소송 대상을 기존 항고소송과 충돌하지 않는 범위 내에서 적극적으로 확대한 것으로 이해된다.

이어 대법원의 위 판결(파기환송) 후 서울행정법원은 도로점용허가가 위법한가에 대한 구체적 판단을 하였다.[57)] 그에 따르면 입법자가 재량행위인 도로점용허가 시에 그 시설물의 용도나 설치 목적이 "공익에 부합하는지 여부"를 충분히 고려하여 결정하도록 하고 있는데, 해당 사건의 도로점용허가는 공익에 반하고 취소되어야 한다고 한 것이다. 다시 말해 행정청의 도로점용허가는 지방자치의 공유재산 관리·처분이 '해당 지방자치단체 전체의 이익에 맞도록 할 것'이라는 원칙에 부합해야 하는데, 지방자치단체는 "경제적 관점에서 도로의 효율적 이용이나 지방자치단체의 수익만을" 앞세워 점용허가가 해당 지방자치단체 전체의 이익에 맞는지 여부를 충분히 고려하지 않았다는 것이다.

이 판결은 대법원이 도로점용허가의 공익적 측면을 적극적으로 부각하여 논증한 점에서 의미가 있다. 그런데 이하의 비교 대법원 판례와 견주어 보면, 이 판결은 주민소송 제도가 왜 행정의 공익판단에 대한 균형 있는 통제를 위해 필요한지를 보여준다는 점에서도 의미가 있다. 즉 매우 유사한 사실관계에서 이번에는 행정청이 도로점용허가를 거부한 사건[58)]에 관하여 대법원은 도로 지하의 점용을 전제로 하는 건축허가변경 신청을 거부한 것이 위법하지 않다고 판단하였다. 대법원은 "일반 공중의 이용이라는 공익적 목적에 제공되어야 하는 도로를 원고의 독점적·사적 이용에 제공함으로써 초래되는 문제를 감수하면서 허가를

56) 대법원 2016. 5. 27. 선고 2014두8490 판결. 이 판결에 대한 전반적인 분석으로는, 최계영, "주민소송의 대상과 도로점용허가", 법조-최신판례분석, 제65권 제9호, 2016. 12를 참조.

57) 서울행정법원 2017. 1. 13. 선고 2016구합4645 판결

58) 대법원 2008. 11. 27. 선고 2008두4985 판결

할 문제는 아니므로" 허가변경신청의 거부가 재량권의 일탈·남용에 해당하지 않는다고 본 바가 있었던 것이다. 즉 행정청이 도로점용허가를 거부하는 것은 "관련 시설이 당해 지방자치단체에서 차지하는 사회 · 경제 · 문화적 측면들을 모두 고려한 행정적 · 정책적 판단의 소산이라 할 것이므로 이 사건 통로의 설치를 통해 연결하고자 하는 교회 건물과 관련 시설과 같이 그 사회 · 경제 · 문화적 의미가 매우 제한적인 시설물 이용의 편익을 주목적으로 하는 도로점용허가신청의 경우에 이를 원용하기에는 적절하지 아니하고, 오히려 이를 받아들이게 되면 향후 유사한 내용의 도로점용허가신청을 거부하기 어렵게 되어 그 결과 도로지하의 무분별한 사적 사용과 그에 따른 공중안전에 대한 위해의 우려가 점증하게 된다는 점 등의 역기능 내지 부작용도 고려하여야만 한다"고 하였다.

위 두 사건에서 대법원은 도로점용허가의 공익판단에 대해 같은 방법으로 심사하여 재량권의 일탈·남용 여부를 판단한 사건이다. 그런데 도로점용허가의 경우 처분의 직접 상대방을 제외하고 이를 다툴 제3자를 상정하기가 어렵다. 따라서 도로점용허가를 거부한 데 대해서는 직접상대방이 항고소송으로 판단의 기회를 얻을 수 있는 반면, 허가를 발부한 데 대해서는 주민소송이 없을 경우 행정청의 공익 판단에 대한 평가 기회에 해당 지방자치단체의 재정 손실, 인근 주민의 불이익 등을 심사하기가 어려웠을 불균형에 주목할 필요가 있다. 이 사건에서 공익판단에 대한 개입이 과도한 것인지, 반대로 재정 손실에 대한 손해배상까지 인정하여 해당 공무원에 대한 제재적 효과를 도모했어야 하는지를 떠나, 주민소송의 존재는 도로점용허가에서 적극적인 공익 판단을 할 것을 요구하는 재량통제의 균형을 달성한 것으로 평가할 수 있다.

3. 공익행정소송으로서 국가배상소송에서의 공익 판단

한편, 공익행정소송과 관련하여 국가배상소송의 공익 고려에 대해서도 생각해 볼 점이 있다. 일반적으로 민사 불법행위책임은 손해전보적 기능과 함께 예방적 기능, 즉 행위지침의 제시 기능과 유도 기능을 수행한다[59]고 할 때 배상책임의 부과는 그 자체 일정한 공익적 기능을 수행하는 측면이 있다. 더욱이 국가배상책임의 경우에는 특히 행정주체의 행위불법 여부에 대한 판단을 하고 책임을 묻는 의미를 갖는다는 점에서 예방과 함께 행정통제적 기능을 수행한다.[60]

그런데 국가배상책임에서 고려해야 할 '공익'이 무엇이고 국가배상소송은 '공익행정소

59) 개괄적으로 권영준, "불법행위법의 사상적 기초와 그 시사점: 예방과 회복의 패러다임을 중심으로", 저스티스 통권 제109호, 2009. 2. 특히 77면 이하를 참조.

60) 박균성, "사법의 기능과 행정판례", 행정판례연구 제22권 제1호, 2017. 6. 47면.

송'으로서의 어떤 기능을 수행하는가는 다차원의 문제가 있다.[61] 앞서 국가배상소송의 기능에 대한 언급이 국가배상소송을 '통한' 행정의 '공익실현 담보' 차원이었다고 한다면, 국가배상소송에서 공익의 고려는 종종 손해 전보의 제한을 고려하는 차원에서 문제된다. 즉 '공무집행에 대한 안전성' 확보를 위해서 개인책임을 제한하는 것을 공익적 의미가 있다고들 하고, 과도한 재정 지출의 우려도 '공익'의 관점에서 손해배상 제한에 대한 암묵적인 고려요소가 될 수 있다. 그런데 이와 같은 의미로 국가배상을 제한하는 공익적 고려를 하게 되면 국가배상을 인정함으로써 위법행위를 방지하도록 하는 기능, 즉 공무집행의 적법성을 확보하는 중요한 공익적 기능을 상실할 수 있다.

국가배상소송에서의 공익적 고려에 대해서는 상반된 평가가 가능하다. 법원이 명문의 규정이 없는 경우에도 공무원의 직무상 손해뱅지의무를 인정하는 것은 긍정적이지만, 의무 불이행이 '현저하게 합리성을 잃어 사회적 타당성이 없는 경우'에 한해[62] 책임을 인정하는 소극적 법리에 대해 비판적인 시각[63]이 있는가 하면, 국가배상소송에서 "피해국민의 보호 필요성과 국고의 재정부담을 비교형량하는 사법정책상의 문제가 내포"되어 있어 제한이 필요하다는 시각[64]도 있다.

공익소송의 예라고 할 교정시설의 과밀 수용과 관련한 국가배상소송에서 한 하급심 판결의 설시는 그 고민을 잘 드러낸다.[65] 이 판결은, "교정시설을 신축함에 있어서는 막대한 국가예산이 소요되고, 이른바 님비 현상으로 인하여 교정시설 신축부지 선정에도 어려움이 있는 점 등"의 사정이 있음을 인정하면서도, 그러한 "사회, 경제적 사정들만으로는 기본 생활영위에 필요한 최소한의 공간조차 확보되지 못한 거실에서 인격체로서의 기본 활동에 필요한 조건을 박탈당하는 수용자들의 고통을 정당화하는 사유가 될 수 없다."고 하면서, "인간의 존엄과 가치에서 비롯되는 국가형벌권 행사의 한계를 준수"하였다고 할 수 없는 과밀수용행위는 인간의 존엄과 가치를 침해하는 공권력의 행사로서 정신적 손해를 배상할 의무가 있다고 한 것이다.

불가항력과 같은 상황에서 국가배상책임을 인정할 수는 없겠지만, 국가배상책임이 행정의 공익수행 기능을 담보해야 한다는 인식, 그리고 국가가 '책임'을 진다는 의미의 엄중함을 생각할 때 법적 근거 없이 재정상의 어려움이나 국고의 부담과 같은 이유를 공익의

61) 국가배상소송에서 국가배상소송에서 사익보호성을 요구하는 일부 판례(대법원 2001. 10. 23. 선고 99다36280 판결)의 문제나 국가배상의 위법 판단에서 '인권존중·권력남용금지·신의성실' 등을 고려하여 판단하도록 하는 법리의 문제(대법원 2015. 8. 27. 선고 2012다204587 판결 등)도 국가배상소송이 수행하는 공익적 기능 차원에서 접근해 볼 수 있을 것이다.

62) 대법원 2016. 8. 25. 선고 2014다 225083 판결

63) 박균성, 위의 논문, 51면.

64) 모성준, "국가에 대한 편향적 손해배상책임 인정경향의 문제점", 민사법연구 제16집, 2008. 12, 4면.

65) 부산고법 2017. 8. 31. 선고 2014나50975 판결.

이름으로 고려하는 것은 신중을 기할 필요가 있을 것이다. 이 점에서 국가불법행위에 대한 국가배상소송에서 신속한 보상금 지급결정의 안정성과 같은 형식적 측면의 공익 사유를 들어 국가배상 범위를 제한한 것[66]은 법원의 공익 판단에 '공평과 정의의 관념'을 충실히 반영되어 있지 않았다고 평가할 수 있을 것이다.

Ⅳ. 制度化와 適用의 課題

지금까지 공익행정소송을 범주화해 보고 공익행정소송의 제도화와 운용에서 쟁점이 될 만한 몇 가지 국면을 예로 들어 문제의식을 전개해 보았다. 여느 사회제도가 그러하듯 공익행정소송의 도입 내지 활성화 역시 순기능과 역기능[67]을 모두 가질 수 있다. 공익소송의 경우에도 근본적으로 우리 시대 사법의 기능과 역할에 대한 이해와 진단이 수반된 상태에서 제도화를 모색해야 할 것이다. 가치다원주의 사회[68]에서 공익 판단에 대한 적극적인 법관의 이익형량이 어느 정도까지 논증을 통해 정당화를 구현할 수 있을 것인지,[69] 그러한 시도는 바람직하지도 않고 불가능한 것은 아닌지[70] 대답하기는 쉽지 않다. 사회적 논란이 되는 어려운 사례에서 이상과 같은 형량을 완벽하게 정량화한다는 것은 이른바 헤라클레스와 같은 이념형적 법관이라고 하더라도 쉽지 않은 임무가 될 것인데, 현실세계의 법관에게 이를 요구하는 것은 그야말로 "현실의 실무법관에 대한 약간의 기대과잉"[71]이라고 할 수도 있을 것이다.

그럼에도 사법 과정에서 정책의 문제가 논의되는 것은 이미 낯선 것이 아니고(정치의 사법화), 이 과정에서 재판을 통한 공익 판단의 취급과 설득력 문제는 공익행정소송 제도의 확대와 별도로 현존하는 난제이다. 헌법과 법률에 따라 요청된 공익의 실현에 행정뿐만 아니라 사법 또한 일정한 역할을 담지해야 한다는 전제를 받아들인다면, 어떤 공익행정소송 제도를 제도화하고 잘 운용할 것인가에 대한 논의를 좀 더 적극적으로 해 볼 필요는 있을 것이다. 본고의 시론적 기술에서도 드러난 바와 같이 공익행정소송에 대한 연구는 소송에

66) 대법원 2015. 1. 22. 선고 2012다204365 전원합의체 판결
67) 김태호·김정환, 위의 연구총서(각주 12), 2016, 40-43면 참조.
68) 법원이 '국익'의 대변자가 되려 하거나 '법후견주의' 내지 '법도덕주의적인 공익관'을 관철하고자 할 때 법원을 통한 '공익'의 실현은 자유주의적 관점에서 주된 비판의 대상이 된다.
69) 김도균, "법적 이익형량의 구조와 정당화문제", 서울대학교 법학 제48권 제2호, 2007. 6., 113-114면.
70) 조홍식, 사법통치의 정당성과 한계, 161-167면을 참조.
71) 서원우, "공공소송에 관한 연구 Ⅱ", 서울대학교 법학 62·63 합본호(1985. 10.), 65면. 근본적으로 이에 대해서는 법관의 양성과 선발, 우리사회에서 사법부의 기능에 대한 기대와 역할 설정 등에 관한 법조사회학적인 연구가 수반되어야 할 것이다.

관한 제도적 논의에서 시작하여 공익의 본질과 공·사익 이익형량, 행정에 대한 사법심사강도에 관한 행정법의 근본 문제로 귀결되지 않을 수 없다. 이에 대한 계속적인 탐구는 공익론에 관한 연구의 "다리를 놓은 분들"의 업적을 이어 "미래로 전진하는 후학들"의 과제임이 틀림없다.[72)]

72) 최송화, 공익론, 머리말 vii의 인용.

성소수자의 난민인정요건*
-대법원 2017. 7. 11. 선고 2016두56080 판결의 비판적 검토-

최계영**

"전통적으로 행정법학은 국내법을 대상으로 하는 것이었으나 행정현상의 국제화는 행정법의 관심을 국내법에만 고정시키기 힘들게 만들고 있다. (국제화에 대한 대응은)… 국제법의 규범력이 강화되면 될수록 행정법학의 주요 문제로 대두될 전망이다."[1)]

I. 대상판결의 개요[2)]

1. 사건의 개요

(1) 처분의 경위

원고는 이집트 국적의 외국인으로서 2014. 4. 5. 관광·통과(B-2) 체류자격으로 대한민국에 입국하여 체류하다가 체류기간 만료일(2014. 5. 5.) 전인 2014. 5. 2. 피고(서울출입국관리사무소장)에게 난민인정신청을 하였다. 피고는 2015. 1. 14. 원고에게 「난민의 지위에 관한 1951년 협약」(이하 '난민협약'이라 한다) 제1조, 「난민의 지위에 관한 1967년 의정서」(이하 '난민의정서'라 한다)에서 난민의 요건으로 규정한 '박해를 받게 될 것이라는 충분히 근거가 있는 공포'가 있는 경우에 해당하지 않는다는 이유로 난민불인정결정(이하 '이 사건 처분'이라 한다)을 하였다.

---

* 이 글은 2017년 12월 31일 발행된 행정판례연구 제22-2집에 게재된 논문을 전재한 것입니다.

** 서울대학교 법학전문대학원 교수

1) 최송화, "한국 행정법학 50년의 성과와 21세기적 과제", 「서울대학교 법학」, 제36권 제2호, 1995, 153-154면.

2) 성적 지향 또는 성정체성에 기초한 박해를 두려워하는 사람들을 광범위하게 아우르기 위해 성소수자라는 용어를 사용하였다. 여기에는 레즈비언(lesbian), 게이(gay), 양성애자(bisexual), 트랜스젠더(transgender), 인터섹스(intersex) 등이 포함된다. 난민 관련 영어 문헌에서는 LGBTI라는 약어가 사용되는 경우가 많다.

(2) 원고의 주장

원고는 동성애자로서 그 사실이 본국에 있는 가족과 커뮤니티에 밝혀졌다. 현재 이집트에서 법적으로 동성애를 유죄라고 명문화하고 있지는 않으나 이집트 정부는 동성애를 '이슬람에 반하는 성행위·이단적 행위'로 규정하고 동성애자들에 대해 풍기문란죄를 적용하여 처벌해왔다. 또한 원고의 형은 원고가 동성애자라는 사실이 알려져 2014. 4. 20. 자유정의당으로부터 납치를 당했다가 두 달 만에 풀려난 바 있는데, 원고의 형이 납치를 당한 이유는 자유정의당이 동성애자인 원고를 잡기 위한 것이었다. 따라서 원고는 귀국시 특정사회집단의 구성원인 신분으로 인하여 생명, 신체의 위협을 당할 가능성이 높은 난민에 해당한다. 그런데도 피고의 난민인정신청을 거부한 이 사건 처분은 위법하다.

2. 원심법원의 판단[3] - 청구인용

원심법원은 원고에게는 이집트에서 이집트 정부 등으로부터 동성애자라는 이유만으로 박해를 받을 우려가 있다고 볼 만한 충분한 근거 있는 공포가 있으므로 원고는 난민에 해당한다고 판단하였다. 그 근거는 다음과 같다.

(1) 진술의 신빙성

원고의 난민면접조사에서의 진술 내용과 원심 당사자본인신문에서의 진술 내용이 자신의 성정체성을 알게 된 경위, 대한민국에 입국하기 전까지의 행적, 동성애자들에 대한

성소수자(sexual minorities), 성적 지향(sexual orientation), 성정체성(gender identity) 등의 용어에 관해서는 유엔난민기구의 지침인 「국제적 보호에 관한 지침 제9호: 난민의 지위에 관한 1951년 협약 제1조 제A항 제2호 및 1967년 의정서의 맥락에서 성적 지향 또는 성정체성에 근거한 난민 신청(Guidelines on International Protection No. 9: Claims to Refugee Status based on Sexual Orientation and/or Gender Identity within the context of Article 1A(2) of the 1951 Convention and/or its 1967 Protocol relating to the Status of Refugees)」의 'Ⅲ. 용어' 참조. 이 글에서는 위 지침 한글판(유엔난민기구, 「난민 지위의 인정기준 및 절차 편람과 지침」, 2014)의 번역어를 따랐다.

이 글에서 자주 인용될 유엔난민기구의 지침은 위 지침과 「국제적 보호에 관한 지침 제2호: 난민의 지위에 관한 1951년 협약 제1조 제A항 제2호 및 1967년 의정서의 맥락에서 특정사회집단의 구성원 신분(Guidelines on International Protection No. 2: "Membership of a Particular Social Group" Within the Context of Article 1A(2) of the 1951 Convention and/or its 1967 Protocol Relating to the Status of Refugees)」이다. 이하 이 글에서 「유엔난민기구 지침」이라고만 하면, 앞서의 성적 지향 또는 성정체성에 관한 지침(제9호 지침)을 가리키는 것이고, 「유엔난민기구 특정사회집단 지침」이라고 하면 위의 특정사회집단의 구성원 신분에 관한 지침(제2호 지침)을 가리키는 것이다.

이 논문에서 참고한 유엔난민기구나 다른 나라의 지침, 보고서, 판례 등은 대부분 유엔난민기구의 웹사이트인 http://www.refworld.org에서 찾을 수 있다.

3) 서울고등법원 2016. 10. 6. 선고 2016누38619 판결.

이집트에서의 제재 상황 등에 관하여 일관되고 이집트의 객관적인 상황과도 부합하므로 원고의 진술은 전체적으로 신빙성이 있다. 원고의 진술에 의하면, 원고를 동성애자로 인정할 수 있고 이러한 사실은 이집트에서 다른 사람들도 알게 된 것으로 보인다.

(2) 박해의 가능성

이집트에서 동성애자의 상황에 의하면, 이집트에서는 동성애자임을 밝혀지면 박해를 받을 위험이 매우 높은 것으로 보이고, 난민의 기본적인 권리와 자유의 광범위한 행사를 보장하고자 하는 난민협약의 취지상 그러한 우려로 인하여 자신의 성적 지향을 외부로 표현하지 못하는 경우 그 자체를 박해의 일종으로 볼 수 있다.

3. 대법원의 판단 - 파기환송

대법원은 원심판단에는 난민의 개념, 난민신청인의 진술의 신빙성 판단 기준 등에 관한 법리를 오해하여 필요한 심리를 다하지 아니함으로써 판결에 영향을 미친 잘못이 있다는 이유로 원심판결을 파기하고 사건을 원심법원에 환송하였다.

대법원의 판단은 크게 두 부분으로 이루어져 있다. 하나는 동성애자가 난민으로 인정받기 위한 요건에 관한 법리적 판단이고, 다른 하나는 원고 진술의 신빙성에 관한 판단[4)5)]이다. 이 평석에서 다루고자 하는 주제는 전자, 즉 동성애자가 난민으로 인정받기 위한 요건에 관한 부분이다. 이에 관한 판결의 내용은 아래와 같다.

4) 대법원은 원고의 진술에 일관성과 설득력이 부족하고, 전체적인 진술의 신빙성이 떨어질 뿐 아니라, 그 진술이 이집트의 객관적인 정황에 부합하는지를 확인할 자료가 부족하다는 점까지 종합하여 볼 때, 이 사건에서 원고가 이집트 정부 등으로부터 박해를 받게 될 것이라는 충분한 근거가 있는 공포를 가지고 있다고 인정하기는 부족하다고 판단하였다.

5) 성적 지향에 기초한 난민신청의 경우 본인이 성소수자라는 신청인 진술의 신빙성을 어떠한 기준으로 판단할 것인가도 어려운 문제이다. 신청인 자신의 진술 이외에 이를 뒷받침할 물증이나 증인이 없는 경우가 많고, 한 사람의 내밀하고 사적인 생활과 관계들을 살펴보아야 하기 때문이다. Nicole LaViolette, "'UNHCR Guidance Note on Refugee Claims Relating to Sexual Orientation and Gender Identity': a Critical Commentary", International Journal of Refugee Law 22.2 (2010), 3.4.
성적 지향 또는 성정체성의 입증에 관해서는 「유엔난민기구 지침」 62-66항, International Commission of Jurists(ICJ), Refugee Status Claims Based on Sexual Orientation and Gender Identity – A Practitioners' Guide, February 2016, pp. 18 이하 참조. 한편 유럽연합사법재판소는 2014년 A, B, C v. Staatssecretaris van Veiligheid en Justitie(C-148/13 to C-150/13, European Union: Court of Justice of the Europe an Union, 2 December 2014) 판결에서 인간의 존엄성 존중, 사생활의 존중의 관점에서 성적 지향에 관한 진술의 신빙성을 판단할 때 준수해야 할 한계를 제시한 바 있다.

(1) '특정 사회집단'의 의미 및 동성애라는 성적 지향이 특정 사회집단에 해당하는지

난민법 제1조, 제2조 제1호, 난민협약 제1조, 난민의정서 제1조의 규정을 종합하여 보면, 법무부장관은 인종, 종교, 국적, 특정 사회집단의 구성원 신분 또는 정치적 의견을 이유로 박해를 받을 충분한 근거 있는 공포로 인해 국적국의 보호를 받을 수 없거나 국적국의 보호를 원하지 않는 외국인 또는 그러한 공포로 인하여 대한민국에 입국하기 전에 거주한 국가로 돌아갈 수 없거나 돌아가기를 원하지 아니하는 무국적자인 외국인에 대하여 신청이 있는 경우 난민협약이 정하는 난민으로 인정하여야 한다.

이때 '특정 사회집단'이란 한 집단의 구성원들이 선천적 특성, 바뀔 수 없는 공통적인 역사, 개인의 정체성 및 양심의 핵심을 구성하는 특성 또는 신앙으로서 이를 포기하도록 요구해서는 아니 될 부분을 공유하고 있고, 이들이 사회환경 속에서 다른 집단과 다르다고 인식되고 있는 것을 말하며, 동성애라는 성적 지향이 난민신청자의 출신국 사회의 도덕규범이나 법규범에 어긋나 그것이 외부로 드러날 경우 그로 인해 박해에 노출되기 쉬우며, 이에 대해 출신국 정부에서 보호를 거부하거나 보호가 불가능한 경우에는 특정 사회집단에 해당한다고 볼 수 있다.

(2) '박해'의 의미 및 동성애자들이 난민으로 인정받기 위한 요건

'박해'란 '생명, 신체 또는 자유에 대한 위협을 비롯하여 인간의 본질적 존엄성에 대한 중대한 침해나 차별을 야기하는 행위'를 말한다. 동성애라는 성적 지향 내지 성정체성이 외부로 공개될 경우 출신국 사회의 도덕규범에 어긋나 가족이나 이웃, 대중으로부터의 반감과 비난에 직면할 수 있어, 이러한 사회적 비난, 불명예, 수치를 피하기 위해서 스스로 자신의 성적 지향을 숨기기로 결심하는 것은 부당한 사회적 제약일 수 있으나, 그것이 난민협약에서 말하는 박해, 즉 난민신청인에 대한 국제적인 보호를 필요로 하는 박해에 해당하지는 아니한다. 그러나 난민신청인의 성적 지향을 이유로 통상적인 사회적 비난의 정도를 넘어 생명, 신체 또는 자유에 대한 위협을 비롯하여 인간의 본질적 존엄성에 대한 중대한 침해나 차별이 발생하는 경우에는 난민협약에서 말하는 박해에 해당한다. 따라서 동성애자들이 난민으로 인정받기 위해서는, 출신국에서 이미 자신의 성적 지향이 공개되고 그로 인하여 출신국에서 구체적인 박해를 받아 대한민국에 입국한 사람으로서 출신국으로 돌아갈 경우 그 사회의 특정 세력이나 정부 등으로부터 박해를 받을 우려가 있다는 충분한 근거 있는 공포를 가진 사람에 해당하여야 한다.

4. 대상판결 이전의 판례의 동향

대상판결 이전에 공간된 대법원 판결 중 성적 지향에 기초한 난민신청에 대해 판단한 판결은 없는 것으로 보인다. 하급심에서는 몇 개의 판례를 발견할 수 있다.[6] 서울행정법원 2009. 12. 24. 선고 2009구합30165 판결에서는 파키스탄 국적의 남성 동성애자에 대하여, 서울행정법원 2012. 2. 9. 선고 2011구합22952 판결에서는 나이지리아 국적의 남성 동성애자에 대하여, 각각 박해를 받을 충분한 공포가 있으므로 난민으로 인정하여야 한다고 판단하였다.[7] 두 판결에서는 '특정 사회집단'의 의미나 동성애자가 이에 해당하는지 여부에 대한 판단은 따로 이루어지지 않았다. 동성애자가 '특정 사회집단'에 해당함을 전제로 하여 판단하였다고 보인다. 또한 두 사건 모두 원고는 출신국에서 동성애자임을 이유로 박해를 받은 경험이 있다고 진술하였고, 법원은 그 진술에 신빙성이 있다고 판단하였다. 서울행정법원 2013. 4. 25. 선고 2012구합32581 판결은 동성애로 인한 박해가능성을 주장하는 우간다 국적의 여성 신청자의 난민신청에 대하여 난민으로 인정하여야 한다고 판단하였으나, 항소심인 서울고등법원 2014. 1. 16. 선고 2013누14872 판결에서는 자신이 동성애자라는 원고의 진술에 신빙성이 없다는 이유로 난민불인정결정은 적법하다고 판단하였다. 앞서의 판결들과 마찬가지로 '특정 사회집단'의 의미나 동성애자가 이에 해당하는지 여부에 대한 판단은 따로 이루어지지 않았지만, 법리상 동성애자가 '특정 사회집단'의 구성원에 해당한다는 점은 1심과 항소심 모두 전제로 하고 있는 것으로 보인다.

II. 문제의 소재

대상판결은 처음으로 성소수자의 난민신청에 관한 법리를 전개한 대법원 판결이다. 위 판결에서는 ① 특정 사회집단의 의미, ② 성적 지향에 기초한 집단이 특정 사회집단에 해당하는지, ③ 성적 지향을 숨기는 것이 박해에 해당할 수 있는지, ④ 성소수자가 난민으로 인정받기 위해서는 과거의 구체적인 박해 경험이 필요한지가 쟁점으로 다루어졌다. 이 글에서는 '성소수자가 특정 사회집단 구성원인지'(Ⅲ-①, ②)와 '성적 지향을 숨기는 것이 박해에 해당할 수 있는지'(Ⅳ-③, ④)로 나누어 대상판결의 분석이 타당한지 검토하고자 한다.

---

6) 대법원 종합법률정보(glaw.scourt.go.kr)와 로앤비(www.lawnb.com)에서 '난민', '동성애' 등을 검색어로 검색한 결과이다.

7) 두 사건 모두 항소기각으로 확정되었다(서울고등법원 2010. 7. 14. 선고 2010누3093 판결, 서울고등법원 2012. 12. 13. 선고 2012누7785 판결).

성소수자의 난민신청은 1980년대 후반부터 여러 나라에서 인정되기 시작하여 현재는 다양한 쟁점에 대한 유엔난민기구 지침, 여러 나라의 판례와 정부 지침, 연구결과가 쌓여 있다. 대상판결은 성소수자가 난민으로 인정받기 위한 요건을 엄격하게 제한하고 있는데, 비교법적으로 볼 때 이러한 제한적인 접근이 올바른 것인지 살펴보는 데 주안점을 둘 것이다.[8)]

III. 성소수자가 특정 사회집단 구성원인지

1. 특정 사회집단의 판단기준

(1) 의의

난민협약상 난민으로 인정받기 위해서는 박해의 위험이 협약에서 열거하고 있는 다섯 가지 사유, 즉 인종, 종교, 민족, 특정 사회집단 구성원 신분, 정치적 의견과 관련성이 있어야 한다(난민협약 제1조 제A항 제2호, 난민법 제2조 제1호).

특정 사회집단 개념은 다른 4개의 박해사유와 비교할 때 불확정적이고 개방적이라는 데 그 특징이 있다. 위 개념은 난민협약 성립 당시에 알려지지 않았거나 아직 발생하지 않았던 새로운 박해사유를 난민 개념에 받아들일 수 있도록 함으로써 난민협약이 시대의 변화에 맞춰 발전하는 것을 가능하게 한다.[9)] 현재 이 글의 주제인 성적 지향 외에도, 성(gender), 가족이나 친족, 경제적·사회적 계급, 연령, 장애, 직업 등이 특정 사회집단에 해당하는 것으로 인정되고 있다.

특정 사회집단 개념은 여러 나라의 판례와 문헌을 통하여 논쟁을 거치면서 발전하여 왔다.[10)] 논의의 주된 흐름은 두 가지 접근법으로 요약될 수 있다. 하나는 '보호대상 특성 접근법'(protected characteristics approach)이고, 다른 하나는 '사회적 인식 접근법'(social perception approach)이다. 전자를 '내부적 접근법'(internal approach), 후자를 '외부적 접근법'(external

---

8) 난민법은 난민협약, 난민의정서의 난민요건을 그대로 수용하였기 때문에 국제규범인 난민협약, 난민의정서에 대한 정확한 이해가 필수적이다. 김성수, "난민의 요건과 출입국관리법상 난민인정에 관한 검토", 정인섭/황필규(편), 난민의 개념과 인정절차, 경인문화사, 2011, 137면 참조.

9) 김성수, 앞의 글, 203면; Andreas Zimmermann & Claudia Mahler in: Andreas Zimmermann(ed.), The 1951 Convention Relating to the Status of Refugees and its 1967 Protocol – A Commentary, Oxford, 2011, Article 1A, para 2, 395 이하. 특정 사회집단에 기초한 난민신청은 난민협약 초기에는 많지 않아 실제 중요성이 크지 않았지만, 1980년대 이후 비중이 점점 늘면서 중요성이 커지게 되었다.

10) 특정 사회집단 개념의 발전과정을 소개한 우리나라 문헌으로는 김성수, 앞의 글, 203면 이하; 조정현, "난민지위협약상 박해의 이유", 정인섭/황필규(편), 앞의 책, 121면 이하; 김태환, "난민법상 난민요건으로서 특정 사회집단 구성원에 관한 연구", 「사법논집」, 제56집, 2013, 288면 이하 참조.

approach)이라고 부르기도 한다.

(2) '보호대상 특성 접근법'과 '사회적 인식 접근법'

1) 보호대상 특성 접근법

보호대상 특성 접근법은 '변경될 수 없는 특성' 또는 '변경될 수는 있지만 인간의 존엄성에 매우 근본적인 것이어서 바꿀 것을 요구할 수 없는 특성'에 기초하여 집단을 판단하는 방식이다.[11] 미국과 캐나다의 판례에서 이러한 접근법을 찾아볼 수 있다.[12] 이는 특정 사회집단과 함께 박해사유로 열거된 인종, 종교, 민족, 정치적 의견이 모두 변경불가능한 특성이라는 데 착안한 것이다. 열거된 박해사유의 공통점은 개인이 바꿀 수 없는 것이거나 개인의 정체성에 근본적으로 중요한 것이어서 바꾸도록 강요할 수 없는 사유이다.[13] 캐나다 대법원은 Ward 판결[14]에서 특정 사회집단을 세 집단으로 분류하였다. ① 선천적인 또는 변경불가능한 특성을 지닌 집단, ② 인간의 존엄성에 매우 근본적인 특성이어서 이를 포기하도록 요구하는 것이 인간의 존엄성을 해할 정도인 특성을 지닌 집단,[15] ③ 과거의 특정한 지위에 있었다는 사실로부터 구성되는 집단으로서 과거의 일을 바꿀 수 없기 때문에 변경불가능한 특성을 지닌 집단[16]이 그것이다.

2) 사회적 인식 접근법

사회적 인식 접근법은 사회에서 한 집단으로 인식되는 경우에 특정 사회집단으로 보는 접근법이다.[17] 이에 따르면, 인식가능한 집단 또는 사회 전체로부터 구분되는 집단으로 볼 수 있게 해 주는 특징을 어느 집단의 구성원들이 공유한다면, 특정 사회집단으로 볼 수 있다. 오스트레일리아[18]와 프랑스[19]의 판례에서 이러한 접근법을 발견할 수 있다.

---

11) 보호대상 특성 접근법을 지지하는 대표적인 문헌으로는 James C. Hathaway & Michelle Foster, The Law of Refugee Status(2nd ed.), Cambridge, 2014, pp. 423 이하.

12) Matter of Acosta, A-24159781, United States Board of Immigration Appeals, 1 March 1985; Attorney General v. Ward [1993] 2.S.C.R. 689, Canada: Supreme Court, 30 June 1993.

13) 법률해석 원칙인 ejusdem generis 원칙에 따른 해석이다. ejusdem generis란 'of the same kind'라는 뜻의 라틴어로서, 구체적 개념들과 함께 일반적 개념이 열거되어 있으면, 일반적 개념은 함께 열거된 구체적 개념과 유사한 개념으로 한정하여 해석하여야 한다는 원칙이다.

14) 위 Attorney General v. Ward.

15) Ward 판결에서는 ①과 ②에 해당하는 예로 성(gender), 언어적 배경, 성적 지향(이상 ①)과 인권운동가(②)를 들고 있다.

16) 과거의 결사, 직업, 지위 등이 이에 해당한다. Herald Dörig in: Hailbronner/ Thym(ed.), EU Immigration and Asylum Law - A Commentary, 2nd. ed., 2016, Part. D Ⅲ Art. 10, 12 참조.

17) 사회적 인식 접근법을 지지하는 대표적인 문헌으로 Guy S. Goodwin-Gill & Jane McAdam, The Refugee in International Law(3rd ed.), Oxford, 2007, pp. 84 이하.

18) Applicant A v. Minister for Immigration & Ethnic Affairs [1997] HCA 4.

19) Conseil d'Etat, Case No. 171858, 23 June 1997.

3) 비교

양자를 비교하면, 사회적 인식 접근법이 보호대상 특성 접근법보다 특정 사회집단을 넓게 파악하는 입장이다. 사회적 인식 접근법은 보호대상 특성 접근법에 따라 특정 사회집단으로 인정되는 집단을 대부분 포함할 수 있다.[20)]

보호대상 특성 접근법은 박해사유를 열거하고 있는 난민협약의 취지에 부합하도록 특정 사회집단 개념을 제한적으로 해석한다는 장점이 있다. 특정 사회집단이 포괄적인 개념이라면 나머지 네 개의 사유를 굳이 열거할 필요가 없었을 것이다.[21)] 반면 사회적 인식 접근법의 시각에서 보면, 난민협약은 '사회' 집단이라고만 규정하고 있을 뿐 집단의 특성이 '변경불가능'할 것이나 '근본적'일 것을 규정하고 있지는 않으므로 보호대상 특성 접근법은 협약의 근거 없이 난민보호의 범위를 좁히는 것이라고 비판된다. 변경불가능하거나 근본적인 특성에 기초한 집단이 아니더라도 사회에서 하나의 집단으로 인식되고 그 집단이 박해의 대상이 된다면, 난민보호를 거부할 이유가 없다는 것이다.[22)]

다만, 양자의 차이는 현실적으로 크지 않은 것으로 보인다. 대부분의 사안에서는 어느 접근법을 취하더라도 같은 결론에 이르게 된다. 변경될 수 없는 특성 또는 인간의 존엄성에 매우 근본적인 것이어서 바꿀 것을 요구할 수 없는 특성에 기초한 집단은 사회에서도 하나의 집단으로 인식될 가능성이 높기 때문이다.[23)][24)] 예외적인 사안에서만 결론에 차이가 있게 된다.[25)] 또한 보호대상 특성 접근법과 사회적 인식 접근법의 기준 자체도 불확정적인 측면이 있기 때문에 같은 접근법을 취하더라도 실제 인정범위는 나라와 학자에 따라 차이가 있는 것으로 보인다.[26)]

---

20) T. Alexander Aleinikoff, "Protected Characteristics and Social Perceptions: an Analysis of the Meaning of 'Membership of a Paricular Social Group", in Erika Feller, Volker Türk & Frances Nicholson(ed.), Refugee Protection in International Law – UNHCR's Global Consultation on International Protection, Cambridge, 2003, p. 297.

21) T. Alexander Aleinikoff, 앞의 글, pp. 294–295.

22) T. Alexander Aleinikoff, 앞의 글, pp. 296 이하.

23) Andreas Zimmermann & Claudia Mahler, 앞의 책, Article 1A, para 2, 404.

24) T. Alexander Aleinikoff, 앞의 글, pp. 300, 310 이하에서는, 두 접근법 사이의 관계를 서로 모순되는 것으로 보지 말고, 보호대상 특성 접근법이 사회적 인식 접근법의 핵심 부분을 개념화한 것으로 이해할 것을 제안하고 있다. 이에 따르면 보호대상 접근법에 기초하여 특정 사회집단으로 인정되지 못하더라도 다시 사회적 인식 접근법에 따라 특정 사회집단으로 인정될 수 있는지를 검토하여야 한다. 뒤에서 볼 「유엔난민기구 특정사회집단 지침」의 권고(선택적 적용)와 궤를 같이 하는 접근방식으로 보인다.

25) 「유엔난민기구 특정사회집단 지침」 제13항에서는 보호대상 특성 접근법에 따르면 특정 사회집단 구성원이라 보기 어렵지만, 사회적 인식 접근법에 따르면 특정 사회집단 구성원으로 볼 수 있는 예로 점포의 주인, 특정 직업 종사자를 들고 있다.

26) 예를 들어 T. Alexander Aleinikoff, 앞의 글, pp. 295–296에서는 보호대상 특성 접근법에 따라 지주가 특정 사회집단 구성원이 아니라고 판단한 영국 판례에 대하여 보호대상 특성을 넓게 해석하는 입장에서는 지주도 특정 사회집단의 구성원이 될 수 있다고 분석하고 있다.

(3) 선택적 적용과 중첩적 적용

유엔난민기구는 난민보호의 공백이 생기지 않도록 두 가지 접근법을 선택적(alternative), 순차적으로 적용해야 하다는 입장이다. 보호대상 특성 접근법에 따라 특정 사회집단으로 인정되지 않더라도, 추가적으로 사회적 인식 접근법에 따라 해당 집단이 사회에서 별도로 인식될 수 있는지 판단해 보아야 한다.[27)]

그런데 유엔난민기구의 권고와 달리, 유럽연합에서는 두 가지 접근법을 중첩적으로 적용하여 두 접근법을 모두 충족해야만 특정 사회집단으로 볼 수 있도록 규정하였다. 유럽연합 지침에서는 어떤 집단이 특정 사회집단이려면, "집단의 구성원이 선천적 속성, 변경될 수 없는 공통적 배경, 정체성이나 양심에 매우 근본적이어서 개인으로 하여금 포기하도록 강요할 수 없는 특성이나 신념을 공유"하고 "그 집단이 사회에서 다르다고 인식되기 때문에 해당 국가에서 구별될 수 있는 정체성을 가져야 한다"고 규정하였다.[28)] 전반부는 보호대상 특성 접근법에 따른 것이고, 후반부는 사회적 인식 접근법에 따른 것인데, 두 개의 요건을 '그리고'(and)로 연결하는 방식을 채택하였다. 위와 같은 유럽연합의 입법방식에 대해서는, 보호의 공백을 없애기 위해 두 접근법을 선택적으로 적용하도록 한 유엔난민기구의 지침을 오해하여 잘못 적용한 것이고, 이전까지 조약에 해석에 대해 국제적으로 통용되던 기준보다 더 엄격한 기준을 설정하였으며, 이를 뒷받침할 근거도 제시되지 않았다는 비판이 제기된다.[29)]

2. 성소수자에 대한 박해사유인 '특정 사회집단'

성적 지향에 기초한 난민신청은 박해사유 중 종교나 정치적 의견의 문제로 다루어지는 경우도 있지만,[30)] 일반적으로는 특정 사회집단의 문제로 다루어진다.[31)] 성소수자가 특정 사회집단 구성원에 해당한다는 점은 현재 여러 나라에서 널리 인정되고 있다.[32)] 유럽

27) 「유엔난민기구 특정사회집단 지침」 제10－13항.

28) Asylum Qualification Directive 2011/95/EU 제10조 제1항 (d).

29) James C. Hathaway & Michelle Foster, 앞의 책, pp. 429 이하; Herald Dörig 앞의 책, Part. D Ⅲ Art. 10, 14－15; Andreas Zimmermann & Claudia Mahler, 앞의 책, Article 1A, para 2, 405－407 참조. Herald Dörig, 앞의 책, Part. D Ⅲ Art. 10, 14에 따르면, 처음 집행위원회 제출안에는 전자, 즉 보호대상 특성 접근법에 따른 부분만이 규정되어 있었는데, 이사회의 토론과정에서 후자, 즉 사회적 인식 접근법에 따른 부분이 추가된 것이고, 추가한 이유에 대한 설명은 찾을 수 없다고 한다.

30) 종교 또는 정치적 의견의 문제로 다루어지는 경우에 관해서는 「유엔난민기구 지침」 제42, 43, 50항; Andreas Zimmerman & Claudia Mahler, 앞의 책, Artcle 1A, para 2, 522－523 참조.

31) 다만, 박해사유는 상호배타적인 것은 아니고 서로 중첩될 수 있다(「유엔난민기구 지침」 제40항)

32) 「유엔난민기구 지침」 제46항.

연합 지침에서는 공통된 성적 지향에 기초한 집단이 특정 사회집단이 될 수 있다고 규정하고 있고,[33] 난민협약을 이행한 국내법에서 이를 명시하고 있는 국가들도 있다.[34]

명시적인 법규정이 없는 경우에도 여러 국가의 판례에서 성소수자는 특정 사회집단으로 인정된다.[35] 어떠한 접근방식에 의하든, 즉 보호대상 특성 접근법의 입장에서 판단하든, 사회적 인식 접근법의 입장에서 판단하든, 성소수자는 특정 사회집단으로 인정된다.[36] 전자에 따라 판단할 때에도, 성적 지향을 '선천적이어서 변경불가능한 특성'으로 보는 판례도 있고, '정체성이나 인간의 존엄성의 근본적인 부분이어서 변경할 것을 요구할 수 없는 특성'으로 보는 판례도 있다. 둘 중 어느 하나에는 해당한다는 판단, 즉 성적 지향은 '선천적이어서 변경불가능한 특성'을 지녔거나 '정체성이나 인간의 존엄성의 근본적인 부분이어서 변경할 것을 요구할 수 없는 특성'을 지녔다는 판단도 찾아볼 수 있다. 적어도 둘 중 하나에 해당하는 것은 분명하고, 어느 쪽에 해당하더라도 특정 사회집단으로 인정받는다는 점에서는 차이가 없으므로, 어느 쪽에 해당하는지 굳이 가릴 필요가 없기 때문이다.[37]

3. 대상판결의 분석

(1) 대법원은 대상판결에서 처음으로 특정 사회집단의 의미를 정의하였다. 특정 사회집단이란 "한 집단의 구성원들이 선천적 특성, 바뀔 수 없는 공통적인 역사, 개인의 정체성 및 양심의 핵심을 구성하는 특성 또는 신앙으로서 이를 포기하도록 요구해서는 아니 될 부분을 공유하고 있고", "이들이 사회환경 속에서 다른 집단과 다르다고 인식되고 있는 것"을 말한다는 것이다. 전반부는 보호대상 특성 접근법에 따른 것이고, 후반부는 사회적 인식 접근법에 따른 것이다.

그런데 판결문의 표현에 비추어 보면 양 접근법을 중첩적으로 적용하도록 하고 있는 것으로 보인다. 이는 앞서 본 유럽연합 지침의 입법태도와 유사한 것으로서, 난민보호의 공백을 없애기 위해 양자를 선택적으로 적용하도록 권고한 「유엔난민기구 특정사회집단 지침」보다 좁게 특정 사회집단의 의미를 파악하고 있는 것이다. 대상판결에는 두 접근법을 중첩적으로 적용하도록 한 이유가 나타나 있지 않고, 해당 사건에서는 동성애자를 특정 사회집단으로 인정하고 있으므로, 중첩적 적용이 난민보호의 축소를 가져올 것인지는 현

33) Asylum Qualification Directive 2011/95/EU 제10조 제1항 (d)

34) 프랑스, 영국, 사이프러스, 몰도바, 아일랜드, 남아프리카 공화국, 스웨덴 등.

35) 상이한 접근법을 취한 여러 나라의 판례에 대해서는 Andreas Zimmermann & Claudia Mahler, 앞의 책, Artcle 1A, para 2, 527-530; International Commission of Jurists (ICJ), 앞의 책, 193-197 참조.

36) 「유엔난민기구 지침」 제46항.

37) James C. Hathaway & Michelle Foster, 앞의 책, pp. 442-443.

재로서는 예측하기 어렵다. 실제 적용과정에서 전반부의 특성을 공유하고 있는 집단에 대해 사회적으로 하나의 집단으로 인식되지 않는다는 이유로 특정 사회집단임을 부정하지 않도록 하여야 할 것이다.[38)]

(2) 나아가 대법원은 동성애자 집단이 특정 사회집단에 해당한다고 판단하였다. "동성애라는 성적 지향이 난민신청자의 출신국 사회의 도덕규범이나 법규범에 어긋나 그것이 외부로 드러날 경우 그로 인해 박해에 노출되기 쉬우며, 이에 대해 출신국 정부에서 보호를 거부하거나 보호가 불가능한 경우에는 특정 사회집단에 해당한다"는 것이다. 앞서 본 것처럼 동성애자를 포함한 성소수자 집단은 어떠한 접근법에 따르든 특정 사회집단에 해당할 수 있으므로 결론적으로 위와 같은 판단은 타당한 것으로 보인다. 다만, 그 논거가 특정 사회집단 개념에 관한 대상판결의 일반론을 반영하고 있는 것은 아니어서 정확한 의미를 알기 어렵다.

우선 보호대상 특성 접근법에 관한 부분, 즉 "선천적 특성, 바뀔 수 없는 공통적인 역사, 개인의 정체성 및 양심의 핵심을 구성하는 특성 또는 신앙으로서 이를 포기하도록 요구해서는 아니 될 부분"을 공유하고 있는지에 대한 판단이 없다. 특정 사회집단에 해당한다고 판단한 이상 세 가지 범주 중 어느 하나에 해당할 것이고, "바뀔 수 없는 공통적인 역사"에 기초한 것은 아닐 것이므로, 동성애라는 성적 지향은 "선천적 특성"이거나 "개인의 정체성…의 핵심을 구성하는 특성"에 해당한다는 판단을 전제로 하고 있는 것으로 보인다.

다음으로 "동성애라는 성적 지향이 난민신청자의 출신국 사회의 도덕규범이나 법규범에 어긋나 그것이 외부로 드러날 경우 그로 인해 박해에 노출되기 쉬우며, 이에 대해 출신국 정부에서 보호를 거부하거나 보호가 불가능한 경우" 부분은 사회적 인식 접근법을 반영하고 있는 것으로 보인다. 사회적 인식 접근법에 따라 판단할 때, 어떠한 집단에 대한 차별 또는 박해행위가 있다는 사실은 고려요소가 될 수 있다. 차별 그 자체는 박해가 아니다. 또한 어떤 집단의 구성원이 박해를 받는다는 사실만으로 그 집단을 난민협약상의 특정 사회집단이라고 할 수는 없다. 그러나 차별 또는 박해행위가 있다는 사실은 해당 사회에서 그 집단을 하나의 집단으로 인식하고 있다는 사실에 대한 유력한 징표가 된다. 예컨대 국가가 남성 동성애자에게만 특별한 법규범을 적용한다면, 이들은 사회 전체로부터 구분되는 특정 집단으로 인식되고 있는 것이다.[39)] 다만, 사회적 인식을 확인할 수 있는 여러 징

38) 유럽연합 지침의 해석에 있어서도 후반부의 사회적 인식 부분은 전반부의 보호대상 특성 부분을 세부적으로 보완하는 것일 뿐 특정 사회집단을 제한하고자 하는 것은 아니라는 주장이 제기된다. Herald Dörig, 앞의 책, Part. D Ⅲ Art. 10, 15 참조.

39) Applicant A v. Minister for Immigration & Ethnic Affairs [1997] HCA 4(오스트레일리아)의 McHugh 대법관 작성부분; Andreas Zimmermann & Claudia Mahler, 앞의 책, Article 1A, para 2, 411, 529; T. Alexander

표 중에서 왜 '박해에 대한 노출'과 '정부의 보호 거부 또는 불능'만 대상판결에서 언급되고 있는지는 의문이다.

(3) 한편 대법원은 대상판결 이후 대법원 2017. 12. 5. 선고 2016두42913 판결에서 대상판결과 동일하게 특정 사회집단의 의미를 정의하고, 난민신청자가 국적국인 라이베리아로 돌아갈 경우 '여성 할례'(female genital mutilation)를 받을 가능성이 있다면 난민으로 인정될 수 있다고 판단하였다. 어떠한 집단이 특정 사회집단인지 구체적인 설명은 없으나, '라이베리아의 여성' 또는 '라이베리아에서 할례의 대상이 되는 특정 연령대 그리고/또는 특정 부족의 여성'을 특정 사회집단으로 인정한 취지로 읽을 수 있을 것이다.

IV. '성적 지향을 숨기는 것'이 박해에 해당할 수 있는지

1. 개관

대법원은 대상판결에서 동성애자가 "스스로 자신의 성적 지향을 숨기기로 결심하는 것"은 난민협약의 박해에 해당하지 아니하므로, 동성애자들이 난민으로 인정받기 위해서는 "출신국에서 이미 자신의 성적 지향이 공개되고 그로 인하여 출신국에서 구체적인 박해를 받아 대한민국에 입국한 사람"이어야 한다는 논리를 전개하고 있다. 위와 같은 논리가 타당한지 검토하기 위해서는, ① '성적 지향을 숨기는 것'은 박해에 해당할 수 없는지, ② 성적 지향이 드러나지 않아 과거에 박해를 받은 경험이 없는 사람은 난민으로 인정받을 수 없는 것인지를 차례로 살펴보아야 할 것이다. 이를 위하여 먼저 ①의 쟁점에 관한 외국의 판결례와 지침을 검토하고자 한다. 성소수자의 박해가능성과 관련하여, 신청자가 출신국으로 돌아가서 자신의 성적 지향을 숨기고 삶으로써 박해를 피할 수 있다면 박해의 위험은 부정된다는 논리가 여러 나라의 행정결정이나 판결에서 나타난 바 있다.[40] 그러나 오스트레일리아와 영국의 대법원, 그리고 유럽연합사법재판소는 이러한 논리를 거부하였다. 아래 2.에서는 위 판결들을, 3.에서는 유엔난민기구 등의 지침을 살펴볼 것이다. 다음으로 ②의 쟁점에 관하여, 일반적으로 과거의 박해사실이 난민인정의 요건이 되는지를 검토한 후[4. (1)], 과거에 성적 지향을 드러내지 않아 박해에 노출되지 않았다는 사실이 난민인정에 장애가 되는지를 검토할 것이다[4. (2)].

Aleinikoff, 앞의 글, p. 301 참조. 이에 대해 동어반복에 불과하다는 비판으로는 Andreas Zimmermann & Claudia Mahler, 앞의 책, Article 1A, para 2, 411 참조.

40) 이 문제는 영어문헌에서 concealment 또는 discretion의 표제 하에 논의된다. 여기에서 discretion은 재량이 아니라 discreet(조심스러운)의 명사형이다.

2. 외국의 판결례

(1) Appellant S395/2002 v. Minister for Immigration and Multicultural Affairs[오스트레일리아][41)]

1) 사건의 개요

신청자들은 방글라데시 국적이고, 오스트레일리아에서 난민신청을 하였다. 신청자들은 방글라데시로 돌아간다면 동성애자임을 이유로 박해를 받을 충분한 근거가 있는 공포가 있다고 주장하였다. 행정청은 난민신청을 거부하였고, 난민심판소(Refugee Review Tribunal)도 위 결정에 대한 불복신청을 기각하였다.

난민심판소는 방글라데시 형법에서 동성애 행위를 범죄로 규정하고 있고, 기소되는 경우는 드물지만 방글라데시 사회에서 남성동성애자가 심각한 위해의 위험 없이 자유롭게 살기는 어렵다는 사실을 인정하였다. 그러나 동성애자들이 "조심스럽게"(discreetly) 행동한다면 동성애 관계를 유지할 수 있다는 사실도 인정하였다. 위와 같은 사실인정을 토대로, 난민심판소는 신청자들이 과거에 조심스럽게 행동하여 성적 지향으로 인하여 심각한 위해를 겪은 적이 없으므로 돌아가더라도 장래에 박해를 받을 가능성이 없다고 판단하였다. 신청자들은 이전까지 조심스럽게 살아왔고 돌아가더라도 그렇게 행동하지 않을 것이라고 볼 이유가 없다는 것이다.

2) 법원의 판단

오스트레일리아 대법원[42)]은 4:2로 신청자들의 청구를 인용하였다. 다수의견은 동성애자들이 조심스럽게 행동한다면 박해의 대상이 되지 않을 것이라는 판단은 문제가 있다는 데 의견을 같이 하였다. 난민심판소의 판단은 방글라데시의 남성 동성애자 집단을 조심스러운 집단과 그렇지 않은 집단으로 나누는 것이고, 이에 따르면 조심스러운 집단은 박해를 받을 가능성이 낮으므로 난민신청이 인용되기 더 어려워진다. 또한 난민심판소의 결정은 난민신청자가 박해를 피하기 위해 합리적인 조치를 해야 한다는 요건을 새로이 만들었다는 점에서도 옳지 않다. "박해를 받는 자가 국적국 내에서 위해를 피하기 위한 행동을 함으로써 위해를 없앨 수 있다는 이유로, 박해가 더 이상 난민협약상의 박해가 아닌 것으로 바뀌는 것은 아니다." 다수의견은 이를 인종과 종교로 인한 박해에 비유하여 설명하였다. 난민보호를 받기 위한 요건으로 자신의 신앙 또는 의견을 바꾸거나 인종 또는 민족적 정체성을 숨기기를 요구받는다면 난민협약의 목적이 훼손될 것이다. 이는 방글라데시 남성 동성애자 집단에 대해서도 마찬가지이다. 난민심판소는, 심각한 위해의 위험으로 인하여

---

41) [2003] HCA 71, Australia: High Court, 9 December 2003.

42) 명칭은 High Court이지만, 오스트레일리아 사법체계에서는 최고법원이므로 대법원이라고 번역하였다(http://www.hcourt.gov.au/about/role-of-the-high-court).

신청자들의 행동이 영향을 받았는지, 신청자들이 위해를 피하기 위하여 조심스럽게 행동한 것인지, 그 자체가 박해에 해당하는 것은 아닌지를 살펴보았어야 했다. 신청자들이 조심스럽게 행동했던 것이 방글라데시에서 동성애자로서 자유롭게 살아가는 것이 불가능하기 때문이었다면 난민으로 인정했어야 한다는 것이다.

(2) HJ(Iran) and HT(Cameroon) v. Secretary of State for the Home Department[영국][43][44]

1) 사건의 개요

이란 국적의 HJ와 카메룬 국적의 HT는 남성 동성애자이다. 위 사람들은 각각 이란과 카메룬에서 동성애자는 법적인 금지와 사회적 적대감의 대상이 되므로 국적국으로 돌아간다면 성적 지향을 이유로 박해를 받을 충분한 근거가 있는 공포가 있다고 주장하면서 영국에서 난민신청을 하였다. 행정청은 난민신청을 거부하였고, 신청자들은 위 결정에 대해 난민이민심판소(Asylum and Immigration Tribunal)와 항소법원(Court of Appeal)에 순차적으로 불복하였으나 받아들여지지 않았다.

HJ 사건에서 항소법원은 '합리적 수인가능성'(reasonalbe tolerability) 기준을 적용하였다. 국적국에 돌아가서 성적 지향을 숨기고 사는 것이 합리적인 관점에서 볼 때 수인가능하다면 박해가능성이 없다는 것이다. HT 사건에서 항소법원은 신청자가 카메룬으로 돌아가면 성적 지향을 숨기고 살 것이므로 박해의 위험이 없다고 판단하였다. 이 사건에서는 합리적 수인가능성 기준이 따로 적용되지 않았다.[45]

2) 법원의 판단

영국 대법원은 만장일치로 항소법원의 판결에 법리를 오해한 잘못이 있다고 판단하고, 두 사건을 난민이민심판소에 환송하였다. 우선 합리적 수인가능성 기준은 근본적으로 잘못된 논리에 기초하고 있다고 비판되었다. 위 기준은 신청자로 하여금 자신의 정체성을 억누르도록 강요하는 것이므로 난민협약에 반한다는 것이다.

> 난민협약의 바탕에는 동성애자도 박해의 두려움 없이 동성애자로서 자유롭게 살 수 있어야 한다는 전제가 깔려 있다. 출신국은 그들을 보호하고 자유롭게 살 수 있는 것을 가능하게 해 주어야 한다.[46]

---

43) [2010] UKSC 31, United Kingdom: Supreme Court, 7 July 2010.

44) 이 판결을 소개한 우리나라 문헌으로는 김태환, 앞의 글, 2013, 319－320면.

45) 두 사건은 별개의 사건으로 항소법원의 판결은 따로 이루어졌지만, 대법원은 두 사건을 함께 판단하였다.

46) [65]

다음으로 성적 지향을 숨기고 살 경우에 박해의 공포를 판단하기 위한 새로운 기준을 제시하였다. 행정청은 아래의 순서로 판단하여야 한다.[47)]

1. 신청인은 동성애자인가? 또는 출신국의 잠재적 박해자에 의해 동성애자로 취급될 것인가?
2. 만약(if) 그렇다면, 신청인이 출신국으로 돌아간다면 어떻게 행동할 것인가?
3. 만약(if) 신청인이 자유롭게 생활하여 박해의 실제적인 위험에 노출될 것이라면, 박해를 받을 충분한 근거 있는 공포가 인정된다. 이는 신청인이 성적 지향을 숨기고 살면 위험을 피할 수 있더라도 마찬가지이다.
   만약(if) 반대로 신청인이 성적 지향을 숨기고 생활하여 박해를 피할 것이라면, 신청인이 왜(why) 그렇게 행동할 것인지 살펴보아야 한다.
4. 만약(if) 신청인이 성적 지향을 숨기고 살기로 결정한 것이 단지 그렇게 살기를 원했기 때문이거나 사회적 압력, 예를 들어 가족이나 친구 때문이라면, 난민신청은 거부되어야 한다. 그러한 사회적 압력은 박해에 해당하지 않기 때문이다.
   만약(if) 반대로 신청인이 성적 지향을 숨기고 사는 실질적인 이유가 동성애자로서 자유롭게 살 경우 따르게 될 박해의 공포 때문이라면, 다른 요건이 충족되는 한, 난민신청은 인용되어야 한다. … 성적 지향을 숨기고 살면 박해를 피할 수 있다는 이유로 난민신청을 거부한다면, 이는 난민협약이 보호하고자 하는 권리, 즉 동성애자가 박해의 공포 없이 자유롭게 살 수 있는 권리를 무력화하는 것이다.

위 기준을 사건명을 따서 HJ and HT test라고 부르거나 if(만약)과 why(왜)로 구성되어 있기 때문에 if and why test라고 부른다. HJ and HT test는 최근에도 여전히 선례로 적용되고 있고,[48)] 정부 지침에서도 이에 따르도록 정하고 있다.[49)]

위의 (1), (2) 판결은 성소수자 난민과 관련하여 분수령이 되는 판결로 평가된다. 신청자가 박해를 피하기 위해 성적 지향을 숨기고 살 수 있다면 난민으로 인정될 수 없다는 이른바 discretion doctrine을 정면으로 거부하고 있기 때문이다. 다만, 위 판결들의 결론에는 동의하면서도 논증방식에 대해서는 의문을 제기하는 견해도 있다. 성적 지향이 드러났을 때 겪게 될 외부적 위해에 기초하여 박해를 인정할 것이 아니라, 성정체성을 숨기고 행동을 바꾸어야 하는 데 따르는 내부적인 심리적 위해 자체를 박해로 보아야 한다는 것

---

47) [82]

48) LC (Albania) v. Secretary of State for the Home Department v. the United Nations High Commissioner for Refugees (Intervener), [2017] EWCA Civ 351, United Kingdom: Court of Appeal (England and Wales), 9 May 2017.

49) 뒤의 3.

이다.[50)]

(3) X, Y, Z v Minister voor Immigratie en Asiel[유럽연합][51)]

1) 사건의 개요

시에라리온 국적의 X, 우간다 국적의 Y, 세네갈 국적의 Z는 네덜란드에서 난민신청을 하였다. 신청자들은 각각 출신국에서 동성애로 인해 박해를 받을 위험이 있다고 주장하였다. 신청자들은 이미 박해를 받았다거나 박해의 위협을 직접적으로 받았다는 점은 증명하지 못하였다. 행정청은 난민신청을 거부하였고, 신청자들은 위 결정에 대해 법원에 소를 제기하였다. 1심 법원에서 X와 Y의 청구는 인용되었으나 Z의 청구는 기각되었다. 행정청과 Z는 세 판결에 대해 각각 국가위원회(Raad van State)[52)]에 불복하였다. 국가위원회는 세 사건의 공통 쟁점에 대해 유럽연합사법재판소에 선결문제에 대한 판단을 구하였다. 그 중 성적 지향을 숨기는 것과 관련된 질문은 아래와 같다.

1. 동성애자인 외국인에게 박해를 피하기 위해 출신국에서 성적 지향을 숨길 것을 기대할 수 있는가?
2. 1.에 대한 대답이 부정적이라면, 동성애자인 외국인에게 박해를 피하기 위해 출신국에서 성적 지향의 표현을 자제할 것을 기대할 수 있는가? 만약 그렇다면 어느 정도를 기대할 수 있는가? 나아가 동성애자는 이성애자보다 더 자제할 것이 기대되는가?
3. 이와 관련하여 성적 지향의 핵심 영역에 관한 표현 방식과 그 밖의 영역에 관한 표현 방식이 구별될 수 있다면, 성적 지향의 핵심 영역에 해당하는 것은 무엇이고, 이를 어떻게 결정할 수 있는가?

2) 법원의 판단

법원은 첫 번째 문제에 관하여, 난민신청자에게 박해를 피하기 위해 출신국에서 성적 지향을 숨길 것을 기대할 수 없다고 판단하였다. 성적 지향은 한 사람의 정체성의 근본적인 부분이어서 포기할 것을 요구할 수 없기 때문이다. 두 번째 문제에 관해서도, 성적 지향의 표현을 자제할 것을 기대할 수 없다고 판단하였다. 박해의 위험은 사안의 사실관계에 기초하여 개별적으로 평가되어야 하고, 성적 지향의 표현을 자제함으로써 박해를 피할 수

50) James C. Hathaway, & Jason Pobjoy, “Queer cases make bad law,” NYUJ Int’l L. & Pol. 44 (2011), pp. 346 이하.

51) C-199/12 – C-201/12, European Union: Court of Justice of the European Union, 7 November 2013.

52) 일반행정사건의 최고법원이다.

있는지는 박해의 위험성을 판단할 때 고려할 요소가 아니다. 이성애자보다 표현을 더 자제함으로써 박해를 피할 수 있는지도 마찬가지이다. 첫 번째, 두 번째 질문에 대한 대답이 부정적이었으므로, 세 번째 질문을 답할 필요가 없는 질문이다. 다만, 법원은 핵심 영역과 그 밖의 영역을 구별할 필요가 없다는 점을 덧붙여 언급하였다.[53)]

위와 같은 X, Y, Z 판결의 논리는 (2)의 HJ and HT 판결과는 접근법을 달리 한다. HJ and HT test에 의하면, '신청인이 성적 지향을 숨기거나 그 표현을 자제할 것이라면, 신청인은 왜 그렇게 행동할 것인가?'도 검토되었을 것이다.[54)] 그러나 유럽연합사법재판소는 성적 지향을 숨기거나 표현을 자제함으로써 박해를 피할 수 있다는 점은 박해의 위험을 판단할 때 아예 고려요소 자체가 아니라고 판단하였다.[55)]

(4) 신앙과 정치적 신념

한편 난민신청자가 출신국에 돌아가 일정한 행위를 하거나 하지 않음으로써 박해를 피할 수 있다면 충분한 근거 있는 공포는 부정된다는 논리는, 비단 성적 지향에 관해서 뿐만 아니라 신앙이나 정치적 신념에 관해서도 주장된 바 있다.[56)] 그러나 이에 대해서도 유럽연합사법재판소와 영국 대법원은, 성적 지향의 경우와 마찬가지로 그러한 논리를 거부하였다. 유럽연합사법재판소는 Bundesrepublik Deutschland v. Y , Z 사건[57)]에서, 신청자가 출신국에 돌아가면 종교행사에 참여할 것으로 예상되고 그로 인해 박해의 위험에 노출될 수 있다면 난민으로 인정하여야 한다고 판단하였다. 종교행사에 참여하지 않음으로써 박

---

53) 위 사건에서 제출된 유엔난민기구의 의견서에서는 핵심 영역과 그 밖의 영역의 구별이 필요 없다는 점을 보다 구체적으로 설명하고 있다. 성적 지향은 한 사람의 정체성에 관한 것이다. 정체성은 외모, 말투, 행동, 옷과 같은 다양한 방식으로 표현되거나 드러난다. 성적 지향을 드러내는 행동이 사소하더라도, 중요한 것은 행동 그 자체가 아니라 그 행동이 가져올 결과이다. 그러므로 핵심 영역과 그 밖의 영역의 구별은 충분한 근거가 있는 공포가 있는지와 무관하다. UNHCR intervention before the Court of Justice of the European Union in the cases of Minister voor Immigratie en Asiel v. X, Y and Z, 5.3.

54) Herald Dörig, 앞의 책, Part. D Ⅲ Art. 9, 28.

55) 위 판결의 연장선상에서 HJ and HT test를 적용해서는 안된다는 입장으로 UN High Commissioner for Refugees, International Commission of Jurists: Expert Roundtable on asylum claims based on sexual orientation or gender identity or expression Brussels, 27 June 2014 – X, Y and Z: The "A, B, C" of Claims based on Sexual Orientation and/or Gender Identity?, 27 June 2014, p. 6; International Commission of Jurists (ICJ), 앞의 책, pp. 94–96.

56) Hugo Storey, "Persecution: Towards a working definition", Vincent Chetail & Céline Bauloz(ed.), Research Handbook on International Law and Migration, Edward Elgar, 2014, pp. 511–513에서는 성적 지향, 신앙, 정치적 신념에 관하여 신청자로 하여금 일정한 행위를 하지 않을 것을 요구할 수 있는지가 문제된 사건들을 '행동 변경'(behaviour modification) 사건으로 함께 묶어 분석하고 있다.

57) C–71/11 and C–99/11, European Union: Court of Justice of the European Union, 5 September 2012, [73]–[80]. 파키스탄 국적의 아흐마디(Ahmadi) 교 신자가 신앙을 기초로 난민신청을 한 사건이다. 신청자는 종교로 인하여 과거에 박해의 대상이 되거나 박해의 직접적인 위협을 받은 사실이 없다.

해를 피할 수 있다는 사실은 고려되어서는 안 된다. 영국 대법원은 RT(Zimbabwe) and others v Secretary of State for the Home Department 사건[58]에서 정치적 신념에 대해서도 HJ and HT test를 적용하였다. 이 사건에서 신청자들은 아무런 정치적 신념이 없었지만, 귀국했을 때 독재 정권을 지지하지 않는다는 의심을 받지 않기 위해서는 정권에 대한 충성심이 있다고 가장해야 하는 상황이었다. 정권을 지지하지 않는다는 의심을 받으면 박해를 받을 가능성이 있었기 때문이다. 법원은, 정치적 신념을 갖지 않을 권리도 근본적인 권리로서 난민협약이 보호하고자 하는 권리이므로, 어느 누구도 자신이 믿지 않는 정치적 의견을 갖거나 표현하도록 강요해서는 안 된다고 판단하였다. 그러므로 정권에 대한 충성심을 가장함으로써 박해를 피할 수 있다는 사실은 고려요소가 될 수 없다.

3. 유엔난민기구 등의 지침

「유엔난민기구 지침」에서도 "신청인이 본인의 성적 지향 또는 성정체성을 은폐하거나 조심함으로써 박해를 피할 수 있거나 과거에 그렇게 해왔다 하더라도 이것이 난민지위를 인정하지 않는 정당한 이유가 될 수는 없"고, "박해를 피하기 위해 본인의 정체성, 의견, 성격을 바꾸거나 은폐하지 않았다고 해서 이들의 난민지위를 거부할 수는 없"음을 확인하고 있다.[59] "신청인이 출신국으로 돌아갔을 때 어떤 곤란에 직면하게 되는가", 즉 "돌아갔을 때 일어날 수 있는 일과 그것이 박해에 해당할지 여부를 사실에 기반하여 검토해야 한다." "신청인이 출신국에서 자신의 정체성이 드러나지 않도록 조심함으로써 부정적인 결과를 초래하지 않고 살 수 있는가"는 고려할 사항이 아니다.[60] 나아가 위 지침에서는 "강제적으로 본인의 성적 지향 또는 성정체성을 숨기는 일" 자체가 박해가 될 수 있다고 설명하고 있다. "차별적인 그리고 반감을 가진 태도, 규범과 가치는 성소수자들의 정신적, 신체적 건강에 심각한 영향을 미칠 수 있으며 때로는 박해에 해당되는 견디기 어려운 고충으로 이어질 수 있다."[61]

또한 미국 정부의 지침에서도 "성적 지향을 숨기거나 포기하도록 강요받는 것은 박해에 해당할 수 있다"고 분명하게 서술하고 있다. "자신의 정체성이 공개될지도 모른다는 두려움 속에 사는 성소수자는, 공개될 경우 겪게 될 심각한 결과를 피하기 위해 종종 자신의 성적 지향을 숨기기" 때문이다.[62] 영국 정부의 지침은 앞서의 HJ and HT test에 따르도록

58) [2012] UKSC 38, United Kingdom: Supreme Court, 25 July 2012, [42]–[43].

59) 「유엔난민기구 지침」 제31항.

60) 「유엔난민기구 지침」 제32항.

61) 「유엔난민기구 지침」 제33항.

62) United States Bureau of Citizenship and Immigration Services, Guidance for Adjudicating Lesbian, Gay,

규정하고 있다. 그러므로 박해의 두려움 때문에 성적 지향을 숨길 것으로 예상된다면 박해의 위험이 인정되어야 한다.[63]

4. 과거의 박해 경험과 성소수자의 난민인정

(1) 과거의 박해사실과 난민인정

난민 개념은 장래에 출신국에 돌아갔을 때 박해를 받을 가능성이 있을 것, 즉 장래의 박해가능성을 요건으로 하고, 출신국에서 이미 박해를 받았을 것, 즉 과거의 박해사실을 요건으로 하지 않는다.[64] 물론 이미 출신국에서 박해를 받은 경험이 있다는 사실은 나중에 출신국에 돌아가면 박해를 받을 위험이 있다는 점을 추정하게 하는 중요한 간접사실이다. 과거의 박해경험에 관한 신청자 진술의 신빙성은 많은 난민사건에서 핵심적인 쟁점이 되곤 한다. 유럽연합 지침에서도, 신청자가 이미 박해를 받았다거나 박해의 위협을 직접적으로 받았다는 사실은, 그러한 박해가 반복되지 않을 것이라고 인정할 만한 충분한 이유가 없는 이상, 신청자에게 충분한 근거가 있는 공포가 있다는 점을 추정하게 하는 중요한 간접사실이 된다고 규정하고 있다.[65] 그러나 과거의 박해사실은 어디까지나 장래의 박해가능성을 증명하기 위한 수단일 뿐이고, 그 자체가 필수적인 것은 아니다. 과거에 박해를 경험했더라도 출신국의 정황이 바뀌어서 신청자가 돌아가더라도 박해를 받게 될 위험이 없다면 난민이 될 수 없다. 거꾸로 아직 박해를 받은 사실이 없더라도 장래에 박해 위험이 있다면 난민이 될 수 있다. 요컨대 과거의 박해는 난민인정의 필요조건도 충분조건도 아니다.[66]

(2) 성소수자가 과거에 성적 지향을 드러내지 않아 박해에 노출되지 않았던 경우

앞서 본 오스트레일리아의 Appellant S395/2002 판결[67]에서는 신청자가 과거에 성적 지향을 숨기고 살아서 박해를 받지 않았다는 사실로부터 미래에도 박해가능성이 없다고 추론하는 것은 잘못된 판단이라고 지적하였다. "많은 경우 신청자가 그렇게 행동했던 것은

Bisexual, Transgender and Intersex(LGBTI) Refugee and Asylum Claims, 27 December 2011, 4.1.

63) UK Visas and Immigration, Sexual identity issues in the asylum claim version 6.0, Published 16 February 2015, Last updated 2 August 2016, pp. 36−38.

64) 난민협약의 전신인 IRO 규약의 난민 개념에서는 장래의 박해 위험이 있는 경우뿐만 아니라 과거의 박해 경험이 있는 경우도(즉, 과거의 박해 경험만으로도) 난민으로 인정하였으나, 난민협약에서는 장래의 박해 위험에 근거하여서만 난민으로 인정될 수 있는 것으로 규정되었다. James C. Hathaway & Michelle Foster, 앞의 책, pp. 162−163 참조.

65) Asylum Qualification Directive 2011/95/EU 제4조 제4항.

66) James C. Hathaway & Michelle Foster, 앞의 책, p. 169.

67) 위 2.의 (1).

오로지 박해를 받는 것을 두려워했기 때문이다. 박해를 피할 수 있는 방식으로 행동하지 않으면 박해를 받을 것이라는 두려움이 바로 충분한 근거 있는 박해의 공포에 해당한다." 영국의 HJ(Iran) and HT(Cameroon) 판결[68]에서도 성적 지향을 숨기고 살았던 이유가 숨기지 않으면 박해를 받을 것을 두려워했기 때문이라면 과거에 안전했다는 사실이 충분한 근거 있는 공포가 없다는 판단을 뒷받침하지 못한다고 하였다.[69]

「유엔난민기구 지침」에서도 과거의 박해 경험이 난민인정의 요건이 될 수 없음을 분명히 하고 있다. "모든 성소수자 신청인들이 과거에 박해를 경험한 것은 아닐 수 있다. … 박해를 당한 과거의 경험이 난민지위의 전제조건은 아니며", "신청인이 출신국으로 돌아갔을 때 겪게 될 곤란에 대한 평가에 근거"하여 충분한 근거 있는 공포가 인정되는지 판단하여야 한다. "신청인은 본인이 출신국을 떠나기 전에 출신국 정부가 본인의 성적 지향 또는 성정체성에 대해 알고 있었는지를 증명할 필요가 없다."[70] 미국 정부의 지침에서도, 성소수자 난민신청자가 과거에 박해를 경험하지는 않았지만 장래의 박해에 대한 충분한 근거 있는 두려움이 있을 수 있고, 이 경우 난민으로 인정될 수 있다고 설명하고 있다. "위해를 피하기 위해 출신국에서 성적 지향을 숨겨야 했던 신청자는 박해의 이를 정도의 침해를 받지 않았을 수 있다. 이러한 신청자는 출신국을 떠나기 전에 박해의 주체가 그들의 성적 지향을 알았다는 점을 증명할 필요가 없고, 돌아간다면 알게 될 것이라는 점만 증명하면 된다."[71] 영국 정부의 지침도 같은 취지이다. "신청자가 과거에 성적 지향을 드러낸 적이 없다는 사실을 성적 지향을 자발적으로 숨긴 것과 동일시해서는 안 된다."[72]

5. 대상판결의 분석

(1) 대상판결은 동성애자가 "스스로 자신의 성적 지향을 숨기기로 결심하는 것"은 난민협약의 박해에 해당하지 않는다고 판단하고 있다. 그런데 성적 지향을 숨기기로 결심하게 되는 동기로는 사회적 비난을 피하기 위한 것, 즉 "동성애라는 성적 지향 내지 성정체성이 외부로 공개될 경우 출신국 사회의 도덕규범에 어긋나 가족이나 이웃, 대중으로부터의 반감과 비난에 직면할 수 있어, 이러한 사회적 비난, 불명예, 수치를 피하기 위"한 것만 언급되고 있다. 그러나 성적 지향을 숨기게 되는 동기는 박해를 피하기 위한 것일 수도 있다. 성적 지향이 공개되면 "생명, 신체 또는 자유에 대한 위협을 비롯하여 인간의 본질적

68) 위 2.의 (2).

69) James C. Hathaway & Michelle Foster, 앞의 책, pp. 168-169; 김성수 앞의 글, 170면 참조.

70) 「유엔난민기구 지침」 제18항.

71) United States Bureau of Citizenship and Immigration Services, 앞의 지침, 5.2.

72) UK Visas and Immigration, 앞의 지침, p. 38.

존엄성에 대한 중대한 침해나 차별이 발생"[73]할 수 있기 때문에 성적 지향을 숨기게 될 수도 있다. 이 점은 앞서 본 여러 나라의 판례나 유엔난민기구 등의 지침에서도 확인되고 있다. 원심판결에서는 박해의 "우려로 인하여 자신의 성적 지향을 외부로 표현하지 못하는 경우 그 자체를 박해의 일종으로 볼 수 있다"고 판시하고 있으나, 대상판결에서는 그러한 가능성에 대한 언급이 전혀 없다.

(2) 대상판결은 해당 사안과 관련하여 "원고가 자신의 성적 지향을 외부에 공개하지 않았고 동성애 관련 활동을 적극적으로 하지 않았"으므로 원고가 박해를 받을 충분한 근거가 있는 공포를 가지고 있다고 판단하기 어렵다고 한다. 그러나 대상판결에서도 인정하고 있듯이 "이집트의 객관적 정황에 의하면 동성애자라는 것이 외부에 알려지면 처벌받을 가능성"이 있다. 그렇다면 원고가 과거에 성적 지향을 외부에 공개하지 않았던 이유는 동성애자라는 것이 외부에 알려지면 처벌받을 가능성이 있기 때문일 수도 있다. 이 점에서 성적 지향을 숨기게 되는 동기가 (오로지) 사회적 비난을 피하기 위한 것이라는 대상판결의 전제는 해당 사안의 사실관계에 비추어 보아도 잘못된 것이다.

(3) 대상판결은 "동성애자들이 난민으로 인정받기 위해서는, 출신국에서 이미 자신의 성적 지향이 공개되고 그로 인하여 출신국에서 구체적인 박해를 받아 대한민국에 입국한 사람"이어야 한다고 판단하고 있다. 그러나 과거의 박해사실은 난민인정의 요건이 아니고, 단지 장래의 박해가능성을 추정하게 하는 유력한 간접사실일 뿐이다. 성적 지향에 기초한 난민신청이라고 해서 달리 판단할 이유는 없다. 또한 과거에 박해를 받지 않았다는 사실로부터 장래의 박해가능성이 없다는 점을 추정할 수도 없다. 과거에 박해를 받지 않은 것은 단지 박해의 두려움으로 성적 지향을 드러내지 못한 결과일 수도 있기 때문이다.

(4) 대상판결은 "원고가 단순히 동성애라는 성적 지향을 가지고 있다는 이유만으로 이집트 정부나 자유정의당 등의 주목을 받아 박해를 받을 충분한 근거가 있는 공포를 가지고 있다고 판단하기" 어렵다고 설시하고 있다. 이는 성소수자가 출신국으로 돌아간 후에 성적 지향을 외부로 표현할 수 있다는 점을 전혀 고려하지 않고 있는 것이고, 결국 출신국으로 돌아가서 성적 지향을 숨기고 살기를 요구하는 것과 다를 바 없다. 그러나 앞서 여러 나라의 판례에서 본 것처럼 성적 지향을 숨기고 살면 박해를 피할 수 있다는 이유로 난민신청을 거부하는 것은 성소수자가 박해의 공포 없이 자유롭게 살 수 있는 권리를 부정하는 것이다.[74]

---

73) 대상판결에서의 박해의 정의이다.

74) 대상판결은 "원고가 단지 동성애자라는 이유만으로 이집트 정부나 자유정의당 등이 주목할 정도인지"를 심리하여야 한다고 설시하고 있다. 그러나 주목가능성은 일정한 행동에 기초하여 난민으로 인정되는 경우, 예를 들어 거주국에서의 행동 때문에 '체재 중 난민"이 되는 경우에는 난민인정의 고려요소가 될 수 있을 것이지만(유엔난민기구 「난민의 지위에 관한 기준 및 절차 편람과 지침」 제96항), 성적 지향처럼

(5) 성적 지향을 숨기거나 그 표현을 억제하도록 요구할 수 없는 이유는 성소수자 집단이 특정 사회집단으로 인정되는 이유와도 관계있다. 성소수자 집단이 특정 사회집단으로 인정되는 이유는 성적 지향이 '선천적이어서 변경불가능한 특성'을 지녔거나 '정체성이나 인간의 존엄성의 근본적인 부분이어서 변경할 것을 요구할 수 없는 특성'을 지녔기 때문이다.[75] 성소수자가 성적 지향을 드러내지 않고 살 수 있다고 하는 것은 성적 지향이 선천적인 부분 또는 정체성이나 인간의 존엄성의 근본적인 부분임을 부정하는 것이다.[76]

(6) 이상과 같은 이유로 동성애자가 "스스로 자신의 성적 지향을 숨기기로 결심하는 것"은 난민협약의 박해에 해당하지 아니하므로, 동성애자들이 난민으로 인정받기 위해서는 "출신국에서 이미 자신의 성적 지향이 공개되고 그로 인하여 출신국에서 구체적인 박해를 받아 대한민국에 입국한 사람"이어야 한다는 대상판결의 법리는 타당하지 않다고 생각한다. 성적 지향이 드러나지 않아 과거에 박해를 받은 경험이 없더라도, 출신국에 돌아가면 성적 지향을 이유로 박해를 받을 위험이 있다면, 그 사람은 난민으로 인정되어야 한다. 이 때 장래의 박해가능성을 평가할 때에는 박해의 두려움으로 인해 성적 지향을 숨기고 살게 될 가능성도 함께 포함하여 평가하여야 한다.

V. 결론

대법원은 대상판결에서 성적 지향에 기초한 난민신청에 관한 법리를 처음으로 전개하였다. 특정 사회집단의 의미, 성적 지향에 기초한 집단이 특정 사회집단에 해당하는지, 성적 지향을 숨기는 것이 박해에 해당할 수 있는지, 동성애자가 난민으로 인정받기 위해서는 과거의 구체적인 박해 경험이 필요한지 등의 쟁점이 다루어졌다. 대법원은 성적 지향에 기초한 집단이 특정 사회집단에 해당할 수 있다고 판단하여 성소수자의 난민인정 가능성을 열어 두었다. 그러나 성적 지향을 숨기게 된 이유가 무엇인지 불문하고 어느 경우나 성적 지향을 숨기는 것은 박해에 해당하지 않는다고 판단하였고, 거기에 더하여 과거의 구체적인 박해 경험을 요건으로 함으로써, 성적 지향에 기초한 난민신청이 받아들여질

밖으로 표현하지 않을 것을 요구할 수 없는 특성에 기초하여 난민으로 인정되는 경우에는 고려요소가 되기 어렵다고 할 것이다. 성적 지향과 성정체성에 관한 「유엔난민기구 지침」에서도 주목가능성을 언급하고 있는 부분은 없다.

75) 위 Ⅲ. 3. (1).

76) James C. Hathaway & Michelle Foster, 앞의 책, p. 445; James C. Hathaway & Jason Pobjoy, 앞의 글, p. 336; HJ(Iran) and HT(Cameroon) v. Secretary of State for the Home Department, [11].

가능성은 현격하게 낮아지게 되었다. 그러나 난민협약의 난민 개념에 관한 다른 나라의 판례, 유엔난민기구나 다른 나라의 지침 등에 비추어 보면, 성소수자의 난민인정요건을 제한적으로 해석할 근거는 없는 것으로 보인다. 이 점에서 대상판결의 법리는 다시 검토될 필요가 있다.

晴潭 崔松和 敎授 喜壽 紀念論文集

집필진

Rolf Stober 이경운 금태환 이광윤 이은기 박균성 오준근 박정훈
최정일 배병호 김유환 함인선 유진식 김중권 신봉기 김광수 선정원
정긍식 이원우 김종보 김현준 강현호 정하명 문상덕 이희정 김성태
조성규 이현수 정남철 하명호 장경원 김대인 김태호 최계영

간행위원회

위원장 김동건
위 원 박정훈 이승영 김중권 최진수 김창조 이진만 유진식 서규영
이희정 장경원 이현수 하명호 이진수 계인국 이재훈 우미형
박우경 김찬희 강지은 김판기

편집위원

김중권 최진수 계인국 김용섭 김창조 박재윤 박종수 이진수 이현수
이희정 최계영 홍강훈

• 집행위원

최진수 이진수 계인국 이재훈 이채영

行政判例와 公益 — 晴潭 崔松和 敎授 喜壽 紀念論文集

초판발행 2018년 7월 5일

엮은이 晴潭 崔松和 敎授 喜壽 紀念論文集 刊行委員會
펴낸이 안종만

편 집 전채린
표지디자인 권효진
기획/마케팅 조성호
제 작 우인도·고철민

펴낸곳 (주) 박영사
서울특별시 종로구 새문안로3길 36, 1601
등록 1959. 3. 11. 제300-1959-1호(倫)

전 화 02)733-6771
f a x 02)736-4818
e-mail pys@pybook.co.kr
homepage www.pybook.co.kr
ISBN 979-11-303-3232-1 93360

정 가 80,000원